Kulturgeschichte

WILL UND ARIEL DURANT

KULTURGESCHICHTE DER MENSCHHEIT

BAND 14

ULLSTEIN

WILL UND ARIEL DURANT

DAS ZEITALTER VOLTAIRES

ULLSTEIN

Kulturgeschichte
Ullstein Buch Nr. 36114
im Verlag Ullstein GmbH, Frankfurt/M – Berlin – Wien
Titel der amerikanischen Originalausgabe
»The Story of Civilization«
IX. The Age of Voltaire II–V (Kap. 7–23, Epilog)
Simon and Schuster, New York
Übersetzt von Elinor Lipper
Redaktion: Hans Dollinger

Ungekürzte Ausgabe

Umschlagentwurf: Hansbernd Lindemann
Umschlagfoto: Voltaire an seinem Arbeitstisch, bemalte Tonplastik
(Musée Carnavalet, Paris; Bildarchiv Preußischer Kulturbesitz, Berlin)

ISBN 3 548 36114 5

Juni 1982

CIP-Kurztitelaufnahme der Deutsche Bibliothek

Durant, Will:
Kulturgeschichte der Menschheit / Will u. Ariel Durant. –
Ungekürzte Ausg. – Frankfurt/M; Berlin; Wien: Ullstein
(Ullstein-Buch; ...)
Einheitssacht.: The story of civilization ⟨dt.⟩

NE: Durant, Ariel:

Bd. 14. Das Zeitalter Voltaires / Will u. Ariel Durant.
[Übers. von Elinor Lipper]. – 1982.
(Ullstein-Buch; Nr. 36114: Kulturgeschichte)
ISBN 3-548-36114-5

NE: GT

Vorwort

«Die Erziehung des Menschengeschlechts erfordert viele Jahrhunderte», läßt Durant Voltaire in seinem fiktiven Gespräch im Elysium am Ende dieses Bandes zu Papst Benedikt XIV. sagen. Auch das Jahrhundert Voltaires, das 18. Jahrhundert, das der Menschheit die Vernunft bringen wollte und mit dem Vormarsch des Wissens und dem Fortschritt der Naturwissenschaften die Vorraussetzung für eine entscheidende Auseinandersetzung mit dem Christentum schuf, endete schließlich im Blutbad der Französischen Revolution.

Trotzdem: Den Denkern des 18. Jahrhunderts verdanken wir die verhältnismäßig große Gedanken-, Rede- und Glaubensfreiheit, die wir heute als Selbstverständlichkeit ansehen, obwohl sie auch in unserer Welt noch massiv bedroht wird. Wir verdanken dem 18. Jahrhundert auch zahllose humane Reformen der Gesetzgebung, und schließlich sind Männer wie Montesquieu, Meslier, Diderot, d'Alembert, Helvétius, Holbach, Rousseau und natürlich Voltaire dafür verantwortlich, daß sich heute die Religionen zwar langsam, aber doch in zunehmendem Maße vom dumpfen Aberglauben lösen, daß sie «der Verdummung und Verfolgung den Rücken kehren und daß sie das Bedürfnis nach gegenseitiger Verständigung, wie es aus den verschiedenen Bemühungen unserer Unwissenheit und Hoffnung spricht, erkennen können» (Durant). Auch am Ende unseres Jahrhunderts, das entsetzliche Rückfälle in die unmenschlichen Praktiken früherer Jahrhunderte erlebt hat, tun wir gut daran, die Mahnung Durants nicht zu vergessen: «Wenn wir aufhören, Voltaire zu ehren, werden wir der Freiheit nicht mehr würdig sein.»

Frankreich und Mitteleuropa mit dem Deutschland eines Johann Sebastian Bach, mit dem Preußen des Großen Kurfürsten bis zu Friedrich dem Großen sowie der Schweiz in der Genfer Zeit Voltaires; Mitteleuropa zur Zeit der Wissenschaftler Euler und Lagrange in der Mathematik, Herschel und Laplace in der Astronomie, Franklin, Galvani und Volta in der Physik, Priestley und Lavoisier in der Chemie, Carl von Linné in der Botanik, Buffon und Lamarck in der Biologie, Haller in der Physiologie, John Hunter in der Anatomie, Condillac in der Psychologie und Jenner und Boerhaave in der Medizin; schließlich wiederum das Frankreich der Atheisten, der «Philosophes» und der «Antiphilosophes», als dort die Bücher zu Waffen und die Literatur zum Krieg wurden – diese Länder sind in diesem Band Bühne eines geistesgeschichtlichen Spektakulums unter dem alles überstrahlenden Voltaire.

Licht und Schatten lagen gerade damals besonders nahe beieinander. Ein Vertreter des ersten Standes jener Zeit, Moritz von Sachsen, also einer der im Lichte stand, schrieb auch Beobachtungen wie diese in seinen philosophischen «Träumereien» (!) nieder: «Was für ein Schauspiel bieten heute die Nationen! Einige wenige leben in müßigen Vergnügungen und Wohlstand auf Kosten der Menge dahin, die nur damit ihr Leben fristen kann, daß sie diesen wenigen immer neue Vergnügungen verschafft. Diese Sammlung von Unterdrückern und Unterdrückten stellt die sogenannte Gesellschaft dar.» Für einen anderen Adligen, den Marquis von Argenson, deutete sich 1749 eine kommende nationale Katastrophe in der Vernachlässigung moralischer Werte an: «Wir sind ständig mit kalter Berechnung beschäftigt; alles ist käufliches Ränkespiel . . .» Durant selbst umschreibt die geistige Situation um die Mitte des 18. Jahrhunderts so: «Das Rokoko war die Kunst einer genußsüchtigen bemittelten Minderheit, die jedes Vergnügen auskosten wollte, bevor ihre gebrechliche Welt von der zu erwartenden Sintflut des Wandels verschlungen wurde.» Und einer, der diese «Sintflut» mit bemerkenswertem Geschick überlebte und später kräftig dazu beitrug, daß im 19. Jahrhundert die Welt des ersten Standes wieder restauriert und gefestigt wurde, nämlich Talleyrand, bekannte selbstherrlich: «Wer nicht vor 1789 gelebt hat, wird nie wissen, wie süß das Leben sein kann.»

Das Drama des geistigen Ringens um Vernunft, an dem uns Durant hautnah teilnehmen läßt, ist für uns ungeheuer faszinierend. Wir erkennen, das die Auseinandersetzung des 18. Jahrhunderts um eine neue Einstellung zu den Fragen der Religion, der Moral und der Philosophie dem Zeitgeist unseres ausgehenden 20. Jahrhunderts viel näher liegt, als das in erster Linie von den Kämpfen um sozialen Fortschritt als Folge der euphorischen industriellen und technischen Explosion geprägte 19. Jahrhundert. Das folgende Zitat eines würdigen Vertreters seiner Zeit, der mit Schwert und Feder gleichermaßen selbstverständlich umging, sei dafür zum Beweis angeführt. Friedrich der Große schrieb am 28. März 1738 an Voltaire: «Von Natur aus sind die Menschen zum Bösen geneigt, und sie sind nur insoweit gut, als Erziehung und Erfahrung ihre Triebe gezügelt haben.» Vom Pessimismus eines Friedrich II. von Preußen zum Streit der Geister unserer Zeit um das «Prinzip Hoffnung» führt, so scheint es, ein direkter Weg.

München, im Sommer 1978 *Hans Dollinger*

Inhaltsverzeichnis

ERSTES BUCH
FRANKREICH
[1723–1756]

ZWEITES BUCH
MITTELEUROPA
[1713–1765]

DRITTES BUCH
DER VORMARSCH DES WISSENS
[1715–1789]

VIERTES BUCH
DER ANGRIFF AUF DAS CHRISTENTUM
[1730–1774]

Erstes Buch

FRANKREICH

[1723–1756]

ERSTES KAPITEL

Volk und Staat

Als Voltaire 1728 aus England zurückkehrte, hatte Frankreich ungefähr neunzehn Millionen Einwohner, die sich in drei Stände (*états*) gliederten: die Geistlichkeit, den Adel und den Dritten Stand (*tiers état*), der alles übrige umfaßte. Jeder Stand muß genau untersucht werden, wenn man die spätere Revolution verstehen will.

I. DER ADEL

Die Landedelleute, die ihren Titel von ihrem Landbesitz herleiteten (der ungefähr ein Viertel des gesamten Bodens ausmachte), nannten sich *noblesse d'épée* (Schwertadel). Sie waren vor allem mit der Verteidigung ihres Herrensitzes, ihrer Region, ihres Landes und ihres Königs betraut. In der ersten Hälfte des achtzehnten Jahrhunderts zählten sie ungefähr achtzigtausend Familien mit 400000 Seelen[1]. Über die Einhaltung der verschiedenen Rangstufen wurde eifersüchtig gewacht. Zuoberst standen die Nachkommen und Neffen des regierenden Königs. Darauf folgten die Pairs von Frankreich: die Prinzen von Geblüt (direkte Nachkommen früherer Könige); sieben Bischöfe; fünfzig Herzöge. Dann kamen die übrigen, rangniedrigeren Herzöge, die Marquis, die Grafen, Vizegrafen, Barone und Ritter ... Die einzelnen Rangstufen waren mit verschiedenen Vorrechten verbunden; so gab es manch tragischen Streit um das Recht, unter einem Baldachin an der Fronleichnamsprozession teilzunehmen oder sich in Gegenwart des Königs zu setzen.

Innerhalb des Schwertadels konnte eine Minderheit ihre Titel und Besitzrechte durch viele Generationen zurückverfolgen und bezeichnete sich als *noblesse de race* (Geburts- oder Uradel). Sie fühlte sich erhaben über jene, die erst unter Ludwig XIII. und Ludwig XIV. geadelt worden waren. Einige dieser neueren Titel waren eine Belohnung für Verdienste in der Armee, in der Verwaltung oder im Finanzwesen. Andere wurden für die geringe Summe von sechstausend Livres von dem Sonnenkönig, der ständig Geld brauchte, verkauft. «Auf diese Weise», sagte Voltaire, «verschaffte sich eine riesige Anzahl von Bürgern – Bankiers, Ärzte, Kaufleute, Sekretäre und Angestellte von Fürsten – den Adelstitel.»[2] Die Inhaber gewisser Regierungsämter, wie Kanzler oder Justizminister, wurden automatisch in den Adelsstand erhoben. Unter Ludwig XV. konnte jeder Bürgerliche den Adelsbrief erwerben, wenn er für 120000 Livres das Amt eines

Staatssekretärs kaufte; unter Ludwig XVI. belief sich die Zahl dieser Titularsekretäre auf neunhundert. Außerdem konnte man sich einen Titel beilegen, wenn man den Herrensitz eines Adligen kaufte. Um 1789 entstammten vermutlich fünfundneunzig Prozent sämtlicher Adligen dem Mittelstand[3].

Die große Mehrheit hatte sich mit Hilfe von juristischen Studien über ihren Stand erhoben und Posten in der Justiz oder der Verwaltung eingenommen. Dazu gehörten die Mitglieder der dreizehn *parlements*, der Gerichtshöfe in den größeren französischen Städten. Da diese Ämter auf den Sohn übertragbar waren, bildete sich ein neuer erblicher Adel heraus – *la noblesse de robe* (der Amtsadel). In der Justiz wie bei der Geistlichkeit machte der Talar die halbe Würde aus. Die Mitglieder der *parlements* in ihrer feierlichen roten Amtstracht mit dem schweren Umhang, den Rüschen an den Ärmeln, den gepuderten Perücken und Federhüten kamen im Rang gleich nach den Bischöfen und dem Landadel. Da aber die Einnahmen der hohen Gerichtsbeamten häufig sehr bedeutend waren und sie größere Reichtümer als die meisten adligen Grundbesitzer anhäuften, fiel die Schranke zwischen der *noblesse d'épée* und der *noblesse de robe*, und um 1789 hatte eine fast völlige Verschmelzung der beiden stattgefunden. Dieser Stand hatte dadurch an Zahl und Macht so zugenommen, daß der König es nicht wagte, ihm entgegenzutreten, und seine kostspieligen Privilegien wurden erst durch die revolutionären Bauernaufstände (*Jacqueries*) abgeschafft.

Viele alte Adelsfamilien waren verarmt, weil sie ihre Besitzungen vernachlässigten oder sich nie selbst darum kümmerten. Die Ackerbaumethoden waren veraltet, der Boden ausgesogen, und die Abgaben von Verwaltern und Pächtern hatten sich entwertet. Es war aber unter der Würde eines Adligen, sich mit Handel oder Industrie zu befassen; deren ständiges Wachstum hatte eine auf Finanz beruhende Wirtschaftsform entwickelt, so daß man große Ländereien besitzen und doch arm sein konnte. In vielen Gegenden Frankreichs waren Hunderte von Adligen ebenso mittellos wie die Bauernschaft[4]. Aber eine starke Minderheit von Adligen genoß und verschwendete große Vermögen. Der Marquis von Villette hatte ein jährliches Einkommen von 150000 Livres, der Herzog von Chevreuse ein solches von 400000 Livres, der Herzog von Bouillon von 500000 Livres. Um ihnen das Leben zu erleichtern, waren die meisten Adligen, wenn es sich nicht um einen Ausnahmezustand handelte, von direkten Steuern befreit. Der König schreckte vor der Besteuerung der Adligen zurück, weil er fürchtete, diese könnten die Einberufung der Generalstaaten verlangen. Diese Versammlung der drei Stände hätte eine gewisse Kontrolle über die Ausgaben des Königs zur Bedingung machen können, bevor sie den Subsidien zustimmte.

«Mit jedem Jahr», sagte de Tocqueville, «wuchs die Ungleichheit in der Besteuerung und damit die Kluft zwischen den verschiedenen Klassen ...; die Reichen wurden geschont, den Armen wurde immer mehr aufgebürdet.»[5] Im Jahre 1749 wurde den Adligen eine Einkommenssteuer von fünf Prozent auferlegt, aber sie machten aus der Steuerhinterziehung einen Sport.

Vor dem siebzehnten Jahrhundert erfüllte der Landadel sowohl ökonomische und administrative als auch militärische Aufgaben. Auf welche Art er auch seinen Besitz erworben hatte, der Gebietsherr kümmerte sich um die Nutzung des Bodens, der entweder mit Leibeigenen bestellt oder unter Pächter aufgeteilt wurde. Die *seigneurs* sorgten für Recht und Ordnung. Sie waren für die örtliche Schule, das Spital und die Armenfürsorge verantwortlich. Auf Hunderten von Landsitzen hatte sich der Lehnsherr dieser Pflichten wohl oder übel entledigt, und die Bauern, die die Notwendigkeit dieser Einrichtung einsahen, brachten ihm Gehorsam und Achtung, manchmal sogar Zuneigung entgegen.

Zwei wesentliche Faktoren waren für die Veränderung dieser feudalen Beziehungen verantwortlich: die Institution der Intendanten seit der Zeit des Kardinals Richelieu und die Verwandlung des Hochadels in Höflinge unter Ludwig XIV. Die Intendanten waren Bürokraten aus dem Mittelstand, die vom König dazu bestimmt wurden, die zweiunddreißig Distrikte, in die Frankreich aufgeteilt war, zu verwalten. Im allgemeinen waren sie fähige und wohlmeinende Menschen, wenn auch nicht jeder ein Turgot war. Sauberkeit, Beleuchtung und Verschönerung der Städte war ihnen zu verdanken; sie brachten die Finanzen in Ordnung, bauten Dämme und Deiche zur Bewässerung und gegen Überschwemmungen und statteten Frankreich mit dem besten und schönsten Straßennetz der damaligen Welt aus, denn aus dieser Zeit stammt die Sitte, herrliche, schattenspendende Bäume längs der Straßen anzupflanzen[6]. Eifer und Fachkenntnis dieser Intendanten hatten zur Folge, daß der Landadel aus der örtlichen Verwaltung verdrängt wurde. Andererseits beschleunigte Ludwig XIV. diese Zentralisierung mit der Berufung der Adligen an seinen Hof. Dort verlieh er diesen unbedeutende Ämter mit schwulstigen Titeln und Ordensbändern in großer Zahl. So verloren sie den Kontakt mit den Angelegenheiten ihres Gebietes, bezogen aber weiter von ihrem Landsitz die Gelder, die sie für den Unterhalt ihrer Paläste und Kaleschen in Paris und Versailles benötigten. Sie klammerten sich an ihre aristokratischen Rechte, nachdem sie ihre aristokratischen Pflichten im Stich gelassen hatten. Mit dem Verlust ihrer Verwaltungstätigkeit, sowohl in der Wirtschaft als in der Regierung, setzten sie sich dem Vorwurf aus, ein Leben überflüssiger Parasiten zu führen.

II. DIE GEISTLICHKEIT

Die katholische Kirche war ein wesentlicher und allgegenwärtiger Machtfaktor in der Regierung. Die Anzahl der Geistlichen in Frankreich ist auf 260000 im Jahre 1667[7], auf 420000 im Jahre 1715[8], auf 194000 im Jahre 1762[9] geschätzt worden. Es handelt sich um ungefähre Ziffern, doch darf man einen Rückgang von ungefähr dreißig Prozent im Laufe des achtzehnten Jahrhunderts annehmen, und das trotz einer Bevölkerungszunahme. Lacroix berechnete, daß Frankreich im Jahre 1763 über 18 Erzbischöfe, 109 Bischöfe, 40000 Pfarrer, 50000 Vikare, 27000 Prioren oder Kaplane, 12000 Domherren, 20000 Hilfsgeistliche und 100000 Mönche, Bettelmönche und Nonnen verfügte[10]. Von 740 Klöstern wurden 625 *in commendam* geführt; das heißt, sie unterstanden einem Stellvertreter des Abtes, da dieser seine Würde nur dem Namen nach innehatte, die Hälfte oder zwei Drittel der Einnahmen bezog und nicht gezwungen war, das Leben eines Geistlichen zu führen.

Die höhere Geistlichkeit war in Wirklichkeit ein Ableger des Adels. Sämtliche Bischöfe wurden vom König, gewöhnlich auf Vorschlag des örtlichen Edelmannes, ernannt und vom Papst bestätigt. Adlige Familien, die ihren Besitz durch Erbteilung nicht zerstückeln wollten, sicherten ihren jüngeren Söhnen einen Bischofssitz oder eine Abtei; von den 130 französischen Bischöfen im Jahre 1789 war nur ein einziger bürgerlicher Abstammung[11].

Diese Abkömmlinge hohen Geblüts führten in die Kirche ihren Hochmut und den ihnen eigenen Geschmack an weltlicher Pracht und sportlichen Vergnügungen ein. Der Kirchenfürst Kardinal Edouard von Rohan hatte ein Spitzenchorhemd, das auf 100000 Livres geschätzt wurde, und seine Kirchengeräte waren aus schwerem Silber[12]. Erzbischof Dillon von Narbonne erklärte Ludwig XVI., warum er weiter auf die Jagd ging, obwohl er sie seinen Geistlichen verboten hatte: «Majestät, meine Geistlichen haben nur ihre eigenen Laster; die meinen stammen von meinen Vorfahren.»[13] Das große Zeitalter der französischen Geistlichkeit – Bossuet, Fénelon, Bourdaloue – war vorüber. Die Regentschaft mit ihrem zügellosen Genießertum hatte es Leuten wie Dubois und Tencin ermöglicht, sich hohe Kirchenämter anzueignen, ungeachtet ihrer intimen Beziehungen zu beiden Geschlechtern. Viele Bischöfe lebten den größten Teil des Jahres in Versailles oder Paris und nahmen an den Vergnügungen und der Skepsis des Hofes teil. Sie standen mit einem Fuß in jeder Welt.

Bischöfe und Äbte hatten die Rechte und Pflichten von Adelsherren; sogar einen Stier mußten sie besorgen, wenn die Kühe ihrer Bauern einen brauchten[14]. Ihre weitläufigen Besitzungen, die sich manchmal auf ganze Städte ausdehnten, wurden nach Art von Lehen verwaltet. Klöster besaßen einen großen Teil der Stadt Rennes und fast den ganzen umliegenden Boden[15]. In manchen Gemeinden ernannte der Bischof sämtliche Richter und öffentlichen Beamten, wie zum Beispiel der Erzbischof von Cambrai, der über eine Gegend mit 75000 Einwohnern herrschte und die ganze Verwaltung in Cateau-Cambrésis und die halbe in Cambrai einsetzte[16]. Die Leibeigenschaft erhielt sich am längsten auf den Klostergütern[17]; die Domherren von Saint-Claude im Jura besaßen zwölftausend Leibeigene und widersetzten sich mit aller Macht jeder Einschränkung der feudalen Knechtschaft[18]. Privilegien und Unantastbarkeit der Kirche waren mit dem damaligen sozialen Aufbau verknüpft, woraus sich der erzreaktionäre Einfluß der höheren Geistlichkeit in Frankreich erklärte.

Die Kirche nahm jährlich – mit etwas Nachsicht und Einsicht – den Zehnten von den Feldfrüchten und dem Vieh jedes Bodenbesitzers; dieser *décime* machte jedoch nur selten wirklich ein Zehntel aus; häufig belief er sich auf den zwölften, manchmal auf den zwanzigsten Teil[19]. Mit diesem Geld, mit Gaben, Vermächtnissen und dem Einkommen von ihren Gütern unterhielt die Kirche ihre Ortspfarrer in Armut und ihre Bischöfe in Luxus, unterstützte die Mittellosen und erzog und schulte die Jugend. Nach dem König und seinem Heer war die Kirche die größte und reichste Macht in Frankreich. Nach verschiedenen Schätzungen besaß sie sechs bis zwanzig Prozent des

Bodens[20] und ein Drittel des Gesamtvermögens[21]. Der Bischof von Sens hatte jährliche Einkünfte von 70000 Livres, der Bischof von Beauvais 90000 Livres, der Erzbischof von Rouen 100000 Livres, der von Narbonne 160000 Livres, der von Paris 200000 Livres, und der Erzbischof von Straßburg nahm über eine Million im Jahr ein[22]. Die Abtei von Prémontré bei Laon hatte ein Kapital von 45 Millionen Livres. Die 236 Dominikaner von Toulouse hatten Grundbesitz in Frankreich, Pflanzungen in den Kolonien und Negersklaven, die zusammen auf mehrere Millionen geschätzt wurden. Die Besitzungen der 1672 Mönche von Saint-Maur beliefen sich auf 24 Millionen Livres, die jährlich 8 Millionen einbrachten.

Weder das Eigentum noch das Einkommen der Kirche war steuerpflichtig; aber von Zeit zu Zeit versammelte sich die höhere Geistlichkeit des ganzen Landes und stimmte über eine freiwillige Abgabe an den Staat ab. Im Jahre 1773 belief sich diese Abgabe, die für fünf Jahre bestimmt war, auf sechzehn Millionen Livres, was Voltaire im Verhältnis zum Einkommen der Kirche als eine gerechte Summe ansah[23]. J.-B. Machault d'Arnouville, der Oberaufseher der Finanzen, schlug 1749 vor, diese freiwillige Abgabe (*don gratuit*) durch eine direkte Einkommensteuer von fünf Prozent zu ersetzen, die sich auf sämtliche Einkünfte der Kirche wie auch des Laientums ausdehnen sollte. Die Kirche sah darin aber einen ersten Versuch, sie zu enteignen, um den Staat zu retten, und begegnete dem Vorschlag mit «unbeugsamem Widerstand»[24]. Machault wollte auch Vermächtnisse an die Kirche, die ohne staatliche Bewilligung erfolgt waren, als ungesetzlich, alle kirchlichen Einrichtungen, die seit 1636 ohne königliche Erlaubnis gegründet worden waren, für null und nichtig erklären und alle, die im Genuß kirchlicher Einkünfte standen, zu einer Einkommenserklärung an die Regierung zwingen. Eine Versammlung der Geistlichkeit verweigerte diesem Erlaß den Gehorsam mit der Erklärung: «Wir werden nie einwilligen, aus der Gabe unserer Liebe und Hochachtung einen Tribut unserer Unterwerfung zu machen.» Ludwig XV. befahl die Auflösung dieser Versammlung, und sein Ministerrat forderte die Intendanten auf, einen anfänglichen Betrag von 7500000 Livres von den Kirchengütern zu erheben.

Voltaire suchte Machault und den König durch die Veröffentlichung eines Pamphlets *Voix du sage et du peuple* (Stimme des Weisen und des Volkes) zu ermuntern und forderte die Regierung auf, ihre Herrschaft über die Kirche zu festigen, die Kirche daran zu hindern, ein Staat im Staate zu sein, und den französischen Philosophen die Verteidigung von König und Ministern gegen sämtliche Kräfte des Aberglaubens anzuvertrauen[25]. Ludwig XV. sah sich jedoch nicht veranlaßt, an einen Sieg der Philosophie im Wettstreit mit der Religion zu glauben. Er wußte, daß die Hälfte seiner Macht auf seiner Salbung und Krönung durch die Kirche beruhte. Demzufolge war er in den Augen der Masse – die sich nie so nah an ihn heranmachen konnte, seine Mätressen zu zählen – der Statthalter Gottes, ein Herrscher von Gottes Gnaden. All die Schrecken, mit denen die Geistlichkeit zusammen mit Überlieferung, Gewohnheit, Zeremonie, Pomp und Ansehen die Seelen im Zaum hielt, ersetzten Tausende von Gesetzen und Hunderttausende von Polizisten für die Aufrechterhaltung der sozialen Ordnung und des öffentlichen Gehorsams. Konnte irgendeine Regierung, die nicht vom Glauben an ein übernatürliches Gericht unterstützt wurde, darauf hoffen, mit der angeborenen Gesetzlosigkeit der Menschen fertig zu werden? So beschloß der König, den Bischöfen nachzugeben. Er versetzte Machault auf einen anderen Posten, untersagte Voltaires Pamphlet und nahm den *don gratuit* anstelle der Steuer auf Kirchengüter an.

Letzten Endes beruhte die Macht der Kirche auf dem Erfolg des Ortspfarrers. Wenn das Volk vor dem Bischofshut zitterte, so liebte es seinen Dorfpfarrer, der seine Armut und manchmal seine Landarbeit teilte. Man brummte, wenn er den Zehnten einsammelte, wußte aber, daß er dazu von seiner Obrigkeit gezwungen wurde und daß zwei Drittel davon in die Tasche eines Bischofs oder eines ständig abwesenden Würdenträgers der Kirche wanderten, während die Dorfkirche nach wie vor, zum Schmerz der Gläubigen, halbverfallen dastand. Denn hier spielte sich ein großer Teil des Lebens ab; hier versammelten sich die Dörfler unter dem Vorsitz des Pfarrers, und das Kirchenregister war der Zeuge ihres geduldigen Daseins über viele Generationen hinweg, denn hier wurden Geburten, Eheschließungen und Todesfälle eingetragen. Für sie war die schönste Musik der Klang der Kirchenglocken; die Messe ersetzte ihnen jedes Schauspiel, und ihre ganze Lektüre bestand aus den Heiligenlegenden; und mit Dankbarkeit nahmen sie die Kirchenfeste als ihre einzigen Feiertage hin. Für sie bedeuteten die Ermahnungen des Pfarrers und der Unterricht, den er ihren Kindern erteilte, nicht Drill zur Festigung der kirchlichen Autorität, sondern eine unentbehrliche Hilfe für die Eltern bei der Aufrechterhaltung von Gehorsam und Sittsamkeit und die Offenbarung einer göttlichen Ordnung, die dem mühseligen Trott ihres täglichen Lebens ewige Bedeutsamkeit verlieh. Ihr Glaube war ihnen alles, und sie hätten jeden umgebracht, der ihnen diesen Glauben hätte nehmen wollen. Für die Bauernfamilie gehörte die Religion ganz selbstverständlich zum täglichen Leben; die Eltern überlieferten die Legenden an ihre Kinder und sagten ihnen das Abendgebet vor. Der Dorfpfarrer war der Gemeinde ebenso zugetan wie sie ihm, und in der Revolution stand er auf ihrer Seite.

Die Anzahl der Mönche, Bettelmönche und Nonnen nahm ab, und ihre Sitten[26] und Einkünfte besserten sich. Sie baten weniger um Almosen, denn sie hielten es für besser, Sterbende, die sich den Eintritt ins Paradies sichern wollten, zu einem Vermächtnis zu veranlassen, als in den Dörfern Pfennige zu sammeln. Ein Teil ihres Reichtums kam der Wohltätigkeit zugute; viele Klöster unterhielten Spitäler und Armenhäuser und verteilten täglich Nahrungsmittel an die Armen[27]. Im Jahre 1789 baten viele Gemeinden die revolutionäre Regierung, die örtlichen Klöster nicht aufzulösen, weil sie die einzigen Wohltätigkeitseinrichtungen in ihrer Gegend waren[28]. Frauenklöster nahmen sich verschiedener Aufgaben an, die inzwischen eine andere Lösung gefunden haben: sie waren ein Zufluchtsort für Witwen, für Ehefrauen, die von ihrem Mann getrennt waren, und für müde Damen der Gesellschaft, die, wie Frau von Deffand, abseits vom Lärm der Welt leben wollten. Diese Klöster verzichteten nicht ganz auf weltliche Vergnügungen, denn die Wohlhabenden benutzten sie als einen Hafen für überzählige Töchter, die sonst eine Mitgift bei ihrer Heirat beanspruchen konnten, was das Erbe der Söhne geschmälert hätte; und diese abgeschobenen Töchter waren nicht immer geneigt, sich ihr Leben lang zu kasteien. Die Äbtissin von Origny hatte ein Gespann mit vier Pferden und empfing Vertreter beiderlei Geschlechts in ihrer gemütlichen Wohnung; in Alix trugen die Nonnen Reifröcke und Seidenkleider mit Hermelinbesatz; in anderen Frauenklöstern wurde mit den Offizieren aus einem benachbarten Lager getafelt und getanzt[29]. Im allgemeinen handelte es sich um harmlose Zerstreuungen; ein großer Teil der Geschichten über die Verderbnis in den Klöstern während des achtzehnten Jahrhunderts waren gehässige Übertreibungen, Kampfmittel im Krieg zweier feindlicher Überzeugungen. Es kam jetzt nur noch selten vor, daß ein junges Mädchen gegen seinen Willen im Kloster zurückgehalten wurde[30].

Macht und Ansehen der Jesuiten waren zurückgegangen. Bis zum Jahre 1762 überwachten sie noch den Unterricht und stellten die einflußreichen Beichtväter für König und Königin. Aber sie hatten unter der Beredsamkeit Pascals und der Skeptiker zur Zeit der gottlosen Regentschaft gelitten und zogen im Kampf mit den Jansenisten den kürzeren. Diese calvinistischen Katholiken hatten die Verfolgung des Königs und die päpstlichen Bullen überlebt und besaßen viele Anhänger unter den Kaufleuten und Handwerkern wie auch in der Justiz. Auch im Pariser und anderen *parlements* waren sie in raschem Aufstieg begriffen. Nach dem Tod ihres asketischen Theologen François de Pâris (1727) machten fanatische, kranke Jansenisten Wallfahrten an sein Grab im Friedhof von Saint-Médard. Dort geißelten sie sich, und manche verfielen in solche Krämpfe, daß sie als die *convulsionnaires* bezeichnet wurden; sie stöhnten und weinten und beteten um Linderung, und mehrere behaupteten, auf wunderbare Weise geheilt worden zu sein. Als sich diese Ereignisse drei Jahre lang wiederholt hatten, schloß die Obrigkeit die Friedhöfe; oder – wie Voltaire sich ausdrückte – auf Befehl des Königs wurde es Gott untersagt, dort Wunder zu vollbringen. Die Krämpfe hörten auf, aber die leicht zu beeindruckenden Pariser waren geneigt, an die Wunder zu glauben, und im Jahre 1733 schrieb ein Berichterstatter, der offensichtlich übertrieb, daß «die gute Stadt Paris von oben bis unten jansenistisch ist»[31]. Ein Teil der niederen Geistlichkeit weigerte sich, die Bulle *Unigenitus* (1713) zu unterzeichnen, in der Papst Innozenz XIII. hundertundeinen angeblich jansenistische Vorschläge verurteilte. Der Erzbischof von Paris bestimmte, daß jedem die Letzte Ölung verweigert werden sollte, der für die Beichte einen Priester gewählt hatte, der die Bulle nicht anerkannte. Dieser Kampf trug zur Schwächung der entzweiten Kirche im Kampf gegen die *philosophes* bei.

Hugenotten und andere französische Protestanten waren immer noch vogelfrei, aber trotzdem kamen sie heimlich in kleinen Gruppen zusammen. Dem Gesetz nach war die Frau eines französischen Protestanten eine Konkubine; ihre Kinder galten als unehelich und konnten keinen Besitz erben. Unter Ludwig XV. kam es zu verschiedenen Verfolgungen. Im Jahre 1717 wurden vierundsiebzig Franzosen, die beim protestantischen Gottesdienst erwischt worden waren, zur Galeere verurteilt, und ihre Frauen kamen ins Gefängnis. Nach einem Gesetz aus dem Jahre 1724 wurden protestantische Geistliche mit dem Tod bestraft. Allen Personen, die einer protestantischen Versammlung beiwohnten, sollte ihr Besitz entzogen und die Männer auf die Galeeren verschickt werden. Die Frauen sollten, nachdem man ihnen den Kopf rasiert hatte, mit lebenslänglichem Gefängnis bestraft werden[32]. Unter Kardinal Fleury wurde dieses Gesetz mit Nachsicht gehandhabt, aber nach seinem Tode trat es auf Verlangen der katholischen Bischöfe in Südfrankreich wieder in Kraft[33]. 1749 befahl das Parlament von Bordeaux die Trennung von sechsundvierzig Ehepaaren, die eine protestantische Ehe eingegangen waren. Kinder, deren Eltern des Protestantismus verdächtigt wurden, konnten diesen weggenommen werden, um in katholischen Heimen erzogen zu werden. Von einem reichen Hugenotten wird berichtet, daß er 200000 Livres an Bestechungsgeldern ausgab, um seine Kinder behalten zu dürfen[34]. Zwischen 1744 und 1752 wurden an die sechshundert Protestanten verhaftet, und weitere achthundert wurden zu verschiedenen Strafen verurteilt[35]. 1752 wurde der protestantische Prediger Bénezet im Alter von sechsundzwanzig Jahren in Montpellier gehängt. Im gleichen Jahr befahl Ludwig XV., unter dem Einfluß von Frau von Pompadour, diese Verfolgungen einzustellen[36]. Von nun an konnten Protestanten, besonders in oder um Paris, der Bestrafung entgehen, falls sie einmal im Jahr einem katholischen Gottesdienst beiwohnten[37].

Trotz Frömmelei, Weltlichkeit und Machthunger der Führer gab es unter den französischen Geistlichen Hunderte von Männern, die sich durch ihre ernsthaften Studien oder ihre Hingebung auszeichneten. Neben den Bischöfen, die in Paris den Zehnten der Bauernschaft vergeudeten, gaben andere – wahre Heilige, soweit es ihre Verwaltungsaufgaben erlaubten – ein Beispiel größter Sittenreinheit. Kardinal Louis-Antoine von Noailles, Erzbischof von Paris, war ein kluger und edler Mensch. Jean-Baptiste Massillon, Bischof von Clermont, war äußerst beliebt, trotz der Gelehrsamkeit seiner Predigten, denen Voltaire gerne bei Tisch zuhörte, und sei es nur wegen der Vollkommenheit des Stils. Gabriel von Caylus, Bischof von Auxerre, verteilte all sein Eigentum unter die Armen, verkaufte seine silbernen Teller, um Hungrige zu ernähren, und entschuldigte sich bei weiteren Bittstellern: «Meine Kinder, mir bleibt nichts mehr, was ich euch noch geben könnte.»[38] Bischof François von Belsunce blieb während der furchtbaren Pestepidemie auf seinem Posten in Marseille (1720), als ein Drittel der Bevölkerung starb und die meisten Ärzte und Beamten flohen. «Seht euch Belsunce an», schrieb Lemontey:

> «Alles, was er besaß, hat er weggegeben; seine ganze Dienerschaft ist (an der Seuche) gestorben; allein, verarmt und zu Fuß begibt er sich jeden Morgen in die fürchterlichsten Elendslöcher, und am Abend taucht er wieder dort auf, wo der Boden mit Sterbenden besät ist. Er löscht ihren Durst, er tröstet sie wie ein Freund ..., und auf diesem Totenacker sammelt er verlassene Seelen. Das Beispiel dieses Prälaten, der unverwundbar zu sein scheint, feuert die Ortspfarrer, die Vikare und die religiösen Orden an; keiner läßt seine Aufgabe im Stich, keiner schont sich, und koste es ihn das Leben; so gingen sechsundzwanzig Franziskaner und achtzehn von sechsundzwanzig Jesuiten zugrunde. Die Kapuziner riefen ihre Brüder aus anderen Provinzen auf, und sie eilten dem Märtyrertod mit der Bereitwilligkeit der ersten Christen entgegen; von fünfundfünfzig erlagen dreiundvierzig der Seuche. Wenn noch mehr Seelengröße möglich wäre, so müßte sie den Oratorianern und ihrer Hingebung zuerkannt werden.»[39]

Man darf über dem bitteren Kampf zwischen Religion und Philosophie und dem berechtigten Zorn der *philosophes* über die erstickende Zensur und den beschämenden Aberglauben nicht vergessen, daß die höhere Geistlichkeit nicht nur über Reichtümer, sondern auch über wahre Hingabe verfügte; daß die Dorfpfarrer uneigennützig und arm waren und daß das Volk unerschütterlich an einem Glauben hing, der Hochmut und Leidenschaft bändigte und bittere Tage mit seinem tröstlichen Licht verklärte.

III. DER DRITTE STAND

1. *Die Bauernschaft*

Die «politische Ökonomie», die von Carlyle als «trübe Wissenschaft» gebrandmarkt wurde, stellte sich die Frage, ob die Armen arm sind, weil sie unwissend sind, oder unwissend, weil sie arm sind. Diese Frage läßt sich beantworten, wenn man die stolze Unabhängigkeit des französischen Bauern von heute dem erniedrigenden Elend des französischen Bauern in der ersten Hälfte des achtzehnten Jahrhunderts gegenüberstellt.

Im Vergleich mit der Notlage, in die ihn die Kriege und Anforderungen Ludwigs XIV. gestürzt hatten, waren seine Lebensbedingungen im Jahre 1723 doch etwas besser. Wenn er auch weiter dem Adel und der Kirche abgabepflichtig war, so vergrößerte sich doch sein Anteil am französischen Boden, der in der Normandie und der Bretagne zwanzig Prozent, im Languedoc und Limousin fünfzig Prozent betrug[40]. Aber im Durchschnitt war der Besitz der Kleinbauern so gering – drei bis fünf Morgen –, daß sie sich zum Unterhalt ihrer Familie auf anderen Gütern verdingen mußten. Der größte Teil des Bodens gehörte dem Adel, der Geistlichkeit oder dem König und wurde von Pächtern, Halbpächtern oder Tagelöhnern unter Aufsicht eines Verwalters bestellt. Pächter zahlten dem Besitzer den Pachtzins in Form von Geld, Feldfrüchten und Diensten; bei der Halbpacht mußte der Pächter dem Gutsherrn für den Boden, die Geräte und das Saatgut die Hälfte der Ernte überlassen.

Wenn auch der Landbesitz der Bauern langsam zunahm, so hatten sich doch noch viele Überreste der Feudalzeit erhalten. Nur eine kleine Minderheit von Eigentümern – manchmal nicht mehr als zwei Prozent – hatten ihr Land als *franc-alleu*, das heißt frei von allen Feudalabgaben. Alle übrigen Bauern mußten dem örtlichen Edelmann mehrere Arbeitstage im Jahr zur Verfügung stellen, hinreichend, um seinen Boden zu pflügen und zu säen, die Ernte einzubringen und die Scheunen zu füllen. Sie mußten ihrem Herrn eine Gebühr bezahlen, um in den Seen oder Flüssen zu fischen und ihr Vieh auf den Feldern seiner Besitzungen weiden zu lassen. In der Freigrafschaft, der Auvergne und der Bretagne mußten sie ihm auch, bis zur Revolution, die Heiratserlaubnis bezahlen[41]. Sie mußten ausschließlich seine Mühle, sein Backhaus und seine Trauben- oder Ölpresse benutzen und jedesmal dafür bezahlen. Für jeden Kamin, an dem sie sich wärmten, für jeden Brunnen, den sie bohrten, für jede Brücke, die sie auf seinem Gebiet überquerten, mußten sie bezahlen. (Einige dieser Abgaben existieren auch heute noch, nur haben sie sich in Staatssteuern verwandelt.) Gewisse Gesetze untersagten dem Herrn und seiner Begleitung, Felder und Tiere des Bauern durch Jagd zu beschädigen; aber diese Gesetze wurden nur selten beobachtet, während der Bauer die Tauben vom Herrenhof nicht abschießen durfte, die an seiner Ernte knabberten[42]. Mindestens vierzehn Prozent der bäuerlichen Einkünfte – nach anderen Schätzungen noch mehr – kamen auf die Abgaben an den Herrn[43].

An einigen Orten gab es sogar noch Leibeigenschaft. Ein hervorragender Soziologe schätzte, daß «die Gesamtanzahl von Leibeigenen» im achtzehnten Jahrhundert in Frankreich «eine Million nicht überstieg»[44]. Ihre Zahl nahm ständig ab, aber 1789 gab es immer noch ungefähr 300000[45]. Solche Bauern waren *adscripti glebae* – an den Boden gebunden. Sie durften ihr Land dem Gesetz nach weder verlassen, verkaufen noch übertragen und konnten ihren Wohnort ohne die Zustimmung des Herrn nicht wechseln; und wenn sie kinderlos starben und niemand von ihrer Familie das Land weiter bearbeiten konnte, fiel es mit der ganzen Ausrüstung an den Herrn.

Hatte der Bauer seine Abgaben an den Edelmann und die Kirche bezahlt, dann mußte er sich noch Geld beschaffen, um die Steuern zu begleichen, die der Staat ihm auferlegte. Er allein zahlte eine Einkommensteuer (*taille*), er bezahlte die Salzsteuer (*gabelle*) und außerdem fünf Prozent seines Einkommens (*vingtième*) in seiner Eigenschaft als Familienoberhaupt. Alles in allem ging ein Drittel seines Verdienstes an den Gebietsherrn, die Kirche und den Staat[46]. Steuereinzieher hatten das Recht, wenn nötig mit Gewalt in das Haus des Bauern einzudringen, nach versteckten Ersparnissen zu suchen und seine Möbel zu beschlagnahmen, wenn er sonst für die ihm auferlegte Steuer nicht aufkommen konnte. Er schuldete nicht nur seinem Herrn Arbeitstage und Abgaben, sondern mußte auch, seit 1733, zwölf oder fünfzehn Tage beim Bau oder der Wiederinstandsetzung von Brücken oder Straßen umsonst für den Staat arbeiten (*corvée*). Für jeden Aufschub, für jeden Widerstand kam er ins Gefängnis.

Da die Steuern mit jeder Verbesserung der Bedingungen und des Einkommens stiegen, konnte man von der Bauernschaft kaum Erfindungsgeist oder Unternehmungslust erwarten. Die landwirtschaftlichen Methoden in Frankreich blieben im Vergleich mit England weiterhin primitiv. Alle drei Jahre ließ der Bauer ein Feld brachliegen, während man in England den Fruchtwechsel einführte. Gründliche Bodenbebauung war fast unbekannt. Eisenpflüge waren selten, Vieh und Dünger ungenügend. Die Durchschnittswirtschaft war zu klein, um den Gebrauch von Maschinen zu rechtfertigen.

Mit Befremden sahen englische Reisende dieser Zeit die Armut des französischen Bauern. «Bei jeder Haltestelle», schrieb Lady Mary Montagu (1718), «lief der ganze Ort zusammen, um zu betteln, während die Pferde gewechselt wurden; und mit ihren verhungerten Gesichtern und den dünnen, zerrissenen Kleidern brauchten sie keine Beredsamkeit, um das Elend ihres Daseins zu beschreiben.»[47] Französische Beobachter vermittelten bis gegen Ende des Jahrhunderts kein rosigeres Bild. «Im Jahre 1725», sagte Saint-Simon, «lebt das Volk in der Normandie vom Gras auf den Feldern. Der erhabenste König von Europa ist in Wirklichkeit ein König von Bettlern ..., der sein Königreich in ein riesiges Siechenhaus für Sterbende verwandelt, die sich ohne Murren alles bis aufs Letzte wegnehmen lassen.»[48] Und im Jahre 1740 äußerte der Marquis René-Louis von Argenson die Meinung, daß «mehr Franzosen in den letzten beiden Jahren an Entbehrung gestorben sind, als in allen Kriegen Ludwigs XIV. umkamen»[49].

«Die Kleidung der armen Bauern», sagte Besnard – und sie waren fast alle arm –, «war ... jämmerlich, denn sie hatten nur ein Kleidungsstück für Winter und Sommer ... Ihr einziges Paar Schuhe, das sie sich zur Zeit ihrer Hochzeit anschafften, mußte ihnen ein Leben lang dienen oder wenigstens so lange, wie das dünne, immer wieder zusammengeflickte Leder dauerte.»[50] Voltaire schätzte, daß zwei Millionen französische Bauern im Winter Holzschuhe trugen und im Sommer barfuß gingen, weil die hohen Steuern auf Leder Schuhe zu einem Luxusgegenstand machten[51]. Die Bauernhütte wurde aus Lehm gebaut und mit Stroh gedeckt; im allgemeinen enthielt sie nur einen einzigen niedrigen Raum. In gewissen Teilen Nordfrankreichs wurden die Bauernhäuser dagegen aus festerem Material gebaut, um der Kälte und den Stürmen des Winters widerstehen zu können. Der Bauer ernährte sich von Suppe, Eiern, Molkereiprodukten und Brot aus Roggen- oder Hafermehl; Fleisch und Weißbrot waren festliche Ausnahmen[52]. Auch in Frankreich, wie überall, hatten diejenigen, die die Nation ernährten, am wenigsten zu essen.

Den einzigen Trost fand der Bauer im Alkohol und in der Religion. Wirtshäuser gab es im Überfluß, und auch zu Hause wurde gebrannt. Der Bauer war grob, Roheiten waren keine Ausnahme, Gewalttätigkeiten zwischen einzelnen Bauern, ganzen Familien und Dörfern gang und gäbe. Aber das Zusammengehörigkeitsgefühl innerhalb der Familie war stark, wenn es auch nicht in Worten Ausdruck fand. Die Leute hatten viele Kinder, aber die meisten starben in den ersten Jahren. Zwischen 1715 und 1740 gab es fast keinen Bevölkerungszuwachs in Frankreich. Krieg, Seuchen und Hungersnot dezimierten die Bevölkerung mit malthusischer Regelmäßigkeit.

2. *Das Proletariat*

Noch tiefer als die Bauern standen die Dienstboten in den Privathäusern, die so arm waren, daß nur wenige von ihnen sich eine Heirat leisten konnten. Das städtische Proletariat – Handwerker in Werkstätten oder Fabriken, Lastträger und Lieferanten, Spezialisten für Bauarbeiten und Reparaturen – war etwas besser gestellt als die Bauernschaft. Fast die ganze Industrie bestand noch aus Heimarbeit, sowohl in den Dörfern wie in den Städten. Der Kaufmann stellte das Material zur Verfügung, holte die fertigen Waren ab und steckte fast den ganzen Gewinn ein. In den Städten herrschte noch das Zunftsystem vor, mit seinen Meistern, Lehrlingen und Gesellen, die nach alten Vorschriften arbeiteten, wobei Zunft und Regierung die Arbeitsstunden und -bedingungen, die Art, die Qualität und den Preis der Ware und den beschränkten Umkreis, in dem sie verkauft werden durfte, festsetzten. Diese Einschränkungen erschwerten jede Verbesserung, da der Anreiz der Konkurrenz von außen dahinfiel, was im Verein mit den Straßenzöllen die industrielle Entwicklung hemmte. Die Zünfte waren zu einer Art Arbeitsaristokratie geworden. Für die Ernennung zum Meister wurde bis zu zweitausend Livres bezahlt; ein gewisser Zug zur Vererbung des Meistertitels machte sich bemerkbar[53]. Die Arbeit in den Werkstätten begann frühmorgens und endete spätabends. In der Umgebung von Versailles arbeiteten die Gesellen schon von vier Uhr früh an und hörten erst um acht Uhr abends auf[54]. Aber das Arbeitstempo war nicht so stramm wie in den heutigen Fabriken, und die Kirchenfeste sorgten für zahlreiche Feiertage.

Die Größenordnung der Betriebe war bescheiden; außerhalb der Familie wurden nur drei oder vier Arbeiter beschäftigt. Sogar Gerbereien, Glaswerke und Färbereien waren Kleinbetriebe. In Bordeaux waren die Arbeitnehmer nur viermal so zahlreich wie die Arbeitgeber. Die Regierung unterhielt jedoch einige große Unternehmen – Seifenfabriken, die Teppichwirkereien, wo die Gobelins hergestellt wurden, und die Porzellanmanufaktur in Sèvres. Die Kohlenbergwerke dehnten sich aus, denn allmählich verdrängte die Kohle das Holz als Brennstoff. Stimmen erhoben sich gegen die Vergiftung der Luft durch den Kohlenrauch; aber damals wie heute hatte die Industrie das letzte Wort, und in Paris wie in London mußte die Bevölkerung diese verunreinigte Luft einatmen. In der Dauphiné gab es Stahlhütten, im Angoumois Papiermühlen; Textilfabriken von beträchtlichem Ausmaß entstanden im Norden. Ein gewisser Van Robais beschäftigte fünfzehnhundert Personen in seiner Textilfabrik in Abbeville, ein anderer Unternehmer namens Van der Cruissen dreitausend in Lille[55]. Diese Entwicklung förderte die Arbeitsteilung und Spezialisierung und gab den Anstoß zur Erfindung von Maschinen für gewisse Arbeitsprozesse. Die *Encyclopédie* von Diderot (1751 ff.) enthielt Beschreibungen und Pläne einer erstaunlichen Anzahl der verschiedenartigsten und kompliziertesten mechanischen Vorrichtungen, die bereits in der französischen Industrie eingeführt waren – nur selten zur Freude des Proletariats. Als der Jacquard-Webstuhl in Lyon in Betrieb genommen wurde, zertrümmerten ihn die Seidenweber aus Furcht vor der Arbeitslosigkeit[56].

Um den Aufschwung neuer Industrien zu begünstigen, gewährte die Regierung – wie in England unter Elisabeth – verschiedene Monopole, so zum Beispiel an die Familie Van Robais für die Herstellung feiner holländischer Stoffe; außerdem unterstützte sie andere Unternehmen mit Geld und steuerfreien Anleihen. Die ganze Industrie wurde durch die Regierung strengen, von Colbert übernommenen Vorschriften unterworfen. Dieses System hatte den immer stärkeren Widerstand von Fabrikanten und Kaufleuten zur Folge, die behaupteten, daß die Wirtschaft sich viel besser und vorteilhafter entwickeln würde, wenn sie von der Einmischung der Regierung befreit wäre. Einer der Verfechter dieser Ansichten war Vincent de Gournay, der um 1755 den historischen Ausdruck *laisser faire* (machen lassen) prägte, der in der nächsten Generation zum Banner der Physiokraten – Quesnay, Turgot und andere – im Kampf um das freie Unternehmertum und den freien Handel wurde.

Auch die Handwerker waren gegen all die Bestimmungen, die ihren Bestrebungen um bessere Bedingungen und bessere Bezahlung im Wege standen. Am meisten beklagten sie sich jedoch darüber, daß Heim- und Fabrikarbeiter den Zünften ihre Märkte wegnahmen. Um 1756 hatten die Fabrikbesitzer die Handwerker in den großen Städten – und sogar die Zunftmeister – auf das Niveau von Lohnarbeitern, die vom Unternehmer abhängig waren, heruntergedrückt[57]. Innerhalb der Zünfte wurden die Gesellen von den Meistern so schlecht bezahlt, daß sie häufig in Streik traten. Die Armut in den Städten war fast so groß wie auf den Dörfern. Schlechte Ernten riefen Hungersnöte unter dem städtischen Proletariat hervor, die Aufstände zur Folge hatten, wie in Toulouse im Jahre 1747, in Paris im Jahre 1751 und abermals in Toulouse im Jahre 1752[58]. Schon damals, etwa um 1729, schlug der atheistische Priester Jean Meslier einen freiheitlichen Kommunismus anstelle des existierenden Systems vor[59].

Um die Mitte des Jahrhunderts wimmelte es in Paris, Rouen, Lille, Lyon, Bordeaux und Marseille von *prolétaires*. Eine Zeitlang war Lyon ein größeres Industriezentrum als Paris. Der englische Dichter Thomas Gray beschrieb Lyon 1739 als «die zweitgrößte Stadt des Königreichs, sowohl an Ausdehnung als an Rang, mit scheußlichen, engen Straßen und außergewöhnlich hohen und geräumigen Häusern (25 Zimmer auf einem Stockwerk und fünf Stockwerke hoch), die von Einwohnern wimmelten»[60]. Paris war ein lärmender Bienenstock von 800000 Einwohnern, darunter 100000 Bedienstete und 20000 Bettler; neben widerwärtigen Armenvierteln herrliche Paläste; dunkle Straßen und schmutzige Gassen hinter eleganten Promenaden; Kunstwerke, die das Elend verdeckten. Kaleschen, Postkutschen und Sänften stießen unter Beschimpfungen aufeinander und riefen Verkehrsstockungen hervor. Seit 1690 gab es einige gepflasterte Hauptstraßen, 1742 pflasterte Trésaquet Straßen mit gewalztem Schotter. Aber die meisten Straßen waren einfach aus gestampfter Erde oder mit Kopfsteinen gepflastert – sehr geeignet für die Barrikaden von Revolutionären. Die Straßenbeleuchtung wurde um 1745 eingeführt, aber nur angesteckt, wenn der Mond nicht schien. Straßennamen erschienen um 1728, aber Hausnummern gab es vor der Revolution nicht. Nur die Reichen hatten eine Wasserleitung in ihren Häusern; die anderen bezogen ihren Vorrat bei den zwanzigtausend Wasserträgern, die ihre beiden Eimer oft bis zum siebenten Stockwerk hinauftragen mußten. Wasserklosetts im Haus und Badezimmer mit laufendem kaltem und warmem Wasser waren eine Ausnahme bei ganz reichen Familien. Tausende von Läden mit ihren malerischen Aushängeschildern bedienten sich eines Durcheinanders von verschiedenen und verdächtigen Gewichten und Maßen, bis die Revolution das metrische System einführte. Es gab natürlich unter den Ladenbesitzern auch ehrliche Leute – *maisons de confiance* –, aber die Mehrzahl war verrufen wegen der Unzuverlässigkeit ihrer Maße und Preise und wegen der schlechten Qualität ihrer Ware[61]. Einige Läden legten sich einen trügerischen Glanz für die Herrschaften zu, die im Wagen vorgefahren kamen. Arme Leute kauften meistens bei Hausierern, die ihre Ware mühselig in Eimern und Körben feilboten und mit ihren herkömmlichen, unverständlichen und willkommenen Rufen zur Musik der Straßen beitrugen, von «Bratkartoffeln!» bis zu «Rattentod!». Ratten machten den Menschen den Wohnraum in der Stadt streitig, und Männer, Frauen und Kinder gingen mit den Ratten um die Wette auf die Jagd nach Nahrung. Montesquieu legte seinem persischen Besucher die Worte in den Mund:

«Die Häuser sind so hoch, daß man glauben könnte, sie seien von lauter Astrologen bewohnt. Man kann sich leicht vorstellen, daß eine Stadt, die in die Höhe gebaut ist, wo sechs oder sieben Häuser übereinandergestellt sind, dicht bevölkert ist und daß es ein schönes Gedränge gibt, wenn alle ihre Bewohner ausgehen. Ich bin hier schon seit einem Monat, aber ich habe noch niemanden gesehen, der normal zu Fuß geht. Niemand auf der Welt bewegt sich vorwärts wie ein Franzose. Er rennt, er fliegt.»[62]

Dazu kamen noch die Bettler, die Landstreicher, die Taschendiebe, die Bänkelsänger, die Drehorgelspieler und die Quacksalber. Alles in allem eine Bevölkerung mit hundert menschlichen Schwächen, der man nie vertrauen konnte, die immer auf Gewinn aus war und dazu herzhaft und ausgiebig fluchte; und gleichzeitig doch, wenn sie nur etwas zu essen und ihren Wein zu trinken hatte, die freundlichste, lustigste und gewitzteste Bevölkerung der Welt.

3. Das Bürgertum

Zwischen der niederen und der oberen Schicht, gehaßt von der einen, verachtet von der anderen, bahnte sich der Mittelstand – Ärzte, Professoren, Verwalter, Fabrikanten, Kauf- und Finanzleute – geschickt und geduldig seinen Weg zu Wohlstand und Macht. Die Fabrikanten nahmen finanzielle Wagnisse auf sich und forderten entsprechende Vorteile. Sie klagten über die Hunderte von Ärgernissen, die ihnen die Regierungsvorschriften bereiteten, und stießen sich an der Überwachung der Märkte und der Produktion, die die Zünfte ausübten. Die Kaufleute, die die Waren zu verteilen hatten, verwünschten die tausend Zölle, die den Verkehr behinderten. Fast an jedem Fluß, jedem Kanal und jeder Straßenkreuzung erhob ein Adliger oder Kirchenfürst seinen Zoll für die Erlaubnis, seinen Grund und Boden zu betreten. Ihrer Meinung nach waren die Zölle eine gerechtfertigte Einnahme, die sie für die Instandhaltung von Straßen, Brücken und Fähren benötigten. Ein königlicher Erlaß aus dem Jahre 1724 schaffte zwölfhundert Zölle dieser Art ab, aber Hunderte blieben bestehen und trugen dazu bei, der Revolution die Unterstützung des Bürgertums zu sichern.

Der im Inland so gehemmte französische Handel suchte sich überseeische Märkte. Der Freihafen Marseille beherrschte den europäischen Handel mit der Türkei und dem Osten. Die Compagnie des Indes (Indische Handelsgesellschaft), die 1723 wieder aufgebaut wurde, dehnte ihre Märkte und ihren politischen Einfluß auf die karibischen Inseln, das Mississippi-Tal und einen Teil Indiens aus. Bordeaux, der bedeutendste Handelshafen am Atlantischen Ozean, steigerte seinen Seehandelsumsatz von 40 Millionen Livres im Jahre 1724 auf 250 Millionen im Jahre 1788. Jedes Jahr segelten mehr als dreihundert Schiffe von Bordeaux und Nantes nach Amerika, viele mit Sklaven für die Zuckerplantagen auf den Antillen und in Louisiana beladen[63]. Zucker aus Französisch-Amerika verdrängte damals den englischen Zucker aus Jamaica und Barbados auf dem europäischen Markt[64]. Vielleicht ist hier eine der Ursachen für den Siebenjährigen Krieg zu suchen. Der gesamte Außenhandelsumsatz Frankreichs stieg von 215 Millionen Livres im Jahre 1715 auf 600 Millionen im Jahre 1750[65]. Voltaire nahm an, daß die Anzahl der Handelsschiffe in französischem Dienst von dreihundert im Jahre 1715 auf achtzehnhundert im Jahre 1738 angewachsen war[66].

Die steigenden Gewinne, die der Seehandel abwarf, waren ausschlaggebend für die Eroberung von Kolonien. Der Eifer der französischen Kaufleute und Missionare hatte Frankreich fast ganz Kanada und das Mississippi-Becken sowie einige karibische Inseln eingetragen. England stand diesen französischen Eroberungen feindlich gegenüber, weil dadurch seine eigenen Kolonien in Amerika eingekreist und gefährdet wurden. Darüber sollte der Krieg entscheiden. Der gleiche Wettkampf entzweite Franzosen und Engländer in Indien. Die Franzosen hatten sich 1683 in Pondicherry an der Ostküste, südlich von Madras, festgesetzt, und 1688 hatte ihnen der Großmogul die Herrschaft über Chandernagor, nördlich von Kalkutta, überlassen. Unter der energischen Führung von Joseph Dupleix rissen diese beiden Häfen einen so großen Teil des Handels und der Einkünfte an sich, daß die englische Ostindische Handelsgesellschaft, die ihre Stützpunkte in Madras (1639), Bombay (1668) und Kalkutta (1686) hatte, sich veranlaßt sah, um die Vorherrschaft im Mogulreich mit den Franzosen zu kämpfen.

Als England und Frankreich sich als Gegner im Österreichischen Erbfolgekrieg gegenüberstanden (1744), machte Mahé de La Bourdonnais, der sich als unternehmender Verwalter auf den französischen Inseln im Indischen Ozean, Mauritius und Bourbon (jetzt: Réunion), hervorgetan hatte, den Vorschlag, «Handel und Kolonien der Engländer in Indien zu vernichten»[67]. Mit einer französischen Schwadron und dem eifersüchtigen Einverständnis von Dupleix griff er Madras an und zwang die Stadt nach kurzer Zeit zur Übergabe (1746). Auf eigene Verantwortung unterzeichnete er ein Abkommen mit der englischen Obrigkeit, wonach Madras gegen eine Summe von 420000 Pfund wieder unter englische Oberhoheit kommen solle. Dupleix weigerte sich, diese Vereinbarung anzuerkennen. La Bourdonnais bestand darauf. Er segelte auf einem holländischen Schiff nach Europa, wurde erst von einem englischen Schiff gefangengenommen, dann auf Ehrenwort entlassen, begab sich nach Paris und wurde wegen Gehorsamsverweigerung und Verrat in die Bastille eingeliefert. Er verlangte einen Prozeß. Nach zweijähriger Haft wurde er vor Gericht gestellt und freigesprochen (1751). Er starb im Jahre 1753. In der Zwischenzeit belagerte eine mächtige britische Flotte Pondicherry (August 1748). Dupleix verteidigte sich mit so viel Energie und Geschick, daß die Belagerung im Oktober abgebrochen wurde. Eine Woche später drang die Nachricht nach Indien, daß im Vertrag von Aachen Madras wieder England zugesprochen worden war. Die französische Regierung, die sich der Unterlegenheit ihrer Flotte in Indien bewußt war, weigerte sich, Dupleix' Eroberungspläne zu unterstützen; er erhielt nur ungenügende Streitkräfte und Geldmittel und wurde schließlich nach Frankreich zurückberufen (1754). Er mußte noch miterleben, wie die Franzosen von den Engländern während der indischen Phase des Siebenjährigen Krieges völlig aus Indien verdrängt wurden.

Die oberste Schicht des Dritten Standes bildeten die Finanzleute. Das konnten altmodische Geldverleiher in kleinem Stil sein, aber auch ausgewachsene Bankiers, die mit Depositenkonten, Anleihen und Anlagen zu tun hatten, oder aber Steuereinzieher, die für die Einnahmen des Staates sorgten. Die Beschränkungen, die die katholische Kirche den Zinsforderungen auferlegte, hatten nicht mehr viel Bedeutung. John Law fand halb Frankreich nur zu willig, mit Aktien und Wertpapieren zu handeln. 1724 wurde die Pariser Börse eröffnet.

Einige Finanzleute waren reicher als die meisten Adligen. Paris-Montmartel besaß 100 Millionen Livres, Lenormant de Tournehem 20 Millionen, Samuel Bernard 33 Millionen[68]. Bernard verheiratete seine Töchter mit Adligen, denn er gab jeder eine Mitgift von 100000 Livres[69]. Er war ein gebildeter Mann und ein Patriot. Im Jahre 1715 setzte er selbst die Steuer auf sein Vermögen mit neun Millionen Livres fest, womit er sich zu seinem Reichtum bekannte, anstatt einen Teil zu verheimlichen, was ihm ein leichtes gewesen wäre[70]. Und erst als er (1739) starb, kam bei der Überprüfung seiner Bücher das ganze Ausmaß der Wohltätigkeit an den Tag, die er im geheimen ausgeübt hatte[71]. Die vier Brüder Paris bauten ihre Bank zu einer politischen Macht aus. Voltaire lernte bei ihnen ein gut Teil seiner finanziellen Kniffe und entwickelte sich zur Entrüstung ganz Europas nicht nur zum Philosophen, sondern auch zum Millionär.

Die verhaßtesten Finanzleute Frankreichs im achtzehnten Jahrhundert waren die «Generalpächter». Die Generalpacht (*ferme générale*) war 1697 zur Einziehung indirekter Steuern – hauptsächlich auf Subsidien, Eintragungen, Wechsel, Salz und Tabak – errichtet worden. Da die Regierung aber noch vor ihrer Einziehung über diese Einnahmen verfügen wollte, verpachtete sie sie an Privatpersonen, die der Regierung eine bestimmte Summe zahlten und dafür das Recht erhielten, diese Steuern sechs Jahre lang einzuziehen. Die Zunahme von Steuern, Wohlstand und Inflation spiegelt sich in dem zunehmenden Preis wider, der für diese einträgliche Pacht bezahlt wurde: 80 Millionen Livres im Jahre 1726, 92 Millionen im Jahre 1744, 152 Millionen im Jahre 1774. Keine Regierung war je in Verlegenheit, wenn es darum ging, das Geld ihrer Untertanen auszugeben. Der Erwerber der Pacht übertrug die Einziehung der Steuern ungefähr vierzig «Generalpächtern» (*fermiers généraux*), von denen jeder mindestens eine Million Livres als Garantie im voraus bezahlte; und von all den Einnahmen, die durch ihre Hände gingen, blieb etwas daran hängen. So überstieg der Gewinn der vierzig Generalpächter, zwischen 1726 und 1730, 156 Millionen Livres[72]. Ein großer Teil dieser Steuereinnehmer kaufte sich große Besitzungen und Titel, baute prunkvolle Paläste und lebte in protzigem Luxus, was den Zorn des Adels und der Geistlichkeit erregte. Manche umgaben sich mit Kunstwerken und Künstlern, Dichtern und Mätressen und machten aus ihrem Heim einen Zufluchtsort für die Intelligenz. Helvétius, ein äußerst liebenswürdiger Philosoph, war einer der großzügigsten Generalpächter. Rousseau war lange Zeit zu Gast bei Frau von Epinay, der Gattin eines Generalpächters; Rameau und Vanloo genossen die Gastfreundschaft von Alexandre de La Popelinière, einem der großen Gönner aus der Finanzwelt. Das Großbürgertum, das gesellschaftliche Anerkennung anstrebte, rächte sich für die Kritik der Kirche und die Verachtung des Adels durch Unterstützung der Philosophen gegen die Kirche und später gegen den Adel. Vielleicht wurde die Revolution von der Hochfinanz finanziert.

IV. DIE REGIERUNG

Der Mittelstand hatte sich nach und nach bedeutenden Einfluß im Staat errungen, denn er besetzte fast sämtliche Ministerien, mit Ausnahme derer, die unbedingt mit dem Glanz eines Stammbaums verbunden sein mußten. Seine Angehörigen machten die

Beamtenschaft aus. Der Verstand der Bürger hatte sich durch natürliche Auswahl im wirtschaftlichen Kampf geschärft, und sie erwiesen sich als begabter und anständiger denn die sorglosen und verweichlichten Sprößlinge des dahinvegetierenden Adels. Die *noblesse de robe* in den *parlements* und die Magistratur gehörte in Wirklichkeit ihrer Abkunft und ihrem Charakter nach zur Bourgeoisie. Der Mittelstand verwaltete die Gemeinden, die vierzig Provinzen, die Kriegs-, Versorgungs- und Verkehrskommissariate und sorgte für den Unterhalt von Bergwerken, Straßen aller Art, Brücken, Wasserläufen, Kanälen und Häfen. Die Generäle in der Armee waren zwar Adlige, aber sie führten die Feldzüge nach Plänen durch, die Pariser Strategen aus dem Mittelstand ausgearbeitet hatten[73]. Die bürgerliche Form des französischen Staates im neunzehnten Jahrhundert zeichnete sich bereits im achtzehnten ab.

Die französische Verwaltung galt im allgemeinen für die beste in Europa, doch hatte sie bedrohliche Schwächen. Sie war so zentralisiert, alles bis aufs Kleinste hing in solchem Maße von ihr ab, daß örtliche Initiativen und Lebenskräfte gehemmt wurden – von der Zeit, die mit der Übermittlung von Befehlen und Berichten verlorenging, ganz zu schweigen. Im Vergleich zu England herrschte in Frankreich ein erdrückender Despotismus. Versammlungen waren verboten, ein allgemeines Stimmrecht gab es nicht, außer in ganz unerheblichen örtlichen Angelegenheiten, und der König wurde von keinem Parlament eingeschränkt. Unter Ludwig XV. besserte sich die Regierung, weil er sie vernachlässigte; hingegen übertrug er seinen Ministern das Recht des Königs, *lettres de cachet* (Verhaftungsbefehle) auszustellen, was zu häufigen Mißbräuchen führte. Manchmal allerdings trugen diese «Geheimbriefe» auch zur Beschleunigung von Staatsgeschäften bei, weil all die technischen Einzelheiten der Verwaltungsprozedur übersprungen wurden. So wurde die Comédie-Française, das Staatliche Schauspielhaus in Paris, 1680 auf Grund einer *lettre de cachet* Ludwigs XIV. gegründet. Es kam auch vor, daß der gute Ruf einer Familie durch diese *lettres* bewahrt wurde: ein mißliebiges Glied der Familie wurde ohne öffentliche Gerichtsverhandlung, die unangenehme Einzelheiten an den Tag gebracht hätte, einfach eingesperrt. Ab und zu wurde durch sie auch ein harmloser Narr davor bewahrt, weitere Dummheiten zu begehen, wie es beim zweiten Aufenthalt Voltaires in der Bastille der Fall war. In verschiedenen Fällen wurden sie auf Verlangen eines verzweifelten Vaters (zum Beispiel des älteren Mirabeau) ausgestellt, um einen aufsässigen Sohn zu bändigen. Unter solchen Umständen war die Haft gewöhnlich sehr erträglich und kurzfristig. Andererseits kamen zahlreiche Fälle von ausgesprochener Grausamkeit vor. So wurde der Dichter Desforges sechs Jahre lang (1750–1756) in einen eisernen Käfig eingesperrt, weil er gegen die Ausweisung des englischen Kronprätendenten aus Frankreich protestiert hatte[74]. Wenn man dem im allgemeinen vertrauenswürdigen Grimm Glauben schenken darf, so war die Regierung dem Marschall Moritz von Sachsen so dankbar für seine Siege auf dem Schlachtfeld, daß sie dem Dichter Charles Favart eine *lettre de cachet* mit dem Befehl schickte, seine Frau auf die Liste der Konkubinen des Marschalls zu setzen[75]. Jede Beleidigung eines Adligen durch einen Bürgerlichen, jede Kritik an der Regierung konnte zu einer *lettre de cachet* und zu einer Einkerkerung führen – ohne Verhandlung und ohne Verurteilung.

Diese willkürlichen Haftbefehle erzeugten einen ständig wachsenden Groll bei der Bevölkerung.

Die französische Gesetzgebung war ebenso rückständig, wie die Verwaltung fortschrittlich war. Sie war in jeder Provinz verschieden, was mit der ehemaligen Abgeschiedenheit und Selbstverwaltung zusammenhing; in den einzelnen Gegenden Frankreichs gab es dreihundertfünfzig verschiedene gesetzgebende Körperschaften. Colbert hatte 1670 mit seiner *Ordonnance criminelle* einen erfolglosen Versuch zur Vereinheitlichung und Klärung der französischen Gesetzgebung gemacht; aber auch sein Gesetzbuch war ein Durcheinander von mittelalterlichen und modernen, germanischen und römischen, kanonischen und weltlichen Gesetzen. Je nach seinen Bedürfnissen erließ der König neue Gesetze, gewöhnlich auf Drängen seiner Minister und nach einer oberflächlichen Untersuchung über ihre Übereinstimmung mit bereits vorhandenen Gesetzen. Ein Bürger konnte nur mit Schwierigkeiten herausbekommen, welches Gesetz auf seinen Wohnort und seinen besonderen Fall paßte. Das Strafrecht wurde in den Grafschaften von der *maréchaussée,* der berittenen Polizei, ausgeübt, in den größeren Städten von der Stadtpolizei. Die Pariser Polizei war von Marc-René de Voyer d'Argenson sehr gut ausgebildet worden; d'Argenson war nicht nur der Vater berühmter Söhne, sondern verdiente sich auch als Generalleutnant der Polizei von 1697 bis 1718 den Beinamen «*Damné*» (Verdammter), da er aussah wie der Teufel. Jedenfalls war er der Schrecken der Pariser Verbrecher, denn er kannte ihre Verstecke und ihre Methoden; und trotzdem (so versichert Saint-Simon) «war er voll Menschlichkeit»[76] – ein Joubert lange vor Victor Hugos *Misérables.*

Die Untersuchungshaft vor der Verhandlung unterschied sich kaum vom Strafvollzug. So konnte ein Sträfling unter Umständen Monate in Ketten und seelischen Qualen, in Schmutz und täglicher Ansteckungsgefahr verbringen. Versuchte er zu entkommen, so wurde sein Besitz beschlagnahmt. Wurde er eines schweren Verbrechens beschuldigt, so durfte er nicht mit einem Anwalt in Verbindung treten. Es gab weder ein Recht auf *habeas corpus* noch ein Geschworenengericht. Zeugen konnten nur einzeln und vertraulich aussagen. Wenn der Richter einen Mann für schuldig hielt, aber nicht genügend Beweise hatte, um ihn zu verurteilen, so war er berechtigt, die Folter zu benutzen, um ein Geständnis zu erzwingen. Diese gesetzliche Folter wurde unter Ludwig XV. seltener und weniger streng angewandt, gehörte aber bis 1780 in Frankreich zur gesetzlich erlaubten Prozedur. Die Strafen reichten von der Geldstrafe bis zur Vierteilung. Unehrlichkeit im Geschäftsleben wurde mit dem Pranger geahndet. Diebe und andere kleine Verbrecher wurden ausgepeitscht, während sie, an einem Wagenende festgebunden, durch die Straßen gezogen wurden. Domestiken, die Diebstähle begingen, konnten zum Tode verurteilt werden, aber ihre Herrschaft rief dieses Gesetz nur selten an. Die Verurteilung zu den Galeeren wurde offiziell im Jahre 1748 abgeschafft. Die Todesstrafe wurde für eine große Anzahl von Vergehen ausgesprochen, darunter Hexerei, Gotteslästerung, Blutschande, Homosexualität und Bestialität. Enthauptung und Verbrennung auf dem Scheiterhaufen waren nicht mehr im Gebrauch, aber die Hinrichtung konnte durch die Vierteilung des Verurteilten verschärft werden, oder man konnte ihm die Glieder mit einer Eisenzange brechen, während er auf einem Rad festgebunden war. «Eine Hinrichtung», so wird berichtet, «war immer eine beliebte Volksbelustigung, besonders in Paris.»[77]

Die Rechtsprechung war fast so kompliziert wie die Gesetzgebung. Auf dem Lande gab es Tausende von Feudalgerichten, die nach örtlichen Gesetzen Recht sprachen und sich aus Richtern zusammensetzten, die von adligen Herren ernannt worden waren. Diese Gerichte durften sich nur mit unbedeutenden Fällen befassen, konnten nur kleine Geldstrafen verhängen, und man konnte gegen ihr Urteil Berufung einlegen. Für den Bauern war es auf jeden Fall zu schwierig und zu kostspielig, seinem Herrn einen Prozeß zu machen. Über diesen Feudalgerichten standen die den *bailli* und den *sénéchal* vertretenden Bezirksgerichte. In vielen Städten gab es ein Gemeindegericht. Sämtliche dieser niederen Gerichte unterstanden dem Oberlandesgericht, das das Königliche Gesetz vertrat. Unter besonderen Umständen konnte der König Ausnahmegerichte ernennen. Die Kirche urteilte die Geistlichkeit nach ihrem eigenen kanonischen Gesetz in kirchlichen Gerichtshöfen ab. All diese verschiedenen Gerichtshöfe waren von einem Schwarm von Rechtsanwälten umgeben, die aus der französischen Leidenschaft für Prozesse Gewinn zogen. Dreizehn Großstädte besaßen *parlements*, die aus Richtern bestanden und die Funktion von obersten Gerichtshöfen in diesen Städten und ihrer Umgebung ausübten. So war das Pariser Parlament fast für ein Drittel Frankreichs zuständig. Die Parlamente erhoben den Anspruch, daß kein Gesetz des Königs oder der Regierung in Kraft treten könne, bevor sie sich nicht darüber geäußert, es gebilligt und registriert hätten. Der Königliche Staatsrat billigte ihnen diesen Anspruch niemals zu, gestattete ihnen jedoch in manchen Fällen das Einspruchsrecht. Die um diese Ansprüche sich drehenden Auseinandersetzungen zwischen dem König und den Parlamenten gehören zum langweiligeren Teil der Geschichte Frankreichs.

Zwischen dem Pariser Parlament und dem König standen die Ministerien und der Hof. Alle Minister zusammen bildeten den Staatsrat (*Conseil d'Etat*). Der Hof bestand aus den Ministern und all jenen Adligen, Geistlichen und vornehmen Bürgern, die dem König vorgestellt worden waren, und sämtlichen Gehilfen und Dienern dieser Höflinge. Ein strenges Protokoll legte die Stellung jedes einzelnen Höflings fest, seinen Rang, seine Vorrechte und seine Pflichten, und ein bis ins letzte ausgearbeitetes Hofzeremoniell verhinderte Reibungen und erschwerte zugleich das Leben von Hunderten stolzer und neidischer Personen. Großartige Zeremonien unterbrachen die Eintönigkeit des Hoflebens und sorgten für die mystische Atmosphäre, die für eine Monarchie unerläßlich ist. Die Lieblingsbeschäftigungen bei Hofe waren Klatsch, Gastmähler, Glücksspiele, Jagd und Ehebruch. «In Frankreich», berichtete der napolitanische Gesandte, «sterben neun Zehntel der Bevölkerung an Hunger und ein Zehntel an Gefräßigkeit.»[78] Riesige Summen wurden beim Spiel gewonnen und verloren. Um ihre Schulden zu begleichen, verkauften Höflinge ihren Einfluß an den Höchstbietenden. Niemand konnte auf ein Amt oder Nebeneinkünfte rechnen, der nicht eine bedeutende Summe in die Tasche eines Höflings wandern ließ. Fast jeder Ehemann bei Hof hatte eine Mätresse, fast jede Ehefrau einen Geliebten. Niemand hatte etwas gegen die Konkubinen des Königs. Die Adligen schimpften auf Frau von Pompadour nur, weil der König mit ihr eine Bürgerliche in sein Bett gelegt hatte, während es ihnen eine Ehre gewesen wäre, wenn er eine ihrer Töchter entjungfert hätte.

Wenn Ludwig XV. im Jahre 1723 auch offiziell als volljährig erklärt wurde, so war er damals doch erst dreizehn Jahre alt, und er überließ deshalb die Verwaltung Louis-Henri, dem Herzog von Bourbon. Der Graf von Toulouse, ein Sprößling Ludwigs XIV., den dieser anerkannt hatte, war für den Posten in Frage gekommen, wurde aber fallengelassen, weil er «zu ehrenhaft war, um einen guten Minister abzugeben»[79]. «Monsieur le Duc» war gleichfalls ein Mann voll guten Willens. Er tat sein Bestes, die Armut des Volkes zu erleichtern; er hoffte, dies durch offiziell festgelegte Preise und Gehälter zu erreichen; aber das Gesetz von Angebot und Nachfrage machte seine Hoffnungen zunichte. Er erkühnte sich, allen Schichten eine Einkommenssteuer von zwei Prozent aufzuerlegen; die Kirche protestierte und bereitete seinen Sturz vor[80]. Er gestattete seiner Mätresse, der Marquise von Prie, zu viel Einflußnahme. Sie war gewandt, aber ihre Klugheit reichte nicht an ihre Schönheit heran. Sie brachte die Heirat zwischen Ludwig XV.

und Maria Leszczyńska zustande, in der Hoffnung, die junge Königin weiter bevormunden zu können. Maria wurde aber sehr bald bedeutungslos. Frau von Prie begünstigte Voltaire, stieß die Geistlichkeit vor den Kopf und veranlaßte den Herzog, gegen den bischöflichen Erzieher vorzugehen, der dem König ursprünglich den Vorschlag gemacht hatte, den Herzog zum obersten Minister zu ernennen. Der König war jedoch voller Bewunderung für seinen Erzieher und vertraute ihm mehr als allen anderen Staatsmännern.

André-Hercule de Fleury war 1698 zum Bischof von Fréjus, 1715 zum königlichen Erzieher ernannt worden. Schon sehr bald stand Ludwig völlig unter seinem Einfluß. Der Bischof war ein hochgewachsener, schöner Mensch, geschmeidig und liebenswürdig. Er drängte sich nicht vor, aber er erreichte, was er wollte. Michelet und Sainte-Beuve waren der Ansicht, daß Fleury als Erzieher den Charakter des jungen Monarchen durch zu große Nachsicht verweichlicht und ihn zu sehr zugunsten der Jesuiten beeinflußt hätte[81]. Voltaire hingegen, obschon kein Freund der Geistlichkeit, schätzte Fleury sowohl als Erzieher wie auch als Minister hoch:

«Fleury bemühte sich, das Gemüt seines Zöglings auf ernsthafte Dinge vorzubereiten, ermahnte ihn zu Verschwiegenheit und Rechtschaffenheit und erhielt sich, inmitten der Wirren des Hofes während der Minderjährigkeit des Königs, das Wohlwollen des Regenten und die Achtung der Öffentlichkeit. Er strich seine Verdienste nie heraus, beklagte sich nie über irgend jemanden und nahm niemals an Kabalen oder Intrigen des Hofes teil ... Im stillen machte er sich mit den Angelegenheiten des Königreichs bekannt sowie mit seinen Interessen im Ausland. Mit einem Wort, sein umsichtiges Verhalten und sein angenehmer Umgang machten es für ganz Frankreich wünschenswert, ihn an der Spitze der Regierung zu sehen.»[82]

Als Fleury erfuhr, daß seine ständigen Versuche, die politischen Entscheidungen zu beeinflussen, den Herzog von Bourbon veranlaßt hatten, seine Entlassung vom Hof zu verlangen, gab er sich keine Mühe, seinen Platz zu behaupten, sondern zog sich in aller Ruhe in das Kloster der Sulpizianer in Issy, einem Vorort von Paris, zurück (18. Dezember 1725). Daraufhin forderte der König den Herzog auf, Fleury zurückzuberufen. Fleury kehrte zurück, und am 11. Juni befahl Ludwig XV. plötzlich dem Herzog von Bourbon, «sich nach Chantilly zurückzuziehen und, bis auf weiteren Befehl, dort zu bleiben». Der König kam damit offensichtlich den Wünschen von Hof, Geistlichkeit und Öffentlichkeit entgegen[83]. Frau von Prie wurde auf ihr Schloß in der Normandie und zu tödlicher Langeweile verbannt und vergiftete sich bald darauf (1727).

Fleury rückte durch scheinbaren Rückzug vor. Er nahm kein öffentliches Amt an; im Gegenteil, er bewog den König zu der Erklärung, daß dieser von nun an selbst regieren werde. Ludwig zog aber Jagd und Spiel vor, und Fleury wurde, wenn auch nicht dem Namen nach, Premierminister (11. Juni 1726). Er war dreiundsiebzig Jahre alt, und mancher ehrgeizige Mann hoffte auf seinen baldigen Tod. Aber er regierte Frankreich noch siebzehn Jahre lang.

Er vergaß seinen Priesterstand nicht. Am 8. Oktober widerrief er die Steuer von zwei Prozent, soweit sie die Kirche betraf. Sie zeigte sich mit einem *don gratuit* (freiwillige Gabe) von fünf Millionen Livres an den Staat erkenntlich. Fleury bat sie um ihre Unterstützung bei seinem Gesuch um die Kardinalswürde, die er aus Rangerwägungen benötigte, um im Staatsrat den Herzögen nicht nachzustehen. Am 5. November wurde er zum Kardinal ernannt, und von nun an machte er kein Geheimnis daraus, daß er Frankreich regierte.

Er erstaunte den Hof durch seine stets gleichbleibende Mäßigung, an der auch seine Machtstellung nichts änderte. Er lebte in fast geiziger Einfachheit und begnügte sich mit der tatsächlichen Macht, ohne ihre äußeren Anzeichen. «Seine hohe Stellung», schrieb Voltaire, «hatte keinen Einfluß auf seine Manieren, und jedermann war überrascht, im Premierminister den liebenswürdigsten und gleichzeitig uneigennützigsten Höfling zu sehen.»[84] «Er war der erste von allen Ministern», sagte Henri Martin, «der nicht in Luxus lebte und mittellos starb.»[85] «Er war von vollkommener Ehrenhaftigkeit und mißbrauchte seine Stellung nie.»[86] Er war «bei weitem toleranter als seine Umgebung»[87]. Er verhielt sich nachsichtig gegenüber Voltaire, und wenn es um die Ausübung des protestantischen Glaubens ging, drückte er ein Auge zu; nur den Jansenisten gegenüber war er unduldsam.

Er kümmerte sich auf seine ungezwungene Art nicht nur um die Prägung der Politik, sondern auch um die Verwaltung. Er wählte seine Mitarbeiter mit Scharfblick und setzte sich mit Festigkeit, wenn auch höflich, durch. Unter ihm führte Henri-François von Aguesseau die langwierige Arbeit der Reform und Kodifizierung der Gesetze fort, und Philibert Orry brachte Ordnung und Zuverlässigkeit in die Staatsfinanzen. So lange wie möglich vermied Fleury den Krieg, bis er von dem Ehrgeiz und den Machtansprüchen der Herrscherfamilie dazu gezwungen wurde. Unter ihm genoß Frankreich längere Friedensperioden, die eine Stärkung des Wirtschaftslebens ermöglichten. Sein Erfolg schien die späteren Argumente der Physiokraten zu rechtfertigen, wonach gute Regierung wenig Regierung bedeutet. Er versprach, die Inflation aufzuhalten, und hielt Wort. Innen- und Außenhandel entwickelten sich erfreulich; die Einkommen stiegen. In den Staatsausgaben ließ er größte Sparsamkeit walten, beschnitt die Kosten für Festlichkeiten bei Hofe und war deswegen imstande, die Einkommensteuer von zwei Prozent ganz abzuschaffen (1727) und die Kopfsteuer, die so schwer auf den Bauern lastete, herabzusetzen. Er gab Städten und Flecken das Recht zurück, ihre eigenen Beamten zu wählen. Unter dem Einfluß seiner persönlichen Rechtschaffenheit besserten sich, wenn auch nur zögernd, die Sitten bei Hofe.

Seine Verwaltung hatte aber auch Schattenseiten. Er gestattete den Generalpächtern weiterhin die Einziehung von Steuern ohne Einmischung des Ministeriums. Um das ausgedehnte Straßennetz zu verwirklichen, das die Intendantur entworfen hatte, führte er die *corvée* (Frondienst) ein, wobei die Bauern für ihre Arbeit nichts als etwas zu essen bekamen. Er gründete Militärschulen für die Söhne des Adels, aber vernachlässigte die Instandsetzung und Vergrößerung der Flotte aus übertriebener Sparsamkeit. So wurden Handel und Kolonien Frankreichs der englischen Flotte auf Gnade und Ungnade ausgeliefert. Er verließ sich allzusehr auf seine Geschicklichkeit, den Frieden mit England aufrechtzuerhalten.

Solange Robert Walpole in England regierte, trug die Friedenspolitik des Kardinals ihre Früchte. Wenn die beiden Männer auch moralisch und charakterlich völlig verschieden waren, so stimmten sie doch in ihren Friedensbestrebungen überein. 1733 ließ sich der Kardinal, wenn auch widerstrebend, von seinen außenpolitischen Ratgebern dazu treiben, den Schwiegervater Ludwigs XV., Stanislaus Leszczyński, als König in Polen einzusetzen. Leszczyński machte sich sofort daran, die polnische Verfassung abzuändern und die Regierung zu stärken. Rußland und Österreich zogen aber ein durch das *liberum veto* geschwächtes Polen vor. Sie verjagten Leszczynski im Polnischen Erbfolgekrieg (1733–1738) zunächst aus Warschau, dann aus Danzig. Fleury, der gegen eine Ausdehnung des Krieges war, riet Stanislaus, sich mit dem Titel «König von Lothringen» nach Nancy und Lunéville zurückzuziehen. Dieses Mißgeschick hatte auch sein Gutes. Leszczyński und die Großmächte kamen überein, daß das vorwiegend französische Lothringen nach seinem Tode an Frankreich kommen sollte, und so geschah es im Jahre 1766.

Der achtundachtzigjährige Fleury strebte mit seiner ganzen schwindenden Energie danach, Frankreich vom Österreichischen Erbfolgekrieg (1740) fernzuhalten. Er wurde von einer Frau besiegt. Félicité von Nesle, Marquise von Vintimille, die vorläufig das Bett des Königs teilte, hörte mit Begeisterung auf die Worte eines gewissen Charles-Auguste Fouquet, Grafen von Belle-Isle, des Enkels des Unterschlagungskünstlers Nicolas Fouquet, den Ludwig XIV. so vorteilhaft beseitigt hatte. Belle-Isle bezeichnete Fleury als einen alten Narren und machte ihr weis, daß nun, wo Friedrich II. von Preußen die junge Maria Theresia von Österreich angriff, die Gelegenheit gekommen war, das Kaiserreich aufzuteilen. Frankreich müsse sich mit Friedrich verbinden, um sich seinen Teil an der Beute nicht entgehen zu lassen. Die reizende Geliebte sang diese verführerischen Weisen ihrem königlichen Liebhaber vor; sie drang in ihn, die Zügel der Regierung den zögernden Händen Fleurys zu entreißen, um Frankreich wieder ruhmreich zu machen.

Fleury versuchte, dem König klarzumachen, daß Belle-Isles Plan sowohl gegen die Ehre als auch gegen das Interesse Frankreichs verstieß, daß England nicht ruhig zusehen konnte, wenn Österreich vernichtet und Frankreich gefährlich groß wurde. Und außerdem bekam der Frieden Frankreich so gut! Am 7. Juni 1741 erklärte Ludwig Österreich den Krieg. Am 25. November nahm Belle-Isle Prag ein, und fast ganz Frankreich teilte seine Meinung, daß Fleury ein alter Esel sei.

Nach einem Jahr Krieg ließ der wankelmütige Friedrich Frankreich fallen und schloß einen Geheimfrieden mit Österreich. Die österreichischen Armeen, die dadurch frei wurden, zogen nach Böhmen und begannen, Prag einzukreisen; jetzt war es nur noch eine Frage der Zeit, wann sich Belle-Isle und seine Besatzung von zwanzigtausend Mann, die außerdem einer feindseligen Bevölkerung gegenüberstanden, ergeben mußten. Am 11. Juli 1742 schickte Fleury dem österreichischen Befehlshaber Grafen von Königsegg eine demütigende Bitte um nachsichtige Bedingungen für die französische Garnison. «Viele Leute wissen», so schrieb er, «wie ich mich gegen die Entscheidungen, die wir getroffen haben, gewehrt habe und daß ich gewissermaßen dazu gezwungen wurde.»[88] Königsegg sandte den Brief Maria Theresia, die ihn sofort veröffentlichen ließ. Zu Belle-Isles Rettung wurde ein französisches Heer ausgeschickt, das ihn aber niemals erreichte. Im Dezember führte Belle-Isle, der sechstausend Kranke und Verwundete zurücklassen mußte, sein Heer von Prag bis zur Grenze nach Eger. Die Flucht fand bei großer Kälte über Hunderte von Kilometern bergigen und sumpfigen Geländes statt, über Schnee und Eis, behindert von feindlichen Überfällen. Von den vierzehntausend Mann, die den Marsch begonnen hatten, starben zwölfhundert unterwegs. Frankreich spendete diesem glänzenden Abschluß eines demütigenden Abenteuers Beifall. Fleury trat von seinem Amt zurück, ging nach Issy und starb am 29. Januar 1743 im Alter von neunzig Jahren.

Der König gab bekannt, daß er von nun an sein eigener Premierminister sein werde.

V. LUDWIG XV.

Es muß ein merkwürdiges Gefühl sein, wenn man im Alter von fünf Jahren König wird. Das Kind, das dazu bestimmt war, Frankreich neunundfünfzig Jahre lang zu regieren, erregte in seiner frühen Kindheit keinerlei Aufmerksamkeit; es war schwächlich, und man machte sich auf seinen frühen Tod gefaßt. Dann starben plötzlich im Jahre 1712 seine Eltern, der Herzog und die Herzogin von Burgund, an den Pocken, und aus dem Knaben wurde der Thronerbe. Drei Jahre später war er König.

Jede Vorsichtsmaßregel wurde getroffen, um ihn für die Herrschaft unfähig zu machen. Frau von Ventadour, seine Gouvernante, war in ständiger Sorge um seine Gesundheit und schützte ihn vor jedem Wetter, das ihn abgehärtet hätte. Ein jesuitischer Beichtvater erfüllte ihn mit ehrfürchtigem Schauer vor der Kirche. Sein Erzieher Fleury war mild und nachsichtig und schien die Ansicht zu vertreten, daß ein tatenloser König ein Segen für Frankreich sei. Der Hofmeister des Knaben, der Marschall von Villeroi, behandelte ihn mit einer anderen Art von Gift; ihn an ein Fenster der Tuilerien führend, wo er die Hochrufe der Menge in Empfang nehmen sollte, die sich dort zu seinen Ehren angesammelt hatte, sagte er zu ihm: «Sehen Sie, *mon maître,* diese ganze Menschenmenge, all diese Leute gehören Ihnen, sie sind Ihr eigen. Sie sind ihr Herr!»[89] Allmacht vermählte sich mit Unfähigkeit.

Der Knabe, der durch Vergötterung verdorben und durch Macht selbstsüchtig, faul und eigensinnig geworden war, entwickelte sich zu einem gelangweilten und wortkargen Jüngling, der verzeihlicherweise der Aufsicht seiner Hüter zu entgehen suchte, wie er auch später die Zeremonien und Pflichten des Hofes floh, um sich mit Holzschnitzen, Nadelarbeiten, Kühemelken und dem Spiel mit Hunden zu entschädigen[90]. Die Ansätze von Grausamkeit, die in jedem von uns schlummern, drangen bei all seiner Schüchternheit ungehemmt an die Oberfläche. Angeblich soll er es als Knabe sehr genossen haben, Tieren weh zu tun und sie sogar zu töten[91]. In reiferen Jahren verwandelte sich diese Neigung in Jagdeifer, aber vielleicht kam sie noch in seiner brutalen Behandlung und raschen Verabschiedung der jungen Frauen zum Ausdruck, die im «Hirschpark» für den Aufenthalt in seinem Bett bereitgehalten wurden. Trotzdem kam eine gewisse scheue Empfindsamkeit und Aufmerksamkeit gegenüber gewissen Freunden zum Vorschein.

Er hatte einen guten Kopf und hätte viel leisten können, hätte es ihm nicht an Charakter gefehlt. Seine Umgebung staunte über sein Gedächtnis und seine Schlagfertigkeit. Von Natur aus zog er Spiele den Studien vor, aber er nahm doch gewisse Kenntnisse in sich auf, besonders in Latein, Mathematik, Geschichte, Botanik und Kriegführung. Er wuchs zu einem großen, schlanken und breitschultrigen jungen Mann mit heller Haut und goldenen Locken heran. Der Marschall von Richelieu nannte ihn «den hübschesten Burschen in seinem Land»[92]. Das Museum von Versailles besitzt von dem Maler Vanloo ein Porträt des jungen Königs im Alter von dreizehn Jahren, mit Schwert und Rüstung, was kaum zu dem knabenhaften Gesicht paßt. René-Louis von Argenson verglich ihn mit Eros. Die Damen verliebten sich in ihn auf den ersten Blick. Als er erkrankte (1722), betete ganz Frankreich für ihn; als er sich erholte, weinte das ganze Land vor Freude. Dieses Volk, das so schwer unter seinen Königen gelitten hatte, war voll freudiger Hoffnung, daß dieser Jüngling bald heiraten und einen Sohn erzeugen werde, um sein edles Haus fortzusetzen.

Er war auch tatsächlich schon im Alter von elf Jahren (1721) mit María Ana Victoria, der zweijährigen Tochter Philipps V. von Spanien, verlobt worden; sie war nach Frankreich gebracht worden und erwartete das heiratsfähige Alter. Frau von Prie hingegen glaubte, ihren Einfluß durch die Ungültigkeitserklärung dieser vorgesehenen Ehe sichern zu können, und beabsichtigte, Ludwig mit Maria Leszczyńska, der Tochter des abgesetzten Königs von Polen, zu verheiraten. Sie setzte ihren Willen durch. Die Infantin wurde (1725) nach Spanien zurückgeschickt – eine Beleidigung, die der spanische Hof nie verzieh. Stanislaus hatte sich nach Wissembourg im Elsaß geflüchtet, wo ihn das Ansuchen des französischen Königs um die Hand seiner Tochter erreichte. Er trat in das Zimmer, wo sie mit ihrer Mutter arbeitete, und sagte: «Laßt uns niederknien und Gott danken.» «Lieber Vater», rief Maria fröhlich aus, «wirst du auf den polnischen Thron zurückberufen?» «Gott hat uns eine noch erstaunlichere Gnade erwiesen», antwortete Stanislaus; «du wirst Königin von Frankreich.»[93] Maria hatte nie von der Erhebung auf den größten Thron Europas geträumt. Sie hatte Bilder von Ludwig XV. gesehen, der für sie unerreichbar, schön und mächtig war. Die französische Staatskasse schickte ihr Kleider, Röcke, Schuhe, Handschuhe und Schmuck. 250000 Livres wurden ihr bei ihrer Ankunft in Versailles versprochen und eine Jahresrente auf Lebzeiten von zwanzigtausend Goldkronen. Sie nahm alles wie im Traum an und dankte Gott für ihr glückliches Geschick. In Straßburg wurde sie (15. August 1725) durch Vollmacht mit dem König vermählt, dann nahm sie vergnügt einige stürmische Reisetage auf durchweichten Straßen nach Paris auf sich. Am 5. September wurde sie dann mit dem König selbst in Fontainebleau vermählt. Er war fünfzehn, sie zweiundzwanzig Jahre alt. Sie war nicht schön, sie war nur gut.

Ludwig, der bis jetzt kein Interesse für Frauen gezeigt hatte, erwachte bei der Berührung mit seiner scheuen Braut. Er umarmte sie so stürmisch, daß seine Umgebung staunte; und eine Zeitlang war ihr Leben eine Idylle der Liebe und des Glückes. Sie gewann die Achtung und Ergebenheit des Volkes, aber sie war nie volkstümlich. Sie war gütig, liebevoll, zärtlich und besaß einen spielerischen Verstand. Aber Versailles vermißte in ihr den sprühenden Geist und die amüsanten Gespräche, die für die Damen des Hofes fast unerläßlich geworden waren. Sie war empört über die lockeren Sitten des Adels, aber ihre ganze Kritik beschränkte sich darauf, dem Hof das Beispiel einer treuen Ehefrau zu geben, die ihrem Mann zu Gefallen sein und ihm einen Erben schenken möchte. In zwölf Jahren gebar sie zehn Kinder, und in der Zwischenzeit hatte sie Fehlgeburten. Der königliche Appetit wurde zu einem Problem für die Königin; sie bat den König, wenigstens an den Festen der wichtigsten Heiligen enthaltsam zu sein. Schließlich bekam sie infolge all ihrer Geburten und ihrer Beanspruchung durch die ehelichen Pflichten eine skrofulöse Fistel, und das königliche Temperament wurde in andere Bahnen gelenkt. Die Erkenntlichkeit, die sie Frau von Prie und dem Herzog von Bourbon bewies, war ihr Unglück. Sie lieh ihnen ein zu aufmerksames Ohr, wenn der Herzog in Gegenwart des Königs Fleury angriff. Als Fleury zur Macht kam, schickte er ihre Töchter in entlegene Klöster, angeblich aus Sparsamkeitsgründen; außerdem nützte er seinen Einfluß gegen sie aus. Mit den Jahren zog sie sich immer mehr in einen kleinen Kreis von Freunden zurück, spielte Karten, webte Wandteppiche, versuchte sich in der Malerei und fand Trost in der Ausübung ihrer religiösen Pflichten und der Wohltätigkeit. «Sie lebte das Leben einer Nonne, mitten im Fieber und Taumel des Hofes.»[94]

Der König mußte amüsiert werden, und Frau von Prie hatte ihm eine nicht sehr amüsante Frau ausgesucht. Er nahm jedoch erst sieben Jahre nach seiner Hochzeit eine Mätresse; dann allerdings gleich vier nacheinander, aber doch mit einer gewissen Beständigkeit, denn sie waren alle Schwestern. Keine von ihnen war sehr hübsch, aber sie waren munter und amüsant und kannten sich, bis auf eine, in der Koketterie aus. Louise de Nesle, Gräfin von Mailly, scheint die erste gewesen zu sein, die die Ehre hatte, den König zu verführen (1732). Ebenso wie Louise de La Vallière liebte sie ihren königlichen Meister aufrichtig. Sie war weder auf Reichtum noch Macht aus, sondern wollte ihn nur glücklich machen. Als sich ihre Schwester Félicité, frisch aus dem Kloster, ebenfalls um das Bett des Königs bewarb, teilte Louise den König mit ihr (1739) in einem merkwürdigen *ménage à quatre* – denn er suchte immer noch die Königin auf. Der König hatte ein schlechtes Gewissen wegen dieser komplizierten Lage und vermied eine Zeitlang das heilige Abendmahl, denn er hatte schreckliche Geschichten von Männern gehört, die auf der Stelle tot umfielen, weil sie die Hostie in ihren sündigen Mund genommen hatten[95]. Diese zweite Sirene besaß, nach einem Ausspruch einer ihrer Schwestern, «die Figur eines Grenadiers, den Hals eines Kranichs und den Geruch eines Affen»[96]. Trotzdem gelang es ihr, schwanger zu werden. Um den Anstand zu wahren, fand Ludwig ihr einen Ehemann, der sie zur Marquise von Vintimille machte. Im Jahre 1740 zog sich die Gräfin von Mailly in ein Kloster zurück, das sie ein Jahr später wieder verließ, um ihre siegreiche Rivalin zu pflegen, die sterbend im Kindbett lag (1741). Der König weinte, und Frau von Mailly weinte mit ihm: er fand Trost in ihren Armen, und sie wurde wieder seine Mätresse.

Eine dritte Schwester, Adelaïde de Nesle, fett und häßlich, war intelligent und geistreich; dem König gefielen ihr Nachahmungstalent und ihre Schlagfertigkeit; er vergnügte sich mit ihr, fand ihr einen Ehemann und ging zu einer anderen über. Eine vierte Schwester, Frau von Flavacourt, widerstand ihm und freundete sich mit der Königin an. Aber eine fünfte Schwester, die gewandteste von allen, Marie-Anne de Nesle de la Tournelle, überredete Frau von Mailly, sie dem König vorzustellen. Es gelang ihr nicht nur, ihn zu erobern (1742), sie bestand auch darauf, seine einzige Mätresse zu sein. Die liebevolle Mailly wurde mittellos davongeschickt, und statt eines Königs blieb ihr nur noch ihre Frömmigkeit. So vertrieb eine Nesle die andere. Einmal mußte Marie-Anne einige Andächtige stören, um ihren Platz in der Notre-Dame-Kirche zu erreichen. «Was für ein Getue um eine Hure», hörte sie einen von ihnen murmeln. «Mein Herr», sagte sie, «da Sie mich so gut kennen, tun Sie mir den Gefallen und beten Sie für mich.»[97] Dem lieben Gott dürfte es nicht schwergefallen sein, ihr zu verzeihen.

Die neue Nesle war die schönste von den Schwestern. Ihr Porträt von Nattier – die zarte Haut, der schwellende Busen, die graziöse Figur und der hübsche Fuß, den die seidenen Gewänder enthüllen – erklärt die Verliebtheit des Königs. Dazu kam ihr Geist, so funkelnd wie ihre Augen. Sie war der Mailly ganz unähnlich, indem sie nach Reichtum und Macht strebte. Sie fand, daß ihre Formen das Herzogtum von Châteauroux wert waren, das 85000 Franken im Jahr einbrachte. Sie bekam es mitsamt dem Titel einer Herzogin (1743), und ein Jahr lang machte sie Geschichte.

Ein ansehnlicher Teil des Hofes stand hinter ihr, weil er hoffte, ihren Einfluß auszunutzen, um den König zu einer aktiven Kriegspolitik zu bewegen, wodurch der vorwiegend bürgerliche Verwaltungsapparat in den Hintergrund gedrückt und die Regierung wieder in die Hände der Aristokratie fallen würde. Von Zeit zu Zeit entledigte sich Ludwig seiner Pflichten im Staatsrat im Verein mit seinen Ministern. Meistens aber ließ er ihnen freie Hand, kam kaum mit ihnen zusammen, widersprach ihnen nur selten und unterzeichnete gelegentlich widersprechende Dekrete, die ihm von rivalisierenden Staatsdienern mit widersprechenden politischen Ansichten vorgelegt wurden. Er flüchtete sich vor der lästigen Hofetikette zu seinen Hunden, seinen Pferden und seiner Jagd. Wenn er nicht jagte, sagte der Hof: «Heute tut der König nichts.» Wenn es ihm auch nicht an Mut fehlte, so sagte ihm doch der Krieg nicht zu; er zog ein Bett einem Schützengraben vor.

Weder im Schlafzimmer noch im Boudoir ließ die üppige Herzogin – eine neue Agnès Sorel – locker; sie wollte ihn zu einer aktiven Teilnahme am Krieg gegen England und Österreich drängen. Sie sprach ihm von Ludwig XIV., der sein Heer bei Mons und Namur zu Ruhm und Ehre geführt hatte, und erwartete von ihm ebensoviel Tapferkeit wie von seinem Urgroßvater. Er gab nach, aber es war ihr Untergang. Einen Augenblick lang erwachte der *roi fainéant* (König Nichtstuer) aus seiner Lethargie. Vielleicht war es auf ihr Verlangen hin, daß er nach dem Tod des friedliebenden Fleury verkündete, von nun an werde er sowohl herrschen als auch regieren. Am 26. April 1744 nahm Frankreich den Krieg gegen Österreich wieder auf. Am 22. Mai wurde das Bündnis mit Friedrich von Preußen erneuert, der Frau von Châteauroux seinen Dank aussprechen ließ. Ludwig begab sich mit königlichem Prunk an die Front, wohin ihm einen Tag später seine Mätresse und andere Hofdamen, von ihrem gewohnten Luxus umgeben, folgten. Der Kern der französischen Armee, die vom König angeführt, aber von der Taktik Adrien-Maurice de Noailles' und Moritz' von Sachsen gelenkt wurde, errang leichte Siege bei Courtrai, Menin, Ypres und Furnes. Ludwig XIV. und *le grand siècle* schienen wiedergeboren.

Inmitten der Festlichkeiten kam die Nachricht, daß eine französische Truppenabteilung, von ihren bayrischen Verbündeten nur ungenügend unterstützt, vor einer österreichisch-ungarischen Armee gewichen war, die Teile von Elsaß-Lothringen besetzt hatte. Stanislaus, vom Unglück verfolgt, mußte aus Lunéville flüchten. Ludwig verließ Flandern und eilte nach Metz, wo er seine geschlagene Armee durch seine Gegenwart anzufeuern hoffte. Aber dort erkrankte er infolge der ungewohnten Aufregung, der verschiedenen Anstrengungen, einer Verdauungsstörung und der Sommerhitze. Sein Zustand verschlechterte sich zusehends, und am 11. August befürchtete man seinen Tod. Seine Mätresse, die ihm gefolgt war, überwachte seine Pflege. Der Bischof von Soissons verweigerte ihm die Letzte Ölung, solange die Herzogin nicht verabschiedet sei. Ludwig willigte ein und schickte sie zweihundertfünfzig Kilometer vom Hof entfernt in die Verbannung (14. August 1744). Als sie die Stadt verließ, wurde sie vom Pöbel beschimpft.

Inzwischen hatte Maria Leszczyńska ganz Frankreich durchquert, um zum Krankenbett ihres Gatten zu eilen; unterwegs traf ihre Reisegesellschaft auf den Wagen der Châteauroux und ihre Begleitung. Der König umarmte die Königin mit den Worten: «Ich habe Ihnen viel Kummer gemacht, was Sie nicht verdient haben. Ich bitte Sie, mir zu verzeihen.» Sie antwortete: «Wissen Sie nicht, daß Sie mich nie um Verzeihung bitten müssen? Gott allein ist beleidigt worden.» Als der König anfing, sich zu erholen, schrieb sie an Frau von Maurepas, sie sei «die Glücklichste aller Sterblichen». Ganz Frankreich jubelte über die Genesung des Königs und seine Reumütigkeit; in Paris umarmten die Bürger einander auf der Straße; andere umarmten das Pferd des Boten, der die gute Nachricht gebracht hatte. Ein Dichter nannte den König «Louis le Bien-Aimé», Ludwig den Vielgeliebten; das ganze Land nahm den Namen auf. Als Ludwig davon hörte, wunderte er sich: «Was habe ich dafür getan, daß sie mich so lieben?»[98] Er war ein Vaterbild für sein Volk.

Friedrich von Preußen rettete das Elsaß für Frankreich durch seinen Einfall in Böhmen. Die österreichisch-ungarische Armee verließ das Elsaß, um Prag zu entsetzen. Der immer noch geschwächte Ludwig schloß sich seiner Armee an, die nach Deutschland vorrückte, und erlebte die Einnahme von Freiburg im Breisgau mit. Im November kehrte er nach Versailles zurück. Frau von Châteauroux wurde wieder in Gnaden aufgenommen und der Bischof von Soissons verbannt. Am 8. Dezember starb jedoch die Mätresse nach tagelangem Fieber und Delirium. Sie wurde nachts begraben, um den Leichnam vor einer Schändung durch die Menge zu bewahren. In seinem Groll gegen die Kirche verzichtete der König auf die Weihnachtsmesse und harrte einer neuen Liebe.

Eine Weile vergaß das Land die Sünden des Bien-Aimé über den Triumphen der Armee, und ein deutscher protestantischer General war der Held von ganz Frankreich. Moritz von Sachsen war der Sohn Augusts des Starken, des Kurfürsten von Sachsen und Königs von Polen. Seine Mutter war die Gräfin Maria Aurora von Königsmarck, die sich unter den Geliebten des Monarchen durch so viel Schönheit und Geist auszeichnete, daß Voltaire sie «die berühmteste Frau zweier Jahrhunderte»[99] nannte. Mit achtzehn Jahren heiratete Moritz die Gräfin Johanna Viktoria von Loeben, die ebenso sittenlos war wie sein Vater, vergeudete ihr Vermögen, klagte sie wegen zahlreicher Ehebrüche an und ließ sich von ihr scheiden (1721). Nachdem er in verschiedenen Feldzügen seinen Mut bewiesen hatte, begab er sich nach Paris, um Mathematik zu studieren, und wurde 1720 zum Offizier im französischen Heer ernannt. Er überstand verschiedene Vergiftungsversuche seiner ehemaligen Frau und fand eine treue Geliebte in Adrienne Lecouvreur, die damals (1721) die Comédie-Française beherrschte. Im Jahre 1725 verließ er Frankreich, um sich in Kurland (nunmehr ein Teil von Lettland) einen Thron zu sichern. Obwohl die große Tragödin vom Verlust ihres Geliebten tief betroffen war, schenkte sie ihm zur Unterstützung seines Unternehmens all ihr Silber und ihre Juwelen, alles in allem 40000 Livres. Damit und mit den siebentausend Talern, die seine Mutter für ihn aufgebracht hatte, ging er nach Kurland und wurde zum Herzog ausgerufen (1726). Leider aber unterstützten sowohl Katharina I. von Rußland als auch sein eigener Vater den Polnischen Reichstag, der gegen diese Thronbesteigung war, und ein polnisches Heer vertrieb den im übrigen unbezwinglichen Soldaten aus Kurland. Als er (1728) nach Paris zurückkehrte, stellte er fest, daß die große Schauspielerin ihm treu geblieben war und darauf hoffte, von nun an allein in seinem Herzen zu regieren. Er hatte jedoch die Sitten und die Unbeständigkeit seines Vaters geerbt und gestattete ihr nur, *prima inter pares* zu sein.

Er war ein unmoralischer Mensch, der eine Frau nach der anderen ausnutzte, ohne je ihre Zuneigung zu erwidern. Aber auf dem Schlachtfeld entwickelte er ein unvergleichliches Talent für eine Strategie, die gleichzeitig von größter Kühnheit und größter Umsichtigkeit zeugte. Friedrich der Große, der einzige, der sich zur damaligen Zeit mit ihm messen konnte, sagte von ihm, Moritz könne «jedem General in Europa etwas beibringen»[100]. Im Frühling 1745, nachdem er zum Oberbefehlshaber der französischen Armee ernannt worden war, wurde er an die Front abkommandiert. Damals lag er in Paris auf den Tod krank darnieder, erschöpft von seinen Ausschweifungen und an Wassersucht leidend. Voltaire fragte ihn, wie er in solch einem Zustande auch nur daran denken könne, auszurücken. Moritz antwortete: «*Il ne s'agit pas de vivre, mais de partir!*» (Es kommt nicht darauf an, zu leben, sondern ins Feld zu ziehen)[101]. Am 11. Mai nahm er mit 52000 Mann den Kampf gegen die 46000 Mann starken Engländer und Holländer bei Fontenoy auf. Ludwig XV. und der Dauphin beobachteten die Schlacht von einem nahegelegenen Hügel aus. Moritz, der mit seinen geschwollenen Beinen kein Roß besteigen konnte, gab seine Befehle von einem Rohrstuhl aus. Voltaire erzählt – was vielleicht nur eine patriotische Legende ist[102] –, daß Lord Charles Hay, der Anführer der englischen Garde, in dem Augenblick, wo die feindlichen Infanteriemassen nur noch einen Musketenschuß voneinander entfernt waren, ausrief: «Meine Herren von der französischen Garde, feuern Sie!», woraufhin der Franzose Graf von Antroche geantwortet haben soll: «Meine Herren, wir feuern nie zuerst, fangen Sie an.»[103] Höflichkeit oder Taktik – jedenfalls kostete es Blut. Neun Offiziere und 434 Mann Fußvolk wurden von dieser ersten Salve getötet, dreißig Offiziere und 430 Soldaten verwundet[104]. Die französische Infanterie wankte, machte kehrt und floh. Moritz sandte einen Boten zum König und riet ihm, sich zurückzuziehen. Ludwig weigerte sich, sogar als die fliehenden Soldaten in seine nächste Nähe kamen; vielleicht beschämte sie seine Standhaftigkeit. Moritz schwang sich auf ein Pferd, ordnete seine Truppen neu und warf sich mit der «Maison du Roi», dem Leibregiment des Königs, auf den Feind. Die Franzosen, die ihren König von Gefangenschaft oder Tod bedroht sahen, stürzten sich, vom allgegenwärtigen Marschall angefeuert, von neuem in die Schlacht. Auf beiden Seiten kämpften Adlige und Bürgerliche heldenhaft um den Sieg. Schließlich zogen sich die Engländer ungeordnet zurück, und Moritz benachrichtigte den König, daß der bittere Kampf gewonnen sei. Die Engländer und Holländer hatten 7500 Mann verloren, die Franzosen 7200. Ludwig senkte beschämt den Kopf, als die Überlebenden ihn hochleben ließen. «Du siehst, mein Sohn», sagte er zum Dauphin, «was ein Sieg kostet. Lerne, sparsam mit dem Blut deiner Untertanen umzugehen.»[105] Während der König und sein Hofstaat nach Versailles zurückkehrten, zog Moritz von Sachsen weiter, um Gent, Brügge, Oudenaarde, Ostende und Brüssel einzunehmen; eine Zeitlang war ganz Flandern französisch.

Durch die Unterzeichnung eines Sonderfriedens mit Österreich (Dezember 1745) machte Friedrich der Große den Erfolg von Fontenoy zunichte. Frankreich mußte allein auf einem halben Dutzend Fronten von Flandern bis Italien weiterkämpfen. Im Friedensvertrag von Aachen (1748) gab es Flandern auf und mußte sich mit den Herzogtümern Parma, Piacenza und Guastalla für Ludwigs neuen Schwiegersohn, den Infanten Don Felipe von Spanien, begnügen. Moritz von Sachsen erfreute sich seines Lebens bis zum Jahre 1750, mit Reichtümern, Ehren, aber auch Krankheit beladen, und fand zwischen zwei Geliebten Zeit, einige philosophische *Rêveries* (Träumereien) niederzuschreiben:

> «Was für ein Schauspiel bieten heute die Nationen! Einige wenige leben in müßigen Vergnügungen und Wohlstand auf Kosten der Menge dahin, die nur damit ihr Leben fristen kann, daß sie diesen wenigen immer neue Vergnügungen verschafft. Diese Sammlung von Unterdrückern und Unterdrückten stellt die sogenannte Gesellschaft dar.»[106]

Noch ein anderes Mitglied der hochgestellten Minderheit wagte es, von einem besseren Regime zu träumen. René-Louis de Voyer, Marquis von Argenson, der Ludwig XV. drei Jahre lang (1744–1747) als Außenminister diente, verfaßte im Jahre 1739 seine *Considérations sur le Gouvernement de la France* (Betrachtungen über die Regierung Frankreichs), die er aber nicht zu veröffentlichen wagte. Die Bauern, die das Land bestellen, schrieb er, sind der wertvollste Teil der Bevölkerung und sollten von allen Lehnspflichten und Abgaben befreit werden. Der Staat sollte sogar den Kleinbauern Geld leihen, um ihnen bei der Finanzierung ihrer kommenden Ernten zu helfen[107]. Der Handel ist lebenswichtig für den Wohlstand der Nation und sollte von allen inneren Zöllen und, wenn möglich, sogar von allen Ein- und Ausfuhrgebühren befreit werden. Die Adligen sind das wertloseste Element im Staat. Sie sind unzuständig als Verwaltungsbeamte, und in der Wirtschaft sind sie die Drohnen im Bienenstock; sie sollten abdanken. «Sollte jemand meinen, daß diese Prinzipien eine Demokratie begünstigen und auf die Vernichtung des Adels aus sind, so würde er sich nicht irren.» Die Gesetzgebung sollte auf die größtmögliche Gleichheit abzielen. Die Gemeinden sollten von örtlich gewählten Behörden verwaltet werden, während die zentrale und absolute Gewalt beim König liegen sollte, denn nur eine absolute Monarchie kann das Volk vor Unterdrückung durch die Starken schützen[108]. Argenson griff damit den *philosophes* vor, die auf Reform mit Hilfe eines aufgeklärten Königs hofften. Was er ihnen schon damals sagte, verstanden die Adligen erst am 4. August 1789, als sie ihrer feudalen Vorrechte beraubt wurden. Argenson war eine Etappe auf dem Wege Frankreichs zu Rousseau und der Revolution.

Im Jahre 1747 entließ Ludwig XV. den Marquis auf Drängen von Noailles, Maurepas und der Pompadour. Argenson verlor seinen Glauben an die Könige. Im Jahre 1753 sagte er das Jahr 1789 voraus:

> «Die Übel, die mit unserer absoluten monarchischen Regierung zusammenhängen, überzeugen ganz Frankreich und ganz Europa davon, daß sie die schlechteste aller Regierungsformen ist ... Diese Meinung verbreitet sich, erhebt sich, verstärkt sich und könnte zu einer nationalen Revolution führen ... Alles bereitet den Weg zum Bürgerkrieg vor ... Die Gemüter neigen sich der Unzufriedenheit und dem Ungehorsam zu, und alles scheint einer großen Revolution zuzustreben, sowohl in bezug auf die Religion als auch auf die Regierung.»[109]

Oder, wie es die neue Mätresse des Königs ausdrückte: «*Après moi le déluge*» (Nach mir die Sintflut).

VI. FRAU VON POMPADOUR

Sie war eine der bedeutendsten Frauen der Geschichte, mit so viel Schönheit und Anmut begabt, daß die meisten Männer völlig blind für ihre Sünden waren, und gleichzeitig mit einem so umfassenden Verstand ausgestattet, daß sie zehn glänzende Jahre lang Frankreich regierte, Voltaire beschützte, Diderots *Encyclopédie* rettete und von den *philosophes* als eine der Ihren beansprucht wurde. Wenn man ihr verführerisches Porträt von Boucher in der Wallace Collection betrachtet, kann man sich nur schwer die Unparteilichkeit des Historikers bewahren. War sie ein Meisterwerk der Natur oder nur eines des Malers?

Sie war bereits achtunddreißig Jahre alt, als er sie malte, und mit ihrer Gesundheit stand es nicht zum besten. Boucher verzichtete darauf, ihr die oberflächliche Sinnlichkeit seiner rosigen Akte, die sie nur erniedrigt hätte, mitzuteilen. Er zeigte sie mit ihren klassischen Zügen, der anmutigen Gestalt, der eleganten Kleidung, den zarten Händen und dem hellbraunen Haar *à la Pompadour*. Vielleicht überhöhte seine Phantasie diese Reize; aber auch Boucher war unfähig, ihre Heiterkeit und Sanftmut und noch weniger ihren klugen, durchdringenden Verstand, ihre unerschütterliche Charakterstärke und die manchmal an Härte grenzende Zähigkeit ihres Willens wiederzugeben.

Mit Schönheit war sie schon in der Wiege begabt, aber ihre Eltern hatte sie schlecht gewählt, denn fast ihr ganzes Leben lang hatte sie gegen aristokratische Verachtung ihrer kleinbürgerlichen Abstammung zu kämpfen. Ihr Vater war Kolonialwarenhändler mit dem plebejischen Namen François Poisson – Herr Fisch. Er wurde der Unterschlagung angeklagt und zum Galgen verurteilt, floh nach Hamburg, erreichte eine Begnadigung und kehrte nach Paris zurück (1741). Ihre Mutter, die Tochter eines *entrepreneur des provisions des Invalides*, vergnügte sich mit galanten Abenteuern, während ihr Mann in Hamburg schmachtete; sie hatte ein längeres Verhältnis mit einem reichen Steuerpächter, Charles-François Lenormant de Tournehem, der die Erziehung des hübschen Töchterchens von Frau Poisson, das 1721 geboren war, bezahlte.

Jeanne-Antoinette Poisson hatte die besten Lehrer – Jélyotte, den großen Bariton, für Gesang, Crébillon *père* für Diktion. Mit der Zeit konnte sie sich mit den Bühnendivas im Singen, Tanzen und Schauspielern messen; «schon ihre Stimme war Verführung»[110]. Sie lernte zeichnen und gravieren und spielte so gut Klavichord, daß sich Frau von Mailly dafür begeisterte. Als Jeanne neun Jahre alt war, prophezeite ihr eine alte Frau (die sie später für ihre Voraussage belohnte), daß sie eines Tages «eine Mätresse des Königs» sein werde[111]. Mit fünfzehn war sie so schön und so vielseitig ausgebildet, daß ihre Mutter sie *un morceau de roi*, einen Leckerbissen für einen König, nannte und der Ansicht war, daß es schade wäre, wenn man aus ihr keine Königin machte[112]. Aber der königliche Appetitbissen hatte inzwischen bereits begonnen, Blut zu speien.

Als sie zwanzig Jahre alt war, wurde sie von Herrn von Tournehem zur Heirat mit seinem Neffen, Charles-Guillaume Lenormant d'Etioles, dem Sohn eines Schatzmeisters der Münze, überredet. Der Gatte liebte seine Frau innig und zeigte sie stolz in den Salons herum. Bei Frau von Tencin traf sie Montesquieu, Fontenelle, Duclos und Marivaux und fügte zu ihren übrigen Reizen die Kunst der Unterhaltung hinzu. Bald empfing sie auch selber und angelte sich Fontenelle, Montesquieu und Voltaire. Sie war glücklich, hatte zwei Kinder und gelobte, daß sie «mit niemandem auf der Welt, außer dem König selbst, ihrem Mann untreu sein könnte»[113]. Welche Voraussicht!

Ihre Mutter fand, daß man die Voraussetzungen dafür herbeiführen könnte. Sie sorgte dafür, daß Jeanne in ihrem hübschen offenen Wagen in den Wäldern von Sénart spazieren fuhr, wo Ludwig auf die Jagd ging. Mehrmals begegnete er ihr und vergaß ihr Gesicht nicht. Die Lakaien des Königs wurden bestochen, um ihm ihre Schönheit zu preisen. Am 28. Februar 1745 nahm sie, anläßlich der Hochzeit des Dauphins, an einem Maskenball im Rathaus teil. Sie sprach mit dem König; er bat sie, für einen Augenblick ihre Maske zu lüften; sie erfüllte seinen Wunsch und tanzte davon. Im April sah er sie bei einer Komödie, die von einer italienischen Truppe in Versailles aufgeführt wurde. Einige Tage später sandte er ihr eine Einladung zum Abendessen. «Amüsiere ihn», riet ihre Mutter. Das Amüsement endete mit ihrer Hingabe an den König. Er bot ihr eine Wohnung in Versailles an, die sie annahm. Herr von Tournehem riet ihrem Gatten, die Sache philosophisch aufzunehmen: «Mache dich nicht durch Wüten oder Szenen lächerlich wie ein Bourgeois.»[114] Der König ernannte Herrn von Etioles zum Generalpächter; er mußte sich damit abfinden, ein Steuereinnehmer zu sein. Die Mutter war überglücklich über die Rangerhebung ihrer Tochter und starb. Im September erhielt

Jeanne eine schöne Besitzung und den Titel einer Marquise von Pompadour; als solche wurde sie dem Hof und der Königin vorgestellt, die sie durch bescheidenes Betragen freundlich stimmte. Die Königin fand sich mit ihr als einem notwendigen Übel ab und lud sie zum Mittagessen ein. Der Dauphin nannte sie jedoch «Madame Hure». Der Hof war erbost über diesen Eindringling aus dem Bürgertum in Bett und Börse des Königs und machte selbstverständlich viel Aufhebens von ihren gelegentlichen Rückfällen in die Ausdrucksweise und das Benehmen des Mittelstandes. Paris genoß Epigramme und Spottgedichte auf die «Grisette des Königs». Sie ließ diese Verunglimpfungen schweigend über sich ergehen, bis ihr Sieg gesichert war.

Sie sah in Ludwig einen Gott der Langeweile – denn er besaß alles und genoß nichts mehr –, und deswegen verwandelte sie sich in ein Genie der Unterhaltungskunst. Sie zerstreute ihn mit Tänzen, Lustbarkeiten, Konzerten, Opern, geladenen Gästen, Ausflügen und Jagdpartien. In der Zwischenzeit entzückte sie ihn durch ihre Lebhaftigkeit, ihre Intelligenz und ihren Witz. Sie richtete das «Théâtre des Petits Appartements» in Versailles ein und brachte den Hof dazu, wie in den Tagen Ludwigs XIV. Rollen auf der Bühne zu übernehmen. Sie selbst spielte so gut in den Komödien von Molière, daß der König sie zur «charmantesten Frau Frankreichs»[115] ernannte. Bald drängten sich die Adligen um Rollen. Sogar der Dauphin trat mit «Madame Hure» zusammen in einem Stück auf und ließ sich dazu herab, sich in dieser Scheinwelt ihr gegenüber höflich zu benehmen. Wenn der König ab und zu religiöse Anwandlungen hatte, besänftigte sie ihn mit religiöser Musik, die sie ihm so bezaubernd vorsang, daß er seine Furcht vor der Hölle vergaß. All seine Interessen im Leben waren mit ihr verbunden. Er aß mit ihr, spielte, tanzte, reiste und jagte mit ihr und verbrachte fast jede Nacht mit ihr. Innerhalb von ein paar Jahren war sie körperlich völlig erschöpft.

Der Hof beschwerte sich, weil sie den König angeblich von seinen Herrscherpflichten ablenkte und eine Bürde für die Staatskasse war. Sie schmückte sich mit den teuersten Kleidern und Juwelen. Ihr Boudoir glitzerte vor lauter Kristall, Silber und Gold. Möbel aus Satinholz oder mit Lack- und Einlegearbeiten verschönten ihre Räume, dazu ausgesuchte Porzellane aus Dresden, Sèvres, China und Japan. Das Licht der Silber- und Glaskandelaber wurde von großen Spiegeln an den Wänden zurückgeworfen, und die Decken waren von Boucher und Vanloo mit üppigen Liebesgöttinnen ausgemalt. Selbst in diesem Luxus fühlte sie sich eingeengt und bezog riesige Summen vom König oder dem Staatsschatz, um Paläste zu bauen oder zu möblieren, deren verschwenderische Ausstattung und weite Gärten sie mit den Pflichten entschuldigte, die ihr die königlichen Empfänge auferlegten. Sie besaß ein Landgut und die Maison Crécy in Dreux; sie ließ das herrliche Schloß Bellevue an den Ufern der Seine zwischen Sèvres und Meudon errichten; auf ihren Wunsch wurden hübsche «hermitages» (Klausen, Einsiedeleien) in den Wäldern von Versailles, Fontainebleau und Compiègne gebaut. Sie übernahm das Hôtel de Pontchartrain als ihre Pariser Residenz und siedelte dann in den Palast des Grafen von Evreux in der Rue du Faubourg Saint-Honoré über. Alles in allem scheint die reizende Dame 36 327 268 Livres ausgegeben zu haben[116], wovon sich ein Teil in Kunstwerke verwandelte, die Frankreich erhalten blieben. Die Ausgaben für ihren Haushalt beliefen sich auf 33000 Livres im Jahr[117]. Frankreich verurteilte sie, weil sie mehr kostete als ein Krieg.

Nicht nur ihr Wohlstand, auch ihre Macht nahm zu. Wer Ernennungen, Renten, Begnadigungen und andere Wohltaten vom König erhoffte, mußte mit ihr rechnen. Ihren Verwandten verhalf sie zu Geschenken, Titeln und Pfründen. Nichts war zu gut für ihr Töchterchen Alexandrine, die sie «Fanfan» nannte; sie träumte davon, sie mit einem Sohn Ludwigs XV. und der Frau von Vintimille zu verheiraten. Aber Fanfan starb mit neun Jahren und ließ eine trostlose Pompadour zurück. Ihr Bruder Abel, ein schöner und wohlerzogener Mensch, eroberte die Gunst des Königs durch eigene Verdienste, wurde oft zur Tafel des Königs geladen und von ihm *petit-frère*, im Sinne von Schwager, genannt. Die Pompadour machte ihn zum Marquis von Marigny und ernannte ihn zum *directeur général des bâtiments*, Oberaufseher der Bauten. Er erfüllte seine Aufgaben mit so viel Eifer und Einsicht, daß fast jeder ihm gewogen war. Die Pompadour wollte ihn zum Herzog erheben, aber er lehnte ab.

Sie hatte teils unmittelbar, teils über ihn großen Einfluß auf die französische und sogar die europäische Kunst. Ihre eigenen künstlerischen Bemühungen schlugen fehl; aber ihre Liebe zur Kunst war aufrichtig, und alles, was sie berührte, gewann an Schönheit. Die Kleinkunst trieb dank ihrer Aufmunterung anmutige Sprossen. Sie überzeugte Ludwig XV., daß Frankreich sein eigenes Porzellan herstellen konnte, anstatt es für 500000 Livres im Jahr von China und Dresden einzuführen. Sie ließ nicht locker, bis sich die Regierung bereit erklärte, die Porzellanfabrik in Sèvres zu unterstützen. Möbel, Tafelgeschirr, Uhren, Fächer, Liegesofas, Vasen, Flaschen, Dosen, Kameen, Spiegel – alles nahm die zartschönen Formen an, die ihrem verfeinerten, anspruchsvollen Geschmack entsprachen. Sie wurde zur Königin des Rokokos[118]. Ein großer Teil ihrer Aufwendungen kam Malern, Bildhauern, Kupferstechern, Kunsttischlern und Architekten zugute. Boucher, Oudry, La Tour und hundert andere Künstler bekamen Aufträge von ihr. Sie regte Vanloo und Chardin dazu an, Szenen aus dem täglichen Leben zu malen, nicht nur die Themen aus der alten oder mittelalterlichen Legende und Geschichte endlos zu wiederholen. Lächelnd ertrug sie das brummige und freche Benehmen La Tours, als er zu den Sitzungen für ihr Bildnis kam. Fächer, Frisuren, Kleider, Speisen, Sofas, Betten, Stühle, Bänder und das «Pompadour-Rosa» ihres Lieblingsporzellans wurden nach ihr benannt. Der Einfluß Frankreichs auf die europäische Kultur erreichte damals seinen Höhepunkt und war noch fühlbarer als unter Ludwig XIV.

Sie war vermutlich die kultivierteste Frau ihres Zeitalters. Ihre Bibliothek umfaßte 3500 Bände, 378 über Geschichte, 215 über Philosophie, viele über Kunst, manche über Politik oder Gesetzgebung, einige Liebesromane. Neben den Zerstreuungen für den König, dem Kampf mit ihren Feinden und ihren Eingriffen in die Regierung Frankreichs fand sie offensichtlich noch Zeit, gute Bücher zu lesen, denn sie selbst schrieb ein ausgezeichnetes Französisch, was ihre nachdenklichen und reizvollen Briefe beweisen. Sie forderte ihren Liebhaber auf, es seinem Urgroßvater gleichzutun und die Literatur zu begünstigen, aber Frömmigkeit und Geiz hielten ihn davon ab. Als sie ihn zu beschämen suchte und ihm erzählte, daß Friedrich der Große d'Alembert eine Jahresrente von zwölfhundert Livres ausgesetzt hatte, antwortete er: «Wir haben hier so viel mehr *beaux esprits* (Schöngeister) ... als in Preußen, daß ich eine riesige Tafel haben müßte, um sie alle darum zu versammeln.» Dann fing er an, sie an den Fingern abzuzählen – «Maupertuis, Fontenelle, Lamotte, Voltaire, Fréron, Piron, Destouches, Montesquieu, der Kardinal de Polignac». Seine Umgebung fügte hinzu: «D'Alembert, Clairaut, Crébillon *fils,* Prévost ...» «Und *damit*», seufzte der König, «hätte ich fünfundzwanzig Jahre lang mein Mittag- oder Abendmahl einnehmen sollen!»[119]

So nahm die Pompadour seinen Platz als Mäzen ein. Sie zog Voltaire an den Hof, gab ihm Aufträge und versuchte, ihn vor seinen *faux-pas* zu bewahren. Sie half Montesquieu, Marmontel, Duclos, Buffon und Rousseau; sie verhalf Voltaire und Duclos zur Mitgliedschaft in der Französischen Akademie. Als sie erfuhr, das Crébillon *père* in Armut lebte, verschaffte sie ihm eine Rente, gab ihm eine Wohnung im Louvre, sorgte für eine Neuaufführung seines *Catilina* und für eine Luxusausgabe seiner Theaterstücke, die sie von der königlichen Druckerei besorgen ließ. Zu ihrem Privatarzt wählte sie François Quesnay, den Vorkämpfer der Physiokraten, dem sie Räume in Versailles, direkt unter ihren eigenen, zur Verfügung stellte, wo sie Diderot, d'Alembert, Duclos, Helvétius, Turgot und andere empfing, deren Ideen dem König höchst verdächtig vorgekommen wären; und (so berichtet Marmontel) «da sie diese Gruppe von Philosophen nicht in ihren Salon einladen konnte, kam sie selbst herunter und speiste und unterhielt sich mit ihnen»[120].

Selbstverständlich sahen die Geistlichkeit und die Partei der *dévots* (Kirchenanhänger) bei Hofe, die unter der Führung des Dauphin standen, dieser Verhätschelung von Gottlosen bestürzt und empört zu. Außerdem wußte man, daß die Pompadour für die Besteuerung des Kirchenbesitzes war, ja sogar für seine Verstaatlichung, falls sich dies als das einzige Mittel erweisen sollte, einen Staatsbankrott zu vermeiden[121]. Die Jesuiten legten dem Beichtvater des Königs nahe, diesem das heilige Abendmahl zu verweigern, solange er eine so gefährliche Mätresse unterhalte[122]. Die Kinder des Königs verteidigten die Geistlichkeit, und seine älteste und meistgeliebte Tochter Henriette setzte alles daran, um ihn mit der Pompadour zu entzweien. Jedesmal wurde das Osterfest zu einer Krise zwischen dem Liebespaar. Im Jahre 1751 sprach Ludwig sein Verlangen nach dem heiligen Abendmahl aus. Zu seiner Beruhigung und zur Besänftigung seines Beichtvaters begann die Marquise, sich für ihre religiösen Pflichten zu interessieren, ging täglich zur Messe, betete mit sichtlicher Inbrunst und versicherte dem Beichtvater, daß ihre Beziehungen zum König nur noch platonischer Natur seien. Wenig überzeugt, verlangte der Priester, als Vorbedingung für die Zulassung des Königs zum Abendmahl, ihre Entfernung vom Hof. Der Beichtiger Pérusseau starb, aber sein Nachfolger, Pater Desmarets, zeigte sich ebenso unerschütterlich. Die Pompadour behauptete ihren Platz und pflegte weiterhin alle äußeren Anzeichen von Frömmigkeit. Niemals verzieh sie den Jesuiten, daß diese ihre «Bekehrung» nicht ernst nahmen. Vielleicht trug ihr Groll das Seine zu der Verbannung der Jesuiten aus Frankreich im Jahre 1762 bei.

Wahrscheinlich sagte sie die Wahrheit, als sie behauptete, daß sie keine geschlechtlichen Beziehungen mehr zu Ludwig unterhalte; einer ihrer Feinde, d'Argenson, bestätigte es[123]. Mit ihren intimsten Freunden hatte sie bereits über die wachsenden Schwierigkeiten gesprochen, die ihr die königliche Leidenschaft verursachte[124]. Auch vertraute sie ihnen an, daß ihr Mangel an Bereitwilligkeit den König bei einer Gelegenheit bis zu verärgerter Impotenz abgekühlt hatte[125]. Sie versuchte es mit Liebestränken[126], aber erreichte damit nur eine Schädigung ihrer Gesundheit. Ihre Feinde bei Hof wurden der Sache gewahr und machten neue Vorstöße, um sie zu verdrängen. Im Jahre 1753 gelang es d'Argenson, die wollüstige Frau von Choiseul-Romanet dem König in die Arme zu treiben, aber sie verlangte eine Belohnung, die in keinem Verhältnis zu ihrem Opfer stand, und es gelang der Pompadour, ihr sehr bald den Abschied geben zu lassen. Zu dieser Zeit mußte sich die geplagte *maîtresse-en-titre* mit den abscheulichen Vorgängen im Parc aux Cerfs abfinden.

In diesem «Hirschpark», in der nächsten Nähe von Versailles gelegen, hielt man in einem kleinen Haus eine oder zwei junge Frauen mit ihren Dienerinnen bereit, die Ludwig entweder bei sich empfing oder die er in ihrem Landhäuschen, gewöhnlich als polnischer Graf verkleidet, aufsuchte. Es wurde darüber geklatscht, daß es sehr viele solcher Mädchen dort gäbe; dann wurde noch dazu erfunden, daß die Mädchen teilweise nur neun oder zehn Jahre alt seien. Anscheinend wohnten dort nie mehr als zwei auf einmal[127], aber eine ganze Reihe wurde nacheinander in den Hirschpark gebracht und darauf vorbereitet, dem König sein *droit du seigneur* (*ius primae noctis*) zu gewähren. Wurde eine von ihnen schwanger, so erhielt sie zwischen 10000 und 100000 Livres, damit sie in der Provinz einen Ehemann finden konnte, und die Kinder, die so geboren wurden, erhielten eine Rente von ungefähr 11000 Livres im Jahr. Frau von Pompadour wußte um diesen unglaublichen Serail und verhielt sich still. Da sie ihren Platz keiner adligen Mätresse überlassen wollte, die sie zweifellos vom Hof und vielleicht auch aus Paris verbannt hätte, sah sie es lieber, wenn der König seine niedrigen Instinkte mit jungen Frauen niederen Standes und von begrenztem Ehrgeiz befriedigte, und damit sank sie selbst auf die niedrigste Stufe herunter. «Worum es mir geht, ist sein Herz», sagte sie zu Frau von Hausset, «und das werden mir diese jungen ungebildeten Frauen nicht rauben.»[128]

Wenn der Hof über diese neue Ordnung der Dinge entrüstet war, so ließ er jedenfalls nichts davon laut werden. Verschiedene Höflinge unterhielten in dem gleichen Parc aux Cerfs kleine Landhäuser für ihre Geliebten[129]. Die Feinde der Pompadour nahmen an, daß es mit ihrer Regierung zu Ende sei. Sie irrten sich; der König blieb ihr treuer Freund auch dann, als sie längst nicht mehr seine Konkubine war. Im Jahre 1752 hatte er sie offiziell in den Stand einer Herzogin erhoben. Obwohl die Königin dagegen war, hatte er ihr im Jahre 1756 den hohen Posten einer *dame du palais de la reine* verliehen. Sie wartete der Königin auf, war ihr beim Mittagsmahl behilflich, begleitete sie zur Messe. Da ihre neue Stellung ihre Residenz am Hofe erforderte, zogen die Jesuiten ihre Forderung, sie zu verbannen, zurück. Die Exkommunikation, die so lange auf ihr gelastet hatte, wurde annulliert, und sie wurde zum heiligen Abendmahl zugelassen. Die Tochter des Königs, ihre langjährige Feindin, kam auf Besuch zu ihr nach Choisy.

Ludwig verbrachte fast jeden Tag einige Stunden mit ihr, denn er genoß noch immer ihre geistreiche Unterhaltung und den Reiz ihrer stets gleichbleibenden Anmut. Er respektierte auch weiterhin ihre Ratschläge und folgte ihnen oft, wenn es um Ernennungen, innenpolitische Maßnahmen oder sogar um außenpolitische Fragen ging. Sie gab den Ministern Befehle, empfing Gesandte, wählte Generäle. Manchmal sprach sie von sich und dem König, als ob sie die Regierung teilten: «*nous*» (wir); «*nous verrons*» (wir werden sehen). Stellensuchende drängten sich in ihrem Vorzimmer; sie empfing sie höflich und konnte auf angenehme Art nein sagen. Selbst ihre Feinde mußten die erstaunliche Reichweite ihrer politischen Kenntnisse zugeben, ihre Gewandtheit in der Diplomatie, ihre Weitsicht, die sich häufig bestätigte. Sie hatte längst auf die Unzulänglichkeit der französischen Generäle als eine der Ursachen für den militärischen Niedergang Frankreichs hingewiesen. Im Jahre 1750 schlug sie Ludwig die Gründung einer Militärakademie vor, wo Offizierssöhne, deren Väter im Staatsdienst umgekommen oder verarmt waren, in der Wissenschaft und Kunst der Kriegsführung ausgebildet werden sollten. Der König war damit einverstanden, verzögerte aber die Bereitstellung der notwendigen Mittel. Die Pompadour überwies an das Unternehmen ihr eigenes Einkommen für ein ganzes Jahr und brachte zusätzliches Geld durch eine Lotterie und eine Steuer auf Spielkarten auf. Schließlich (1758) wurde die Schule als ein Zusatz zum Hôtel des Invalides eröffnet.

Nun riet dieser bezaubernde Minister ohne Portefeuille zu einer kühnen Revision der französischen Außenpolitik. Wahrscheinlich wurde der Anstoß zu dieser folgenschweren Umkehrung der Bündnisse von Graf von Kaunitz, dem österreichischen Gesandten in Paris, gegeben; dazu kam die wenn auch widerstrebende Leutseligkeit der frommen Kaiserin Maria Theresia, die die Pompadour mit «*ma bonne amie*» und «*ma cousine*» anredete, sowie die beleidigende Grobheit Friedrichs des Großen, der von der Pompadour nur als vom «*Cotillon Quatre*» (Unterrock Nummer Vier) am französischen Hof sprach. Frau von Châteauroux und der Marquis von Argenson hatten die Außenpolitik auf die Freundschaft mit Preußen ausgerichtet. Kaunitz und die Pompadour wiesen darauf hin, daß das neue Preußen, das durch den Sieg im Österreichischen Erbfolgekrieg gestärkt war und eine Armee von 150000 gut ausgebildeten Soldaten unter der Führung eines fähigen, ehrgeizigen und skrupellosen Feldherrn und Königs besaß, der Frankreich zweimal durch die Unterzeichnung eines Sonderfriedens verraten hatte, bald eine größere Gefahr darstellen werde als Österreich, das inzwischen Schlesien verloren hatte und von Spanien unter bourbonischer Herrschaft keine Unterstützung mehr erwarten durfte; mit der alten habsburgischen Einkreisung Frankreichs war es vorbei. Diese Beweisführung erfuhr ihre Bestätigung, als Preußen (16. Januar 1756) ein Bündnis mit England, dem Erbfeind Frankreichs, schloß. Daraufhin unterzeichnete der französische Staatsrat ein Bündnis mit Österreich (1. Mai). Die Marquise von Pompadour, die wieder Blut spuckte und nur noch acht Jahre zu leben hatte, hatte ihre Rolle für die Vorbereitung des Siebenjährigen Krieges gespielt.

ZWEITES KAPITEL

Moral und Sitten

I. DIE ERZIEHUNG

EINER der grundlegenden Konflikte, die im achtzehnten Jahrhundert in Frankreich ausgefochten wurden, war die Herrschaft über den Unterricht, die die Kirche weiter für sich in Anspruch nahm und die die *philosophes* ihr entziehen wollten. Dieser Streit endete mit der Verbannung der Jesuiten aus Frankreich im Jahre 1762, der Verstaatlichung der französischen Schulen und dem Triumph der Laienschulen in der Revolution. In der ersten Hälfte des Jahrhunderts nahm diese Kontroverse aber erst Form an.

Die große Mehrheit der Bauern konnte nicht lesen. In vielen bäuerlichen Gemeinden konnten die Dorfbehörden noch bis zum Jahre 1789 «kaum schreiben»[1]. Die meisten Sprengel hatten jedoch eine *petite école* (Unterschule), wo der Geistliche oder sein Stellvertreter gegen eine kleine Vergütung, die die Eltern der Schüler bezahlten[2], hauptsächlich den Knaben Lesen, Schreiben und den Katechismus beibrachten. Wenn die Eltern nicht bezahlen konnten, wurden die Kinder auf ihr Verlangen gratis aufgenommen. Der Schulbesuch war obligatorisch nach den Gesetzen von 1694 und 1724, die aber nicht zur Anwendung kamen[3]. Viele Bauern hielten ihre Kinder von der Schule fern, einerseits weil sie sie auf dem Hof brauchten, andererseits weil sie fürchteten, daß die Schulung von Kindern, die dazu bestimmt waren, den Boden zu bestellen, zu überflüssigen Schwierigkeiten führen könnte. Bildung bedeutete keine Standeserhöhung, denn die Klassenschranken waren in der ersten Hälfte des Jahrhunderts fast unüberwindlich. Wenn jemand in den Dörfern und Kleinstädten des Lesens kundig war, so las er selten etwas, was nicht mit seiner täglichen Arbeit zusammenhing. Jedermann kannte seinen Katechismus, aber nur in den größeren Städten besaß man einige literarische, naturwissenschaftliche oder historische Kenntnisse.

Der bessere Mittelstand und die oberen Schichten ließen ihre Kinder zunächst von Gouvernanten, später von Hauslehrern und zum Schluß von Tanzmeistern unterrichten. Die Letztgenannten hatten der Jugend beiderlei Geschlechts die schwierigen Künste des anmutigen Sitzens, Stehens, Gehens und Gestikulierens beizubringen. Einige Mädchen erhielten Privatstunden in Latein; fast alle, sofern sie nicht der Klasse der Armen angehörten, lernten Gesang und Klavichordspiel. Die weitere Erziehung der Mädchen fand im Kloster statt, wo sie sich in Religion, Handarbeit, Musik, Tanz und dem einer jungen Frau und Gattin angemessenen Benehmen übten.

Der höhere Unterricht für Knaben lag fast ausschließlich in den Händen der Jesuiten, obwohl sich die Oratorianer und Benediktiner ebenfalls daran beteiligten. Skeptiker wie Voltaire und Helvétius waren ehemalige Schüler des Jesuitengymnasiums Louis-le-Grand, dem sie in der Person ihres Lehrers für «Rhetorik» (das heißt Sprache, Literatur und Vortrag), dem Pater Charles Porée, ein liebevolles Andenken bewahrten. Der Stundenplan in den Jesuitenschulen hatte sich im Laufe von zweihundert Jahren kaum geändert. Wenn auch das Hauptgewicht auf Religion und Charakterbildung lag, so war der Stoff zum großen Teil humanistisch. Die alten römischen Schriftsteller wurden im Urtext studiert, und fünf oder sechs Jahre lang lebten die Schüler in engstem Kontakt mit der heidnischen Gedankenwelt; es ist daher nicht erstaunlich, wenn sie sich einige Fragen über den christlichen Glauben stellten. Außerdem «scheuten die Jesuiten keine Mühe, um die Intelligenz und den Eifer ihrer Schüler zu entwickeln»[4]. Sie wurden zu Diskussionen, öffentlichen Vorträgen und der Beteiligung an Theateraufführungen ermutigt. Sie lernten Regeln für die Ausarbeitung und den Ausdruck von Ideen. Ein Teil der Klarheit in der französischen Literatur war ein Ergebnis des Unterrichts in den Jesuitengymnasien. Und schließlich nahm der Schüler noch an strengen Kursen in Logik, Metaphysik und Ethik teil, einerseits anhand von Aristoteles, andererseits anhand der scholastischen Philosophen; und wenn sich auch die Schlußfolgerungen immer im Rahmen des Erlaubten bewegten, so blieb doch die Gewohnheit, alles mit dem Verstand zu erklären, bestehen und wurde schließlich zum Merkmal dieses «Zeitalters der Aufklärung». Die Peitsche gehörte auch zum Unterricht, sogar für Schüler der Philosophie und ohne Beachtung von Rangunterschieden. Der künftige Marquis von Argenson und der Herzog von Boufflers wurden vor der ganzen Klasse gezüchtigt, weil sie ihre ehrwürdigen Lehrer mit Erbsen beschossen hatten[5].

Schon damals wurden Klagen laut, daß zu wenig Rücksicht auf wissenschaftliche Fortschritte genommen werde, daß der Unterricht zu theoretisch und keine Vorbereitung auf das praktische Leben sei und daß die unaufhörliche religiöse Unterweisung die Geister abstumpfe. In einem einstmals berühmten *Traité des études,* einer Abhandlung über die Studien (1726–1728), verteidigte Charles Rollin, der Rektor der Pariser Universität, die humanistischen Studien und die Hervorhebung der Religion. Das Ziel jeder Erziehung, so meinte er, ist die Verbesserung des Menschen. Gute Lehrer «halten nur wenig von Wissenschaften, insoweit sie nicht zur Tugend führen; sie schätzen die höchste Bildung nicht, wenn sie nicht von Ehrenhaftigkeit begleitet ist. Sie ziehen einen anständigen Menschen einem gelehrten Menschen vor.»[6] Es ist aber schwierig, sagte Rollin, einen moralisch einwandfreien Charakter heranzubilden, ohne sich auf die Religion zu stützen. Deswegen «sollte das Ziel unserer Bemühungen, Anfang und Ende unseres Unterrichts die Religion sein»[7]. Die *philosophes* sollten das alles bald in Frage stellen. Die Debatte über die Notwendigkeit der Religion für die Sittlichkeit ging durch das ganze achtzehnte Jahrhundert hindurch und wurde im nächsten fortgesetzt. Auch heute ist sie nicht abgeschlossen.

II. DIE MORAL

Die Unterschiede im sittlichen Verhalten der verschiedenen Klassen schienen ein Beweis für Rollins Argumente zu sein. Die Bauern, die an ihrer Religion festhielten, führten ein verhältnismäßig sittenreines Leben. Das konnte aber auch damit zusammenhängen, daß die Familie eine landwirtschaftliche Produktionseinheit darstellte, wo der Vater gleichzeitig der Arbeitgeber war und die Familienzusammengehörigkeit ihre Wurzeln im Ablauf der Jahreszeiten und den Ansprüchen des Bodens hatte. Auch im Mittelstand blieb die Religion lebendig und unterstützte die väterliche Autorität als die Grundlage der Gesellschaftsordnung. Die Auffassung von der Nation als einer sich über Generationen erstreckende Vereinigung von Familien verlieh der kleinbürgerlichen Moral Zusammenhalt und Tradition. Die bürgerliche Ehefrau war ein Vorbild an Fleiß, Frömmigkeit und Mütterlichkeit. Um das Gebären von Kindern machte sie nicht viel Wesens und ging rasch wieder ihren täglichen Beschäftigungen nach. Sie war mit ihrem Heim und einigen Beziehungen zu den Nachbarn zufrieden und kam nur selten mit jener glänzenden Gesellschaft in Berührung, wo man eheliche Treue lächelnd als *passé* abtat; vom Ehebruch einer Frau aus dem Mittelstand hat man nur selten etwas gehört. Vater und Mutter gaben beide mit ihren altherkömmlichen Gewohnheiten, ihrer religiösen Pflichterfüllung und ihrer gegenseitigen Zuneigung das gute Beispiel. Dieses Leben hielt Chardon liebevoll in seinem Bild *Le Bénédicité* (Das Tischgebet) fest.

Sämtliche Schichten übten Wohltätigkeit und Gastfreundschaft. Die Kirche sammelte und verteilte Almosen. Die antireligiösen *philosophes* predigten *bienfaisance* (Wohltätigkeit), die sie mit Liebe zur Menschheit anstatt mit Liebe zu Gott begründeten. Die modernen humanitären Bestrebungen entsprossen sowohl der Religion als der Philosophie. Klöster speisten die Hungrigen, und Nonnen pflegten die Kranken. Spitäler, Armenhäuser, Waisenhäuser und Asyle wurden mit Staats-, Kirchen- und Zunftgeldern unterhalten. Manche Bischöfe waren weltliche Verschwender, aber einige, wie die Bischöfe von Auxerre, Mirepoix, Boulogne und Marseille, gaben ihren Besitz und ihr Leben für die Armen hin. Staatsbeamte suchten nicht nur nach einem warmen Platz und waren nicht alle Schmarotzer. In Paris ließ die Behörde Nahrungsmittel, Brennholz und Geld an die Armen austeilen, und in Reims gab ein Stadtrat 500000 Livres für wohltätige Zwecke. Ludwig XV. wurde manchmal von Mitgefühl und scheuer Warmherzigkeit übernommen. Als 600000 Livres für ein Feuerwerk bestimmt wurden, womit die Geburt des neuen Herzogs von Burgund (1751) gefeiert werden sollte, machte er alle Vorbereitungen rückgängig und befahl, diese Summe unter die sechshundert ärmsten Mädchen von Paris als Mitgift aufzuteilen. Andere Städte folgten seinem Beispiel. Die Königin lebte bescheiden und verwendete den größten Teil ihrer Einkünfte für gute Werke. Der Herzog von Orléans, der Sohn des zügellosen Regenten, verteilte fast sein ganzes Vermögen an wohltätige Einrichtungen. Die Kehrseite der Medaille war die Bestechlichkeit und Nachlässigkeit, die in der Verwaltung der Wohltätigkeitseinrichtungen herrschte. Es kam verschiedentlich vor, daß Hospizverwalter das Geld, das sie für die Pflege der Kranken oder Armen erhielten, in die eigene Tasche wandern ließen.

In der gesellschaftlichen Moral spiegelte sich die menschliche Natur wider – mit ihrer Selbstsucht und ihrer Größe, ihrer Roheit und ihrer Güte, die selbst das Blutvergießen auf dem Schlachtfeld noch mit Vorschriften der Etikette umgab. Arm und reich, Männer und Frauen gaben sich dem Spiel hin und verspielten manchmal das ganze Familienvermögen. Betrug beim Spiel war gang und gäbe[8]. In Frankreich nützte die Regierung, ebenso wie in England, diese Neigung zum Spiel zu ihrem Vorteil aus und gründete eine staatliche Lotterie. Die unmoralischste Gruppe in der französischen Gesellschaft bildete der Hofadel, der mit den Einkünften, die er von einer völlig verarmten Bauernschaft bezog, gefühllos und in Saus und Braus dahinlebte. Die spitzenbesetzte Bettwäsche der Herzogin von La Ferté kostete 40 000 Kronen; die Perlen von Frau von Egmont waren 400 000 Kronen wert[9]. Bestechlichkeit im Amt war etwas Alltägliches. Ämter wurden weiterhin verkauft und vom Käufer zur Begleichung der ungesetzlichen Kaufsumme ausgebeutet. Ein großer Teil der eingezogenen Steuergelder gelangte nie in den Staatsschatz. Bei all dieser Korruption blühte der Patriotismus. Der Franzose hing mit seiner ganzen Liebe an Frankreich, und ein Pariser konnte es nicht lange außerhalb von Paris aushalten. Und fast jeder Franzose war tapfer. Um mit der Trunksucht in seinen Truppen bei der Belagerung von Mahón Schluß zu machen, verfügte der Marschall von Richelieu: «Keiner, der in Zukunft betrunken aufgegriffen wird, hat die Ehre, am Sturm der Stadt teilzunehmen.» Das Trinken hörte fast völlig auf[10]. Duelle wurden trotz allen Verboten weiter ausgefochten. «Wenn ein Mann in Frankreich eine Beleidigung hinnimmt», sagte Lord Chesterfield, «ist er entehrt; wenn er sie aber nicht hinnimmt, ist er völlig ruiniert.»[11]

Auf homosexuelle Akte stand Verbrennung auf dem Scheiterhaufen; aber dieses Gesetz wurde nur auf die Armen angewandt und im Jahre 1724 auf eine Maultierherde. Der Abbé Desfontaines, der fünfzehn Jahre lang in einem Jesuitengymnasium unterrichtet hatte, wurde im Jahre 1725 unter dieser Anklage verhaftet. Er wandte sich an Voltaire um Hilfe, der vom Krankenbett aufstand, nach Fontainebleau fuhr und Fleury und Frau von Prie dazu brachte, eine Begnadigung zu erwirken[12], was Desfontaines nicht daran hinderte, sich in den nächsten zwanzig Jahren den erbittertsten Feinden Voltaires anzuschließen. Einige der Pagen des Königs waren homosexuell; einer davon, namens La Trémouille, scheint den sechzehnjährigen Herrscher zu seinem Ganymed gemacht zu haben[13].

Prostitution war ebenso verbreitet unter den Armen wie unter den Reichen. In den Städten zahlten die Arbeitgeber den weiblichen Arbeitskräften so wenig, daß es nicht einmal für die geringsten Lebensbedürfnisse ausreichte; dafür erlaubten sie ihnen, ihren Tagesverdienst mit nächtlichen Geschäften abzurunden[14]. Ein zeitgenössischer Berichterstatter schätzte die Zahl der Prostituierten in Paris auf 40 000, andere kamen auf 60 000[15]. Die öffentliche Meinung, mit Ausnahme des Mittelstandes, behandelte diese Frauen mit Nachsicht. Es war bekannt, daß die Nachfrage nach diesem Artikel besonders aus den Reihen des Adels, der Geistlichkeit und anderer Stützen der Gesellschaft stammte, und man beurteilte im allgemeinen den reichen Käufer härter als die arme Ware. Die Polizei drückte ein Auge zu, solange nicht eine private oder öffentliche Klage gegen die *filles* (Dirnen) vorlag; dann wurde gleich im Großen verhaftet, damit man der Regierung nichts anhaben konnte. Die Frauen wurden vor einem Richter zusammengetrieben, der sie zu Gefängnis oder Spital verurteilte. Dann wurden sie rasiert und gezüchtigt, doch ließ man sie bald wieder frei, und ihr Haar wuchs wieder nach. Wenn sie zu aufdringlich wurden oder einen mächtigen Herrn belästigten, konnten sie nach Louisiana verschickt werden. Dreiste Kurtisanen prahlten mit ihrem Gespann und ihrem Schmuck auf dem Cours-la-Reine in Paris oder auf der Promenade von Longchamp[16]. Wenn sie auch nur als Statistinnen zur Comédie-Française oder zur Oper gehörten, waren sie gewöhnlich unantastbar. Manche brachten es zum Modell eines Malers oder wurden von Adligen oder reichen Kaufleuten ausgehalten. Einige fingen sich einen Ehemann, Titel und Reichtum ein; eine wurde sogar Baronin von Saint-Chamond.

Liebesheiraten ohne die Zustimmung der Eltern nahmen im Leben und in der Literatur zu; sie wurden rechtlich anerkannt, wenn sie vor einem Notar geschlossen wurden. Aber die große Mehrheit der Heiraten wurde, sogar bei den Bauern, von den Eltern arrangiert und waren mehr eine Vereinigung von Besitztümern und Familien als von zwei Menschen. Die Familie, nicht der Einzelne, war die Zelle der Gesellschaft. Deswegen wurde das Fortbestehen der Familie und ihres Besitzes höher gewertet als das vorübergehende Vergnügen oder die zarten Gefühle der ungestümen Jugend. Außerdem, sagte ein Bauer zu seiner Tochter, «ist der Zufall weniger blind als die Liebe»[17].

Das gesetzliche Heiratsalter für Knaben war vierzehn, für Mädchen dreizehn Jahre; aber vom Alter von sieben Jahren an konnten sie gesetzlich verlobt werden, denn gemäß den Grundsätzen der mittelalterlichen Philosophie begann damit «das Alter der Vernunft». Die Jagd auf die Unschuld war so unbarmherzig, daß die Eltern ihre Töchter so früh wie möglich verheirateten, um eine vorzeitige Entjungferung zu vermeiden. So war die Marquise von Sauvebœuf mit dreizehn Jahren bereits Witwe. Die Töchter der mittleren und oberen Stände wurden bis zur Wahl ihres Gatten in Klöstern gehalten. Dann wurden sie in aller Eile aus der Nonnenzelle zum Altar gebracht und mußten unterwegs gut bewacht werden. In dieser unmoralischen Zeit traten fast alle Mädchen unberührt in die Ehe.

Da sich die französischen Adligen von Handel und Industrie als nicht standesgemäßer Beschäftigung fernhielten und ihre Einkünfte nur selten für ihr Luxusleben bei Hof ausreichten, sahen sich die Aristokraten dazu gezwungen, ihre landbesitzenden, aber geldlosen Söhne mit landlosen, aber geldbesitzenden Töchtern des Großbürgertums zu verheiraten. Als der Sohn der Herzogin von Chaules sich gegen die Heirat mit der Kaufmannstochter Bonnier und ihrer reichen Mitgift wehrte, erklärte seine Mutter ihm: «Wenn man eine vorteilhafte Ehe unter seinem Stand eingeht, so ist das einfach so, als nähme man Mist, um sein Land zu düngen.»[18] Bei solchen Ehen genoß der adlige Sohn gewöhnlich das Geld seiner Frau, wobei er sie regelmäßig an ihre niedere Herkunft erinnerte, und nahm bald eine Geliebte, um seine Verachtung zu unterstreichen. Auch das wurde nicht vergessen, als der Mittelstand die Revolution unterstützte.

Ehebruch wurde in aristokratischen Kreisen keineswegs als gesellschaftsunfähig angesehen; er galt als angenehmer Ersatz für die Scheidung, die die Religion des Landes untersagte. Ein Ehemann, der im Heer oder in der Provinz Dienst tat, konnte sich eine Geliebte halten, ohne damit seiner Frau einen triftigen Grund zur Klage zu geben. Gatte oder Gattin mochten durch Pflichten bei Hof oder auf dem Landsitz festgehalten werden; auch dann durfte der Gatte eine Geliebte nehmen. Da die Heiraten im allgemeinen aus materiellen Erwägungen und nicht aus Gefühlsgründen geschlossen wurden, verbrachten viele aristokratische Ehepaare ein gut Teil ihres Lebens getrennt und verziehen sich gegenseitig ihre Sünden, solange diese anmutig verschleiert und, im Fall der Frau, auf einen Mann auf einmal beschränkt wurden. Der persische Reisende von Montesquieu berichtete aus Paris: «Ein Ehemann, der seine Frau ganz allein für sich beanspruchen würde, erschiene als ein Störenfried der allgemeinen Glückseligkeit, ähnlich einem Narren, der das Sonnenlicht ganz allein, unter Ausschluß aller anderen Menschen, genießen wollte.»[19] Als man dem Herzog de Lauzun, der seine Frau zehn Jahre lang nicht gesehen hatte, die Frage stellte, was er dazu sagen würde, wenn seine Frau ihm mitteilte, daß sie schwanger sei, war seine Antwort ganz eines Edelmannes seiner Zeit würdig: «Ich würde ihr schreiben, wie erfreut ich darüber sei, daß der Himmel unsere Verbindung gesegnet habe; ich würde gegen Abend vorbeikommen, um ihr meine Aufwartung zu machen.»[20] Eifersucht war ein Zeichen schlechter Erziehung.

Der größte Ehebrecher jener Zeit und tonangebend für die Mode war Louis-François-Armand de Vignerot du Plessis, Herzog von Richelieu, der Großneffe des sittenstrengen Kardinals. Ein Dutzend adliger Damen fielen der Reihe nach in seine Arme, von seinem Rang, seinem Reichtum und seinem Ruf verführt. Als sein zehnjähriger Sohn wegen langsamer Fortschritte in Latein getadelt wurde, gab er zurück: «Mein Vater hat nie Latein gekonnt und hat trotzdem die schönsten Frauen von Frankreich gehabt.»[21] Das verhinderte alles nicht die Aufnahme des Herzogs in die Französische Akademie, dreiundzwanzig Jahre vor seinem Freund und Gläubiger Voltaire, der zwei Jahre älter war als er. Jedoch wurde der Herzog von der öffentlichen Meinung verurteilt, als er anfing, dem König Konkubinen zu beschaffen. Frau Geoffrin schloß ihn aus ihrem Kreis aus als *épluchure des grands vices* (Abfallhaufen der größten Laster)[22]. Er starb im Alter von zweiundneunzig Jahren, ein Jahr vor der Revolution.

Wenn solcherart die Beziehungen zwischen den Gatten waren, kann man sich das Schicksal der Kinder vorstellen. Der Adel behandelte sie ganz offen als ein Hindernis. Nach ihrer Geburt wurden sie Ammen übergeben; ihre Erziehung wurde Gouvernanten und Hauslehrern überlassen; ihre Eltern sahen sie nur selten. Talleyrand sagte, er habe nie mit seinem Vater oder seiner Mutter unter demselben Dach geschlafen. Eltern hielten es für richtig, eine achtunggebietende Entfernung zwischen sich und ihrer Nachkommenschaft aufrechtzuerhalten. Vertrautheit kam nur ausnahmsweise vor, innige Beziehungen waren ausgeschlossen. Der Sohn sprach seinen Vater immer mit «monsieur» an, die Tochter küßte ihrer Mutter die Hand. Wenn die Kinder heranwuchsen, wurden sie ins Militär, in den Kirchendienst oder ins Kloster gesteckt. Wie in England, so erbte auch hier der älteste Sohn fast das ganze Vermögen.

Diese Lebensart wurde vom Hofadel bis zur Thronbesteigung Ludwigs XVI. im Jahre 1774 gepflegt. In ihr trat der Verlust religiöser Bindungen in den oberen Ständen besonders deutlich zutage. Die christliche Auffassung von der Ehe wurde wie das mittelalterliche Ritterideal vollkommen fallengelassen. Seit den Tagen des kaiserlichen und dekadenten Roms war die Sucht nach Vergnügungen nie mehr so offen, so «heidnisch» sichtbar geworden wie jetzt. Im achtzehnten Jahrhundert wurden in Frankreich viele Werke über die Sittlichkeit veröffentlicht; aber es wimmelte daneben von ausgesprochen unanständigen Büchern, die eine weite, wenn auch unerlaubte Verbreitung fanden. «Die Franzosen», schrieb Friedrich der Große, «und vor allem die Pariser, sind zu Sybariten geworden, die durch Pläsir und Bequemlichkeit verweichlicht sind.»[23] Um 1749 sah der Marquis von Argenson in der Vernachlässigung moralischer Werte ein weiteres Anzeichen für eine nationale Katastrophe:

«Die Fähigkeiten des Herzens gehen mit jedem Tag zurück, weil wir sie nicht ausüben, während der Geist ständig geschärft und verfeinert wird. Wir werden mehr und mehr zu Verstandesmenschen ... Ich sehe den Untergang dieses Landes voraus, weil es keiner Gefühlsbewegung mehr fähig ist. Wir haben keine Freunde mehr; wir haben Verhältnisse, keine Geliebten; wie sollten wir unsere Heimat lieben? ... Mit jedem Tag verlieren die Menschen etwas mehr von jener schönen Eigenschaft, die sich Feinfühligkeit nennt. Liebe und das Bedürfnis nach Liebe verschwinden ... Wir sind ständig mit kalter Berechnung beschäftigt; alles ist käufliches Ränkespiel ... Das innere Feuer verlöscht, weil es nicht genährt wird; eine Lähmung beschleicht das Herz.»[24]

Genau so sprach Pascal für Port-Royal, so sprach Rousseau eine Generation nachher, und so sprechen feinfühlige Geister in jedem Zeitalter der intellektuellen Gärung und Befreiung. Wir werden diese Stimmen noch zu hören bekommen.

III. DIE SITTEN

Nie zuvor war Unmoral so blendend schön und mit solch verfeinerten Manieren, solcher Eleganz in Kleidung und Sprache, solch vielfältigen Zerstreuungen, solcher Anmut der Frauen, solch verschnörkelter Höflichkeit im Briefwechsel und solchem Funkeln von Geist und Witz aufgetreten. «Niemals hat es in Frankreich oder im zeitgenössischen Europa ... oder irgendwo auf der Welt vorher oder nachher eine so geschliffene, so intelligente, so ergötzliche Gesellschaft gegeben wie die französische Gesellschaft im achtzehnten Jahrhundert.»[25] «Die Franzosen», sagte Hume im Jahre 1741, «haben in höchstem Maße die nützlichste und angenehmste aller Künste ausgebildet, *l'art de vivre* (Lebenskunst), die Kunst der Unterhaltung und der Gesellschaft.»[26] Am Ende dieser Periode kam das Wort *civilisation* auf. Es steht weder in Johnsons *Dictionary* aus dem Jahre 1755 noch im *Grand Vocabulaire,* das 1768 in dreißig Bänden in Paris erschien.

Die Franzosen fühlten sich besonders «zivilisiert» durch ihre Kleidung. Männer waren ebenso besorgt wie Frauen, wenn es um ihren Anzug ging. In den höheren Kreisen mußten sie, der Mode entsprechend, einen großen Dreispitz mit Federn und Goldborte aufsetzen. Da er aber ihre Perücke in Unordnung brachte, trugen sie ihn gewöhnlich unterm Arm. Die Perücke hatte sich seit der Zeit des Sonnenkönigs verkleinert, wurde aber viel allgemeiner, sogar von Handwerkern, getragen. Es gab zwölfhundert Perückenmacher in Paris mit sechstausend Angestellten. Haar und Perücke wurden gepudert. Männer trugen ihr Haar gewöhnlich lang, mit einem Band im Nacken zusammengebunden oder in einem Beutel zusammengefaßt. Ein langer Schoßrock aus reichem, farbenprächtigem Stoff, meist aus Samt, bedeckte die Weste, die am Hals ein Seidenhemd mit Jabot und am Handgelenk Spitzenkrausen sichtbar werden ließ. Die Kniehosen (*culottes*) waren ebenfalls farbig, die Strümpfe aus weißer Seide. Die Schnallen an den Schuhen bestanden aus Silber. Höflinge trugen zum Unterschied von anderen Sterblichen Schuhe mit roten Absätzen. Manche verwendeten Fischbeinstäbe, damit die Schöße richtig abstanden, andere Diamanten als Knöpfe; alle trugen einen Degen, manche einen Stock. Das Tragen des Degens war Dienern, Lehrlingen und Musikern untersagt[27]. Der Bürger kleidete sich einfach in Rock und *culottes* aus gewöhnlichem Tuch, trug Strümpfe aus schwarzer oder grauer Wolle und Schuhe mit dicken Sohlen und niedrigen Absätzen. Handwerker und Bedienstete trugen die abgelegten Kleider der Reichen; der ältere Mirabeau brummte, daß er einen Hufschmied nicht von einem Lord unterscheiden könne.

Frauen erfreuten sich noch der Freiheit ihrer Beine innerhalb des geräumigen Heiligtums ihrer Reifröcke. Die Geistlichkeit bezeichnete Frauen mit diesen Röcken als «Äffinnen» und «Teufelsdienerinnen», aber die Damen waren begeistert davon, denn sie gaben ihrer Gestalt eine gewisse Majestät, selbst wenn sie *enceintes* (in anderen Umständen) waren. Frau von Créqui erzählt: «Ich konnte Frau von Egmont nichts ins Ohr sagen, denn wegen unserer Reifröcke konnten wir die Köpfe nicht zusammenstecken.»[28] Schuhe mit hohen Absätzen aus farbigem Leder, das mit Silber oder Gold bestickt war, verliehen den Damen einen reizvollen, wenn auch unsichtbaren Fuß. Die geschickten Schuhmacher eroberten sich mit ihrer Kunst einen Platz in der Großbourgeoisie. Romanzen wurden verfaßt, die einen hübschen Fuß, besser gesagt: einen hübschen Schuh priesen. Fast ebenso berückend waren die absatzlosen *mules* (Pantoffeln), die die Dame zu Hause trug. Auch die Krausen, Bänder, Fächer und *pretintailles* (Falbeln) waren geeignet, den flüchtigen Blick des Mannes zu fesseln, wenn sie nicht dazu da waren, ausladende weibliche Formen zu verdecken. Dafür sorgten aber auf jeden Fall die Korsette mit den Fischbeinstäbchen. Der Busen wurde so weit entblößt, daß an seiner einladenden Üppigkeit nicht gezweifelt werden konnte. Die Haartracht war niedrig und einfach; die Turmfrisuren kamen erst im Jahre 1763 auf. Hände, Arme, Gesicht und Haar wurden mit Schönheitsmitteln behandelt, aber im Gebrauch von Parfüm gab es kaum einen Unterschied zwischen Männern und Frauen. Das Gesicht einer Dame war immer geschminkt und gepudert und mit Schönheitspflästerchen (*mouches* = Fliegen) an strategisch wichtigen Stellen versehen, die aus schwarzer Seide in Form von Herzen, Tränentropfen, Monden, Kometen oder Sternen geschnitten wurden. Vornehme Damen klebten manchmal sieben oder acht auf die Stirn, die Schläfen, um die Augen und die Mundwinkel; außerdem hatte sie noch eine Dose mit zusätzlichen *mouches* bei sich, falls ein Pflaster herunterfallen sollte. Der Toilettentisch einer Dame glitzerte von all den *nécessaires,* Dosen aus Gold, Silber oder Lapislazuli, worin die Schönheitsmittel aufgehoben wurden. Kostbare Juwelen funkelten an Arm und Hals, an den Ohren und im Haar. Günstlinge hatten Zutritt zum Boudoir und unterhielten sich mit der Dame des Hauses, während ihre Zofen sie für den täglichen Angriff auf die Männerwelt ausrüsteten. In der Aristokratie waren die Männer die Sklaven der Frauen, die Frauen Sklaven der Mode, und die Mode hing von den großen *Couturiers* ab. Alle Versuche, Mode oder Kleidung durch Gesetze gegen die Verschwendung zu regeln, wurden in Frankreich nach 1704 aufgegeben. Im allgemeinen übernahm Westeuropa die französische Mode, aber es gab auch entgegengesetzte Strömungen. Die Hochzeit Ludwigs XV. mit Maria Leszczyńska brachte den Stil *à la Polonaise* mit sich, der Krieg gegen Österreich-Ungarn die *hongrelines* und die Heirat des Dauphins mit der Infantin María Teresa Rafaela (1745) die Mantille.

Die Speisezettel waren nicht so prunkvoll wie die Kleidung, doch erforderte das Verhalten bei Tisch viel Fingerspitzengefühl und Kunstfertigkeit. Die französische Küche war ein Vorbild und eine Gefahr für die Christenheit. Voltaire warnte seine Landsleute 1749 vor den schweren Mahlzeiten, die «früher oder später alle geistigen Fähigkeiten abstumpfen» mußten[29]. Er selbst gab das Beispiel für eine einfache Kost und einen durchdringenden Geist. Je höher die gesellschaftliche Stellung, desto mehr wurde gegessen; ein typisches Mittagessen an der Tafel Ludwigs XV. bestand aus Suppe, Rindsbraten, Kalbsbraten, Hühnerfleisch, Rebhuhn, einer Taube, Obst und Kompott[30]. «Nur wenige essen mehr als einmal im Monat Fleisch», stellte Voltaire fest[31]. In den Städten war Gemüse ein Luxus, denn die Frischhaltung war schwierig; Aale waren sehr beliebt. Manche große Herren gaben 500000 Livres im Jahr für ihre Küche aus; einer von ihnen veranstaltete ein Essen für den König und seinen Hofstaat, das 72000 Livres kostete. In vornehmen Häusern war der Haushofmeister (*maître d'hôtel*) eine bedeutende Persönlichkeit; er war reich gekleidet, trug einen Degen und sogar einen Brillantring. Weibliche Köche wurden verschmäht. Köche setzten ihren Ehrgeiz daran, neue Speisen zu erfinden, um den Namen ihres Herrn zu verewigen; deswegen aß man in Frankreich *filet de volaille* (Geflügelfilet) *à la Bellevue* (das Lieblingsschloß der Pompadour), *poulets à la Villeroi* und *sauce Mayonnaise* zur Erinnerung an den Sieg Richelieus bei Mahón[32]. Die Hauptmahlzeit wurde um drei oder vier Uhr nachmittags eingenommen und später, gegen neun oder zehn Uhr, noch ein Nachtessen.

Kaffee wurde jetzt beinahe so viel getrunken wie Wein. Michelet muß ein begeisterter Kaffeetrinker gewesen sein, denn er meinte, daß die beständig wachsende Einfuhr dieses Gebräus aus Arabien, Indien, von der Insel Bourbon (Réunion) und den karibischen Inseln zu jener Aufheiterung des Geistes beitrug, die die Aufklärung kennzeichnete[33]. Im Jahre 1715 gab es dreihundert Cafés in Paris, 1750 sechshundert und eine entsprechende Anzahl in den Provinzstädten. Im Café Procope – auch der Keller genannt, weil es immer dunkel war – gab Diderot seine Ideen zum besten, und Voltaire kam verkleidet dorthin, um sich die Ansichten über sein neuestes Stück anzuhören. Diese Kaffeehäuser waren der Salon des Bürgers, wo die Männer Schach, Dame oder

Domino spielten, vor allem aber diskutierten. Denn je mehr die Menschenmenge in der Großstadt anschwoll, desto einsamer wurde der Mensch.

Klubs waren private Cafés, beschränkt in der Mitgliederzahl, gewöhnlich mit gemeinsamen Interessen. Der Abbé Alari zum Beispiel gründete (um 1721) den Club de l'Entresol (im Hochparterre seines Heims), wo ungefähr zwanzig Staatsmänner, hohe Beamte und Literaten zusammenkamen, um Tagesfragen oder auch Religion und Politik zu erörtern. Bolingbroke erfand den Namen und führte damit das Wort *Club* in die französische Sprache ein. Dort setzte der Abbé von Saint-Pierre seine Pläne für eine Gesellschaftsreform und ewigen Frieden auseinander; Kardinal Fleury fand sie aber etwas beunruhigend und befahl die Auflösung des Klubs im Jahre 1731. Drei Jahre später gründeten Jakobitenflüchtlinge aus England die erste französische Freimaurerloge in Paris. Montesquieu und verschiedene Mitglieder des Hochadels schlossen sich ihr an. Sie wurde zu einem Zufluchtsort der Deisten und einem Mittelpunkt politischer Intrigen; englische Einflüsse machten sich stark bemerkbar und bahnten den Weg für die *philosophes*.

Männer und Frauen, der Langeweile der täglichen Arbeit entfliehend, drängten sich auf den Promenaden und Tanzdielen, füllten die Theater, die Konzertsäle und die Oper. Die Reichen gingen auf die Jagd, die Bürger zu ländlichen Festen (*fêtes champêtres*). Der Bois de Boulogne, die Champs-Elysées, die Jardins des Tuileries, der Luxembourg-Park und der Jardin des Plantes – damals «Jardin du Roi» (Garten des Königs) genannt – waren beliebte Ausflugsorte für Wagenfahrten, Spaziergänge, verliebte Pärchen und Osterparaden. Zu Hause vergnügte man sich mit Gesellschaftsspielen, Tänzen, Kammermusik und Liebhaberaufführungen. Alles tanzte. Das Ballett hatte sich zu einer komplizierten und königlichen Kunst entwickelt, worin der König selbst ab und zu eine Rolle übernahm. Ballerinen wie die Camargo und die Gaussin wurden zum Stadtgespräch und entzückten die Millionäre.

IV. DIE MUSIK

Seit jener Zeit, wo Lully sogar Molière beim Sonnenkönig ausgestochen hatte, war es mit der Musik bergab gegangen. Die Franzosen waren nicht so vernarrt in die Musik wie die Italiener, die darüber ihre politische Unfreiheit vergaßen, und auch nicht so andächtige Zuhörer wie die Deutschen, die sich in die langatmigen Messen und Passionen Bachs und seiner Zeitgenossen mit Sachkenntnis vertieften. Die französische Musik war in einem Übergang von den klassischen Formen zum barocken Schwung und der Anmut des Rokokos begriffen, vom komplizierten Kontrapunkt, der die Worte verstümmelte, zu fließenden Melodien und lieblichen Themen, die dem französischen Gemüt entsprachen. Volkstümliche Komponisten brachten immer noch verliebte, satirische oder melancholische Lieder hervor, worin junge Schöne gepriesen, Königen getrotzt und Unberührtheit und Aufschub verspottet wurden. Die Musik wurde nicht mehr ausschließlich von Königen, die nach Majestät verlangten, begönnert, sondern auch von der Hochfinanz, die mit Konzerten, Theaterstücken und Poesie für eine ausgesuchte Minderheit ihren Reichtum zu rechtfertigen versuchte. Rousseaus Oper *Les muses galantes* wurde im Haus des Generalpächters La Popelinière aufgeführt. Verschiedene reiche Leute hatten ihr eigenes Orchester. Von 1725 an wurden in Paris regelmäßig die Concerts spirituels abgehalten, zu denen das Publikum gegen Eintrittsgeld zugelassen war; andere Städte ahmten Paris nach. Die Opernaufführungen fanden gewöhnlich im Palais-Royal statt, begannen am späten Nachmittag und endeten gegen halb neun Uhr abends. Anschließend schlenderte das elegant gekleidete Publikum in den Tuilerien umher, wo es im Freien von Sängern und Musikern unterhalten wurde; dies gehörte zu den anziehendsten Gepflogenheiten des Pariser Lebens.

Wenn man Diderots *Le neveu de Rameau* liest, wird man sich klar darüber, wie viele Komponisten und Virtuosen damals einen Namen hatten, der dann völlig in Vergessenheit geriet. Nur ein einziger französischer Komponist aus jener Zeit ließ Werke zurück, die auch jetzt noch von Leben erfüllt sind. Jean-Philippe Rameau war von Jugend auf für das Leben eines Musikers vorherbestimmt. Sein Vater war Organist in der Kirche Saint-Etienne in Dijon. Begeisterte Biographen behaupten, daß Jean schon mit sieben Jahren ohne weiteres jede Partitur lesen konnte, die er zu Gesicht bekam. Im Gymnasium beschäftigte er sich so ausschließlich mit Musik, daß die Jesuiten ihn aus der Schule ausschlossen; von da an öffnete er kaum noch ein Buch, das nicht Musik enthielt oder sonst damit zu tun hatte. Bald spielte er so vollendet auf der Orgel, dem Klavichord und der Geige, daß Dijon ihm nichts weiter bieten konnte. Er fing eine Liebelei an, doch hielt sein Vater dies bei so viel Talent für eine Zeitverschwendung und schickte ihn nach Italien, damit er sich die melodischen Geheimnisse der dortigen Musik aneigne (1701).

Bei seiner Rückkehr nach Frankreich betätigte sich Jean als Organist in Clermont-Ferrand, dann als Nachfolger seines Vaters in Dijon (1709–1714), hierauf wiederum in Clermont als Organist der Kathedrale (1716) und ließ sich schließlich 1721 in Paris nieder. Dort schrieb er 1722 im Alter von neununddreißig Jahren das hervorragendste musiktheoretische Werk Frankreichs im achtzehnten Jahrhundert, *Traité de l'harmonie réduite à ses principes naturels* (Abhandlung über die Harmonie, beschränkt auf ihre natürlichen Prinzipien). Rameau baute seine Harmonielehre auf der Grundform des aus großen und kleinen Terzen zusammengesetzten Akkordes auf, von der – nach dem Prinzip der sogenannten Terzenschichtung – alle anderen Akkorde durch Umkehrungen hergeleitet werden können. Der Stil Rameaus war nur für eingefleischte Musiker verständlich, aber seine Ideen gefielen dem Mathematiker d'Alembert, der sie 1752 auf durchsichtigere Art darlegte. Heute werden die Gesetze der Akkordbeziehungen, die Rameau formulierte, als theoretische Grundlage der musikalischen Komposition anerkannt[34].

Zuerst hatte Rameau die ganze Kritik gegen sich; aber er widerlegte sie theoretisch und praktisch, bis er wie ein Newton verehrt wurde, der die Gesetze der Musik gefunden hatte wie jener die Gesetze der Sterne[35]. Im Jahre 1726 heiratete er im Alter von dreiundvierzig Jahren die achtzehnjährige Marie Mangot. Im Jahre 1727 vertonte er den *Samson* von Voltaire, dessen Aufführung aber mit der Begründung, daß biblische Stoffe nicht in Opern verwandelt werden sollten, verboten wurde. Rameau mußte sich sein Brot als Organist der Kirche Sainte-Croix-de-la-Bretonnerie verdienen. Erst mit fünfzig Jahren eroberte er die Opernbühne.

In diesem Jahr (1733) bot ihm der Abbé Pellegrin ein Libretto *Hippolyte et Aricie* an, das auf der *Phèdre* von Racine beruhte, forderte aber eine Garantie in der Höhe von fünfhundert Livres von Rameau, im Falle eines Mißerfolges der Oper. Bei den Proben für die Oper war der Abbé so entzückt, daß er die Garantie nach dem ersten Akt zerriß. Die öffentliche Aufführung in der Académie de Musique überraschte die Zuhörer mit kühnen Neuerungen, die mit der seit Lully geheiligten Tradition nichts zu tun hatten. Die Kritiker protestierten gegen den neuen Rhythmus, die ketzerische Modulation und das Orchester, das plötzlich zur Geltung kam; sogar die Orchestermusiker selbst waren nicht einverstanden. Eine Zeitlang spielte Rameau mit dem Gedanken, die Oper ganz im Stich zu lassen, aber sein nächstes Werk, *Les Indes galantes* (1735), war ein großer Publikumserfolg, und sein *Castor et Pollux* (1737) war ein Triumph in der Geschichte der französischen Oper.

Der Erfolg verdarb ihn. Er rühmte sich, daß er aus jedem beliebigen Libretto eine gute Oper machen, ja sogar eine Zeitung vertonen könne[36]. Daraufhin schrieb er eine lange Reihe völlig unbedeutender Opern. Als die Direktion der Académie de Musique genug von ihm hatte, komponierte er Musik für Klavichord, Geige und Flöte. Ludwig XV. und Frau von Pompadour kamen ihm zu Hilfe und beauftragten ihn mit der Musik zu Voltaires *La Princesse de Navarre*, womit er einen aufmunternden Erfolg in Versailles einheimste (1745). Er gelangte bei der Académie wieder zu Ansehen und komponierte weitere Opern. Nach und nach gewöhnte sich Paris an seinen Stil, vergaß Lully und feierte ihn als den unangefochtenen Herrscher der Musikwelt.

Im Jahre 1752 sah er sich neuen Schwierigkeiten gegenüber. Aus Italien waren Virtuosen und Komponisten eingetroffen, und nun begann ein lärmiger Streit zwischen französischer und italienischer Musik, der dann in den siebziger Jahren in der Auseinandersetzung zwischen Piccini und Gluck seinen Höhepunkt erreichen sollte. Eine italienische Truppe führte in der Pariser Oper *La serva padrona* von Pergolesi, eine klassische komische Oper, als Intermezzo auf. Die Anhänger der französischen Musik entgegneten mit Pamphleten und Rameau. Der Hof spaltete sich in zwei Lager: Frau von Pompadour unterstützte die französische Musik, die Königin verteidigte die italienische; Grimm verurteilte die gesamte französische Oper (1752), und Rousseau bezeichnete die französische Musik als unmöglich. Der letzte Absatz in Rousseaus *Lettre sur la musique française* (1753) war typisch für seine unberechenbaren Gefühlsausbrüche:

> «Die französische Musik besitzt weder Takt noch Melodie, weil sich die Sprache nicht dazu eignet. Der französische Gesang gleicht einem ständigen Gebell, unerträglich für ein verfeinertes Gehör, seine Harmonien sind ungehobelt, ausdruckslos und erinnern an die Stümperei eines Schülers; die französischen Arien sind keine Arien, und das französische Rezitativ hat mit Rezitativ nichts zu tun. Daraus schließe ich, daß die Franzosen keine Musik haben und nicht haben können, und sollten sie jemals eine ihr eigen nennen, so können sie einem nur leid tun!»

Die Anhänger der französischen Musik setzten sich mit fünfundzwanzig Pamphleten zur Wehr und verbrannten Rousseau *in effigie* am Eingang zur Oper[37]. Ohne sein Zutun wurde Rameau bei diesem Streit, der unter dem Namen *Guerre des Bouffons* (Krieg der Possenreißer) in die Geschichte einging, als *pièce de résistance* ausgenützt. Als Rameau schließlich siegreich aus dem Kampf hervorging, gab er zu, daß die französische Musik noch viel von der italienischen zu lernen hatte; und wenn er nicht so alt wäre, sagte er, würde er nach Italien zurückkehren, um die Methoden Pergolesis und anderer italienischer Meister zu studieren.

Er war nun auf der Höhe seiner Beliebtheit, hatte aber auch zahlreiche alte und neue Feinde. Eine Schrift, worin er die Irrtümer in den Artikeln über Musik in der *Encyclopédie* aufzeigte, zog ihm noch einige weitere zu. Rousseau, der die meisten dieser Artikel geschrieben hatte, griff ihn auf gehässigste Weise an, und Diderot, der Vater der *Encyclopédie,* machte den alten Komponisten, wenn auch auf respektvolle Art, in *Le neveu de Rameau* verächtlich, wenn er auch den Anstand hatte, folgende Stelle nicht zu veröffentlichen:

«... der berühmte Musiker, der uns auf alle Zeiten von den Gesängen Lullys, die wir ein Jahrhundert lang angestimmt haben, erlöste, und der so viel prophetischen Unsinn und apokalyptische Wahrheit über Musiktheorie von sich gab – Schriften, die weder er noch sonst jemand je verstand. Wir besitzen von ihm eine Reihe von Opern, in denen man Harmonie, Gesangsbrocken, unzusammenhängende Ideen, Geklapper, Triumphzüge, Lanzen, Apotheosen ... und Tanzweisen findet, die sich ewig erhalten werden.»[38]

Als sich der siebenundsiebzigjährige Rameau bei der Wiederaufführung seiner Oper *Dardanus* in seiner Loge zeigte, wurde er mit einem ähnlichen Beifallssturm begrüßt wie Voltaire achtzehn Jahre später. Der König erhob ihn in den Adelsstand, und die Stadt Dijon, voll Stolz auf ihren Sohn, befreite ihn und seine Familie auf alle Zeiten von der Bezahlung von Gemeindesteuern. Auf der Höhe seines Ruhms erkrankte er an Typhus, wurde zusehends schwächer und starb am 12. September 1764. Paris gab ihm ein feierliches Begräbnis in der Kirche Saint-Eustache, und in vielen französischen Städten wurde ihm zu Ehren eine Messe abgehalten.

V. DIE SALONS

Paris war das Kulturzentrum nicht nur Frankreichs, sondern der ganzen Welt. «Wenn man hundert Meilen von Paris entfernt wohnt», sagte Duclos, «ist man mit seinem Benehmen und seinen Gedanken hundert Jahre hinter der Hauptstadt zurück.»[39] Wahrscheinlich hatte es nie zuvor eine Stadt mit so viel sprudelndem Leben, so viel verschiedenartigen Interessen gegeben. Gebildete Schichten und fortschrittliche Literatur fanden sich zusammen und regten sich gegenseitig an. Kultivierte Pariser hatten keine Angst vor der Hölle mehr, sie waren heiter und sorglos wie noch nie, seit sie darauf vertrauten, daß kein allmächtiges Wesen im Himmel ihre Sünden bespitzelte. Vorläufig verspürten die Geister noch nicht die düsteren Nachwirkungen ihrer Befreiung – eine

Welt ohne Gottheit, ohne moralisches Ziel, die in ihrer eigenen Bedeutungslosigkeit fröstelt. Unterhaltung wurde zur Kunst, der Geist sprühte Funken, wenn er sich auch oft in oberflächlichem Geplänkel verlor. Der Gedanke blieb an der Oberfläche der Dinge hängen, als ob er die Leere darunter fürchtete. Klatsch verbreitete sich mit Windeseile von einem Klub zum anderen, von einem Haus zum anderen. Aber oft vertiefte sich die Unterhaltung in politische, religiöse und philosophische Probleme, an die man sich auch heute nur selten heranwagt.

Das Leben der Gesellschaft waren die Frauen, die ihr ihren Glanz verliehen. Hier wurden die Frauen vergöttert, und hier waren sie tonangebend. Irgendwie gelang es ihnen, allen Sitten und Hindernissen zum Trotz, genug Bildung in sich aufzunehmen, um mit den Löwen des Intellekts, die sie so gern bei sich empfingen, eine intelligente Unterhaltung zu pflegen. Zu den Vorträgen von Gelehrten drängten sich fast ebenso viele Damen wie Männer von Welt[40]. Da die Männer jetzt seltener im Feldlager und häufiger in der Hauptstadt und am Hof lebten, wurden sie immer empfänglicher für jene subtilsten weiblichen Reize – die Anmut der Bewegung, die melodische Stimme, die Lebhaftigkeit des Geistes, das leuchtende Auge, das Zartgefühl, die verständnisvolle, mitfühlende Seele. Von jeher hatte man Frauen dieser Eigenschaften wegen geliebt. Aber keine andere Kultur hatte, im Verein mit Natur, Erziehung, Kleidung, Schmuck und Schönheitsmitteln, bisher solch bezaubernde Wesen hervorgebracht wie die französische Frau des achtzehnten Jahrhunderts. Und trotzdem ließ sich durch diese äußere Anziehungskraft allein die tatsächliche Macht der Frau nicht erklären. Im Umgang mit Männern war Intelligenz vonnöten, und die Intelligenz der Frauen kam nicht nur dem Intellekt der Männer gleich, häufig überflügelte sie ihn. Die Frauen kannten die Männer besser als die Männer die Frauen; Männer überstürzten sich mit ihren Ideen, bevor sie völlig ausgereift waren, während die bescheidene Zurückhaltung, die auch von der geistreichen Frau erwartet wurde, ihr Zeit zur Beobachtung, zur Erwägung und zur Ausarbeitung ihres Schlachtplanes ließ.

Gleichzeitig mit der stärkeren Empfindsamkeit des Mannes wuchs der Einfluß der Frau. Tapferkeit auf dem Schlachtfeld wurde nicht nur im Boudoir und bei Hof, sondern im Salon belohnt. Die Dichter waren begeistert, daß ihnen ein so hübsches Ohr so geduldig zuhörte. Philosophen fühlten sich geehrt, wenn Frauen von Stand und Kultur sich herbeiließen, für sie Interesse zu zeigen. Selbst der größte Gelehrte entdeckte die geistige Anregung, die ein weicher Busen und raschelnde Seide vermitteln können. So übten die Frauen längst vor ihrer «Emanzipation» eine Herrschaft aus, die bezeichnend für diese Zeit war. «Damals herrschte die Frau», bemerkte Frau Vigée-Lebrun später; «die Revolution hat sie entthront.»[41] Sie bewirkten nicht nur eine Verfeinerung in den Sitten des Mannes, sie konnten ausschlaggebend für seine politische Beförderung, ja sogar für seine akademische Laufbahn sein. Frau von Tencin gab den Ausschlag, als Marivaux anstatt Voltaire in die Französische Akademie aufgenommen wurde (1742). *Cherchez la femme* war die Vorbedingung für Erfolg. Wer die Frau fand, die ein Mann liebte, der fand den Weg zu diesem Mann.

Claudine Alexandrine von Tencin war nach der Pompadour die interessanteste unter den Frauen, die die Geschicke Frankreichs in der ersten Hälfte des achtzehnten Jahrhunderts in Händen hatten. Wir wissen bereits, daß sie aus einem Kloster entfloh und die Mutter d'Alemberts wurde. In Paris hatte sie ihr Haus in der Rue Saint-Honoré, wo sie eine Reihe von Geliebten empfing, zu denen Bolingbroke, Richelieu, Fontenelle (der Siebzigjährige war schweigsam, aber viril), mehrere Abbés und der Chef der Pariser Polizei gehörten. Boshafter Klatsch setzte auch ihren Bruder auf diese Liste, aber vermutlich war sie ihm nur schwesterlich zugeneigt und entschlossen, ihn entweder zum Kardinal oder zum Premierminister zu machen. Jedenfalls nützte sie ihn und andere zur Ausübung ihrer Macht in Frankreich aus.

Zunächst war sie auf Geld aus. Sie legte ihre Mittel in Laws System an, verkaufte aber rechtzeitig. Sie übernahm die Vermögensverwaltung für Charles Joseph von La Fresnai und weigerte sich, das Vermögen wieder herauszugeben. Er brachte sich in ihrem Haus um und hinterließ ein Testament, in dem er sie des Diebstahls anklagte (1726). Sie wurde in die Bastille geschickt, aber Freunde bewirkten ihre Freilassung. Sie behielt fast das gesamte Geld und überstand den Stadt- wie den Hofklatsch.

Ungefähr 1728 fügte sie einen Salon zu ihrem Bett hinzu, um ihren Machtbereich zu erweitern. Jeden Dienstagabend empfing sie bei Tisch eine Reihe hervorragender Männer, die sie als ihre «Tiere» (*bêtes*), ihre Menagerie, bezeichnete: Fontenelle, Montesquieu, Marivaux, Prévost, Helvétius, Astruc, Marmontel, Hénault, Duclos, Mably, Condorcet und gelegentlich Chesterfield. Meistens versammelte sie ausschließlich Männer um sich; sie duldete keine Rivalin an ihrer Tafel. Hingegen ließ sie ihren «Tieren» völlige Freiheit und stieß sich nicht an ihrer offenen Ablehnung des Christentums. Rangstufen spielten keine Rolle; Baron und Bürger trafen sich auf derselben Ebene. Später wurde behauptet, daß hier die glänzendsten und tiefstschürfenden Unterhaltungen dieses redefreudigen Jahrhunderts stattfanden[42].

Mit Hilfe ihrer Gäste, ihrer Liebhaber und ihrer Beichtväter zog sie an Fäden, die von Versailles bis nach Rom liefen. Ihr Bruder war nicht ehrgeizig; er sehnte sich nach der friedlichen Ruhe des Provinzlebens. Aber sie sorgte dafür, daß er zum Erzbischof, dann zum Kardinal und schließlich zum Minister im Staatsrat ernannt wurde. Mit ihrer Hilfe wurde Frau von Châteauroux Mätresse des Königs, den sie auf diesem Wege dazu bringen wollte, seine Armee in den Krieg zu führen. In der Tatenlosigkeit Ludwigs sah sie eine Ursache und ein Vorzeichen politischen Verfalls, und vielleicht meinte sie zu Recht, daß die Regierung an Entschlossenheit und Tatkraft gewinnen würde, wenn sie Premierminister wäre. In ihrem Salon scheute man sich nicht, über den Verfall der Monarchie und die Möglichkeit einer Revolution zu diskutieren.

Im Alter vergaß sie ihre Sünden, tat sich mit den Jesuiten zusammen, bekämpfte die Jansenisten und unterhielt einen Briefwechsel mit Papst Benedikt IV., der ihr in Anerkennung ihrer Verdienste um die Kirche sein Porträt übersandte. Die Gutmütigkeit, die ihre Fehler aufwog, machte sich auf verschiedenste Weise bemerkbar. Als der *Geist der Gesetze* von Montesquieu (1748) zunächst auf allgemeine Gleichgültigkeit stieß, kaufte sie fast die ganze erste Auflage auf und verteilte sie unter ihren zahlreichen Freunden. Sie nahm den jungen Marmontel ins Schlepptau und gab ihm mütterliche Ratschläge – vor allem, sich mehr mit Frauen als mit Männern anzufreunden, wenn er in der Welt vorwärtskommen wollte[43]. In diesen Jahren ihres Abstiegs griff sie selbst zur Feder, verhüllte aber ihre Indiskretionen durch die Auslassung von Namen. Geneigte Kritiker verglichen ihre beiden Romane mit Frau von La Fayettes *Prinzessin von Clèves.*

Die Tencin starb 1749 im Alter von achtundsechzig Jahren. «Wo soll ich jetzt am Dienstagabend dinieren?» fragte sich der alte Fontenelle, um sich gleich darauf selbst die Antwort zu geben: «Aber natürlich, bei Frau Geoffrin.»[44] Vielleicht treffen wir ihn dort noch.

Fast so alt wie der Salon der Tencin, fast so ausdauernd wie der der Geoffrin war der Salon von Frau von Deffand. Mit sechs Jahren (1703) war Marie von Vichy-Chamrond eine Waise und wurde in ein Kloster geschickt, das für seinen guten Unterricht bekannt war. Sie begann bereits in zartem Alter beunruhigend skeptische Fragen zu stellen. Die Äbtissin, die nicht wußte, was sie mit dem Kind anfangen sollte, übergab es dem gelehrten Priester Massillon, der das Unverständliche auch nicht erklären konnte und das Mädchen als eine verlorene Seele aufgab. Eine Interessenheirat machte sie mit einundzwanzig Jahren zur Marquise von Deffand; sie fand ihren Gatten nach kurzer Zeit aber so unerträglich prosaisch, daß sie sich von ihm mit seinem Einverständnis und einer ansehnlichen Rente trennte. In Paris und Versailles gab sie sich mit Leidenschaft dem Spiel hin: «Ich konnte an nichts anderes denken.» Aber nach drei Monaten und schmerzhaften Verlusten: «Ich betrachtete mich mit Entsetzen und heilte mich von dieser Tollheit.» Vorübergehend war sie Mätresse des Regenten[45], dann ging sie zu seiner Feindin, der Herzogin von Maine, über. In Sceaux lernte sie Charles Hénault, den Vorsitzenden der Chambre des Enquêtes (Untersuchungskammer) kennen; er wurde ihr Liebhaber und später ein Freund für den Rest ihres Lebens.

Nachdem sie eine Zeitlang mit ihrem Bruder zusammengewohnt hatte, zog sie in dasselbe Haus in der Rue de Beaune, in dem später Voltaire starb. Sie hatte sich bereits durch ihre Schönheit, ihre funkelnden Augen und ihren erbarmungslosen Witz einen Namen gemacht und zog (ab 1739) eine Gruppe von Berühmtheiten an ihren Tisch, die ihrem Salon fast so viel Bedeutung verliehen wie dem der Tencin: Hénault, Montesquieu, Voltaire, Frau von Châtelet, Diderot, d'Alembert, Marmontel, Frau von Staal von Launay ... Im Jahr 1747, fünfzig Jahre alt und etwas angeschlagen, nahm sie sich eine hübsche Wohnung im Sankt-Josephs-Kloster in der Rue Saint-Dominique. In den Klöstern war es üblich, Zimmer an unverheiratete Damen, Witwen oder Frauen, die von ihrem Mann getrennt lebten, zu vermieten, gewöhnlich in Gebäuden, die außerhalb des eigentlichen Klosters lagen. Aber im Fall dieser reichen Skeptikerin handelte es sich um eine Wohnung innerhalb der Klostermauern. Und zwar war es die gleiche Wohnung, die die sündige Gründerin dieses Klosters beherbergt hatte – Frau von Montespan. Der Salon der Marquise folgte ihr in ihr neues Heim, aber die Umgebung muß die *philosophes* verscheucht haben. Diderot kam nicht mehr, Marmontel nur selten, Grimm ab und zu; und bald verschwand auch d'Alembert. Fast die ganze Gesellschaft im Sankt-Josephs-Kloster bestand aus Abkömmlingen der alten Aristokratie – den Marschällen Luxembourg und Mirepoix und ihren Frauen, den Herzogen und Herzoginnen von Boufflers und von Choiseul, den Herzoginnen von Aiguillon, von Gramont und von Villeroi und einem Jugendfreund Frau von Deffands, Pont-de-Veyle. Um sechs Uhr kam die Gesellschaft zusammen, um neun Uhr speiste man, dann wurden Karten und andere Glücksspiele gespielt, auch wurde über Politik, Literatur und Kunst diskutiert, und gegen zwei Uhr nachts ging man auseinander. Vornehme Ausländer, die nach Paris kamen, bemühten sich sehr um eine Einladung zu diesem *bureau d'esprit* des Adels. Lord Bath berichtete im Jahr 1751: «Ich erinnere mich an einen Abend, als das Gespräch sich um englische Geschichte drehte. Zu meinem Erstaunen und meiner Verwirrung wußte die Gesellschaft über unsere ganze Geschichte besser Bescheid als wir selbst!»[46]

Frau von Deffand hatte den besten Kopf und den schlechtesten Charakter von all diesen *salonnières*. Sie war hochmütig, zynisch und so offen selbstsüchtig, wie man es im allgemeinen nicht zugibt. Als Helvétius in seinem *De l'Esprit* (Über den Geist) auf La Rochefoucaulds Ansicht einging, wonach alle menschlichen Beweggründe egoistischer Natur sind, bemerkte sie: «Pah! Da hat er nur ein Allerweltsgeheimnis verraten.»[47] Sie konnte boshaft satirisch werden etwa wie in ihrer Beschreibung von Frau von Châtelet. Die einfachen, warmherzigen Seiten im französischen Leben kannte sie nicht, und sie nahm an, daß die Armen, soweit es ihre Mittel erlaubten, an denselben Lastern krankten wie die Reichen. Sie hielt nicht mehr von den utopischen Bestrebungen der Philosophen als von den tröstlichen Legenden des alten Glaubens; sie scheute Schlußfolgerungen und zog gutes Benehmen vor. Sie verachtete die Ungeschliffenheit Diderots, schätzte die Gesellschaft d'Alemberts, den sie später haßte, und bewunderte Voltaire, weil er sowohl an Manieren als an Geist ein großer Herr war. Sie lernte ihn im Jahre 1721 kennen. Als er aus Paris flüchtete, begann sie 1736 einen Briefwechsel, der in der französischen Literatur klassisch geworden ist. Ihre Briefe konnten sich mit den seinen an Geist, Scharfsinn, Feinheit und Kunst messen, aber sie waren weniger liebenswürdig, freimütig und elegant.

Mit fünfundfünfzig Jahren begann sie zu erblinden. Sie wandte sich an jeden Spezialisten, dann an jeden Quacksalber. Als sie nach dreijährigem Kampf völlig blind wurde (1754), benachrichtigte sie ihre Freunde, daß sie es von nun an, wenn sie sie weiter besuchen wollten, mit einer blinden, alten Frau zu tun hätten. Sie kamen trotzdem weiter zu ihr, und Voltaire versicherte ihr aus Genf, daß ihr Geist schärfer sei, als es ihre Augen je gewesen wären. Er ermutigte sie weiterzuleben, und sei es nur, um jene zu ärgern, die ihr ihre Rente bezahlten. In Julie von Lespinasse fand sie eine hübsche, lebhafte und reizvolle junge Frau, die ihr beim Empfang und bei der Unterhaltung ihrer Gäste behilflich war. Nun führte sie den Vorsitz über ihre Tafelrunde wie ein blinder Homer über Weise und Sänger. So verbrachte sie würdevoll und herausfordernd noch weitere sechsundzwanzig Jahre. Auch ihr hoffen wir noch einmal zu begegnen.

Es war ein brillantes Zeitalter, weil es über brillante Frauen verfügte, die wie nie zuvor Geist und Schönheit verbanden. Ihnen zuliebe verschmolzen die französischen Schriftsteller Gedanken mit Gefühl und verbrämten Philosophie mit geistreichen Bemerkungen. Wie wäre Voltaire ohne sie zu Voltaire geworden? Sogar ein ungeschlachter und umwölkter Diderot gab zu: «Frauen gewöhnen uns daran, selbst den trockensten und heikelsten Gegenstand mit Anmut und Klarheit zu diskutieren. Wir sprechen unaufhörlich mit ihnen und wollen von ihnen angehört werden; wir haben Angst, sie zu ermüden oder zu langweilen. Deswegen entwickeln wir eine besondere Methode, um uns leicht verständlich zu machen, und diese Methode geht vom Gespräch in den Stil über.»[48] Um der Frauen willen wurde die französische Prosa klarer als Poesie, und die französische Sprache erwarb eine edle Anmut, eine Eleganz des Ausdrucks, eine Verbindlichkeit der Redeweise, die sie zu einem unvergleichlichen Genuß macht. Und um der Frauen willen verwandelte sich die französische Kunst von den schweren *bizarreries* des Barocks in die verfeinerten, geschmackvollen Formen des Rokokos, die alle Seiten des französischen Lebens verschönerten.

DRITTES KAPITEL

Die Anbetung der Schönheit

I. DER TRIUMPH DES ROKOKOS

In dieser Zeit zwischen der Regentschaft und dem Siebenjährigen Krieg, der Zeit des Louis-Quinze-Stils, wurden Frauen fast wie Gottheiten angebetet, und das Streben nach Schönheit wurde mit Eifer und Leidenschaft betrieben. In Kunst und Musik wie in Wissenschaft und Philosophie trat das Übernatürliche vor dem Natürlichen zurück. Der überwältigende Einfluß einer Frau auf einen sinnlichen und empfindsamen König warf neuen Glanz auf Zartheit und Gefühl. Die lustbetonte Lebensauffassung, die mit Philipp von Orléans begonnen hatte, kam unter der Pompadour zu voller Entfaltung. Schönheit war mehr denn je eine Angelegenheit tastbarer Werte, etwas, was ebenso angenehm zu berühren wie zu betrachten war, ob es sich um ein Stück Sèvres-Porzellan oder um ein Aktbild von Boucher handelte. Das Erhabene wich dem Entzückenden, die Würde der Anmut, das Monumentale dem Reiz der Eleganz. Das Rokoko war die Kunst einer genußsüchtigen bemittelten Minderheit, die jedes Vergnügen auskosten wollte, bevor ihre gebrechliche Welt von der zu erwartenden Sintflut des Wandels verschlungen wurde. In diesem ganz irdischen Stil waren die Linien verspielt, die Farben zart, die Blumen ohne Dornen, und die Themen wichen der Tragödie aus, um einzig der Freude am Leben zu huldigen. Das Rokoko war der letzte Akt des Barocks, war Auflehnung der Phantasie gegen die Wirklichkeit, der Freiheit gegen Ordnung und Regel. Dennoch war es nicht untergeordnet und zügellos, das Ergebnis war immer noch logisch aufgebaut, bedeutungsvoll in Form und Gehalt; aber es verabscheute gerade Linien und spitze Winkel, schreckte vor jeder Symmetrie zurück und empfand ein ungeschnitztes Möbelstück als nackt. Bei all seiner koketten Niedlichkeit brachte das Rokoko Tausende von Gegenständen hervor, deren Eleganz und Ausarbeitung unübertroffen sind. Und ein halbes Jahrhundert lang war die Kleinkunst die größte Kunst in Frankreich.

Nie vorher hatte, soweit wir wissen, auf dem bisher eher unbedeutenden Gebiet der Kleinkunst eine solch rege Tätigkeit geherrscht, war in diesem Bereich so Vollkommenes hervorgebracht worden. Während dieser Periode verschmolzen Künstler und Kunsthandwerker wieder wie im mittelalterlichen Europa zu einer Einheit, und alle, die das Alltagszubehör des Lebens verschönern konnten, wurden ebenso geehrt wie Maler, Bildhauer und Baumeister der damaligen Zeit.

Nie zuvor hatte es so auserlesene Möbel gegeben. Dieser Stil Ludwigs XV. war nicht mehr so monumental wie derjenige unter dem Sonnenkönig. Die Möbel sorgten für

Bequemlichkeit, nicht für Würde; sie waren eher für weibliche Formen und Kleider geschaffen als für Majestät und Prunkentfaltung. Sofas in verschiedensten Formen paßten sich den verschiedensten Stellungen und Stimmungen an. «Heutzutage sind die Sitten weniger streng als früher», schrieb Voltaire, «und man kann eine Dame auf einem Sofa oder einem Liegebett lesen sehen, ohne daß deswegen ihre Freunde und Bekannten in Verlegenheit geraten.»[1] Über den Betten schwebten Baldachine, die Bettladen waren bemalt oder gepolstert, die Bettpfosten künstlerisch geschnitzt. Zur Bequemlichkeit dieser Generation, die Venus dem Mars vorzog, wurden neue Möbelstücke entworfen. Der breite, tiefe, gepolsterte Lehnstuhl (*fauteuil* oder *bergère*), das mit Stoff bezogene Sofa, die Chaiselongue, das Schreibpult (*escritoire*), der Schreibtisch (*secrétaire*), die Kommode, der Fußschemel, die Konsole, der Fächerschrank (*chiffonnier*), das Büfett – sie alle erhielten die Form und oft auch den Namen, den sie im wesentlichen bis auf unsere Zeit behalten haben. Schnitzereien und andere Verzierungen nahmen so überhand, daß in der zweiten Hälfte des achtzehnten Jahrhunderts eine Reaktion einsetzte. Die Einlegearbeiten, die unter Ludwig XIV. von André-Charles Boulle eingeführt worden waren – Holz mit Metall- oder Schildpattintarsien –, wurden von seinen Söhnen, den Kunsttischlern Ludwigs XV., fortgesetzt und die Oberfläche des gemalten, furnierten oder lackierten Holzes auf die verschiedensten Arten durch Einlegearbeit unterbrochen. Einige der Lackarbeiten des achtzehnten Jahrhunderts konnten sich Voltaires Meinung nach ohne weiteres mit denen aus Japan und China messen. Kunsthandwerker wie Cressent, Oppenordt, Œben, Caffieri und Meissonier erwarben sich solch einen Ruf für den Entwurf und die Verzierung von Möbeln, daß Kunsttischler aus dem Ausland zu ihnen kamen, um ihre Methoden zu studieren, worauf sie den französischen Stil von London bis nach Sankt Petersburg trugen. Juste-Aurèle Meissonier beherrschte ein Dutzend Künste: Er baute Häuser, besorgte ihre Innenausstattung, schuf Möbel, fabrizierte Kerzen und Silberzeug, entwarf Schnupftabakdosen und Uhrengehäuse und war der Veranstalter von *pompes funèbres* (Leichengepränge) oder *galantes* (prunkvolle Aufzüge); er schrieb mehrere Werke über seine verschiedenen Tätigkeiten und war beinahe ein *uomo universale* seiner Zeit.

Als das zeremonielle Gepränge des siebzehnten Jahrhunderts durch größere Intimität unter Ludwig XV. ersetzt wurde, ging auch die Innenausstattung vom Großartigen zum Verfeinerten über; auch hier wurde Unvergleichliches geleistet. Möbel, Teppiche, Polster, *objets d'art* (Kunstgegenstände), Uhren, Spiegel, Wandtäfelung, Wandbehänge, Vorhänge, Malereien, Decken, Kandelaber, sogar Bücherregale bildeten eine einzige Harmonie von Farbe und Stil. Vielleicht wurden Bücher manchmal nur wegen ihrer Farbe und ihres Einbands und nicht so sehr wegen ihres Inhalts gekauft; aber auch dieses Vergnügen ist verständlich, wenn wir die beneidenswert schönen Bibliotheken hinter Glas in ihren in die Wand eingelassenen Regalen bewundern. Eßzimmer waren vor 1750 in Frankreich selten. Vielerlei kleine und leichte Eßtische standen bereit, denn es konnten sich unglaublich viel Gäste zum Essen einfinden. Die offenen Kamine waren nicht länger die massiven Monumente, die Ludwig XIV. aus dem Mittelalter übernommen hatte; sie wurden jetzt reich verziert, und da und dort (einer der ganz seltenen

Beweise für schlechten Geschmack aus dieser Zeit) wurden weibliche Figuren als Karyatiden verwendet, die das Gesims stützten. Diese offenen Kamine stellten fast die einzige Heizung dar, vor die zum Schutz dekorierte Kaminschirme gestellt wurden. Kachelöfen wie in Deutschland waren in Frankreich nur selten anzutreffen. Kerzen in hundert verschiedenen Kerzenhaltern besorgten die Beleuchtung bis hinauf zum riesigen, glitzernden Kronleuchter aus Kristall, Glas oder Bronze. Es ist erstaunlich, wieviel bei Kerzenlicht gelesen wurde. Vielleicht verminderte diese mangelhafte Beleuchtung auch die Herstellung und den Absatz von Schund.

Bevor die zart bemalte Wandtäfelung in hellen Farben die Wandteppiche nach und nach ersetzte, blühte die Teppichwirkerei noch ein letztes Mal auf. Bei der Herstellung sämtlicher Textilien – seien es Damaste, Stickereien, Brokate, Riesenteppiche oder Vorhänge – konnte Frankreich es mit den besten Webern im Orient aufnehmen. Amiens spezialisierte sich in der Samtfabrikation, Lyon, Tours und Nîmes waren berühmt für ihre Seidenstoffe; in Lyon stellten Jean Pillement, Jean-Baptiste Huet und andere Wandbehänge her, die mit chinesischen oder türkischen Mustern und Szenen bedruckt und bestickt waren und die das Gefallen der Pompadour fanden. Wandteppiche wurden in den königlichen Manufakturen in Paris und Beauvais und in privaten Unternehmen in Aubusson und Lille hergestellt. Sie hatten jetzt nicht mehr die Aufgabe, vor Feuchtigkeit und Zugluft zu schützen, sondern wurden aus rein dekorativen Gründen aufgehängt und, der Größe der Räume entsprechend, auch im Kleinformat fabriziert. Die Weber in Les Gobelins und Beauvais richteten sich nach den Entwürfen und Farben, die ihnen von den größten Malern der Zeit vorgeschrieben wurden. Von besonderer Pracht waren die fünfzehn Wandteppiche, die in Les Gobelins (1717) nach Kartons von Charles-Antoine Coypel gewirkt wurden und *Don Quijote* illustrierten. Die Weber von Beauvais verfertigten, wie wir noch sehen werden, einige schöne Wandteppiche nach Entwürfen von Boucher. Die Savonneries, ursprünglich eine Seifenfabrik, wurden 1712 in die «Königliche Fabrik zur Manufaktur von Teppichen im persischen und nahöstlichen Stil» umgewandelt; die dort hergestellten schweren Teppiche zeichneten sich durch sorgfältige Musterung, verschiedenste Farben und weichen, samtartigen Flor aus; es waren die schönsten Florteppiche Frankreichs im achtzehnten Jahrhundert. In den Teppichfabriken wurde auch die Bespannung für die Stühle der Reichen hergestellt, eine mühsame Arbeit, bei der manch eine Arbeiterhand Schwielen bekam.

Die französischen Töpfer erlebten bewegte Zeiten. Die Kriege Ludwigs XIV. waren für sie von Vorteil; der alte König schmolz sein Silber ein, um seine Armee zu unterhalten; sein Silber ersetzte er mit Fayence und forderte seine Untertanen ebenfalls dazu auf. Nach kurzer Zeit waren die Fayencefabriken in Rouen, Lille, Sceaux, Straßburg, Moustiers-Sainte-Marie und Marseille imstande, diese neue Nachfrage zu befriedigen. Die Freude an Fayencegegenständen aller Art überdauerte den Tod Ludwigs XIV. und ermutigte die Töpfer zu einigen der schönsten Schöpfungen dieser Art in ganz Europa. Sogar so berühmte Künstler wie Boucher, Falconet und Pajou malten Szenen oder modellierten Formen für französische Fayence.

Gleichzeitig ging Frankreich zur Herstellung von Porzellan über. Weichporzellan wurde schon lange in Europa hergestellt, bereits 1581 in Florenz, 1673 in Rouen. Es handelte sich dabei aber nur um Nachahmungen chinesischer Stücke, die nicht aus Kaolin oder Porzellanerde bestanden, wie sie im Fernen Osten bei hohen Temperaturen gebrannt wurden, sondern aus weicheren Tonarten, die bei niederen Temperaturen gebrannt und mit einer Glasur überzogen wurden, das sogenannte Frittenporzellan. Trotzdem waren auch diese Stücke aus Weichporzellan, besonders wenn sie aus Chantilly, Vincennes und Mennecy-Villeroi (bei Paris) stammten, von großer Schönheit. Hartporzellan wurde weiterhin aus China oder Dresden eingeführt. Im Jahre 1749 gelang es Frau von Pompadour, 100 000 Livres von Ludwig XV. und 250 000 aus privaten Quellen zu bekommen, um die Produktion von Weichporzellan in Vincennes zu erhöhen. Im Jahre 1756 ließ sie die hundert Handwerker von Vincennes in ein bequemeres Gebäude in Sèvres (zwischen Paris und Versailles) überführen, wo dann zum erstenmal wirkliches Hartporzellan in Frankreich hergestellt wurde.

Gold- und Silberschmiede waren begünstigt, weil die französische Monarchie ihre Erzeugnisse als Staatsreserve benützte, und so verliehen sie den Goldbarren außerordentlich schöne Formen, die sich aber im Notfall leicht einschmelzen ließen. Unter Ludwig XV. wuchs die Nachfrage nach Silber für Bestecke und Schmuckstücke des Mittelstandes. Fast alle Arten unserer Tischbestecke erhielten ihre heutige Form im achtzehnten Jahrhundert in Frankreich: Austergabeln, Eis- und Zuckerlöffel, Jagdbestecke, Reisebesteck, Klappmesser und Gabeln. Dazu kamen die fein ziselierten Salzfäßchen, Teekannen, Karaffen, Kannen, Toilettenartikel und Kerzenhalter ... Auf diesem Gebiet ist der Louis-Quinze-Stil «die reinste aller französischen Stilarten»[2]. Gold- und Silberschmiede verfertigten ebenfalls die kleinen Döschen für Schnupftabak, Pillen, Schönheitsmittel oder Zuckerzeug und hunderterlei Behälter für den Toilettentisch und das Boudoir. Der Prinz von Conti hatte eine Sammlung von achthundert Dosen, alle verschieden geformt, alle aus Edelmetall und alle von künstlerischem Wert. Auch Achate, Perlmutter und Lapislazuli wurde zu ähnlichen Zwecken verwendet. Das Schleifen und Fassen von Edelsteinen war das Vorrecht von dreihundertfünfzig Meistern der Goldschmiedezunft.

Zarte Muster und feine Ausführung drückten den Metallarbeiten den Stempel dieser Zeit auf. Feuerböcke nahmen die merkwürdigsten Formen, häufig solche von Fabeltieren, an. Goldbronze wurde zur Anfertigung oder Verzierung von Feuerböcken, Fakkeln, Kandelabern oder Leuchtern verwendet, auch zu Untersätzen für Uhren, Barometer, Porzellan oder Jade. Das achtzehnte Jahrhundert war die Blütezeit der modernen Bronze. Uhren waren entweder riesige Parade- oder zierliche Schmuckstücke aus Bronze, Email, Silber oder Gold mit herrlicher Ziselierarbeit. Fackeln waren manchmal wahre Skulpturen; man denke nur an die Fackeln, die Falconet für Versailles schuf. Miniaturen und Medaillons gehörten zu den damaligen Versuchungen. Die Familie Rœttiers brachte im Laufe eines Jahrhunderts fünf *graveurs de médailles* (Münzgraveure) hervor, die sich so auszeichneten, daß sie neben den größten Malern und Bildhauern in die Académie Royale des Beaux-Arts (Königliche Akademie der Schönen Künste) aufgenommen wurden. In den kleinen Dingen des täglichen Lebens stellte das achtzehnte Jahrhundert seinen sorglosen Reichtum und seine Sorge um die Kunst zur Schau. «Wer nicht vor 1789 gelebt hat», sagte Talleyrand, «wird nie wissen, wie süß das Leben sein kann»[3] – falls man in der richtigen Klasse geboren war und die Guillotine vermied.

II. DIE ARCHITEKTUR

Die Architektur kümmerte sich fast gar nicht um das Rokoko. Baustile wandeln sich nicht so leicht wie die Innenausstattung, denn das Bedürfnis nach Dauerhaftigkeit verträgt sich nicht immer mit dem wechselnden Geschmack. In der Académie Royale de l'Architecture (Königliche Bauakademie), die Colbert 1671 gegründet hatte, waren noch die Erben der Tradition Ludwigs XIV. tonangebend. Robert de Cotte setzte das Werk Jules Hardouin-Mansards fort, der das Schloß von Versailles gebaut hatte. Germain Boffrand war ein Schüler von Mansard. Diese Männer bewahrten die Barock- und sogar die halbklassischen Fassaden des *grand siècle* mit Säulen, Kapitellen, Architraven und Kuppeln. Aber das Innere mancher ihrer Bauten ließ Raum für die Verspieltheit des Rokokos.

Der Niedergang der Religion regte kaum zum Bau von Kirchen an; zwei alte wurden jedoch restauriert. Robert de Cotte verlieh Saint-Roch eine Fassade mit klassischen Säulen und Giebel (1736), und Saint-Sulpice wurde von Jean-Nicolas Servandoni mit einer schweren zweistöckigen Säulenhalle von dorischen und ionischen Kolonnaden im düsteren Stil Palladios versehen (1733–1745). Der Geist der Zeit kam jedoch in den weltlichen Bauten zum Ausdruck. Verschiedene Schlösser aus dieser Zeit wurden später in Staatsministerien oder ausländische Gesandtschaften verwandelt: das Hôtel de Matignon (1721) wurde zum Sitz der österreichischen Gesandtschaft, dann zum Heim des Premierministers. Das Palais Bourbon (1722–1750) wurde teilweise der Chambre des Députés (Abgeordnetenkammer) einverleibt; das Hôtel de Soubise (1742 umgebaut) wurde zu den Archives Nationales.

Während der Marquis von Marigny Oberaufseher der Bauten war, ging es Architekten, Bildhauern, Malern und Dekorateuren gut. Er fand Wohnungen und Aufträge für sie und achtete darauf, daß sie ordentlich bezahlt wurden. Sein Lieblingsarchitekt war Jacques-Ange Gabriel, der mit ganzer Seele an der klassischen Tradition hing. Nach dem Aachener Frieden (1748) wurden Edmé Bouchardon mit der Ausführung eines Reiterstandbilds Ludwigs XV. und Gabriel mit der Ausgestaltung der Umgebung dieses Denkmals beauftragt. Um einen offenen Raum zwischen den Gärten der Tuilerien und den Champs-Elysées legte er einen Ring von Balustraden und Gärten an; auf der Nordseite errichtete er das jetzige Hôtel Grillon und das jetzige Marineministerium, beide in rein klassischen Formen. Den Platz selbst schmückte er mit vier mythologischen Figuren, denen die Pariser unverzüglich die Namen der Mätressen des Königs beilegten – Mailly, Vintimille, Châteauroux und Pompadour. Der Platz wurde nach Ludwig XV. benannt, heute heißt er Place de la Concorde. Es ist tröstlich, wenn man erfährt, daß es dort schon vor zweihundert Jahren Verkehrsstockungen gab. Der gleiche Jacques-Ange Gabriel baute 1752 die Ecole Militaire (Militärschule) mit ihren vollkommenen Proportionen, deren korinthische Säulen sich an Anmut mit denen des römischen Forums messen können.

Nicht nur Paris erneuerte sich zu dieser Zeit. Der Herzog von Bourbon gab Jean Aubert den Auftrag, in Chantilly Pferde- und Hundeställe zu errichten, die sich durch ihren Luxus vorteilhaft von den Bauernhütten abheben sollten. In Lothringen setzte Stanislaus Leszczyński alles daran, um Nancy zu einer der schönsten Städte Frankreichs zu machen. Boffrand beendigte den Bau der dortigen Kathedrale, die sein Lehrmeister Jules Hardouin-Mansart begonnen hatte. Emmanuel Héré de Corny entwarf die Pläne (1750–1757) für die «Neustadt» von Nancy: ein Hôtel de Ville (Rathaus) im Rokokostil; eine Place Stanislas, von der aus man durch einen Park und einen Triumphbogen zur Place de la Carrière und zum Palais du Gouvernement gelangte. Jean Lamour umgab diese Place Stanislas mit Eisengittern (1751–1755), die zu den schönsten in der modernen Kunst zählen. Damals schuf Lyon seine Place Louis-le-Grand; Nantes, Rouen, Reims und Bordeaux legten sich eine Place Royale (Königsplatz) zu. Toulouse errichtete das edle Kapitol, Rouen stellte wunderschöne Brunnen auf; stattliche Brükken verschönerten Sens, Nantes und Blois, und Montpellier schuf seine Promenade. Zwischen 1730 und 1760 verwandelte Jean-Jacques Gabriel Bordeaux in eine moderne Stadt mit weiten Plätzen, breiten Alleen, luftigen Parkanlagen, einer schönen Wasserfront und öffentlichen Gebäuden im majestätischen Stil der Renaissance.

Schließlich fand die französische Architektur auch im Ausland Zugang. Französische Architekten erhielten Aufträge in der Schweiz, in Deutschland, Dänemark, Rußland, Italien und Spanien. Um die Mitte des Jahrhunderts, als die Militärmacht und das politische Ansehen Frankreichs zurückgingen, standen Sitten und Kunst Europas völlig unter französischem Einfluß.

III. DIE BILDHAUEREI

Die Bildhauerei hatte damals noch um ihre Anerkennung als selbständige Kunst zu kämpfen. Lange Zeit erfüllte sie vor allem dekorative Aufgaben. Unter Ludwig XIV. hatten die Bildhauer Aufträge für den Schmuck großer Paläste und ausgedehnter Gärten bekommen; aber inzwischen hatte sich die königliche Bauleidenschaft abgekühlt, und Frankreich war erschöpft. Die Reichen bevorzugten kleinere Bauten, und heroische Standbilder konnte man nun einmal nicht im Salon oder Boudoir aufstellen. Die Bildhauer beklagten sich, weil die Académie Royale de Peinture et de Sculpture die meisten Preise an Maler verteilte. Pigalle schlug vor, nicht nur einen Hofmaler, sondern auch einen Hofbildhauer zu ernennen, und bewarb sich persönlich um den Saint-Michel-Orden, um mit der Tradition ein Ende zu machen, nach der nur Maler damit ausgezeichnet wurden. Nur widerstrebend machten sich die Bildhauer an die Ausschmückung der Häuser mit kleinen Skulpturen, Vasen und Reliefs und versuchten, es den Bildnismalern gleichzutun und bei ihren gut zahlenden Kunden den Eindruck zu erwecken, daß ihre vergänglichen Leiber in Bronze oder Stein Unsterblichkeit gewonnen hatten. Einige paßten sich sogar der Eleganz und natürlichen Verspieltheit des Rokokos an, aber in Wirklichkeit hingen sie an der Strenge der klassischen Linien.

Auch die Bildhauerkunst vererbte sich oft wie bei Malern und Handwerkern vom Vater auf den Sohn. Nicolas Coustou half seinem Lehrmeister Antoine Coysevox bei der Verzierung der Schlösser Marly und Versailles; er entwarf die großen Figuren, die die französischen Flüsse darstellten und jetzt im Rathaus von Lyon stehen. Seine *Kreuzabnahme* steht heute noch in Notre-Dame von Paris, und sein *Hirte auf der Jagd* gehört zu einem Dutzend großartiger Statuen, die in den Gärten der Tuilerien Wind und Wetter trotzen. Sein jüngerer Bruder Guillaume Coustou I schuf ein Marmorbildnis von Maria Leszczyńska als Juno[4] und modellierte die eindrucksvollen Pferde von Marly (1740–1745), die ursprünglich für dieses Schloß bestimmt waren, sich jetzt aber am Ost- und Westende der Place de la Concorde aufbäumen. Der Sohn Guillaumes, Guillaume Coustou II, schuf das Grabmahl des Dauphins in der Kathedrale von Sens.

Aus Nancy stammte die Künstlerdynastie der Adam. Auf drei Söhne vererbte Jacob-Sigisbert Adam, Bildhauer und Architekt, seine Kunst. Nach zehnjähriger Lehrzeit in Rom ließ sich Lambert-Sigisbert Adam in Paris nieder, wo er mit seinem jüngeren Bruder Nicolas-Sébastien am Entwurf des Neptun- und Amphitrite-Brunnens für die Gärten von Versailles zusammenarbeitete. Dann zog er nach Potsdam, wo er als Geschenk Ludwigs XV. an Friedrich den Großen zwei Marmorgruppen, *Jagd* und *Fischfang*, für die Gärten von Sanssouci schuf. Nicolas-Sébastien kehrte nach Nancy zurück und entwarf das Grab von Katharina Opalinska in der Kirche Notre-Dame-de-Bon-Secours. Auch ein dritter Bruder, François-Balthasar-Gaspard, war an der Ausschmückung von Stanislas' Hauptstadt beteiligt.

Eine dritte Bildhauerfamilie nahm ihren Anfang mit Philippe Caffieri, der im Jahre 1660 Italien verließ, um sich mit seinem Sohn François-Charles in den Dienst Ludwigs XIV. zu stellen. Ein anderer Sohn, Jacques Caffieri, der begabteste der Familie, schuf die schönsten Bronzearbeiten seiner Zeit. Er wurde mit Aufträgen für die königlichen Schlösser überschüttet. In Versailles verfertigte er zusammen mit seinem Sohn Philippe den Kamin in den Gemächern des Dauphins und den Sockel für die berühmte astronomische Uhr des Königs. Die Bronzebeschläge, die Jacques für Möbelstücke herstellte, werden jetzt mehr als die Möbel selbst geschätzt[5].

Edme Bouchardon, den Voltaire «unseren Pheidias»[6] nannte, war völlig mit den klassischen Prinzipien seines Gönners, des Grafen von Caylus, einverstanden. Lange Jahre stand er im Wettbewerb mit Pigalle, bis schließlich Pigalle sich für übertroffen hielt. Diderot berichtet, daß der jüngere Bildhauer einmal sagte, er habe «nie die Werkstatt Bouchardons betreten, ohne mit einem Gefühl der Entmutigung fortzugehen, das wochenlang anhielt»[7]. Diderot hielt Bouchardons *Amor*[8] für ein unsterbliches Werk, aber das Feuer der Liebe hat er darin nicht eingefangen. Viel schöner ist der Brunnen, den der Bildhauer für die Rue Grenelle in Paris schuf, ein Meisterwerk klassischer Würde und Reinheit. Im Jahre 1749 beauftragte ihn die Stadt mit der Modellierung eines Reiterstandbilds Ludwigs XV. Er arbeitete neun Jahre daran, besorgte den Guß im Jahre 1758, aber erlebte seine Aufstellung nicht mehr. Als er im Sterben lag (1762), bat er die städtischen Behörden, Pigalle das Werk beenden zu lassen; so endete ihre langjährige Rivalität in einer Geste der Bewunderung und des Vertrauens. Das Standbild wurde auf der Place Louis-Quinze aufgestellt und als verhaßtes Sinnbild von der Revolution zerstört (1792).

Jean-Baptiste Lemoyne verwarf klassische Zurückhaltung, die er als ein Todesurteil für die Skulptur empfand. Warum sollten Marmor oder Bronze nicht ebensogut wie Tempera- oder Ölfarbe Bewegung, Gefühl, Lachen, Freude und Schmerz ausdrücken können, wovor die griechischen Bildhauer keineswegs zurückgeschreckt waren? In diesem Sinn schuf er die Gräber des Kardinals Fleury und des Malers Pierre Mignard in der Kirche Saint-Roch. Deshalb ist sein *Montesquieu,* den er im Auftrag der Stadt Bordeaux ausführte, ein grübelnder, melancholischer Skeptiker, eine Kreuzung zwischen einem römischen Senator und einem Provinzphilosophen, der über das Gehabe in Paris lächelt. Dieses flüchtige Lächeln war eines der Merkmale Lemoynes, das fast auf all den Büsten wiederkehrte, womit er im Auftrag des Königs alle möglichen würdigen Franzosen verewigte. Dieser lebendige, ausdrucksvolle Stil triumphierte über den Klassizismus Bouchardons und wurde von Pigalle, Pajou, Houdon und Falconet übernommen, die zum Ruhm dieser Blütezeit der französischen Bildhauerei beitrugen.

IV. DIE MALEREI

Von allen Künsten trat die Malerei am stärksten hervor, und die beherrschende Stellung Bouchers bewies auch hier den Einfluß der Frau auf die Kunst. Die Marquise von Pompadour fand, daß die Maler sich lange genug mit römischen Helden, christlichen Märtyrern und griechischen Göttern befaßt hatten. Es war an der Zeit, die Schönheit lebendiger Frauen in der Pracht ihrer Gewänder und dem rosigen Schein ihrer Haut zu betrachten und die nie dagewesene Eleganz ihrer Bewegungen, ihrer Kleidung, ihrer Aufmachung und alles dessen, was zum Leben einer reichen Minderheit gehörte, in Linie und Farbe festzuhalten. Das Weib, einst der Inbegriff der Sünde, stellte sich zwar weiter als Sünderin hin, aber nur, um noch verführerischer zu wirken. Es rächte sich für jene Jahrhunderte der Angst, in denen die Kirche es als Urheberin und Mittel der Verdammnis gedemütigt und es nur über die Jungfräulichkeit der Muttergottes in ein von Eunuchen erdachtes Paradies eingelassen hatte. Nichts konnte den Niedergang der Religion in Frankreich mehr unterstreichen als die Verdrängung der Madonna aus der französischen Kunst.

Anstelle der Kirche wurden König, Aristokratie und Hochfinanz zu Gönnern der Kunst. Die Académie de Saint-Luc in Paris wetteiferte mit der konservativen Académie Royale des Beaux-Arts; und in der Provinz, in Lyon, Nancy, Metz, Marseille, Toulouse, Bordeaux, Clermont-Ferrand, Pau, Dijon und Reims, öffneten weitere Akademien ihre Tore. Abgesehen vom Prix de Rome sorgten ein Dutzend Wettbewerbe und Preise für Leben und Bewegung in der Kunstwelt. Und wer sich dort keinen Preis holte, durfte doch damit rechnen, daß der König oder ein anderer Gönner ihm ab und zu ein Bild abkaufen oder ihm eine Summe für einen Aufenthalt in Italien aussetzen werde.

Unbekannte Künstler stellten ihre Bilder auf der Straße aus. Bei einigen Kirchenfesten hingen sie sie an den Drapierungen auf, mit denen die Frommen ihre Fenster, an denen die Prozession vorbeizog, schmückten. Dies schien den anerkannten Künstlern ein unwürdiger Zustand, und nach einer Unterbrechung von dreiunddreißig Jahren nahm deshalb die Académie des Beaux-Arts im Jahre 1737 im Salon Carré des Louvre Ausstellungen zeitgenössischer Malerei und Skulptur wieder auf. Jedes Jahr – oder, nach 1751, jedes zweite Jahr – wurde der «Salon» von Ende August bis Ende September zu einem Ereignis im künstlerischen und gesellschaftlichen Leben von Paris wie auch in der Welt der Literatur. Der Wettkampf zwischen den Konservativen in der Akademie und den Rebellen inner- oder außerhalb davon machte die Kunst zu einem ebenso interessanten Gesprächsgegenstand wie Liebesgeschichten und Krieg. Anhänger der keuschen Linie und strengen Disziplin blickten mit Verachtung auf die Verfechter von Farbe, Experiment, Erneuerung und Freiheit, die ihnen die gleiche Verachtung entgegenbrachten. Auch die Kunstkritik blühte. Die *Réflexions sur la peinture* (Betrachtungen über die Malerei) des Grafen von Caylus (1747) wurden vor der versammelten Académie vorgelesen. Grimm schickte seinen Kunden Berichte über die Ausstellung, und Diderot unterbrach seinen Feldzug gegen das Christentum, um zum umstrittensten Kunstkritiker seiner Zeit zu werden. Kupferstecher wie Jacques le Blon und Laurent Cars trugen zur Diskussion durch die Verbreitung ihrer Stiche nach Werken berühmter Meister bei; außerdem illustrierten sie Bücher und brachten selbst einige Meisterwerke hervor. Die ersten Farbstiche schuf Le Blon im Jahre 1720.

Nie zuvor hatte der Künstler, außerhalb der religiösen Kunst, ein so begeistertes Publikum und so zahlreiche Gönner erobert. Von nun an konnte er sich an die ganze Welt wenden.

1. *Im Vorzimmer*

Diese Periode weist so viele bedeutende Maler auf, daß wir mit ihrer bloßen Aufzählung im Rahmen dieses Werkes nie fertig würden. Wir werden ausführlicher auf Boucher, Chardin und La Tour eingehen, aber manche andere, die wir übergehen müssen, wären mit Recht empört darüber.

Da wäre zunächst der begabte, aber nachlässige Jean-François de Troy, der zu schön war, um groß zu werden. Jeder fand ihn sympathisch, er selbst inbegriffen, weswegen er seinem *Christus im Garten Gethsemane*[9] seine eigenen Züge verlieh. Er verführte Frauen lieber, als daß er sie malte, und hinterließ eine Menge gebrochener Herzen und mangelhafter Bilder. – François Lemoyne (nicht zu verwechseln mit dem Bildhauer Jean-Baptiste) malte das Deckengewölbe im Herkulessaal in Versailles mit 142 großen Figuren aus und brachte seinem Schüler Boucher die Kunst bei, die «braune Soße» Rembrandts durch Pompadour-Rosa zu ersetzen. – Charles-Antoine Coypel, Sohn und Enkel von Malern, war ein Vorläufer Chardins; wir haben ihn als Hofmaler des Regenten angetroffen. Im Jahre 1747 war er *premier peintre* (erster Maler) Ludwigs XV. Friedrich der Große war glücklich, daß er seine *Dame vor dem Spiegel* für Schloß Sanssouci erwerben konnte, und im Louvre ist immer noch sein Gobelin *Amor und Psyche*, eine schöne Versammlung von Fleisch und Faltenwürfen, zu sehen.

Jean-Marc Nattier war als Porträtmaler sehr beliebt, denn er verstand es, durch Pose, Farbe und das Spiel von Licht und Schatten die angeborenen Schwächen seines Modells wettzumachen. Alle Damen waren entzückt, daß er sie auf seiner Leinwand so berückend darstellte, wie sie sich selbst erschienen. Seine *Frau von Pompadour* hängt in Versailles – die Haare in lieblichen Farbtönen spielend und die sanften Augen kaum etwas von ihrem Willen zur Macht verratend. Die königlichen Hoheiten rissen sich um Nattier: Maria Leszczyńska malte er als bescheidene Bürgersfrau, die sich auf einen ländlichen Ausflug begibt[10], und der Schönheit ihrer Tochter Adelaide ließ er volle Gerechtigkeit widerfahren[11]. Als Peter der Große nach Paris kam, malte Nattier Bilder von ihm und der Zarin. Peter lud ihn nach Rußland ein, aber Nattier lehnte ab, woraufhin Peter die Porträts mitnahm, ohne sich um ihre Bezahlung zu kümmern. Der Flame Jacques-André Aved brachte etwas vom flämischen Realismus nach Paris mit und malte die Leute so, wie sie aussahen: der ältere Mirabeau muß über das Porträt, das Aved von ihm malte, bestürzt gewesen sein[12], aber es gehört dennoch zu den großen Bildnissen dieses Jahrhunderts.

All diesen Herren im Vorzimmer, sogar Boucher und Chardin, zogen Grimm und Diderot Carle Vanloo vor. Er stammte von einer langen Reihe malender Vanloos ab, von denen neun sich einen Namen machten. Er wurde im Jahre 1705 in Nizza geboren und von seinem Bruder Jean-Baptiste, ebenfalls einem Maler, nach Rom mitgenommen, wo er sich sowohl mit dem Meißel als auch mit dem Pinsel vertraut machte. In Paris gewann er den Rompreis (1724). Nach einem weiteren Aufenthalt in Italien kehrte er nach Frankreich zurück. Er machte sich bei der Akademie beliebt und bei Boucher unbeliebt, denn er befolgte sämtliche akademischen Regeln. Da er nie Zeit gefunden hatte, um lesen und schreiben zu lernen oder sich gute Manieren und höfliche Redewendungen anzueignen, wich die Pompadour dieser «*bête à faire peur*» (angsteinflößendes Ungeheuer) mit Schaudern aus[13], was sie aber nicht daran hinderte, ihn mit dem Bild *Eine spanische Unterhaltung* zu beauftragen. Eine Weile folgte er dem Geschmack der Zeit und malte Frauen, die nichts als ihre idealen Umrisse anhatten. Bald aber bekehrte er sich zu einem beispielhaften Familienleben, war stolz auf seine Frau und hing zärtlich an seiner Tochter Caroline. Im Jahre 1753 malte er zusammen mit Boucher die wunderbare Salle du Conseil (Ratssaal) im Schloß von Fontainebleau aus. Er war so berühmt und beliebt, daß sämtliche Zuschauer in der Comédie-Française ihm stehend Beifall klatschten, als er dort zum erstenmal nach einer schweren Krankheit wiedererschien, was auf die enge Beziehung zwischen Kunst und Literatur in diesem kulturbesessenen Zeitalter hindeutet.

Jean-Baptiste Oudry hielt die königlichen Jagdpartien auf Stichen, Malereien und Wandteppichen fest. Die Königin wählte ihn zu ihrem Lehrer und sah ihm mit Bewunderung bei der Arbeit zu. Einige seiner Gravüren erwiesen sich als ausgezeichnete Vorlagen für die Teppichwirker, weswegen er nach kurzer Zeit zum Direktor der

Königlichen Manufaktur in Beauvais ernannt wurde. Er fand dort nichts als Durcheinander und Niedergang. Mit großer Energie machte er sich an die Umgestaltung des Unternehmens, steckte die Arbeiter mit seiner Begeisterung an und entwarf für sie eine Reihe von Vorlagen für Wandteppiche mit bezaubernden Tieren, die die Fabeln von La Fontaine illustrierten. Dort schuf er auch die Kartons für die bezaubernde Versammlung von Frauen und Tieren, die im Louvre hängt und unter dem Namen *Diana-Portière* bekannt ist. Die Weber von Les Gobelins wurden eifersüchtig auf den Erfolg von Beauvais. Sie bestürmten den König so lange, bis er Oudry in die ältere Fabrik versetzte, wo der Künstler einen aufreibenden Kampf mit den Webern führen mußte, um sie zur Annahme der von ihm vorgeschriebenen Farben zu bringen. Gleichzeitig trug er sowohl in Beauvais als auch in Paris zur Entfaltung der verschiedenartigen Talente des hervorragendsten und umstrittensten Künstlers in Frankreich um die Jahrhundertmitte bei.

2. *Boucher: 1703–1770*

Man höre, was Diderot bei der Betrachtung der Aktbilder von Boucher zu sagen hat:

> «Was für Farben! Welche Vielfalt! Was für ein Reichtum an Gegenständen und Einfällen! Dieser Mann hat alles, bis auf Wahrhaftigkeit ... Diese Herabwürdigung von Geschmack, Farbe, Komposition, Charakter und Ausdruck geht Hand in Hand mit der Zersetzung der Moral ... Wie kann dieser Mann etwas anderes malen, als was er in seiner Vorstellung sieht? Und was könnte er sich anderes vorstellen, wo er doch sein Leben in der Gesellschaft von Huren zubringt? ... Dieser Mann greift nur zum Pinsel, um mir Hinterteile und Brüste zu zeigen. Armut ist ihm unbekannt ... Zartheit, Anstand, Unschuld und Einfachheit sind ihm fremd. Die Natur hat er sich keinen Augenblick lang angesehen; jedenfalls nicht die Natur, nach der meine und deine Seele, jedes anständige Kind, jede Frau mit Gefühl verlangen. Er hat keinen Geschmack ... Und gerade jetzt muß ausgerechnet er zum ersten Maler des Königs ernannt werden [1765]!»[14]

Boucher bekam diese Kritik vermutlich nie zu sehen, denn sie war für die ausländische Kundschaft Grimms bestimmt. Laßt uns den Künstler ohne Voreingenommenheit betrachten.

Er war ein Kind von Paris. Sein Vater war Zeichner und besaß einen Kunstladen in der Nähe des Louvre. Er brachte François die Anfangsgründe der Malerei und Bildhauerei bei. Der Junge erwies sich als begabt und wurde zu dem Graveur Laurent Cars und später zu dem Maler François Lemoyne in die Lehre gegeben. Dann wurde er als Kulissenmaler in der Oper angestellt, wo er mit einer Reihe von Schauspielerinnen und Choristinnen anbändelte. Soweit es ihm seine Mittel erlaubten, führte er das Lotterleben, das unter der Regentschaft blühte[15]. Er selbst erzählt, wie er sich einmal in eine hübsche *fruitière* (Obsthändlerin) namens Rosette verliebte, die ihm die Verkörperung von Einfachheit und Reinheit schien. Er machte sie zu seinem Modell für eine Madonna, in die er alles, was ihm an kindlicher Frömmigkeit geblieben war, ergoß. Aber noch vor Beendigung dieser Arbeit ließ er sich wieder vom Taumel der Sinne mitreißen. Als er dann später versuchte, das Bild fertig zu malen, hatte sich seine Eingebung verflüchtigt – und Rosette ebenfalls. Die zarte Stimmung jenes Augenblicks konnte er nie wieder einfangen[16].

Er machte rasche Fortschritte unter der Anleitung Lemoynes. In dessen Werkstatt eignete er sich etwas von dem Feingefühl eines Correggio für weibliche Figuren mit klassischen Zügen und gelöster Grazie an. Im Palais Luxembourg studierte er die prächtigen Werke von Rubens, worin dieser das Leben Marias von Medici in ein Epos von Farbe und Kostümpracht verwandelt hatte. Im Jahre 1723 gewann er mit zwanzig Jahren den Rompreis, der ihm während dreier Jahre ein Anrecht auf Verpflegung und Unterkunft in Paris, auf eine Rente von dreihundert Livres und auf einen vierjährigen Aufenthalt in Rom gewährte. Als seine Kameraden von seinem Sieg hörten, trugen sie ihn im Triumph um die Place du Louvre, was uns einen Blick auf das Künstlerleben in Paris während der Regentschaft erlaubt.

Im Jahre 1727 begleitete er Carle Vanloo nach Italien. Der Leiter der Académie Royale de France in Rom berichtete, daß er für «einen jungen Mann namens Boucher ... ein kleines Loch von einem Zimmer» gefunden habe, «und ich habe ihn dort hineingesteckt. Ich fürchte, es ist wirklich nicht mehr als ein Loch, aber er hat wenigstens ein Dach überm Kopf.»[17] Der «bescheidene junge Mann», wie ihn der Leiter beschrieb, brauchte nicht immer dort zu schlafen, denn er fand viele andere Betten in Rom, in denen er willkommen war. Es ist bezeichnend für den veränderten Geschmack der Zeit, daß er sich weder für Raffael noch für Michelangelo begeisterte, sich hingegen sehr mit Tiepolo befreundete.

Als er wieder nach Paris kam (1731), setzte er sein ausgelassenes Leben fort. Seine Modelle dienten ihm nicht nur zur Vertiefung seiner malerischen Kenntnisse. Trotzdem fand er Zeit, einige hervorragende Bilder zu malen, darunter *Die Entführung der Europa,* eine seiner unzähligen Darbietungen der weiblichen Formen. Im Jahre 1733 glaubte er in seinem Modell Jeanne Buseaux Venus persönlich entdeckt zu haben, und wenn er auch spürte, daß «ich kaum für die Ehe gemacht bin»[18], heiratete er sie doch. Eine kurze Zeit lang blieb er ihr treu, was auch bei ihr zutraf. Wahrscheinlich war sie sein Modell für das Bild *Reinald und Armida*[19], womit er als vollwertiges Mitglied in die Académie des Beaux-Arts aufgenommen wurde (1734). Ludwig XV. gab ihm jetzt den Auftrag, das Schlafzimmer der damals noch geliebten Königin mit heiteren Szenen auszumalen. Mit der Wiedereröffnung des Salons im Jahre 1737 fand sein Werk größeren Widerhall und neue Gönner. Von nun an gab es für ihn keine Armut und keine Rivalen mehr.

Seine Spezialität waren Aktbilder. Vor seiner Heirat hatte er es selten lange genug mit einer Frau ausgehalten, um sich mit mehr als ihrer Haut bekanntzumachen. Doch für diese Oberfläche bezeugte er ein unerschöpfliches Interesse und schien darauf aus, keinen Winkel davon, und wäre er noch so versteckt, keine Wölbung, keine Pose, keinen Reiz, vom seidenweichen Haar bis zum Fuß, den nie ein Schuh gedrückt, ungemalt zu lassen. Boucher hatte das Rokoko im Blut.

Aber er war mehr als das. Wenn auch spätere Kritiker seine technischen Schwächen in den Vordergrund rückten, so handhabte er doch Komposition, Farbe und Linie meisterhaft, selbst wenn man manchen seiner Bilder die Eile anmerkt, mit der sie im Hinblick auf ein Honorar beendet wurden. Viele seiner Zeitgenossen waren begeistert von dem frischen Luftzug, der durch seine Bilder wehte, von seinen mannigfachen Einfällen, der natürlichen Anmut seiner Linien, und sogar der ihm feindlich gesinnte Diderot gab zu: «Niemand kennt sich so gut wie Boucher in der Kunst von Licht und Schatten aus.»[20] Er betätigte sich auf jedem Gebiet der Malerei. Wer nur Malereien und Wandbehänge von ihm kennt, wird überrascht sein, daß «Bouchers Beliebtheit in gleichem Maße auf seinen Zeichnungen wie auf seinen Gemälden beruhte»[21]. Seine Zeichnungen wurden schon zu seinen Lebzeiten hochgeschätzt. Berühmte Sammler bemühten sich darum. Sie wurden wie Bilder gekauft und an den Wänden von Schlafzimmern und Boudoirs aufgehängt. Sie waren wahre Wunder in der Sparsamkeit ihrer Mittel – ein Grübchen, nur mit einem Punkt angedeutet, ein Lächeln, mit einer flüchtigen Linie festgehalten, und der Glanz und das Rascheln seidener Röcke mit ein paar Kreidetupfen hingezaubert.

Sicherlich nicht um des Geldes willen, sondern unter dem Antrieb seines Genius, seiner rastlosen Einbildungskraft, arbeitete Boucher zehn Stunden im Tag in seiner Werkstatt und drückte fast allem, was er berührte, seinen persönlichen Stempel auf. Abgesehen von Hunderten von Bildern malte er Fächer, Straußeneier, Geschirr, Medaillons, Wandschirme, Möbel, Wagen, Kulissen, die Wände und die Decke eines Theaters; ganz Paris strömte zusammen, um das Dekor zu sehen, das er für das Ballett von Noverre *Les Fêtes chinoises* (1754) geschaffen hatte. Sein Interesse an Landschaften war gering, denn er war Aphrodites Gesandter im Louvre. Er umgab jedoch seine menschlichen Gestalten mit Wäldern und Feldern, mit glitzerndem Wasser oder schattigen Ruinen, über denen sich der blaue Himmel mit weißen Wolken wölbte, das Ganze in warmen Sonnenschein getaucht, der das hitzige Blut aufpeitschte und liebkoste. Man hätte von ihm eigentlich keine Genrebilder erwartet. Trotzdem malte er eine *Familienszene,* und es scheint fast, als ob er sich darin für einmal von den Fesseln der Schönheit freimachen wollte, denn hier stellte er den Bauernhof dar, die Scheunen, den Taubenschlag, den Handkarren, alles, was auf einem Hinterhof herumliegt, dazu Esel, die nur langsam unter der Last von klappernden Pfannen vorwärtskommen. Und zu all dem kamen noch seine Entwürfe für Wandteppiche, die schönsten seiner Zeit.

Im Jahre 1736 wurde er von Oudry aufgefordert, Entwürfe für die Weber von Beauvais zu machen. Er begann mit vierzehn Zeichnungen von italienischen Dorfszenen[22] (*Les Fêtes italiennes*). Sie hatten so viel Erfolg, daß sie noch vor seinem Tode mindestens ein dutzendmal gewoben wurden. Dann ging er zu einem für ihn typischeren Thema über, der *Geschichte von Psyche,* fünf Teppichen, für die seine Frau als Modell diente. Diese Wandbehänge gehören zu den auserlesenen Meisterwerken des achtzehnten Jahrhunderts. Die Krönung seines Werkes waren sechs Teppiche, *La Noble Pastorale*[23]; einer davon, *La Pipée aux Oiseaux* (Die Vogelfänger), zeigt das bezauberndste Liebespaar, das je aus Seide oder Wolle entstand. Kritiker beanstandeten, daß sich die Teppichwirkerei unter Oudry und Boucher zu sehr an die Malerei anlehnte und dadurch ihre Eigenart verlor. Ludwig XV. kümmerte sich nicht darum und ernannte Boucher nach dem Tode Oudrys (1755) zum Leiter der Manufaktur von Les Gobelins.

Inzwischen war der berühmte Künstler zum Schützling der Pompadour avanciert. In ihrem Auftrag malte er Schloß Bellevue aus und entwarf auch die Möbel dafür. Für die Aufführungen, mit denen sie den König zu zerstreuen suchte, entwarf er Bühnenbilder und Kostüme. Er malte mehrere Bildnisse von ihr, so hinreißend schön und anmutig, daß ein Urteil schwierig wird. Der Vorwurf, daß Boucher nie über den Reiz des Fleischlichen hinausgegangen sei, wird hier widerlegt. Hier zeigt er nicht so sehr die äußeren Reize der Mätresse als die Intelligenz und Zartheit, die sie dem König teuer machten, das kulturelle Interesse, das sie zur Göttin der Philosophie erhob, und ihren weiblichen Instinkt für Kleidung, die ihre schwindenden Reize täglich neu und berückend erscheinen ließen. Diese Bildnisse wie auch die Porträts von La Tour erinnerten den König an ihre einstige Schönheit und jenen stärkeren Zauber, der unvergänglich war. Vielleicht wollte sie auch mit den sinnlichen Bildern Bouchers der königlichen Wollust entgegenkommen. Kein Wunder, daß Boucher ihr Günstling war; sie verschaffte ihm eine Wohnung im Louvre, nahm bei ihm Stunden im Kupferstechen und beriet sich mit ihm über ihre Absichten zur Ausschmückung ihrer Schlösser und zur Förderung der Künste. Er malte für sie zwei seiner besten Bilder (1753), *Der Sonnenaufgang* und *Der Sonnenuntergang*[24], auf denen selbstverständlich die menschlichen Formen heller leuchten als die Sonne.

Er überlebte die Pompadour und den verhängnisvollen Krieg mit England und Friedrich dem Großen und genoß seine Tage in Wohlstand bis zum Alter von siebenundsechzig Jahren. Mit Aufträgen wurde er überschüttet; aber auch als wohlhabender Mann arbeitete er mit dem gleichen Eifer wie zuvor und war nicht nur reich, sondern auch freigebig. Er war zu einem wohlwollenden Satyr geworden, nach wie vor voller Sinnenlust, aber heiter und gütig, «gefällig und uneigennützig ... frei von jeder Eifersucht ... und Habgier»[25]. Er arbeitete meistens zu eilig, um höchste Vollkommenheit zu erreichen, und ließ seiner Phantasie so freien Lauf, daß er den Kontakt mit der Wirklichkeit verlor. Er sagte Reynolds, daß er keine Modelle brauche und lieber nach dem Gedächtnis male, aber sein Gedächtnis idealisierte. Ohne den korrigierenden Einfluß der Realität wurde seine Zeichnung nachlässig und seine Farbgebung übertrieben; in seinen letzten Jahren verdiente er fast die strengen kritischen Äußerungen, die gegen ihn laut wurden. Grimm, Diderot und andere beschuldigten ihn, Niedlichkeit mit Schönheit zu verwechseln, die Würde der Kunst auf die Ebene schillernder, oberflächlicher Dekoration herabzuziehen und das sittliche Klima seiner Zeit durch die Idealisierung körperlicher Reize zu gefährden. Diderot empörte sich über «das Gelispel, die Geziertheit ..., die Schönheitspflaster, die Schminke, den Tand ..., die leichtsinnigen Frauen, lüsternen Satyre, die Bankerte von Bacchus und Silen»[26]. Boucher starb in seiner Werkstatt und hinterließ auf seiner Staffelei das unvollendete Bild *Die Toilette der Venus* – als ob er zum letzten Male Diderot herausfordern wollte. Diderot aber hatte Gewissensbisse, als er erfuhr, daß der Künstler gestorben sei. «Ich habe Boucher zu schlecht gemacht», sagte er, «ich nehme es zurück.»[27] Wir wollen es dabei belassen.

3. Chardin: 1699–1779

Was für ein Unterschied zwischen der Welt von Boucher und der von Chardin – wie verschieden waren ihre Auffassungen von Schönheit, ihre Charaktere und ihr Geist! Hier handelte es sich fast um einen Klassenkampf, um eine Revolte des bescheidenen Mittelstandes gegen das verschwenderische Luxusleben der Hochfinanz, des Adels und des Hofes. Jean-Baptiste-Siméon Chardin war bürgerlicher Abstammung, war es zufrieden, ein Bürger zu bleiben, und malte bis zuletzt liebevoll seine Szenen aus dem bürgerlichen Leben. Sein Vater war Kunsttischler, ein hochangesehener Meister in seiner Zunft, und besaß ein Haus in der Rue de Seine am linken Ufer. Da er annahm, daß Jean seinen Beruf ergreifen würde, kümmerte er sich nicht viel um seine Schulbildung, sondern unterrichtete ihn in seinem Fach. Später bedauerte Chardin die Lükken in seiner Bildung, aber das bewahrte ihn davor, ausgetretene Pfade der Kunst einzuschlagen. Er wandte sich und seinen Pinsel den Gegenständen in seiner Umgebung, in Werkstätte und Heim zu. Er zeichnete mit Vergnügen, aber bald wollte er auch malen. Sein Vater gab ihn zu Pierre-Jacques Cazes in die Lehre, einem der damaligen Hofmaler.

Der junge Mensch fühlte sich dort nicht wohl. Die klassischen Modelle, die er kopieren mußte, waren zu weit von dem Leben, das er kannte, entfernt. Als ein Wundarzt, der mit seinem Vater befreundet war, ihm den Auftrag für ein Aushängeschild gab, auf dem der Beruf des Barbiers und Wundarztes nebst seinen Instrumenten veranschaulicht werden sollte, malte Jean – vielleicht in Anlehnung an Watteaus Schild für Gersaint – ein großes Aushängeschild mit einem Mann, der in einem Duell verwundet worden war und dem ein Wundarzt und sein Gehilfe beistanden. Damit es an nichts fehlte, fügte Chardin noch einen Wasserträger, einen Polizisten, einige Nachtwächter, einen Wagen, eine Frau am Fenster und einen Haufen Neugierige mit gereckten Hälsen hinzu – das Ganze voll Leben, Bewegung und Aufregung. Dem Wundarzt gefiel das gar nicht, und er wollte das Schild schon wieder abhängen, als es so viel Aufmerksamkeit und Zustimmung bei den Vorübergehenden erregte, daß er es schließlich doch über seinem Eingang behielt. Eine Zeitlang war es still um Chardin, bis er im Jahre 1728 einen Fisch, *Der Rochen,* und *Das Büfett,* mit Silbergeschirr und Früchten beladen, im Freien auf der Place Dauphine ausstellte. Beide Bilder erregten Aufsehen, und einige Mitglieder der Akademie forderten ihn auf, sich um die Mitgliedschaft zu bewerben. Er richtete es ein, einige Bilder dort anonym auszustellen, die als Meisterwerke gepriesen und Flamen zugeschrieben wurden. Chardin bekannte sich als ihr Urheber, seine List wurde getadelt, aber er wurde in die Akademie aufgenommen (1728).

Im Jahre 1731 verlobte er sich mit Marguerite Sainctar, deren Eltern eine gute Mitgift versprachen. Noch während der Verlobungszeit erlitten die Eltern schwere Verluste und starben. Marguerite ließen sie völlig mittellos zurück. Chardin heiratete sie aber trotzdem. Chardin *père* gab ihnen eine Wohnung im dritten Stock eines Hauses, das er kurz vorher an der Ecke Rue du Four und Rue Princesse gekauft hatte. Dort richtete der Künstler seine Werkstatt ein, die gleichzeitig als Küche diente, denn inzwischen hatte er sich entschlossen, Stilleben und Genrebilder zu malen. Gemüse, Obst, Fisch, Brot und Fleisch, alles, was im Zimmer herumlag, verwandelte sich in Modelle für seinen Pinsel, bevor es in seinen Magen wanderte.

Chardin war gefesselt von der Veränderlichkeit der alltäglichen Dinge in Umriß und Farbe. Ihm fielen stoffliche Besonderheiten und Eigenarten der Beleuchtung auf, die einem flüchtigen Betrachter meistens entgingen. Für ihn war ein rotbackiger Apfel ebenso romantisch wie die verschämte Röte eines Mägdeleins, und der Glanz eines Messers auf dem Grün der Tischdecke reizte ihn, diesen Augenblick für immer in seinem Bild einzufangen. Die Wiedergabe dieser bescheidenen Gegenstände gelang ihm mit solcher Wahrheit und Einsicht, mit einer Meisterschaft in Farbe und Umriß, wie sie nur wenige Maler gezeigt haben. Man braucht auf diese *natures mortes* nur einen Blick zu werfen, um zu begreifen, daß sie lebendig sind, daß wir sie vorher nie wirklich gesehen haben, nie die Vielfältigkeit und das Einzigartige ihrer Formen oder all die Tönungen ihrer Färbung erfaßt haben. Chardin entdeckte nicht nur in einer Blumenvase oder einer Weintraube Poesie, sondern auch in einem alten abgenutzten Kessel, einer Nuß, einer Orangenschale, einer Brotkruste. Sie waren schon immer voll Poesie gewesen, was die Flamen und die Holländer nur zu gut wußten. Aber wer hatte im Land Bouchers und der Pompadour so etwas je vermutet? Die Schönheit dieser Gegenstände hing natürlich vom Auge oder vielmehr von der Seele des Betrachters ab. Bei Chardin kam zu einem starken Gefühl und einem durchdringenden Blick noch seine Armut hinzu, die aus der Speisekammer ein Gedicht und aus einer Mahlzeit ein Epos machte.

Einer Anekdote zufolge gelangte er folgendermaßen zum Malen menschlicher Figuren: Eines Tages hörte er, wie sein Freund Aved den Auftrag für ein Porträt, das ihm vierhundert Livres eingebracht hätte, ablehnte. Chardin, der an bescheidenere Preise gewöhnt war, wunderte sich darüber, und Aved antwortete: «Glaubst du, daß man ein Porträt ebensoleicht malen kann wie eine Wurst?»[28] Es war eine grausame, aber nützliche Bemerkung. Chardin hatte sich zu sehr auf dieselben Themen beschränkt, und seine Kunden wurden der Schalen und Lebensmittel langsam überdrüssig. Er beschloß, Figuren zu malen, und entdeckte in sich ein schlummerndes Talent für Porträtmalerei. Er nahm die Herausforderung Aveds an und begann sofort mit einem Bildnis seines Freundes als *Der Souffleur*[29]. Besser war bereits *Das Kartenhaus*, wo aber immer noch die Gewänder das Gesicht übertrafen. Hingegen zeigte er in *Kind mit Kreisel*, daß er bereits große Fortschritte gemacht hatte. Die Hände sind noch ein wenig ungeschickt, aber das Gesicht bezeugt das liebevolle Verständnis des Malers. Dieses Zartgefühl kam in seinen Mädchenbildern zum Ausdruck, von denen zwei Meisterwerke im Besitz der Sammlung Rothschild sind: ein kleines Mädchen spielt mit dem Federball, ein anderes ißt vergnüglich sein Frühstück.

In der Frau sah Chardin nicht die rosige Verführerin, die Boucher verlockt hatte, sondern die weiblichen und mütterlichen Tugenden, die aus der Familie die Stütze und das Heil des Staates machten. Chardin führte die Frau aus dem Mittelstand in die Kunst ein und erwies ihr die gebührende Ehre. Denn er kannte und liebte sie mit allem, womit sie sich beschäftigte: Einkaufen auf dem Markt, Wasser pumpen, Rüben schälen, Wolle aufwickeln, die Kranken pflegen, den Schuljungen vor Ungezogenheit warnen oder – wie auf dem berühmtesten Bild Chardins, *Das Tischgebet*[30] – mit dem Essen warten, bis die Allerjüngste ihre Händchen gefaltet und das Tischgebet gemurmelt hat. Er sah die Frau immer im Hauskleid, ohne Schmuck, ständig beschäftigt mit Mann und Kindern, vom Sonnenaufgang und Morgengebet bis zum späten Abend, wenn alle gut zugedeckt im Bett liegen. Chardin vermittelt uns ein Paris, das gesünder war als der Hof, das noch an den alten Sitten und am alten Glauben, der ihm eine Stütze war, festhielt. In der ganzen Kunstgeschichte gibt es keine gesundere Kunst.

Diese inzwischen allgemein anerkannten Bilder fanden aber nur begrenzten Absatz. Sie brachten Chardin gerade genug ein, um ihm sein einfaches, genügsames Leben zu ermöglichen. Er konnte nicht mit Kunden handeln. Er gab seine Bilder für jeden beliebigen Preis her, der ihm angeboten wurde. Und da er langsam und angestrengt arbeitete, verbrauchte er sich in verhältnismäßig ärmlichen Bedingungen, während Boucher sich im Überfluß aufrieb. Als Chardins erste Frau nach nur vierjähriger Ehe starb, verkamen sein Haushalt und seine Angelegenheiten im Durcheinander seines Junggesellendaseins. Seine Freunde rieten ihm, wieder zu heiraten, damit praktische und geduldige Frauenhände wenigstens wieder etwas Ordnung in sein Leben brächten. Er zögerte neun Jahre lang, dann schloß er eine Vernunftsehe mit der Witwe Marguerite Pouget, die eine bescheidene Mitgift hatte, darunter ein Haus, Rue Princesse 13. Er zog zu ihr und hatte nicht mehr unter Armut zu leiden. Sie war eine gute Frau und fürsorgliche Gattin. Er hing an ihr in dankbarer Liebe.

Weitere Unterstützung kam vom König, der ihm (1752) eine Rente von fünfhundert Livres aussetzte, und von der Akademie, die ihn (1754) zu ihrem Kassier ernannte. Bald darauf wurde ihm auch die Rangeinteilung der Bilder, die dem Salon unterbreitet wurden, aufgetragen, obwohl er für diese Aufgabe gar nicht geeignet war; seine Frau war ihm jedoch dabei behilflich. Auf Drängen eines befreundeten Graveurs, Charles-Nicolas Cochin II., stellte Marigny 1756 Chardin eine bequeme Wohnung im Louvre zur Verfügung. Der gleiche Cochin, der Chardin vor einer Wiederholung seiner kulinarischen Bilder bewahren wollte, verschaffte ihm den Auftrag für drei *dessus-de-porte*, Bilder, die «über der Tür» aufgehängt wurden und für Schloß Marigny bestimmt waren. Mit vieler Mühe brachte Chardin (1765) *Attribute der Künste*, *Attribute der Wissenschaften* und *Attribute der Musik*[31] hervor. Ein weiterer Auftrag bestand aus zwei ähnlichen Bildern für Frau von Pompadours Schloß Bellevue. Leider wurden die versprochenen fünftausend Livres für diese fünf Bilder erst 1771 ausgezahlt.

Mit fortschreitendem Alter ging es mit Chardins Kunst bergab. Im Jahre 1767 bemerkte Diderot, der sein Werk 1759 als die Seele von «Natur und Wahrheit» gepriesen hatte, mit Bedauern: «Chardin ist ein ausgezeichneter Genremaler, aber er ist überholt.»[32] Inzwischen hatten die Pastelle von La Tour Paris gefangengenommen. In einem Anfall von Eifersucht griff Chardin zu Kreide und Papier und erstaunte La Tour mit zwei Selbstbildnissen in Pastell, die zu den besten im Louvre gehören. Auf dem einen hat er eine alte Mütze auf, die Brille ist ihm auf die Nasenspitze heruntergerutscht, ein warmer Schal ist um den Hals geschlungen; auf dem anderen ist er genauso angezogen, schaut mit derselben Verwunderung und Standfestigkeit in die Welt und trägt einen Schirm über den geschwächten Augen. Noch hervorragender war das Pastellbild seiner zweiten Frau, die inzwischen achtundsechzig Jahre alt geworden war, ein schönes, gütiges Gesicht, geschickt und liebevoll gezeichnet. Dieses Bild könnte man als das Meisterwerk Chardins bezeichnen.

Das war der letzte Triumph in einem einzigartigen, ehrenhaften Leben. Man muß sich Chardin aber nicht frei von jeder menschlichen Schwäche vorstellen. Auch er konnte auf Ärger und Neid mit Zornausbrüchen und Seitenhieben antworten. Aber als er (1779) starb, fand sich in der ganzen neiderfüllten, klatschsüchtigen Pariser Kunstwelt nicht einer, der ihm etwas Schlechtes nachzusagen hatte. Selbst dieses dekadente Regime schien zu spüren, daß Chardin mit damals unübertroffener Kunst das wahre, das gesunde Frankreich abgebildet hatte, jene verborgene Welt einfacher Arbeit und Familienzusammengehörigkeit, die sich und damit Frankreich in einem Jahrhundert von Chaos und Revolution erhielt. Er war, sagte Diderot, «der größte Zauberer, den wir je besessen haben»[33].

4. La Tour: 1704–1788

Heute sieht der wetterwendische Geschmack den größten französischen Maler des achtzehnten Jahrhunderts weder in Boucher noch in Chardin, sondern in Maurice Quentin de La Tour. Als «Typ» ist er der interessanteste der drei, ein sorgloses Gemisch aus Laster und Tugend, der es mit der ganzen Welt aufnahm und wie Diogenes einen König aufforderte, ihm aus dem Weg zu gehen. Geld raffte er unverfroren und frech und mit der Gier eines Raubvogels zusammen. Er war als Feind gefährlich und als Freund unberechenbar, dazu so eitel wie ein alter Mann, der seine Jahre geheimhält, wenn er sich nicht damit brüstet. Er war ein echter, unverhohlener Geizhals, ein freigebiger Philanthrop, ein warmherziger Grobian, ein Hurrapatriot und ein Verächter von Titeln, der das Angebot des Königs, ihn zu adeln, ablehnte. Aber das ist alles nicht wichtig. Er war der größte Zeichner seiner Zeit und der größte Pastellmaler in der französischen Geschichte.

Ludwig XV., der La Tour für sein Bildnis saß, war über seine häufigen Lobreden auf Ausländer aufgebracht. «Ich dachte, Sie wären Franzose!» sagte der König. «Nein, Majestät», antwortete der Künstler, «ich bin Pikarde aus Saint-Quentin.»[34] Er kam dort als Sohn eines wohlhabenden Musikers auf die Welt, der aus ihm einen Ingenieur machen wollte. Aber der Junge war dauernd mit dem Zeichnen von Bildern beschäftigt. Sein Vater machte ihm Vorwürfe, woraufhin der fünfzehnjährige Maurice nach Paris durchging, dann nach Reims und Cambrai weiterreiste und ab und zu ein Porträt malte. In Cambrai lud ihn ein englischer Diplomat zu sich nach London ein. Maurice fuhr hin, verdiente Geld, vergnügte sich, und als er nach Paris zurückkam, gab er sich als englischen Maler aus. Rosalba Carriera war 1721 in Paris. Jeder wollte ein Pastellporträt von ihr haben, vom Regenten bis zum neuesten *nouveau riche*. La Tour entdeckte, daß die Zeichnung mit Farbstiften seinem hektischen Temperament besser entsprach als die geduldige Arbeit an einem Ölbild. Nach jahrelangen Versuchen brachte er mit Kreide solche Schattierungen und Abstufungen in Farbe und Ausdruck hervor, wie sie keinem anderen Porträtisten seiner Zeit gelangen.

Als er im Jahre 1737 im Salon einige dieser Bildnisse ausstellte, betrachteten die Ölmaler diese Konkurrenz mit Beunruhigung. Im Jahre 1740 sprach man im Salon von nichts anderem als von seinen drei Pastellen. Sein Porträt des Präsidenten de Rieux im schwarzen Talar und roten Umhang seines Amtes war der Triumph der Ausstellung von 1741, und sein Bildnis des türkischen Gesandten wurde 1742 von der bewundernden Menge geradezu belagert. Es dauerte nicht lange, bis die ganze vornehme Welt ihr Abbild in Kreide verlangte. La Tours Begegnung mit dem König ist historisch. Der Künstler begann sofort die Wahl des Zimmers zu kritisieren, da es das Licht von allen Seiten einließ. «Meinen Sie, daß ich in solch einer Laterne arbeiten kann?» brummte er. «Ich habe diesen abgelegenen Raum extra ausgesucht», antwortete der König, «damit wir nicht gestört werden.» «Ich wußte nicht, Majestät», sagte La Tour, «daß Sie nicht Herr in Ihrem eigenen Hause sind.» Bei einer anderen Gelegenheit bedauerte er, daß Frankreich nicht über eine ausreichende Flotte verfügte. Der König entgegnete mit einem listigen Lächeln: «Na, und Vernet?» – der Marinebilder voller Schiffe malte[35]. Als La Tour herausfand, daß der Dauphin in einer Angelegenheit falsch informiert war, sagte er dem Kronprinzen ohne Umschweife: «Da sehen Sie, wie leicht Leute von Ihrer Art sich von Schwindlern an der Nase herumführen lassen!»[36]

Trotz dieser betrüblichen Offenheit wurde er 1746 von der Akademie als Mitglied aufgenommen – eine Anerkennung seiner Meisterschaft. Aber im Jahre 1749 beschloß sie, unter dem Druck der Ölmaler, keine Pastellbilder mehr anzunehmen. Im Jahre 1753 beklagte sich ein Maler darüber, daß «Herr de La Tour die Kunst der Pastellmalerei so entwickelt hat, daß er einen Widerwillen gegen Ölmalerei hervorrufen könnte»[37]. La Tour rechtfertigte sich mit Beschimpfungen und Meisterwerken.

Er hatte einen Rivalen in der Pastellzeichnung. Jean-Baptiste Perronneau wurde ihm von Lemoyne, Oudry und anderen Akademikern vorgezogen. La Tour forderte ihn auf, ein Porträt von ihm zu malen. Perronneau war einverstanden und brachte ein Meisterwerk hervor. La Tour bezahlte ihn anständig, aber dann malte er eines der aufschlußreichsten Selbstporträts, die der Kunstgeschichte bekannt sind. Er kam mit Chardin überein, die beiden Bildnisse nebeneinander im Salon von 1751 auszustellen. Jeder mußte zugeben, daß La Tours Selbstbildnis Perronneaus Porträt übertraf. La Tours *La Tour* lächelt immer noch siegreich im Louvre.

Dort hängt auch das Bildnis, mit dem er Boucher herausforderte – das einzige Pastell, das er 1755 ausstellte. Beinah verpaßte er die Gelegenheit. Als er die Aufforderung erhielt, die berühmteste Frau des Königreichs zu malen, antwortete er: «Ich bitte gütigst, Frau von Pompadour mitzuteilen, daß ich nicht ausgehe, um zu malen.» Es war seine Art, das Glück durch Rückzug anzulocken. Seine Freunde baten ihn, nachzugeben. Er verhieß schließlich sein Kommen, aber unter der Bedingung, daß niemand die Sitzung stören werde. Er kam, zog seine Gamaschen aus, löste die Schnallen seiner

Schuhe, entledigte sich seiner Perücke und seines Kragens, setzte sich eine Taftkappe auf und begann zu malen. Plötzlich ging die Tür auf, und der König trat ein. La Tour protestierte: «Madame, Sie haben mir versprochen, daß Ihre Türe zu bleibt.» Der König lachte und bat ihn, seine Arbeit wieder aufzunehmen. La Tour weigerte sich. «Es ist mir leider unmöglich, Eurer Majestät zu gehorchen. Ich werde zurückkommen, wenn Madame allein ist ... Ich kann es nicht leiden, wenn ich unterbrochen werde.» Der König zog sich zurück, und La Tour vollendete die Sitzung.

Von den beiden berühmtesten Bildern der Pompadour ist das von La Tour tieferschürfend als das von Boucher, weniger schimmernd in den Farben, nicht so ausgearbeitet bis in die letzte Einzelheit, aber reifer im Ausdruck und in der Wiedergabe. La Tour malte die Marquise, sicher auf ihre Anregung hin, als Gönnerin von Kunst, Musik, Literatur und Philosophie. Auf einem Sofa in Reichweite eine Gitarre, in der Hand einige Notenblätter, auf dem Tisch ein Globus, eine Mappe mit ihren eigenen Gravüren, die *Henriade* von Voltaire, der *Geist der Gesetze* von Montesquieu und der vierte Band der *Encyclopédie* von Diderot.

Als La Tour das Porträt beendet hatte, forderte er eine Bezahlung von 48 000 Livres. Bei all ihrer Extravaganz fand Madame das doch etwas zu viel. Sie schickte ihm 24 000 Livres in Gold. La Tour wollte das Geld schon zurückschicken, als Chardin ihn fragte, ob er wisse, was die Bilder in Notre-Dame kosteten, darunter Meisterwerke von Lebrun und Le Sueur. «Nein», gab La Tour zu. Chardin berechnete ihren Gesamtwert auf 12 600 Livres. La Tour sah die Sache aus dieser Perspektive und nahm die 24 000 Livres an. Im allgemeinen richtete er seine Preise nach dem Vermögen der Auftraggeber. Wenn diese dagegen protestierten, mußten sie ungemalt von dannen ziehen. Wahrscheinlich machte er eine Ausnahme für Voltaire, Rousseau und d'Alembert, denn er war ein großer Bewunderer der *philosophes* und gab offen zu, daß er jeden religiösen Glauben verloren hatte.

Vielleicht wurde er gerade wegen seiner hohen Preise mit Aufträgen bestürmt. Er überlieferte uns das Gesicht sämtlicher führender Persönlichkeiten seiner Zeit, ein wahres Pantheon in Pastell. Er zeichnete reizende Bilder von der Königin, vom jungen Dauphin und seiner züchtigen Gemahlin[38] und von La Camargo, der Primaballerina. Ihm gelang es sogar, Rousseau einen liebenswürdigen, normalen Ausdruck[39] zu verleihen, und eines seiner schönsten Bilder stellt Moritz von Sachsen, den Sieger über Heere und Frauen, dar[40]. Er fing das ganze feurige Leben im Blick seines Freundes, des Malers Jean Restout, ein[41], und er kleidete sich in Seide, Spitzen und eine Perücke für ein Selbstbildnis, das jetzt in Amiens hängt. Trotz seinen groben Manieren, seinen unberechenbaren Launen und Stimmungen war er bei der Aristokratie beliebt, sei es im Kreis um Herrn von La Popelinière in Passy oder im Salon von Frau Geoffrin. Mit den führenden Schriftstellern seiner Zeit unterhielt er freundschaftliche Beziehungen, und sogar mit Malern und Bildhauern, die ihn um seinen Erfolg beneideten – Vanloo, Chardin, Greuze, Pigalle, Pajou. Der König gab ihm eine überflüssige Rente und eine Wohnung im Louvre. Er muß also doch etwas Anziehendes gehabt haben.

Er heiratete nie, führte aber nicht ein ganz so unbändiges Leben wie Boucher. Er hatte ein Verhältnis mit Fräulein Fel, einer Sängerin, die zum Teil für den Erfolg von Rousseaus Oper *Le Devin du Village* (Der Dorfwahrsager) verantwortlich war. Grimm nährte eine unerwiderte Leidenschaft für sie, aber sie hängte ihr ganzes Herz an La Tour. Er erinnerte sich mit so viel Rührung an ihren Umgang, daß er noch mit achtzig Jahren zur Erinnerung an sie das Glas erhob. Ihre Zuneigung war ein Trost für ihn, als seine Finger mit zunehmendem Alter steif wurden und seine Augen sich trübten. Er mußte den Übermut der Jahre seines Erfolgs mit einem langanhaltenden, demütigenden Abstieg bezahlen. Er überlebte sein Talent und mußte mit anhören, daß die Kritiker ihn als erledigt bezeichneten.

Als er fast achtzig Jahre alt war, verließ er seine Wohnung im Louvre, um in der frischen Luft von Auteuil zu leben; und schließlich kehrte er in seine Heimatstadt zurück. Saint-Quentin empfing diesen Verlorenen Sohn mit Kanonensalven, Glockenläuten und allgemeiner Begeisterung. Hier lebte er zurückgezogen noch weitere vier Jahre. Sein stolzer Verstand verlor sich allmählich in einer milden und harmlosen Altersblödheit, die ihn Brocken einer pantheistischen Philosophie vor sich hinmurmeln, zu Gott und der Sonne beten und hoffnungsvoll von der Revolution träumen ließ. Er starb ein Jahr vor ihrem Ausbruch und küßte im Todeskampf seinen Dienern die Hände.

VIERTES KAPITEL

Das Spiel des Geistes

I. DAS GESCHÄFT MIT DEM WORT

AUSSER seiner Muttersprache sprach im achtzehnten Jahrhundert jeder gebildete Europäer auch Französisch, das anerkannte Idiom der internationalen Diplomatie. Friedrich der Große bediente sich fast ausschließlich des Französischen, wenn er sich nicht gerade an seine Truppen wandte. Gibbon schrieb sein erstes Buch auf französisch und spielte eine Weile mit dem Gedanken, auch seine Geschichte vom Niedergang Roms auf französisch zu schreiben. Im Jahre 1748 schrieb die Berliner Akademie einen Wettbewerb für einen Essay aus, der die Ursachen für diese Bevorzugung erklären sollte. Auch gab sie ihre eigenen Veröffentlichungen französisch heraus. Die Hauptursachen waren die politische Vorherrschaft Frankreichs unter Ludwig XIV., die Ausbreitung der französischen Sprache durch französische Truppen in den Niederlanden, Deutschland, Österreich und Spanien, die fraglose Überlegenheit der französischen Literatur auf dem Kontinent (England machte Vorbehalte), die Beliebtheit der Pariser Gesellschaft, wo sich die europäische Elite ihren Schliff holte, der Wunsch, Latein für die Beziehungen unter den Völkern durch eine modernere und anpassungsfähigere Sprache zu ersetzen, und die Säuberung und Vereinheitlichung der französischen Sprache durch die Französische Akademie mit Hilfe ihres Diktionärs. Nirgends hatte es die Landessprache zu solcher Genauigkeit und Vielfältigkeit, zu solch scharfumrissenen, reizvollen Redewendungen, zu solcher Eleganz und Klarheit im Stil gebracht. Dieser Sieg wurde nicht ohne Verluste errungen: die französische Prosa opferte die einfache, unvermittelte Ausdrucksweise eines Montaigne, die rauhe und herzhafte Vitalität eines Rabelais; und die französische Poesie schmachtete in dem Gefängnis, das Boileau mit seinen Regeln errichtet hatte. Sogar die Akademie war einem schläfrigen Formalismus und vorsichtiger Mittelmäßigkeit verfallen, bis Duclos sie nach seiner Wahl im Jahre 1746 aufrüttelte.

Die verhältnismäßig ausgedehnte Gedanken- und Redefreiheit unter der Regentschaft hatte eine Zunahme der Schriftsteller, Verleger und Bibliotheken zur Folge gehabt. Überall wimmelte es von Druck- und Verlagsbuchhändlern, wenn auch ihr Beruf im Laufe des Jahrhunderts immer gefährlicher wurde. In Paris allein gab es ihrer dreihundertsechzig, fast alle in ärmlichen Verhältnissen. Viele Kleinstädte besaßen jetzt Leihbibliotheken, und viele Bibliotheken eröffneten einen Lesesaal, zu dem das Publikum gegen eine Eintrittsgebühr von vierzig Sous Zutritt hatte. Von der Schriftstellerei allein konnte man nur selten leben; sie wurde gewöhnlich neben einer anderen Beschäftigung betrieben. Der ältere Crébillon war Schreiber bei einem Notar, und Rousseau schrieb Noten ab. Einigen berühmten Schriftstellern gelang es, ihre Werke zu einem guten Preis zu verkaufen; Marivaux, der sich mit Laws System ruiniert hatte, brachte seine Finanzen mit seinen Theaterstücken und *Marianne* wieder in Ordnung, und Rousseau, der gewöhnlich in Armut lebte, verdiente fünftausend Livres mit seinem *Emile*. Der einzig vorhandene Schutz war das *privilège du roi*, die königliche Erlaubnis zur Veröffentlichung. Damit war der Verfasser gegen unerlaubten Nachdruck seines Buches in Frankreich geschützt, nicht aber im Ausland. Diese Erlaubnis wurde nur für Manuskripte erteilt, die laut Bestätigung eines offiziellen Zensors nichts Anstößiges für Staat und Kirche enthielten. Neue Ideen konnten diese Schranke nur überwinden, wenn sie ihr Thema oder ihre ketzerischen Ansichten vermummten. Wenn diese List fehlschlug, konnte der Verfasser sein Manuskript nach Amsterdam, Den Haag, Genf oder sonst in eine Stadt im Ausland schicken, wo es auf französisch gedruckt und verkauft und schließlich nach Frankreich eingeschmuggelt wurde.

Mit der Ausdehnung des Mittelstandes, der Ausbreitung der Schulbildung und der wachsenden Bedeutung von Paris als dem Brennpunkt der Intelligenz entstand ein Hunger nach Büchern, den ein ganzer Schwarm von Schriftstellern zu stillen suchte. Die Schwächung des Staates unter Ludwig XV. und der Rückgang des religiösen Glaubens regte zu mündlichen und schriftlichen Auseinandersetzungen über politische und philosophische Fragen an. Der Adel, der der Monarchie nicht verziehen hatte, daß sie seine Macht gestutzt hatte, und der Kirche nicht vergaß, daß sie diese Monarchie unterstützte, lieh der Kritik an Regierung und Glauben ein geneigtes Ohr. Der höhere Mittelstand war ebenso empfänglich dafür, weil er auf einen Wandel hoffte, der ihn auf eine Stufe mit dem Adel stellen sollte.

In dieser neuen Atmosphäre wurde den Schriftstellern eine Bedeutung beigemessen wie nur selten vor oder nach dem achtzehnten Jahrhundert. Sie wurden freudig in den Salons aufgenommen, wo sie ihre Ideen mit aller ihnen zur Verfügung stehenden Gewandtheit und Beredsamkeit verteidigen durften. In aristokratischen Häusern wurden sie willkommen geheißen, solange sie keinem Adligen auf den Fuß traten, und sie genossen die Gastfreundschaft von Finanzleuten wie La Popelinière. Trotz ihrer Armut wurden sie zu einer Macht im Staate. «Von allen Reichen», sagte Duclos im Jahre 1751, «ist das der Leute von Geist (*gens d'esprit*), wenn auch nicht sichtbar, so doch am ausgedehntesten. Männer an der Macht können befehlen, aber die Intelligenz regiert; denn auf die Dauer ... muß jeder Despotismus früher oder später vor der öffentlichen Meinung zurückweichen oder abtreten.»[1] (Mit der Bildung der öffentlichen Meinung durch Geld oder Regierungsmethoden war man im Jahre 1751 noch nicht auf der Höhe.)

Unter dem Ansporn einer immer größeren Leserschaft, Hunderter von Konkurrenten und der Eitelkeit, sich gedruckt zu sehen, ließen die französischen Schriftsteller eine solche Armada auf das Meer der Tinte los, so viel Briefe, Pamphlete, Broschüren, Streitschriften, Essays, Memoiren, Geschichtsbücher, Romane, Dramen, Gedichte, theologische, philosophische und pornographische Abhandlungen, daß schließlich alle

Ketten der Zensur zerbrochen und jeder Widerstand beseitigt und Geist, Glaube und Regierung Frankreichs – und in gewissem Maße der Welt – völlig verwandelt waren. Nie zuvor hatte die Literatur solchen Scharfsinn, so viel subtile Anspielungen, solch grobe Possen und solch mörderischen Spott hervorgebracht. Die Grundfesten von Kirche und Staat wankten unter dem Ansturm dieser scharfen, manchmal vergifteten und gewöhnlich namenlosen Federn.

Sogar der private Briefwechsel wurde zu einer allgemein betriebenen Kunst. Männer und Frauen stutzten ihre Briefe zurecht, schrieben sie um, polierten sie auf, alles in der Hoffnung, vielleicht doch einmal vor mehr als zwei Augen damit glänzen zu können. Manchmal gelang es ihnen wirklich, und ihre Briefe gingen in die Schöne Literatur ein. Sich zu unterhalten war eine Lieblingsbeschäftigung, und man sprach auf dem Papier mit abwesenden Freunden und Feinden so natürlich, als ob man ihnen gegenübersäße, mit all der sprudelnden Lebhaftigkeit eines Gesprächspartners am andern Ende des Tisches. Solche Briefe bestanden nicht nur aus unbedeutenden persönlichen Nachrichten, sie waren häufig wahre Abhandlungen über Politik, Literatur oder Kunst. Manchmal wurden sie sogar in Versen abgefaßt – *vers de société* –, ein Sprudel von Reimen, zu denen sich die französische Sprache so gut eignet. Auch Voltaire entzückte seine Freunde mit Briefgedichten, die so leicht aus seinem beweglichen Geist und seiner geschickten Feder flossen. Das Zeitalter der Rhetorik war vorbei, denn das achtzehnte Jahrhundert in Frankreich wollte sich nicht langweilen lassen, nicht einmal von einem Bossuet. Das kam erst mit der Revolution wieder auf. Memoiren waren immer noch Mode, denn als Briefe an die Nachwelt bewahrten sie etwas von dem Reiz einer Korrespondenz. Gegen Ende dieser Periode, im Jahre 1755, wurden endlich die *Mémoires* der Baronin von Staal de Launay, die im Jahre 1750 gestorben war, herausgegeben, in denen die Tage der Regentschaft und die *soirées de Sceaux* auferstanden. Hier haben wir es mit einer Dame zu tun, sagte Grimm, deren ausgezeichnete Prosa an Voltaire heranreicht[2].

II. DIE BÜHNE

Die Theater nahmen im Leben und Herzen der Pariser einen noch größeren Platz als die Salons ein. «Eine Theaterlaufbahn ist das Bezauberndste, was es gibt», sagte Voltaire 1745 zu Marmontel. «In einem einzigen Tag kann man dort zu Ruhm und Vermögen kommen. Ein erfolgreiches Stück kann einen Mann zugleich reich und berühmt machen.»[3] Es gab gute Theater in der Provinz, private Aufführungen in den Häusern der Reichen, dramatische Vorführungen für den König und den Hof in Versailles. Aber die größten Theaterliebhaber, die hitzigsten Diskussionen und die überschwenglichste Begeisterung gehörten natürlich zu Paris. Die Comédie-Française, die im Théâtre-Français auftrat, bewahrte ihr hohes Niveau, sowohl in der Auswahl der Stücke als in den Aufführungen. Aber die meisten Zuschauer strömten in das Théâtre des Italiens und die Opéra-Comique.

All diese Theater und die Oper im Palais-Royal waren weiträumige Ellipsen mit

Logen oder Sitzen in verschiedenen Rängen für die parfümierte Minderheit. Weniger wohlduftende Zuschauer standen im Parterre; vor der Revolution wurden dort keine Sitze eingerichtet. Bis zu hundertfünfzig besonders zahlungskräftige Stutzer oder Liebhaber saßen direkt auf der Bühne, die sie auf drei Seiten umgaben. Voltaire bekämpfte diese Sitte, die die Schauspieler störte und die Illusion zunichte machte. «Das ist der Grund, warum die meisten unserer Stücke nichts als lange Tiraden sind; die dramatische Handlung geht verloren, und selbst wenn man es damit versucht, wirkt sie lächerlich.»[4] Wie konnte ein Dramatiker, fragte er sich, auf solch einer Bühne eine Szene wie zum Beispiel die Ermordung Caesars darstellen, wo sich Brutus und Antonius nacheinander an das römische Volk wenden? Wie sollte der arme Geist in *Hamlet* durch diese bevorzugten Gebeine hindurchschauen? Konnte eines der Stücke von Shakespeare unter solchen Bedingungen aufgeführt werden?[5] Die energische Stimme Voltaires, dem Diderot und andere beipflichteten, wurde endlich gehört, und von 1759 an waren die Bühnen der französischen Theater geräumt.

Voltaire hatte weniger Erfolg mit seinen Bemühungen um ein besseres Einvernehmen zwischen Kirche und Theater. Die gesellschaftliche Stellung der Schauspieler hatte sich gebessert. Sie wurden in aristokratischen Häusern empfangen und spielten häufig auf Befehl des Königs. Aber die Kirche verurteilte das Theater noch immer als eine Brutstätte des Skandals; jeder Schauspieler war *ipso facto* exkommuniziert und seine Beerdigung in geweihter Erde, also auf allen Friedhöfen von Paris, untersagt. Voltaire wies auf den Widerspruch hin:

«Schauspieler werden vom König bezahlt, von der Kirche exkommuniziert. Der König befiehlt ihnen, jeden Abend aufzutreten, die Lehre der Kirche verbietet ihnen jegliches Auftreten. Wenn sie nicht auftreten, werden sie ins Gefängnis gesteckt [was geschehen war, als die Königliche Truppe in Streik trat]; treten sie auf, so werden sie [nach ihrem Tode] in eine Kloake geworfen. Im Leben empfangen wir sie mit Vergnügen, im Tod wollen wir nicht neben ihnen beerdigt werden; wir laden sie an unseren Tisch ein, aber unsere Friedhöfe bleiben ihnen verschlossen.»[6]

Adrienne Lecouvreur, die größte französische Schauspielerin ihrer Zeit, gab ein anschauliches Bild von diesen Gegensätzen in Leben und Tod. Sie wurde 1692 bei Reims geboren und kam mit zehn Jahren nach Paris. Da sie nicht weit vom Théâtre-Français wohnte, ging sie häufig dorthin. Zu Hause ahmte sie dann die Tragödinnen nach, die sie vom Parterre aus bewundert hatte. Mit vierzehn Jahren organisierte sie eine Liebhabertruppe, die auf Privatbühnen auftrat. Der Schauspieler Le Grand gab ihr Unterricht und besorgte ihr eine Stelle bei einer Truppe, die in Straßburg auftrat. Jahrelang spielte sie wie Molière in der Provinz, ging von einer Rolle zur anderen und zweifellos auch von einem Liebhaber zum anderen über. Sie sehnte sich nach Liebe und bekam nur Wüstlinge zu sehen. Zwei von dieser Sorte verließen sie, als sie schwanger war, und weigerten sich, sie zu heiraten. Mit achtzehn Jahren gebar sie ihre erste Tochter, mit vierundzwanzig ihre zweite. Um 1715 war sie wieder in Paris, denn der junge Voltaire lernte sie dort kennen und war eine Zeitlang mehr als ihr Freund[7]. Im Jahre 1717 spielte sie die Hauptrollen im Théâtre-Français, dem Traum und der Sehnsucht ihrer Jugend.

Wie viele berühmte Schauspielerinnen war auch sie nicht ausgesprochen schön; sie war eher untersetzt, und ihre Züge waren unregelmäßig. Aber ihre ganze Haltung, jede Bewegung war von unbeschreiblicher Anmut, ihre Stimme voll verführerischer Musik, ihre sprühenden dunklen Augen drückten eine Welt von Gefühl aus, ihr Gesicht war von innerem Adel verklärt, und jede ihrer Handlungen zeugte von Persönlichkeit. Sie lehnte sich gegen den rhetorischen Stil auf, mit dem auf der französischen Bühne deklamiert wurde, was ursprünglich mit der langgestreckten rechteckigen Form der ersten Theater zusammenhing. Sie bestand darauf, ihre Rollen auf den Brettern ebenso natürlich zu spielen und zu sprechen wie im wirklichen Leben, abgesehen von der Deutlichkeit der Aussprache und der größeren Lautstärke, um mit ihrer Stimme auch den entferntesten Zuschauer zu erreichen. Während ihrer kurzen Laufbahn vollbrachte sie eine Revolution in der Schauspielkunst. Das beruhte auch auf ihrem Einfühlungsvermögen, auf ihrer Fähigkeit, Leidenschaft und Zärtlichkeit der Liebe wie auch Pathos und Schrecken einer tragischen Szene zum Ausdruck zu bringen. Und sie war unübertroffen in der schwierigen Kunst, bewegt und ausdrucksvoll zuzuhören, wenn andere sprachen.

Alte Männer waren von ihr begeistert, junge Menschen verliebten sich Hals über Kopf in sie. Der junge Charles-Augustin de Ferriol, Graf von Argental, später der «Engel» und Agent Voltaires, entwickelte für sie eine Leidenschaft, die seine Mutter so beunruhigte, daß sie, aus Furcht, ein Heiratsantrag von ihm könnte angenommen werden, drohte, ihn in die Kolonien zu schicken. Als Adrienne davon hörte, schrieb sie an Ferriols Mutter (22. März 1721) und versicherte ihr, daß sie alle Annäherungsversuche des jungen Mannes entmutigen werde:

«Ich werde ihm schreiben, was Sie wollen. Ich werde ihn nie wiedersehen, wenn Sie es wünschen, aber drohen Sie nicht, ihn ans Ende der Welt zu schicken. Er kann seinem Land nützlich und seinen Freunden eine Wohltat sein; er wird Ihnen Befriedigung und Ruhm schenken; Sie müssen nur seine Talente richtig leiten und das Gute in ihm walten lassen.»[8]

Sie hatte recht, denn er brachte es zum Parlamentsrat von Paris. Erst in seinem fünfundachtzigsten Lebensjahr, als er die von seiner Mutter hinterlassenen Papiere ordnete, stieß er auf diesen Brief, von dem er nie etwas gewußt hatte.

Adrienne ihrerseits mußte alle Freuden und Leiden der Liebe und Treulosigkeit durchmachen. Bei ihren Aufführungen erschien der junge Graf Moritz von Sachsen, zwar noch nicht der gefeierte Sieger, aber eine so schöne und romantische Gestalt, daß sie glaubte, endlich den längst erwarteten Helden gefunden zu haben, als er ihr lebenslängliche Treue schwur. (Wenn es um lebenslängliche Treue geht, haben Männer so viele Leben wie eine Katze.) Er wurde ihr Geliebter (1721), und eine Zeitlang lebten sie in so zärtlichem Einverständnis, daß Paris sie mit den verliebten Turteltauben von La Fontaine verglich. Doch der junge Krieger, damals schon Feldmarschall, träumte von einem Königreich. Wir haben bereits gesehen, wie er nach Kurland aufbrach, um sich eine Krone zu holen, ein Unternehmen, das zur Hälfte mit Adriennes Ersparnissen bezahlt wurde.

Während seiner Abwesenheit tröstete sie sich mit ihrem Salon. Die Eleganz Racines und die Ideen Molières waren nicht spurlos an ihr vorbeigegangen; sie hatten ihren Geist geprägt, und sie hatte sich zu einer der gebildetsten Frauen in Frankreich entwickelt. Ihre Freunde waren nicht zufällige Anbeter, sondern Männer und Frauen, die ihren Verstand schätzten. Fontenelle, Voltaire, Argental und der Graf von Caylus kamen regelmäßig zu ihr zu Tisch; und verschiedene adlige Damen nahmen mit Vergnügen an dieser geistreichen Tafelrunde teil.

Im Jahre 1728 kam der besiegte Glücksjäger nach Paris zurück. Die Trennung hatte seine Leidenschaft abgekühlt, und er entdeckte plötzlich, daß Adrienne inzwischen sechsunddreißig Jahre alt geworden war, vier Jahre älter als er selber; außerdem erbot sich ein Dutzend reicher Frauen, ihr Bett mit ihm zu teilen. Eine davon war von fast ebenso königlichem Geblüt wie er selbst – Luise von Lothringen, Herzogin von Bouillon, die Enkelin des edlen polnischen Helden Jan Sobieski. Sie stellte sich in ihrer Loge im Théâtre-Français so unverhohlen mit Moritz zur Schau, daß Adrienne diese Loge fixierte, wenn sie die zornigen Verse Phaidras in der Tragödie von Racine aussprach:

Je ne suis point de ces femmes hardies
Qui, portant dans le crime une tranquille paix,
Ont su se faire un front qui ne rougit jamais.[9]*

Im Juli 1729 teilte Siméon Bouret, ein Abbé und Miniaturenmaler, Adrienne Lecouvreur mit, daß zwei maskierte Vertrauensleute einer Hofdame ihm den Vorschlag gemacht hatten, der Schauspielerin einige vergiftete Pillen zu reichen, wofür ihm 6600 Livres versprochen worden seien. Adrienne benachrichtigte die Polizei. Diese verhaftete den Abbé und unterwarf ihn einem strengen Verhör, aber er bestand auf seiner Geschichte. Adrienne schrieb einen für sie bezeichnenden Brief an den Polizeileutnant mit der Bitte, den Abbé freizulassen:

«Ich habe mich mit ihm unterhalten und habe ihn verschiedentlich zur Rede gestellt; er hat immer zusammenhängend und verständig geantwortet. Glauben Sie nicht, daß ich seine Geschichte unbedingt für wahr halten möchte! Es wäre mir hundertmal lieber, wenn ich ihn für verrückt halten könnte. Mein Gott, ich wünschte, ich hätte ihn nur um Verzeihung zu bitten. Aber wenn er unschuldig ist, bedenken Sie, Monsieur, wie sehr ich an seinem Schicksal teilnehmen muß und wie grausam diese Ungewißheit für mich ist. Stoßen Sie sich nicht an meinem Beruf oder meiner Herkunft, haben Sie die Güte, meine Seele in Betracht zu ziehen, die ich in diesem Brief voller Aufrichtigkeit vor Ihnen bloßgelegt habe.»[10]

Der Herzog von Bouillon bestand jedoch darauf, den Abbé weiter in Haft zu behalten. Erst mehrere Monate später wurde er entlassen, hielt aber weiter an seiner Geschichte fest. Bis auf den heutigen Tag ist unbekannt, was daran wahr war.

Im Februar 1730 begann Adrienne Lecouvreur an Durchfall zu leiden, der sich täglich verschlimmerte. Sie trat noch weiter im Theater auf, aber Anfang März mußte sie ohnmächtig von der Bühne getragen werden. Am 15. März spielte sie mit ihren letzten Kräften die Rolle der Iokaste im *Œdipe* von Voltaire. Vom 17. März an konnte sie nicht mehr aufstehen und verblutete an einer schweren Darmentzündung. Der Marschall be-

* «Ich gehöre nicht zu jenen unverfrorenen Frauen, die auch im Verbrechen noch ihre Gelassenheit wahren und denen nie die Schamröte ins Gesicht steigt.»

suchte sie schon längst nicht mehr. Nur Voltaire und Argental blieben bei ihr bis zuletzt. Sie starb am 20. März in Voltaires Armen*.

Da sie die Letzte Ölung zurückgewiesen hatte[11], konnte sie nach dem Kirchengesetz nicht in geweihter Erde begraben werden. Ein Freund mietete zwei Fackelträger, die den Leichnam in einer Lohnkutsche wegbeförderten und ihn heimlich am Ufer der Seine, in der späteren Rue de Bourgogne, beerdigten. (In diesem selben Jahr 1730 wurde die englische Schauspielerin Anne Oldfield mit öffentlichen Ehren in der Westminster-Abtei beigesetzt.) Voltaire schrieb (1730) ein Gedicht, *La Mort de Mademoiselle Lecouvreur*, worin er sich leidenschaftlich gegen dieses unwürdige Begräbnis auflehnte.

Tous les cœurs sont émus de ma douleur mortelle,
J'entends de tous côtés les beaux-arts éperdus
S'écrier en pleurant, «Melpomène n'est plus!»
Que direz-vous, race future,
Lorsque vous apprendrez la flétrissante injure
Qu'à ces arts désolés font des hommes cruels?
Ils privent de la sépulture
Celle qui dans la Grèce aurait eu des autels.
Je les ai vus soumis, autour d'elle empressés;
Sitôt qu'elle n'est plus, elle est donc criminelle!
Elle a charmé le monde, et vous l'en punissez!
Non, ces bords désormais ne seront plus profanes;
Ils contiennent ta cendre, et ce triste tombeau,
Honoré par nos chants, consacré par tes mânes,
Est pour nous un temple nouveau! **

Der größte Dramatiker dieser Zeit war selbstverständlich Voltaire. Er hatte viele Rivalen, darunter Prosper Jolyot de Crébillon, der sich selbst überlebt hatte und längst ins Grab gehörte. Zwischen 1705 und 1711 hatte Crébillon erfolgreiche Stücke verfaßt. Dann kam der Mißerfolg seines *Xerxès* (1714) und seiner *Sémiramis* (1717), und er hielt sein Talent für erschöpft. Er zog sich von jeder schriftstellerischen Tätigkeit zurück, verfiel in Armut und tröstete sich in seiner Dachkammer mit seiner Sammlung von zehn Hunden, fünfzehn Katzen und einigen Raben. Im Jahre 1745 kam ihm Frau von Pompadour mit einer Pension und einer Pfründe zu Hilfe und sorgte für die Herausgabe seiner gesammelten Werke im Staatsverlag. Er kam nach Versailles, um ihr zu danken. Sie lag krank zu Bett und empfing ihn in ihrem Schlafzimmer. Als er sich über ihre Hand beugte, um sie zu küssen, trat Ludwig XV. ein. «Madame», rief der Siebzig-

---

* Im Jahre 1849 führten Eugène Scribe und Ernest Legouvé in Paris mit Erfolg das Stück *Adrienne Lecouvreur* auf, das sich freilich nicht immer an die Wirklichkeit hält. 1902 komponierte Francesco Cilèa eine Oper über das gleiche Thema.

** «Alle Herzen sind wie meines zutiefst ergriffen; überall höre ich den schmerzlichen Aufschrei der trauernden Künste: 'Melpomene ist dahingegangen!' Was werdet ihr, künftige Generationen, sagen, wenn ihr von der Beschimpfung hört, die grausame Menschen der untröstlichen Kunst widerfahren ließen? Sie enthalten jener ein Grabmal vor, der Griechenland Altäre gebaut hätte. Ich sah sie alle bewundernd ihr zu Füßen liegen. Und kaum ist sie dahin, ist sie zur Verbrecherin geworden! Sie, die alle Welt bezauberte, soll dafür bestraft werden? Nein, diese Ufer sind von jetzt an nicht mehr ungeweiht, denn sie bergen deine Asche. Und dieses traurige Grab, das unsere Lieder ehren, das deine Manen geweiht haben, ist für uns ein neuer Tempel!»

jährige aus, «ich bin verloren, der König hat uns überrascht.»[12] Ludwig genoß diesen Geistesblitz und unterstützte die Pompadour, als sie in den Greis drang, ein vor vielen Jahren angefangenes Stück, *Catilina*, doch noch zu vollenden. Sie kam mit dem Hof, um der Uraufführung (1748) Beifall zu spenden. Noch einmal gelangte Crébillon zu Ruhm und Geld. 1754 schrieb er im Alter von achtzig Jahren sein letztes Stück. Noch weitere acht Jahre verlebte er glücklich und zufrieden, umgeben von seinen Tieren.

Voltaire war nicht gerade begeistert von dieser Konkurrenz, die ihm da gewissermaßen aus dem Grabe erstand. Außerdem hatte er es noch, was Komödien betraf, mit dem vielseitigen und übersprudelnden Marivaux zu tun. Pierre Carlet de Chamblain de Marivaux entdeckte seine Neigung für die Satire, als er zufällig seine siebzehnjährige Herzensfreundin dabei beobachtete, wie sie ihre verführerischen Reize vor einem Spiegel ausprobierte. Sein Herz tat ihm nicht lange weh, denn sein Vater war der reiche Direktor der Münze in Riom, und viele junge Damen sehnten sich danach, Pierre zu heiraten. Er schloß eine Liebesheirat und überraschte Paris mit seinem einwandfreien Eheleben. Er besuchte den Salon von Frau von Tencin, wo er den Witz, die Eleganz und das Zartgefühl gelernt haben mag, die seine Stücke und den Ausdruck *marivaudage* (leicht gekünstelter, heiter geistvoller Stil) prägten.

Seinen ersten Erfolg errang er mit dem Stück *Arlequin poli par l'amour*, das zwölf Abende hintereinander im Théâtre des Italiens aufgeführt wurde (1720). Als er gerade seine ersten Einkünfte genießen wollte, verlor er fast sein ganzes Geld beim Krach der Lawschen Bank. Angeblich erwarb er sich ein neues Vermögen mit seiner Feder[13]; jedenfalls verfaßte er, zur Freude der Pariser, eine lange Reihe von Lustspielen, voll anmutigen Geplauders und verzwickter Situationen. In seiner berühmtesten Komödie, *Le Jeu de l'amour et du hasard* (Das Spiel von Liebe und Zufall), wollen zwei Freunde die Treue ihrer Zukünftigen, die sie noch nicht gesehen haben, prüfen; die beiden Bräute kommen gleichzeitig auf dieselbe Idee, so daß Herren und Diener sowie Damen und Zofen ihre Kleidung und Manieren vertauschen, was zu einer Reihe von Mißverständnissen und Zufällen führt – so absurd wie die Sache mit Desdemonas Taschentuch. Den Pariser Damen gefielen diese zärtlichen Liebesidylle besser als der Männerwelt. Wie in Versailles und den Salons, wie bei Watteau und Boucher, herrschte auch hier die Frau und gab den Ausschlag. Die Analyse des Gefühls trat an die Stelle politischer Probleme und kriegerischer Heldentaten. Die männlichen Komödien Molières mußten vor der weiblichen Komödie zurückweichen, die (abgesehen von Beaumarchais) die französische Bühne bis zu den Tagen von Scribe, Dumas *fils* und Sardou beherrschte.

III. DER FRANZÖSISCHE ROMAN

Der gleiche Marivaux verlieh dem französischen Roman eine neue Form. Im Jahre 1731 veröffentlichte er den ersten Teil von *La Vie de Marianne* (Das Leben Mariannes). Er wurde gut aufgenommen. Bis zum Jahre 1741 brachte er weitere elf Fortsetzungen heraus, dann ließ er den Roman unvollendet (obwohl er erst 1763 starb), weil ihm nicht so sehr daran lag, eine Geschichte zu erzählen, als einen Charakter zu analysieren, vor allem einen weiblichen und besonders in seinen Liebesbeziehungen. Gleich die erste Szene war außerordentlich fesselnd. Eine Räuberbande überfällt eine Postkutsche und bringt sämtliche Insassen außer Marianne um, die am Leben bleibt, um im hohen Alter die Geschichte zu erzählen. Die Heldin und angebliche Verfasserin bewahrt ihr Inkognito bis zum Schluß. Das Manuskript übergibt sie einem Freund mit der Warnung: «Vergiß nicht, daß du versprochen hast, nie zu sagen, wer ich bin. Nur du allein sollst es wissen.»[14]

Da Mariannes Eltern zu den Opfern gehörten, kommt sie zu einer barmherzigen Bürgersfrau, wird Verkäuferin in einem Wäschegeschäft und entwickelt solche Reize, daß ein Herr von Climal von ihnen gefesselt wird. Er macht ihr zuerst kleine Geschenke, dann kostbare Geschenke, und es dauert nicht lange, bis er zur Belohnung ihre Person haben möchte. Sie weist ihn ab und schickt ihm – nach einigem Zögern, das Marivaux mit zartem Verständnis beschreibt – seine Geschenke zurück. Inzwischen hat sie die Bekanntschaft von Climals Neffen, Herrn von Valville, gemacht, der zwar ärmer an Geld, aber auch jünger an Jahren als der Onkel ist. Trotzdem bringt Valville es fertig, Marianne tausend Seiten lang im ungewissen zu lassen, um schließlich mit einer anderen Frau durchzugehen, womit Marivaux' Geschichte endet.

Es war der hervorragendste psychologische Roman des französischen achtzehnten Jahrhunderts, mit dem sich nur die *Liaisons dangereuses* (Gefährliche Liebschaften) von Choderlos de Laclos (1782) messen konnten. Er erinnerte an die *Princesse de Clèves* (Prinzessin von Clèves) von Frau von La Fayette (1678), und wenn er ihr auch an Zartgefühl und stilistischer Schönheit unterlegen war, so übertraf er sie in der Analyse von Beweggründen und Gefühlen. Seine Heldin bewahrt ihre Ehre wie Richardsons Pamela, aber um ihres Marktwertes willen. Sie weiß, daß Frauen nur gebrechliche und vergängliche Werte zum Tausch für die monogame Unterstützung des polygamen Mannes zu bieten haben. Die Personen sind mit größerer Feinheit gezeichnet als bei Richardson. *Pamela* (1740) wurde neun Jahre später als *Marianne* begonnen und wurde möglicherweise von ihr beeinflußt. Andererseits hinterließ Richardsons *Clarissa* ihre Spuren in Rousseaus *La Nouvelle Héloïse* (Die Neue Heloise).

In Marivaux kam die solide, vorsichtige Moral des Mittelstandes zum Ausdruck. Crébillon *fils* hingegen interessierte sich für die unbekümmerte Zügellosigkeit der Aristokratie. Im Unterschied zu seinem Vater «Crébillon *le tragique*» (der seinen Sohn als das schlechteste seiner zahlreichen Erzeugnisse bezeichnete) war er als «Crébillon *le gai*» (der Fröhliche) bekannt. Claude-Prosper Jolyot de Crébillon wuchs in Paris zur Zeit der Regentschaft auf, deren Unsitten seine Erziehung bei den Jesuiten bei weitem überwogen. Mehrere Jahre teilte er mit seinem Vater Dachkammer, Raben, Hunde und Katzen. Im Jahre 1734 machte er sich im Alter von siebenundzwanzig Jahren einen Namen mit dem Roman *L'Ecumoire* (Die Schaumkelle), ein Titel, den man über sein gesamtes Werk setzen könnte, denn bei ihm bedeutete – wie sich Chamfort ausdrückte – Liebe nichts weiter als die «Berührung von Haut mit Haut»[15]. Die Geschichte spielte sich in Japan ab, war aber eine so durchsichtige Satire auf Kirche und Staat in

Frankreich und auf die kleine Herzogin von Maine («die Fee Gurke»), daß Kardinal Fleury ihn auf fünf Jahre aus Paris verbannte.

Nach seiner Rückkehr veröffentlichte er (1740) seinen bekanntesten Roman *Le Sopha* (Das Sofa), der ihm eine zweite, wenn auch kürzere Verbannung eintrug. Die Bühne war Agra, aber die Sitten sehr pariserisch. Der «Sultan» langweilt sich und will Geschichten erzählt bekommen. Der junge Höfling Amanzei stellt sich mit Erzählungen aus seiner früheren Inkarnation zur Verfügung, als er ein Sofa war. Und er erinnert sich an einige der sündigen Episoden, die seine Federung aushalten mußte. Die verschiedenen Ehebrüche werden mit immer mehr Einzelheiten beschrieben. Crébillon vertiefte sich mit besonderem Vergnügen in die Geschichte von Almahide und Mochles, die sich erst mit ihrer Keuschheit brüsten, dann aber zugeben, daß sie in Gedanken ebenso unkeusch sind wie andere Leute in Wirklichkeit. Sie kommen zu der Ansicht, daß mit der Ausführung keine größere Schuld verbunden sein kann als mit dem Gedanken, woraufhin sie dem Worte die Tat folgen lassen. Aber das war eine Ausnahme. Im allgemeinen verlangten Crébillons Frauen geldliches *quid* für ihr *quo;* so wog Amina ihr *quid* sorgfältig ab und «willigte erst dann in das Begehren ihres Liebhabers ein, als sie ganz sicher war, daß er keinen Rechenfehler gemacht hatte»[16].

Der Erfolg des Buches war vorauszusehen; es wurde in den verschiedensten Sprachen beliebt, vor allem bei Lesern mit einer Schwäche für unregelmäßige Konjugationen. Laurence Sterne gab zu, daß die Romane Crébillons ihn beeinflußt hatten; Horace Walpole zog sie den Romanen Fieldings vor; der tugendhafte Thomas Gray stellte sich das Paradies als einen Ort vor, wo man «ewig neue Romane von Marivaux und Crébillon lesen» konnte[17].

Lady Henrietta Stafford eilte aus England herbei, wurde Crébillons Geliebte, die Mutter seines Kindes und schließlich seine Frau; angeblich soll er «aus ihr das Modell eines Ehepartners»[18] gemacht haben. Im Jahre 1752 gründete er zusammen mit Alexis Piron und Charles Collé den Caveau (Keller), einen Klub für Männer von Geist und Witz, die für ihren Mangel an Ehrfurcht und ihre Narrenstreiche bekannt waren. Im Jahre 1759 wurde er durch eine *reductio ad absurdum* zum königlichen Zensor für Literatur ernannt; und als sein Vater nach ärgerlichen Verzögerungen endlich (1762) starb, erbte der Sohn seine Rente. Ende gut, alles gut!

Crébillons Bücher verloren lange vor seinem Tod an Beliebtheit; doch inzwischen hatte ein gelehrter Priester einen Roman geschrieben, der auch heute noch die Herzen rührt. Das Leben des Antoine-François Prévost d'Exiles, bekannt als Abbé Prévost, war ebenso bewegt wie die verschiedenen Lebensläufe, die aus seiner Feder flossen. Er wurde 1697 im Artois geboren, bei den Jesuiten erzogen, trat als Novize in den Jesuitenorden ein, verließ ihn, um Soldat zu werden, brachte es bis zum Unteroffizier, verliebte sich, krankte an Herzweh, trat als Mönch in den Benediktinerorden ein (1719) und erhielt die Priesterweihe (1726). Von dieser Zeit an lebte er, so erstaunlich es klingt, fast ausschließlich von seiner Feder.

Noch bevor er das Mönchsleben aufgab, hatte er einen Roman begonnen, *Mémoires et aventures d'un homme de qualité* (Memoiren und Abenteuer eines vornehmen Mannes), wovon die ersten vier Bände 1728 in Paris herauskamen. Nach einem einjährigen Aufenthalt in England zog er nach Holland. Im Jahre 1730 begann er mit der Veröffentlichung eines zweiten Romans, *Le Philosophe anglais ou Histoire de Monsieur Cleveland, fils naturel de Cromwell* (Der englische Philosoph oder Geschichte von Herrn Cleveland, dem natürlichen Sohn Cromwells). Dieses Werk – einer der ersten historischen Romane – dehnte er über neun Jahre und acht Bände aus. Im Jahre 1731 veröffentlichte er in Amsterdam Band V–VII der *Memoiren;* der VII. Band erschien auch (1731) als Einzelausgabe in Paris, unter dem Titel *Les Aventures du chevalier des Grieux et de Manon Lescaut, par Monsieur D.* (Die Abenteuer des Ritters des Grieux und der Manon Lescaut, verfaßt von Herrn D.), und wurde von der französischen Regierung verboten. Das Buch war sofort ungeheuer beliebt – und ist es bis auf den heutigen Tag geblieben. «Paris war ganz wild danach», so wird uns berichtet, «die Leute stürzten sich auf das Buch, als ob ein Feuer ausgebrochen wäre.»[19]

Manons Geschichte wurde in eine etwas schwerfällige Rahmenhandlung eingezwängt. Zwölf Prostituierte sind in einem Wagen unterwegs nach Le Havre, zum Abtransport nach Amerika. Der Marquis D. – der ungenannte «vornehme Mann», der angebliche Verfasser der siebenbändigen *Memoiren* – ist betroffen von der Schönheit eines der Mädchen, dessen Antlitz später mit den Worten beschrieben wird: «... es hätte die Welt wieder zur Götzenanbetung verführen können.»[20] Er bemerkt ebenfalls den verzweifelten Chevalier Des Grieux, der seine frühere Geliebte Manon mit Tränen in den Augen ansieht und beklagt, daß er zu arm ist, um sie ins Exil zu begleiten. Der doppelt gerührte Marquis gibt Des Grieux vier Louisdor, so daß der Chevalier seiner Manon nach Louisiana folgen kann. Zwei Jahre später trifft ihn der Marquis in Calais und nimmt ihn mit nach Hause. Der Rest des kleinen Bandes besteht aus Des Grieux' Beschreibung seiner Liebesgeschichte.

Er war ein wohlerzogener Jüngling aus gutem Hause, der im Gymnasium von Amiens auf jedem Gebiet glänzte. Seine Eltern bestimmen ihn für den Malteser-Ritterorden, und in dieser Hoffnung «ließen sie mich sogar schon das Kreuz tragen»[21]. Aber dann taucht Manon auf, und alles ändert sich. Sie ist damals fünfzehn Jahre alt, er siebzehn und «hatte nie einen Gedanken an den Unterschied der Geschlechter verloren». Diese zurückgebliebene Entwicklung wird unverzüglich beschleunigt. Manon erzählt ihm, daß sie gegen ihren Willen nach Amiens geschickt worden sei, um Nonne zu werden. Er bietet ihr seine Hilfe an, und sie entlaufen nach Paris. Ihre gegenseitige Bewunderung scheint ihnen ein genügend starkes Band; «wir sahen von einer kirchlichen Zeremonie ab und wurden Mann und Frau, ohne darüber nachgedacht zu haben». Sein Bruder entdeckt ihn, läßt ihn verhaften und bringt ihn zu seinem Vater zurück, der ihm mitteilt, daß Manon inzwischen die Geliebte eines Bankiers B. geworden ist. Daraufhin will Des Grieux Herrn B. umbringen. Der Vater schließt seinen Sohn ein. Ein Freund namens Tiburge bestätigt die Behauptung, daß Manon die Geliebte von B. ist, und drängt Des Grieux, in einen Orden einzutreten. Der Jüngling tritt ins Seminar von Saint-Sulpice ein und wird Abbé. «Ich war überzeugt, daß ich von der Sünde der Liebe völlig gereinigt war.» Zwei Jahre später muß er ein öffentliches Examen mit Disputation an der Sorbonne bestehen. Manon ist unter den Zuhörern. Sie bahnt sich einen Weg zu ihm, gesteht ihre Untreue, schwört jedoch, daß sie mit B. nur gesündigt habe, um Geld für Des Grieux zu beschaffen. Noch einmal entlaufen sie.

Sie mieten ein Haus in Chaillot, einem Vorort von Paris. Sie leben auf großem Fuß von den sechzigtausend Franken, die Manon von Herrn B. bekommen hat. Der junge Des Grieux, kein Abbé mehr und wieder Ritter, hofft auf die Vergebung und die Franken seines Vaters oder wenigstens auf ein Erbe nach dessen Tod. Die beiden werden bestohlen und stehen plötzlich völlig mittellos da. «Da wurde es mir klar, daß man auf Geld aus sein kann, ohne kleinlich zu sein ... Ich kannte Manon ... Wie treu und zärtlich sie auch unter guten Verhältnissen sein mochte, im Elend konnte man nicht auf sie zählen. Ihr lag zu viel an Vergnügungen und Wohlbehagen, um das alles für mich zu opfern.»[22] Und er liebt sie mehr als seine Ehre. Er läßt sich von ihren Brüdern beibringen, wie man beim Kartenspiel betrügt. Er gewinnt ein kleines Vermögen, wird aber nochmals bestohlen. Manon verläßt ihn für einen reichen, alten Wüstling und hinterläßt einen Zettel: «Ich arbeite, um meinen Ritter reich und glücklich zu machen.» Zusammen arbeiten sie einen Plan aus, um den alten Mann um sein Geld zu bringen, was ihnen auch gelingt. Sie gehen durch und werden verhaftet. Sie wird als Prostituierte in ein öffentliches Spital eingeliefert, er in ein Kloster. Von dort entflieht er, nachdem er den Pförtner am Tor erschossen hat. Er leiht sich Geld und besticht die Spitalwärter, die Manon entwischen lassen. Sie schwört ihm ewige Liebe.

Als sie wieder mit ihrem Geld zu Ende sind, läßt sie sich von einem bemittelten Erben als Mätresse unterhalten. Sie wird neuerdings verhaftet, und Des Grieux' Vater setzt bei den Behörden ihre Verbannung durch. Des Grieux versucht, sie unterwegs zu retten; es gelingt ihm aber nicht, und so schifft er sich mit ihr nach Neu-Orleans ein. Dort lernt sie, sich mit der Armut abzufinden, und lebt in Treue mit Des Grieux. Auch ihre religiösen Pflichten üben die beiden wieder aus. Da verliebt sich der Sohn des Gouverneurs in Manon. Weil sie und Des Grieux immer noch nicht gesetzlich verheiratet sind, übt der Gouverneur sein Recht aus, sie einem beliebigen Kolonisten zuzuweisen. Er fordert sie auf, seinen Sohn anzunehmen. Des Grieux fordert den Sohn zu einem Duell heraus und tötet ihn. Er flüchtet mit Manon zu Fuß aus Neu-Orleans in die Wildnis. Nach vielen Meilen fällt sie vor Erschöpfung in Ohnmacht und stirbt. «Zwei Tage und zwei Nächte blieb ich bei meiner geliebten Manon und preßte meine Lippen auf ihr Gesicht und ihre Hände.» Mit seinen Händen gräbt er ihr ein Grab, beerdigt sie und legt sich auf das Grab, um zu sterben. Aber sein guter Freund Tiburge, der inzwischen aus Frankreich herübergekommen ist, findet ihn und bringt ihn nach Calais zurück, zum Marquis, damit er seine Geschichte erzählen kann.

Manon Lescaut gab den Anstoß zu einem Strom von *romans larmoyants,* tränenfeuchten, rührseligen Romanen. Jede Frau, selbst wenn sie nicht «tief im Herzen lasterhaft» ist, weint über Manons Grab und Des Grieux' Kummer und vergibt ihr die Listen, die sie anwendet, um zu Geld zu kommen, und ihm seine Schurkenstreiche. Das Neuartige bei Prévost sind die vielen Schwächen, mit denen er seinen Helden und seine Heldin ausstattete; er machte sie dadurch lebenswahr, Manon mit ihrer Sucht nach Vergnügen, Des Grieux mit seiner Fähigkeit, andere auszunützen, zu beschwindeln, zu bestehlen und sogar umzubringen. Sie ist eine alte Romanfigur, er aber ist ein ganz neuer Romanheld. Das Buch wäre vielleicht noch eindrucksvoller geworden, wenn es mit seinem Tod auf Manons Grab geendet hätte.

Vielleicht erzählte Prévost seine Geschichte mit so viel Gefühl, weil er selbst so heißblütig wie Des Grieux war. Es war in gewissem Sinne bereits eine Art Autobiographie, jedoch war er kein träger Schmarotzer. Er übersetzte die drei enormen Romane Richardsons ins Französische, und mit diesen Übersetzungen begann in Frankreich die Begeisterung für Richardson, die bei Rousseau und Diderot so verschiedenartig zum Ausdruck kam. Er übersetzte Middletons *Life of Cicero* (Leben Ciceros) und die *Geschichte Englands* von Hume. Er schrieb mehrere kleinere Romane und verschiedene Bände der *Histoire générale des voyages* (Allgemeine Geschichte der Reisen). In Amsterdam verliebte er sich im Jahre 1733 in die Geliebte eines anderen Mannes, und als er erfuhr, daß die Benediktiner einen Haftbefehl gegen ihn erlassen hatten, floh er mit der Dame zusammen nach England. In London verdiente er sein Brot mit Stundengeben. Am 15. Dezember wurde er verhaftet, weil einer seiner Schüler ihn wegen angeblicher Fälschung einer Fünfzigpfundnote verklagt hatte, ein Verbrechen, auf dem Todesstrafe stand. Aus unbekannten Gründen wurde er nach kurzer Zeit wieder freigelassen. Er kehrte nach Frankreich (1734) und in den Benediktinerorden zurück. Im Jahre 1753 wurde er zum Abt von Saint-Georges-de-Gennes ernannt.

Dort lebte er noch zehn Jahre lang. Sein Tod führte zu einer Legende, die seine Großnichte, als sie Sainte-Beuve darüber berichtete, als Tatsache hinstellte: Prévost erlitt auf einem Spaziergang im Wald von Chantilly einen Schlaganfall. Ein Arzt, der ihn für tot hielt, schnitt ihn auf, um die Todesursache zu entdecken. Prévost war noch am Leben, und diese Autopsie verursachte seinen eigentlichen Tod[23]. Diese Geschichte wird jetzt allgemein abgelehnt[24].

Prévost übte einen außerordentlichen Einfluß aus. Dieser wurde fühlbar in *La Nouvelle Héloïse* von Rousseau. Der rauhe, aber weichherzige Diderot fühlte sich durch ihn bewogen, *drames larmoyants* (Rührstücke) zu verfassen; in *Paul et Virginie* (Paul und Virginia) von Bernardin de Saint-Pierre schlug dieser Einfluß ins rein Idealistische um. Dann tauchte er wieder in der *Dame aux camélias* (Kameliendame) von Dumas *fils* (1848) auf und spielte vor der Veröffentlichung von Flauberts *Madame Bovary* (1857) eine Rolle in der Romantik. Und in der Oper lebt und stirbt Manon immer noch.

IV. WEISE ZWEITEN RANGES

Ein anderer Abbé taucht jetzt vor uns auf, und diesmal müssen wir ihn mit der ihm gebührenden Achtung behandeln. Es wurde bereits erwähnt, wie Charles-Irénée Castel, Abbé von Saint-Pierre, bei den Diplomaten in Utrecht (1712) mit seinem *Projet pour rendre la paix perpétuelle* (Memorandum zur Ermöglichung eines ewigen Friedens) Anstoß erregte, während sowohl Rousseau als Kant davon fasziniert waren. Auch im *Club de l'Entresol* brachte er solch ein fortschrittliches Gemisch von Ideen und Reformen vor, daß sich Kardinal Fleury veranlaßt sah, den Klub zum Schutz des Staates zu schließen (1731). Worin bestanden diese Ideen? Wie der Geist so manch anderer Rebellen war auch der seine durch eine jesuitische Erziehung geschärft worden. Er brauchte nicht viel Zeit, um sich vom Glauben abzukehren; und wenn er sich auch äußerlich weiter zum Katholizismus bekannte, so versetzte er ihm doch manchen Seitenhieb in seiner *Abhandlung gegen den Islam;* denn seine Argumente konnten wie diejenigen Voltaires im *Mohammed* ohne weiteres gegen das orthodoxe Christentum gebraucht werden. Seine *Physikalische Erklärung* der «angeblichen Wunder, wie sie von Protestanten, Schismatikern und Mohammedanern erzählt werden», sollten ganz offensichtlich auch katholische Wunder in Frage stellen. Im Jahre 1717 und dann wieder 1729 gab er aufs neue in erweiterter Form sein *Projet de paix perpétuelle* (Projekt eines ewigen Friedens) heraus. Er flehte die Herrscher Europas, einschließlich des Sultans, an, einen heiligen Bund zu schließen, in dem sie sich verpflichteten, gegenseitig ihre gegenwärtigen Besitzungen zu garantieren, auf den Krieg als Mittel zur Beilegung internationaler Konflikte zu verzichten und Streitfragen einer europäischen Union zu unterbreiten, die über bewaffnete Streitkräfte verfügte, um die Annahme ihrer Entscheidungen zu erzwingen. Er entwarf das Modell einer Verfassungsurkunde für die Union, mit Prozedurvorschriften für ihre Versammlung, und legte den finanziellen Beitrag jedes Mitgliedstaates an die Union fest. Man konnte von ihm nicht erwarten, daß er den Wiener Kongreß (1815) voraussah, der nach diesen Richtlinien eine Heilige Allianz zur Verewigung einer monarchischen und feudalen Ordnung und zur Unterdrückung sämtlicher revolutionärer Bewegungen abschloß.

Keine Schwierigkeit konnte das Vertrauen des geschmeidigen Abbés erschüttern. Er übernahm mit geradezu religiösem Eifer den neuen Glauben an den Fortschritt. In seinen *Betrachtungen über den ständigen Fortschritt der universalen Vernunft* (1737) ließ er sich lange vor Condorcet über die endlosen Verbesserungsmöglichkeiten der Menschheit aus, die der Verstand mit Hilfe von Gelehrten und Regierungen zustande bringen sollte. Schließlich – grübelte er – ist die Menschheit, wie allgemein angenommen wird, nicht älter als siebentausend oder achttausend Jahre; deswegen steckt ihre «Vernunft noch in den Kinderschuhen»; aber was dürfen wir nicht von ihrer kraftvollen Jugend in abermals sechstausend Jahren erwarten und was erst von ihrer glorreichen Blüte, wenn die Menschheit in hunderttausend Jahren zur Reife kommt?[25]

Saint-Pierre ahnte unsere modernen Probleme voraus: Während Wissenschaft und Kenntnisse ungeheure Fortschritte gemacht haben, ist kein entsprechender Fortschritt auf ethischem oder politischem Gebiet zu verzeichnen. Erkenntnis bewirkt in gleichem Maße Laster wie moralische Aufklärung. Wie könnte zunehmendes Wissen zur Verbesserung im Verhalten des Einzelnen und der Nationen verwertet werden? In seiner Schrift *Ein Projekt zur Vervollkommnung der Staatsregierungen* (1737) schlug Saint-Pierre die Bildung einer politischen Akademie vor, die sich aus den weisesten Männern des Landes zusammensetzen und eine beratende Körperschaft für die Staatsminister in Fragen sozialer oder moralischer Reformen darstellen sollte. Er machte auch viele konkrete Vorschläge, so für einen allgemeinen Unterricht unter staatlicher (nicht kirchlicher) Kontrolle, für Glaubensfreiheit, die Aufhebung des Priesterzölibats, die Vereinheitlichung der französischen Gesetzgebung, für staatliche Einrichtungen der öffentlichen Wohlfahrt und für die Erhöhung der staatlichen Einnahmen durch gestaffelte Einkommens- und Erbschaftssteuern[26]. Im Jahre 1725 führte der Abbé das Wort *bienfaisance* (Wohltätigkeit) in die französische Sprache ein, um die von ihm bevorzugte humanitäre Einstellung von der herablassenden Barmherzigkeit des Ancien Régime zu unterscheiden. Und lange vor Helvétius und Bentham stellte er den utilitaristischen Grundsatz auf, wonach «der Wert eines Buches, einer Bestimmung, einer Einrichtung oder irgendeines öffentlichen Werkes in direktem Verhältnis zu der Häufigkeit und dem Ausmaß des tatsächlichen Vergnügens steht, das es verschafft, und zu dem künftigen Vergnügen, das es voraussichtlich der größtmöglichen Anzahl von Menschen bereiten wird»[27]. Fast sämtliche grundlegenden Ideen der *philosophes* wurden bereits von Saint-Pierre angetönt, darunter sogar die Hoffnung auf einen aufgeklärten König als ein Werkzeug für Reformen. Bei all seiner Urwüchsigkeit, Einfachheit und Weitschweifigkeit gehörte er doch zu den schöpferischen Geistern der Aufklärung.

Charles Pinot Duclos muß ihn mit Verachtung abgetan haben, denn Utopien finden keinen Widerhall in einem realistischen Gemüt. Duclos kam in Dinan in der Bretagne auf die Welt und bewahrte bis zuletzt das schroffe, vorsichtige, eigensinnige Wesen des Bretonen. Als Sohn eines wohlhabenden Bürgers und einer Mutter, die hundertundein Jahr alt wurde, hatte er genug Reserven in sich, um seine wilden Pariser Jugendjahre zur Zeit der Regentschaft glücklich zu überstehen. Seine höhere Bildung empfing er von den Jesuiten; daneben hatte er Umgang mit Freudenmädchen, stieß sich die Hörner ab und schärfte seinen Geist in den Cafés. Sein Ruf für Schlagfertigkeit sicherte ihm nach kurzer Zeit eine gute Aufnahme bei der Gesellschaft und in den Salons. Außerdem schrieb er einen Roman, *Histoire de la baronne de Luz* (Lebensgeschichte der Baronin von Luz), der fast eine Anklage gegen Gott darstellte. Die Baronin weist sämtliche Angriffe auf ihre eheliche Treue zurück, gibt sich aber einem bestechlichen Beamten hin, um das Leben ihres Mannes zu retten, der in eine Verschwörung gegen den König verwickelt ist. Zweimal wird sie vergewaltigt. In hysterischem Zorn ruft sie aus: «Grausamer Himmel! Womit habe ich deinen Haß verdient? Sollte Tugend dir verhaßt sein?»[28]

Trotz dieser Einstellung und der Erotik seines Buches wurde Duclos 1746 durch die Verwendung von Frau von Pompadour in die Akademie aufgenommen. Mit seiner ganzen Energie machte er sich an ihre Umgestaltung und brachte sie in fruchtbare Berührung mit der zeitgenössischen Literatur und Philosophie. Im Jahre 1751 übernahm er Voltaires Posten als Geschichtsschreiber des Königs; 1754 bewirkte er die Aufnahme d'Alemberts in die Akademie; 1755 wurde er zu ihrem Ständigen Sekretär gewählt und war ausschlaggebend für ihren Geist bis zu seinem Tode. Er gewann die Akademie für liberale Ideen, beklagte aber die Überstürzung von d'Holbach, Helvétius und Diderot. «Diese Bande kleiner Atheisten», sagte er, «wird mich schließlich noch zum Beichtstuhl zurücktreiben.»

Heute ist von ihm hauptsächlich noch seine Schrift *Considérations sur les mœurs de ce siècle* (Betrachtungen über die Sitten dieses Jahrhunderts)* aus dem Jahre 1750 bekannt, eine ruhevolle und oft scharfsinnige Analyse von Moral und Charakter der Franzosen. Zwar war er noch nicht ganz fünfundvierzig Jahre alt, als er sie niederschrieb, doch beginnt er mit der Feierlichkeit eines alten Weisen: «Ich habe gelebt; ich möchte denen nützen, die das Leben vor sich haben.» Er bedauert, daß «die kultiviertesten Völker nicht auch die reinsten Sitten aufweisen».

«Am glücklichsten wäre die Epoche, in der die Tugend nicht als Verdienst gelten würde. Wenn man darauf aufmerksam wird, haben sich die Sitten bereits gewandelt; und wenn Tugend zu einem Gegenstand des Spottes wird, ist das letzte Stadium der Verworfenheit erreicht.»[29]

«Die große Schwäche der Franzosen ist» – seiner Meinung nach –, «immer jung erscheinen zu wollen. Dadurch erscheinen sie oft liebenswürdig, selten aber beständig; von einer Zeit der Reife kann kaum die Rede sein; sie gehen von der Jugend in die Gebrechlichkeit des Alters über ... Der Franzose ist das Kind Europas»[30] – und Paris sein Spielplatz. Das Zeitalter der Aufklärung, das bereits überall spürbar wird, scheint Duclos nicht ganz zu passen: «Ich fürchte, ich habe keine allzu gute Meinung von meinem Jahrhundert, aber mir scheint, daß eine gewisse Gärung des Geistes überall um sich greift.»[31]

«Wir machen heutzutage ein großes Geschrei über Vorurteile; vielleicht haben wir schon zu viele abgeschafft. Vorurteile sind eine Art Gewohnheitsrecht unter den Menschen. In dieser Sache kann ich nicht umhin, jene Schriftsteller zu tadeln, die ... in der Absicht, einen Aberglauben zu bekämpfen (ein Beweggrund, der an und für sich lobenswert und nützlich wäre, wenn die Diskussion auf philosophischer Ebene stattfände), die Grundlagen der Moral unterwühlen und die gesellschaftlichen Bande schwächen ... Die traurige Wirkung, die sie auf ihre Leser ausüben, besteht darin, aus der Jugend schlechte Bürger und abscheuliche Verbrecher und aus den Alten unglückliche Menschen zu machen.»[32]

Grimm, der Pariser Korrespondent ausländischer Würdenträger, gehörte zu denen, die diese zarten Seitenhiebe auf die Philosophie von einem, der an so manchem Busen geruht hatte, nicht schätzte: «Wenn man ein kaltes Herz und einen verdorbenen Geschmack hat, soll man nicht über Moral und Kunst schreiben.»[33] Grimm hatte sich allerdings gleichzeitig mit Duclos um die Gunst von Frau von Epinay beworben. In ihren Memoiren beschreibt diese zärtliche Dame Duclos als roh und tyrannisch, sobald er gesiegt hat, und unerträglich verbittert, wenn er eine Niederlage erfährt. Doch diese Memoiren wurden von Grimm herausgegeben. Wenn wir diesen leidenschaftlichen und rührseligen Seiten Glauben schenken dürfen, so wurde Duclos als ein treuloser Satyr von Madame aus ihrem Haus verjagt. Der gelehrte Akademiker wanderte in andere Arme und andere Länder und mit siebenundsechzig Jahren in den Tod.

Luc de Clapiers, Marquis von Vauvenargues, war sympathischer. Mit achtzehn Jahren ging er zur Armee, von Plutarch und dem Wunsch beseelt, sich im Dienste des Königs Ruhm zu erwerben. Er nahm an dem unseligen Abenteuer des Marschalls von

---

* Darauf folgte 1751: *Mémoires pour servir de suite aux Considérations* (Memoiren als Fortsetzung zu den Betrachtungen). Seine *Mémoires secrets sur les règnes de Louis XIV et de Louis XV* (Geheimmemoiren über die Herrschaft Ludwigs XIV. und Ludwigs XV.) wurden erst 1791 veröffentlicht.

Belle-Isle im Böhmischen Feldzug von 1741 bis 1743 teil. Auf dem Rückzug erfror er sich in der eisigen Kälte beide Füße; er kämpfte bei Dettingen (1743), aber seine Gesundheit hatte so stark gelitten, daß er bald danach aus der Armee entlassen wurde. Er suchte einen Posten als Diplomat, den er auch mit Voltaires Hilfe fast bekommen hätte, wenn er nicht an den Pocken erkrankt wäre, die sein Gesicht entstellten. Auch seine Augen hatten gelitten, und ein chronischer schwindsüchtiger Husten hinderte ihn an jeder Tätigkeit.

Sein Trost waren Bücher. Schließlich, sagte er, «sind die besten Dinge noch die leichtest zugänglichen, und man kann sich den Geist Voltaires für eine halbe Krone kaufen»[34]. Er warnte davor, Bücher nach dem Gewicht zu beurteilen: «Sogar die besten Autoren reden zu viel», und viele sind schwulstig und undurchsichtig. «Klarheit ist die Zierde tiefer Gedanken.»[35] Er selbst veröffentlichte 1746 einen Band von fünfundsiebzig Seiten: *Introduction à la connaissance de l'esprit humain* (Einführung in die Kenntnis des menschlichen Geistes), gefolgt von sechshundertsieben *Réflexions et Maximes* (Betrachtungen und Maximen) auf hundertfünfzehn Seiten. Ein Jahr später starb er, zweiunddreißig Jahre alt, in einem elenden Pariser Hotel – der Mozart und Keats der französischen Philosophie.

«Auch die Philosophie», sagte Vauvenargues, «unterliegt der Mode, wie Kleidung, Musik und Architektur.»[36] Seine eigenen Ideen waren kaum von seiner Zeit gefärbt. Nur wenige Jahre bevor Rousseau Natur und Gleichheit verherrlichte, malte Vauvenargues die «Natur» als einen grausamen Kampf um die Macht und stellte Gleichheit als eine Täuschung hin.

«Unter Königen, unter Völkern, unter Einzelwesen nimmt sich der Stärkere Rechte über den Schwächeren heraus, und dieselbe Regel gilt bei den Tieren und unbelebten Wesen, so daß alles im Universum von der Gewalt bedingt ist; und diese Ordnung, die wir mit einem Anschein von Gerechtigkeit tadeln, stellt das allgemeinste, das unerschütterlichste und das bedeutendste Gesetz in der Natur dar.»[37]

Alle Menschen sind unfrei und ungleich geboren.

«Es ist nicht wahr, daß Gleichheit ein Naturgesetz ist. Die Natur hat nichts gleich geschaffen; ihr beherrschendes Gesetz ist Unterwerfung und Abhängigkeit ... Wer zum Gehorchen geboren ist, wird sogar auf dem Thron gehorchen.»[38]

Was den freien Willen betrifft, so ist er ebenfalls eine Sage. «Der Wille ist niemals die erste Ursache einer Handlung, er ist ihre letzte Triebfeder.» Wenn wir das klassische Beispiel vom freien Willen nehmen, wonach man gerade oder ungerade «freiwillig» wählen kann, so antwortet Vauvenargues darauf: «Wenn ich gerade wähle, so deswegen, weil sich die Notwendigkeit, eine Wahl zu treffen, meinem Denken in dem Augenblick darbietet, in dem ihm 'gerade' gegenwärtig ist.»[39] Der Glaube an Gott ist jedoch unerläßlich; nur durch diesen Glauben, schien es Vauvenargues, konnten Leben und Geschichte eine andere Bedeutung erhalten als die eines ewigen Kampfes und einer schließlichen Niederlage[40]. Der persönliche Zug in Vauvenargues Philosophie ist seine Verteidigung der Leidenschaften. Sie dürfen nicht unterdrückt werden, denn sie sind die Wurzel der Persönlichkeit, des Genies und jedes kraftvollen Gedankens.

«Der Geist ist das Auge der Seele, aber nicht ihre Stärke. Ihre Stärke liegt im Herzen, mit anderen Worten in den Leidenschaften. Selbst der aufgeklärteste Verstand verleiht uns nicht die Macht zu handeln und zu wollen ...[41] Große Gedanken kommen vom Herzen ... Vielleicht verdanken wir den Leidenschaften die größten Errungenschaften des Geistes ...[42] Verstand und Gefühl beraten und vervollständigen sich abwechselnd. Wer nur einen von beiden zu Rate zieht und auf den anderen verzichtet, beraubt sich aufs törichteste einer der Hilfsquellen, die uns für unser Verhalten zur Verfügung gestellt wurden.»[43]

Vauvenargues gab die Allgegenwart der Selbstsucht zu, weigerte sich aber, sie als Laster zu betrachten, da sie eine Notwendigkeit für die Selbsterhaltung, das erste Gesetz der Natur, ist. Auch Ehrgeiz ist kein Laster, sondern ein notwendiger Ansporn. «Das Streben nach Ruhm macht die große Laufbahn von Nationen.»[44] Er fügt hinzu, daß «man nicht für Ruhm geboren ist, wenn man den Wert der Zeit nicht erkennt»[45]. Es gibt hingegen wirkliche Laster, die der Gesetzgebung und dem Sittengesetz unterworfen werden müssen, und «die Kunst der Regierung besteht darin, sie (die Laster) zum Besten der Allgemeinheit zu lenken»[46]. Es gibt auch wirkliche Tugenden, und «die ersten Frühlingstage haben weniger Anmut und Reiz als Tugend, die in einem Jünglingsherzen keimt»[47].

Wenn er auch Hobbes und La Rochefoucauld zustimmte und selbst schlechte Erfahrungen gemacht hatte, so bewahrte sich Vauvenargues doch seinen Glauben an die Menschheit. Sein Freund Marmontel sagte:

«Er kannte die Welt, aber verachtete sie nicht. Er war ein Menschenfreund und betrachtete das Laster eher als ein Unglück [denn als ein Verbrechen] des Menschen: Mitleid nahm die Stelle von Empörung und Haß in seinem Herzen ein ... Unerschütterliche Gelassenheit verbarg auch dem Blick der Freunde seinen Schmerz. Um Schicksalsschlägen zu begegnen, brauchte man sich nur an sein Beispiel zu halten; beim Anblick seiner Ausgeglichenheit wagten wir es nicht mehr, uns vor ihm unglücklich zu zeigen.»[48]

Voltaire beschrieb ihn als «den unglücklichsten aller Menschen und zugleich den ruhigsten»[49].

Einer der sympathischsten Züge der französischen Literatur im achtzehnten Jahrhundert ist die Wärme und Freundschaft, mit der Voltaire, der Apostel der Vernunft, Vauvenargues, den Verteidiger Pascals und des «Herzens», unterstützte. Der jugendliche Vauvenargues gestand seine Bewunderung für «einen Menschen, der unser Jahrhundert ehrt und der nicht weniger groß und nicht weniger gefeiert als seine Vorgänger ist»[50]. Und Voltaire, als der Ältere, schrieb ihm in einem Augenblick der Bescheidenheit: «Wären Sie einige Jahre früher geboren, hätten meine Schriften mehr Wert gehabt.»[51] Die beredteste Stelle in all den hundert Bänden von Voltaire ist seine Grabrede auf Vauvenargues[52].

V. MONTESQUIEU: 1689–1755

1. *Die Persischen Briefe*

Schwieriger war es für Voltaire, Montesquieu Sympathie entgegenzubringen, denn im allgemeinen wurde *Der Geist der Gesetze* (1748) als das größte Werk des Geistes seiner

Zeit betrachtet. Das Buch erschien, als sein Verfasser neunundfünfzig Jahre alt war; es war die Frucht fünfzigjähriger Erfahrung, vierzigjähriger Studien und zwanzigjähriger Arbeit.

Charles-Louis de Secondat, Baron von La Brède und von Montesquieu, wurde am 18. Januar 1689 in La Brède bei Bordeaux, der Heimat Montaignes, geboren. Er rühmte sich scherzhaft, von jenen Goten abzustammen, die nach der Eroberung des Römischen Reiches «überall Monarchie und Freiheit einführten»[53]. Jedenfalls gehörte er zur Aristokratie, sowohl zum Schwert- als auch zum Amtsadel. Sein Vater war Oberrichter in Guienne, und die Mitgift seiner Mutter bestand aus dem Schloß und den Besitzungen von La Brède. Im Augenblick seiner Geburt erschien ein Bettler am Schloßtor; er wurde hereingeholt, bekam zu essen und stand Pate bei dem Kind, angeblich damit Charles nie die Armen vergessen möge[54]. Die ersten drei Jahre seines Lebens verbrachte er unter den Dorfbauern. Mit elf Jahren wurde er in die Schule der Oratorianer nach Juilly, zwanzig Meilen von Paris, geschickt. Mit sechzehn kam er nach Bordeaux zurück, um Jura zu studieren; mit neunzehn machte er seinen Doktor der Rechte.

Als sein Vater (1713) starb, sah Charles sich mit vierundzwanzig Jahren an der Spitze eines beträchtlichen Grundbesitzes und eines bescheidenen Vermögens; die Ausdrücke «meine Besitzungen» und «meine Vasallen»[55] sollten in seinen Gesprächen häufig wiederkehren, und er stand durch dick und dünn für den Feudalismus ein. Ein Jahr später wurde er als Rat und Richter in das Parlament von Bordeaux aufgenommen. Im Jahre 1716 vermachte ihm sein Onkel, der die Präsidentschaft des Parlaments gekauft hatte, sein Vermögen und sein Amt. In späteren Jahren verteidigte Montesquieu «den Verkauf von Ämtern», weil er ihn für «den Monarchien förderlich» hielt, «denn dadurch übernehmen Mitglieder hochstehender Familien Aufgaben, mit denen sie sich aus uneigennützigen Gründen allein nicht befaßt hätten»[56]. Er behielt die Präsidentschaft des Parlaments, verbrachte aber die meiste Zeit mit Studien. Er machte Experimente, unterbreitete der Akademie von Bordeaux Arbeiten über Physik und Physiologie und plante eine «geologische Geschichte der Erde». Sie wurde nie verfaßt, aber ein Teil des Materials, das er dafür gesammelt hatte, taucht im *Geist der Gesetze* auf.

Er war zweiunddreißig Jahre alt, als er das Interesse der Pariser zur Zeit der Regentschaft mit seinem hervorragendsten Buche fesselte. Er zeichnete die *Lettres persanes* (Persische Briefe, 1721) nicht mit seinem Namen, denn sie enthielten Stellen, die sich kaum für einen Richter schickten. Wahrscheinlich lehnte sich das Schema seines Buches an *L'Espion du Grand Seigneur* (Der Spion des Großen Herrn) von Giovanni Marana (1684) an, worin ein erfundener türkischer Spion dem Sultan, zusammen mit einigen schlüpfrigen Anekdoten, von dem absurden Glauben und dem unerklärlichen Benehmen der Christen in Europa berichtet und von dem vergnüglichen oder mörderischen Widerspruch zwischen dem christlichen Bekenntnis und seiner Ausübung. Auch Addison hatte eine ähnliche Methode in seinem *Spectator* (Beobachter) angewendet, wo die abendländische Kultur mit orientalischen Augen betrachtet wird. Charles Dufresny hatte sich in *Amusements sérieux et comiques* (Ernsthafte und komische Vergnügungen) den Kommentar eines Siamesen in Paris ausgedacht; Nicolas Gueudeville hatte französische

Sitten, wie sie sich dem Auge eines Indianers darstellten, beschrieben. Antoine Gallands Übersetzung von *Tausendundeiner Nacht* hatte zwischen 1704 und 1717 das französische Interesse am Leben der Mohammedaner gesteigert, wie es auch die Reisebeschreibungen von Jean (Sir John) Chardin und Jean Tavernier taten. Zwischen März und Juli 1721 begeisterte sich Paris für den exotischen Reiz des türkischen Gesandten, seine Kleidung und sein Gebaren. Paris war reif für die *Persischen Briefe*. In einem einzigen Jahr waren acht Ausgaben vergriffen.

Als die angeblichen Urheber der Briefe stellte Montesquieu Rica und Usbek, zwei Perser auf Reisen in Frankreich, und ihre Korrespondenten in Isfahan hin. Die Briefe deckten nicht nur die Schwächen und Vorurteile der Franzosen auf. Die Korrespondenten enthüllten ihrerseits die Absurdität orientalischen Benehmens und Glaubens. Während der Leser über diese Schwächen lachte, mußte er sich auch die Lächerlichkeit seiner eigenen eingestehen. Das alles wurde nur leicht angedeutet – wer hätte sich bei diesen unbewußten Epigrammen, bei Florettstichen, die so höflich getarnt waren, verletzt fühlen können? Außerdem enthielten die Briefe verführerische und vertrauliche Mitteilungen aus Usbeks Serail in Isfahan. Zachi, seine Lieblingsfrau, schreibt ihm, wie schmerzlich sie seine Leidenschaft vermißt, und Rica beschreibt die Vorstellung einer mohammedanischen Dame vom Paradies als einem Ort, wo jede gute Frau einen Harem mit hübschen, kraftstrotzenden Männern besitzt. Hierbei vertiefte sich Montesquieu in schlüpfrige Einzelheiten im Stil der Regentschaft.

Nur in der Zeit dieses politischen Interregnums war es möglich, daß die politischen und religiösen Ketzereien der *Briefe* einer offiziellen Zurechtweisung entgingen. Der alte König war tot, der neue ein Kind, der Regent tolerant und fröhlich. Jetzt durfte Montesquieu es sich erlauben, seine Perser aus vollem Halse über einen Hexenmeister lachen zu lassen, der den Leuten weismachte, daß Papier Geld war (Laws System war gerade verkracht)[57]. Er konnte die Verderbtheit des Hofes, die Faulheit verschwenderischer Aristokraten, die Mißwirtschaft in den Staatsfinanzen anprangern. Er durfte die Republiken des Altertums, Griechenland und Rom, wie auch die modernen Republiken, Holland und die Schweiz, preisen. «Die Monarchie», sagt Usbek, «ist ein anomaler Zustand, der immer in Despotismus ausartet.»[58] (Eine entgegengesetzte Ansicht folgt weiter unten.)

In den Briefen XI–XIV erläutert Usbek die Natur der Menschen und die Frage ihrer Regierung anhand von Troglodyten, die er für die arabischen Nachkommen jener Troglodytai hält, die von Herodot[59] und Aristoteles[60] als wilde, in Afrika lebende Stämme beschrieben wurden*. Die Troglodyten von Usbek, die jede Einmischung der Regierung haßten, brachten jeden denkenden Beamten um und lebten in einem Paradies des *laisser-faire* (machen lassen). Jeder Verkäufer machte sich die Bedürfnisse des Verbrauchers zunutze und erhöhte den Preis seiner Ware. Wenn ein starker Mann die Frau eines schwachen Mannes stahl, gab es weder Gesetz noch Richter, an die man sich wenden konnte. Mord, Vergewaltigung und Raub blieben, bis auf persönliche Rache-

---

* Das Wort bedeutete ursprünglich Höhlenbewohner; buchstäblich: jene, die Löcher graben und darin leben.

akte, unbestraft. Wenn die Bewohner des Hochlandes an großer Trockenheit litten, ließen die Talbewohner sie verhungern; wenn die Talbewohner eine Überschwemmung erlitten, ließen die Hochländer sie verhungern. Nach kurzer Zeit war der Stamm ausgestorben. Zwei Familien, die ausgewandert waren, blieben am Leben. Sie halfen sich gegenseitig, erzogen ihre Kinder zur Achtung vor Religion und Tugend und «betrachteten sich als eine einzige Familie; ihre Herden vermischten sich ständig»[61]. Aber da ihre Zahl immer mehr zunahm, schienen ihre Gewohnheiten ihnen nicht mehr auszureichen, um ihnen eine gute Regierung zu gewährleisten. Sie wählten einen König und unterwarfen sich dem Gesetz. Usbek kommt zu dem Schluß: Regierung ist notwendig, erfüllt aber ihre Aufgabe nicht, wenn sie nicht auf der Tugend von Herrscher und Beherrschten beruht.

Die religiösen Ketzereien der *Persischen Briefe* waren anstößiger als die politischen. Rica beobachtet, daß für die Neger Gott schwarz, der Teufel weiß ist. Er weist (wie Xenophanes) darauf hin, daß in einer Theologie, die von Dreiecken ausgedacht würde, Gott drei Seiten und drei Ecken haben müßte. Usbek wundert sich über die Macht eines anderen Zauberers, Papst genannt, der Leute glauben macht, daß Brot nicht Brot und Wein nicht Wein ist und «tausend Dinge ähnlicher Natur»[62]. Er lacht über den Streit zwischen Jesuiten und Jansenisten. Er ist entsetzt über die spanische und portugiesische Inquisition, wo «Derwische [Dominikaner] Menschen wie Stroh verbrennen»[63]. Er lächelt über Rosenkränze und Skapuliere. Er fragt sich, wie lange sich die katholischen Länder im Wettbewerb mit protestantischen Völkern erhalten können, denn er nimmt an, daß das Scheidungsverbot und das Zölibat für Nonnen und Mönche den Bevölkerungszuwachs in Frankreich, Italien und Spanien aufhalten müsse [vergleiche das Irland des zwanzigsten Jahrhunderts]. Bei diesen Verhältnissen, rechnet Usbek aus, kann der Katholizismus in Europa keine fünfhundert Jahre mehr dauern[64]*. Diese untätigen und angeblich enthaltsamen Mönche «halten fast den ganzen Reichtum des Staates in ihren Händen. Sie sind eine kleinliche Sippe, die immer nimmt und niemals gibt; sie häufen ihre Einnahmen ständig auf, um sich Kapital zu verschaffen. All dieser Reichtum verfällt gewissermaßen einer Lähmung; er kommt nicht in Umlauf; er wird weder für Handel noch Industrie noch Manufaktur verwendet.»[66] Usbek leidet unter dem Gedanken, daß die umnachteten Ungläubigen Europas, die Christus anstatt Allah und Mohammed verehren, alle für die Hölle bestimmt sind, aber er hofft, daß sie sich doch schließlich zum Islam bekehren und erlöst werden[67].

In einer durchsichtigen Parabel erörtert Usbek die Widerrufung (1685) des toleranten Edikts von Nantes, das Heinrich IV. erlassen hatte:

«Du weißt, Mirza, daß einige Minister des Schahs Suleiman [Ludwig XIV.] die Absicht hatten, sämtliche Armenier in Persien [die Hugenotten] zu zwingen, entweder das Königreich zu verlassen oder Mohammedaner [Katholiken] zu werden, weil sie unser Reich für verunreinigt hielten, solange diese Ungläubigen darin weilten ... Die Verfolgung dieser Gheber durch unsere

* Montesquieu dachte im Jahre 1721, daß die Bevölkerung Europas, seit der Zeit des Römischen Reiches[65], auf ein Zehntel der damaligen Zahl herabgesunken war, daß sie weiter abnehmen werde und daß die Neger in Amerika bald aussterben würden. *Caveat vates* (Achtung vor den Propheten).

fanatischen Mohammedaner zwang sie, massenhaft nach Indien auszuwandern, und hat Persien dieser arbeitsfreudigen Leute beraubt ... Dann blieb der Frömmelei nichts anderes übrig, als die Industrie zu zerstören, mit dem Ergebnis, daß das Reich [Frankreich im Jahre 1713] von selbst zerfiel und die Religion, die es fördern wollte, mit sich riß.

Wenn eine unvoreingenommene Diskussion möglich wäre, so könnte man sich fragen, Mirza, ob es nicht gut für den Staat ist, wenn verschiedene Religionen vorhanden sind ... Die Geschichte ist voll von Religionskriegen; aber ... nicht die Vielfalt von Religionen war am Krieg schuld, sondern der unduldsame Geist, der jene beseelte, die sich für überlegen hielten.»[68]

Heute muten uns die Ideen der *Persischen Briefe* ziemlich abgedroschen an, aber als sie ausgesprochen wurden, ging es für den Autor um Leben und Tod oder wenigstens um Gefangenschaft oder Verbannung. Heute scheinen sie banal, weil der Kampf um Denkfreiheit inzwischen gewonnen wurde. Die *Lettres persanes* waren der Wegbereiter, der es Voltaire dreizehn Jahre später ermöglichte, seine *Lettres sur les Anglais* (Briefe über die Engländer) herauszugeben, in denen er französische Trümmer mit einer englischen Fackel in Brand steckte. Diese beiden Bücher kündigten die Aufklärung an. Montesquieu und seine Freiheit überlebten sein Buch, weil er ein Adliger und der Regent tolerant war. Trotzdem wagte er es nicht, sich als Verfasser zu bekennen, denn unter die allgemeine Zustimmung mischten sich einige abfällige Stimmen. D'Argenson, der später selbst die Regierung kritisierte, meinte: «Dies sind Betrachtungen, wie sie ein geistvoller Mensch leicht anstellt, die ein vorsichtiger Mensch aber niemals in Druck geben sollte.» Und der vorsichtige Marivaux fügte hinzu: «Bei einem solchen Thema sollte der Mensch sparsam mit seinem Geist umgehen.» Montesquieu sagte später: «Als ich bis zu einem gewissen Grad die Achtung der Öffentlichkeit errungen hatte, war die der offiziellen Kaste verloren, und ich wurde unzählige Male geschnitten.»[69]

Trotzdem kam er nach Paris, um seinen Ruhm in der Gesellschaft und den Salons zu genießen. Frau von Tencin, die Marquise von Lambert und die Marquise von Deffand empfingen ihn mit offenen Armen. Da er seine Frau in La Brède zurückgelassen hatte, dauerte es nicht lange, bis er sich in die Pariser Damen verliebte. Er hatte es auf Marie-Anne von Bourbon abgesehen, die Schwester des Herzogs von Bourbon, der 1723 erster Minister wurde. Angeblich für sie schrieb er ein kleines Gedicht in Prosa, *Le Temple de Gnide* (1725), voll ekstatischer Liebe. Um seinen Versen mehr Gewicht zu verleihen, gab er vor, daß es sich um eine Übersetzung aus dem Griechischen handle, woraufhin er die königliche Bewilligung zu ihrem Druck erhielt. Er nützte alle seine Beziehungen – vor allem aber seine Bekanntschaft mit Frau von Prie – aus, um in die Akademie aufgenommen zu werden. Der König wandte ein, daß er keinen Wohnsitz in Paris habe. Darauf eilte Montesquieu nach Bordeaux zurück, verzichtete auf die Präsidentschaft im Parlament (1726), fuhr wieder nach Paris und wurde 1728 unter die Vierzig Unsterblichen aufgenommen.

Im April begab er sich auf eine Reise, die drei Jahre dauerte und ihn nach Italien, Österreich, Ungarn, der Schweiz, dem Rheinland, Holland und England führte. Er blieb achtzehn Monate lang in England (November 1729 bis August 1731). Dort freundete er sich mit Chesterfield und anderen Berühmtheiten an, wurde in die *Royal Society* von London aufgenommen, in die Freimaurerei eingeweiht, von Georg II. und Königin Caroline empfangen, wohnte einer Parlamentssitzung bei und verliebte sich in die britische Verfassung – oder das, was er dafür hielt. Wie Voltaire kehrte er nach Frankreich mit einer ausgesprochenen Bewunderung für die Freiheit zurück, die jedoch gemäßigt war durch seine Kenntnis der Praxis der Regierungsgeschäfte. Er zog sich nach La Brède zurück, verwandelte seinen Park in einen englischen Garten und gab sich, abgesehen von gelegentlichen Reisen nach Paris, völlig der Beschäftigung mit den Studien und Schriften hin, die den Rest seines Lebens ausfüllten.

2. *Der Untergang Roms*

Im Jahre 1734 gab er ohne Namensnennung, aber zugegebenerweise, ein geschichtliches Werk heraus, *Considérations sur les causes de la grandeur des Romains et de leur décadence* (Betrachtungen über die Ursachen der Größe der Römer und ihres Niedergangs). Er hatte das Manuskript einem jesuitischen Gelehrten unterbreitet und sich bereiterklärt, Stellen zu streichen, die die Kirche erzürnen könnten. Das Werk konnte an den Erfolg der *Persischen Briefe* nicht herankommen; es enthielt nichts Anstößiges, es behandelte ein weit zurückliegendes und kompliziertes Thema und war verhältnismäßig konservativ in seinen politischen und religiösen Ansichten. Die Radikalen beanstandeten die Hervorhebung der moralischen Zerrüttung als Ursache des nationalen Niedergangs und waren noch nicht bereit, die bündige Weisheit solch eines Satzes anzuerkennen: «Wer die Macht nicht mehr fürchtet, kann immer noch die Autorität achten.»[70] Heute wird die kleine Abhandlung als ein erster Versuch zur Geschichtsphilosophie betrachtet, als Beispiel einer klassisch schönen französischen Prosa, die an Bossuet erinnert, seinen Ernst aber mit einem geistvollen Stil vermählt.

Das Thema lockte den Historiker und Philosophen, weil es sämtliche Probleme einer großen Kultur von Anfang bis zu Ende umfaßte und weitausholend, aber auch in bezeichnenden Einzelheiten, einen der Grundprozesse der Geschichte beleuchten konnte – die Auflösung, die scheinbar unvermeidlich auf die volle Entfaltung von Einzelwesen, Religionen und Staaten folgt. Ein gewisser Verdacht kam auf, daß in Frankreich nach dem Ausgang des *grand siècle* (des siebzehnten Jahrhunderts) eine Periode des Niedergangs begonnen hatte, sei es auf politischem Gebiet oder dem der Moral, Literatur und Kunst. Denn die profane Dreieinigkeit, Voltaire, Diderot und Rousseau, war noch nicht hervorgetreten, um der intellektuellen Vormachtstellung des siebzehnten Jahrhunderts den Vorrang streitig zu machen. Die wachsende Kühnheit des neuen Zeitalters zeigte sich darin, daß Montesquieu bei seiner Erläuterung des historischen Ablaufs nur irdische Ursachen in Betracht zog und die Vorsehung, von einer gelegentlichen Verbeugung abgesehen, völlig aus dem Spiel ließ, während sie in den *Discours sur l'histoire universelle* (Abhandlung über die Weltgeschichte) von Bossuet (1681) noch sämtliche Ereignisse nach einem göttlichen Plan gelenkt hatte. Wie Newton eine Gesetzmäßigkeit im Raum, so suchte Montesquieu eine Gesetzmäßigkeit in der Geschichte zu entdecken:

«Nicht das Schicksal regiert die Welt, wie es die Geschichte der Römer beweist ... Allgemeine Ursachen, moralische oder physische, üben ihre Wirkung auf jede Monarchie aus, erhöhen sie, halten sie aufrecht oder stürzen sie. Alles, was geschieht, ist diesen Ursachen unterworfen; und wenn eine besondere Ursache, wie das zufällige Resultat einer Schlacht, einen Staat ruiniert hat, so war eine allgemeine Ursache vorhanden, die den Sturz dieses Staates nach einer einzelnen Schlacht bedingte. Mit einem Wort, die Hauptbewegung (*l'allure principale*) zieht sämtliche besonderen Begebenheiten nach sich.»[71]

Infolgedessen schränkt Montesquieu die Rolle des Individuums in der Geschichte ein. Das Individuum, wie genial es auch sein mag, ist nur ein Instrument der «allgemeinen Bewegung»; seine Bedeutung beruht nicht so sehr auf seiner überragenden Fähigkeit als auf seiner Übereinstimmung mit dem, was Hegel den Zeitgeist nennen sollte. «Wenn Caesar und Pompeius wie Cato gedacht hätten [also danach gestrebt hätten, die Macht des römischen Senats zu erhalten], wären andere auf die gleichen Ideen gekommen [den Senat zu unterwerfen] wie Caesar und Pompeius, und die Republik, die dem Untergang geweiht war (aus inneren Ursachen), wäre mit Hilfe von anderen ruiniert worden.»[72]

Dieses Geschick brauchte jedoch weder auf eine mystische Führung noch auf das Wirken einer metaphysischen Kraft zurückgeführt zu werden; es war ein Zusammentreffen von Faktoren, die die «Hauptbewegung» hervorbrachten; und die Hauptaufgabe eines Geschichtsphilosophen besteht nach Montesquieus Ansicht darin, jeden dieser Faktoren ausfindig zu machen, zu analysieren und seine Wirkung und Beziehungen deutlich zu machen. So war der Fall von Rom (Montesquieus Meinung nach) in erster Linie auf den Übergang von der Republik – mit ihrer Aufteilung und ihrem Gleichgewicht der Gewalten – zum Kaiserreich zurückzuführen, das zwar geeigneter war, die abhängigen Gebiete zu regieren, aber alle Macht so ausschließlich auf eine Stadt und einen Menschen konzentrierte, daß es die Freiheit und Lebenskraft der Bürger und Provinzen vernichtete. Zu dieser Hauptursache kamen im Laufe der Zeit andere Faktoren hinzu: die Ausbreitung einer sklavischen Unterwürfigkeit unter den Massen; der Wunsch der Armen, vom Staat unterstützt zu werden; die Verweichlichung des Charakters durch Reichtum, Luxus und Ausschweifung; der Zustrom von Fremden, die von der römischen Tradition unberührt und bereit waren, ihre Stimme dem Höchstbietenden zu verkaufen; die Korruption der Zentral- und Provinzialverwaltung; die Entwertung des Geldes; die übertriebenen Steuern; die Vernachlässigung der Landwirtschaft; die Untergrabung der kriegerischen Tüchtigkeit durch neue Religionen und eine lange Friedenszeit; das Fehlen militärischer Disziplin; die Vorherrschaft der Armee über die Zivilregierung; die Vorliebe des Heeres für die Ein- und Absetzung von Kaisern in Rom, anstelle der Verteidigung der Grenzen gegen Barbareneinfälle ... Vielleicht als eine Reaktion auf die Betonung des Übernatürlichen bei Bossuet machte Montesquieu wenig Aufhebens von jenen Wandlungen in der Religion, die Gibbon später als eine Hauptursache für den Zusammenbruch des Kaiserreichs hervorhob.

Montesquieu kam immer wieder auf den seiner Meinung nach wesentlichen Faktor für den Niedergang Roms zurück – den Übergang von der Republik zur Monarchie. Dank ihren republikanischen Lebensregeln besiegten die Römer Hunderte von Völkern; aber als sie all dies vollbracht hatten, konnte die Republik nicht weiterbestehen; und die Lebensregeln der neuen Regierung verursachten – im Gegensatz zu denen der Republik – den Niedergang[73]. Wenn wir jedoch auf Kapitel VI des Werkes zurückkommen und die *maximes* oder Methoden untersuchen, mit denen die Römische Republik «all diese Völker» besiegte, stoßen wir auf eine merkwürdige Sammlung: Betrug, gebrochene Verträge, Gewalt, schwere Strafen, Säen von Zwietracht unter den Feinden, um sie leichter einzeln zu unterwerfen (*divide et impera*), zwangsmäßige Umsiedlung der Bevölkerung, Sturz widerstrebender Regierungen durch die Unterstützung innerer Aufstände und andere Prozeduren, wie sie den Staatsmännern geläufig sind. «Die Römer benutzten ihre Verbündeten, um einen Feind zu vernichten, und vernichteten bald darauf die Vernichter.»[74] Offenbar vergaß Montesquieu diese Beschreibung von republikanischen «Maximen», oder er verschluckte seinen Machiavelli auf einmal; jedenfalls verherrlichte er in Kapitel XVIII die Republik als ein Ideal von Größe und bedauerte das Kaiserreich als einen fröhlichen Rutsch in die Auflösung. Gleichzeitig gab er die politische Korruption in der Republik zu wie auch die politische Blüte des Kaiserreichs unter «dem weisen Nerva, dem ruhmreichen Traian, dem heldenmütigen Hadrian und den beiden tugendhaften Antoninern»[75]. Montesquieu war wegweisend für Gibbon und Renan, wenn er diese Periode als die edelste und glücklichste in der Geschichte der Regierung bezeichnete. Auch bei diesen Philosophen auf dem Thron entdeckte Montesquieu die Ethik der Stoiker, die er offensichtlich der christlichen vorzog. Seine Bewunderung für die Römer unter der Republik übertrug sich auf die französischen Verfechter der Revolution und trug zur Verwandlung der französischen Regierung, der Kriegsmethoden und der Kunst bei.

Das Buch hatte einige Mängel, die auf hastige Studien wegen Zeitmangels und der Übernahme einer größeren Aufgabe zurückzuführen waren. Manchmal nahm es Montesquieu nicht so genau mit den Texten der Klassiker. So hielt er die Kapitel des Livius über die Anfänge Roms, die bereits von Valla, Glareanus, Vico und Bouilly als Legende abgelehnt worden waren, für erwiesen. Er unterschätzte die ökonomischen Faktoren, die der Politik der Gracchen und Caesars zugrunde lagen. Aber gegenüber diesen Unzulänglichkeiten treten die Beredsamkeit, die kraftvolle Geballtheit des Stils, die Tiefe und Originalität des Gedankens, der kühne Versuch, Aufstieg und Fall einer ganzen Kultur auf einmal zu umfassen und die Geschichte von der Aufzeichnung von Einzelheiten in eine Analyse der Einrichtungen und der Logik der Ereignisse zu verwandeln, bestechend hervor. Es war eine Herausforderung an die Historiker, der sich Voltaire und Gibbon nicht entzogen. Es war das Bestreben nach einer Geschichtsphilosophie, dem Montesquieu selbst nach dreißigjähriger Arbeit mit seinem *Geist der Gesetze* zu genügen hoffte.

3. *Der Geist der Gesetze*

Vierzehn Jahre vergingen zwischen der Abfassung der *Betrachtungen* und jener des *Geistes der Gesetze* (*L'Esprit des Lois*). Montesquieu hatte sein Meisterwerk um 1729 im Alter von vierzig Jahren begonnen. Der Essay über Rom war ein Nebenprodukt und eine Unterbrechung. Im Jahre 1747, als er sechsundfünfzig Jahre alt war, wurde er der Arbeit müde und war versucht, sie im Stich zu lassen: «Mehrmals habe ich diese Arbeit begonnen, mehrmals habe ich sie beiseite gelegt. Tausendmal habe ich die Blätter, die ich geschrieben hatte, davonflattern lassen.»[76] Er rief die Musen an, ihn zu stärken: «Ich bin auf einer langen Fahrt begriffen und von Kummer und Müdigkeit niedergedrückt. Erfüllt meine Seele mit jenem verführerischen Reiz, der mich einst umfing und jetzt vor mir flieht. Nie seid ihr so göttlich, als wenn ihr uns *wie auf einer Vergnügungsreise* zu Weisheit und Wahrheit führt.»[77] Sie müssen ihn erhört haben, denn er setzte seine Arbeit fort. Als das Werk schließlich vollendet war, gab er seinem Zögern, aber auch seinem Stolz Ausdruck:

«Ich habe meinen Gegenstand ohne festen Plan verfolgt. Ich habe weder die Regel noch die Ausnahme gekannt; ich habe die Wahrheit gefunden, nur um sie wieder zu verlieren. Aber nachdem ich einmal meine Prinzipien entdeckte, kam alles, was ich suchte, auf mich zu; und im Laufe von zwanzig Jahren sah ich mein Werk sich entfalten, heranwachsen, der Vollendung entgegengehen und abgeschlossen ... Sollte diese Arbeit Erfolg haben, so verdanke ich es hauptsächlich der Größe und Majestät des Themas. Ich bin jedoch nicht der Ansicht, daß es mir gänzlich an Genie gefehlt hat ... Als ich sah, was so viele große Männer vor mir, sowohl in Frankreich als auch in Deutschland, [über dieses Thema] geschrieben haben, verlor ich mich in Bewunderung, aber ich verlor nie den Mut; ich habe mit Correggio gesagt: 'Und auch ich bin ein Maler.'»[78]

Er zeigte Helvétius, Henault und Fontenelle das Manuskript. Fontenelle fand, daß es der Abhandlung am *bon genre* (der guten Art) des französischen Stils mangelte[79]. Helvétius bat den Verfasser, seinen Ruf als Liberaler nicht durch die Herausgabe eines Buches zu gefährden, das manche konservativen Ansichten so nachsichtig behandelte[80]. Montesquieu hielt diese Warnungen für unerheblich und begann mit dem Druck. Da er die französische Zensur fürchtete, schickte er das Manuskript nach Genf. Dort wurde es ohne den Namen des Verfassers im Jahre 1748 in zwei Bänden veröffentlicht. Als die französische Geistlichkeit den darin enthaltenen Ketzereien auf die Spur gekommen war, verurteilte sie das Werk, und ein Regierungsbefehl untersagte seine Auslieferung in Frankreich. Im Jahre 1750 wurde Malesherbes, der zukünftige Retter der *Encyclopédie,* Zensor, hob das Verbot auf, und das Buch trat seinen Siegeslauf an. In zwei Jahren wurden zweiundzwanzig Auflagen gedruckt, und bald war das Werk in alle Sprachen des christlichen Europas übersetzt.

Zu Montesquieus Zeit dienten die Titel, oft etwas mühselig, der Erklärung. So nannte er sein Buch: *Über den Geist der Gesetze oder Über die Beziehungen, die zwischen den Gesetzen und der Verfassung jeder Regierung, den Gewohnheiten, dem Klima, der Religion, dem Handel usw. bestehen müssen.* Es war ein Essay über die Beziehungen zwischen physikalischen Kräften und sozialen Formen und über die Wechselbeziehungen zwischen den einzelnen Bestandteilen der Kultur. Es war ein Versuch, die Grundlagen für etwas, was wir heute «wissenschaftliche» Soziologie nennen, zu legen: nämlich die Möglichkeit zu schaffen, nach Art der naturwissenschaftlichen Forschung zu kontrollierbaren Schlußfolgerungen zu kommen, die sowohl die gegenwärtige Gesellschaftsordnung zu beleuchten als auch die zukünftige bedingt vorauszusagen vermöchten. Es war, wie sich versteht, ein Unternehmen, zu groß, als daß ein einzelner Mann es in der kurzen Spanne seines Lebens und bei dem damaligen Stand der Ethnologie, Jurisprudenz und Geschichtsschreibung vollbringen konnte.

Im besonderen bestand Montesquieus These darin, daß der «Geist der Gesetze» – also ihr Ursprung, ihre Eigenart und ihre Bestrebung – in erster Linie von Klima und Boden der Umgebung abhängt und dann erst von der Physiologie, der Wirtschaft, der Regierung, der Religion, der Moral und den Gewohnheiten des Volkes. Er begann mit einer weitausholenden Definition: «Gesetze sind in ihrer allgemeinsten Bedeutung die notwendigen Beziehungen, die aus der Natur der Dinge entstehen.» Offenbar wollte er die «natürlichen Gesetze» der physikalischen Welt und die angenommenen Rechtmäßigkeiten in der Geschichte auf einen gemeinsamen Nenner bringen. Im Geiste von Grotius, Pufendorf und anderen Vorläufern unterschied er verschiedene Arten von Gesetzen: 1. das Naturgesetz in seiner Definition als «menschliche Vernunft, insofern sie sämtliche Völker der Erde regiert»[81] – das heißt die «natürlichen Rechte» aller Menschen als vernunftbegabter Wesen; 2. das Gesetz der Völker in ihren Beziehungen zueinander; 3. das politische Gesetz, das die Beziehungen des Einzelnen zum Staat regelt; 4. das Zivilgesetz, das heißt die Beziehungen der Einzelnen untereinander.

In den frühen Stadien der menschlichen Gesellschaft, meinte Montesquieu, war der physikalische Charakter der Umgebung ausschlaggebend für die Gesetze. Handelte es sich um Dschungel, Wüste oder Ackerland? Binnenland oder Küste? Berge oder Tiefland? Wie war der Boden beschaffen, welcher Art die Nahrung, die er hervorbrachte? Mit einem Wort, das Klima ist der erste und vorerst mächtigste Faktor für die Bestimmung der Wirtschaft eines Volkes, seiner Gesetze und seines «Volkscharakters». (Im sechzehnten Jahrhundert hatte Montesquieu einen Vorläufer in Bodin, im neunzehnten einen Nachfolger in Buckle, die beide seine Meinung über den Ursprungsfaktor teilten.) Man betrachte zum Beispiel die klimatischen und infolgedessen menschlichen Unterschiede zwischen Norden und Süden:

«Menschen in einem kalten Klima sind kräftiger ... Diese Überlegenheit an Stärke muß verschiedene Wirkungen hervorbringen: zum Beispiel größere Kühnheit, das heißt mehr Mut; ein größeres Gefühl der Überlegenheit, das heißt weniger Rachsucht; ein größeres Gefühl der Sicherheit, das heißt mehr Offenheit, weniger Verdächtigungen, weniger Politik und List ... Ich bin in England und Italien in die Oper gegangen, wo ich dieselbe Aufführung mit denselben Künstlern sah; und trotzdem hatte die gleiche Musik eine völlig verschiedene Wirkung auf die beiden Völker; das eine ist so kalt und phlegmatisch, das andere so lebhaft und begeisterungsfähig ... Wenn wir nach Norden reisen, treffen wir Menschen, die wenige Laster und viel Tugend haben ... Wenn wir nach Süden vordringen, kommt es uns vor, als ob wir mit Moral überhaupt nichts mehr zu tun hätten; die stärksten Leidenschaften bewirken hier alle Arten von Verbrechen, und jeder ist bestrebt, ganz gleich mit welchen Mitteln, sich seinen regellosen Wünschen hinzugeben ...

In warmen Ländern geht ein großer Teil der wässerigen Substanz im Blut durch Schweißausbruch verloren; sie muß daher durch eine andere, ähnliche Flüssigkeit ersetzt werden. Wasser ist hierzu ausgezeichnet geeignet; stark alkoholische Getränke würden die Blutkörperchen gerinnen machen, die nach dem Ausschwitzen des wässerigen Saftes zurückbleiben. In kalten Ländern wird der wässerige Teil des Blutes nur wenig durch Schwitzen verdampft; deswegen muß man dort alkoholische Getränke zu sich nehmen, ohne die das Blut gefrieren würde ... Das Gesetz Mohammeds, das das Weintrinken verbietet, ist daher dem Klima Arabiens angepaßt ... Das Gesetz, das den Karthagern das Weintrinken verbot, war ein Gesetz des Klimas. Solch ein Gesetz wäre ungeeignet für kalte Länder, wo das Klima die Leute zu einer Art nationaler Unenthaltsamkeit zu zwingen scheint ... Trunkenheit überwiegt ... im Verhältnis zur Kälte und Feuchtigkeit des Klimas.»[82]

Oder man betrachte die Beziehungen zwischen Klima und Heirat:

«In heißen Ländern sind die Frauen mit acht, neun oder zehn Jahren heiratsfähig ... Mit zwanzig sind sie alt; daher begleitet der Verstand niemals ihre Schönheit. Wenn Schönheit nach einer herrschenden Position verlangt, unterbindet der Mangel an Verstand diesen Anspruch. Wenn der Verstand da ist, ist die Schönheit dahin. Diese Frauen müssen sich dann mit einem Zustand der Abhängigkeit zufriedengeben, denn der Verstand kann sich im Alter nicht die herrschende Position verschaffen, die sogar Jugend und Schönheit nicht geben konnten. Es ist daher äußerst natürlich, daß der Mann in solchen Gegenden, wenn ihn kein Gesetz daran hindert, eine Frau verläßt und eine andere nimmt und daß Polygamie dort eingeführt ist.

Bei gemäßigtem Klima, wo sich der Reiz der Frauen am besten bewahrt, wo sie später zur Reife kommen und in einem vorgerückten Lebensabschnitt Kinder haben, folgt das Alter der Ehemänner in gewissem Maße auf das ihre. Und da sie mehr Verstand und Kenntnis zur Zeit der Heirat haben [als ihre halbtropischen Analogien], muß dies eine Art Gleichheit zwischen den Geschlechtern herbeiführen und als Folge davon das Gesetz, das nur eine Frau erlaubt ... Das ist der Grund, weswegen der Islam (mit Polygamie) sich so leicht in Asien festsetzte und sich mit solcher Schwierigkeit in Europa ausbreitete; weswegen das Christentum in Europa aufrechterhalten wird und in Asien vernichtet worden ist; und weswegen schließlich die Mohammedaner so große Fortschritte in China gemacht haben und die Christen so geringe.»[83]

An dieser Stelle wird sich Montesquieu klar darüber, daß er Bossuets Vorsehung durch das Klima ersetzt hat, und er beeilt sich, zur Wahrung seines Gesichts, eine Warnung hinzuzufügen: «Menschliche Gründe unterliegen jedoch jener Höchsten Ursache, die tut, was Ihr gefällt, und alles Ihrem Willen unterwirft.» Manchen Jesuiten wollte aber scheinen, Montesquieu mache sich in Wirklichkeit über die Vorsehung lustig.

Bald ging er wieder an seine kühnen Verallgemeinerungen. Im «Osten» (das heißt in der Türkei, in Persien, Indien, China, Japan) erfordert das Klima die Absonderung der Frauen, denn «die heißen Lüfte entflammen die Leidenschaften», und nicht nur die Monogamie, sondern auch die Polygamie würde gefährdet werden, wenn sich die Geschlechter so frei mischen könnten wie «in unseren nördlichen Ländern, wo das Betragen der Frauen von Natur aus gut ist, wo alle Leidenschaften gemäßigt sind, wo die Liebe eine so geregelte und sanfte Herrschaft über die Herzen ausübt, daß das geringste Maß an Vorsicht genügt, um sie zu leiten»[84]. «Es ist ein Glück, in einem Klima zu leben, das solche Freiheit im Umgang erlaubt, wo das Geschlecht mit den meisten Reizen die Gesellschaft zu verschönern scheint und wo Ehefrauen, die sich für das Vergnügen eines einzigen aufbewahren, doch zur Unterhaltung aller beitragen.»[85]

Gewohnheiten sind in größerem Maße das direkte Resultat des Klimas als die Gesetze, denn Gesetze müssen manchmal versuchen, die Wirkungen des Klimas aufzuheben. Mit zunehmender Zivilisation werden und müssen die klimatischen Faktoren mehr und mehr durch ethische oder juristische Einschränkungen gelenkt werden – wie dies bei der Absonderung der Frauen im Orient der Fall ist. Und die weisesten

Gesetzgeber streben danach, «physikalische Ursachen» auszugleichen. Gewohnheiten sind eine Funktion von Ort und Zeit; keine ist an und für sich richtig oder falsch oder die beste. Im großen und ganzen ist die Gewohnheit das beste Gesetz, denn sie ist eine natürliche Anpassung des Charakters an eine gegebene Lage. Wir müssen langsam vorgehen, wenn wir eine Gewohnheit zu ändern versuchen. Gewöhnlich läßt sich eine Gewohnheit nicht durch ein Gesetz verändern[86].

Da die Umgebung die Gewohnheit bestimmt, die wiederum den Volkscharakter bestimmt, ändert sich die Regierungsform im Zusammenhang mit diesen drei Faktoren. Gewöhnlich hängt sie von der Ausdehnung des beherrschten Gebietes ab: Die republikanische Form eignet sich für ein kleines Gebiet, dessen führende Bürger sich an einem Ort zur Beratung oder zum Handeln versammeln können; dehnt sich das Gebiet aus, so werden mehr Gesetze und Kriege erforderlich, und das Land wird sich einer monarchischen Herrschaft unterwerfen; die Monarchie geht in Despotismus über, wenn sie zu große Gebiete regiert; denn nur eine despotische Macht kann die örtlichen Herrscher entfernter Provinzen auf die Dauer unterjochen[87]. Eine Monarchie muß sich auf ein Ehrensystem stützen; das heißt, ihre Bevölkerung muß in verschiedene Rangstufen eingeordnet werden, und ihre Bürger müssen sich um Auszeichnungen und Vorzugsstellungen bewerben. Die Republik muß auf einer weiten Verbreitung von «Tugend» beruhen, die Montesquieu auf seine eigene Art als «Vaterlandsliebe» – das heißt als «Liebe zur Gleichheit» – definiert[88].

Eine Republik kann entweder eine Aristokratie oder eine Demokratie sein, je nachdem, ob sie von einem Teil der Bürgerschaft oder von allen regiert wird. Venedig erregt Montesquieus Bewunderung als eine aristokratische Republik, die Stadtstaaten des Altertums als vorbildliche Demokratien. Die Tatsache, daß in diesen die vollberechtigten Bürger in der Minderheit waren, ist ihm zwar bekannt, aber er geht darüber hinweg. Die Regierungsform, die William Penn in Amerika begründet hatte, scheint ihm ausgezeichnet, noch begeisterter ist er jedoch von dem theokratischen Kommunismus, den die Jesuiten in Paraguay errichtet hatten[89]. Eine echte Demokratie, die ihren Namen verdient, muß jedoch in gleichem Maße für ökonomische wie für politische Gleichheit sorgen; sie sollte eine Regelung hinsichtlich von Erbschaften und Mitgiften treffen und eine gestaffelte Vermögenssteuer einführen[90]. Am besten funktionieren die Republiken, wo das Volk eingesehen hat, daß es selbst zu weisen politischen Beschlüssen unfähig ist, und die politischen Entscheidungen den von ihm gewählten Abgeordneten überläßt.

«Eine Demokratie sollte nach Gleichheit streben; ein Geist übertriebener Gleichheit kann sie aber ruinieren, wenn zum Beispiel jeder Bürger sich einbildet, auf der gleichen Stufe mit denen zu stehen, die er dazu gewählt hat, ihm zu befehlen ... Wo das der Fall ist, kann von Tugend in der Republik nicht mehr die Rede sein. Das Volk ist darauf aus, die Amtspflichten der Behörden auszuüben, denen nicht länger mit Achtung begegnet wird. Die Beratungen des Senats werden mißachtet, jeder Respekt für die Senatoren und damit auch vor dem Alter überhaupt geht verloren. Wenn das Alter nicht mehr geehrt wird, werden auch die Eltern bald gleichfalls ohne Ehrfurcht behandelt werden; dann wird auch die Unterwürfigkeit gegenüber den Ehemännern und der Gehorsam gegenüber den Meistern abgeschüttelt werden. Schließlich wird es zu allgemeiner Zügellosigkeit kommen ... Dem Volk widerfährt dieses Mißgeschick, wenn die, denen es vertraute, es in der Absicht, ihre eigene Korruption zu vertuschen, ebenfalls verderben wollen ... Das Volk wird die öffentlichen Gelder unter sich aufteilen, und da es nun nicht nur mit seiner Trägheit, sondern auch noch mit der Verwaltung der öffentlichen Angelegenheiten behaftet ist, wird es sich nach einer Verquickung seiner Armut mit großartigen Vergnügungen umsehen.»[91]

Und so, sagt der Baron – ein Echo Platons über zweitausend Jahre hinweg –, wird die Demokratie in das Chaos gestürzt, verfällt der Diktatur und verschwindet.

Viele Stellen bei Montesquieu sprechen zugunsten einer aristokratischen Republik; aber er fürchtete so sehr die Möglichkeit des Despotismus, die die Demokratie in sich birgt, daß er bereit war, sich mit einer Monarchie abzufinden, falls ihre Herrschaft auf dem Gesetz beruhte. Das kürzeste Kapitel seines Buches handelt vom Despotismus und besteht aus drei Zeilen: «Wenn die Wilden in Louisiana Lust auf Obst haben, fällen sie den ganzen Baum bis zur Wurzel und sammeln die Früchte. Das ist ein Symbol für die despotische Regierung.»[92] Womit gemeint war, daß der Despot die fähigsten Familien vernichtet, um seine Macht zu sichern. Die Beispiele, die Montesquieu anführte, bezogen sich zur Sicherheit immer auf den Orient, aber er schien eine Neigung der Bourbonen zum Despotismus zu befürchten, besonders nachdem Kardinal Richelieu und Ludwig XIV. die politische Macht der Aristokratie vernichtet hatten. Er sprach von dem Kardinal als einem Menschen, der «von der Sucht nach despotischer Macht behext» war[93]. Als Mitglied des französischen Adels empfand er mit besonderer Bitterkeit die Erniedrigung der Aristokratie, deren Angehörige nichts weiter als die Rolle von Höflingen beim König zu spielen hatten. Er war überzeugt, daß eine gesunde Monarchie «vermittelnde, untergeordnete und abhängige Gewalten» benötigt. Damit meinte er den Landadel und den erblichen Amtsadel – denen beiden er angehörte. Er verteidigte daher ausführlich (auf 173 Seiten) den Feudalismus, womit er die Einheit und Ausgewogenheit seines Buches opferte. Als einziger Philosoph Frankreichs im achtzehnten Jahrhundert sprach er mit Hochachtung vom Mittelalter, und in seinem Mund war das Wort «Gotik» eine Anerkennung. Bei dem ständigen Konflikt zwischen dem Monarchen und den *parlements* unter Ludwig XV. fand die bedrängte Magistratur in *L'Esprit des Lois* ein ganzes Arsenal zu ihrer Verteidigung.

Montesquieus Abneigung gegen die absolute Monarchie als ein Vorspiel zum Despotismus hatte zur Folge, daß er eine «gemischte Regierung», bestehend aus Monarchie, Aristokratie und Demokratie, das heißt aus König, Adligen und Parlament oder Generalstaaten, begünstigte. Daher stammt sein berühmtester und einflußreichster Vorschlag – die Trennung von gesetzgebender, ausübender und rechtsprechender Gewalt in der Regierung[94]. Die gesetzgebende Gewalt sollte die Gesetze erlassen, aber sie nicht zur Anwendung bringen; die ausübende Gewalt sollte sie zur Anwendung bringen, aber nicht erlassen; und die rechtsprechende Gewalt sollte sich darauf beschränken, sie auszulegen. Die ausübende Gewalt sollte die Richter weder ernennen noch überwachen. Die ideale gesetzgebende Gewalt würde aus zwei unabhängigen Kammern bestehen, von denen eine die höheren Schichten, die andere die Bürgerlichen vertreten sollte. Hier spricht wieder der Baron:

«In solch einem Staate gibt es immer Personen, die sich durch Geburt, Reichtum oder Ehren von den übrigen unterscheiden. Sollten sie mit dem einfachen Volk verwechselt werden und sollte ihre Stimme das Gewicht einer einfachen Wahlstimme haben wie alle übrigen, dann würde die allgemeine Freiheit ihre Versklavung bedeuten, und sie würden keinerlei Interesse haben, sie zu unterstützen, da die meisten Volksbeschlüsse sich gegen sie kehren würden. Daher sollte der Anteil, den sie haben, ihren übrigen Vorteilen im Staate entsprechen, was nur geschehen kann, wenn sie eine Körperschaft bilden, die das Recht hat, die Zügellosigkeit des Volkes zu beschränken, ebenso wie das Volk das Recht hat, sich jedem Übergriff auf seine Freiheit zu widersetzen. Die gesetzgebende Gewalt ist daher der Körperschaft der Adligen und den Vertretern des Volkes verpflichtet, die beide ihre Versammlungen und Beratungen getrennt abhalten, entsprechend ihren verschiedenartigen Interessen und Ansichten.»[95]

Jede der drei Regierungsgewalten und jede der beiden gesetzgebenden Kammern sollte zur gegenseitigen Überwachung und zur Aufrechterhaltung des Gleichgewichts dienen. Durch diesen komplizierten Prozeß werden die bürgerlichen Freiheiten mit einer weisen, gerechten und starken Regierung in Einklang gebracht.

Diese Ideen von einer gemischten Regierung gingen auf Aristoteles zurück, während der Plan für die Trennung der Gewalten von Montesquieu bei seinem Studium von Harrington, Algernon Sidney und Locke und auf Grund seiner Erfahrungen in England entwickelt wurde. Er glaubte, dort – wenn auch unvollkommen – das Ideal einer Monarchie gefunden zu haben, die von der Demokratie im Unterhaus überwacht wurde, das seinerseits von der Aristokratie im Oberhaus überwacht war; und er nahm an, daß die Gerichtshöfe Englands eine unabhängige Überwachung von Parlament und König darstellten. Er idealisierte, was er unter der Führung Chesterfields und anderer Adliger in England gesehen hatte, aber benutzte, wie Voltaire, diese Idealisierung zum Ansporn Frankreichs. Er muß gewußt haben, daß die englischen Gerichtshöfe nicht gänzlich unabhängig vom Parlament waren, aber er fand, daß es Frankreich zuträglich sein könnte, wenn es sich die Rechte eines Angeklagten in England betrachtete: nämlich das Recht auf umgehende Untersuchung oder Entlassung gegen Kaution, auf ein Geschworenengericht aus Mitgliedern seines eigenen Standes, auf Einsprucherhebung gegen die Ankläger und auf Sicherung gegen die Folter. Andererseits war er überzeugt, daß der «Adel auch nicht vor einem gewöhnlichen Gerichtshof erscheinen müsse, sondern nur vor dem Teil der Justiz, der aus seinen eigenen Reihen zusammengesetzt ist»; denn auch der Adel sollte das Recht haben, nur «von seinesgleichen gerichtet zu werden»[96].

Mit zunehmendem Alter wurde Montesquieu wie die meisten Menschen mehr und mehr konservativ. Die konservative Haltung ist Funktion und Notwendigkeit des Alters, ebenso wie Radikalismus eine nützliche Funktion der Jugend und Mäßigung eine Gabe und eine Leistung der reifen Jahre ist. Deswegen stellt der Geist einer Nation eine Mischung verschiedener Komponenten dar, mit einer Teilung und einer gegenseitigen Überwachung der Gewalten. Bei all seinen Lobreden auf die Freiheit als wahres Ziel der Regierung definierte Montesquieu die Freiheit als «ein Recht auf alles, was die Gesetze erlauben». Wenn ein Bürger tun könnte, was sie verbieten, wäre er nicht länger im Besitz von Freiheit, weil alle seine Mitbürger die gleichen Handlungen begehen könnten[97]. Und er stimmte seinem Gascogner Landsmann Montaigne in der Ablehnung von Revolutionen bei:

«Wenn die Form der Regierung seit langem besteht und der Gang der Geschäfte eine gewisse Stabilität erreicht hat, ist es fast immer vorsichtig, die Dinge dabei zu belassen, denn die – oft komplizierten oder unbekannten – Ursachen, die diesen Zustand herbeigeführt haben, werden sein Bestehen auch weiterhin verbürgen.»[98]

Er verwarf die Idee von der Gleichheit an Besitz oder Macht, aber in bezug auf die Konzentration des Grundbesitzes teilte er die Meinung der Gracchen:

«Bei einer Bodenfläche, die ausreicht, um die Nation zu ernähren ..., hat das gemeine Volk kaum genug, um seine Familie zu ernähren ... Die Geistlichkeit, der Fürst, die Städte, große Herren und einige hochgestellte Bürger erwerben auf unverständige Weise den ganzen Boden, der brach liegen bleibt. Die ruinierten Familien haben ihre Felder verlassen, und der Werktätige lebt im Elend. Unter solchen Umständen sollten sie [die herrschenden Stände] ... Land an alle Notleidenden verteilen und ihnen das Material für Rodung und Anbau zur Verfügung stellen. Diese Verteilung sollte fortgesetzt werden, solange es noch einen Bedürftigen gibt.»[99]

Er verurteilte die Verpachtung der Steuereinnahme an Privatpersonen. Er prangerte voller Entrüstung und bitterer Ironie die Sklaverei an[100]. Er gab zu, daß Krieg manchmal unvermeidlich war, und dehnte den Begriff der Verteidigung auf vorbeugende Kriegsmaßnahmen aus:

«Manchmal ist ein Staat im Interesse seiner Verteidigung genötigt, selbst anzugreifen, so zum Beispiel, wenn man einsieht, daß die Aufrechterhaltung des Friedens es dem Gegner ermöglicht, den eigenen Staat zu vernichten, und daß der sofortige Angriff auf diesen Gegner die einzige Rettung vor der eigenen Vernichtung bedeutet.»[101]

Er trat jedoch gegen das Wettrüsten auf:

«Eine neue Seuche hat Europa ergriffen, die unsere Fürsten befällt und sie dazu verleitet, eine übertriebene Anzahl von Truppen aufrechtzuerhalten. Sie verstärkt sich zusehends und wirkt natürlich ansteckend. Denn sobald ein Fürst seine Streitkräfte vermehrt, machen es ihm alle anderen nach, so daß dabei nichts herauskommt als allgemeiner Ruin.»[102]

Obwohl er den Patriotismus so hoch schätzte, daß er für ihn gleichbedeutend mit Tugend war, träumte er in seltenen Augenblicken von einer Ethik höherer Ordnung:

«Wenn ich von etwas wüßte, was nützlich für mich, aber schädlich für meine Familie ist, würde ich es mir aus dem Sinn schlagen. Wüßte ich von etwas, was nützlich für meine Familie, aber nicht für mein Vaterland ist, würde ich versuchen, nicht mehr daran zu denken. Wüßte ich von etwas, was nützlich für mein Land, aber schädlich für Europa und die Menschheit ist, würde ich es als ein Verbrechen betrachten.»[103]

Im Grunde entsprachen seine Ethik und sein geheimer Glaube dem der alten Stoiker:

«Keine anderen Prinzipien waren je der menschlichen Natur würdiger, keine je geeigneter, einen guten Menschen zu formen ... Wenn ich einen Augenblick vergessen könnte, daß ich ein Christ bin, so würde ich ... die Vernichtung der Sekte Zenons zu den Mißgeschicken zählen, die die Menschheit befallen haben ... Nur diese Sekte schuf Bürger, nur sie allein schuf große Männer, nur sie große Kaiser. Wenn wir einen Augenblick die Offenbarung beiseite lassen und die ganze Natur durchforschen, so werden wir nichts Edleres finden als die Antoniner; nicht einmal Julian kommt an sie heran (dieses Lob, das ich mir abgerungen habe, kann mich aber nicht zum Mitschuldigen seiner Apostasie machen). Nein, seit seiner Herrschaft gab es keinen Fürsten, der würdiger gewesen wäre, die Menschheit zu regieren.»[104]

Offensichtlich war Montesquieu im *Geist der Gesetze* darauf bedacht, seinen Frieden mit dem Christentum zu machen. Er erkannte Gott an – «denn was könnte von größerer Widersinnigkeit sein als ein blindes Geschick, das denkende Wesen erzeugt hat?»[105] Den Ausdruck dieser Höchsten Vernunft sah er jedoch in den Naturgesetzen, und in diese mischt sie sich nie ein. «Für Montesquieu», sagte Faguet, «ist Gott der Geist der Gesetze.»[106] Er erkannte den Glauben ans Übernatürliche als die notwendige Unterstützung eines Sittengesetzes an, das der menschlichen Natur nicht entspricht. «Es ist angebracht, daß einige heilige Schriften als Regel dienen, wie beispielsweise der Koran bei den Arabern, die Bücher Zarathustras bei den Persern, die Weda bei den Indern und die Klassiker bei den Chinesen. Das religiöse Gesetz vervollständigt das zivile und begrenzt das Ausmaß eigenmächtiger Schwankungen.»[107] Staat und Kirche sollten im Sinne einer gegenseitigen Prüfung und eines Ausgleichs handeln, aber immer getrennt bleiben; «diese große Unterscheidung (ist) die Grundlage für die Ruhe der Völker»[108]. Montesquieu verteidigte die Religion Bayle[109] gegenüber, unterwarf sie aber wie alles übrige dem Einfluß von Klima und Volkscharakter:

> «Eine gemäßigte Regierung ist der christlichen Religion am angemessensten, wie eine despotische Regierung der mohammedanischen ... Wenn eine Religion, die dem Klima eines Landes angepaßt ist, zu sehr mit dem Klima eines anderen in Widerspruch steht, so kann sie sich dort nicht durchsetzen und wird, im Falle ihrer Einführung, wieder abgeschüttelt werden ...[110] Die katholische Religion entspricht am besten der Monarchie, die protestantische einer Republik. Als die christliche Religion ... bedauerlicherweise in Katholizismus und Protestantismus aufgeteilt wurde, schlossen sich die Völker im Norden dem Protestantismus an, die im Süden blieben dem Katholizismus treu. Die Ursache ist offensichtlich: So wie heute wird auf alle Zeiten im Norden ein Geist der Freiheit und Unabhängigkeit wehen, den die Leute im Süden nicht kennen; und deswegen ist eine Religion ohne sichtbares Haupt (im Norden) angemessener.»[111]

Während er die Vorteile der Religion im großen und ganzen zugab, beanstandete er sie im einzelnen. Er verurteilte den Reichtum der Geistlichkeit in Frankreich[112] und schrieb «eine höchst demütige Einwendung an die Inquisitoren von Spanien und Portugal», worin er gegen die Ketzerverbrennungen protestierte. Er warnte sie: «Wenn jemand in späteren Zeiten die Behauptung wagen sollte, daß die Völker Europas in dem Zeitalter, in dem wir leben, zivilisiert waren, so wird man Sie anführen, um zu beweisen, daß sie Barbaren waren.»[113] Als patriotischer Gallier machte er sich über die Unfehlbarkeit des Papstes lustig und bestand darauf, daß die Kirche der weltlichen Macht unterworfen werden sollte. In bezug auf religiöse Toleranz vertrat er eine gemäßigte Ansicht: «Wenn es dem Staate freigestellt wird, eine neue Religion zuzulassen oder abzulehnen, so sollte sie abgelehnt werden; wenn sie aber einmal zugelassen ist, sollte sie toleriert werden.»[114] Bei all seinem Gehorsam gegenüber dem Zensor blieb er ein Rationalist. «Die Vernunft ist der vollkommenste, der edelste, der erlesenste aller Sinne (*la raison est le plus parfait, le plus noble et le plus exquis de tous les sens*).»[115] Konnte man sich ein besseres Motto für das Zeitalter der Aufklärung vorstellen?

4. *Nachwirkungen*

Der *Geist der Gesetze* wurde schon nach kurzer Zeit als bedeutendes Ereignis in der französischen Literatur anerkannt, stieß aber auf der Rechten wie auf der Linken auf Kritik. Jansenisten und Jesuiten, die sich gewöhnlich feindlich gegenüberstanden, taten sich zusammen, um das Buch als einen versteckten Angriff auf das Christentum zu verurteilen. Das jansenistische Blatt *Kirchliche Nachrichten* schrieb: «Wenn der Verfasser uns auch in Klammern versichert, daß er ein Christ ist, so besagt das nicht viel über seinen Katholizismus; der Verfasser würde sich über unsere Einfalt lustig machen, wenn wir ihn für das halten würden, was er nicht ist.» Und der Kritiker endete mit einem Aufruf an die weltlichen Behörden, gegen das Buch vorzugehen[116]. Die Jesuiten warfen Montesquieu vor, die Philosophie von Spinoza und Hobbes fortgeführt zu haben; indem er in der Geschichte die gleiche Gesetzmäßigkeit annehme wie in der Naturgeschichte, lasse er keinen Raum für Willensfreiheit. Pater Berthier argumentierte in der Jesuitenzeitung *Journal de Trévoux*, daß Wahrheit und Gerechtigkeit absolut und nicht von Raum oder Zeit abhängig seien und daß die Gesetze von gottgegebenen allgemeinen Prinzipien abgeleitet werden sollten und nicht von der Verschiedenheit des Klimas, des Bodens, der Gewohnheit oder des Volkscharakters[117]. Montesquieu hielt es für angebracht, eine *Défense de l'Esprit des Lois* (Verteidigung zum Geist der Gesetze) herauszugeben (1750), worin er Atheismus und Determinismus ableugnete und sein Christentum bestätigte. Die Geistlichkeit ließ sich davon nicht überzeugen.

Die immer einflußreicheren *philosophes* waren auch nicht befriedigt. Sie betrachteten den *Geist der Gesetze* beinahe als ein Handbuch für Reaktionäre; sie grollten über die gelegentliche Frömmigkeit, über die Mäßigung der vorgeschlagenen Reformen und die lauwarme Auffassung von religiöser Duldsamkeit[118]. Helvétius tadelte Montesquieu in einem Brief, weil er die Gefahren und Schwierigkeiten sozialer Veränderungen zu sehr unterstrichen habe[119]. Voltaire, der seine eigene Geschichtsphilosophie im *Essai sur les mœurs* vorbereitete, war nicht begeistert über Montesquieus Leistung. Er hatte nicht vergessen, daß Monsieur le Président sich seiner Aufnahme in die Akademie mit den Worten widersetzt hatte: «Es würde der Akademie zur Schande gereichen, wenn Voltaire ihr Mitglied wäre, und es wird ihm eines Tages zur Schande gereichen, daß er es nicht war.»[120] Bei Berücksichtigung dieser Sachlage war Voltaires Kritik gemäßigt, ja er sparte sogar nicht mit Anerkennung. Er war der Ansicht, daß Montesquieu den Einfluß des Klimas übertrieben hatte; er bemerkte, daß das Christentum im heißen Judäa entstanden war und noch immer im kalten Norwegen blühte; und er war der Meinung, daß England viel eher wegen der Schönheit Anna Boleyns protestantisch geworden war als wegen der Kälte Heinrichs VIII.[121] Wenn sich der Geist der Freiheit, wie Montesquieu angedeutet hatte, hauptsächlich in bergigen Gegenden erhob, wie sollte man dann die Hartnäckigkeit der holländischen Republikaner oder das *liberum veto* des polnischen Adels erklären? In seinem *Philosophischen Wörterbuch* (1764) füllte Voltaire ganze Seiten mit Beispielen, die beweisen sollten, daß das «Klima einen gewissen Einfluß» hat, «die Regierung hundertmal mehr, Religion und Regierung zusammen noch mehr»[122].

«Wir könnten denen, die darauf bestehen, daß Klima alles ist (was Montesquieu nicht behauptet hatte), die Frage stellen, warum Kaiser Julian in seinem *Misopogon* sagt, daß ihm an den Parisern der Ernst ihres Charakters und die Strenge ihrer Sitten gefallen habe; und warum dieselben Pariser, ohne den geringsten Klimawechsel, heute so verspielt wie Kinder sind, die die Regierung abwechselnd straft und anlächelt und die ihrerseits gleich danach ebenso lächeln und Spottlieder auf ihre Obrigkeit singen.»[123]

Voltaire fand es

«betrüblich, daß in so vielen Zitaten und Maximen gerade das Gegenteil von dem behauptet wird, was tatsächlich zutrifft ... 'Menschen in einem warmen Klima sind ängstlich wie alte Männer; in kalten Ländern sind sie mutig wie die Jugend'? Wir sollten uns sehr vor Verallgemeinerungen hüten. Bis jetzt ist es noch niemandem gelungen, aus einem Lappländer oder einem Eskimo einen Krieger zu machen, während die Araber im Laufe von achtzig Jahren ein größeres Gebiet eroberten als das ganze Römische Reich.»[124]

Und dann folgt die Anerkennung:

«Nachdem wir uns davon überzeugt haben, daß der *Geist der Gesetze* zahlreiche Fehler aufweist ..., daß es dem Werk an Methode fehlt und es weder einen Plan noch einen geordneten Aufbau besitzt, ist es an der Zeit, sich die Frage zu stellen, worin sein Verdienst besteht und womit es sich seine Berühmtheit erworben hat. An erster Stelle ist es geistvoll geschrieben, während die Verfasser aller anderen Bücher über dieses Thema langweilig sind. Deswegen bemerkte eine Dame (Frau du Deffand), die genau so geistreich war wie Montesquieu, daß sein Buch *l'esprit sur les lois* (Geistvolles über Gesetze) sei; besser kann man es nicht definieren. Eine noch wichtigere Ursache liegt in den umfassenden Betrachtungen dieses Buches, das die Tyrannei, den Aberglauben, die erdrückenden Steuern bekämpft ... Den Gelehrten gegenüber zog Montesquieu fast immer den kürzeren, denn er war nicht gelehrt. Aber wenn es gegen Fanatiker und Anhänger der Sklaverei ging, hatte er fast immer recht. Europa schuldet ihm ewigen Dank.»[125]

Und an anderer Stelle fügt Voltaire hinzu: «Die Menschheit hatte ihren Rechtsanspruch [auf Freiheit] verloren, und Montesquieu hat ihn ihr zurückerobert.»[126]

Spätere Kritiker haben Voltaire weitgehend recht gegeben, wenn sie auch seine eigenen Übertreibungen beanstandeten[127]. Es ist wahr, daß es dem *Geist der Gesetze* an einem Gerippe, an Logik im Aufbau und der Folgerichtigkeit der behandelten Gegenstände fehlte und daß sein Verfasser häufig vom Thema abwich. In seinem Eifer, sich als Wissenschaftler zu erweisen, Tatsachen anzuhäufen und zu erläutern, übersah Montesquieu zeitweilig die künstlerische Seite. Er vernachlässigte das Ganze über den Einzelheiten, anstatt die Einzelheiten zu einem harmonischen Ganzen zusammenzufügen. Ein halbes Leben lang hatte er sein Material gesammelt; die Abfassung des Buches nahm zwanzig Jahre in Anspruch; die häufigen Unterbrechungen schadeten seiner Einheit. Montesquieu ließ sich anhand von wenigen Beispielen gern zu Verallgemeinerungen hinreißen und berücksichtigte zu wenig gegenteilige Erscheinungen, wie zum Beispiel das katholische Irland im kalten und «deswegen» protestantischen Norden. Er verriet seine Methode, als er sagte: «Ich habe die Grundprinzipien festgehalten und gefunden, daß sich die besonderen Fälle ganz natürlich daraus ergeben und daß die Geschicke aller Völker nur Folgen davon sind.» Das ist die Gefahr, wenn man an die Geschichte mit einer Philosophie herangeht, die durch die Geschichte bewiesen werden soll. Bei der Sammlung seines Materials verließ sich Montesquieu zu sehr auf ungeprüfte Berichte von Reisenden, und manchmal hielt er Fabeln und Legenden für Geschichte. Auch bei seinen eigenen Erfahrungen unterliefen ihm Irrtümer; er glaubte, es bei der englischen Regierung mit einer Trennung der Gewalten zu tun zu haben, während doch die gesetzgebende mit der ausübenden Gewalt offensichtlich verschmolzen war.

Diese Fehler wurden aber durch große Verdienste ausgeglichen, denn sonst hätte das Werk nicht so viel Anerkennung und Einfluß erlangt. Voltaire wies mit Recht auf seinen Stil hin. Aber auch dieser litt bisweilen unter der Bruchstückhaftigkeit des Ganzen. Montesquieu hatte eine Vorliebe für kurze Kapitel, vielleicht um gewisse Dinge stärker hervorzuheben, wie es etwa mit dem Abschnitt über Despotismus der Fall ist. Das Ergebnis war aber ein unangenehmes Stakkato, das den Flug der Gedanken unterbrach. Diese Unterbrechungen mochten teilweise vielleicht auf seine geschwächte Sehkraft zurückzuführen sein, durch die er gezwungen war, zu diktieren, anstatt selber zu schreiben. Wenn er sich gehen ließ und seine innersten Gedanken frei aussprach, leuchtete in seinen knappen, treffenden Sätzen manchmal noch der funkelnde Geist der *Lettres persanes* auf. Voltaire fand, daß der *Geist der Gesetze* mehr Epigramme enthielt, als es sich für ein Werk über Gesetzgebung geziemte. («In Venedig», sagte Montesquieu, «sind die Leute so an Geiz gewöhnt, daß niemand außer Kurtisanen ihnen das Geld aus der Tasche locken kann.»[128]) Trotzdem ist sein Stil meisterhaft, zurückhaltend und gemäßigt. Ab und zu drückt er sich etwas unklar aus, aber es lohnt sich, ihm auf den Grund zu kommen.

Montesquieu war bescheiden und hatte recht, wenn er den Wert des Buches teilweise seinem Thema und seiner Absicht zuschrieb. Gesetzmäßigkeit in den Gesetzen, ein gewisses System in ihrer Abwandlung je nach Ort und Zeit zu finden, Herrscher und Reformer über die Quellen und Grenzen der Gesetzgebung im Hinblick auf die Natur und die Lage von Staaten und Menschen aufzuklären – das war ein majestätisches Unternehmen, das in seiner Großartigkeit Fehler verzeihlich machte. 148 Jahre später versagte Herbert Spencer bei der gleichen Aufgabe[129], wenn ihm dabei auch ein Schwarm von Forschern behilflich war, vor allem wegen einer ähnlichen Neigung zu Verallgemeinerungen. Beide Versuche bedeuteten jedoch eine Erweiterung des Blickfelds. Montesquieus Verdienst war größer. Er hatte Vorläufer*; er war nicht der erste auf seinem Gebiet; aber er förderte die historische Methode für das vergleichende Studium der Institutionen ganz gewaltig. Durch die Begründung einer von übernatürlichen Ursachen unabhängigen Geschichtsphilosophie nahm er Voltaire vorweg; und in seinem Weitblick und seiner Unparteilichkeit übertraf er Voltaire. Burke nannte Montesquieu «das größte Genie, das über diesem Zeitalter geleuchtet hat»[130]; Taine betrachtete ihn als «den bestgeschulten, scharfblickendsten und ausgeglichensten Geist seiner Zeit»[131]. Horace Walpole hielt den *Geist der Gesetze* für «das beste Buch, das je geschrieben wurde»[132]. Vielleicht doch nicht, aber jedenfalls war es das bedeutendste Buch seiner Generation.

---

* Hippokrates: *Lüfte, Gewässer und Orte;* Aristoteles: *Verfassung von Athen;* Machiavelli: *Discorsi* (Reden); Bodin: *Methodus ad facilem historiarum cognitionem* (Methode zur sicheren Erkenntnis der Geschichte); Grotius: *De Iure Belli et Pacis* (Gesetz in Krieg und Frieden); Vico: *Scienza nuova* (Neue Wissenschaft); Pufendorf: *De Iure Naturae et Gentium* (Über das Natur- und Völkerrecht) usw.

Nach seiner Beendigung war Montesquieu völlig erschöpft. Er schrieb im Jahre 1749 einem Freund: «Ich muß zugeben, daß dieses Werk mich fast umgebracht hat. Jetzt will ich mich ausruhen; ich werde nicht mehr arbeiten.»[133] Trotzdem setzte er seine Studien fort. «Studien waren für mich», so sagte er, «mein Leben lang das beste Heilmittel gegen alle Enttäuschungen. Ich kenne keinen Kummer, den eine Stunde Lesens nicht verscheucht hätte.»[134]

Gelegentlich besuchte er Paris und genoß seinen Erfolg, der damals (1748) dem Ruhm Voltaires nicht nachstand. «Der *Geist der Gesetze*», sagte Raynal, «hat ganz Frankreich den Kopf verdreht. Das Werk steht nicht nur in den Bibliotheken unserer Gelehrten, sondern auch auf den Toilettentischen unserer Damen und eleganten jungen Männer.»[135] Montesquieu wurde erneut freudig in den Salons aufgenommen und bei Hof empfangen. Meistens weilte er jedoch in La Brède und begnügte sich damit, ein *grand seigneur* zu sein. Den Engländern gefiel sein Buch so gut, daß sie große Mengen von Wein bestellten, der auf seinen Gütern gewachsen war. Gegen Ende seines Lebens war er fast blind. «Es scheint mir», sagte er, «daß das wenige Licht, das mir geblieben, nur das Morgengrauen jenes Tages ist, an dem ich meine Augen für immer schließe.»[136] Im Jahre 1754 begab er sich nach Paris, um den Mietsvertrag seines dortigen Hauses zu kündigen. Dabei holte er sich eine Lungenentzündung und starb am 10. Februar 1755 im Alter von sechsundsechzig Jahren. Er hatte das heilige Sakrament von der katholischen Kirche empfangen, aber der Agnostiker Diderot war der einzige Schriftsteller, der an seinem Begräbnis teilnahm[137]. Sein Einfluß dehnte sich über Jahrhunderte aus. «In den vierzig Jahren seit der Veröffentlichung von *Der Geist der Gesetze*», schrieb Gibbons, «wurde kein anderes Werk mehr gelesen und kritisiert, und der Forschungsgeist, den es erweckt hat, ist nicht das geringste Verdienst des Verfassers.»[138] Gibbon, Blackstone und Burke gehörten zu den englischen Schriftstellern, die vom *Geist der Gesetze* und von *Größe und Niedergang der Römer* befruchtet wurden. Friedrich der Große kam auf den *Geist der Gesetze* fast ebensooft zurück wie auf Machiavellis *Fürst*. Katharina die Große nannte das Werk ein «Brevier für Herrscher»[139] und machte Auszüge daraus für die Staatsmänner, die sie mit der Erneuerung des russischen Gesetzwesens beauftragte[140]. Die Schöpfer der amerikanischen Verfassung übernahmen von Montesquieu nicht nur die Trennung der Gewalten, sondern auch den Ausschluß von Kabinettsmitgliedern aus dem Kongreß (der gesetzgebenden Versammlung); und ihre Schriften wimmelten von Zitaten aus seinem Werk. Der *Geist der Gesetze* wurde geradezu zur Bibel der gemäßigten Führer in der Französischen Revolution, und aus *Größe und Niedergang* stammte zum Teil ihre Bewunderung für die Römische Republik. «Alle großen modernen Ideen», sagte Faguet, «haben ihren Ursprung bei Montesquieu.»[141] Für eine ganze Generation war Montesquieu und nicht Voltaire Wortführer und Ideal des französischen Geistes.

FÜNFTES KAPITEL

Voltaire in Frankreich

I. IN PARIS: 1729–1734

Bei seiner Rückkehr aus England, Ende 1728 oder Anfang 1729, nahm Voltaire eine bescheidene Wohnung in Saint-Germain-en-Laye, achtzehn Kilometer nordwestlich von Paris. Er wandte sich an seine sämtlichen Freunde, damit sie ihm eine Aufhebung seiner Verbannung aus Frankreich und dann auch aus der Hauptstadt erwirkten. Es gelang ihnen auch; sogar die königliche Rente erhielt er aufs neue. Bereits im April tauchte er wieder überall in Paris auf. Bei einer Gesellschaft hörte er, wie der Mathematiker La Condamine berechnete, daß jemand, der sämtliche Lose der gerade eröffneten Lotterie der Stadt Paris kaufen würde, ein Vermögen gewinnen könnte. Voltaire stürzte davon, borgte sich Geld bei befreundeten Bankiers, kaufte sämtliche Lose und gewann entsprechend der Voraussage. Der Aufseher der Finanzen verweigerte die Auszahlung; Voltaire brachte die Sache vor Gericht, gewann seinen Prozeß, und die Summe wurde bezahlt[1]. Etwas später im gleichen Jahr (1729) reiste er zweihundertfünfzig Kilometer weit – zwei Nächte und einen Tag – von Paris nach Nancy, um Aktien der öffentlichen Anleihe des Herzogs von Lothringen zu kaufen. Auch dieses Wagnis brachte ihm einen erheblichen Gewinn ein. Der Dichter und Philosoph Voltaire wurde von dem Finanzmann Voltaire unterstützt.

1730 war er wieder in Paris, wo er eine fieberhafte Tätigkeit entwickelte. Er hatte gewöhnlich verschiedene literarische Eisen im Feuer, mit denen er sich abwechselnd befaßte, als ob er in der Abwechslung Erholung fände. Damals arbeitete er an den *Briefen über die Engländer*, der *Geschichte Karls XII.*, dem *Tod von Mademoiselle Lecouvreur* und begann mit *La Pucelle* (Die Jungfrau). Als er (1730) bei dem Herzog von Richelieu eingeladen war, wo man sich über Jeanne d'Arc unterhielt, schlugen die Gäste Voltaire vor, ihre Geschichte zu schreiben. Die noch nicht kanonisierte Jungfrau von Orleans galt noch nicht allgemein als die Schutzheilige Frankreichs. Dem Freidenker Voltaire schien eine humoristische Behandlung der übernatürlichen Elemente in ihrer Legende angemessen. Richelieu reizte ihn auf, sich daran zu wagen; Voltaire schrieb das Gedicht in einem Tag. Seine Klage für Mademoiselle Lecouvreur war noch nicht veröffentlicht, aber sein übereifriger Freund Nicolas Thieriot trug sie so häufig vor, daß die theologischen Hornissen wieder einmal um Voltaires Kopf summten. Wie als ob er es auf noch mehr Feinde abgesehen hätte, führte er am 11. Dezember die Geschichte des Lucius Iunius Brutus auf, der nach Livius den König Tarquinius verjagt und an der Gründung der Republik teilgenommen hatte; das Stück bestritt die Unverletzlichkeit der Könige und verkündete das Recht des Volkes, seine Herrscher zu wechseln. Die Schauspieler beklagten sich, weil das Stück keine Liebesgeschichte enthielt, was auch Paris für eine unhaltbare Neuerung hielt, und nach fünfzehn Aufführungen wurde es zurückgezogen. Zweiundsechzig Jahre später wurde es mit großem Erfolg neuinszeniert, denn zu jenem Zeitpunkt war die Stimmung in Paris für die Hinrichtung Ludwigs XVI. reif.

Inzwischen hatte Voltaire die königliche Erlaubnis für die Veröffentlichung seiner *Geschichte Karls XII., des Königs von Schweden* erhalten. Mit diesem Thema konnte er wirklich weder den König noch die Kirche verletzen, und der Königin mußte es wegen der schmeichelhaften Behandlung ihres Vaters Stanislaus gefallen. Eine Auflage von 2600 Exemplaren war bereits gedruckt, als die königliche Erlaubnis ohne jede Warnung plötzlich rückgängig gemacht und die ganze Auflage, außer einem Exemplar im Besitze Voltaires, beschlagnahmt wurde. Er beschwerte sich beim Siegelbewahrer, und man gab ihm zu verstehen, daß ein Wechsel in der Außenpolitik es nötig gemacht hatte, dem Gegner und Opfer Karls XII., August dem Starken, der immer noch König von Polen war, gefällig zu sein. Voltaire beschloß, sich über dieses Verbot hinwegzusetzen. Er begab sich verkleidet nach Rouen, lebte dort fünf Monate lang als englischer Lord und überwachte den geheimen Druck seiner Geschichte. Gegen Oktober 1731 war sie in aller Leute Hände und verkaufte sich wie ein Roman. Einige Kritiker behaupteten, sie sei mehr Roman als Geschichte. Ein gelehrter Historiker bezeichnete sie als eine «Romanze», zwar lebendig in der Darstellung, aber ungenau in den Einzelheiten[2]. Voltaire hatte das Buch jedoch mit wissenschaftlichem Ernst vorbereitet. Er hatte nicht nur eine Menge staatlicher Dokumente studiert, sondern hatte sich auch mit allen in Verbindung gesetzt, die mit den Ereignissen direkt verbunden waren: dem Exkönig Stanislaus, dem Marschall von Sachsen, der Herzogin von Marlborough, ferner mit Bolingbroke, Axel Sparre (der an der Schlacht von Narwa teilgenommen hatte), Fonseca (einem portugiesischen Arzt, der in der Türkei gedient hatte, als Karl XII. sich dort aufhielt) und Baron Fabrice (einem ehemaligen Sekretär Karls XII.). Außerdem hatte Voltaire eine Zeitlang beim Baron von Görtz, dem Lieblingsminister Karls XII., gewohnt. Die Hinrichtung von Görtzens im Jahre 1719 hat vielleicht Voltaire dazu bewogen, den «Löwen des Nordens» zu studieren. Im Jahre 1740 veröffentlichte Joran Nordberg, der als Hausprediger im Dienst Karls XII. stand, seine Memoiren, in denen er auf einige Ungenauigkeiten in der Geschichte Voltaires hinwies; Voltaire berücksichtigte diese Berichtigungen in den späteren Auflagen. Andere Schwächen machten sich auch andernorts, besonders bei der Beschreibung von Schlachten, bemerkbar. Spätere Kritiker[3] waren der Ansicht, daß Voltaire Karl XII. überschätzt hatte, als er von ihm sagte: «... vielleicht der außergewöhnlichste Mensch, den es je gegeben hat, der in sich alle hervorragenden Eigenschaften seiner Ahnen vereinigte; seine einzige Schwäche und sein einziges Unglück bestanden darin, daß er sie alle im Übermaß besaß.»[4] Voltaire erklärte, daß Karl «sämtliche heroischen Eigenschaften so weit trieb, daß sie zu Fehlern wurden»; hierbei erwähnte er des Königs Verschwendungssucht, Unüberlegtheit, Grausamkeit, Tyrannei und seine Unfähigkeit, zu verzeihen; er bewies, wie sehr diese Schwächen Schweden geschadet hatten, und kam zu dem Schluß, daß Karl «eher ein außerordentlicher als ein großer Mann war»[5]. Auf jeden Fall war das Buch nicht nur wissenschaftlich von Bedeutung, sondern ein Kunstwerk in Aufbau, Form, Atmosphäre und Stil. Das ganze gebildete Europa las *Karl XII.*, und Voltaires Ruhm verbreitete und vertiefte sich wie nie zuvor.

Nach seiner Rückkehr aus Rouen (5. August 1731) wurde Voltaire von der Gräfin von Fontaine-Martel in ihr Palais in der Nähe des Palais-Royal eingeladen. Sie fand seine Gesellschaft so angenehm, daß sie ihn bis Mai 1733 bei sich beherbergte und ernährte. Er übernahm mit unvergleichlicher Lebendigkeit den Vorsitz bei ihren literarischen Abenden und führte Theaterstücke – mit Vorliebe seine eigenen – auf ihrer Privatbühne auf. Während dieser Zeit schrieb er das Libretto zu Rameaus *Samson* (1732). Vermutlich wohnte er in der Loge der Gräfin im Théâtre-Français dem Mißerfolg seines *Eriphile* (1732) und dem Riesenerfolg seiner romantischen Tragödie *Zaïre* (13. August 1732) bei. Er schrieb einer Freundin:

«Noch nie wurde ein Stück so gut gespielt wie *Zaïre* bei der vierten Aufführung. Ich wünschte, du hättest dabeisein können; dann hättest du gesehen, daß die Zuschauer deinen Freund nicht mehr hassen. Ich erschien in einer Loge, und das ganze Parterre klatschte mir Beifall. Ich errötete, ich versteckte mich, aber ich wäre ein Heuchler, wenn ich nicht zugäbe, daß ich sehr gerührt darüber war.»[6]

Bis zuletzt zog er dieses Stück seinen übrigen Dramen vor. Heute sind sie alle tot, Opfer des Wandels von Stimmung und Stil. Aber wenigstens dieses eine, das ihm so viel bedeutete, wollen wir noch einmal ausgraben. Zaïre ist eine Christin, die als Kind von Mohammedanern während der Kreuzzüge gefangengenommen und im Glauben an den Islam erzogen wird. Von Frankreich weiß sie nur, daß es ihr Geburtsland ist. Sie wächst zu einer Schönheit heran und lebt im Serail des Sultans Orosmane in Jerusalem. Er hat sich in sie verliebt und sie in ihn. Zu Beginn des Stückes steht sie vor der Hochzeit. Eine andere christliche Gefangene, Fatima, macht ihr Vorwürfe, weil sie vergessen habe, daß sie einst Christin war. In Zaïres Antwort bringt Voltaire die Bedeutung geographischer Faktoren für die Zuordnung zur einen oder anderen religiösen Überzeugung zum Ausdruck:

Ich seh es klar, der Kindheit Pflege bildet
In uns Gefühl und Sinn und Gottesdienst:
Am Ganges werd' ich falsche Götter ehren,
Bin Christin in Paris, hier Muselmännin.
Die Lehre macht es; und der Väter Hand
Gräbt in das zarte Herz die ersten Züge,
Die sich durch Zeit und Beispiel tiefer prägen
Und die vielleicht nur Gott in uns vertilgt.[7]

Voltaire beschreibt Orosmane mit besonderem Genuß als einen Menschen begabt mit sämtlichen Tugenden außer der Geduld. Die Christen stellen mit Befremden fest, daß ein Muselman ebenso anständig sein kann wie ein Christ, und der Sultan ist überrascht, daß eine Christin gut sein kann. Er verzichtet auf seinen Harem und wird zum Anhänger der Monogamie. Voltaire läßt jedoch auch seinen christlichen Personen Gerechtigkeit widerfahren und schreibt anmutige Zeilen über die Schönheit des wahrhaft christlichen Lebens. Nerestam, ein Christ, der ebenfalls als Kind in Gefangenschaft geriet, wächst zusammen mit Zaïre auf; er wird unter der Bedingung freigelassen, mit Lösegeld für zehn gefangene Christen zurückzukehren. Er zieht davon, kommt zurück und gibt sein ganzes Vermögen hin, um die geforderte Summe aufzubringen. Zu seiner Belohnung läßt Orosmane nicht zehn, sondern hundert Christen frei. Nerestam ist betrübt, weil sich darunter weder Zaïre noch Lusignan, einstmals (1186–1187) christlicher König von Jerusalem, befinden. Zaïre fleht Orosmane um die Freilassung Lusignans an, die er gewährt. Der greise König erkennt in Zaïre seine Tochter, in Nerestam seinen Sohn. Zaïre ist hin- und hergerissen zwischen ihrer Liebe für den großmütigen Sultan und der Anhänglichkeit an ihren Vater, ihren Bruder und ihren Glauben. Lusignan fordert sie auf, Orosmane und den Islam aufzugeben:

Denk' an das Blut, das deine Adern füllt,
Das Blut von zwanzig Christenkönigen,
Das Blut von Helden, Rittern meines Glaubens,
Das Blut von Märtyrern: o teures Kind,
Kennst du dein Schicksal? Kennst du deine Mutter?
Weißt du, daß als sie eben dieser letzten
Schmerzhaften Frucht genas bedrängter Liebe,
Sie unter grauenvollen Streichen sank,
Von diesem Volk, dem du dich hingegeben?
Erwürgt verschieden deine Brüder, die
Von Himmelshöhn dir blut'ge Arme reichen.
Dein Gott, den du verrätst, entheiligst, hier
Ist er für dich, für alle Welt gestorben ...

Hier ist der Berg, wo uns von Sünd entladend,
Er an des Schergen Todesstreich verschied,
Dort hub er aus dem Grabe sich ins Leben.
Du kannst nicht gehn auf diesem heil'gen Boden,
Nicht treten, ohne deinen Herrn zu finden,
Nicht bleiben, ohne Vater, Ehr' und Gott,
Trotz klarem Licht und Andrang, zu verleugnen.

ZAÏRE: Vater,
Geliebter Vater, sprecht, was soll ich tun?
LUSIGNAN: Ein Wort tilgt, was mich ängstigt und entehrt;
Sprich: ich bin Christin.
ZAÏRE: Ja ... ich ... bin es ...
LUSIGNAN: ... Du, die ich nicht nenne, schwöre,
Das furchtbare Geheimnis zu verschweigen.
ZAÏRE: Ich schwör's.[8]

Als Nerestam erfährt, daß sie doch noch Orosmane heiraten will, ist er nahe daran, sie umzubringen. Doch dann sieht er davon ab, besteht aber auf ihrer Taufe; sie willigt ein. Er schickt ihr eine Botschaft, worin Zeit und Ort der Taufe vermerkt sind. Orosmane, der nicht weiß, daß Nerestam ihr Bruder ist, hält die Botschaft irrtümlicherweise für einen Liebesbrief. Er überrascht Zaïre, die ihr Versprechen einhält, und ersticht sie. Dann erfährt er, daß die vermeintlichen Liebenden Bruder und Schwester sind, und begeht Selbstmord.

Die geschickt aufgebaute Handlung, die sich immer mehr verdichtet und dramatisch steigert, wird in wohltönenden Versen erzählt. Und wenn uns heute manche Stellen zu rührselig anmuten, so können wir doch verstehen, warum Paris Zaïre und Orosmane ins Herz schloß und warum die gute, traurige Königin weinte, als das Stück für den Hof in Fontainebleau aufgeführt wurde. Sehr bald wurde es übersetzt und in England, Italien und Deutschland gespielt. Voltaire wurde von nun an als der größte lebende Dichter Frankreichs, als ebenbürtiger Nachfolger Corneilles und Racines, begrüßt. Jean-Baptiste Rousseau, ein französischer Dichter, der in Brüssel in der Verbannung lebte, war damit nicht einverstanden. Er beurteilte *Zaïre* als «trivial und platt ... eine ekelhafte Mischung von Frömmigkeit und Zügellosigkeit». Voltaire antwortete mit einer langen Abhandlung in Versen, *Le Temple de goût* (Der Tempel des Geschmacks), worin er Rousseau anprangerte und Molière verherrlichte.

Wenn sein Scheitel auch die Sterne berührte, so hörte er deswegen nicht auf zu arbeiten. Im Winter 1732/33 studierte er Mathematik und Newton mit seinem späteren Opfer Maupertuis, bearbeitete *Eriphile*, revidierte *Zaïre* und *Karl XII.*, sammelte Material für *Das Jahrhundert Ludwigs XIV.*, beendigte seine *Briefe über die Engländer*, führte ein neues Stück namens *Adelaïde* auf und schrieb daneben eine Unmenge Bagatellen – Briefe, Empfehlungen, Einladungen, Epigramme, verliebte Reime –, eine Reihe von Geistesblitzen in geschliffenen Versen. Als seine Wohltäterin Frau von Fontaine-Martel starb, zog er in ein Haus in der Rue du Long-Point und befaßte sich mit der Ausfuhr von Getreide. Dabei lernte er in einer Mischung von Geschäft und Romanze Gabrielle-Emilie Le Tonnelier de Breteuil, Marquise du Châtelet, kennen (1733). Die Fäden, die sein Leben mit dieser einzigartigen und unternehmenden Frau verbanden, rissen bis zu ihrem Tode nicht ab.

Sie war damals sechsundzwanzig Jahre alt, er achtunddreißig, aber sie hatte schon ein außergewöhnlich bewegtes Leben hinter sich. Sie war die Tochter des Barons von Breteuil und hatte eine ungewöhnliche Erziehung genossen. Mit zwölf Jahren konnte sie Latein und Italienisch, sang sehr gut und spielte Spinett. Mit fünfzehn Jahren begann sie mit der Übertragung der *Aeneis* in französische Verse; dann lernte sie noch Englisch und studierte Mathematik mit Maupertuis. Mit neunzehn Jahren heiratete sie den dreißigjährigen Marquis Florent-Claude du Châtelet-Lonont. Sie gebar ihm drei Kinder, aber im übrigen sahen sie sich nicht oft; gewöhnlich war er bei seinem Regiment, während sie am Hof blieb, für hohen Einsatz spielte und Experimente mit der Liebe anstellte. Als ihr erster Geliebter sie im Stich ließ, nahm sie Gift, wurde aber zwangsweise und mit einem Brechmittel gerettet. Mit Beherrschung, die aus Erfahrung geboren war, ertrug sie die Untreue ihres zweiten Liebhabers, des Herzogs von Richelieu, dessen Leichtfertigkeit ganz Frankreich bekannt war.

Als Voltaire die Marquise bei einer Mahlzeit kennenlernte, störte ihn ihre gelehrte Unterhaltung über Mathematik, Astronomie und lateinische Dichtung keineswegs; im Gegenteil, er war entzückt davon. Äußerlich war sie nicht besonders reizvoll. Andere

Frauen machten sich ein Vergnügen daraus, sie eingehend zu beschreiben. Man höre Frau von Deffand: «Eine große, dürre Frau, ohne Hüften, flachbrüstig ..., lange Arme, lange Beine, riesige Füße, eine spitze Nase, zwei (!) kleine blaugrüne Augen, dunkler Teint ..., schlechte Zähne.»[9] Die Marquise von Créqui fiel ein: «Sie war eine Riesin ..., außergewöhnlich stark und dabei unglaublich linkisch. Sie hatte eine Haut wie eine Muskatraffel, und im ganzen sah sie aus wie ein häßlicher Grenadier. Und dabei sprach Voltaire von ihrer Schönheit!»[10] Und der schöne Saint-Lambert machte ihr heimlich den Hof, als sie zweiundvierzig Jahre alt war. Man darf sich auf diese schwesterlichen Urteile nicht verlassen; *femina feminae felis* (Eine Frau ist für die andere eine Katze). Aus ihren Bildnissen kann man schließen, daß sie groß und fast männlichen Aussehens war, eine hohe Stirn, einen stolzen Blick und nicht reizlose Züge besaß, und mit Befriedigung hören wir, daß ihr «Busen üppig, aber fest»[11] war.

Vielleicht war sie männlich genug, um Voltaires weibliche Züge auszugleichen. Sie wandte jedoch alle weiblichen Kunstgriffe an, um ihre eher eckigen Reize abzurunden – Schönheitsmittel, Parfüm, Schmuck und Spitzen. Voltaire lächelte über ihren Hang für Putz, aber er bewunderte ihre Begeisterung für Wissenschaft und Philosophie. Sie war eine Frau, die mitten im Taumel und Trubel von Paris und Versailles alles stehen und liegen ließ, um Newton und Locke zu studieren. Sie las nicht nur Newton, sie verstand ihn. Sie übersetzte die *Principia* auf französisch. Voltaire fand es sehr bequem, die gleiche Frau zu seinem Studienkollegen und zu seiner Geliebten zu machen. Bereits im Jahre 1734 betrachtete er sich als ihren anerkannten Liebhaber: «Mein Gott! Wieviel Genüsse gewährt sie mir in ihren Armen! Welch ein Glück, sie, die ich liebe, bewundern zu können!»[12]

II. BRIEFE ÜBER DIE ENGLÄNDER

Nach langem Hin und Her veröffentlichte Voltaire 1733 und 1734 seinen ersten Beitrag zur Aufklärung in Form von vierundzwanzig Briefen, die von England an Thieriot gerichtet waren. Sie wurden ins Englische übersetzt und (1733) in London unter dem Titel *Letters concerning the English Nation* (Briefe, die die englische Nation betreffen) herausgegeben. Der Druck des Originals in Frankreich hätte jedoch die Freiheit des Autors und des Druckers gefährdet. Voltaire strich einige Stellen und versuchte eine behördliche Erlaubnis zur Veröffentlichung zu bekommen. Sie wurde verweigert, und so wagte er wieder einen Geheimdruck in Rouen. Er hatte Jore, den Drucker, gewarnt, vorläufig kein Exemplar in Umlauf zu bringen, aber zu Beginn des Jahres 1734 tauchten mehrere unter dem Titel *Lettres philosophiques* (Philosophische Briefe) in Paris auf. Eines davon gelangte in die Hände eines Verlegers, der ohne Erlaubnis und Wissen Voltaires eine große Auflage druckte. Inzwischen war dieser mit Madame du Châtelet auf Schloß Montjeu bei Autun, 316 Kilometer von Paris, gereist, um der Hochzeit Richelieus beizuwohnen.

Das Buch begann mit vier Briefen über die englischen Quäker. Voltaire wies darauf hin, daß sie weder eine Kirchenorganisation noch Priester oder Sakramente besaßen und trotzdem die Lehren Jesu getreulicher erfüllten als alle anderen Christen, die er je gekannt habe. Er beschrieb oder erfand einen Besuch bei einem von ihnen:

«Verehrter Herr», sagte ich, «sind Sie getauft?»

«Nein», antwortete der Quäker, «ebensowenig wie meine Brüder.»

«Na so etwas, *morbleu* (potztausend)!» rief ich aus, «dann seid ihr gar keine Christen?»

«Mein Sohn», antwortete er mit sanfter, milder Stimme, «lästere nicht. Wir sind Christen und versuchen, gute Christen zu sein; aber wir sind nicht der Ansicht, daß Christentum darin besteht, kaltes Wasser mit ein bißchen Salz auf den Kopf zu schütten.»

«Ha, *ventrebleu* (alle Teufel)!» protestierte ich, «ohne von dieser Gottlosigkeit zu reden, habt ihr vergessen, daß Jesus Christus von Johannes getauft wurde?»

«Mein Freund, genug gelästert ... Christus empfing die Taufe von Johannes, aber er selbst hat nie jemanden getauft. Wir sind nicht Anhänger von Johannes, sondern von Christus.»

«O weh, mein armer Freund», sagte ich, «wie man dich im Lande der Inquisition verbrennen würde! ...»

«Sind Sie beschnitten?» fragte er. Ich antwortete, daß ich nicht die Ehre gehabt hätte.

«Nun also», sagte er, «Sie sind ein Christ, ohne beschnitten zu sein, und ich bin ein Christ, ohne getauft zu sein.»

Die Taufe, sagte der Quäker, war ebenso wie die Beschneidung eine vorchristliche Sitte, die durch die neue Heilsbotschaft Christi ersetzt wurde. Und er (oder Voltaire) fügte ein Wort über den Krieg hinzu:

«Wir werden nie in den Krieg gehen; nicht, weil wir den Tod fürchten ..., sondern weil wir weder Wölfe noch Tiger noch Bulldoggen sind, sondern Menschen, Christen. Unser Gott, der uns gebot, unsere Feinde zu lieben ..., will sicherlich nicht, daß wir übers Meer fahren, um unsern Brüdern die Kehle abzuschneiden, nur weil rotgekleidete Mörder mit zwei Fuß hohen Hüten Bürger ausheben und dabei mit zwei Stöcken auf einer gespannten Eselshaut Lärm machen. Und wenn ganz London nach dem Sieg illuminiert wird und das Feuerwerk am Himmel aufleuchtet und überall Danksagungen mit Kirchenglocken und Orgeln und Kanonenschüssen erklingen, dann trauern wir in der Stille über das Blutbad, das solch allgemeine Freude verursacht hat.»[13]

In seinem Bestreben, sämtliche Franzosen zu *einem* Glauben zu zwingen, hatte sich Frankreich fast selbst vernichtet. Voltaire ließ sich über die verhältnismäßige Duldsamkeit gegenüber unterschiedlichen religiösen Bekenntnissen in England aus. «Es ist ein Land der Sekten. Als freier Mensch kommt ein Engländer auf dem Weg in den Himmel, den er selbst gewählt hat.»[14] Voltaire stellte die Sitten der englischen Geistlichkeit denen ihrer französischen Amtsbrüder gegenüber und beglückwünschte die Engländer, weil sie keine Abbés hatten. «Wenn sie erfahren, daß in Frankreich junge Männer, die wegen ihrer Ausschweifungen berüchtigt sind und die geistliche Würde durch Ränke erlangt haben, zärtliche Lieder abfassen und fast jeden Tag erlesene Festmähler abhalten ... und sich Nachfolger der Apostel nennen, dann danken sie Gott, daß sie Protestanten sind.»[15]

Im VIII. Brief erhob Voltaire seinen Dolch gegen die französische Regierung.

«Die englische Nation hat es als einzige verstanden, die Macht der Könige im Zaum zu halten, indem sie sich ihnen widersetzte ... und hat schließlich diese weise Regierung errichtet, in der dem Fürsten alle Möglichkeiten offenstehen, Gutes zu tun, die ihn aber daran hindert, Böses zu tun [Anspielung Voltaires auf eine berühmte Stelle Fénelons in *Télémaque*] ... Zweifellos ist die

Errichtung der Freiheit England teuer zu stehen gekommen. Das Idol des Despotismus ist in einem Meer von Blut ertränkt worden; aber die Engländer sind nicht der Ansicht, daß der Preis für gute Gesetze zu hoch war. Andere Völker haben nicht weniger wirre Zeiten durchgemacht; aber mit dem Blut, das sie für die Sache der Freiheit vergossen, haben sie nur ihre Knechtschaft besiegelt.»[16]

In England verbietet die Habeaskorpusakte jede Verhaftung ohne begründete Anklage und erfordert eine öffentliche Verhandlung vor dem Geschworenengericht; Frankreich hat seine *lettres de cachet* (geheime Haftbefehle). Vierzehn Jahre früher als Montesquieu wies Voltaire mit leicht übertriebener Begeisterung auf eine gewisse «Trennung der Gewalten» in der englischen Regierung und die harmonische Zusammenarbeit von König, Oberhaus und Unterhaus hin. Er unterstrich, daß in England keine Steuer ohne Bewilligung des Parlaments erhoben werden konnte und daß «niemand von bestimmten Steuern befreit wird ..., weil er Adliger oder Geistlicher ist»[17]. In England treten die jüngeren Söhne des Adels eine Handelslaufbahn oder freie Berufe an; in Frankreich

«hört der Kaufmann so oft verächtliche Äußerungen über seinen Beruf, daß er einfältig genug ist, darüber zu erröten. Ich weiß jedoch nicht, was nützlicher für den Staat ist – ein schöngepuderter Adliger, der genau weiß, wann der König aufsteht oder zu Bett geht und sich großartig gebärdet, während er eine Sklavenrolle erfüllt ..., oder ein Geschäftsmann, der [wie Voltaires Gastgeber Falkener] sein Land bereichert, aus seinem Kontor Aufträge nach Surat oder Kairo aufgibt und zum Glück in der Welt beiträgt.»[18]

Zuletzt kam eine Stelle, in der Voltaire ein Programm für Frankreich aufstellte und behauptete:

«Die englische Verfassung hat eine solche Vollkommenheit erreicht, daß infolgedessen alle Menschen jene *natürlichen Rechte* genießen, deren sie in fast allen Monarchien beraubt sind. Diese Rechte sind Freiheit von Person und Besitz; Pressefreiheit; das Recht, bei Kriminalfällen von einem Geschworenengericht aus unabhängigen Männern abgeurteilt zu werden; das Recht, ausschließlich nach dem Buchstaben des Gesetzes abgeurteilt zu werden; das Recht eines jeden Menschen, ungehindert die Religion seiner Wahl auszuüben.»[19]

Voltaire muß es bekannt gewesen sein, daß nur ein Teil der Bevölkerung im Genuß dieser «natürlichen Rechte» stand, daß man ungeachtet der Freiheit der Person zum Militärdienst gepreßt werden konnte, daß der Redefreiheit auf religiösem und politischem Gebiet Grenzen gesetzt waren, daß Dissidenten und Katholiken von öffentlichen Ämtern ausgeschlossen waren und daß Richter zur Umgehung des Gesetzes bestochen werden konnten. Er gab keine sachliche Beschreibung der englischen Wirklichkeit; er benutzte England als eine Peitsche, um Frankreich zu einer Revolte gegen die Unterdrückung von seiten des Staates oder der Kirche aufzuhetzen. Wenn fast alle diese Rechte heute in Kulturstaaten als selbstverständlich hingenommen werden, so wirft das nur ein Licht auf die Errungenschaften des achtzehnten Jahrhunderts.

Von ebenso großer Wirkung auf das moderne Denken war die hohe Anerkennung, die Voltaire Bacon, Locke und Newton zollte. Auf den angeklagten Bacon wandte er Bolingbrokes Urteil über Marlborough an: «Er war ein so großer Mann, daß ich mich nicht erinnere, ob er Fehler hatte oder nicht.»[20] «Dieser große Mann», fuhr er fort, «ist der Vater der experimentellen Philosophie» – nicht wegen der Experimente, die

Bacon anstellte, sondern wegen seiner unermüdlichen Bemühungen um die Förderung der wissenschaftlichen Forschung. Dieser Gedankengang veranlaßte Diderot und d'Alembert, Bacon als den geistigen Vater ihrer *Encyclopédie* zu bezeichnen.

Voltaire widmete fast den ganzen XIII. Brief Locke. Er fand bei ihm nicht nur eine Wissenschaft des Geistes anstatt einer Mythologie der Seele, sondern auch gleichzeitig eine Philosophie, die jede Kenntnis von der Empfindung herleitete und dadurch die europäische Gedankenwelt dazu brachte, nicht in der göttlichen Enthüllung, sondern in der menschlichen Erfahrung die einzige Quelle und Grundlage für die Wahrheit zu sehen. Und er begrüßte Lockes Bemerkung, wonach Materie möglicherweise zum Denken fähig gemacht werden könnte. Dieser Satz blieb ganz besonders in der Kehle der französischen Zensoren stecken und hatte viel mit der Verurteilung des Buches zu tun. Sie schienen darin den Materialismus eines La Mettrie und Diderot vorauszuahnen. Voltaire weigerte sich, ein Bekenntnis zum Materialismus abzulegen, aber er wandelte Descartes' Wort «Ich denke, also bin ich» in «Ich bin ein Körper, und ich denke; mehr weiß ich nicht» ab.

Im XIV. Brief riet er den Franzosen, sich von Descartes frei zu machen und Newton zu studieren. «In England ist man allgemein der Ansicht, daß von diesen beiden Denkern der erste ein Träumer, der letzte ein Weiser war.» Voltaire zollte Descartes' Beitrag an die Geometrie Anerkennung, konnte sich aber nicht mit den Wirbeln des kartesischen Weltbilds einverstanden erklären. Er gab zu, daß Newtons Essays über die Chronologie der Antike und die Apokalypse etwas Verträumtes, um nicht zu sagen Einschläferndes enthielt. Newton schrieb sie – meinte Voltaire liebenswürdigerweise –, «um die Menschheit über seine sonst allzu große Überlegenheit zu trösten»[21]. Er selbst fand Newton vorläufig noch sehr schwierig; aber die Versammlung hervorragender Vertreter von Regierung und Wissenschaft beim Begräbnis Newtons hatte ihn so beeindruckt, daß er beschloß, die *Principia* zu studieren und zu ihrem Apostel in Frankreich zu werden. Auch damit säte er den Samen der *Encyclopédie* und der Aufklärung.

Schließlich brachte er noch die religiösen Denker Frankreichs gegen sich auf, weil er Pascals *Pensées* (Gedanken) einer feindseligen Kritik unterwarf. Ursprünglich hatte er nicht beabsichtigt, sie in die *Briefe* aufzunehmen, hatte sie aber 1728 von England aus Thieriot geschickt; in seiner unautorisierten Ausgabe hatte der Verleger die Kritik als XXV. Brief im Anhang veröffentlicht, mit dem Ergebnis, daß die Jansenisten, die Pascal verehrten und die Mehrheit im Pariser Parlament hatten, jetzt noch mehr als die Jesuiten (die nichts für Pascal übrig hatten) gegen Voltaire wetterten. Voltaire war wesensmäßig unfähig, mit Pascal übereinzustimmen: er war in diesem Lebensabschnitt (abgesehen von seinen Stücken) ein aktiver Rationalist, der in seiner Philosophie noch keinen Raum für Gefühl hatte. Der junge, überschwengliche und trotz allen Schwierigkeiten lebensfrohe Voltaire lehnte sich gegen den mutlosen Pessimismus Pascals auf: «Ich wage es, für die menschliche Rasse und gegen diesen erhabenen Misanthropen Partei zu ergreifen.»[22] Er fand die «Wette» Pascals (daß es weiser ist, auf das Vorhandensein Gottes als dagegen zu wetten) «unmoralisch und kindisch; ... das Interesse, das ich daran habe, an ein Ding zu glauben, ist kein Beweis dafür, daß dieses Ding vorhanden ist»[23]. (Pascal hatte die Wette nicht als Beweis angeführt.) Er gab zu, daß wir das Universum nicht erklären können und die Bestimmung des Menschen nicht kennen, aber er bezweifelte, daß wir aus dieser Unwissenheit die Wahrheit des apostolischen Glaubens herleiten können. Auch hatte er in diesem unternehmungslustigen Alter keinerlei Sympathie für Pascals Sehnsucht nach Ruhe; der Mensch, so verkündete er, «ist zum Handeln geboren ... Keine Beschäftigung bedeutet für den Menschen genau dasselbe wie keine Existenz.»[24]

In diesen *Remarques sur les Pensées de Pascal* (Bemerkungen über die Gedanken Pascals) gab Voltaire nicht sein Bestes. Er hatte sie nicht für die Veröffentlichung vorbereitet und hatte keine Gelegenheit, sie zu bearbeiten; spätere Ereignisse wie das Erdbeben von Lissabon dämpften seinen jugendlichen Optimismus. Trotz diesem unvorhergesehenen Anhang waren die *Lettres philosophiques* ein Meilenstein in der Entwicklung des französischen Denkens und Schrifttums. Zum erstenmal erschienen darin die knappen, kurzen Sätze, die unverkennbare Klarheit, der fröhlich-geistvolle Ton und die vernichtende Ironie, die von nun an bezeichnend für seine literarischen Arbeiten waren und jedes vorsichtige Versteckspiel mit ihrer Urheberschaft zunichte machten. Zusammen mit den *Persischen Briefen* wurde dieses Buch tonangebend für die französische Prosa von der Regentschaft bis zur Revolution. Darüber hinaus schlug es eine Brücke zwischen dem französischen und dem britischen Intellekt, was Buckle als «die bei weitem bedeutendste Tatsache in der Geschichte des achtzehnten Jahrhunderts» betrachtete[25]. Die *Briefe* waren zugleich Kriegserklärung und Schlachtplan. Rousseau sagte, daß sie beim Erwachen seines Geistes entscheidend mitwirkten; Tausende junger Franzosen wurden sicherlich auf ähnliche Weise von dem Buch berührt. La Fayette sagte, daß sie beim Erwachen seines Geistes entscheidend mitwirkten. Tausende junmeinte: «Der Zensor hätte dieses Buch wirklich nicht zu verbieten gebraucht; es wäre ohnedies gelesen worden.»[26]

Kirche und Staat, König und Parlament – alle spürten, daß sie so viele Wunden nicht schweigend ertragen konnten. Der Drucker wurde in die Bastille geworfen, und für die Verhaftung Voltaires – wo immer er sich befand – wurde eine *lettre de cachet* ausgestellt. Am 11. Mai 1734 erschien ein Gendarm mit dem Haftbefehl in Montjeu; aber Voltaire, wahrscheinlich auf eine Warnung Maupertuis' und d'Argentals hin, war fünf Tage vorher abgereist und befand sich bereits jenseits der französischen Grenze. Am 10. Juni wurden sämtliche auffindbaren Exemplare des Buches auf Befehl des Parlaments vom Henker im Hof des Justizpalasts als «skandalös und der Religion, den guten Sitten und der der Obrigkeit gebührenden Achtung zuwider» verbrannt.

Während die Marquise du Châtelet noch nicht wußte, ob sich Voltaire in Lothringen in Sicherheit gebracht hatte, schrieb sie an eine Freundin: «Wenn man sich vorstellt, daß er mit seiner Gesundheit und seiner Phantasie im Gefängnis ist ... Ich kann diese Vorstellung einfach nicht ertragen!» Sie tat sich mit der Herzogin von Richelieu und einigen anderen adligen Damen zusammen, um ihm die Begnadigung zu verschaffen. Der Siegelbewahrer erklärte sich einverstanden, den Haftbefehl zurückzuziehen, falls Voltaire leugne, der Verfasser des Buches zu sein. Er wußte natürlich, daß Voltaire der

Autor war, zeigte sich aber bereit, auf diese List einzugehen. Er gehörte zu einer ganzen Reihe von Regierungsbeamten, die es mit der Zensur gelegentlich nicht allzu streng nahmen. Voltaire war gleich bereit, seine Urheberschaft zu leugnen. Es handelte sich um eine verständliche und verzeihliche Lüge. Außerdem war das Buch, das er verleugnen sollte, ohne seine Einwilligung erschienen. An die Herzogin von Aiguillon schrieb er:

«Man fordert mich zum Widerruf auf. Mit Vergnügen. Ich werde erklären, daß Pascal immer recht hat; ... daß alle Priester nachsichtig und selbstlos sind; ... daß Mönche weder hochmütig noch voller Ränke, noch übelriechend sind; daß die Heilige Inquisition ein Triumph der Menschlichkeit und Duldsamkeit ist.»[27]

Der Haftbefehl wurde zurückgezogen, jedoch mit der Bedingung, daß Voltaire sich in respektvoller Entfernung von Paris aufhalte. Er zog von einem Schloß aufs andere, immer in der Nähe der Grenze, liebenswürdig empfangen von Aristokraten, die nicht sehr fromm und nicht alle von einer zentralisierten und absoluten Monarchie eingenommen waren. Er erhielt auch eine Einladung an den Hof von Holstein mit einer Jahresrente von zehntausend Franken, lehnte aber ab[28]. Im Juli zog er sich auf das Schloß der Marquise du Châtelet in Cirey in der Champagne zurück. Dort begann er als zahlender Gast seiner Geliebten und ihres Mannes die glücklichsten Jahre seines Lebens.

III. IDYLLE IN CIREY: 1734–1744

Cirey ist heute ein Dorf von zweihundertdreißig Einwohnern im Departement Haute-Marne im Nordosten Frankreichs, nur einige Kilometer von Lothringen entfernt. Madame Denis, Voltaires Nichte, beschrieb es im Jahre 1738 als «eine furchtbare Einöde ..., meilenweit von jeder Behausung entfernt, in einer Gegend gelegen, wo man nichts als Berge und unbebautes Land zu sehen bekommt»[29]. Vielleicht liebte es Voltaire gerade wegen dieser Abgeschiedenheit – als einen ruhigen Ort, wo er wissenschaftliche Studien betreiben, über Geschichte und Philosophie schreiben, von der französischen Regierung vergessen werden und im Notfalle innerhalb einer Stunde nach Lothringen entfliehen konnte.

Das Schloß war ein verfallenes Überbleibsel aus dem dreizehnten Jahrhundert, von der Familie du Châtelet nur selten benutzt und völlig ungeeignet für zivilisierte Bewohner. Der Marquis hatte wenig Interesse oder Mittel, es wiederherzustellen; Voltaire lieh ihm zu diesem Zweck vierzigtausend Franken zu fünf Prozent Zinsen, an deren Bezahlung der Marquis aber nicht erinnert wurde. Einige Räume wurden bewohnbar gemacht. Voltaire zog ein, befahl den Bau eines neuen Flügels und überwachte die Erneuerung des übrigen Baus. Im November kam die Marquise mit zweihundert Stück Gepäck an, paßte Voltaires Instandsetzungsarbeiten ihrem eigenen Geschmack an und ließ sich – nachdem sie fast alle ihre erwachsenen Jahre am Hof oder in seiner Nähe verbracht hatte – zu einem Leben, erfüllt von Studien und bigamischer Hingabe, dort nieder. Der liebenswürdige Marquis blieb mit Unterbrechungen bei ihr und Voltaire bis zum Jahre 1740, zog sich taktvoll in seine besonderen Gemächer zurück und nahm seine Mahlzeiten zu anderen Zeiten ein; später verbrachte er die meiste Zeit beim Regiment. Frankreich staunte weniger über seine Nachsicht als über die Treue der Liebenden.

Im Dezember kehrte Madame nach Paris zurück, besuchte die Herzogin von Richelieu im Wochenbett und setzte bei der Regierung durch, daß das Aufenthaltsverbot Voltaires in der Hauptstadt aufgehoben wurde (2. März 1735). Daraufhin kam er ebenfalls nach Paris und blieb dort einige Wochen mit seiner Geliebten. Aber seine Vergangenheit verfolgte ihn. Teile seiner skandalösen *Pucelle* machten die Runde. Er selbst konnte der Versuchung nicht widerstehen, seinen Freunden einige gepfefferte Stellen daraus vorzulesen. Gerade zu dieser Zeit wurde seine antichristliche *Epistel an Urania*, die er fünfzehn Jahre vorher geschrieben hatte, von einem Verleger ohne Bewilligung des Autors herausgebracht. Er leugnete wieder einmal, daß er sie verfaßt hatte, aber sein Stil und Gedankengang waren unverkennbar, und niemand glaubte ihm. Er flüchtete von neuem nach Lothringen und kehrte von dort unauffällig nach Cirey zurück. Die Regierung versicherte ihm auf Umwegen, daß er nichts zu fürchten habe, falls er dort bleibe und sich weiter nichts zuschulden kommen lasse. Frau du Châtelet verfügte sich wieder zu ihm und brachte ihre Tochter, ihren Sohn und ihren Hauslehrer mit; ihr drittes Kind war gestorben. Und nun konnten die philosophischen Flitterwochen beginnen.

Jeder der beiden Philosophen hatte seine eigenen Gemächer auf verschiedenen Seiten des Schlosses. Voltaire hatte einen Empfangsraum, ein Arbeitszimmer mit Bibliothek und ein Schlafzimmer. An den mit rotem Samt bespannten Wänden hingen Bilder aus der kostbaren Sammlung, die er angefangen hatte, sich zuzulegen, darunter ein Tizian und mehrere Teniers; dazu kamen Statuen von Venus und Amor, ein Herkules und ein großes Bildnis seines neuen Freundes, des Kronprinzen Friedrich von Preußen. Die Räume waren, wie Frau von Graffigny berichtete, so sauber, daß «man vom Boden essen konnte»[30]. Die Gemächer der Marquise waren in Hellgelb und Blaßblau gehalten, mit Bildern von Veronese und Watteau, Deckengemälden, Marmorböden und unzähligen kleinen Dosen und Fläschchen, Ringen, Broschen und Toilettenartikeln, mit denen ihr hübsches Boudoir besät war. Die große Halle zwischen den beiden Wohnungen war in ein Laboratorium für Physik und Chemie verwandelt worden, mit Luftpumpen, Thermometern, Öfen, Schmelztiegeln, einem Fernrohr, Mikroskopen, Prismen, Kompassen und Waagen. Die verschiedenen Fremdenzimmer waren weniger gut ausgestattet. Trotz den Wandbehängen pfiff der Wind durch Mauerritzen, Fenster und Türen. Im Winter wurde in sechsunddreißig Kaminen, die sechs Klafter Holz im Tag verbrauchten, Feuer gemacht, um das Schloß nur annähernd warm zu halten. Man kann sich die Anzahl von Dienern vorstellen! Dazu kam ein Theater, denn Voltaire trat mit Vorliebe als Schauspieler auf, besonders in seinen eigenen Stücken; er versichert, daß die Marquise eine ausgezeichnete Schauspielerin war; Gäste, Hauslehrer und Bediente – alle mußten Rollen übernehmen. Auch Opern wurden manchmal dort aufgeführt, denn Madame hatte (nach derselben Quelle) eine «*voix divine*» (göttliche Stimme).

Auch Puppenspiele wurden gegeben, und die Laterna magica kam nicht zu kurz, begleitet von Randbemerkungen Voltaires, über die sich die Zuschauer vor Lachen bogen.

Gespielt wurde aber nur gelegentlich – Arbeit war die Tagesordnung. Manchmal arbeiteten die Liebenden zusammen im Laboratorium, meistens aber getrennt in ihren Arbeitszimmern und sahen fast nichts voneinander, außer bei der Hauptmahlzeit, gegen ein Uhr. Der Marquis verließ die Tafel, ehe die Unterhaltung begann, und auch Voltaire stahl sich häufig an seinen Schreibtisch zurück, während die übrige Gesellschaft noch weiter plauderte. Er hatte sein eigenes Silbergeschirr in seinem Arbeitsraum, denn manchmal aß er allein. Er war äußerst unterhaltsam, konnte jede Gesellschaft beleben, haßte aber jedes Geschwätz. «Es ist erschreckend», sagte er, «wieviel Zeit wir mit Reden verbringen. Man sollte keine Minute vertun. Was wir am meisten vergeuden, ist Zeit.»[31] Ab und zu ging er auf die Jagd, um sich Bewegung zu verschaffen.

Die beiden Philosophen waren aber keine Engel. Madame konnte schroff, hochfahrend, sogar grausam sein. Sie war ziemlich knickerig, streng und geizig gegenüber ihrer Dienerschaft und protestierte, wenn Voltaire seinen Dienern mehr zahlte. Auch zeichnete sie sich nicht durch Schamhaftigkeit aus. Sie zog sich ohne weiteres in Gegenwart ihres Sekretärs Longchamps aus oder befahl ihm, sie mit warmem Wasser zu begießen, wenn sie im Bad lag[32]. Sie las heimlich Briefe, die ihre Gäste schrieben oder erhielten, aber der einzige Zeuge dafür ist eine andere Frau[33]. Was Voltaire anbelangt, so hatte er Dutzende von Fehlern, die sich alle noch zeigen werden. Er war eitel wie ein Dichter und konnte schmollen wie ein Kind. Er war sehr leicht gekränkt und stritt sich häufig mit seiner Dame. Das waren aber nur vorübergehende Wolken, nach denen die Sonne um so heller über ihre Tage schien. Voltaire war bald wieder voll Geist und guter Laune und erzählte seinen Freunden unaufhörlich, wie glücklich er sei und wie sehr er Madame – auf seine eigene leidenschaftslose Art – liebe. Er schrieb ihr Dutzende zärtlicher kleiner Gedichte, jedes ein Kleinod künstlerischer Knappheit. Solch ein literarisches Juwel begleitete einen Ring, in dem sein Bildnis eingraviert war:

Barier grave ces traits destinés pour vos yeux;
Avec quelque plaisir daignez les reconnaître!
Les vôtres dans mon cœur furent gravés bien mieux;
Mais ce fut par un plus grand maître.[34]*

Sie wiederum sagte: «Ich konnte nicht zwei Stunden von ihm getrennt sein, ohne darunter zu leiden.»[35]

Sie gab sich der Wissenschaft mit noch größerem Eifer hin als er. In Befolgung eines ungeschriebenen Gesetzes für herrschsüchtige Frauen versteckte sie Voltaires unvollendetes Manuskript *Das Jahrhundert Ludwigs XIV.*, um ihn der Wissenschaft zuzuführen,

---

* Diese Züge, die für deine Augen bestimmt sind, hat Barier eingraviert;
Mögen sie ein wenig Freude darin erwecken!
Die deinen wurden noch tiefer in mein Herz geritzt;
Aber von der Hand eines größeren Meisters.

die ihrer Meinung nach das einzig richtige Studium für einen modernen Menschen war. Frau von Graffigny, die 1738 bei ihnen zu Besuch war, erzählte, daß sie ihren wissenschaftlichen Studien viel eifriger als Voltaire oblag und oft ganze Nächte, bis fünf oder sieben Uhr morgens, an ihrem Schreibtisch verbrachte[36]. Ab und zu kam Maupertuis nach Cirey, um sie weiter in Mathematik und Physik zu unterrichten. Vielleicht erweckten diese Besuche und die unverhohlene Bewunderung Madames für die geistigen Errungenschaften Maupertuis' die Eifersucht des empfindlichen Voltaire, die im späteren Zwist mit Maupertuis in Berlin zum Ausbruch kam.

War sie wirklich eine Gelehrte, oder schmückte sie sich mit Wissenschaft wie mit einem modischen Gewand? Frau du Deffand und verschiedene andere Damen meinten, daß ihre Studien nur Pose seien. Die Marquise von Créqui behauptete: «Algebra und Geometrie machten sie halb verrückt, und sie sprach so viel von ihren Kenntnissen, daß es geradezu unerträglich war. In Wirklichkeit brachte sie alles, was sie gelernt hatte, durcheinander.»[37] Frau von Graffigny beschreibt jedoch eine Sitzung in Cirey folgendermaßen:

«Heute morgen las uns die Dame des Hauses die geometrische Berechnung eines englischen Träumers vor. Das Buch war in lateinischer Sprache abgefaßt, und sie las es uns auf französisch vor. Bei jedem Absatz zögerte sie einen Augenblick, und ich nahm an, daß dies zum Verständnis der mathematischen Berechnungen geschah. Aber nein; sie übersetzte die mathematischen Ausdrücke mit Leichtigkeit; die Zahlen, die ausgefallenen Ausdrücke – nichts hielt sie auf. Ist das nicht wirklich erstaunlich?»[38]

Voltaire versicherte Thieriot, daß Frau du Châtelet gut Englisch konnte, sämtliche philosophischen Werke Ciceros kannte und sich stark für Mathematik und Metaphysik interessierte[39]. Sie verbesserte sogar einmal den Physiker und Akademiker de Mairan bei einer Diskussion über kinetische Energie[40]. Sie las Cicero und Vergil auf lateinisch, Ariost und Tasso auf italienisch, Locke und Newton auf englisch. Als Algarotti in Cirey Besuch machte, unterhielt sie sich mit ihm auf italienisch. Ein sechsbändiges *Examen de Genèse* (Untersuchung der Genesis) wurde von ihr verfaßt, wenn auch nicht veröffentlicht, das auf dem Werk der englischen Deisten beruhte und Widersprüche, Unwahrscheinlichkeiten, Unmoral und Ungerechtigkeiten in der Bibel aufdeckte. In einer *Abhandlung über das Glück* legte sie ihre originellen Ansichten über die Grundlagen des Glücks dar, die ihrer Meinung nach aus Gesundheit, Liebe, Tugend, Selbstsucht in vernünftigen Grenzen und der Suche nach Wissen bestanden. Sie übersetzte Newtons *Principia* aus dem Lateinischen ins Französische; sie wurden von Clairaut herausgegeben und erschienen 1756, sechs Jahre nach ihrem Tod. Sie verfaßte eine *Exposition abrégée du système du monde* (Kurze Darstellung des Weltsystems), die 1759 erschien, von der Voltaire, vielleicht aus Liebenswürdigkeit, behauptete, sie sei seinem eigenen Buch *Eléments de la philosophie de Newton* (1738) überlegen[41]. Als die Akademie der Wissenschaften (1738) einen Preis für den besten Essay über die Natur und Ausbreitung des Feuers ausschrieb und Voltaire an dem Wettbewerb teilnahm, verfaßte sie heimlich einen eigenen Essay, den sie unter einem Decknamen einreichte. Sie schrieb nachts, um ihre Arbeit vor Voltaire zu verheimlichen, «da ich in meinem Essay fast alle seine

Ideen angriff»[42]. Keiner von beiden gewann den Preis, der Euler zugesprochen wurde, aber die Akademie druckte sowohl ihre als Voltaires Arbeit ab. Beide äußerten sich begeistert über die Arbeit des anderen in einer Ekstase von *amor intellectualis*.

Für seinen eigenen Essay machte Voltaire zahlreiche Experimente, einige in seinem Laboratorium, einige in einer Gießerei im benachbarten Chaumont[43]. Er studierte die Verbrennung und hätte beinahe den Sauerstoff entdeckt[44]. Im Mai 1737 schrieb er an den Abbé Moussinot in Paris mit der Bitte, einen Chemiker gegen ein Gehalt von hundert Talern sowie Kost und Logis für Cirey zu finden; aber der Chemiker mußte außerdem an Sonn- und Feiertagen die Messe in der Schloßkapelle abhalten können[45]. Voltaire selbst glaubte von nun an nur noch an die Wissenschaft. «Was unsere Augen und die Mathematik uns beweisen», schrieb er 1741, «müssen wir für wahr halten. Bei allem übrigen dürfen wir nur sagen 'Ich weiß es nicht'.»[46] Zu dieser Zeit bedeutete Philosophie für ihn nur eine Sammlung wissenschaftlicher Tatsachen. In diesem Sinne gebrauchte er das Wort in seiner Schrift *Elemente der Newtonschen Philosophie*. Er bemühte sich um die königliche Bewilligung für ihre Veröffentlichung, die aber verweigert wurde. Ohne seine Erlaubnis erschien (1738) eine Auflage in Amsterdam; seine eigene Ausgabe kam eben dort im Jahre 1741 heraus. Es war ein beträchtlicher Band von 440 Seiten, ein prächtiges Beispiel für das, was die Franzosen, ohne es abfällig zu meinen, *vulgarisation* nennen, nämlich den Versuch, das Schwierige und Unverständliche einem weiteren Publikum zugänglich zu machen. Der Drucker fügte den Untertitel hinzu: *Mis à la portée de tout le monde* – «begreiflich für jedermann»; was der Abbé Desfontaines in einer bösartigen Kritik in *Mis à la porte de tout le monde* verwandelte – «zur Türe hinausgeworfen von jedermann». In Wirklichkeit fand das Buch allgemeinen Anklang; sogar die Jesuiten erwähnten es lobend im *Journal de Trévoux*[47]. Jetzt befreite sich der französische Geist endlich von den Descartesschen Wirbeln und ging zur Schwerkraftlehre der Newtonschen Weltbeschreibung über. Voltaire schloß auch eine Darstellung von Newtons Optik mit ein. Er prüfte die Experimente in seinem eigenen Laboratorium nach und stellte auch selbständige Versuche an. Er gab sich alle erdenkliche Mühe, zu betonen, daß Newtons Philosophie mit dem Glauben an Gott im Einklang stand. Gleichzeitig hob er die universale Gesetzmäßigkeit in der physikalischen Welt hervor.

Trotz diesen Bemühungen verfügte Voltaire weder über den Geist noch die Begrenzung eines Wissenschafters. Man hat von seinem Versagen als Wissenschafter gesprochen; es handelte sich jedoch vielmehr um eine zu reiche und vielseitige Persönlichkeit, die sich nicht ausschließlich und endgültig der Wissenschaft allein hingeben konnte. Er benutzte die Wissenschaft zur Befreiung des Geistes; als er das erreicht hatte, ging er zu Poesie, Drama, Philosophie im weiteren Sinne und zu einer humanitären Beteiligung an den grundlegenden Angelegenheiten seiner Zeit über. «Wir sollten in unsere Existenz alle vorstellbaren Lebensweisen einführen und jede Tür unserer Seele allen Arten von Erkenntnis und Gefühl öffnen. Solange sie nicht durcheinandergeraten, ist genügend Raum für alles vorhanden.»[48] So verfaßte er damals (1734) einen *Discours sur l'homme* (Abhandlung über den Menschen) mit starken Anklängen an Popes

Essay on Man und ließ sich sogar zu der ganz unvoltairischen Idee hinreißen: «Alles ist gut.»[49] In diesen Jahren beendigte er den größten Teil der *Jungfrau von Orleans*, vielleicht als ein Gegengewicht zu Newton. Seine eigene Philosophie setzte er in einem *Traité de métaphysique* (Abhandlung über Metaphysik) auseinander, den er aber wohlweislich nicht veröffentlichte.

Es war eine einzigartige Arbeit – wie alles, was er hervorbrachte. Zunächst führte er sich als einen Besucher vom Jupiter oder Mars ein. In dem Fall, so meinte er, konnte man von ihm nicht erwarten, daß seine Ansichten mit der Bibel übereinstimmten. Da er bei den Kaffern in Südafrika landet, kommt er zu dem Schluß, daß der Mensch ein Tier mit schwarzer Haut und wolligem Haar sei. Dann gerät er nach Indien, wo er auf Menschen mit gelber Haut und glattem Haar stößt; er schließt daraus, daß der Mensch eine Gattung mit mehreren verschiedenen Arten sein muß, die nicht alle gleicher Abstammung sind[50]. Von der anscheinenden Ordnung in der Welt und der sinnvollen Anlage der tierischen Organe kommt er zu der Ansicht, daß das Ganze von einer denkenden Gottheit entworfen wurde. Er findet keine Beweise für eine unsterbliche Seele beim Menschen, hält aber seinen Willen für frei. Lange vor Hume und Adam Smith leitet er den moralischen Sinn vom Mitgefühl, der Sym-pathie, ab. Lange vor Helvétius und Bentham definiert er Tugend und Laster als das, «was nützlich und schädlich für die Gesellschaft ist»[51]. Später werden wir auf diese Abhandlung zurückkommen.

Völlig verschieden davon waren die ausgelassenen Verse, worin Voltaire die Geschichte Jeanne d'Arcs beschrieb. Der heutige Leser dieses satirischen Epos muß in Betracht ziehen, daß französische Sprache und Literatur damals erheblich mehr Freiheit genossen als heute in unserem zwanzigsten Jahrhundert. Ein Beispiel dafür lieferten die *Lettres persanes* des Justizbeamten Montesquieu. Diderot erlaubte sich noch mehr Freiheiten, nicht nur in *Les Bijoux indiscrets*, sondern auch in *Jacques le fataliste*. Im Vergleich damit ist *La Pucelle* in der endgültigen Fassung, die von Voltaire im Jahre 1756 endlich veröffentlicht wurde, ganz harmlos. Vermutlich war das ursprüngliche Manuskript, das nur privat von Hand zu Hand ging, gewagter. Der ernsthafte Condorcet trat für die Dichtung ein, und Malesherbes, ein hoher Regierungsbeamter, soll sie auswendig gelernt haben[52]. Strebsame Forscher entdeckten einige harmlos-sinnliche Stellen in den einundzwanzig Gesängen, die nicht anstößiger als ähnliche Bilder bei Ariost sind; sie werden durch anschauliche Beschreibungen und kraftvolle Erzählung wettgemacht. Wie viele Franzosen seiner Zeit faßte Voltaire Jeanne als ein gesundes, einfaches Bauernmädchen auf, wahrscheinlich unehelicher Herkunft, mit allen Voraussetzungen für abergläubische Anwandlungen und das Hören von «Stimmen»; und er hegte den Verdacht, daß Frankreich vor den *Goddams* (Jeannes Bezeichnung für die englischen Eroberer) gerettet worden wäre, auch wenn sie nicht auf die Welt gekommen wäre. Im übrigen hielt er sich, abgesehen von einigen geschichtlichen Irrtümern, getreulich an ihre Geschichte, die er zusätzlich mit Humor würzte.

Donc se tournant vers la fière beauté,
Le roi lui dit, d'un ton de majesté
Qui confondrait toute autre fille qu'elle:

«Jeanne, écoutez: Jeanne, êtes-vous pucelle?»
Jeanne lui dit: «O grand Sire, ordonnez
Que médecins, lunettes sur le nez,
Matrones, clercs, pédants, apothicaires,
Viennent sonder ces féminins mystères;
Et si quelqu'un se connaît à cela,
Qu'il trousse Jeanne, et qu'il regarde là.»
A sa réponse et sage et mesurée,
Le roi vit bien qu'elle était inspirée.
«Or sus, dit-il, si vous en savez tant,
Fille de bien, dites-moi dans l'instant
Ce que j'ai fait cette nuit à ma belle;
Mais parlez net.» – «Rien du tout», lui dit-elle.
Le roi surpris soudain s'agenouilla,
Cria tout haut: «Miracle!» et se signa.

Der König drehte sich also nach der stolzen Schönen um
Und sagte ihr mit majestätischer Stimme,
Die jede andere Maid in Verwirrung versetzt hätte:
«Jeanne, hör zu: Jeanne, bist du Jungfrau?»
Jeanne sprach zu ihm: «O große Majestät,
Befehlt Ärzten mit der Brille auf der Nase,
Matronen, Schreibern, Schulmeistern, Apothekern,
Dies weibliche Geheimnis aufzuklären;
Und wenn einer sich darin auskennt, soll er
Jeannes Röcke schürzen und dort nachsehn.»
An dieser weisen und gemäßigten Antwort
Erkannte der König die höhere Eingebung.
«Also», sagte er, «wenn du so vieles weißt,
Mein gutes Mädchen, sag mir auf der Stelle,
Was ich heut nacht mit meiner Schönen getan;
Aber sag's genau.» – «Überhaupt nichts», sagte sie.
Der überraschte König wirft sich auf die Knie
Und ruft laut aus: «Ein Wunder!» und bekreuzigt sich.[53]

Voltaire las seinen Gästen zur Erheiterung einen oder zwei Gesänge aus *La Pucelle* an einem Winterabend vor. Gewöhnlich bewahrte Frau du Châtelet das umfangreiche Manuskript hinter Schloß und Riegel auf, aber der nachlässige Voltaire setzte einige Teile daraus unter seinen Freunden in Umlauf. Sie wurden teilweise abgeschrieben und machten die Runde bei einer respektlosen Gesellschaft, was wenig vorsichtig war. Die Angst, daß die Regierung ihn vor Gericht stellen könnte – nicht wegen der Anstößigkeit der Dichtung, sondern wegen gelegentlicher Satiren auf Mönche, Jesuiten, Prälaten, Päpste und die Inquisition –, bedrängte Voltaire ständig.

Ernsthafter gab er sich in *Alzire,* ein Stück, das am 27. Januar 1736 glücklich zur Uraufführung im Théâtre-Français gelangte. Es war ein Ereignis in der Geschichte des Theaters, denn die Schauspieler traten in den Kostümen der Zeit und des Ortes auf, die der Handlung entsprachen – der spanischen Eroberung und Verwüstung Perus. Alvarez, der spanische Statthalter des unterworfenen Staates, versucht, die Grausamkeit und Habsucht der Sieger in Grenzen zu halten:

Notre nom, je l'avoue, inspire la terreur;
Les Espagnols sont craints, mais ils sont en horreur:
Fléaux du Nouveau-Monde, injustes, vains, avares,
Nous seuls en ces climats nous sommes les barbares.
L'Américain, farouche en sa simplicité,
Nous égale en courage, et nous passe en bonté.

Unser Name, ich gesteh's, ruft Entsetzen hervor;
Man fürchtet die Spanier, doch verabscheut man sie auch:
Geißel der Neuen Welt, ungerecht, eitel und habgierig –
Sind wir in diesen Breiten die einzigen Barbaren.
Der Amerikaner, wenn auch nur ein einfältiger Wilder,
Gleicht uns an Mut und übertrifft uns an Güte.[54]

In Paris löste das Stück zwanzig Abende hintereinander Beifall aus und brachte 53640 Livres ein; seinen Anteil daran überließ Voltaire der Truppe.

Am 8. August 1736 erhielt er seinen ersten Brief von Friedrich dem Großen; damit begannen ein bedeutsamer Briefwechsel und eine tragische Freundschaft. Im gleichen Jahr veröffentlichte er eine Dichtung, *Le Mondain* (Der Mann von Welt), die die Antwort auf Rousseaus *Abhandlung über die Künste und Wissenschaften* (1750) vorwegzunehmen scheint. Voltaire konnte die Phantasten, die den «freundlichen und unverfälschten Wilden» idealisierten oder eine «Rückkehr zur Natur» als eine Flucht vor dem hektischen, heuchlerischen und gekünstelten modernen Leben befürworteten, nicht ertragen. Er selbst fühlte sich in dem Strudel ganz an seinem Platz und glaubte sich verpflichtet, ein gutes Wort für die Kultur einzulegen. Er sah keine Tugend in der Armut und keine Harmonie zwischen Ungeziefer und Liebe. Die Primitiven mögen Kommunisten gewesen sein, aber nur weil sie nichts besaßen; und wenn sie nüchtern waren, so deswegen, weil sie keinen Wein kannten. «Ich meinerseits danke der weisen Natur, daß sie mich freundlicherweise in diesem von unseren melancholischen Kritikern so verschrieenen Zeitalter auf die Welt kommen ließ. Diese profane Zeit paßt mir ausgezeichnet. Ich liebe den Luxus, sogar ein verweichlichtes Leben, sämtliche Vergnügungen, die Künste in ihrer Vielfalt, die Sauberkeit, Geschmack und Schmuck.» All das schien ihm ohne Zweifel wünschenswerter als der Garten Eden. «Mein lieber Vater Adam, gib zu, daß du und Frau Eva lange, schwarze Nägel hattet und daß dein Haar unordentlich war ... Umsonst haben die Gelehrten nach dem Garten Eden geforscht ... Das irdische Paradies ist hier, wo ich bin.»

Den Geistlichen gefiel dieses Bild von Adam und Eva nicht; sie bestanden darauf, daß die Genesis der Schöpfungsgeschichte entsprach, und waren nicht einverstanden mit Voltaire, was Adams Nägel und Evas Haare anbelangte. Wieder einmal drohte dem gottlosen Teufel von Cirey die Verhaftung. Wieder wurde er von Freunden gewarnt, und wieder beschloß er, abzureisen. Am 21. Dezember 1736 verließ er Cirey und Emilie und erreichte Brüssel in der Verkleidung eines Kaufmanns namens Revol. Seine dortigen Bewunderer machten sich über seine Verkleidung lustig und führten ihm zu Ehren *Alzire* auf. Jean-Baptiste Rousseau warnte sie, Voltaire sei nach Brüssel gekommen, um Atheismus zu predigen. Voltaire reiste weiter nach Leiden, wo alles zusammenlief, um ihn zu sehen, dann nach Amsterdam, wo er den Druck seines Buches über Newton beaufsichtigte. Die Marquise bekam Angst, daß er überhaupt nicht mehr zurückkommen würde. «Vor zwei Wochen», schrieb sie an d'Argental, «konnte ich es nicht aushalten, wenn ich ihn länger als zwei Stunden nicht gesehen hatte. Ich schickte ihm von meinem Zimmer Briefe in sein Zimmer. Jetzt sind schon zwei Wochen vergangen, und ich weiß nicht, wo er ist und was er tut ... Ich bin in einem fürchterlichen Zustand.»[55] Schließlich kehrte er (März 1737) zurück, aber schwor ihr, daß ihn nur seine Liebe zu ihr in Frankreich zurückhielt, wo er solche Verfolgungen zu erleiden hatte.

Im Mai 1739 fuhren die Liebenden nach Brüssel, wo Voltaire seinen juristischen und auch sonstigen Verstand darauf verwendete, die Marquise in einem Prozeß, der ihre Besitzungen betraf, zu verteidigen. Dann fuhren sie zusammen mit ihrem Mann nach Paris, wo Voltaire der Comédie-Française zwei Stücke, *Mahomet* und *Mérope,* anbot und Madame ihre dreibändigen *Institutions de physique* in Druck gab. In diesen «Lektionen» schlug sie sowohl Voltaire als auch Newton in den Wind, denn sie begünstigte die monadische Philosophie von Leibniz. Im September kehrten sie für kurze Zeit nach Cirey zurück und verreisten bald darauf für einen längeren Aufenthalt nach Brüssel. Von dort eilte Voltaire im September 1740 nach Cleve zu seiner ersten Begegnung mit Friedrich, der inzwischen König geworden war und sich weigerte, seine Einladung auf Emilie auszudehnen. Im November legte Voltaire 350 erschöpfende Meilen nach Berlin zurück, wo er für Kardinal Fleury den Diplomaten zu spielen hoffte; aber davon später. Emilie begab sich inzwischen nach Fontainebleau, wo sie sich darum bemühte, Voltaire eine Aufenthaltserlaubnis für Paris zu erwirken. Anscheinend hatten sie genug von Cirey. Am 23. November schrieb sie an d'Argental:

«Ich bin schlecht belohnt worden für alles, was ich in Fontainebleau getan habe. Ich habe die schwierigste Sache auf der Welt erledigt, ich verschaffe Herrn Voltaire eine ehrenhafte Rückkehr in die Heimat, ich verschaffe ihm das Wohlwollen des Ministeriums, ich eröffne ihm den Weg zu den Akademien, und ich gebe ihm in drei Wochen alles zurück, was er in sechs Jahren vergeudet hatte. Wissen Sie, wie er so viel Eifer und Anhänglichkeit belohnt? Er reist nach Berlin und teilt mir das ganz trocken mit, obwohl er weiß, daß er mir das Herz bricht, und überläßt mich einem Schmerz, der sich mit nichts vergleichen läßt ... Ich habe Fieber, und ich hoffe, daß es mit mir bald zu Ende gehen wird wie mit dieser unglücklichen Frau von Richelieu ... Können Sie sich vorstellen, daß der Gedanke, der mich in solchen Augenblicken am meisten beschäftigt, der schreckliche Kummer ist, den Voltaire durch meinen Tod erleiden würde ... Ich kann die Vorstellung nicht ertragen, daß das Andenken an mich eines Tages zu einer Qual für ihn wird; alle, die mich geliebt haben, dürfen ihm keine Vorwürfe machen.»

Voltaire riß sich von Potsdam und der königlichen Bewunderung los, um zu seiner Geliebten zurückzukehren. Auf dem Rückweg schrieb er einen Brief an Friedrich, in dem er *seiner* Ansicht über die Angelegenheit Ausdruck gab:

«Ich verlasse einen großen Monarchen, der die Kunst, die ich vergöttere, pflegt und ehrt, um jemanden aufzusuchen, der nichts als die Metaphysik von Christian Wolff [der Leibniz erläuterte] liest. Wegen eines Prozesses reiße ich mich von dem liebenswürdigsten Hof Europas los. Ich habe Ihren bewundernswerten Hof nicht verlassen, um wie ein Dummkopf an den Knien einer

Frau zu seufzen. Aber diese Frau, Majestät, hat für mich alles aufgegeben, wofür andere Frauen ihre Freunde aufgeben. Ich fühle mich ihr in jeder Hinsicht verpflichtet ... Liebe ist oft lächerlich, aber reine Freundschaft übt stärkere Rechte aus als die Befehle von Königen.»[56]

Er traf Emilie in Brüssel, wo die beiden wegen Emiliens langwierigen Prozesses ihren zweiten Wohnsitz aufschlugen. Im Mai 1741 wohnten sie der Erstaufführung des *Mahomet* (Mohammed) in Lille bei, wo ihnen ein Triumph bereitet wurde. Voller Genugtuung kehrten sie nach Brüssel zurück; aber ihre Stimmung wurde verdüstert, weil sie sich mehr und mehr darüber klar wurden, daß ihre Idylle zu Ende ging. Sie liebte ihn noch immer, wenn auch Herrschsucht mit ihrem Gefühl vermischt war, während sich Voltaires Feuer in seine Feder ergoß. Im Juli 1741 entschuldigte er sich bei ihr für seine schwindenden Gefühle:

Si vous voulez que j'aime encore
Rendez-moi l'âge des amours;
Au crépuscule de mes jours
Réjoignez, s'il se peut, l'aurore.
On meurt deux fois, je le vois bien:
Cesser d'aimer et d'être aimable
C'est une mort insupportable;
Cesser de vivre, ce n'est rien.[57] *

Im August 1742 fuhren sie nach Paris, um der Aufführung von *Mahomet* im Théâtre-Français beizuwohnen. Voltaire bat um offizielle Erlaubnis für die Aufführung bei Kardinal Fleury, die er auch erhielt. Die Pariser Erstaufführung (19. August) war das literarische Ereignis des Jahres. Es wimmelte von Beamten, Geistlichen und Dichtern im Zuschauerraum. Alle schienen begeistert, bis auf einige Geistliche, die behaupteten, daß das Stück «eine gemeine Satire auf die christliche Religion» sei. Fréron, Desfontaines und andere waren empört. Und obwohl der Kardinal der Meinung war, daß diese Kritiker ihrer eigenen Sache schadeten, riet er Voltaire im geheimen, das Stück zurückzuziehen, was nach der vierten ausverkauften Aufführung geschah. Verärgert über ihre Hilflosigkeit, fuhren Voltaire und Emilie nach Brüssel zurück.

War *Mahomet* antichristlich? Nicht ganz. Das Stück richtete sich gegen Fanatismus und Frömmelei, stellte aber den Propheten in einer feindseligen Beleuchtung dar, die jedem Christen, der nichts von Geschichte wußte, gefallen mußte. Voltaire stellte Mohammed als einen bewußten Betrüger dar, der einem leichtgläubigen Volk seine neue Religion aufzwingt, seinen Glauben als einen Ansporn zum Krieg ausnützt und Mekka einnimmt, nachdem er seinem fanatischen Jünger befohlen hat, den Scheik Zopir, der ihm Widerstand bietet, zu ermorden. Den zögernden Séide tadelt Mohammed mit Worten, die einigen Zuhörern als eine Anspielung auf die christliche Priesterschaft erschienen:

---

* «Willst du, daß ich weiter liebe, gib mir das Alter der Liebe zurück; verleih der Abenddämmerung meiner Tage, wenn möglich, das Morgenrot. Man stirbt zweimal, ich seh es wohl. Aufhören zu lieben und liebenswert zu sein ist unerträglicher Tod. Aufhören zu leben ist nichts.»

Tollkühner! Gotteslästerer wird der, der überlegt.
Fern von mir seien die verwegenen Sterblichen, die
Selbst urteilen und mit eigenen Augen sehen wollen!
Wer zu denken wagt, ist nicht geboren, um an mich zu glauben.
Euer einziger Ruhm ist, in der Stille zu gehorchen.
Wißt ihr, wer ich bin? Wißt ihr, an welchem Ort
Meine Stimme euch mit dem Willen des Himmels beauftragt hat?
Wenn Mekka heilig ist, wißt ihr warum?
Abraham wurde dort geboren, und dort ruht seine Asche:
Abraham, der dem Ewigen gefügig, mit seinen Händen
Seinen einzigen Sohn an die Stufen des Altars schleppte
Und den Schrei der Natur um seines Gottes willen erstickte.
Und wenn dieser Gott ein Opfer erfordert,
Wenn er allein euer Blut verlangt,
Wenn Gott euch erwählt hat, da habt ihr gezögert! ...
So schlagt denn zu – vom Blut des Heiden gefärbt,
Verdient euch durch seinen Tod das ewige Leben.[58]

Séide bringt den alten Mann um, der sterbend in ihm seinen eigenen Sohn erkennt. Das war natürlich eine Anklage gegen den Mißbrauch der Religion zur Rechtfertigung von Mord und Krieg, und so war es auch von Voltaire gemeint, der in einem Brief an Friedrich als Beispiel für fromme Verbrechen die Ermordung Wilhelms von Oranien sowie Heinrichs III. und Heinrichs IV. in Frankreich anführte. Er bestritt jedoch, daß das Stück einen Angriff auf die Religion darstellte; es sollte die Christenheit christlich machen.

Der Kardinal Fleury tröstete ihn mit einem Auftrag (September 1742): Er sollte versuchen, Friedrichs Politik zur Freundschaft mit Frankreich zu bekehren. Voltaire, stolz auf seine diplomatische Sendung, besuchte den König in Aachen. Friedrich durchschaute ihn und beantwortete seine Diplomatie mit Poesie. Voltaire kehrte nach Paris, zu Emilie und seinen Dramen zurück. Am 20. Februar 1743 wurde sein bestes Stück, *Mérope,* von der Comédie-Française aufgeführt; es war so erfolgreich, daß seine Feinde sich vorläufig still verhalten mußten.

Über das gleiche Thema waren bereits verschiedene Stücke geschrieben worden. Euripides hatte es für ein Trauerspiel verwendet, von dem nur Bruchstücke erhalten sind. In einem Vorwort erkannte Voltaire an, wie sehr er dem Marchese Francesco Scipione di Maffei von Verona verpflichtet war, der 1713 eine *Merope* auf die Bühne gebracht hatte. Diese Stücke zeichneten sich dadurch aus, daß sie sich mehr um Elternliebe als um die Beziehungen zwischen den Geschlechtern drehten. Als der Vorhang über Voltaires Stück fiel, soll der größte Teil der Zuschauer geweint haben. Zum erstenmal in der Geschichte des französischen Theaters wurden Rufe laut, der Autor solle sich auf der Bühne zeigen. Allgemein wird angenommen, daß Voltaire nachgegeben und damit eine Sitte eingeführt habe, die Lessing bedauerte. Andere Quellen behaupten, Voltaire habe sich geweigert, ungeachtet der Aufforderungen der beiden Herzoginnen, deren Loge er teilte; er sei nur einen Augenblick aufgestanden, um den Beifall entgegenzunehmen[59]. Friedrich II. beurteilte *Mérope* als «eine der besten Tragödien, die je geschrieben wurden»[60]. Gibbon betrachtete den letzten Akt als dem Werk eines Racine ebenbürtig[61].

Der Erfolg der *Mérope* wurde Voltaire bald darauf durch die Akademie vergällt, die seine Kandidatur auf einen Sitz ablehnte. Er hatte einen eifrigen Feldzug darum geführt, sich sogar als «aufrichtigen Katholiken» und als den Verfasser «vieler von Religion begnadeter Seiten» ausgegeben[62]. Ludwig XV. begünstigte ihn zuerst, bis sein neuer Minister Maurepas ihn davon abbrachte, mit der Begründung, es sei unziemlich, einem so profanen Geist den Sitz des verstorbenen Kardinals Fleury einzuräumen. So wurde der Sitz dem Bischof von Mirepoix zugesprochen. Friedrich II. forderte Voltaire auf, ein Land zu verlassen, das seine genialen Männer so wenig ehrte, und bei ihm in Potsdam Wohnsitz zu nehmen. Frau du Châtelet war dagegen. Die französische Regierung riet ihm, der Einladung zeitweilig zu folgen und als ihr Geheimagent in Berlin zu dienen. Voltaire, der darauf brannte, sich mit Politik zu befassen, nahm an und begab sich wieder auf die beschwerliche Reise durch Frankreich, Belgien und Deutschland. Das Unternehmen dauerte sechs Wochen (vom 30. August bis zum 12. Oktober 1743). Friedrich machte sich neuerdings über Voltaires politische Bemühungen lustig und bewunderte seine Dichtkunst. Voltaire kehrte zu Emilie nach Brüssel zurück, und im April 1744 nahmen sie wieder Wohnsitz in Cirey, wo sie versuchten, ihre schwindende Liebe neu zu beleben.

In ihrem *Traité du bonheur* meinte die Marquise: «Unter allen Leidenschaften trägt der Wunsch nach Erkenntnis am meisten zum Glück bei, denn dabei sind wir am wenigsten von andern abhängig.» Trotzdem nannte sie die Liebe

> «das beste aller guten Dinge in unserer Reichweite, das einzige, dem sogar das Vergnügen, zu lernen, geopfert werden sollte. Das Ideal wären zwei Menschen, die sich so voneinander angezogen fühlen, daß ihre Leidenschaft sich nie abkühlt und sie ihrer nie überdrüssig werden. Aber man kann auf solche Harmonie zwischen zwei Wesen nicht hoffen; es wäre zu vollkommen. Ein Herz, das solcher Liebe fähig ist, eine so beständige und zärtliche Seele, wird vielleicht einmal in hundert Jahren geboren.»[63]

In einem rührenden Brief kam ihre verlorene Hoffnung zum Ausdruck:

> «Zehn Jahre war ich glücklich, denn ich genoß die Liebe des Mannes, der meine Seele erobert hatte, und diese zehn Jahre verbrachte ich in vollkommenem Einklang mit ihm ... Es dauerte eine lange Zeit, bevor ich bemerkte, daß Alter und Krankheit seine Zuneigung vermindert hatten; ich liebte für zwei; mein ganzes Leben verbrachte ich mit ihm, und mein vertrauensvolles Herz genoß die Ekstase der Liebe und den Wahn, sich geliebt zu glauben ... Dieser glückliche Zustand ist dahin.»[64]

Woran lag es, daß sich Voltaires Liebe in Treue mit Unterbrechungen verwandelt hatte? Es war wahrscheinlich aufrichtig gemeint, wenn er behauptete, daß seine körperliche Frische gelitten hatte, was ihn aber nicht daran hinderte, ein Jahr später «wie ein Dummkopf an den Knien einer Frau zu seufzen». In Wirklichkeit hatte er eine Phase seines Lebens und seiner Interessen erschöpft – Frau du Châtelet und die Naturwissenschaft. Die Einsamkeit von Cirey hätte schon längst auf einem gewöhnlichen Geist gelastet; sie war nur ein Segen, solange die Polizei ihn verfolgte und die Naturwissenschaft ihn lockte. Aber jetzt hatte er wieder die Pariser Vergnügungen und Premieren genossen; sogar in der Politik spielte er eine Rolle. Er spürte den Glanz des Hofes, wenn auch nur von weitem. Sein Freund, der Marquis von Argenson, war Minister, sein Freund und Schuldner, der Herzog von Richelieu, war erster Kammerherr beim König, und Ludwig selbst war nachsichtiger geworden. 1745 stand die Hochzeit des Dauphins mit der Infantin Maria Teresa Rafaela bevor, der Anlaß für ein außerordentliches Fest; Richelieu beauftragte Voltaire, dafür ein Stück zu schreiben. Die Musik dazu sollte Rameau komponieren. Dichter und Komponist mußten zusammenarbeiten. Deswegen mußte Voltaire nach Paris fahren. Im September 1744 sagten die Liebenden Cirey Lebewohl und zogen in die Hauptstadt.

IV. DER HÖFLING: 1745–1748

Voltaire war nun fünfzig Jahre alt. Seit langem hatte er sich jedes Jahr einmal dem Tode nahe gefühlt. «Es besteht kein Zweifel», schrieb er 1735 an Thieriot, «daß ich nur noch wenige Jahre zu leben habe.»[65] Damals war er einundvierzig Jahre alt gewesen; es blieben ihm noch weitere dreiundvierzig Jahre. Wie gelang ihm das? Als er 1748 in Châlons-sur-Marne schwer erkrankte und ihm ein Arzt verschiedene Arzneien verschrieb, «sagte mir Voltaire» – wie sein Sekretär berichtet –, «daß er keine dieser Anordnungen befolgen werde, denn er wisse, wie er sich, krank oder gesund, zu verhalten habe, und er werde weiter wie bisher sein eigener Doktor sein». Bei solchen Krisen fastete er eine Weile, nahm dann ein wenig Fleischbrühe zu sich, geröstetes Brot, schwachen Tee, Graupen und Wasser. Der Sekretär Longchamp fügt hinzu:

> «So heilte sich Herr von Voltaire von einer Krankheit, die wahrscheinlich ernste Folgen gehabt hätte, wenn er sich dem Äskulap von Châlons ausgeliefert hätte. Sein Prinzip war, daß unsere Gesundheit von uns selbst abhängt; daß ihre drei Angelpunkte Nüchternheit, Mäßigkeit in allen Dingen und genügend Bewegung sind und daß es bei fast allen Krankheiten, die nicht das Resultat eines schweren Unfalls oder eines radikalen Gebrechens der inneren Organe sind, genügt, wenn wir der Natur nachhelfen, die danach strebt, uns wiederherzustellen; daß es notwendig ist, uns auf eine einfache Diät zu beschränken, mehr oder weniger streng und anhaltend, auf angemessene flüssige Nahrung und ähnliche einfache Mittel. Danach hat er sich immer gerichtet, solange ich bei ihm war.»[66]

Wenn es darum ging, sein Geld zu verwalten oder anzulegen, war er so geschickt wie ein Bankier. Er war Importeur, Dichter, Unternehmer, Dramatiker, Kapitalist, Philosoph, Geldverleiher, Rentenempfänger und Erbe. Mit Hilfe seines Freundes d'Argenson machte er ein Vermögen mit Heeresaufträgen[67]. Er hatte einen Teil des väterlichen Vermögens geerbt. Das Einkommen aus dem Rest fiel ihm nach dem Tode seines Bruders Armand (1745) zu. Er lieh dem Herzog von Richelieu, dem Herzog von Villars, dem Fürsten von Guise und anderen große Summen. Mit der Zurückzahlung hatte er größte Schwierigkeiten, was er durch Zinsen ausglich[68]. 1735 schuldete Richelieu ihm 46417 Livres, auf die der Herzog viertausend Livres Zinsen im Jahr bezahlte[69]. Im Falle des unzuverlässigen Herrn von Brézé forderte Voltaire zehn Prozent. Einen großen Teil seines Geldes legte er in fünf- oder sechsprozentigen Anleihen der Stadt Paris an. Oftmals hielt er seinen Agenten dazu an, seine Schuldner zu drängen. «Es ist notwendig, lieber Freund, meine Schuldner um die Jahresrente und Rückstände zu bitten, sie zur Zahlung aufzufordern, in sie zu dringen, sie aufzusuchen, sie zu belästigen – aber nicht zu verfolgen.»[70] Sein Sekretär berechnete 1749, daß Voltaires Einkommen sich auf achtzigtausend Livres im Jahr belief[71]. Er war dabei aber nicht geldgierig oder geizig. Wiederholt unterstützte er junge Studenten mit Geld, beschenkte Vauvenargues, Marmontel und La Harpe oder verwendete sich für sie. Auch kam es vor, daß er den Schauspielern die Einnahmen aus einem Stück überließ. Als er beim Bankrott eines Generalpächters 40 000 Livres verlor, die er ihm geliehen hatte, nahm er es mit Gleichmut auf und äußerte die weisen Worte, die er in seiner Jugend gelernt hatte: «Der Herr hat es gegeben, der Herr hat es genommen, der Name des Herrn sei gelobt.»

Wenn er nicht so viel Geld und etwas mehr Fleisch auf den Knochen gehabt hätte, so wäre er vielleicht etwas weniger empfindlich, nervös und reizbar gewesen. Er war großzügig und rücksichtsvoll, gewöhnlich guter Laune, vergnügt und lebhaft. Er war zu warmer und treuer Freundschaft fähig und vergaß schnell wieder eine Kränkung, wenn sie nicht seinen Stolz verletzt hatte. Aber Kritik und Feindseligkeit konnte er nicht geduldig ertragen. («Ich beneide die Tiere um zwei Dinge», sagte er: «daß sie nicht wissen, was sie erwartet, und nicht wissen, was man von ihnen sagt.»[72]) Mit seinen geistreichen Aussprüchen machte er sich viele Feinde. Fréron, Piron, Desfontaines griffen ihn oder seine Ideen mit einer Heftigkeit an, die die Ausfälle der Geistlichkeit noch übertraf. Wir werden noch davon zu hören bekommen. Voltaire gab Schlag um Schlag zurück, obwohl ihm Frau du Châtelet zum Schweigen riet. Er belegte seine Gegner mit beleidigenden Namen und hetzte seine Freunde gegen sie auf. Die Marquise konnte ihn nur mit Mühe und Not davon zurückhalten, nach Paris zu stürzen und Desfontaines auszupeitschen oder zum Duell herauszufordern; er spielte sogar mit dem Gedanken, seine hitzigsten Feinde mit Hilfe der Zensur zum Schweigen zu bringen. Das war die Kehrseite seiner guten Eigenschaften, und ein paar schlechte besaß er noch obendrein.

Rameau war ebenso stolz und reizbar wie er selbst, und ihre Zusammenarbeit war für beide peinvoll. Aber schließlich wurden Libretto und Musik vollendet, und *La Princesse de Navarre* erlebte eine erfolgreiche Aufführung (23. Februar 1745). Einen Monat später bekam Voltaire ein Zimmer im Schloß, nicht weit von dem «stinkendsten Scheißloch in Versailles» – wie er sich in seiner ganz privaten Korrespondenz ausdrückte. Die Marquise du Châtelet nahm ihren Platz bei Hof wieder ein, den sie für Voltaire geopfert hatte; sie hatte nun den schwindelerregenden Vorrang, in Gegenwart der Königin sitzen zu dürfen. Der Aufstieg von Frau von Pompadour begünstigte Voltaire; er war mit ihr bekannt gewesen, als sie noch Frau von Etioles war, hatte sie besucht und hatte ihr kleine Gedichte gewidmet. Auf ihr Drängen ernannte ihn der König (1. April) zum königlichen Geschichtsschreiber mit einem Gehalt von zweitausend Livres im Jahr.

Er konnte sich bald sein Gehalt verdienen. Am 11. Mai 1745 besiegten die Franzosen die Engländer bei Fontenoy; d'Argenson bestellte eine Erinnerungsode; Voltaire fabrizierte in drei Tagen 350 Zeilen, die in vierzehn Tagen fünf Auflagen erlebten; eine kurze Weile lang schätzte der König Voltaire und besang Voltaire den Krieg. Für eine weitere Siegesfeier wurden Voltaire und Rameau mit einer Festoper beauftragt. *Le Temple de la Gloire* (Der Tempel des Ruhms) wurde im Dezember bei Hof aufgeführt und zeigte die triumphale Heimkehr Trajans (Ludwigs XV.) von der Schlacht. An diesem Abend saß Voltaire an der Tafel des Königs und nährte sich von Ambrosia. Aber als er Richelieu etwas übereifrig fragte: «*Trajan est-il content?*» (Ist Trajan zufrieden?), hörte Ludwig die Frage, fand sie unehrerbietig und sprach kein Wort mit ihm.

Trunken von dieser Mischung aus Ruhm und königlicher Gnade, begann Voltaire einen neuen Feldzug für die Aufnahme in die Akademie. Er ließ nichts unversucht. Am 17. August 1745 sandte er ein Exemplar von *Mohammed* an Benedikt XIV. mit der Bitte, es ihm widmen zu dürfen. Der liebenswürdige Papst erwiderte (19. September):

> «Vor einer Woche hatten Sie die Freundlichkeit, mir Ihr ausgezeichnetes Trauerspiel *Mohammed* zu senden, das ich mit großem Vergnügen gelesen habe ... Ich hege die größte Achtung vor Ihrem Verdienst, das so allgemein anerkannt wird ... Ich habe eine hohe Meinung von Ihrer Ehrenhaftigkeit und Aufrichtigkeit. Hiermit ... gebe ich Ihnen meinen apostolischen Segen.»[73]

Voltaire war so begeistert von dieser Anerkennung, daß er dem Papst einen glühenden Dankesbrief schrieb, der die Endung enthielt: «In größter Verehrung und Dankbarkeit küsse ich Ihre geweihten Füße.»[74] Er verkündete in ganz Paris seine Anhänglichkeit an den katholischen Glauben und seine Bewunderung für die Jesuiten. Er vervielfachte seine Lobeserhebungen über die Pompadour und den König. Die Pompadour setzte sich für ihn ein, der König gab sein Einverständnis, und so wurde der führende Dichter und Dramatiker seiner Zeit endlich, am 9. Mai 1746, in die Akademie aufgenommen. Um das Maß voll zu machen, wurde er (22. Dezember) zum *gentilhomme ordinaire de la chambre,* zum Kammerherrn beim König, ernannt.

Während dieser erfolgreichen und befriedigenden Zeit verfaßte er wahrscheinlich die Erzählung *Babouc, ou le monde comme il va* (Babouc, oder der Lauf der Welt). Babouc, ein Edelmann aus Skythien, macht sich auf, um die Welt zu sehen, besonders aber um zu erfahren, wie es um Persien (das heißt Frankreich) steht. Er ist entsetzt über die Kriege, die politische Korruption, den Kauf von Ämtern, die Verpachtung von Steuern und den Reichtum der «Magi» (des Klerus). Er wird jedoch bei einer Dame (Pompadour) empfangen, deren Schönheit, Bildung und Liebenswürdigkeit ihn mit der «Kultur» versöhnen. Ab und zu bemerkt er Beispiele eines großzügigen Benehmens, Augenblicke von Ehrenhaftigkeit. Er besucht den Premierminister (Erinnerung an Fleury), der wirklich versucht, Persien vor dem Chaos und der Niederlage zu retten. Er kommt zu dem Schluß, daß es mit den Dingen so gut steht, wie es beim jetzigen Zustand der menschlichen Natur und Erziehung möglich ist, und daß «die Welt, wie sie eben ist», noch keine Zerstörung verdient. Reformen sind besser als Revolution. Was ihn selbst betrifft, so will er die «wahrhaft Weisen» nachahmen, die «unter sich in Zurückgezogenheit und Stille leben»[75]. Sehnte sich Voltaire bereits nach Cirey zurück?

Auf jeden Fall war er nicht zum Höfling geboren. Mit unglaublicher Taktlosigkeit feierte er in einem Gedicht den französischen Sieg bei Bergen op Zoom, wobei er Ludwig beschrieb, wie er vom Sieg in die Arme der Pompadour eilt, und beide bat, ihre Eroberungen zu bewahren. Die Königin war empört; ihre Kinder ebenfalls, und der halbe Hof entrüstete sich über die Unverschämtheit des Dichters. Inzwischen hatte sich Frau du Châtelet wieder dem Spiel hingegeben; an einem Abend verlor sie 84000 Franken. Voltaire, der hinter ihr stand, warnte sie auf englisch, daß sie mit Schwindlern spiele; einige der Spieler verstanden Englisch und protestierten. Der ganze Hof sprach über diese skandalöse Bemerkung, und dem Dichter blieb bald kaum ein Freund in Versailles oder Fontainebleau. Voltaire und Emilie flüchteten sich nach Sceaux, wo die Herzogin von Maine immer noch lebte (1747). Dort hielt Voltaire sich zwei Monate lang von der Öffentlichkeit fern und versuchte, sein Mißgeschick über der Arbeit an jenen reizenden Erzählungen und Romanen zu vergessen, die ihn zu einem der beliebtesten Schriftsteller in der französischen Literatur machten. Offenbar las er sie des Abends im intimen Kreis der Gäste vor, die den privaten Hof der Herzogin ausmachten. Daher stammt ihre Kürze, ihre vergnügte Satire und der überschäumende Geist.

Die längste der Geschichten, die in den Jahren 1746/50 geschrieben wurden, war *Zadig, oder das Geheimnis des Schicksals*. Zadig ist ein liebenswürdiger, reicher, wohlerzogener junger Babylonier, «so weise, wie ein Mann es nur sein kann ... Er war gelehrt in den Wissenschaften der alten Chaldäer, verstand die Prinzipien der Naturphilosophie ... und wußte so viel über Metaphysik, wie nur je darüber bekannt war – das heißt wenig oder gar nichts.»[76] Er ist gerade dabei, die schöne Semina zu heiraten, als er von Räubern überfallen wird; er trägt eine Wunde davon, die in einen Abszeß am linken Auge ausartet. Aus Memphis wird der berühmte Arzt Hermes geholt, der die Wunde untersucht und verkündet, daß Zadig das Auge verlieren wird. «Wäre es das rechte gewesen, so hätte ich es ohne weiteres heilen können, aber eine Verletzung des linken Auges ist unheilbar.» Daraufhin erklärt Semina, daß sie einäugige Männer nicht ausstehen kann, verläßt Zadig und heiratet seinen Rivalen. Zwei Tage später geht das Geschwür von selbst auf, und bald ist das Auge vollständig geheilt. Hermes schreibt ein Buch, um zu beweisen, daß das unmöglich ist. Der König Moabdar findet Gefallen an Zadigs weisen Ratschlägen und die Königin Astarte an seinem angenehmen Äußeren. Er entflieht in eine entfernte Stadt. Unterwegs sieht er, wie ein Mann eine Frau schlägt. Auf ihre Hilferufe hin mischt er sich ein, wird mit Mord bedroht und erschlägt den Mann. Die Frau beschimpft ihn, weil er ihren Geliebten umgebracht hat. Zadig zieht weiter und wird als Sklave verkauft ... Da sah Zadig «die Menschheit, wie sie wirklich ist: Insekten, die einander auf einem Schmutzhäufchen auffressen».

Memmon der Philosoph war die Geschichte eines Mannes, der «eines Tages auf die verrückte Idee kam, völlig vernünftig zu werden». Damit gehört er zu einer hoffnungslosen, verfolgten Minderheit, erlebt unzählige Mißgeschicke und kommt zu der Ansicht, daß die Erde ein Irrenhaus ist, wohin die anderen Planeten ihre Wahnsinnigen schicken[77].

Die Reisen des Scarmentado führen einen jungen Kreter von Land zu Land, wo ihm immer neue Ausblicke auf Fanatismus, Ärgernisse, Grausamkeit oder Unwissenheit geboten werden. In Frankreich sind die Provinzen von Religionskriegen verheert; in

England läßt die Königin Maria fünfhundert Protestanten verbrennen; in Spanien atmet das Volk mit Genuß den Geruch von gerösteten Ketzern ein. In der Türkei entgeht Scarmentado nur mit Mühe und Not der Beschneidung; in Persien gerät er in den Zwist zwischen den mohammedanischen Sunniten und Schiiten; in China wird er von den Jesuiten als bekannter Dominikaner hingestellt. Schließlich kehrt er nach Kreta zurück. «Nachdem ich nun alles, was es an Gutem, Schönem und Seltenem auf Erden gibt, gesehen hatte, beschloß ich, mir in Zukunft nur noch mein Heim anzusehen. Ich nahm mir eine Frau, deren Treue ich bald bezweifeln mußte; aber trotz diesem Zweifel fand ich, daß dieser Zustand von allen Lebensbedingungen noch der glücklichste war.»[78]

Micromégas entwickelte die Ideen von der Relativität, die Swift in *Gullivers Reisen* ausnützte. Herr Micromégas ist, wie es sich für einen Bewohner des großen Sterns Sirius gehört, 120000 Fuß groß und mißt 50000 Fuß um die Hüften; seine Nase ist, von der Wurzel bis zur Spitze gemessen, 6333 Fuß lang. In seinem sechshundertsiebzigsten Jahr begibt er sich auf Reisen, um seine Erziehung zu vollenden. Wie er so im Weltall herumspaziert, landet er auf dem Planeten Saturn. Er lacht über den winzigen Wuchs des Volkes – nur an die sechstausend Fuß – und fragt sich, wie diese armen Saturner mit ihren spärlichen zweiundsiebzig Sinnen die Wirklichkeit erfassen können. «Wie alt werdet ihr im Durchschnitt?» fragt er einen Bewohner. «Ach je», ruft der Saturner aus, «nur wenige auf dieser Erdkugel werden älter als fünfhundert Umdrehungen um die Sonne [was sich nach unserer Berechnungsart auf ungefähr fünfzehntausend Jahre beläuft]. Da siehst du, daß wir, kaum sind wir geboren, schon zu sterben beginnen ... Kaum haben wir etwas gelernt, kommt schon der Tod, ehe wir noch unsere Erfahrungen anwenden können.»[79] Der Siriusbewohner lädt den vom Saturn ein, mit ihm andere Sterne zu besuchen. Durch Zufall kommen sie auf den Planeten Erde. Der Siriusbewohner bekommt nasse Füße, der Saturnbewohner ertrinkt fast, als sie durchs Mittelmeer waten. Als sie den festen Boden erreichen, erblicken sie unendlich viele winzige Einwohner, die sich aufgeregt hin und her bewegen. Als der Siriusbewohner entdeckt, daß hunderttausend dieser Erdeinwohner mit Hüten eine ebenso große Anzahl mit Turbanen erschlagen oder von ihnen erschlagen werden, und zwar bei einem Streit [den Kreuzzügen] um «einen jämmerlichen Maulwurfshügel [Palästina], nicht größer als seine Ferse», ruft er empört aus: «Ungläubige! ... Ich hätte fast Lust, zwei oder drei Schritte zu tun und das ganze Nest dieser lächerlichen Mörder zu zertreten.»[80]

All dies war auf unverbindliche Art witzig und hätte keine Aufregung verursacht. Aber 1748 trübte Voltaire die Pariser Atmosphäre mit einem kleinen Pamphlet, *Die Stimme des Weisen und des Volkes,* worin er die französische Kirche bei ihrem wunden Punkt angriff – ihren Besitzungen. «In Frankreich, wo sich die Vernunft mit jedem Tag mehr entwickelt, lehrt uns eben diese Vernunft, daß die Kirche ihren Einkünften entsprechend zu den Ausgaben der Nation beisteuern sollte und daß die Körperschaft, die eigens dazu da ist, uns Gerechtigkeit beizubringen, damit anfangen sollte, uns ein Beispiel dafür zu geben.» Er behauptete, daß die Klöster den Samen der Männer und den Reichtum des Landes in sinnlosem Müßiggang verschwendeten. Er klagte den «Aberglauben» an, Könige ermordet und Ströme von Blut in Verfolgungen und Krieg vergossen zu haben, und rief den Herrschern ins Gedächtnis, daß kein Philosoph je seine Hand gegen seinen König erhoben hatte. Wenn die Könige sich mit der Vernunft vereinen und sich vom Aberglauben lossagen würden, um wieviel glücklicher wäre die Welt![81] Selten hat ein so kurzer Essay einen so lang anhaltenden Sturm hervorgebracht. Fünfzehn «Gegenstimmen» wurden als Antwort auf den anonymen *Weisen* veröffentlicht.

Während Voltaire in Sceaux überwinterte, bezahlte Frau du Châtelet ihre Spielschulden und besänftigte den Groll der Gewinner über Voltaires Auslassungen. Sie holte ihn nach Paris zurück, wo er die Veröffentlichung seiner kurzen Novellen überwachte. Da er sich aber doch etwas unbehaglich fühlte, hielt er es für besser, die Einladung Stanislaus Leszczyńskis an seinen Hof in Luneville anzunehmen, achtzehn Meilen von Nancy, der Hauptstadt Lothringens, entfernt. Nach einer mühseligen Reise langte das erschöpfte Paar in Lunéville an (1748). Vierzehn Tage später kam jedoch ein Brief von d'Argental, der Voltaire mitteilte, daß die Proben seines Stückes *Sémiramis* in der Comédie-Française beginnen konnten und die Schauspieler ihn zur richtigen Wiedergabe seines Textes benötigten. Dieses Stück bedeutete viel für ihn. In der Güte ihrer sündigen Seele hatte die Pompadour dem verarmten Crébillon *père* auf die Bühne und seinen Stücken zu Beifall verholfen. Marivaux hatte es gewagt, die Dramen des alten Mannes höher als die Voltaires einzuschätzen. Der überempfindliche Poet hatte daher beschlossen, seine Überlegenheit damit zu beweisen, daß er Stücke über dieselben Themen wie Crébillon schrieb. Er stürzte also nach Paris zurück und überließ Emilie der gefährlichen Freiheit von Lunéville. Am 29. August 1748 fand die erfolgreiche Uraufführung der *Sémiramis* statt. Nach der zweiten Aufführung eilte Voltaire verkleidet ins Café Procope, um die Ansichten der Zuschauer zu hören. Manche lobten das Stück, was er als selbstverständlich hinnahm, andere drückten sich abfällig aus, was ihn um so mehr schmerzte, als er die Kritik stillschweigend anhören mußte. Aber sie tat ihm gut, denn daraufhin brachte er einige Veränderungen an; das Stück wurde lange gespielt und gehört zu seinen besten.

Dann eilte er durch die Septemberstürme und halb Frankreich zurück nach Lunéville, wurde aber unterwegs in Châlons schwer krank. Als Friedrich II. ihn aufforderte, weiter bis nach Potsdam zu reisen, entschuldigte er sich mit der Begründung, daß er während seiner verschiedenen Krankheiten sein halbes Gehör und verschiedene Zähne verloren habe, so daß er nur einen Leichnam nach Berlin schleppen könnte. Friedrich antwortete: «Kommen Sie ohne Zähne, ohne Ohren, wenn Sie sonst nicht kommen können; wenn Sie nur das gewisse Etwas mitbringen, das Ihnen zum Denken verhilft und Sie so wunderbar inspiriert.»[82] Voltaire entschied sich, bei Emilie zu bleiben.

V. LIEBESTOD

Der gute «König» Stanislaus liebte die Literatur, hatte Voltaire gelesen und war von der englischen Aufklärung angesteckt. 1749 wollte er selbst ein Manifest veröffentlichen, *Der christliche Philosoph*, das seine Tochter, die Königin von Frankreich, mit trauriger

Mißbilligung las. Sie warnte ihn, daß seine Ideen stark nach Voltaire schmeckten; der alte Mann hatte aber eine Schwäche für den Geist und die Ideen Voltaires. Und da er ebenfalls eine Mätresse hatte (die Marquise von Boufflers), sah er nicht ein, warum er den Dichter nicht an seinem Hof festhalten sollte. Außerdem ernannte er Emilies großzügigen Gatten zu seinem Hofmarschall mit einem Gehalt von zweitausend Kronen im Jahr. Einer der Offiziere an Stanislaus' Hof war der Gardekapitän Marquis Jean-François von Saint-Lambert. Frau du Châtelet hatte ihn zuerst im Jahre 1747 getroffen, als er einunddreißig und sie einundvierzig Jahre alt war. Es war ein gefährliches Alter für eine Frau, deren Liebhaber nur noch ein ergebener Freund war. Im Frühling 1748 schrieb sie dem hübschen Offizier Liebesbriefe. «Komm zu mir, sobald du angezogen bist.» «Ich komme auf Flügeln zu dir, sobald ich mit dem Abendessen fertig bin.» Saint-Lambert antwortete auf galante Art. Im Oktober überraschte Voltaire die beiden in einem dunklen Alkoven in verliebtem Gespräch. Nur der größte Philosoph läßt sich mit Eleganz Hörner aufsetzen. Voltaire war nicht sofort auf der Höhe der Situation. Er überschüttete die beiden mit Vorwürfen, zog sich aber in sein Zimmer zurück, als Saint-Lambert anbot, ihm «Genugtuung» zu geben, das heißt, ihn im Morgengrauen umzubringen. Emilie kam um zwei Uhr nachts zu Voltaire. Sie versicherte ihn ihrer ewigen Liebe, erinnerte ihn aber vorsichtig daran, daß «du seit langem darüber klagst ..., daß deine Kräfte dich verlassen ... Darfst du darüber gekränkt sein, wenn einer deiner Freunde deinen Platz einnimmt?» Sie umarmte ihn und rief ihn bei seinen alten Kosenamen. Sein Ärger verging. «Ah, Madame», sagte er, «Sie haben recht, wie immer. Aber wenn die Dinge schon so sein müssen, wie sie sind, so tun Sie sie wenigstens nicht vor meinen Augen.» Am nächsten Abend kam Saint-Lambert zu Voltaire und entschuldigte sich wegen der Herausforderung. Voltaire umarmte ihn. «Mein Kind», sagte er, «ich habe alles vergessen. Sie sind in dem glücklichen Alter von Liebe und Genuß. Genießen Sie diese allzu kurzen Augenblicke. Ein alter Krüppel wie ich ist nicht für diese Vergnügungen geschaffen.» Am nächsten Abend speisten alle drei zusammen[83].

Das *ménage à trois* dauerte bis in den Dezember. Dann beschloß Madame, nach Cirey zu fahren und sich um ihre Finanzen zu bekümmern. Voltaire begleitete sie. Friedrich II. wiederholte seine Einladung. Voltaire war jetzt geneigter, ihr nachzukommen. Bald nach ihrer Ankunft in Cirey vertraute ihm die Marquise jedoch an, daß sie schwanger war und daß sie in ihrem Alter, dreiundvierzig Jahre, nicht erwarten konnte, die Geburt eines Kindes zu überleben. Voltaire bat Friedrich II., ihn nicht zu erwarten, und Saint-Lambert, nach Cirey zu kommen.

Dort stellten die drei Liebenden einen Plan auf, damit das Kind legal auf die Welt kommen konnte. Madame drang in ihren Gatten, zur Erledigung eiliger Geschäfte nach Cirey zu kommen. Es störte ihn weiter nicht, dort zwei Liebhaber zu treffen, die ihn ersetzten, und er genoß die Gastfreundschaft, die sie ihm boten. Die Marquise zeigte sich von ihrer verführerischsten und zärtlichsten Seite. Er trank und willigte in eine Liebesnacht ein. Einige Wochen später teilte sie ihm mit, daß sie Anzeichen einer Schwangerschaft verspüre. Er umarmte sie mit Stolz und Freude und kündigte das kommende Ereignis der ganzen Welt an, und jedermann beglückwünschte ihn. Voltaire und Saint-Lambert kamen jedoch überein, «das Kind unter die vermischten Werke von Frau du Châtelet einzuordnen»[84]. Der Marquis und Saint-Lambert kehrten auf ihre Posten zurück.

Im Februar 1749 zogen Emilie und Voltaire nach Paris, dort arbeitete sie, unter Mithilfe von Clairaut, an ihrer Übersetzung der *Principia*. Zwei Briefe an Saint-Lambert (18. und 20. Mai) werfen ein Licht auf ihren Charakter:

«Nein, mein Herz kann nicht ausdrücken, wie sehr es dich liebt. Wirf mir meinen Newton nicht vor; ich bin schon genug dafür gestraft. Nie habe ich der Vernunft ein größeres Opfer gebracht als mit meinem Entschluß, hier zu bleiben und ihn zu vollenden ... Ich stehe um neun Uhr auf, manchmal um acht; ich arbeite bis um drei Uhr; dann trinke ich Kaffee; um vier bin ich wieder bei der Arbeit, um zehn Uhr höre ich auf ... Bis Mitternacht unterhalte ich mich mit Herrn Voltaire, der das Abendbrot mit mir einnimmt. Um Mitternacht fange ich wieder an zu arbeiten, bis um fünf Uhr morgens ... Aus Vernunft und um der Ehre willen beende ich das Buch, aber ich liebe nur dich.»[85]

Am 10. Juni drang Friedrich aufs neue in Voltaire, nach Potsdam zu kommen, denn er nahm an, daß Saint-Lambert Voltaire von jeder weiteren Verantwortung für Frau du Châtelet befreit habe. Voltaire antwortete: «Nicht einmal Friedrich der Große kann mich daran hindern, eine Pflicht zu erfüllen, die mir niemand abnehmen kann ... Ich kann eine Frau nicht verlassen, die vielleicht im September stirbt. Alle Anzeichen deuten darauf hin, daß das Kindbett für sie sehr gefährlich ist; sollte sie aber davonkommen, so verspreche ich Eurer Majestät, daß ich im Oktober kommen und meine Reverenz erweisen werde.»[86]

Im Juli fuhr er mit ihr nach Lunéville, wo sie sachkundige ärztliche Hilfe erhalten konnte. Sie fürchtete sich vor dem Tod – vor dem Gedanken, gerade jetzt, wo sie die Liebe wiedergefunden hatte, jetzt, wo ihre langen Studienjahre mit der Veröffentlichung ihres Buches gekrönt werden sollten, abberufen zu werden. Am 4. September gebar sie eine Tochter. Am 10. September starb sie unter schweren Leiden. Voltaire stolperte, blind vor Schmerz, aus dem Zimmer, fiel zu Boden und war eine Weile bewußtlos. Saint-Lambert half, ihn wieder zu sich zu bringen. «Ah, mein Freund», sagte Voltaire, «Sie sind an ihrem Tode schuld ... O mein Gott, was hat Sie dazu veranlaßt, sie in diese Umstände zu versetzen?» Drei Tage später bat er Longchamp um den Ring, den man vom Finger der Toten abgestreift hatte. Einstmals hatte er sein Bildnis enthalten; Longchamp fand Saint-Lamberts darin. «So sind die Frauen», rief Voltaire aus. «Ich entfernte Richelieu aus diesem Ring. Saint-Lambert verstieß mich. Das ist die Ordnung der Natur; ein Nagel treibt den anderen heraus. So geht es mit den Dingen dieser Welt.»[87] Madame wurde mit den höchsten Ehren des Hofes von Stanislaus in Lunéville begraben, und ihr Kind folgte ihr bald nach.

Voltaire und der Marquis zogen sich nach Cirey zurück. Von dort antwortete Voltaire auf einige Kondolenzbriefe aus Paris:

«Ihr seid mein Trost, meine lieben Engel ... Euretwegen finde ich Geschmack an den unglücklichen Überresten meines Lebens ... Ich muß euch gestehen, daß ein Haus, in dem sie gelebt hat, wenn es mir auch unendlichen Kummer macht, mir doch nicht unangenehm ist ...

Ich fliehe nicht vor allem, was mir von ihr spricht. Ich liebe Cirey; ... die Orte, die sie verschönte, sind mir teuer. Ich habe keine Geliebte, ich habe die Hälfte meiner selbst verloren, eine Seele, für die die meine geschaffen war, die mir zwanzig Jahre lang eine Freundin war, die ich von Kindheit an kannte. Der zärtlichste Vater kann seine einzige Tochter nicht mehr lieben. Es ist mir lieb, überall ihren Geist wiederzufinden. Ich unterhalte mich gern mit ihrem Gatten, mit ihrem Sohn.»[88]

Trotzdem war er sich klar darüber, daß er verkümmern würde, wenn er als einsamer Witwer im einsamen Cirey bliebe. Er sandte seine Bücher, wissenschaftlichen Apparate und seine Kunstsammlung nach Paris und folgte am 25. September 1749. Am 12. Oktober ließ er sich in der Hauptstadt in einem geräumigen Haus in der Rue Traversière nieder.

VI. MADAME DENIS

Es fiel ihm nicht schwer, seine Nichte dazu zu überreden, bei ihm Haushalt zu führen, da sie eine Zeitlang ein Verhältnis mit ihm gehabt hatte.

Marie-Louise Mignot, geboren 1712, war die Tochter der Schwester Voltaires, Catherine. Als Catherine (1726) starb, kümmerte sich Voltaire um ihre Kinder. Im Jahre 1738 heiratete Marie-Louise, die zwar schon sechsundzwanzig Jahre alt, aber im Besitz einer ansehnlichen Mitgift von ihrem Onkel war, den Hauptmann Nicolas-Charles Denis, einen unteren Staatsbeamten. Sechs Jahre später starb Denis, ungefähr zu der Zeit, als Voltaire und die Marquise nach Paris zogen. Die Witwe suchte Trost in Voltaires Armen, und er fand neue Wärme in den ihren. Anscheinend verwandelte sich seine Onkelliebe bald in etwas ganz Unkanonisches. In einem Brief vom 23. März 1745 spricht er seine Nichte mit «Meine Geliebte» an[89]*. Das hätte ein Ausdruck unschuldiger Zuneigung sein können, aber im Dezember, zwei Jahre bevor die Marquise Saint-Lambert traf, schickte Voltaire der fröhlichen Witwe einen Brief, der wörtlich zitiert werden muß, damit man ihn glaubt:

«*Vi baccio mille volte. La mia anima baccia la vostra, mio cazzo, mio cuore sono innamorati di voi. Baccio il vostro gentil culo e tutta la vostra persona.*»[90]**

Frau Denis strich sittsam einige dieser Worte durch, aber vermutlich hat sie ihm verliebt geantwortet, denn Voltaire schrieb ihr aus Versailles am 17. Dezember 1745:

«Mein Liebling ... Du sagst mir, daß mein Brief sogar deine Sinne erfreut hat. Meine sind wie Deine. Ich konnte Deine reizenden Worte nicht lesen, ohne mich bis in die Tiefe meines Wesens

---

* Dieser und weitere Auszüge stammen aus Handschriften von Briefen, die Théodore Besterman 1957 entdeckte und die den Nachkommen von Frau Denis von der Pierpont Morgan Library in New York abgekauft wurden. Dr. Besterman, der Direktor des Institut et Musée Voltaire in Genf, veröffentlichte den Text mit einer französischen Übersetzung unter dem Titel *Lettres d'Amour de Voltaire à sa nièce* (Paris 1957). Mit Ausnahme von vier Briefen sind die hundertzweiundvierzig Briefe alle in Voltaires Handschrift. Einige sind auf italienisch, das Frau Denis verstand. Die Briefe stammen aus der Zeit zwischen 1742 und 1750, aber nur drei sind genau datiert, so daß ihre Reihenfolge unsicher ist. Die hier angeführten Daten stammen von Dr. Besterman.

** Ich küsse dich tausendmal. Meine Seele küßt dich; mein *cazzo*, mein Herz sind verliebt in dich. Ich küsse deinen hübschen Hintern und deine ganze Person[91].

entflammt zu fühlen. Ich zahlte Deinem Brief den Tribut, den ich gerne Deiner ganzen Person zahlen würde ... Ich werde Dich lieben bis in den Tod.»[92]

In drei Briefen von 1746: «Ich zähle darauf, meine Geliebte tausendmal zu küssen.»[93] «Ich möchte Dir zu Füßen leben und in Deinen Armen sterben.»[94] «Wann werde ich endlich mit Dir leben können, vergessen von der ganzen Welt?»[95]

Und am 27. Juli 1748:

«Je ne viendrais que pour vous e se il povero stato della mia salute me lo permesse mi gitturai alle vostre genochia e baccarei tutte la vostra Belta. In tanto io figo mille baccii alle tonde poppe, alle transportatrici natiche, a tutta la vostra persona che m'ha fatto tante volte rizzare e m'ha annegato in un fiume di delizie.»[96]*

Nicht nur für Frauen, auch für Männer gibt es ein gefährliches Alter; es dauert länger und begeht unglaubliche Torheiten. Voltaire war der glänzendste Geist seines Jahrhunderts, aber wir sollten ihn nicht zu den weisesten zählen. Unzählige Male ließ er sich zu Narrheiten, zu Indiskretionen, zu Übertreibungen und kindischen Zornanfällen hinreißen, die seine Feinde erfreuten und seine Freunde betrübten. Jetzt vergaß er, daß *verba volant*, aber *scripta manent* und lieferte sich der Gnade einer Nichte aus, die ihn offensichtlich gern hatte, aber sehr auf sein Geld aus war. Wir werden sehen, wie sie ihre Macht über ihn ausnutzte und ihr Vermögen bis zu seinem letzten Atemzug ständig vergrößerte. Für die damaligen Sitten war sie keine schlechte Frau. Aber vielleicht ging sie auch über die Regeln der damaligen Zeit hinaus, wenn sie eine ganze Reihe von Liebhabern – Baculard, d'Armaud, Marmontel, den Marquis von Ximénès – nahm, um die Aufmerksamkeiten ihres Onkels abzurunden[98]. Marmontel beschrieb sie wohlwollend im Jahre 1747: «Diese Dame war bei all ihrer Häßlichkeit angenehm. Sie gab sich frei und natürlich, und der Charakter ihres Onkels hatte ein wenig auf sie abgefärbt. Sie hatte viel von seinem Geschmack, seiner Fröhlichkeit, seiner außerordentlichen Liebenswürdigkeit, so daß ihre Gesellschaft beliebt und gesucht war.»[99]

Am Todestag von Frau du Châtelet schrieb Voltaire an seine Nichte:

«Mein liebes Kind, ich habe soeben eine Freundin, mit der ich zwanzig Jahre verbunden war, verloren. Wie Du weißt, habe ich Madame du Chastellet (sic, *chaste* – auf französisch: keusch) schon seit langem nicht mehr als Frau betrachtet, und ich bin sicher, daß Du meinen grausamen Kummer verstehen wirst. Es war furchtbar, sie unter solchen Umständen sterben zu sehen und wegen solch einer Ursache. Ich lasse Monsieur du Chastellet in unserem gemeinsamen Schmerz nicht allein ... Ich werde von Cirey nach Paris kommen, um Dich zu umarmen und bei Dir meinen einzigen Trost, die einzige Hoffnung meines Lebens zu finden.»[100]

In den acht Monaten, die er dann in der Hauptstadt verbrachte, drang Friedrich II. von neuem in ihn, und diesmal hatte Voltaire Lust, die Einladung anzunehmen. Friedrich bot ihm den Posten eines Kammerherrn, freie Wohnung und ein Gehalt von fünftausend Talern an[101]. Voltaire, der sowohl Geschäftsmann als Philosoph war, bat den preußischen König, ihm im voraus, als Anzahlung, eine genügende Summe für die

* Ich werde nur für dich [nach Paris] kommen, und wenn es mein elender Zustand erlaubt, werde ich mich dir zu Füßen werfen und all deine Schönheiten küssen. Inzwischen küsse ich tausendmal deine runden Brüste, deinen bezaubernden Hintern, deine ganze Person, die mir so oft Erregungen verschafft und mich in einen Strom von Verzückung getaucht hat[97].

Reisekosten zu senden. Friedrich willigte ein, verglich aber, leicht ironisch, den Dichter mit Horaz, der es für richtig hielt, das «Nützliche mit dem Angenehmen zu verbinden»[102]. Voltaire bat den französischen König um die Abreiseerlaubnis; Ludwig erteilte sie ohne weiteres – und bemerkte dazu in seinem engsten Kreis: «Das macht einen Verrückten mehr am preußischen Hof und einen weniger in Versailles.»[103]

Am 10. Juni 1750 verließ Voltaire Paris, um sich nach Berlin zu begeben.

Zweites Buch

MITTELEUROPA

[1713–1765]

ERSTES KAPITEL

Deutschland zur Zeit Bachs

[1715–1756]

I. DER DEUTSCHE SCHAUPLATZ

MAN kann von Voltaire nicht erwarten, daß er bei der Reise durch Deutschland mit seinem flatterhaften Pariser Gemüt deutsche Einrichtungen, Züge, Manieren, Sprache, gotische Schrift, Musik und Kunst richtig einschätzen konnte. Er hatte wahrscheinlich niemals von Johann Sebastian Bach gehört, der am 18. Juli 1750, achtzehn Tage nach der Ankunft Voltaires in Berlin, starb. Vermutlich hatte er auch Humes Beschreibung Deutschlands aus dem Jahre 1748 als eines «schönen Landes, voll von fleißigen, ehrbaren Leuten; wäre es geeint, würde es zur größten Macht ... auf der Welt» nie gesehen[1].

Für Frankreich und England war es ein Glück, daß dieses mannhafte Volk, das damals an die zwanzig Millionen zählte, noch immer in mehr als dreihundert, praktisch unabhängige Staaten aufgeteilt war, jeder mit seinem Herrscherhaus, seinem eigenen Gerichtshof, seiner Politik und Armee, seinem Geld, seiner Religion und Kleidung; und alle auf verschiedenen Stufen der wirtschaftlichen und kulturellen Entwicklung. Das Ganze fand sich nur in der Sprache und in Musik und Kunst zusammen. Dreiundsechzig der Fürstentümer, darunter Köln, Hildesheim, Mainz, Trier, Speyer, Würzburg, wurden von Erzbischöfen, Bischöfen oder Äbten regiert. Einundfünfzig Städte, vor allem Hamburg, Bremen, Magdeburg, Augsburg, Nürnberg, Ulm und Frankfurt am Main waren Freie Reichsstädte. Das heißt, sie unterstanden, wenn auch nur dem Namen nach, wie die Fürsten unmittelbar dem Oberhaupt des Heiligen Römischen Reiches.

Mit Ausnahme von Sachsen und Bayern wurde das Land von Leibeigenen bestellt, die gesetzlich an den Boden gebunden waren, den sie bearbeiteten und für den sie fast die sämtlichen alten Lehenspflichten zu leisten hatten. Noch im Jahre 1750 waren von achttausend Bauern im Bistum Hildesheim viertausendfünfhundert Leibeigene[2]. Standesunterschiede waren ausgeprägt, aber so in der Überlieferung verankert, daß die Allgemeinheit sie fast ohne Beschwerden auf sich nahm. Sie wurden dadurch gemildert, daß sich bei den Herren das Gefühl für ihre Verpflichtungen lebendig erhalten hatte, so daß sie dem Bauern in der Not ihren Schutz gewährten, ihn bei Krankheit und hohem Alter unterstützten, sich um Witwen und Waisen kümmerten und Ordnung und Ruhe aufrechterhielten[3]. Die Landjunker in Preußen zeichneten sich durch vernünftige Bewirtschaftung ihrer Güter aus, auf denen sie neue landwirtschaftliche Methoden einführten.

In den siebenundsechzig Jahren nach dem Dreißigjährigen Krieg hatte Deutschland Zeit gehabt, sich zu erholen, und Handel und Industrie lebten wieder auf. Die Leipziger Messe stand an erster Stelle in Europa und übertraf, selbst was den Verkauf von Büchern betraf, bei weitem die Messe in Frankfurt. Frankfurt und Hamburg entwickelten in diesem Jahrhundert eine Handelstätigkeit, mit der sich nur Paris, Marseille, London, Genua, Venedig und Konstantinopel messen konnten. Die Kaufherren von Hamburg verwendeten ihren Reichtum nicht nur für den eigenen Luxus, sondern wurden zu begeisterten Förderern von Oper, Poesie und Theater. Hier erlebte Händel seine ersten Triumphe, hier fand Klopstock eine Zuflucht, hier schrieb Lessing seine *Hamburgische Dramaturgie* – Essays über das Hamburger Theater. Die deutschen Städte hatten damals wie heute die beste Verwaltung in Europa[4].

Während es den Königen in Frankreich und England gelungen war, den Adel der Zentralregierung unterzuordnen, hatten die Kurfürsten, Fürsten, Herzöge, Grafen, Bischöfe oder Äbte, die die deutschen Staaten regierten, den Kaiser jeder Macht über ihre Gebiete beraubt und den niederen Adel an ihre Höfe gezogen. Mit Ausnahme der Freien Reichsstädte waren diese Höfe (Residenzen) der Mittelpunkt des kulturellen und politischen Lebens in Deutschland. Dorthin floß der Reichtum der Gutsbesitzer und verwandelte sich in riesige Schlösser, höfische Pracht und wundervolle Uniformen, die oftmals den halben Mann und den größten Teil seiner Autorität ausmachten. So beauftragte Eberhard Ludwig, Herzog von Württemberg, J.F. Nette und Donato Frizoni mit dem Bau einer Nebenresidenz in Ludwigsburg bei Stuttgart (1704–1733), deren großartiger Entwurf und reiche Ausstattung im Verein mit den eleganten Möbeln und Kunstgegenständen seinen Untertanen manch einen Taler und viel harte Arbeit gekostet haben muß. Das große Schloß von Heidelberg, das im dreizehnten Jahrhundert begonnen worden war, erhielt 1751 einen zusätzlichen Braukeller, worin gleichzeitig über 200000 Liter Bier gebraut werden konnten. In Mannheim gab der pfälzische Kurfürst Karl Theodor während seiner langjährigen Regierung (1733–1799) 35 Millionen Gulden für künstlerische und wissenschaftliche Einrichtungen, Museen und Bibliotheken und zur Unterstützung von Architekten, Bildhauern, Malern, Schauspielern und Musikern aus[5]. Hannover war zwar nicht groß oder prächtig, aber es besaß eine wunderbare Oper, die Händel herbeilockte. Deutschland war fast ebenso auf Musik versessen wie Italien, ihr Mutterland.

Auch München hatte eine große Oper, die mit einer Steuer auf Spielkarten unterstützt wurde. Vor allem aber sorgten die bayrischen Kurfürsten durch Bauten für den Ruhm ihrer Hauptstadt. Als sein Herzogtum während des Spanischen Erbfolgekrieges von den Österreichern überrannt wurde, suchte Maximilian Emanuel Zuflucht in Paris und Versailles. Als er (1714) nach München zurückkehrte, brachte er künstlerisches Verständnis und Freude am Rokoko mit. Er kam in Begleitung des jungen französischen Architekten François de Cuvilliés, der für Karl Albert, den nächsten Kurfürsten, im Park von Nymphenburg die Amalienburg, ein Meisterwerk des deutschen Rokokos, erbaute (1734–1739). Das äußerlich einfache Schlößchen ist im Innern eine wahre Ausstattungsorgie, angefangen beim glitzernden Spiegelsaal mit seiner gewölbten Decke und den vielfach verschlungenen Arabesken aus silbernem Stuck bis zum Gelben Zimmer, wo der Goldstuck das Auge blendet, das sich vergebens bemüht, den komplizierten Windungen der Arabesken zu folgen. Im gleichen überwältigenden Stil hatte Josef Effner die Reichen Zimmer in der kurfürstlichen Residenz in München begonnen, die Cuvilliés später vollendete. Cuvilliés hatte Frankreich im Alter von zwanzig Jahren verlassen, als sich sein Geschmack noch nicht zu der vollen Höhe französischer maßvoller Eleganz ausgebildet hatte. Daher hielt er die deutschen Künstler nicht zurück, wenn sie bei ihren Arbeiten einen Überschwang entwickelten, der im einzelnen Vollkommenes hervorbrachte, im ganzen aber übertriebene Wirkungen zeitigte. Die Reichen Zimmer wurden im Zweiten Weltkrieg zerstört; seit 1974 sind sie im Rahmen des Residenzmuseums nach dem Wiederaufbau wieder zugänglich.

Der Kurfürst von Sachsen, Friedrich August I., der Starke, der von 1694 bis 1733 regierte, wollte sich nicht von irgendeinem bayrischen Kurfürsten ausstechen lassen. Wenn er auch (1697) als König August II. in Warschau den Thron von Polen bestieg, so fand er doch Zeit, um den Sachsen genügend Steuern abzunehmen und Dresden zum «Elbflorenz» zu machen. Er gab mehr als alle anderen Städte für Kunst aus. «Dies ist die gepflegteste Stadt in ganz Deutschland», berichtete Lady Mary Montagu 1716. «Die meisten Häuser sind neu gebaut, und das Schloß des Kurfürsten ist sehr schön.»[6] August sammelte Bilder fast so gierig wie Konkubinen. Sein Sohn Friedrich August II. (1733–1763) verschwendete Geld auf Pferde und Bilder und brachte, wie Winckelmann sich ausdrückte, «die Künste nach Deutschland»[7]. Dieser Fürst schickte Algarotti 1743 mit Dukaten nach Italien, um Bilder zu kaufen; wenig später übernahm der Kurfürst für 100000 Zechinen die Sammlung Francescos III., des Herzogs von Modena; und 1754 erwarb er Raffaels *Sixtinische Madonna* für zwanzigtausend Dukaten, ein noch nie dagewesener Preis. So entstand die große Gemäldegalerie in Dresden.

1718 wurde eine schöne Oper in Dresden erbaut. Sie muß über sehr gute Kräfte verfügt haben, denn Händel holte sich dort Sänger für seine Aufführungen in England vom Jahre 1719; und unter Johann Hasse gehörte das dortige Orchester zu den besten Europas[8]. In Dresden entstand auch das Meißener Porzellan – aber das ist eine Geschichte für sich. In der Architektur der sächsischen Hauptstadt spielte Matthäus Daniel Pöppelmann die Hauptrolle. Für August den Starken baute er (1711–1722) den berühmten Zwinger für die Festlichkeiten bei Hofe, einen prächtigen Barockbau mit Säulen, Bögen, verzierten Fensterrahmen, Balkons und der krönenden Kuppel. Der Zwinger wurde 1945 durch Bomben zerstört, ist aber wieder neu aufgebaut worden. Für denselben unermüdlichen Kurfürsten errichtete der römische Architekt Gaetano Chiaveri die Hofkirche in italienischem Barock (1738–1751); auch sie wurde zum großen Teil zerstört, aber mit Erfolg restauriert. Die Geschichte ist ein Wettstreit zwischen Kunst und Krieg, wobei die Kunst die Rolle des Sisyphos spielt.

II. DEUTSCHES LEBEN

In der Volksschulbildung stand Deutschland damals an der Spitze Europas. 1717 erklärte König Wilhelm I. von Preußen die Volksschulbildung in seinem Königreich für obligatorisch, und in den nächsten zwanzig Jahren gründete er siebzehnhundert Schulen. Der Unterricht in diesen Schulen wurde meistens von Laien gegeben. Der überwiegende Einfluß der Kirche auf die Erziehung ging zurück. Auf Gehorsam und Fleiß wurde größter Wert gelegt, und der Stock war eine Selbstverständlichkeit. Ein Schulmeister berechnete, daß er im Laufe von einundfünfzig Lehrjahren 124000 Peitschenhiebe, 136715 Schläge mit der Hand, 911527 Stockhiebe und 1115800 Ohrfeigen ausgeteilt hatte. Im Jahre 1747 begründete Julius Hecker, ein protestantischer Pastor, die erste Realschule in Berlin, so benannt, weil sie außer Latein, Deutsch und Französisch auch Mathematik und berufliche Fachkenntnisse vermittelte; bald danach eröffneten die meisten anderen deutschen Städte ähnliche Schulen.

Auf der Universität rückte das Studium des Griechischen wieder in den Vordergrund, was die spätere Überlegenheit der deutschen Hellenisten vorbereitete. Neue Universitäten entstanden in Göttingen (1737) und Erlangen (1743). Die Universität von Göttingen, die vom Kurfürsten von Hannover (inzwischen König von England geworden) finanziert wurde, erteilte ihren Professoren – nach dem Vorbild der Universität von Halle – Lehrfreiheit und dehnte den Unterricht auf die Fächer Naturgeschichte, Sozialökonomie und Jura aus. Die Studenten legten den akademischen Talar ab und trugen Mantel, Degen und Sporen, fochten Duelle aus und ließen sich auch von den lockeren Damen der Stadt unterrichten. In allen Fächern, außer in Philosophie und Theologie, war Deutsch die Unterrichtssprache.

Trotzdem wurde Deutsch nicht hochgehalten, denn der Adel hatte die französische Sprache angenommen. Voltaire schrieb aus Berlin (24. November 1750): «Ich komme mir hier wie in Frankreich vor. Niemand spricht etwas anderes als Französisch. Deutsch ist für Soldaten und Pferde da; man braucht es nur unterwegs.»[9] Das deutsche Theater führte Lustspiele auf deutsch, Trauerspiele – gewöhnlich aus dem französischen Repertoire – auf französisch auf. Damals war Deutschland am wenigsten nationalistisch eingestellt, weil es noch kein Staat war.

Die deutsche Literatur litt unter diesem Mangel an Nationalbewußtsein. Der einflußreichste deutsche Autor seiner Zeit, Johann Christoph Gottsched, der um sich einen Kreis von Literaten versammelte und aus Leipzig ein «Klein-Paris» machte, verwendete Deutsch in seinen Schriften, holte sich aber seine Prinzipien bei Boileau, bezeichnete die Barockkunst als ein glitzerndes Chaos und forderte die Rückkehr zu den klassischen Regeln für Aufbau und Stil, die in Frankreich unter Ludwig XIV. galten. Zwei schweizerische Gelehrte, Bodmer und Breitinger, griffen Gottscheds Vorliebe für Ordnung und Regelhaftigkeit an. Ihrer Meinung nach schöpfte die Poesie ihre Kräfte aus Gefühl und Leidenschaft, die über die Vernunft hinausgingen; sogar bei Racine wurde die klassische Form von der Flut der Erregung und Gewalttätigkeit überschwemmt. «Die besten Schriften», sagte Bodmer, «sind nicht das Ergebnis von Regeln ... Die Regeln werden von den Schriften abgeleitet.»[10]

Christian Fürchtegott Gellert, der sämtliche deutschen Schriftsteller an Volkstümlichkeit übertraf, war mit Bodmer, Breitinger und Pascal einverstanden, wonach Gefühl das Herz des Gedankens und das Leben der Poesie ist. Er verdiente seinen Vornamen. Sein reines Leben und seine Güte verschafften ihm so viel Achtung, daß Könige und Fürsten seine Vorlesungen über Philosophie und Ethik an der Leipziger Universität besuchten und Frauen kamen, um ihm die Hand zu küssen. Er war ein Mensch, der sich seiner Gefühle nicht schämte, der um die Toten bei Roßbach trauerte, statt Friedrichs Sieg zu feiern; und trotzdem nannte ihn Friedrich, der größte Realist seiner Zeit, «*le plus raissonable de tous les savans allemans*» – den vernünftigsten aller deutschen Gelehrten[11]. Friedrich zog ihm jedoch wahrscheinlich Ewald Christian von Kleist vor, einen jungen Dichter, der für ihn in der Schlacht bei Kunersdorf fiel (1759).

Das Urteil des Königs über die deutsche Literatur war streng, aber hoffnungsvoll: «Wir haben überhaupt keine guten Schriftsteller. Vielleicht wird es sie einmal geben, wenn ich in den Elysischen Gefilden wandle ... Ihr werdet mich auslachen, weil ich mir so viel Mühe gegeben habe, um einer Nation, die bisher nichts verstand als essen, trinken und kämpfen, die Grundbegriffe von Geschmack und attischem Salz beizubringen.»[12] Inzwischen waren Kant, Klopstock, Wieland, Lessing, Herder, Goethe und Schiller auf die Welt gekommen.

Ein Deutscher aus dieser Zeit eroberte sich aber Friedrichs wahre Sympathie. Christian Wolff, ein Gerberssohn, brachte es bis zum Professor in Halle. Aller neuen Erkenntnis aufgeschlossen, als wäre jedes Fach sein Spezialgebiet, suchte er sein ganzes Wissen auf der Grundlage von Leibnizens Philosophie einzuordnen. Wenn auch Frau du Châtelet ihn «*un grand bavard*», einen großen Schwätzer, nannte, so verschrieb er sich doch der Vernunft und begann, suchend und tastend, die deutsche Aufklärung. Er brach mit der Tradition und lehrte Wissenschaft und Philosophie auf deutsch. Seine siebenundsechzig Bücher können hier unmöglich alle aufgeführt werden. Er begann mit einer vierbändigen Abhandlung über «sämtliche mathematische Wissenschaften» (1710), er übersetzte diese Bände ins Lateinische (1713), und er fügte ein mathematisches Wörterbuch hinzu (1716), um den Übergang ins Deutsche zu erleichtern. Dann fuhr er fort mit sieben Werken (1712–1725) über Logik, Metaphysik, Ethik, Politik, Physik, Theologie und Biologie, wobei jeder Titel tapfer mit den Worten «Vernünftige Gedanken» begann, als ob er die Fahne der Vernunft hissen wollte. Um eine europäische Leserschaft zu gewinnen, bearbeitete er das gleiche weite Gebiet in acht weiteren, lateinischen Abhandlungen; die einflußreichsten darunter waren: *Psychologia empirica* (1732), *Psychologia rationalis* (1734) und *Theologia naturalis* (1736). Nachdem er all dies überstanden hatte, machte er sich an die Rechtsphilosophie (1740–1749). Und zur Krönung seines Werkes schrieb er eine Selbstbiographie.

Die systematische Gründlichkeit seines scholastischen Stils erschwert die Lektüre seiner Werke für den heutigen gehetzten Leser, aber ab und zu berührt er Dinge, die auch für uns noch wichtig sind. Er lehnte Locke ab, der jede Erkenntnis von der Empfindung herleitet, und bildete eine Brücke von Leibniz zu Kant, denn er unterstrich die aktive Rolle des Geistes bei der Bildung von Begriffen. Körper und Geist, Handlung und Begriff sind zwei parallele Erscheinungen, die einander nicht beeinflussen. Das äußere Weltgeschehen wickelt sich mechanisch ab. Es zeigt viele Beweise für einen zweckerfüllten Plan, weist aber keine Wunder auf; und sogar die geistigen Vorgänge unterliegen dem Determinismus von Ursache und Wirkung. Die Ethik soll unabhängig von religiösem Glauben nach moralischen Begriffen suchen; sie sollte sich nicht auf Gott verlassen, um den Menschen aus Angst zu einem sittlichen Verhalten zu bewegen. Die Funktion des Staates besteht nicht darin, das Individuum zu beherrschen, sondern die Möglichkeiten für seine Entfaltung zu vervielfältigen[13]. Die Ethik des Konfuzius ist besonders zu loben, denn bei ihm beruht die Sittlichkeit nicht auf übernatürlicher Offenbarung, sondern auf der menschlichen Vernunft[14]. «Die Kaiser und Könige im chinesischen Altertum waren Menschen philosophischer Geistesart ..., und ihrer Vorsorge ist es zu verdanken, wenn ihre Regierungsform von allen die beste ist.»[15]

Wenn Wolff sich auch ernsthaft zum christlichen Glauben bekannte, so hielten doch viele Deutsche seine Philosophie für gefährlich heterodox. Wenn Wolffs Determinismus angenommen würde – warnten einige Mitglieder der Fakultät in Halle Friedrich Wilhelm I. –, könnte man keinen Soldaten, der desertierte, bestrafen, und der ganze Aufbau des Staates käme ins Wanken[16]. Der erschrockene König befahl dem Philosophen unter Androhung der Todesstrafe, Preußen innerhalb von achtundvierzig Stunden zu verlassen; er floh nach Marburg und seiner Universität, wo die Studenten ihn als einen Apostel und Märtyrer der Vernunft feierten. Im Laufe von sechzehn Jahren (1721 bis 1737) wurden über zweihundert Bücher oder Pamphlete veröffentlicht, die ihn verteidigten oder angriffen. Eine der ersten offiziellen Handlungen Friedrichs des Großen nach seiner Thronbesteigung (1740) war eine herzliche Aufforderung an den Verbannten, nach Preußen und Halle zurückzukehren. Wolff folgte der Einladung und wurde 1743 zum Rektor der Universität ernannt. Mit fortschreitendem Alter nahm seine Frömmigkeit zu, und er starb (1754) mit all der Gottesfurcht eines gläubigen Christen.

Sein Einfluß war größer, als man es bei seinem inzwischen verblaßten Ruhm annehmen könnte. Frankreich machte ihn zu einem Ehrenmitglied der Académie des Sciences; die Kaiserliche Akademie von Sankt Petersburg ernannte ihn zum Professor emeritus; Engländer und Italiener waren eifrig mit der Übersetzung seiner Werke beschäftigt. Der König von Neapel erklärte das Wolffsche System zum obligatorischen Fach an seinen Universitäten. Die jüngere Generation in Deutschland nannte ihn «den Weisen» und gab zu, daß er Deutschland das Denken beigebracht habe. Mit den alten scholastischen Lehrmethoden ging es zu Ende, und die akademische Freiheit nahm zu. Martin Knutzen führte die Wolffsche Philosophie an der Universität Königsberg ein, wo er Immanuel Kant unterrichtete.

Die Entwicklung von Wissenschaft und Philosophie und die enttäuschenden Folgen der Bibelkritik trugen im Verein mit bedeutenden weltlichen Kräften dazu bei, den Einfluß der Religion auf das deutsche Leben zu schwächen. Deistische Ideen, die aus England durch Übersetzungen und durch die Verbindung Englands mit Hannover eindrangen, verbreiteten sich in den oberen Schichten. Aber ihre Wirkung war geringfügig, wenn man sie mit den Folgen der Unterwerfung der Kirche – der katholischen wie der protestantischen – unter den Staat vergleicht. Die Reformation hatte eine Zeitlang den religiösen Glauben gestärkt, der Dreißigjährige Krieg hatte ihn erschüttert. Jetzt wurde die Geistlichkeit, dank ihrer Unterwürfigkeit gegenüber den Landesherren, jener göttlichen Aura beraubt, die ihre Macht geheiligt hatte. Ernennungen zu Kirchenämtern blieben dem Fürsten oder dem örtlichen Lehensherrn vorbehalten. Der Adel heuchelte wie in England Religion, weil er sie als eine politische und soziale Notwendigkeit ansah. Die lutherische und calvinistische Geistlichkeit verlor an Ansehen, und der Katholizismus gewann an Boden. Während dieser Periode kamen die protestantischen Staaten Sachsen, Württemberg und Hessen unter katholische Herrscher; und Friedrich, der Agnostiker, mußte sich die Gunst des katholischen Schlesiens erwerben.

Nur eine religiöse Bewegung blühte in protestantischen Landen – die Unitas Fratrum, die Brüdergemeinde oder Gemeinde der Böhmischen Brüder. Im Jahre 1722 waren einige ihrer Anhänger aus Böhmen, wo sie unterdrückt wurden, nach Sachsen ausgewandert und hatten auf den Besitzungen des Grafen Nikolaus Ludwig von Zinzendorf Zuflucht gefunden. Der junge Graf, ein Patenkind Philipp Jakob Speners, erblickte in den Flüchtlingen eine Möglichkeit, den Geist des Pietismus neu zu beleben. Er baute für sie auf seinem Land die Stadt Herrnhut und gab fast sein ganzes Geld für den Druck von Bibeln, Katechismen, Gesangbüchern und ähnlicher Literatur zu ihrem Gebrauch aus. Seine Reisen nach Amerika (1741/42), England (1750) und andere Gegenden trugen zur Gründung von Brüdergemeinen in allen Erdteilen bei; die moderne Missionstätigkeit der protestantischen Kirchen geht auf die Böhmischen Brüder zurück[17]. Das Zusammentreffen von Peter Böhler und John Wesley (1738) hatte den starken Einfluß der Brüder auf die methodistische Bewegung zur Folge. In Amerika ließen sie sich bei Bethlehem (Pennsylvania) und Salem (North Carolina) nieder. Sie hielten ihren Glauben und ihre Disziplin fast unberührt von doktrinären Strömungen und dem Wechsel der Kleidermode aufrecht, vielleicht um den Preis einer gewissen Gemütsverkümmerung in ihren Familienbeziehungen; aber der Skeptiker muß sich vor ihrer aufrichtigen Glaubensstrenge verneigen, die in einem so außergewöhnlichen Einklang mit ihrem sittlichen Leben steht.

Das sittliche Leben in Deutschland war zu jener Zeit im allgemeinen gesünder als in Frankreich, wenn auch hier und dort die Nachahmung Frankreichs nicht bei der Sprache stehenblieb, sondern sich auch die französischen Ausschweifungen zum Vorbild nahm. Das Familienleben des Mittelstandes war einer fast fanatischen Disziplin unterworfen. Hausväter hatten die Gewohnheit, ihre Töchter und manchmal auch ihre Frauen zu verprügeln[18]. Friedrich Wilhelm I. sorgte für strengste Ordnung an seinem Hof in Berlin, während seine Tochter von dem sächsischen Hof in Dresden behauptete, er könne es, was den Ehebruch betraf, mit dem Hof Ludwigs XV. aufnehmen. August der Starke – so wird wenigstens erzählt – hatte dreihundertvierundfünfzig «natürliche» Kinder, von denen einige ihre gemeinsame Abstammung in blutschänderischen Beziehungen vergaßen. August selbst wurde beschuldigt, ein Verhältnis mit einer seiner unehelichen Töchter, der Gräfin Orczelska, unterhalten zu haben[19], die ihrerseits später Friedrich dem Großen die *ars amoris* beibrachte. Zu Beginn des achtzehnten Jahrhunderts gab die Juristische Fakultät der Universität Halle eine Erklärung ab, worin das fürstliche Konkubinat verteidigt wurde[20].

Gute Manieren wurden streng beobachtet, hatten aber nichts von gallischer Anmut, und den Unterhaltungen fehlte es an Reiz. Die Adligen, die der politischen Macht beraubt waren, wärmten ihr Herz an Uniformen und Titeln. «Ich habe manch einen Brief gesehen», schrieb Lord Chesterfield 1748, «der ungeöffnet zurückkam, nur weil auf der Adresse einer von zwanzig Titeln ausgelassen worden war.»[21] Das Urteil von Oliver Goldsmith war von patriotischer Schroffheit: «Man muß den Deutschen Gerechtigkeit widerfahren lassen. Sie sind zwar stur, aber keine andere Nation versteht sich besser auf gravitätische Feierlichkeit oder auf das Dekorum der Dummheit»[22], und Friedrich der Große gab ihm recht[23]. Essen war nach wie vor ein beliebter Zeitvertreib. Möbel wurden nach französischer Art geschnitzt und eingelegt, aber weder Frankreich noch England besaßen etwas so Gemütliches wie die bunten Kachelöfen, die den Neid Lady Mary Montagus erweckten[24]. Deutsche Gärten ahmten die italienischen nach, während die deutschen Häuser mit ihrem Fachwerk und den vielfach aufgeteilten Fensterscheiben den deutschen Städten einen Reiz verliehen, der einen starken, wenn auch noch nicht ausgeformten ästhetischen Sinn verriet. Es war denn auch der Deutsche Alexander Baumgarten, der in seiner *Ästhetik* (1750) die moderne Anwendung dieses Ausdrucks einführte und eine Theorie von Schönheit und Kunst als eines zur Philosophie gehörigen Problems aufstellte.

III. DEUTSCHE KUNST

Die Töpferei gehörte in Deutschland zu den gewichtigeren Künsten, denn zu dieser Zeit brachten die Deutschen ganz Europa bei, wie man Porzellan macht. August der Starke stellte Johann Friedrich Böttger an, um gewöhnliche Metalle in Gold zu verwandeln. Das gelang Böttger zwar nicht, jedoch gründete er mit dem alten Freund Spinozas, Walter von Tschirnhaus, eine Porzellanfabrik in Dresden, wo er Experimente machte, die zur Herstellung des ersten Hartporzellans in Europa führten. 1710 wurde die Manufaktur nach Meißen übergeführt, wo Böttger bis zu seinem Tode (1719) seine Methoden und Erzeugnisse verfeinerte. Beim Meißner Porzellan wurde der weiße Untergrund mit feingezeichneten Blumen, Vögeln, Genrebildchen, Landschaften sowie exotischen Szenen aus dem Orient bunt bemalt. Unter Johann Joachim Kändler wurde das Verfahren weiter verbessert; dann kamen Porzellanfiguren zur Unterglasurmalerei hinzu; phantastische Figürchen bewahrten deutsche Märchen- und Lustspielgestalten. Meisterwerke wie das «Schwanenservice» von Kändler und Eberlein bewiesen eine bisher unerreichte Eleganz und Zartheit der Ausführung. Bald schmückte die ganze europäische Aristokratie, sogar in Frankreich, ihre Räume mit humoristisch-satirischen Figuren aus Meißner Porzellan. Die Stadt blieb führend in dieser Kunst bis zum Jahre 1758, wo sie im Laufe des Siebenjährigen Krieges von der preußischen Armee verwüstet wurde.

Von Augsburg, Nürnberg, Bayreuth und anderen Zentren ergoß sich der Strom barocker Porzellanerzeugnisse in das deutsche Heim, von der schönsten Keramik zu den lustigsten Krügen, die sogar das Biertrinken zu einem ästhetischen Genuß machten. Fast während des ganzen achtzehnten Jahrhunderts stand Deutschland an der Spitze der europäischen Porzellan- und Glasfabrikation[25]. Auch die deutschen Eisenerzeugnisse dieser Zeit waren unvergleichlich; die schmiedeeisernen Tore, die in Augsburg, Ebrach und anderswo hergestellt wurden, konnten sich mit den Arbeiten eines Jean Lamour in Nancy messen; und die deutschen Goldschmiede wurden nur von den allerbesten Pariser Meistern übertroffen. Die deutschen Kupferstecher (Knobelsdorff, Glume, Rugendas, Ridinger, Georg Kilian, Georg Schmidt) taten sich mit prachtvollen Stichen hervor[26].

Die deutschen Maler dieser Zeit erlangten nicht internationalen Ruhm wie Watteau, Boucher, La Tour und Chardin. Es ist ein Beweis für unseren beschränkten Horizont, daß uns die Bilder von Cosmas Asam, Balthasar Denner, Johann Fiedler, Johann Thiele, Johann Ziesenis, Georg de Marées unbekannt sind; so seien hier wenigstens ihre Namen genannt. Besser kennen wir einen französischen Maler, der sich in Deutschland niedergelassen hatte: Antoine Pesne war Hofmaler bei Friedrich Wilhelm I. und Friedrich dem Großen. Sein Meisterwerk ist ein Bildnis Friedrichs als unschuldiges Kind von drei Jahren mit seiner sechsjährigen Schwester Wilhelmine[27]; wäre dieses Bild in Paris gemalt worden, so hätte die ganze Welt davon gehört.

Eine Künstlerfamilie machte sich einen Namen auf drei verschiedenen Gebieten – in Malerei, Bildhauerei und Architektur. Cosmas Damian Asam malte für die Sankt-Emmeram-Kirche in Regensburg eine *Himmelfahrt des heiligen Benedikt* und entwarf gemeinsam mit seinem Bruder Egid die Gestaltung des Kircheninnern von Sankt Nepomuk in München – ein wahres Fest barocker Raumgestaltung und Bildhauerei. Die Bildwerke und Stukkaturen, darunter eine *Mariä Himmelfahrt*, in der Abteikirche in Rohr (Bayern) besorgte Egid. Der schöne *Neptunbrunnen* in Dresden verriet seinen italienischen Ursprung – Lorenzo Mattielli war sein Schöpfer. Balthasar Permoser verdarb sein Bildwerk *Apotheose des Prinzen Eugen*[28] mit einem Gewirr symbolischer Figuren; mit dem gleichen Überschwang schmückte er den Pavillon des Dresdner Zwingers; in der *Apostelgruppe* in der Hofkirche von Dresden reichte er fast an die Würde und Kraft eines Michelangelo heran. Sein *Heiliger Ambrosius* aus Lindenholz in derselben Kirche gehört zu den besten europäischen Skulpturen aus der ersten Hälfte des achtzehnten Jahrhunderts. Georg Ebenhecht träumte von einer schlanken deutschen Schönen, als er *Bacchus und Ariadne* für den Park in Sanssouci schuf. Deutsche Parkanlagen und Gärten waren reich an Bildwerken; ein Kenner des Barocks war der Ansicht, daß «es verhältnismäßig mehr gute Gartenstandbilder in Deutschland als im ganzen übrigen Europa gibt»[29].

Zu jener Zeit lenkten deutsche Künstler die Aufmerksamkeit ihrer europäischen Kollegen nur in der Architektur auf sich. Johann Balthasar Neumann drückte den verschiedensten Orten seinen Stempel auf. Sein bestes Werk war die Residenz des Fürstbischofs von Würzburg; andere Künstler waren neben ihm am Entwurf und der Ausführung beteiligt (1719–1744), aber er gab den Ausschlag für die ganze Arbeit. Der venezianische Saal und der Spiegelsaal mit ihrem prachtvollen Dekor wurden im Zweiten Weltkrieg zerstört; aber vier Räume sind erhalten, die von der Pracht der ehemaligen Ausstattung zeugen. Das herrliche Treppenhaus, das in der Kunstwelt durch die Deckenfresken Tiepolos berühmt wurde, war eines der Meisterwerke, mit denen Neumann seine künstlerische Überlegenheit bewies. Völlig verschieden, aber fast ebenso schön war sein Treppenhaus im Bischofspalast in Bruchsal – ein weiteres Opfer des nationalen Selbstmords. Am schönsten war vielleicht sein doppelter Treppenaufgang in der Augustenburg in Brühl bei Köln. Treppen waren seine Leidenschaft, wovon auch das Kloster von Ebrach Zeugnis ablegt. Dazwischen fand er Zeit für die Wallfahrtskirche Vierzehnheiligen am Main, gegenüber von Banz; auch die Paulinuskirche in Trier und die Kreuzbergkirche bei Bonn verdanken ihm ihren Barockschmuck, der Würzburger Dom hingegen eine Kapelle in vollendet schönem Barock.

Die Kirchenarchitektur befaßte sich nun vor allem mit Klosterbauten. Das Benediktinerkloster Ettal, das Kaiser Ludwig der Baier 1330 in einem malerischen Tal bei Oberammergau gegründet hatte, wurde 1718 von Enrico Zuccalli umgebaut und mit einer leichten Kuppel gekrönt. Die Abteikirche wurde 1744 durch Feuer zerstört;

1752 wurde sie von Josef Schmuzer wieder aufgebaut; der Innenraum wurde in Weiß und Gold im Rokokostil verziert und erhielt Fresken von Johann Zeiller und Martin Knoller; prachtvolle Nebenaltäre nebst einer für ihr schönes Gehäuse berühmten Orgel kamen 1757 hinzu. Am beeindruckendsten von all diesen Gebetshäusern ist die unglaublich reiche Klosterkirche im Benediktinerkloster zu Ottobeuren, südöstlich von Memmingen. Der Gesamtbau stammt von Michael Fischer, die Goldschmiedearbeiten von Johann Christian, das Chorgestühl – der Stolz der deutschen Holzschnitzerei in diesem Jahrhundert – von Martin Hörmann. Fischer arbeitete, mit Unterbrechungen, an diesem Werk vom Jahre 1737 bis zu seinem Tode im Jahre 1766.

Die herrschenden Klassen standen hinter den Mönchen nicht zurück. Schöne Rathäuser wie in Lüneburg und Bamberg wurden errichtet, aber das Schwergewicht lag auf Schlössern und Palästen. Der Markgraf von Baden-Durlach hatte seine Residenz in Karlsruhe in einem einzigartigen Schloß, von dem fächerartig eine Reihe von Straßen ausging. Das Schloß und ein Teil der Stadt wurden im Zweiten Weltkrieg zerstört, in den sechziger Jahren aber wieder aufgebaut. Das großartige Schloß Berlin, das von Andreas Schlüter und seinen Nachfolgern erbaut wurde, wurde im Zweiten Weltkrieg ebenso zerstört wie das Schloß Monbijou beim Spandauer Tor in Berlin. Das Schloß von Brühl, das der Erzbischof von Köln in Auftrag gegeben hatte, wurde ebenfalls zum Teil zerstört, seit der Renovierung dient es der Bundesregierung häufig für Staatsempfänge. In München schuf Josef Effner den Preysing-Palast, und in Trier baute Johann Seitz das Kurfürstliche Palais für den regierenden Erzbischof, vorbildlich in seiner einfachen Schönheit. Für den Bischof und Kurfürsten von Mainz errichteten Maximilian von Welsch und Johann Dientzenhofer bei Pommersfelden das große Schloß Weißenstein mit dem berühmten doppelten Treppenaufgang von Johann Lukas von Hildebrandt, wo die verschiedenen Würdenträger nicht Gefahr liefen, einander zu begegnen.

Die weltliche Architektur in Deutschland erreichte ihren Höhepunkt, als Friedrich der Große Georg von Knobelsdorff und andere mit dem Bau dreier Paläste in Potsdam beauftragte: des Stadtschlosses (1744–1751), des Neuen Palais (1755) und der königlichen Sommerresidenz, Schloß Sanssouci. Der König selbst hatte eine Skizze dazu gemacht, und das Ganze sollte mit Versailles wetteifern. Von der Havel führt der sanft ansteigende Weg durch die Terrassen des Parks zu diesem Schloß «Sorgenfrei» hinauf, dessen mit Holzrippen aufgeteilte Fensterscheiben und Zentralkuppel an den Dresdner Zwinger erinnern. Ein Flügel enthielt eine ausgedehnte Kunstgalerie; unter der Kuppel verliefen schöne korinthische Säulen; und eine Bibliothek, die von Rokokoschnörkeln und Büchern hinter Glas schimmerte, bot Erholung von Politik und Generälen. In Sanssouci fand Voltaire einen ebenbürtigen Gegner in diesem königlichen Philosophen, der es vermochte, ein Land zu regieren, der Kirche die Stirn zu bieten, ein Gebäude zu entwerfen, ein Porträt zu skizzieren, mittelmäßige Gedichte und ausgezeichnete Geschichte zu schreiben, einen Krieg gegen halb Europa zu gewinnen, Musik zu komponieren, ein Orchester zu dirigieren und Flöte zu blasen.

IV. DEUTSCHE MUSIK

Von der Geburt von Händel und Bach im Jahre 1685 an bis zum Tode Brahms' 1897 stand die deutsche Musik an erster Stelle. Zu jeder Zeit im Laufe dieser zweihundertzwölf Jahre war der größte lebende Komponist – abgesehen von der Oper – ein Deutscher[30]. Zwei musikalische Formen, das Oratorium und die Fuge, erreichten ihre höchste Entwicklung in deutschen Schöpfungen aus der ersten Hälfte des achtzehnten Jahrhunderts, und manch einer würde wohl hinzufügen, daß ein deutscher Protestant der römisch-katholischen Messe ihren endgültigen Ausdruck verlieh. Das Zeitalter der Malerei ging zu Ende, das Zeitalter der Musik begann. In jedem deutschen Heim machte die Musik einen Teil der Religion aus, wie umgekehrt die Religion einen so großen Anteil an der Musik hatte. Es gab kaum eine Familie, außer in den ärmsten Schichten, wo nicht mehrstimmig gesungen wurde, kaum jemanden, der nicht ein oder mehrere Instrumente spielte. Hunderte von Liebhabergruppen führten Kantaten auf, die heute von Berufssängern wegen ihrer Schwierigkeit gemieden werden[31]. Lehrbücher der Musik waren so volkstümlich wie die Bibel. In den Volksschulen gehörte Musik wie Lesen und Schreiben zum Unterricht. Die Musikkritik war höher entwickelt als in allen anderen Ländern, außer Italien, und der führende Musikkritiker des Jahrhunderts war ein Deutscher.

Johann Mattheson war wahrscheinlich berühmter und unbeliebter unter den deutschen Musikern als jeder andere deutsche Komponist. Seine Eitelkeit verdunkelte seine Leistungen. Er kannte die humanistischen wie auch die modernen Literatursprachen, schrieb über Justiz und Politik und spielte so gut Orgel und Klavichord, daß er ein Dutzend Angebote von höchsten Posten ablehnen konnte. Er war ein eleganter Tänzer und ein vollkommener Mann von Welt. Im Fechten leistete er Hervorragendes und hätte fast Händel bei einem Duell getötet. Er sang mit Erfolg in der Hamburger Oper, komponierte Opern, Kantaten, Passionsmusiken, Oratorien, Sonaten und Suiten und entwickelte die Form der Kantate noch vor Bach. Neun Jahre lang war er Kapellmeister beim Herzog von Holstein. Dann wurde er allmählich taub und mußte sich mit Schriftstellerei begnügen. Er veröffentlichte achtundachtzig Bücher, davon acht über Musik, und fügte noch eine Abhandlung über den Tabak hinzu. Er war der Gründer und Herausgeber der *Critica musica* (1722–1725), der ersten bekannten kritischen Sammlung von Diskussionen über Kompositionen aus Vergangenheit und Gegenwart, und stellte ein biographisches Wörterbuch zeitgenössischer Musiker zusammen. Er starb im Alter von dreiundachtzig Jahren (1764), und sein Einfluß auf die Musikwelt war außerordentlich anregend.

Die Musikinstrumente waren in ständiger Fortbildung und ständigem Wandel begriffen, aber die Orgel war immer noch ihre unantastbare Herrscherin. Gewöhnlich hatte sie drei oder vier Manuale, dazu ein Pedal für zweieinhalb Oktaven und eine ganze Reihe von Registerknöpfen, womit man fast jedes andere Instrument nachahmen konnte. Niemand hat bessere Orgeln gebaut als Andreas Silbermann aus Straßburg und

Gottfried Silbermann aus Freiberg. Saiteninstrumente wurden jedoch mehr und mehr beliebt. Beim Klavichord (wörtlich: Taste und Saite) bewegte die Tastatur Hebel mit kleinen Messingstiften (Tangenten), die die Saiten anschlugen. Das Instrument war schon mindestens dreihundert Jahre alt, vielleicht sogar noch mehr. Beim Klavizimbel (französisch *clavecin,* italienisch *clavi-* oder *gravicembalo*) wurden die Metallsaiten durch Federkiele oder Lederzungen am hinteren Tastenende angerissen; die Tasten waren auf zwei Klaviaturen verteilt, wozu noch zwei Pedale und drei oder vier Registerknöpfe kamen. Die Bezeichnung *Clavier* wurde in Deutschland auf jedes beliebige Tasteninstrument – sei es das Klavichord, das Cembalo (Spinett) oder das Piano – sowie auch auf die Tastatur der Orgel angewendet. Das Cembalo war im Grunde eine Harfe, deren Saiten von den Fingern des Spielers vermittels Tasten, Hebel und Schlagstäbchen (Plektren) angeschlagen wurden. Sein Ton war von zartem Reiz, aber da die Plektren, sobald sie die Saiten berührt hatten, zurückfielen, blieb es dem Instrument versagt, einen Ton zu halten oder in seiner Stärke zu variieren. Um eine solche Wirkung zu erzielen, benötigte man zwei Manuale, ein oberes für die Piano- und ein unteres für die Fortetöne. Das spätere Pianoforteinstrument verdankte sein Entstehen dem Bemühen, diese Schwierigkeit zu überwinden.

Gegen 1709 baute Bartolommeo Cristofori in Florenz vier *gravicembali col piano e forte* – «Klavichorde mit leisem und lautem (Ton)». Diese Instrumente – Hammerklavier oder Pianoforte benannt – besaßen anstelle der Plektren kleine Lederhämmer, die so lange mit den angeschlagenen Saiten in Berührung blieben, wie die entsprechenden Tasten durch den Spieler niedergedrückt wurden, während andererseits die Stärke des Tones durch die Kraft, mit welcher der Anschlag der Tasten erfolgte, bestimmt werden konnte. 1711 beschrieb Scipione di Maffei die neue Erfindung im *Giornale dei letterati d'Italia;* 1725 erschien Maffeis Artikel auf deutsch in Dresden. 1726 baute Gottfried Silbermann, von dieser Übersetzung angeregt, zwei Klaviere nach dem Prinzip Cristoforis[32]. Um 1733 führte er Johann Sebastian Bach ein verbessertes Modell vor, der es zu schwach in den höheren Registern und zu schwer im Anschlag fand. Silbermann gab diese Fehler zu und machte sich daran, sie zu beheben. Er war damit so erfolgreich, daß Friedrich der Große ihm fünfzehn Klaviere abkaufte. Bach spielte auf einem davon, als er Friedrich 1747 besuchte. Das Instrument gefiel ihm, aber er hielt sich für zu alt, um sich umzustellen, und blieb in den drei Jahren, die er noch zu leben hatte, der Orgel und dem Cembalo treu.

Das Orchester wurde gewöhnlich bei Opern oder Chorwerken eingesetzt. Abgesehen von Ouvertüren wurde spezielle Orchestermusik komponiert. Oboen und Fagotte waren stärker vertreten als in den heutigen Orchestern; die Holzinstrumente überwogen die Streichinstrumente. Öffentliche Konzerte waren in Deutschland noch selten. Musik war fast ausschließlich auf die Kirche, die Oper, das Heim oder die Straße beschränkt. Halböffentliche Kammermusikkonzerte wurden in Leipzig in den Häusern wohlhabender Kaufleute von 1743 an gegeben. Nach und nach wurden größere Räume dafür gewählt, die Zahl der Musiker auf sechzehn erhöht, und im Jahre 1746 wurde in Leipzig bekanntgegeben: «Am Donnerstag findet unter der Leitung der ehrenwerten Zunft der Kaufleute und anderer Personen ein Collegium Musicum von fünf bis acht Uhr im Gasthof zu den Drei Schwanen statt.» Diese Konzerte, war beigefügt, «werden von der feinen Gesellschaft besucht und höchlichst bewundert»[33]. Aus diesem Collegium Musicum ging 1781 das sogenannte Große Konzert im Leipziger Gewandhaus hervor – die älteste aller bekannten Konzertserien, die sich bis auf den heutigen Tag erhalten haben.

Nur eine Minderheit von Musikstücken wurde für Instrumente allein komponiert; einige dieser Kompositionen trugen jedoch zur Entwicklung der Symphonie bei. Eine Schule von Komponisten und Ausübenden in Mannheim, von denen viele aus Österreich, Italien oder Böhmen stammten, hatte entscheidenden Anteil an dieser Entwicklung. Der dortige Kurfürst Karl Theodor, der von 1733 bis 1799 regierte, ein Beschützer der Künste, hatte ein Orchester zusammengestellt, das allgemein für das beste in Europa galt. Für diese Gruppe komponierte Johann Stamitz, ein Geigenvirtuose, wirkliche Symphonien mit drei oder vier Sätzen, wovon wenigstens der erste der «Sonatenform» folgte – das heißt eine Exposition zweier kontrastierender Themen, ihre freie Durchführung und ihre Reprise aufwies. In Anlehnung an napolitanische Vorbilder setzte sich diese neue Form gewöhnlich aus einem schnellen, einem langsamen und einem schnellen Satz zusammen – Allegro, Andante, Allegro; und aus der Tanzmusik wurde manchmal ein Menuett übernommen. So ging das Zeitalter der Polyphonie, das mit Johann Sebastian Bach seinen Höhepunkt erreichte und auf einem Motiv beruhte, in das symphonische Zeitalter von Haydn, Mozart und Beethoven über.

Die menschliche Stimme übte weiterhin den größten Zauber aus. Carl Philipp Emanuel Bach, Karl Heinrich Graun und andere vertonten die leidenschaftlichen Liebesgedichte von Johann Christian Günther; Johann Ernst Bach aus Weimar fand in der Poesie Christian Gellerts die Eingebung für verschiedene schöne Lieder. Die Oper blühte jetzt auch in Deutschland, doch war sie vorwiegend italienisch in der Form, und Kompositionen und Sänger wurden aus Italien eingeführt. Jeder größere Hof hatte seine Oper, die gewöhnlich nur einer Elite offenstand. Hamburg, wo der Kaufherr den Ausschlag gab, bildete eine Ausnahme. Dort wurden deutsche Opern gespielt, das zahlende Publikum hatte Zutritt, und einheimische Sängerinnen traten auf. Reinhard Keiser herrschte vierzig Jahre lang über das Gänsemarkt-Theater in Hamburg. Während dieser Zeit komponierte er hundertsechzehn Opern, in der Mehrzahl nach italienischen Texten, einige davon aber auch nach deutschen. Denn 1728 erhob Mattheson im *Musikalischen Patrioten* ein Kriegsgeschrei gegen die italienischen Eindringlinge: «Hinaus, Barbaren! (*Fuori barbari!*) Man untersage den Fremdlingen, die uns von Ost und West überschwemmen, den (Sänger-) Beruf! Man sende sie zurück über ihre wilden Alpen, auf daß sie sich im Feuer des Ätna läutern!»[34] Aber der Zauber italienischer Stimmen und Melodien erwies sich als unwiderstehlich. Sogar in Hamburg erdrückte die Sucht nach napolitanischen Opern die einheimische Produktion. Keiser mußte aufgeben und zog nach Kopenhagen; nach sechzigjährigem Bestehen mußte das Hamburger Theater 1739 seine Türen schließen. Als es 1741 wieder eröffnet wurde, widmete es sich rückhaltlos der italienischen Oper. Als Friedrich der Große Berlin wieder mit einer Oper versah (1742), wählte er deutsche Komponisten, jedoch italienische Sänger. «Ein deutscher Sänger!» rief er aus. «Da möchte ich lieber mein Pferd wiehern hören.»[35]

Deutschland brachte damals einen erstklassigen Opernkomponisten hervor – Johann Adolf Hasse, aber auch er machte Italien den Hof. Zehn Jahre lang studierte er dort mit Alessandro Scarlatti und Niccolo Porpora; 1730 heiratete er die italienische Sängerin Faustina Bordoni. Er schrieb die Musik zu italienischen Libretti von Apostolo Zeno, Metastasio und anderen. Seine ersten Opern wurden in Neapel und Venedig so begeistert aufgenommen, daß Italien ihn «*il caro Sassone*», den lieben Sachsen, nannte. Nach seiner Rückkehr nach Deutschland setzte er sich mit Leidenschaft für die italienische Oper ein. Fast alle seine Landsleute jubelten ihm zu und verehrten ihn mehr als den abwesenden Händel und den unbekannten Bach. Burney bezeichnete ihn und Gluck als den Raffael und Michelangelo der Musik in deutschen Landen[36]. Niemand, nicht einmal die Italiener, konnten sich mit der Fülle melodischer und dramatischer Erfindung in seinen hundert Opern messen. 1731 lud August der Starke ihn und seine Frau, die größte Diva ihrer Zeit, nach Dresden ein. Faustina eroberte die Stadt mit ihrer Stimme, Hasse mit seiner Musik. 1760 verlor er fast seine ganze Habe, darunter seine gesammelten Manuskripte, beim Angriff Friedrichs des Großen auf Dresden. Die zerstörte Stadt gab die Oper auf, und Hasse und seine Frau zogen nach Wien, wo der inzwischen vierundsiebzig Jahre alt Gewordene sich mit Gluck maß. Bei der Hochzeit des Erzherzogs Ferdinand in Mailand teilte er sich mit dem vierzehnjährigen Mozart in das musikalische Programm. «Dieser Junge», soll er gesagt haben, «wird uns alle in den Schatten stellen.»[37] Seine letzten Jahre verbrachte er mit Faustina in Venedig. Dort starben sie beide im Jahre 1783, er im Alter von vierundachtzig, sie im Alter von neunzig Jahren. Ihr Leben war noch harmonischer als ihre Melodien.

Während die italienische Musik in der deutschen Oper triumphierte, blühte die Kirchenmusik, wenn auch Friedrich der Große sie als «altmodisch» und «minderwertig» verspottete[38]. In Wien entfaltete sich die katholische Kirchenmusik. Im Norden erzeugte die letzte Glut des Protestantismus eine Fülle von Kantaten, Chorälen und Passionen, als ob hundert Komponisten Bach den Weg bereiten wollten. Orgelmusik war vorherrschend, doch enthielt manches Kirchenorchester auch Geigen und Celli. Der Einfluß der Oper war nicht nur in der Erweiterung der Kirchenorchester und Chöre spürbar, sondern auch in dem immer dramatischeren Charakter der Kirchenmusik.

Der berühmteste Komponist religiöser und weltlicher Musik in Deutschland zur Zeit Bachs war Georg Philipp Telemann, der vier Jahre vor Bach auf die Welt kam (1681) und siebzehn Jahre nach ihm starb (1767). Mattheson schätzte ihn als Komponisten höher ein als alle seine deutschen Zeitgenossen. Bach dürfte – mit einer Ausnahme – damit einverstanden gewesen sein, denn er verarbeitete ganze Kantaten seines Rivalen. Telemann war ein Wunderkind. Ganz früh lernte er Latein und Griechisch, Geige und Flöte. Mit elf Jahren begann er zu komponieren. Mit zwölf schrieb er eine Oper, die in einem Theater aufgeführt wurde und worin er selbst eine der Rollen sang. Mit zwölf Jahren komponierte er auch eine Kantate, die er auf einer Bank stehend dirigierte, damit die Musiker ihn sehen konnten.

Er wuchs zu einem kräftigen, vergnügten Teutonen heran, der von Humor und Melodien überschäumte. Auf der Durchreise durch Halle traf er im Jahre 1701 den sechzehnjährigen Händel, den er sofort ins Herz schloß. Er begab sich nach Leipzig, um Jura zu studieren, endete aber doch wieder bei der Musik – als Organist der Neuen Kirche (1704). Ein Jahr später nahm er den Posten eines Kapellmeisters in Sorau an; dann ging er nach Eisenach, wo er mit Bach zusammentraf. 1714 stand er Pate bei Bachs Sohn Carl Philipp Emanuel. 1711 starb seine junge Frau und nahm sein Herz mit, wie er sagte. Drei Jahre später war er aber wieder verheiratet. 1721 siedelte er nach Hamburg über. Hier wurde er Kapellmeister in sechs verschiedenen Kirchen, gab Musikunterricht im Gymnasium, übernahm die Hamburger Oper, gab eine Musikzeitschrift heraus und organisierte eine Reihe von öffentlichen Konzerten. In allem hatte er Glück – mit der einzigen Ausnahme, daß seine Frau eine Schwäche für schwedische Offiziere hatte.

Seine schöpferische Kraft war enorm, sogar in einer Zeit musikalischer Titanen. Für jeden Sonn- und Feiertag während neununddreißig Jahren komponierte er Kirchenmusik – Passionen, Kantaten, Oratorien, Choräle und Motetten. Dazu kamen Opern, komische Opern, Konzerte, Trios und Serenaden. Händel behauptete, Telemann könne eine achtstimmige Motette in derselben Zeit komponieren, in der man einen Brief schreibe[39]. Stilistisch lehnte er sich an Frankreich an – wie Hasse an Italien –, jedoch war die ihm eigene ursprüngliche Frische unverkennbar. Im Alter von vierundachtzig Jahren schrieb er 1765 die Kantate *Ino*, die nach Ansicht Romain Rollands ähnlichen Werken von Händel, Gluck und Beethoven ebenbürtig ist. Telemann war ein Opfer seiner eigenen Fruchtbarkeit. Er komponierte zu rasch, um vollkommen zu sein, hatte keine Geduld zur Umarbeitung und nicht den Mut, unvollkommene Erzeugnisse seines Genies zu vernichten. Ein Kritiker warf ihm «unglaubliche Unbescheidenheit» vor[40]. Nachdem er fast in Vergessenheit geraten war, hat unsere Zeit sich wieder auf ihn besonnen und entdeckt täglich neue Schönheiten in ihm[41].

Friedrich der Große war nicht der einzige, der Karl Heinrich Graun einem Telemann oder Bach vorzog. Graun wurde zuerst durch seinen Sopran berühmt; nach dem Stimmwechsel wandte er sich der Komposition zu und schrieb mit fünfzehn Jahren eine *Große Passionskantata* (1716), die in der Kreuzschule in Dresden aufgeführt wurde. Nach einem Aufenthalt in Braunschweig, wo er Kapellmeister war, wurde er von Friedrich dem Großen als Dirigent in Rheinsberg angestellt. Vierzehn Jahre lang war er Konzertmeister am preußischen Hof, denn sogar seine liturgische Musik gefiel dem skeptischen König. *Der Tod Jesu*, eine Passion, die zuerst im Berliner Dom im Jahre 1755 erklang, machte ihn in ganz Deutschland berühmt, fast so berühmt wie Händel sein *Messias* in England und Irland. Bis in unsere Zeit hinein wurde dieses Passionsoratorium alljährlich in der Karwoche aufgeführt. Das ganze protestantische Deutschland beklagte mit dem König den verhältnismäßig frühen Tod Grauns.

Ein paar Dutzend Vorläufer hatten das Kommen Bachs vorbereitet. Johann Sebastian hat seinen Stammbaum im *Ursprung der musikalisch Bachischen Familie* festgehalten, der erst 1917 gedruckt wurde. Der genaue Spitta hat dem Ursprung und den Verästelungen dieses orphischen Stromes 180 Seiten gewidmet. Die Städte von Thüringen wimmelten von Bachs, die man bis auf das Jahr 1509 zurückverfolgen kann. Der älteste musikalische Bach, mit dem Johann Sebastian seinen Stammbaum begann, war sein Ururgroßvater Veit Bach (gestorben 1619). Von ihm stammten vier verschiedene Zweige ab, aus denen verschiedene Bachs hervorgingen, die sich als Musiker auszeichneten. Sie waren so zahlreich, daß sie eine Art Zunft bildeten und regelmäßig zusammenkamen, um Noten auszutauschen. Zu ihnen gehörte Johann Ambrosius Bach, der von seinem Vater die Technik des Geigenspiels übernahm, die er seinen Kindern vermittelte. 1671 wurde er als Nachfolger seines Vetters zum Hofmusikus in Eisenach ernannt. 1668 hatte er Elisabeth Lammerhirt, die Tochter eines Kürschners und späteren Stadtrats, geheiratet. Sie schenkte ihm zwei Töchter und sechs Söhne. Der älteste, Johann Christoph Bach, brachte es zum Organisten in Ohrdruf; sein jüngerer Bruder trat als Oboist in die schwedische Armee ein. Der jüngste Bruder war Johann Sebastian.

V. JOHANN SEBASTIAN BACH: 1685–1750

1. Chronik seines Lebens

Er wurde am 21. März 1685 in Eisenach, im Herzogtum Sachsen-Weimar, geboren. Im Cottahaus am Lutherplatz hatte der große Reformator als Kind gewohnt. Auf einem Hügel über der Stadt stand die Wartburg, wo Luther sich vor Karl V. versteckte und das Neue Testament übersetzte (1521). Bachs Werke sind der musikalische Ausdruck der Reformation.

Seine Mutter starb, als er neun Jahre alt war; acht Monate später folgte ihr sein Vater. Johann Sebastian und sein Bruder Johann Jakob wurden in die Familie ihres ältesten Bruders Johann Christoph aufgenommen. Im Gymnasium in Eisenach lernte Sebastian viel Katechismus und etwas Latein. Auf dem Lyzeum im benachbarten Ohrdruf studierte er Latein, Griechisch, Geschichte und Musik. Er war ein guter Schüler und machte rasche Fortschritte. Sein Vater hatte ihm das Geigenspiel beigebracht, sein Bruder Christoph gab ihm Klavierstunden. Dem Musikunterricht folgte er mit Eifer, denn die Musik lag ihm im Blute. Er kopierte eine große Anzahl von Noten, die er sich sonst nicht verschaffen konnte, und vielleicht verdarb er sich damit die Augen.

Mit fünfzehn Jahren machte er sich auf, sein eigenes Brot zu verdienen, um der ständig wachsenden Familie seines Bruders Johann Christoph nicht länger zur Last zu fallen. Er wurde als Freischüler und Sopran in die Michaelisschule in Lüneburg aufgenommen; nach dem Stimmbruch behielt man ihn weiter als Geiger im Orchester. Von Lüneburg aus begab er sich verschiedentlich nach Hamburg, vielleicht um die Oper zu besuchen, bestimmt aber um dem siebenundsiebzig Jahre alten Organisten der Katharinenkirche, Johann Adam Reinken, zuzuhören. Die Oper ließ ihn kalt, während die Orgel sein Gemüt ansprach. Er bot all seine Kraft, all seine Gewandtheit auf, um dieses überwältigende Instrument meistern zu lernen. 1703 spielte er schon so gut, daß er eine Stelle in Arnstadt bei Erfurt bekam, wo er dreimal wöchentlich die kürzlich eingebaute, große Orgel in der Neuen Kirche spielte, die bis 1863 in Betrieb war. Da er die Orgel jederzeit benutzen durfte, komponierte er auch schon seine ersten bedeutenden Werke.

Ehrgeiz spornte ihn an, seine Kunst ständig zu verbessern. Er erfuhr, daß Dietrich Buxtehude, der berühmteste deutsche Organist, zwischen dem Martinstag und Weihnachten in der Marienkirche zu Lübeck eine Reihe von Konzerten abhielt. Darauf bat er um einen Monat Urlaub, der ihm gewährt wurde; während seiner Abwesenheit wurde er von seinem Vetter Johann Ernst vertreten. Im Oktober 1705 machte er sich zu Fuß nach Lübeck auf. Händel und Mattheson hatten ähnliche Pilgerfahrten unternommen. Bach sah sich nicht genötigt, Buxtehudes Tochter zu heiraten, um dessen Posten zu erben; er wollte nur die Orgeltechnik des Meisters studieren. Sie muß ihn so gefesselt haben, daß er erst Mitte Februar nach Arnstadt zurückkam. Am 21. Februar 1706 mußte er einen Tadel des Kirchenvorstandes einstecken, weil er seinen Urlaub überschritten und «manche wunderliche Variationen» in die Präludien zu den Kirchengesängen eingeführt hatte. Am 11. November wurde er gerügt, weil er den Chor nicht richtig eingeübt und außerdem «einer fremden Jungfer» erlaubt hatte, in der Kirche zu singen. (Frauen wurde noch nicht gestattet, in der Kirche mitzusingen.) Das fremde Mädchen war Maria Barbara Bach, seine Kusine. Er entschuldigte sich, so gut er konnte; aber am 7. Juni 1707 trat er zurück und übernahm den Posten eines Organisten in der Kirche Sankt Blasius in Mühlhausen. Sein Jahresgehalt, außerordentlich gut für den Ort und die Zeit, bestand aus 85 Gulden in bar, 13 Scheffel Korn, 2 Klafter Holz, 6 Bündel Reisig und 3 Pfund Fisch[42]. Am 17. Oktober heiratete er Maria Barbara.

Mühlhausen erwies sich jedoch als ebenso ungemütlich wie Arnstadt. Ein Teil der Stadt war abgebrannt; die bedrängten Bürger waren nicht in der richtigen Stimmung für wunderliche Variationen. Die Gemeinde war gespalten zwischen Lutheranern, die mit Begeisterung Lieder sangen, und Pietisten, die der Ansicht waren, Musik grenze an Gottlosigkeit. Im Chor herrschte ein Durcheinander, und Bach konnte ein Chaos nur in Ordnung bringen, wenn er es mit Noten, nicht mit Menschen zu tun hatte. Als er ein Angebot für den Posten eines Organisten und Dirigenten am Hofe des Herzogs Wilhelm Ernst von Sachsen-Weimar erhielt, bat er in Mühlhausen ergebenst um Entlassung[43]. Im Juni 1708 begab er sich auf seinen neuen Posten.

In Weimar wurde er gut bezahlt, 156 Gulden im Jahr, die 1713 auf 225 erhöht wurden. Jetzt konnte er endlich die Kinderschar füttern, die ihm Maria Barbara bescherte. Ganz zufrieden war er freilich nicht, denn er war dem Kapellmeister Johann Drese unterstellt; doch die Freundschaft mit Johann Gottfried Walther, dem Organisten der Stadtkirche und Herausgeber des ersten deutschen Musiklexikons (1732), der fast ebenso schöne Choräle wie Bach komponierte, war für ihn von Nutzen. Möglicherweise wurde er von dem gelehrten Walther zum ernsthafen Studium der französischen und italienischen Musik angeregt. Frescobaldi und Corelli gefielen ihm, doch besonders bezauberten ihn Vivaldis Violinkonzerte, wovon er neun für andere Instrumente bearbeitete. Manchmal verleibte er seinen eigenen Kompositionen Stückchen aus dieser Bearbeitung ein. In den *Brandenburgischen Konzerten* macht sich der Einfluß Vivaldis bemerkbar, wenn die Konzerte auch eine größere Gefühlstiefe und eine reichere künstlerische Fülle aufweisen.

In Weimar war er in erster Linie Organist an der Schloßkirche, wo ihm eine kleine, aber mit allem Zubehör ausgerüstete Orgel zur Verfügung stand. Für dieses Instrument komponierte er einen Teil seiner besten Orgelmusik: die *Passacaglia und Fuge in c-moll*, seine schönsten Tokkaten, seine hauptsächlichen Präludien und Fugen und das *Orgelbüchlein*. Vorläufig war er als Organist, nicht als Komponist bekannt. Wer ihn beobachtete – darunter sogar der kritische Mattheson –, war verblüfft über seine Gewandtheit; jemand erklärte, daß Bachs Füße «über die Pedale flogen, als ob sie Flügel hätten»[44]. Er hielt Konzerte in Halle, Kassel und anderen Städten ab. In Kassel, wo er 1714 spielte, war der spätere König Friedrich I. von Schweden so beeindruckt, daß er einen Diamantring vom Finger zog und ihn Bach schenkte. 1717 traf Bach in Dresden Jean Louis Marchand, der als Organist Ludwigs XV. internationalen Ruf genoß. Jemand schlug einen Wettbewerb zwischen den beiden vor. Sie kamen überein, sich beim Grafen von Flemming einzufinden und vom Blatt jede beliebige Orgelmusik zu spielen. Bach erschien zur bestimmten Stunde. Marchand verließ aus heute unbekannten Gründen Dresden vorher und überließ Bach diesen unbefriedigenden Sieg.

Trotz seinem Fleiß und dem Namen, den er sich allmählich machte, wurde er nach dem Tode des Weimarer Kapellmeisters übergangen; der Posten ging auf den Sohn des Verstorbenen über. Daraufhin bekam Bach Lust, es mit einem anderen Hof zu versuchen. Fürst Leopold von Anhalt-Köthen bot ihm den Posten eines Kapellmeisters an. Wilhelm August, der neue Herzog von Sachsen-Weimar, weigerte sich, seinen Organisten zu entlassen. Bach gab nicht nach; der Herzog sperrte ihn ein (6. April 1717); Bach ließ nicht locker; am 2. Dezember ließ der Herzog ihn frei, und Bach zog mit seiner Familie nach Köthen. Da Fürst Leopold Calvinist war und Kirchenmusik beanstandete, war es Bachs Aufgabe, die Hofkapelle zu dirigieren, in der der Fürst persönlich die Viola da gamba spielte. Deswegen gehört ein großer Teil der Kammermusik, die Bach komponierte, einschließlich der *Französischen* und *Englischen Suiten*, dieser Periode an (1717–1723). 1721 sandte er dem Markgrafen Christian Ludwig von Brandenburg die Konzerte gleichen Namens.

Alles in allem durfte er diese Jahre zu seinen besten zählen, denn Fürst Leopold schätzte ihn, nahm ihn auf verschiedene Reisen mit, war stolz auf Bachs Talent und blieb sein Freund, auch nachdem sich ihre Wege getrennt hatten. Am 7. Juli 1720 starb Maria Barbara, nachdem sie Bach sieben Kinder geschenkt hatte, von denen vier am Leben blieben. Siebzehn Monate lang trauerte er um sie, dann heiratete er seine zweite Frau, Anna Magdalena Wülken, die Tochter eines Trompeters in seinem Orchester. Er war jetzt sechsunddreißig Jahre alt, sie bloße zwanzig. Trotzdem erfüllte sie ihre Aufgabe und war eine gute Mutter für seine Kinder. Außerdem kannte sie sich in Musik aus, half ihm beim Komponieren, schrieb seine Manuskripte ab und sang ihm mit «einem sehr hellen Sopran» vor, wie er sich ausdrückte[45]. Sie gebar ihm dreizehn Kinder, wovon aber sieben vor dem fünften Lebensjahr starben. In dieser schönen Familie gab es manchen Kummer. Je mehr seine Kinder heranwuchsen, um so mehr sorgte

Johann Sebastian sich um ihre Erziehung. Er war ein herzhafter Lutheraner; den finsteren Calvinismus, der in Köthen herrschte, konnte er nicht leiden, weswegen er seine Sprößlinge auch nicht in die örtliche Schule schicken wollte, wo sie in calvinistischem Geist unterrichtet worden wären. Außerdem heiratete sein geliebter Fürst (1721) eine junge Prinzessin, die ihn so beanspruchte, daß sein Interesse an Musik abnahm. Wieder einmal fand es Bach an der Zeit, sich anderswo umzusehen. Er war ein ruheloser Geist, aber gerade diese Rastlosigkeit machte einen großen Künstler aus ihm. Wäre er in Köthen geblieben, hätten wir vielleicht nie von ihm gehört.

Im Juni 1722 starb Johann Kuhnau, der zwanzig Jahre lang Kantor an der Thomasschule in Leipzig gewesen war, einer Schule mit sieben Klassen und acht Lehrern, die vor allem Unterricht in Latein, Musik und lutherischer Religion erteilten. Die Schüler hatten unter Leitung des Kantors für die Musik in den verschiedenen Stadtkirchen zu sorgen. Der Kantor unterstand außer dem Rektor der Schule auch dem Stadtrat, der ihm sein Gehalt zahlte.

Der Rat bot den freigewordenen Posten Telemann an, denn er hatte eine Vorliebe für den italienischen Stil, der Telemann kennzeichnete, aber Telemann lehnte ab. Dann wurde die Stelle Christoph Graupner, dem Kapellmeister in Darmstadt, angeboten, aber dort weigerte man sich, ihn vor Ablauf seines Kontraktes zu entlassen. Am 7. Februar 1723 stellte Bach sich als Kandidaten vor und unterwarf sich verschiedenen Prüfungen, um seine Befähigung zu beweisen. Niemand zweifelte an seiner Fähigkeit als Organist, jedoch fanden einige Ratsherren seinen musikalischen Stil übertrieben konservativ[46]. So machte einer den Vorschlag: «Da die besten Musiker nicht zu haben sind, müssen wir mit einem mäßig begabten Mann vorliebnehmen.»[47] Bach wurde (22. April 1723) unter der Bedingung angestellt, sowohl Latein als Musik zu lehren, ein bescheidenes und zurückgezogenes Leben zu führen, die lutherische Lehre zu achten, dem Rat mit der ihm «gebührenden Achtung und Ergebenheit» zu begegnen und die Stadt nie ohne die Erlaubnis des Bürgermeisters zu verlassen. Am 30. Mai richtete er sich mit seiner Familie im Wohnflügel der Schule ein und machte sich an die Erfüllung seiner Pflichten. Diesen beschwerlichen Posten nahm er bis zu seinem Tode ein.

Von nun an komponierte er, abgesehen von der *Messe in h-moll,* fast ausschließlich für die beiden Leipziger Kirchen, die Nikolaikirche und die Thomaskirche. Der Gottesdienst am Sonntag begann um sieben Uhr morgens mit einem Präludium auf der Orgel, dann stimmte der Pastor den Introitus an, der Chor sang das Kyrie, hierauf intonierten der Pastor, der Chor und manchmal die ganze Gemeinde das Gloria auf deutsch, es folgte ein Choral der Kirchgänger, dann las der Pastor aus dem Evangelium und sang das Credo, der Organist präludierte, darauf trug der Chor eine Kantate vor, und schließlich sang die Gemeinde den Choral «Wir glauben all' an einen Gott»; nunmehr hielt der Pastor eine Predigt von einer Stunde Dauer, bevor er betete und den Segen gab; dann folgte das Abendmahl und zum Schluß noch ein Choral. Im Winter war der Gottesdienst um zehn, im Sommer um elf Uhr beendet. Um elf nahmen Studenten und Lehrer in der Schule ihr Mahl ein. Um Viertel nach eins kehrte der Chor in die Kirche zurück, wo Vespern, Gebete, Lieder, eine Predigt und ein deutsches

Magnifikat sich folgten. Am Karfreitag sang der Chor die Passion. Für all diese Musik übte Bach zwei Chöre von je zwölf Mitgliedern und ein Orchester von achtzehn Musikern ein. Zum Chor gehörten auch Solisten, die vor und nach ihren Rezitativen und Arien mit allen anderen zusammen am Chorgesang teilnahmen.

Für die Erfüllung all dieser Pflichten erhielt Bach in Leipzig ein Gehalt von ungefähr hundert Talern im Jahr. Darin waren auch das Schulgeld seiner Schüler und seine Honorare für Hochzeits- und Begräbnismusiken inbegriffen. Bach sah das Jahr 1729, in dem er uns die *Passion nach dem Evangelium Sankt Matthäus* schenkte, als ein schlechtes Jahr an, denn das Wetter war so gut, daß es nur wenig Sterbefälle gab[48]. Manchmal verdiente er sich als Dirigent der öffentlichen Konzerte des Collegium Musicum etwas nebenbei. Er versuchte auch, seine Einnahmen durch die Aufsicht über die Musik in der Paulinerkirche, die mit der Leipziger Universität verbunden war, zu verbessern. Andere waren auf den gleichen Posten aus, und zwei Jahre lang stritt er sich mit den Universitätsbehörden herum, nur um schließlich zu einem halben Einverständnis zu kommen, das niemanden befriedigte.

Einen anderen langwierigen Streit focht er mit den Räten der Stadt aus, die die Studenten für die Thomasschule auswählten. Die Räte hatten die Angewohnheit, bei der Wahl mehr politische Rücksichten als die Sorge um die musikalische Begabung walten zu lassen. Aus solchen Neulingen konnte er weder Sopran- noch Baßstimmen machen, und am 23. August 1730 reichte er einen förmlichen Protest beim Stadtrat ein. Er bekam zur Antwort, daß er ein unfähiger Lehrer sei, keine Disziplin aufrechterhalten könne, zu leicht seine Geduld verliere, so daß in Chor und Schule Unordnung herrsche[49]. Bach bat einen Freund in Lüneburg, ihm bei der Suche nach einer neuen Stelle behilflich zu sein. Da aber keine frei war, wandte er sich (27. Juli 1733) an August III., den neuen König von Polen, mit der Bitte, ihm einen Posten und Titel bei Hof zu verleihen, um ihn künftig vor «unverdienten Beleidigungen» zu schützen. Es dauerte drei Jahre, bis August sich dazu entschloß; schließlich verlieh er ihm (11. November 1736) den Titel eines Königlichen Hofkomponisten. In der Zwischenzeit stritt sich Bach mit dem neuen Direktor der Thomasschule, Johann August Ernesti, herum, wer die Vorsänger des Chors ernennen, strafen und auspeitschen dürfe. Der Streit zog sich über Monate hin; zweimal warf Bach den von Ernesti ernannten Vorsänger aus dem Chor. Zu guter Letzt bestätigte der König Bachs Autorität.

So verlief sein Leben als Kantor in Leipzig nicht gerade glücklich. Sein Geist und seine Energie waren von seinen musikalischen Schöpfungen und ihrer Aufführung in Anspruch genommen. Für Pädagogik und Diplomatie blieb ihm nicht viel Zeit. Er tröstete sich mit seinem wachsenden Ruhm als Komponist und Organist. In Weimar, Kassel, Naumburg und Dresden wurde er zum Spielen eingeladen, wofür er, ebenso wie für das Stimmen von Orgeln, bezahlt wurde. 1740 wurde sein Sohn Carl Philipp Emanuel als Cembalospieler im Orchester Friedrichs des Großen angestellt; 1741 machte Bach einen Besuch in Berlin; 1747 lud Friedrich ihn an seinen Hof ein, um seine kürzlich erworbenen Silbermann-Klaviere auszuprobieren. Der König staunte über die Improvisationskunst des «alten Bach». Er forderte ihn auf, über ein gegebenes Thema eine sechsstimmige Fuge zu improvisieren, und war begeistert von dem Ergebnis. Nach seiner Heimkehr nach Leipzig komponierte Bach aus dem königlichen Thema ein Trio für Flöte, Geige und Klavier sowie andere Stücke, die er unter dem Titel *Musikalisches Opfer* dem königlichen Flötisten sandte, mit einer Widmung an den «Herrscher, der ebenso bewundernswert in der Musik wie in allen anderen Künsten von Krieg und Frieden ist»[50]. Abgesehen von solch aufregenden Zwischenspielen, gab er sich völlig seinen Kantorspflichten, der Liebe zu Weib und Kindern und der künstlerischen Gestaltung seiner Werke hin.

2. *Seine Kompositionen*

a) Instrumentalmusik

Wir müssen um Nachsicht bitten, wenn wir uns, ohne dazu beruflich legitimiert zu sein, an einen Überblick über die Größe und Vielfalt der Bachschen Schöpfung wagen. Hier ist nichts als ein liebevoll zusammengestellter Katalog möglich.

Wenden wir uns also zuerst den Orgelwerken zu, denen seine ganze Zuneigung galt. Hier konnte sich niemand außer Händel mit ihm messen, und Händel war weit weg, jenseits des Kanals. Manchmal ließ Bach alle Register spielen, um seine Orgel auf Herz und Lunge zu prüfen. Er fühlte sich völlig Herr über dieses Instrument, das sich all seinen Phantasien anpaßte. Aber er setzte jeder fremden Willkür Grenzen, indem er die Akkorde, die mit den Grundtönen zu greifen waren, numerierte. Das ist der bezifferte oder Generalbaß (*basso continuo*), mit dem die Orgel oder das Klavichord andere Instrumente oder die menschliche Stimme begleiten sollte. Während seines Aufenthalts in Weimar schrieb Bach für seinen ältesten Sohn und andere Schüler ein *Kleines Orgelbuch*, das aus fünfundvierzig Choralpräludien bestand und die Widmung trug: «Dem Höchsten Gott allein zu Seiner Ehre und meinem Nächsten, daß er sich hierbei belehren möge.» Ein Choralpräludium war eine instrumentale Einführung zum Kirchenlied, leitete zu seinem Thema und seiner Stimmung über. Die Präludien bildeten geeignete Folgen für Weihnachten, die Karwoche und Ostern. Die verschiedenen Ereignisse im Kirchenjahr standen bis zuletzt im Mittelpunkt von Bachs Orgel- und Gesangswerken. Gleich zu Anfang treffen wir im Choral «Alle Menschen müssen sterben» auf eines seiner beständigen Themen, worin immer wieder sein festes Vertrauen zum Durchbruch kommt, dem Tod im Glauben an die Auferstehung Jesu und in der Zuversicht auf unsere eigene zu begegnen. Viele Jahre später klingt der gleiche Gedanke in dem schwermütigen Choral «Komm, süßer Tod» auf. Gleichzeitig mit dieser alles durchdringenden Frömmigkeit kommt in diesen Präludien und überhaupt in Bachs Instrumentalmusik ein gesunder Humor zum Ausdruck; manchmal laufen seine Variationen so fröhlich über die Tasten, daß man an die Beanstandungen des Arnstädter Kirchenvorstandes erinnert wird.

Im ganzen hinterließ Bach hundertdreiundvierzig Choralpräludien, die von Musikforschern zu seinen charakteristischsten und technisch vollkommensten Werken gezählt werden. Hier ist er ein Lyriker, während er in seinen Messen und in seinen Passionsmusiken zum Epiker wird. Er widmete sich sämtlichen musikalischen Formen mit Ausnahme der Oper, der er seiner Herkunft und seinem Temperament nach fremd gegenüberstand und die sich mit seiner Auffassung von der Musik als einer Opfergabe an Gott nicht vertrug. Um seiner Kunst mehr Raum zu verschaffen, fügte er den Präludien Fugen bei, komplizierte Gebilde, wo das Thema in der tiefen Stimme hinter dem gleichen Thema in der hohen Stimme – oder umgekehrt – herläuft und wo er seiner Freude am Kontrapunkt freien Lauf lassen konnte. *Präludium und Fuge in e-moll* beginnen mit trügerischer Einfachheit, worauf sich dann die Stimmen in einer fast erschreckenden Vielfalt verschlingen. *Präludium und Fuge in d-moll* zeigen Bach bereits von seiner besten Seite, was Aufbau, technisches Können, Entwicklung des Themas, übersprudelnde Phantasie und Wucht anbelangt. Vielleicht sind *Passacaglia und Fuge in c-moll* noch kunstvoller. Die Spanier bezeichneten mit dem Wort *passacalle* eine Weise, die von einem Musiker, der «durch die Straße zieht» (passa-calle), gespielt wurde. In Italien wurde damit der Begriff eines Tanzes verknüpft, bei Bach ist es ein majestätisches Fließen, zugleich schlicht, nachdenklich und tief.

Für die Orgel oder das Klavichord schrieb Bach ein Dutzend Tokkaten – Stücke, bei denen der Anschlag des Musikers auf die Probe gestellt wurde. Sie enthielten gewöhnlich schnelle Läufe, prachtvolle Fortissimo- und zarte Pianissimostellen und eine Fuge, deren Noten sich in spielerischer Folge auf die Hacken traten. Am bekanntesten ist die *Tokkata und Fuge in d-moll* geworden, möglicherweise wegen ihrer Bearbeitung für Orchester, die dem modernen unkirchlichen Ohr nähersteht. Von den sieben Tokkaten für Klavichord zeigt die *Tokkata in c-moll* Bach wieder auf der Höhe seiner Technik – ein ausgelassenes kontrapunktisches Musizieren, gefolgt von einem Adagio von abgeklärter, feierlicher Schönheit.

Das Vergnügen, das Bach bei seinen Kompositionen für Klavier – womit bei ihm meistens das Klavichord gemeint war – empfand, kann nur ein zünftiger Musiker richtig würdigen. Man muß den Aufbau begreifen, den er dem Thema bei seiner komplizierten und doch geordneten Ausarbeitung zugrunde legte, so wie die Arabeske auf einem Perserteppich oder dem Mihrab einer Moschee hin und her wandert, in scheinbarer Ungezwungenheit und doch mit einer Logik, die die Befriedigung des Geistes mit der Freude der Sinne vereint. Dazu kam Bachs magische Fingerfertigkeit, denn er erfand eine Technik, bei der sämtliche Finger, auch der Daumen, benutzt wurden, während seine Vorgänger in ihren Kompositionen selten mehr als den Gebrauch der drei mittleren Finger forderten. Sogar in der Handhaltung war er revolutionär. Bisher war die Hand flach über den Tasten gehalten worden, während Bach seine Schüler lehrte, sie zu wölben, so daß die Fingerspitzen in gleicher Entfernung die Tasten anschlugen. Ohne diese Technik wäre Liszt nicht möglich gewesen.

Schließlich übernahm Bach einen von Andreas Werckmeister 1691 vorgeschlagenen Modus, bei dem das Instrument nach «gleichschwebender Temperierung» gestimmt, das heißt die Oktave in zwölf genau gleiche Halbtöne aufgeteilt wurde, so daß bei Modulationen keine Dissonanzen auftreten konnten. Häufig bestand er darauf, das Klavichord, auf dem er spielte, selbst zu stimmen[51]. Und nun komponierte er *Das wohltemperierte*

Klavier (Erster Teil 1722, Zweiter Teil 1744), achtundvierzig Präludien und Fugen, je zwei in Dur und Moll – «für den Gebrauch und die Übung junger Musiker, die sich belehren wollen, wie auch für jene, die schon geübter sind, zu ihrem Vergnügen», wie der ursprüngliche Titel lautete. Diese Stücke sind nicht nur von großem technischem Interesse für Musiker, viele vermitteln auch Bachs fröhliche Laune oder eine nachdenkliche Stimmung. Gounod übernahm das *Präludium in C-dur* in abgewandelter Form als Obbligato in seinem *Ave Maria*. Mancher große Geist fand, wie Albert Schweitzer, in diesen Präludien und Fugen eine «Welt des Friedens» inmitten der Wirren des menschlichen Lebens[52].

In seiner unendlichen Fruchtbarkeit gab Bach 1731 den ersten Teil der *Klavierübung* heraus, die er als «Übungen aus Präludien, Allemandes, Courantes, Sarabandes, Gigues, Menuetten und anderen Galanteries, komponiert für die geistige Erholung von Kunstliebhabern», beschrieb[53]. In späteren Jahren fügte er noch drei Fortsetzungen hinzu, so daß seine *Klavierübung* schließlich mehrere seiner berühmtesten Kompositionen enthielt: die *Inventionen*, die *Partiten*, die *Suiten*, die *Goldberg-Variationen*, das *Italienische Konzert* und einige neue Choralpräludien für die Orgel. Die *Inventionen*, besagte das Manuskript, wurden dargeboten als «eine rechte Anleitung, die Klavierliebhabern ... den richtigen Weg zeigt ... nicht nur zur Erwerbung guter Einfälle (Inventionen), sondern auch zur Arbeitung derselben ... zur Erwerbung eines Cantabile-Stils beim Spiel und zum Gewinn eines starken Geschmacks für Komposition»[54]. An diesen Beispielen konnte der Schüler lernen, wie ein vorhandenes Thema, meistens durch Kontrapunkt, ausgearbeitet werden konnte, bis es durch logische Entwicklung zu einem einheitlichen Abschluß geführt wurde. Bach spielte mit den Themen wie ein Jongleur, warf sie in die Luft, drehte sie von innen nach außen und von oben nach unten, um sie dann wieder fest auf die Füße zu stellen. Noten und Themen waren nicht nur seine Speise, sein Trank und die Luft, die er atmete, sie waren ihm auch Erholung und Feiertag.

Die *Partiten* waren ähnliche Unterhaltungen. Die Italiener hatten den Ausdruck *partita* auf eine Tanzkomposition in mehreren Sätzen angewandt. Die *Partiten in d-moll* und *B-dur* benutzten fünf Tanzformen: die Allemande (deutscher Tanz), die französische Courante, die Sarabande, das Menuett und die Gigue. Der Einfluß italienischer Musiker macht sich hier bis ins Kreuzen der Hände bemerkbar, wofür Domenico Scarlatti eine besondere Neigung hatte. Diese Stücke wirken auf uns etwas schmächtig. Man muß aber bedenken, daß sie nicht für den mächtigen Flügel, sondern das gebrechliche Spinett geschrieben waren.

Schwerer verdaulich sind die *Goldberg-Variationen*. Johann Theophilus Goldberg war Klavichordspieler beim Grafen Hermann Kayserling, dem russischen Gesandten am Dresdner Hof. Wenn der Graf Leipzig besuchte, brachte er Goldberg mit, der ihn mit Musik einschläfern sollte. Bei diesen Gelegenheiten suchte Goldberg Bach auf, weil er Bachs Technik lernen wollte. Der Graf legte Bach nahe, einige Klavichordstücke von der Art zu schreiben, «die seine schlaflosen Nächte etwas erheitern» würden[55]. Bach erfüllte seinen Wunsch mit der *Aria mit dreißig Variationen*, einem ausgezeichneten Mittel gegen Schlaflosigkeit. Kayserling belohnte ihn mit einer goldenen Schnupftabakdose, die mit hundert Louisdor gefüllt war. Wahrscheinlich verschaffte er Bach auch die Ernennung zum Hofkomponisten Augusts III.

Bachs Kunstverständnis sprach aus diesen Variationen, aber nicht sein Herz. Mit mehr Gefühl und Vergnügen widmete er dem Klavier sieben Tokkaten, viele Sonaten, eine wunderbar lebhafte und schöne *Chromatische Phantasie und Fuge in c-moll* und ein *Italienisches Konzert,* in dem er erstaunlich schwungvoll und geistreich auf dem Tasteninstrument die Wirkung eines kleinen Orchesters hervorzubringen suchte.

Eine Form tauchte in fast all seinen Orchesterkompositionen immer wieder auf – die Fuge. Die Fuge war wie die meisten musikalischen Formen aus Italien gekommen. Die Deutschen verfolgten sie mit Leidenschaft, so daß sie für die deutsche Musik vor Haydn kennzeichnend wurde. Bach experimentierte damit in der *Kunst der Fuge.* Er wählte ein einziges Thema und baute damit vierzehn Fugen und vier Kanons in einem Labyrinth des Kontrapunkts auf, wobei er jede Art von Fugentechnik anwandte. Bei seinem Tode ließ er das Manuskript unvollendet zurück. Sein Sohn Carl Philipp Emanuel gab es 1752 heraus, aber nur dreißig Exemplare wurden verkauft. Das Zeitalter der Polyphonie und der Fuge ging mit seinem größten Meister zu Ende. Der Kontrapunkt mußte der Harmonie weichen.

Die Geige schätzte Bach weniger als die Orgel und das Klavichord. Er hatte als Geiger begonnen und spielte manchmal die Viole in den Kapellen, die er gleichzeitig dirigierte; da aber weder seine Zeitgenossen noch seine Söhne sein Geigenspiel erwähnen, dürfen wir annehmen, daß er sich auf diesem Instrument nicht hervortat, wenn er es auch beherrscht haben muß, denn er komponierte für Geige und Viole äußerst schwierige Musikstücke, die er vermutlich auch selbst spielen konnte. Die ganze abendländische Musikwelt kennt die *Chaconne,* mit der er seine *Partita in d-moll* für Sologeige beendete – ein Bravourstück, an dem seither jeder Geigenspieler seine Kräfte hat messen wollen. Einigen Zeitgenossen erscheint es als eine eher abgeschmackte Zurschaustellung von Fingerfertigkeit. Für Bach war es der kühne Versuch, die polyphone Tiefe und Kraft der Orgel auf der Geige zu erzielen. Als Busoni das Stück für Klavier transponierte, wurde die Polyphonie natürlich, und das Ergebnis war prachtvoll. (Man darf Transpositionen nicht von oben herab betrachten, denn dann müßten wir sogar Bach verurteilen.)

Wenn es sich um Bachs Kompositionen für sein Orchester handelt, erkennt sogar das profane Ohr ein Dutzend Oden an die Freude. *Das musikalische Opfer* mit seinen herrlichen Melodien muß Friedrich den Großen ebenso entzückt haben, wie ihm die nachdenklichen, halborientalischen Weisen darin merkwürdig vorgekommen sein mögen. Außer den Partiten und Suiten der *Klavierübung* schrieb Bach vier Orchestersuiten. Manche Sätze daraus sind vorwiegend technisch bedeutsam. Aber selbst der Einfältigste unter uns kann sich der feierlichen Schönheit der berühmten «Air für die G-Saite», die den zweiten Satz der Suite Nr. 3 bildet, nicht entziehen. Diese Kompositionen gerieten nach Bachs Tod in Vergessenheit, bis Mendelssohn 1830 Teile daraus Goethe vorspielte und das Gewandhausorchester in Leipzig dazu brachte, sie 1838 aufs neue aufzuführen.

Bach übernahm die Konzertform, wie sie von Vivaldi ausgebildet worden war, und verwendete sie in Dutzenden verschiedener Instrumentalverbindungen. Wer das Geruhsame liebt, wird das Andante des *Violinkonzerts in d-moll* besonders genießen, und auch im *Violinkonzert Nr. 2 in E-dur* berührt uns wieder das Adagio mit seiner düsteren Tiefgründigkeit und nachdenklichen Zärtlichkeit. Vielleicht ist von all diesen Stücken das *Konzert in d-moll für zwei Violinen* am genußreichsten; sein Vivace ist wie eine feine Zeichnung ohne Farbe, wie eine Ulme im Winter; das Largo hingegen ist ein ätherisches Gewebe reiner Schönheit, Schönheit um ihrer selbst willen, ohne «Programm» oder intellektuelle Verbrämung. Die *Brandenburgischen Konzerte* haben eine besondere Geschichte. Am 23. März 1721 schickte Bach sie einem im übrigen vergessenen Fürsten, mit dem folgenden Brief auf französisch und ganz im Stil der Zeit:

«An Seine Königliche Hoheit Christian Ludwig, den Markgrafen von Brandenburg:

Monseigneur!

Da ich die Ehre hatte, vor einigen Jahren vor Ihrer Königlichen Hoheit zu spielen, und da ich bemerkte, daß ich Ihnen mit dem kleinen Talent, das der Himmel mir für Musik gegeben hat, ein gewisses Vergnügen bereitete und Ihre Königliche Hoheit mich beim Abschied mit der Bestellung ehrte, Ihr einige Stücke meiner Komposition zu senden, so erlaube ich mir jetzt, Ihrem liebenswürdigen Befehl nachzukommen und Ihrer Königlichen Hoheit mit den gegenwärtigen Konzerten meinen Respekt zu Füßen zu legen ... mit der bescheidenen Bitte, ihre Unvollkommenheit nicht mit der Strenge des feinen und zarten Geschmacks für Musik, für den Sie allbekannt sind, zu beurteilen, sondern vielmehr mit Nachsicht den tiefen Respekt und den ergebenen Gehorsam zu berücksichtigen, für den sie Zeugnis ablegen wollen. Im übrigen, Monseigneur, bitte ich Ihre Königliche Hoheit ergebenst, die Güte zu haben, mir auch weiterhin Ihre Gnade zu bewahren, und versichert zu sein, daß mir nichts so sehr am Herzen liegt als der Wunsch, sich Ihnen und in Ihrem Dienst würdig zu erweisen, denn ich bin, Monseigneur, Ihrer Hoheit eifrigster und gehorsamster Diener

Jean Sebastien Bach.»[56]

Wir wissen nicht, ob der Markgraf das Geschenk bestätigte oder belohnte; doch ist dies anzunehmen, denn er war ein Musikliebhaber und hielt sich ein ausgezeichnetes Orchester. Bei seinem Tode (1734) wurden die sechs Konzerte, in Bachs sorgfältiger und eleganter Handschrift, unter hundertsiebenundzwanzig Konzerten in einer Liste aufgeführt, die Spitta in den königlichen Archiven von Berlin fand. In der Liste wurde jedes der Konzerte mit vier Groschen bewertet (1.60 Dollar?). Die *Brandenburgischen Konzerte* lehnen sich an das italienische *concerto grosso* an – Kompositionen aus verschiedenen Sätzen, gespielt von einer kleinen Gruppe ausgewählter Instrumente (*concertino*), denen zur Begleitung und als Kontrast ein größeres Streichorchester (*ripieno* oder *tutti*) gegenübergestellt wird. Händel und die Italiener benützten zwei Violinen und ein Cello für das *concertino*. Mit der ihm eigenen Kühnheit stellte Bach im zweiten Konzert eine Violine, eine Oboe, eine Trompete und eine Flöte, im vierten eine Violine und zwei Flöten und im fünften ein Klavichord, eine Violine und eine Flöte in den Vordergrund. Er entwickelte den Aufbau zu einer komplizierten Zwiesprache zwischen *concertino* und *ripieno*, in einem lebendigen Wechselspiel von Trennung, Gegenüberstellung, Durchdringung, Vereinigung, mit einer Kunst und Logik, die nur dem Berufsmusiker ganz zugänglich sind. Aber auch Laien können den Zauber und die Zartheit des Dialogs empfinden, den Frieden in den langsamen Tempi, der besser zu alternden Herzen und müden Füßen paßt als das lebhafte Sprudeln der Allegri. Und doch beginnt das zweite Konzert mit einem schnellen Satz von packender Schönheit; die übermütigen Flötentöne des vierten sind ein reiner Genuß; und das fünfte ist Bach *in excelsis*.

b) Vokalmusik

Wenn Bach für die menschliche Stimme komponierte, konnte er sich nicht ganz von der Kunstfertigkeit frei machen, die er an den Tasten entwickelt hatte, oder von den Anforderungen, die er an sein Orchester stellte. Er schrieb für Stimmen, als ob sie Instrumente mit beinahe unbegrenzter Geschmeidigkeit und ebensolchem Umfang wären, und das Bedürfnis der Sänger, Atem zu holen, zog er nur höchst widerwillig in Betracht. Der Sitte seiner Zeit entsprechend, dehnte er eine Silbe über ein halbes Dutzend Noten aus («Kyrie ele-e-e-e-e-eison»). Trotzdem errang Bach seinen jetzigen Ruhm als größter Komponist aller Zeiten mit seiner Vokalmusik.

Seine feste Verankerung im lutherischen Glauben verschaffte ihm mindestens ebensoviel Inspiration, wie Palestrina sie aus der katholischen Messe schöpfte. Er schrieb eine große Anzahl geistlicher Lieder und sechs Motetten. Beim Anhören einer dieser Motetten – *Singet dem Herrn* – spürte Mozart zum erstenmal die Tiefe Bachs. Für die Gemeinde und für seine Chöre komponierte er wuchtige Choräle, die Luthers Herz erfreut hätten: «An den Wasserflüssen Babylons», «Wenn wir in höchsten Nöten sind», «Schmücke dich, o liebe Seele». Der letztgenannte beeindruckte Mendelssohn so sehr, daß er zu Schumann sagte: «Wenn das Leben mir Hoffnung und Glauben rauben sollte, so würde dieser Choral sie mir zurückgeben.»[57]

Für Weihnachten, Ostern und Himmelfahrt komponierte Bach Oratorien – großartige Gesänge für Chöre, Solostimmen, Orgel und Orchester. Das *Weihnachtsoratorium*, wie er es nannte, wurde in sechs Teilen in sechs Tagen zwischen Weihnachten und Epiphanie 1734/35 in der Thomaskirche aufgeführt. Mit dem Recht des Besitzers auf sein Eigentum verwob er siebzehn Arien und Chöre aus früheren Werken mit der zweistündigen Erzählung von der Geburt Jesu. Diese Plagiate aus eigenen Werken paßten nicht immer ganz auf den neuen Text, aber einem Werk, in dem fast gleich zu Anfang der Choral vorkommt «Wie soll ich dir begegnen?», darf man manches verzeihen.

Im Grunde genommen waren die Oratorien eine Verbindung von Kantaten. Die Kantate selbst war ein mit Arien durchsetzter Choral. Da die lutherische Liturgie für Kantaten Raum bot, komponierte Bach an die dreihundert, von denen etwa zweihundert fortbestehen. Ihre enge Bindung an den lutherischen Gottesdienst hat ihre Zuhörerschaft beschränkt; aber viele davon sind von solcher Schönheit, daß sie jenseits von jeder theologischen Strömung stehen. Mit sechsundzwanzig Jahren (1711) schrieb Bach seine erste bedeutende Kantate, *Actus tragicus*, die den Tod beklagt, aber in der Hoffnung auf Auferstehung jauchzt. Zwischen 1714 und 1717 schuf er für die verschiedenen Kirchenfeste einige seiner schönsten Kantaten; für den ersten Adventssonntag 1714: *Nun komm, der Heiden Heiland;* für Ostern 1715: *Der Himmel lacht, die Erde jubilieret,* worin er drei Trompeten, eine Kesselpauke, drei Oboen, zwei Violinen, zwei Violen, zwei Celli, ein

Fagott und ein Continuo-Instrument zur Unterstützung des über den Triumph Christi jubilierenden Chores verwendete; für den vierten Adventssonntag 1715: *Herz und Mund und Tat und Leben* mit dem bekannten Choral «Jesus bleibet meine Freude» und dem wohllautenden Oboen-Obbligato; und für den sechsten Sonntag nach Trinitatis 1715: *Komm, du süße Todesstunde*. In Leipzig komponierte er eine weitere Auferstehungsmusik: *Christ lag in Todesbanden*. Für die Zweihundertjahrfeier der Augsburgischen Konfession verwandelte er das Lutherlied «Ein' feste Burg ist unser Gott» in eine ebenso mächtige Kantate wie das Lied, die für ein Glaubensbekenntnis vielleicht nur etwas zu wildbewegt war.

Bei all seiner Frömmigkeit, die ihm auch von Berufs wegen oblag, bewahrte sich Bach einen gesunden Sinn für irdische Freuden und konnte ebenso von Herzen lachen wie trauern. Weltliche Elemente schlichen sich in seine geistlichen Kompositionen ein. Einige Tonfolgen aus den Opern seiner Zeit wurden in der *h-moll-Messe* entdeckt[58]. Seine weltlichen Gesangswerke, wovon einundzwanzig erhalten sind, bearbeitete er mit der gleichen Begeisterung wie seine geistlichen Werke. Er komponierte eine *Jagdkantate*, eine *Hochzeitskantate*, eine *Kaffeekantate* und sieben Kantaten für öffentliche Festlichkeiten. 1725 schrieb er zum Geburtstag des Professors August Müller von der Leipziger Universität eine richtige Kantate, *Der zufriedengestellte Äolus*, die die Befreiung der Winde feierte. Das Jahr 1742 sah die Entstehung einer ausgesprochen possenhaften *Bauernkantate*, welche lärmende Dorfbewohner beim Tanz, beim Trunk und bei der Liebe schilderte. Nach 1740 trat die Kirchenmusik in Leipzig mehr und mehr in den Hintergrund, und die öffentlichen Konzerte boten hauptsächlich weltliche Musikstücke.

Doch vor ihrem Niedergang brachte Bach die geistliche Musik zu solcher Vollendung, wie sie kein protestantisches Land je gekannt hatte. Zu den vielen Überbleibseln aus der katholischen Messe im lutherischen Gottesdienst gehörte das Magnifikat, das an Mariä Heimsuchung (2. Juli) gesungen wurde und den Besuch Mariens bei ihrer Base Elisabeth beschreibt, bei dem die Jungfrau, nach dem Lukasevangelium (Kap. 1, Vers 46–55), ihren unvergleichlichen Lobgesang anstimmt:

Magnificat anima mea dominum,
Et exsultavit spiritus meus in Deo salutari meo,
Quia respexit humilitatem ancillae suae,
Ecce enim ex hoc beatam me dicent omnes generationes.

– «Meine Seele lobet den Herrn ...» Zweimal vertonte Bach diese Zeilen, in ihrer jetzigen Form wahrscheinlich für den Weihnachtsgottesdienst in Leipzig vom Jahre 1723. Hier schließen sich Religion, Poesie und Musik zu einer erhabenen Einheit zusammen.

Sechs Jahre später erreichte er die gleiche Vollkommenheit in seiner *Matthäuspassion*. Die musikalische Untermalung der Leiden und des Todes Christi hatte seit Jahrhunderten zur katholischen Messe gehört. Verschiedene deutsche protestantische Komponisten hatten für diesen Zweck die Kantatenform verwendet; zwei unter ihnen hatten dafür bereits den Text des Matthäusevangeliums gewählt[59]. Bach komponierte mindestens dreimal die Passionsgeschichte und folgte im einzelnen den Evangelien nach Johannes (1723), Matthäus (1729) und Markus (1731). Von dem letztgenannten Werk sind nur Bruchstücke erhalten. Die *Johannespassion* leidet an einer unlogischen Szenenfolge und einer teutonischen Neigung zu donnernden Deklamationen; die späteren Teile zeugen jedoch von einem Zartgefühl und einer andächtigen Versenkung, die von tiefster Wirkung sind. Die Arie «Es ist vollbracht» ist eine erschütternde Wiedergabe dieses Ereignisses, das für jeden Künstler, sei er Komponist oder Maler, wohl die schwerste Prüfung darstellt.

Karfreitag nachmittag, am 15. April 1729, führte Bach in der Thomaskirche von Leipzig sein größtes Werk auf. Bei dieser *Matthäuspassion* hatte er sich auf ein gutes deutsches Libretto gestützt, das auf dem verhältnismäßig vollständigen Bericht Matthäi beruhte und von einem örtlichen Literaten, Christian Friedrich Henrici, mit dem Pseudonym Picander, verfaßt worden war. Bach scheint den Text zu verschiedenen Chören selbst geschrieben zu haben. Man hat diese Chöre manchmal als eine unnötige Unterbrechung der Erzählung des Evangelisten empfunden. Aber wie der Chor im griechischen Drama verdeutlichen sie die Handlung, und ihre düsteren Harmonien verleihen unserer Erregung geläuterten Ausdruck – die höchste Aufgabe der Kunst. Während ein großer Teil von Bachs Musik bloßer Ausdruck seines musikalischen Genius und seines handwerklichen Könnens ist, drückt fast die ganze *Passion nach dem Evangelium des Matthäus* Leid, Dankbarkeit oder Liebe aus – in der düsteren Zartheit der Choräle und Arien, im zauberhaften Gesang der Flöten, der aus einer anderen Welt zu kommen scheint, in der ehrfürchtig zurückhaltenden Begleitung, die die Worte und Stimmen umrahmt wie die Gold- und Silberminiaturen ein mittelalterliches Gebetbuch. In diesem Werk erschloß Bach Tiefen von Gefühl und Bedeutsamkeit, wie sie nur in dem ursprünglichen Bericht selbst zum Ausdruck kommen. Denn für unsere abendländische Kultur bleibt dies die erschütterndste aller Tragödien, da sie nicht nur die Kreuzigung eines edlen Idealisten durch seine Mitmenschen darstellt, sondern auch seine tägliche Kreuzigung innerhalb des Christentums symbolisiert, den langsamen Tod des Glaubens, der ihn als seinen Gott verehrte.

In der *h-moll-Messe* reichte Bach fast an die *Matthäuspassion* heran. Mit diesem neuen Unternehmen konnte er sich jedoch nicht in vollständiger Harmonie fühlen. Die Leidensgeschichte des Evangeliums war Wurzel und Schwerpunkt des protestantischen Glaubens, und Bach war unwiderruflich an diesen Glauben gebunden. Die Messe hingegen war eine katholische Entwicklung. Schon das Credo drückte unmißverständlich die Bindung an *unam sanctam catholicam et apostolicam ecclesiam* aus. Wenn der lutherische Gottesdienst auch noch viel von der römisch-katholischen Messe beibehielt, so wurden diese Reste als störend empfunden. Zur Zeit Bachs wurde die Messe Stück für Stück durch Kantaten ersetzt und lateinische Überreste nach und nach ausgemerzt. Bachs Passionswerke wurden auf deutsch gesungen. In die lateinischen Verse seines *Magnifikats* hatte er vier deutsche Gesänge eingefügt. Die Überlieferung der lateinischen Messe war jedoch so stark, daß jedes deutsche Zwischenstück als unpassend empfunden werden mußte. Bach hatte trotzdem gewagt, vier Teilmessen mit deutschen Einlagen zu schreiben, aber das Ergebnis war unbefriedigend. Er studierte sorgfältig die katholischen Messen von Palestrina und anderen italienischen Komponisten. Seine Beziehungen zum Hof in Dresden ließen erwarten, daß eine katholische Messe von ihm bei dem katholischen König und Kurfürsten Gefallen finden würde. Als er bei August III. (1733)

seine Bittschrift um einen Posten und Titel bei Hofe einreichte, fügte er ein Kyrie und ein Gloria hinzu, die er später der *h-moll-Messe* einverleibte. Der König schenkte ihnen aber offenbar keine Beachtung. Bach spielte sie in Leipziger Kirchen, wo sie günstig aufgenommen wurden. Zwischen 1733 und 1738 fügte er noch ein Credo, ein Sanctus, ein Hosianna, ein Benedictus, ein Agnus Dei und ein «Dona nobis pacem» hinzu. Als alles vollendet war, stellte es eine katholische Messe dar. Wahrscheinlich hoffte Bach, daß August III. sie in Polen zur Aufführung bringen würde, was aber nicht geschah. Sie ist nie in einer katholischen Kirche gesungen worden. Bach führte Einzelteile bei verschiedenen Anlässen in der Thomas- und der Nikolaikirche in Leipzig auf.

Sollen wir die zögernden Vorbehalte, mit denen wir diese wuchtige *Messe in h-moll* bewundern, äußern? Dem kraftvollen Bach mangelt es manchmal an der Bescheidenheit, von der eine Ansprache an die Gottheit durchdrungen sein sollte. Manchmal scheint es, als ob er Gott, der so lange in so vielen Sprachen geschwiegen hatte, für taub halte. Das Kyrie ist in seiner grollenden und verwirrenden Größe so in die Länge gezogen, daß auch wir schließlich ausrufen: «Eleison – habe Erbarmen!» Das Gloria ist außerordentlich schön in seiner Orchesterbegleitung und geht in die herrliche Arie «Qui sedes ad dexteram patris» über; dann aber bringt es den rauhen Hörnerklang des «Quoniam tu solus sanctus» und behandelt das «Cum Sancto Spiritu» mit solch einem donnernden Stakkato, daß der Heilige Geist bei dem Gedanken, der mächtige Teutone könnte das Himmelreich im Sturm nehmen, gezittert haben muß. Seltsamerweise ist gerade das Credo, das sich mit seinen doktrinären Formeln, die die Spaltung des Christentums bewirkten, weniger für Musik eignet, ein Höhepunkt der *h-moll-Messe;* sowohl im «Et incarnatus est» wie im «Crucifixus» fängt Bach die ganze Andacht der *Matthäuspassion* ein. Und schließlich bricht im «Et resurrexit» die ganze verhaltene Ungeduld der Trompeten und Trommeln in ein jubelndes Fortissimo über die Bezwingung des Todes aus. Das «Benedictus» besänftigt uns mit seiner zarten Tenorarie und dem überirdischen Geigensolo; «Dona nobis pacem» hingegen wirkt zu mächtig, um uns Frieden zu verleihen.

All dies sind freimütige Eindrücke ohne kritischen Wert. Nur der kann die *h-moll-Messe* wirklich einschätzen, der neben einer christlichen Erziehung, die nichts von ihren gefühlsmäßigen Werten verloren hat, über die technische Befähigung verfügt, die das Verständnis und den Genuß der Struktur, der Tonalitäten, der handwerklichen Schönheiten, der Vielfalt und Schwierigkeit der Instrumentation und der Anpassung musikalischer Motive an den Geist des Textes ermöglicht.

Einige Berufsmusiker kritisierten Bach zu seinen Lebzeiten. 1737 veröffentlichte Johann Adolf Scheibe (später Kapellmeister des Königs von Dänemark) einen anonymen Brief, in dem er Bach als Organisten pries, aber die Meinung aussprach, daß «dieser große Mann die Bewunderung aller Nationen wäre, wenn er mehr Anmut hätte, seine Werke nicht durch ihren schwülstigen und verwirrten Charakter beschweren und ihre Schönheit nicht durch zu viel Kunst verdunkeln würde»[60]. Ein Jahr später machte Scheibe einen neuen Vorstoß: «Bachs Kirchenmusik wird immer gekünstelter und langweiliger und ist keinesfalls so voll von beeindruckender Überzeugung oder solch geistvoller Überlegung wie die Werke Telemanns und Grauns.»[61] Scheibe hatte versucht, den Organistenposten in Leipzig zu bekommen; Bach hatte sich ungünstig über sein Probespiel geäußert und sich in einer Kantate über ihn lustig gemacht; daher dürfte es Scheibes Kritik an Gehässigkeit nicht fehlen. Spitta, einer der eifrigsten Bewunderer Bachs, behauptet jedoch, daß viele Zeitgenossen Scheibes Ansicht teilten[62]. Einige dieser Kritiken beruhten vielleicht auf der Reaktion der neuen deutschen Generation gegen die kontrapunktische Musik, die mit Bach einen Höhepunkt erreicht hatte, den nichts überbieten konnte und der nur noch Nachahmungen möglich machte. Das zwanzigste Jahrhundert hat eine ähnliche Auflehnung gegen die Symphonie erlebt.

Scheibe hätte wahrscheinlich Händel Bach vorgezogen. Aber Händel gehörte so gänzlich zu England, daß für die Deutschen ein Vergleich mit Bach schwierig war. Wurden die beiden aber nebeneinander gestellt, so erhielt immer Händel den Vorzug[63]. Beethoven äußerte eine allgemeine deutsche Ansicht, als er sagte: «Händel ist der Größte von uns allen.»[64] Aber damals war Bach noch nicht ganz der Vergessenheit entrissen worden. Es ist bedauerlich, daß sich diese beiden Giganten, Gipfel und Glorie der deutschen Musik in der ersten Hälfte des achtzehnten Jahrhunderts, nie begegneten. Sie hätten vielleicht einen wohltuenden Einfluß aufeinander ausgeübt. Beide kamen von der Orgel her und wurden als die größten Organisten ihrer Zeit anerkannt. Bach hatte weiterhin eine besondere Zuneigung zu diesem Instrument, während Händel, der sich unter Operndiven und Kastraten bewegte, der Stimme den Vorzug gab. Händel vermählte italienische Melodie mit deutschem Kontrapunkt und war bahnbrechend für die Zukunft. Bach war die vollkommene Erfüllung der musikalischen Vergangenheit, der Polyphonie, der Fuge und des Kontrapunktes. Sogar seine Söhne erkannten, daß kein weiterer Weg in dieser Richtung offenstand.

Trotzdem war etwas Gesundes in dieser alten Musik, an die sich Menschen wie Mendelssohn mit Sehnsucht erinnerten. Denn diese Musik war erfüllt von einem festen Glauben, der noch nicht von Zweifeln angefressen war. Sie war die Stimme einer formvollendeten Gesellschaft, der höchste Ausdruck ihrer Überlieferung und ihrer Kunst. Sie war ein Spiegel der ornamentalen Vollkommenheit des Barocks und seiner bislang unangefochten gebliebenen höfischen Kultur. Deutschland war noch nicht von der Aufklärung erfaßt, die Trompeten der Revolution waren noch nicht erklungen. Lessing war noch jung; fast jeder Deutsche nahm das Nicänische Glaubensbekenntnis als selbstverständlich hin; nur Prinz Friedrich von Preußen zog Voltaire vor. In Bälde sollte jedoch dieser prächtige Bau überkommenen Glaubens und ererbter Sitten unter den Schlägen der Erneuerer erzittern; der alte geordnete Frieden, die feststehenden Klassen, der prachtvolle, unerschütterliche Glauben, der die Bachsche Musik geschrieben hatte – das alles würde dahinsinken und entschwinden. Alle Dinge, sogar die Musik, würden sich ändern – nur nicht der Mensch.

3. *Coda*

Bachs auf seine Häuslichkeit beschränktes Leben in Leipzig ermöglichte es ihm, Vergangenes ohne Aufsässigkeit und Widerspenstigkeit zu übernehmen. Sein religiöser Glaube war, abgesehen von seiner Musik, sein Trost und seine Zuflucht. Er besaß dreiundachtzig Bücher über Dogmatik, Exegese und andere theologische Themen in seiner Bibliothek. Sein männliches, geradliniges Luthertum war mit einem Anflug von Mystik gefärbt, vielleicht hervorgerufen durch die Pietistenbewegung seiner Zeit, obwohl er den Pietismus, der jeder Kirchenmusik außer Liedern feindlich gegenüberstand, ablehnte. Fast seine ganze Musik war eine Art Gebet. Gewöhnlich begann er seine Arbeit mit dem Gebet «Jesu iuva» (Jesus, hilf mir). Am Anfang oder Ende fast aller seiner Werke stand eine Widmung an Gott. Seine Musik bezeichnete er als «eine wohlklingende Harmonie zur Ehre Gottes und zulässigen Ergötzung des Gemüths»[65].

Die Bildnisse aus seinen späteren Jahren zeigen ihn als stattlichen Deutschen, breitschultrig, beleibt, mit einem vollen, rotwangigen Gesicht und majestätischer Nase; seine gewölbten Augenbrauen verliehen ihm einen herrischen, halb gereizten, halb herausfordernden Ausdruck. Er war hitzig und stand energisch für seine Stellung und seine Ansichten ein. Im übrigen war er ein freundlicher, gutmütiger Bär, dessen Würde sich in Humor verwandelte, sobald er keinen Widerspruch dulden mußte. Am geselligen Leben in Leipzig nahm er nicht teil, aber sein Haus stand seinen Freunden jederzeit offen, wozu auch seine Rivalen Hasse und Graun gehörten[66]. Er war ein häuslicher Mensch, der von seiner Arbeit und seiner Familie völlig in Anspruch genommen war. Er gab jedem seiner zehn überlebenden Kinder Musikunterricht und versorgte sie mit Instrumenten. Sein Haushalt enthielt fünf Klavichorde, eine Laute, eine Gambe und verschiedene Geigen, Violen und Celli. Schon 1730 schrieb er einem Freund: «Ich kann bereits aus meiner eigenen Familie ein Konzert zusammenstellen, sowohl für Gesang als auch für Instrumente.»[67] An anderer Stelle werden wir sehen, wie seine Söhne seine Kunst fortführten und sogar übertrafen.

In den letzten Jahren seines Lebens verschlechterten sich seine Augen. 1749 willigte er in eine Operation ein, die der gleiche Arzt ausführte, der Händel mit offenbarem Erfolg behandelt hatte. Diesmal mißlang sie, und er wurde vollkommen blind. Von da an lebte er in einem verdunkelten Raum, denn seine Augen schmerzten bei dem Licht, das er nicht mehr sehen konnte. Wie der taube Beethoven komponierte er trotz seinem Leiden weiter; damals diktierte er seinem Schwiegersohn das Choralpräludium «Wenn wir in höchsten Nöten sind». Er hatte sich seit langem auf den Tod vorbereitet und hatte sich dazu durchgerungen, ihn, wenn die Zeit gekommen wäre, als eine Gottesgabe hinzunehmen. So komponierte er das ergreifende «Komm süßer Tod».

Komm süßer Tod, komm selge Ruh!
komm führe mich in Friede
weil ich der Welt bin müde;
ach komm, ich wart auf dich,
komm bald und führe mich,
drück mir die Augen zu.
Komm selge Ruh![68]

Am 18. Juli 1750 schien sein Augenlicht wie durch ein Wunder wiederhergestellt; die ganze Familie versammelte sich voller Freude um ihn. Aber am 28. Juli starb er plötzlich an einem Herzschlag. In der hoffnungsvollen Sprache der Zeit «entschlief er friedlich und selig in Gott»[69].

Nach seinem Tode geriet er fast völlig in Vergessenheit. Teilweise lag das an der Beschränkung seines Wirkens auf Leipzig, teilweise an der Schwierigkeit seiner Vokalwerke und schließlich an der schwindenden Beliebtheit religiöser Musik und kontrapunktischer Formen überhaupt. Johann Hiller, der 1789 Bachs Stelle als Kantor der Thomasschule innehatte, suchte «seinen Schülern ein Grauen vor der Ungeschliffenheit Bachs einzuflößen»[70]. Der Name Bach war in der zweiten Hälfte des achtzehnten Jahrhunderts mit der Person Carl Philipp Emanuels verknüpft, der den altmodischen Charakter der Musik seines Vaters bedauerte[71]. Um 1800 schien jede Erinnerung an Johann Sebastian entschwunden.

Nur seine Söhne gedachten seiner Werke. Zwei von ihnen beschrieben sie Johann Nikolaus Forkel, dem Musikdirektor der Universität Göttingen. Forkel studierte verschiedene Kompositionen, war davon begeistert und veröffentlichte 1802 eine zweiundachtzig Seiten lange Biographie, worin er erklärte:

> «Die Werke, die Johann Sebastian Bach uns hinterlassen hat, sind ein unschätzbares nationales Erbe, wie sie kein anderes Volk besitzt ... Die Aufrechterhaltung der Erinnerung an diesen großen Mann ist nicht nur eine Angelegenheit der Kunst, es ist ein Anliegen der Nation ... Dieser Mann, der größte musikalische Poet und der größte Musiktheoretiker, den es je gegeben hat und wahrscheinlich je geben wird, war ein Deutscher. Sei stolz auf ihn, o Vaterland!»[72]

Dieser Appell an den Patriotismus öffnete Bachs Grab. Karl Zelter, der Direktor der Singakademie in Berlin, erwarb das Manuskript der *Matthäuspassion*. Felix Mendelssohn, Zelters Schüler, drang darauf, sie in der Singakademie bei der ersten nichtkirchlichen Aufführung des Werkes (11. März 1829) dirigieren zu dürfen. Ein Freund Mendelssohns wies darauf hin, daß die *Matthäuspassion* genau hundert Jahre nach ihrer ersten Aufführung ans Licht gekommen und ein zwanzig Jahre alter Jude für ihre Auferstehung verantwortlich sei[73]. Sämtliche an der Aufführung teilnehmenden Künstler sangen und spielten unentgeltlich. Mendelssohn schloß weitere Werke von Bach in seine Konzerte ein, womit er die Wiederbelebung förderte. 1830 war er eine Zeitlang bei Goethe zu Gast, dem er ständig Bach vorspielen mußte.

Diese Auferstehung fiel mit der Bewegung der Romantik und der Erneuerung des religiösen Glaubens nach den Napoleonischen Kriegen zusammen. Mit dem Rationalismus war es vorbei, denn er wurde mit der mörderischen Revolution und mit jenem schrecklichen «Sohn der Revolution» gleichgesetzt, der Deutschland so oft auf dem Schlachtfeld gedemütigt hatte. Jetzt war Deutschland siegreich, und sogar Hegel stimmte in den Beifall ein, der Bach als einen Helden der Nation feierte. 1837 forderte Robert Schumann die vollständige Ausgabe sämtlicher Werke Bachs; 1850 wurde die Bach-Gesellschaft gegründet; Bachs Manuskripte wurden überall zusammengetragen. 1851 wurde der erste Band veröffentlicht, 1900 der sechsundvierzigste und letzte. Brahms behauptete, die beiden größten Ereignisse der deutschen Geschichte zu seinen Lebzeiten seien die Gründung des Deutschen Reiches und die vollständige Veröffentlichung von Bachs Werken gewesen[74]. Heute wird Bach häufiger gespielt als jeder andere Komponist, und die ganze abendländische Welt würdigt Bach als «den größten musikalischen Poeten, den es je gegeben hat».

ZWEITES KAPITEL

Friedrich der Große und Maria Theresia

I. VORSPIEL IM REICH: 1711–1740

VOLTAIRE war offenbar der erste, der Friedrich als den «Großen» («Frédéric le Grand») bezeichnete, und zwar bereits im Jahre 1742[1]. Dieses Kompliment gehörte damals zu dem Übereinkommen gegenseitiger Bewunderung, das noch zehn Jahre lang hielt. Um gerecht zu sein, sollte man auch Maria Theresia die «Große» nennen, denn sie gehörte zu den Königinnen der modernen Geschichte, die die meisten Könige in den Schatten stellten.

Sechs Jahre vor ihrer Geburt, 1711, bestieg ihr Vater, ein Habsburger, Karl VI., den Thron des «Heiligen Römischen Reiches». Voltaire fand keine der drei Bezeichnungen zutreffend, aber trotzdem war es noch ein Reich, dem neun Jahrhunderte seinen Glanz verliehen hatten. Wien war der Sitz der Reichsregierung, die die einzelnen Teile miteinander verknüpfte: Österreich, Ungarn, Böhmen, Steiermark, Kärnten, Krain und Tirol; 1715 kamen noch die ehemals Spanischen Niederlande dazu, das heutige Belgien. Die deutschen Staaten waren nur der Form nach dem Kaiser unterworfen, während die deutschen Freistädte seine Oberhoheit in ihren äußeren Angelegenheiten anerkannten. Böhmen war heruntergekommen, was auf religiöser Verfolgung und der Ausbeutung durch fremdsprachigen und meistens abwesenden Adel beruhte. Ungarn hatte als Hauptschauplatz der Auseinandersetzung zwischen Christen und Türken schwer gelitten. Dutzende von Heeren hatten es durchkreuzt; die Bevölkerung war zurückgegangen, die örtliche Herrschaft zerfallen. Der zahlreiche und kriegerische Adel, nur noch zum Teil Madjaren, weigerte sich, die kaiserlichen Steuern zu bezahlen, und haßte die österreichische Herrschaft. Der Boden in Ungarn war ausschließlich im Besitz des Adels und der Kirche. Er war in riesige Ländereien aufgeteilt und wurde von Leibeigenen bestellt. Mit den Einnahmen wurden große Klöster, Schlösser und Paläste gebaut und Musik und Kunst gefördert. Einige Adlige besaßen bis zu fünfzigtausend Morgen und die Familie Esterházy sieben Millionen Morgen[2].

Österreich, der Hauptnutznießer des Reiches, stand in voller Blüte. Während Ungarn nur zwei Millionen Einwohner hatte, zählte Österreich 1754 6 100 000, die sich bis zum Jahre 1800 auf 8 500 000 vermehrten. Auch hier war der Boden in Händen des Adels oder der Geistlichkeit und wurde von Leibeigenen bebaut. Die Leibeigenschaft erhielt sich dort bis zum Jahre 1848. Die großen Güter wurden wie in England mit Hilfe des Erstgeburtsrechts vor Zerstückelung bewahrt. Der erste Sohn erbte das ganze Besitztum, jüngere Söhne wurden mit Posten in der Armee, der Kirche oder der Verwaltung bedacht. So zählte der Hofstaat Kaiser Karls VI. vierzigtausend Personen. Es gab keinen reichen Mittelstand in Österreich, der sich mit dem allmächtigen Adel messen oder sein blaues Blut verwässern konnte. Eheschließungen waren eine protokollarische Angelegenheit ... Ein ungeschriebenes Gesetz gestattete Geliebte und Liebhaber, aber nur vom gleichen Stande. 1716 schrieb Lady Mary Montagu – wahrscheinlich mit einiger Übertreibung – aus Wien:

> «Es ist hier üblich, daß jede Dame zwei Ehemänner hat, einen, der den Namen trägt, und einen anderen, der die ehelichen Pflichten erfüllt. Und diese Verhältnisse sind so bekannt, daß es eine allgemein empfundene Kränkung bedeuten würde, wenn man eine Dame ohne ihre beiden Ritter zum Essen einladen würde ... sowohl den Geliebten als den Ehemann, zwischen denen sie immer mit großer Würde sitzt. Eine Frau sieht sich gleich nach der Heirat nach einem Liebhaber um, denn das gehört zu einem standesgemäßen Leben.»[3]

Bei der allmählichen Umwandlung des Reiches in die österreichisch-ungarische Monarchie arbeitete der Adel Hand in Hand mit der Kirche. Die Aristokraten nahmen es wahrscheinlich mit ihrem katholischen Glauben nicht so genau; einige waren Freimaurer[4], aber sie waren der Kirche dankbar, die es so gut verstand, die Leibeigenen und die Töchter ohne Mitgift mit ihrem traurigen Los auf Erden durch die Hoffnung auf ein besseres Jenseits zu versöhnen. Verschiedene Religionen hätten nur zu Verwirrung, zu Disputen und Zweifel geführt. Religiöse Toleranz war daher ganz offensichtlich politisch unerwünscht. Der Erzbischof Firmian von Salzburg machte den Protestanten in seinem Sprengel das Leben so sauer, daß dreißigtausend, vor allem nach Preußen, auswanderten (1722/23)[5], wo sie die Reihen der österreichischen Feinde verstärkten. Ähnliche Auswanderungen oder Ausweisungen trugen zum wirtschaftlichen Niedergang Böhmens, dieses einst stolzen, unabhängigen Landes, und zur Stärkung des protestantischen Deutschlands bei.

Reich und arm waren am Kirchenbau dieser Zeit beteiligt. Der größte tschechische Baumeister, Kilian Ignaz Dientzenhofer, vollendete die großartige Niklaskirche, die Christoph Dientzenhofer begonnen hatte. Johann Bernhard Fischer von Erlach, der hervorragende österreichische Architekt, verewigte sich in Salzburg, Prag und Rom und errichtete zusammen mit seinem Sohn Josef Emanuel die Karlskirche in Wien, ein Meisterwerk des Barocks. Prachtvolle Klöster verkündeten den Ruhm Gottes und die Annehmlichkeiten des Zölibats. Hier wäre die Benediktinerabtei in Melk an der Donau zu nennen, wo Jakob Prandtauer mit seinen Gehilfen eine Reihe von Gebäuden, Türmen und einen Dom erbaute, der im Innern feierliche Bogen, vollkommene Säulen und üppigen Wandschmuck aufweist[6]. Das alte Augustinerkloster in Dürnstein wurde von Josef Munggenast im Barockstil umgebaut[7], während das berühmte Hauptportal und der Westturm von der Hand des Matthias Steindl stammen, eines Bildhauers, der erst im Alter von achtundsiebzig Jahren anfing, sich mit Architektur zu befassen. Nicht zu vergessen die Benediktinerkirche und Bibliothek in Altenburg (ebenfalls von Munggenast[8]), bekannt für ihre reichen Ornamente. Die Fassade des Zisterzienserstiftes in Zwettl aus dem zwölften Jahrhundert wurde von Munggenast und Steindl erneuert, die auch den Turm und die Bibliothek schufen[9]; der wundervolle Chor (1343–1348) war hingegen das Werk Meister Johanns, ein Beweis, wie sehr die alte Gotik dem neuen Barock überlegen war. Georg Grupp baute das Stamsstift im Tirol um, das sich durch seine schmiedeeisernen Gitter und die Stuckornamente der *Prälatentreppe* auszeichnet[10], eine Grabstätte des Hauses Habsburg. Die meisterlich gestaltete Stiftskirche in Herzogenburg stammt vom Sohn Munggenasts, Franz, und stellt die Krönung seines kurzen Daseins dar (1724–1748). Schließlich sei noch die Klosterkirche von Wilhering erwähnt, die als «der schönste Rokokobau in Österreich» bezeichnet wurde[11]. Auch die herrlichen Orgeln in diesen Kirchen, wie in Herzogenburg und Wilhering, dürfen nicht übersehen werden, ebensowenig wie ihre Bibliotheken; bezeichnend ist der Bibliotheksaal des Benediktinerklosters in Admont, der vierundneunzigtausend Bände und tausendeinhundert Manuskripte in einem Rahmen barocken Zaubers beherbergt. In diesem Jahrhundert schwindenden Glaubens war der Ruhm der österreichischen Mönche am größten.

Der Adel stand nicht hinter ihnen zurück. Wie in Deutschland, so hungerte auch in Österreich und Ungarn jeder Prinz nach seinem Versailles. Und wenn er sich auch mit dieser unvergleichlichen Pracht nicht messen konnte, so raffte er doch genug zusammen, um ein «Palais», wie man es nannte, zu erbauen, das in jeder Einzelheit für seine Erhabenheit zeugen sollte. Prinz Eugen von Savoyen errichtete auf seinem Besitztum bei Wien einen Sommerpalast auf zwei Ebenen – das Untere Belvedere (jetzt das Barockmuseum) und das Obere Belvedere, nach einem Entwurf von Johann Lukas von Hildebrandt. Johann Bernhard Fischer von Erlach machte die Pläne für den Winterpalast des Prinzen, das jetzige Finanzministerium. Er entwarf außerdem Pläne für das Schloß und die Gartenanlagen von Schönbrunn im Stil von Versailles; aber nachdem der Bau 1696 in Angriff genommen worden war, ließ man seine Pläne nach und nach fallen. Fischer von Erlach und sein Sohn Josef Emanuel entwarfen die Hof-, jetzt Nationalbibliothek, deren Innenausstattung – einem Kenner des Barocks zufolge – sie zur schönsten Bibliothek der Welt macht[12]. Im Jahre 1726 erlaubte Karl VI. die öffentliche Besichtigung seiner Schätze, die er 1737 durch den Ankauf der riesigen Handschriften- und Büchersammlung des Prinzen Eugen vergrößerte. Wien war bei weitem die schönste Stadt in deutschen Landen.

Die österreichischen Bauten waren fast immer mit Bildwerken verziert: so die hölzerne *Kreuzigung* von Andrä Thamasch im Stamsstift und die Marmorfigur Kaiser Franz' I. von Balthasar Moll im Barockmuseum in Wien; und mit wieviel Hingebung schmückte Josef Stammel das Admonterstift mit Statuen, die das Werk eines ganzen Lebens sind! Aber es ist höchste Zeit, in dem Bildhauer Georg Raphael Donner einen zweiten Bernini anzuerkennen. Er wurde 1693 in Eßlingen in Niederösterreich geboren und ging bei Giovanni Giuliani in die Lehre. Dort nahm er genug klassisches Gefühl in sich auf, um den überbordenden österreichischen Barock einzudämmen. In seiner *Apotheose Karls VI.*[13] aus Marmor macht sich allerdings noch barocker Überschwang fühlbar: der Engel, der den Kaiser himmelwärts führt, hat reizende Beine und üppige Brüste; aber wir müssen der Kunst dankbar sein, daß sie aus den Engeln, die für die Philosophie körperlos waren, etwas Greifbares gemacht hat. Donners *Hl. Martin, seinen Mantel teilend* im Dom von

Preßburg ist wie auch sein Marmorrelief *Hagar in der Wildnis*[14] von klassischer Würde. Sein Bestes gab er in den Bleifiguren auf zwei großen Brunnen in Wien: dem Vorsehungsbrunnen auf dem Neuen Markt, der die Flüsse Österreichs darstellt, und dem Andromedabrunnen, der an römische *fonti* erinnert. Ein Jahr vor seinem Tode (1741) goß er noch eine Gruppe für die Domkirche von Gurk, die die Beweinung Christi darstellt und seinem Vornamen Raffael Ehre macht.

Weder Maler noch Dichter brachten zu jener Zeit in der österreichisch-ungarischen Monarchie etwas hervor, was die Aufmerksamkeit der übrigen Welt erregt hätte, abgesehen von den Fresken Daniel Grans in der Kuppel der Nationalbibliothek in Wien. Aber auf musikalischem Gebiet war Wien der Mittelpunkt der abendländischen Welt. Für Karl VI. kam Musik gleich nach seinen Töchtern und seinem Thron. Er selbst komponierte eine Oper, begleitete Farinelli auf dem Klavichord und dirigierte bei Proben. Er lud die besten Sänger, Musiker, Schauspieler und Bühnenmaler nach Wien ein, und kein Preis war ihm zu hoch. Nach Lady Marys Schätzung soll er einmal für die Aufführung einer Oper dreißigtausend Pfund ausgegeben haben[15]. In seiner Kapelle verfügte er über einen Chor von hundertfünfunddreißig Sängern und Musikern. Musik wurde zu einer Angelegenheit des Hofes; bei manchen Opern waren sämtliche Mitwirkende Adlige: die Solisten, der Chor, das Ballett und das Orchester. Bei einer Aufführung dieser Art sang die Erzherzogin Maria Theresia die Hauptrolle[16].

Die größten Librettisten der Zeit folgten der Einladung nach Wien. Apostolo Zeno, der 1718 aus Venedig kam, war Hofdichter Karls VI. und zog sich erst 1730 freiwillig zugunsten des Napolitaners Pietro Trapassi, genannt Metastasio, zurück. Im Laufe der nächsten zehn Jahre schrieb Metastasio, immer auf italienisch, so packende poetische Theaterstücke, daß sie von sämtlichen führenden Komponisten Westeuropas vertont wurden. Auch war er unerreicht in der Kunst, die Poesie den Anforderungen der Oper anzupassen, nämlich den Text mit den unerläßlichen Soli, Duetten, Sprechgesängen, Chören, Balletten und Zwischenspielen zu versehen; andererseits war aber auch sehr anspruchsvoll, was die harmonische Anpassung der Musik an das Stück betraf. Er hatte so großen Erfolg, daß Voltaire befürchtete, die Oper könnte das Drama von der Bühne verdrängen; «*ce beau monstre*», sagte er, «*étouffe Melpomène*»[17]. («Dieses schöne Ungeheuer erstickt Melpomene» – die Muse der Tragödie.)

Über all diese Musik, diese Kunst, den vielsprachigen Hof und das zusammengewürfelte Reich führte Karl VI. mit Großzügigkeit, Güte und kriegerischem Mißgeschick den Vorsitz. Sein Dirigentenstab war seinen Generälen unverständlich. Sie lieferten ihm Tragödien, wenn es ihn nach Oden an die Freude verlangte. Solange Prinz Eugen, der zusammen mit Marlborough die Heere Ludwigs XIV. zurückgeschlagen hatte, im Vollbesitz seiner geistigen Kräfte und des Oberbefehls war, ging für Österreich alles gut: es nahm den Türken Belgrad weg, Savoyen mußte auf Sardinien verzichten und Spanien auf Mailand, Neapel und die Spanischen Niederlande. Prinz Eugen wurde nicht nur zum Generalissimus sämtlicher österreichischer Armeen, sondern auch zum Ministerpräsidenten und Leiter der Diplomatie befördert. In Wirklichkeit leitete er alles außer der Oper. Mit fortschreitendem Alter wurde jedoch nicht nur sein Körper, sondern auch sein Geist geschwächt. Im Polnischen Erbfolgekrieg (1733–1735) geriet Österreich in Konflikt mit Frankreich, Spanien und Savoyen («dem kleinen Königreich Sardinien») und verlor Lothringen, Neapel und Sizilien (1735–1738). Ein Bündnis mit Rußland beschwor einen neuen Krieg mit der Türkei herauf. Bosnien, Serbien und die Walachei gingen verloren, und Belgrad geriet wieder unter türkische Herrschaft (1739). Der Kaiser konnte die fehlende Begabung seiner Mitarbeiter nicht ersetzen. Friedrich der Große beurteilte ihn folgendermaßen:

> «Karl VI. hatte von der Natur die Eigenschaften mitbekommen, die einen guten Bürger, aber nicht einen großen Mann ausmachen. Er war großzügig, aber ohne Weitblick; von beschränktem Geist und ohne Scharfsinn. Er hatte Pflichteifer, aber kein Genie. Er arbeitete viel, aber erreichte wenig. Er war bewandert in der deutschen Gesetzgebung und in verschiedenen Sprachen; er war vor allem ein hervorragender Lateiner. Er war ein guter Vater, ein guter Ehemann, aber bigott und abergläubig wie alle Fürsten aus dem Hause Österreich.» [18]

Sein Stolz und sein Trost war seine älteste Tochter Maria Theresia, und er setzte alles daran, um ihr den Thron zu sichern. Sein Vater, Leopold I., hatte 1703 ein *Pactum mutuae successionis* festgelegt, wonach nur männliche Erben den Thron besteigen durften. In Abwesenheit männlicher Erben sollte die Krone auf die Töchter seines Sohnes Joseph (geboren 1678) übergehen und als nächste Thronerben auf die Töchter seines Sohnes Karl (geboren 1685). Nach dem Tod Josephs I., der 1711 ohne männliche Erben (aber unter Hinterlassung von zwei Töchtern) starb, ging der Thron auf Karl über. 1713 verkündete er seinem Kabinett in einer «Pragmatischen Sanktion», daß, seinem Wunsch entsprechend, sein Thron und sein ungeteilter Länderbesitz an den ältesten überlebenden Sohn und, falls kein Sohn vorhanden sei, an seine älteste Tochter übergehen solle. Sein einziger Sohn wurde 1716 geboren und starb im selben Jahr. Nachdem er vier Jahre vergeblich auf einen weiteren Sohn gewartet hatte, suchte Karl die europäischen Mächte zu einer Zustimmung zu der von ihm bestimmten Erbfolge zu bewegen, womit ein Erbfolgekrieg vermieden werden sollte. Im Laufe der nächsten acht Jahre stimmten Spanien, Rußland, Preußen, England, Holland, Dänemark, Skandinavien und Frankreich der Pragmatischen Sanktion zu. Dann tauchten alle möglichen Schwierigkeiten auf. Die Kurfürsten von Sachsen und Bayern hatten die Töchter von Karls Bruder Joseph geheiratet und erhoben auf Grund des Paktums von Leopold I. Ansprüche auf die Kaiserkrone. Friedrich Wilhelm I. von Preußen gab seine Zustimmung nur unter der Bedingung, daß Karl seine Ansprüche auf die Herzogtümer Jülich und Berg unterstützte. Karl ging dem Anschein nach auf diese Bedingung ein, machte dann aber den Rivalen Friedrich Wilhelms entgegengesetzte Versprechungen. Daraufhin verbündete sich der preußische König mit den Feinden des Kaisers [19].

Im Jahre 1736 vermählte sich die achtzehnjährige Maria Theresia mit Franz Stephan von Lothringen, dem späteren (1737) Großherzog von Toscana. Am 20. Oktober 1740 starb Karl VI., womit die männliche Linie der Habsburger zu Ende ging, und Maria Theresia bestieg den Thron als Erzherzogin von Österreich und Königin von Böhmen und Ungarn. Ihr Gemahl wurde zum Mitregenten erklärt, zeigte aber wenig Neigung oder Fähigkeit für Staatsangelegenheiten, so daß die ganze Bürde der Regierung auf den

Schultern der jungen Königin lag. Im Jahre 1740 besaß sie alle Reize einer Frau und Königin: feine Züge, leuchtende blaue Augen, reiches blondes Haar, Anmut in Umgang und Bewegung, strahlende Gesundheit und jugendliche Frische[20]. Ihre Intelligenz und ihre Charakterstärke übertrafen diese Reize, und doch schienen sie unzulänglich für die Probleme, die sich vor ihr auftürmten. Seit vier Monaten erwartete sie ein Kind, den späteren Joseph II., den «aufgeklärten Despoten». Ihr Recht auf den Thron wurde sowohl von Karl Albrecht, dem Kurfürsten von Bayern, als von Friedrich August II., dem Kurfürsten von Sachsen, bestritten, und eine starke Partei in Wien begünstigte die Bayern. Es war nicht sicher, daß die Ungarn sie als Königin anerkennen würden; diese Krönung fand erst am 24. Juni 1741 statt. Der kaiserliche Schatz enthielt nur hunderttausend Gulden, die die Kaiserinwitwe für sich in Anspruch nahm. Im Heer herrschte Verwirrung, die Generäle waren unfähig. Der Staatsrat bestand aus Greisen, die die Fähigkeiten für eine wirksame Ausübung der Gewalt verloren hatten. In Wien gingen Gerüchte um, die Türken seien wieder im Anmarsch[21]. Philipp V. von Spanien beanspruchte Ungarn und Böhmen, der König von Sardinien die Lombardei als Preis für ihre Anerkennung[22]. Friedrich II., der fünf Monate vor der Thronbesteigung Maria Theresias König von Preußen geworden war, machte ihr ein Angebot, wonach er sie anerkennen und verteidigen und für die Ernennung ihres Gemahls zum Kaiser sorgen wolle, falls sie den größten Teil Schlesiens an ihn abtrete. Sie wies das Angebot zurück, denn sie hatte den Wunsch ihres Vaters nicht vergessen, das Reich ungeteilt und unvermindert zu erhalten. Am 23. Dezember 1740 fiel Friedrich in Schlesien ein, und so mußte die dreiundzwanzig Jahre alte Königin gegen die größte Macht in Deutschland und den größten Heerführer des Jahrhunderts Krieg führen.

II. VORSPIEL IN PREUSSEN: 1713–1740

1. Friedrich Wilhelm I.

Den Hohenzollern war es gelungen, das Kurfürstentum Brandenburg im Jahre 1701 in das Königreich Preußen zu verwandeln. Aus dem Kurfürsten war der König Friedrich I. geworden, dessen Reich nach seinem Tode auf seinen Sohn Friedrich Wilhelm I. (Herrschaft 1713–1740) überging. Durch seine Heirat mit Sophie Dorothea war der neue Herrscher ein Schwiegersohn Georgs I., der 1714 den englischen Thron bestieg. Die preußische Herrschaft erstreckte sich auf Ostpreußen, Vorpommern, die Mark Brandenburg, Kleve und die Grafschaft Ravensberg, eine lockere Verbindung einzelner Gebiete, die sich zeitweilig von der Weichsel bis zur Elbe ausdehnten und nur durch den König zusammengehalten wurden. Im Jahre 1740 hatte Preußen eine Bevölkerung von ungefähr 3 300 000 Einwohnern, die sich gegen Ende des Jahrhunderts auf 5 800 000 belief. Der soziale Aufbau war vom Lehnswesen geprägt. Das Bauerntum zahlte Steuern und Lehnsabgaben, der Mittelstand war wenig ausgeprägt, und der Adel forderte die Steuerfreiheit als Bedingung für die militärische Unterstützung des Königs. Einer der Beweggründe Friedrich Wilhelms I. für die Schaffung seines stehenden Heeres – das ein halbes Jahrhundert lang die politischen Geschicke Mitteleuropas bestimmte – war sein Wunsch, sich aus der Abhängigkeit vom Adel zu befreien.

Friedrich Wilhelm war ein ebenso außergewöhnlicher Herrscher wie sein berühmterer Sohn, dessen Siege zum großen Teil der väterlichen Armee zu verdanken waren. Weder Vater noch Sohn zeichneten sich durch Liebenswürdigkeit, angenehmes Äußeres oder ein einladendes Lächeln aus; beide hielten sich an strenge Befehle und stützten sich auf ihre Regimenter. Der Vater war untersetzt und rundlich, sein Gesicht strotzte vor Gesundheit, nichts entging seinem durchdringenden Blick, und seine Stimme wie sein Kinn zeugten von der Entschlossenheit, die keinerlei Widerstand duldete. Er hatte einen herzhaften Appetit, war aber kein Feinschmecker, weswegen er den französischen Koch davonjagte und sich an bäuerliche Kost hielt. Er aß viel und schnell und ohne viel Umstände, denn er hatte keine Zeit zu verlieren. Er betrachtete sich sowohl als den Herrn wie als den Diener seines Staates. Mit zornigem Eifer machte er sich an die Verwaltung, denn vieles war nicht nach seinem Geschmack, und beschloß eine gründliche Säuberung. Er entließ die Hälfte der höheren Regierungsbeamten, die sich mehr um ihre Befugnisse kümmerten als um die Erledigung ihrer Aufgaben. Edelsteine, Pferde, feine Möbel, die er geerbt hatte, verkaufte er und führte seinen königlichen Haushalt mit der Einfachheit eines Bürgers, erhob Steuern auf alles und jedes und hinterließ Friedrich II. einen wohlgefüllten Staatsschatz.

Er arbeitete schwer, erwartete aber von allen anderen dasselbe. Die städtischen Beamten hatten die Sittlichkeit der Bevölkerung zu überwachen, Fleiß und Sparsamkeit zu predigen und Landstreicher mit Zwangsarbeit zu bestrafen. Handel und Manufaktur standen unter Staatskontrolle, wurden aber durch die Verbesserung von Kanälen und Straßen ermutigt. 1722 führte der weitblickende König den Schulzwang ein. Jede Gemeinde mußte eine Schule unterhalten; und im Jahre 1750 war Preußen ganz Europa sowohl an Volksschulen als an höherer Schulbildung voraus[23]. Der Same für das Zeitalter von Kant und Goethe war gesät.

Da er fromme Menschen zuverlässiger fand als Skeptiker, unterstützte Friedrich Wilhelm die pietistische Bewegung. Katholiken wurden widerwillig geduldet, Calvinisten wurde bedeutet, ihre düstere Lehre von der Vorherbestimmung anderswo zu predigen. Die Lutheraner wurden aufgefordert, den Gottesdienst auf deutsch und nicht auf lateinisch abzuhalten und die papistischen Überreste, wie Chorhemd und Stola, beim Abendmahl abzuschaffen. Als der Erzbischof von Salzburg dreißigtausend Protestanten zur Auswanderung zwang, nahm Friedrich Wilhelm einen Großteil von ihnen mit offenen Armen auf, streckte ihnen das Geld für die fünfhundert Meilen weite Reise vor, verpachtete ihnen Boden (zwar nicht den besten), lieh ihnen Werkzeuge und Saatgut und befreite sie von Steuern, bis ihr Land Gewinn abwarf. Weitere fünfzehntausend aus der Schweiz und deutschen Ländern wurden zur Einwanderung ermutigt. Das preußische Wirtschaftsleben, das nach dem Dreißigjährigen Krieg ruiniert war, erwachte zu neuem Leben.

Die Hauptaufgabe sah der König jedoch in der Sicherung der Nation gegenüber einer Welt, die ständig von Kriegen erschüttert war. Als Friedrich Wilhelm zur Macht kam, wütete der Krieg im Norden zwischen Schweden, Rußland, Polen, Dänemark, Sachsen und schließlich auch England; daraus konnte man nur eine Lehre ziehen: in einer Welt nationaler Raubüberfälle mußte man auch in Friedenszeiten über ein starkes Heer verfügen. Um sich den Hafen Stettin für den Handel Berlins zu sichern, kaufte der preußische König ihn den Mächten, die die Stadt Karl XII. entrissen hatten, für vierhunderttausend Taler ab. Als Karl XII. aus der Türkei zurückkehrte, weigerte er sich, diesen Kuhhandel anzuerkennen. Friedrich Wilhelm war bereit, Stettin gegen seine vierhunderttausend Taler zurückzugeben. Karl XII. hatte kein Geld, bestand aber auf der Rückgabe Stettins. 1715 erklärte Preußen ihm den Krieg und schloß sich seinen Feinden bei der Belagerung von Stralsund an. Als er sich der halben Welt gegenübersah, entwich Karl nach Schweden. Friedrich Wilhelm kehrte nach Berlin zurück – Stettin in der Tasche und Triumph im Auge.

Von nun an war seine größte Sorge die Armee. Er war kein echter Militarist, sicherlich kein Krieger, auch führte er keinen Krieg mehr, aber er hatte es sich zum Ziel gesetzt, daß niemand ungestraft Preußen angreifen dürfe. Der Erbauer der berühmtesten Armee des Jahrhunderts war «einer der friedfertigsten Fürsten»[24]. «Mein Wahlspruch ist», sagte er, «niemandem etwas anzuhaben, aber mir auch nichts gefallen zu lassen.»[25] So suchte er seine Soldaten zusammen, wobei er eine Leidenschaft für lange Kerle bewies; um sich ihn geneigt zu machen, brauchte man ihm nur einen Mann zu schicken, der mindestens 1,80 Meter groß war. Der König zahlte gutes Geld dafür, und sein Herz schlug höher bei ihrem Anblick. Er war nicht verdrehter als andere Könige, wenn es nicht um ein paar Zoll ging. Frankreich hatte 1713 ein stehendes Heer von 160000 Mann, Rußland 130000 Mann, Österreich 90000 Mann[26]. Um in Preußen, einem Land von nur drei Millionen Einwohnern, eine Armee von 80000 Mann aufzustellen, mußte Friedrich Wilhelm Soldaten im Ausland anwerben, während er im Inland das Kantonsystem einführte. Bauern und Städter versuchten der Zwangswerbung zu entgehen. So wurde List oder Gewalt gebraucht. Einmal überfielen die Werbeoffiziere sogar eine Kirche und schleppten die größten und stärksten Männer trotz ihren Gebeten davon[27]. Für die Angeworbenen wurde gut gesorgt, doch wurden sie einer rücksichtslosen Disziplin und hartem Drill unterworfen. Sogar für geringere Vergehen wurden sie ausgepeitscht. Auch der Adel wurde der Dienstpflicht unterworfen. Jeder taugliche Adlige mußte so lange als Offizier dienen, wie es seine Gesundheit erlaubte. Diese Offiziere bekamen eine besondere Ausbildung und standen beim König in hoher Gunst. Sie entwickelten sich zur herrschenden Kaste, blickten verächtlich auf Kaufleute, Geistliche und überhaupt den verweichlichten Mittelstand herab und benahmen sich ihm gegenüber häufig mit säbelrasselnder Unverschämtheit oder Brutalität. Infanterie, Artillerie und Kavallerie wurden von ihnen zu so einwandfreien Truppenverbänden mit so großer Beweglichkeit gedrillt wie wahrscheinlich in keiner anderen modernen Armee. Der König nahm persönlich an diesen Manövern teil und überwachte die Ausbildung seiner Truppen bis in alle Einzelheiten. Als Friedrich II. den Thron bestieg, standen ihm Streitkräfte zur Verfügung, die für Eroberungen bereit waren und im Handumdrehen die pazifistischen Ansichten seiner Jugend über den Haufen warfen.

2. Der junge Fritz

Der Soldatenkönig (oder wie Carlyle Friedrich Wilhelm I. nannte, «der größte Feldwebel der preußischen Nation»[28]) hatte zehn Kinder, von denen Wilhelmine das älteste war. Die Memoiren, die sie bei ihrem Tode (1758) hinterließ, stellen die unvermitteltste und intimste Quelle für die Jugendgeschichte ihres Bruders dar. Vielleicht legte sie etwas zuviel Nachdruck auf die Grausamkeit ihrer Gouvernante, die selbstsüchtige Härte ihrer Mutter, die Brutalität ihres Vaters, seine despotischen Befehle bezüglich ihrer Heirat und die grobe Behandlung, die er Fritz angedeihen ließ[29] – dem Stolz und dem Trost ihres Lebens[30].

Friedrich, der am 24. Januar 1712 auf die Welt kam, war drei Jahre jünger als sie. Er gefiel weder seinem Vater noch seiner Mutter. Sie wollten einen Feldherrn und König aus ihm machen, während er alle Anzeichen eines Dichters und Musikers aufwies. Wir sind im Besitz der Instruktionen, die Friedrich Wilhelm den Erziehern seines Sohnes gab:

«Züchten Sie in meinem Sohn die echte Ergebenheit und Furcht vor Gott, als die Grundlage und einzige Stütze unserer zeitlichen und ewigen Wohlfahrt. Keine der falschen Religionen oder atheistischen Sekten, arianische, sozinianische oder wie sonst die vergifteten Dinger heißen mögen, die so leicht ein junges Gemüt verderben können, dürfen je in seiner Gegenwart erwähnt werden [Friedrich befaßte sich mit allen]. Andererseits soll ihm der gehörige Abscheu vor dem Papismus und die Einsicht in seine Unbegründetheit und Widersinnigkeit eingeflößt werden ...

Lassen Sie den Prinzen Französisch und Deutsch lernen ... Kein Latein ... Lehren Sie ihn gründlich Arithmetik, Mathematik, Artillerie und Ökonomie ... Besonders Geschichte ... Mit den Jahren gehen Sie mehr und mehr ... auf Befestigungen, Aufschlagen eines Kriegslagers und die übrigen Kriegswissenschaften ein, damit der Prinz von Jugend auf daran gewöhnt ist, als Offizier und General zu handeln ... Prägen Sie meinem Sohn die echte Liebe zur Soldatenlaufbahn ein, und machen Sie ihm klar, daß nichts auf der Welt einem Fürsten so viel Ruhm und Ehre verschaffen kann wie das Schwert, so daß er sich vor aller Welt verächtlich machen würde, wenn er es nicht liebte und nicht darin seinen einzigen Ruhm suchte.»[31]

Hätte sein Vater lange genug gelebt, er wäre stolz auf die Laufbahn seines Sohnes als Soldat und Feldherr gewesen. Aber in jenen Lehrjahren schien alles schiefzugehen. Der Knabe war gescheit, aber um Rechtschreibung kümmerte er sich nicht. Deutsch verachtete er, und seine ganze Zuneigung galt der Sprache, der Literatur, der Musik und der Kunst Frankreichs; er schrieb mit Vergnügen französische Verse – ein Zeitvertreib, den er bis ans Ende seines Lebens pflegte. Der alte König kochte, wenn er seinen Sohn mit französischen Büchern ertappte, aber noch mehr, wenn er ihn Flöte spielen hörte. Johann Quantz, ein Flötist am sächsischen Hof, kam nach Berlin, um dem Knaben auf Weisung der Königin heimlich Stunden zu geben. Wenn er den König kommen hörte, versteckte sich Quantz in einem Schrank, und Friedrich vertauschte seinen französischen Hausrock schnell mit einer Uniform. Der König bekam trotzdem einen Wutanfall, weil er französische Bücher herumliegen sah. Er befahl den Dienern, sie zu einem Buchhändler zu bringen, denn er war mehr fürs Verkaufen als fürs Verbrennen. In Wirklichkeit versteckten die Diener die Bücher und gaben sie nach einiger Zeit dem Prinzen zurück.

Der alte Herr tat sein Bestes, um aus dem Jungen einen Soldaten zu machen. Er nahm ihn mit auf die Jagd, härtete ihn ab, gewöhnte ihn an Gefahr und ermüdende Ritte, lehrte ihn, mit kärglichem Essen und wenig Schlaf auszukommen, machte ihn zum Befehlshaber eines Regiments und zeigte ihm, wie man Soldaten drillt, eine Batterie aufstellt und eine Kanone abschießt. All das eignete sich Friedrich an und bewies auch Mut. Mit wachsendem Unmut bemerkte sein Vater jedoch eine verdächtige Freundschaft mit zwei jungen Offizieren, dem Kapitän von Katte und dem Leutnant Keith. Katte war gebildet und weitgereist, und obwohl er durch Pockennarben entstellt war, machte ihn «die Verfeinerung seines Geistes und seines Benehmens», wie Wilhelmine sich ausdrückte, «zu einem höchst angenehmen Gesellschafter ... Er rühmte sich, ein *esprit fort* (ein Freidenker) zu sein. Es war Kattes Einfluß, der meinen Bruder von jedem religiösen Glauben abbrachte.»[32]

Auf dieses ungehörige Benehmen seines Sohnes antwortete Friedrich Wilhelm mit Wutausbrüchen und Gewalttätigkeit. Er hatte die Gewohnheit, seiner Dienerschaft seinen Stock zu fühlen zu geben. Seinem Sohn drohte er die gleiche Behandlung an. Auch Wilhelmine widersetzte sich seinen Plänen, sie mit einem eventuellen politischen Verbündeten zu verheiraten. Seine beiden Ältesten schienen dazu bestimmt, seine schönsten Hoffnungen zunichte zu machen. «Der Ärger des Königs über meinen Bruder und mich steigerte sich so, daß wir ihm, abgesehen von den Mahlzeiten, nicht mehr vor Augen kommen durften.» Bei einer Gelegenheit warf der König

«meinem Bruder seinen Teller an den Kopf, der ihn getroffen hätte, wäre er nicht ausgewichen; einen anderen warf er auf mich, dem ich auch glücklich entging, dann folgten Ströme von Beschimpfungen ... Als mein Bruder und ich an ihm vorbeigingen, um das Zimmer zu verlassen, holte er nach uns mit seiner Krücke aus. Jedesmal, wenn er meinen Bruder sah, drohte er ihm mit seinem Stock. Fritz sagte mir oft, daß er jede schlechte Behandlung ertragen könnte, außer Schlägen, und daß er, wenn es so weit käme, davonlaufen würde.»[33]

In gewissem Maße kann man den Zorn des alternden Königs verstehen. Er hatte darauf gehofft, sein neugestaltetes Reich einem Sohn zu hinterlassen, der auch in Zukunft das Heer begünstigte, sparsam wirtschaftete, Industrien aufbaute und den Staat gewissenhaft und pflichtbewußt verwaltete; er konnte nicht voraussehen, daß sein Sohn all dies und vieles mehr tat. Er sah in Friedrich nichts anderes als einen frechen, verweichlichten jungen Mann, der sein Haar in Locken trug wie ein Franzose, anstatt es wie ein preußischer Soldat abzuschneiden[34]; der Soldaten und Jagd verabscheute, sich über Religion lustig machte, französische Gedichte schrieb und die Flöte spielte. Was konnte die Zukunft Preußens unter solch einem Schwächling sein? Sogar die gelegentlichen Bitten des Jungen um Verzeihung konnten als Zeichen von Feigheit gedeutet werden. Als er einmal seinen Sohn geohrfeigt hatte, bemerkte der König nachher vor anderen Zuhörern, daß er sich erschossen hätte, wenn sein Vater ihn so behandelt hätte, aber Friedrich habe kein Ehrgefühl und lasse sich alles gefallen[35].

Wenn wir Friedrichs Bericht an Wilhelmine Glauben schenken dürfen, so versuchte der König, ihn im Frühling 1730 in Potsdam umzubringen.

«Eines Morgens ließ er mich holen. Als ich ins Zimmer trat, packte er mich beim Haar und warf mich auf den Boden. Nachdem er mit seinen Fäusten auf mich eingeschlagen hatte, zerrte er mich zum Fenster und schnürte mir die Vorhangkordel um die Kehle. Glücklicherweise konnte ich gerade noch seine Hände festhalten, aber als er mit aller Macht die Kordel um meine Kehle zuzog, fühlte ich mich dem Ersticken nahe und rief um Hilfe. Ein Page eilte mir zu Hilfe und mußte Gewalt anwenden, um mich zu befreien.»[36]

Der inzwischen achtzehnjährige Friedrich vertraute Wilhelmine an, daß er plane, mit Katte und Keith nach England zu flüchten. Sie flehte ihn an, zu bleiben, aber er war nicht zu bewegen. Sie wahrte treu sein Geheimnis, aber der König, der seinen Sohn mit Spitzeln umgab, erfuhr von dem Komplott und ließ Sohn und Tochter, Katte und Keith verhaften (August 1730). Wilhelmine wurde bald wieder freigelassen, und Keith entkam nach England. Friedrich und Katte jedoch wurden vor ein Kriegsgericht gestellt und zum Tode verurteilt (Oktober 1730). Katte wurde im Hof der Festung von Küstrin hingerichtet, und Friedrich wurde auf Befehl seines Vaters gezwungen, der Hinrichtung am Fenster seiner Zelle beizuwohnen (6. November). Der König erwog die Köpfung seines Sohnes und die Ernennung des Zweitältesten zum Kronprinzen, doch fürchtete er die Auswirkungen im Ausland und fand sich damit ab, Friedrich am Leben zu lassen.

Von November 1730 bis Februar 1732 blieb der Prinz in Küstrin, zuerst in strengem Gewahrsam, später in seiner Bewegungsfreiheit auf die Stadt beschränkt, jedoch immer unter Überwachung; aber, so sagt Wilhelmine, «ganz Berlin schickte ihm Vorräte und sogar die größten Leckerbissen»[37]. Am 15. August 1731, nach einem Jahr der Trennung, besuchte der König seinen Sohn, redete ihm lange ins Gewissen und sagte ihm, wenn das Komplott gelungen wäre, «hätte ich deine Schwester lebenslänglich in einen Ort geworfen, wo weder Sonne noch Mond sie je wieder beschienen hätten»[38]. Friedrich kniete nieder und bat um Vergebung. Der alte Mann brach zusammen, weinte und umarmte ihn; Friedrich küßte ihm die Füße[39]. Er wurde freigelassen und auf eine Reise durch die preußischen Provinzen geschickt, um ihre Wirtschaft und Verwaltung zu studieren. Die Jahre des Zerwürfnisses mit seinem Vater veränderten und stärkten seinen Charakter.

Wilhelmine, die froh war, dem Vaterhaus zu entrinnen, willigte in die Heirat mit dem Kronprinzen Heinrich von Bayreuth ein. Nach der Hochzeit in Berlin (30. November 1731) zog sie nach Süden, wurde 1734 Markgräfin von Bayreuth und förderte an ihrem Hof ein lebhaftes Geistesleben. Sie veranlaßte auch den Umbau ihrer Residenz, Schloß Ermitage, zu einem der schönsten deutschen Schlösser.

Auch Friedrich mußte heiraten, ob er wollte oder nicht. Er bäumte sich dagegen auf und drohte: «Wenn der König es unbedingt haben will, werde ich heiraten, um ihm zu gehorchen; dann werde ich meine Frau in einen Winkel abschieben und nach meiner Art leben.»[40] So führte er am 12. Juni 1733 Ihre Durchlaucht Elisabeth Christine, Prinzessin von Braunschweig-Bevern, zum Traualtar, er war einundzwanzig, sie achtzehn Jahre alt; «sehr hübsch», teilte Friedrichs Mutter Wilhelmine mit, «aber so dumm wie Stroh – ich kann mir nicht vorstellen, wie dein Bruder mit so einer Gans auskommen kann»[41]. Wenn Friedrich sie auch in späteren Jahren schätzen lernte, so überließ er sie zu dieser Zeit fast völlig sich selbst. Sie nahmen ihren Wohnsitz in Rheinsberg unweit Berlins. Dort baute sich der verheiratete Junggeselle einen Zufluchtsturm, machte physikalische und chemische Experimente, versammelte Wissenschafter, Gelehrte und Musiker um sich und unterhielt einen Briefwechsel mit Wolff, Fontenelle, Maupertuis und Voltaire.

3. Der Prinz und der Philosoph: 1736–1740

Seine Korrespondenz mit Voltaire gehört zu den aufschlußreichsten Dokumenten der Zeit. Sie ist der glänzendste literarische Ausdruck zweier hervorragender Persönlichkeiten, wobei die Kunst des älteren Mannes vor dem Realismus des heranreifenden jungen Menschen verblaßt. Voltaire war damals zweiundvierzig, Friedrich vierundzwanzig Jahre alt. Voltaire war das anerkannte Haupt der französischen Schriftsteller, und doch stieg es ihm zu Kopf, daß er von einem Kronprinzen und zukünftigen König den folgenden Brief, vom 8. August 1736, aus Berlin erhielt, der dem Dichter mit Privatboten nach Cirey geschickt wurde.

«Monsieur,

obwohl ich nicht das Vergnügen habe, persönlich mit Ihnen bekannt zu sein, sind Sie mir nichtsdestoweniger durch Ihre Werke bekannt. Sie sind Kleinode des Geistes, wenn ich mich so ausdrücken darf, und enthüllen dem Leser bei jeder neuen Lektüre neue Schönheiten ... Sollte der Streit über das Verhältnis der Verdienste von Modernen und Alten wieder aufflackern, so werden die großen Männer der modernen Zeit es Ihnen und Ihnen allein verdanken, wenn die Waagschale sich zu ihren Gunsten neigt ... Niemals zuvor hat ein Poet die Metaphysik in rhythmische Kadenzen gekleidet. Ihnen gebührt die Ehre, es als erster vollbracht zu haben.»

Vielleicht wegen seines spärlichen Lateins hatte Friedrich offensichtlich noch nicht die Bekanntschaft des Lucrez gemacht. Hingegen hatte er Wolff gelesen und schickte Voltaire eine

«Kopie der Anklage und der Verteidigung von Herrn Wolff, dem gefeiertsten Philosophen unserer Tage, dem zum Dank für das Licht, das er auf die dunkelsten Stellen der Metaphysik geworfen hat, Unglaube und Atheismus vorgeworfen wurden ... Ich werde eine Übersetzung von Wolffs *Abhandlung über Gott, die Seele und die Welt* bekommen ... Ich werde sie Ihnen schicken ... Die Liebenswürdigkeit, mit der Sie alle, die sich den Künsten und Wissenschaften widmen, unterstützen, erfüllt mich mit der Hoffnung, daß Sie auch mich in die Zahl derer einschließen werden, die Sie Ihrer Belehrungen würdig finden ...»

Scheinbar hatte Friedrich Gerüchte über *La Pucelle* (Die Jungfrau) gehört:

«Monsieur, ich wünsche mir nichts so sehnlich wie den Besitz aller Ihrer Schriften ... Sollten Sie irgendwelche Ihrer Manuskripte dem Auge der Öffentlichkeit zu entziehen wünschen, so verbürge ich mich für ihre völlige Geheimhaltung ...

Wenn es der Natur gefällt, formt sie eine große Seele, begabt mit Fähigkeiten, die Künste und Wissenschaften fördern können, und es ist die Rolle der Fürsten, dieses edle Streben zu belohnen. Ach, ich wünschte, der Ruhm erwählte mich dazu, Ihren Erfolg zu krönen!

Wenn das Geschick mir das Glück versagt, sie besitzen zu dürfen, darf ich dann wenigstens hoffen, eines Tages den Mann vor mir zu sehen, den ich so lange von ferne bewundert habe, und Ihnen mündlich versichern, daß ich, mit aller Schätzung und Achtung, die jenen gebührt, die sich von der Fackel der Wahrheit führen lassen und all ihre Kräfte der Öffentlichkeit widmen, ihr aufrichtiger Freund bin

Frédéric, P.R. de Prusse.»[42]

Man kann sich die Befriedigung vorstellen, mit der Voltaire, der nie zu alt für Eitelkeit war, diesen Brief las und diesen Nektar vor der ohnehin eifersüchtigen Marquise schlürfte! Bereits am 26. August 1736 antwortete er darauf:

«MONSEIGNEUR,

Man müßte jeden Gefühls beraubt sein, um sich nicht unendlich bewegt von dem Brief zu fühlen, mit dem es Ihrer Königlichen Hoheit gefallen hat, mich zu beehren. Meine Eigenliebe wurde dadurch nur allzu sehr geschmeichelt. Aber meine Liebe zur Menschheit, die ich immer in meinem Herzen genährt habe und die – ich wage es zu sagen – die Grundlage meines Charakters bildet, hat mir einen viel reineren Genuß verschafft, nämlich, daß es jetzt auf der Welt einen Prinzen gibt, der wie ein Mensch denkt, einen prinzlichen *Philosophen,* der die Menschen beglücken wird. Erlauben Sie mir auszusprechen, daß es keinen Menschen auf Erden gibt, der Ihnen nicht Dank schuldet für die Bemühung, eine Seele, die zum Befehlen geboren ist, durch gesunde Philosophie zu bilden. Es hat nie gute Könige gegeben, außer denen, die damit angefangen haben, nach Wissen zu suchen, die Menschen zu erkennen, das Wahre zu lieben und Verfolgung und Aberglaube zu hassen. Ein Fürst, der solchen Gedankengängen folgt, könnte seinem Land das Goldene Zeitalter zurückgeben! Warum suchen so wenige Fürsten diesen Ruhm? ... Weil sie mehr an ihr Königtum als an die Menschheit denken. In Ihrem Fall ist es genau umgekehrt; und *falls nicht eines Tages der Tumult der Geschäfte und die Bosheit der Menschen solch einen himmlischen Charakter verändert**, werden Sie von Ihrem Volk angebetet und von der ganzen Welt hochgeschätzt werden. Philosophen, die Ihres Namens würdig sind, werden scharenweise zu Ihnen kommen; Denker werden sich um Ihren Thron drängen ... Die berühmte Königin Christine verließ ihr Königreich auf der Suche nach den Künsten; herrschen Sie, Hoheit, und die Künste werden Sie aufsuchen ...

Ich kann Ihrer Königlichen Hoheit nicht genug für das kleine Buch über Herrn Wolff danken. Ich achte metaphysische Ideen; sie sind ein Lichtstrahl in tiefster Nacht. Mehr, so meine ich, ist nicht von der Metaphysik zu erhoffen. Es sieht nicht so aus, als ob die Urgründe der Dinge je bekannt sein werden. Die Mäuse in ein paar kleinen Löchern eines riesigen Gebäudes wissen nicht, ob es ewig ist oder wer der Architekt ist oder warum er es gebaut hat. Solche Mäuse sind wir; und der göttliche Architekt, der das Weltall erbaute, hat meines Wissens keinem von uns sein Geheimnis anvertraut ...

Ich werde Ihrem Befehl gehorchen und Ihnen jene unveröffentlichten Stücke senden. Sie sollen mein Publikum sein, Hoheit, und Ihre Kritik meine Belohnung; das ist ein Preis, den wenige Herrscher zahlen können. Ihrer Diskretion bin ich gewiß ... Ich würde mich äußerst glücklich schätzen, wenn ich kommen könnte, um Ihrer Königlichen Hoheit meine Aufwartung zu machen ... Aber die Freundschaft, die mich an diesen zurückgezogenen Ort bindet, gestattet mir nicht, ihn zu verlassen. Zweifellos pflichten Sie Julian bei, dem großen und oft verleumdeten Mann, der sagte: 'Freunde sollten stets den Vorzug vor Königen haben.'

In welchem Winkel der Welt ich auch mein Leben beenden mag, seien Sie versichert, Hoheit, daß meine Wünsche für Ihr Glück – das heißt für das eines ganzen Volkes – Sie ständig begleiten werden. Mit meinem Herzen bin ich einer Ihrer Untertanen; Ihr Ruhm wird mir immer teuer sein. Ich hoffe, daß Sie sich immer gleichbleiben und daß andere Könige Ihnen gleichen mögen. – Ich bin mit tiefstem Respekt Ihrer Königlichen Hoheit ergebenster

VOLTAIRE.»[43]

Die Korrespondenz zwischen dem größten König und dem größten Schriftsteller dieser Zeit dauerte, mit erbitterten Unterbrechungen, zweiundvierzig Jahre lang. Es lohnt sich, fast jedes Wort davon zu lesen, denn es kommt nicht oft vor, daß wir

---

* Vom Autor hervorgehoben.

Gelegenheit haben, die privaten und nachdenklichen Gespräche zweier solcher Menschen zu hören. Wir können nur schwer der Versuchung widerstehen, die klaren Beurteilungen und Geistesblitze in diesen Briefen zu zitieren; einige Stellen mögen jedoch dazu beitragen, diese rivalisierenden Giganten von Schwert und Feder zu charakterisieren.

Zunächst drücken sie sich ihre gegenseitige Bewunderung aus. Friedrich gibt seinem Erstaunen Ausdruck, daß Frankreich «den Schatz in seinem Herzen» nicht erkannt hat und Voltaire erlaubt, «einsam in der Wildnis der Champagne zu leben ... Von nun an wird Cirey mein Delphi sein und Ihre Briefe mein Orakel.»[44] «Verlassen Sie Ihre undankbare Heimat und kommen Sie in ein Land, wo man Sie anbeten wird.»[45] Voltaire flocht ihm ähnliche Lorbeerkränze: «Sie denken wie Trajan, Sie schreiben wie Plinius, und Ihr Französisch reicht an unsere besten Schriftsteller heran ... Unter Ihren Auspizien wird Berlin zum Athen Deutschlands, vielleicht sogar Europas werden.»[46] Über Deismus sind sie sich einig. Sie versichern ihren Glauben an Gott, gestehen, daß sie nichts über ihn wissen, und verabscheuen die Geistlichkeit, die ihre Macht auf angeblichen Zutritt zur Gottheit stützt[47]. Aber Friedrich ist ein ausgesprochener Materialist («Sicher ist, daß ich Materie bin und daß ich denke»[48]) und Determinist; Voltaire ist noch nicht bereit, die Willensfreiheit aufzugeben[49]. Friedrich rät zu «tiefem Schweigen in bezug auf die christlichen Legenden, die durch ihr Alter und die Leichtgläubigkeit absurder, fader Menschen kanonisiert sind»[50]. Voltaire läßt keine Gelegenheit vorbei, um seinem königlichen Schüler Liebe zur Menschheit und Haß gegen Aberglaube, Fanatismus und Krieg einzuflößen. Friedrich nimmt die Menschheit nicht sehr ernst: «Natürlich bringt die Natur Diebe, Neider, Fälscher und Mörder hervor; die Erde ist übersät damit; und ohne die Gesetze, die das Laster im Zaum halten, würde sich jeder Einzelne nur den Naturinstinkten hingeben und nur an sich selbst denken[51]... Von Natur aus sind die Menschen zum Bösen geneigt, und sie sind nur insoweit gut, als Erziehung und Erfahrung ihre Triebe gezügelt haben.»[52]

Zwei Ereignisse sind bezeichnend für die letzten Jahre Friedrichs vor seiner Thronbesteigung. 1738 wurde er Freimaurer[53]. 1739 schrieb er, sicherlich von Voltaire beeinflußt und ermutigt, ein kleines Buch, *Réfutation du Prince de Machiavel* (Zurückweisung des *Fürsten* von Machiavelli), worin er sich den italienischen Philosophen vornahm, weil dieser anscheinend alle Mittel rechtfertigte, die ein Herrscher zum Schutz oder zur Festigung seines Staates für notwendig halten könnte. Nicht so, entgegnete der neue Prinz; das einzig wahre Regierungsprinzip ist die Zuverlässigkeit, die Gerechtigkeit und Ehrenhaftigkeit des Herrschers. Der königliche Philosoph gab seiner Verachtung für Könige Ausdruck, die «den verhängnisvollen Ruhm von Eroberern dem vorzogen, den Güte, Gerechtigkeit und Nachsicht einbringen». Er fragte sich, was einen Menschen dazu veranlassen könnte, seine Größe im Elend und der Vernichtung anderer Menschen zu sehen[54]. Dann fuhr Friedrich fort:

> «Machiavelli hat die wahre Natur des Herrschers nicht verstanden ... Weit entfernt, der absolute Meister all jener zu sein, die er beherrscht, ist er nur der erste ihrer Diener und sollte das Werkzeug ihrer Wohlfahrt sein, wie sie das Werkzeug seines Ruhmes sind.»[55]

Und Friedrich pries die englische Verfassung, was wahrscheinlich auch auf Voltaire zurückzuführen war:

«Wenn eine Regierungsform als vorbildlich für unsere Zeit anzusehen ist, so scheint mir das die englische zu sein. Dort ist das Parlament der oberste Richter sowohl über das Volk als über den König; der König hat unbeschränkte Macht, Gutes zu tun, aber keine, Unheil zu stiften.»[56]

In all diesen Äußerungen ist keine Spur von Unaufrichtigkeit. In Friedrichs Briefen aus dieser Periode kommen sie immer wieder vor. Er schickte das Manuskript an Voltaire (Januar 1740), der um die Erlaubnis bat, es zu veröffentlichen. Der stolze Verfasser willigte schüchtern ein. Voltaire schrieb ein Vorwort, nahm das Manuskript nach Den Haag mit, überwachte den Druck und verbesserte die Fahnen. Gegen Ende September begann das Buch anonym unter dem Titel *L'Anti-Machiavel* (Der Anti-Machiavell) seine Laufbahn. Das Geheimnis seiner Urheberschaft wurde bald gelüftet, und die Leser begrüßten im Verein mit Voltaire den Aufstieg eines königlichen Philosophen. Friedrich Wilhelm I., diese knorrige Eiche, änderte sich kaum mit den Jahren. Bis zuletzt drohte und schimpfte er und ließ sich von niemandem hineinreden. Erst als der Hofprediger ihm klarmachte, daß es ans Sterben gehe und er seinen Feinden verzeihen müsse, wenn er für sich Gnade erhoffe, machte er widerstrebend Frieden mit der Welt. Im letzten Augenblick ließ er Friedrich holen, umarmte ihn und weinte. Vielleicht hatte dieser eigensinnige junge Mensch doch das Zeug zu einem König in sich? «Kann ich nicht von Glück sagen», fragte er die Generäle, die um sein Bett standen, «daß ich solch einen Sohn hinterlassen kann?»[57] Und vielleicht verstand sein Sohn jetzt besser die Gefühle des alten Mannes, für den ein Monarch auch Eisen in seinem Blut haben mußte.

Am 31. Mai 1740 starb Friedrich Wilhelm I., völlig verbraucht, im Alter von einundfünfzig Jahren. Anti-Machiavell war König.

III. DER NEUE MACHIAVELLI

Friedrich II. war achtundzwanzig Jahre alt, als er den Thron bestieg. Ein Jahr vorher hatte ihn Antoine Pesne gemalt. Auf dem Bildnis erweckte er trotz der schimmernden Rüstung mehr den Eindruck eines Musikers und Philosophen: hübsche, gütige Züge, große blaugraue Augen und eine hohe Stirn. «Natürlich und einnehmend im Umgang», berichtete der französische Gesandte, «und eine sanfte, einschmeichelnde Stimme.»[58] Er war noch immer der Schüler Voltaires. Ihm schrieb er nach sechstägiger Herrschaft:

«Mein Geschick hat sich geändert. Ich war Zeuge der letzten Augenblicke eines Königs, seines Todeskampfs, seines Todes. Ich hätte diese Lehre bei der Thronbesteigung nicht gebraucht, um mich von der Eitelkeit menschlicher Größe zu überzeugen ... Ich bitte Sie, in mir nichts anderes als einen eifrigen Bürger, einen recht skeptischen Philosophen und einen wirklich treuen Freund zu sehen. Um Gottes willen, schreiben Sie mir wie einem Menschen, und verachten Sie wie ich Titel, Namen und jeden äußerlichen Pomp.»[59]

Und drei Wochen später, wieder an Voltaire:

«Die unendlich vielen Aufgaben, die auf mich warten, lassen mir kaum Zeit für meinen Kummer. Ich spüre, daß ich, seit ich meinen Vater verloren habe, ganz meinem Land angehöre. In diesem Sinne habe ich mich bis zur Grenze meiner Fähigkeiten ausgegeben, um rasche Entscheidungen zu treffen und die geeignetsten für das öffentliche Wohl.»[60]

Das stimmte. Am zweiten Tag seiner Regierung, als er nach einem kalten Frühling voraussehen konnte, daß mit einer späten und spärlichen Ernte zu rechnen war, befahl er, die öffentlichen Kornkammern zu öffnen und den Armen, zu vernünftigen Preisen, Korn zu verkaufen. Am dritten Tag schaffte er in ganz Preußen den Gebrauch der Folter bei Kriminalfällen ab – vierundzwanzig Jahre vor der epochemachenden Abhandlung Beccarias; dazu muß bemerkt werden, daß in der Praxis die gerichtliche Folter schon unter Friedrich Wilhelm I. nicht mehr angewendet worden war und daß Friedrich in einem einzigen Fall, im Jahre 1752, rückfällig wurde[61]. Im Jahre 1757 beauftragte er Samuel von Cocceji, den Chef der preußischen gesetzgebenden Gewalt, mit einer durchgreifenden Reform der preußischen Gesetzgebung.

Der Einfluß der Philosophie machte sich auch bei weiteren Entscheidungen in diesem ersten Monat bemerkbar. Am 22. Juni gab Friedrich den lakonischen Befehl heraus: «Alle Religionen müssen geduldet werden, und die Regierung muß darauf achten, daß sich keine Religion Übergriffe auf eine andere zuschulden kommen läßt, denn in diesem Lande soll ein jeder auf seine Art in den Himmel kommen.»[62] Er gab keinen offiziellen Befehl über die Pressefreiheit heraus, gewährte sie aber in der Praxis und sagte seinen Ministern: «*La presse est libre*» (Die Presse ist frei). Er ertrug mit verächtlichem Schweigen Hunderte von Schmähschriften, die gegen ihn veröffentlicht wurden[63]. Er ließ sogar eine davon, die auf der Straße angeschlagen war, höher hängen, damit sie besser lesbar war. «Meine Untertanen und ich», sagte er, «sind zu einer Abmachung gekommen, die uns beide befriedigt: sie dürfen sagen, was ihnen paßt, und ich darf tun, was mir paßt.»[64] Vollkommen war diese Freiheit aber keineswegs. Als sich Friedrich mehr und mehr in den Großen verwandelte, gestattete er keine öffentliche Kritik an seinen militärischen Maßnahmen oder seinen Steuergesetzen. Er blieb ein absoluter Monarch, wenn er auch versuchte, seine Maßnahmen mit dem Gesetz in Einklang zu bringen.

Er bemühte sich nicht um eine Veränderung im Aufbau der preußischen Gesellschaft oder der Regierung. Die Verwaltungsausschüsse blieben bestehen, nur hatte Friedrich ein Auge auf sie und nahm regelmäßiger an ihren Arbeiten teil; er wurde zum Mitglied seines eigenen Beamtentums. «Er beginnt seine Regierung», sagte der französische Gesandte, «auf äußerst befriedigende Art – überall tritt sein Wohlwollen, die Sorge um seine Untertanen hervor.»[65] Bis zur Aufhebung der Leibeigenschaft ging er aber doch nicht; der preußische Bauer war auch weiterhin schlechter daran als der französische. Der Adel bewahrte seine Vorrechte.

Der Einfluß Voltaires brachte im Verein mit der Leibnizschen Tradition ein Wiederaufleben der Berliner Akademie der Wissenschaften hervor. Sie war (1701) von Friedrich I. gegründet worden, aber Friedrich Wilhelm I. hatte sie vernachlässigt. Unter Friedrich II. wurde sie in ganz Europa berühmt. Wolff, den er aus der Verbannung zurückberief, wäre gern Leiter der Akademie geworden, aber er war zu alt, hatte eine

Schwäche in den Beinen und entwickelte eine gewisse Neigung zum Konservativen. Friedrich wollte einen Freidenker (*esprit fort*), einen Mann, der mit den letzten Errungenschaften der Wissenschaft bekannt und nicht durch religiöse Erwägungen gehemmt war. Auf Voltaires Vorschlag (den dieser später bedauerte) lud er im Juni 1740 Pierre-Louis Moreau de Maupertuis ein, der im Zenit seines Lebens stand und gerade von einer Reise nach Lappland zurückgekommen war, wo er einen Breitengrad gemessen hatte. Maupertuis kam und erhielt großzügige Unterstützung. Er baute ein großes Laboratorium und führte alle möglichen Experimente aus, manchmal in Gegenwart des Königs und des Hofes. Goldsmith, der sicherlich mit der Royal Society in London bekannt war, war der Ansicht, daß die Berliner Akademie der Wissenschaften «jede andere, jetzt bestehende übertrifft»[66].

All dies wärmte das Herz Voltaires. Als Friedrich Gelegenheit hatte, Kleve zu besuchen, forderte er den Philosophen zu einem Zusammentreffen auf. Der damals in Brüssel weilende Voltaire riß sich von seiner ewig beunruhigten Marquise los und machte die zweihundertvierzig Kilometer lange Reise nach Schloß Moyland; dort sah der neue Platon zum erstenmal seinen Dionysios und verbrachte drei Tage (11. bis 14. September 1740) in einer Ekstase, die nur durch die Gegenwart von Algarotti und Maupertuis gedämpft wurde. In einem Brief an Herrn von Cideville vom 18. Oktober äußerte er seine Meinung über Friedrich:

> «Dort traf ich einen der liebenswürdigsten Menschen auf der Welt, den Anziehungspunkt der Gesellschaft, den man überall ebenso umwerben würde, auch wenn er kein König wäre; einen Philosophen ohne Nüchternheit, voll Freundlichkeit, Nachsicht und Zuvorkommenheit, der nicht daran denkt, daß er König ist, wenn er mit seinen Freunden zusammen ist ... Ich mußte mir mit Gewalt ins Gedächtnis zurückrufen, daß da am Fußende meines Bettes ein Herrscher mit einer Armee von 100000 Mann saß.»[67]

Friedrich war ebenso befriedigt. Seinem Adjutanten Jordan schrieb er am 24. September:

> «Ich habe endlich diesen Voltaire gesehen, den ich so lange kennenlernen wollte. Aber ich hatte gerade mein Quartanafieber, und ich war geistig ebenso abgespannt wie körperlich ... Er ist so beredt wie Cicero, so mild wie Plinius, so weise wie Agrippa. Kurz gesagt, er vereint in sich die Tugenden und Gaben von drei der größten Männer des Altertums. Sein Intellekt ist ständig rege; jeder Tintentropfen aus seiner Feder ist eine Quintessenz des Geistes ... Die Châtelet hat Glück, ihn zu haben; denn aus all den geistreichen Bemerkungen, die er unaufhörlich von sich gibt, könnte jemand, selbst wenn er nichts als ein gutes Gedächtnis besäße, ein glänzendes Buch zusammenstellen.»[68]

Bei seiner Rückkehr nach Berlin vermerkte Friedrich, daß er ein Heer von 100000 Mann hatte. Am 20. Oktober starb Karl VI., und eine junge Frau mit einer zweitklassigen Armee kam auf den Thron der österreichisch-ungarischen Monarchie. Am selben Tag schrieb Friedrich einen Brief an Voltaire, der nichts Gutes versprach: «Der Tod des Kaisers verändert alle meine pazifistischen Ideen, und ich glaube, daß es sich im Juni mehr um Kanonen und Pulver, Soldaten und Gräben als um Schauspielerinnen, Bälle und Bühnen handeln wird; so daß ich gezwungen bin, das Abkommen, das wir schließen wollten, zu streichen.»[69]

Voltaires Herz blutete. War sein Schüler ein Kriegshetzer wie irgendein beliebiger König? Er beschloß, sich die Einladung Friedrichs nach Berlin zunutze zu machen, um zu sehen, was er für den Frieden tun konnte. Gleichzeitig konnte er vielleicht seine Stellung in Versailles verbessern, denn Kardinal Fleury, der immer noch Frankreichs Geschicke in Händen hielt, wollte ebenfalls Frieden. Am 2. November schrieb er an den Kardinal und bot seine Dienste als Geheimagent für Frankreich an, mit der Absicht, Friedrich für die Philosophie zurückzugewinnen. Fleury nahm das Angebot an, machte dem neuen Diplomaten aber einige milde Vorwürfe wegen seiner ungestümen Ausfälle gegen die Religion: «Sie sind jung gewesen und vielleicht ein wenig zu lange» (*Vous avez été jeune et peut-être un peu trop longtemps*)[70]. In einem weiteren Brief mit demselben Datum (14. November) bestätigte der gütige Kardinal Frau von Châtelet den Empfang des *Anti-Machiavel,* über den er sich anerkennend aussprach und gleichzeitig bewies, daß er sich über den Urheber nicht täuschte:

«Wer immer der Autor dieses Werkes ist – sollte er kein Fürst sein, so verdiente er es, einer zu sein; und das wenige, das ich davon gelesen habe, ist so weise, so vernünftig und bringt so bewundernswerte Prinzipien zum Ausdruck, daß der Autor würdig wäre, über andere Menschen zu befehlen, vorausgesetzt, daß er den Mut hat, sie in die Tat umzusetzen. Ist er zum Fürsten geboren, so nimmt er eine feierliche Verpflichtung gegenüber der Öffentlichkeit auf sich; und der Kaiser Antoninus hätte sich nie den unsterblichen Ruhm erworben, der ihm durch die Jahrhunderte erhalten blieb, hätte er die ausgesuchte Moralität, worüber er allen Herrschern so fruchtbare Lehren erteilte, nicht durch eine gerechte Regierung bekräftigt ... Ich wäre mehr als bewegt, falls Seine preußische Majestät in meinem Verhalten eine gewisse Übereinstimmung mit seinen Prinzipien entdecken könnte; jedenfalls kann ich Ihnen versichern, daß ich seine Regierung als den Entwurf zu einer vollkommenen und ruhmreichen Regierung betrachte.»[71]

Nachdem Voltaire erreicht hatte, daß Friedrich alle seine Ausgaben auf der Reise bezahlte, durchquerte er Deutschland zum erstenmal und verbrachte fast zwei Wochen mit dem König in Rheinsberg, Potsdam und Berlin (vom 20. November bis zum 2. Dezember). Er beging den Fehler, Friedrich den Brief des Kardinals über den *Anti-Machiavel* zu zeigen. Friedrich begriff sofort, daß Voltaire den Diplomaten spielte, und durchschaute die wunderschönen Anerkennungsworte des Kardinals als eine Aufforderung zur Zusammenarbeit mit Frankreich. Er war verärgert, daß ihm sein philosophischer Essay ins Gehege kam. Er tauschte Verse und geistvolle Bemerkungen mit Voltaire, spielte ihm Flöte vor und schickte ihn mit nichts Bestimmterem weg als mit Dank für das Chinin, womit der Dichter das königliche Wechselfieber gelindert hatte. An Jordan schrieb Friedrich am 28. November, ohne Voltaire bei Namen zu nennen: «Dein Geizhals soll den Becher seines unstillbaren Wunsches, sich zu bereichern, bis zur Neige leeren; er soll dreitausend Taler haben. Das ist ein guter Preis für einen Narren (*C'est bien payer pour un fou*); noch nie hat ein Hofnarr solch einen Lohn bekommen.»[72] Offensichtlich enthielt diese Summe sowohl Voltaires Reisespesen, die ihm Friedrich wahrscheinlich versprochen hatte, als die Kosten für die Veröffentlichung des *Anti-Machiavel,* die Voltaire aus seiner eigenen Tasche ausgelegt hatte. Wenn es Geldgeschichten gibt, ist es mit der Liebe aus. Friedrich war keineswegs entzückt, Ausgaben eines französischen Agenten zu bezahlen oder die Kosten eines Buches, für das er viel gegeben hätte, hätte die Welt es vergessen.

Der Einfluß Friedrich Wilhelms war inzwischen stärker geworden als die Lehren des Philosophen. Mit steigender Macht und Verantwortung traten Musik und Poesie seiner Prinzenjahre in den Hintergrund, sein Charakter wurde kälter und härter. Sogar die schlechte Behandlung, die sein Vater ihm so freigebig angedeihen ließ, hatte ihn schließlich abgehärtet. Jeden Tag hatte er die Armee mit den Riesen vor Augen, die sein Vater ihm hinterlassen hatte; jeden Tag mußten sie ernährt werden. Hatte es einen Sinn, sie in Friedenszeiten rosten und verfaulen zu lassen? Gab es kein Unrecht, dem diese Riesen abhelfen konnten? Sicherlich. Es gab Schlesien, das durch Böhmen von Österreich getrennt war und viel näher bei Berlin als bei Wien war; und Breslau, die schlesische Hauptstadt, war nur zweihundertneunzig Kilometer von Berlin entfernt. Was hatten die Österreicher dort zu suchen? Das Haus Brandenburg hatte Ansprüche in Schlesien geltend zu machen – auf Jägerndorf, Ratibor, Oppeln, Liegnitz, Brieg, Wohlau; all diese Besitztümer hatte Österreich einfach besetzt oder sie durch Abmachungen erhalten, die Preußen stets angefochten hatte. Da nun die Österreichische Erbfolge umstritten, Maria Theresia jung und schwach und der russische Zar Iwan VI. ein kleines Kind war, schien der Zeitpunkt gekommen, nachdrücklich auf diese alten Ansprüche zurückzukommen, alte Irrtümer zu berichtigen und Preußen eine geographische Einheit und Grundlage zu verschaffen.

Am 1. November stellte Friedrich einem seiner Ratgeber, Podewils, die Frage: «Ich will Ihnen ein Problem aufgeben. Wenn man den Vorteil auf seiner Seite hat, sollte man ihn ausnützen? Ich bin bereit mit meinen Truppen und allem übrigen. Wenn ich sie jetzt nicht ausnütze, halte ich ein mächtiges, aber nutzloses Instrument in Händen. Wenn ich meine Armee ausnütze, wird man sagen, daß ich geschickt genug war, aus der Übermacht, die ich über meine Nachbarn hatte, Vorteil zu ziehen.» Podewils wies darauf hin, daß das als unmoralisch betrachtet werden würde. Friedrich wollte wissen, wann sich Könige durch die Moral abhalten ließen[73]. Konnte er es sich leisten, die Zehn Gebote zu beobachten, wenn es um dieses Rudel von Wölfen, Großmächte genannt, ging? Aber hatte Friedrich Wilhelm nicht der Pragmatischen Sanktion die preußische Unterstützung zugesagt, die Maria Theresia sämtliche Besitzungen garantierte, die ihr von ihrem Vater vererbt wurden? Dieses Versprechen war jedoch an die Bedingung geknüpft worden, daß Österreich die preußischen Ansprüche auf Jülich und Berg unterstütze, was nicht geschehen war; im Gegenteil, diese Unterstützung war Preußens Rivalen zugute gekommen. Jetzt konnte diese beleidigende Hintansetzung gerächt werden.

Im Dezember schickte Friedrich einen Gesandten zu Maria Theresia, um ihr seinen Schutz anzubieten, falls sie seine Ansprüche auf einen Teil Schlesiens anerkennen würde. Er erwartete, daß dieser Vorschlag zurückgewiesen werden würde, und befahl den Vormarsch eines Teils seiner Truppen, insgesamt 30000 Mann. Am 23. Dezember überschritt diese Armee die schlesische Grenze, zwei Tage bevor Friedrichs Gesandter Wien erreicht hatte. Damit begann der Erste Schlesische Krieg (1740–1742), die erste Phase des Österreichischen Erbfolgekriegs.

IV. DER ÖSTERREICHISCHE ERBFOLGEKRIEG: 1740–1748

Wir wollen Friedrich nicht auf all seinen Feldzügen begleiten; hier handelt es sich um Kulturgeschichte. Was uns hingegen interessiert, ist die menschliche Natur und die Staatsführung, wie sie in Worten und Taten Friedrichs zum Ausdruck kommen, und die veränderliche Politik der Mächte. Vielleicht hat kein anderer bekannter Krieg die Realitäten der Machtpolitik so offen zur Schau gestellt wie dieser.

Bei ihrem Vormarsch durch Schlesien stieß die preußische Armee fast auf keinen Widerstand. Die protestantische Hälfte der Bevölkerung, die unter der österreichischen Herrschaft unter einigen Verfolgungen gelitten hatte, begrüßte Friedrich als ihren Befreier[74]; den Katholiken versprach er volle Glaubensfreiheit, die er ihnen auch verlieh. Am 3. Januar 1741 nahm er Breslau in Besitz, ohne einen Schuß abzugeben. «Kein Haus», versicherte er, «wurde geplündert, kein Bürger wurde beschimpft, und die preußische Disziplin glänzte in ihrer ganzen Schönheit.»[75] Eine Aneignung in allen Ehren. Maria Theresia befahl ihrem Marschall Neipperg, ein Heer in Mähren zu sammeln und nach Schlesien zu führen. Am 10. April stieß dieses Heer bei Mollwitz mit Friedrichs schlesischer Hauptmacht zusammen. Neipperg verfügte über eine Kavallerie von 8600 Mann, eine Infanterie von 11400 Mann und 18 Kanonen, Friedrich über eine Kavallerie von 4000 Mann, eine Infanterie von 16000 Mann und 60 Kanonen. Diese Unterschiede bestimmten die verschiedenen Phasen und den Ausgang der Schlacht. Die österreichischen Reiter überwältigten die preußische Kavallerie, die kehrtmachte und flüchtete. Marschall Schwerin überredete Friedrich, ebenfalls zu flüchten, damit er nicht gefangengenommen und für hohes Lösegeld behalten würde. Nach Abzug des Königs mit seiner Kavallerie hielt die preußische Infanterie jedem Ansturm zu Fuß und zu Pferde stand; und die preußische Artillerie richtete solche Verheerungen an, daß Neipperg den geordneten Rückzug der Österreicher befahl. Friedrich wurde zurückberufen und war gleichzeitig begeistert und beschämt über die gewonnene Schlacht. Er beschuldigte sich der Feigheit und einer mangelhaften Strategie. Er hatte seine 30000 Mann über ganz Schlesien verstreut, bevor sein Sieg befestigt war; und nur der Mut und die Ausbildung seiner Infanterie hatten den Ausschlag gegeben. «Er dachte lange über die Fehler nach, die er begangen hatte», heißt es in seinen Memoiren, «und versuchte sie von da an zu korrigieren.»[76] Mangel an Mut gab es bei ihm nicht und taktische oder strategische Fehler nur selten mehr.

Die Nachricht von der Niederlage ihrer Armee erreichte Maria Theresia, als sie sich gerade von der Geburt ihres Kindes erholte. Bei dem geschwächten Zustand ihrer Kräfte und ihrer Finanzen schien ihr einziger Ausweg Hilfe von auswärts. Sie wandte sich an all die Mächte, die der Pragmatischen Sanktion ihre Unterstützung zugesagt hatten. England antwortete vorsichtig; es brauchte ein starkes Österreich als Ausgleich für Frankreich, aber Georg II. fürchtete für sein hannoveranisches Fürstentum, wenn er mit dem benachbarten Preußen in Krieg geriet. Das Parlament gewährte Maria Theresia eine Unterstützung von dreihunderttausend Pfund, doch riet ihr die britische Gesandtschaft, den nördlichen Teil Schlesiens als Friedenspreis an Friedrich abzutreten. Friedrich war einverstanden, aber die Königin weigerte sich. Polen, Savoyen und Holland versprachen Hilfe; es dauerte aber so lange, bis sie eintraf, daß sie beim Endergebnis nur wenig in die Waagschale fiel.

Jedes Bündnis hat seine Gegenkoalition zur Folge. Als Frankreich eine Annäherung zwischen seinen Erzfeinden England und Österreich beobachtete, beeilte es sich, eine Allianz mit Bayern, Preußen und dem bourbonischen Spanien abzuschließen. Wie erwähnt, hatte Frankreich in Belle-Isle seinen eigenen Machiavelli, der einen prächtigen politischen Raubüberfall vorschlug. Obwohl Frankreich sich ebenfalls verpflichtet hatte, die Pragmatische Sanktion zu unterstützen, suchte es jetzt aus den Schwierigkeiten Maria Theresias seinen Vorteil zu schlagen. Es wurde beschlossen, daß Karl Albrecht von Bayern, auf Grund seiner Heirat, Ansprüche auf den Kaiserthron geltend machen solle, während Frankreich ihm Geld und Truppen für den gemeinsamen Überfall auf Österreich stellte. Sollte der Plan gelingen, so würde Maria Theresias Herrschaft auf Ungarn, Niederösterreich und die österreichischen Niederlande beschränkt, während Karl zum Kaiser gekrönt und über Bayern, Oberösterreich, Tirol, Böhmen und einen Teil von Schwaben herrschen würde. Für den zweitältesten Sohn des Königs von Spanien war Mailand vorgesehen. Fleury war gegen den Plan, aber Belle-Isle setzte durch, daß er Friedrich vorgelegt wurde, um Preußen für die Verschwörung zu gewinnen. Friedrich zögerte. Er konnte es sich nicht leisten, Frankreich so stark werden zu lassen; auch hoffte er immer noch auf eine Vereinbarung mit Maria Theresia. Als sie ihm aber nur nebensächliche Zugeständnisse machte, unterzeichnete er am 5. Juni in Breslau ein Bündnis mit Frankreich, Bayern und Spanien. Sollten die österreichischen Besitzungen aufgeteilt werden, wollte er an der Beute teilhaben. Jeder der Unterzeichner verpflichtete sich, keinen geheimen Separatfrieden abzuschließen. Frankreich garantierte Friedrich den Besitz von Breslau und Niederschlesien, versprach, Schweden in einen Verzögerungskrieg mit Rußland hineinzuziehen und eine französische Armee zu senden, die Englands hannoveranische Streitkräfte von einer Einmischung abhalten sollte.

Die fast völlig verlassene Maria Theresia beschloß, sich an die ungarischen Kriegsherren zu wenden. Diese Adligen oder ihre Vorfahren hatten viel unter Österreich zu leiden gehabt; Leopold I. hatte sie ihrer alten Verfassung und überkommenen Rechte beraubt. Sie hatten nicht viel Ursache, seine Enkelin zu schätzen oder zu unterstützen. Aber als Maria Theresia vor ihnen im Landtag von Preßburg (11. September 1741) erschien, wurden sie von ihrer Schönheit und ihren Tränen gerührt. Sie wandte sich in lateinischer Sprache an die Versammlung, gestand, daß ihre Verbündeten sie im Stich gelassen hatten, und erklärte, daß ihre Ehre und ihr Thron jetzt nur noch von der Tapferkeit und Ritterlichkeit des ungarischen Adels abhingen. Daß die Adligen ausriefen *Moriamur pro rege nostro*[77] – «Laßt uns für unsern König [wie sie die Königin nannten] sterben!» –, gehört ins Reich der Legende[78]. Sie waren zäh in den Verhandlungen und errangen sich manch ein politisches Zugeständnis. Als jedoch am 21. September der Gatte der Königin erschien und den sechs Monate alten Joseph vor ihnen hochheben ließ, antworteten sie ritterlich-galant, und manch einer rief «*Vitam et sanguinem!*» und schwor ihr Leben und Blut zu[79]. Eine Massenaushebung wurde dekretiert, jeder Mann wurde zu den Waffen gerufen, und nach manchen Verzögerungen zog ein ungarisches Heer zur Verteidigung der Königin nach Westen.

Für Wien wäre es zu spät gewesen, hätte Karl Albrecht seinen Marsch auf die Hauptstadt fortgesetzt. In der Zwischenzeit (19. September) hatte sich nämlich auch Sachsen dem Bündnis gegen Österreich angeschlossen. Karl Albrecht fürchtete, daß August III. Böhmen an sich reißen könnte. So riet Fleury den Bayern, Böhmen einzunehmen, bevor die Sachsen dort einfielen. Friedrich hingegen drängte Karl, weiter auf Wien zu marschieren. Karl Albrecht, der seine Geldmittel von Frankreich bekam, gehorchte Frankreich. Friedrich bekam Bedenken für die preußische Sicherheit, falls Frankreich sich sowohl in Bayern als in Böhmen einnisten sollte, und unterzeichnete einen geheimen Waffenstillstand mit Österreich (9. Oktober 1741). Maria Theresia wollte in erster Linie Böhmen retten und überließ ihm vorläufig Niederschlesien.

Drei Heere näherten sich Prag; eines unter Karl Albrecht, ein französisches unter Belle-Isle und 20000 Sachsen. Die schwache Garnison konnte die böhmische Hauptstadt nicht halten, die nach dem ersten Ansturm fiel (25. November). Dieser Sieg war ein Unglück für Karl Albrecht. Er war so sehr in den böhmischen Feldzug verwickelt, daß er nur geringe Streitkräfte in Bayern zurückließ, denn er kam nie auf den Gedanken, daß die von allen Seiten gehetzte Maria Theresia die Offensive ergreifen könnte. Die Königin zeigte jedoch eine Wendigkeit, die ihre Feinde verblüffte. Sie zog österreichische Truppen, insgesamt 10000 Mann, aus Italien zurück, während auch die ungarischen Regimenter in Wien eintrafen. Diese beiden Armeen unterstellte sie Graf Ludwig von Khevenhüller, der die Kriegskunst unter Prinz Eugen gelernt hatte. Mit diesem geschickt geführten Heer fiel er in Bayern ein, wo er kaum auf Widerstand traf, und nahm am 12. Februar 1742 München ein. Am selben Tag ließ sich Karl Albrecht in Frankfurt am Main unter dem Namen Karl VII. zum Kaiser des Heiligen Römischen Reiches Deutscher Nation krönen.

Friedrich hatte sich den wechselnden Winden des Glückes anvertraut und war aufs neue in den Krieg eingetreten. Er hatte den Waffenstillstand von dessen Geheimhaltung abhängig gemacht. Maria Theresia ließ Frankreich davon unterrichten, Friedrich vernahm dieses diplomatische Geflüster und eilte seinen Verbündeten zu (Dezember 1741). Er stellte mit ihnen einen Plan auf, wonach er eine Armee durch Mähren nach Niederösterreich führen sollte. Dort sollte er mit sächsischen und französisch-bayerischen Streitkräften zusammentreffen. Alle zusammen sollten dann auf Wien marschieren. Jetzt hatte er es mit einer ausgesprochen feindseligen Bevölkerung zu tun, und ungarische Kavallerie machte ständig Überfälle auf seine Verbindungslinien mit Schlesien. Er machte kehrt und betrat böhmischen Boden. Dort wurde seine Nachhut am 17. Mai 1742 bei Chotusitz von einer österreichischen Armee unter dem Prinzen Karl von Lothringen angegriffen. Dieser dreißigjährige Schwager Maria Theresias war ein tapferer und glänzender Heerführer, aber er konnte sich an Taktik mit Friedrich nicht messen. Beide hatten an die 28000 Mann. Friedrichs Vorhut kam gerade noch rechtzeitig an. Er richtete seine ganzen Kräfte auf eine entblößte Flanke der Österreicher, die einen geordneten Rückzug antreten mußten. Beide Seiten erlitten schwere Verluste, aber das Ergebnis überzeugte Maria Theresia, daß sie sich nicht auf allen Fronten gleichzeitig schlagen konnte. Sie nahm den Rat des englischen Gesandten an und schloß einen endgültigen Frieden mit Friedrich; und diesmal trat sie ihm im Vertrag von Berlin (28. Juli 1742) fast ganz Schlesien ab. Damit endete der Erste Schlesische Krieg.

Nun rückten die österreichischen Heere unter Khevenhüller und dem Prinzen Karl von Lothringen nach Böhmen vor. Der französischen Garnison in Prag drohte Umzingelung und Aushungerung. Um diese *reductio ad absurdum* der Träume Belle-Isles zu verhindern, schickte Frankreich Marschall Maillebois mit seiner Armee nach Böhmen, die bisher die Kräfte Georgs II. in Hannover in Schach gehalten hatte. Sobald England freie Hand hatte, trat es aktiv in den Krieg ein, gewährte Maria Theresia einen Kredit von fünfhunderttausend Pfund und schickte 16000 Mann in das österreichische Flandern; außerdem beteiligte sich Holland mit achthundertvierzigtausend Florin. Dieses Geld verwandelte die Königin in Armeen. Maillebois' Vormarsch in Böhmen wurde aufgehalten. Ständig zunehmende österreichische Streitkräfte marschierten von verschiedenen Seiten auf Prag. Belle-Isle entfloh unter schweren Opfern mit dem größten Teil seines Heeres nach Eger. Maria Theresia reiste von Wien nach Prag, wo sie endlich (am 12. Mai 1743) zur Königin von Böhmen gekrönt wurde.

Jetzt schien sich alles für sie zum Besseren zu wenden. Im Mai stellte ihr Holland ein Heer von 20000 Mann zur Verfügung. Einen Monat später besiegte England die Franzosen bei Dettingen. Die englische Herrschaft über das Mittelmeer förderte die Sache der Königin in Italien. Am 13. September schloß sich Karl Emmanuel I., der König von Sardinien, dem Bündnis zwischen Österreich und England an. Österreich überließ ihm ein Stück der Lombardei, und England verpflichtete sich, ihm jährlich zweihunderttausend Pfund für die Aufstellung einer Armee von 45000 Mann zu zahlen. Soldaten wurden *en gros*, Könige *en détail* gekauft. Maria Theresia war ebenso unbeugsam im Sieg wie heroisch im Mißgeschick. Sie träumte bereits davon, Schlesien zurückzugewinnen und Bayern, Elsaß und Lothringen ihrem Reich einzuverleiben.

Friedrich spielte eine Weile Frieden. Er eröffnete eine neue Oper in Berlin, schrieb Gedichte und trillerte auf der Flöte. Er erneuerte seine Einladung an Voltaire, der ihm antwortete, daß er Emilie immer noch treu sei. Aber die letzte Wendung der Dinge beunruhigte die französische Regierung, die sich den feindlichen England, Österreich, Holland und Sardinien gegenübersah. Sie kam auf den Gedanken, daß Friedrichs Kriegsgenie und seine langen Kerle eine willkommene Hilfe wären, daß seine Verletzung der Verträge mit Frankreich ihm allenfalls verziehen werden könnte, falls er bereit wäre, sein Bündnis mit Österreich zu brechen. Außerdem konnte man ihn vielleicht davon überzeugen, daß die Wiederauferstehung der österreichischen Macht eine Bedrohung für Schlesien, vielleicht sogar für Preußen selbst bedeutete. Wer konnte ihm das am besten klarmachen? Warum sollte man es nicht mit Voltaire versuchen, der schon eine Einladung von Friedrich in der Tasche hatte und den es immer danach gelüstete, den Politiker zu spielen? So holperte der Pazifist Voltaire wieder einmal durch ganz Deutschland, wo er sechs Wochen lang (vom 30. August bis zum 12. Oktober 1743) versuchte,

Friedrich zum Eintritt in den Krieg zu überreden. Der König wollte sich nicht festlegen. Außer schönen Komplimenten nahm Voltaire nichts mit. Doch als sich der Feldzug von 1744 anbahnte, begann Friedrich für seine eigene Sicherheit und die Beständigkeit seiner Eroberungen zu fürchten. Am 15. August eröffnete er den Zweiten Schlesischen Krieg.

Zunächst ging er an die Eroberung Böhmens. Da Sachsen zwischen Berlin und Prag lag, marschierte er mit seinen Truppen durch Dresden, was den abwesenden August III. in Wut versetzte. Am 2. September stand er mit seinen 80 000 Mann vor den Toren Prags. Am 16. September ergab sich die österreichische Garnison. Friedrich ließ 5000 Mann als Besatzung zurück, zog nach Süden und bedrohte abermals Wien. Maria Theresia nahm die Herausforderung an. Sie reiste in Eile nach Preßburg und bat den ungarischen Landtag um neue Truppen. Die Ungarn stellten eine Armee von 44 000 Mann auf, die bald um weitere 30 000 erweitert wurde. Prinz Karl erhielt den Befehl, den Angriff auf das Elsaß aufzugeben und den Kern der österreichischen Armee nach Osten zu führen, um die Preußen abzufangen. Friedrich war überzeugt, daß die Franzosen die Österreicher verfolgen würden, was sie aber nicht taten. Er versuchte, Karl zu einer Schlacht zu zwingen, aber dieser wich ihm aus; hingegen unterstützte der Prinz die Überfälle auf die preußischen Verbindungen mit Schlesien und Berlin. Die Geschichte wiederholte sich. Friedrich sah sich mit seinem Heer von einer feindseligen katholischen Bevölkerung umgeben. Ungarische Truppen marschierten der Vereinigung mit der Armee des Prinzen Karl entgegen. Es ging das Gerücht, daß Sachsen offen in den Krieg auf österreichischer Seite eingetreten sei. Da Friedrich befürchten mußte, er werde von seiner eigenen Hauptstadt und seinem Nachschub abgeschnitten, zog er sich nach Norden zurück, wobei er die Franzosen verfluchte, die ihn im Stich gelassen hatten. Der preußischen Garnison in Prag befahl er abzurücken und kehrte am 13. Dezember nicht ganz so stolz wie vorher nach Berlin zurück; er hatte gelernt, daß auch der Listige manchmal überlistet wird.

Der Lauf der Dinge nahm eine für ihn ungünstige Wendung. Am 8. Januar 1745 unterzeichneten England, Holland und Sachsen-Polen in Warschau einen Pakt mit Österreich, worin sich alle Signatarmächte verpflichteten, die territorialen Verhältnisse von 1739 wiederherzustellen, also auch Schlesien für Maria Theresia zurückzugewinnen. August III. versprach 30 000 Mann gegen hundertfünfzigtausend Pfund von England und Holland – also fünf Pfund für die Seele. Am 20. Januar starb Karl VII., der so kurze Zeit Kaiser gewesen war, im Alter von achtundvierzig Jahren. In seinen letzten Stunden bedauerte er, daß er sein Land mit seinen Ansprüchen auf die kaiserliche und böhmische Krone ruiniert hatte; er drang in seinen Sohn Maximilian Joseph, auf diese Ansprüche zu verzichten und Frieden mit Österreich zu schließen. Der neue Kurfürst befolgte diesen Rat, ungeachtet französischer Proteste; am 22. April verzichtete er auf jeden Anspruch auf das Kaiserreich und erklärte sich einverstanden, die Wahl des Herzogs Franz Stephan zum Kaiser zu unterstützen. Die österreichischen Truppen wurden aus Bayern zurückgezogen.

Die Königin trug sich inzwischen mit dem Gedanken, nicht nur Schlesien zurückzugewinnen, sondern auch Preußen aufzuteilen, um sich vor dem Ehrgeiz Friedrichs zu schützen[80]. Der Sieg der Franzosen über ihre englischen Verbündeten bei Fontenoy (11. Mai 1745) brachte sie vorübergehend aus der Fassung; doch noch im gleichen Monat schickte sie das Gros ihrer Armee nach Schlesien mit dem Befehl, sich zum Kampf zu stellen. Die Österreicher, die durch sächsische Regimenter verstärkt waren, trafen mit Friedrich bei Hohenfriedberg (4. Juni 1745) zusammen. Wieder einmal entschied dessen überlegene Taktik. Mit Hilfe seiner Kavallerie nahm er einen Hügel, von wo seine Artillerie die feindliche Infanterie aufs Ziel nehmen konnte. Nach siebenstündiger Abschlachtung räumten Österreicher und Sachsen das Feld und ließen viertausend Tote und siebentausend Gefangene zurück. Es war die Schlacht, die den ganzen Schlesischen Krieg entschied.

Wieder zeigten sich die englischen Diplomaten einem Friedensschluß geneigt. Der Einfall der Stuart-Anhänger von 1745 zwang England, seine besten Truppen aus Flandern zurückzuziehen. Marschall Moritz von Sachsen eroberte nunmehr für Frankreich eine Stadt nach der anderen, sogar Englands Hauptstützpunkt Ostende. Georg II. fürchtete nach diesen französischen Siegen für sein geliebtes Hannover. Das britische Parlament, das Walpole wegen seiner Friedensliebe verabschiedet hatte, war inzwischen des Krieges müde, der nicht nur Tausende leicht ersetzbarer Menschenleben, sondern auch Millionen schwer zu verschmerzender Pfunde gekostet hatte. Deswegen drangen englische Botschafter in Maria Theresia, zu einem Abkommen mit Friedrich zu gelangen, damit sich die englischen und österreichischen Truppen vereint gegen Frankreich wenden konnten, das durch die Siege Moritz' von Sachsen, die fast so zahlreich wie seine Liebschaften waren, gefährlich gestärkt wurde. Die Königin verharrte in ihrem Widerstand. England drohte, ihr jede Hilfe und finanzielle Unterstützung zu entziehen; trotzdem weigerte sie sich. England lud Friedrich zu einer Konferenz nach Hannover ein und unterzeichnete dort mit den preußischen Bevollmächtigten einen Separatfrieden (26. August 1745). England anerkannte die Bedingungen des Berliner Vertrags, der Preußen den Besitz von Schlesien zuerkannte. Friedrich seinerseits stimmte der Wahl des Herzogs Franz Stephan zum Kaiser zu. Am 4. Oktober wurde Franz in Frankfurt zum Kaiser gekrönt, und Maria Theresia wurde Kaiserin.

Sie befahl ihren Generälen, den Krieg fortzusetzen. Die Österreicher schlugen sich mit den Preußen bei Soor in Böhmen (30. September) und bei Hennersdorf (24. November) und wurden, ihrer zahlenmäßigen Überlegenheit zum Trotz, zweimal besiegt. Gleichzeitig rückte eine preußische Armee unter Leopold von Anhalt-Dessau nach Sachsen vor und vernichtete bei Kesselsdorf (15. Dezember) die Streitkräfte, die Dresden hätten beschützen sollen. Nach dem Sieg zog Friedrich in Dresden ein, das ihm keinen Widerstand bot und das er großzügig verschonte. Er untersagte jede Plünderung und versicherte den Kindern Augusts III., die nach Prag geflohen waren, daß sie nichts zu fürchten hätten. Er bot seinen Abzug aus Sachsen an, falls der Kurfürst und König seinem Vertrag mit England beitrat, das heißt Friedrichs Recht auf Schlesien anerkannte und jede Unterstützung Maria Theresias einstellte. Als sie sich von England und Sachsen verlassen sah, unterzeichnete Maria Theresia den Vertrag von Dresden (25. Dezember

1745), womit Schlesien und die Grafschaft Glatz Preußen zugesprochen wurden. Damit endete der Zweite Schlesische Krieg.

Zwar hatte der Österreichische Erbfolgekrieg jede Bedeutung verloren, aber er wurde trotzdem fortgesetzt. Frankreich kämpfte mit Österreich und England um die Vorherrschaft in Flandern. Frankreich und Spanien bekämpften Österreich und Sardinien um die Oberherrschaft über Italien. Die österreichischen Siege in Italien wurden durch die französischen in den Niederlanden aufgewogen. Finanzielle Erschöpfung, nicht so sehr die Abneigung vor weiterem Gemetzel, bewog die Gegner, endlich Frieden zu schließen. Nach langwierigen Verhandlungen, von April bis November 1748, wurde der Vertrag von Aachen abgeschlossen, womit der Österreichische Erbfolgekrieg zu einem ruhmlosen Ende kam. Schlesien wurde Friedrich als preußischer Besitz zugesichert, und das war der einzige sichtbare Gewinn, den die achtjährige gegenseitige Vernichtung hervorgebracht hatte. Trotz allen Siegen des Marschalls von Sachsen gab Frankreich die südlichen Niederlande an Österreich zurück. Es anerkannte die hannoveranische Dynastie in England und erklärte sich einverstanden, den «Jungen Prätendenten» aus Frankreich auszuweisen.

Acht Jahre verhielten sich die Mächte still, bis die Frauen in Geburtsnöten die verlorenen Regimenter wieder ersetzt hatten und eine neue Runde im Spiel der Könige losgehen konnte.

V. FRIEDRICH IN BERLIN: 1745–1750

Der müde Sieger kehrte heim nach Berlin (28. Dezember 1745) und schwor sich «Frieden von diesem Tag bis an mein Lebensende»[81]. Ganz Europa jenseits (und manchmal auch diesseits) der preußischen Grenze nannte ihn einen Verräter und bewunderte ihn als einen erfolgreichen Dieb. Voltaire warf ihm das Gemetzel vor, nannte ihn aber «den Großen»[82]. Auf die Vorstellungen des Dichters hatte Friedrich 1742 geantwortet:

«Sie fragen mich, wie lange meine Kollegen noch vorhaben, die Erde zu ruinieren. Darauf kann ich nur antworten, daß ich davon nicht die leiseste Ahnung habe, daß es jetzt aber Mode ist, Krieg zu führen, und ich vermute, daß sie noch lange anhalten wird. Der Abbé de Saint-Pierre, der mich dadurch auszeichnet, daß er mich mit seiner Korrespondenz beehrt, hat mir ein wundervolles Buch über die Wiederherstellung und ewige Aufrechterhaltung des Friedens in Europa geschickt ... Das einzige, was dem Plan zu seinem Gelingen fehlt, ist die Zustimmung Europas und ein paar ähnliche Kleinigkeiten.»[83]

Vor Europa verantwortete er sich in seiner postumen *Histoire de mon temps* (Geschichte meiner Zeit), worin er sich Machiavellis Ansicht zu eigen machte, daß die Staatsräson vor privaten moralischen Bedenken kommt.

«Vielleicht wird die Nachwelt mit Erstaunen feststellen, daß in diesen Memoiren von geschlossenen und gebrochenen Verträgen die Rede ist; wenn es auch viele Präzedenzfälle für solche Handlungen gibt, so wären sie doch keine genügende Rechtfertigung für den Autor dieses Werkes. Für Herrscher kann nur das Staatsinteresse als Richtschnur gelten. Bündnisse dürfen aus einem der folgenden Gründe gebrochen werden: 1. wenn ein Verbündeter seinen Verpflichtungen nicht nachkommt; 2. wenn ein Verbündeter Betrug im Auge hat und man selbst keinen anderen Ausweg hat, als ihm zuvorzukommen; 3. wenn man von einer Übermacht dazu gezwungen wird, seine Abkommen zu brechen; 4. wenn man nicht genügend Mittel hat, um den Krieg fortzusetzen ... Es scheint mir klar und offensichtlich, daß ein Privatmensch unbedingt Wort halten muß ... Wird er betrogen, kann er den Schutz des Gesetzes anrufen ... Aber an welchen Gerichtshof kann sich der Herrscher wenden, wenn ein anderer Fürst die mit ihm geschlossenen Verträge verletzt? Das Wort eines Individuums zieht nur das Mißgeschick eines Einzelnen nach sich; das eines Herrschers kann ganze Nationen ins Unglück stürzen. All dies kann auf eine Frage beschränkt werden. Was ist besser: ob das Volk zugrunde geht oder ob der Fürst einen Vertrag verletzt? Welcher Dummkopf würde zögern, diese Frage zu entscheiden?»[84]

Friedrich war wie die christliche Religion der Ansicht, der Mensch sei von Natur aus böse. Als ein Inspektor des Schulwesens namens Sulzer meinte, die menschliche Natur neige eher zum Guten als zum Bösen, antwortete der König: «Mein lieber Sulzer, Sie kennen dieses verfluchte Geschlecht nicht.»[85] Friedrich übernahm nicht nur La Rochefoucaulds Meinung, die menschliche Natur sei völlig egoistisch; er war überzeugt, daß der Mensch bei der Verfolgung seiner eigenen Interessen keine Hemmungen kennen würde, es sei denn aus Angst vor der Polizei. Da der Staat eine Vielfalt des Individuums darstellt und sein Kollektivegoismus von keiner internationalen Polizei in Schranken gehalten wird, kann er nur durch die Furcht vor der Macht anderer Staaten eingeschränkt werden. Daher ist die erste Pflicht des «ersten Dieners des Staates» (wie Friedrich sich nannte), die nationalen Kräfte zur Verteidigung zu mobilisieren, wozu auch der Präventivkrieg gehört, nämlich anderen das anzutun, was sie dir anzutun beabsichtigen. So war die Armee für Friedrich ebenso wie für seinen Vater die Grundlage des Staates. Er begründete eine sorgfältig überwachte und geplante Ökonomie: Er förderte Manufakturen und Handel; er sandte Agenten in ganz Europa aus, die Facharbeiter, Erfinder und Industrie ins Land bringen sollten. Er war jedoch überzeugt, daß all dies zu nichts führen würde, falls seine Truppen nicht auch weiterhin für die bestgedrillte, bestdisziplinierte und verläßlichste Armee in ganz Europa galten.

Bei solch einer Armee und einer gutorganisierten Polizei hielt er die Religion nicht für eine notwendige Stütze der sozialen Ordnung. Als Prinz Wilhelm von Braunschweig ihm die Frage stellte, ob er nicht glaube, die Religion sei eine der besten Stützen der königlichen Autorität, antwortete Friedrich: «Ich finde Ordnung und Gesetz ausreichend ... Länder wurden schon ausgezeichnet regiert, als eure Religion noch nicht existierte.»[86] Doch nahm er auch die Unterstützung der Religion entgegen, soweit sie ihm bei der Einimpfung moralischer Begriffe behilflich war, die zur «Ordnung» beitrugen. Sämtliche Konfessionen seines Landes standen unter seinem Schutz, doch bestand er auf der Ernennung der katholischen Bischöfe, besonders in Schlesien. «Katholische Könige bestanden ebenfalls auf der Ernennung katholischer Bischöfe, und in England ernannte der König die anglikanischen Bischöfe.» Alle, auch Griechischorthodoxe, Mohammedaner, Unitarier und Atheisten, konnten ihren Gottesdienst nach Belieben abhalten oder nicht abhalten. Es gab nur eine Einschränkung: wenn die religiösen Streitigkeiten zu weit gingen, griff Friedrich zu Beschwichtigungsmaßnahmen, wie immer, wenn der innere Frieden bedroht war. In späteren Jahren war er weniger duldsam gegenüber Angriffen auf seine Regierung als gegenüber Angriffen auf Gott.

Wie sah er aus, dieses Schreckbild Europas, dieses Idol der Philosophen? Seine Größe von 1,65 Metern war nicht beeindruckend. Zehn Jahre Herrschaft und Krieg hatten aus dem eher rundlichen Jüngling einen schlanken, nervösen, nie entspannten Menschen voll Feinfühligkeit und Energie gemacht. Sein Blick zeugte von einem durchdringenden, skeptischen Verstand. Er hatte Humor und war ebenso schlagfertig wie Voltaire. Wenn man ihm nicht widersprach, konnte er sehr liebenswürdig sein. Er war ein strenger König und milderte die Justiz nur selten durch einen Gnadenakt. Er konnte sich mit seiner Umgebung über Philosophie unterhalten und dabei ruhig zuschauen, wie ein Soldat den Stock bekam. Seine zynische Zunge verschonte nicht einmal seine Freunde. Im allgemeinen war er knauserig, ab und zu einmal großzügig. Er war so an Gehorsam gewöhnt, daß er zum Diktator wurde, der nur selten einen Einwand duldete, noch seltener um Rat fragte und ihn sowieso nicht befolgte. Seine nächsten Freunde konnten sich auf ihn verlassen, aber die Menschheit im allgemeinen verachtete er. Mit seiner Frau sprach er kaum, hielt sie knapp und zerriß den Zettel mit der Aufstellung ihrer bescheidenen Wünsche vor ihren Augen[87]. Seine Schwester Wilhelmine behandelte er mit normaler Freundlichkeit und Zuneigung, aber auch sie beklagte sich manchmal über seine kühle Zurückhaltung[88]. Von anderen Frauen, wenn es sich nicht um Prinzessinnen auf Besuch handelte, hielt er sich fern, denn er hatte nichts übrig für weibliche Reize, sei es körperlicher oder geistiger Natur, und ihre leichten Salongespräche haßte er. Er zog ihnen Philosophen und schöne Jünglinge vor. Mit einem der letzteren pflegte er sich nach dem Abendessen in seine Gemächer zurückzuziehen[89]. Hunde hatte er vielleicht noch lieber. Die beliebtesten Gefährten seiner späteren Jahre waren seine Windspiele, die in seinem Bett schliefen. Auf ihren Gräbern errichtete er Gedenksteine und traf Anordnungen, neben ihnen begraben zu werden[90]. Es fiel ihm schwer, ein erfolgreicher Befehlshaber und gleichzeitig ein liebenswerter Mensch zu sein.

1747 erlitt er einen Schlaganfall und war eine halbe Stunde bewußtlos[91]. Von da an führte er ein regelmäßiges Leben und hielt sich an eine strenge Diät. Er schlief auf einer dünnen Matratze auf einem einfachen Feldbett und las so lange, bis er Schlaf fand. In diesen mittleren Jahren begnügte er sich mit fünf bis sechs Stunden Schlaf pro Tag. Im Sommer stand er um drei, vier oder fünf Uhr auf, im Winter später. Er hielt nur einen Lakaien zu seiner Bedienung, der vor allem Feuer anzuzünden und ihn zu rasieren hatte. Er verachtete Könige, denen man in ihre Kleider helfen mußte. Persönliche Reinlichkeit oder elegante Kleidung scheint nicht seine Stärke gewesen zu sein. Gewöhnlich verbrachte er den halben Tag in seinem Morgenrock, die andere Hälfte in der Uniform eines Gardeoffiziers. Sein Frühstück begann mit ein paar Glas Wasser, darauf folgten mehrere Tassen Kaffee, dann etwas Gebäck und sehr viel Obst. Nach dem Frühstück spielte er die Flöte und wälzte beim Blasen politische und philosophische Probleme. Jeden Tag gegen elf Uhr wohnte er dem Drill und der Parade seiner Truppen bei. Seine Hauptmahlzeit am Mittag war gewöhnlich mit einer Konferenz verbunden. Nachmittags verwandelte er sich in einen Schriftsteller und verbrachte ein bis zwei Stunden mit der Abfassung seiner poetischen oder historischen Schriften. Er erwies sich als ausgezeichneter Historiker seiner Familie und seiner Zeit. Dann widmete er noch mehrere Stunden der Verwaltung, bis er sich im Kreise von Wissenschaftlern, Künstlern, Dichtern und Musikern ausruhte. Manchmal nahm er um sieben Uhr abends als Flötist an einem Konzert teil. Seine berühmten Abendessen begannen um halb neun und fanden (seit Mai 1747) gewöhnlich in Sanssouci statt. Dazu wurde nur seine nächste Umgebung eingeladen, dieser oder jener hervorragende Besucher und die führenden Köpfe der Berliner Akademie. Er forderte sie auf, ganz ungezwungen zu sein, zu vergessen, daß er der König sei, und sich ohne Angst über alles zu äußern – was sie auch taten –, nur nicht über Politik. Friedrich beteiligte sich eifrig an den Diskussionen, sprach glänzend und gelehrt. «Er bewies in der Unterhaltung», so sagte der Fürst von Ligne, «seine umfassende Bildung; die schönen Künste, Krieg, Medizin, Literatur, Religion, Philosophie, Moral, Geschichte und Justiz – alles wurde behandelt.»[92] Nur *ein* funkelnder Stern fehlte, um diese Zusammenkünfte zu einem Fest des Geistes zu gestalten. Er kam am 10. Juli 1750.

VI. VOLTAIRE IN DEUTSCHLAND: 1750–1754

Sogar er mußte von diesem Empfang befriedigt sein. Friedrich begrüßte ihn mit der Liebenswürdigkeit eines Galliers. «Er nahm meine Hand, um sie zu küssen», schrieb Voltaire an Richelieu. «Ich küßte seine Hand und machte mich zu seinem Sklaven.»[93] Im Schloß Sanssouci wurde ihm eine elegante Wohnung über den königlichen Gemächern eingerichtet. Pferde, Wagen, Kutscher und Küche des Königs standen ihm zur Verfügung. Ein Dutzend Diener erfüllten jeden seiner Wünsche. Dutzende von Prinzen, Prinzessinnen, ja sogar die Königin, machten ihm den Hof. Offiziell war er Königlicher Kammerherr mit einem Gehalt von zwanzigtausend Franken im Jahr, in der Hauptsache verbesserte er jedoch Friedrichs Französischfehler beim Sprechen oder in seinen Gedichten. Bei den Abendessen wurde er als zweiter sofort nach dem König bedient. Ein deutscher Besucher fand ihren Gedankenaustausch «tausendmal interessanter als jedes Buch»[94]. «Nirgends auf der Welt», erinnerte sich Voltaire später, «konnte man sich mit größerer Freiheit über jede Art menschlichen Aberglaubens unterhalten.»[95]

Er war in Ekstase. An d'Argental schrieb er (September 1750):

> «Nach dreißig stürmischen Jahren habe ich einen Hafen gefunden. Ich habe den Schutz eines Königs, die Unterhaltung eines Philosophen, den angenehmen Umgang eines liebenswürdigen Menschen gefunden – all das in einem Menschen vereint, der mich seit sechzehn Jahren über meine Mißgeschicke trösten und vor meinen Feinden bewahren will ... Hier bin ich eines ruhigen Loses gewiß. Wenn man sich auf etwas verlassen kann, dann ist es der Charakter des Königs von Preußen.»[96]

Er schrieb an Frau Denis und lud sie ein, sein Paradies mit ihm zu teilen. Sie war klug genug, um Paris und jüngere Liebhaber vorzuziehen. Sie warnte ihn vor einem allzu langen Aufenthalt in Berlin. Freundschaft mit einem König, schrieb sie, ist immer delikat; er kann sich anders besinnen und andere Günstlinge wählen; man muß sich ständig in acht nehmen, um sich den königlichen Stimmungen und Wünschen anzupassen. Früher oder später werde sich Voltaire eher wie ein Diener und Gefangener vorkommen als wie ein Freund[97].

Der närrische Philosoph schickte Friedrich diesen Brief, der keine Lust hatte, seine Eroberung ziehen zu lassen, und ihm (am 23. August) antwortete:

«Ich habe den Brief gelesen, den Ihnen Ihre Nichte aus Paris geschrieben hat. Ihre Freundschaft für Sie gewinnt ihr meine Achtung. Wenn ich Madame Denis wäre, würde ich auch so denken, aber da ich bin, was ich bin, denke ich anders. Ich wäre verzweifelt, wenn ich das Unglück meines Feindes verursachte, wie könnte ich also das Mißgeschick eines Mannes wollen, den ich schätze, den ich liebe, der mir sein Vaterland opfert und alles, was der Menschheit am teuersten ist! Nein, mein lieber Voltaire, wenn ich voraussehen könnte, daß Ihre Verpflanzung auch nur den geringsten Nachteil für Sie haben könnte, wäre ich der erste, Ihnen abzuraten. Ja, ich würde Ihr Glück dem Vergnügen vorziehen, das Ihre Gegenwart mir bereitet. Aber Sie sind Philosoph, ich bin es auch. Was könnte natürlicher, einfacher und mehr in der Ordnung der Dinge sein, als daß sich Philosophen, die dazu geschaffen sind, zusammen zu leben, die gleiche Studien, derselbe Geschmack und eine ähnliche Denkart vereinen, diese Befriedigung gönnen? ... Ich bin fest davon überzeugt, daß Sie hier sehr glücklich sein werden, solange ich lebe, daß man Sie als den Patriarchen der Literatur und aller Leute von Geschmack ansehen wird und daß Sie bei mir den Trost finden werden, den ein Mann von Ihrem Verdienst von jemandem, der ihn schätzt, erwarten kann. Guten Abend.»[98]

Der ältere Philosoph brauchte nur vier Monate, um sein Paradies zu zerstören. Voltaire war Millionär, aber er konnte keine Gelegenheit vorbeigehen lassen, noch mehr beiseite zu legen. Die Sächsische Staatsbank hatte Steuerscheine herausgegeben, die auf die Hälfte ihres ursprünglichen Wertes gefallen waren. Im Vertrag von Dresden hatte Friedrich verlangt, daß all die Scheine, die von Preußen gekauft worden waren, bei ihrem Verfall zu ihrem vollen Goldwert eingelöst werden mußten. Manche durchtriebene Preußen kauften Steuerscheine zu niedrigen Preisen in Holland und lösten sie dann gegen den vollen Gegenwert in Preußen ein. Um Sachsen nicht zu schädigen, verbot Friedrich im Mai 1748 solche Einfuhr. Am 23. November 1750 ließ Voltaire einen jüdischen Bankier namens Abraham Hirsch zu sich nach Potsdam kommen. Nach der Darstellung von Hirsch bat Voltaire ihn, nach Dresden zu fahren und für ihn Steuerscheine für 18430 Ecus (Taler) einzukaufen, zu fünfunddreißig Prozent ihres Nennwertes. Hirsch behauptete, er habe Voltaire darauf aufmerksam gemacht, daß diese Scheine nicht legal nach Preußen eingeführt werden konnten. Voltaire (sagte Hirsch) versprach ihm seinen Schutz und gab ihm Wechselbriefe auf Paris und Leipzig. Als Sicherheit für diese Summe hinterlegte Hirsch bei Voltaire einige Diamanten, die auf 18430 Ecus geschätzt worden waren. Nach der Abreise seines Agenten (am 2. Dezember) bereute Voltaire seine Anordnung, und Hirsch, der in Dresden angekommen war, beschloß, auf die Transaktion zu verzichten. Voltaire gab Anweisung, die Wechsel nicht einzulösen, und der Bankier kam nach Berlin zurück. Nach Hirschs Worten wollte Voltaire sein Schweigen einhandeln und ihm für dreitausend Ecus Diamanten abkaufen. Über ihre Schätzung entstand ein Streit. Voltaire ging Hirsch an die Kehle und schlug ihn zu Boden[99]. Da die Angelegenheit nicht zu seiner Befriedigung geregelt wurde, ließ er Hirsch verhaften und brachte den Streit vor Gericht (30. Dezember). Hirsch deckte Voltaires Plan für den Ankauf sächsischer Steuerscheine auf. Voltaire leugnete es und behauptete, er habe Hirsch zum Kauf von Pelzen nach Dresden geschickt. Niemand glaubte ihm. Als Friedrich von dieser unsauberen Geschichte hörte, schickte er einen ärgerlichen Brief aus Potsdam nach Berlin an Voltaire (24. Februar 1751):

«Es war mir ein Vergnügen, Sie bei mir zu empfangen; ich habe Ihren Geist, Ihre Talente, Ihre Kenntnisse geschätzt; und ich konnte nur glauben, daß ein Mann in Ihrem Alter, der davon genug hat, sich mit Autoren herumzuschlagen und sich Stürmen auszusetzen, hierherkam, um sich in einen ruhigen Hafen zu flüchten. Aber gleich zu Anfang haben Sie von mir gefordert, nicht Fréron zu wählen, um mir Nachrichten aus Paris kommen zu lassen. Ich hatte die Schwäche oder die Freundlichkeit, Ihnen dies zu bewilligen, obwohl es nicht Ihnen zukam, darüber zu bestimmen, wen ich in meinen Dienst nehme. D'Arnaud [ein französischer Dichter am Hofe Friedrichs] hat sich Ihnen gegenüber ins Unrecht gesetzt; ein großzügiger Mensch hätte ihm verziehen; ein rachsüchtiger Mensch verfolgt jeden, der seinen Haß erregt. Und schließlich ist d'Arnaud, der mir nie etwas getan hat, Ihretwegen von hier abgefahren ... Sie haben die ekelhafteste Sache der Welt mit dem Juden. In der ganzen Stadt ist dieser scheußliche Skandal bekannt. Die Sache mit den sächsischen Scheinen ist in Sachsen so wohlbekannt, daß man sich darüber schwer bei mir beklagt hat. Ich meinerseits habe bis zu Ihrer Ankunft den Frieden in meinem Hause aufrechterhalten; und wenn Sie eine Leidenschaft für Intrigen und Ränke haben, so kann ich Sie nur warnen, daß Sie an die falsche Adresse gelangt sind. Ich liebe sanfte und friedliche Leute, die ihr Benehmen nicht mit den heftigen Leidenschaften der Tragödie verbrämen. Sollten Sie sich dazu entschließen können, wie ein Philosoph zu leben, so sehe ich Sie gerne; aber wenn Sie sich von jeder Leidenschaft hinreißen lassen und mit jedem in Streit geraten, dann würde mir Ihr Kommen gar kein Vergnügen machen, und Sie könnten genau so gut in Berlin bleiben.»

Der Gerichtshof entschied zugunsten Voltaires. Dieser bat den König demütig um Vergebung. Friedrich verzieh ihm, riet ihm aber, «keinen Streit mehr anzufangen, weder mit dem Alten noch mit dem Neuen Testament»[100]. Voltaire wohnte nicht mehr in Sanssouci, sondern in einem angenehmen Jagdschlößchen mit Namen «Le Marquisat». Der König versicherte ihm seine erneuerte Achtung, aber Voltaire war nicht so naiv, ihm zu trauen. Der königliche Poet sandte ihm Gedichte mit der Bitte, sein Französisch zu glätten. Voltaire arbeitete bis zum Überdruß daran und verletzte den Autor durch einschneidende Veränderungen.

Voltaire verfaßte damals sein Gedicht *Sur la loi naturelle* (Über das Naturgesetz). Er suchte darin Gott in der Natur, meistens nach der Weise Alexander Popes. Von viel größerer Bedeutung war *Le siècle de Louis XIV* (Das Jahrhundert Ludwigs XIV.), an das er in jenen sorgenvollen Monaten die letzte Hand legte und das er in Berlin veröffentlichte (1751). Er wollte das Buch unbedingt gedruckt haben, bevor er aus irgendeinem Grund dazu gezwungen war, Deutschland zu verlassen, denn nur unter Friedrich war es vor der Zensur sicher. «Sie wissen ja genau», schrieb er am 31. August an Richelieu, «daß es keinen einzigen kleinen Bücherzensor [in Paris] gibt, der es nicht für ein Verdienst und eine Pflicht gehalten hätte, mein Werk zu verstümmeln oder zu unterdrücken.»[101] Der Verkauf des Buches war in Frankreich verboten. Buchhändler in Holland und England gaben unerlaubte Ausgaben heraus, wofür sie Voltaire nichts bezahlten. Wenn man das sieht, versteht man vielleicht seinen Hang zum Geld besser. Er hatte ebenso viel mit «diebischen Buchhändlern»[102] zu kämpfen wie mit der Geistlichkeit und den Regierungen.

Von allen seinen Werken hatte Voltaire *Das Zeitalter Ludwigs XIV.* am gründlichsten und gewissenhaftesten vorbereitet. 1732 keimte die Idee in ihm, 1734 ging er an die Arbeit, 1738 legte er sie beiseite, und 1750 machte er sich von neuem daran. Er las zweihundert Bände einschlägiger Literatur, zahllose unveröffentlichte Memoiren, konsultierte eine Reihe von Überlebenden aus dem *grand siècle,* studierte die Originaldokumente solcher Gegner wie Louvois und Colbert, ließ sich vom Herzog von Noailles die hinterlassenen Manuskripte Ludwigs XIV. geben und fand bedeutende, bisher unbenutzte Papiere in den Archiven des Louvre[103]. Widersprechende Berichte wog er sorgfältig gegeneinander ab und gelangte dadurch zu großer Genauigkeit. Mit Frau du Châtelet hatte er sich als Wissenschafter versucht, was ihm mißlang; jetzt wandte er sich der Geschichtsschreibung mit so viel Erfolg zu, daß man von einer Revolution sprechen kann.

Schon vor langen Jahren hatte er in einem Brief vom 18. Januar 1739 seine Absicht ausgesprochen: «Mein Hauptziel ist weder politische noch militärische Geschichte, sondern Kunst-, Handels-, Kulturgeschichte – mit einem Wort gesagt, eine Geschichte des menschlichen Geistes.» Noch ausführlicher, in einem Brief an Thieriot aus dem Jahre 1736:

> «Wenn ich um Anekdoten aus dem Jahrhundert Ludwigs XIV. gebeten habe, so meine ich damit weniger seine Person als die Künste, die zu seiner Zeit geblüht haben. Ich möchte lieber Einzelheiten über Racine und Despreaux, über Quinault, Lully, Molière, Lebrun, Bossuet, Poussin, Descartes usw. als über die Schlacht bei Steenkerke. Die Befehlshaber von Truppen und Flotten hinterlassen nichts als einen Namen. Das Menschengeschlecht trägt aus hundert gelieferten Schlachten keinen Nutzen davon, während die großen Männer, von denen ich spreche, den noch ungeborenen Menschen reine und dauerhafte Genüsse vorbereitet haben. Die Schleuse eines Kanals, der zwei Meere verbindet, ein Bild Poussins, ein schönes Trauerspiel, eine neuentdeckte Wahrheit – dies alles ist tausendmal wertvoller als alle Berichte über Feldzüge. Sie wissen, daß bei mir die großen Männer zuerst kommen und die Helden zuletzt. Ich nenne große Männer alle, die sich durch Nützliches oder Angenehmes ausgezeichnet haben. Die Verwüster von Provinzen sind nichts als Helden.»[104]

Möglicherweise hätte Voltaire seine Helden nicht auf den letzten Platz verwiesen, wenn ihre Siege die Kultur vor der Barbarei gerettet hätten. Aber es war natürlich, daß der Philosoph, der keine andere Waffe als das Wort besaß, dazu neigte, Menschen von seiner Art ins Licht zu rücken. Seine These wird durch seinen Namen bekräftigt, an den wir uns noch nach zwei Jahrhunderten besser erinnern als an alle andern, wenn wir an seine Zeit denken. Ursprünglich wollte er aus dem ganzen Buch eine Kulturgeschichte machen; dann riet ihm Frau du Châtelet zu einer «allgemeinen Geschichte» der Nationen; infolgedessen fügte er Kapitel über Politik, Krieg und die Hofhaltung bei, um aus dem Buch eine einheitliche Fortsetzung seines größeren *Essai sur l'histoire générale* (Versuch über die allgemeine Geschichte) zu machen, woran er damals arbeitete. Vielleicht ist deswegen die Kulturgeschichte nicht mit dem übrigen Text vermischt. Die erste Hälfte des Buches befaßt sich mit Politik und Kriegsgeschichte; dann folgen Abschnitte über Sitten (Charakteristisches und Anekdoten), Regierung, Handel, Wissenschaft, Literatur, Kunst und Religion.

Der gehetzte Schriftsteller blickte mit Bewunderung auf eine Herrschaftsperiode zurück, während der Poeten (wenn sie sich gut benahmen) vom König geehrt wurden. Vielleicht ist der Nachdruck, mit dem er auf die Großzügigkeit Ludwigs XIV. gegenüber Literatur und Kunst hinweist, als Angriff auf Ludwig XV. gedacht, der solchem Mäzenatentum verhältnismäßig gleichgültig gegenüberstand. Nachträglich hob sich das vergangene Jahrhundert in goldener Pracht ab, Despotismus und Unterdrückung rückten in den Hintergrund, so daß Voltaire zu einer gewissen Idealisierung des Sonnenkönigs neigte und die Siege der französischen Heerführer mit Begeisterung schilderte – wenn er auch die Verwüstung der Pfalz verurteilte. Doch jede kleinliche Kritik muß vor diesem ersten modernen Versuch einer integralen Geschichte verstummen. Scharfsichtige Zeitgenossen erkannten, daß es sich hier um ein neues Beginnen handelte, nämlich Geschichte als die Biographie einer Kultur, als Geschichte unter der Einwirkung von Kunst, mit Einblicken in die Literatur und Philosophie. Ein Jahr nach der Veröffentlichung des Buches schrieb der Graf von Chesterfield an seinen Sohn:

«Voltaire hat mir aus Berlin sein Buch *Histoire du siècle de Louis XIV* geschickt. Es kam gerade im rechten Augenblick; Lord Bolingbroke hatte mir soeben beigebracht, wie man Geschichte lesen sollte. Voltaire zeigt mir, wie sie geschrieben werden sollte ... Es ist eine Geschichte des menschlichen Verstandes, von einem genialen Menschen für den Gebrauch intelligenter Männer geschrieben ... Frei von religiösen, philosophischen, politischen und nationalen Vorurteilen – mehr als irgendein Historiker, den ich je getroffen habe –, beschreibt er all diese Gegenstände so wahrhaft und unparteiisch, wie es ihm gewisse Rücksichten, die immer beobachtet werden müssen, erlauben.»[105]

Bei all diesen literarischen Anstrengungen machte sich Voltaire noch Gedanken über seine Unsicherheit am Hofe Friedrichs. Im August 1751 hinterbrachte ihm La Mettrie, ein fröhlicher Materialist, der dem König oft vorlas, eine Bemerkung ihres Gastgebers: «Ich brauche ihn [Voltaire] höchstens noch ein Jahr [zur Verbesserung der Französischfehler des Königs]; eine Orange preßt man aus und wirft die Schale weg.»[106] Die Wahrhaftigkeit dieser Bemerkung wurde angezweifelt; solche Vertraulichkeit sah Friedrich nicht ähnlich, und es war nicht ausgeschlossen, daß La Mettrie Voltaire loswerden wollte. «Ich habe mein Bestes getan, La Mettrie nicht zu glauben», schrieb Voltaire am 2. September an Frau Denis, «aber trotzdem habe ich meine Zweifel.» Und dann wieder an sie, am 29. Oktober: «Ich träume immer noch von dieser Orangenschale ... Der Mann, der vom Glockenturm fiel, angenehm durch die Lüfte schwebte und sagte: ‘Sehr schön, wenn es nur anhält’, dieser Mann ähnelt mir außerordentlich.»[107]

Ein anderer Franzose in Deutschland machte seinen Auftritt. Von zwei Franzosen am gleichen Hof, sagte Friedrich, muß einer zugrunde gehen[108]. Maupertuis, der der Berliner Akademie vorstand, war derjenige von allen Gästen in Sanssouci, der gleich nach Voltaire kam; einer neidete dem anderen die Ehre. Vielleicht hatte Voltaire auch nicht vergessen, daß Frau du Châtelet Maupertuis sehr gern gehabt hatte. Im April 1751 gab Voltaire ein Abendessen, zu dem auch Maupertuis eingeladen war. Als er kam, sagte Voltaire: «Ich habe Ihr Buch *Sur le bonheur* (Über das Glück) mit Vergnügen gelesen, mit Ausnahme von einigen dunklen Stellen, über die wir ein andermal sprechen werden.» «Dunkle Stellen? Für Sie vielleicht, Monsieur», brummte Maupertuis. Voltaire legte dem Gelehrten die Hand auf die Schulter. «*Monsieur le Président*», sagte er, «ich schätze Sie, Sie sind tapfer, Sie wollen Streit. Den werden wir haben, aber vorläufig wollen wir den Braten des Königs essen.»[109] «Maupertuis», schrieb er an d'Argental (4. Mai), «ist nicht sehr angenehm im Umgang. Er mißt mich ohne Nachsicht mit seinem Winkelmesser ab, und es scheint, daß das Ergebnis von Eifersucht gefärbt ist ... Ein unfreundlicher Herr, nicht gerade gesellig.» Und am 24. Juli 1752 schrieb er an seine Nichte, Frau Denis: «Maupertuis hat das Gerücht in Umlauf gebracht, ich fände die Werke des Königs schlecht und hätte angeblich beim Empfang von Versen des Königs bemerkt: 'Wird er es denn nie leid, mir seine schmutzige Wäsche zum Waschen zu schicken?'»[110] Es ist nicht sicher, daß Maupertuis mit diesem Klatsch zum König kam. Voltaire hielt es für erwiesen und beschloß den Krieg.

Zu den Beiträgen Maupertuis' an die Wissenschaft gehörte das «Prinzip des geringsten Aufwands», wonach jede Wirkung auf dem Gebiet der Bewegung durch die geringstmögliche Kraft, die für dieses Resultat genügt, hervorgebracht wird. Samuel Koenig, der seine Aufnahme in die Berliner Akademie Maupertuis verdankte, kam zufällig auf die angebliche Kopie eines unveröffentlichten Briefes von Leibniz, worin dieser bereits das gleiche Prinzip zu behandeln schien. Er schrieb einen Artikel über diese Entdeckung, legte ihn aber vor dem Druck Maupertuis vor und erbot sich, ihn nicht zu veröffentlichen, falls Maupertuis dagegen sei. Maupertuis, der den Artikel vielleicht zu eilig überflogen hatte, erhob keine Einwendungen. Koenig ließ den Artikel im März 1751 in den Leipziger *Acta eruditorum* erscheinen. Er bewirkte großes Aufsehen. Maupertuis forderte Koenig auf, der Akademie den Brief Leibniz' vorzulesen. Koenig antwortete, daß ihm nur eine Kopie unter den Papieren seines Freundes Henzi vor Augen gekommen sei, der 1749 hingerichtet worden war. Er selbst hatte eine Abschrift dieser Kopie gemacht, die er jetzt Maupertuis zusandte, der aber auf dem Original bestand. Koenig gestand, daß es nicht zu finden sei, da Henzis Papiere nach seinem Tod zerstreut worden waren. Maupertuis unterbreitete die Angelegenheit der Akademie (7. Oktober 1751), woraufhin der Sekretär Koenig befahl, unverzüglich das Original beizubringen. Es war unmöglich. So erklärte die Akademie am 13. April 1752, daß der angebliche Brief von Leibniz eine Fälschung sei. Maupertuis wohnte dieser Sitzung nicht bei, denn er war lungenkrank und spuckte Blut[111]. Koenig reichte sein Rücktrittsgesuch bei der Akademie ein und gab einen *Aufruf an die Öffentlichkeit* heraus (September 1752).

Koenig hatte früher einmal zwei Jahre bei Voltaire und Frau du Châtelet in Cirey verbracht. Voltaire beschloß, für seinen ehemaligen Freund einzutreten und mit Maupertuis die Klinge zu kreuzen. In der Vierteljahrsschrift *Bibliothèque raisonnée* erschien am 18. September eine «Antwort eines Berliner Akademikers an einen Pariser Akademiker», worin Koenig gerechtfertigt wurde und die mit den Worten endete:

«Im Angesicht des ganzen wissenschaftlichen Europa ist der Herr Maupertuis des Plagiats und verschiedener Irrtümer überführt worden und hat außerdem seinen Posten dazu mißbraucht, um Wissenschaftler ihrer Freiheit zu berauben und einen ehrenhaften Mann zu verfolgen, dessen einziges Verbrechen darin bestand, seine Meinung nicht zu teilen. Verschiedene Mitglieder der Berliner Akademie haben gegen solch ein empörendes Benehmen protestiert und würden die

Akademie verlassen, die von Herrn Maupertuis tyrannisiert und entehrt wird, wenn sie nicht fürchteten, dem König zu mißfallen, der ihr Beschützer ist.»[112]

Der Artikel war nicht gezeichnet, aber Friedrich erkannte Voltaires giftige Zunge. Anstatt seinen königlichen Blitz einschlagen zu lassen, schrieb er eine Antwort, worin die ursprüngliche *Antwort* als «böswillig, feige und infam» und ihr Verfasser als ein «schamloser Schwindler», als «widerwärtiger Räuber» und «dummes Klatschmaul» bezeichnet wurde[113]. Auch dieser Artikel war anonym, aber auf der Titelseite war das preußische Wappen mit Adler, Zepter und Krone abgebildet.

Voltaires Stolz war verletzt. Er konnte nie einem Feinde das letzte Wort gönnen, und vielleicht hatte er sich schon für einen Bruch mit dem König entschieden. «Ich habe kein Zepter», schrieb er an Frau Denis (18. Oktober 1752), «aber ich habe eine Feder.» Er nutzte die Tatsache aus, daß Maupertuis gerade (Dresden 1752) eine Reihe *Briefe* veröffentlicht hatte, in denen er vorschlug, ein Loch in die Erde zu bohren, wenn möglich bis zu ihrem Mittelpunkt, um ihre Zusammensetzung zu studieren; oder eine der Pyramiden zu sprengen, um dem Geheimnis ihrer Bedeutung und ihres Grundrisses auf die Spur zu kommen; eine Stadt zu bauen, wo nur Latein gesprochen wurde und wo sich Studenten ein oder zwei Jahre aufhalten könnten, um die Sprache ebensogut wie ihre eigene zu erlernen; daß ein Arzt erst nach der Heilung des Patienten bezahlt werden sollte; daß eine angemessene Dosis von Opium dem Menschen ermöglichen könnte, die Zukunft vorauszusehen, und daß die richtige Behandlung des Körpers dazu führen könnte, das Leben auf unbestimmte Zeit zu verlängern[114]. Voltaire stürzte sich auf diese Beute, wobei er geflissentlich alles Vernünftige und Humorvolle in den *Briefen* übersah und sich über alles übrige mit seinem ätzenden Witz lustig machte. So braute er im November 1752 seine *Diatribe des Dr. Akakia, Leibarzt des Papstes* zusammen.

Diatribe bedeutete damals Abhandlung; *Akakia*, ein griechisches Wort, bedeutet: arglose Einfalt. Der angebliche Arzt begann zunächst in aller Unschuld daran zu zweifeln, daß ein so großer Mann wie der Präsident der Berliner Akademie ein so widersinniges Buch geschrieben haben könnte. Schließlich «ist heutzutage nichts so üblich wie junge unbekannte Autoren, die ihre unwürdigen Werke mit einem bekannten Namen versehen». Die *Briefe* mußten solch eine Fälschung sein. Es war unmöglich, daß der gelehrte Präsident solchen Unsinn von sich gab. Dr. Akakia protestierte besonders dagegen, Ärzte nur für Heilung zu bezahlen – ein Vorschlag, der doch in Voltaires schmerzender Brust Sympathie erweckt haben könnte, aber: «Entzieht ein Klient seinem Rechtsanwalt das Honorar, weil er seinen Prozeß verloren hat? Ein Arzt verspricht Hilfe, nicht Heilung. Er tut alles, was in seiner Macht steht, und wird entsprechend bezahlt.» Was würde ein Mitglied der Akademie dazu sagen, wenn ihm für jeden Irrtum, den er begangen hat, für jede absurde Äußerung im Laufe des Jahres soundsoviel Dukaten von seinem Jahresgehalt abgezogen würden? Woraufhin der Doktor an jeder Einzelheit in Maupertuis' Buch herumtüftelt, die Voltaire für irrig oder widersinnig hielt[115].

Es war eine gar nicht so glänzende Satire, wie man allgemein annimmt. Zum großen Teil wiederholt sie sich, und die Aufdeckung der Fehler ist kleinlich und trivial. Heutzutage verspritzt man sein Gift auf unauffälligere Art. Voltaire war so eingenommen von seiner Leistung, daß er dem zusätzlichen Genuß, sie gedruckt zu sehen, nicht widerstehen konnte. Er schickte ein Manuskript an einen Drucker im Haag, ein weiteres zeigte er dem König. Friedrich, der innerlich zugab, daß Maupertuis manchmal unerträglich eingebildet war, genoß (angeblich) diese Satire, untersagte aber Voltaire, sie zu veröffentlichen; offensichtlich zur Wahrung der Würde und des Ansehens der Berliner Akademie. Voltaire überließ ihm das Manuskript, aber die Satire wurde trotzdem in Holland veröffentlicht. Bald darauf fanden dreißigtausend Exemplare ihren Weg nach Paris, Brüssel, Den Haag, Berlin, und schließlich fiel auch ein Exemplar Friedrich in die Hände. Er machte seinem Ärger in solchen Worten Luft, daß Voltaire sich in eine Privatwohnung in der Hauptstadt flüchtete. Am 24. Dezember 1752 wohnte er der öffentlichen Verbrennung seiner *Diatribe* von seinem Fenster aus bei. Am 1. Januar 1753 gab er Friedrich den goldenen Schlüssel eines Kammerherrn und das Verdienstkreuz zurück.

Jetzt war er wirklich krank. Sein Gesicht brannte von Wundrose, er litt an Durchfall und wurde von Fieber verzehrt. Am 2. Februar wurde er bettlägerig; zwei Wochen lang mußte er das Bett hüten und «sah aus wie ein Skelett», wie ein Besucher berichtete[116]. Friedrich bekam Mitleid mit ihm und sandte ihm seinen eigenen Arzt. Als es ihm besser ging, schrieb Voltaire an den König und bat ihn um Erlaubnis, Plombières zu besuchen, ein Bad, das seinem Erysipel guttun könnte. Friedrich beauftragte seinen Sekretär (16. März) mit der Antwort, wonach «Er diesen Dienst aufgeben kann, wann Er will; es ist völlig überflüssig, die Bäder von Plombières als Vorwand zu benützen; aber Er möge die Güte haben, vor seiner Abreise einen Band Gedichte zurückzugeben, die ich Ihm anvertraut habe»[117]. Zwei Tage später lud der König Voltaire ein, in seine alte Wohnung in Sanssouci zurückzukommen. Voltaire kam, blieb acht Tage und scheint Frieden mit dem König geschlossen zu haben – aber die königlichen Gedichte behielt er. Am 26. März verabschiedete er sich von Friedrich, wobei beide so taten, als ob es sich nur um eine zeitweilige Trennung handelte. «Vor allem passen Sie auf Ihre Gesundheit auf», sagte der König, «und vergessen Sie nicht, daß ich Sie nach den Bädern zurückerwarte ... Gute Reise!»[118] Sie sollten sich nie wiedersehn.

Damit endete diese historische Freundschaft, aber die lächerlichen Zänkereien hörten nicht auf. Voltaire rollte mit seinem eigenen Wagen, mit Sekretär und Gepäck nach Leipzig in die Freiheit. Dort hielt er sich wegen angeblicher Schwäche drei Wochen lang auf, um seine *Diatribe* zu erweitern. Am 6. April bekam er einen Brief von Maupertuis:

> «Die Gazetten behaupten, Sie seien krank in Leipzig, privaten Quellen entnehme ich jedoch, daß Sie sich dort nur aufhalten, um neue Verleumdungen drucken zu lassen ... Ich habe nie etwas gegen Sie unternommen, nie etwas geschrieben, nie etwas gesagt. Ich hielt es für unter meiner Würde, auch nur mit einem einzigen Wort auf die Unverschämtheiten zu antworten, die Sie bisher über mich verbreitet haben ... Wenn es aber wahr ist, daß Sie die Absicht haben, mich wieder anzugreifen, und zwar durch Anzüglichkeiten ..., dann erkläre ich Ihnen, daß ich gesund genug bin, um Sie aufzufinden, wo immer Sie sein mögen, und an Ihnen vollständige Rache zu nehmen.»[119]

Voltaire gab trotzdem die erweiterte *Diatribe* mit dem Brief Maupertuis' in Druck. Das Pamphlet, das nun fünfzig Seiten umfaßte, wurde zum Klatsch der Schlösser und

Höfe in Deutschland und Frankreich. Wilhelmine schrieb Friedrich von Bayreuth (24. April 1753) und gestand, sie habe sich bei der Lektüre des Lachens nicht erwehren können. Maupertuis ließ es bei seiner Drohung bewenden, aber er starb trotzdem nicht vor unterdrückter Wut, wie behauptet wurde. Er überlebte den Dr. Akakia noch sechs Jahre lang und starb 1759 in Basel an Schwindsucht.

Am 19. April reiste Voltaire weiter nach Gotha. Dort quartierte er sich in einem Gasthof ein, aber der Herzog und die Herzogin von Sachsen-Gotha überredeten ihn, auf ihr Schloß zu kommen. Da der kleine Hof sehr auf Kultur aus war, versammelte die Herzogin Berühmtheiten und Literaten um sich, denen Voltaire aus seinen Werken vorlas, sogar aus der ausgelassenen *La Pucelle*. Dann ging es weiter nach Frankfurt am Main, wo die Nemesis ihn einholte.

Als Friedrich bemerkte, daß Voltaire den Krieg gegen Maupertuis fortsetzte, fragte er sich, ob der verantwortungslose Poet nicht auch imstande wäre, die Gedichte Friedrichs zu verbreiten, von denen Voltaire einen Privatdruck in seinem Besitz hatte. Diese Gedichte waren zum Teil gewagt, einige machten sich über das Christentum lustig, andere sprachen mit mehr Geist als Respekt über lebende Herrscher und konnten deswegen nützliche Mächte verärgern. Er sandte Freytag, dem Vertreter der preußischen Regierung in Frankfurt, den Befehl, Voltaire so lange an der Weiterreise zu hindern, bis dieses Gerippe von einem Kobold die königlichen Gedichte und verschiedene Orden, die der König ihm zur Zeit ihrer Flitterwochen verliehen hatte, zurückerstattet habe. Frankfurt war Reichsstadt, hing aber so sehr von Friedrichs gutem Willen ab, daß es nicht wagte, sich in seine Verfügungen einzumischen. Außerdem war Voltaire offiziell immer noch im Dienst des preußischen Königs, der ihm einen Urlaub gewährt hatte. Am 1. Juni begab sich Freytag in den «Goldenen Löwen», wo Voltaire am Abend zuvor angekommen war, und bat ihn höflich um die Orden und die Gedichte. Voltaire gestattete dem Regierungsvertreter, sein Gepäck zu durchsuchen und die Auszeichnungen des Königs zu behändigen. Was aber die königlichen Gedichte anlangte, so befanden sie sich wahrscheinlich in einer Kiste, die nach Hamburg geschickt worden war. Freytag ordnete eine Überwachung Voltaires an, bis die Kiste aus Hamburg eingetroffen war. Am 9. Juni hatte der wütende Philosoph den Trost, Frau Denis zu empfangen, vor der er seinem Zorn Luft machen konnte. Sie war betroffen von seiner Abmagerung. «Ich wußte, daß dieser Mann [Friedrich] Ihr Tod sein würde!» Am 18. Juni kam die Kiste an, der Band Gedichte wurde gefunden und abgeliefert, aber am selben Tag traf eine neue Verordnung aus Potsdam ein, die Freytag aufforderte, den *status quo* bis zum Empfang neuer Befehle aufrechtzuerhalten. Voltaire, dessen Geduld zu Ende war, versuchte zu entfliehen. Am 20. Juni ließ er sein Gepäck bei seiner Nichte zurück und verließ Frankfurt heimlich mit seinem Sekretär.

Noch ehe sie die Stadtgrenze erreicht hatten, wurden sie von Freytag eingeholt, in die Stadt zurückgebracht und als Gefangene in das Gasthaus «Zur Ziege» eingeliefert, denn (so behauptete Freytag) «der Besitzer des 'Goldenen Löwen' wollte Voltaire wegen seines unglaublichen Geizes nicht mehr im Haus haben»[120]. Seine Wächter nahmen Voltaire sein ganzes Geld weg, ebenso seine Uhr, einige Juwelen, die er trug, und seine Schnupftabakdose, die ihm aber auf seine Bitte bald zurückerstattet wurde, denn er erklärte, daß er ohne sie nicht leben könnte. Am 21. Juni kam ein Brief von Friedrich mit dem Befehl, Voltaire freizulassen. Freytag aber meinte, es sei seine Pflicht, den König von Voltaires Fluchtversuch zu unterrichten. Sollte er trotzdem freigelassen werden? Am 5. Juli sagte Friedrich ja dazu. Nach fünfunddreißigtägiger Haft wurde Voltaire befreit. Am 7. Juli fuhr er von Frankfurt nach Mainz. Frau Denis kehrte nach Paris zurück, wo sie hoffte, Voltaire die Erlaubnis zu verschaffen, nach Frankreich zurückzukommen.

Die Nachricht von seiner Verhaftung hatte sich verbreitet, und überall, wo er hinkam, wurde er mit Beifall überschüttet und gefeiert. Denn Friedrich war nicht beliebt, außer bei Wilhelmine, und Voltaire war trotz allem der größte lebende Dichter, Dramatiker und Historiker. Nach drei Wochen in Mainz reiste er mit einem fürstlichen Gefolge nach Mannheim und Straßburg (15. August bis 2. Oktober), wo er sich am Gedanken berauschte, auf französischem Boden zu sein. Dann ging es weiter nach Colmar (2. Oktober), wo Wilhelmine, die nach Montpellier unterwegs war, ihn aufsuchte und ihn durch ihre «Wohltaten» tröstete. Er fühlte sich wieder kräftig genug, um einige galante Briefe an Frau Denis zu richten, die über eine Schwellung in ihren Schenkeln geklagt hatte:

«Ach, *mon Dieu,* mein liebes Kind! Was wollen deine und meine Beine sagen! Wären sie zusammen, ginge es ihnen gut. Deine Schenkel sind nicht für Leid geschaffen. *Queste belle cossie tanto bacciate sono oggi indignamente trattate.* (Diese so oft geküßten schönen Schenkel werden heute ganz unwürdig behandelt.)»[121]

In einer demütigeren Stimmung schrieb er an Frau von Pompadour und bat sie, ihren Einfluß bei Ludwig XV. geltend zu machen, daß er nach Paris zurückkehren könne. Inzwischen hatte aber ein Drucker im Haag ohne Erlaubnis die *Allgemeine Geschichte* fehlerhaft und gekürzt unter dem Titel *Abrégé de l'histoire générale* herausgebracht, eine Zusammenfassung des unvollendeten *Essai sur l'histoire générale* oder *Essai sur les mœurs* (Versuch über die Sitten), worin das Christentum heftig kritisiert wurde. Das Buch verkaufte sich gut in Paris, und Ludwig XV. teilte der Pompadour mit: «Ich will nicht, daß Voltaire nach Paris kommt.»[122] Die Jesuiten in Colmar verlangten seine Ausweisung. Er versuchte, seine Feinde in der Kirche zu besänftigen, und empfing die Kommunion an Ostern. Mit dem Resultat, daß ihn nicht nur die Jesuiten, sondern auch seine Freunde einen Heuchler nannten. «Seht euch Voltaire an, der nicht weiß, wo er sein Haupt zur Ruhe legen soll», bemerkte Montesquieu und fügte hinzu: «Guter Geist ist mehr wert als Schöngeist.»[123]

Der heimatlose Philosoph dachte in seiner Verzweiflung daran, Europa zu verlassen und sich in Philadelphia niederzulassen. Er bewunderte Penn und die Arbeiten Franklins, der gerade Blitz und Elektrizität zusammengebracht hatte. «Wenn ich auf See nicht so unerträglich krank würde, würde ich den Rest meines Lebens unter den Quäkern von Pennsylvanien verbringen.»[124] Am 8. Juni 1754 verließ er Colmar und fand Zuflucht im Benediktinerstift von Senones in Lothringen. Der dortige Abt war der gelehrte Dom Augustin Calmet, und die Bibliothek umfaßte zwölftausend Bände. Drei Wochen lang genoß Voltaire den Frieden unter den Mönchen. Am 2. Juli fuhr er weiter nach Plombières und begann endlich mit seiner Kur. Frau Denis kam auch dorthin und blieb von nun an bei ihm. Er nahm sein Wanderleben wieder auf, ging nach Colmar zurück, fand es unbequem, übernachtete in Dijon und blieb einen Monat in Lyon (11. November bis 10. Dezember). Eine Woche lang war er bei seinem alten Freund und Schuldner, dem Herzog von Richelieu, zu Gast; dann zog er ins Hotel Palais-Royal um, vielleicht um den Herzog nicht zu kompromittieren. Er nahm an einer Sitzung der Akademie von Lyon teil, wo er mit sämtlichen Ehrenbezeugungen empfangen wurde. Im Stadttheater wurden einige seiner Stücke aufgeführt, und sein Herz erwärmte sich bei dem Beifall. Er beabsichtigte, sich in Lyon niederzulassen, aber der Erzbischof Tencin erhob Einspruch[125], und Voltaire reiste ab. Er wußte, daß er jederzeit verhaftet werden konnte, wenn er in Frankreich blieb.

Ende 1754 oder Anfang 1755 fuhr er über den Jura in die Schweiz.

DRITTES KAPITEL

Die Schweiz und Voltaire

[1715–1758]

I. LES DÉLICES

Auf der Landstraße nach Lyon, unweit der Tore von Genf, aber noch innerhalb dessen Gerichtsbarkeit, fand Voltaire zu guter Letzt den Ort, wo er in Sicherheit und Frieden sein Haupt niederlegen konnte; eine geräumige Villa, genannt Saint-Jean, mit einem Park, der in Terrassen zur Rhone hinunterführte. Da die Gesetze der Republik den Verkauf von Grundstücken einzig an schweizerische Protestanten gestatteten, erwarb er die Besitzung (Februar 1755) für siebenundachtzigtausend Franken durch die Vermittlung von Labat von Grandcour und Jean-Robert Tronchin*. Mit der ganzen Begeisterung eines Städters kaufte er Hühner und eine Kuh, legte einen Gemüsegarten an und pflanzte Bäume. Sechzig Jahre hatte er gebraucht, um zu verstehen: «*Il faut cultiver notre jardin*» (Wir müssen unseren Garten bestellen). Jetzt vermeinte er, Friedrich, Ludwig XV., das Pariser Parlament, die Bischöfe und die Jesuiten vergessen zu können; nur sein Darmleiden und sein Kopfweh blieben übrig. Sein neues Heim gefiel ihm so außerordentlich, daß er es *Les Délices* (Wonne) nannte**. «Ich bin so glücklich», schrieb er an Thieriot, «daß ich mich schäme.»[1]

Er hatte sein Geld sehr geschickt angelegt, verfügte daher über ein fürstliches Einkommen und umgab sich mit dem Luxus eines Prinzen. Er hielt sechs Pferde, vier Gespanne, einen Kutscher, einen Postillion, zwei Lakaien, einen Kammerdiener, einen französischen Koch, einen Sekretär und einen Affen – mit dem er mit Vorliebe den *homo sapiens* verglich. Über diesen ganzen Haushalt regierte Frau Denis, die von Frau von Epinay, die 1757 «Les Délices» besuchte, folgendermaßen beschrieben wurde:

> «Eine fette, kleine Frau, rundlich wie eine Kugel, etwa fünfzig Jahre alt; ... häßlich und gutartig, unaufrichtig ohne Bosheit oder besondere Absicht; sie besitzt keinen Geist, erweckt aber den Eindruck; sie ... schreibt Verse und diskutiert mit und ohne Verstand; ... keine allzu große Anmaßung und, vor allem, ohne gegen den guten Ton zu verstoßen ... Sie vergöttert ihren Onkel, sowohl als Onkel wie als Mann; Voltaire liebt sie zärtlich, macht sich lustig über sie und betet sie an. Kurz gesagt – dieses Haus ist ein Zufluchtsort, ein Gemisch von Widersprüchen und ein bezaubernder Anblick für den Zuschauer.»[2]

---

* Es gab verschiedene Tronchin, vor allem: 1. Jean-Robert, Bankier und Staatsanwalt von Genf. 2. Jakob, Stadtrat. 3. François, Schriftsteller und Maler. 4. Théodore, Arzt. Hier ist die Rede von Théodore, falls nicht anders vermerkt.

** Es existiert noch immer (1965), sehr zusammengeschrumpft, als das von der Stadt Genf unterhaltene *Institut et Musée Voltaire*.

Marmontel, ein Dichter, der im Begriff war, sich einen Namen zu machen, kam ebenfalls zu Besuch und beschrieb den neuen Grundbesitzer: «Er war im Bett, als wir ankamen. Er streckte mir die Arme entgegen, drückte mich an sich und weinte vor Freude ... 'Ich bin dem Tode nahe', sagte er; 'kommen Sie, und erwecken Sie mich zu neuem Leben oder nehmen Sie meinen letzten Seufzer entgegen' ... Einen Augenblick später sagte er: 'Ich will aufstehen und mit Ihnen zu Abend essen.'»[3]

«Les Délices» hatte nur einen Nachteil – es war kalt im Winter. Der magere Voltaire brauchte Wärme. In der Nähe von Lausanne fand er den kleinen Landsitz Monrion, der vom Nordwind geschützt war; er kaufte ihn und verbrachte dort einige Wintermonate zwischen 1755 und 1757. In der Rue du Grand-Chêne in Lausanne erwarb er (Juni 1757) ein «Haus, das man in Italien einen Palast nennen würde», das fünfzehn Fenster mit der Aussicht auf den See hatte*. Dort führte er, ohne Einspruch der Geistlichkeit, verschiedene Stücke auf, meistens seine eigenen. «Ruhe ist eine schöne Sache», schrieb er, «aber Langeweile gehört zu derselben Familie. Um mich vor diesem häßlichen Verwandten zu bewahren, habe ich ein Theater gegründet.»[4]

So pendelte er zwischen Genf und Lausanne hin und her und lernte die Schweiz kennen.

II. DER HELVETISCHE STAATENBUND

«Welche ausgezeichnete Politik», fragte Johnson 1742, «oder welche glückliche Interessengemeinschaft hat es möglich gemacht, daß ein Gebilde aus so verschiedenartigen Gruppen und Religionen ohne besondere Zusammenstöße existieren kann, obwohl das Volk so kriegerisch ist, daß man das Wort Heer nur auszusprechen braucht, um alsbald eines zu haben?»[5]

Dieser merkwürdige Zusammenschluß von drei Völkern, vier Sprachen und zwei Religionen war seit 1515 mit der umliegenden Welt im Frieden. Eine Art Diebesehre bewog die Großmächte, von Angriffen darauf abzusehen; die Beute war zu gering, zu arm an Naturschätzen, das Land zu gebirgig und sein Volk zu tapfer. Die Schweiz brachte nach wie vor die besten Soldaten in Europa hervor, aber da ihr Unterhalt zu teuer war, wurden sie zu einem bestimmten Preis pro Kopf an andere Regierungen verdingt. 1748 standen 60000 dieser «Reisläufer» in fremdem Dienst. In verschiedenen Ländern waren sie zu einer ständigen Einrichtung im Heer geworden; sie hatten das volle Vertrauen der Päpste und der französischen Könige, die sie als Wachsoldaten bevorzugten. Unvergeßlich ist der Tod der Schweizergarde, die sich bei der Verteidigung Ludwigs XVI., am 10. August 1792, bis auf den letzten Mann niedermachen ließ.

Im Jahre 1715 bestand die Eidgenossenschaft aus dreizehn «Orten», für die sich immer mehr die Bezeichnung «Kantone» einbürgerte: Appenzell, Basel, Glarus, Schaffhausen und Zürich waren vorwiegend deutschsprachig und protestantisch; Luzern, Schwyz, Solothurn, Unterwalden, Uri und Zug waren deutschsprachig und katholisch; Bern war sowohl deutsch wie französisch, protestantisch wie katholisch; Freiburg

* Heute (1965) ist es eine Kunstgalerie mit einigen unbedeutenden Voltairiana.

(Fribourg) war auch deutsch und französisch und katholisch. 1803 nahm der Bund den Aargau, St. Gallen und den Thurgau (deutsch und protestantisch) auf, das Tessin (italienisch und katholisch) und die Waadt (französisch und protestantisch). 1815 kamen drei neue Kantone hinzu: Genf (französisch und protestantisch, heute zum Teil katholisch), Wallis (französisch und deutsch, katholisch) und Graubünden (hauptsächlich protestantisch, deutsch, rätoromanisch und italienisch).

Die Schweiz war eine Republik, aber keine Demokratie im heutigen Sinne. In jedem Kanton wählte eine Minderheit der erwachsenen männlichen Bevölkerung, meistens alteingesessene Familien, einen Großen oder allgemeinen Rat von ungefähr zweihundert Mitgliedern und einen Kleinen Rat von vierundzwanzig bis vierundsechzig Mitgliedern. Der Kleine Rat bestellte einen noch engeren Privatrat und den Bürgermeister, den Vertreter der ausübenden Gewalt. Eine Trennung der Gewalten gab es nicht. Der Kleine Rat stellte gleichzeitig das oberste Gericht dar. Die ländlichen Kantone (Uri, Schwyz, Unterwalden, Glarus, Zug und Appenzell) beschränkten das Stimmrecht auf einheimische Familien; alle übrigen, ganz gleich, wie lange sie ansässig waren, wurden als niederer Stand regiert[6]. Solche Oligarchien waren in der Schweiz ganz allgemein. Luzern begrenzte die Wählbarkeit in ein Amt auf neunundzwanzig Familien und nahm eine neue Familie nur dann in diesen Kreis auf, wenn eine der alten Familien ausgestorben war[7]. In Bern waren zweihundertdreiundvierzig Familien berechtigt, ein Amt innezuhaben, wovon achtundsechzig regelmäßig die Regierung bildeten. 1789 bemerkte der russische Historiker Nikolaj Karamsin, daß die Bürger von Zürich «ebenso stolz auf ihre Titel waren wie ein König auf seine Krone», da seit «mehr als hundertfünfzig Jahren kein Fremder das Bürgerrecht erhalten hatte»[8]. (Wir müssen bedenken, daß fast alle Demokratien Oligarchien sind; eine Minderheit kann zu Aktion und Macht herangezogen werden, Mehrheiten nicht.)

Die kantonale Regierung neigte zu patriarchalischer Autorität. Die Räte in Zürich erließen Gesetze zur Regelung von Mahlzeiten, Getränken, Rauchen, Fahren, Hochzeiten, Kleidung, persönlichem Schmuck, Frisuren und Arbeitslöhnen; sie kontrollierten die Qualität der Erzeugnisse und den Preis der lebenswichtigen Waren. Diese Verordnungen waren Überbleibsel von alten Gemeinde- oder Zunftregeln. In Zürich wurden die Meister der zwölf Zünfte denn auch automatisch Mitglieder des Kleinen Rates, so daß dieser Kanton in weitem Maße ein Ständestaat war. Goethe schrieb gegen Ende des achtzehnten Jahrhunderts, daß die Ufer des Zürichsees «eine liebliche Idealvorstellung von der feinsten und höchsten Kultur» abgaben[9].

Die «Stadt und Republik» Bern war der ausgedehnteste und stärkste der Kantone. Er umfaßte ein Drittel der Schweiz, besaß eine blühende Wirtschaft, und seine Regierung wurde allgemein als umsichtig und kompetent bewundert; Montesquieu verglich die Stadt mit Rom in den besten Jahren der Republik. William Coxe, ein britischer Geistlicher und Historiker, beschrieb die Stadt, wie er sie am 16. September 1779 sah:

> «Als ich nach Bern kam, war ich sehr beeindruckt von der außergewöhnlichen Ordnung und Schönheit der Stadt. Die Hauptstraßen sind breit und lang, nicht geradlinig, sondern sanft geschwungen. Die Häuser sind fast alle gleich und aus grauem Stein über Arkaden erbaut. In der

Mitte der Straßen verläuft eine steinerne Rinne, in der ein fröhliches Bächlein klarsten Wassers fließt, während verschiedene Brunnen sowohl zur Zierde des Ortes als zum Nutzen der Einwohner aufgestellt wurden. Die Aare fließt im Bogen fast um die ganze Stadt und windet sich durch ihr felsiges Flußbett, das tiefer als die Straßen gelegen ist ... Das umliegende Land ist reich bebaut und weist einen angenehmen Wechsel von Hügeln, Wiesen, Wäldern und Wasser auf ..., und eine steile Bergkette der zackigen schneebedeckten Alpen begrenzt den fernen Horizont.» [10]

Große Unzulänglichkeit bewies das Berner Patriziat bei der Behandlung der Waadt. Dieses irdische Paradies erstreckt sich von der Umgebung der Stadt Genf am schweizerischen Ufer des Genfersees über Lausanne (seiner Hauptstadt) zum östlichen Ende des Sees und nach Norden bis zum Neuenburgersee. In dieser reizvollen Gegend mit ihren Weinbergen genossen Voltaire und Gibbon ihren Aufenthalt im Kreise gebildeter Menschen, hier wuchs Rousseau auf, hier litt er, und hierher (nach Clarens bei Montreux) verlegte er den tugendhaften Haushalt seiner Julie. Die Gegend gelangte 1536 unter die Oberhoheit von Bern; ihre Bürger verloren die Wählbarkeit ins Amt, murrten gegen diese Regierung *à distance* und erhoben sich häufig, aber umsonst.

Die Kantone beobachteten eifersüchtig ihre Selbständigkeit. Jeder betrachtete sich als unabhängigen Staat, der frei über Krieg und Frieden und außenpolitische Bündnisse entschied. So verbanden sich die katholischen Kantone während der Herrschaft Ludwigs XV. mit Frankreich. Um Reibungen zwischen den Kantonen zu verringern, schickte jeder Kanton Abgeordnete an die «Tagsatzung», eine Art Parlament. Diese Bundesvertretung hatte jedoch nur begrenzte Macht. Sie konnte ihre Entschlüsse einem widerspenstigen Kanton nicht aufzwingen. Ein gültiger Beschluß mußte einstimmig angenommen werden. Im Prinzip herrschte Freihandel, in Wirklichkeit wurde er aber durch alle möglichen Zollschranken zwischen den Kantonen verletzt. Es gab keine einheitliche Währung und keine gemeinsame Verwaltung der Überlandstraßen.

Das Wirtschaftsleben blühte trotz natürlichen Hindernissen und Gesetzesschranken. Leibeigenschaft gab es nicht mehr, abgesehen von einigen Landstrichen an der deutschen oder österreichischen Grenze; fast alle Bauern waren Eigentümer des Bodens, den sie bestellten. In den «Urkantonen» oder «Vier Waldstätten» (Uri, Schwyz, Unterwalden und Luzern) herrschte wegen der Bodenbeschaffenheit Armut unter den Bauern; um Zürich waren die Landleute wohlhabend. Im Kanton Bern trugen wohldurchdachte landwirtschaftliche Methoden ihre Früchte. Der lange Winter und Transportschwierigkeiten zwangen viele Schweizer, Landwirtschaft mit Industrie zu verbinden; Baumwollspinner und Uhrmacher bebauten außerdem ihren Boden. Freiburg war bereits berühmt für seinen Käse, den Gruyère (Greyerzer), Zürich für seine Spitzen, St. Gallen für seine Baumwolle, Genf für seine Uhren, Neuenburg ebenfalls für Spitzen und manche Gebiete für ihren Wein. Die schweizerische Finanz erregte schon damals den Neid Europas, und schweizerische Kaufleute betätigten sich überall. Basel zog Nutzen aus dem Handel mit Frankreich und Deutschland, Zürich aus dem Handel mit Deutschland und Österreich. Basel, Genf und Lausanne wetteiferten mit Amsterdam und Den Haag auf dem Gebiet des Buchdrucks. Nachdem Haller und Rousseau die erhabene Majestät der Alpen gefeiert hatten, fingen die Reisenden an, Geld ins Land zu bringen.

In moralischer Hinsicht standen die Schweizer wahrscheinlich höher als die meisten anderen Europäer, ausgenommen Skandinavien, wo ähnliche Bedingungen zu ähnlichen Ergebnissen führten. Die Bauernfamilie war vorbildlich für Fleiß, Nüchternheit, Zusammenhalt und Sparsamkeit. In den Städten gab es Anzeichen von politischer Korruption, wie den Verkauf von Ämtern, aber auch dort bewirkten das harte Klima, die bergige Bodenbeschaffenheit und die protestantische Ethik Sittenstrenge. Die Kleidung von reich und arm war bescheiden. Kleidermandate waren in der Schweiz noch streng und wurden eingehalten[11].

Die halbe Regierung bestand aus Religion. Regelmäßiger Kirchenbesuch war obligatorisch, und die Städte waren zu klein, um einem Rebellen in der Menge Zuflucht zu bieten. Der ganze Sonntag bestand fast nur aus Frömmigkeit. In Zürich sollen am Sonntag sogar die Wirtshauswände vor Psalmen gezittert haben[12]. Die beiden Konfessionen, Protestantismus und Katholizismus, die miteinander im Widerstreit lagen, waren ein schlechtes Vorbild für christliches Benehmen, denn sie ließen den Haß los und legten den Geist in Ketten. Einige katholische Kantone verboten jeden Gottesdienst außer der katholischen Messe, und einige protestantische Kantone ließen nur den protestantischen Gottesdienst zu[13]. Trennung von der Staatskirche und Bildung unabhängiger Sekten war gesetzlich verboten. 1747 wurde Jakob Schmidlin in Luzern gefoltert und dann erdrosselt, weil er versucht hatte, eine pietistische Bewegung unabhängig von der Kirche zu gründen. In den protestantischen Kantonen mußte jeder, der in ein Amt, sei es als Politiker, Geistlicher oder Erzieher, gewählt werden wollte, den protestantischen Treueid ablegen[14]. Sowohl Kirche als Staat übten eine strenge Zensur aus. In den Urkantonen erzeugten die Armut der Bauern, Stürme, Erdrutsche, Lawinen, Hagelschläge, Überschwemmungen und bange Ehrfurcht vor den Bergen eine abergläubische Furcht vor bösen Geistern auf drohenden Gipfeln und in sausenden Winden. Um ihre übernatürlichen Feinde unschädlich zu machen, baten die gehetzten Landleute den Priester um Austreibung der Dämonen und um den Segen für ihre Herden. Die letzten Hexenverbrennungen fanden in Genf im Jahre 1652 statt, in Bern 1701, in den katholischen Kantonen 1752. Aber in Glarus wurde eine Frau, die beschuldigt wurde, ein Kind verhext zu haben, 1782 geköpft[15].

Staatliche Schulen und öffentliche Bibliotheken brachten einiges Licht in dieses Dunkel. Religiöser Fanatismus war die Ursache für den Niedergang der Universität Basel. Dort wurden die Errungenschaften von Johann, Jakob und Daniel Bernoulli kaum gewürdigt, und Leonhard Euler sah sich veranlaßt, zu gastlicheren Hallen zu flüchten. Trotzdem brachte die Schweiz Dichter und Wissenschafter in einem guten Verhältnis zu ihrer Bevölkerung hervor. Wir erwähnten die Zürcher Gelehrten Johann Jakob Bodmer und Johann Jakob Breitinger. Sie übten einen entscheidenden Einfluß auf die deutsche Literatur aus, denn sie lehnten Gottscheds Anbetung Boileaus und der klassischen Regeln ab. Sie verteidigten das Recht auf Gefühl, auf das Mystische, sogar das Unvernünftige in Leben und Literatur; sie stellten die englische Poesie über die französische und machten den deutschen Leser mit Shakespeare und Milton bekannt. Sie trugen zur Wiederentdeckung des *Nibelungenliedes* (1751) und der Minnesänger bei.

Ihre Auffassungen wurden von Lessing, Klopstock, Schiller und dem jungen Goethe geteilt, bereiteten auf die romantische Bewegung in Deutschland vor und erweckten ein neues Interesse am Mittelalter. Im selben Geiste veröffentlichte ein Zürcher Dichter, Salomon Geßner, seine *Idyllen* (1756), die so erfüllt waren von ländlichem Zauber, daß ganz Europa sie übersetzte und Wieland und Goethe Pilgerfahrten zu seinem Haus unternahmen.

Der hervorragendste Schweizer im achtzehnten Jahrhundert war, abgesehen von Jean-Jacques Rousseau, Albrecht von Haller, der gleichzeitig der größte Dichter und der größte Wissenschaftler seines Landes und seiner Zeit war. In Bern, Tübingen, Leiden, London, Paris und Basel studierte er Jura, Medizin, Physiologie, Botanik und Mathematik. Als er nach Bern zurückkam, entdeckte er die Alpen in ihrer ganzen Schönheit und Majestät und mußte diesem Gefühl poetischen Ausdruck verleihen. Im Alter von einundzwanzig Jahren (1729) veröffentlichte er die Dichtung *Die Alpen*, die der begeisterte Coxe für «ebenso überragend und unsterblich» hielt «wie die Berge, die sie besingen»[16]. Dieses Werk nahm Rousseau in fast allen Dingen vorweg. Es war eine Aufforderung an die Welt, die Alpen zu bewundern, nicht nur wegen ihres erhebenden Anblicks, sondern als Zeugen Gottes. Er prangerte die Städte als Brutstätten des Luxus und der Gottlosigkeit an, die zu physischem und moralischem Niedergang führten; es pries Bauern und Bergbewohner mit ihrem kräftigen Körperbau, ihrem unerschütterlichen Glauben und ihrer bescheidenen Lebensart. Es war eine Aufforderung an Mann, Weib und Kind, die Städte zu verlassen, um draußen in freier Luft ein einfacheres und gesünderes Leben zu führen.

Seinen europäischen Ruhm erwarb Haller jedoch als Wissenschaftler. 1736 bot ihm Georg II. eine Professur für Botanik, Medizin und Chirurgie an der Universität Göttingen an. Dort hielt er siebzehn Jahre lang so vorzügliche Vorlesungen, daß er Berufungen aus Oxford und Halle erhielt und Friedrich der Große ihn, als Nachfolger Maupertuis', zum Präsidenten der Berliner Akademie machen wollte. Katharina II. versuchte, ihn nach Sankt Petersburg zu locken, während Göttingen ihn zum Kanzler erheben wollte. Statt dessen zog er sich nach Bern zurück, wo er sich um das Gesundheitswesen kümmerte, sich mit Wirtschaftsfragen beschäftigte und offizielle Ämter bekleidete. Außerdem arbeitete er an seinen *Elementa physiologiae corporis humani*, einem wissenschaftlichen Meisterwerk dieser Zeit, womit wir uns noch beschäftigen werden.

All diese wissenschaftlichen Fragen, all die Jahre, die er darüber verbrachte, konnten seine tiefe Frömmigkeit und seine Sittenstrenge nicht erschüttern. Als Voltaire sich in der Schweiz niederließ, kam es Haller vor, als ob der Satan in Genf und Lausanne sein Banner entrollt hätte. Casanova, der ein ebenso starkes Gefühl für Schönheit besaß wie Haller, war 1760 sowohl bei Voltaire als bei Haller zu Besuch:

«Haller war hochgewachsen, 1,80 Meter groß und entsprechend breitschultrig – physisch und geistig ein Koloß. Er empfing mich mit großer Liebenswürdigkeit, war sehr zugänglich und beantwortete alle meine Fragen genau und bescheiden …

Als ich bemerkte, daß ich mich darauf freute, Voltaire zu sehen, sagte er, daß dies ganz berechtigt sei, und fügte ohne Bitterkeit hinzu: 'Es lohnt sich, einen Menschen wie Herrn von

Voltaire kennenzulernen, obwohl ihn viele Leute – entgegen allen physikalischen Gesetzen – aus der Entfernung größer finden.'»

Ein paar Tage später besuchte Casanova Voltaire in «Les Délices».

«'Herr Voltaire', sagte ich, 'dies ist der stolzeste Tag meines Lebens. Seit zwanzig Jahren bin ich Ihr Schüler und bin überglücklich, vor meinem Meister zu stehen.'

Er fragte mich, woher ich käme. 'Aus Roche. Ich wollte die Schweiz nicht verlassen, ohne Haller gesehen zu haben. Ich habe Sie für zuletzt als *bonne bouche* (größten Leckerbissen) aufgehoben.'

'Hat Ihnen Haller gefallen?'

'Ich habe mit ihm die drei glücklichsten Tage meines Lebens verbracht.'

'Ich gratuliere Ihnen.'

'Ich bin froh, daß Sie ihm Gerechtigkeit widerfahren lassen. Es tut mir leid, daß ich von ihm nicht dasselbe sagen kann.'

'Aha! Vielleicht irren wir uns beide.'»[17]

Als letzte Arbeit veröffentlichte Haller 1775 *Briefe über verschiedene neuerliche Anschläge des Freidenkens ... auf die Offenbarung;* es war ein ernsthafter Versuch, Voltaires *Questions sur l'Encyclopédie* zu entkräften. Er schrieb einen rührenden Brief an den schrecklichen Ketzer und forderte ihn (der damals einundachtzig Jahre alt war) auf, sich «jene innere Ruhe zurückzuerobern, die beim Nahen des Genies flieht», sich aber bei einem vertrauensvollen Glauben einstellt; «dann wäre der berühmteste Mann Europas auch der glücklichste»[18]. Haller selbst kam nie ganz zur Ruhe. Er war ein ungeduldiger Kranker und konnte Schmerzen nicht ertragen. «In seinen letzten Jahren gewöhnte er sich an Opium, das ihn vorübergehend beruhigte, aber seine natürliche Ungeduld noch verstärkte.»[19] Er litt an der Angst vor der Hölle und machte sich Vorwürfe, so viel Zeit mit «meinen Pflanzen und anderen Narrheiten»[20] verschwendet zu haben. Die ewige Ruhe fand er am 12. Dezember 1777.

III. GENF

Im achtzehnten Jahrhundert gehörte Genf noch nicht zum helvetischen Staatenbund. Es war eine selbständige Stadtrepublik mit einigem Hinterland, französischer Sprache und calvinistischer Religion. In seinem Artikel über Genf in der *Encyclopédie* beschrieb d'Alembert die Stadt, die er 1756 besucht hatte, voller Bewunderung:

«Es ist bemerkenswert, daß eine Stadt mit kaum vierundzwanzigtausend Einwohnern und mit einem Hinterland von weniger als dreißig Dörfern ihre Unabhängigkeit bewahrt hat und zu den blühendsten Gemeinden Europas gehört. Ihr Reichtum beruht auf ihrer Freiheit und ihrem Handel, und wenn auch alles ringsumher in Flammen steht, so bleibt sie davon unversehrt; die Ereignisse, die Europa erschüttern, sind für sie nur ein Schauspiel, das sie genießt, ohne daran teilzunehmen. Durch Bündnisse und Handel ist sie mit Frankreich verbunden, durch Handel und Religion mit England, und so bewahrt sie ihre Unparteilichkeit in der Bewertung der Kriege, die sich diese beiden Großmächte liefern; außerdem ist sie zu weise, um an diesen Kriegen irgendwie teilzunehmen und macht sich ihr Bild von allen europäischen Herrschern, ohne ihnen zu schmeicheln, ohne sie zu verletzen und ohne sie zu fürchten.»[21]

Die Auswanderung der Hugenotten aus Frankreich war von großem Vorteil für Genf. Sie brachten ihre Ersparnisse und ihre Kunstfertigkeit mit und verwandelten die Stadt in das Uhrmacherzentrum der Welt. Frau von Epinay schätzte ihre Beteiligung am Juwelenhandel auf sechstausend[22]. Schweizer Bankiers waren geachtet wegen ihrer weisen Entscheidungen und ihrer Ehrenhaftigkeit. Jacques Necker wurde Finanzminister Ludwigs XVI., Albert Gallatin Schatzkanzler der Vereinigten Staaten unter Jefferson; beide waren Genfer.

Auch in Genf war Regieren das Vorrecht einer Kaste. Nur männliche Einwohner, die in Genf als Söhne und Enkel von Bürgern geboren waren, hatten das Recht, in ein öffentliches Amt gewählt zu werden. Nach diesen Patriziern kam die Bourgeoisie – Fabrikanten, Kaufleute, Ladenbesitzer, Zunftmeister und die Mitglieder der freien Berufe. Einmal im Jahr kamen Patrizier und Bürgerliche, selten mehr als tausendfünfhundert im ganzen[23], in der Kathedrale Saint-Pierre zusammen, um den Großen Rat mit zweihundert und den Kleinen Rat mit fünfundzwanzig Mitgliedern zu wählen. Diese Räte wählten vier Bürgermeister, von denen jeder ein Jahr lang die Regierungsgewalt innehatte. Eine dritte Schicht, die Einwohner (*habitants*), die erst zugezogen waren, und eine vierte Schicht, gebürtige Genfer von nichtgenferischen Eltern (*natifs*), waren fast völlig rechtlos. Die *natifs*, die drei Viertel der Bevölkerung ausmachten, hatten keine bürgerlichen Rechte bis auf eines – Steuern zu bezahlen; eigene Geschäfte oder freie Berufe waren ihnen versagt, auch konnten sie keinen Posten im Heer bekleiden und nicht Zunftmeister werden. Die politische Geschichte der kleinen Republik war vor allem gekennzeichnet durch die Anstrengungen des Bürgertums, Zugang zu den Ämtern, und der niederen Bevölkerung, das Wahlrecht zu erlangen. 1737 griffen die Bürger gegen die Patrizier zu den Waffen und zwangen sie zur Annahme einer neuen Verfassung: alle Stimmberechtigten waren wählbar in den Großen Rat, dem die endgültige Entscheidung über Krieg und Frieden, Bündnisse und Steuern vorbehalten war, während die Gesetzgebung vom Kleinen Rat ausging. Wenn den *natifs* immer noch kein Stimmrecht gewährt wurde, so wurden sie doch wenigstens zu einigen freien Berufen zugelassen. Es handelte sich auch weiterhin um eine Oligarchie, doch wurden die Regierungsgeschäfte von fähigen und verhältnismäßig unbestechlichen Männern geführt.

Fast ebenso einflußreich wie das Patriziertum war der Kirchenrat der calvinistischen Geistlichkeit. Er bestimmte über Erziehung, Moral und Eheschließung und erlaubte keinerlei weltliche Einmischung in seine Angelegenheiten. Es gab weder Bischöfe noch Mönche. Der Philosoph d'Alembert hob den hohen moralischen Stand der Genfer Geistlichkeit hervor und beschrieb die Stadt als eine Insel des Anstands und der Nüchternheit, der er die moralische Verlotterung der höheren französischen Schichten gegenüberstellte. Frau von Epinay, die verschiedene Verhältnisse hinter sich hatte, bewunderte die «strengen Sitten ... eines freien Volkes, das allem Luxus feind ist»[24]. Der Geistlichkeit zufolge war die Genfer Jugend jedoch daran, sich in den Wirtshäusern zu ruinieren, während mit den Familiengebeten gespart wurde. In der Kirche wurde geklatscht, und in der hintersten Reihe schmauchten sogar einige Kirchgänger ihr Pfeifchen, um besser mit der Predigt fertig zu werden[25]. Die Prediger beschwerten sich, daß sie nur geistige Strafen auferlegen konnten und daß ihre Warnungen mehr und mehr außer acht gelassen würden.

Voltaire war hocherfreut, als er entdeckte, daß verschiedene Mitglieder der Genfer Geistlichkeit recht fortschrittliche Ideen hatten. Sie genossen seine Gastfreundschaft in «Les Délices» und gaben privat zu, daß sie nur noch wenig von dem unbeugsamen Glauben Calvins bewahrten. Einer von ihnen, Jacques Vernes, schlug in seiner *Instruction chrétienne* (Christliche Unterweisung; 1754) vor, sich in Gesprächen mit Erwachsenen über Religion an die Vernunft zu halten, während «dem gemeinen Volk die Wahrheit auf volkstümlichere Art beigebracht werden soll, mit Hilfe von Beweisen, die ... geeignet sind, einen tieferen Eindruck im Gemüt der Masse zu hinterlassen»[26]. Voltaire schrieb an Cideville (12. April 1756): «Genf ist nicht mehr das Genf Calvins – ganz und gar nicht; es ist ein Land voll Philosophen. Das 'vernünftige Christentum' eines Locke stellt die Religion fast aller Geistlichen dar; und die Verehrung eines Höchsten Wesens in Verbindung mit gewissen moralischen Werten stellt die Religion fast aller Verwaltungsbeamten dar.»[27] Nachdem Voltaire in seinem *Essai sur les mœurs* (Versuch über die Sitten; 1756) die beklagenswerte Rolle Calvins bei der Hinrichtung Servets hervorgehoben hatte, fügte er hinzu: «Heute scheint man der Asche Servets nachträglich die gebührende Ehre zu erweisen; die gelehrten Pastoren der protestantischen Kirchen ... haben sich zu seinen unitarischen Auffassungen bekannt.»[28] Nachdem d'Alembert Genf und «Les Délices» besucht (1756) und sich mit verschiedenen Geistlichen unterhalten hatte, verglich er seine Aufzeichnungen mit denen Voltaires und schrieb für den achten Band der *Encyclopédie* (1757) einen Artikel über Genf, in dem er den Liberalismus der Geistlichkeit lobend erwähnte:

> «Verschiedene glauben nicht mehr an die Göttlichkeit Jesu, die ihr Führer Calvin mit solchem Eifer verteidigte und wofür er Servet verbrennen ließ. Die Hölle, die im Mittelpunkt unseres Glaubens stand, bedeutet für mehrere Genfer Geistliche nicht mehr dasselbe; ihnen zufolge wäre es eine Beleidigung der Göttlichkeit, wenn man sich vorstellte, daß dieses Wesen voller Güte und Gerechtigkeit fähig wäre, unsere Fehler mit ewigen Qualen zu bestrafen ... Sie glauben daher, daß es zwar Strafen im Jenseits gibt, aber auf begrenzte Zeit. So ist das Fegefeuer, das eine der Hauptursachen für die Trennung der Protestanten von der katholischen Kirche war, heute die einzige Strafe nach dem Tode, die verschiedene von ihnen zugeben: wieder ein Zug, der zur Geschichte der menschlichen Widersprüche gehört.
>
> Kurz gesagt, zahlreiche Genfer Pastoren haben keinen anderen Glauben als einen vollkommenen Sozinianismus, lehnen alles, was man Mysterien nennt, ab und stellen sich vor, daß das Grundprinzip einer wirklichen Religion darin besteht, keine Glaubensartikel aufzustellen, die gegen den Verstand verstoßen ... Die Religion wird fast ausschließlich auf die Verehrung eines einzigen Gottes beschränkt, jedenfalls bei allen, die nicht der Masse angehören.»[29]

Als die Genfer Geistlichen diesen Artikel zu sehen bekamen, waren sie allgemein davon betroffen; die Konservativen über das Vorhandensein solcher Ketzer auf einer calvinistischen Kanzel, die Liberalen über eine so öffentliche Bloßstellung ihrer privaten Ketzereien. Die Gesellschaft der Pastoren suchte nach Verdächtigen; diese sagten sich entschieden von den Behauptungen d'Alemberts los, und die Gesellschaft gab eine Neubestätigung der calvinistischen Glaubensbekenntnisse heraus[30].

Calvin war teilweise selbst an der unziemlichen Aufklärung schuld, die d'Alembert so gefiel, denn die Akademie, die er gegründet hatte, war inzwischen zu einem der besten Erziehungsinstitute in Europa geworden. Calvinismus wurde gelehrt, aber nicht mit allzu großem Nachdruck. Die Lehrkurse über humanistische Literatur waren ausgezeichnet, und die Lehrer der Genfer Schulen erhielten dort eine gute Ausbildung, die vom Staat bezahlt wurde. Die Bibliothek mit fünfundzwanzigtausend Bänden stand dem Publikum offen. D'Alembert fand «das Volk viel besser erzogen als anderswo»[31]. Coxe war erstaunt, daß sich Kaufleute mit Verständnis über Literatur und Politik unterhielten. Der wissenschaftliche Beitrag Genfs bestand in diesem Jahrhundert aus den physiologischen und psychologischen Arbeiten von Charles Bonnet und den meteorologischen und geologischen Forschungen von Horace von Saussure. In der Person von Jean-Etienne Liotard schenkte Genf der Welt – im wahrsten Sinne des Wortes – einen Maler. Nach Studien in Genf und Paris ging er nach Rom, wo er Bildnisse von Clemens XII. und vielen Kardinälen anfertigte. Dann übersiedelte er für fünf Jahre nach Konstantinopel, von dort nach Wien, Paris, England und Holland, wo er sich sein Brot mit Porträts, Pastellzeichnungen, Emailarbeiten, Gravüren und Glasmalerei verdiente. Im hohen Alter malte er ein erstaunlich ehrliches Selbstbildnis[32], auf dem er noch mehr einem Affen gleicht als Voltaire.

Auf literarischem Gebiet tat sich Genf nicht hervor. Die allzu aufmerksame Zensur unterdrückte den literarischen Ehrgeiz und jede Eigenart. Theater war verboten – als eine Brutstätte für Skandale. Als Voltaire 1755 zum erstenmal im Salon von «Les Délices» ein Stück, seine *Zaïre,* aufführte, war die Geistlichkeit zwar dagegen, ließ das Verbrechen aber als die private Schwäche eines angesehenen Gastes durchgehen. Als Voltaire jedoch eine Schauspielertruppe aus jungen Genfern zusammenstellte, um mit ihnen eine Reihe von Theaterstücken aufzuführen, forderte der Kirchenrat (31. Juli 1755) den Großen Rat auf, «die Erlasse von 1732 und 1739, die jede Aufführung von Stücken, sowohl öffentlich als privat, untersagten», in Anwendung zu bringen; außerdem beauftragten sie die Pastoren, ihrer Gemeinde «jede Beteiligung an den im Hause des Herrn Voltaire aufgeführten Tragödien» zu untersagen. Voltaire trug Reue zur Schau, führte aber weiter Stücke in seiner Winterresidenz in Lausanne auf. Wahrscheinlich veranlaßte er d'Alembert, dem erwähnten Artikel über Genf noch eine Bitte um Aufhebung des Spielverbots beizufügen:

> «Wenn man in Genf keine Aufführungen erlaubt, so nicht aus Abneigung gegenüber den Theaterstücken an und für sich, sondern weil man befürchtet, daß die Jugend von dem Geschmack an Luxus, Ausgelassenheit und Sittenlosigkeit angesteckt werden könnte, der den Schauspielertruppen anhaftet. Wäre es aber nicht möglich, diesem Nachteil durch strenge und vernünftig angewandte Gesetze abzuhelfen, die das Betragen der Schauspieler regeln? ... Die Literatur könnte dabei nur gewinnen, ohne daß die Sittenlosigkeit um sich greifen würde; und Genf würde die Weisheit Spartas mit der Bildung Athens verbinden.»

Der Kirchenrat rührte sich nicht, aber Jean-Jacques Rousseau antwortete (wie wir sehen werden) mit seiner berühmten *Lettre à Mr. d'Alembert sur les spectacles* (Brief an Herrn d'Alembert über die Aufführungen; 1758). Nachdem Voltaire das Herrenhaus von Ferney erworben hatte, umging er das Verbot durch den Bau eines Theaters auf französischem Boden, in Châtelaine, ganz in der Nähe der Grenze. Dort führte er Stücke auf und ließ für die Eröffnung den besten Pariser Schauspieler, Henri-Louis Lekain, kommen. Die Genfer Pastoren untersagten den Besuch des Theaters, aber die Aufführungen waren so beliebt, daß jedesmal, wenn Lekain auftrat, der Saal schon stundenlang vorher vollbesetzt war. Schließlich gewann der alte Kämpfer seinen Feldzug. 1766 hob der Große Rat das Schauspielverbot auf.

IV. DIE NEUARTIGE GESCHICHTSSCHREIBUNG

Ein Zuschauer, der der Aufführung von Voltaires *Semiramis* mit Lekain beiwohnte, beschrieb das Erscheinen des Verfassers:

> «Ein nicht zu unterschätzender Teil der Aufführung war Voltaire selbst, der, allen sichtbar, in der Proszeniumsloge saß und wie ein Besessener Beifall klatschte, einmal mit seinem Stock auf den Boden klopfte, dann wieder ausrief: 'Es könnte nicht besser sein!' – 'Ach, mein Gott, ist das gut!' Seine Begeisterung war so grenzenlos, daß er beim Abgang Lekains von der Bühne ... hinter ihm herlief ... Etwas Komischeres konnte man sich nicht vorstellen, denn Voltaire sah aus wie eine Theaterfigur mit seinen gerollten Kniestrümpfen und seinem altmodischen Anzug, und dabei trugen ihn seine zitternden Beine nur noch mit Hilfe einer Krücke. Alle Zeichen des Verfalls hatten sein Gesicht geprägt, seine Wangen waren eingefallen und runzlig, nur die Nase sprang hervor, während seine Augen wie erloschen waren.»[33]

Zwischen Theater, Politik, Besuchen und Gartenarbeiten fand er noch Zeit, zwei größere Werke in «Les Délices» zu vollenden und herauszubringen; mit dem einen wurde er berüchtigt, wegen angeblicher Unanständigkeit, mit dem anderen leitete er eine neue Epoche der Geschichtsschreibung ein.

La Pucelle (Die Jungfrau) hatte ihn seit 1730 als literarische Erholung begleitet. Anscheinend hatte er nicht die Absicht, sie zu veröffentlichen, denn er machte sich darin nicht nur über die Jungfrau von Orleans lustig, sondern stellte auch Glauben, Verbrechen, Riten und Würdenträger der katholischen Kirche bloß. Freund und Feind erlaubten sich Zusätze am Manuskript, das von Hand zu Hand ging, kleine Unanständigkeiten und ähnliche Ausbrüche, die sogar Voltaire nicht zu Papier gebracht hätte. Gerade als er in Genf zur Ruhe kam, erschien 1755 in Basel ein unerlaubter und fehlerhafter Druck der Dichtung. Sie wurde vom Papst mit dem Bann belegt, vom Pariser Parlament verbrannt und von der Genfer Polizei beschlagnahmt. Ein Pariser Drucker wurde 1757 wegen einer Neuausgabe unter den Galgen geschickt. Voltaire leugnete, der Verfasser zu sein; er schickte Richelieu, Frau von Pompadour und einigen Regierungsbeamten einen verhältnismäßig anständigen Text, den er dann 1762 veröffentlichte, ohne deswegen belästigt zu werden. In seinem *Essai sur les mœurs* beschrieb er Jeanne d'Arc objektiver und nüchterner – vielleicht um früheres Unrecht wiedergutzumachen[34].

Dieser *Essai* sollte sein Meisterwerk werden, und außerdem wollte er darin in gewissem Sinne der verehrten Geliebten ein Denkmal setzen. Für ihn war die Verachtung, mit der Frau du Châtelet von den ihr bekannten modernen Historikern gesprochen hatte, eine Herausforderung gewesen:

«Was soll mir das ausmachen, mir, einer Französin auf ihrem Landgut, daß Egil in Schweden auf Haakon folgte und daß Ottoman ein Sohn Ortogruls war? Die Geschichte der Griechen und Römer habe ich mit Vergnügen gelesen. Darin eröffnen sich gewisse große Ausblicke, die mich reizen. Aber eine lange Geschichte unserer modernen Völker habe ich noch nie bis zu Ende lesen können. Ich sehe darin nichts als Verwirrung, eine Reihe unbedeutender Ereignisse ohne Verbindung untereinander und ohne logische Folge und tausend ergebnislose Schlachten ... Ich verzichte auf ein Studium, das dem Geist eine so unverdauliche Nahrung verschafft.»[35]

Voltaire stimmte ihr zu, wußte aber, daß es sich dabei nur um die *aufgezeichnete* Geschichte handelte. Er beklagte die Gewalt, die man der Vergangenheit, je nach dem Stand der herrschenden Vorurteile, antat. In diesem Sinne ist «Geschichte ... nichts als Taschenspielerkunst, die wir uns mit den Toten erlauben»[36]*. Und doch bedeutet die Unkenntnis der Geschichte die endlose Wiederholung ihrer Irrtümer, Blutbäder und Verbrechen. Drei Wege führen zu der großzügigen, nachsichtigen Perspektive, die der Philosophie eigen ist: zum einen das Studium des menschlichen Lebens mit Hilfe der Erfahrung; zum anderen das Studium der Dinge im Raum mit Hilfe der Wissenschaft; und schließlich das Studium der Ereignisse im Laufe der Zeit mit Hilfe der Geschichte. Mit der Wissenschaft hatte es Voltaire versucht, als er Newton studierte; jetzt wandte er sich der dritten Möglichkeit zu. Schon 1738 legte er ein neues Prinzip fest: «*Il faut écrire l'histoire en philosophe*» – Geschichte muß man als Philosoph schreiben[38]. So befragte er die Marquise:

«Wenn Sie unter all diesen groben, formlosen Materialien diejenigen auswählen könnten, die Ihnen erlauben, einen Bau zu Ihrem eigenen Gebrauch aufzuführen; wenn Sie all die Einzelheiten über Kriege und kleine Verhandlungen, die nur unnütze Betrügereien waren, beiseite lassen würden; wenn Sie daraufhin die Beschreibungen von Sitten und Gebräuchen beibehielten und aus diesem Chaos ein allgemeines, wohlumrissenes Bild entstehen sähen; und wenn Sie dann in den Ereignissen *die Geschichte des menschlichen Geistes* entdecken könnten, wären Sie dann immer noch der Ansicht, daß Sie Ihre Zeit verlieren?»[39]

Zwanzig Jahre lang arbeitete er mit Unterbrechungen an dem geplanten Werk, verschlang Bücher, machte Auszüge, sammelte Material. 1739 entwarf er für Frau du Châtelet einen *Abrégé d'histoire générale* (Abriß der allgemeinen Geschichte). Auszüge daraus erschienen 1745/46 im *Mercure de France,* 1750 erschien seine *Histoire des Croisades* (Geschichte der Kreuzzüge); 1753 erschien im Haag seine *Kurzgefaßte Geschichte* in zwei Bänden, 1754 in drei Bänden. Schließlich wurde der vollständige Text 1756 in Genf in sieben Bänden und unter dem Titel *Essai sur l'histoire générale* veröffentlicht. Darin waren auch *Le siècle de Louis XIV* (Das Zeitalter Ludwigs XIV.) und einige Kapitel über orientalische Kultur enthalten. 1762 fügte er noch einen *Précis du siècle de Louis XV* (Abriß über die Zeit Ludwigs XV.) hinzu. Die Ausgabe aus dem Jahre 1769 erschien unter dem endgültigen Titel: *Essai sur les mœurs et l'esprit des nations depuis Charlemagne jusqu'à nos jours* (Versuch über die Sitten und den Geist der Völker von Karl dem Großen bis auf die heutige Zeit). Mit dem Wort *mœurs* meinte er nicht nur Sitten und Gebräuche, son-

---

* Es scheint ein Ausspruch Fénelons, und nicht Voltaires zu sein: «*L'histoire n'est qu'une fable convenue*» (Geschichte ist nur eine durch Übereinkunft entstandene Erzählung)[37]. Die Übereinkunft ist jedoch nicht augenfällig.

dern Moral, Ideen, Überzeugungen und Gesetze. Voltaire schöpfte nicht immer all diese Themen aus, auch zeichnete er nicht die Geschichte des Wissens, der Wissenschaft, der Philosophie oder der Kunst auf. Aber alles in allem stellte sein Buch den mutigen Versuch einer Kulturgeschichte von den frühesten Zeiten bis zu seinem eigenen Jahrhundert dar. Die orientalischen Abschnitte waren nur skizzenhafte Einführungen. Die ernsthaftere Behandlung begann erst mit Karl dem Großen, also zu dem Zeitpunkt, mit dem Bossuet seinen *Discours sur l'histoire universelle* (Diskurs über die Weltgeschichte; 1679) beendete. «Ich will wissen», schrieb Voltaire, «über welche Stufen die Menschheit von der Barbarei zur Kultur gelangte», womit er den Übergang vom Mittelalter in die «moderne» Zeit meinte[40].

Er sprach sich anerkennend über den Versuch einer «Weltgeschichte» von Bossuet aus, aber er wehrte sich gegen die Auffassung, die daraus eine Geschichte der Juden und Christen sowie Roms und Griechenlands, hauptsächlich in ihrer Beziehung zum Christentum, machte. Er stürzte sich auf Bossuet, weil dieser China und Indien völlig vernachlässigt hatte und die Araber nur als barbarische Ketzer behandelte. Voltaire anerkannte das philosophische Bemühen seines Vorgängers um das Herausschälen eines einheitlichen Themas oder eines einheitlichen Prozesses in der Geschichte, aber er war nicht der Ansicht, daß die Geschichte als ein Werk der Vorsehung und jedes größere Ereignis als ein Fingerzeig Gottes ausgelegt werden könne. Er sah in der Geschichte eher den langsamen, tastenden Fortschritt des Menschen, der mit Hilfe natürlicher Ursachen und eigenen Bemühens von Unwissenheit zu Erkenntnis, von Wundern zur Wissenschaft, vom Aberglauben zur Vernunft kommt. Im Strudel der Ereignisse konnte er keinen Plan der Vorsehung erkennen. Vielleicht war es eine Reaktion auf Bossuet, daß bei ihm der Bösewicht in der Geschichte immer die organisierte Kirche war; jedenfalls schien sie ihm im allgemeinen mit Beschränktheit und Unterdrückung verknüpft und auch dem Anstiften von Kriegen nicht abgeneigt. In der Hitze des Gefechts gegen Fanatismus und Verfolgung übertrieb er ebenso wie Bossuet – nur in entgegengesetzter Richtung.

Bei seinem Ausblick auf die Welt, der durch die Fortschritte in der Geographie und die Berichte von Forschern, Missionaren, Kaufleuten und Reisenden möglich geworden war, wurde Europa auf eine bescheidenere Stellung im Rahmen der Geschichte verwiesen. Voltaire war sehr beeindruckt von «der Sammlung astronomischer Beobachtungen, die in Babylonien in tausendneunhundert aufeinanderfolgenden Jahren angestellt und durch Alexander an Griechenland weitergegeben wurden»[41]. Er schloß daraus, daß es am Euphrat und Tigris eine weitreichende und entwickelte Kultur gegeben haben mußte, die in Geschichtsbüchern – und auch bei Bossuet – mit ein oder zwei Sätzen abgetan wurde. Ganz ergriffen war er jedoch von der chinesischen Kultur, von ihrem Alter, ihrem Ausmaß, ihrer Verfeinerung. «Das stellt die Chinesen an die Spitze aller Völker der Welt», meinte er ... «Und trotzdem haben unsere sogenannten Weltgeschichten China und Indien, die ältesten der vorhandenen Staaten ..., die fast sämtliche Künste erfunden hatten, bevor wir auch nur eine davon beherrschten, regelmäßig, bis auf die heutige Zeit, einfach ausgelassen.»[42] Nichts konnte dem antichristlichen Krieger besser gefallen als die Entdeckung und Darstellung so vieler großer Kulturen, die so viel älter als das Christentum waren, von der Bibel nichts wußten und trotzdem, längst vor der Geburt Christi, Maler, Dichter, Weise und Heilige hervorgebracht hatten. Außerdem genoß der rabiate Antisemit und Geldverleiher, daß er Judäa auf eine ganz kleine Rolle in der Geschichte beschränken konnte.

Er bemühte sich immerhin um einige Objektivität gegenüber den Christen. In seinem Buch sind nicht alle Päpste schlecht und nicht alle Mönche Schmarotzer. Er hatte ein gutes Wort für einen Papst wie Alexander III., der «die Lehnspflicht abschaffte ..., dem Volk seine Rechte zurückgab und die Schlechtigkeit gekrönter Häupter geißelte»[43]. Er bewunderte den «ausgesprochenen Mut» Julius' II. und die «Großzügigkeit seiner Auffassungen»[44]. Er hatte ein Empfinden für die Bemühungen des Papsttums um eine sittliche Gewalt, die die Kriege zwischen den Staaten und die Ungerechtigkeiten von Königen im Zaum halten sollte. Auch gab er zu, daß nach dem Untergang des Weströmischen Reiches die Bischöfe in dieser Zeit des Verfalls und des Wiederaufbaus die besten Landesverwalter waren. Außerdem

«war es ein Trost in diesen barbarischen Zeiten, in den Klöstern eine sichere Zuflucht vor der Tyrannei zu finden.[45] ... Man darf nicht ableugnen, daß es in den Klöstern sehr viel Seelengröße gab. Es gab kaum ein Kloster, das zu seinen Insassen nicht einige bewundernswerte Wesen zählen durfte, die der Menschheit zur Ehre gereichten. Zu viele Schriftsteller haben sich ein Vergnügen daraus gemacht, Unordnung und Laster hervorzuheben, womit diese frommen Zufluchtsorte manchmal befleckt waren.»[46]

Im großen und ganzen unterstrich Voltaire jedoch die Irrtümer des Christentums im Laufe der Geschichte, denn wie alle Enzyklopädisten befand er sich mit der katholischen Kirche Frankreichs im Kriegszustand. Er machte nicht viel Wesens von den Christenverfolgungen in Rom und war, wie später Gibbon, der Ansicht, daß sie auf jeden Fall weniger häufig und weniger mörderisch waren als die Ketzerverfolgungen der Kirche. Auch behauptete er schon vor Gibbon, daß die neue Religion den römischen Staat geschwächt habe und die Priester zu unrechtmäßiger Gewalt gekommen seien, weil sie unter dem unwissenden und leichtgläubigen Volk widersinnige Lehren verbreitet und die hypnotische Macht der kirchlichen Riten dazu ausgenützt hätten, den Geist abzutöten und den Irrwahn zu vertiefen. Er klagte die Päpste an, sich Macht und Schätze auf Grund von Dokumenten wie der «Konstantinischen Schenkung» angeeignet zu haben, die inzwischen als Fälschung erkannt worden sei. Und er erklärte, die niederträchtigsten Geschehnisse in der Geschichte seien die spanische Inquisition und die Niedermetzelung der Albigenser gewesen.

Das christliche Mittelalter erschien ihm als ein trostloses Zwischenspiel zwischen Julian und Rabelais. Hingegen erkannte er als einer der ersten, wieviel das europäische Denken der arabischen Wissenschaft, Medizin und Philosophie verdankt. Er war geneigt, in Ludwig IX. das Ideal eines christlichen Königs zu sehen, doch konnte er keinen Adel in Karl dem Großen entdecken, keinen Sinn in der Scholastik und keine Größe in den gotischen Kathedralen, die er als eine «phantastische Mischung von Grobheit und Filigran» abtat. Von seinem gehetzten Geist konnte man nicht erwarten, daß er die

Rolle des christlichen Glaubens und der Priesterschaft richtig einschätzte, die in der Festigung von Charakter und Moral, in der Bewahrung der allgemeinen Ruhe und Ordnung, in der Ermutigung fast aller Künste, in der musikalischen Eingebung und schließlich in der Verschönerung des Daseins der Armen mit Zeremonien, Festen, Gesängen und Hoffnung zum Ausdruck kam. Er war ein Kämpfer, und ein Mann kann nur gut kämpfen, wenn er hassen gelernt hat. Nur der Sieger kann seinem Feind Gerechtigkeit widerfahren lassen.

Im allgemeinen hielt er sich an die Tatsachen, aber natürlich unterliefen ihm auch Fehler. Der Abbé Nonnotte veröffentlichte zwei Bände mit dem Titel: *Erreurs de Voltaire* (Voltaires Irrtümer) und fügte noch ein paar eigene hinzu[47]. Der große Historiker Robertson war beeindruckt von der allgemeinen Genauigkeit Voltaires auf einem so weiten Gebiet[48]. Bei der Beschreibung von so vielen Themen, im Bezug auf so viele Länder und über so viele Jahrhunderte hinweg, gab Voltaire keineswegs vor, sich ausschließlich auf Urkunden oder zeitgenössische Quellen gestützt zu haben, doch wog er das Material aus zweiter Hand vorsichtig ab und benützte die verschiedenen Berichte mit großer Umsicht. Er stellte jedes Zeugnis, das dem gesunden Menschenverstand oder der allgemeinen Erfahrung der Menschheit zu widersprechen schien, in Frage. Zweifellos würde er heute zugeben, daß das, was einem Jahrhundert unglaublich vorkommt, im nächsten bereits alltäglich geworden sein kann, aber er machte es sich zur Richtlinie, daß «Ungläubigkeit die Grundlage allen Wissens ist»[49]. Längst vor Barthold Niebuhr lehnte er die frühen Kapitel des Livius als Legende ab. Romulus, Remus und ihre wölfische *alma mater* verlachte er; Tacitus verdächtigte er rachsüchtiger Übertreibungen, wenn er die Laster von Tiberius, Claudius, Nero und Caligula beschrieb. Er hatte den Eindruck, daß Herodot und Sueton Dinge erzählten, die sie nur vom Hörensagen kannten, und fand, daß Plutarch für einen zuverlässigen Historiker zu gerne Anekdoten bringe. Hingegen hielt er Thukydides, Xenophon und Polybios für vertrauenswürdig. Er hatte seine Zweifel über Mönchschroniken, lobte aber Du Cange, den «sorgfältigen» Tillemont und den «tiefschürfenden» Mabillon. Er weigerte sich, erfundene Reden aufzutischen, wie es bisher üblich war, aber auch die moderne Sitte historischer «Porträts» paßte ihm nicht. Er ordnete das Einzelwesen dem allgemeinen Strom von Ideen und Ereignissen unter, und die einzigen, die er verherrlichte, waren die Helden des Geistes.

Seine Geschichtsphilosophie wurde im *Essai* wie auch andernorts mehr angedeutet als ausgesprochen. Er schrieb eine *Philosophie de l'histoire* (Philosophie der Geschichte) als Vorwort zu der Ausgabe des *Essai* im Jahre 1765. Er hatte eine Abneigung gegen Denksysteme, gegen jeden Versuch, die Welt auf eine Formel zu bringen; er wußte, daß Tatsachen sich mit Verallgemeinerungen schlecht vertragen, und vielleicht war er der Ansicht, daß jede Geschichtsphilosophie auf den Tatsachenbericht folgen und aus ihm entwickelt werden und nicht umgekehrt dem Bericht vorausgehen und über ihn entscheiden sollte. Einige Schlußfolgerungen drängten sich jedoch aus seinem Bericht auf: die Zivilisation war Tausende von Jahren älter als «Adam» und «die Schöpfung». Die menschliche Natur bleibt sich in ihren Grundzügen zu allen Zeiten und in allen Ländern gleich, wird aber durch verschiedene Sitten verschieden gestaltet. Klima, Regierung und Religion sind die grundlegenden Faktoren für diese Umgestaltungen. «Die Macht der Gewohnheit ist größer als die der Natur.»[50] Glück und Zufall (innerhalb der allgemeinen Regeln der Naturgesetze) spielen eine bedeutende Rolle bei der Entwicklung von Ereignissen. Geschichte wird weniger vom Genie des Einzelnen bestimmt als durch das instinktive Einwirken von Menschenmengen auf ihre Umgebung. Auf diese Art entstehen Schritt für Schritt Sitten, Moral, Wirtschaft, Gesetze, Wissenschaft und Kunst, die gemeinsam eine Kultur ausmachen und den Geist der Zeit hervorbringen. «Was ich mir zum Ziel setze, ist die Beobachtung des Zeitgeistes, denn er leitet die großen Weltgeschehnisse.»[51]

Wie Voltaire in seiner *Récapitulation* bemerkte, war Geschichte (wie sie im allgemeinen geschrieben wird) eine bittere und tragische Sache:

> «Ich habe nun all die Revolutionen durchforscht, die die Welt seit Karl dem Großen erschüttert haben ... Was wird die Frucht meiner Arbeit sein? Welchen Nutzen wird man aus der Geschichte ziehen? Wir haben Tatsachen und Sitten betrachtet. Was hat uns diese Kenntnis zu bieten? ...
>
> Man muß wieder einmal zugeben, daß diese ganze Geschichte im allgemeinen nichts als eine Sammlung von Verbrechen, Torheiten und Unglücksfällen ist, wovon sich ab und zu anständige Gesinnungen und ein paar bessere Zeiten abheben ... Da die Natur dem Menschen Selbstsucht, Stolz und sämtliche Leidenschaften ins Herz gelegt hat, ist es kein Wunder, daß wir im Laufe von zehn Jahrhunderten fast nichts als eine ununterbrochene Folge von Verbrechen und Katastrophen beobachtet haben.»[52]

Diese düsteren Betrachtungen sehen aus, als ob sie während der unruhigen Tage in Berlin oder der Erniedrigungen in Frankfurt verfaßt worden wären. Die Farben wären leuchtender ausgefallen, wenn Voltaire sich mehr der Geschichte der Literatur, der Wissenschaft, der Philosophie und der Kunst gewidmet hätte. Man muß sich fragen, warum Voltaire sich so viel Mühe gab, um zu solch einem unbefriedigenden Ergebnis zu kommen. Er hätte wahrscheinlich geantwortet: Um Gewissen und Verstand des Lesers aufzurütteln, um die Regierungen für bessere Erziehungsmethoden und eine bessere Gesetzgebung zu gewinnen, um bessere Menschen heranzubilden. Die menschliche Natur können wir nicht ändern; aber wir können sie durch gesunde Gewohnheiten und weisere Gesetze in andere Bahnen lenken. Wenn Ideen die Welt verändert haben, warum sollten dann nicht bessere Ideen eine bessere Welt hervorbringen? So wurde der Pessimismus Voltaires zum Schluß doch noch durch die Hoffnung auf die Vernunft verklärt, die allmählich an Boden gewinnt und den Fortschritt der Menschheit bedingt.

Die Schwächen des *Essai sur les mœurs* wurden bald entdeckt. Nicht nur Nonnotte, sondern auch Larcher, Guénée und viele andere stürzten sich auf jeden Irrtum, und den Jesuiten fiel es nicht schwer, eine entstellende Voreingenommenheit des Autors zu beweisen. Montesquieu gab ihnen in dieser Hinsicht recht. «Voltaire», sagte er, «ist wie die Mönche, denen es nicht um das Thema geht, das sie behandeln, sondern um den Ruhm ihres Ordens; er schreibt für sein Kloster.»[53] Voltaire antwortete seinen Kritikern, er habe die Sünden des Christentums unterstrichen, weil sie von anderen immer noch gerechtfertigt würden. Er zitierte zeitgenössische Autoren, die die Kreuzzüge gegen die Albigenser billigten, ebenso die Hinrichtung von Hus und sogar die Bartholomäusnacht; sicherlich benötige die Welt eine Geschichtsschreibung, in der diese Handlungen als Verbrechen gegen Menschlichkeit und Moral gebrandmarkt würden[54]. Bei all der klaren Vorstellung, die Voltaire von der Geschichtsschreibung hatte, schätzte er vielleicht doch die Rolle des Historikers falsch ein. Er saß über jede Persönlichkeit und jedes Ereignis zu Gericht und fällte sein Urteil darüber, als ob er eine Art öffentlicher Sicherheitsausschuß zu Schutz und Förderung der intellektuellen Revolution wäre. Er beurteilte die Menschen nicht nach den Begriffen ihrer eigenen wirren Zeiten und begrenzten Kenntnisse, sondern im Licht der weiteren Kenntnisse, die erst nach ihrem Tode erworben wurden. Der *Essai*, der mit vielen Unterbrechungen während einer langen Zeitspanne geschrieben wurde, weist einen Mangel an Einheitlichkeit in Stil und Form auf, und die einzelnen Teile fügen sich nicht zu einem wirklichen Ganzen zusammen.

Trotzdem hatte der *Essai* unzählige Verdienste. Er enthielt eine enorme Summe von Kenntnissen, die auf ernsthafteste Forschungsarbeiten hinwiesen. Sein lebendiger Stil, von Philosophie, aber auch von Humor durchtränkt, räumte ihm einen einzigartigen Rang zwischen Tacitus und Gibbon ein. Seine Voreingenommenheit trat hinter dem allgemeinen Geist des Werkes zurück; es ist erfüllt von Freiheitsliebe, Toleranz, Gerechtigkeit und Vernunft. Hier wurde die Geschichtsschreibung nach all den leblosen, leichtgläubigen Chroniken zur Kunst erhoben. In einer einzigen Generation verwandelten drei historische Werke vergangene Ereignisse in Literatur und Philosophie: Humes *Geschichte Englands*, Robertsons *Geschichte der Regierung Kaiser Karls V.* und Gibbons *Der Untergang Roms* – und sie alle hatten dem Geist Voltaires und zum Teil auch seinem Beispiel etwas zu verdanken. Michelet äußerte sich anerkennend über den *Essai*, «diese Geschichte, die die Geschichtsschreibung formte, die uns alle erzeugt hat, ob Kritiker oder Erzähler»[55]. Und auch hier wandeln wir auf den Pfaden Voltaires.

Als sich Frankreich und Friedrich der Große im Siebenjährigen Krieg gegenüberstanden, erwachte Voltaires schlummernde Vaterlandsliebe, worunter sich vielleicht Erinnerungen an Frankfurt und neues Mißtrauen gegen Genf mischten. Nachdem d'Alembert seinen Artikel veröffentlicht und die Genfer Geistlichkeit die darin vertretenen kühnen Ansichten verleugnet hatte, fühlte sich Voltaire ebenso unsicher in der Schweiz wie in Frankreich. Wann durfte er den Boden der Heimat wieder betreten?

Ein glücklicher Zufall war ihm bei der Erfüllung dieses Wunsches behilflich. Der Herzog von Choiseul, der die Bücher des Verbannten genoß, wurde 1758 Außenminister. Frau von Pompadour war zwar kränklich, aber noch so einflußreich wie früher, und sie hatte Voltaire seine Ungeschicklichkeit verziehen; während der König mit seinem Serail tändelte, konnte die französische Regierung die Rückkehr des schrecklichen Ketzers nach Frankreich mit Nachsicht behandeln. Im Oktober 1758 ließ er sich sechs Kilometer jenseits der Schweizer Grenze nieder und verwandelte sich in den Patriarchen von Ferney. Er war vierundsechzig Jahre alt und wie immer dem Tode nah; aber er reihte sich in den Kampf gegen die stärkste Macht Europas und in den entscheidenden Konflikt seiner Zeit ein.

Drittes Buch

DER VORMARSCH DES WISSENS

[1715–1789]

ERSTES KAPITEL

Die Gelehrten

I. DAS GEISTIGE KLIMA

Der wissenschaftliche Fortschritt wurde durch Gleichgültigkeit, Aberglaube, Verfolgung, Zensur und kirchliche Herrschaft über den Unterricht gehemmt. Diese Hindernisse hatten zwar an Bedeutung verloren, waren aber immer noch viel störender als in einer industrialisierten Zivilisation, wo der Wettbewerb zwischen Individuen, Gruppen und Nationen zur Suche nach neuen Ideen und Methoden zwingt. Im achtzehnten Jahrhundert bewegte sich die Mehrheit der Menschen in einer Umgebung, die sich so langsam wandelte, daß die herkömmlichen Auffassungen und Ideen den Bedürfnissen des Lebens gewöhnlich genügten. Eigneten sich ungewöhnliche Situationen und Ereignisse nicht für eine natürliche Erklärung, so schrieb man sie übernatürlichen Ursachen zu und beunruhigte sich nicht weiter.

Neben der allmählichen Aufklärung bestand jede Art von Aberglauben weiter. Edeldamen zitterten bei einem ungünstigen Horoskop oder glaubten, ein ertrunkenes Kind könne wiederbelebt werden, wenn eine arme Frau eine brennende Kerze in einer Tasse über die Seine gleiten lasse und dadurch eine Brücke in Brand gesteckt werde. Die Prinzessin Conti versprach dem Abbé Leroux eine Prunkkarosse, wenn er ihr den Stein der Weisen verschaffen könne. Wenn Julie von Lespinasse auch jahrelang mit dem Skeptiker d'Alembert zusammengelebt hatte, so glaubte sie trotzdem weiter an Glücks- und Unglückstage. Wahrsager lebten vom Glauben an ihre Hellseherkunst. Frau Bontemps, die die Zukunft aus dem Kaffeesatz las, wurde im geheimen von Frau von Pompadour, dem Abbé von Bernis und dem Herzog von Choiseul konsultiert[1]. Montesquieu behauptete, daß Paris von Zauberern und anderen Schwindlern schwärme, die weltlichen Erfolg oder ewige Jugend verhießen. Der Graf von Saint-Germain überzeugte Ludwig XV., daß er den erschütterten Finanzen Frankreichs durch Geheimmethoden zur Herstellung von Diamanten und Gold aufhelfen könnte[2]. Der Herzog von Richelieu spielte mit schwarzer Magie – um die Hilfe Satans anzurufen. Der alte Fürst von Anhalt-Dessau, der manche Schlacht für Preußen gewann, glaubte nicht an Gott, aber wenn er drei alte Weiber auf dem Weg zur Jagd traf, kehrte er um; die Zeit war «ungünstig»[3]. Unzählige Menschen trugen Amulette oder Talismane, um Mißgeschick abzuwenden. Die Medizin des Volkes enthielt tausend magische Rezepte. Religiöse Reliquien konnten fast jede Krankheit heilen, und Reliquien von Christus oder den Heiligen gab es überall, ein Stückchen von seiner Kleidung in Trier, sein Gewand in Turin und Laon, ein Nagel vom wahren Kreuz in der Abtei von Saint-Denis. Ein gewisser Erfolg der englischen Thronprätendenten aus dem Hause Stuart war auf den Glauben zurückzuführen, daß sie durch Handauflegen Skrofulose heilen konnten – eine Gabe, die den hannoveranischen Königen versagt war, den «Usurpatoren», die nicht von Gottes Gnaden regierten. Fast alle Bauern waren davon überzeugt, daß sie Elfen oder Feen im Wald hörten. Der Glaube an Gespenster nahm ab. Doch schrieb der gelehrte Benediktiner Dom Augustin Calmet eine Geschichte von Vampiren – Leichen, die nachts aus ihrem Grab stiegen, um das Blut der Lebenden zu saugen; dieses Buch wurde mit Zustimmung der Sorbonne veröffentlicht[4].

Der furchtbarste Aberglaube, der Glaube an Hexerei, verschwand in diesem Jahrhundert bis auf wenige örtliche Überreste. Im Jahre 1736 faßten die «Theologen der Vereinigten Presbyterien» einen Beschluß, worin sie ihren Glauben an Hexerei bestätigten[5]; und sogar 1765 schrieb der berühmteste englische Jurist, Sir William Blackstone, noch in seinen *Kommentaren:* «Wer die Möglichkeit oder vielmehr die tatsächliche Existenz von Hexerei und Zauberei leugnet, steht in direktem Widerspruch mit dem offenbarten Wort Gottes; ... die Sache selbst ist eine Wahrheit, für die sämtliche Nationen der Welt nacheinander Zeugnis abgelegt haben.» Trotz Blackstone[6] und der Bibel wurde das englische Gesetz, das Hexerei als ein Verbrechen bestrafte, 1736 abgeschafft. In Frankreich ist nach 1718 keine Hinrichtung wegen Hexerei bekannt, in Schottland nicht mehr nach 1722. Die letzte überlieferte Hinrichtung wegen Hexerei auf dem europäischen Kontinent fand 1782 in der Schweiz statt[7]. Zunehmender Wohlstand, zahlreichere Städte, die Verbreitung des Unterrichts, wissenschaftliche Experimente und die Mahnungen von Wissenschaftern und Philosophen verdrängten nach und nach Teufel und Gespenster aus dem Leben und den Gedanken der Menschen, und die Richter gingen über den Fanatismus der Masse hinweg und weigerten sich, Anklagen wegen Zauberei entgegenzunehmen. Europa begann langsam zu vergessen, daß es einem einzigen Aberglauben 100000 Männer, Frauen und Mädchen geopfert hatte[8].

Hingegen fuhren Kirche und Staat, Katholiken und Protestanten fort, jede Abweichung mit größter Härte zu verfolgen, um die Öffentlichkeit vor jeder Idee zu bewahren, die an überliefertem Glauben oder überlieferter Macht gerüttelt hätte. Die katholische Kirche behauptete, daß sie vom Sohn Gottes gegründet worden und daher allein im Besitz der göttlichen Wahrheit und ihrer rechtmäßigen Auslegung sei; weswegen sie auch das Recht habe, Ketzerei zu unterdrücken. Sie entschied, daß niemand außerhalb der Kirche von ewiger Verdammnis gerettet werden könne. Hatte nicht Christus gesagt: «Wer da glaubet und getauft wird, der wird selig werden; wer aber nicht glaubet, der wird verdammt werden»?[9] Das vierte Ökumenische Laterankonzil (1215) hatte daher in die *fides definita* – die für jeden Katholiken obligatorischen Glaubensartikel – das Dogma aufgenommen: «Es gibt eine universale Kirche der Gläubigen, und außerhalb von ihr kann niemand gerettet werden.»*

---

* *Una est fidelium universalis Ecclesia, extra quam nullus omnino salvatur.* Pius IX. bestätigte dieses Dogma in seiner Enzyklika vom 10. August 1863: «Das katholische Dogma ist wohlbekannt, nämlich daß niemand außerhalb der katholischen Kirche gerettet werden kann [*Notissimum est catholicum dogma neminem scilicet extra catholicam ecclesiam posse salvari*]» (*Cath. Enc.* III. 753b). Man muß erwähnen, daß die katholische Kirche in neuerer Zeit das Dogma gelockert hat. «Die Lehre ..., die in dem Artikel *Extra Ecclesiam nulla salus* zusammengefaßt ist, bedeutet nicht, daß nur jene, die in sichtbarer Kommunion

Ludwig XV. übernahm diese Lehre als eine logische Folge der biblischen Texte und als ein nützliches Werkzeug zur Herausbildung eines einheitlichen nationalen Geistes. 1732 wurde die öffentliche Abhaltung des protestantischen Gottesdienstes in Frankreich unter Androhung der Folter und der Verurteilung zur Galeere oder zum Tode verboten. Die katholische Bevölkerung war duldsamer als ihre Führer; sie verurteilte diese barbarischen Strafen, und das Edikt wurde so nachsichtig gehandhabt, daß die französischen Hugenotten es wagten, 1744 eine Landessynode abzuhalten. Trotzdem bestand die Theologische Fakultät der Pariser Universität (1767) auf dem Ausspruch: «Dem Fürsten wurde das zeitliche Schwert verliehen, um Lehren wie Materialismus, Atheismus und Deismus, die die gesellschaftlichen Bande vernichten und zum Verbrechen aufreizen, zu unterdrücken und um jede Lehre, die die Grundlagen des katholischen Glaubens zu erschüttern droht, im Keim zu ersticken.»[10] In Spanien und Portugal wurde diese Politik aufs strengste durchgeführt. Die orthodoxe Kirche in Rußland bestand auf ähnlicher Einmütigkeit.

Viele protestantische Länder teilten die Ansicht der katholischen Kirche, wonach Verfolgungen notwendig waren. In Dänemark und Schweden verlangte das Gesetz den Beitritt zum lutherischen Glauben; in Wirklichkeit wurden andere Protestanten und sogar Katholiken nicht belästigt, wenn sie auch nicht in ein öffentliches Amt gewählt werden durften. In der Schweiz stand es jedem Kanton frei, seine eigene Religion zu wählen und durchzusetzen. Die Regel, wonach das Volk in deutschen Ländern die Religion seines Fürsten annehmen mußte, wurde immer weniger beachtet. In den Vereinigten Provinzen von Holland verwarf die protestantische Geistlichkeit jede Duldsamkeit als eine Aufforderung zu religiöser Gleichgültigkeit; das Laientum weigerte sich jedoch, der Kirche in dieser Hinsicht zu folgen, und Verfolgungen waren so selten, daß Holland zu einem Zufluchtsort für unorthodoxe Ideen und Veröffentlichungen wurde. In England gestattete das Gesetz verschiedene religiöse Ansichten, erschwerte den Dissidenten aber das Leben durch soziale und politische Zurücksetzung. Samuel Johnson erklärte 1763: «Jede falsche Doktrin sollte gleich beim Aufkommen unterdrückt werden; die Zivilgewalt sollte im Verein mit der Kirche jeden bestrafen, der es wagt, die Landeskirche anzugreifen.»[11] Die britische Regierung verbrannte gelegentlich Bücher oder stellte Schriftsteller an den Pranger, die an den Grundlagen des christlichen Glaubens gezweifelt hatten. So wurde Woolston mit einer Geldstrafe belegt und 1730 ins Gefängnis gesperrt, während Peter Annet 1762 zum Pranger und dann zu einem Jahr Gefängnis mit Zwangsarbeit verurteilt wurde, weil er das Christentum angegriffen hatte. Die Gesetze gegen Katholiken wurden in England nicht streng gehandhabt, während sie in Irland mit aller Härte durchgeführt wurden, bis sich Lord Chesterfield weigerte, sie anzuwenden, als er 1745 dort Statthalter war. In der zweiten Hälfte des achtzehnten Jahr-

---

mit der Kirche verbunden sind, gerettet werden können. Die katholische Kirche hat von jeher gelehrt, daß zur Rechtfertigung nichts als ein Akt wirklicher Barmherzigkeit und Buße vonnöten ist. Wer immer, von wahrer Gnade getrieben, ein solches Verhalten an den Tag legt, erhält sofort die Gabe heiliger Gnade und gehört zu den Kindern Gottes. Sollte er in dieser Gemütsverfassung sterben, so wird er sicher in den Himmel kommen» (s. Cath. Enc., Bd. III. S. 752b).

hunderts wurden die strengsten Maßregeln abgeschafft. Im allgemeinen verfocht sowohl die katholische als auch die protestantische Geistlichkeit die Notwendigkeit von Verfolgungen bis zum Jahre 1789, wenn sich nicht gerade Katholiken oder Protestanten in der Minderheit befanden. Tatsächliche Verfolgungen nahmen aber zusehends ab, vor allem mit der Herausbildung einer neuen öffentlichen Meinung und der Entwicklung religiöser Zweifel. Die Neigung zu Verfolgungen ging in dem Maße von der Religion auf die Politik über, wie der Staat als Hüter von Einstimmigkeit und Ordnung an die Stelle der Kirche trat und damit zum Gegenstand ketzerischer Auflehnung wurde.

In protestantischen Ländern wurde die Zensur von Wort und Schrift meistens weniger streng gehandhabt als in katholischen; am nachsichtigsten waren Holland und England; in den meisten schweizerischen Kantonen war sie streng. Die Genfer Stadtväter verbrannten einige unorthodoxe Bücher, unternahmen aber selten etwas gegen ihre Verfasser. In Deutschland wurde die Zensur durch die Vielfalt der Länder erschwert, die alle ihren eigenen Glauben hatten. Ein Schriftsteller brauchte nur über die Grenze zu gehen, um von einer feindlichen in eine freundliche oder gleichgültige Umgebung zu gelangen. In Preußen war die Zensur unter Friedrich dem Großen so gut wie abgeschafft, wurde aber unter seinem Nachfolger im Jahre 1786 wieder eingeführt. Abgesehen von einer kurzen Unterbrechung unter Struensee wurde die Buchzensur in Dänemark bis 1849 aufrechterhalten. Schweden untersagte Veröffentlichungen, die das Luthertum oder die Regierung angriffen; 1764 gab die Universität von Uppsala eine Liste verbotener Bücher heraus; zwei Jahre später wurde jedoch volle Pressefreiheit in Schweden eingeführt.

Die französische Zensur griff seit Franz I. immer mehr um sich und wurde 1723 durch einen Erlaß erneuert. «Weder Verleger noch sonstige Personen haben das Recht, irgendwo im Königreich Bücher zu drucken oder neu zu drucken, ohne vorher eine schriftliche Erlaubnis, mit dem großen Siegel versehen, erhalten zu haben.» 1741 gab es 76 offizielle Zensoren. Bevor der Zensor einem Buch die Erlaubnis und Ermächtigung des Königs (*Permission et privilège du roi*) erteilte, mußte er sich versichert haben, daß das Buch nicht gegen Religion, öffentliche Ordnung oder Sittlichkeit verstieß. Sogar nach der Veröffentlichung mit der königlichen Druckerlaubnis konnte ein Buch noch von dem Pariser Parlament oder der Sorbonne verurteilt werden. Während der ersten Hälfte des achtzehnten Jahrhunderts wurde die königliche Zensur mit Nachsicht gehandhabt. Tausende von Büchern erschienen ohne Ermächtigung und ohne Belästigung. In manchen Fällen, besonders als Malesherbes der Zensur vorstand, bekam der Verfasser eine stillschweigende Erlaubnis (*permission tacite*), die ihm Straflosigkeit für das betreffende Buch zusicherte. Ein Buch, das ohne die Erlaubnis der Regierung veröffentlicht worden war, konnte vom Scharfrichter verbrannt werden, während sein Verfasser unangetastet blieb; und wenn er auf die Bastille kam, so gewöhnlich nur für kurze Zeit und bei guter Behandlung[12].

Diese Epoche verhältnismäßiger Duldsamkeit nahm mit Damiens' Mordanschlag auf Ludwig XV. (5. Januar 1757) ein Ende. Im April kam ein barbarischer Erlaß heraus, der alle mit der Todesstrafe bedrohte, die «überführt worden sind, Werke in der Absicht geschrieben oder gedruckt zu haben, die Religion anzugreifen, die königliche Autorität zu erschüttern oder Frieden und Ordnung des Landes zu stören». 1764 untersagte ein weiterer Erlaß die Veröffentlichung von Büchern über die Staatsfinanzen. Bücher, Pamphlete, sogar Vorworte zu Theaterstücken wurden genauer Prüfung und Kontrolle unterworfen. Der Kauf oder Verkauf von Voltaires *Pucelle* oder seines *Dictionnaire philosophique* (Philosophisches Wörterbuch) wurde mit den verschiedensten Strafen, vom Pranger und Auspeitschen bis zu neun Jahren auf den Galeeren, belegt. 1762 schrieb d'Alembert an Voltaire: «Sie können sich nicht vorstellen, in welchem Ausmaß die Inquisition [in Frankreich] wütet. Die Gedankenschnüffler ... streichen aus allen Büchern Ausdrücke wie *Aberglauben, Nachsicht, Verfolgung.*»[13] Im Kampf zwischen Religion und Philosophie steigerte sich der Haß auf beiden Seiten; was als Feldzug gegen den Aberglauben begonnen hatte, artete in einen Krieg gegen das Christentum aus. Wenn sich die Revolution im achtzehnten Jahrhundert in Frankreich und nicht in England ereignete, so zum Teil deswegen, weil die staatliche oder kirchliche Zensur in England Milde walten ließ, während sie in Frankreich mit solcher Härte vorging, daß sich der gefesselte Geist nur gewaltsam befreien konnte.

Die *philosophes* (also jene französische Philosophenschule, die sich dem Kampf gegen das Christentum angeschlossen hatte) protestierten gegen die Zensur, die das französische Denken zur Unfruchtbarkeit verurteilte. Aber manchmal wandten sie sich selbst an die Zensur, wenn es um ihre Gegner ging. So wurde Malesherbes von d'Alembert ersucht, die den *philosophes* feindliche Zeitschrift Frérons, *L'Année littéraire* (Das literarische Jahr), zu unterdrücken. Malesherbes, obwohl ein Freund der *philosophes,* weigerte sich[14]. Voltaire bat die Königin, eine Parodie auf sein Stück *Semiramis* zu verbieten. Sie unterließ es, aber die Pompadour sorgte dafür[15].

Die *philosophes* sahen sich gezwungen, die Zensur auf alle möglichen Arten zu umgehen. Sie schickten ihre Manuskripte an ausländische Verleger, gewöhnlich nach Amsterdam, Den Haag oder Genf. Von dort wurden ihre auf französisch gedruckten Bücher massenweise nach Frankreich eingeführt. Fast täglich trafen in Bordeaux oder in anderen Häfen und Grenzorten verbotene Bücher ein. Unter unschuldigen Titeln wurden sie in den Straßen feilgeboten. Verschiedene Adlige, die der zentralisierten Monarchie nicht besonders geneigt waren, gestatteten den Verkauf solcher Werke auf ihrem Gebiet[16]. Voltaires Briefwechsel, der dem philosophischen Feldzug zur Einheit verhalf, entging zum größten Teil der Zensur, weil sein Freund Damilaville eine Zeitlang einen Posten in der Finanzverwaltung innehatte und Briefe und Sendungen Voltaires und seiner Freunde mit dem Siegel des Generalkontrolleurs versehen konnte[17]. Manch ein Regierungsbeamter oder Geistlicher las mit Vergnügen die Bücher, die die Regierung oder die Geistlichkeit geächtet hatten. Französische Verfasser von Büchern, die im Ausland veröffentlicht wurden, setzten nur selten ihren Namen auf die Titelseite, und wenn sie trotzdem angeklagt wurden, leugneten sie ohne jede Gewissensbisse. Das gehörte zu den Spielregeln, denn im Krieg war jedes Mittel recht. Voltaire leugnete nicht nur, der Urheber verschiedener seiner Bücher zu sein, er schrieb sie manchmal toten Schriftstellern zu und verwischte die Spuren, indem er seine eigenen Werke kritisierte oder bloßstellte. Zu diesem Spiel gehörte auch eine gewisse Akrobatik im Ausdruck, die zur Verfeinerung der französischen Prosa beitrug: Doppelsinn, Dialoge, Allegorien, Anekdoten, Ironie, durchsichtige Übertreibungen und überhaupt so viel Eleganz und Geist, wie sie keine andere Literatur aufweisen kann. Der Abbé Galiani definierte Beredsamkeit als die Kunst, etwas zu sagen, ohne auf die Bastille geschickt zu werden.

Das zweitgrößte Hindernis für die Gedankenfreiheit war der Unterricht, der völlig in den Händen der Geistlichkeit war. In Frankreich unterrichteten die Ortspfarrer an der Gemeindeschule oder überwachten sie; die höhere Erziehung war in den Händen der Jesuiten, der Oratorianer oder der christlichen Bruderschaften. Ganz Europa rühmte die Jesuiten für ihren Unterricht in humanistischen Sprachen und Literatur; für die Naturwissenschaft waren sie weniger geeignet. Der Geist manch eines *philosophe* war im Laufe einer jesuitischen Erziehung geschärft worden. Die Pariser Universität wurde von Priestern beherrscht, die viel rückständiger waren als die Jesuiten. Die Universität von Orléans, berühmt für ihre Juristische, und die Universität von Montpellier, berühmt für ihre Medizinische Fakultät, waren verhältnismäßig weltlich. Es ist bezeichnend, daß weder Montesquieu, Voltaire, Diderot, Maupertuis, Helvétius noch Buffon je eine Universität besuchten. Der französische Geist, der sich von den theologischen Scheuklappen frei machen wollte, blühte nicht in Universitäten, sondern in Akademien und Salons. Wissenschaftliche Akademien entstanden zu dieser Zeit in Berlin (1701), in Uppsala (1710), in Sankt Petersburg (1724) und in Kopenhagen (1743). 1739 taten sich Linnaeus und fünf andere schwedische Wissenschafter zu einem Collegium Curiosum zusammen, das 1741 in die Königlich-Schwedische Akademie der Wissenschaften überging. In Frankreich existierten Provinzakademien in Orléans, Bordeaux, Toulouse, Auxerre, Metz, Besançon, Dijon, Lyon, Caen, Rouen, Montauban, Angers, Nancy und Aix-en-Provence. Die Akademien hielten sich von Ketzereien fern, aber sie förderten die Naturforschung und Experimente und duldeten nicht nur Diskussionen, sondern regten sie an. Ein Wettbewerb, den die Akademie von Dijon 1749 und dann wieder 1754 ausschrieb, gab Rousseau den Anstoß zu seiner revolutionären Tätigkeit. Die Académie Française in Paris mit ihren halbtoten Unsterblichen wurde durch die Wahl von Duclos (1746) und d'Alembert (1754) aus ihrer dogmatischen Erstarrung geweckt; und der Aufstieg Duclos' zu dem strategischen Posten des «ewigen Sekretärs» (1755) bedeutete die Einnahme der Akademie durch die *philosophes*.

Wissenschaftliche Zeitschriften trugen zur geistigen Anregung bei. Zu den besten gehörten die *Mémoires pour servir à l'histoire des sciences et des beaux-arts* (Denkschriften für die Geschichte der Naturwissenschaften und der Kunst), die zwischen 1701 und 1762 von den Jesuiten herausgegeben und, nach ihrem Verlagsort in der Nähe von Lyon benannt, als *Journal de Trévoux* berühmt wurden. Für eine religiöse Veröffentlichung waren ihr wissenschaftlicher Ernst und ihre liberale Haltung bemerkenswert. Paris besaß dreiundsiebzig Zeitschriften, mit dem *Mercure de France* und dem *Journal des savants* an der Spitze. Zwei der wirksamsten und ausdauerndsten Feinde Voltaires gaben einflußreiche Zeitschriften heraus. Desfontaines gründete die *Nouvelles littéraires* (1721), und Fréron veröffentlichte die *Année littéraire* zwischen 1754 und 1774. Deutschland blieb nicht zurück und veröffentlichte *Briefe, die neueste Literatur betreffend,* zu denen unter anderen Lessing und Moses Mendelssohn Artikel beisteuerten. In Italien beschäftigte sich das *Giornale dei letterati* mit Wissenschaft, Literatur und Kunst, während *Caffè* politische Ansichten nach Art von *The Spectator* vertrat. Olof von Dalin machte den *Svenska Argus* zum Ausgangspunkt der Aufklärung in Schweden. Da fast alle diese Zeitschriften in der Landessprache abgefaßt und frei von kirchlicher Aufsicht waren, wirkten sie in dieser Zeit der Gärung als treibende Hefe.

Das achtzehnte Jahrhundert zeichnete sich ebenso wie das zwanzigste durch seine wachsende Wißbegierde aus – gerade durch jene Freude an der Erkenntnis, die das Mittelalter als sündigen Hochmut verurteilt hatte. Schriftsteller sahen eine neue Aufgabe darin, das Wissen allgemein zugänglicher zu machen. «Abrisse» waren an der Tagesordnung; Bücher wie *Vereinfachte Mathematik, Das Wesentliche von Bayle, Der Geist Montaignes* und *Der Geist Fontenelles* strebten nach einer allgemeinverständlichen Darstellung von Wissenschaft, Literatur und Philosophie. Professoren unterrichteten mehr und mehr in der Landessprache und erfaßten damit eine Zuhörerschaft, die kein Latein beherrschte. Bibliotheken und Museen wurden vergrößert und waren den Studenten zugänglich. 1753 vermachte Sir Hans Sloane der britischen Nation seine Sammlung von fünfzigtausend Büchern, mehreren tausend Manuskripten und einer großen Anzahl von Bildern, Münzen und Antiquitäten; das Parlament gewährte seinen Erben eine Summe von zwanzigtausend Pfund zur Entschädigung, und die Sammlung wurde zum Kern des British Museum. Die Sammlungen Harley und Cotton und die verschiedenen Bibliotheken der englischen Könige kamen auch dazu, und 1759 öffnete das große Museum der Öffentlichkeit seine Tore. 1928 besaß es 3 200 000 gedruckte Bände und sechsundfünfzigtausend Manuskripte auf achtundachtzig Kilometer Regalen.

Schließlich kamen die Enzyklopädien auf, um den neuen Wissensschatz zu sammeln, zu ordnen und allen, die lesen und denken konnten, zu übermitteln. Schon im Mittelalter hatte es solche Lexika gegeben, darunter diejenigen des Bischofs Isidor von Sevilla (um 600–636) und Vincents von Beauvais (um 1190–1264). Im siebzehnten Jahrhundert erschienen die *Encyclopaedia* von Johann Heinrich Alsted (1630) und der *Grand Dictionnaire historique* (Großes historisches Wörterbuch; 1674) von Louis Moreri. Der *Dictionnaire historique et critique* von Bayle (1697) war eher eine Sammlung merkwürdiger Tatsachen und anregender Theorien als ein Lexikon, hatte aber mehr Einfluß auf den Geist des gebildeten Europa als alles, was in dieser Art vor Diderot veröffentlicht wurde. Ephraim Chambers gab 1728 in London eine zweibändige *Cyclopaedia or an Universal Dictionary of Arts and Sciences* (Enzyklopädisches Wörterbuch für Kunst und Wissenschaft) heraus. Es ließ Geschichte, Biographie und Geographie aus, stellte aber dank seinen Kreuzverweisen und seiner Anordnung einen wichtigen Vorläufer der *Encyclopédie* (1751 f.) von Diderot und d'Alembert dar. 1771 erschien in drei Bänden die erste Ausgabe der *Encyclopaedia Britannica* oder *Lexikon der Künste und Wissenschaften,* «von einer Vereinigung von Edelleuten in Schottland, gedruckt in Edinburgh». Eine zweite Ausgabe (1778) umfaßte bereits zehn Bände und schloß im Gegensatz zur ersten auch Geschichte und Biographie ein. So wuchs sie beständig mit jeder neuen Ausgabe im Laufe von zweihundert Jahren.

Zu Beginn des Jahres 1789 war der westeuropäische Mittelstand ebenso gebildet wie der Adel und die Geistlichkeit; all das war auf die Auswirkungen der Druckerkunst zurückzuführen.

II. DAS AUFBLÜHEN DER GELEHRSAMKEIT

Die humanistische Gelehrsamkeit hatte seit der Zeit der Scaliger, Casaubon, Salmasius und Bentley an Einfluß verloren; doch wurden einige ihrer Traditionen von Nicolas Fréret aufrechterhalten, der dank seiner wissenschaftlichen Hingabe weitreichende Resultate erzielte. Mit sechsundzwanzig Jahren wurde er in die Académie Royale des Inscriptions et Belles-Lettres aufgenommen und hielt im gleichen Jahr eine Vorlesung *Sur l'origine des Francs* (Über den Ursprung der Franken), welche die stolze Sage über den Haufen warf, wonach die Franken «freie», aus Griechenland oder Troia eingewanderte Männer gewesen seien. Sie waren vielmehr süddeutsche Barbaren. Abbé Vertot verklagte Fréret als Verleumder des Königreichs bei der Regierung. Der junge Gelehrte wurde auf kurze Zeit in die Bastille geschickt. Danach beschränkte er seine Forschungen auf Gebiete außerhalb Frankreichs. Er zeichnete 1375 Karten zur Illustration geographischer Wandlungen im Lauf der Geschichte und sammelte bedeutsame Dokumente über die Geschichte von Wissenschaft und Kunst im Altertum und über den Ursprung der griechischen Mythologie. Seine acht Bände über die Chronologie der Alten Geschichte übertrafen das epochemachende Werk von Joseph Justus Scaliger und begründeten eine Chronologie der chinesischen Geschichte, die in den großen Linien auch heute noch gültig ist. Seine Arbeiten gehörten zu den unzähligen gelehrten Nadelstichen, die die biblische Geschichtsauffassung unterminierten.

Auf ähnliche Weise wirkte sich eine Vorlesung Pouillys aus, der vor der gleichen Akademie (1722) den Bericht des Livius über frühe römische Geschichte in Frage stellte. Lorenzo Valla hatte solche Zweifel bereits um 1440 geäußert; Vico hatte sie 1721 aufgegriffen, aber Pouillys eingehende Forschungsarbeiten verwiesen die Geschichten von Romulus und Remus und von den Horatiern und den Curiatiern endgültig ins Reich der Sage. Damit waren die Vorbedingungen für die Arbeiten von Barthold Niebuhr im neunzehnten Jahrhundert gegeben. Zeitlich gehören die *Prolegomena ad Homerum*, in denen Friedrich August Wolf Homer in eine ganze Schule von Sängern aufteilte (1795), nicht mehr zu dem hier behandelten Stoff, sind aber dem achtzehnten Jahrhundert verhaftet; ebenso die sorgfältigen Ausgaben des Aischylos und des Euripides von Richard Porson sowie die *Doctrina Numorum veterum* (1792–1798) von Joseph Eckhel, womit er die Numismatik begründete.

Erst mit der Entdeckung von Herculaneum verspürte die humanistische Gelehrtenwelt eine Erschütterung, die sich mit der Ekstase der Humanisten während der Renaissance vergleichen ließ. 1738 entdeckten einige Arbeiter, die mit Bauarbeiten für einen Jagdpavillon Karls IV., des Königs von Neapel, beschäftigt waren, zufällig die Ruinen von Herculaneum. 1748 wurden bei einer ersten Ausgrabung einige der erstaunlichen Bauten von Pompeii freigelegt, das ebenfalls beim Ausbruch des Vesuvs im Jahre 79 verschüttet worden war; und 1752 wurden die majestätischen Tempel, die die griechischen Kolonisten in Paestum gebaut hatten, von der jahrhundertealten Umklammerung durch die üppige Pflanzenwelt befreit. Piranesi zeigte die ausgegrabenen Tempel, Paläste und Statuen von Pompeii auf seinen meisterlichen Stichen, die überall in Europa eifrige Abnehmer fanden. Das Ergebnis dieser Entdeckungen war ein neuerwachtes Interesse für die Kunst des Altertums, ein Antrieb für die neoklassische Bewegung Winckelmanns und ein außerordentlicher Zuwachs an Kenntnissen über die Lebensweise der Antike.

Hier muß mit Dankbarkeit die gelehrte Arbeit der Mönche erwähnt werden, die ihre Bücher- und Handschriftensammlungen zur Forschung und zur Anfertigung von Auszügen benutzten, die für den modernen Gelehrten von größtem Wert sind. Die Benediktiner von Saint-Maur widmeten sich weiterhin ihren traditionellen historischen Studien. Dom Bernard von Montfaucon begründete die Paläographie mit seiner Schrift *Palaeographica graeca* (1708), während er in *Antiquité expliquée et représentée en figures* (zehn Bände; 1719/24) antike Geschichte an antiken Kunstwerken erläuterte. Dann wandte er sich mit einem fünfbändigen Werk seinem eigenen Land zu und veröffentlichte zwischen 1729 und 1733 seine Studie: *Les Monuments de la monarchie française.* Dom Antoine Rivet von la Grange begann 1733 mit einer benediktinischen *Histoire littéraire de la France,* die zum Vorbild und Vorratskeller sämtlicher Darstellungen der frühen französischen Literatur wurde. Der größte Gelehrte unter den Benediktinern des achtzehnten Jahrhunderts war Dom Augustin Calmet, der Voltaire 1754 in seinem Kloster in Senones Zuflucht bot. Sein ganzes Leben lang benützte Voltaire Calmets Werk *Commentaire littéral sur tous les livres de l'Ancien et du Nouveau Testament* (1706/16); ab und zu erlaubte er sich sogar, es zu plündern. Ungeachtet gewisser Schwächen [18] wurden diese vierundzwanzig Bände als ein Monument von Gelehrsamkeit begrüßt. Calmet schrieb noch verschiedene andere Bibelerklärungen, verfaßte wie Bossuet eine *Histoire universelle* (Universalgeschichte; 1735) und verbrachte seine wachen Stunden fast ausschließlich in Studien und Gebet. «Wer ist Frau von Pompadour?» fragte er Voltaire in seiner glückseligen Unwissenheit [19]. Er lehnte einen Bischofssitz ab und verfaßte seine eigene Grabschrift: *Hic iacet qui multum legit, scripsit, oravit; utinam bene! Amen* (Hier liegt, der viel gelesen, geschrieben und gebetet hat; möge es zum Wohl sein! Amen) [20].

Verschiedene mutige Laien machten sich ebenfalls an eine Kritik der Bibel. Der Arzt Jean Astruc studierte die Quellen des mosaischen Verfassers des Pentateuchs in *Conjectures sur les mémoires originaux dont il paraît que Moïse s'est servi pour composer le livre de la Genèse* (1753); hier wurde zum erstenmal darauf hingewiesen, daß die Verwendung von zwei verschiedenen Namen für Gott, Jahwe und Eloah, auf zwei ursprüngliche Schöpfungsgeschichten hindeutete, die nur lose und ungeachtet verschiedener Wiederholungen im Buch der Genesis miteinander verbunden waren. Andere Bibelforscher versuchten, das Datum der Schöpfung auf Grund des Pentateuchs zu berechnen, und kamen zu zweihundert verschiedenen Ergebnissen. Orientalisten beunruhigten die Gläubigen, denn sie gelangten zu einer Zeitrechnung, die für die Geschichte Ägyptens auf dreizehntausend Jahre zurückging, während chinesische Berechnungen behaupteten, die chinesische Kultur bestehe seit neunzigtausend Jahren. Niemand schenkte den indischen Brahmanen Glauben, die der Ansicht waren, daß die Welt 326669 Zeitalter hinter sich habe, von denen jedes mehrere Jahrhunderte währte [21].

Den kühnsten und umwälzendsten Beitrag zur Bibelkritik des achtzehnten Jahrhunderts lieferte ein deutscher Professor für orientalische Sprachen in Hamburg. Hermann Reimarus hinterließ bei seinem Tode im Jahre 1768 ein Manuskript von viertausend Seiten, an dem er zwanzig Jahre lang gearbeitet hatte: *Schutzschrift für die vernünftigen Verehrer Gottes.* Niemand wagte, es zu veröffentlichen, bis Lessing (1774–1778) sieben Teile daraus als *Fragmente eines Ungenannten, gefunden in Wolfenbüttel* (wo Lessing Bibliothekar war) herausgab. Außer Friedrich dem Großen erhob fast das ganze literarische Deutschland Protest; sogar der liberale Gelehrte Johann Semler bezeichnete Lessing als wahnsinnig, weil dieser einer so verheerenden Kritik am herkömmlichen Glauben Pate stehe. Denn in dem siebenten Bruchstück *Vom Zwecke Jesu und seiner Jünger* verwarf Reimarus nicht nur die Wunder und die Auferstehung Jesu, sondern beschrieb ihn als einen ernsthaften, sanften, irregeführten jungen Juden, der bis zuletzt dem Judentum treu blieb, den Glauben mancher Juden teilte, daß die Welt bald untergehen werde, und der seine ethischen Prinzipien auf dieser Voraussetzung und zur Vorbereitung auf dieses Ereignis aufbaute. Reimarus war der Ansicht, Jesus habe den Ausdruck «himmlisches Königreich» in dem damals gebräuchlichen Sinne seines Volkes als ein künftiges Königreich der von Rom befreiten Juden gebraucht[22]. Sein verzagter Ruf am Kreuz «Mein Gott, mein Gott, warum hast du mich verlassen?» war ein Geständnis seines Menschseins und seiner Niederlage. Nach seinem Hinschied übertrugen einige Apostel das versprochene Königreich auf ein Leben nach dem Tode. In diesem Sinne wurde das Christentum nicht von Jesus, sondern von den Aposteln begründet. «Sein Werk ist», sagt Albert Schweitzer, «vielleicht die großartigste Leistung in der Leben-Jesu-Forschung überhaupt, denn er hat zuerst die Vorstellungswelt Jesu historisch, das heißt als eschatologische Weltanschauung, erfaßt»[23] – also auf die Erwartung des baldigen Weltendes gegründet.

Vom Studium des jüdischen Altertums gingen die Gelehrten schüchtern zu den orientalischen Völkern über, die Christus abgelehnt oder nie von ihm gehört hatten. Die französische Übersetzung der *Arabian Nights* (Arabische Nächte; 1704–1717) von Galland, die *Religion des Mahométans* (Religion der Mohammedaner; 1721) von Reland, die *Histoire de la philosophie païenne* (Geschichte der heidnischen Philosophie; 1724) von Burigny, die *Vie de Mahomet* (Leben Mohammeds; 1730) von Boulainvilliers (1730) und die englische Übersetzung des Korans von Sale (1734) enthüllten den Islam nicht als eine Welt der Barbarei, sondern als einen mächtigen Rivalen auf dem Gebiet des Glaubens, als eine moralische Ordnung, die trotz den Zugeständnissen, die sie an die natürliche Polygamie der Männer machte, wirksam war. Noch eine neue Welt wurde durch die Übersetzung der parsischen Schriften von Abraham-Hyacinthe Anquetil-Duperron eröffnet. Sein Interesse wurde durch die Lektüre einiger Auszüge aus dem Zend-Awesta in einer Pariser Bibliothek erweckt. Er gab seine Vorbereitung auf den Priesterstand auf und beschloß, die heiligen Schriften des Ostens aus erster Hand zu studieren. Da er kein Geld für die Überfahrt hatte, ließ er sich im Alter von dreiundzwanzig Jahren als Soldat für eine französische Expedition nach Indien anwerben. In Pondichéry eignete er sich nach kurzer Zeit das moderne Persisch an; in Chandernagor studierte er Sanskrit; in Surat fand er einen Parsen, der ihm Pehlevi und Zend beibrachte. 1762 kam er mit hundertachtzig orientalischen Handschriften nach Paris zurück und begann mit ihrer Übersetzung; während dieser Zeit lebte er von Brot, Käse und Wasser und verzichtete auf die Ehe als eine unerschwingliche Ausgabe. 1771 veröffentlichte er seine französische Fassung des Zend-Awesta und Bruchstücke anderer Bücher der Parsen; und 1804 gab er die *Upanischaden* heraus. Die Kenntnis nichtchristlicher Religionen und Moralbegriffe trug allmählich zur Untergrabung des dogmatischen Glaubens in Europa bei.

Am stärksten wirkte sich die Bekanntschaft mit der chinesischen Geschichte und Philosophie aus, die durch europäische Missionare, Reisende und Gelehrte übermittelt wurden. Begonnen hatte es mit Marco Polos Rückkehr nach Venedig im Jahre 1295; dann kamen die französische und englische Übersetzung der *Historia del reino de la China* (Lissabon 1584) des Jesuitenpaters Juan Gonzales de Mendoza und die englische Übersetzung einer lateinischen Abhandlung *Of the Kingdom of China* (Über das Königreich China, Macao 1590) von Hakluyt, die in seinen *Voyages* (Reisen; 1589–1600) erschien. Der neue Einfluß zeigte sich in Montaignes Essay «Von der Erfahrung» (1591?): «Die Regierungsform und die Künste, die sich in China ohne irgendwelche Kenntnis unserer eigenen Institutionen herangebildet haben, sind den unseren in vieler Hinsicht weit voraus.»[24] 1615 veröffentlichte der Jesuit Nicolas Trigault seinen Reisebericht *De christiana expeditione apud Sina,* der bald darauf auf französisch und auch auf englisch als *Purchas his Pilgrimes* erschien (1625). Trigault und andere hoben besonders das chinesische System hervor, spezielle und eingehende Studien zur Vorbedingung für jedes öffentliche Amt zu machen und sämtliche Zweige der Verwaltung einer regelmäßigen Kontrolle zu unterziehen. Ein anderer Jesuit, der erstaunlich vielseitige Athanasius Kircher, veröffentlichte 1670 eine wahre Enzyklopädie, *China illustrata,* worin er die chinesische Regierung rühmte, die von Philosophen auf dem Königsthron ausgeübt werde[25].

Die Jesuiten hielten mit ihrem Lob der chinesischen Religion und Philosophie nicht zurück. Trigault berichtete, der gebildete Chinese stelle sich Gott als die Seele der Welt vor und die Welt als seinen Körper. Es könnte sein, daß Spinoza, der eine ähnliche Ansicht vertrat, mit dieser Idee durch ein Buch bekannt wurde, das 1649 in Amsterdam erschien und sich im Besitz seines Lateinlehrers Franz Van den Enden befand[26]. 1622 veröffentlichten die Jesuiten eine lateinische Übersetzung des Konfuzius unter dem Titel *Sapientia sinica;* in einem weiteren Auszug, *Confucius Sinarum philosophus* (1687), bezeichneten sie die konfuzianische Ethik als «die hervorragendste Sittenlehre, die je gelehrt wurde, eine Moral, von der man behaupten könnte, daß sie der Schule Jesu Christi entspringt»[27]. Der Jesuit Louis Le Compte schrieb (1696) in seinen *Mémoires de la Chine,* das chinesische Volk habe «zweitausend Jahre lang die Erkenntnis des wahren Gottes bewahrt» und habe sich «an den reinsten Sittenkodex gehalten, während Europa noch in Irrtum und Verwahrlosung versank»[28]; dieses Buch wurde von der Sorbonne verurteilt. Leibniz, der politisch sehr vorsichtig war, aber jeden frischen Luftzug im geistigen Klima aufmerksam verfolgte, brachte 1697 seine *Novissima Sinaica* (Neueste Nachrichten aus China) heraus. Er war der Ansicht, daß Europa auf wissenschaftlichem und philosophischem Gebiet China überlegen war, jedoch

«wer würde früher geglaubt haben, daß es ein Volk gibt, das uns durch seine Prinzipien im bürgerlichen Leben übertrifft? Und trotzdem erleben wir das heute im Fall der Chinesen ... in Ethik und Politik. Denn man kann unmöglich beschreiben, wie wunderbar alles in den Gesetzen der Chinesen, mehr als bei anderen Völkern, auf die Erzielung öffentlicher Ruhe eingestellt ist ... Der Zustand unserer Angelegenheiten, die Verderbnis, die so maßlos um sich greift, scheint mir derart, daß es fast nötig erscheint, uns chinesische Missionare zu schicken, um uns Anwendung und Praktik von Naturreligion zu lehren, so wie wir ihnen Missionare senden, um sie die Offenbarung zu lehren. Und so glaube ich, wenn ein weiser Mann gewählt würde, um über die Vorzüge von Völkern zu urteilen, so würde er den Chinesen den goldenen Apfel zusprechen – abgesehen davon, daß wir ihnen in einer höchsten, aber übermenschlichen Sache überlegen sind, nämlich der göttlichen Gabe der christlichen Religion.»[29]

Leibniz drängte die europäischen Akademien, Nachrichten über China zu sammeln, und er war einer von denen, die die französische Regierung von der Notwendigkeit überzeugten, hervorragende jesuitische Gelehrte an einer Gesandtschaft nach China teilnehmen zu lassen, um Tatsachenberichte von ihnen zu erhalten. 1735 faßte Jean-Baptiste von Halde diese und andere Dokumente in seiner *Description ... de l'empire de la Chine* (Beschreibung ... des chinesischen Kaiserreichs) zusammen. Ein Jahr später erschien das Buch auf englisch. Sowohl in Frankreich als in England war seine Auswirkung bemerkenswert. Von Halde war der erste, der Mencius in Europa bekannt machte. Um die Mitte des achtzehnten Jahrhunderts hatte die *Weltgeschichte* von Bossuet an Ansehen verloren, denn die inzwischen bekannt gewordenen alten, ausgedehnten und hochstehenden Kulturen hatte er in seiner «universalen» Geschichte fast völlig übergangen. Jetzt war die Zeit für Voltaire und seinen umfassenden Ausblick auf die Geschichte der Kultur gekommen.

Das Ergebnis all dieser enthusiastischen Übertreibungen machte sich in Europa in Gebräuchen und Manieren, in Kunst und Literatur und auch in der Philosophie bemerkbar. 1739 veröffentlichte der Marquis von Argens eine Serie *Lettres chinoises* (Chinesische Briefe) von einem erfundenen Chinesen, worin europäische Einrichtungen und Lebensweise kritisiert wurden. 1757 belustigte Horace Walpole England mit einem *Letter from Xo Ho, a Chinese Philosopher* (Brief von Xo Ho, einem chinesischen Philosophen). Goldsmith benutzte dieselbe Methode mit seinem *Citizen of the World* (Weltbürger; 1760). Wenn Kaiser Joseph II. höchstpersönlich ein Stück Boden pflügte, so ahmte er damit eine Sitte der chinesischen Kaiser nach[30]. Die feinen Damen, die in Paris ihren Sonnenschirm öffneten, trugen eine reizende Neuheit zur Schau, die die Jesuiten aus China nach Frankreich gebracht hatten[31]. Gegen Ende des achtzehnten Jahrhunderts entwickelte sich daraus der Regenschirm. Chinesisches Porzellan und japanische Lackarbeiten waren im siebzehnten Jahrhundert zu begehrten Schätzen in europäischen Heimen geworden. Chinesische Tapeten mit einem einzigen großen Bildmotiv, das aus Einzelteilen zusammengeklebt war, wurden in England um 1700 beliebt. Chinesische Möbel hielten ihren Einzug in englische Häuser um 1750. Während des ganzen achtzehnten Jahrhunderts war der Geschmack für Chinoiserien – Gegenstände chinesischer Herkunft oder im chinesischen Geschmack – bei der englischen und französischen Innenausstattung vorherrschend, griff auf Italien und Deutschland über, ging in das Rokoko-Ornament ein und gehörte so unbedingt zum guten Ton, daß sich Dutzende von Satirikern darüber lustig machten. Chinesische Seide war ein Zeichen von Vornehmheit. Ganz Westeuropa legte chinesische Gärten an. Europäische Damen holten sich Brandblasen an chinesischem Feuerwerk[32]. *Turandot* von Gozzi war eine chinesische Phantasie. Eine ganze Reihe von Theaterstücken mit chinesischem Hintergrund erschienen auf der englischen Bühne; und Voltaire schöpfte seine *Waise von China* bei einem chinesischen Stück im dritten Band von Halde[33].

Der chinesische Einfluß auf die westliche Gedankenwelt machte sich am meisten in Frankreich fühlbar, wo die Freidenker daraus eine Waffe gegen das Christentum machten. Sie entdeckten mit Genugtuung, daß Konfuzius eher ein Freidenker als ein orientalischer Jesuit gewesen war. Sie verkündeten, die konfuzianische Ethik sei ein Beweis dafür, daß ein wirksames Sittengesetz auch ohne übernatürliche Religion auskommen kann[34]. Bayle wies (1685) darauf hin, daß der chinesische Kaiser die katholischen Missionare unbehelligt ließ, während Ludwig XIV., der das duldsame Edikt von Nantes Heinrichs IV. widerrufen hatte, religiöse Übereinstimmung mit roher Gewalt erzwingen wollte. Bayle, der die Konfuzianer irrtümlich für Atheisten hielt, führte sie als einen Beweis gegen das Argument von der weltweiten Einstimmigkeit über das Vorhandensein Gottes an[35]. Montesquieu ließ sich von dieser orientalischen Sturzflut nicht mitreißen, nannte die chinesischen Kaiser Despoten, wies auf die Unehrlichkeit chinesischer Kaufleute und die Armut der chinesischen Massen hin und sagte tragische Auswirkungen einer Übervölkerung in China voraus[36]. Quesnay versuchte Montesquieu in *Le Despotisme de la Chine* (1767) zu erwidern, sprach von einem «aufgeklärten Despotismus» und zitierte chinesische Vorbilder im Hinblick auf notwendige Reformen in der französischen Wirtschaft und Verwaltung. Turgot stand der chinesischen Utopie mißtrauisch gegenüber und beauftragte zwei chinesische katholische Priester in Frankreich, nach China zu reisen, um sich die Antwort auf zweiundfünfzig konkrete Fragen zu holen; dieser Bericht trug zu einer realistischen Anschauung über Gut und Böse im chinesischen Leben bei[37].

Voltaire unterrichtete sich eingehend über China. Er widmete die ersten drei Kapitel seines *Essai sur les mœurs* der chinesischen Kultur; und in seinem *Dictionnaire philosophique* nannte er China «das älteste, ausgedehnteste, meistbevölkerte und bestverwaltete Königreich auf Erden»[38]. Seine Bewunderung für die chinesische Regierung verstärkte seine Neigung, die größte Hoffnung für soziale Reform im *despotisme éclairé* zu sehen, womit er die aufgeklärte Monarchie meinte. Wie verschiedene andere Franzosen und wie der deutsche Philosoph Wolff war er bereit, Konfuzius heiligzusprechen, der «dem chinesischen Volk fünfhundert Jahre vor der Entstehung des Christentums die Grundlagen der Moral beigebracht hatte»[39]. Voltaire, bekannt für seine guten Manieren, war überzeugt, daß die Würde, die Selbstbeherrschung und Unerschütterlichkeit der Chinesen seinen leicht erregbaren Landsleuten und vielleicht sogar ihm selbst zum Vorbild dienen könnten[40]. Als zwei Gedichte des damaligen chinesischen Kaisers Ch'ien-lung (Regierungszeit 1736–1796) auf französisch erschienen, antwortete Voltaire darauf in Versen. Der Kaiser schickte ihm eine Porzellanvase.

Die Berührung Europas mit fremden Religionen und Einrichtungen trug in hohem Maße zur Schwächung der christlichen Religion bei. Die Nachrichten aus Persien, Indien, Ägypten, China und Amerika warfen endlose, schwer zu beantwortende Fragen auf. Wie sollte man die wahre Religion unter zweitausend verschiedenen Glaubensbekenntnissen wählen? fragte Montesquieu[41]. Wieso war die Welt im Jahre 4004 vor Christus erschaffen worden, wenn es im Jahre 4000 vor Christus in China schon eine hochentwickelte Kultur gab? fragten hundert andere. Warum war in China nichts von der Sintflut bekannt, die der Bibel nach die ganze Erde bedeckte? Warum hatte Gott seine Offenbarung auf ein kleines Volk in Vorderasien beschränkt, wenn diese für die ganze Menschheit bestimmt war? Wie konnte man glauben, daß es außerhalb der Kirche kein Heil gab? Wurden also all die Billionen, die in Indien, China und Japan gelebt hatten, jetzt in der Hölle geröstet? Die Theologen mühten sich ab, auf solche Fragen mit einem Berg feiner Unterscheidungen und Erklärungen zu antworten, aber der Bau des Dogmas bekam trotzdem täglich neue Risse, oft als Ergebnis der Berichte von Missionaren; manchmal sah es so aus, als ob sich die Jesuiten in China zu Konfuzius bekehrt hätten, anstatt die Chinesen zu Christus zu bekehren.

Und all die Freundschaften, die diese gebildeten Jesuiten in China schlossen, beruhten mehr auf den wissenschaftlichen Errungenschaften, die sie einführten, als auf der Religion, die sie lehrten.

ZWEITES KAPITEL

*Der Fortschritt der Naturwissenschaften**

[1715–1789]

I. WACHSENDER WISSENSDURST

Auch die Naturwissenschaften blühten auf. Ihre Entfaltung – Forschung, Methoden, Ergebnisse, richtige Voraussagen und richtige Anwendung sowie ihr Einfluß und Ansehen – war das positive Ergebnis einer im wesentlichen modernen Entwicklung, der als negative Seite der Niedergang des Glaubens ans Übernatürliche gegenüberstand. Die neuen Priester, die den Geist mit Hilfe der Wissenschaft erziehen wollten, gerieten in Streit mit den alten, die den Charakter mit Hilfe der Religion formen wollten. Diese herrschen in Epochen von Armut und Katastrophen vor, wenn die Menschen für seelischen Trost und moralische Ordnung dankbar sind, während jene zu den Zeiten verhältnismäßigen Wohlstands gehören, wenn der Mensch dazu neigt, seine Hoffnung auf die Erde zu beschränken.

Im allgemeinen schätzt man das achtzehnte Jahrhundert hinsichtlich des wissenschaftlichen Fortschritts weniger hoch ein als das siebzehnte. Und tatsächlich fehlt es an so überragenden Figuren wie Galilei oder Newton, an einschneidenden Entdeckungen, die zur Kenntnis des Universums beitrugen, wie die Ausdehnung der Schwerkraft auf den Kosmos, die Aufstellung der Differentialrechnung oder die Entdeckung des Blutkreislaufs.

Aber trotzdem hat auch das achtzehnte Jahrhundert seine leuchtenden Sterne am Firmament der Wissenschaft. Euler und Lagrange in der Mathematik, Herschel und Laplace in der Astronomie, d'Alembert, Franklin, Galvani und Volta in der Physik, Priestley und Lavoisier in der Chemie, Linnaeus in der Botanik, Buffon und Lamarck in der Biologie, Haller in der Physiologie, John Hunter in der Anatomie, Condillac in der Psychologie und Jenner und Boerhaave in der Medizin. Die vielen neuen Akademien widmeten sich mehr und mehr der wissenschaftlichen Forschung. Fast an allen Universitäten wurde eine naturwissenschaftliche Fakultät eröffnet; zwischen 1702 und 1750 gründete Cambridge Lehrstühle für Anatomie, Astronomie, Botanik, Chemie, Geologie und «experimentale Philosophie», womit Physik gemeint war. Die wissenschaftlichen Methoden stützten sich in größerem Ausmaß auf das Experiment. Die nationalistische Empfindlichkeit, die einen Schatten auf die Internationale des Geistes während der Kontroverse zwischen Newton und Leibniz geworfen hatte, war überwunden, und die neuen Priester reichten sich die Hände über Grenzen, Religionen und Kriege hinweg, um das

* Für dieses Kapitel sind wir besonders dem Buch von A. Wolf, *History of Science, Technology and Philosophy in the 18th Century*, verpflichtet.

immer weiter reichende Unbekannte zu erforschen. Sie kamen aus allen Bevölkerungsschichten, vom verarmten Priestley und dem Findelkind d'Alembert bis zum adligen Buffon und dem Millionär Lavoisier. Könige und Prinzen nahmen an der Forschung teil. Georg III. befaßte sich mit Botanik, Johann V. mit Astronomie, Ludwig XVI. mit Physik. Liebhaber wie Montesquieu und Voltaire, Damen wie Frau du Châtelet und die Schauspielerin Fräulein Clairon mühten oder vergnügten sich in Laboratorien, und jesuitische Wissenschaftler wie Boscovich versuchten, zwischen dem alten und neuen Glauben eine Brücke zu schlagen.

Nie zuvor und bis auf den heutigen Tag hatte sich die Wissenschaft solcher Beliebtheit und Ehren erfreut. Die glänzenden Entdeckungen Newtons auf mathematischem, mechanischem und astronomischem Gebiet stärkten das Rückgrat der Wissenschafter überall in Europa. Wenn sie auch keine Reichtümer anhäuften, so wurden sie doch nach 1750 überall mit offenen Armen empfangen und trugen ihre Perücken in den gleichen Salons umher wie Lords und Herzöge. In den naturwissenschaftlichen Auditorien der Pariser Institute drängten sich die eifrigen Zuhörer beiderlei Geschlechts und jeden Ranges. Nach einem Besuch in Paris im Jahre 1755 berichtete Goldsmith: «Bei den chemischen Vorlesungen von Ronelle habe ich ebensoviel Schönheiten angetroffen, wie sie den Hof in Versailles zieren.»[1] Elegante Damen legten wissenschaftliche Bücher auf ihren Toilettentisch und ließen sich wie Frau von Pompadour mit einem Winkelmesser und einem Fernrohr zu Füßen malen. Das Interesse an theologischen Fragen ging verloren, das Jenseits wurde abgeschüttelt, und nur der Aberglauben blieb hängen. Wissenschaft war die Mode und die Laune dieser Zeit, die in einem wirren Strom hektischen Wandels der Katastrophe entgegenging.

II. DIE MATHEMATIK

1. Euler

Kein aufsehenerregender Wandel ereignete sich in der Mathematik, denn im Laufe von fünf Jahrtausenden war so viel getan worden, daß es so aussah, als ob nach Newton überhaupt nichts Neues mehr zu erobern wäre. Nach seinem Tod (1727) setzte eine Reaktion gegen die Voraussetzungen und Unverständlichkeit der Differential- und Integralrechnung ein. Bischof Berkeley griff sie in einer heftigen Kritik (*The Analyst;* 1734) an, sprach von Mysterien, die sich mit Metaphysik und Theologie messen könnten, und verhöhnte die Jünger der Wissenschaft, die sich «blind einer Autorität unterwerfen, Dinge ungeprüft hinnehmen und unvorstellbare Einzelheiten glauben» – genau die gleichen Vorwürfe, die man früher den Anhängern religiöser Bekenntnisse gemacht hatte. Den Mathematikern fiel es ebensoschwer, Berkeley darauf zu antworten, wie den Materialisten, die seinen Idealismus entkräften wollten.

Jedenfalls baute man Brücken mit Mathematik, und mit Zahlen wurde weitergearbeitet. Die Newtonsche Form der Differential- und Integralrechnung wurde in England von Abraham Demoivre, Nicholas Saunderson und Brook Taylor, in Schottland von Colin

Maclaurin weiterentwickelt. Demoivre machte Fortschritte in der Wahrscheinlichkeitsrechnung und Rentenberechnung; da er von französischer Herkunft war und in England lebte, wurde er (1712) von der Royal Society of London dazu ausgesucht, den Streit zwischen Newton und Leibniz über die Erfindung der Differential- und Integralrechnung zu schlichten. Saunderson war als Einjähriger erblindet; er hatte gelernt, lange komplizierte mathematische Probleme im Kopf zu lösen. Im Alter von neunundzwanzig Jahren wurde er (1711) zum Professor für Mathematik an der Universität Cambridge ernannt und schrieb eine *Algebra,* die ihm einen internationalen Ruf eintrug. Wir werden noch sehen, wie sehr Diderot von dieser Laufbahn gefesselt war. Der Name Taylors blieb mit einem Grundsatz der Differentialrechnung verbunden, und Maclaurin bewies, daß eine flüssige Masse, die sich um ihre Achse dreht, eine elliptische Form annimmt. Die Basler Familie Bernoulli hatte drei Generationen hervorragender Wissenschafter hervorgebracht. Die protestantische Familie war 1583 aus Antwerpen geflohen, um den Gewalttaten Albas zu entgehen. Von sieben Mathematikern aus der Familie Bernoulli gehören zwei der Zeit Ludwigs XIV. an; ein dritter, Johann I (1667–1748), erlebte zwei verschiedene Regierungen. Daniel (1700–1782) wurde im Alter von fünfundzwanzig Jahren zum Mathematikprofessor in Sankt Petersburg ernannt, kehrte aber acht Jahre später nach Basel zurück, wo er an der Universität Anatomie, Botanik, Physik und schließlich auch Philosophie lehrte. Er hinterließ Arbeiten über Differential- und Integralrechnung, Akustik und Astronomie und kam der Begründung der mathematischen Physik nahe. Sein Bruder Johann II (1710–1790) unterrichtete Rhetorik und Mathematik und machte sich einen Namen in der Theorie der Wärme und des Lichts. Daniel gewann zehn Preise der Académie des Sciences, Johann drei. Von Johanns Söhnen wurde Johann III (1744–1807) königlicher Astronom an der Berliner Akademie, und Jakob II (1758?–1789) lehrte Physik in Basel und Mathematik in Sankt Petersburg. Diese bemerkenswerte Familie umspannte alle Wissenschaften, das ganze Jahrhundert und den ganzen Kontinent.

Leonhard Euler, ein Schüler von Johann Bernoulli I, der in freundschaftlichem Wettbewerb mit Daniel stand, war der vielseitigste und fruchtbarste Mathematiker seiner Zeit. Er wurde 1707 in Basel geboren und starb 1783 in Sankt Petersburg. Er tat sich in der Mathematik, der Mechanik, der Optik, der Akustik, der Hydrodynamik, der Astronomie, der Chemie und der Medizin hervor, konnte die halbe *Aeneis* auswendig und war ein lebendiges Beispiel für die Vielseitigkeit und das Ausmaß des menschlichen Geistes. In drei größeren Abhandlungen über die Differential- und Integralrechnung befreite er die neue Wissenschaft von dem geometrischen Mutterkuchen, mit dem sie geboren worden war, und begründete sie auf algebraischer Berechnung – der «Analyse». Zu diesem klassischen Werk kamen Arbeiten über Algebra, Mechanik, Astronomie und Musik hinzu. Sein *Tentamen novae Theoriae Musicae* (1729) enthielt jedoch «zuviel Mathematik für Musiker und zuviel Musik für Mathematiker»[2]. Bei aller Wissenschaft bewahrte er sich seinen religiösen Glauben bis zuletzt.

Als Daniel Bernoulli sich nach Sankt Petersburg begab, versprach er Leonhard einen Posten an der dortigen Akademie. So fuhr der junge Mensch im Alter von zwanzig Jahren dorthin, und als Daniel Rußland (1733) verließ, wurde Euler sein Nachfolger an der Spitze der Abteilung für Mathematik. Er erstaunte seine Kollegen, indem er astronomische Tafeln, für die man gewöhnlich mehrere Monate brauchte, in drei Tagen aufstellte. Er arbeitete Tag und Nacht und bei schlechter Beleuchtung mit solchem Feuereifer, daß er 1735 auf einem Auge erblindete. Er heiratete und machte sich gleich ans Summieren und Multiplizieren, während der Tod subtrahierte; von seinen dreizehn Kindern starben acht in jungen Jahren. Auch sein Leben war in dieser Hauptstadt gefährdet, die ständig von politischen Intrigen und Morden erschüttert wurde. 1741 folgte er einer Einladung Friedrichs des Großen an die Berliner Akademie. Dort übernahm er die Mathematische Fakultät von Maupertuis. Friedrichs Mutter hatte ihn gern, fand ihn aber merkwürdig verschlossen. «Warum sprechen Sie nicht mit mir?» fragte sie ihn. «Madame», antwortete er, «ich komme von einem Land, wo man gehängt wird, wenn man spricht.»[3] Die Russen konnten aber auch großzügig sein. Noch lange nach seiner Abreise zahlten sie ihm sein Gehalt weiter aus. Und als eine russische Armee in Brandenburg einfiel und Eulers Landhaus plünderte, wurde er vom General reichlich entschädigt, und die Zarin Elisabeth Petrowna rundete die Summe noch auf.

Seinen Ehrenplatz in der Geschichte der Wissenschaften eroberte sich Euler mit seinen Arbeiten über Differential- und Integralrechnung und besonders für seine systematische Behandlung der Variationsrechnung. Er förderte die analytische Geometrie und Trigonometrie. Als erster schuf er den Begriff der mathematischen Funktion, heute das Herz der Mathematik. In der Mechanik formulierte er die allgemeinen Gleichungen, die noch immer seinen Namen tragen. In der Optik wandte er als erster die Differential- und Integralrechnung auf die Lichtschwingungen an und brachte als erster die Abhängigkeit der Schwingungskurve von Dehnbarkeit und Dichte auf eine Formel. Er leitete die Gesetze der Strahlenberechnung analytisch ab, und seine Studien über die Brechung des Lichtes ermöglichten den Bau achromatischer Linsen. Er beteiligte sich an dem internationalen Unternehmen zur Bestimmung des Längengrades zur See durch Aufzeichnung von Tabellen mit der Stellung der Planeten und den Mondphasen; seine annähernde Lösung ermöglichte es John Harrison, die britische Admiralität mit ausgezeichneten Mondtabellen zu versorgen.

Katharina die Große bat Euler 1766, nach Sankt Petersburg zurückzukommen. Er folgte ihrem Ruf, und sie behandelte ihn königlich. Bald nach seiner Ankunft erblindete er. Sein Gedächtnis war jedoch so unfehlbar und seine Rechengeschwindigkeit so groß, daß seine schöpferische Tätigkeit kaum abnahm. Er diktierte seine *Vollständige Einführung in die Algebra* einem jungen Schneider, der zu Beginn dieser Arbeit von Mathematik nichts weiter wußte als einfaches Rechnen. Dieses Buch verlieh der Algebra die Form, die sie bis auf unsere Zeit beibehalten hat. 1771 brannte Eulers Haus ab. Der blinde Mathematiker wurde von einem Landsmann aus Basel namens Peter Grimm auf den Schultern aus den Flammen getragen und gerettet. Euler starb 1783 im Alter von sechsundsiebzig Jahren; während er mit einem Enkel spielte, erlitt er einen Herzschlag.

2. *Lagrange*

Nur ein Mann seiner Zeit übertraf ihn auf seinem Gebiet, und das war ein Schützling von ihm. Joseph-Louis Lagrange war eines der elf Kinder eines französischen Ehepaares in Turin. Von allen elf Kindern war er der einzige Überlebende. Die Lektüre einer Denkschrift von Halley an die Royal Society of London bewog ihn, seine humanistischen Studien aufzugeben und sich der Wissenschaft zuzuwenden. Von Anfang an widmete er sich der Mathematik und sehr bald mit solchem Erfolg, daß er mit achtzehn Jahren Professor für Geometrie an der Artillerieakademie von Turin wurde. Mit ausgewählten Studenten, die fast alle älter waren als er, gründete er eine Forschungsgesellschaft, die sich zur Turiner Akademie der Wissenschaft entwickelte. Als er neunzehn Jahre alt war, schickte er Euler eine neue Methode für die Behandlung der Variationsrechnung. Euler antwortete, daß diese Methode Schwierigkeiten beseitige, die er bisher selbst nicht habe lösen können. Der freundliche Schweizer schob die Veröffentlichung seiner eigenen Resultate auf, «um Ihnen nicht einen Teil des Ruhmes wegzunehmen, der Ihnen gebührt»[4]. Lagrange gab seine Methode im ersten Band bekannt, den die Turiner Akademie herausgab (1759). In seiner eigenen Denkschrift über die Variationsrechnung erkannte Euler das Verdienst des jungen Mannes voll an. Im gleichen Jahr veranlaßte er die Aufnahme des dreiundzwanzigjährigen Lagrange in die Berliner Akademie als korrespondierendes Mitglied. Als Euler Preußen verließ, empfahl er Lagrange als seinen Nachfolger an der Akademie; d'Alembert unterstützte diesen Vorschlag aufs wärmste, und 1766 zog Lagrange nach Berlin. Er begrüßte Friedrich II. als «den größten König Europas», und Friedrich hieß ihn als «den größten Mathematiker in Europa» willkommen[5]. Das war etwas verfrüht, sollte sich aber bald bewahrheiten. Die freundschaftlichen Beziehungen zwischen den führenden Mathematikern des achtzehnten Jahrhunderts – Euler, Lagrange, Clairaut, d'Alembert und Legendre – sind eine der sympathischsten Episoden in der Geschichte der Wissenschaft.

Während seines zwanzigjährigen Aufenthalts in Berlin arbeitete Lagrange nach und nach sein Meisterwerk aus: *Mécanique analytique*. Nebenbei beschäftigte er sich auch mit Astronomie und brachte eine Theorie über die Satelliten des Jupiter und eine Erklärung für die Libration des Mondes – Schwankungen auf der sichtbaren Seite – vor. 1786 starb Friedrich der Große; sein Nachfolger war Friedrich Wilhelm II., der sich nicht besonders für die Wissenschaft interessierte. Lagrange nahm eine Einladung Ludwigs XVI. an die Académie des Sciences an, die mit einer bequemen Wohnung im Louvre verbunden war. Marie-Antoinette hatte eine besondere Schwäche für ihn und tat alles, was sie konnte, um seine gelegentlichen Anfälle von Schwermut zu erleichtern. Er hatte das Manuskript seiner *Mécanique analytique* mitgebracht, aber am Vorabend der Revolution konnte er keinen Verleger für ein drucktechnisch so schwieriges Werk finden. Seine Freunde Adrien Legendre und der Abbé Marie brachten schließlich einen Drucker dazu, die Arbeit zu unternehmen, aber nur, nachdem der Abbé versprochen hatte, sämtliche Exemplare, die nach einem bestimmten Datum nicht verkauft waren, zu übernehmen. Als Lagrange sein Lebenswerk endlich in Buchform in Händen hielt (1788), gab er sich nicht einmal die Mühe, auch nur einen Blick hineinzuwerfen. Er hatte wieder einen seiner periodischen Anfälle von Schwermut, bei denen er jedes Interesse an der Mathematik und sogar am Leben verlor. Zwei Jahre lang lag das Buch ungeöffnet auf seinem Schreibtisch.

Seine *Analytische Mechanik* wird allgemein als das hervorragendste mathematische Werk des achtzehnten Jahrhunderts betrachtet. Nur Newtons *Principia* waren noch umwälzender, obwohl Lagranges Verwendung analytischer Algebra, anstelle von Geometrie, für die Auffindung und Darstellung von Lösungen auf dem Gebiet der Differential- und Integralrechnung einen Fortschritt gegenüber Newton bedeutete. So heißt es denn auch im Vorwort: «In diesem Werk sind keine Diagramme zu finden.» Mit dieser Methode brachte Lagrange die Mechanik auf allgemeingültige Formeln – die Variationsrechnung –, von denen spezifische Gleichungen für jedes besondere Problem abgeleitet werden konnten. Diese allgemeinen Gleichungen gelten noch immer in der Mechanik und tragen seinen Namen. Ernst Mach bezeichnete sie als eine der größten Errungenschaften im ganzen Gebäude des Denkens[6]. Alfred North Whitehead geriet darüber in eine geradezu religiöse Ekstase: «Die Schönheit und fast göttliche Einfachheit dieser Gleichungen ist derart, daß diese Formeln würdig neben jenen mysteriösen Symbolen stehen dürfen, die man in alten Zeiten für einen direkten Hinweis auf den Urgrund aller Dinge hielt.»[7]

Als die Revolution mit der Erstürmung der Bastille ausbrach (14. Juli 1789), riet man Lagrange, der die Freundschaft von Königen genossen hatte, nach Berlin zurückzukehren, aber er weigerte sich. Er hatte immer ein Gefühl für die Unterdrückung gehabt, zweifelte jedoch daran, daß Revolutionen die natürliche Ungleichheit der Menschen endgültig beseitigen können. Er war entsetzt über die Blutbäder im September 1792 und über die Hinrichtung seines Freundes Lavoisier. Seinen eigenen Kopf rettete er durch sein bedrücktes Schweigen. Nach der Eröffnung der Ecole Normale (1795) wurde er mit der Abteilung für Mathematik betraut. Als diese Schule geschlossen und dafür die Ecole Polytechnique gegründet wurde (1797), war er ihr erster Professor. Die Vorliebe für Mathematik als Grundlage des französischen Unterrichts entstammt zum Teil Lagranges langanhaltendem Einfluß.

1791 wurde ein Ausschuß bestimmt, der ein neues System von Maßen und Gewichten ausarbeiten sollte. Lagrange, Lavoisier und Laplace gehörten zu seinen ersten Mitgliedern; drei Monate später war von den dreien nur noch Lagrange übrig, die beiden anderen waren einer «Säuberung» zum Opfer gefallen. So wurde Lagrange ausschlaggebend für die Ausarbeitung des metrischen Systems. Der Ausschuß wählte als Längeneinheit einen Erdquadranten – ein Viertel des Erdmeridians, der auf Meereshöhe die Pole durchläuft – und nannte den zehnmillionsten Teil davon einen Meter. Ein Unterausschuß wählte als neue Gewichtseinheit das Gramm – das Gewicht destillierten Wassers bei null Grad Celsius in einem Würfel von einem Zentimeter Seitenlänge, dem hundertsten Teil des Meters. Auf diese Weise beruhten sämtliche Maße und Gewichte auf der gleichen Einheit und auf der Zahl Zehn. Es gab immer noch Verteidiger des Duodezimalsystems, das auf der Zahl Zwölf beruht und heute noch in England im Gebrauch ist; der

Zeitmessung liegt es überall zugrunde. Lagrange bestand auf dem Dezimalsystem und setzte sich durch. Das metrische System wurde von der französischen Regierung am 25. November 1792 angenommen und ist – mit einigen Veränderungen – vielleicht das dauerhafteste Resultat der Französischen Revolution.

In fortgeschrittenem Alter machte Lagrange Bekanntschaft mit der Liebe. Er war sechsundfünfzig Jahre alt, als die siebzehnjährige Tochter seines Freundes Lemonnier, des Astronomen, darauf bestand, ihn zu heiraten und ihn von seinen hypochondrischen Anfällen zu heilen. Lagrange ließ sich überzeugen und war so dankbar für ihre Liebe, daß er sie auf Bälle und zu Konzerten begleitete. Er hatte Musik gern, weil «sie mich isoliert. Ich höre die ersten drei Takte; beim vierten unterscheide ich schon nichts mehr. Ich gebe mich meinen Gedanken hin, nichts unterbricht mich, und mehr als ein schwieriges Problem löse ich auf diese Art.»[8] Als das Fieber der Revolution nachließ, gratulierte sich Frankreich, daß es den erhabensten Mathematiker der Zeit vor der Guillotine bewahrt hatte. 1796 wurde Talleyrand nach Turin geschickt, um Lagranges Vater einen offiziellen Besuch abzustatten und ihm zu sagen: «Piemont ist ebenso stolz, Ihren Sohn hervorgebracht zu haben, wie Frankreich, ihn zu besitzen; sein Genie hat der ganzen Menschheit zur Ehre gereicht.»[9] Napoleon unterhielt sich zwischen zwei Feldzügen mit Vergnügen mit dem Mathematiker, der inzwischen zum Philosophen geworden war.

Das Interesse des alten Mannes an der Mathematik lebte wieder auf, als er (zwischen 1810 und 1813) die *Analytische Mechanik* für die zweite Auflage überarbeitete und erweiterte. Aber wie immer arbeitete er zu schwer und zu schnell. Schwindelanfälle schwächten ihn; einmal fand ihn seine Frau bewußtlos auf dem Boden mit einer Wunde am Kopf, denn er war gegen die Tischkante gefallen. Er war sich klar darüber, daß es mit seinen Kräften zu Ende ging, aber er fügte sich in diese allmähliche Auflösung als etwas Normales und Vernünftiges.

Zu Monge und anderen, die zu ihm kamen, sagte er:

> «Ich war gestern sehr krank, liebe Freunde. Ich hatte das Gefühl, zu sterben. Mein Leib wurde immer schwächer; meine geistigen und körperlichen Fähigkeiten nahmen unmerklich ab. Ich beobachtete den wohlabgestuften Fortschritt einer Verminderung meiner Kräfte, und das Ende nahte ohne Kummer, ohne Bedauern, in sanftem Niedergang. Man soll den Tod nicht fürchten, und wenn er schmerzlos kommt, ist er eine letzte Funktion, die nicht unangenehm ist ... Der Tod ist die absolute Ruhe des Körpers.»[10]

Er starb am 10. April 1813 im Alter von fünfundsiebzig Jahren und bedauerte nur, daß er sein treues Weib einer so unsicheren Zeit hinterließ, in der sich die ganze Welt gegen Frankreich zu stellen schien.

Seine Freunde Gaspard, Monge und Adrien Legendre verfolgten im beginnenden neunzehnten Jahrhundert seine mathematischen Forschungen und legten die Grundlage für den industriellen Fortschritt. Die Arbeiten Legendres (1752–1833) gehören schon zur nachrevolutionären Zeit. So können wir uns hier nur im Vorübergehen vor ihm verneigen. Monge war der Sohn eines Hausierers und Messerschleifers; erstaunlicherweise konnte dieser Mann seine drei Söhne zum Gymnasium schicken. Gaspard gewann sämtliche Auszeichnungen auf der Schule. Mit vierzehn baute er eine Feuerspritze; mit sechzehn lehnte er die Aufforderung seiner jesuitischen Lehrer ab, ihrem Orden beizutreten. Stattdessen wurde er Professor für Physik und Mathematik an der Ecole Militaire in Mézières. Dort formulierte er die Prinzipien der darstellenden Geometrie – ein System zur Darstellung dreidimensionaler Figuren auf einer Darstellungsebene. Diese Methode erwies sich als so nützlich für den Entwurf von Befestigungen und anderen Bauten, daß die französische Armee fünfzehn Jahre lang ihre Veröffentlichung untersagte. Dann wurde ihm gestattet (1794), Vorlesungen darüber an der Ecole Normale in Paris zu halten. Lagrange, der diesen Vorlesungen beiwohnte, staunte wie Jourdain bei Molière: «Bevor ich Monge hörte, wußte ich nicht, daß ich die darstellende Geometrie kannte.»[11] Monge war ein treuer Diener der bedrängten Republik und wurde zum Marineminister ernannt. Napoleon vertraute ihm manche vertrauliche Mission an. Nach der Wiedereinsetzung der Bourbonen war das Dasein Monges ärmlich und unsicher. Als er 1818 starb, durften die Studenten der Ecole Polytechnique seinem Begräbnis nicht beiwohnen. Am nächsten Morgen marschierten sie wie ein Mann zum Friedhof und legten einen Kranz auf sein Grab.

III. DIE PHYSIK

1. *Materie, Bewegung, Wärme und Licht*

Zuerst entwickelte sich die Mathematik, denn sie war die Grundlage und das unerläßliche Werkzeug jeder Wissenschaft und führte die Erfahrung und das Experiment auf quantitative Formeln zurück, die eine genaue Voraussage und praktische Kontrolle ermöglichten. Der erste Schritt war ihre Anwendung auf die Materie im allgemeinen: die Entdeckung der Regelmäßigkeiten und die Aufstellung der «Gesetze» von Energie, Bewegung, Wärme, Schall, Licht, Magnetismus und Elektrizität; Geheimnisse genug, die auf Entdeckung warteten.

Pierre-Louis Moreau von Maupertuis gab seine militärische Laufbahn auf, um sich der Wissenschaft zu widmen. Noch vor Voltaire machte er Newton in Frankreich bekannt, wie er auch vor ihm Frau du Châtelet zu schätzen und zu unterrichten wußte. Zu seiner Expedition nach Lappland, im Jahre 1736, zur Gradmessung des Meridians werden wir noch kommen. 1740 nahm er eine Einladung Friedrichs II. an. Er begleitete Friedrich während der Schlacht von Mollwitz (1741), wurde von den Österreichern gefangengenommen, aber bald wieder freigelassen. 1745 trat er der Akademie der Wissenschaften in Berlin bei und wurde ein Jahr später zu ihrem Präsidenten gewählt. Vor der Pariser Académie des Sciences (1744) und der Berliner Akademie (1746) setzte er sein Prinzip des kleinsten Aufwands auseinander: «Bei jeder Veränderung in der Natur ist die Menge der aufgewandten Kraft für diese Veränderung so klein wie möglich.» Seiner Meinung nach bewies dies eine vernünftige Ordnung in der Natur und daher die Existenz eines vernünftigen Gottes[12]. Euler und Lagrange entwickelten das Prinzip weiter, das in der heutigen Zeit eine Rolle bei der Quantentheorie gespielt hat. In seinem *Essai de Cosmologie* (1750) flößte Maupertuis einer nicht umzubringenden Ketzerei neues Leben ein:

Wenn er auch einen Plan in der Natur erkannte, so gab er zu, darin auch Anzeichen von Dummheit und Bosheit zu sehen, als ob ein Dämon mit einer wohlmeinenden Gottheit im Widerstreit stünde[13]. Maupertuis hätte seinem erbarmungslosen Feind Voltaire zustimmen können, wonach der heilige Augustin besser ein Manichäer geblieben wäre.

Wir haben bereits die Geburt d'Alemberts erwähnt – das Ergebnis einer vorübergehenden Begegnung zwischen einem Artilleristen und einer ehemaligen Nonne. Die Pariser Polizei fand ihn einige Stunden nach seiner Geburt auf den Stufen der Kirche Saint-Jean-le-Rond (1717). Er wurde auf den Namen Jean-Baptiste Le Rond getauft und zu einer Amme aufs Land geschickt. Sein Vater, der Chevalier Destouches, erhob Anspruch auf ihn, gab ihm (aus unbekannten Gründen) den Namen d'Arembert und ließ das Kind gegen Bezahlung von einer Frau Rousseau, der Frau eines Glasers, adoptieren. Sie erwies sich als eine vorzügliche Stiefmutter und Jean als ein frühreifes Musterkind. Als er sieben Jahre alt war, führte ihn der stolze Vater seiner Mutter, Frau von Tencin, vor, die aber für ihre Laufbahn als Geliebte und Salonlöwin fürchtete, wenn sie ihn anerkannte. Soweit wir unterrichtet sind, tat sie nichts für seine Erziehung, aber der Chevalier hinterließ ihm bei seinem Tode (1726) eine jährliche Rente von zwölfhundert Livres.

Jean ging auf das Collège des Quatre-Nations, dann auf die Pariser Universität, wo er Jura studierte. Dort änderte er um 1738 seinen Namen von d'Arembert zu d'Alembert. Als er von der Juristerei genug hatte, fing er mit der Medizin an; ein zufälliges Interesse an der Mathematik wuchs sich aber zur Leidenschaft aus: «Mathematik», sagte er, «war meine Geliebte.»[14] Bis zum Alter von achtundvierzig Jahren lebte er weiter bei Frau Rousseau, die er dankbar als seine eigentliche Mutter betrachtete. Sie war enttäuscht darüber, daß er sich so ausschließlich dem Studium hingab und keinen Ehrgeiz nach Besitz zeigte. «Du wirst es nie zu etwas anderem als zu einem Philosophen bringen», jammerte sie und fügte hinzu: «Und was ist ein Philosoph? Ein Irrer, der sich sein ganzes Leben lang quält, damit andere Leute über ihn reden können, wenn er tot ist.»[15]

Was ihn anspornte, war vermutlich nicht der Wunsch nach unsterblichem Ruhm, sondern ein stolzes Ringen mit anerkannten Gelehrten und jener Instinkt eines Bibers, der Freude am Bauen hat, an der Erzeugung einer Ordnung aus dem Chaos der Dinge oder der Ideen. Jedenfalls begann er mit zweiundzwanzig Jahren der Akademie der Wissenschaften in Paris Arbeiten zu unterbreiten: über die Integralrechnung (1739), über Lichtbrechung (1741), worin er die erste Erklärung für die Beugung von Lichtstrahlen beim Durchgang von einer Flüssigkeit in eine andere von größerer Dichte abgab. Dafür wurde er von der Akademie als korrespondierendes Mitglied aufgenommen. Zwei Jahre später veröffentlichte er sein naturwissenschaftliches Hauptwerk *Traité de dynamique,* worin er sämtliche Probleme der Materie in Bewegung auf mathematische Gleichungen zu bringen suchte. Erst zweiundvierzig Jahre später veröffentlichte Lagrange seine überlegene *Mécanique analytique.* Mit dem sogenannten «d'Alembertschen Prinzip» ging er in die Geschichte ein, ein Lehrsatz, der für allgemeines Verständnis zu technisch, aber in der Mechanik äußerst nützlich für Berechnungen ist. Er wandte es in seinem *Traité de l'équilibre et du mouvement des fluides* (Abhandlung über das Gleichgewicht und die Bewegung von Flüssigkeiten; 1744) an, wovon die Akademie so beeindruckt war, daß sie ihm eine Pension von fünfhundert Livres aussetzte, was Frau Rousseau besänftigt haben muß.

Auf Grund seines Prinzips und andererseits auf Grund von Differentialberechnungen kam d'Alembert auf eine Formel für die Bewegung der Winde. Er widmete seine *Réflexions sur la cause générale des vents* (1747) Friedrich dem Großen, der mit einer Einladung nach Berlin antwortete. D'Alembert lehnte ab und zeigte damit im Alter von dreißig Jahren mehr Verstand als Voltaire mit sechsundfünfzig. Im *Essai d'une nouvelle théorie de la résistance des fluides* (1752) suchte er nach mechanischen Formeln für den Widerstand von Wasser gegenüber einem Körper, der sich auf ihm in Bewegung befindet; es gelang ihm nicht, aber 1775 machte er im Auftrag von Turgot mit Condorcet und dem Abbé Bussut Experimente, die zur Formulierung der Gesetze über den Flüssigkeitswiderstand auf bewegliche Körper an der Oberfläche beitrugen. Im Alter studierte er die Bewegung schwingender Saiten und gab *Eléments de musique théorique et pratique* heraus (1779), eine Abwandlung des Systems von Rameau. Mit diesem Buch erwarb er sich die Anerkennung des berühmten Musikologen Charles Burney. Kein Zweifel, d'Alembert gehörte zu den ganz großen Geistern seines Jahrhunderts.

Als Maupertuis von seinem Posten an der Berliner Akademie zurücktrat, bot Friedrich der Große d'Alembert die Präsidentschaft an. Der Mathematiker-Physiker-Astronom-Enzyklopädist war arm, aber er dankte höflich. Seine Freiheit, seine Freunde und Paris waren ihm zu lieb. Friedrich achtete seine Beweggründe und schickte ihm mit Erlaubnis Ludwigs XV. eine bescheidene Pension von zwölfhundert Livres. 1762 lud ihn Katharina die Große nach Rußland und an die Akademie von Sankt Petersburg ein. Er lehnte ab, denn inzwischen hatte er sich verliebt. Vielleicht hatte Katharina davon gehört, denn sie ließ nicht locker und bat ihn, mit allen seinen Freunden zu kommen; außerdem bot sie ihm ein Gehalt von hunderttausend Franken im Jahr an. Als er auch dann ablehnte, fuhr sie weiterhin fort, mit ihm zu korrespondieren, und erörterte mit ihm ihre Regierungsweise und Probleme. 1763 forderte Friedrich ihn auf, wenigstens auf Besuch nach Potsdam zu kommen. D'Alembert nahm die Einladung an und speiste zwei Monate lang am Tisch des Königs. Die Präsidentschaft an der Berliner Akademie lehnte er abermals ab; hingegen veranlaßte er Friedrich, das Gehalt Eulers, der mit einer großen Familie belastet war, zu erhöhen[16]. Wir werden d'Alembert noch begegnen.

Die erstaunlichen Bernoullis trugen ganz nebenbei auch zum Fortschritt der Mechanik bei. Johann I formulierte (1717) das Geschwindigkeitsprinzip: «Bei jedem Gleichgewicht von Kräften, ganz gleich wie sie angewendet werden oder in welcher Richtung sie aufeinander wirken, ob direkt oder indirekt, ist die Summe der positiven Energien gleich der Summe der negativen Energien, positiv genommen.» Johann und sein Sohn Daniel stellten (1735) das Prinzip der *vis viva* auf, wonach die Summe der lebendigen Kräfte in der Welt sich immer gleich bleibt. Dieses Prinzip wurde im neunzehnten Jahrhundert als Erhaltung der Energie neu aufgestellt. Daniel wandte diesen Begriff mit Erfolg in seiner *Hydrodynamik* (1738) an, einem klassischen Werk auf besonders schwierigem Gebiet, in dem er die Grundlage für die kinetische Gastheorie schuf: Ein Gas besteht aus winzigen Teilchen, die sich mit großer Geschwindigkeit umherbewegen und durch ihren wiederholten Aufprall einen Druck auf den Behälter ausüben; Wärme erhöht die Geschwindigkeit der Teilchen und damit den Druck des Gases; und die Verringerung des Volumens (wie Boyle bewiesen hatte) vergrößert im selben Verhältnis den Druck.

Auf dem Gebiet der Wärme tat sich im achtzehnten Jahrhundert vor allem Joseph Black hervor. Er kam in Bordeaux als Sohn eines Schotten aus Belfast zur Welt, studierte Chemie an der Universität von Glasgow und machte im Alter von sechsundzwanzig Jahren (1754) Experimente über Erscheinungen, die wir heute als Oxydierung oder Ätzung bezeichnen würden. Sie wiesen auf die Wirkung eines Gases hin, das sich von gewöhnlicher Luft unterscheidet. Er entdeckte es durch Abwägen und nannte es «fixierte Luft» (heute: Kohlensäuregas); Black war ganz nahe an der Entdeckung des Sauerstoffs. Gleichzeitig mit seinen Vorlesungen über Chemie, Anatomie und Medizin an der Universität begann er 1756 Beobachtungen, die zu seiner Theorie von der «latenten Wärme» führten: Wenn eine Substanz im Übergang vom festen zum flüssigen oder vom flüssigen zum gasförmigen Zustand ist, so nimmt die im Übergang begriffene Substanz eine gewisse Wärmemenge aus der Atmosphäre auf, die nicht als Temperaturschwankung wahrnehmbar ist; und diese latente Wärme wird der Atmosphäre zurückgegeben, wenn ein Gas in Flüssigkeit oder eine Flüssigkeit in den festen Zustand übergeht. James Watt wendete diese Theorie auf die Verbesserung der Dampfmaschine an. Black stellte sich die Wärme wie fast alle Vorläufer Priestleys als eine Materie (die Kalorik) vor, die bei Erwärmung zur Substanz hinzukam, bei Abkühlung davon subtrahiert wurde; erst 1798 bewies Benjamin Thompson Graf Rumford, daß Wärme nicht eine Substanz, sondern eine Bewegungsart ist, die heute als eine beschleunigte Bewegung der Bestandteile eines Körpers betrachtet wird.

Unabhängig von Black kam auch Johan Carl Wilcke in Stockholm zu einer ähnlichen Theorie latenter Wärme (1772). Bei einer Reihe von Experimenten aus dem Jahre 1777 führte der schwedische Wissenschafter den Ausdruck «ausstrahlende Wärme» ein – die unsichtbare Wärme, die von erhitzten Gegenständen abgegeben wird; er unterschied sie vom Licht, beschrieb ihre Fortbewegungslinien und ihre Reflexion und Konzentration durch Spiegel und bereitete die spätere Wechselbeziehung von Wärme und Licht als verschiedene Formen der Ausstrahlung vor. Wilcke, Black, Lavoisier, Laplace und andere Forscher bestimmten den annähernden Wert der «absoluten Null» (im Prinzip die niedrigstmögliche Temperatur). Großbritannien nahm als Wärmeeinheit die Quantität an, die die Temperatur von einem Pfund Wasser um ein Grad Fahrenheit erhöht; Frankreich und Europa im allgemeinen zogen die Wärmemenge vor, die die Temperatur von einem Kilogramm Wasser um ein Grad Celsius erhöht.

Das achtzehnte Jahrhundert machte wenig Fortschritte in der Lichttheorie, weil fast alle Physiker Newtons «Korpuskularhypothese» übernahmen – nämlich, daß Licht die Aussendung von Teilchen vom Objekt zum Auge ist. Euler und eine Minderheit verteidigten eine Wellentheorie. Ebenso wie Huygens nahm er an, daß der «leere» Raum zwischen den Himmelskörpern und zwischen anderen sichtbaren Objekten mit «Äther» ausgefüllt war, eine Materie, die zu fein war, um von unseren Sinnen oder unseren Instrumenten wahrgenommen zu werden, auf die aber die Erscheinungen von Schwerkraft, Magnetismus und Elektrizität hinwiesen. Nach Eulers Ansicht ist Licht eine Wellenbewegung im Äther, genau so wie Schall eine Wellenbewegung in der Luft ist. Er unterschied Farben als verschiedene Schwingungsperioden der Lichtwellen und wies bereits dem blauen Licht die kürzeste Schwingungsperiode und dem roten die längste zu. – Pierre Bouguer überprüfte experimentell, was Kepler theoretisch ausgearbeitet hatte, und zwar, daß die Stärke des Lichts sich umgekehrt wie das Quadrat seiner Entfernung von der Lichtquelle verhält. Johann Lambert fand eine Methode zur Messung der Lichtstärke und kam zu dem Ergebnis, daß die Sonne 277000mal so hell sei wie der Mond. Das müssen wir ihm wie die Religion unserer Kindheit aufs Wort glauben.

2. *Die Elektrizität*

Den glänzendsten Erfolg errang die Physik im achtzehnten Jahrhundert auf dem Gebiet der Elektrizität. Reibungselektrizität war schon längst bekannt. Thales von Milet (600 vor Christus) war vertraut mit der Fähigkeit von Bernstein, Gagat und einigen anderen

Substanzen, leichte Gegenstände wie Federn oder Stroh anzuziehen, wenn sie gerieben wurden. William Gilbert, der Leibarzt der Königin Elisabeth, nannte diese Anziehungskraft «Elektron» (vom griechischen *elektron,* Bernstein) und auf lateinisch *vis electrica.* Als nächste Stufe mußte ein Weg gefunden werden, um diese statische Elektrizität weiterzuleiten und zu verwenden. Guericke und Hauksbee hatten im siebzehnten Jahrhundert nach solchen Methoden gesucht. Die entscheidende Entdeckung blieb Stephen Gray vorbehalten (1729).

Gray war ein alter, reizbarer Insasse eines Londoner Armenhauses. Nachdem er durch Reiben eine Glasröhre, die an beiden Enden mit Korken verschlossen war, «elektrisiert» hatte, entdeckte er, daß sowohl die Korken als auch die Röhre eine Feder anzogen. Er steckte ein Ende eines Holzstabes in einen der Korken und das andere Ende in eine Elfenbeinkugel. Wenn er die Röhre rieb, zogen sowohl die Kugel als die Röhre und die Korken eine Feder an; die *vis electrica* war dem Stab entlang *geleitet* worden. Als er eine Kordel oder einen Strick anstelle des Stabes verwendete, konnte er die Elektrizität auf eine Entfernung von zweihundertdreißig Metern weiterleiten. Wenn er Haar, Seide, Gummi oder Glas als Verbindung verwendete, gab es keine Leitung. Auf diese Art erkannte Gray den Unterschied zwischen Leitern und Nichtleitern, und er entdeckte, daß Nichtleiter zum Aufspeichern elektrischer Ladungen verwendet werden konnten. Als er eine zweihundert Meter lange Leitungsschnur an einer Reihe von geneigten Stangen aufhängte und die elektrische «Kraft» (*virtue*), wie er sie nannte, über diese Entfernung aussandte, hatte er eigentlich schon den Telegraphen vorweggenommen.

Dann übernahm Frankreich die weitere Forschung. Jean Desaguliers setzte Grays Experimente fort (1736) und teilte Substanzen in Leiter und Nichtleiter (die er *electrics per se* nannte) ein und fand heraus, daß man die letzteren zu Leitern machen konnte, wenn man sie mit Wasser anfeuchtete. Charles Du Fay machte vor der Académie des Sciences zwischen 1733 und 1737 Mitteilungen über seine Arbeiten; und in einem bescheidenen Brief an die Royal Society of London formulierte er (1734) seine bedeutendsten Schlußfolgerungen:

> «Durch Zufall bin ich auf ein weiteres Prinzip gekommen ...: daß es zwei getrennte Elektrizitäten gibt, sehr verschieden voneinander; eine davon nenne ich *glasige Elektrizität* und die andere *harzige Elektrizität.* Die erstere ist Glas, Bergkristall, Edelsteinen, tierischem Haar, Wolle und vielen anderen Körpern eigen. Die letztere ist Bernstein, Kopal, Gummilack, Seide, Faden, Papier und einer großen Anzahl weiterer Substanzen eigen. Diese beiden Elektrizitäten sind dadurch charakterisiert, daß ein Körper mit glasiger Elektrizität alle anderen mit der gleichen Elektrizität abstößt und umgekehrt alle mit der harzigen anzieht.»[17]

So fand Du Fay heraus, daß zwei Körper, die durch Berührung mit dem gleichen elektrisierten Körper elektrisiert wurden, einander abstoßen. Jeder Schüler erinnert sich an seine Verwunderung beim Anblick von zwei Holundermarkkügelchen, die auf der gleichen Stelle an einem Nichtleiter aufgehängt und miteinander in Berührung sind, wenn sie beim Kontakt mit demselben elektrisierten Glasröhrchen plötzlich auseinanderspringen. Spätere Experimente bewiesen, daß glasige Körper «harzige» Elektrizität und «harzige» Körper «glasige» Elektrizität entwickeln können. Deswegen ersetzte Franklin die Bezeichnungen Du Fays durch *positiv* und *negativ.* Du Fay belustigte seine Zeitgenossen, indem er einen Mann an nichtleitenden Stricken aufhängte, ihn durch die Berührung mit einem elektrisierten Körper mit Elektrizität auflud und dann Funken von seinem Körper springen ließ, ohne den aufgehängten Mann zu schädigen*.

Jetzt kam Deutschland an die Reihe. Schon gegen 1742, also vor Franklin, machte Georg Bose darauf aufmerksam, daß das Nordlicht elektrischen Ursprungs sein könnte. 1744 bewies Christian Ludolff vor der Berliner Akademie, daß ein elektrischer Funke eine brennbare Flüssigkeit entzünden kann. Bose entzündete Schießpulver auf diese Art und brachte damit die Verwendung von Elektrizität beim Sprengen, Kanonenabfeuern usw. auf. Im selben Jahr begann Gottlieb Kratzenstein mit der Verwendung von Elektrizität bei der Heilung von Krankheiten. Im Oktober 1745 entdeckte ein pommerscher Geistlicher, E. G. von Kleist, daß eine elektrische Ladung in einer Glasröhre aufgespeichert werden konnte, indem er diese mit einer Flüssigkeit füllte, in die er einen Nagel eingeführt hatte, der mit einer Maschine, die Reibungselektrizität erzeugte, verbunden war. Nachdem die Verbindung unterbrochen wurde, erhielt sich die Ladung in der Flüssigkeit noch mehrere Stunden. Einige Monate später machte Pieter van Musschenbroek, ein Professor in Leiden, der von Kleists Experiment nichts wußte, die gleiche Entdeckung und bekam von einer aufgeladenen, aber abgeschalteten Schüssel einen Schlag, der einen Augenblick tödlich erschien; er brauchte zwei Tage, um sich davon zu erholen.

Weitere Experimente in Leiden bewiesen, daß eine größere Ladung in einer leeren Flasche aufgespeichert werden konnte, wenn ihr Boden innen und außen mit Stanniol ausgelegt wurde. Daniel Gralath kam auf die Idee, mehrere dieser «Leidener Flaschen» miteinander zu verbinden, und entdeckte, daß ihre Ladung kleinere Tiere töten konnte.

Die ersten wirklichen Stromkreise wurden 1746 von Louis Guillaume in Paris und 1747 von William Watson in London vorgeführt. Watson legte einen dreihundertsechzig Meter langen Draht über die Westminster-Brücke. Auf einer Seite der Themse hielt ein Mann ein Drahtende, das das Wasser berührte; auf der anderen Seite hielt ein zweiter Mann den Draht und eine Leidener Flasche. Wenn ein dritter Mann die Flasche mit einer Hand berührte und mit der anderen nach einem Draht griff, der bis in den Fluß reichte, war der Stromkreis geschlossen, und alle drei bekamen einen Schlag. 1747 beobachtete Grummert in Dresden, daß man auf Entfernung mit einem teilweisen Vakuum Funken mit erheblicher Leuchtkraft erzeugen konnte.

Im gleichen Jahr begann Benjamin Franklin mit seinen elektrischen Experimenten, und von da an war sein Name sowohl mit der Wissenschaft als auch mit der Politik verbunden.

---

* Damals begann ein Jahrhundert elektrischer Kunststücke. Georg Bose, Professor an der Leipziger Universität, lud mehrere Freunde zum Essen ein. Seinen Tisch hatte er heimlich isoliert, aber verschiedene Gegenstände darauf mit einer Elektrisiermaschine, die nebenan versteckt war, verbunden. Als die Gäste anfingen zu essen, gab er einem Gehilfen ein Zeichen, die Maschine in Gang zu setzen. Funken sprühten von Schüsseln, Braten und Blumen. Er stellte der Gesellschaft eine hübsche junge Frau vor, die durch ihre Schuhe vom Fußboden isoliert war, deren ganze Person aber mit Elektrizität aufgeladen war; er forderte die Gäste auf, sie zu küssen. Die Kavaliere bekamen einen Schock, der ihnen – wie der Professor berichtete – fast «die Zähne einschlug»[18].

Die schöpferische Wißbegier dieses Mannes von Geist und Herz erstreckte sich auf die verschiedensten Gebiete: von der Sommerzeit mit vorverlegter Stundenzählung, Schaukelstühlen und Bifokalgläsern bis auf den Blitzableiter und die Elektrizitätstheorie eines einzigen Stroms. Sir Joseph Thomson, ein führender Wissenschafter unserer Zeit, gab seinem Erstaunen Ausdruck «über die Ähnlichkeit verschiedener Ansichten Franklins, die er zu einer Zeit auseinandersetzte, als diese Wissenschaft noch in den Kinderschuhen steckte, mit den heutigen Theorien, die auf Grund der jüngsten Forschungen aufgestellt wurden»[19].

Eine der ersten Entdeckungen Franklins war die Fähigkeit spitzer Körper, «elektrisches Feuer anzuziehen und abzustoßen»[20]. Er stellte fest, daß ein länglicher, zugespitzter Schaft den elektrischen Strom von einer elektrisierten Kugel auf eine Entfernung von fünfzehn bis zwanzig Zentimeter anziehen konnte, während ein stumpfer Gegenstand nicht weiter als zweieinhalb Zentimeter entfernt werden durfte, um dieselbe Wirkung zu erzeugen. Franklin bezeichnete die Elektrizität als Feuer, hielt dieses Feuer aber für das Resultat einer Gleichgewichtsstörung zwischen den «positiven» und «negativen» feurigen *Strömen,* die seiner Meinung nach die Elektrizität ausmachten. Er war der Ansicht, daß sämtliche Körper solch einen elektrischen Strom enthielten. Ein «Plus»-Körper, der mehr als seine normale Menge enthält, ist positiv elektrisiert und neigt dazu, seinen Überfluß in einen Körper zu entladen, der eine normale Menge oder weniger enthält; ein «Minus»-Körper, der weniger als normal enthält, ist negativ elektrisiert und nimmt Elektrizität von einem Körper mit einer normalen Menge oder darüber auf. Auf dieser Grundlage entwickelte Franklin einen Kondensator, der aus elf starken Glasplatten bestand, die mit Blei überzogen waren und in hohem Maße elektrisiert waren. Wenn dieses Gebilde mit weniger stark geladenen Körpern in Berührung gebracht wurde, entlud es sich teilweise mit einer Kraft, die «keine Grenzen kannte», wie Franklin sich ausdrückte, und manchmal sogar «die größten bekannten Auswirkungen des gewöhnlichen Blitzes» übertraf[21].

Verschiedene Forscher, wie Wall, Newton, Hauksbee, Gray und andere, hatten die Ähnlichkeit zwischen elektrischen Funken und dem Blitz beobachtet. Franklin bewies, daß es sich um die gleiche Erscheinung handelte. 1750 schickte er einen Brief an die Royal Society in London:

> «Könnte die Kenntnis von der Wirkung von Spitzen nicht zum Wohl der Menschheit, zum Schutz von Häusern, Kirchen, Schiffen usw. vor Blitzschlag angewendet werden? Denn rät sie uns nicht, auf den höchsten Teilen der Gebäude scharfzugespitzte eiserne Stangen, die gegen Rost vergoldet sind, aufzustellen und vom Fuß dieser Stangen einen Draht außen an der Hauswand entlang bis auf die Erde zu ziehen oder über die Wanten eines Schiffes an der Außenwand entlang bis ins Wasser? Würden diese spitzen Stangen nicht sehr wahrscheinlich das elektrische Feuer lautlos aus den Wolken ziehen, bevor es nahe genug wäre, um einzuschlagen, und würden sie uns dadurch nicht vor diesem unberechenbaren und schrecklichen Übel bewahren?»[22]

Weiter beschrieb er ein Experiment, womit all dies überprüft werden könne. Die Royal Society lehnte den Vorschlag als zu phantastisch ab und weigerte sich, Franklins Brief zu veröffentlichen. Zwei französische Wissenschafter, de Lor und d'Alibard, wollten Franklins Theorie nachprüfen und stellten (1752) in einem Garten in Marly eine spitze Eisenstange von fünfzehn Metern Höhe auf. Sie beauftragten einen Wächter, die Stange mit einem isolierten Messingdraht zu berühren, falls in ihrer Abwesenheit ein Gewitter ausbrechen sollte. Die Gewitterwolken erschienen, und der Wächter berührte die Stange nicht nur mit dem Draht, sondern auch mit der Hand; Funken flogen und knisterten, und der Wächter bekam einen schweren Schlag. De Lor und d'Alibard bestätigten den Bericht des Wächters durch weitere Experimente und teilten der Académie des Sciences mit: «Franklins Idee ist keine Vermutung mehr, sondern eine Tatsache.»

Franklin war aber noch nicht befriedigt. Um die Übereinstimmung von Blitz und Elektrizität zu beweisen, wollte er einen Gegenstand in die Gewitterwolke hinaufsenden, der den Blitz direkt aus ihr «herausziehen» sollte. Im Juni 1752 ließ er bei Beginn eines Gewitters einen seidenen Drachen an einem starken Strick aufsteigen. Aus dem Drachen ragte oben ein scharf zugespitzter dreißig Zentimeter langer Draht hervor. Und am unteren Ende des Strickes, wo sich der Beobachter befand, war ein Schlüssel mit einem Seidenband befestigt. Als er (am 19. Oktober) Anweisungen zur Wiederholung des Experiments nach England schickte, beschrieb er das Ergebnis folgendermaßen:

«Nachdem der Regen das Drachenseil benetzt hat, so daß es das elektrische Feuer weiterleiten kann, wird man bemerken, daß dieses bei Annäherung der Handknöchel reichlich aus dem Schlüssel ausströmt und daß mit diesem Schlüssel eine Phiole [oder Leidener Flasche] aufgeladen werden kann; und mit dem so erhaltenen elektrischen Feuer kann man Spiritus anzünden und alle anderen elektrischen Versuche ausführen, die gewöhnlich mit Hilfe einer geriebenen Glaskugel oder Röhre gemacht werden. Damit ist Gleichheit von Elektrizität und Blitz vollkommen erwiesen.»[23]

Der Versuch wurde (1753) in Frankreich wiederholt, diesmal mit einem größeren Drachen und einem zweihundertvierunddreißig Meter langen Seil, das um Eisendraht gewickelt war und vor dem Beobachter in einer Metallröhre endete, die im Laufe des Experiments Funken von zwanzig Zentimeter Länge aussandte. G. W. Richman, ein Professor in Sankt Petersburg, wurde (1753) bei einem ähnlichen Versuch vom Schlag getötet. Franklins Veröffentlichungen, die zwischen 1751 und 1754 nach England gelangten, hatten seine Wahl in die reuige Royal Society und die Verleihung der Copley-Medaille zur Folge. Der französischen Übersetzung seiner Arbeiten hatte er einen Anerkennungsbrief von Ludwig XV. und begeisterte Lobeserhebungen von Diderot zu verdanken, der sie als ein Vorbild wissenschaftlicher Berichterstattung hinstellte. Diese Übersetzungen bereiteten die günstige Aufnahme Franklins in Frankreich vor, als er kam, um Unterstützung für die Revolution der amerikanischen Kolonien zu suchen. Als diese Revolution mit Hilfe Frankreichs gelang, faßte d'Alembert (oder Turgot) Franklins Errungenschaften in einer einzigen Zeile zusammen, die eines Vergil oder Lucrez würdig ist: *Eripuit coelo fulmen sceptrumque tyrannis* – «Er entriß dem Himmel den Blitz und den Tyrannen das Zepter».

Nach 1750 war ganz Europa mit elektrischen Theorien und Versuchen überschwemmt. John Canton (1753) und der vielseitige Wilcke (1757) studierten als erste die elektrostatische Induktion, wobei ein ungeladener Leiter elektrisiert wird, wenn er in die Nähe eines geladenen Körpers kommt. Wilcke bewies, daß die meisten Substanzen mit positiver (oder negativer) Elektrizität geladen werden können, wenn sie mit einem Körper gerieben werden, der weniger (oder mehr) aufgeladen ist als sie selbst. Aepinus (Franz Ulrich Hoch), der in Berlin mit Wilcke zusammenarbeitete, bewies, daß sich zwei Metallplatten, die nur durch eine Luftschicht voneinander getrennt sind, wie eine Leidener Flasche verhalten. Joseph Priestley versuchte, die Stärke einer elektrischen Ladung zu messen sowie die größte Entfernung, die der Funke bei einer gegebenen Ladung überspringen kann. In dem Augenblick – so berichtete er –, in dem ein Funke im Vakuum von einem Metallstab auf einen zweiten, über eine Entfernung bis zu fünf Zentimetern, überspringt, erscheint in dem Zwischenraum zwischen den Stäben ein «dünnes blaues oder rotes Licht». Seine größte Errungenschaft bestand jedoch in der Annahme, daß die Gesetze der Elektrizität sich ebenso verhalten wie die Schwerkraftgesetze und daher die Kraft, die zwei getrennte elektrische Ladungen aufeinander ausüben, sich umgekehrt zum Quadrat der Entfernung von ihrer Quelle verhält. Henry Cavendish (der wie Priestley hauptsächlich wegen seiner chemischen Arbeiten bekannt geworden ist) prüfte Priestleys Annahme in einer Reihe von Versuchen geduldig nach. Er kam zu einer geringfügigen, aber bedeutsamen Abweichung, die James Clerk Maxwell 1878 noch genauer bestimmte; damit bekam das Gesetz seine heutige Gestalt. Nach wertvollen Arbeiten über die Spannung von Strahlen und den Widerstand von Metall gegen Torsion legte Augustin von Coulomb der Académie des Sciences Berichte über seine Experimente vor (1785–1789), bei denen eine Drehwaage (eine waagerecht an einem feinen Faden aufgehängte Nadel) zur Messung magnetischer Einflüsse und elektrischer Ladungen verwendet worden war; in beiden Fällen wurde das Gesetz Priestleys bestätigt.

Ebenso wie Coulombs gingen auch die Namen zweier Italiener in die Elektrizität ein. Luigi Galvani, ein Anatomieprofessor in Bologna, entdeckte nicht nur, daß Muskelkontraktionen bei toten Tieren durch direkten elektrischen Kontakt hervorgerufen werden können (was schon längst bekannt war), sondern auch, daß solche Kontraktionen vorkommen, wenn der Schenkel eines toten Frosches, der mit der Erde verbunden ist, in die Nähe einer Maschine gebracht wird, die elektrische Funken aussendet. Ähnliche Zuckungen wurden in Froschschenkeln hervorgerufen, die ebenfalls geerdet und an langen Eisendrähten aufgehängt waren, sobald ein Blitz durch den Raum zuckte. Galvani war überrascht, daß er den Froschschenkel ohne die Verwendung oder das Vorhandensein eines elektrischen Apparates zum Zucken bringen konnte, wenn er nur Nerv und Muskel des Schenkels mit zwei verschiedenen Metallen in Berührung brachte. Daraus schloß er, daß es im tierischen Organismus eine natürliche Elektrizität gibt.

Alessandro Volta, ein Physikprofessor in Pavia, wiederholte diese Versuche und war zunächst mit der Theorie der tierischen Elektrizität einverstanden. Nach weiteren Forschungsarbeiten änderte sich seine Ansicht. Er wiederholte ein Experiment, das von J. G. Sulzer um 1750 beschrieben worden war, und fand folgendes heraus: Wenn er ein Stück Blech auf die Zungenspitze und ein Stück Silber hinten auf die Zunge legte, so verspürte er jedesmal, wenn er die beiden Metalle durch einen Draht verband, einen starken säuerlichen Geschmack. Wenn er seine Stirn und seinen Gaumen mit diesen beiden verschiedenen Metallen verband, hatte er eine Empfindung von Licht. 1792 kam er zu dem Schluß, daß die Metalle und nicht das tierische Gewebe Elektrizität erzeugten, und zwar durch ihre Wechselwirkung aufeinander und ihre Berührung mit einer feuchten Substanz, vorzugsweise einer Salzlösung. Weitere Experimente bewiesen, daß die Berührung von zwei verschiedenen Metallen ihre elektrische Aufladung verursachte – eines positiv, das andere negativ –, ohne die Vermittlung einer feuchten Substanz, ob tierisch oder nicht; aber diese unmittelbare Berührung brachte nur einen Austausch der Ladungen hervor, nicht das Fließen eines Stromes. Um einen Strom zu erzeugen, baute Volta die «Voltasche Säule», die aus verschiedenen Schichten bestand, jedesmal aus zwei miteinander verbundenen Platten aus verschiedenem Metall und einer Schicht aus feuchtem Papier oder Holz. So entstand im letzten Jahr des achtzehnten Jahrhunderts die erste elektrische Stromquelle. Damit stand der Elektrizität der Weg offen, um die Tag- und Nachtseite der Erde zu verwandeln.

IV. DIE CHEMIE

1. Auf der Suche nach dem Sauerstoff

«Physik und Mathematik», schrieb Edward Gibbon im Jahre 1761, «beherrschen jetzt alles. Ihre Schwestern müssen vor ihnen im Staub liegen, sind an ihren Triumphwagen gekettet oder dienen im besten Falle nur zur Verzierung ihrer Siege. Vielleicht werden sie in absehbarer Zeit zu Fall kommen.»[24] Mit dieser Voraussage hatte er es schlecht getroffen; heutzutage ist die Physik die Königin der Wissenschaften, die Mathematik ist ihre Helferin, und niemand kann ahnen, was von dieser Vereinigung noch zu erwarten ist.

Neben all den Siegen, die die Mathematik, die Physik und die Astronomie im siebzehnten Jahrhundert davontrugen, war es auch einer jungen Wissenschaft gelungen, sich endlich von den Fesseln der Alchemie freizumachen. Ein tragischer Irrtum hätte sie fast gleich zu Anfang erdrosselt. Georg Stahl, Professor der Medizin und Chemie in Halle, stützte sich auf eine Theorie, die Johann Becher 1669 entwickelt hatte, und deutete Verbrennung als das Entweichen von «Phlogiston» aus dem verbrannten Material in die Luft. (*Phlogiston* war griechisch und bedeutet: verbrannt; *phlox* ist das griechische Wort für Flamme; wir bezeichnen heute damit eine Pflanze, deren Blüten manchmal feuerrot sind.) Um 1750 hielten sich fast alle Chemiker in Westeuropa an die Theorie, wonach Wärme oder Feuer eine von der brennenden Materie abgesonderte Substanz darstellt. Aber niemand konnte erklären, warum in diesem Fall Metalle nach der Verbrennung schwerer sind als vorher.

Unsere moderne Erklärung des Verbrennungsvorgangs wurde durch Arbeiten über die Chemie der Luft von Hales, Black und Scheele vorbereitet. Stephen Hales begann mit der Erfindung einer «pneumatischen Wanne» oder eines Luftbehälters, worin Gase in einem verschlossenen Gefäß über Wasser gesammelt werden konnten. Er wies darauf hin, daß Gase (die er «Lüfte» nannte) in vielen festen Substanzen enthalten sind, und er beschrieb die Luft als «einen feinen elastischen Strom, in dem Teilchen *einer sehr verschiedenen Natur* treiben»[25]. Die Zerlegung von Luft und Wasser in verschiedene Substanzen machte der uralten Auffassung, wonach Luft, Wasser, Feuer und Erde die vier Grundelemente waren, ein Ende. Eine Generation später bewiesen die Versuche von Joseph Black (1756), daß ein Bestandteil der Luft ein Etwas ist, das er nach Hales «fixierte Luft» nannte – nämlich Luft, die in festen oder flüssigen Substanzen enthalten oder daraus zu gewinnen ist; heute bezeichnen wir das mit Kohlensäuregas. Einen weiteren Schritt zur Entdeckung des Sauerstoffs tat Black mit dem Nachweis, daß jenes Gas auch im menschlichen Atem enthalten ist. Aber auch er glaubte noch an Phlogiston, und Sauerstoff, Wasserstoff und Stickstoff blieben weiter ein Geheimnis.

Schweden tat sich im achtzehnten Jahrhundert besonders in der Chemie hervor. Torbern Olof Bergman, der sich auch in der physikalischen Geographie einen Namen machte, war in erster Linie Chemiker und ein hochgeehrter und beliebter Professor an dieser Fakultät in Uppsala. Er stellte zum erstenmal reines Nickel her und war auch der erste, der auf die Bedeutung von Kohlenstoff bei der Bestimmung der physikalischen Eigenschaften von Eisen-Kohlenstoff-Verbindungen hinwies. In seinem verhältnismäßig kurzen Leben – er wurde nur neunundvierzig Jahre alt – studierte er auf Grund von über dreißigtausend Experimenten die chemischen Affinitäten von neunundfünfzig Substanzen und berichtete darüber in einer Arbeit mit dem Titel *Wahlverwandtschaften* (1775). Er starb vor der Vollendung seines Werkes, hatte aber seine Leidenschaft für chemische Untersuchungen auf Scheele übertragen.

Heute geben englische Historiker zu, daß der schwedische Chemiker Karl Wilhelm Scheele (1772) noch vor Priestley (1774) das entdeckte, was Lavoisier (1779) als erster Sauerstoff nannte. Scheele verbrachte den größten Teil seiner dreiundvierzig Lebensjahre in Armut. Nach seinen Lehrjahren in einer Apotheke in Göteborg brachte er es zum Apotheker in der Kleinstadt Köping. Sein Lehrer Torbern Bergman verschaffte ihm eine kleine Pension von der Akademie der Wissenschaften in Stockholm; achtzig Prozent davon verwendete Scheele auf chemische Versuche, die er zum größten Teil nachts, nach getaner Arbeit, und mit den einfachsten Mitteln durchführte, was zweifellos seinen Tod beschleunigte. Trotzdem bearbeitete er fast jeden Zweig der neuen Wissenschaft, die er mit der ihm eigenen Einfachheit definierte: «Ziel und Hauptgegenstand der Chemie sind die Trennung von Substanzen in ihre Bestandteile, die Entdeckung ihrer Eigenschaften und ihre Zusammenstellung in verschiedene Verbindungen.»[26] 1775 gab er ein Manuskript mit dem Titel *Chemische Abhandlungen über Luft und Feuer* in Druck. Seine Veröffentlichung verzögerte sich bis ins Jahr 1777, aber fast alle darin beschriebenen Experimente waren vor 1773 ausgeführt worden. Wenn Scheele auch bis zu seinem Tode am Glauben an Phlogiston festhielt, so setzte er doch grundsätzlich auseinander, daß die unverdorbene Atmosphäre aus zwei Gasen besteht: eines nannte er «Feuer-Luft» (unseren Sauerstoff), als hauptsächliche Unterstützung von Feuer; das andere «verdorbene Luft» (unseren Stickstoff), als eine Luft, die die «Feuer-Luft» verloren hat. Er stellte Sauerstoff auf verschiedene Arten her. Bei einer Methode mischte er konzentrierte Schwefelsäure mit feingemahlenem Mangan, erhitzte die Mischung in einem Tiegel und fing das entstandene Gas in einer fast luftleeren Blase auf. Er entdeckte, daß eine angezündete Kerze, auf die man das so erhaltene Gas blies, «mit einer größeren Flamme zu brennen begann und ein so helles Licht von sich gab, daß die Augen davon geblendet wurden»[27]. Daraus schloß er, daß «Feuer-Luft» das Gas ist, das Feuer unterhält. «Es kann kaum ein Zweifel darüber bestehen, daß er dieses Gas zwei Jahre vor Priestley gewann.»[28]

Das war aber nur ein Teil der Errungenschaften Scheeles. Wahrscheinlich hat nie jemand so viele neue Substanzen entdeckt wie er[29]. Als erster isolierte er Chlor, Barium, Mangan und neue Verbindungen wie Ammoniak und Glyzerin sowie Fluorwasserstoffsäure, Gerbsäure, Benzoesäure, Oxalsäure, Apfelsäure und Weinsteinsäure. Er entdeckte die Bleichwirkung von Chlor auf Stoffe, Gemüse und Blumen, was von Berthollet in Frankreich und James Watt in England geschäftlich ausgewertet wurde. Außerdem analysierte Scheele Gallensteine und entdeckte die Harnsäure (1776). Im Jahre 1777 stellte er Schwefelwasserstoff her und 1778 Molybdänsäure. 1780 wies er die Milchsäure in Sauermilch nach. 1781 stellte er Wolframsäure aus Tungstein (jetzt als Scheelit bekannt) her. 1783 entdeckte er die Blausäure, war sich jedoch nicht über ihren giftigen Charakter klar. Er stellte auch Arsin (eine hochgiftige Arsenverbindung) und ein Arsenpigment von grüner Farbe her, das nach ihm benannt wurde[30]. Er bewies, daß Silberchloride unter Einwirkung des Sonnenlichtes zu Silber abgebaut werden, was später die Photographie ermöglichte, und daß die verschiedenen Strahlen, aus denen sich das weiße Licht zusammensetzt, eine unterschiedliche Wirkung auf Silbersalze ausüben. Die unglaublich fruchtbare Arbeit dieses so kurzen Lebens war von außerordentlicher Bedeutung für die industrielle Entwicklung im neunzehnten Jahrhundert.

2. *Priestley*

Lange Zeit wurde Priestley und nicht Scheele die Entdeckung des Sauerstoffs zugeschrieben, weil er ihn unabhängig von Scheele entdeckte und seine Entdeckung 1775 bekannt machte, also zwei Jahre vor der verspäteten Veröffentlichung Scheeles. Er verdient trotzdem seinen Ehrenplatz, denn seine Arbeiten ermöglichten Lavoisier, der Chemie ihre moderne Form zu verleihen. Er war bahnbrechend für das wissenschaftliche Studium der Elektrizität; und zudem gab er so kühnen Gedanken über Religion und Regierung Ausdruck, daß ein fanatischer Pöbel sein Haus in Birmingham in Brand steckte und er sich gezwungen sah, Zuflucht in Amerika zu suchen. Er hatte mehr als einen Berührungspunkt mit der Geschichte der Kultur, denn er war ein Mann von Charakter, der Achtung einflößte.

1733 wurde er als Sohn eines den Dissenters angehörenden Schneiders in Yorkshire geboren. Er stürzte sich auf das Studium der Naturwissenschaft, Philosophie, Theologie und Sprachen; er lernte Latein, Griechisch, Französisch, Deutsch, Italienisch, Arabisch und sogar etwas Syrisch und Chaldäisch. Er begann als Prediger in Dissentergemeinden, wurde aber durch einen Sprachfehler behindert. Im Alter von fünfundzwanzig Jahren organisierte er eine Privatschule, deren Programm er durch physikalische und chemische Experimente belebte. Mit achtundzwanzig Jahren wurde er zum Lektor einer Dissenterakademie in Warrington ernannt, wo er fünf Sprachen lehrte und daneben noch Zeit für Forschungsarbeiten fand, mit denen er sich den Titel eines korrespondierenden Mitglieds der Royal Society verdiente (1766). Im gleichen Jahr lernte er Franklin in London kennen, der ihn dazu ermunterte, *The History and Present State of Electricity* (Die Geschichte und der gegenwärtige Stand der Elektrizität; 1767) abzufassen, ein bewundernswerter Überblick über das ganze Gebiet bis zu seiner Zeit. 1767 wurde er zum Pastor der Mill-Hill-Kapelle in Leeds ernannt. Später erwähnte er in seinen Erinnerungen: «Ich lebte eine Zeitlang ganz in der Nähe einer öffentlichen Brauerei, und dadurch kam ich auf den Gedanken, Versuche mit fixierter Luft zu machen.»[31] Der Maisch in der Brauerei verbreitete nämlich Kohlensäuregas. Er löste dieses in Wasser und fand es angenehm prickelnd. Das war das erste Brausewasser.

1772 wurde er aller materiellen Sorgen enthoben, denn Lord Shelburne ernannte ihn zum Bibliothekar. In einem ihm zur Verfügung gestellten Haus in Colne führte er die Experimente aus, die ihm einen internationalen Ruf eintrugen. Er verbesserte Hales pneumatische Wanne, indem er die Gase, die bei verschiedenen Mischungen entstanden, über Quecksilber statt über Wasser einfing. So gelang ihm 1772 die Isolierung von Stickoxyd, von Stickoxydul (Lachgas) und von Chlorwasserstoff; außerdem, unabhängig von Scheele, von Ammoniak (1773) und (1774) von Schwefeldioxyd und schließlich (1776) von Stickstoffperoxyd. In einem Brief vom 15. März 1775 teilte er der Royal Society seine Entdeckung, den Sauerstoff, mit. Im zweiten Band seiner *Experiments and Observations on Different Kinds of Air* (Experimente und Beobachtungen mit verschiedenen Arten von Luft; 1775) beschrieb er seine Methode. Er verwende ein starkes Brennglas, sagte er, und

«machte mich daran, mit seiner Hilfe zu untersuchen, welche Art von Luft eine große Anzahl verschiedener Substanzen [bei Erhitzung] abgeben würden, wenn ich sie in ... Gefäße mit Quecksilber brachte und umgestülpt in einer Schüssel desselben hielt. Mit diesem Apparat ... versuchte ich am 1. August 1774, Luft aus *mercurius calcinatus per se* (Quecksilberoxyd) zu gewinnen; und ich beobachtete, daß Luft mit Hilfe des Brennglases ohne weiteres abgestoßen wurde ... Worüber ich über alle Maßen staunte, war eine Kerze, die in dieser Luft mit bemerkenswerter, starker Flamme brannte.»[32]

Nachdem er festgestellt hatte, daß eine Maus in dieser «dephlogistierten Luft» (wie er den Sauerstoff nannte) viel länger als in der gewöhnlichen Atmosphäre lebte, hielt er es für ungefährlich, die neue Luft auch selbst auszuprobieren.

«Nachdem ich mich von der höheren Qualität von dephlogistierter Luft überzeugt hatte, weil Mäuse darin lebten und ich auch andere Versuche, wie oben erwähnt, damit gemacht hatte, wird der Leser verstehen, daß ich wißbegierig war, sie auch selbst zu kosten. Ich habe diese Wißbegier durch Einatmen durch ein Glasrohr gestillt; und auf diese Art habe ich ein großes Gefäß davon wie gewöhnliche Luft benützt. Für meine Lungen war das Gefühl dabei kaum verschieden von gewöhnlicher Luft, aber ich hatte den Eindruck, daß meine Brust sich noch einige Zeit nachher besonders leicht hob. Wer weiß, vielleicht wird diese reine Luft mit der Zeit zu einem modischen Luxusartikel werden! Bis jetzt hatten nur zwei Mäuse und ich das Vorrecht, sie einzuatmen.»[33]

Er sagte verschiedene Formen dieses zukünftigen Luxusartikels voraus:

«Die größere Stärke und Lebhaftigkeit der Kerzenflamme in dieser reinen Luft erweckt die Annahme, daß sie in gewissen Krankheitszuständen der Lungen besonders wohltuend ist, dort wo gewöhnliche Luft nicht genügt, um die verdorbenen phlogistischen Ausdünstungen [Kohlendioxyd] schnell genug zu beseitigen.

Aber vielleicht dürfen wir diesen Experimenten auch entnehmen, daß diese reine dephlogistierte Luft [Sauerstoff] zwar sehr nützlich als *Medizin* sein könnte, jedoch nicht so geeignet für uns im gewöhnlichen gesunden Zustand unseres Körpers; denn ebenso wie eine Kerze schneller in dephlogistierter Luft als in gewöhnlicher Luft abbrennt, so könnten wir gewissermaßen *zu schnell ableben* und die animalische Kraft sich in dieser reinen Sorte Luft zu schnell verzehren.»[34]

Priestleys experimentelle Arbeit war voll glänzender Hypothesen und ausgezeichneter Beobachtungen, während seine theoretischen Auslegungen sich zumeist an die Überlieferung hielten. Wie Stahl und Scheele nahm auch er an, das brennende Material gebe im Laufe der Verbrennung eine Substanz ab, das Phlogiston. Diese Substanz vereint sich dann, seiner Meinung nach, mit einem Bestandteil der Atmosphäre, um «verdorbene Luft» oder «phlogistierte Luft» (unseren Stickstoff) zu bilden; der andere Bestandteil war in seiner Fachsprache die «dephlogistierte Luft», die Lavoisier dann Sauerstoff nannte. Während Lavoisier auseinandersetzte, daß eine Materie beim Verbrennungsprozeß Sauerstoff aus der Luft aufnimmt, statt Phlogiston dahin abzugeben, hielt sich Priestley bis zum Ende seiner Tage an die Phlogistonlehre.

1774 bereiste er den Kontinent mit Lord Shelburne und erzählte ihm von seinen Sauerstoffexperimenten. 1780 versetzte Shelburne ihn mit einer Jahresrente von hundertfünfzig Pfund in den Ruhestand. Priestley ließ sich als Hilfsgeistlicher einer Dissentergemeinde in Birmingham nieder und kam mit James Watt, Josiah Wedgwood, Erasmus Darwin, Matthew Boulton und anderen in der Lunar Society (Mondgesellschaft) zusammen, wo über die neuesten naturwissenschaftlichen, technischen und philosophischen Ideen diskutiert wurde. Fast in allen Schichten war er wegen seiner Fröhlichkeit, Bescheidenheit und Freigebigkeit und der «fleckenlosen Reinheit seines Lebens» beliebt[35]. Aber einige seiner Nachbarn stellten sein Christentum in Frage. In seinem Buch *Disquisitions relating to Matter and Spirit* (Abhandlungen über Materie und Geist; 1777) führte er alles, sogar die Seele, auf Materie zurück. Er behauptete, daß dies mit dem rechten Glauben vereinbar sei,

«da es den Gelehrten wohlbekannt ist, daß das, was im Altertum unter immateriellem Wesen verstanden wurde, nur eine *feinere Art* dessen war, was wir jetzt Materie nennen würden; etwas wie Luft oder Atem, was zuerst den Namen für *Seele* abgab ... Infolgedessen versagte man im Altertum dem Geist nicht die Eigenschaft der *Ausdehnung* und örtlichen Druckes. Er hatte ihrer Meinung nach einige Eigenschaften gemein mit der Materie, war fähig, damit vereint zu werden, darauf einzuwirken und selbst Einwirkungen zu erfahren ... Man war daher der Ansicht ..., die Empfindungs- oder Denkkraft könne zu der gröbsten Materie gehören ..., so daß *Seele* und *Körper*, die in Wirklichkeit die gleiche Substanz sind, zusammen sterben müssen.»[36]

In einer weiteren Veröffentlichung, *The Doctrine of Philosophical Necessity Illustrated* (Die Doktrin der philosophischen Notwendigkeit), aus demselben Jahr, verneinte Priestley, der sich hier an Hartley und Hume anlehnte, temperamentvoll die Willensfreiheit. Und in einer *History of the Corruptions of Christianity* (Geschichte der Verderbung des Christentums; 1782) lehnte er die Wunder, den Sündenfall, das Sühneopfer und die Dreifaltigkeit ab. All diese Dogmen betrachtete er als eine «Verderbung», die sich mit der Entfaltung des Christentums herausgebildet und nichts mit den Lehren Christi oder der zwölf Apostel zu tun hatten. Alles, was bei Priestley vom Christentum übrigblieb, war der Glaube an Gott, der auf den Beweisen einer göttlichen Ordnung beruhte. Da er sich mit der Sterblichkeit doch nicht ganz abfinden konnte, nahm er an, Gott lasse am Jüngsten Tag alle Toten auferstehen. Seine wahre Hoffnung setzte er jedoch nicht auf einen Himmel im Jenseits, sondern auf eine vollkommene Welt, die auf Erden durch den Sieg der Wissenschaft über Aberglauben und Unwissenheit geschaffen werden sollte. Selten hat das achtzehnte Jahrhundert seinen Glauben an den Fortschritt mit mehr Überzeugung ausgedrückt:

«Alle Kenntnisse werden sich auf die verschiedensten Gebiete ausdehnen. Und da das Wissen, wie Lord Bacon bemerkt, Macht ist, so wird die Macht der Menschen ständig zunehmen. Die Natur, einschließlich ihrer Materie und ihrer Gesetze, wird uns besser gehorchen; der Mensch wird seine Stellung in dieser Welt leichter und angenehmer gestalten; er wird wahrscheinlich sein Dasein verlängern, und jeder Einzelne wird glücklich werden und dadurch fähiger sein (und ich glaube, auch geneigter), anderen Glück zu vermitteln. Was auch immer der Beginn der Welt gewesen sein mag – ihr Ende wird so herrlich und paradiesisch sein, wie wir es uns heute überhaupt nicht vorstellen können[37] ... Glücklich ist, wer dazu beiträgt, das reine Licht dieses immerwährenden Evangeliums zu verbreiten.»[38]

Ein Teil dieses wunderbaren Fortschritts sollte, nach Priestleys Vorstellung, politischer Natur sein und auf dem einfachen humanen Prinzip beruhen: «Das Wohl und das Glück ... der Mehrheit der Mitglieder eines Staates ist der große Maßstab, an dem letzten Endes alles, was mit dem Staat zu tun hat, gemessen werden muß.»[39] Hier schöpfte Bentham, nach seinen eigenen Worten, den Ursprung seiner Philosophie des Utilitarismus. Die einzige gerechte Regierung ist die, sagte Priestley, die nach dem Glück ihrer Bürger strebt, und es steht völlig im Einklang mit dem Christentum, wenn das Volk eine offensichtlich ungerechte Regierung stürzt. Auf die Warnung des Apostels Paulus, daß «die bestehende Obrigkeit von Gottes Gnaden ist», antwortete Priestley, daß «die Obrigkeit, die da sein wird, aus demselben Grunde von Gott begnadet sein wird»[40].

Es war ganz selbstverständlich, daß solch ein Rebell Verständnis für die Kolonien aufbrachte, die gegen die Besteuerung ohne Vertretung im Parlament protestierten. Noch wärmer begrüßte er jedoch die Französische Revolution. Als Burke diese anklagte, wurde sie von Priestley verteidigt; Burke prangerte ihn im Parlament als einen Ketzer an. Einige seiner Freunde teilten die radikalen Ansichten Priestleys. Am 14. Juli 1791 versammelte sich die «Konstitutionelle Gesellschaft von Birmingham» im Royal Hotel, um den Jahrestag des Sturmes auf die Bastille feierlich zu begehen. Priestley war nicht zugegen. Eine Menge lief vor dem Hotel zusammen, hörte den aufreizenden Reden gegen Ketzer und Verräter zu und schleuderte Steine in die Hotelfenster. Die Mitglieder der Gesellschaft flüchteten. Dann zog die Menge vor Priestleys Haus und brannte es mitsamt dem Laboratorium, den Instrumenten, den Manuskripten und der Bibliothek nieder. Dann machte der Pöbel drei Tage lang Birmingham unsicher und schwor, alle «Philosophen» umzubringen. Die angstzitternden Bürger kritzelten auf ihre Fensterscheiben «Hier keine Philosophen». Priestley floh nach Dudley und von dort nach London, von wo aus er am 19. Juli einen Brief an das Volk von Birmingham richtete:

«Meine ehemaligen Mitbürger und Nachbarn!

Nachdem ich elf Jahre mit Euch zusammengelebt hatte, in denen Ihr Euch von meinem friedlichen Verhalten in der Erfüllung meiner beruflichen und philosophischen Pflichten überzeugen konntet, war ich nicht auf das böswillige Benehmen gefaßt, das ich und meine Freunde von Euch erleiden mußten ...

Glücklicherweise hat das englische Gemüt einen Abscheu vor *Mord,* und deswegen habt Ihr hoffentlich nicht daran gedacht ... Aber was ist das Leben wert, wenn alles darangesetzt wird, es elend zu machen? ...

Ihr habt das wertvollste und nützlichste philosophische Werkzeug vernichtet ... Ihr habt eine Bibliothek vernichtet, die kein Geld ersetzen kann, es sei denn nach vielen langen Jahren. Aber was mich am tiefsten berührt – Ihr habt Manuskripte vernichtet, die die Frucht langjähriger schwieriger Arbeiten waren und die ich nie wieder ersetzen kann. Und das habt Ihr jemandem angetan, der Euch nie Böses gewünscht oder zugefügt hat. Ihr irrt Euch, wenn Ihr meint, daß solches Benehmen Eurer Sache irgendwie dienen oder unserer schaden könnte. Wenn Ihr auch mich wie mein Haus, meine Instrumente und meine Bibliothek vernichtet hättet, so würden gleich zehn andere, ebenbürtig oder überlegen an Geist und Fähigkeiten, in die Bresche springen; und würden diese zehn vernichtet, würden hundert andere auftauchen ...

In dieser Sache sind wir die Schafe, und Ihr seid die Wölfe. Wir wollen uns unseren Charakter bewahren und hoffen, daß Ihr Euch ändert. Auf jeden Fall wünschen wir Segen auf Euch herab zum Dank für Eure Flüche und beten, daß Ihr bald den Fleiß und die Nüchternheit wiederfinden möget, wodurch sich die Einwohner von Birmingham bisher ausgezeichnet haben.

Ich verbleibe mit aufrichtigen Wünschen für Euer Wohlergehen

J. Priestley.»[41]

Trotzdem verlangte er eine Entschädigung von der Stadt und schätzte seinen Verlust auf viertausendfünfhundert Pfund. Charles James Fox unterstützte seine Klage, Birmingham gestand ihm zweitausendfünfhundertzwei Pfund zu. Er versuchte, sich anderswo in England niederzulassen, aber die Vertreter der Kirche, die Royalisten und seine Kollegen in der Royal Society mieden ihn[42]. Die Französische Akademie der Wissenschaften bot ihm über ihren Sekretär Condorcet ein Heim und ein Laboratorium in Frankreich an. Am 8. April 1794 wanderte er jedoch, im Alter von einundsechzig Jahren, nach Amerika aus. Er ließ sich in Northumberland, im Pennsylvanien Franklins, nieder, am Ufer des lieblichen Susquehanna-Flusses, von dem später Coleridge und Southey träumten. Er begann mit neuen Experimenten und entdeckte die Zusammensetzung von Kohlenoxyd. Er wurde in gelehrte Gesellschaften aufgenommen und erhielt ein Angebot für den Lehrstuhl für Chemie an der Universität von Pennsylvanien. 1796 hielt er vor den Universalisten von Philadelphia eine Reihe von Vorträgen über «Beweise für das Christentum»; unter seinen Zuhörern befanden sich der Vizepräsident John Adams und verschiedene Kongreßmitglieder. Aus diesen Zusammenkünften entstand die Unitarische Gesellschaft. Zwei Jahre später schlug Timothy Pickering, der Außenminister unter Präsident Adams, vor, Priestley als lästigen Ausländer abzuschieben. Die Wahl von Jefferson (1800) beendete die ständige Unsicherheit Priestleys, und er durfte vier friedliche Jahre genießen. 1803 faßte er seine letzte wissenschaftliche Arbeit ab, worin er immer noch das Phlogiston verteidigte. Er starb am 6. Februar 1804 in Northumberland. Sein Haus wurde 1943 durch ein pennsylvanisches Gesetz zum Nationaldenkmal bestimmt.

Während Thomas Paine, ein rebellischer Christ wie Priestley, dessen Feldzug weiterführte, setzte Henry Cavendish die chemischen Forschungen über die Gase fort. Als Sohn eines Lords und Neffe eines Herzogs erbte er im Alter von vierzig Jahren eines der größten Vermögen von England. Er war schüchtern, sogar gehemmt beim Sprechen, kleidete sich nachlässig und lebte wie ein Einsiedler in seinem Laboratorium in London, ohne sich um Ruhm zu kümmern. Seine Versuche zeichneten sich dadurch aus, daß er jedes Material vor und nach dem Experiment sorgfältig maß und abwog. Diese Messungen gestatteten Lavoisier die Formulierung des Grundsatzes, wonach bei chemischem Austausch die Menge der Materie konstant ist.

1766 machte er eine Mitteilung an die Royal Society über seine Experimente mit «künstlicher Luft» – das heißt mit Gasen, die aus festen Körpern gewonnen wurden. Indem er Zink oder Blech in Säure auflöste, erhielt er, was er als «brennbare Luft» bezeichnete; er hielt es für Phlogiston, heute nennen wir es Wasserstoff. Cavendish erkannte als erster, daß es sich um ein selbständiges Element handelt, und bestimmte sein spezifisches Gewicht. 1783 setzte er ein Experiment Priestleys fort, wobei er folgendes feststellte: Wenn ein elektrischer Funke durch eine Mischung von gewöhnlicher Luft und «brennbarer Luft» geschickt wurde, so wurde ein Teil der Mischung als Tau kondensiert; er schloß aus dieser Elektrolyse, daß Wasser aus zweitausendundvierzehn Teilen «brennbarer Luft» und einem Teil von Priestleys «dephlogistierter Luft» zusammengesetzt ist oder, wie wir heute sagen: H_2O. Es war der erste gültige Beweis, daß Wasser eine Verbindung und kein Element ist. (Unabhängig von ihm kam James Watt im gleichen Jahr [1783] auf die gleiche Zusammensetzung von Wasser.) Nachdem er einen elektrischen Funken durch eine Mischung von Wasserstoff und gewöhnlicher Luft geleitet hatte, erhielt Cavendish Salpetersäure und schloß daraus, daß reine Luft aus Sauerstoff und Stickstoff zusammengesetzt sei. (Daniel Rutherford aus Edinburgh hatte 1772 Stickstoff als selbständiges Element erkannt.) Cavendish gab zu, daß ein kleiner Rückstand übrigblieb, den er nicht erklären konnte, den er aber auf 0,83 Prozent der ursprünglichen Menge berechnete. Diese Frage blieb bis 1894 ungelöst; dann isolierten Rayleigh und Ramsay diesen Rückstand, der jetzt als selbständiges Element Argon genannt wird und im Gewicht 0,94 Prozent der gewöhnlichen Luft ausmacht. Cavendishs Messungen waren bestätigt.

3. *Lavoisier*

Inzwischen hatte sich in Frankreich eine Gruppe begeisterter Forscher herausgebildet, die im wesentlichen der heutigen Chemie ihre Form verliehen. Zuerst ist Guillaume Rouelle zu nennen, der sich durch seine Arbeiten über die Chemie der Salze auszeichnete, aber besser wegen seiner Vorlesungen über Chemie bekannt ist, die er für arm und reich hielt, denen auch Diderot und Rousseau beiwohnten, vor allem aber der größte aller Chemiker.

Antoine Lavoisier hatte das Glück oder Unglück, reich auf die Welt zu kommen (1743). Sein Vater, ein Rechtsanwalt im Pariser Parlament, gab dem Jungen die beste Erziehung, die damals zu haben war, und vermachte dem Dreiundzwanzigjährigen dreihunderttausend Livres. Solch ein Vermögen hätte eine literarische Laufbahn zugrunde richten können, aber für die Naturwissenschaft, für die teure Apparate und langjährige Vorbereitungen unerläßlich waren, bedeutete es eine Unterstützung. Sein Vater wollte aus ihm einen Juristen machen, aber Antoine verbrachte die meiste Zeit mit Mathematik und Astronomie; außerdem wohnte er Rouelles Vorlesungen im Hörsaal des Jardin du

Roi bei. Trotzdem beendete er seine juristischen Studien und begleitete Jean Guettard auf mineralogischen Reisen und bei der Aufzeichnung von Landkarten in Frankreich. 1768 wurde er in die Académie des Sciences aufgenommen, die damals Buffon, Quesnay, Turgot und Condorcet zu ihren Mitgliedern zählte. Ein Jahr später schloß er sich den Generalsteuerpächtern an und befaßte sich mit dem höchst unbeliebten Geschäft des Steuereinnehmens, um sich seinen Vorschuß an die Regierung bezahlt zu machen. Er hatte fünfhundertzwanzigtausend Livres für ein Drittel eines der sechzig Anteile der Generalsteuerpacht (*ferme générale*) ausgelegt; 1770 ergänzte er es zu einem vollen Anteil. 1771 heiratete er Marie Paulze, die Tochter eines reichen Generalsteuerpächters. Er verbrachte nun einen Teil seiner Zeit mit Reisen durch die Provinzen, wo er Einkommen, Steuerlisten und geologische Funde sammelte. Mit seinem Vermögen finanzierte er ein großes Laboratorium und kostspielige Experimente*, aber es brachte ihn unter die Guillotine.

An öffentlichen Angelegenheiten nahm er aktiv teil. 1775 wurde er zum Pulverinspektor (*régisseur des poudres*) ernannt, erhöhte und verbesserte die Herstellung des Pulvers und machte damit eine blühende Ausfuhr nach den amerikanischen Kolonien und den Sieg der revolutionären Armeen Frankreichs möglich. «Französisches Pulver», sagte Lavoisier 1789, «ist heute besser als jedes andere in Europa ... Man darf behaupten, daß Nordamerika ihm seine Freiheit verdankt.»[43] Er gehörte den verschiedensten öffentlichen Ausschüssen an, nationalen und städtischen, und trug dank seinem vielseitigen Geiste zur Lösung der verschiedensten Probleme in der Besteuerung, der Münzprägung, des Bankwesens, der wissenschaftlichen Bodenbearbeitung und der öffentlichen Wohltätigkeit bei. Als Mitglied der Provinzversammlung in Orléans (1787) trat er für bessere wirtschaftliche und soziale Bedingungen ein. Während des kritischen Mangels an Nahrungsmitteln im Jahre 1788 schoß er verschiedenen Städten sein eigenes Geld zum Ankauf von Getreide vor. Er war ein sozial aufgeschlossener Mensch, der weiterhin viel Geld verdiente.

Bei all dieser Tätigkeit blieb er doch ein echter Wissenschafter. Vor dem neunzehnten Jahrhundert gab es kein anderes Laboratorium, das so gut und vielseitig ausgestattet war wie seines: zweihundertfünfzig Instrumente, dreizehntausend Glasbehälter, Tausende von chemischen Präparaten und drei Präzisionswaagen, die später bei der Bestimmung des Gramms als Gewichtseinheit des metrischen Systems behilflich waren. Das halbe Geheimnis der Entdeckungen Lavoisiers bestand aus Wiegen und Messen. Damit verwandelte er die Chemie von einer qualitativen Theorie in eine quantitative Wissenschaft. Durch sorgfältiges Wiegen gelang ihm der Beweis, daß Stahls Phlogiston nichts als ein lästiges Märchen von einer geheimnisvollen Substanz war, die bei der Verbrennung das brennende Material verlasse und in die Luft übergehe. Am 1. November 1772 legte Lavoisier der Académie des Sciences eine Denkschrift folgenden Inhalts vor:

---

* Bei einem seiner frühen Experimente verbrannte er zwei Diamanten, um zu beweisen, daß das einzige Produkt ihrer Verbrennung Kohlendioxyd sei. Da dies ebenfalls das einzige Produkt völlig verbrannter Holzkohle war, bewies Lavoisier damit die chemische Übereinstimmung von Holzkohle und Diamanten als Formen reinen Kohlenstoffs.

«Vor ungefähr acht Tagen habe ich entdeckt, daß Schwefel bei der Verbrennung keineswegs an Gewicht abnimmt, sondern eher zunimmt; das bedeutet, daß man von einem Pfund Schwefel mehr als ein Pfund Vitriol erhält, wobei die Feuchtigkeit der Luft in Betracht gezogen wird. Dasselbe gilt im Falle von Phosphor. Die Gewichtszunahme kommt von der erstaunlichen Luftmenge, die während der Verbrennung festgehalten [das heißt von der brennenden Materie absorbiert] wird und sich mit den Dämpfen verbindet. Diese Entdeckung, zu der ich auf Grund von Experimenten kam, die ich als entscheidend betrachte, hat mich davon überzeugt, daß das, was bei der Verbrennung von Schwefel und Phosphor zu beobachten ist, sich ebenso im Fall all jener Körper ereignen dürfte, die bei Verbrennung oder Kalzinierung an Gewicht zunehmen.»[44]

Anstatt etwas an die Luft abzugeben, nahm das brennende Material etwas *aus* der Luft auf. Was war dieses Etwas?

Im Herbst 1774 veröffentlichte Lavoisier einen weiteren Bericht über seine Experimente. Eine abgewogene Flasche, die groß genug war, um eine beträchtliche Luftmenge zu enthalten, füllte er mit einer abgewogenen Menge Zinn, dann versiegelte er die Flasche und erhitzte das Ganze, bis das Zinn gut oxydiert war. Nachdem alles genügend abgekühlt war, fand er keine Gewichtsveränderung. Aber als er das Siegel aufbrach, strömte die Luft so plötzlich in die Flasche, daß darin ein teilweises Vakuum entstanden sein mußte. Aber wie? Lavoisier sah keine andere Erklärung dafür, als daß das brennende Zinn einen Teil der Luft in sich aufgenommen hatte. Was war dieses Etwas?

Im Oktober 1774 traf Lavoisier mit Priestley in Paris zusammen. Priestley erzählte ihm von den Experimenten, die er im August gemacht hatte und die er immer noch für einen Beweis für das Entfliehen von Phlogiston aus der brennenden Substanz in die Luft hielt. Am 26. April 1775 las Lavoisier in der Akademie eine Denkschrift vor, worin er über Experimente berichtete, die ihn davon überzeugt hatten, Verbrennung als eine Absorbierung anzusehen, wobei die brennende Substanz ein geheimnisvolles Element aus der Luft aufnimmt, das er vorläufig als außergewöhnlich reine Luft (*air éminemment pur*) bezeichnete. Er hatte ebenso wie Priestley den Sauerstoff entdeckt; aber im Gegensatz zu Priestley lehnte er endgültig das Märchen vom Phlogiston ab. Erst 1779 prägte er für das brennbare Element in der Luft den Namen *oxygène* (Sauerstoff) vom griechischen «Säureerzeuger», denn Lavoisier meinte irrtümlicherweise, daß Sauerstoff ein unentbehrlicher Bestandteil aller Säuren sei.

Ebenso wie Priestley beobachtete Lavoisier, daß die Luft, die die Metalle bei der Verbrennung in sich aufnahmen, ebenfalls von der Art war, die tierisches Leben am besten aufrechterhält. Am 3. Mai 1777 legte er der Akademie eine Schrift *On the Respiration of Animals* (Über die Atmung von Tieren) vor. «Fünf Sechstel der Luft, die wir einatmen», berichtete er, «sind ungeeignet für die Aufrechterhaltung der Atmung von Tieren oder die Entzündung und Verbrennung ..., nur ein Fünftel vom Volumen der atmosphärischen Luft ist zum Atmen geeignet.» Er fügte hinzu, daß «eine Luft, die eine Zeitlang dazu gedient hat, diese lebenswichtige Funktion zu unterhalten, viel mit der gemein hat, in der Metalle kalziniert [oxydiert] werden; Kenntnis des einen [Prozesses] dürfte natürlich auf den anderen angewendet werden». Daraufhin begründete Lavoisier die organische Analyse, indem er die Atmung als eine Verbindung von Sauerstoff mit organischer Materie beschrieb. Er bemerkte, daß bei diesem Prozeß ebenso wie bei der Verbrennung Wärme frei wurde, und er bestätigte außerdem die Übereinstimmung von Atmung und Verbrennung, indem er bewies, daß beim Verbrennen organischer Substanzen wie Zucker, Öl und Wachs (wie bei der Atmung) Kohlendioxyd und Wasser abgegeben wurde. Durch die immer weiter um sich greifende Auslegung organischer Vorgänge in physikalisch-chemischen Begriffen setzte nun auch eine Revolution in der Physiologie ein.

Die Vervielfältigung von Experimenten, die Zunahme chemischer Kenntnisse und die Aufgabe der Phlogistonlehre erweckte das Bedürfnis nach einer neuen Formulierung und einer neuen Nomenklatur für die aufblühende Wissenschaft. Die Académie des Sciences beauftragte Lavoisier, Guyton de Morveau, Foucroy und Berthollet, dieses Problem in Angriff zu nehmen. 1787 veröffentlichten sie *Méthode d'une nomenclature chimique* (Methode einer chemischen Nomenklatur). Altmodische Namen wie Algarothpulver, Arsenikbutter und Zinkblume wurden abgeschafft, dephlogistierte Luft wurde zu Sauerstoff, phlogistierte Luft zuerst zu Azot, dann zu Stickstoff; brennbares Gas wurde zu Wasserstoff, fixierte Luft zu Kohlensäuregas; Kalzinierung wurde zu Oxydierung, Verbindungen wurden nach ihren Bestandteilen benannt. Eine Tabelle von «einfachen Substanzen» enthielt zweiunddreißig Elemente, die Lavoisier bekannt waren; heute führen die Chemiker hundertfünf auf. Die meisten Ausdrücke, die in der *Méthode* angenommen wurden, sind in der heutigen chemischen Fachsprache gebräuchlich. Lavoisier stellte die neue Nomenklatur und eine Zusammenfassung der neuen Wissenschaft in der Schrift *Traité élémentaire de chimie* (Grundlegende Abhandlung der Chemie) dar, die 1789 erschien und auch eine Revolution einleitete – das Ende von Stahls Phlogiston und der Elemente des Aristoteles.

Lavoisier selbst fiel der Französischen Revolution zum Opfer. Er hatte sich um ihre Verhinderung bemüht und an den Übeln teilgehabt, die sie heraufbeschworen. In den zehn Jahren, die ihr vorausgingen, hatte er eifrig bei Studienkommissionen mitgewirkt, um Mißbräuche in Gefängnissen und Krankenhäusern zu verhüten. Dem obersten Steueraufseher Laurent von Villedeuil legte er (1787) eine Liste vor, in der er neun Ursachen für die Ausbeutung der Bauernschaft aufzählte. Seine Worte waren besonders verdienstvoll, weil sie von einem Millionär und Großgrundbesitzer stammten:

> «Bekennen wir es offen, daß ... bis zur Regierung Ludwigs XVI. das Volk in Frankreich überhaupt nicht zählte. Nur die Macht, die Befugnisse und der Reichtum des Staates wurden in Betracht gezogen; das Glück des Volkes, die Freiheit und das Wohl des Einzelnen waren Worte, die unseren früheren Herrschern nie zu Ohren kamen, die nicht verstanden, daß Regieren in Wirklichkeit darin bestehen soll, die Summe von Freude, Glück und Wohlstand aller ihrer Untertanen zu erhöhen ... Der unglückliche Bauer stöhnt wehrlos in seiner Hütte, denn keiner vertritt ihn, und keiner der großen Bezirke unserer nationalen Verwaltung nimmt sich seiner Interessen an.»[45]

Lavoisier wurde als Vertreter des Dritten Standes in die Provinzversammlung gewählt, die 1787 in Orléans zusammentrat. Dort schlug er eine Maßnahme zur Abschaffung des Frondienstes und zur Unterhaltung der Straßen nicht durch bäuerliche Zwangsarbeit, sondern durch Steuern vor, die allen Klassen auferlegt werden sollten; Adel und Geistlichkeit brachten diesen Antrag zu Fall. Er empfahl ein System der Sozialversicherung, wobei alle Franzosen, die es wünschten, zu ihrer Unterstützung im Alter beigetragen hätten; auch dies wurde abgelehnt. In einer Denkschrift an die Regierung, im Jahre 1785, erhob er die Forderung, daß die künftige Versammlung der Generalstaaten volle gesetzgebende Gewalt haben und der König nur ihr ausführender Arm sein solle; daß sie regelmäßig einberufen werden sollten; daß die Besteuerung allgemein und die Presse frei sein solle[46]. Lavoisier war fraglos eines der aufgeklärtesten Glieder der französischen Bourgeoisie, und wahrscheinlich kam in seinen Vorschlägen ein Teil seiner politischen Strategie zum Ausdruck.

Er gehörte aber auch zu den führenden Mitgliedern der *ferme générale,* die der Gegenstand fast allgemeiner Empörung war. Zwischen 1768 und 1786 hatten sich seine Gewinne als Generalsteuerpächter auf durchschnittlich 66.667 Livres im Jahr belaufen, was einer jährlichen Verzinsung von 8,28 Prozent entsprach. Er hatte vielleicht recht, wenn er das im Hinblick auf die damit verbundenen Schwierigkeiten und Wagnisse nur für richtig hielt. Auf seinen Vorschlag hin hatte der Premierminister Calonne zwischen 1783 und 1787 eine Mauer um Paris gebaut, um Schmuggler, die den Zoll umgingen, einzufangen. Die Mauer, die neuen Zollämter und Schranken kosteten dreißig Millionen Livres und wurden allgemein verurteilt. Der Herzog von Nivernois gab der Ansicht Ausdruck, daß der Urheber dieses Plans gehängt werden sollte.

Lavoisier unterstützte die Revolution im Jahre 1789, als sie noch vom Mittelstand angeführt wurde. Ein Jahr später erkannte er, daß sie Ausschreitungen, Gewalttätigkeiten und Krieg entgegenging, und trat für Zurückhaltung ein. Im November veröffentlichten einige Angestellte der Gesamtsteuerpacht eine Schmähschrift, in der sie behaupteten, daß die Pacht ihre Pensionsgelder unterschlagen habe. «Zittere», schrieben sie, «du, der du das Blut der Unglücklichen gesaugt hast.»[47] 1791 unternahm Marat einen persönlichen Feldzug gegen Lavoisier. Der «Freund des Volkes» hatte 1780 eine Arbeit *Recherches physiques sur le feu* (Physikalische Untersuchungen über das Feuer) veröffentlicht, worin er behauptete, das geheime Element im Feuer sichtbar gemacht zu haben. Lavoisier hatte sich geweigert, diese Behauptung ernst zu nehmen; Marat hatte es nicht vergessen. In seiner Zeitschrift *Ami du peuple* (Freund des Volkes) vom 27. Januar 1791 klagte Marat den Chemiker und Finanzmann als Scharlatan mit einem fetten Einkommen an, als einen Mann, «dessen einziger Anspruch auf Anerkennung darin besteht, daß er Paris ins Gefängnis steckte und der Stadt die frische Luft mit einer Mauer wegnahm, die die Armen dreiunddreißig Millionen Livres gekostet hat ... Wie himmelschade, daß er nicht an einer Laterne aufgehängt worden ist!»[48] Am 20. März 1791 schaffte die Konstituante die Gesamtsteuerpacht ab.

Dann kam die Reihe an die Académie des Sciences, denn alle Institutionen, die vom alten Regime übriggeblieben waren, wurden konterrevolutionärer Neigungen bezichtigt. Lavoisier verteidigte die Akademie und wurde dadurch zum Ziel aller Angriffe. Am 8. August 1793 wurde die Auflösung der Akademie befohlen. Bei der letzten Versammlung wurde die Anwesendenliste unter anderem von Lagrange, Lavoisier, Lalande, Lamarck, Berthollet und Monge unterzeichnet. Dann ging jeder seiner eigenen Wege, in der Hoffnung, daß die Guillotine ihn nicht finden werde.

Noch im gleichen Monat legte Lavoisier, der dabei den Ideen Condorcets folgte, dem Konvent einen Plan für ein nationales Schulsystem vor. Die Grundschule sollte für beide Geschlechter kostenlos sein, «eine Pflicht der Gesellschaft gegenüber dem Kinde». Die höhere Schulbildung, die ebenfalls für beide Geschlechter bestimmt war, sollte durch die Gründung von Gewerbeschulen in ganz Frankreich erweitert werden. Einen Monat später wurde seine Wohnung von Agenten der Regierung durchwühlt. Unter den Briefen, die dabei gefunden wurden, stammten einige von Freunden Lavoisiers, die die Revolution verurteilten und hoffnungsvoll von ausländischen Heeren redeten, die sie bald bezwingen würden. Andere Briefe deuteten darauf hin, daß Lavoisier und seine Frau die Absicht hatten, nach Schottland zu entkommen[49]. Am 24. November 1793 wurden zweiunddreißig ehemalige Generalsteuerpächter verhaftet, darunter Lavoisier. Seine Frau setzte alles in Bewegung, um seine Freilassung zu bewirken. Alles war umsonst; sie erhielt nur die Erlaubnis, ihn zu besuchen. Im Gefängnis arbeitete er weiter an seiner Darstellung der neuen Chemie. Die Finanzleute wurden beschuldigt, Wucherzinsen verlangt, Tabak mit Wasser verpanscht und sich ungesetzlich hundertdreißig Millionen Livres angeeignet zu haben. Am 5. Mai 1794 wurden sie vor das Revolutionsgericht gestellt. Acht wurden freigesprochen, die übrigen vierundzwanzig, Lavoisier inbegriffen, zum Tode verurteilt. Als der Richter, der den Vorsitz führte, gebeten wurde, das Urteil zu mildern, mit der Begründung, daß Lavoisier und einige andere Gelehrte für den Staat wertvoll seien, soll er geantwortet haben: «Die Republik braucht keine Gelehrten.» Diese Anekdote kann aber nicht hinreichend belegt werden[50]. Lavoisier bestieg am Tag der Verurteilung, am 8. Mai 1794, auf der jetzigen *Place de la Concorde* das Schafott. Lagrange soll dazu geäußert haben: «Nur ein Augenblick war nötig, um ihm den Kopf abzuschneiden; aber es ist nicht gesagt, daß hundert Jahre uns einen solchen wiedergeben können.»[51]

Der ganze Besitz Lavoisiers und seiner Witwe wurde als Entschädigung für die hundertdreißig Millionen Livres eingezogen, die die Gesamtsteuerpacht angeblich dem Staat schuldete. Die völlig verarmte Frau Lavoisier wurde von einem alten Diener der Familie unterstützt. 1795 widerrief die französische Regierung die Verurteilung Lavoisiers; Frau Lavoisier wurde wieder in ihre Güter eingesetzt und blieb bis zum Jahre 1836 am Leben. Im Oktober 1795 hielt das Lycée des Arts eine Gedenkfeier für Lavoisier ab, bei der Lagrange eine Lobrede hielt. Eine Büste wurde enthüllt mit der Inschrift: «Opfer der Tyrannei, als geachteter Freund der Künste, lebst du fort; mit deinem Genie dienst du weiter der Menschheit.»[52]

V. DIE ASTRONOMIE

1. *Vorspiel der Instrumente*

Inwieweit erhellten die Entdeckungen von Mathematik, Physik und Chemie den Himmel? Von allen kühnen Unternehmen der Wissenschaft kann sich keines mit dem Versuch messen, den Sternen ein Metermaß umzuhängen, diese glitzernden Schönheiten nächtlicher Bespitzelung zu unterwerfen, ihre Bestandteile über Billionen Meilen hinweg zu analysieren und ihre Bewegung in die vom Menschen geschaffenen Gesetze und seine Logik einzufangen. Der Geist und der Himmel sind die beiden Pole menschlichen Wunderns und Forschens; und das größte Wunder ist der Geist, der dem Firmament Gesetze auferlegt.

Weitreichende Instrumente waren erfunden, die hauptsächlichen Entdeckungen gemacht worden. Das achtzehnte Jahrhundert unternahm es, die Instrumente zu verbessern (Graham, Hadley, Dollond), die Entdeckungen zu erweitern (Bradley und Herschel), die letzten Errungenschaften der Mathematik auf die Sterne anzuwenden (d'Alembert und Clairaut) und die Ergebnisse zu einem neuen System kosmischer Dynamik zusammenzufassen (Laplace).

Das Fernrohr wurde verbessert und vergrößert. «Äquatoriale Fernrohre» wurden hergestellt, die sich auf zwei Achsen drehten, eine parallel, die andere senkrecht zur Ebene der Erdachse; diese Auswahl der Achse ermöglichte es dem Beobachter, das Objekt am Himmel lange genug für eingehende Studien und feinste Messungen im Auge zu behalten. Newton hatte sich nicht an einen Refraktor gewagt, weil er angenommen hatte, das Licht, das von den Linsen gebrochen wurde, werde notwendigerweise in seine Farben zerlegt, was die Beobachtung gestört hätte. Er ließ das Problem fallen und wandte sich dem Reflektor zu. 1733 wurde das Problem von Chester Moor Hall, einem «Gentleman-Amateur», gelöst, indem er Linsen mit verschiedener Brechung verband, was die Lichtzerlegung aufhob. Er veröffentlichte seine Entdeckung aber nicht, und John Dollond mußte unabhängig von ihm das Prinzip und den Bau eines achromatischen Fernrohrs ausarbeiten, was er in *Philosophical Transactions* (Sitzungsberichte) der Royal Society in London 1758 mitteilte.

1725 machte ein Uhrmacher und Quäker, George Graham, auf der Sternwarte von Greenwich einen Wandquadranten für Edmund Halley – einen mechanischen Viertelkreis, der in Grade und Minuten eingeteilt und so auf der Wand befestigt war, daß der Durchgang eines Sterns durch den Meridian verlief. Für Halley, James Bradley und Pierre Lemonnier baute Graham Transitinstrumente, die in sich Fernrohr, Uhr und Chronograph vereinten, um den Durchgang mit größerer Genauigkeit als vorher festzulegen. 1730 beschrieb Thomas Godfrey, der zum Kreis Franklins in Philadelphia gehörte, seinen Freunden ein Instrument zum Messen von Winkeln und Höhen mit Hilfe von doppelter Reflexion durch entgegengesetzte Spiegel in einem Fernrohr; aber bis zum Jahre 1734 veröffentlichte er nichts darüber. 1730 baute John Hadley ein ähnliches Instrument, einen Oktanten oder Achtelkreisbogen mit Gradeinteilung; 1757 wurde es auf einen Sechstelkreis vergrößert. Da dieses Spiegelfernrohr es dem Seemann erlaubte, gleichzeitig den Horizont und die Sonne (oder einen Stern) zu sehen, konnten mit Hadleys «Sextanten» genauere Winkelmessungen zwischen den Objekten vorgenommen werden. Mit Harrisons Chronometer für die Marine vereint, wurde die Seefahrt dadurch fast zu einer exakten Wissenschaft.

Um die Position eines Schiffes zur See festzustellen, mußte der Seemann Länge und Breite bestimmen. Um die Länge herauszufinden, mußte er die Ortszeit durch astronomische Beobachtung feststellen und diese Ortszeit mit einer Uhr vergleichen, die überall auf eine festgesetzte (Greenwich-) Zeit gestellt war. Die Schwierigkeit bestand im Bau eines Zeitmessers, der weder den Temperaturschwankungen noch den Schiffsbewegungen unterlegen war. 1714 schrieb die britische Regierung einen Preis von zwanzigtausend Pfund für eine Methode aus, mit der die Länge innerhalb eines halben Grades gefunden werden konnte. Der Uhrmacher John Harrison aus Yorkshire legte George

Graham (1728) Pläne für ein Marinechronometer vor. Graham streckte das nötige Geld für die Konstruktion vor, die 1735 beendet war. Dabei wurden zwei verschiedene massive Unruhen anstatt eines Pendels verwendet. Vier Unruhfedern, die sich verschieden zueinander bewegten, glichen die Schiffsbewegungen aus, und eine Reihe von Messing- und Stahlstangen, die sich bei Hitze ausdehnten und bei Kälte zusammenzogen und mit Federn verbunden waren, glichen die Temperaturschwankungen aus. Die Kommission für Längenmessung schickte Harrison mit seinem Chronometer auf eine Probefahrt nach Lissabon. Die Ergebnisse bewogen die Kommission, Geld für eine zweite, dritte und vierte Verbesserung zur Verfügung zu stellen. Dieses vierte Chronometer, das nur 12,5 cm breit war, wurde auf einer Reise nach Westindien (1759) ausprobiert. Bei dieser Fahrt betrugen die Schwankungen der Uhr nicht mehr als fünf Sekunden zusätzlich zu den vorausbestimmten Zeitschwankungen (auf festem Land) von achtzig Sekunden in dreißig Tagen. Nach einigen Streitigkeiten bekam Harrison den vollen Preis von zwanzigtausend Pfund. Mit diesem und anderen Marineinstrumenten war die britische Marine nun (mitten im Siebenjährigen Krieg, 1756–1763) dazu ausgerüstet, die See zu beherrschen.

2. *Astronomische Theorie*

Engländer und Franzosen wetteiferten miteinander im Studium der Astronomie; für sie war das keine «reine» Wissenschaft; sie gehörte zum Kampf um die Vorherrschaft zur See und damit in der ganzen Kolonie- und Handelswelt. Andere nahmen am Wettkampf teil, Deutschland und Rußland mit Euler, Italien mit Boscovich, doch ohne an der Beute teilzuhaben.

Euler, Clairaut und d'Alembert unterstützten die Schiffahrt durch Studien über den Mond, die Aufzeichnung seines Standorts und seiner Phasen im Verhältnis zur Sonne und zur Erde und seiner Wirkungen auf Ebbe und Flut. Nach Eulers Aufzeichnungen stellte Johann Tobias Mayer von der Universität Göttingen Mondtabellen auf, die ihm eine Belohnung von der britischen Kommission für Längenmessung eintrugen. 1738 setzte die Académie des Sciences einen Preis für eine Theorie über Ebbe und Flut aus. Vier Autoren erhielten Belohnungen: Daniel Bernoulli, Euler, Colin Maclaurin und A. Cavallieri. Alle, außer dem Letztgenannten, begründeten ihre Erklärungen auf Newtons Theorie, unter Berücksichtigung der Erdumdrehung, die als bestimmender Faktor für Ebbe und Flut zur Anziehung von Sonne und Mond hinzukam. Verschiedentlich regte die Académie Schriften über die Abweichung von Planeten an – ihre tatsächliche oder scheinbare Abweichung von ihrer elliptischen Bahn. Clairaut gewann den Preis mit seiner Arbeit 1747, Euler 1756.

Ruggiero Giuseppe Boscovich machte durch Entdeckungen in Astronomie und Physik seinem Jesuitenorden alle Ehre. Er kam in Ragusa auf die Welt, trat mit vierzehn Jahren in Rom als Novize ein, erstaunte seine Lehrer am Collegium Romanum durch seine außerordentliche Begabung für die Naturwissenschaft und wurde mit neunundzwanzig Jahren auf den Lehrstuhl für Mathematik berufen. Von dieser Zeit an veröffentlichte er sechsundsechzig Arbeiten. Er hatte Anteil an der Bestimmung der Umlaufbahnen von Kometen und stellte die erste geometrische Lösung für die Bestimmung der Umlaufbahn und des Äquators eines Planeten auf. In seiner Abhandlung *De materiae divisibilitate*

(1748) setzte er seine Theorie über die Materie auseinander, die seiner Ansicht nach aus Kraftpunkten (oder -feldern) bestand, wovon jeder abwechselnd ein Mittelpunkt von Abstoßung oder Anziehung war – eine Theorie, die an die Monaden von Leibniz und die heutigen Hypothesen über das Atom erinnert. Der vielseitige Jesuit befaßte sich auch mit praktischen Unternehmen – der Vermessung und Kartographierung der Kirchenstaaten, der Eindämmung des Meeres, das Lucca zu überschwemmen drohte, mit Plänen für die Trockenlegung der Pontinischen Sümpfe und der Mitarbeit beim Entwurf für die Brera-Sternwarte in Mailand. Auf sein Drängen widerrief Papst Benedikt XIV. 1757 das Dekret des Index Expurgatorius gegen das System des Kopernikus. Er war Mitglied der Pariser Académie des Sciences und der Royal Society in London. 1761/62 wurde er mit hohen Ehren in Frankreich, England, Polen und der Türkei empfangen. 1772 nahm er eine Berufung Ludwigs XV. als Direktor für Optik in der französischen Marine an. 1783 kehrte er nach Italien zurück und starb 1787 in Mailand im Alter von sechsundsiebzig Jahren. Er hinterließ mehrere Bände Gedichte.

Der hervorragendste britische Astronom in der ersten Hälfte des achtzehnten Jahrhunderts war James Bradley. Sein Onkel James Pound, Rektor in Wanstead (Essex), war Astronom aus Liebhaberei mit einer eigenen Sternwarte. Dort erfuhr der Junge, daß die Sterne nicht nur mit der Schönheit, sondern auch mit einer Wissenschaft verbunden sind. Nachdem er ein Staatsexamen in Oxford abgelegt hatte, eilte er nach Wanstead zurück, um eigene Beobachtungen zu machen, über die er an die Royal Society berichtete, in die er mit sechsundzwanzig Jahren als Mitglied aufgenommen wurde (1718). Drei Jahre später wurde er als Professor für Astronomie an die Universität Oxford berufen. Als der große Halley 1742 starb, wurde Bradley zu seinem Nachfolger als königlicher Astronom in Greenwich ernannt. Diesen Posten nahm er bis zu seinem Tode (1762) ein.

Seine erste große Aufgabe bestand in der Bestimmung der jährlichen Parallaxe eines Sterns – der Verschiebung der Blickrichtung erstens von einem Punkt an der Erdoberfläche, zweitens von einem angenommenen Punkt im Mittelpunkt der Sonne. Wenn die Erde sich, wie Kopernikus angenommen hatte, um die Sonne drehte, mußte eine solche Verschiebung vorhanden sein; bis jetzt war sie nicht bewiesen worden. Wenn der Beweis möglich war, wurde auch Kopernikus bestätigt. Robert Hooke, der sich an alles wagte, hatte (1669) vergeblich versucht, den Beweis für eine solche Parallaxe im Falle des Sterns Gamma im Drachen zu erbringen. Samuel Molyneux, ein begüterter Liebhaber, machte 1725 einen neuen Versuch in Kew. Bradley nahm an diesen Arbeiten teil, aber die Ergebnisse bestätigten nur zum Teil die Kopernikanische Hypothese. Bradley ging nach Wanstead zurück und bestellte bei George Graham ein Fernrohr mit «Zenitsektor», womit er nicht nur einen, sondern zweihundert Sterne bei ihrem Durchgang durch den Meridian beobachten konnte. Nach Beobachtungen und Berechnungen im Laufe von dreizehn Monaten konnte Bradley den Beweis für einen Jahreszyklus von abwechselnden Abweichungen nach Süden und Norden von der scheinbaren Position des selben Sterns erbringen; und er erklärte diese abwechselnde Verschiebung mit der Umlaufbewegung der Erde. Diese Entdeckung von der «Aberration des Lichts» (1729) erklärte Hunderte von bisher unverständlichen Beobachtungen und Abweichungen. Der umwälzende Unterschied zwischen der beobachteten Stellung und der «tatsächlichen» oder berechneten Stellung jeden Sternes wurde damit klar. Auch stimmte das wunderbar mit Kopernikus überein, weil alles vom Umlauf der Erde um die Sonne abhing. Die Auswirkung auf die Astronomie war so tiefgehend, daß der französische Astronom und Historiker Joseph Delambre vorschlug, Bradley auf die gleiche Stufe wie Kepler, ja sogar wie Hipparch zu stellen[53].

Dann begann Bradley mit den Vorarbeiten für seine zweite große Entdeckung – die Nutation, das Schwanken der Erdachse um eine Mittellage. Bei ihren scheinbaren Bewegungen, die, im Zusammenhang mit dem Umlauf der Erde um die Sonne, als ein Jahreszyklus beschrieben wurden, kehrten die Sterne Bradleys Beobachtungen zufolge nach einem Jahr nicht zu genau derselben scheinbaren Stellung zurück wie vorher. Er kam auf den Gedanken, daß diese Unstimmigkeit mit einer leichten Krümmung der Erdachse, hervorgerufen durch periodische Veränderungen in der Beziehung zwischen der Mondbahn um die Erde und dem Umlauf der Erde um die Sonne, zusammenhängen könnte. Neunzehn Jahre lang studierte er diese Veränderungen (1728–1747); am Ende des neunzehnten Jahres entdeckte er, daß die Sterne wieder genau dieselbe scheinbare Stellung einnahmen wie zu Beginn des ersten Jahres. Nun war er überzeugt, daß die Nutation der Erdachse von der Umlaufbewegung des Mondes und seiner Wirkung auf den äquatorialen Gürtel der Erde verursacht wurde. Sein Bericht über diese Erkenntnisse (1748) bildete ein aufregendes Ereignis in der Royal Society. Die Geduld hat ebenso viele Helden wie der Krieg.

Während Bradleys Amtszeit als königlicher Astronom willigte Großbritannien in eine schmerzliche Operation ein: nach einem Widerstand von hundertsiebzig Jahren übernahm es endlich den Gregorianischen Kalender, den es aber immer noch hartnäckig als Reformkalender bezeichnete. 1750 gab das Parlament ein Gesetz heraus, wonach die elf Tage, die auf den 2. September 1752 folgten, dem «Neuen Stil» entsprechend fallengelassen wurden; der 3. September hatte als der 14. September zu gelten; und das Jahr hatte danach gesetzlich nicht am 25. März, sondern am 1. Januar zu beginnen. Damit waren Schwierigkeiten für das Geschäftsleben und die kirchlichen Feiertage verbunden; mancher Protest wurde laut, und ärgerliche Briten verlangten: «Gebt uns unsere elf Tage zurück!»[54] Schließlich aber triumphierte die Wissenschaft über Buchhaltung und Theologie.

3. *Herschel*

Die englische Astronomie stand auf ihrem Höhepunkt, als William Herschel den Planeten Uranus entdeckte und seine Laufbahn als Musiker aufgab. Sein Vater* war Musiker beim hannoveranischen Militär; der Sohn, der 1738 in Hannover geboren und Friedrich

* Der Name Herschel ist typisch jüdisch, und der erste Biograph des Astronomen, E. S. Holden, hielt den Vater, der den Namen Isaac trug, für einen Juden. Der Beweis ist nicht erbracht. Der Knabe wurde als kleines Kind getauft. Vgl. *The Jewish Encyclopedia,* VI. 362d, und Cecil Roth, *The Jewish Contributions to Civilization,* 189.

Wilhelm getauft wurde, wählte den Beruf seines Vaters und diente als Musiker im ersten Feldzug des Siebenjährigen Krieges. Seine Gesundheit war aber so schwächlich (er wurde fast vierundachtzig Jahre alt), daß er entlassen wurde. 1757 wurde er nach England geschickt, um dort sein Glück mit Musik zu versuchen. In Bath, das damals in großer Mode bei der eleganten Gesellschaft war und sich diesbezüglich mit London messen konnte, brachte er es vom Oboisten zum Kapellmeister und Organisten in der Octagon-Kapelle. Er komponierte und gab Musikunterricht, manchmal bis zu fünfunddreißig Stunden in der Woche. Abends entspannte er sich beim Studium der Differential- und Integralrechnung; dann ging er zur Optik über und schließlich zur Astronomie. Er ließ seinen Bruder Jakob aus Deutschland kommen und 1772 seine Schwester Karoline, die den Haushalt führte, lernte, wie man astronomische Aufzeichnungen macht, und zum Schluß selbst Astronomin wurde. Sein Wunsch, den Himmel zu erforschen, war so unbezwinglich, daß er sich mit Hilfe seines Bruders ein eigenes Fernrohr baute. Er schliff sogar die Linsen selbst, einmal sechzehn Stunden ohne Unterbrechung; Karoline gab ihm während der Arbeit zu essen oder las ihm aus Cervantes, Fielding und Sterne vor, um die Eintönigkeit zu unterbrechen. Das war das erste von verschiedenen Fernrohren, die von Herschel oder unter seiner Aufsicht gebaut wurden. 1774, im Alter von sechsunddreißig Jahren, machte er seine erste Beobachtung, und noch jahrelang konnte er sich der Astronomie nur insoweit widmen, als seine Arbeit als Musiker ihm dazu Zeit ließ. Viermal studierte er jeden Teil des Himmels. Auf seiner zweiten Reise in den Kosmos machte er, am 14. März 1781, seine große Entdeckung, über deren Bedeutung er sich aber gar nicht klar war:

> «Bei der Untersuchung der kleinen Sterne in der Nachbarschaft von H. im Zwilling I beobachtete ich einen, der sichtlich größer war als die übrigen. Verwundert über sein ungewöhnliches Aussehen, verglich ich ihn mit H. in den Zwillingen und den kleinen Sternen in der Quadratur zwischen dem Fuhrmann und den Zwillingen; und als ich herausfand, daß er so viel größer als die beiden anderen war, kam ich auf den Verdacht, daß es sich um einen Kometen handle.»[55]

Es war kein Komet; fortgesetzte Beobachtungen ergaben nach kurzer Zeit, daß er sich auf einer fast kreisförmigen Umlaufbahn um die Sonne drehte, einer Umlaufbahn, die neunzehnmal größer war als die der Erde und zweimal so groß wie die des Saturn; es war ein neuer Planet, der erste, der so in den schriftlichen Annalen der Astronomie erkannt wurde. Die ganze wissenschaftliche Welt begeisterte sich an dieser Entdeckung, die den Durchmesser des Sonnensystems, wie man es bisher gekannt hatte, fast verdoppelte. Die Royal Society wählte Herschel zum korrespondierenden Mitglied und belohnte ihn mit der Copley-Medaille. Georg III. forderte ihn auf, seine Musikerlaufbahn aufzugeben, um königlicher Astronom zu werden. Herschel nannte den neuen Planeten Georgium Sidus (Georgsstern). Aber später kamen die Astronomen überein, ihn Uranus zu nennen, und entführten ihn den Hannoveranern, um ihn – wie fast alle seine Gefährten – den heidnischen Göttern zu weihen.

1781 zogen William und Karoline nach Slough um, einer hübschen kleinen Stadt an der Straße von London nach Windsor. Sein bescheidenes Gehalt von zweihundert Pfund im Jahr genügte nicht, um ihn, seine Schwester und seine Instrumente zu unterhalten.

Er rundete es durch den Bau und Verkauf von Fernrohren auf. Für sich baute er immer größere, bis sein Fernrohr 1785 zwölf Meter lang war und einen Spiegel mit einem Durchmesser von 1,20 Metern hatte. Am 30. Dezember 1786 schrieb Fanny Burney, die Tochter des bereits zitierten Musikers und Historikers, in ihr Tagebuch:

> «Heute morgen nahm mich mein Vater zu Dr. Herschel mit. Dieser große und so außergewöhnliche Mann empfing uns fast mit offenen Armen. Auf Dr. Herschels Aufforderung hin machte ich einen Spaziergang ... durch sein Fernrohr! Und ich konnte mich ohne weiteres aufrecht halten. Hätte ich Federn und eine Krinoline angehabt, wäre es auch gegangen, so groß ist sein Umfang.»[56]

1787 entdeckte Herschel zwei Satelliten des Uranus, die er Oberon und Titania nannte; 1789 fand er den sechsten und siebenten Saturnsatelliten. 1788 heiratete er eine wohlhabende Witwe. Er brauchte sich nicht weiter um Geld zu sorgen, aber seine Forschungen setzte er mit unvermindertem Eifer fort. Gewöhnlich arbeitete er die ganze Nacht, wenn alle Sterne am Himmel standen und nicht durch allzu hellen Mondschein undeutlich gemacht wurden. Fast alle seine Beobachtungen wurden im Freien von einer Plattform gemacht, die man über eine fünfzehn Meter hohe Leiter erreichte. Manchmal war es so kalt, daß die Tinte gefror, die Karoline mitgebracht hatte, um seine Ergebnisse aufzuzeichnen.

Da er systematischer und mit besseren Fernrohren an der Auffindung und Aufzeichnung von Nebeln und Sternhaufen arbeitete als Charles Messier und Nicolas de Lacaille, konnte Herschel der Royal Society (1782–1802) Kataloge von zweitausendfünfhundert Nebeln und Sternhaufen und achthundertachtundvierzig Doppelsternen vorlegen. Von diesen achthundertachtundvierzig hatte er persönlich zweihundertsiebenundzwanzig entdeckt. Er war der Ansicht, daß sie auf Grund ihres Umlaufs um einen gemeinsamen Schwerpunkt gepaart sein könnten – eine geistvolle Anwendung der Newtonschen Theorie auf die Beziehungen zwischen den Sternen. In vielen Fällen stellte es sich heraus, daß das, was wie ein Stern ausgesehen hatte, in Wirklichkeit ein Haufen einzelner Sterne war, und einige dieser Haufen erwiesen sich bei der Betrachtung durch größere Fernrohre als getrennte Sterne in äußerst verschiedener Entfernung von der Erde. Die Milchstraße wurde bei dieser Vergrößerung aus einer Wolke glitzernder Materie in eine riesige Häufung und Folge einzelner Himmelskörper verwandelt. Jetzt erschien der Himmel, der vorher scheinbar nur mit Sternen besetzt war, dicht mit ihnen besät. Und während das unbewaffnete Auge nur Sterne von der ersten bis zur sechsten Größe gesehen hatte, enthüllten Herschels Fernrohre Sterne, die tausenddreihundertzweiundvierzigmal blasser waren als die leuchtendsten. Herschel hatte wie Galilei das bekannte Universum ins Riesenhafte vergrößert. Wenn Pascal in seiner Zeit von der «Unendlichkeit» der Himmel gezittert hatte, was hätte er vor dieser unendlichen Weite jenseits der Weite der unzähligen Sterne empfunden, von denen einige, wie Herschel sagte, «11750000000000000000 Meilen» von der Erde entfernt waren?[57] Viele dieser Sterne waren Sonnen mit ihrem Planetensystem. Unsere eigene Sonne und ihre Planeten mit ihren Satelliten wurden alle miteinander zu einem Flecken in einem Kosmos von Licht.

Eine der brillantesten Annahmen Herschels bezog sich auf die Bewegung unseres Sonnensystems im Raum. Frühere Beobachtungen hatten darauf hingedeutet, daß gewisse zusammengehörige Sterne in geschichtlicher Zeit ihren Zwischenraum vermindert oder vergrößert hatten. Er fragte sich, ob diese Schwankungen nicht durch die Bewegung des Sonnensystems weg von den sich nähernden oder hin zu den sich entfernenden Sternen verursacht wurden, wie zwei Laternen auf entgegengesetzten Seiten einer Straße zu konvergieren oder divergieren scheinen, je nachdem, ob man sich ihnen nähert oder sich von ihnen entfernt. Er schloß daraus, daß sich das Sonnensystem im ganzen von gewissen Sternen weg und in Richtung eines Sternes im Sternbild des Herkules bewegte. Er veröffentlichte seine Hypothese im Jahre 1783. Einige Monate später trat Pierre Prévost mit einer ähnlichen Theorie auf. Die rivalisierenden Gruppen englischer und französischer Astronomen standen zwar im Wettkampf miteinander, stimmten aber im Grunde miteinander überein.

Ein Zeitgenosse beschrieb den zweiundachtzigjährigen Herschel als einen «großen, einfachen, guten alten Mann. Seine Einfachheit, seine Freundlichkeit, seine Anekdoten und die Bereitschaft, seine überragenden Ansichten über das Universum zu erklären, sind von unbeschreiblichem Zauber.»[58] An all seinen Arbeiten nahm Karoline mit einer solchen Hingebung teil, daß sie eines Liebesromans würdig wäre. Sie zeichnete nicht nur sorgfältig alle seine Beobachtungen auf, gab sich nicht nur schwierigen mathematischen Berechnungen, die ihm als Richtlinien dienten, hin, sondern sie entdeckte auch selbst drei Nebel und acht Kometen. Nach Williams Tod (1822) kehrte sie zu ihrer Familie nach Hannover zurück, wo sie ihre Studien fortsetzte und ein Verzeichnis der weiteren Funde ihres Bruders aufstellte. 1828 wurde ihr die Goldmedaille der Astronomischen Gesellschaft verliehen und 1846 eine Medaille vom König von Preußen. Sie starb im Jahre 1848 in ihrem achtundneunzigsten Lebensjahr.

4. Einige französische Astronomen

Das Pariser Observatorium (vollendet 1671) war der Mittelpunkt einer ganzen Plejade von Sternguckern, darunter vier Generationen der Familie Cassini. Giovanni Domenico Cassini war Direktor der Sternwarte von 1671 bis 1712. Als er starb, wurde sein Sohn Jacques Direktor, dessen Nachfolger *sein* Sohn César-François Cassini de Thury war (1756), gefolgt (1784) von seinem Sohn Jacques-Dominique, der 1845 im Alter von siebenundneunzig Jahren und mit dem Titel Graf von Cassini starb. Das war eine Familie, die man in einem Atemzug mit den Bernoulli und den Bach nennen durfte.

Jean Le Rond d'Alembert hatte keine Familie, weder vorher noch nachher; er sammelte Wissenschaften um sich anstelle von Kindern. Er übertrug seine mathematischen Kenntnisse auf die Astronomie und brachte Newtons Gesetz von der Präzession des Frühlingspunktes sowie Bradleys Hypothese der Nutation der Erdachse auf eine Formel. «Als Newton seine Entdeckungen machte», sagte Laplace, «waren die analytischen und mechanischen Voraussetzungen für ihre Formel noch nicht gegeben ... Diese Ehre blieb d'Alembert vorbehalten. Anderthalb Jahre nachdem Bradley seine Entdeckung veröffentlicht hatte, trat d'Alembert mit seiner Abhandlung an die Öffentlichkeit: *Recherches sur la précision des équinoxes* (Untersuchungen über die Bestimmung der Äquinoktien; 1749), eine Arbeit, die ebenso bahnbrechend für die Geschichte der Mechanik und Dynamik im Raum war wie die Bradleys für die Astronomie.»[59]

D'Alembert hatte nur eine Schwäche – er konnte sich nicht über die Erfolge seiner Rivalen freuen, aber wer hegt schon so erhabene Gefühle? Besonders scharf kritisierte er die Arbeiten von Alexis Clairaut, der mit zehn Jahren die Differential- und Integralrechnung beherrschte, mit zwölf der Akademie seine erste Arbeit vorlegte und mit achtzehn ein Buch veröffentlichte, das so bedeutend für die Geometrie war, daß er (1731) zum korrespondierenden Mitglied der Académie des Sciences gewählt wurde. Er war also sechs Jahre jünger als d'Alembert, dem diese Ehre 1741 erwiesen wurde. Clairaut gehörte zu den Wissenschaftern, die Maupertuis (1736) auf seiner Expedition nach Lappland zur Messung des Meridians begleiteten. Kurze Zeit darauf legte er der Akademie Denkschriften über Geometrie, Algebra, Kegelschnitte und Differentialrechnung vor. 1743 veröffentlichte er seine *Théorie de la figure de la terre* (Theorie der Erdgestalt), worin er mit dem Clairautschen Lehrsatz und genauer als Newton oder Maclaurin die Gestalt berechnete, die ein Körper, der sich um sich selbst dreht, mechanisch von der natürlichen Schwerkraft seiner Teile annimmt. Sein Interesse an Newton brachte ihn mit Frau du Châtelet in Verbindung; er half ihr bei der Übersetzung der *Principia* und teilte mit Voltaire die Ehre, die französischen Wissenschafter von Descartes' Wirbeln zu Newtons Schwerkraft zu bekehren.

Zwischen 1746 und 1749 arbeiteten Euler, Clairaut und d'Alembert unabhängig voneinander an der Bestimmung des Mondapogäums – des Augenblicks der größten Erdferne – mit Hilfe der Differentialrechnung. Euler und Clairaut erzielten ungefähr die gleichen Resultate; d'Alembert folgte mit einer noch genaueren Berechnung. Den Preis der Akademie von Sankt Petersburg für eine Aufstellung der Mondbewegung gewann Clairaut, der seine Funde 1752 in der *Théorie de la lune* (Theorie des Mondes) veröffentlichte. Dann befaßte er sich mit den Abweichungen, die die Erde durch Venus und den Mond erfährt. Aus diesen Schwankungen schätzte er die Masse der Venus auf 66,7 Prozent und die des Mondes auf 1,49 Prozent der Erdmasse. Heutige Berechnungen ergeben 81,5 und 1,82 Prozent.

1757 schauten die Astronomen nach dem Kometen aus, dessen Rückkehr Halley vorausgesagt hatte. Als Leitfaden zu ihren Beobachtungen berechnete Clairaut die Abweichungen, die die Bahn des Kometen in der Nähe von Saturn und Jupiter erleiden mußte. Er kam zu dem Ergebnis, daß diese und andere Ursachen den Kometen um 618 Tage verzögert hatten, und teilte der Académie des Sciences mit, daß der Komet sein Perihel (größte Sonnenhöhe) ungefähr am 13. April 1759 erreichen werde. Ein Liebhaberastronom bemerkte ihn Weihnachten 1758; er erreichte sein Perihel am 12. März 1759, 32 Tage früher, als Clairaut berechnet hatte. Trotzdem war es ein Triumph für die Wissenschaft und ein Schlag für den Aberglauben*. Seine Studien über diesen Gegenstand ver-

* Halleys Komet wird 1986 wiedererwartet.

einigte Clairaut in der *Théorie du mouvement des comètes* (Theorie über die Bewegung der Kometen; 1760). Seine Erfolge und seine anziehende Persönlichkeit machten ihn zur Lieblingsbeute der verschiedenen miteinander wetteifernden Salons, wo er ein häufiger Gast war; er starb mit zweiundfünfzig Jahren (1765). «Kein französischer Wissenschafter dieses Jahrhunderts verdiente höheren Ruhm.»[60]

Viele andere Astronomen sind mit Recht in die Geschichte eingegangen, aber hier können sie nicht alle erwähnt werden. Joseph Delisle studierte die Sonnenflecken und gründete die Sankt-Petersburger Sternwarte; Nicolas de Lacaille wurde von der Académie des Sciences nach dem Kap der Guten Hoffnung geschickt, wo er zehn Jahre (1750–1760) mit der Aufnahme des südlichen Himmels verbrachte und mit neunundvierzig Jahren an Überanstrengung starb. Pierre Lemonnier begleitete mit einundzwanzig Jahren Maupertuis nach Lappland, trieb fünfzig Jahre lang Studien über den Mond, analysierte die Bewegungen von Jupiter und Saturn und machte Beobachtungen und Aufzeichnungen über Uranus (1768–1769), längst bevor Herschel (1781) entdeckte, daß es sich um einen Planeten handelte. Joseph de Lalande, der eine *Abhandlung über die Astronomie* (1764) verfaßte, worin er jeden Zweig dieser Wissenschaft behandelte, lehrte sechsundvierzig Jahre lang am Collège de France und stiftete 1802 den Lalande-Preis, der immer noch jährlich für den besten Beitrag zur Astronomie verliehen wird. Jean-Baptiste-Joseph Delambre bestimmte die Umlaufbahn des Uranus, war der Nachfolger Lalandes am Collège und vervollständigte den Überblick Lalandes mit einer Geschichte der Astronomie in sechs gewissenhaften Bänden (1817–1827).

5. *Laplace*

Pierre-Simon Laplace kam 1749 in einer bürgerlichen Familie zur Welt, doch wurde ihm später der Adelstitel Marquis Pierre-Simon de Laplace verliehen. Während seiner Schulzeit tat er sich durch fromme theologische Aufsätze hervor, um dann später zum überzeugtesten Atheisten Frankreichs zur Napoleonischen Zeit zu werden. Als er achtzehn Jahre alt war, wurde er mit einem Empfehlungsbrief zu d'Alembert geschickt. D'Alembert, der genug von diesen Briefen hatte, weigerte sich, ihn zu empfangen. Der entschlossene junge Laplace schrieb ihm daraufhin einen Brief über die allgemeinen Prinzipien in der Mechanik. D'Alembert antwortete: «Sie sehen, daß ich mich wenig um Empfehlungen kümmere. Sie brauchen keine; Sie haben sich selbst viel besser eingeführt. Das genügt mir. Meine Unterstützung ist Ihnen zugesichert.»[61] Der einflußreiche d'Alembert sorgte dafür, daß Laplace bald als Mathematiklehrer in der Ecole Militaire angestellt wurde. In einem späteren Brief an d'Alembert sprach er über seine Leidenschaft für Mathematik:

«Mit der Mathematik habe ich mich von jeher mehr aus Neigung als aus Sucht nach vergänglichem Ruhm beschäftigt. Mein größtes Vergnügen besteht im Studium der Lebensgeschichte von Erfindern, wie sie mit den Hindernissen kämpfen und sie schließlich überwinden. Ich setze mich an ihre Stelle und frage mich, auf welche Art ich die gleichen Hindernisse überwunden hätte. Und wenn solch ein Vergleich auch in der Mehrzahl der Fälle meiner Eigenliebe einen Stoß versetzte, so wurde das durch die Freude an ihrem Erfolg reichlich wettgemacht. Wenn ich das Glück haben sollte, zur Erweiterung ihrer Arbeiten beizutragen, so schreibe ich doch alles ihren ersten Bemühungen zu.»[62]

Ein gewisser Stolz versteckt sich hinter dieser bewußten Bescheidenheit. Jedenfalls war sein Ehrgeiz von großartiger Unbescheidenheit, denn Laplace unternahm es, das ganze Universum in ein mathematisches System zu bringen, indem er die Newtonsche Schwerkraftstheorie auf sämtliche Himmelskörper und -erscheinungen anwendete. Newton hatte den Kosmos in einem bedenklichen Zustand hinterlassen; seiner Ansicht nach war er Unregelmäßigkeiten unterworfen, die sich mit der Zeit häuften, so daß Gott sich ab und zu einmischen mußte, um alles wieder in Ordnung zu bringen. Viele Wissenschafter waren wie Euler nicht davon überzeugt, daß die Welt ein Mechanismus sei. Laplace nahm sich vor, dies mit Hilfe der Mechanik zu beweisen.

Er begann (1773) mit dem Beweis, daß die Schwankungen der mittleren Entfernungen jedes Planeten von der Sonne auf fast genaue mathematische Formeln gebracht werden konnten und daher periodischer und mechanischer Natur waren.

Für diese Arbeit wurde er mit vierundzwanzig Jahren zum korrespondierenden Mitglied der Académie des Sciences gewählt. Von nun an widmete sich Laplace mit der Unerschütterlichkeit und Zielstrebigkeit, wie sie wahrhaft großen Männern eigen ist, der einen Aufgabe, die Erscheinungen im Weltraum, eine nach der anderen, auf eine mathematische Gleichung zu bringen. «Sämtliche Wirkungen der Natur», schrieb er, «sind nur die mathematischen Folgen einer kleinen Anzahl unveränderlicher Gesetze.»[63]

Wenn seine Hauptwerke auch erst nach der Revolution erschienen, so hatte er die Vorarbeiten dazu schon lange vorher begonnen. Seine *Exposition du système du monde* (Darstellung des Weltsystems; 1796) war eine gemeinverständliche Einführung in seine Arbeit in klarem, flüssigem Stil, worin er seine berühmte Hypothese (die Kant 1755 vorweggenommen hatte) über den Ursprung des Sonnensystems auseinandersetzte. Laplace versuchte, die Umlaufbahnen und Umdrehungen der Planeten und ihrer Satelliten mit einem Urnebel heißer Gase oder sonstiger winziger Teilchen zu erklären, die die Sonne umgaben und bis in die entferntesten Regionen des Sonnensystems reichten. Dieser Nebel, der sich mit der Sonne drehte, kühlte sich allmählich ab und zog sich zu Ringen zusammen, vielleicht ähnlich den Ringen des Saturn. Weitere Abkühlung und Zusammenziehung verdichtete diese Ringe zu Planeten, die dann in einem ähnlichen Prozeß ihre eigenen Satelliten entwickelten. Eine gleichartige Verdichtung von Nebeln könnte auch die Sterne hervorgebracht haben. Laplace nahm an, daß sich alle Planeten und Satelliten in der gleichen Richtung bewegten und praktisch auf derselben Ebene. Er konnte damals nicht wissen, daß sich die Satelliten des Uranus in entgegengesetzter Richtung bewegen. Heute wird diese «Nebelhypothese» als Erklärung für das Sonnensystem verworfen, wird aber in weiten Kreisen als eine Erklärung für die Verdichtung von Sternen aus Nebeln angenommen. Laplace vertrat sie nur in seinem volkstümlichen Werk und nahm sie nicht allzu ernst. «Diese Überlegungen über die Bildung von Sternen und des Sonnensystems ... lege ich mit dem ganzen Mißtrauen vor, das uns alles, was nicht auf Beobachtung oder Berechnung beruht, einflößen sollte.»[64]

In den fünf stattlichen Bänden seiner *Mécanique céleste* (Himmelsmechanik; 1799–1825) faßte Laplace seine Beobachtungen, Gleichungen und Theorien – und fast die ganze Sternkunde seiner Zeit – zusammen. Jean-Baptiste Fourier nannte dieses Werk den *Almagest* der modernen Astronomie. Das Ziel, dem er zustrebte, umriß Laplace mit erhabener Einfachheit: «Ausgehend von der Gegebenheit der achtzehn bekannten Körper des Sonnensystems und ihrer Stellungen und Bewegungen zu einer gegebenen Zeit, aus ihrer gegenseitigen Anziehungskraft durch ... mathematische Berechnungen ihre Stellungen und Bewegungen zu jeder anderen Zeit abzuleiten und zu beweisen, daß diese mit den tatsächlich beobachteten übereinstimmen.» Um diese Absicht zu verwirklichen, mußte Laplace die Abweichungen untersuchen, die durch die gegenseitigen Einwirkungen der Körper des Sonnensystems – Sonne, Planeten und Satelliten – hervorgerufen wurden, und ihre periodische und vorhersagbare Regelmäßigkeit nachweisen. Er glaubte, daß all diese Abweichungen durch die Anziehungskraft erklärt und berechnet werden konnten. Bei diesem Versuch, die Stabilität und Selbstgenügsamkeit des Sonnensystems und der übrigen Welt zu beweisen, vertrat Laplace völlig mechanistische Ansichten und gab eine klassische Erklärung für die deterministische Philosophie ab:

«Wir müssen den gegenwärtigen Stand des Universums als die Folge seines früheren Zustandes ansehen und als die Ursache seines künftigen Zustandes. Ein Verstand mit dem Wissen um sämtliche Kräfte, die in einem gegebenen Augenblick in der Natur wirksam sind, und der außerdem die zeitweiligen Stellungen aller Dinge im Weltall kennt, wäre fähig, die Bewegungen sowohl der größten Körper als auch der leichtesten Atome auf der Welt auf eine einzige Formel zu bringen, vorausgesetzt, daß dieser Verstand stark genug ist, um sämtliche Gegebenheiten einer Analyse zu unterziehen. Für diesen Verstand könnte es keine Unsicherheit geben, er würde sowohl die Zukunft als die Vergangenheit vor Augen haben. [Man vergleiche mit der scholastischen Auffassung Gottes.] Die Fortschritte, die dem menschlichen Geist in der Astronomie gelungen sind, könnten als schwacher Widerschein solch eines Verstandes gelten. Entdeckungen in der Mechanik und Geometrie, vereint mit denen über universelle Schwerkraft, haben dem Geist die Möglichkeit eröffnet, den vergangenen und künftigen Zustand des Weltsystems mit denselben analytischen Formeln zu umfassen. Alle Bemühungen des Geistes bei seiner Suche nach Wahrheit streben danach, dem Verstand nahezukommen, den wir uns hier vorgestellt haben, wenn er auch ewig von einem solchen Verstand unendlich entfernt bleiben wird.»[65]

Als Napoleon Laplace fragte, warum er in seiner *Himmelsmechanik* Gott nicht erwähnt habe, soll der Wissenschafter geantwortet haben: *Je n'avais pas besoin de cette hypothèse-là* (Diese Hypothese hatte ich nicht nötig)[66]. Laplace hatte aber auch seine bescheidenen Augenblicke. In seinem Buch *Théorie analytique des probabilités* (Analytische Theorie der Wahrscheinlichkeiten; 1812), das die Grundlage für fast alle späteren Arbeiten auf diesem Gebiet darstellt, beraubte er die Wissenschaft jeder Gewißheit:

«Streng genommen, darf man sogar sagen, daß all unser Wissen problematisch ist; und bei der kleinen Anzahl von Dingen, die wir mit Sicherheit wissen können, ja sogar in den mathematischen Wissenschaften, beruhen Induktion und Analogie – die Hauptmittel zur Entdeckung der Wahrheit – auf Wahrscheinlichkeiten.»[67] *

Laplaces wissenschaftliche Beiträge beschränkten sich nicht auf die epochemachende und äußerst einflußreiche Formulierung der astronomischen Entdeckungen und Hypothesen seiner Zeit. Er beleuchtete fast jeden Zweig der Physik mit den «Laplaceschen Gleichungen» für ein «Potential», was die Bestimmung der Energie oder der Bewegungsgeschwindigkeit auf irgendeinem Punkt in einem Kraftfeld erleichterte. Er errech-

---

* «Sogar in der klassischen [Newtonschen] Mechanik wird Laplaces Beweis von der Stabilität des Sonnensystems nicht mehr für stichfest gehalten ... Keine einwandfreie Antwort ist gefunden worden.» – F. Cajon in Anmerkungen zu Newtons *Mathematical Principles of Natural Philosophy*, S. 678.

nete die dynamische Elliptizität der Erde aus jenen Störungen des Mondumlaufs, die man der Abplattung der Erde zuschreibt. Er schuf eine Theorie der Gezeiten und schloß von ihren Erscheinungen auf die Masse des Mondes. Er erfand eine verbesserte Methode zur Bestimmung der Umlaufbahnen von Kometen. Er entdeckte die numerischen Beziehungen zwischen den Bewegungen der Satelliten des Jupiter. Mit der ihm eigenen Genauigkeit berechnete er die Beschleunigung der mittleren Mondbewegung in einem Jahrhundert. Seine Studien schufen die Voraussetzung für die verbesserten Tabellen der Mondbewegungen, die 1812 von seinem Schüler Jean-Charles Burckhardt aufgestellt wurden. Und schließlich erhob er sich von der Wissenschaft zur Philosophie, vom Wissen zur Weisheit, mit einer Beredsamkeit, die eines Buffon würdig war:

«Durch die Würde des behandelten Gegenstandes und die Vollkommenheit ihrer Theorien ist die Astronomie das schönste Denkmal für den menschlichen Geist, das edelste Zeugnis für den menschlichen Verstand. Von Selbstsucht verführt, von seinen Sinnen getäuscht, hat sich der Mensch lange Zeit als den Mittelpunkt für die Bewegung der Sterne betrachtet, und sein eitler Hochmut wurde mit den Schrecken bestraft, die sie ihm einflößten. Dann sah er sich auf einem fast unsichtbaren Planeten im Sonnensystem, dessen riesige Ausdehnung selbst nur einen unmerklichen Punkt in der Unendlichkeit des Raumes darstellt. Die erhabenen Ergebnisse, zu denen ihn diese Entdeckung geführt hat, sind wohlgeeignet, ihn für den Rang zu trösten, den sie der Erde zuweist, denn sie beweist ihm seine eigene Größe gerade mit dieser Winzigkeit der Grundlage, von wo aus er die Sterne mißt. Möge er die Ergebnisse dieser edlen Wissenschaften bewahren und vermehren, denn sie sind das Entzücken denkender Wesen. Diese Wissenschaften haben der Schiffahrt und der Erdkunde große Dienste geleistet; aber am segensreichsten waren sie, als sie die Ängste zerstreuten, die die Himmelserscheinungen erzeugten, und die Irrtümer ausrotteten, die die Unwissenheit über unsere wahren Beziehungen zur Natur hervorgerufen hatte – Irrtümer und Ängste, die nur zu bald wieder entstehen würden, sollte die Fackel der Wissenschaft je verlöschen.»[68]

Laplace fand es einfacher, sein Leben den Zuckungen der französischen Politik anzupassen als seine Mathematik den Abweichungen der Sterne. Die Revolution überlebte er, weil er für sie lebendig mehr Wert hatte als tot. Er wurde zusammen mit Lagrange dazu verwendet, Salpeter für die Herstellung von Schießpulver zu fabrizieren und die Flugbahn von Kanonenkugeln zu berechnen. Er wurde zum Mitglied der Kommission für Gewichte und Maße ernannt, die das metrische System festlegte. 1785 hatte der sechzehnjährige Bonaparte als Anwärter auf ein Artilleriekorps bei Laplace eine Prüfung zu machen, die er bestand; 1798 nahm General Bonaparte den Astronomen nach Ägypten mit, damit er die Sterne von den Pyramiden aus studiere. 1799 ernannte ihn der Erste Konsul zum Innenminister; sechs Wochen später entließ er ihn, weil «Laplace sich überall auf Spitzfindigkeiten einließ ... und den Geist des unendlich Kleinen in die Verwaltung mitbrachte»[69]. Zum Trost berief ihn Bonaparte in den neuen Senat und machte ihn zum Grafen. Damals malte ihn Jacques-André Naigeon mit all dem Gold und den Spitzen seines Ranges: ein schönes, edles Antlitz, die Augen wie beschattet von dem Bewußtsein, daß der Tod jeder Majestät spottet, daß die Astronomie nur ein Tasten im Dunkeln ist und die Wissenschaft nur ein Lichtfleck auf dem Ozean der Nacht. Auf seinem Totenbett (1827) fiel jede Hoffart von ihm ab, und fast seine letzten Worte waren: «Was wir wissen, ist geringfügig; was wir nicht wissen, ist grenzenlos.»[70]

VI. DIE ERDE

Vier Wissenschaften befaßten sich mit der Erde: die Meteorologie untersuchte ihre Wetterhülle; die Geodäsie prüfte sie auf Größe, Gestalt, Dichte und Entfernung unter Berücksichtigung der Oberflächenkrümmung; die Geologie vertiefte sich in ihre Zusammensetzung und Geschichte, und die Geographie trug Länder und Meere auf die Landkarten ein.

1. Die Meteorologie

Außer dem einfachen Niederschlagsmesser verwendete die Wetterkunde vier Meßinstrumente: das Thermometer für Temperatur, das Barometer für atmosphärischen Druck, das Anemometer für Winde und das Hygrometer für die Feuchtigkeit der Luft.

Um 1721 entwickelte Gabriel Daniel Fahrenheit, ein deutscher Instrumentenmacher in Amsterdam, das Thermometer weiter, das Galilei 1603 erfunden hatte. Fahrenheit verwendete Quecksilber statt Wasser als die Flüssigkeit, die sich ausdehnt und zusammenzieht, und teilte die Skala in Grade ein, die auf dem Gefrierpunkt des Wassers (32 Grad) und der Mundtemperatur des normalen menschlichen Körpers (98,6 Grad) beruhten. 1730 schlug René de Réaumur der Académie des Sciences «Regeln für die Anfertigung von Thermometern mit vergleichender Gradeinteilung» vor. Er setzte den Gefrierpunkt von Wasser bei Null an und seinen Siedepunkt bei 80 Grad und teilte seine Skala so ein, daß die Grade gleichen Abständen beim Ansteigen und Fallen der Thermometerflüssigkeit entsprachen, wofür er Weingeist verwendete. Anders Celsius aus Uppsala verbesserte um 1742 Réaumurs Thermometer, indem er es wieder mit Quecksilber füllte und in eine Skala von hundert Zentigraden zwischen dem Gefrierpunkt und dem Siedepunkt von Wasser einteilte. Ein Genfer, Jean-André Deluc, gab dann 1772 den verschiedenen Thermometern im wesentlichen ihre heutige Form: Fahrenheit für die englischsprechenden Völker, Celsius für die übrigen.

Das Barometer war 1643 von Torricelli erfunden worden, doch waren die Resultate nicht ganz zuverlässig, weil er die Qualität des Quecksilbers, die Bohrung des Rohres und die Temperatur der Luft nicht genügend berücksichtigt hatte. Verschiedene Untersuchungsarbeiten, die zu den Experimenten und Berechnungen Delucs (1717–1817) führten, beseitigten diese Schwächen, so daß auch das Barometer in seiner jetzigen Form auftauchte.

Verschiedene plumpe Anemometer wurden im siebzehnten Jahrhundert hergestellt. Als Pierre Huet, der gelehrte Bischof von Avranches, 1721 starb, hinterließ er einen Entwurf für ein Anemometer (ein Wort, das er geprägt zu haben scheint), womit man die Windstärke durch den Eintritt des Windes in ein Rohr, wo sein Druck eine Quecksilbersäule ansteigen ließ, messen konnte. Der schottische Physiker James Lind verbesserte diese Idee 1775 mit seinem «Windmesser». Um 1750 baute John Smeaton ein Instrument zur Messung der Windgeschwindigkeit, während der vielseitige Genfer Horace de Saussure (1783) den besten Feuchtigkeitsmesser (Hygrometer) seiner Zeit erfand, der auf der Ausdehnung und Zusammenziehung eines menschlichen Haares bei Feuchtigkeitsschwankungen beruhte. William Cullen hingegen begründete sein Hygrometer auf der abkühlenden Wirkung von Flüssigkeiten bei der Verdampfung.

Mit diesen und anderen Instrumenten wie zum Beispiel der Magnetnadel versuchte die Wissenschaft, eine Regelmäßigkeit im Wetterwechsel zu entdecken. Zunächst wurden verläßliche Aufzeichnungen benötigt. Seit 1688 hatte sich die Académie des Sciences in Frankreich damit beschäftigt. Zwischen 1717 und 1727 machte ein Breslauer Physiker täglich Aufzeichnungen von Wetterberichten, die er in verschiedenen Gegenden Deutschlands angefordert hatte; und 1724 begann die Royal Society von London mit der Eintragung von Wetterberichten, nicht nur von England, sondern auch vom Kontinent, Indien und Nordamerika. Noch systematischere Aufstellungen täglicher Berichte wurden 1780 von J. J. Hemmer in Mannheim mit der Unterstützung des Kurfürsten Karl Theodor durchgeführt; die französischen Revolutionskriege machten ihnen aber (1792) ein Ende.

Besondere Aufmerksamkeit erregte das Nordlicht (Aurora borealis). Edmund Halley beschäftigte sich mit dieser Erscheinung am 16. und 17. März 1716 und schrieb sie magnetischen Einflüssen der Erde zu. 1741 beobachteten Hjorter und andere Skandinavier, daß sich unregelmäßige Schwankungen der Kompaßnadel beim Auftreten dieser Erscheinung bemerkbar machten. Der Chemiker John Dalton wies 1793 darauf hin, daß die Lichtbänder parallel zur Neigung der Magnetnadel verliefen und ihr Scheitelpunkt im magnetischen Meridian lag. Das achtzehnte Jahrhundert erkannte also die elektrische Natur des Nordlichts, das heute als eine elektrische Entladung in der Erdatmosphäre auf Grund einer Ionisation von Teilchen, die von der Sonne ausgeschleudert werden, betrachtet wird.

Die erste Arbeit über Meteorologie im achtzehnten Jahrhundert legte Christian Wolff vor: *Aerometricae elementa* (1709), worin alle damaligen Kenntnisse zusammengefaßt und einige neue Instrumente vorgeschlagen wurden. D'Alembert versuchte sich an einer mathematischen Formulierung für Windbewegungen in der Arbeit *Réflexions sur la cause générale des vents* (Überlegungen über die allgemeine Ursache der Winde), die 1747 von der Berliner Akademie preisgekrönt wurde. Am hervorragendsten war jedoch der damalige umfangreiche *Traité de météorologie* (Abhandlung über Meteorologie; 1774) von Louis Cotte, einem Pfarrer in Montmorency. Cotte trug die Ergebnisse eigener und fremder Beobachtungen in Tabellen ein, beschrieb Instrumente und ging zu einer praktischen Anwendung auf die Landwirtschaft über; er gab die Blüte- und Reifezeit für verschiedene Ernten an, die Daten für Kommen und Gehen der Schwalben und wann man den Gesang der Nachtigall erwarten konnte; die Winde hielt er für die Hauptursache bei Wetterwechsel und machte den Versuch einer Wettervorhersage. In seinen *Recherches sur les modifications de l'atmosphère* (Untersuchungen über die Veränderung der Atmosphäre; 1772) erweiterte Jean Deluc die Forschungen Pascals (1648) und Halleys (1686) über die Beziehungen zwischen Höhe und Luftdruck und formulierte ein Gesetz: «Bei einer gewissen Temperatur ergeben die Unterschiede zwischen den Logarithmen der Quecksilberhöhe [im Barometer] sofort in Tausendsteln eines Klafters den Unterschied zwischen den Ortshöhen, wo das Barometer beobachtet wurde.»[71] Mit einer zusätzlichen Skala an seinem Barometer konnte Deluc barometrisch die Höhe verschiedener Orte einschätzen. So berechnete er die Höhe des Montblancs mit 14364 Fuß (rund 4304 m) über dem Meeresspiegel. Nachdem Horace de Saussure den Berg erklommen und barometrische Messungen auf dem Gipfel vorgenommen hatte (1787), kam er zu einem Ergebnis von 15700 Fuß (4710 m).

2. *Die Geodäsie*

Geodäsie bedeutet wörtlich «Erdaufteilung». Dafür brauchte man zunächst einmal eine genaue Kenntnis der Gestalt der Erdkugel. Um 1700 war man sich allgemein darüber einig, daß die Erde nicht ganz rund, sondern elliptisch war, an beiden Enden etwas abgeplattet. Newton war der Meinung, daß sie an den Polen abgeplattet sei, die Cassinis glaubten, am Äquator. Um dieses internationale Problem zu lösen, schickte die Académie des Sciences zwei Expeditionen aus. Eine begab sich (1735) unter Führung von Charles de La Condamine, Pierre Bouguer und Louis Godin nach dem damaligen Peru (heute Ekuador), um einen Grad astronomischer Breite auf dem Meridian in der Nähe des Äquators zu messen*. Sie kam zu dem Ergebnis, daß der Abstand zwischen einem Grad astronomischer Breite und dem nächsten auf dem Meridian, der über ihrem Standort verlief, 362 800 Fuß (108 840 m) betrug. 1736 begab sich die andere Expedition unter Maupertuis und Clairaut nach Lappland, um die gleichen Messungen so nahe wie möglich beim Polarkreis vorzunehmen. Ihr Ergebnis für die Gradlänge betrug 367 100 Fuß (110 130 m). Diese Funde deuteten darauf hin, daß die Länge eines Grades astronomischer Breite mit der Bewegung des Beobachters vom Äquator zum Pol hin leicht zunahm. Diese Zunahme wurde der polaren Abplattung der Erde zugeschrieben. Die Académie des Sciences faßte dies als eine Bestätigung Newtons auf. Die Messungen, die bei diesen Expeditionen vorgenommen wurden, dienten später als Grundlage für die Bestimmung des Meters, des metrischen Systems und der genauen astronomischen Zeit verschiedener Orte auf der Erde.

Als Bouguer einige Abweichungen des Senkbleis bei seinen peruanischen Messungen beobachtete, schrieb er das der Anziehungskraft des in der Nähe gelegenen Chimborasso zu. Von dem Ausmaß der Abweichung leitete er die Dichte des Berges ab und versuchte auf dieser Grundlage, die Dichte der Erde zu berechnen. Der königliche Astronom Georgs III. Nevil Maskelyne setzte diese Arbeiten fort (1774–1778), wobei er sein Senkblei abwechselnd auf der einen und anderen Seite eines Granitbergs in Schottland auswarf. In beiden Fällen wurde das Lot um ungefähr zwölf Winkelsekunden zum Berg hin abgelenkt. Maskelyne schloß daraus, daß die Dichte der Erde im gleichen Verhältnis zur Dichte des Berges stand, da die Anziehungskraft der Erde zu der Abweichung von zwölf Sekunden führte. Auf dieser Grundlage berechnete Charles Hutton die Dichte der Erde auf ungefähr 4,5mal die des Wassers – eine Zahl, die jetzt allgemein angenommen wird und zu der Newton schon ein Jahrhundert vorher gekommen war, eine unter vielen glänzenden Schlußfolgerungen dieses hervorragenden Geistes.

3. Die Geologie

Die Erforschung des Ursprungs, des Alters und der Zusammensetzung der Erde, ihrer Kruste und Schichten, der Erdbeben, Vulkane, Krater und Versteinerungen wurde noch immer durch religiöse Tabus gehemmt. Versteinerungen wurden im allgemeinen als Überreste von Seetierchen oder -pflanzen angesehen, die von den zurückweichenden Wassern nach der Sintflut – die angeblich die ganze Erde bedeckt hatte – auf dem Land zurückgelassen wurden. 1721 unterstrich Antonio Vallisnieri in seiner Abhandlung *Dei corpi marini che sui monti si trovano* (Von den Seewesen, die sich auf den Bergen finden), daß eine zeitweilige Überschwemmung für eine so ausgedehnte Ablagerung von Meeresorganismen nicht verantwortlich gemacht werden konnte. Anton Moro vertrat in seinem Buch *De' crostacei e degli altri marini corpi che si trovano su' monti* (Von den Schalentierchen

* Astronomische Breite ist der Winkelgradabstand eines Gestirns von der Ekliptik. Der Meridian eines Ortes ist der große Kreis, der direkt über ihm durch die Pole verläuft.

und anderen Meeresorganismen, die sich auf den Bergen finden; Venedig 1740) die Ansicht, daß die Fossilien bei vulkanischen Ausbrüchen aus der See emporgeschleudert worden seien. Ursprünglich sei die Erde mit Wasser bedeckt gewesen; unterirdische Feuer hätten das darunterliegende Land in die Höhe, über die zurückweichende See, gedrängt und Berge und Kontinente geschaffen.

Zehn Jahre nach seinem Tode (1738) wurde ein Manuskript aus dem Nachlaß von Benoît de Maillet unter dem Titel *Telliamed, ou Entretiens d'un philosophe indien avec un missionnaire français* (Telliamed oder Gespräche eines indischen Philosophen mit einem französischen Missionar; 1748) veröffentlicht. Seine eigenen Ansichten hatte der Verfasser dem indischen Weisen in den Mund gelegt, aber man fand bald heraus, daß «Telliamed» eine Umkehrung seines Namens «de Maillet» war. Der Sturm, den das Buch heraufbeschwor, hätte den Autor mit seinem rechtzeitigen Tod versöhnen können. Seiner Theorie nach waren Land, Berge und Fossilien nicht durch vulkanische Ausbrüche entstanden, sondern durch das allmähliche Zurückweichen der Wasser, die einst die Erde bedeckten. Sämtliche Landlebewesen, vermutete Maillet, hatten sich aus entsprechenden Wasserlebewesen entwickelt. Sogar Mann und Weib waren ehemalige Wassermänner und Seejungfrauen, die wie der Frosch ihren Schwanz verloren hatten. Der Rückgang des Wassers wurde durch Verdunstung verursacht, die den Meeresspiegel alle tausend Jahre um ungefähr einen Meter senkte. Und schließlich würden alle Meere austrocknen, die unterirdischen Feuer an die Oberfläche kommen und alle Lebewesen verzehren.

Ein Jahr nach dem *Telliamed* gab Georges Louis de Buffon das erste seiner beiden meisterhaften Werke zur Förderung einer jungen Wissenschaft heraus, die noch in unnachweisbare Vermutungen verstrickt war. Seine *Théorie de la terre* (Theorie der Erde; 1749) schrieb er mit zweiundvierzig, seine *Epoques de la nature* (Epochen der Natur; 1778) mit einundsiebzig Jahren. Er fing in kartesischer Vorsicht mit einem ursprünglichen Anstoß an, den Gott der Welt gegeben hat; danach ging die *Theorie* zu einer rein natürlichen Erklärung der kosmischen Ereignisse über. Er stellte schon vor zweihundert Jahren die jüngste Theorie der Weltentstehung auf, wonach die Planeten ursprünglich Sonnenfragmente waren, die durch die Anziehungskraft eines mächtigen Planeten von der Sonne losgerissen wurden; weswegen sämtliche Planeten zuerst geschmolzene und leuchtende Massen waren wie die heutige Sonne, die sich nach und nach in der Kälte des Weltraumes abkühlten und verdunkelten. Die «Tage» in der Schöpfungsgeschichte müßten als Epochen aufgefaßt werden, von denen wir sieben unterscheiden können:

1. Die Erde nahm ihre kugelförmige Gestalt durch die Drehung um sich selbst an, und ihre Oberfläche kühlte sich langsam ab (3000 Jahre).
2. Die Erde erstarrte zu einem festen Körper (32000 Jahre).
3. Ihre Dunsthülle verdichtete sich, um ein Weltmeer zu bilden (25000 Jahre).
4. Das Wasser dieses Ozeans zog sich zurück, denn es drang durch Risse in die Erdkruste ein, unter Hinterlassung einer Pflanzenwelt an der Oberfläche und von Fossilien in verschiedenen Höhenlagen auf dem Land (10000 Jahre).
5. Erscheinung von Tieren auf dem Festland (5000 Jahre).

6. Das Absinken des Ozeans bewirkte die Trennung zwischen der westlichen und östlichen Halbkugel, zwischen Grönland und Europa und zwischen Neufundland und Spanien und ließ viele Inseln zurück, die dem Anschein nach aus dem Meer aufgestiegen waren (5000 Jahre).
7. Die Entwicklung des Menschen (5000 Jahre).

Als er diese sieben Zeitalter zusammenzählte, bemerkte Buffon, daß sie 85000 Jahre ergaben. Er würde nicht wenig über die kühnere Vorstellungskraft der heutigen Geologen staunen, die das Alter der Erde auf vier Billionen Jahre schätzen!

Buffon begründete die Paläontologie mit dem Studium von Fossilienknochen, aus denen er die verschiedenen Epochen des organischen Lebens ableitete. Gleich die ersten Zeilen seiner *Epochen der Natur* sprechen für die Weite seines Ausblicks und die Schönheit seines Stils:

«*Comme dans l'histoire civile on consulte des titres, on recherche les médailles, on déchiffre des inscriptions antiques, pour déterminer les époques des révolutions humaines et constater les dates des événements moraux, de même, dans l'histoire naturelle, il faut fouiller les archives du monde, tirer des entrailles de la terre les vieux monuments, recueillir leur débris, et rassembler en un corps de preuves tous les indices des changements physiques qui peuvent nous faire remonter aux différents âges de la nature. C'est le seul moyen de fixer quelques points dans l'immensité de l'espace, et de placer un certain nombre de pierres numéraires sur la route éternelle du temps. Le passé est comme la distance; notre vue y décroît, et s'y perdrait de même si l'histoire et la chronologie n'eussent placé des fanaux, des flambeaux, aux points les plus obscurs.*»[72]*

Da er erst im vorgerückten Alter zur Paläontologie gekommen war, schrieb er:

«Mit Bedauern gebe ich diese fesselnden Gegenstände auf, diese unschätzbaren Denkmäler einer vergangenen Natur, denn mein eigenes hohes Alter läßt mir nicht genügend Zeit, sie gründlich zu untersuchen und die Schlußfolgerungen zu ziehen, die mir vorschweben, die aber, da sie nur auf Hypothesen beruhen, keinen Raum in diesem Werk haben, in dem ich es mir zur Pflicht gemacht habe, nur das als wahr aufzuführen, was auf Tatsachen beruht. Andere werden nach mir kommen.»[73]

Epochen der Natur gehörte zu den epochemachenden Büchern des achtzehnten Jahrhunderts. Buffon verschwendete daran alle Schätze seines Stils und schrieb sogar manche Teile (wenn wir ihm glauben dürfen) bis zu siebzehnmal um[74]. Er ergoß in dieses Werk all seine Vorstellungskraft, so daß er die Gebilde seines Geistes über sechzigtausend Jahre hinweg zu beschreiben schien, als wären es Ereignisse, die vor seinen Augen abrollten**. Grimm begrüßte das Buch als «eine der herrlichsten Dichtungen, die die

---

* «So wie wir in der Geschichte der Völker Urkunden zu Rate ziehen, Medaillen untersuchen und antike Inschriften entziffern, um die Epochen von Umwälzungen im Leben der Menschen zu bestimmen und die Daten großer Ereignisse im Umschwung der Sitten festzulegen, genau so muß man in der Naturgeschichte die Archive der Welt durchforschen, den Eingeweiden der Erde ihre alten Monumente entreißen, ihre Reste sammeln und alle Anzeichen von physischen Wandlungen zu einer Kette von Beweisen vereinigen, die uns eine Einsicht in die verschiedenen Zeitalter der Natur vermitteln können. Es ist das einzige Mittel, um in der Grenzenlosigkeit dieses Raumes einige Anhaltspunkte zu finden, um eine gewisse Anzahl von Meilensteinen auf dem ewigen Weg der Zeit aufzustellen. Die Vergangenheit gleicht der Entfernung; unser Blick wird immer schwächer und würde sich ganz darin verlieren, wenn Geschichte und Zeitrechnung nicht an den dunkelsten Stellen ihre Leuchtfeuer, ihre Fackeln angezündet hätten.

** Sainte-Beuve brachte dies auf geistvolle Art zum Ausdruck: «'Wo warest du', sagte Gott zu Hiob, 'da ich die Erde gründete?' Herr von Buffon scheint uns in aller Ruhe mitzuteilen: 'Ich war dabei.'»[75]

Philosophie je dem Menschen eingegeben hat»; und Cuvier hielt es für «das meistgefeierte aller Werke Buffons und von wahrhaft erhabenem Stil»[76].

Andere Forscher suchten die Verteilung der Minerale im Boden festzulegen. Jean Guettard erwarb sich die Anerkennung der Académie des Sciences durch seine *Mémoire et carte minéralogique* (Mineralogische Denkschrift und Karte; 1746). Bei diesem ersten Versuch einer geologischen Übersicht entdeckte er erloschene Vulkane in Frankreich. Er deutete die umliegenden Ablagerungen als erstarrte Lava und heiße Quellen als das letzte Stadium dieser vulkanischen Kräfte. Das Erdbeben von Lissabon regte John Mitchell zu einem *Essay on the Causes and Phenomena of Earthquakes* (Versuch über die Ursachen und Erscheinungen von Erdbeben; 1760) an. Er glaubte, sie könnten auf das plötzliche Zusammentreffen von unterirdischem Feuer und Wasser zurückgeführt werden, wobei eine starke Dampfentwicklung vor sich gehe. Dieser Dampf würde durch Vulkane und Krater entweichen, wenn aber solche Ausgänge nicht vorhanden wären, würde ein Beben der Erdoberfläche hervorgerufen. Diese Erdwellen könnten aufgezeichnet werden, damit man den Herd des Erdbebens finde. So setzte die noch jugendliche Geologie die Seismologie in die Welt.

Die Stratigraphie wurde ebenfalls herausgebildet; der Mensch zerbrach sich den Kopf über Ursprung, Zusammensetzung und Reihenfolge der Schichten in der Erdkruste. Am Beginn dieser Studien standen Kohlenbergwerke. John Strachey legte der Royal Society (1719) «Eine merkwürdige Beschreibung der Schichten, die in dem Kohlenbergwerk von Mendip in Somersetshire beobachtet wurden» vor. 1762 erschien die erste eingehende geologische Karte von Georg Christian Füchsel, die die neun Formationen im Boden von Thüringen beschrieb und den Begriff der Formation als einer Folge von Schichten einführte, die gemeinsam eine geologische Epoche darstellen.

Über die Ursachen solcher Formationen wurden die verschiedensten Theorien laut. Abraham Werner, der zweiundvierzig Jahre lang (1775–1817) an der Bergakademie in Freiberg unterrichtete, machte seinen Lehrstuhl zum Ausgangspunkt für die «Neptun-Theorie»: Festland, Gebirge, Felsen und Schichten wurden alle durch die Wirkungen des Wassers hervorgerufen, durch das manchmal langsame, manchmal verheerende Zurückweichen eines ursprünglich weltumspannenden Ozeans; Felsgestein war der Niederschlag oder die Ablagerung von Mineralien, die das zurückweichende Meer zurückließ; Schichten stellten die Perioden und Ablagerungen dieses Zurückweichens dar.

James Hutton erklärte die Verwandlung der Erde nicht nur mit Wasser, sondern auch mit Feuer. Er wurde 1726 in Edinburgh geboren und gehörte zusammen mit Hume, John Home, Lord Kames, Adam Smith, Robertson, Hutcheson, Maskelyne, Maclaurin, John Playfair und Joseph Black der schottischen Aufklärung an. Von der Medizin ging er zu Chemie und Geologie über und sah bald ein, daß die Geschichte unserer Erdkugel weit mehr in Anspruch genommen hatte als die sechstausend Jahre, die ihr von den Theologen zugestanden wurden. Er stellte fest, daß Wind und Wasser langsam die Berge abtragen und in der Ebene ablagern und daß Tausende von Rinnsalen Material in die Flüsse bringen, das dann ins Meer getragen wird. Wenn dieser Prozeß unendlich fortgesetzt würde, so könnten die gierigen Meere ganze Kontinente verschlingen. Fast alle geologischen Formationen könnten die Folge dieser langsamen natürlichen Vorgänge sein, wie man es an der Erosion von Ackerboden oder den Vorstößen des Meeres beobachten konnte oder an einem Fluß, der sich geduldig sein Bett gräbt und die Erinnerung an seinen früheren Stand auf den Fels- und Bodenschichten zurückläßt. Hutton war überzeugt, daß die Hauptursachen für die Verwandlung der Erde in diesen allmählichen Umbildungen zu suchen waren. «Will man die Natur deuten», sagte er, «so darf man keine Mächte einbeziehen, die für die Erdkugel nicht natürlich sind, keine Wirkungen außer denen, deren Prinzip uns bekannt ist, und darf keine außergewöhnlichen Ereignisse anführen, um eine gewöhnliche Erscheinung zu erklären.»[77]

Aber wenn solch eine Abtragung tausend und abertausend Jahre vor sich ging, warum war dann überhaupt noch festes Land übrig? Weil das abgetragene Material, sagte Hutton, das auf dem Meeresboden abgelagert wird, Druck und Hitze unterworfen ist; es verschmilzt, verfestigt sich, dehnt sich aus, steigt empor und taucht aus dem Wasser auf, um Inseln, Kontinente und Gebirge zu bilden. Das Vorhandensein unterirdischer Hitze wird durch Vulkane bewiesen. Die geologische Geschichte hat also den Charakter eines Kreislaufs, eines enormen Auf und Ab, das immer wieder Kontinente sich ins Meer ergießen und aus diesen Meeren neue Kontinente sich erheben läßt. Spätere Forscher bezeichneten Huttons Auffassung mit «Vulkanismus», weil sie auf den Wirkungen von Hitze beruhten, oder als «Pluton-Theorie», nach dem griechischen Gott der Unterwelt.

Hutton zögerte mit der Veröffentlichung seiner Ansichten, denn er wußte, daß sie nicht nur den Widerspruch aller, die an die wortwörtliche Unfehlbarkeit der Bibel glaubten, hervorrufen würden, sondern auch den der Anhänger der «Neptun-Theorie», die in Robert Jameson, dem Professor für Naturphilosophie an der Universität Edinburgh, einen begeisterten Verteidiger besaßen. Hutton beschränkte sich zunächst darauf, seine Theorie einigen Freunden auseinanderzusetzen. Auf ihr Drängen hielt er Vorlesungen über das Thema in der kurz zuvor gegründeten Royal Society von Edinburgh (1785). Bis 1793 hielt sich die Kritik in höflichen Grenzen, dann aber wurde Hutton von einem Dubliner Mineralogen mit Ausdrücken angegriffen, die seinen Zorn erweckten. Er antwortete mit der Veröffentlichung seiner *Theory of the Earth* (Theorie der Erde; 1795), einem klassischen Werk der Geologie. Zwei Jahre später starb er. John Playfairs überzeugende Darstellung in den *Illustrations of Huttonian Theory* (Illustrationen der Huttonschen Theorie; 1802) sorgte dafür, daß die Auffassung von großen Wandlungen, die durch langsame Entwicklungsprozesse hervorgerufen werden, auch in andere Wissensgebiete Eingang fand, bis Darwin sie auf die Entstehung der Arten und die Abstammung des Menschen anwandte.

4. *Die Geographie*

Die Oberfläche der Erde war jedoch noch fesselnder als ihre Eingeweide. Die neuen Erkenntnisse von der Vielfalt der Menschheit, ihrer Rassen, Einrichtungen, Sitten und Religionen trugen in großem Ausmaß zur Befreiung des modernen Geistes bei. Forschungsreisen stießen immer weiter ins Unbekannte vor. Nicht nur um der Wissenschaft willen, sondern auf der Suche nach Rohmaterialien, nach Gold, Silber, Edelsteinen, nach Nahrungsmitteln, Märkten und Kolonien und nach sicheren Durchfahrtswegen zur See in Krieg und Frieden. Sogar die Reise der *Bounty*, auf der eine Meuterei stattfand (1789), hatte ursprünglich zum Ziel, den Brotfruchtbaum von der Südsee nach Westindien zu verpflanzen. Franzosen, Holländer und Engländer lagen miteinander im Wettstreit, denn sie wußten, daß es um die Weltherrschaft ging.

Die Idee zu einer der gewagtesten Entdeckungsreisen stammte von Peter dem Großen, der kurz vor seinem Tode (1725) Vitus Bering, einem dänischen Kapitän in der russischen Marine, den Auftrag gab, die nordöstliche Küste Sibiriens zu erforschen. Die Akademie von Sankt Petersburg bestimmte einen Astronomen, einen Naturforscher und einen Historiker, die an der Expedition teilnahmen. Nachdem er sich zu Land nach Kamtschatka begeben hatte, segelte Bering bis zum 67. Grad nördlicher Breite (1728), entdeckte die Durchfahrt, die seinen Namen trägt, und kehrte dann nach Sankt Petersburg zurück. Auf einer zweiten Expedition baute er eine Flotte in Ochotsk und segelte nach Osten, bis er Nordamerika sichtete (1741). So entdeckte ein Däne den Kontinent von Westen, den der Wikinger Leif Erikson von Osten her entdeckt hatte. Auf der Rückreise verlor Berings Schiff die Richtung in schwerem Nebel, und die Besatzung verbrachte sechs Monate auf einer bisher unbewohnten Insel in der Nähe von Kamtschatka. Auf dieser Insel, die ebenfalls seinen Namen trägt, starb der große Däne (1741) an Skorbut im Alter von sechzig Jahren. Ein anderes Schiff entdeckte während dieser Expedition die Aleuten. Rußland nahm Alaska in Besitz und sandte Missionare aus, um die Eskimos mit dem christlichen Glauben bekannt zu machen.

Der Vorstoß Rußlands nach Amerika erweckte das Interesse anderer Länder am Stillen Ozean. Im Verlauf eines Krieges mit Spanien (1740) schickte England eine Flotte unter George Anson aus, um die spanischen Siedlungen in Südamerika zu beunruhigen. Die Mannschaft wurde vom Skorbut dezimiert, und einige Schiffe gingen in den Stürmen um Kap Hoorn verloren. Trotzdem kämpfte sich Anson bis zur Südsee durch, hielt sich auf den Juan-Fernandez-Inseln auf und fand den Beweis, daß Alexander Selkirk (das Vorbild Defoes für seinen Robinson Crusoe) dort gewesen war (1704–1709); dann durchkreuzte er den Stillen Ozean, erbeutete eine spanische Galeone unweit der Philippinen, nahm ihren Schatz an Gold und Silber (1 500 000 Dollar) mit, durchkreuzte den Indischen Ozean, fuhr um das Kap der Guten Hoffnung, entwich spanischen und französischen Flotten, die ihn abfangen wollten, und erreichte England am 15. Juni 1744 nach einer Reise von drei Jahren und neun Monaten.

1763 rüstete die französische Regierung eine ähnliche Expedition unter Louis de Bougainville aus, mit dem Auftrag, eine französische Siedlung auf den Falklandinseln zu gründen. Die Lage dieser Inseln, dreihundert Meilen östlich von der Magalhãesstraße, verlieh ihnen militärischen Wert, denn sie beherrschten die Durchfahrt vom Atlantischen in den Stillen Ozean. Bougainville führte seine Mission aus und kehrte nach Frankreich zurück. 1765 schiffte er sich aufs neue ein, fuhr durch die Magalhãesstraße in den Stillen Ozean, erreichte Tahiti (1768) – das Samuel Wallis ein Jahr vorher entdeckt hatte –, nahm es für Frankreich in Besitz, entdeckte Samoa und die Neuen Hebriden, umsegelte das Kap der Guten Hoffnung und traf 1769 in Frankreich ein, wo er die Drillingsblume (Bougainvillea) einführte. In seinem Reisebericht unterstrich er das angenehme Klima Tahitis, die Gesundheit der lebensfrohen Eingeborenen, ihre Gutartigkeit und die Freiheit ihrer Sitten. Diderot machte sehnsüchtige Randbemerkungen zu diesem Bericht in seinem *Supplément au Voyage de Bougainville* (Anhang zur Reise Bougainvilles).

Die britische Regierung beauftragte 1764 den Kapitän John Byron, einige nützliche Landstriche in der Südsee ausfindig zu machen. Er landete in Fort Egmont auf den Falklandinseln und nahm die Inseln für England in Besitz, da er nicht wußte, daß die Franzosen schon dort waren. Die Spanier erhoben Anspruch auf ihren früheren Besitz, Frankreich überließ ihnen die Inseln, Spanien überließ sie England (1771), und heute macht Argentinien Anspruch darauf geltend. Byron setzte seine Weltreise fort, hinterließ aber weiter keine Spuren in der Geschichte. Auf einer früheren Reise als Seekadett unter Anson hatte er Schiffbruch an der chilenischen Küste erlitten (1741). Sein Bericht darüber wurde von seinem Enkel Lord Byron in *Don Juan* verwendet.

Für die Völker englischer Zunge war James Cook der hervorragendste Entdecker des achtzehnten Jahrhunderts. Dieser Sohn eines Landarbeiters wurde mit zwölf Jahren einem Kurzwarenhändler in die Lehre gegeben. Da ihm das nicht sehr abenteuerlich erschien, ließ er sich zur Marine anwerben, diente als «Marineinspektor» an der Küste von Neufundland und Labrador und erwarb sich einen Ruf als Mathematiker, Astronom und Seefahrer. Mit vierzig Jahren wurde er (1768) zum Leiter einer Expedition gewählt, die den Durchgang der Venus aufzeichnen und geographische Forschungen in der Südsee machen sollte. Er fuhr am 25. August in Begleitung mehrerer Wissenschafter mit der *Endeavour* ab, einem Schiff, das einer der Reisebegleiter, Sir Joseph Banks, aus eigenen Mitteln ausgerüstet hatte*. Der Durchgang der Venus wurde am 3. Juni 1769 in Tahiti beobachtet. Von dort segelte Cook weiter auf der Suche nach einem großen Festland (Terra Australis), das einige Geographen für in den südlichen Meeren verborgen hielten. Dieses Versteck fand er zwar nicht, erforschte jedoch die Gesellschaftsinseln und die Küsten Neuseelands, wovon er eingehende Karten aufnahm. Er fuhr weiter nach Australien (damals als Neuholland bekannt), nahm für England die Ostküste in Besitz, umsegelte Afrika und erreichte England am 12. Juni 1771.

Am 13. Juli 1772 lichteten *Resolution* und *Endeavour* wieder die Anker, um den angeblichen Kontinent im Süden zu finden. Cook durchsuchte die Meere östlich und südlich vom Kap der Guten Hoffnung und von Neuseeland, überquerte den südlichen Polarkreis in 71 Grad südlicher Breite, ohne Land zu sichten, bis er von dem ständig bedrohlicheren Treibeis zur Umkehr gezwungen wurde. Er besuchte die Osterinsel und beschrieb ihre Riesenstatuen. Er nahm Karten von den Marquesas- und den Tongainseln auf und gab den letztgenannten den Beinamen «Freundschaftsinseln» wegen der Freundlichkeit der Eingeborenen. Er entdeckte Neukaledonien, die Norfolkinsel und die Pinieninsel (Kunie). Er überquerte die Südsee nach Osten zum Kap Hoorn, fuhr über

* Er war Präsident der Royal Society in London von 1778 bis 1820 und vermachte seine Bibliothek und seine Sammlungen dem British Museum.

den Südatlantik bis zum Kap der Guten Hoffnung und von da aus nach Norden, nach England. Am 25. Juli 1775 lief er nach einer Reise von über sechzigtausend Meilen und 1107 Tagen im Hafen ein.

Auf einer dritten Expedition suchte er nach einem Wasserweg durch Nordamerika von Alaska zum Atlantischen Ozean. Er verließ Plymouth am 12. Juli 1776 mit der *Resolution* und der *Discovery*, segelte um das Kap der Guten Hoffnung, lief wieder Tahiti an, fuhr weiter nach Nordosten und machte durch Zufall seine größte Entdeckung – Hawaii (Februar 1778). Der spanische Seefahrer Juan Gaetano hatte dieses zwar schon 1555 gesichtet, aber Europa hatte es über zweihundert Jahre lang völlig vergessen. Nach einer weiteren Fahrt in Richtung Nordosten erreichte Cook den heutigen Staat Oregon und erstellte eine Übersicht von der nordamerikanischen Küste bis zur Beringstraße und darüber hinaus bis zur nördlichen Grenze Alaskas. In 70 Grad 41 Minuten nördlicher Breite wurde seine Fahrt von einer Eismauer aufgehalten, die sich vier Meter hoch über die See erhob und so weit reichte, wie das Auge des Ausgucks blicken konnte. So mußte er die Suche nach einer nordöstlichen Durchfahrt durch Amerika aufgeben; Cook kehrte nach Hawaii zurück. Dort, wo er vorher mit Freundlichkeit empfangen worden war, fand er den Tod. Die Eingeborenen waren nicht bösartig, aber diebisch. Sie hatten eines der Boote der *Discovery* entwendet, und Cook führte eine Gruppe seiner Besatzung an, um es zurückzuerbeuten. Das gelang ihm auch, aber er bestand darauf, als letzter die Küste zu verlassen, worauf ihn die wütenden Eingeborenen umzingelten und totschlugen (14. Februar 1779). Er war einundfünfzig Jahre alt. England ehrte ihn als den größten und edelsten seiner Seefahrer, als hingebungsvollen Wissenschafter und unerschrokkenen Kapitän, den alle seine Mannschaften verehrten.

Fast ebenso heroisch war die Entdeckungsreise, die von Jean-François de Galaup, dem Grafen von la Pérouse, geleitet wurde, der von der französischen Regierung beauftragt war, den Spuren Cooks zu folgen. Er umsegelte 1785 Amerika bis hinauf nach Alaska, kreuzte nach Asien hinüber und passierte als erster Europäer die Meerenge (die bis vor kurzem seinen Namen trug) zwischen dem russischen Sachalin und dem japanischen Hokkaido. Dann wandte er sich nach Süden, erforschte die Küste Australiens und gelangte zu den Santa-Cruz-Inseln. Dort scheint er 1788 Schiffbruch erlitten zu haben, denn niemand hörte mehr von ihm.

Entdeckungsfahrten zu Land reizten sowohl die Abenteuerlust als die Gewinnsucht. 1716 kam ein Jesuitenmissionar bis nach Lhasa, der «Verbotenen Stadt» in Tibet. Carsten Niebuhr durchforschte und beschrieb 1761 Arabien, Palästina, Syrien, Kleinasien und Persien. James Bruce bereiste Ostafrika und entdeckte wieder die Quelle des Blauen Nils (1768). Französische Entdecker in Nordamerika gründeten 1718 New Orleans und zogen den Mississippi entlang bis zum Missouri. In Kanada versuchten sie sich bis zum Stillen Ozean durchzuschlagen, aber die Rocky Mountains erwiesen sich als unüberwindbar. Gleichzeitig stießen englische Siedler bis zum Ohio vor, und spanische Klosterbrüder bahnten den Weg von Mexiko durch Kalifornien nach Monterey und dem Coloradofluß entlang bis nach Utah. Nordamerika wurde bald darauf zum Einsatz im Siebenjährigen Krieg. Nachdem La Condamine einen Breitengrad am Äquator gemessen hatte, leitete er eine südamerikanische Expedition von den Quellen des Amazonas bei Quito bis zu seiner Mündung in den Atlantischen Ozean, sechstausendvierhundert Kilometer entfernt.

Die Kartographen konnten die Entdecker nie ganz einholen. Ein halbes Jahrhundert lang (1744–1793) gaben César-François Cassini und sein Sohn Jacques-Dominique hundertvierundachtzig aufeinanderfolgende Blätter einer Karte Frankreichs heraus, die elf Meter lang und elf Meter breit war und auf der zum erstenmal alle Einzelheiten – Straßen, Flüsse, Abteien, Bauernhöfe, Mühlen und sogar Kreuze und Galgen am Wegrand – eingezeichnet waren. Torbern Olof Bergman begnügte sich nicht damit, einer der größten Chemiker des achtzehnten Jahrhunderts zu sein, und veröffentlichte 1766 eine *Werlds Beskribning* (Weltbeschreibung), worin er die Meteorologie, die Geologie und die physikalische Geographie seiner Zeit zusammenfaßte. Er vermutete, daß viele Inseln in Wirklichkeit Bergspitzen von inzwischen fast gänzlich überschwemmten Gebirgen seien, und hielt zum Beispiel Westindien für die Überreste einer Gebirgskette, die Florida mit Südamerika verbunden hatte. Horace de Saussure, der vierundzwanzig Jahre lang Philosophieprofessor an der Genfer Universität war, machte sich auch einen Namen mit verschiedenen Besteigungen des Montblancs (1787) und des Kleinen Matterhorns (1792) und verfaßte gewichtige Bände über die Berge der Schweiz, ihre atmosphärischen Bedingungen, Formationen, Schichten, Fossilien und Pflanzen, eine herrliche Mischung von Wetterkunde, Geologie, Geographie und Botanik. Wenn man behauptet, die Geschichte sei nur eine Chronik der Verbrechen der Völker, so sehen wir doch, daß sie auch die Erinnerung an tausend Formen von Heldentum und Seelenadel ist.

VII. DIE BOTANIK

1. Carl von Linné (Linnaeus)

Jetzt kam das Leben selbst an die Reihe. Nachdem das Mikroskop verbessert worden war, konnte man den Bau der Pflanzen näher in Augenschein nehmen und sogar in die Geheimnisse ihres Geschlechts eindringen. Die Botanik befreite sich von ihrer Abhängigkeit von der Medizin, und Linné teilte die wuchernde Pflanzenwelt mit der Sorgfalt und Hingebung eines wissenschaftlichen Heiligen in ein System ein.

Sein Vater Nils Linné war Pastor einer Luthergemeinde in Stenbrohult in Schweden. Gewöhnlich fällt es dem Sohn eines Geistlichen besonders schwer, seine Frömmigkeit zu bewahren, aber Carl gelang es, und er fand, besonders in der Pflanzenwelt, immer wieder Ursache, seinem Schöpfer zu danken. Und gibt es nicht so wunderbare Augenblicke im Leben, daß nur ein Undankbarer Atheist sein könnte?

Nils war ein begeisterter Gärtner, der mit Vorliebe ausgesuchte Bäume und seltene Blumen als einen lebendigen Lobgesang um sein Pfarrhaus anpflanzte. Diese waren Carls Spielzeug und Freunde in der Kindheit, so daß er (nach seinen eigenen Worten) mit einer «unstillbaren Liebe zu Pflanzen» aufwuchs[78]. Mehr als einmal schwänzte er die Schule, um in Wald und Wiese Pflanzen zu sammeln. Sein Vater hatte nur den einen Wunsch: einen Geistlichen aus ihm zu machen, denn er war die personifizierte Güte und hätte durch sein Beispiel noch mehr als durch Predigt wirken können. Carl aber wählte die Medizin, weil das die einzige Laufbahn war, in der er die Botanik mit Broterwerb verbinden konnte. So trat er 1727 mit zwanzig Jahren als Medizinstudent in die Universität Lund ein. Ein Jahr später wurde er mit wärmsten Empfehlungen von seinen Lehrern an die Universität Uppsala gesandt. Als eines von fünf Kindern konnte er nicht viel Unterstützung von seinen Eltern erwarten. Er war zu arm, um seine Schuhe besohlen zu lassen, und legte sie mit Papier aus, um die Löcher zu verdecken und sich wenigstens teilweise vor der Kälte zu schützen. Mit solchem Ansporn zum Studium machte er rasche Fortschritte, sowohl in der Botanik als in der Medizin. 1731 wurde er als Assistent für Botanik und als Hauslehrer bei Professor Rudbeck, der vierundzwanzig Kinder hatte, angestellt. «Mit Gottes Hilfe», schrieb er, «habe ich jetzt ein Auskommen.»[79]

Als die Wissenschaftliche Gesellschaft von Uppsala beschloß, eine Expedition zum Studium der Flora nach Lappland zu senden, wurde Linné zum Leiter gewählt. Er fuhr mit seinen jungen Gefährten am 12. Mai 1732 ab und beschrieb die Abreise in dem ihm eigenen blumigen Stil:

> «Der Himmel war hell und freundlich; ein leichter Westwind verlieh der Luft angenehme Kühle ... Die Knospen an den Birken zeigten schon die ersten Blattspitzen. Auf den meisten Bäumen war das Laub schon recht fortgeschritten; nur die Ulme und die Esche waren noch kahl. Hoch oben sangen die Lerchen. Nach ungefähr einer Meile gelangten wir an den Waldesrand; dort verließen uns die Lerchen, aber oben auf einer Kiefer schmetterte eine Amsel ihr Liebeslied.»[80]

Das war typisch für Linné: immer bereit, mit allen Sinnen die Bilder, Töne und Düfte der Natur in sich aufzunehmen und nie den Unterschied zwischen Botanik und Poesie zu sehen. Er führte seine kleine Truppe zweitausenddreihundert Kilometer weit durch Lappland, durch hundert Mühsale und Gefahren, aber er brachte sie unversehrt am 10. September nach Uppsala zurück.

Er war noch immer fast mittellos und versuchte, etwas mit Vorlesungen zu verdienen; aber ein Neider ließ die Vorlesungen mit der Begründung untersagen, daß er noch nicht fertig studiert und kein Examen abgelegt habe. Damals verliebte er sich in «Lisa», Sarah Elisabeth Moraea, die Tochter eines Arztes. Sie bot ihm ihre Ersparnisse an, er legte seine eigenen dazu, und damit konnte er eine Reise nach Holland unternehmen (1735). An der Universität Harderwijk legte er sein medizinisches Staatsexamen ab, lernte ein Jahr später den großen Boerhaave kennen, und Lisa war fast vergessen. Von diesem Edelmann der Wissenschaft ermutigt und unterstützt, gab Linné das klassische Werk der Botanik, *Systema Naturae,* heraus. Es erlebte zu seinen Lebzeiten zwölf Auflagen; die erste bestand nur aus vierzehn Folioblättern; die zwölfte umfaßte zweitausenddreihundert Seiten in drei Oktavbänden. Er verschaffte sich etwas Geld, indem er die botanische Sammlung von George Cliffort, einem Direktor der Ostindischen Kompanie, in der Nähe von Amsterdam neu zusammenstellte und in einen Katalog aufnahm. Mit unglaublichem Fleiß arbeitete er an seiner *Bibliotheca botanica,* die 1736 erschien, während er 1737 *Genera Plantarum* veröffentlichte. 1738 ging er nach Paris, um den Jardin du Roi zu studieren. Dort schloß er sich, ohne sich vorzustellen, einer Studentengruppe an, denen Bernard de Jussieu auf lateinisch eine Vorlesung über exotische Pflanzen hielt. Über eine Pflanze war der Professor sich nicht ganz klar; da wagte sich Linné mit der Bemerkung hervor: *Haec planta faciem americanam habet* (Diese Pflanze sieht amerikanisch aus). Jussieu sah ihn an und rief: «Sie sind Linné.» Carl gestand, und Jussieu hieß ihn mit all der Brüderlichkeit der Wissenschaft herzlich willkommen[81]. Linné wurden Lehrstühle in Paris, Leiden und Göttingen angeboten, aber er hielt die Zeit für gekommen, zu Lisa zurückzukehren (1739). Damals waren solche langjährige Verlobungen nichts Außergewöhnliches, und in vielen Fällen trugen sie wahrscheinlich zu Sittenfestigkeit und Charakterstärke bei. Die beiden heirateten, und Carl ließ sich in Stockholm als Arzt nieder.

Eine Zeitlang wartete er wie jeder junge Doktor umsonst auf Patienten. Eines Tages hörte er, wie ein junger Mann im Wirtshaus darüber klagte, daß niemand ihn von seinem Tripper heilen könne. Linné machte ihn gesund, und bald kamen andere junge Männer, die es zu eilig gehabt hatten, ihre Männlichkeit zu beweisen, mit denselben Beschwerden zu ihm. Dann dehnte sich seine Praxis auf Lungenkrankheiten aus. Er lernte den Grafen Carl Gustav Tessin, den Sprecher des Oberhauses im Riksdag, kennen, der ihm 1739 eine Anstellung als Arzt der Admiralität verschaffte. In diesem Jahr half Linné bei der Gründung der Königlichen Akademie der Wissenschaften und wurde zu ihrem ersten Präsidenten erwählt. Im Herbst 1741 wurde er zum Professor für Anatomie in Uppsala ernannt, vertauschte diesen Lehrstuhl aber bald mit dem für Botanik, Materia medica und Naturgeschichte (Geologie und Biologie). Endlich war der rechte Mann am rechten Platz. Er übertrug seine Begeisterung für Botanik auf seine Studenten, arbeitete mit ihnen auf kameradschaftliche Weise zusammen und war nie so glücklich, wie wenn er sie auf einen naturgeschichtlichen Ausflug mitnehmen konnte.

«Wir machten häufig Ausflüge zur Suche nach Pflanzen, Insekten und Vögeln. Jeden Mittwoch und Samstag sammelten wir Pflanzen vom Morgengrauen bis zur Abenddämmerung. Dann kehrten die Studenten mit Blumen auf den Hüten in die Stadt zurück und begleiteten ihren Professor bis zu seinem Garten, vorneweg einige ländliche Musiker. Das waren die herrlichsten Augenblicke in unserer vergnüglichen Wissenschaft.»[82]

Er schickte einige seiner Studenten in die Welt hinaus, um exotische Pflanzen zu sammeln. Diesen jungen Forschern (von denen einige auf dieser Suche ihr Leben ließen) verschaffte er freie Überfahrt auf den Schiffen der holländischen Ostindischen Kompanie. Ein weiterer Ansporn für sie war die Hoffnung, ihren Namen eines Tages mit einer Pflanze verbunden zu sehen, denn damals arbeitete Linné an seinem großen System einer neuen Nomenklatur. Sie bemerkten, daß er dem blühenden Strauch, den der Jesuit Georg Kamel aus den Philippinen mitgebracht hatte, nach diesem den Namen Kamelie (*camellia*) verliehen hatte.

In seinen verschiedenen Werken: *Systema naturae, Genera Plantarum, Classes Plantarum* (1738), *Philosophia botanica* (1751) und *Species Plantarum* (1753), baute er nach und nach sein monumentales System zur Bezeichnung und Einteilung von Pflanzen und Tieren auf.

Vor ihm hatten sich schon Bauhin und Tournefort mit dieser Aufgabe beschäftigt; Rivinus hatte schon 1690 den Vorschlag zu einer binären Methode für die Benennung von Pflanzen gemacht. Trotz diesen Vorarbeiten fand Linné die Sammlungen seiner Zeit in großer Unordnung vor, was das wissenschaftliche Studium von Pflanzen ernstlich behinderte. Hunderte von neuen Arten waren entdeckt worden, denen die Botaniker widersprechende Namen gegeben hatten. Linné unternahm die Einteilung aller bekannten Pflanzen nach ihrer Klasse, dann in ihrer Klasse nach ihrer Ordnung, in ihrer Ordnung nach ihrer Gattung und in ihrer Gattung nach ihrer Art. So kam er zu einem lateinischen Namen, der international annehmbar war. Seine Einteilung beruhte im wesentlichen auf dem Vorhandensein und der Anordnung oder dem Fehlen von bemerkbaren Fortpflanzungsorganen; so kamen Pflanzen mit sichtbaren Fortpflanzungsorganen (ihren Blumen) zu den Phanerogamen, während zum Beispiel Moose und Farne, die keine Blumen mit Samen haben und bei denen der Fortpflanzungsprozeß versteckt oder unauffällig ist, zu den Kryptogamen kamen.

Manche frommen Seelen erhoben Einspruch, weil der Nachdruck, mit dem die Geschlechtsmerkmale behandelt wurden, einen gefährlichen Einfluß auf die Vorstellungen der Jugend haben könnte[83]. Ernsthaftere Kritiker wiesen im Laufe der nächsten hundert Jahre auf grundsätzliche Mängel in Linnés Einteilung hin. Er war so darauf aus, Plätzchen und Namen für Pflanzen zu finden, daß er die Botanik eine Weile vom Studium der Pflanzenfunktionen und Formen ablenkte. Da die Umwandlung einer Art sein System in Unordnung gebracht und außerdem der Schöpfungsgeschichte widersprochen hätte, stützte er sich auf den Grundsatz, daß alle Arten direkt von Gott geschaffen worden und im Laufe ihrer Geschichte unverändert geblieben seien. Später (1762) vertrat er eine etwas weniger starre Haltung und gab zu, daß neue Arten durch die Kreuzung verschiedener Typen entstehen können[84]. Obschon er den Menschen (den er vertrauensvoll *homo sapiens* nannte) in das Tierreich einordnete, als eine Gattung in der Ordnung der Primaten zusammen mit den Affen, so bildete sein System doch ein Hindernis für die Entfaltung der Entwicklungslehre.

Buffon kritisierte das Linnésche System mit der Begründung, daß Gattung und Art nicht objektive Dinge sind, sondern nur Namen für die praktische Einteilung einer komplizierten Wirklichkeit, in der alle Klassen an ihren Rändern miteinander verschmelzen; nichts existiert, außerhalb des Geistes, als Individuen. Hier tauchte der ewige mittelalterliche Streit zwischen Realismus und Nominalismus wieder auf. Linné (der menschlichere von beiden) antwortete, daß die Beredsamkeit Buffons niemanden täuschen dürfe; und er weigerte sich, in einem Raum zu essen, wo man Buffons Bild neben seinem eigenen aufgehängt hatte[85]. In aufrichtigeren Augenblicken gab er zu, daß seine Ordnung unvollkommen war, daß die Einteilung der Pflanzenwelt nach geschlechtlichen Merkmalen nicht alles umfaßte; und in seiner *Philosophia botanica* schlug er ein natürliches System vor, das auf dem Gesamtbau der Pflanze beruhte. Seine Nomenklatur erwies sich, im Gegensatz zu seinem System, als äußerst praktisch, sowohl in der Botanik als in der Zoologie, und ist mit einigen Veränderungen immer noch vorherrschend.

Im Alter wurde Linné von ganz Europa hoch geehrt. 1761 wurde er vom König geadelt und nannte sich Carl von Linné. Zehn Jahre später bekam er einen Brief mit Liebesbezeugungen vom zweitgrößten Schriftsteller seiner Zeit, Jean-Jacques Rousseau, der die *Philosophia botanica* übersetzt und beim Botanisieren Heilung von der Philosophie gefunden hatte: «Empfangen Sie, lieber Herr, die Hochachtung eines sehr Unwissenden, aber sehr Eifrigen unter Ihren Schülern, der der Meditation über Ihre Schriften einen großen Teil der Seelenruhe verdankt, der er sich erfreut ... Ich verehre Sie und liebe Sie von ganzem Herzen.»[86]

Linné starb 1778, im selben Jahr wie Rousseau und Voltaire. Seine Bibliothek und seine botanischen Sammlungen wurden seiner Witwe von James Edward Smith abgekauft, der 1788 zusammen mit anderen die Linnésche Gesellschaft von London gründete, um den «Linnéschen Schatz» zu betreuen. Von dort aus verbreitete eine lange Reihe von Veröffentlichungen das Werk des Botanikers in ganz Europa und Amerika. Als die größten Einflüsse auf sein Geistesleben nannte Goethe: Shakespeare, Spinoza und Linnaeus[87].

2. *In Linnés Fußstapfen*

Hunderte von hingebungsvollen Gelehrten setzten die botanische Forschung fort. Frankreich besaß eine jener Familien, wo sich Vater und Sohn völlig einem gemeinsamen Ziel widmeten. Antoine de Jussieu, der aus Lyon nach Paris gekommen war, wurde 1708 zum Direktor des Jardin du Roi (Königlicher botanischer Garten) ernannt. Sein jüngerer Bruder Bernard hielt dort Vorlesungen, verbunden mit Führungen; er hatte auch Linné dort empfangen. Joseph, ein dritter Bruder, fuhr mit La Condamine nach Südamerika und schickte das *Heliotropium peruvianum* zur Verpflanzung nach Europa. Ein Neffe, Antoine-Laurent de Jussieu, veröffentlichte 1789 eine Arbeit, die nach und nach das Linnésche System ersetzte: *Genera plantarum secundum ordines naturales disposita*. Er teilte Pflanzen morphologisch (nach ihren Formen) je nach Vorhandensein, Fehlen oder Anzahl von Kotyledonen (Keimblätter) ein; jene Pflanzen, die keine besaßen, nannte er Akotyledonen, mit nur einem Monokotyledonen, mit zwei Dikotyledonen. Sein Sohn Adrien setzte sein Werk bis ins neunzehnte Jahrhundert fort. 1824 legte Augustin de Candolle, der sich auf die Arbeiten der Jussieu stützte, die Einteilung fest, die auch heute noch gültig ist.

Die Geschlechtlichkeit der Pflanzen war um 1682 von Nehemiah Grew entdeckt und von Camerarius 1691 bestätigt worden. Cotton Mather berichtete (1716) aus Boston an die Royal Society in London über eine Kreuzung durch Windbestäubung:

> «Mein Nachbar pflanzte auf einer Reihe von Abhängen auf seinem Feld unseren Mais, aber mit *rot-* und *blau*gefärbten Körnern; auf dem übrigen Feld pflanzte er Mais von gewöhnlicher Farbe an, nämlich *gelb*. Auf der *dem Wind am meisten ausgesetzten Seite* wurden die vier ersten Reihen von der benachbarten angesteckt ..., so daß sie ebenfalls farbige Körner ergaben. Aber auf der *windgeschützten* Seite wurden sieben oder acht Reihen so gefärbt und gewisse Spuren sogar auf entfernteren hinterlassen.»[88]

1717 bewies Richard Bradley die Notwendigkeit für Befruchtung an einem Tulpenexperiment. Von zwölf «vollkommen gesunden» Tulpen entfernte er die Pollen; «diese brachten den ganzen Sommer keinen Samen hervor, während ... jede der vierhundert Pflanzen, die ich nicht gestört hatte, Samen produzierten»[89]. Er studierte Kreuzungen durch Bestäubung und machte sich auf fesselnde Ergebnisse gefaßt. «Durch diese Kenntnisse könnten wir die Eigenschaften und den Geschmack einer beliebigen Frucht ändern, indem wir die eine mit dem Mehl (Pollen) einer anderen aus derselben Klasse», aber von verschiedener Sorte oder Art, bestäuben. Außerdem könnte «eine wißbegierige Person auf Grund dieser Kenntnisse so seltene Pflanzensorten hervorbringen, daß noch niemand davon gehört hat»; und er erzählte, wie Thomas Fairchild eine neue Sorte «aus dem Samen einer Nelke gezogen hatte, die mit dem Mehl einer 'Sweet William' bestäubt worden war». Er entdeckte, daß solche Hybriden von verschiedenen Arten steril waren, und verglich sie mit den Mauleseln.

Philip Miller berichtete 1721 als erster über die Befruchtung von Pflanzen durch Bienen. Er entfernte die «Spitzen» gewisser Blumen, bevor sie «ihren Staub abwerfen» konnten; trotzdem reifte der Samen dieser scheinbar kastrierten Blumen ganz normal. Freunde bezweifelten diesen Bericht; er wiederholte das gleiche Experiment noch sorgfältiger, mit dem gleichen Resultat.

«Ungefähr zwei Tage später, als ich in meinem Garten saß, bemerkte ich auf einem Tulpenbeet neben mir einige sehr geschäftige Bienen in den Blumen und sah, daß sie mit Beinen und Körpern voller Blütenstaub herauskrochen; eine von ihnen flog dann auf eine Tulpe, die ich kastriert hatte; daraufhin nahm ich mein Mikroskop und untersuchte die Tulpe, auf die sie geflogen war; und ich entdeckte, daß sie Blütenstaub hinterlassen hatte, um die Tulpe zu befruchten. Als ich das meinen Freunden erzählte ..., fand es ihre Zustimmung ... Wenn man Insekten nicht künstlich fernhält, können Pflanzen von noch viel kleineren Insekten als Bienen befruchtet werden.»[90]

Josef Kölreuter, Professor für Naturgeschichte in Karlsruhe, machte um 1760 eine besondere Studie über Kreuzungen durch Befruchtung und über die Physiochemie der Bestäubung. Seine fünfundsechzig Experimente hatten einen enormen Einfluß auf die Landwirtschaft in verschiedenen Erdteilen. Er kam zu dem Ergebnis, daß Kreuzungen nur mit naheverwandten Pflanzen von Interesse sind; ist die Kreuzung aber erfolgreich, so wachsen die Hybriden schneller, blühen früher, dauern länger und bringen junge Schößlinge reichlicher hervor als die ursprünglichen Sorten und werden durch die Samenentwicklung nicht geschwächt. Konrad Sprengel bewies (1793), daß Kreuzungen, gewöhnlich Befruchtung durch Insekten, seltener durch Wind, innerhalb einer Art häufig sind; und er behauptete – mit warmer teleologischer Überzeugung –, daß die Form und Anordnung mancher Teile bei vielen Blumen so gestaltet sei, daß Selbstbefruchtung unmöglich wurde. Johann Hedwig eröffnete (1782) ein neues Gebiet mit dem Studium des Fortpflanzungsprozesses bei Kryptogamen. Zwischen 1788 und 1791 gab der Württemberger Joseph Gärtner in zwei Bänden seine enzyklopädische Übersicht über Frucht und Samen von Pflanzen heraus; sie gehörte zur Grundlage der Botanik im neunzehnten Jahrhundert.

1759 sprach Caspar Friedrich Wolff in seinem Buch *Theoria generationis* eine Theorie über Pflanzenentwicklung aus, die im allgemeinen Goethe zugeschrieben wird:

«In der ganzen Pflanze, deren Teile wir bestaunen, weil sie auf den ersten Blick so außerordentlich vielfältig erscheinen, kann ich schließlich nichts bemerken und erkennen außer Blättern und Stengel, denn die Wurzel kann als Stengel betrachtet werden ... Sämtliche Teile der Pflanze bis auf den Stengel sind modifizierte Blätter.»[91]

Zur gleichen Zeit erforschte der hervorragende Gelehrte Stephen Hales das Geheimnis der Ernährung der Pflanzen. Er gehörte zu den vielen anglikanischen Geistlichen, die keinen Widerspruch zwischen Religion und wissenschaftlicher Betätigung sahen. Wenn er auch an einen göttlichen Plan glaubte, so machte er davon bei seinen wissenschaftlichen Forschungen keinen Gebrauch. 1727 veröffentlichte er eines der klassischen Werke der Botanik, *Vegetable Staticks, ... an Essay towards a Natural History of Vegetation* (Pflanzenstatik, ... Versuch einer Naturgeschichte der Vegetation). In seinem Vorwort erklärte er:

«Ungefähr vor zwanzig Jahren machte ich mehrere hämostatische Experimente an Hunden, die ich sechs Jahre später an Pferden und anderen Tieren wiederholte, um die Kraft des Blutes in den Arterien herauszufinden [unser 'systolischer Blutdruck'] ... Damals wünschte ich, ich könnte die gleichen Versuche machen, um die Kraft des Saftes in Pflanzen zu entdecken; ich hatte es aber als unmöglich aufgegeben, bis ich vor ungefähr sieben Jahren zufällig daraufkam, als ich versuchte, die Blutung eines alten Weinstocks zu stillen.»[92]

Nachdem Harvey den Blutkreislauf bei Tieren entdeckt hatte, vermuteten die Botaniker einen ähnlichen Flüssigkeitskreislauf bei Pflanzen. Hales entkräftete diese Annahme durch Experimente, die bewiesen, daß ein Baum Wasser sowohl an den Zweigenden als durch die Wurzeln aufnimmt. Wasser bewegte sich ebenso von den Zweigen zum Stamm wie vom Stamm zu den Zweigen. Und es gelang ihm, die Aufnahme zu messen. Der Saft stieg jedoch von der Wurzel in die Blätter, weil der Saft, der sich in den Wurzeln ausdehnte, Druck entwickelte. Die Blätter bezogen Nahrung aus der Luft.

An dieser Stelle machte der geniale Priestley eine der erstaunlichsten Entdeckungen seiner Zeit – die Nahrungsaufnahme des von Tieren ausgeatmeten Kohlendioxyds durch Pflanzenchlorophyll bei Sonnenlicht. Er beschrieb diesen Teil seiner Arbeiten im ersten Band (1774) seiner *Experiments and Observations* (Experimente und Beobachtungen):

«Ich nahm eine Luftmenge, die durch Mäuse, die darin atmeten und starben, so richtig verdorben war, und teilte sie in zwei Teile; den einen bewahrte ich in einem Glasgefäß, das ich in Wasser stellte, auf; in den anderen, der in einem Glaskolben, der in Wasser stand, enthalten war, steckte ich einen Minzesproß. Es war Anfang August 1771, und nach acht oder neun Tagen sah ich, daß eine Maus in dem Teil Luft, in dem die Minze wuchs, sehr gut leben konnte, aber starb, sobald sie in die andere Hälfte der ursprünglichen Luftmenge gesteckt wurde, die ich genau gleich behandelt hatte, in der aber keine Pflanze wuchs.»

Nach verschiedenen ähnlichen Experimenten kam Priestley zu dem Ergebnis:

«Der Schaden, den die Atmosphäre ständig durch die Atmung so vieler Tiere und die Verfaulung solcher Massen pflanzlicher und tierischer Materie erleidet, wird wenigstens zum Teil durch die Entstehung von Pflanzen ausgeglichen. Und wenn auch täglich eine ungeheure Luftmenge aus den obenerwähnten Gründen verdorben wird, so kann man doch bei der Betrachtung der unendlichen Vielfalt von Pflanzen auf der Erdoberfläche kaum daran zweifeln, daß sie einen genügenden Ausgleich schaffen und daß das Heilmittel dem Übel angemessen ist.»[93]

1764 machte der in London ansässige holländische Biologe Jan Ingenhousz Bekanntschaft mit Priestley. Er war sehr beeindruckt von der Theorie, wonach Pflanzen durch die Aufnahme des von Tieren ausgeatmeten Kohlendioxyds die Luft reinigten und dabei gediehen. Aber Ingenhousz fand heraus, daß Pflanzen diese Aufgabe nicht im Dunkeln erfüllen. In *Experiments on Vegetables* (Versuche mit Grünpflanzen; 1779) bewies er, daß Pflanzen ebenso wie Tiere Kohlendioxyd ausatmen und daß ihre grünen Blätter und Schößlinge dieses nur bei hellem Tageslicht aufnehmen. Deswegen werden nachts die Blumen aus den Zimmern in Krankenhäusern entfernt.

«Das Sonnenlicht und nicht die Wärme ist die hauptsächliche, wenn nicht die einzige Ursache, die die Pflanzen dazu bringt, ihre dephlogistierte Luft [das heißt Sauerstoff] abzugeben ... Eine Pflanze, die nicht auf Nahrungssuche gehen kann, muß innerhalb des Raumes, den sie einnimmt, alles finden, was sie braucht ... Der Baum breitet all diese zahllosen Fächer in der Luft so aus, daß sie sich gegenseitig so wenig wie möglich stören, wenn sie aus der sie umgebenden Luft alles herauspumpen, was sie daraus aufnehmen können, und damit ... diese Substanz den unmittelbaren Strahlen der Sonne ausgesetzt wird, um daraus all den Vorteil zu ziehen, den dieser große Himmelskörper bieten kann.»[94]

Hier handelte es sich natürlich nur um einen Ausschnitt der Ernährung der Pflanzen. Der Genfer Pfarrer Jean Senebier bewies (1800), daß nur die grünen Teile von Pflanzen fähig sind, das Kohlendioxyd der Luft in Kohlenstoff und Sauerstoff zu zerlegen. 1804 studierte Nicolas-Théodore de Saussure, der Sohn des Alpinisten, den Anteil von Boden, Wasser und Salzen bei der Ernährung von Pflanzen. All diese Studien waren lebenswichtig für die gewaltige Entwicklung der Fruchtbarkeit des Bodens und der landwirtschaftlichen Erzeugung im neunzehnten und zwanzigsten Jahrhundert. Die Weitsicht und Geduld der Wissenschafter trug so zu einer reichlicheren Ernährung fast jedes Einzelnen bei.

VIII. DIE ZOOLOGIE

1. Buffon

Der größte Naturforscher des achtzehnten Jahrhunderts wurde als Sohn eines Parlamentsrats von Dijon 1707 in Montbard (Burgund) geboren. Dijon war damals ein unabhängiges Zentrum französischer Kultur. Ein Preisausschreiben der Akademie von Dijon gab Rousseau Gelegenheit, sich gegen die Zivilisation und Voltaire aufzulehnen. Georges-Louis Leclerc de Buffon besuchte ein Jesuitengymnasium in Dijon. Dort befreundete er sich mit einem jungen Engländer, Lord Kingston, mit dem er nach bestandenem Examen Italien und England bereiste. 1732 erbte er ein bedeutendes Vermögen, das ihm ungefähr dreihunderttausend Livres im Jahr einbrachte. Jetzt konnte er das Studium der Rechte, auf dem sein Vater bestanden hatte, fallenlassen und sich seinen wissenschaftlichen Interessen hingeben. Auf einem Hügel am Ende seines Parks in Montbard, weniger als zweihundert Meter von seinem Haus entfernt, baute er sich ein Studierzimmer in einem alten Turm, Tour de Saint-Louis genannt, aus. Dort schloß er sich von sechs Uhr morgens an ein, und dort schrieb er die meisten seiner Bücher. Die Überlieferung, wonach Archimedes eine feindliche Flotte im Hafen von Syrakus mit einer Reihe von Brenngläsern und Spiegeln niedergebrannt hatte, regte ihn zu acht Versuchen mit hundertvierundfünfzig Spiegeln an, womit er Holzbretter auf fünfzig Meter Entfernung in Brand steckte[95]. Eine Zeitlang zögerte er zwischen Naturgeschichte und Astronomie. 1735 übersetzte er Hales *Vegetable Staticks* und versenkte sich in die Botanik. 1740 übersetzte er jedoch Newtons *Fluxions* (Differentialrechnung) und geriet in den Bann der Mathematik; in seinem Pantheon gesellte sich Euklid zu Archimedes.

1739 wurde er zum Intendanten des Jardin du Roi ernannt und zog nach Paris. Erst jetzt widmete er sich ganz der Biologie. Unter seiner Aufsicht wurde der Königliche botanische Garten um Hunderte neuer Pflanzen aus allen Teilen der Erde bereichert. Buffon gewährte jedem ernsthaften Interessenten Zutritt zu dem Garten und machte daraus eine Schule für Botanik. Später ließ er ihn in guten Händen zurück und kehrte nach Montbard und seinem Turm zurück, wo er seine Beobachtungen in dem berühmtesten wissenschaftlichen Werk seiner Zeit niederlegte.

Die ersten drei Bände seiner *Histoire naturelle, générale et particulière* (Naturgeschichte, im allgemeinen und besonderen) wurden 1749 veröffentlicht. Paris war auf Wissenschaft eingestellt, und seit Geologie und Biologie in würdiger, klarer Prosa und mit anziehenden Stichen geschmückt auftraten, waren diese Werke fast so beliebt wie Montesquieus *Geist der Gesetze*, der nur ein Jahr vorher erschienen war. Mit der Unterstützung der Brüder Antoine und Bernard de Jussieu für Botanik und der Zoologen Louis Daubenton, Guéneau de Montbéliard und anderer wuchs das Opus Buffons von Band zu Band; 1767 kamen zwölf neue hinzu; zwischen 1770 und 1783 neun weitere über Vögel; fünf über Minerale 1783–1788; sieben über weitere Gebiete zwischen 1774 und 1789. Nach seinem Tode (1788) wurden seine unveröffentlichten Manuskripte von Etienne de Lacépède bearbeitet und in acht Bänden herausgegeben (1788–1804). Alles in allem umfaßte die *Naturgeschichte* schließlich vierundvierzig Bände, die mehr als ein Leben und ein halbes Jahrhundert für ihre Veröffentlichung beansprucht hatten. Tag für Tag erhob sich Buffon frühmorgens, begab sich in seinen Turm und ging Schritt für Schritt seinem Ziel entgegen. Nach einigen Liebesgeschichten in seiner Jugend scheint er sich mit Frauen überhaupt nicht mehr beschäftigt zu haben, bis er 1752 im Alter von fünfundvierzig Jahren Marie de Saint-Belon heiratete. Wenn er auch auf eheliche Treue keinen Anspruch erhob[96], so lernte er doch, wie manch ein Franzose nach dem Ehebruch, seine Frau lieben, und ihr Tod im Jahre 1769 verdunkelte seine letzten Jahre.

In der *Naturgeschichte* hatte er sich vorgenommen, Himmel, Erde und die ganze bekannte Pflanzen- und Tierwelt, einschließlich des Menschen, zu beschreiben. Buffon suchte Ordnung und Gesetz in diese Wildnis von Tatsachen zu bringen, indem er sich auf die Auffassungen von der universellen Kontinuität und Notwendigkeit stützte. Wir haben bereits seine Theorie der Planeten erwähnt, als Fragmente der Sonne, die beim Zusammenstoß mit einem Kometen abgespalten wurden, und seine *Epochen der Natur*, die Stufen in der Entwicklung der Erdkugel beschrieben. Für die Pflanzenwelt verwarf er Linnés Sexualsystem, das ihm willkürlich, unangemessen und starr erschien. Linnés Nomenklatur übernahm er, wenn auch widerstrebend und unter der Bedingung, daß diese Namen auf der Rückseite der Schildchen, die den Pflanzen im königlichen Garten angehängt wurden, erschienen[97]. Seine eigene Einteilung der Tiere war absurd, aber zugegebenermaßen nicht endgültig. Er ordnete sie nach ihrer Nützlichkeit für den Menschen an und begann daher mit dem Pferd. Unter dem Einfluß von Daubenton ging er später zur Einteilung nach charakteristischen Merkmalen über. Seine Kritiker vom Fach machten sich über seine Einteilungen lustig und stellten seine Verallgemeinerungen in Frage, aber seine Leser genossen die lebendigen Beschreibungen und die Weite seines Blickfeldes.

Er war ein Mitbegründer der Anthropologie, denn er studierte die Verschiedenheit der menschlichen Arten unter dem Einfluß von Klima, Bodenbeschaffenheit, Einrichtungen und Religion. Diese Kräfte hatten seiner Ansicht nach Farbe und Züge der Rassen verändert und eine Vielfalt von Gewohnheiten, Geschmacksrichtungen und Ideen hervorgebracht. In einer seiner kühnsten Hypothesen behauptete er, daß es keine unveränderliche Art in der Natur gebe, daß eine Art mit der nächsten verschmelze und daß eine genügend entwickelte Wissenschaft Stufe um Stufe den Weg vom angeblich leblosen Mineral bis zum Menschen hinauf werde verfolgen können. Er sah nur einen Gradunterschied zwischen anorganischem und organischem Leben.

Die Entstehung neuer Tierarten stellte er durch künstliche Auswahl fest und schloß daraus, daß ähnliche Ergebnisse in der Natur durch geographische Wanderungen und Abgeschlossenheit erzielt werden konnten. Längst vor Malthus beobachtete er, daß die unbegrenzte Fruchtbarkeit von Pflanzen- und Tierarten der Fruchtbarkeit des Bodens eine unerträglich schwere Bürde auferlegt, die zur Ausscheidung vieler Einzelwesen und Arten beim Kampf ums Dasein führt.

«Weniger vollkommene, anfälligere, gewichtigere, schwerfälligere und weniger gut gewappnete Arten sind bereits verschwunden oder werden verschwinden[98] ... Viele Arten wurden vervollkommnet oder geschwächt – bei großen Umwälzungen zu Land oder zu See, durch Gunst oder Ungunst der Natur, durch die Nahrung, durch langanhaltende klimatische Einflüsse, günstige oder ungünstige – ... [und] sind nicht mehr, was sie früher waren.»[99]

Wenn er dem Menschen auch eine Seele zugestand, erkannte er doch im menschlichen Körper die gleichen Sinnesorgane, Nerven, Muskeln und Knochen wieder wie bei höheren Tieren. Infolgedessen führte er die «romantische Liebe» auf die gleiche physiologische Grundlage zurück wie die geschlechtliche Anziehung bei Tieren. Und seine poetischsten Beschreibungen behielt er denn auch dem Liebes- und Familienleben der Vögel vor. «Warum», so fragte er sich, «macht Liebe alle anderen Wesen glücklich und nur den Menschen unglücklich? Weil nur der physische Teil dieser Leidenschaft gut ist; die moralischen Elemente darin sind nichts wert.»[100] (Frau von Pompadour beanstandete, wenn auch liebenswürdig, diese Stelle[101].) «In jeder *materiellen* Hinsicht ist der Mensch ein Tier», schloß Buffon[102]. Und:

«Wenn wir einmal zugeben, daß es Pflanzen- und Tierfamilien gibt, so daß der Esel von der gleichen Familie wie das Pferd sein dürfte und sie sich voneinander nur durch die Entartung von einem gemeinsamen Stammvater unterscheiden ..., so könnte man auf den Gedanken kommen, daß der Affe von der Familie des Menschen ist, daß er nur ein entarteter Mensch ist und daß er und der Mensch einen gemeinsamen Stammvater haben ... Wenn man sicher wäre, daß es unter den Tieren und Pflanzen ... eine einzige Art gegeben hat, die durch direkte Abstammung aus einer anderen Art entstanden ist ..., dann gäbe es keine andere Einschränkung für die Macht der Natur, und wir würden uns nicht täuschen bei der Annahme, daß sie in einer ausreichenden Zeitspanne alle anderen organischen Formen von einem Urtyp aus erzeugen könnte.»

Aber bei dem Gedanken an die Schöpfungsgeschichte und die Sorbonne fügte Buffon plötzlich hinzu: «Aber nein! Nach göttlicher Offenbarung ist es sicher, daß alle Tiere gleicherweise die Gnade des unmittelbaren Schöpfungsakts erfuhren und daß das erste Paar aller Arten völlig geformt aus der Hand des Schöpfers kam.»[103]

Trotzdem teilte die Theologische Fakultät der Sorbonne, der Pariser Universität, Buffon (am 15. Juni 1751) mit, daß einige Teile seiner *Naturgeschichte* den Lehren der Religion widersprächen und zurückgezogen werden müßten – insbesondere seine Ideen über das hohe Alter der Erde, die Abstammung der Planeten von der Sonne und die Behauptung, daß die Wahrheit nur von der Wissenschaft hergeleitet werden könne. Lächelnd tat der Verfasser Abbitte:

«Ich erkläre, daß ich nicht die Absicht hatte, dem Text der Bibel zu widersprechen; daß ich fest an alles glaube, was darin über die Schöpfung erzählt wird, sowohl bezüglich der Zeitenfolge als der tatsächlichen Umstände; und daß ich von allem Abstand nehme, was in meinem Buch die Entstehung der Erde angeht und überhaupt von allem, was im Gegensatz zur Erzählung Mosis steht.»[104]

Wahrscheinlich hatte Buffon, der Aristokrat, das Gefühl, daß es ungehörig wäre, sich öffentlich mit dem Glauben des Volkes zu streiten, und daß eine unversöhnliche Sorbonne seinen großen Plan stören könnte. Auf jeden Fall würde sein einmal vollendetes Werk seine Abbitte ins rechte Licht setzen. Die gebildeten Schichten sahen das Lächeln, mit dem er Abbitte tat, und konnten feststellen, daß die späteren Bände ebenso ketzerisch waren. Hingegen schloß sich Buffon nicht Voltaire und Diderot bei ihrem Angriff auf das Christentum an. Er verwarf die Behauptung La Mettries und anderer Materialisten, Leben und Denken seien nur Materie in mechanischer Bewegung. «Organisation, Leben und Seele sind unsere wirkliche und uns eigene Existenz; Materie ist nur eine äußere Hülle, deren Verbindung mit der Seele unbekannt und deren Vorhandensein ein Hindernis ist.»[105]

Die *philosophes* begrüßten ihn jedenfalls als einen mächtigen Verbündeten. Für sie war all seine Begeisterung, all sein Gespräch an eine unpersönliche, schöpferische und fruchtbare Natur und nicht an eine persönliche Gottheit gerichtet. Wie bei Voltaire säte Gott bei Buffon den Samen des Lebens und ließ dann natürliche Ursachen den Rest tun. Buffon sah keinen Plan in der Natur und neigte zu einem Pantheismus nach der Art Spinozas. Wie Turgenjew sah er die Wirklichkeit als ein weitläufiges kosmisches Laboratorium an, in dem die Natur über Äonen hinweg Versuche mit einer Form, einem Organ, einer Art nach der anderen anstellte. Bei dieser Auffassung kam er zu einem Ergebnis, das seiner Kritik an Linné offensichtlich widersprach: Jetzt war es das Individuum, das unwirklich schien, und die Art wurde zur verhältnismäßig beständigen Realität. Aber der Widerspruch konnte gelöst werden. Art, Genus, Familie und Klasse sind weiter nichts als Ideen, vom Geiste geschaffen, um in unsere Erfahrung mit der verwirrenden Fülle von Organismen wenigstens einige Ordnung zu bringen; Individuen bleiben die einzige lebendige Wirklichkeit; jedoch ist ihr Dasein so kurz, daß sie dem Philosophen nur als flüchtige Eindrücke einer größeren und beständigeren Form erscheinen. In diesem Sinne hatte Platon recht: *Der Mensch* ist wirklich, *die Menschen* sind flüchtige Augenblicke in der Phantasmagorie des Lebens.

Buffons Leser genossen diese schwindelerregenden Ausblicke, während seine Kritiker beklagten, daß er sich zu sehr in Verallgemeinerungen, manchmal auf Kosten der Einzelheiten, verlor. Voltaire spottete über seine Annahme einer spontanen Zeugung; Linné verachtete seine Arbeit über die Pflanzen; Réaumur fand seine Arbeit über die Bienen unzulänglich, und die Zoologen waren über seine Einteilung der Tiere nach ihrer Nützlichkeit für den Menschen höchst belustigt. Aber alle bewunderten seinen Stil.

Denn Buffon gehört ebenso zur Literatur wie zur Wissenschaft, und nur eine umfassende Geschichtsbetrachtung kann ihm Gerechtigkeit widerfahren lassen. Selten hatte sich ein Wissenschaftler mit soviel beredsamer Schönheit ausgedrückt. Rousseau – selbst ein Meister des Stils – sagte von Buffon: «Als Schriftsteller kenne ich niemanden, der ihm ebenbürtig ist. Er führt die beste Feder der Zeit.»[106] Hier mußte ihm sogar der bedächtige Grimm, ein Feind Rousseaus, recht geben: «Man ist mit Recht erstaunt, wenn man Abhandlungen von hundert Seiten liest, die von der ersten bis zur letzten Zeile stets mit demselben Adel des Stils, demselben Feuer und einer ebenso glänzenden wie natürlichen Farbe geschrieben sind.»[107] Buffon schrieb wie ein Mann, der keine Sorgen und viel Zeit hat. Nichts in seinem Werk war übereilt, wie es bei Voltaire so oft der Fall ist. Er verwandte ebensoviel Sorgfalt auf seine Worte wie auf seine Versuche. Er sah nicht nur eine Art Leibnizsches Gesetz der Kontinuität in den Dingen, er begründete auch seinen Stil darauf, rundete die Übergänge ab und ordnete alle Ideen in einer Folge, die seine Sprache in einem breiten, tiefen Strom dahinfließen ließen. Während das Geheimnis von Voltaires Stil im raschen, klaren Ausdruck eines durchdringenden Gedankens lag, bestand Buffons Methode in der gemächlichen Anordnung großartiger Ideen, die von Gefühlen belebt waren. Er spürte die Majestät der Natur und machte seine Wissenschaft zu einem Lobgesang.

Er war sich seines literarischen Talents sehr bewußt. Er las Besuchern mit Vorliebe wohlklingende Stellen aus seinen Büchern vor; und als er in die Französische Akademie gewählt wurde, sprach er am Tag seiner Aufnahme (25. August 1753) nicht über ein wissenschaftliches Wunder, sondern stellte eine Stilanalyse an. Diese berühmte Rede, sagte Cuvier, «war Lehre und Beispiel zugleich»[108], denn sie war ein sprachliches Juwel. Aller Welt, außer den Franzosen, geht diese Schönheit unter dem Berg seiner Arbeiten verloren, und kaum etwas anderes als sein berühmter, knapper und geheimnisvoller Ausspruch ist auf uns gekommen: «Der Stil ist der Mensch.» Darum wollen wir diese Rede hier wenigstens auszugsweise wiedergeben und mit Muße betrachten, wenn auch ihr Glanz in der Übersetzung verlorengeht. Nach einigen einführenden Komplimenten an die Zuhörerschaft, die manch einen Meister des Stils umfaßte, fuhr Buffon fort:

«Nur in aufgeklärten Zeiten hat man gut geschrieben und gut gesprochen. Die wahre Beredsamkeit ... ist sehr verschieden von jener natürlichen Sprachgewandtheit, die nur eine Gabe ist, eine Eigenschaft, die allen eigen ist, die leidenschaftlich empfinden und über Beweglichkeit und

Vorstellungskraft verfügen. Aber für die kleine Anzahl derer, die einen kühlen Kopf bewahren und über einen erlesenen Geschmack und verfeinerte Empfindung verfügen, bedeutet, wie für Sie, meine Herren, der Ton, die Geste, der hohle Klang der Worte nur wenig, es werden Stoff, Gedanken, Gründe verlangt; man muß sie darstellen, abstufen, einordnen können: es genügt nicht, dem Ohr zu schmeicheln und den Blick einzufangen; man muß auf die Seele einwirken und ans Herz rühren, wenn man zum Geiste spricht ... Je mehr Substanz und Kraft wir unseren Gedanken durch ihre Vertiefung verleihen, um so leichter werden wir ihnen später Ausdruck verleihen können.

Dies ist noch nicht der Stil selbst, aber immerhin seine Grundlage. Er wird dadurch gefestigt, geleitet, einer geregelten Bewegung und Gesetzen unterworfen. Ohne sie verirrt sich der beste Schriftsteller, führerlos gleitet seine Feder dahin und wirft uns zufällige Züge und unzusammenhängende Figuren aufs Papier. Wie glänzend auch die Farben sind, die er verwendet, wie viel Schönheit er auch auf die Einzelheiten verschwendet, wenn das Ganze nicht überzeugt oder nicht deutlich spürbar wird, so mangelt es dem Werk an Aufbau ... Wenn man daher schreibt, wie man spricht, auch wenn man sehr gut spricht, schreibt man schlecht; und wenn man sich vom Feuer seiner Einbildungskraft mitreißen läßt, so nimmt man einen Ton an, den man auf die Dauer nicht aufrechterhalten kann ...

Warum sind die Werke der Natur so vollkommen? Weil jedes Werk ein Ganzes ist und sie nach einem ewigen Plan arbeitet, von dem sie nie abweicht. In der Stille bereitet sie die Keime ihres Schaffens vor. In einem einzigen Akt entwirft sie die ursprüngliche Form jedes Lebewesens; in ununterbrochener Bewegung und in der vorgeschriebenen Zeit entwickelt sie sie, vervollkommnet sie sie ... Der menschliche Geist kann nicht erschaffen, er kann erst erzeugen, nachdem er von der Erfahrung und der Meditation befruchtet worden ist; die Keime seiner Erzeugung sind seine Erkenntnisse. Aber wenn er die Natur in ihrer Fortbewegung und ihrer Arbeit nachahmt, wenn er sich von der Betrachtung zu den höchsten Wahrheiten erhebt, wenn er sie vereint, verkettet und daraus durch die Überlegung ein Ganzes, ein System formt, dann baut er seine unsterblichen Werke auf unerschütterlichen Grundlagen auf.

Ein mangelnder Plan, die ungenügende Vertiefung in seinen Gegenstand bringen den Menschen von Geist in Verlegenheit, so daß er nicht weiß, womit er seine Schrift beginnen soll: er steht gleichzeitig einer großen Anzahl von Ideen gegenüber, und da er sie weder verglichen noch untergeordnet hat, sieht er keine Veranlassung, die einen den anderen vorzuziehen, und bleibt seiner Verblüffung überlassen; wenn er aber einen Plan ausgearbeitet hat und erst einmal sämtliche für sein Thema wesentlichen Gedanken gesammelt und geordnet hat, wird er ohne weiteres merken, wann der Augenblick gekommen ist, zur Feder zu greifen, und spüren, wann das Erzeugnis seines Geistes so weit ausgereift ist, daß er es nicht mehr erwarten kann, es in voller Blüte zu sehen, und das Schreiben für ihn zum reinen Genuß wird. Die Ideen lösen einander wie von selbst ab, und der Stil wird natürlich und einfach. Von diesem Genuß geht eine Wärme aus, die alles durchdringt und jedem Ausdruck Leben verleiht. Alles wird beseelt, der Ton erhebt sich, die Dinge nehmen Farbe an, und das Gefühl, das sich der Farbe zugesellt, vertieft sie noch, trägt sie weiter, bereitet den Übergang vom Gesagten zu dem, was noch zu sagen bleibt, vor, und der Stil wird interessant und leuchtend klar ...

Die gut geschriebenen Werke sind die einzigen, die auf die Nachwelt kommen. Die Fülle der Kenntnisse, die Besonderheit der Tatsachen, sogar die Neuigkeit von Entdeckungen können die Unsterblichkeit nicht verbürgen. Wenn all dies in Werken enthalten ist, die kleinlich, ohne Geschmack, ohne Adel und ohne Genie geschrieben wurden, dann werden diese Werke vergehen; denn Kenntnisse, Tatsachen und Entdeckungen lassen sich leicht herausschälen und übertragen und können nur gewinnen, wenn sie von geschickteren Händen gestaltet werden. All diese Dinge stehen außerhalb des Menschen: der Stil ist der Mensch selbst: Den Stil kann man nicht wegnehmen, nicht übertragen, er erhält sich unverändert: ist er gehoben, edel, erhaben, wird sein Verfasser zu allen Zeiten bewundert werden. Denn nur die Wahrheit ist von Dauer und ewig.»[109]

Ausschnitt aus dem Ölgemälde von Nicolas Lancret (1690–1745) «Die Quadrille vor dem Buchenhain» (Verwaltung der ehem. Staatl. Schlösser und Gärten, Berlin).

Dieses «Zusammentreffen im Bois de Boulogne» ist ein Kupferstich des französischen Radierers und Illustrators Jean-Michel Moreau, genannt Moreau le Jeune (1741–1814).

Das Treppenhaus im Hotel de Biron in Paris, um 1730 von Jacques-Ange Gabriel (1698–1782) erbaut; heute beherbergt das Gebäude das Musée Rodin. Gabriel wird die Vereinfachung des französischen Rokokos zu einem gemäßigten Klassizismus zugeschrieben.

Diesen «Narziß» malte François Lemoyne (1688–1737) im Jahre 1728 (Kunsthalle Hamburg); acht Jahre später wurde er für ein Jahr erster Hofmaler Ludwigs XV. Zu seinen berühmten Schülern zählten Netoire, Nonotte und auch Boucher.

Toison des Ordens vom Goldenen Vlies (Brillanten, Gold, vergoldete Silberfassung), um 1750 von Johann Staff für den bayerischen Kurfürsten Max III. Joseph gearbeitet (Schatzkammer der Residenz, München).

Die erste Begegnung zwischen Friedrich dem Großen und Voltaire fand vom 11. bis 14. September 1740 im Schloß Moyland bei Kleve statt; in Berlin weilte Voltaire dann im gleichen Jahr vom 20. November bis 2. Dezember und schließlich in den Jahren von 1750 bis 1754 (Kupferstich von Pierre Charles Baquoy).

Franz Anton Bustelle (1723–1763) schuf um 1760 diesen «Scaramouche» für die Manufaktur Nymphenburg, deren Modellmeister er seit 1754 war. Figuren aus der Commedia dell'arte sind zentrales Thema der zahlreichen Rokokofiguren und -gruppen dieses Porzellanmodelleurs.

Diese Harlekingruppe aus Porzellan wurde um 1740 vom Modellmeister der Meißner Manufaktur Johann Joachim Kändler (1706–1775) geschaffen. Seine ausdrucksstark modellierten Gruppen machten den sächsischen Hofbildhauer (seit 1730) zum Begründer der Porzellanplastik des 18. Jahrhunderts.

Antoine Pesne (1683–1757) war ab 1711 als erster Hofmaler unter drei preußischen Königen in Berlin und malte neben Porträts vieler Hofmitglieder auch Genrebilder in der Art der Tanz- und Theaterbilder Lancrets, wie hier das Bild der italienischen Tänzerin Barberina Campanini (1721–1799), die von 1744–48 an der Berliner Oper war.

THERMOMETRE
SELON REAUMUR
GLACE PILEE
DEGRES DE FROID
DEGRES DE CHALEURS
inventé et
fait par de Bianchi
Vienne
17 68
2092

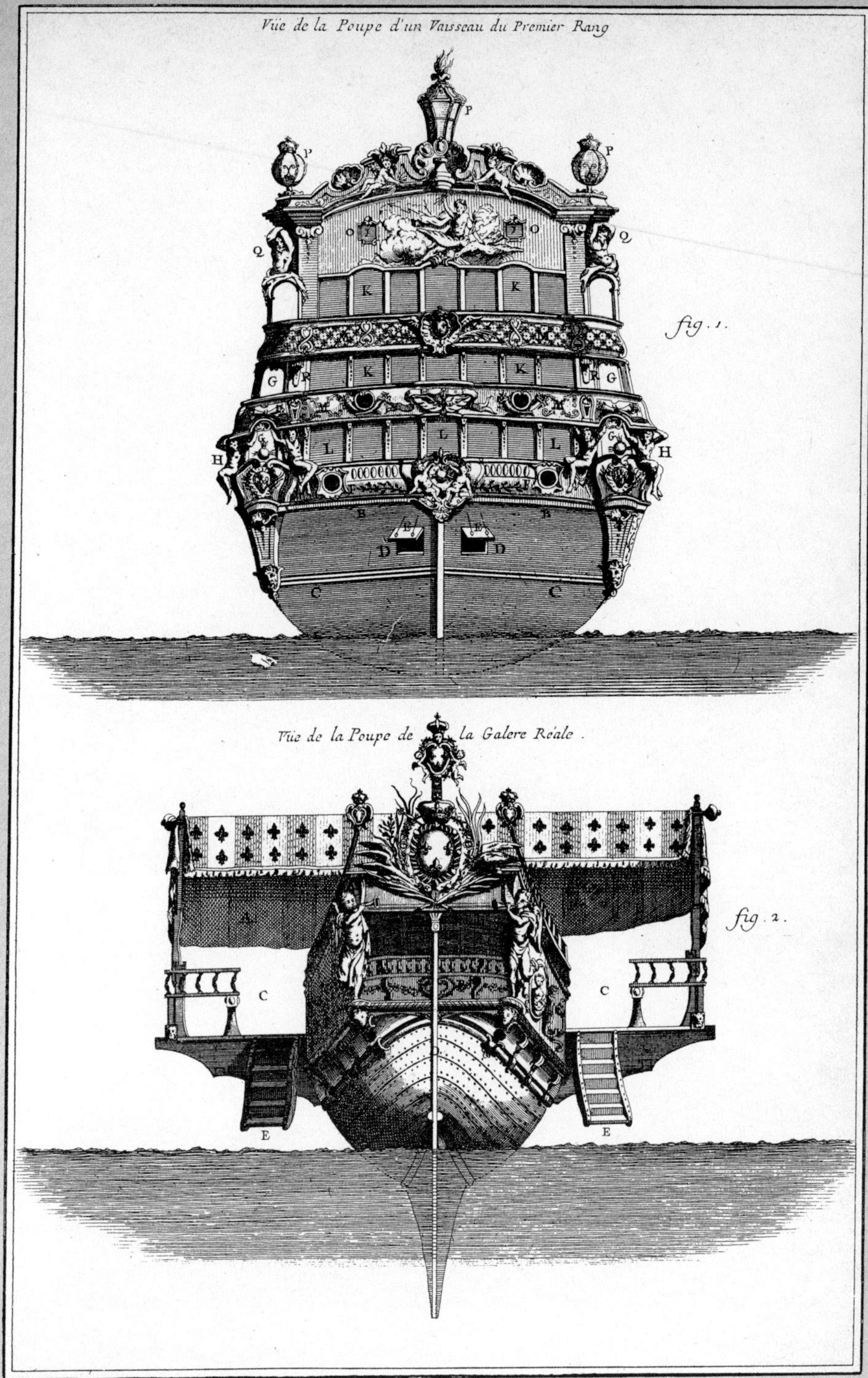

Zwei Ansichten aus Diderots «Enzyklopädie» (1762–1777); das Achterdeck eines Schiffes erster Klasse (oben) und das Achterdeck einer königlichen Galeere (unten).

Vorige Seite: Quecksilberthermometer nach Réaumur in einem Rokoko-Gehäuse, entworfen und ausgeführt von Bianchy (Wien, 1768).

Im Jahre 1850 malte Adolf von Menzel (1815–1905) eines seiner berühmtesten Werke, das in der Charakterisierung der Dargestellten von Witz und Esprit sprühende Gemälde «Tafelrunde Friedrichs des Großen in Sanssouci» (1945 im Flakturm Friedrichshain in Berlin verbrannt).

Blick in das Konzertzimmer Friedrichs des Großen in Schloß Sanssouci, das nach einer eigenen Skizze des Preußenkönigs der Baumeister von Knobelsdorff (1699–1753) zwischen 1745 und 1747 errichtete.

Nächste Seite: Carl von Linné (1707–1778), der berühmte schwedische Naturforscher, hat die noch gültigen Grundlagen der botanischen Fachsprache geschaffen (Porträt nach einem zeitgen. Kupferstich).

Critica Botanica
Flora Lapponica

Hinrichtung mit der Guillotine: Die nachweislich bereits im Italien des Mittelalters angewandte Methode des Tötens mittels Fallbeil erhielt ihren Namen nach dem französischen Arzt Guillotin (1738–1814), der aus «Humanitätsgründen» ihre allgemeine Einführung propagierte (englischer Stich nach Evans, um 1795).

Blick zum Hochaltar der «Wies», dem zwischen 1745 und 1754 von Dominikus Zimmermann (1685–1766) geschaffenen Juwel des süddeutschen Rokoko; besonders bedeutsam ist das Perspektivspiel aus Emporen, mehrschichtigen Wandabschüssen und durchbrochenen Gewölbeansätzen seiner Architektur im Einklang mit dem Stück und der Malerei seines Bruders Johann Baptist (1680–1758).

«Diese Rede», sagte Villemain, «die damals so bewundert wurde, scheint alle Gedanken zu übertreffen, die je über dieses Thema geäußert wurden; und sie wird noch heute als allgemeingültige Regel zitiert.»[110] Vielleicht wären einige Einschränkungen zu machen. Buffons Beschreibung paßt besser auf Prosa als auf Poesie. Er läßt dem «klassischen» Stil mehr Gerechtigkeit widerfahren als dem «romantischen», bleibt ganz in der Tradition Boileaus und rückt mit Recht den Verstand in den Vordergrund. Aber hier bleibt zu wenig Raum für die Rousseaus, die Chateaubriands und die Hugos in der französischen Prosa, für das verführerische Durcheinander eines Rabelais oder Montaigne oder für die rührend kunstlose Einfachheit des Neuen Testaments. Man könnte damit kaum erklären, warum Rousseaus *Confessions* (Bekenntnisse), so arm an Geist, so reich an Gefühl, eines der größten Bücher des achtzehnten Jahrhunderts bleiben. Die Wahrheit kann sich ebensowohl aus dem Gefühl wie aus einem Gebäude der Vernunft oder aus einer vollkommenen Form ergeben.

Buffons Stil war der Mensch, ein würdevolles Gewand für eine aristokratische Seele. Nur bei der völligen Hingabe an seine Studien vergaß Buffon, daß er auch ein großer Herr war, nicht nur Wissenschaftler und Schriftsteller. Die zahlreichen Ehrenbezeugungen, die ihm im Alter erwiesen wurden, nahm er mit Selbstverständlichkeit hin. Ludwig XV. machte ihn 1771 zum Grafen von Buffon und lud ihn nach Fontainebleau ein. Die gelehrten Akademien von Europa und Amerika wählten ihn zum Ehrenmitglied. Gleichmütig betrachtete er das Standbild, das sein Sohn ihm im Jardin du Roi errichtete. Sein Turm in Montbard wurde noch zu seinen Lebzeiten das Ziel von Pilgerfahrten, ganz wie Voltaires Ferney. Rousseau kam dorthin, kniete auf der Schwelle nieder und küßte den Boden[111]. Prinz Heinrich von Preußen kam zu Besuch; und wenn Katharina die Große die Reise auch nicht unternehmen konnte, so ließ sie ihn doch wissen, daß er für sie gleich nach Newton kam.

Sogar im hohen Alter war er stattlich und schön. «Der Körper eines Athleten», sagte Voltaire, «und die Seele eines Weisen.»[112] Er sah nicht aus wie ein Gelehrter, sagte Hume, sondern wie ein Marschall von Frankreich[113]. Die Einwohner von Montbard vergötterten ihn. Buffon war sich all dessen völlig bewußt, war stolz auf seine Frische und gute Erscheinung und ließ sich zweimal im Tag frisieren und pudern[114]. Bis zu seinem zweiundsiebzigsten Lebensjahr erfreute er sich guter Gesundheit. Dann begann er an Steinen zu leiden, fuhr aber mit seinen Arbeiten fort und wollte von einer Operation nichts hören. Er erhielt sich noch neun Jahre am Leben und starb im Jahre 1788. An seiner Beerdigung nahmen zwanzigtausend Menschen teil. Kaum ein Jahr später wurden seine Überreste ausgegraben und in alle Winde verstreut. Seine Statue wurde von Revolutionären, die nicht vergessen konnten, daß er ein Adliger war, niedergerissen, und sein Sohn starb auf der Guillotine[115].

2. *Der Evolution entgegen*

Unter Führung eines Meisters, der über solchen Weitblick, solch eine Geduld und solch eine Prosa verfügte, begann die Biologie mehr und mehr Gelehrte von Mathematik und Physik wegzulocken, die im siebzehnten Jahrhundert die meisten Wissenschafter im Bann gehalten hatte. Diderot, der alle Strömungen seiner Zeit mitmachte, spürte etwas von diesem Wandel. «Augenblicklich», schrieb er 1754, «machen wir eine große Umwälzung in der Wissenschaft durch. Bei der Neigung, die die besten Köpfe jetzt offensichtlich für Moralphilosophie, Literatur, Naturgeschichte und experimentale Physik bezeugen, kann ich voraussagen, daß in hundert Jahren kaum noch drei große Mathematiker in Europa zu finden sein werden.»[116] (Das Jahr 1859 bedeutete einen Höhepunkt für die moderne Biologie.)

Die neue Wissenschaft wurde gleich zu Anfang durch ein Problem gehemmt – den Ursprung des Lebens. Viele Versuche wurden gemacht, um zu beweisen, daß Leben spontan aus unbelebter Materie erzeugt werden könne. Die Fülle von Mikroorganismen, die unter dem Mikroskop in einem Wassertropfen sichtbar wurden, gaben der alten Theorie von der Urzeugung neuen Auftrieb, trotz ihrer Entkräftung durch Redi (1668). John Needham, ein katholischer Priester aus England, der auf dem Kontinent lebte, machte 1748 die gleichen Experimente wie Redi, aber mit anderen Ergebnissen. Er kochte Hammelbrühe in einer Flasche, die er sofort versiegelte. Als er die Flasche einige Tage später öffnete, wimmelte es darin von Organismen. Da seiner Ansicht nach alle lebenden Organismen durch Kochen der Brühe getötet worden waren und die Flasche fest versiegelt geblieben war, schloß Needham, daß neue Organismen in der Flasche spontan erzeugt worden waren. Buffon war beeindruckt, aber Spallanzani, damals Professor in Modena, wiederholte Needhams Versuche mit entgegengesetzten Resultaten. Er beobachtete, daß das Sieden einer Brühe während zweier Minuten nicht alle Keime zerstörte, daß aber fünfundvierzig Minuten genügten, um alle zu töten, und daß in diesem Falle keine Organismen auftauchten. Der Streit wurde fortgesetzt, bis Schwann und Pasteur ihm im neunzehnten Jahrhundert ein Ende machten.

Fast ebenso verwirrende Geheimnisse umgaben den Fortpflanzungsprozeß. James Logan, Charles Bonnet und Caspar Wolff versuchten, die Rolle der männlichen und weiblichen Elemente bei der Fortpflanzung zu bestimmen und herauszufinden, wie die vereinten Elemente in sich die Vorherbestimmung aller Teile und Strukturen der reifen Form enthalten. Bonnet kam zu einer phantastischen Theorie von *emboîtement* (Verkapselung): Das weibliche Element (Ei) enthält die Keime aller seiner Kinder, diese Keime enthalten die Keime der Enkel und so weiter und so fort. C. F. Wolff, dessen Namen den Wolffschen *ductus* ziert, verteidigte Harveys Theorie von der Epigenese, wonach jeder Embryo neu aus den elterlichen Elementen erzeugt wird. Wolff antizipierte von Baers Keimschichtentheorie der Organbildung in *De formatione intestinorum* (1768), einer Arbeit, die von Baer «das größte Meisterwerk wissenschaftlicher Beobachtung, das wir besitzen», nannte[117].

Ist die Regeneration von Geweben eine Art Vervielfältigung? Abraham Trembley aus Genf erstaunte die Gelehrtenwelt 1744 mit Experimenten, die die Regenerationsfähigkeit des Süßwasserpolypen aufdeckten. Wenn er einen dieser Polypen in vier längliche Streifen zerschnitt, wuchs jeder einzelne zu einem vollkommenen und normalen Organismus heran. Er wußte nicht, ob er den Polypen als Pflanze oder als Tier bezeichnen sollte: er schien verwurzelt wie eine Pflanze, packte aber und verdaute Beute wie ein Tier. Mancher wollte hier schon das verbindende Glied zwischen Pflanzen- und Tierwelt in der «großen Kette des Daseins» erkennen[118]. Trembley kam – wie die heutige Biologie – zu dem Ergebnis, daß es sich um ein Tier handelt. Wegen seiner sich windenden, tastenden Fangarme hatte es Réaumur Polyp oder «Vielfuß» genannt. Es ist auch als Hydra bekannt, nach dem neunköpfigen Ungeheuer der Sage; sobald Herakles einen Kopf abschlug, wuchsen zwei neue an seiner Stelle nach. In der Literatur gab die Hydra das Bild für hunderttausend Leben ab.

René-Antoine de Réaumur war nach Buffon der zweitgrößte Biologe seiner Zeit und übertraf diesen bei weitem durch die Genauigkeit seiner Beobachtungen. Er war als Arzt ausgebildet, ließ aber seine Praxis im Stich, sobald er finanziell unabhängig war, und widmete sich der Forschung. Er war mit den verschiedensten Gebieten vertraut. 1710 wurde er mit der Erstellung einer Übersicht über Industrie und Handwerk in Frankreich beauftragt; er führte das mit der ihm eigenen Gründlichkeit aus und machte Empfehlungen, die die Einführung neuer und die Wiederbelebung stockender Industrien zur Folge hatten. Er erfand eine Methode zur Verzinnung von Eisen, die heute noch angewendet wird, und untersuchte den chemischen Unterschied zwischen Eisen und Stahl. Für diese und andere Arbeiten über Metallurgie erhielt er von der Regierung eine Pension von zwölftausend Livres; dieses Geld schenkte er der Académie des Sciences. Sein Thermometer wurde bereits besprochen.

Gleichzeitig bereicherte er auch die Biologie. 1712 bewies er, daß ein amputiertes Glied beim Hummer nachwachsen kann. 1715 beschrieb er mit Genauigkeit den elektrischen Schlag, den der Zitterrochen austeilt. Zwischen 1734 und 1742 veröffentlichte er sein größtes Werk *Mémoire pour servir à l'histoire des insectes* (Denkschrift zur Geschichte der Insekten), sechs Bände mit haargenauen Abbildungen, in einem so bezaubernden und lebendigen Stil verfaßt, daß die Insekten beinahe so fesselnd waren wie die Liebhaber in den Romanen von Crébillon fils. Wie Fabre in neuerer Zeit wurde er von allem in Bann gezogen,

«was mit den Eigenschaften, dem Verhalten und der Lebensweise so vieler kleiner Tierchen zu tun hat. Ich habe ihre verschiedene Lebensart beobachtet, wie sie ihre Nahrung bekommen, welche Listen sie anwenden, um ihre Beute zu erhaschen, die Vorsichtsmaßnahmen, die sie gegen ihre Feinde treffen ..., und die Wahl des Ortes, wo sie ihre Eier legen, damit die Jungen beim Auskriechen vom Augenblick ihrer Geburt an angemessene Nahrung finden.»[119]

Réaumur stimmte Voltaire zu, wonach das Verhalten und der Aufbau von Organismen nicht ohne die Annahme einer Macht, die die Natur geplant hatte, erklärt werden kann; sein Werk diente denn auch zur Bekämpfung der atheistischen Strömung, die sich bald darauf in Frankreich breitmachte. Diderot machte sich lustig über ihn, weil er so viel Zeit auf Käfer verwendete[120], doch bildeten gerade diese sorgfältigen Arbeiten die Voraussetzung für die moderne Biologie.

Was mag Diderot gesagt haben, als er hörte, daß Réaumurs Freund, Charles Bonnet, die Jungfernzeugung oder Parthenogenese bei Tieren bewiesen hatte? Er isolierte neugeborene Aphiden (Blattläuse) und beobachtete, daß das Weibchen der Art fruchtbare Nachkommenschaft ohne Befruchtung durch das Männchen hervorbringen kann. Offensichtlich war die Befruchtung nicht nur zur Fortpflanzung bestimmt, sondern auch zur Bereicherung der Nachkommenschaft durch den Beitrag verschiedener Eigenschaften von zwei verschieden ausgerüsteten Eltern. Diese Experimente, die der Académie des Sciences 1740 mitgeteilt wurden, waren in Bonnets *Traité d'insectologie* (Abhandlung über die Insektenkunde; 1745) beschrieben. In seinen *Forschungsarbeiten mit Pflanzen* (1754) sprach Bonnet die Vermutung aus, daß manche Pflanzen einen Tastsinn und sogar die Fähigkeit besitzen, zu unterscheiden und zu wählen, also eine Urteilsfähigkeit – das Wesen der Intelligenz.

Es scheint, daß der in Genf geborene Bonnet zum erstenmal den Ausdruck *évolution* (Entwicklung) auf die Biologie anwendete[121]. Er meinte damit jedoch die Daseinskette vom Atom zum Menschen. Die Idee einer Evolution, als der natürlichen Entwicklung neuer Arten aus alten, tauchte verschiedentlich in der Wissenschaft und Philosophie des achtzehnten Jahrhunderts auf. So stellte Benoît de Maillet in seinem postumen *Telliamed* (1748) eine Hypothese auf, wonach alle Landtiere sich aus verwandten Wasserbewohnern entwickelt hatten, die auf Grund der veränderten Umgebung eine Verwandlung durchmachten. Danach hatten sich die Vögel aus dem fliegenden Fisch entwickelt, Löwen aus den Seelöwen, Menschen aus Nixen und Meerjungfern. Drei Jahre später ordnete Maupertuis in seinem *Système de la nature* nicht nur Affen und Menschen als verwandte Arten ein[122], sondern skizzierte schon vor Darwin die Theorie von der Evolution neuer Arten dank einer Selektion, die durch eine für die Erhaltung zufällig günstige Umgebung bedingt war. Der bemitleidenswerte Gelehrte, der bald darauf von Voltaires Feder durchbohrt wurde, drückte sich folgendermaßen aus:

> «Die Elementarteilchen, die den Embryo bilden, stammen von der entsprechenden Struktur des Elternteils und bewahren gewissermaßen die Erinnerung an ihre vorherige Form ... Wir können leicht erklären, wie neue Arten auftauchen ..., indem wir annehmen, daß sich die Elementarteilchen nicht immer in der Ordnung darstellen, die sie bei ihren Eltern hatten, sondern daß viele von ihnen zufällige Verschiedenheiten erzeugen, die, wenn sie sich vervielfältigen und anhäufen, schließlich die unendliche Vielfalt von Arten ergeben, wie wir sie heute vor uns sehen.»[123]

Maupertuis meinte also, daß ein einziger Urtyp der Ursprung aller lebenden Formen sein könnte – eine Hypothese, die auch Buffon erwog und die den lebhaften Beifall Diderots fand.

Jean-Baptiste Robinet griff in seinem Buch *De la nature* (Über die Natur; 1761) auf die ältere Idee der Evolution als einer «Leiter der Lebewesen» (*échelle des êtres*) zurück. Alles in der Natur stellt eine Reihe von Bemühungen dar, die darauf abzielen, immer vollkommenere Wesen hervorzubringen. Im Einklang mit dem Leibnizschen Gesetz der Kontinuität (das keine Unterbrechung zwischen den niedrigsten und den höchsten Wesen zuläßt) sind alle Formen, sogar die Steine, Experimente, womit sich die Natur über Minerale, Pflanzen und Tiere ihren Weg bis zum Menschen hinauf bahnt. Der Mensch ist auch nur ein Stadium in dem großen Unternehmen: Eines Tages werden ihn vollkommenere Wesen ersetzen[124].

James Burnett, Lord Monboddo, ein schottischer Richter, war schon fast ein Jahrhundert vor Darwin Darwinist. In seinem Werk *The Origin and Progress of Language* (Ursprung und Fortschritt der Sprache; 1773–1792) beschrieb er den vorgeschichtlichen Menschen als ein Wesen, das keine Sprache und keine Gesellschaftsordnung besaß und sich an geistigen Errungenschaften oder in der Lebensweise keineswegs vom Affen unterschied. Der Mensch und der Orang-Utan sind (wie Edward Tyson 1699 sagte) von der gleichen Gattung; der Orang-Utan (womit Monboddo den Gorilla oder den Schimpansen meinte) ist ein Mensch, der sich nicht entwickelt hat. Nur durch die Sprache und die Gesellschaftsordnung ist aus dem vorgeschichtlichen Menschen der primitive Mensch geworden. Die menschliche Geschichte ist nicht ein Abstieg von ursprünglicher Vollkommenheit wie in der Schöpfungsgeschichte, sondern ein langsamer, schwieriger Aufstieg[125].

Goethe machte verschiedentlich Vorstöße in die Naturwissenschaft. 1786 entdeckte er den Zwischenkieferknochen, und 1790 stellte er die Hypothese auf, der Schädel sei aus modifizierten Wirbeln entstanden. Unabhängig von Caspar Wolff kam er zu der Theorie, daß alle Teile einer Pflanze umgewandelte Blätter sind; und er vertrat die Ansicht, daß alle Pflanzen durch allgemeine Metamorphose von einem Urtyp abstammten, den er «Urpflanze» nannte.

Unter den Darwinisten des achtzehnten Jahrhunderts ist auch Darwins Großvater zu nennen. Erasmus Darwin war ein ebenso interessanter Mensch wie Charles. Er wurde 1731 geboren, studierte in Cambridge und Edinburgh, ließ sich als Arzt in Nottingham nieder, zog nach Lichfield und dann nach Derby um, wo er 1802 starb. Von Lichfield fuhr er regelmäßig nach dem vierundzwanzig Kilometer entfernten Birmingham, um an den Zusammenkünften der Lunar Society (Mondgesellschaft) teilzunehmen, deren Seele er war und die später Priestley zu ihren Mitgliedern zählte. Eine lebhafte Persönlichkeit spricht aus dem Brief des älteren Darwin an Matthew Boulton, worin er sich für seine Abwesenheit bei einer Zusammenkunft entschuldigt:

«Es tut mir leid, daß die höllischen Gottheiten, die die Menschheit mit Krankheiten heimsuchen, mich heute daran hindern, alle Ihre großen Männer in Soho [Birmingham] zu sehen. Herrgott! Was für Einfälle, welcher Geist, wieviel metaphysische, mechanische und pyrotechnische Rhetorik werden da wie Pfeile von einer Philosophentruppe auf die andere abgeschossen werden! Während ich armer Kerl in einer Postchaise eingesperrt bin und mich über die königlichen Landstraßen schütteln und rütteln und stoßen lasse, um mit Magenschmerzen oder Fieber Krieg zu führen.»[126]

Bei all seinen Beschäftigungen schrieb er noch eine beträchtliche *Zoonomia* (1794 bis 1796), worin er Medizin mit Philosophie vermischte, und verschiedene Bände wissenschaftlicher Poesie: *Botanic Garden* (Botanischer Garten; 1788), *Loves of the Plants* (Liebe der Pflanzen; 1788) und *The Temple of Nature* (Der Tempel der Natur; 1802). Im letzten Buch gab er seinen entwicklungsgeschichtlichen Ideen Ausdruck. Es begann mit einer Verteidigung der Abiogenesis als dem Ursprung des Lebens:

Hence without parents, by spontaneous birth,
Rise the first specks of animated earth ...
Organic life beneath the shoreless waves
Was born and nursed in ocean's pearly caves;

First, forms minute, unseen by spheric glass,
Move on the mud, or pierce the watery mass;
These, as successive generations bloom,
New powers acquire, and larger limbs assume;
Whence countless groups of vegetation spring,
And breathing realms of fin and feet and wing. [127]*

So entwickelte sich das Leben aus Wasserformen zu Amphibien im Schlamm und zu den zahllosen Arten im Meer, zu Land und in der Luft. Der Dichter zitierte Buffon und Helvétius, die von Anzeichen in der menschlichen Anatomie sprachen, die darauf hindeuten, daß der Mensch früher auf allen vieren ging und sich der aufrechten Haltung noch nicht völlig angepaßt hat. Eine Affenart erhob sich auf eine höhere Stufe, weil sie die Vorderfüße als Hände benützte und den Daumen als Gegendruck zu den übrigen Fingern entwickelte. Auf jedem Stadium der Entwicklung besteht der Kampf um Nahrung und Weibchen unter den Tieren und um Boden, Feuchtigkeit, Licht und Luft unter den Pflanzen. In diesem Kampf (sagte Erasmus Darwin) fand die Evolution durch die Entwicklung von Organen statt, die neuen Notwendigkeiten begegnen sollten (und nicht durch natürliche Auswahl zufälliger Abwandlungen, die für die Fortdauer günstig waren, wie Charles Darwin später behauptete); so wachsen die Pflanzen in dem Bemühen, Licht und Luft zu bekommen. In der *Zoonomia* war schon der künftige Lamarck zu spüren: «Alle Tiere machen Verwandlungen durch, die zum Teil durch ihre eigenen Bemühungen, als Reaktion auf Vergnügen oder Schmerz, hervorgerufen werden, und viele dieser erworbenen Formen oder Neigungen werden auf ihre Nachkommenschaft übertragen.» [128] So wurde der Schweinsrüssel zum Wühlen entwickelt, der Elefantenrüssel zur leichteren Erreichung der Nahrung, die rauhe Zunge des Viehs zum besseren Rupfen der Grashalme, der Vogelschnabel zum Festhalten der Körner. Dann fügte der Doktor noch eine Theorie über die Schutzfärbung hinzu: «Es gibt Organe, die für Schutzzwecke geschaffen sind, die sowohl die Form als auch die Farbe des Körpers für Deckung und Kampf verändern.» [129] Und er endete mit einem majestätischen Blick über die Äonen:

«Wenn man sich so in die kurzen Zeitspannen versenkt, in denen viele der obenerwähnten Verwandlungen vor sich gingen, wäre es dann zu kühn, wenn man sich vorstellte, daß in der langen Zeitspanne seit dem Anfang der Erde, vielleicht in Millionen Jahren vor dem Beginn der Geschichte der Menschheit, alle warmblütigen Tiere aus einer Lebensfaser entstanden sind, die von der ersten Großen Ursache mit Tierheit (Animalität) und mit der Fähigkeit durchtränkt wurde, neue Teile zu erwerben, begleitet von neuen Neigungen, geleitet von Reizen, Empfindungen, Willensäußerungen und Vorstellungen und so im Besitz der Fähigkeit, sich ständig durch die ihr innewohnende Tätigkeit zu verbessern und diese Verbesserungen von einer Generation auf die andere zu übertragen – eine Welt ohne Ende?» [130]

---

* «Von dort erheben sich ohne Eltern, in spontaner Geburt die ersten Flecken belebter Erde ... Organisches Leben wurde unter den uferlosen Wellen geboren und aufgezogen in den perlengeschmückten Grotten des Ozeans. Zuerst bewegen sich winzige, sogar mit dem Vergrößerungsglas unsichtbare Formen im Schlamm oder durchbohren die Wassermassen. Wie dann eine Generation nach der andern gedeiht, gewinnen sie neue Kräfte und nehmen längere Glieder an, woraus endlose Gruppen von Pflanzen entstehen und die atmenden Reiche von Flosse und Fuß und Flügel.»

«Es ist merkwürdig», schrieb Charles Darwin, «in welchem Maße mein Großvater die Ansichten und irrigen Begründungen Lamarcks in seiner *Zoonomia* vorausahnte.»[131] Vielleicht würde der Großvater nicht zugeben, daß er sich geirrt hatte. Auf jeden Fall vertrat er eine Theorie, die noch nicht ganz tot ist, und auf seine frische Art hatte auch er sich für die Evolution geschlagen.

IX. DIE PSYCHOLOGIE

Über Minerale, Pflanzen und Tiere rückte die wissenschaftliche Forschung an den Menschen heran. Bewaffnet mit einem Mikroskop und angespornt durch die Bedürfnisse der Ärzte, beugte sich eine immer größere Gemeinschaft von Forschern über den menschlichen Körper und stellte fest, daß seine Organe und Funktionen unbestreitbar denen der höheren Tiere ähnelten. Aber eine Unterbrechung schien die Wesenskette doch aufzuweisen – fast jeder gab zu, daß der menschliche Geist sowohl in der Art als im Ausmaß von dem der Tiere verschieden sei.

Ein englischer Arzt und ehemaliger Geistlicher, David Hartley, begründete 1749 die physiologische Psychologie. Sechzehn Jahre lang (1730–1746) sammelte er Material. Dann veröffentlichte er 1749 seine *Observations on Man* (Beobachtungen am Menschen). Er hatte den Ehrgeiz, ein Prinzip zu entdecken, das die Ideenverbindungen regiert, so wie Newton ein Prinzip für die Beziehungen zwischen den Körpern aufgestellt hatte, und er versuchte mit der Ideenverbindung (Assoziation) nicht nur Vorstellung und Gedächtnis zu erklären, wie es Hobbes und Locke getan hatten, sondern auch Erregung, Verstand, Handlung und sittliches Empfinden. Empfindung beschrieb Hartley zuerst als Schwingung der Teilchen eines Nervs, der durch einen äußeren Gegenstand angeregt wird, und dann als die Übertragung dieser Schwingung dem Nerv entlang bis zum Gehirn wie «die freie Schallausbreitung an der Wasseroberfläche»[132]. Das Gehirn ist eine Masse von Nervenfäserchen, deren Schwingungen in Wechselbeziehungen zu Erinnerungen stehen. Eine oder mehrere dieser Fasern werden von einer eintretenden Schwingung bewegt, die mit ihnen durch eine frühere Erfahrung verbunden ist. Dieser Widerhall ist der physiologische Begleitumstand einer Idee. Für jeden geistigen Zustand gibt es eine körperliche Wechselwirkung, und jede körperliche Betätigung hat im Geist oder in den Nerven ihre Begleiterscheinung. Die Ideenassoziation stellt die geistige Seite der Assoziation von Nervenschwingungen dar, die durch ihre Verknüpfung mit früheren Erfahrungen erregt werden. Hartleys physiologische Darstellung war natürlich stark vereinfacht und berührte in keiner Weise das Geheimnis des Bewußtseins; aber sie trug dazu bei, eine Handvoll Engländer mit der Sterblichkeit ihres Geistes zu versöhnen.

Etienne Bonnot de Condillac, ebenfalls ein Geistlicher, befaßte sich mit dem Problem des Geistes von der rein psychologischen Seite her. Er kam 1714 in Grenoble zur Welt, wurde in einem Jesuitenseminar in Paris erzogen und zum Priester geweiht. Er wurde im Salon der Frau von Tencin und Frau Geoffrin empfangen, wo er mit Rousseau und Diderot zusammentraf, verlor seinen religiösen Eifer, gab alle geistlichen Funktionen auf und widmete sich dem Spiel des Geistes. Er studierte die historischen Philosophiesysteme, die er im *Traité des systèmes* (Abhandlung über die Systeme; 1749) ablehnte, worin sich der Einfluß der *philosophes* spürbar machte: All diese stolzen Bauten aus geordneten halben Wahrheiten sind nur phantasievolle Ausläufer unserer unzulänglichen Kenntnis des Weltalls; es ist besser, wenn man eine Teilerfahrung auf induktivem Wege untersucht, als sich Deduktionen über das Ganze hinzugeben.

In seinem *Essai sur l'origine des connaissances humaines* (Versuch über den Ursprung der menschlichen Kenntnisse; 1746) lehnte sich Condillac an Lockes Analyse der geistigen Vorgänge an, aber in seiner erfolgreichsten Arbeit, *Traité des sensations* (Abhandlung über die Empfindungen; 1754), vertrat er eine radikalere Ansicht, und zwar, daß der «Widerhall», den Locke als eine zweite Quelle von Ideen betrachtet hatte, selbst nur eine Verbindung von Empfindungen ist, die die einzige Quelle jedes geistigen Zustands sind. Eine äußere Welt existiert, denn der elementarste unserer Sinne, der Tastsinn, trifft auf Widerstand; alles, was wir kennen, sind jedoch unsere Empfindungen und die Vorstellungen, die sie erzeugen.

Condillac erläuterte diese Behauptung an einem berühmten Vergleich. Vielleicht entlehnte er ihn Buffon, jedenfalls schrieb er ihn Fräulein Ferrand zu, einer ehemaligen *inspiratrice,* die ihn in ihrem Testament erwähnt hatte. Er beschrieb eine Marmorstatue «mit dem gleichen Innenaufbau wie wir selbst, aber von einem Geist belebt, der frei von jeder Vorstellung ist»[133], die nur einen Sinn, den Geruchssinn, besitzt und zwischen Vergnügen und Schmerz unterscheiden kann. Dann ging er an den Beweis, daß von den Empfindungen dieser Statue alle Gedankenformen abgeleitet werden konnten. «Urteil, Überlegung, Wünsche, Leidenschaften usw. sind nur verschiedenartig umgewandelte Empfindungen.»[134] Aufmerksamkeit entsteht mit der ersten Empfindung, Urteil kommt mit der zweiten, die einen Vergleich mit der ersten hervorruft. Gedächtnis ist eine frühere Empfindung, die durch eine jetzige Empfindung oder andere Erinnerung belebt wird. Vorstellung ist eine Erinnerung, die lebhaft erneuert wird, oder eine Gruppe von Erinnerungen, die sich hervorheben oder vereinen. Wunsch oder Abneigung sind die aktive Erinnerung an eine angenehme oder unangenehme Empfindung. Überlegung beruht auf der Abwechslung von Erinnerungen und Wünschen. Wille ist ein starker Wunsch, von der Annahme begleitet, daß das Objekt erreichbar ist. Persönlichkeit, das Ego, das Selbst, existiert nicht von Anfang an; sie nimmt erst Form an als die totale Zusammenfassung der Erinnerungen und Wünsche des Individuums[135]. Auf diese Weise könnten ausschließlich aus dem Geruchssinn – oder jedem anderen Sinn – fast alle geistigen Vorgänge abgeleitet werden. Fügt man noch vier weitere Sinne hinzu, so entwickelt die Statue einen komplexen Geist.

Es war eine interessante Vorführung, und sie verursachte viel Lärm unter den Pariser Intellektuellen. Den Kritikern fiel der Beweis jedoch nicht schwer, daß Condillacs Methode sich genauso auf Deduktion und Hypothese stützte wie alle anderen philosophischen Systeme; daß er das Problem des Bewußtseins völlig außer acht ließ und daß er nicht erklärt hatte, wie die ursprüngliche Empfindsamkeit entstanden war. Eine empfindsame Statue, selbst wenn sie nur riechen kann, ist keine Statue, falls es sich nicht um den Würdenträger handelt, von dem Turgenjew sagte, daß er sich immer so stolz benahm, als ob er sein eigenes, mit öffentlichen Mitteln errichtetes Standbild wäre.

1767 wurde Condillac zum Hauslehrer des künftigen Herzogs von Parma ernannt. Er verbrachte die nächsten Jahre in Italien und verfaßte für seinen Schüler siebzehn Bände, die zwischen 1769 und 1773 unter dem Titel *Cours d'études* (Leitfaden für Studien) veröffentlicht wurden. Alle diese Bände stehen auf einem hohen Niveau, aber die beiden über Geschichte müssen besonders hervorgehoben werden. Sie enthalten nämlich die Geschichte von Ideen, Gebräuchen, Wirtschaftssystemen, Sitten, Künsten, Wissenschaften, Vergnügungen und Straßen – eine viel umfassendere Darstellung der Kultur als Voltaires *Essai sur les mœurs*. Auf Ersuchen des Fürsten Ignati Potocki arbeitete Condillac 1780 eine *Logik* für die litauischen Schulen aus, ein ebenfalls außergewöhnlich gutes Lehrbuch. Im selben Jahr starb er.

Sein Einfluß erstreckte sich über ein ganzes Jahrhundert und machte sich noch 1870 in Taines *De l'intelligence* (Über die Intelligenz) spürbar. Condillacs Psychologie gehörte zum Unterrichtssystem, das der französische Konvent begründete und das zwischen 1792 und 1795 maßgebend war. Anatomen wie Vicq-d'Azyr, Chemiker wie Lavoisier, Astronomen wie Laplace, Biologen wie Lamarck, Psychiater wie Pinel, Psychologen wie Bonnet und Cabanis – sie alle erkannten ihn als ihren geistigen Vater an. Pierre-Jean Georges Cabanis beschrieb 1796 das Gehirn als «ein spezielles Organ, dessen besondere Funktion darin besteht, Gedanken hervorzubringen, genau so wie der Magen und die Eingeweide die besondere Funktion haben, die Verdauung durchzuführen, und die Leber, die Galle zu filtrieren»[136]. Die *philosophes* um Condillac kümmerten sich nicht um sein Bekenntnis zu Gott, zur Willensfreiheit und zu einer stofflosen unsterblichen Seele. Sie behaupteten, eine naturalistische, halbmaterialistische, hedonistische Philosophie sei die logische Folge seiner Auffassung, die alle Erkenntnisse auf Empfindungen, alle Beweggründe auf Vergnügen und Schmerz zurückgeführt habe. Rousseau und Helvétius zogen ihre eigenen Schlüsse: Wenn der Geist des Menschen bei der Geburt nichts weiter ist als Aufnahmefähigkeit, so kann die Erziehung die Intelligenz und den Charakter modeln, ohne sich viel um ererbte Unterschiede in den geistigen Fähigkeiten zu kümmern. Das war die psychologische Grundlage für manch eine radikale politische Philosophie.

Eine Reaktion auf die materialistische Psychologie machte sich in Frankreich erst spürbar, nachdem Napoleon der Revolution die Krallen gestutzt und 1801 ein Konkordat mit der Kirche abgeschlossen hatte. In Deutschland setzte diese Gegenbewegung früher ein, weil dort die empfindungsfeindliche Tradition von Leibniz noch vorherrschte. Ein Mann wie Johann Nikolaus Tetens, Professor an der Universität von Rostock, griff die Schule Condillacs mit der Begründung an, daß es sich nur um Theoretiker, nicht aber um Naturwissenschaftler handle. All dieses Gerede von «Schwingungen» und «Nervenfluidum» sei reine Hypothese; habe vielleicht jemand diese Dinge zu Gesicht bekommen? Tetens vertrat die Meinung, eine wissenschaftliche Psychologie habe die Aufgabe, geistige Vorgänge direkt zu beobachten; mit der Introspektion als wichtigstes Hilfsmittel könne eine Psychologie durch Induktion aufgebaut werden. Dann würde man bald herausfinden, daß die «Assoziationsgesetze» von Hobbes, Locke und Hartley unserer tatsächlichen Erfahrung nicht entsprechen, daß die Vorstellung oft Ideen auf eine Weise wiederbelebt und verbindet, die sehr verschieden von der Ordnung der Empfindungen ist, die sie ursprünglich prägten; auch daß Glieder in der Kette von Assoziationen manchmal auf sehr unerwartete Weise ausfallen. Der Wunsch scheine die dem Organismus innewohnende Realität zu sein, was kaum mit mechanischen Gesetzen vereinbart werden könne. Der Geist sei eine aktive, bildende Kraft, nicht ein «unbeschriebenes Papier», auf dem die Empfindungen ihren Willen einschreiben.

So war die Bahn frei für Immanuel Kant.

X. DIE AUSWIRKUNG DER WISSENSCHAFT AUF DIE KULTUR

Wenn dieses Kapitel, bei aller Unzulänglichkeit, so lang ausgefallen ist, so liegt das nicht nur an unserer Überzeugung, daß Wissenschafter ebenso wie ihre Wissenschaft zur Geschichte gehören, sondern auch daran, daß der Entwicklung von Ideen unser Hauptinteresse gehört und Ideen im achtzehnten Jahrhundert eine überragende Rolle spielten. Wenn die wissenschaftlichen Errungenschaften dieser revolutionären Epoche nicht so aufsehenerregend waren wie die Entdeckungen von Galilei und Descartes, von Newton und Leibniz im vorhergehenden Jahrhundert, so hatten sie eine viel stärkere Auswirkung auf fast jede Phase der europäischen Geschichte. Voltaire und Dutzende von kleineren Exegeten machten den Mittelstand und die oberen Schichten mit den Forschungsergebnissen bekannt. Die neuen Wissenschaften – Chemie, Geologie und Zoologie – trugen dazu bei, den literarischen Geist mit ihren umfassenderen und immer tiefer schürfenden Erkenntnissen zu befruchten, was ungeahnte Folgen auslöste.

Der wissenschaftliche Einfluß machte sich merkwürdigerweise am wenigsten und erst zuletzt auf technischem Gebiet bemerkbar. Nach jahrhundertelangen Versuchen und Irrtümern hatte sich der Mensch an eine gewisse Arbeitsweise gewöhnt; Aussaat und Ernte, Bergwerk und Manufaktur, Bau und Transport – alles wurde auf herkömmliche Art betrieben, und das Mißtrauen gegen alles Neue stand den Verbesserungen im Wege, die aus den Laboratorien kamen; erst am Ende dieser Ära beschleunigte die Wissenschaft die industrielle Revolution. Die ersten Vorläufer dieser Revolution hatten den chemischen Forschungen über Färberei nicht wenig zu verdanken; die Verwendung von Chlor zum Bleichen von Stoffen stammte von Berthollet (1788), und die industrielle Herstellung von Soda und Salmiak ging auf James Hutton und Nicolas Leblanc zurück. Das Studium der Gase durch Boyle und Mariotte und der Wärme durch Black war wichtig für die Entwicklung der Dampfmaschine, wenn sie auch in der Hauptsache den Händen praktischer Mechaniker entsprang. Im Laufe des Jahrhunderts kam es mehr und mehr zu Annäherungen zwischen Praktikern, die nach erhöhter Produktion strebten, und Wissenschaftlern, die nach Wahrheit suchten. Die Académie des Sciences stellte Untersuchungen auf den Feldern, in den Fabriken und in den Werkstätten an und gab zwischen 1761 und 1781 zwanzig Bände mit *Descriptions des arts et métiers* (Beschreibungen der Künste und Berufe) heraus. Andererseits wandten sich die jungen Industrien auch allmählich an die Wissenschaft. So brachte Coulomb die Spannung von Pfeilern auf verläßliche Formeln, und die mit der Dampfmaschine verbundenen Probleme regten die Wissenschaft zu neuen Forschungen über die Beziehungen zwischen Kraft und Wärme an, die dann im neunzehnten Jahrhundert eine völlige Umwälzung der Welt zur Folge hatten.

Ihre größte Auswirkung hatte die Wissenschaft natürlich auf die Philosophie, denn die Philosophie, die Suche nach Weisheit, muß sich auf die Wissenschaft und ihre Erkenntnis stützen. Mit jedem Schritt schien die Wissenschaft neue Ausblicke auf eine immer größere, aber auch kompliziertere Welt zu eröffnen, und eine neue Perspektive mußte gefunden werden. Es war nicht so einfach für den menschlichen Geist, sich der Entdeckung anzupassen, daß der Mensch nicht im Mittelpunkt des Universums steht, sondern nur ein Atom und ein flüchtiger Augenblick in der bestürzenden Unendlichkeit von Raum und Zeit ist. Diese Anpassung war noch nicht beendet. Der Mensch antwortete wie einst schon Kopernikus mit Stolz auf die überwältigende Entdeckung seiner eigenen Winzigkeit. Wissenschaftliche Hoffart stellte die Bescheidenheit der Philosophie in den Schatten. Der Mensch träumte von neuen wissenschaftlichen Utopien, und die Idee des Fortschritts bot der modernen Seele eine neue Religion.

Die Wirkung der Wissenschaft auf die Religion – oder vielmehr auf das Christentum – schien vernichtend. Zweifellos würden die Menschen auch weiter an der Vorstellung von einer Welt hängen, die einem kurzen, gehetzten Leben Hoffnung und Trost, Sinn und Würde verleihen möchte. Aber wie konnte das christliche Epos von Schöpfung, Sündenfall und göttlicher Erlösung einer Perspektive widerstehen, die die Erde nur noch als einen Fleck unter einer Million Sterne sah? Was war der Mensch, daß der Gott solch eines Universums sich an ihn erinnern sollte? Wie konnte die Poesie der Schöpfungsgeschichte die geologischen Entdeckungen überstehen? Und was sollte man von dem Dutzend oder mehr Religionen in jenen Gegenden halten, die die Geographie jetzt eröffnete? Waren ihre Lehren oder Sittengesetze und Ergebnisse dem Christentum wirklich unterlegen? Wie konnten die Wundertaten Christi – von all den anderen, die den Heiligen und dem Teufel zugeschrieben wurden, ganz zu schweigen – mit einer Welt in Einklang gebracht werden, die offensichtlich einem universalen Gesetz gehorchte? Wie konnten Seele oder Geist des Menschen unsterblich sein, wenn sie so sehr von Nerven und anderen Geweben abhängig waren, die sichtlich dem Verfall geweiht waren? Was muß mit einer Religion geschehen, die von einer Wissenschaft herausgefordert wird, die jeden Tag an Ausblick, Errungenschaften und Ansehen gewinnt? Und was geschieht mit einer Kultur, die auf einem Sittengesetz beruht, das auf diese Religion gegründet ist?

DRITTES KAPITEL

Die Medizin

[1715–1789]

I. ANATOMIE UND PHYSIOLOGIE

DAZU kam noch der Einfluß der Naturwissenschaft auf die Medizin. Die Heilkunst war eng verbunden mit der Verbesserung des Mikroskops und des Thermometers, mit dem Aufstieg von Chemie und Biologie und vor allem mit der besseren Kenntnis der menschlichen und tierischen Anatomie und Physiologie. Fast alle Forschungsarbeiten in der Anatomie und Physiologie wurden von den Ärzten selber durchgeführt.

Giovanni Battista Morgagni, der sämtliche Krankengeschichten aufzeichnete und damit dazu beitrug, aus der Medizin eine Wissenschaft zu machen, untersuchte aufs genaueste siebenhundert Fälle, sowohl als praktischer Arzt wie auch als Medizinprofessor in Padua. In seinem achtzigsten Lebensjahr (1761) teilte er seine Beobachtungen in Form von siebzig Briefen mit, die die Grundlage zur pathologischen Anatomie legten: *De sedibus et causis morborum per anatomen indagatis* (Über Sitz und Ursachen der Krankheiten, anatomisch untersucht). Darin gab er klassische Beschreibungen des Herzschlags, der gelben Leberschrumpfung und der Nierentuberkulose. Er erkannte die Übereinstimmung des klinischen Bildes der Lungenentzündung mit Verdichtungen in der Lunge; auch sein Beitrag zur Kardiologie war bedeutend. «Der Abschnitt über Aneurismen der Aorta [Schlagadererweiterung]», sagte Sir William Osler, «gehört auch weiterhin zum besten, was darüber geschrieben wurde.» Und an anderer Stelle: «Und was könnte genauer sein als sein Bericht über Angina pectoris?»[1] Jetzt wurde der Sitz jeder Krankheit klarer als je zuvor durch krankhafte Veränderungen einzelner Organe lokalisiert. Die Leiter der Krankenhäuser waren so beeindruckt von den Arbeiten Morgagnis, daß sie ihn und seine Assistenten – ohne Protest von seiten der Kirche oder des Staates – mit Leichen aus allen Schichten der Bevölkerung, sogar von Adligen und Geistlichen, versorgten. Um die Wissenschaft zu fördern, gaben viele Leute dem Wunsch Ausdruck, ihren Körper nach ihrem Tode Morgagni zur Untersuchung zur Verfügung zu stellen[2]. Er machte Tierversuche, ebenfalls ohne kirchlichen Protest. Er lehrte bis zu seinem neunzigsten Lebensjahr. Mit zweiundachtzig Jahren (1764) war er angeblich «so frisch wie ein Mann von fünfzig und arbeitete noch ohne Brille»[3]. Seine stolzen Studenten erklärten ihn zum *anatomicorum totius Europae princeps*. Seine Heimatstadt Forlì errichtete ihm 1931 ein Denkmal auf der Piazza, die seinen Namen trägt.

Sein Schüler Antonio Scarpa wurde im Alter von zwanzig Jahren zum Anatomieprofessor in Modena ernannt. 1783 wurde er auf den Lehrstuhl für Anatomie in Pavia berufen und machte diese Universität zusammen mit Spallanzani und Volta zu einer der größten in Europa. Seine anatomischen Studien uber das Ohr, die Nase, den Fuß und die Nerven trugen ihm einen internationalen Ruf ein, und seine *Osservazioni sulle principali malattie degli occhi* (Beobachtungen über die hauptsächlichen Augenkrankheiten; 1801) gehörten jahrzehntelang zum Leitfaden für die Augenheilkunde. Der ein Jahr jüngere Félix Vicq-d'Azyr studierte die vergleichende Anatomie von Vögeln, Vierfüßlern und Menschen. Seine Arbeiten bewiesen eine bemerkenswerte und ins Einzelne gehende Ähnlichkeit im Gliederbau von Mensch und Tier, womit der Mensch auf den ihm angemessenen biologischen Platz gewiesen wurde. Er starb (1794) mit sechsundvierzig Jahren, noch vor der Vollendung eines Werkes, das im achtzehnten Jahrhundert für die Gehirnanatomie einen Höhepunkt bedeutete.

In Großbritannien trugen die beiden in Schottland gebürtigen Hunter durch ihre glänzenden Arbeiten über Anatomie und Chirurgie zur schottischen Aufklärung bei. William Hunter bewirkte eine Umwälzung im Anatomieunterricht in London, der von jeher unter den Schwierigkeiten gelitten hatte, die die Beschaffung von Leichen machte. Er wurde berühmt für die Entdeckung der absorbierenden Funktion der Lymphgefäße (1758), für seine klassische Abhandlung *Die Anatomie des schwangeren Uterus* (1774) und seine vulkanischen Zornausbrüche, die er damit erklärte, daß er als Anatom an «die passive Unterwerfung toter Körper»[4] gewöhnt war. Er starb 1783, fünfundsechzig Jahre alt, während einer Vorlesung an Erschöpfung. Seine reichhaltige anatomische Sammlung vermachte er der Stadt Glasgow, wo sie immer noch im Hunter-Museum aufbewahrt wird.

John Hunter war zehn Jahre jünger als sein Bruder und starb zehn Jahre nach ihm. Mit einundzwanzig Jahren (1749) hatte er sich genügend Kenntnisse erworben, um Williams Klasse für praktische Anatomie zu übernehmen. Noch in Zusammenarbeit mit seinem Bruder löste er das Problem des Hodenaustritts beim Fötus, wies den Blutkreislauf in der Plazenta sowie die Verzweigungen der Nasen- und Geruchsnerven nach, entdeckte den Tränenkanal und beteiligte sich weitgehend an den Arbeiten seines Bruders über die Funktion der Lymphgefäße. Mit siebenundzwanzig Jahren trat er in Oxford ein. Da er aber Latein und Griechisch noch lebloser als Leichen fand, ging er als Chirurg zum Militär. Während der Dienstjahre im Ausland lernte er viel über Schußwunden und hinterließ eine klassische Abhandlung über dieses Thema. Nach seiner Rückkehr nach England praktizierte und lehrte er Chirurgie und setzte seine anatomischen und physiologischen Untersuchungen fort. 1767 erlitt er einen Unfall, der mit dem Riß der «Achillessehne» (womit die Beinmuskeln an der Ferse befestigt sind) verbunden war. Durch Beobachtungen, die er damals an sich selbst machte, und durch Versuche mit Hunden kam er auf einen erfolgreichen Eingriff bei Klumpfuß und anderen Entstellungen, die mit Sehnen zu tun hatten. Als er sich aus Unachtsamkeit mit Syphilis geimpft hatte, schob er die Behandlung auf, um die Krankheit am eigenen Leibe zu studieren[5]. Er hatte sich jedoch geirrt und verwechselte Syphilis mit Gonorrhöe. Durch Versuche bewies er, daß bei Schlangen und Eidechsen während des Winterschlafs keine Verdauung stattfindet. In seinem Haus in Brompton versammelte er eine merkwürdige Menagerie: Fasanen, Rebhühner, Kröten, Fische, Gänse, Igel, Seidenraupen, Bienen, Hornissen, Wespen, einen Adler, zwei Leoparden und einen Stier. Bei einem Kampf mit dem Stier und beim Einfangen des entlaufenen Leoparden kam er fast ums Leben. Er machte anatomische Studien von über fünfhundert Tierarten, untersuchte die Wirkungen verschiedener Giftstoffe und gab 1780 zu, daß er «ungefähr tausend Tiere vergiftet» habe.

1785 saß er Reynolds für sein Porträt, erwies sich aber als so unruhig, daß Sir Joshua die Sitzung schon aufgeben wollte. Da verfiel Hunter plötzlich in eine tiefe, bewegungslose Träumerei, die dem Künstler Zeit für die Skizze zum Porträt ließ, das jetzt im Royal College of Surgeons (Königliches Institut für Chirurgie) hängt. Genau wie sein Bruder war auch John reizbar und auffahrend. Als er feststellte, daß er an Angina pectoris litt, bemerkte er: «Mein Leben ist in der Hand jedes beliebigen Lümmels, dem es einfällt, mich zu ärgern oder zu reizen.»[6] Als ihm einer seiner Kollegen widersprach, bekam er einen Wutanfall und starb innerhalb weniger Minuten (1793). Er wurde in der Westminster-Abtei neben den Gebeinen Ben Jonsons beigesetzt. Seine Sammlung, die dreizehntausend Gegenstände umfaßte, wurde von der chirurgischen Körperschaft mit Hilfe der Regierung erworben und 1836 zum Hunter-Museum von London umgewandelt. Die «Hunter-Vorlesung», die jedes Jahr zu seinem Andenken gehalten wird, ist ein Ereignis in der englischen medizinischen Welt.

Der größte Physiologe dieser Zeit war Albrecht von Haller. Wir sind ihm bereits als Dichter in seiner Jugend begegnet. In späteren Jahren tat er sich mit seiner Arbeit *Elementa physiologiae corporis humani* (Physiologische Grundlagen des menschlichen Körpers) hervor, die zwischen 1757 und 1766 in acht Bänden erschien. Sie enthielten nicht nur alles, was damals über Anatomie und Physiologie bekannt war, sondern auch seine eigenen Entdeckungen über die Rolle der Galle für die Verdauung von Fetten und über die Reizbarkeit und Kontraktionsfähigkeit von Muskelfasern, unabhängig von Nerven und sogar nachdem sie vom Körper getrennt worden waren. Nach solchen und ähnlichen Experimenten stellte Diderot die Frage: «Wenn sich das Leben in Organen erhält, die vom Körper losgelöst sind, wo ist dann die Seele? Was geschieht mit ihrer Einheit? ... mit ihrer Unteilbarkeit?»[7] Dies schien ihm ein Beweis dafür, daß alle physiologischen Vorgänge mechanischer Natur sind. Haller war nicht einverstanden; die Reizbarkeit organischer Gewebe schien ihm auf ein lebenswichtiges Prinzip hinzudeuten, das anorganischen Substanzen fehlt und mit einer mechanistischen Philosophie unvereinbar ist. Weitere Untersuchungen Hallers bewiesen, daß «der Knochenbau von Vierfüßlern im wesentlichen der gleiche ist wie von Vögeln» und daß «der Knochenbau beim Menschen in keinem Teil verschieden von dem der Vierfüßler ist»[8]. Von ihm stammen die ersten schriftlichen Aufzeichnungen über Arteriosklerose, die Ablagerung von Fettpolstern an den Wänden der Blutgefäße. «Wenn wir ein Buch von Haller aufmachen», sagte Sir William Foster, «dann merken wir, daß wir den Übergang in die moderne Zeit getan haben.»[9]

Andere Untersuchungen schienen die mechanistischen Ansichten zu bestärken. Robert Whytt zeigte (1751), daß gewisse Reflexe nur einen kleinen Abschnitt des Rückenmarks in Anspruch nahmen. Die Arbeiten von Priestley, Lavoisier, Laplace und Lagrange schienen aus der Atmung nur einen der Verbrennung ähnlichen chemischen Vorgang zu machen, während aus Réaumurs Versuchen (1752) hervorging, daß die Verdauung auf der chemischen Wirkung der Magensäfte beruht. Spallanzani demonstrierte 1782, daß die Magensäfte ihre Wirkung auf Nahrung auch außerhalb des Magens ausüben können; und John Hunter entdeckte, daß diese Säfte nach dem Tode mit der Verdauung der Magenwände selbst beginnen.

Spallanzani gehört zu den großen Physiologen des achtzehnten Jahrhunderts. Wir haben bereits seine Experimente mit der Urzeugung betrachtet. Sein Interesse an der Verdauung war grenzenlos. Er entdeckte die Bedeutung des Speichels für die Verdauung. An sich selbst machte er alle möglichen Versuche, rief künstlich Erbrechen hervor, verschluckte Säckchen und Röhrchen, die er dann geduldig wieder aus seinem Stuhl herausfischte. Als erster bewies er, daß das Herz bei der systolischen Zusammenziehung Blut bis in die kleinsten Haargefäße schickt. Er zeigte, daß Schweißausbrüche nichts mit Atmung zu tun haben, sie aber bis zu einem gewissen Punkt ersetzen können. War er auch Abt, so wurde er doch zu einem Spezialisten für die Fruchtbarkeit. Er beobachtete, wenn er die männlichen Organe eines Frosches mit Wachstuch zudeckte, daß das Weibchen nach der Paarung unbefruchtet blieb; wenn er aber die Flüssigkeit des Männchens vom Wachstuch nahm und in Berührung mit den weiblichen Eiern brachte, wurden diese befruchtet. Ihm gelang künstliche Befruchtung von Säugetieren, indem er die Samenflüssigkeit eines Rüden in die Gebärmutter einer Hündin einspritzte[10]. Erst das zwanzigste Jahrhundert erkannte die Bedeutung und das Ausmaß seiner unermüdlichen Experimente und räumte ihm den Platz eines Erwählten unter den Dienern der Wissenschaft ein.

II. DIE TAUSEND GESICHTER DER KRANKHEIT

Trug das zunehmende Wissen zur Vertreibung der Krankheit aus ihren immer neuen Schlupfwinkeln bei? Kaum. Voltaire schätzte die durchschnittliche Lebensdauer des Menschen seiner Zeit auf zweiundzwanzig Jahre[11]. Die Elendsviertel in den wachsenden Großstädten waren für eine hohe Kindersterblichkeit verantwortlich, die manchmal bis zu fünfzig Prozent erreichte[12]. In London starben achtundfünfzig Prozent aller Kinder vor ihrem fünften Geburtstag[13]. Das Aussetzen von Kindern war allgemein üblich. Zwischen 1771 und 1777 wurden fast 32 000 Kinder in das Pariser Findelheim aufgenommen – 98 im Tag; von diesen Säuglingen starben 25476 (achtzig Prozent) vor der Vollendung des ersten Lebensjahrs. Durch die Einführung der Milchflasche im achtzehnten Jahrhundert, die an die Stelle der Mutterbrust und der Amme trat, wurde die Säuglingssterblichkeit noch erhöht. Sir Hans Sloane berechnete, daß die Sterblichkeit der Flaschenkinder dreimal so hoch war wie die der Brustkinder. Die neue Methode war besonders in der französischen Oberschicht beliebt, bis Rousseaus *Emile* (1762) die Mutterbrust wieder zu Ehren brachte. Abtreibung und Empfängnisverhütung wurden weiter betrieben. Der Leinenkondom, den Fallopio 1564 zur Verhütung von Geschlechtskrankheiten empfohlen hatte, wurde im achtzehnten Jahrhundert zur Schwangerschaftsverhütung gebraucht[14]. Dr. Jean Astruc erwähnt in seinem Buch *De morbis venereis* (Über Geschlechtskrankheiten; 1736) Wüstlinge, die «seit einer gewissen Zeit Säckchen aus feiner, nahtloser Membran in Form eines Überzugs verwenden ... auf englisch 'Condum' genannt»[15]. Eine gewisse Mrs. Phillips verteilte 1776 Zettel in London mit der Ankündigung, daß ihr Laden mit einem Vorrat «dieser Sicherheitsvorrichtungen, die die Gesundheit ihrer Kunden gewährleisteten», versehen war[16]. Trotz diesen «Maschinen», wie sie genannt wurden, waren Geschlechtskrankheiten in allen Schichten verbreitet. Lord Chesterfield riet seinem Sohn zur Vorsicht, denn wenn «ein Mann, der sein Herz in der Liebe verliert, nichts an Würde einbüßt ..., so verliert der, der seine Nase einbüßt, obendrein noch seinen guten Ruf»[17].

Die heutige Welt kann sich nicht vorstellen, was für eine Geißel die Pocken waren, bevor Jenner das Abendland zur Impfung bekehrte. Voltaire schätzte, daß «von hundert Personen, die auf die Welt kommen, mindestens sechzig an Pocken erkranken; von diesen sechzig sterben zwanzig, und weitere zwanzig behalten ihr Leben lang sehr unangenehme Narben davon zurück»[18]. Zwischen 1712 und 1715 starben drei französische Thronerben an Pocken. Der Fürst von Ligne schätzte, daß sich 200000 Personen ins Kloster zurückgezogen hatten, um die demütigenden Entstellungen durch Pockennarben zu verbergen[19]. Diese Krankheit wuchs sich 1719 in Paris zur Epidemie aus, in Schweden zwischen 1749 und 1765, in Wien 1763 und 1767, in der Toscana 1764 und in London 1766 und 1770.

Epidemien waren im allgemeinen weniger schwerwiegend als in früheren Jahrhunderten, stellten aber immer noch eine große Gefahr dar. Sie wirkten verheerender auf dem Land als in der Stadt, trotz den Elendsvierteln; denn Bauern konnten sich nur selten ärztliche Hilfe leisten. In einem einzigen Jahr (1741) starben achtzigtausend Menschen in der Bretagne an Typhus, Flecktyphus und Pocken[20]. In Preußen starben 1709 dreihunderttausend Menschen an der Pest, die 1737 auch in der Ukraine, 1743 in Messina und 1789 in Moskau wütete. Scharlach, Malaria (*mal aria*, schlechte Luft) und Ruhr waren besonders unter den ärmeren Schichten weit verbreitet, wo sie durch unzulängliche öffentliche und persönliche Reinlichkeit begünstigt wurden. Epidemien von ansteckendem Kindbettfieber brachen in Paris, Dublin, Aberdeen, im Thurgau und in Bern aus. Influenza, von den Franzosen Grippe genannt, nahm verschiedentlich epidemische Ausmaße in Italien, Schweden und Deutschland an. Manchmal führte sie zu Kinderlähmung, die auch einen Knaben befiel, der später Sir Walter Scott heißen sollte. Lungenentzündung, Diphtherie und Erysipel erreichten ab und zu epidemische Ausmaße, und Keuchhusten, heute ein kleineres Übel, war damals weitverbreitet und gefährlich, besonders im Norden Europas; zwischen 1749 und 1764 starben daran vierzigtausend Kinder in Schweden. Das gelbe Fieber wurde von Amerika eingeschleppt und brach 1723 in Lissabon aus. Zu diesen und hundert anderen Gebrechen kam bei den Damen der höheren Gesellschaft noch die Hypochondrie hinzu – eine Mischung aus nervöser Erschöpfung, Schwermut, Schlaflosigkeit und Langeweile, die sich manchmal bis zur Hysterie auswuchs.

Gegen diese öffentlichen Feinde führten die Regierungen einige Sauberkeitsmaßnahmen ein. Aber Abfälle wurden zum größten Teil immer noch auf die Straßen geleert; Wasserklosetts erschienen zwar zu Beginn des Jahrhunderts in Paris, aber nur in ganz wenigen Häusern und waren im übrigen Europa fast völlig unbekannt. Badezimmer waren ein Luxus für Reiche. Öffentliche Bäder waren wahrscheinlich weniger zahlreich als während der Renaissance. Die Hygiene machte mehr Fortschritte beim Heer und bei der Flotte als in den Städten. Sir John Pringle förderte (1774) die Militärmedizin, und James Lind, ein Schotte, bewirkte eine Reform in der Hygiene der Flotte (1757). Auf der Expedition von Anson (1740) litten zeitweilig fünfundsiebzig Prozent der Besatzung an Skorbut. In einer epochemachenden Abhandlung über diese Krankheit wies Lind 1754 darauf hin, daß die Holländer Skorbut schon 1565 mit Apfelsinen- und Zitronensaft behandelt hatten, was auch Sir Richard Hawkins 1593 empfahl. Unter Linds Einfluß wurden diese Vorbeugungsmittel in der englischen Flotte eingeführt (1757). Auf Cooks zweiter Reise, die über drei Jahre dauerte (1772–1775), kam nur ein Todesfall an Skorbut vor. 1795 wurde der Genuß von Obst- oder Zitrusfruchtsäften in der englischen Marine zwangsweise eingeführt (wovon der englische Spitzname für Matrosen, später auch Soldaten, stammt: «Limey», der Limonadensafttrinker). Damit verschwand der Skorbut der Seeleute.

Es war ein großer Schritt vorwärts, als Victor Riqueti, der Marquis de Mirabeau, erklärte, die Volksgesundheit sei Sache des Staates (1756). Johann Peter Frank, der sein Leben als ausgesetztes Kind vor einer Haustür begann, machte den Vorschlag für ein *System einer vollständigen medizinischen Polizei* (1777–1778). In diesen vier Bänden, dem «edlen Monument einer lebenslänglichen Hingabe an die Menschheit»[21], beschrieb er die Maßnahmen, die jede zivilisierte Gemeinschaft zu treffen habe, um Abfälle zu beseitigen, die Reinheit von Wasser und Lebensmitteln zu bewahren, Reinlichkeit in Schulen und Fabriken aufrechtzuerhalten und die Gesundheit von Frauen in der Industrie zu schützen. Zu guter Letzt schrieb der Doktor noch eine Besteuerung der Junggesellen vor, gab Ratschläge für eheliche Hygiene und trat für eine Kindererziehung im Namen der Gesundheit ein. Napoleon wußte Franks Ideen zu schätzen; er bat ihn, nach Paris zu kommen und dort zu dienen, aber Frank blieb in Wien.

Spitäler waren völlig unzulänglich für die nötige Betreuung von Kranken. Wenn es auch mehr davon gab als früher, so war ihre Qualität doch minderwertig. Vor allem in England vermehrten sich die Krankenhäuser im achtzehnten Jahrhundert, aber alle wurden mit privaten Mitteln unterhalten, keines vom Staat[22]. In Paris nahm das führende Hospital, das Hôtel-Dieu, in den elf Jahren zwischen 1737 und 1748 251178 Patienten auf, wovon 61091 starben. Die Nachfrage war so groß, daß man gezwungen war, drei, vier, fünf, ja sogar sechs Personen in ein Bett zu legen. «Die Sterbenden und jene, die sich auf dem Wege zur Besserung befanden, lagen nebeneinander; ... die Luft war verpestet von den Ausdünstungen so vieler kranker Menschen.»[23] 1781 erließ Ludwig XVI. eine seiner zahlreichen wohltätigen Verordnungen: «... Von nun an sollen 2500 Patienten ihr eigenes Bett haben, fünfhundert sollen in Doppelbetten mit einer Trennung in der Mitte schlafen», und Genesende sollten einen besonderen Raum für sich haben[24]. Trotzdem gab es noch sieben Jahre später nur 486 Einzelbetten; 1220 Betten waren mit vier oder mehr Kranken belegt, und achthundert Patienten lagen auf Stroh[25]. In Frankfurt am Main und anderen Städten war die Luft in den Krankenhäusern so verdorben, daß «Ärzte sich weigerten, im Hospital Dienst zu tun, weil es einer Todesstrafe gleichkam»[26].

III. DIE BEHANDLUNG

Einige Ärzte wagten eine Gefährdung ihrer Einkünfte und setzten sich für die Verbreitung einiger Grundbegriffe der vorbeugenden Medizin ein. Der Londoner Arzt John Arbuthnot behauptete in einem *Essay über die Natur von Gebrechen* (1731), daß man mit Diät fast ebensoviel erreichen könne wie mit der Medizin. Er scheint spätere Beschwerden vorausgesehen zu haben, denn er schrieb auch eine Abhandlung: *Der Preis für die Erhaltung der Gesundheit* (1744). Der Unterricht an den medizinischen Fakultäten verbesserte sich allmählich, wobei die italienischen Universitäten (Padua, Bologna, Pavia, Rom) nach wie vor führend waren; an zweiter Stelle standen Wien, Paris und Montpellier. Aber sogar an diesen Fakultäten gab es nicht mehr als vier oder fünf Professoren. Jeder Lehrer sammelte die Gebühren für seine eigenen Vorlesungen ein und gab Eintrittskarten, manchmal auf der Rückseite von Spielkarten, heraus[27]. In einigen Krankenhäusern fing man an, klinische Medizin zu lehren. Für die gesetzliche Ausübung von Medizin oder Geburtshilfe mußte man ein Diplom von einem anerkannten Institut haben. Wenn Georg Stahls Phlogistonlehre im Jahrhundert vor Lavoisier die Chemie beherrscht hatte, so hielt seine Auffassung vom «Animismus» die Medizin in Bann. Stahl, der Descartes' Auffassung vom Körper als einem Mechanismus ablehnte, beschrieb die Seele als ein stoffloses Lebensprinzip, das sich den Körper als sein Instrument forme. Infolgedessen behauptete er, daß die Natur in Form dieser Lebenskraft das Wesentliche bei der Heilung von Krankheiten sei; Krankheit stelle die Bemühung der *anima* dar, die normale Spannkraft, das normale Funktionieren und die Harmonie der in Unordnung geratenen Organe wiederherzustellen; erhöhte Temperatur und beschleunigter Puls seien Mittel, die die Natur einsetze, um die Krankheit zu überwinden. Ein weiser Arzt solle sich hauptsächlich auf solche Vorgänge der Selbstentgiftung verlassen und so wenig wie möglich Arznei eingeben. Stahl ließ die Frage nach der Ursache für die Unordnung unbeantwortet. Marcus Antonius Plenciz bemühte sich um diese Antwort und versuchte um 1762 die Theorie des Athanasius Kircher neu zu beleben, wonach Krankheit auf die Infektion durch einen Mikroorganismus zurückzuführen sei. Für jede Krankheit, sagte Plenciz, gibt es einen besonderen Angriffsorganismus mit einer bestimmten Inkubationsdauer. Diese erstaunliche Vorwegnahme der Keimtheorie hinterließ keine Spur in der Therapie des achtzehnten Jahrhunderts und mußte im neunzehnten Jahrhundert neu ins Leben gerufen werden.

Einige neue Methoden zur Aufstellung der Diagnose wurden eingeführt. Stephen Hales trat für die Messung des Blutdrucks ein. Leopold Auenbrugger erfand das Abklopfen des Brustkastens zur Entdeckung von Flüssigkeit im Thorax. Zwei Schotten, George Martine und James Currie, führten das klinische Thermometer ein.

Heilmittel, chirurgische Eingriffe und Quacksalberei stritten sich um den Geldbeutel des Patienten. Der Aderlaß war gut für alles; 1754 berechnete ein Arzt, daß in Frankreich vierzigtausend Todesfälle auf übertriebene Blutabnahme zurückzuführen waren[28]. Gegen Ende des Jahrhunderts wurden die Proteste lauter und fanden ein wirksames Sprachrohr in Wolsteins *Bemerkungen zum Aderlaß* (1791). Neue Heilmittel kamen hinzu. Die offizielle Londoner Pharmakopöe von 1746 ließ Rezepte aus Spinngewebe, Einhorngeweih und Jungfernmilch fallen, behielt aber Theriak, Krebsaugen, Bohrasseln, Nattern und Perlen zur Herstellung von Heilmitteln bei. In der Pharmakopöe von 1721 waren unter anderen Ipekakuanha, Brechweinstein und Hirschhornsalz als neue schmerzstillende Mittel aufgeführt, zu denen in der Ausgabe von 1746 noch Baldrian, Salmiakgeist und Balsam hinzukamen. Die Ausgabe von 1788 ließ Arnika, Sarsaparille, Kaskarillrinde, Magnesium und Opiumtinktur zu. Der Gebrauch von Rizinusöl kam in Europa um 1764 auf, Arsenik um 1786. Die Herbstzeitlose wurde seit 1763 gegen Gicht empfohlen. William Withering, ein Bauernbursche aus Shropshire, lernte bei einer alten Dame, daß Fingerhut gut gegen Wassersucht ist, und sicherte sich ein Plätzchen in der Geschichte der Medizin, weil er seine Heilwirkung bei Herzkrankheiten entdeckte (1783). Viele angesehene Ärzte stellten ihre eigenen Heilmittel her, die sie dann verschrieben, und ließen sich mehr für die Arznei als für den Besuch bezahlen. «Patentmedizinen», deren Zusammensetzung geheimgehalten wurde, machten verschiedene Leute reich. So verschluckte England Tonnen von «Stoughtons Elixier», «Bettons britischem Öl», «Hoopers Pillen für Frauen» und «Chings Wurmtabletten».

Quacksalber übten eine große Anziehungskraft aus. Der «Graf» Alessandro di Cagliostro, der in Wirklichkeit Giuseppe Balsamo hieß, verkaufte sein Lebenselixier an reiche Einfaltspinsel in verschiedenen Ländern. Der «Ritter» Taylor, bewaffnet mit einer Nadel zum Starstechen, brüstete sich, alle Augenleiden heilen zu können; Gibbon und Händel vertrauten ihm. Joanna Stevens ließ sich vom Parlament fünftausend Pfund für die Enthüllung ihrer Geheimkur gegen Steine bezahlen; als ihr Rezept (1739) veröffentlicht wurde, erwies es sich als eine Mischung von Eierschalen, Schnecken, Samenkörnern und Seife. Und bei dem Fall, den sie angeblich geheilt hatte, wurden nach dem Tod Steine in der Blase gefunden.

Der berühmteste Quacksalber des achtzehnten Jahrhunderts war Franz Anton Mesmer. In seiner Doktorarbeit in Wien (1766) behandelte er das alte Thema astrologischer Einflüsse auf den Menschen; er erklärte sie mit magnetischen Wellen. Eine Zeitlang suchte er Heilungen mit einem Magneten zu erlangen, mit dem er die erkrankten Teile bestrich. Nachdem er einen Priester getroffen hatte, der nur durch Auflegen der Hände heilte, gab er seine Methode auf, machte aber bekannt, daß er über eine geheime Kraft verfüge, die, bei entsprechender Bezahlung, auf andere übertragen werden könne. Er eröffnete ein Kabinett in Wien, wo er Patienten durch Berührung behandelte, wie seinerzeit Könige bei Skrofulose und wie die heutigen Gesundbeter. Die Polizei bezeichnete ihn als Scharlatan und befahl ihm, Wien innerhalb von achtundvierzig Stunden zu verlassen. 1778 zog er nach Paris, wo er mit der Veröffentlichung einer *Denkschrift über die Entdeckung des tierischen Magnetismus* begann (1779). Patienten besuchten ihn, um sich «mesmerisieren» zu lassen. Er berührte sie mit einem Stab oder starrte ihnen so lange in die Augen, bis sie in einem halbhypnotischen Zustand alles taten, was er verlangte; bei dieser hypnotischen Vorbereitung kam ihm seine Häßlichkeit sehr zustatten. Er stellte magnetische Kübel auf, die eine auf Schwefelwasserstoff beruhende Mischung enthielten und eiserne Henkel hatten, die die Patienten berührten, während sie einander die Hand gaben, um die Kur wirksamer zu gestalten. Mesmer selbst berührte jeden der Reihe nach. Zu seinen Patienten gehörte der Marquis von La Fayette, die Herzogin von Bourbon, die Prinzessin von Lamballe und andere bekannte Höflinge. Ludwig XVI. bot ihm zehntausend Franken für die Enthüllung seines Geheimnisses und die Gründung eines öffentlichen magnetischen Instituts an. Er lehnte ab. In sechs Monaten nahm er dreihundertfünfzigtausend Franken ein[29]. 1784 bestimmte die Académie des Sciences eine Kommission, zu der Lavoisier und Franklin gehörten, um Mesmers Methoden zu untersuchen. Der Bericht ließ einige seiner Behauptungen und Heilungen gelten (besonders bei unbedeutenden nervösen Störungen), verwarf aber seine Lehre vom tierischen Magnetismus. Die revolutionäre Regierung Frankreichs erklärte ihn zum Schwindler, zog sein ansehnliches Vermögen ein und verbannte ihn aus Frankreich. 1815 starb er in der Schweiz.

James Graham eröffnete 1780 einen «Gesundheitstempel» in London, der auf verbesserten Mesmerischen Prinzipien beruhte. Er stellte ein magisches Hochzeitsbett zur Verfügung, das eine schöne Nachkommenschaft garantierte. Er vermietete es für hundert Pfund die Nacht[30]. Die Gehilfin bei seinen Prozeduren, die «Gesundheitsgöttin», war Emma Lyon, die später als Lady Hamilton dazu bestimmt war, Lord Nelson persönlich in ihren Netzen einzufangen.

Bei der Verwirrung, die Kurpfuscher und Wunderkuren anrichteten, verging fast das ganze achtzehnte Jahrhundert, bis die Öffentlichkeit und die Ärzte so weit waren, die vorbeugende Impfung als eine gerechtfertigte Heilmethode anzuerkennen. Die Übertragung eines geschwächten Virus von einem Pockenkranken auf eine andere Person, die damit unempfänglich für Pocken gemacht wurde, war schon im Altertum bei den Chinesen üblich[31]. In der gleichen Absicht stachen sich Tscherkessenfrauen den Körper mit Nadeln, die in pockenhaltige Flüssigkeit getaucht worden waren. 1714 hörte die Royal Society von London eine Mitteilung von Dr. Emanuel Timoni über «die Hervorrufung von Pocken durch Inzision oder Impfung, wie sie seit langem in Konstantinopel ausgeführt wird»[32]. In einem Brief aus Konstantinopel vom 1. April 1717 schrieb Lady Mary Wortley Montagu:

> «Die Pocken, die bei uns [Engländern] so tödlich und weitverbreitet sind, wurden hier durch die Erfindung der Impfung ganz harmlos gemacht ... Jedes Jahr machen Tausende die Behandlung durch ... Kein Fall ist bekannt, wo jemand daran gestorben wäre. Sie können mir glauben, daß ich von der Gefahrlosigkeit des Experiments überzeugt bin, da ich die Absicht habe, es an meinem lieben Söhnchen auszuprobieren.»[33]

Der sechsjährige Knabe wurde im März 1718 von Dr. Charles Maitland geimpft, einem englischen Arzt, der damals in der Türkei lebte.

1721 herrschte eine Pockenepidemie in London, die besonders gefährlich für Kinder war. Lady Mary, die aus der Türkei zurückgekommen war, beauftragte den ebenfalls heimgekehrten Dr. Maitland mit der Impfung ihrer vierjährigen Tochter. Drei berühmte Ärzte wurden dazu eingeladen, um sich davon zu überzeugen, wie wenig die künftige Lady Bute durch diesen Eingriff gestört wurde. Sie waren beeindruckt, und einer von ihnen ließ seinen Sohn impfen. Lady Mary verbreitete die Idee bei Hof. Kronprinzessin Caroline war einverstanden, sie an sechs Verbrechern auszuprobieren, die zum Galgen verurteilt waren; sie ließen es sich gefallen, aber unter der Bedingung, daß sie freigelassen wurden, falls sie überlebten. Einer erlitt eine milde Form der Krankheit; die anderen zeigten keine nachteiligen Auswirkungen; alle sechs wurden freigelassen. 1722 ließ die Prinzessin die Impfung mit Erfolg an den Waisenkindern der Sankt-James-Gemeinde vornehmen und im nächsten April an ihren beiden Töchtern. Die britische Aristokratie ließ mehr und mehr Impfungen vornehmen, bis zwei Todesfälle die ganze Bewegung ins Stocken brachten. Ein Kritiker klagte, daß «ein Experiment, das nur von ein paar unwissenden Frauen durchgeführt wurde ..., so plötzlich und nach so magerer Erfahrung Zugang in das Königsschloß gefunden hat, und dies in einer der gebildetsten Nationen der Welt»[34]. Lady Mary fühlte sich getroffen und veröffentlichte einen anonymen «Vollständigen Bericht über die Pockenimpfung von einem türkischen Kaufmann». Die meisten englischen Ärzte lehnten die Impfung als gefährlich ab; 1760 wurde jedoch von Robert und Daniel Sutton die Punkturimpfung eingeführt, wobei auf 30000 Impfungen 1200 Todesfälle eintraten, also vier Prozent. Noch 1772 predigte der englische Geistliche Edward Massey gegen «die gefährliche und sündige Praxis der Impfung» und verteidigte stur die alte religiöse Auffassung, daß Krankheiten von der Vorsehung als Strafe für Sünden geschickt werden[35]. (Vielleicht könnte man das wie manche alte religiöse Lehre anders ausdrücken: Krankheit ist oft die Strafe für Unwissenheit und Nachlässigkeit.)

In anderen Ländern machte die Idee allmählich Fortschritte. Während der sechsten Pockenepidemie in Boston impfte Dr. Zabdiel Boylston seinen Sohn (1721) und führte weitere zweihundertsechsundvierzig Impfungen durch, trotz dem erregten Widerstand der Masse, die ihn zu hängen drohte. Fast die ganze puritanische Geistlichkeit stand zu ihm und wurde dafür ebenso beschimpft wie er[36]. In Philadelphia unterstützten Benjamin Franklin und Benjamin Rush die Impfbewegung. In Frankreich ging der Regent Philipp von Orléans allen voran und ließ, unbeirrt wie immer, seine beiden Kinder impfen. Die Medizinische Fakultät der Pariser Universität bekämpfte das Verfahren bis 1763. Voltaire begrüßte Lady Marys Feldzug in seinen *Briefen über die Engländer*, erwähnte, daß Impfung ganz allgemein bei den Tscherkessen üblich sei, und schrieb dies dem Verkaufswert der Schönheit zu: «Die Tscherkessen sind arm, haben aber schöne Töchter, die daher den Hauptgegenstand für den Außenhandel darstellen. Sie liefern einen großen Teil der Schönen in die Serails der Mächtigen und an die Sufis in Persien, aber auch an andere, die reich genug sind, um sich eine so kostspielige Annehmlichkeit leisten zu können.»[37] Angelo Gatti, ein italienischer Arzt, verbreitete die Impfung in Frankreich, und Théodore Tronchin führte sie in der Schweiz ein. Katharina die

Große und der Großfürst Paul von Rußland ließen sich auf Drängen Voltaires impfen (1768). Und im gleichen Jahr impfte Jan Ingenhousz drei Mitglieder des Kaiserhauses in Wien.

All diese Experimente, die mit menschlichem Pockenserum durchgeführt wurden, ließen noch viel zu wünschen übrig, denn wenn die Sterblichkeitsziffer nicht mehr als vier Prozent betrug, so war das doch noch viel zu hoch. Der englische Chirurg Edward Jenner beobachtete, daß Milchmädchen, die Kuhpocken gehabt hatten (eine verhältnismäßig harmlose Krankheit), selten an den so oft mörderischen Pocken erkrankten. Um 1778 kam er auf die Idee, die Immunität gegen Pocken mit einem Impfstoff (Vakzin vom lateinischen *vacca*, die Kuh) hervorzurufen, der von einer pockenkranken Kuh stammte. Ein Farmer in Dorset, Benjamin Jesty, hatte das schon zwischen 1774 und 1789 durchgeführt, ohne jedoch die Aufmerksamkeit der medizinischen Welt auf sich zu lenken. Im Mai 1796 impfte Jenner den jungen James Phipps mit Kuhpockeneiter. Im Juli impfte er den gleichen Jungen mit Pockenvirus. Das Kind bekam keine Pocken. Jenner war überzeugt, daß das Kuhpockenvakzin Immunität gegen Pocken verlieh. 1798 veröffentlichte er seine berühmte Schrift: *Inquiry into the Cause and Affects of the Variolae Vaccinae* (Untersuchung über Ursache und Wirkung der Variolae Vaccinae – *variola* war der lateinische Name für Pocken), worin er dreiundzwanzig Fälle anführte, die alle erfolgreich verliefen. Weitere Experimente erwiesen sich als so überzeugend, daß das Parlament Jenner 1802 und 1807 einen Zuschuß von dreißigtausend Pfund für Forschungen und Verbesserungen seiner Methode gewährte. Die Pocken, die jahrhundertelang eine der schweren Geißeln der Menschheit gewesen waren, nahmen daraufhin verhältnismäßig schnell ab, und heute kommen sie in Europa und Amerika nur noch vor, wenn eine nichtgeimpfte Person das Virus aus Ländern ohne Impfzwang einschleppt.

IV. SPEZIALISTEN

Mit der wachsenden Verzweigung der Medizin sprossen auch die Spezialisten. Die Gynäkologie hatte sich noch nicht selbständig gemacht, aber die Geburtshilfe war eine Kunst für sich, die mehr und mehr in männliche Hände überging. Der weibliche Anstand verlangte zwar immer noch nach geübten Hebammen, wo sie zu haben waren, aber verschiedene königliche Mütter im Kindbett gingen mit gutem Beispiel voran und ließen sich von Männern entbinden. William Smellie wirkte bahnbrechend in Europa mit seinen Studien über den Mechanismus der Wehen und den Gebrauch von Zangen – Studien, die er 1752 nach dreißigjähriger Erfahrung in seinem klassischen Buch *Midwifery* (Geburtshilfe) niederlegte.

Die Augenheilkunde machte vor allem Fortschritte auf dem Gebiet der Staroperation, wo sich William Cheselden (1728) und Jacques Daniel hervortaten; dieser begründete die moderne Starbehandlung durch Linsenextraktion. 1760 wurde die erste Brille mit Bifokalglas für Benjamin Franklin und offensichtlich auf seine Anregung hin hergestellt. Diderot studierte die Psychologie von Blinden und war der Ansicht, daß man ihnen

Lesen mit Hilfe des Tastgefühls beibringen könnte; vielleicht stammte daher Rousseaus Vorschlag, für Blinde erhaben zu drucken[38].

In der Ohrenheilkunde wurde der Gebrauch von Kathetern zur Reinigung der Eustachischen Röhre eingeführt (1724). Die erste erfolgreiche Operation bei Mittelohrentzündung wurde 1736 ausgeführt, und 1742 entdeckte man die elastische Flüssigkeit im Labyrinth des Ohres. Giacomo Rodriguez Pereira, ein Spanier, der sich in ein taubstummes Mädchen verliebt hatte, erfand eine Zeichensprache, bei der nur eine Hand verwendet wurde. Sie wurde vom Abbé Michel de l'Epée verbessert, der ein Alphabet für beide Hände erfand und sein Leben dem Unterricht und sogar dem Unterhalt seiner Zöglinge widmete.

Die Behandlung von Geisteskranken wurde menschlicher, weil man die religiöse Ansicht, die auch von Bossuet und Wesley geteilt wurde, daß der Irre zur Strafe und mit Gottes Willen vom Teufel besessen sei, allmählich fallengelassen hatte. Im Narrenturm in Wien konnten die Insassen gegen Eintrittsgeld besichtigt werden wie Tiere in einer Menagerie. Das Londoner Irrenhaus (Bethlehem-Hospital) gehörte zu den Kuriositäten der Stadt, wo man sich gegen Bezahlung die an die Wand geketteten Irren ansehen konnte. Im Hôtel-Dieu in Paris behandelten die schlechtbezahlten, überarbeiteten Wärter die Geisteskranken mit Roheit, wenn sie sie nicht ganz vernachlässigten. Private Anstalten waren noch schlimmer, denn sie gaben sich dazu her, gesunde Menschen einzusperren, die ihnen von der feindseligen Familie ausgeliefert wurden[39]. Verschiedene Arzneien und Mittel waren im Gebrauch, um die Opfer zu heilen oder zu beschwichtigen – Opium, Kampfer, Belladonna, Aderlässe, Klistiere oder Senfpflaster auf den Kopf. Manche Spezialisten meinten, eine unerwartete Kaltwasserdusche könne Schwermut lindern; andere empfahlen Heirat als Kur gegen Irrsinn. Die erste moderne Bewegung für eine vernünftigere Behandlung von Geisteskranken ging von den Quäkern in Pennsylvania aus, die die Irren in ihren Irrenhäusern als Kranke behandelten. Der Großherzog Leopold I. von Toscana gründete 1774 das Ospedale Bonifazio in Florenz, wo das Problem unter Leitung von Vincenzo Chiarugi endlich von der wissenschaftlichen Seite angepackt wurde. 1788 ernannte die französische Regierung eine Kommission, die mit der Reform der Irrenhäuser betraut war. Ihr Vorsitzender war Philippe Pinel, der zuerst Theologie, dann Philosophie studiert hatte und ganz von der humanitären Ethik Voltaires, Diderots und Rousseaus durchdrungen war. 1791 veröffentlichte er seine *Medizinisch-philosophische Abhandlung über Geistesgestörtheit* – ein Wendepunkt in der modernen Medizin. 1792 wurde er zum ärztlichen Direktor von Bicêtre, einem der größten französischen Irrenhäuser, ernannt. Zwei Jahre später wurde ihm die noch größere Salpêtrière anvertraut. Nach zahlreichen Eingaben an die Revolutionsregierung erhielt er die Erlaubnis, den Kranken ihre Ketten abzunehmen, sie aus ihren Zellen zu befreien und ihnen frische Luft, Sonnenlicht, Bewegung und einige Aufgaben als Geistesübung zu gestatten. Das war einer der zahlreichen Triumphe, den die weltliche Humanität in diesem agnostischsten aller Zeitalter davontrug.

V. DIE CHIRURGIE

Die bedeutendsten medizinischen Fortschritte im achtzehnten Jahrhundert waren, abgesehen von der Entwicklung der Impftechnik, in der Chirurgie zu verzeichnen. Die alten Bande mit dem Handwerk der Bader erhielten sich in England bis 1745; in Frankreich machte schon Ludwig XIV. ein Ende damit. (Die rot und weiß gestreifte Stange – Symbol eines blutigen Verbandes –, die in den USA die Barbierläden kennzeichnet, erinnert noch an diese Vergangenheit der Barbiere.)

1724 gewährte Ludwig XV. die Gründung von fünf Lehrstühlen für Chirurgie am Collège de Saint-Côme in Paris. Die Medizinische Fakultät der Pariser Universität erhob Einspruch gegen diese Ehre, die man der Chirurgie erwies. Die Ärzte marschierten in ihren roten scholastischen Talaren mit einem Pedell und einem Pförtner an der Spitze zum Institut Saint-Côme, wo eine Vorlesung über Chirurgie abgehalten wurde; sie versuchten die verschlossene Tür mit Gewalt zu öffnen und stießen Beschimpfungen gegen die Chirurgen, diese Emporkömmlinge, diese Bader, aus. Inzwischen hatte sich eine Menschenmenge angesammelt, die auf die Ärzte losging und sie vertrieb. Auf königlichen Erlaß gründeten Georges Maréchal und François de La Peyronie 1731 die Académie de Chirurgie, und 1743 gab der König ein Edikt heraus, das jede Vereinigung der Chirurgen mit der Zunft der Bader aufhob und ein Hochschuldiplom für die Ausübung der chirurgischen Praxis erforderlich machte. Von nun an konnte der Chirurg dem Arzt ins Auge sehen.

In England ging eine ähnliche Entwicklung vor sich. 1745 wurde die Trennung vom Baderberuf ausgesprochen, und es wurde gesetzlich verboten, in oder um London Chirurgie zu betreiben, ohne eine Prüfung vor einem Ausschuß von Meisterchirurgen bestanden zu haben. Das Royal College of Surgeons (Königliche Hochschule für Chirurgie) wurde erst im Jahre 1800 urkundlich bestätigt. Vor Friedrich dem Großen war die Chirurgie in Deutschland hauptsächlich in den Händen von Badern, Henkern und herumziehenden unbefugten Heilkünstlern, die Brüche einrenkten, den Star stachen, Bruchbinden anlegten und Steine herausschnitten. Beim Heer, Preußens Stolz, wurden sie Feldscher genannt (Bartscherer im Feld), denn sie hatten auch die Offiziere zu barbieren. 1724 wurde jedoch ein Medizinisch-Chirurgisches Kolleg in Berlin eröffnet.

Die meisten großen Chirurgen des achtzehnten Jahrhunderts waren Franzosen. Jean-Louis Petit erfand die Schraubenaderpresse und verbesserte die Methode bei Amputationen und Bruchoperationen. In *D'Alemberts Traum* ließ Diderot den berühmten Arzt Théophile de Bordeu eine Gehirnoperation beschreiben, die La Peyronie ausführte. Der Genfer Jean-André Venel begründete die chirurgische Orthopädie (1780). In England erfand William Cheselden die seitliche Steinoperation (1727), die auch inzwischen kaum verbessert worden ist[40]. Er rühmte sich, Steine in vierundfünfzig Sekunden aus der Harnblase entfernt zu haben. Aber zur Wissenschaft wurde die englische Chirurgie erst unter John Hunter, der sie auf eine gesunde anatomische und physiologische Grundlage stellte. Er machte Tierversuche, um einen Ersatz für Operationen zu finden, die beim Menschen häufig mit dem Tode endeten. 1786 beobachtete er an einem Bock, daß die kleineren Blutgefäße den Kreislauf fortsetzen, wenn ein großes Gefäß verstopft ist. Daraufhin gelang es ihm, das Leben eines Mannes zu retten, der an einer Schlagadergeschwulst am Bein litt. Er band die Schlagader oberhalb der Geschwulst ab und wartete, bis die umliegenden Teile den Geschwulstinhalt absorbiert hatten. Diese Operation hat zahllose Glieder und Leben gerettet.

John Hunter hat sich auch in der Zahnheilkunde einen Namen gemacht. Im siebzehnten Jahrhundert war diese Kunst in England hauptsächlich den Zahnbrechern überlassen worden, die ihre Ankunft auf dem Dorfplatz ausschreien ließen und aufgereihte Zähne als Wappen trugen. 1728 erklärte Pierre Fauchard die Zahnheilkunde in seiner Schrift *Le Chirurgien dentiste* zu einem Zweig der Chirurgie. Aber Hunter war der erste, der wirklich wissenschaftliche Methoden auf das Studium der Zähne anwandte. Er führte ihre Einteilung in Eckzähne, Schneidezähne und Backenzähne ein, erfand Vorrichtungen zur Verbesserung von mangelhaftem Biß und empfahl als erster, die Zahnhöhle vor der Füllung auszuräumen. Er faßte seine Beobachtungen in der *Naturgeschichte der menschlichen Zähne* (1771) zusammen.

Fast alle kleineren Operationen wurden ohne Betäubung ausgeführt. Im Altertum wurden verschiedene Betäubungsmittel verwendet wie «Nepenthes», Opium, Bilsenkraut, Alraun, Schierling usw. Gott selbst, so sagt die Schöpfungsgeschichte, hatte Adam in «einen tiefen Schlaf» versenkt, bevor er ihm eine Rippe herausnahm. Dioskurides verschrieb im ersten Jahrhundert nach Christus Alraunwein bei chirurgischen Eingriffen[41]. In Indien wurde *Cannabis indica* (indischer Hanf) verwendet. Schlafmittel für Operationen wurden im zweiten Jahrhundert von Origenes erwähnt und im vierten von Hilarius von Poitiers. Fast alle diese alten Betäubungsmittel wurden im Mittelalter weiterverwendet; so setzte sich die berühmte medizinische Schule von Salerno für einen «Schlafschwamm» ein. Im modernen Europa war Trunkenheit das beliebteste Betäubungsmittel. Die betäubenden Eigenschaften von Lachgas wurden erst 1799 von Sir Humphry Davy erkannt, während die betäubende Wirkung von Äther 1839 von Dr. Crawford Long aus Danielsville in Nordamerika entdeckt wurde.

VI. DIE ÄRZTE

Der wachsende Wohlstand, der zur Hebung des Mittelstandes beitrug, und die Fortschritte der medizinischen Wissenschaft und Ausbildung verliehen den Ärzten eine gesellschaftliche Stellung und ein Einkommen, die sie bisher nicht gekannt hatten. La Mettrie, der selbst Arzt war, jubelte: «Jeder verneigt sich vor der großen Heilkunst. Der Doktor ist der Philosoph, der wirklich seinem Land dient ... Sein Anblick allein genügt, um uns zu beruhigen ... und neue Hoffnung zu erwecken.»[42] Voltaire stand der Medizin kritisch gegenüber – «Diät ist besser als Medizin» – wie auch den Ärzten selber: «Von hundert Ärzten sind achtundneunzig Scharlatane.» Aber dann fügte er hinzu: «Menschen, die damit beschäftigt sind, ihren Mitmenschen die Gesundheit zurückzugeben, und darauf sowohl Geschicklichkeit wie Menschlichkeit verwenden, überragen alle Großen dieser Welt. Sie haben sogar etwas Göttliches, denn bewahren und erneuern ist fast so erhaben wie erschaffen.»[43] Diderot rühmte die Medizinische Fakultät der Pariser Universität[44], deren Theologische Fakultät der Fluch seines Lebens war. «Nichts lese ich lieber», sagte er, «als Bücher über Medizin, nichts interessiert mich so wie die Unterhaltung mit Ärzten – aber nur, wenn ich gesund bin.»[45] Aus Dr. de Bordeu machte er die Hauptfigur in *D'Alemberts Traum*. Auch bei ihm mußte der Ärzteberuf zur Satire herhalten, wie in den Stücken Goldonis, den Kupferstichen Chodowieckis, wie in *Ferdinand, Graf Fathom* von Smollett und in den ergötzlichen Karikaturen von Thomas Rowlandson.

Bessere Honorare, größeres Einkommen hatten die Hebung der gesellschaftlichen Stellung des Arztes zur Folge. In England verlangten die meisten eine Guinee für einen Besuch. Einige verdienten sechstausend Pfund im Jahr. Sir Hans Sloane war der erste Arzt, der geadelt und zum Präsidenten der Royal Society ernannt wurde; in Österreich wurde Josef von Quarin von Joseph II. zum Baron gemacht. Ärzte wurden in die besten Klubs von London und in die besten Pariser Salons aufgenommen. Sie trugen auch nicht mehr ihre unheimliche schwarze Tracht, sondern kleideten sich nach der letzten Mode des höheren Mittelstandes. In England gehörte dazu ein Rock aus rotem Satin oder Brokat, Kniehosen, Schnallenschuhe, ein Stock mit Goldknauf und manchmal ein Degen; in Frankreich ahmten sie den Luxus der höheren Geistlichen nach.

Einige Ärzte verdienen besondere Erwähnung. Simon-André Tissot machte sich als Vorkämpfer für die Impfung in Lausanne einen Namen, war eine Autorität für Epilepsie und bemühte sich nicht nur um die Heilung der Kranken, sondern auch um die Erhaltung des Wohlbefindens der Gesunden. Seine *Ratschläge ans Volk über die Gesundheit* (1760) erlebten zehn Auflagen in sechs Jahren und wurden in alle wichtigen Sprachen Europas übersetzt. Leopold Auenbrugger gehörte zu einem Kreis bedeutender Ärzte, die sich unter Maria Theresia in Wien hervortaten, und erfreute sich großer Beliebtheit wegen seiner Bescheidenheit, Ehrenhaftigkeit und Barmherzigkeit – «ein erhebendes Beispiel für den wahren Wert und Zauber des altmodischen deutschen Charakters von seiner besten Seite»[46]. Nicht ganz so beliebt war Dr. Joseph Ignace Guillotin, ein Abgeordneter der Generalstaaten von 1789, der für die Todesstrafe eintrat und den Vorschlag für eine Köpfungsmaschine machte, die die Fehlschläge des Henkers vermeiden würde. Und Théodore Tronchin war der berühmteste Arzt in der Schweiz.

Er war ein Lieblingsschüler von Boerhaave in Leiden, praktizierte zwanzig Jahre lang in Amsterdam, heiratete die Enkelin von Jan de Witt, kehrte in seine Heimatstadt Genf zurück und führte dort die Impfung ein (1749), und zwar begann er mit sich selbst und seinen Kindern. 1756 berief ihn der Herzog von Orléans nach Paris, um seinen Sohn, den Herzog von Chartres, und seine Tochter, das damalige Fräulein von Montpensier, zu impfen. Paris staunte über so viel Mut; als die Patienten aber ohne sichtbares Übel davonkamen, strömte alles, was Rang und Namen hatte, zu Tronchins Wohnung im Palais-Royal, um sich gegen eine Krankheit zu immunisieren, die so lange und so verheerend in Frankreich geherrscht hatte.

Sein Erfolg verlieh auch seinen Ansichten auf anderen Gebieten mehr Gewicht. Schon vor Rousseau forderte er die Mütter auf, ihre Kinder zu stillen. Er riet seinen Patienten, weniger Arznei zu schlucken und sich mehr Bewegung in der frischen Luft zu verschaffen, einfache Mahlzeiten einzunehmen, häufig zu baden, sich mit kaltem Wasser zu waschen, ihre Perücken, Nachtmützen und Bettvorhänge abzuschaffen und früh zu Bett zu gehen und früh aufzustehen. Der Hof in Versailles war fassungslos, als er befahl, die Fenster im Schloß, die immer zugeblieben waren, wenigstens einmal im Tag zu öffnen – sogar im Winter. Seine Ideen wurden große Mode. Damen der Gesellschaft machten Spaziergänge in den frühen Morgenstunden und kleideten sich zur besseren Durchlüftung in kurze Röcke, die bald «Tronchinen» genannt wurden[47]. Als Voltaire sich in Genf niederließ, suchte er sich Tronchin zum Arzt aus. «Er ist 1,80 Meter groß», sagte Voltaire, «weise wie Äskulap und schön wie Apollon.»[48] Tronchin erwiderte diese Komplimente nicht, aber vielleicht – wie es Voltaire von sich und Haller sagte – irrten sie sich beide. Frau von Epinay, die extra von Paris nach Genf gekommen war, um sich von Tronchin behandeln zu lassen, entwarf ein schmeichelhaftes Bild von ihm:

> «Ich will einige Tage in Voltaires Haus mit Herrn Tronchin verbringen. Ich entdecke tatsächlich jeden Tag neue Eigenschaften an Tronchin, die mir grenzenlose Achtung und Respekt vor ihm einflößen. Seine Barmherzigkeit, seine Uneigennützigkeit, die zärtliche Sorge um seine Frau, das alles ist beispiellos, und ich kann Ihnen versichern – jetzt, wo ich sie kenne –, daß sie die unausstehlichste und mürrischste Kreatur auf der Welt ist.»[49]

Aber wer kann sich auf eine Frau verlassen, wenn es um eine andere geht?

Es war kein glänzendes Jahrhundert in der Geschichte der Medizin. Die Heilkunde wurde noch von Mystik, Kurpfuscherei und Ideen beherrscht, die die Erfahrung längst Lügen gestraft hatte. Aber der Fortschritt in Anatomie und Physiologie hatte der Medizin eine gesündere Grundlage als vorher verschafft; die medizinische Ausbildung war gründlicher und weiteren Kreisen zugänglich. Unbefugte verschwanden allmählich von der Bildfläche. Die Kenntnisse auf einzelnen Spezialgebieten vertieften sich, und die Behandlung wurde verbessert. Die Chirurgie wurde selbständig, Wunderkuren wurden nicht mehr so leichtgläubig hingenommen, und die Triumphe der Medizin spielten ihre unauffällige Rolle in dem grundlegenden Kampf zwischen Glauben und Vernunft, der im Geistesleben an die erste Stelle gerückt war.

Viertes Buch

DER ANGRIFF AUF DAS CHRISTENTUM

[1730–1774]

ERSTES KAPITEL

Die Atheisten

[1730–1751]

I. DIE PHILOSOPHISCHE EKSTASE

ZUNÄCHST wollen wir uns über die Ausdrücke klar werden. Unter «Philosoph» verstehen wir jeden, der versucht, sich von einem höheren Standpunkt aus über irgendeinen Gegenstand eine vernünftige Meinung zu bilden. In diesen Kapiteln wird diese Bezeichnung im besonderen auf jene angewendet werden, die von einem rationalen Gesichtspunkt aus die Fragen vom Ursprung, der Natur, der Bedeutung und der Bestimmung des Weltalls, des Lebens oder des Menschen zu lösen versuchen. Philosophie darf nicht als im Gegensatz zur Religion verstanden werden, und jede weite Perspektive vom menschlichen Leben muß Raum für Religion lassen. Da aber viele französische Philosophen im achtzehnten Jahrhundert dem Christentum, wie sie es kannten, feindlich gegenüberstanden, nahm das Wort *philosophe* eine antichristliche Färbung an*; und hier wird der französische Ausdruck gewöhnlich in diesem Sinn gebraucht. So werden wir La Mettrie, Voltaire, Diderot, d'Alembert, Grimm, Helvétius und d'Holbach *philosophes* nennen, Rousseau hingegen nicht, obwohl wir ihn als Philosophen bezeichnen sollten, und sei es nur, weil er sich um eine auf die *Vernunft* begründete Verteidigung von Gefühl und Glauben bemühte. Wir dürfen auch die Tatsache nicht übersehen, daß ein *philosophe* jede vorhandene Religion ablehnen konnte und doch wie Voltaire konsequent bis zum Ende seinen Glauben an Gott verkündete. Die Debatte, die die Gemüter der Intellektuellen in dem halben Jahrhundert vor der Revolution bewegte, war nicht eindeutig ein Konflikt zwischen Religion und Philosophie. Es war in erster Linie ein Konflikt zwischen den *philosophes* und dem damaligen katholischen Christentum in Frankreich. Es war der Zorn, den der französische Geist in den Jahrhunderten aufgespeichert hatte, als die Religion ihre Ausübung mit Unwissenheit, Verfolgung und Blutbädern besudelt hatte. Wenn diese Reaktion bis aufs Äußerste ging – was sollte man dann zu der Pariser Bluthochzeit (1572), der Ermordung Heinrichs IV. (1610) und den Dragonaden nach der Widerrufung (1685) sagen?

Noch nie hatte es so viele Philosophen auf einmal gegeben. Helvétius machte eine Bemerkung über «den Geschmack unserer Zeit an der Philosophie»[2], und d'Alembert schrieb:

---

* Guillaume-François Berthier, der hochbegabte Jesuit, der das *Journal de Trévoux* herausgab, bemerkte in einer Nummer vom Juli 1759: «Man hat sich angewöhnt, alle, die die Offenbarung angreifen, *philosophes* zu nennen, und alle, die für ihre Verteidigung eintreten, 'Verfolger'.»[1]

«Unser Jahrhundert hat sich selbst als ein Jahrhundert der Philosophie schlechthin bezeichnet. Von den Prinzipien der weltlichen Wissenschaften bis zur Grundlage der Offenbarung, von der Metaphysik bis zu Fragen des Geschmacks, von der Musik bis zur Moral ..., vom Recht des Fürsten bis zu dem der Völker ..., alles ist diskutiert, analysiert, umstritten worden ... Man kann nicht leugnen, daß die Philosophie bei uns einen Fortschritt begünstigt hat. Von Tag zu Tag häufen die Naturwissenschaften neue Schätze an ... Fast alle Wissensgebiete haben neue Formen angenommen.»[3]

Die französischen Philosophen waren von neuem Schlag. In erster Linie waren sie klar. Sie waren keine feierlichen Einsiedler, die nur mit sich selbst oder ihresgleichen ein unverständliches Kauderwelsch redeten. Sie waren Literaten, die ihre Gedanken in Worte kleiden konnten. Sie drehten der Metaphysik als einem hoffnungslosen Problem den Rücken und hielten philosophische Systeme für eitle Anmaßung. Sie schrieben keine gewundenen Abhandlungen, um die ganze Welt aus einer einzigen Idee herauszuschälen, sondern verhältnismäßig kurze Essays, unterhaltsame Zwiegespräche, manchmal etwas gewagte Romane, Satiren, die durch Lachen töten konnten, und niederschmetternde Epigramme von einer Zeile. Diese Philosophen paßten ihre Sprache den Männern und Frauen in den Salons an. Verschiedentlich widmeten sie ihre Arbeiten vornehmen Damen. Solche Bücher mußten verständlich sein und ließen den Atheismus anziehend erscheinen. So wurde die Philosophie zu einer sozialen Erscheinung, die sich nicht um Schulen, sondern um die Gesellschaft und die Regierung kümmerte. Sie nahm am Kampf der Mächte teil, sie war aktuell. Und da das ganze gebildete Europa die Augen auf Frankreich gerichtet hielt, gelangten die Werke der französischen Philosophen nach England, Italien, Spanien, Portugal, Deutschland, Schweden und Rußland und wurden zu europäischen Ereignissen. Friedrich der Große und Katharina die Große waren stolz auf ihren Ruf als *philosophes,* und vielleicht störte es sie gar nicht, wenn die französischen Konservativen voraussagten, die Freidenker unterhöhlten Frankreichs Moral, Einheit und Macht.

Gutenberg hatte seine Wirkung. Die Druckkunst verbreitete Wissenschaft, Geschichte, Bibelkritik und heidnische Klassiker. Die Philosophen konnten sich jetzt an ein weiteres und besser vorbereitetes Publikum wenden. Sie hielten es nicht für unter ihrer Würde, sich ins Volk zu mischen und das Wissen «volkstümlich» zu machen. Sie hatten zwar nicht viel Zutrauen zum Durchschnittsmenschen ihrer Zeit; aber sie waren überzeugt, daß die Verbreitung der «Wahrheit» ein besseres Verhalten und mehr Glück für die Menschheit nach sich ziehen werde. D'Alembert betrachtete «die Kunst, Menschen zu unterweisen und aufzuklären», als «die höchste Aufgabe und Gabe in der Reichweite des Menschen»[4]. *Sapere aude* – wage zu wissen – wurde zum Motto dieser Aufklärung, dieses Zeitalters der Vernunft in ihrem Triumph und ihrer Erfüllung.

Denn jetzt wurde der Glaube an die Vernunft, den Francis Bacon hundert Jahre vorher schon besungen hatte, zur Grundlage und zum Werkzeug des «liberalen» Denkens, das heißt in diesem Zusammenhang eines Denkens, das von biblischen Mythen und kirchlichen Dogmen befreit war. Die Vernunft erschien in all dem Glanz einer neuen Offenbarung; von nun an beanspruchte sie die Oberherrschaft auf jedem Gebiet und machte sich daran, Erziehung, Religion, Moral, Literatur, Wirtschaft und Regierung nach ihrem Bilde umzuformen. Die *philosophes* gaben zu, daß auch die Vernunft wie alles Menschliche gebrechlich war. Sie wußten, daß man sie durch mangelnde Logik und die falsche Auslegung von Erfahrungen täuschen konnte; und sie brauchten nicht auf Schopenhauer zu warten, um zu begreifen, daß die Vernunft gewöhnlich die Dienerin des Wunsches ist, eine Magd des Willens. Hume, der dieses Zeitalter der Vernunft in England beherrschte, war der strengste Kritiker, mit dem die Vernunft es je zu tun hatte, vielleicht mit Ausnahme Kants. Voltaire wies immer wieder auf die Grenzen der Vernunft hin, und Diderot war mit Rousseau einverstanden, daß Gefühl wesentlicher ist als Vernunft. Fast alle Philosophen der Aufklärung erkannten, daß die Mehrheit der Menschen, sogar in den kultiviertesten Ländern, zu sehr von wirtschaftlichen Bedürfnissen und Arbeit bedrängt war, um Zeit für die Entwicklung ihrer Vernunft zu haben, und daß die Masse viel mehr von Leidenschaft und Vorurteil als von Vernunft regiert wird. Trotzdem blieb die Hoffnung bestehen, daß sich Vernunft verbreiten ließ und von niedriger Selbstsucht und Verhetzung befreit werden konnte.

Und wenn sie auch ihre pessimistischen Perioden hatten, so waren die *philosophes* doch in der Hauptsache Optimisten. Nie war der Mensch so sicher gewesen, daß er, wenn auch nicht sich selbst, so doch die Gesellschaft umformen konnte. Trotz den Niederlagen im Siebenjährigen Krieg, trotz dem Verlust von Kanada und Indien an England wurde Frankreich in der zweiten Hälfte des achtzehnten Jahrhunderts von einem geistigen Aufschwung erfaßt, der dem alten, siechen Land Jugend und Kraft zu verleihen schien. Seit den Tagen der griechischen Sophisten waren nie mehr so viel Ideen aufgeworfen oder ein so herzhafter Forschungsgeist entwickelt worden; es ist daher nicht verwunderlich, daß Duclos in seiner Umgebung «eine gewisse Gärung des Geistes» verspürte, «die überall aufzutauchen scheint»[5]. Und da Paris jetzt die geistige Hauptstadt Europas war, wurde die Aufklärung zu einer ebenso umfassenden Bewegung wie seinerzeit die Renaissance und die Reformation; und sie schien die logische Kulmination dieser beiden Bewegungen. Die Renaissance hatte sich jenseits des Christentums zurückversetzt, um den heidnischen Geist zu erforschen; die Reformation hatte die Bande doktrinärer Herrschaft abgeschüttelt und damit, fast gegen ihren Willen, der Vernunft freies Spiel gelassen. Jetzt konnten diese beiden Vorspiele zur modernen Zeit sich gegenseitig erfüllen. Endlich konnte sich der Mensch von mittelalterlichen Dogmen und orientalischen Mythen und von dieser verwirrenden, furchterregenden Theologie lossagen, sich frei aufrichten: Frei, zu zweifeln, zu forschen, zu denken, Wissen zu sammeln und zu verbreiten; frei, eine neue Religion am Altar der Vernunft und zum Wohle der Menschheit zu gründen. Es war ein edler Rausch.

II. DER HINTERGRUND DER REVOLTE

Aber wie war es dazu gekommen? Warum hatten sich so viele Philosophen, besonders in Frankreich, gegen das Christentum erhoben, das seine Schrecken mit Hoffnung, seine Verbrechen mit Barmherzigkeit, seine Sünden mit Schönheit gemildert hatte?

In England hatte die Auflehnung, die von den Deisten getragen wurde, ein verhältnismäßig duldsames Gehör gefunden, sogar von seiten der Staatskirche, und vielleicht war das Feuer gerade aus diesem Grunde erloschen. Außerdem war die Kirche in England dem Staat unterworfen und erhob keine Ansprüche mehr, eine unabhängige, gleichberechtigte Macht zu sein. In Frankreich hingegen war die Kirche eine mächtige Organisation, die einen bedeutenden Teil des nationalen Einkommens und Bodens in Händen hatte und sich darüber hinaus in letzter Instanz einer ausländischen Macht verbunden fühlte. Durch die Rolle, die sie bei der Aufstellung von Testamenten und Schenkungen spielte, schien sie immer mehr Geld aus Laienbesitz in kirchliche Hände zu überführen, und sie weigerte sich, außer einer gelegentlichen «freiwilligen Gabe», noch Steuern zu bezahlen; Tausende von Bauern lebten praktisch als Hörige auf den Kirchengütern, während die Mönche ihr Leben in unfruchtbarer Muße zu vertun schienen. Die Kirche hatte sich verschiedentlich gefälschte Dokumente und zweifelhafte Wunder zunutze gemacht. Sie überwachte fast alle Schulen und Universitäten, was sie dazu ausnützte, der Jugend den Kopf mit unglaublichen Widersinnigkeiten vollzustopfen. Alles, was mit ihrer Lehre nicht übereinstimmte, erklärte sie für Ketzerei, und sie mißbrauchte den Staat, um ihre Zensur über Rede und Presse auszuüben. Sie hatte alles darangesetzt, um die intellektuelle Entwicklung Frankreichs zu erdrosseln. Sie hatte Ludwig XIV. zu den unmenschlichen Hugenottenverfolgungen aufgereizt, wie auch zu der herzlosen Zerstörung von Port-Royal bei Paris. Sie trug die Schuld für die barbarischen Feldzüge gegen die Albigenser, hatte ihren Segen zu der Pariser Bluthochzeit gegeben und Religionskriege angestiftet, die Frankreich fast zerrütteten. Inmitten all dieser Verbrechen gegen den menschlichen Geist hatte sie vorgegeben – und Millionen einfältiger Menschen davon überzeugt –, sie stehe unantastbar oberhalb und jenseits der Vernunft, sei die Erbin göttlicher Offenbarung, die unfehlbare Statthalterin Gottes, und ihre Verbrechen entsprächen ebenso dem Willen Gottes wie ihrer Wohltaten.

Auf all diese Anklagen wußte die Kirche zu antworten; wir werden sie später anhören. Zahllose Geister erhoben diese Vorwürfe, zunächst in Groll und Protest, schließlich mit leidenschaftlicher Feindseligkeit. Die Zahl der Skeptiker vervielfältigte sich mit solcher Geschwindigkeit, daß sie die Geistlichkeit nicht mehr fürchteten und ihr offen mit verzwickten Fragen zu Leibe gingen. Als Pater Tournemine im Gymnasium Louis-le-Grand gegen 1730 Ungläubige aufforderte, zu ihm zu kommen, war sein Zimmer, wie wir hören, «bald mit Freidenkern, Deisten und Materialisten überfüllt; bekehrt hat er kaum jemanden»[6]. Die Priesterschaft war entgeistert über die große Anzahl von Franzosen und Französinnen, die auf dem Sterbebett die Letzte Ölung verweigerten. Madame de Prie drohte dem Pfarrer, der ihr unbedingt die Letzte Ölung aufdrängen wollte, sie werde ihn von ihren Leuten zum Fenster hinauswerfen lassen[7]. Ein Priester klagte: «Kaum erscheinen wir, da wird uns schon eine Diskussion aufgezwungen. Da sollen wir zum Beispiel beweisen, was das Gebet einem Menschen nütze, der nicht an Gott glaubt, oder das Fasten einem Mann, der sein ganzes Leben lang die Unsterblichkeit der Seele abgestritten hat. Das ist wirklich viel verlangt, und die Lacher sind nicht auf unserer Seite.»[8]

Barbier bemerkte 1751: «Wir können in diesem Lande noch eine Revolution zum Protestantismus erleben.»[9] Er irrte sich. Die Vertreibung der Hugenotten hatte keine Zwischenstation zwischen Katholizismus und Unglauben zugelassen. Die französischen liberalen Denker übersprangen die Reformation und kamen in einem Satz von der Renaissance zur Aufklärung. In seiner Auflehnung wandte sich der französische Geist nicht den Jansenisten oder ein paar übriggebliebenen Protestanten zu, sondern Montaigne, Descartes, Gassendi, Bayle und Montesquieu. Wenn die französischen Freidenker auf Descartes zurückgingen, so übernahmen sie von ihm fast nichts als seinen «methodischen Zweifel» und seine mechanistischen Auslegungen der objektiven Welt. Bayle wurde als ein Mensch von spitzfindigem Verstand geehrt, dessen Zweifel tausend neue erzeugt hatten. Sein *Dictionnaire* war ein unerschöpfliches Arsenal für die Feinde der Kirche.

Das Beispiel Englands war eine Aufmunterung für die französischen Freidenker. Angefangen bei Francis Bacon, der mit seinem Streben nach induktiver Wissenschaft so viel mehr zu versprechen schien als Descartes' magische Deduktion Gottes und der Unsterblichkeit aus der Existenz Descartes'; dann Hobbes, dessen unverblümter Materialismus einen unauslöschlichen Eindruck auf Diderot machte; selbstverständlich Newton, bei dem der liebe Gott scheinbar nichts weiter zu tun hatte, als auf einen Knopf in der Weltmaschine zu drücken. Die Franzosen wußten noch nicht, daß Newton in der Theologie fruchtbarer war als in der Naturwissenschaft. Dann kamen die englischen Deisten, die Voltaire ermutigt und beflügelt hatten; und schließlich Locke, denn die Franzosen waren der Ansicht, daß jede Religion zusammenbrechen mußte, falls alle Vorstellungen von den Sinneswahrnehmungen abgeleitet wurden. Wenn diese ein Produkt äußerer Kräfte sind, so ist der Geist ein Produkt der Erfahrung, nicht eine unsterbliche Gabe eines unsichtbaren Gottes. Und wenn die Erfahrung charakteristische Eigenschaften erzeugt, so können diese durch veränderte Erziehungsmethoden und Zielsetzungen sowie eine Reform der sozialen Einrichtungen verwandelt werden. Von diesen beiden Voraussetzungen gingen Männer wie Diderot, Helvétius und d'Holbach aus und zogen daraus ihre revolutionären Schlüsse. «Kann es etwas Wunderbareres geben», fragte Voltaire, der dabei an Locke dachte, «als die ganze Welt mit ein paar Argumenten in Bewegung zu setzen?»[10] (Voltaire starb vor 1789.)

Hören wir, was der Marquis d'Argenson 1753 dazu zu sagen hatte:

> «Es wäre falsch, wollte man den Verlust der Religion in Frankreich der englischen Philosophie zuschreiben, die nicht mehr als etwa hundert Anhänger unter den *philosophes* in Paris zählt, statt die Ursache dafür im Haß gegen die Priester zu sehen, der sich aufs äußerste gesteigert hat.»

Und nachdem er, wie bereits zitiert wurde, die Revolution vorausgesagt hatte, fügte er hinzu:

> «Sie [die Revolution] wird etwas ganz anderes sein als die grobe Reformation – eine Mischung von Aberglauben und Freiheit, die im sechzehnten Jahrhundert aus Deutschland zu uns kam. Da unsere Nation und unser Jahrhundert so ganz anders aufgeklärt sind, werden sie sich dorthin wenden, wohin sie sich wenden sollten: Sie werden die Priester verjagen, das Priestertum abschaffen und all die Offenbarung und all die Mysterien loswerden ...

In den Kreisen der Gesellschaft darf man nicht für die Geistlichkeit eintreten; man wird verspottet und als ein Vertrauter der Inquisition betrachtet ...

Die Priester stellen fest, daß dieses Jahr die Anzahl der Kommunikanten um ein Drittel gefallen ist. Das Jesuitengymnasium wird bald leer stehen; hundertzwanzig Pensionäre wurden aus dieser Schule mit ihren so sehr verleumdeten Mönchen zurückgezogen.» [11]

Weitere geistige Einflüsse schwächten den mittelalterlichen Glauben. Die *philosophes* taten sich mit den Rechtgläubigen in der Ablehnung Spinozas zusammen, denn der große Jude galt als Atheist, und es war gefährlich, ihn zu erwähnen, ohne ihn anzuklagen, was denn auch Hume wie Voltaire vorsichtigerweise taten. Heimlich wurde Spinoza aber gelesen; sein *Tractatus theologico-politicus* rief eine Kritik an der Bibel hervor; und unter dem Vorwand, Spinoza zu widerlegen, hielt Graf de Boulainvilliers Vorträge über ihn. Sogar Hume, der unter französischem Einfluß stand, wirkte seinerseits auf Frankreich ein. Freimaurerlogen wurden in Frankreich gegründet und genossen im engeren Kreis ihre deistischen Ketzereien. Forschung, Geschichte und das vergleichende Studium der Religion schürten die Flammen für die Feuerprobe, der das Christentum nun unterworfen werden sollte. Jede heranwachsende Wissenschaft stärkte die Achtung vor der Vernunft, den Glauben an ein Weltgesetz, den Zweifel an Wundern, das größte und häufigste aller Wunder inbegriffen – die tägliche Verwandlung von Brot und Wein in den Leib und das Blut Christi durch fünfzigtausend einfache Priester.

Soziale Kräfte trugen zur Zerrüttung des Dogmas bei. Jeder Zuwachs an Wohlstand beschleunigte das Rennen ums Vergnügen und machte die Zügel christlicher Moral unerträglich in einem Paris, wo sich der Allerchristlichste König ein Gestüt mit Mätressen hielt und die Muttergottes von Frau von Pompadour verdrängt worden war. Sogar die moralische Verkommenheit dieser Zeit wurde dem Christentum vorgeworfen. Wie kam es, daß nach siebzehnhundert Jahren christlicher Beherrschung die europäische Moral nicht mehr wert war als die der amerikanischen Wilden oder der chinesischen Heiden?

Jede Klasse, außer den Bauern, hatte ihre skeptische Minderheit. Das Beamtentum verübelte der Kirche ihre Unabhängigkeit und Steuerfreiheit. Die alten Bande zwischen der Kirche und ihrem «weltlichen Arm», dem Staat, lösten sich. In der Abteilung für Zensur saßen Freidenker wie Malesherbes, die alles zum Schutz von Diderot und seiner *Encyclopédie* taten; und Frau von Pompadour, die dem König so nahestand, haßte die Jesuiten und wurde von Voltaire als «eine von uns» betrachtet. Die Aristokratie wiederum sah in der Kirche die Stütze eines bourbonischen Königshauses, das den Adel aus der Regierung verdrängt hatte. Auch sie hatte nichts gegen eine Schwächung der Geistlichkeit einzuwenden, und viele Adlige genossen die Unbotmäßigkeit Voltaires. Der höhere Mittelstand lächelte den Intellektuellen wohlwollend zu, wenn sie die Pfaffen bekämpften. Er hatte der Kirche nicht vergeben, daß sie den Zins verurteilt und Großgrundbesitzer gegenüber Geldleuten begünstigt hatte. Wenn diese hochmütigen Bischöfe ein bißchen herabgesetzt wurden, so konnte die Bourgeoisie nur an Ansehen und Macht zunehmen. Finanzleute wie La Popelinière, Helvétius und d'Holbach stellten dem Kreuzzug gegen die Kirche ihr Heim, ihre Börse und in manchen Fällen sogar ihr

Herz zur Verfügung. Die Rechtsanwälte neideten der Geistlichkeit seit langem ihre Stellung; sie konnten die Zeit nicht abwarten, bis sie im Staat ebenso regieren konnten wie in den *parlements*. Ein Polizeibericht aus dem Jahr 1747 behauptet, es gebe kaum einen Beamten im Pariser Parlament, der nicht eine religionsfeindliche Schrift zu Hause habe[12]. In den Pariser Cafés wimmelte es von Atheisten; Witze auf die Geistlichkeit gehörten zum guten Ton, wo von Gott als von «Herrn Sein» (*Monsieur de l'Etre*) gesprochen wurde. Sogar in der Provinz war antiklerikale Literatur weit verbreitet. Einige herumziehende Händler hausierten erfolgreich mit einer Broschüre, die den Titel trug: *Die drei größten Schwindler: Moses, Jesus und Mohammed**. Und war die Geistlichkeit nicht selbst von religiösem Zweifel angefressen, manchmal sogar von ausgesprochenem Atheismus? Betrachten wir ein Beispiel dafür.

III. JEAN MESLIER: 1678–1733

Er war Gemeindepfarrer in Etrépigny in der Champagne. Jedes Jahr verteilte er an die Armen, was er bei seiner genügsamen Lebensführung von seinem Gehalt erübrigen konnte. Nach dreißig friedlichen und vorbildlichen Jahren im Amt starb er im Alter von fünfundfünfzig Jahren, vermachte alles, was er besaß, seiner Gemeinde und hinterließ drei handschriftliche Kopien einer Abhandlung, die er «Mein Testament» nannte. Eine Kopie war für seine Gemeinde bestimmt; und das war sicherlich die merkwürdigste Hinterlassenschaft der Geschichte. Auf dem Umschlag bat er um Verzeihung, daß er während seiner ganzen Laufbahn dem Irrtum und Vorurteil gedient habe. Offenbar hatte er seinen religiösen Glauben vor der Priesterweihe verloren. «Wenn ich einen Beruf gewählt habe, der so sehr meinem Gefühl widersprach, so geschah dies nicht aus Habsucht; ich gehorchte meinen Eltern.»[13] Voltaire veröffentlichte 1762 einen Auszug aus diesem «Testament»; d'Holbach und Diderot brachten 1772 eine Zusammenfassung unter dem Titel *Le Bon Sens du curé Meslier* (Der gesunde Menschenverstand des Pfarrers Meslier) heraus; der ungekürzte Text wurde erst zwischen 1861 und 1864 zum erstenmal gedruckt; heute ist er längst vergriffen und schwer zugänglich. Im ganzen Feldzug gegen das Christentum, von Bayle bis zur Revolution, hat niemand seinen Angriff so gründlich und erbarmungslos vorbereitet wie dieser Dorfpfarrer.

Seine Zweifel scheinen beim Studium der Bibel erwacht zu sein. Das Resultat beweist, daß die Kirche nicht allzu klug war, wenn sie die Bibel dem gemeinen Volk vorenthielt; sie hätte sie auch der Geistlichkeit vorenthalten sollen. Der Pater stieß auf verschiedene Schwierigkeiten in der Heiligen Schrift. Warum wurde die Abkunft Jesu im Matthäusevangelium ganz anders dargestellt als bei Lukas, wenn beide das Gotteswort wiedergaben? Warum endeten beide Stammbäume mit Joseph, wenn es gleich danach hieß, er habe mit der Zeugung Jesu nichts zu tun gehabt? Warum sollte der Sohn Gottes als Abkömmling Davids, eines notorischen Ehebrechers, begrüßt werden? Ließen sich die

---

* Das Manuskript ist in der Bibliothèque Nationale in Paris.

Prophezeiungen im Alten Testament auf Jesus anwenden, oder war diese Anwendung nur ein theologischer Kunstgriff? Waren die Wunder im Neuen Testament frommer Schwindel oder falsch verstandene Naturerscheinungen? Sollte man an diese Geschichte glauben oder sich von der Vernunft leiten lassen? Meslier wählte die Vernunft:

«Ich will meine Vernunft nicht opfern, denn diese Vernunft allein befähigt mich, zwischen Gut und Böse, zwischen Wahrheit und Betrug zu unterscheiden ... Ich will die Erfahrung nicht aufgeben, denn sie ist ein besserer Führer als die Vorstellung oder die Autorität jener Führer, die man mir mitgeben will ... Ich werde meinen Sinnen nicht mißtrauen. Ich übersehe die Tatsache nicht, daß sie mich manchmal irreleiten können; aber andererseits weiß ich, daß sie mich nicht immer täuschen; ... meine Sinne genügen, um übereilte Urteile, zu denen sie mich verführt haben, richtigzustellen.»[14]

Meslier sah in der Vernunft keine Veranlassung, an den freien Willen oder die Unsterblichkeit der Seele zu glauben. Er fand, wir sollten dankbar dafür sein, daß uns der ewige Schlaf nach dem Trubel «dieser Welt, die den meisten von uns mehr Sorgen als Vergnügen verschafft», gewährt wird. «Kehrt friedlich zu der Weltheimat zurück, von der ihr kommt ..., und geht ohne Murren dahin wie alle Wesen, die euch umgeben.»[15] Denen, die vom Himmel als einem Trost sprachen, antwortete er, daß nach ihren eigenen Angaben sowieso nur eine Minderheit dieses Ziel erreichen könne, während die Mehrheit in die Hölle komme; wieso war dann der Gedanke an Unsterblichkeit ein Trost? «Der Glaube, der mich von überwältigender Angst befreit ..., scheint mir wünschenswerter als die Unsicherheit, in die mich der Glaube an Gott stürzt, der frei über seine Gunst verfügt, sie nur seinen Lieblingen bezeugt und allen anderen gestattet, sich ewige Verdammung zu verdienen.» Wie konnte ein zivilisierter Mensch an einen Gott glauben, der seine Geschöpfe zu ewiger Hölle verurteilte?

«Gibt es in der Natur einen so grausamen Menschen, der kaltblütig beschließen könnte, ich will nicht sagen, seinen Mitmenschen, sondern irgendein fühlendes Wesen zu quälen? So müßt ihr also einsehen, o Theologen, daß euer Gott, euren eigenen Prinzipien zufolge, bösartiger ist als der bösartigste der Menschen ... Die Priester haben aus Gott ein so boshaftes, grausames Wesen gemacht ..., daß es nur wenige Menschen auf der Welt gibt, die nicht wünschen, daß Gott nicht existiere ... Was für Moralbegriffe würden wir haben, wenn wir diesen Gott nachahmen sollten!»[16]

Voltaire fand, das gehe etwas weit, und bemühte sich bei der Veröffentlichung des «Testaments», den Atheismus des Pfarrers als Deismus hinzustellen. Aber Meslier war zu keinem Kompromiß bereit. Der christliche Gott, behauptete er, ist der Urheber allen Übels, denn da er allmächtig ist, kann nichts ohne seine Zustimmung geschehen. Wenn er uns das Leben schenkt, so verursacht er auch den Tod. Wenn er uns Gesundheit und Reichtümer gewährt, so schickt er uns zum Ausgleich Armut, Hungersnot, Verheerungen und Krieg[17]. Es gibt in der Welt viele Anzeichen für einen intelligenten Plan, aber weist nicht ebensoviel darauf hin, daß diese göttliche Vorsehung, wenn sie existiert, der teuflischsten Streiche fähig ist?

«Alle Bücher sind voll des schmeichelhaftesten Lobes für die Vorsehung, deren aufmerksame Sorge gepriesen wird ... Wenn wir jedoch jeden Teil der Erdkugel untersuchen, sehen wir, daß sowohl der unzivilisierte wie der zivilisierte Mensch in ständigem Kampf mit der Vorsehung liegt; er muß ihre Schläge in Form von Wirbelstürmen, Unwettern, Frost, Hagel, Überschwemmungen, Dürre abwehren und all die verschiedenen Unfälle, die so oft jede Bemühung des Menschen zunichte machen. Mit einem Wort, ich stelle fest, daß das Menschengeschlecht ständig damit beschäftigt ist, sich vor den bösartigen Anschlägen dieser Vorsehung zu schützen, die sich angeblich nur um die Bewahrung seines Glückes kümmert.»[18]

Hatte es je einen merkwürdigeren und unglaubhafteren Gott als diesen gegeben? Tausende von Jahren hielt er sich vor der Menschheit verborgen und hörte ohne klare und sichtbare Reaktion den Gebeten und Lobgesängen von Billionen Menschen zu. Er soll unendlich weise sein, aber sein Reich wird von Unordnung und Vernichtung heimgesucht. Er soll gütig sein, aber er straft wie ein unmenschlicher Unhold. Er soll gerecht sein, und er läßt die Bösen gedeihen und seine Heiligen zu Tode foltern. Er ist ständig dabei, zu erschaffen und zu vernichten[19]. Während Voltaire der Ansicht war, der Glaube an Gott sei natürlich und universell, behauptete Meslier, ein solcher Glaube sei unnatürlich und müsse erst dem jugendlichen Gemüt eingeflößt werden.

«Alle Kinder sind Atheisten – sie haben keine Vorstellung von Gott ... Menschen glauben an Gott nur auf das Wort jener, die keine bessere Vorstellung von ihm haben als sie selbst. Unsere Ammen sind unsere ersten Theologen; sie erzählen den Kindern von Gott, wie sie ihnen von Werwölfen erzählen ... Sehr wenige Leute würden einen Gott haben, wenn man nicht dafür gesorgt hätte, ihnen einen zu geben.»[20]

Und während die meisten Atheisten ihre Bewunderung für Jesus aussprachen, schloß Meslier Christus in seine leidenschaftliche Zertrümmerung des religiösen Glaubens ein. Welcher normale Mensch konnte vor allem glauben, daß «Gott in der Absicht, sich mit der Menschheit zu versöhnen ..., seinen eigenen unschuldigen und makellosen Sohn opfern würde»[21]?

«Wir sehen in ihm ... einen Fanatiker, einen Menschenfeind, der sich an die Elenden wendet und ihnen predigt, arm zu sein, die Natur zu bekämpfen und auszulöschen, Vergnügen zu hassen, Leiden zu suchen und sich selbst zu verachten. Er befiehlt ihnen, Vater und Mutter, alle Bande mit dem Leben aufzugeben, um ihm zu folgen. Was für eine herrliche Moral! ... Sie muß göttlich sein, denn für Menschen ist sie unausführbar.»[22]

Meslier kommt nach und nach zu völligem Materialismus. Es ist unnötig, über die Materie hinauszugehen und zu fragen, wer sie erschuf. Das Rätsel des Ursprungs würde nur einen Schritt weiter hinausgeschoben als in der natürlichen Kinderfrage: «Wer hat Gott gemacht?» «Ich sage euch, daß die Materie aus sich heraus handelt ... Überlaßt die 'erste Ursache' den Theologen; die Natur braucht sie nicht, um all die Wirkungen hervorzubringen, die ihr beobachtet.»[23] Wenn ihr unbedingt etwas anbeten müßt, betet die Sonne an wie viele andere Völker, denn die Sonne ist der wahre Schöpfer unseres Lebens, unserer Gesundheit, unseres Lichts, unserer Wärme und unserer Freude. «Doch wenn Religion klar wäre», klagt Meslier, «hätte sie weniger Anziehungskraft für die Unwissenden. Sie brauchen Undurchsichtigkeit, Mysterien, Fabeln, Wunder, unglaubhafte Dinge[24] ... Als Priester und Gesetzgeber Religionen erfanden und Mysterien fälschten ..., tischten sie ihnen das auf, was ihrem Geschmack entsprach. Auf diese Art ziehen sie Überschwengliche, Frauen und Analphabeten in ihren Bann.»[25]

Nach Mesliers Ansicht war die Religion im Grunde ein Teil einer Verschwörung zwischen Kirche und Staat, um das Volk so einzuschüchtern, daß es sich der absoluten Gewalt gegenüber fügsam und gehorsam verhielt[26]. Die Priester «taten alles, um ihren Gott zu einem furchtbaren, launischen und unberechenbaren Tyrannen zu machen; für sie mußte er so sein, damit er ihren verschiedenen Zwecken dienen konnte»[27]. Für diese Verschwörung sind die Priester mehr zu tadeln als die Könige, denn sie bemächtigen sich des Fürsten in seiner Kindheit und üben später ihre Herrschaft im Beichtstuhl aus. Sie machen ihn für Aberglauben empfänglich; sie verkrüppeln seinen Verstand und stumpfen ihn ab und stiften ihn schließlich zu religiöser Unduldsamkeit und brutalen Verfolgungen an[28]. Auf diese Weise

«... haben theologische Dispute ... den Zerfall von Reichen, Revolutionen, den Sturz von Herrschern und die Verwüstung ganz Europas heraufbeschworen. Diese elendigen Zwistigkeiten konnten nicht einmal durch Ströme von Blut beschwichtigt werden ... Die Verfechter einer Religion, die ... Barmherzigkeit, Eintracht und Frieden predigt, haben sich jedesmal, wenn sie ihre Führer zur Vernichtung ihrer Brüder aufgereizt haben, als grausamer denn Kannibalen oder Wilde erwiesen. Es gibt kein Verbrechen, das die Menschen im Gedanken, der Gottheit zu gefallen oder ihren Zorn zu besänftigen, nicht begangen hätten ...[29], wenn es nicht darum ging, die Schurkenstreiche von Schwindlern zu decken, die sie im Namen eines Wesens begingen, das nur in ihrer Einbildung existiert.»[30]

Diese riesenhafte, unaufhaltsame Verschwörung von Kirche und Staat gegen den Menschen und die Vernunft wird mit der Begründung verteidigt, daß eine übernatürliche Religion und sogar eine Religion des Schreckens unentbehrlich ist, um dem Menschen moralische Begriffe beizubringen.

«Ist es aber wahr, daß dieses Dogma [von Himmel und Hölle] die Menschen ... tugendhafter macht? Haben sich die Völker, bei denen diese Fiktion aufrechterhalten wird, durch ihr moralisches Verhalten hervorgetan?[31] ... Um uns eines Besseren zu belehren, brauchen wir nur die Augen zu öffnen und die Moral der allerfrömmsten Völker in Augenschein zu nehmen. Wir sehen hochfahrende Tyrannen, Höflinge, zahllose Erpresser, gewissenlose Richter, Schwindler, Ehebrecher, Wüstlinge, Huren, Diebe und Rohlinge aller Art, die nie an der Existenz eines rachsüchtigen Gottes oder den Strafen der Hölle oder den Freuden des Paradieses gezweifelt haben.»[32]

Nein, theologische Vorstellungen, wenn sich auch fast alle Menschen dazu bekennen, haben eine sehr geringe Auswirkung auf ihr Verhalten. Gott ist weit weg, aber die Versuchung ist nah. «Wen überwältigt die Vorstellung von Gott? Ein paar schwache Menschen, die von der Welt enttäuscht und angeekelt sind; einige wenige, deren Leidenschaften durch Alter, Krankheit oder Mißgeschick abgetötet wurden.»[33] Nicht die Kirche, sondern der Staat stellt Ordnung her und bringt den Bürgern bei, den Gesetzen zu gehorchen. «Gesellschaftliche Schranken sind mächtiger als Religion, um den Menschen Benehmen einzutrichtern.»[34] Am besten ist auf die Dauer eine Moral, die sich auf Vernunft und Intelligenz stützt.

«Zur Unterscheidung der wahren Prinzipien eines moralischen Verhaltens benötigen die Menschen weder Theologie, noch Offenbarung, noch Götter; was sie dazu benötigen, ist gesunder Menschenverstand. Sie brauchen nur sich selbst anzusehen, über ihre eigene Natur nachzudenken, ihr offensichtliches Interesse im Auge zu haben und die Absicht der Gesellschaft und jedes ihrer Mitglieder zu berücksichtigen, um ohne weiteres zu verstehen, daß für Wesen ihrer

Art Tugend ein Vorteil und Laster ein Schaden ist ... Menschen sind nur unglücklich, weil sie unwissend sind; sie sind nur unwissend, weil alles sich dazu verschworen hat, ihnen die Aufklärung vorzuenthalten; und sie sind nur bösartig, weil ihr Verstand nicht genügend entwickelt ist.»[35]

Die Philosophen könnten ein natürliches und wirksames Sittengesetz aufstellen, wenn die Furcht vor mächtigen Priestern sie nicht zu einem heuchlerischen Glaubensbekenntnis bewegen würde.

«Seit den ältesten Zeiten hat die Theologie den Fortschritt der Philosophie gehemmt. Sie hat sie in ein unverständliches Kauderwelsch verwandelt ... mit Worten, die keinen Sinn haben und besser zur Verdunkelung als zur Aufklärung geeignet sind ... Wie waren Descartes, Malebranche, Leibniz und viele andere gezwungen, Hypothesen und Ausflüchte zu erfinden, um ihre Entdekkungen mit den Phantasien und Irrtümern, die die Religion geheiligt hatte, in Einklang zu bringen! Was für Vorsichtsmaßnahmen ergriffen die größten Philosophen, selbst wenn sie fürchten mußten, dadurch absurd und unverständlich zu werden, sobald ihre Ideen nicht den Prinzipien der Theologie entsprachen! Wachsame Priester waren immer bereit, Systeme zu ersticken, die ihren Interessen zuwiderliefen ... So blieb den aufgeklärtesten Menschen nichts anderes übrig, als mit verdeckten Worten zu reden und zu schreiben und oft aus feigem Zugeständnis schamlos die Falschheit mit der Wahrheit zu vermischen ... Wie konnten die modernen Philosophen, die unter dem Druck der grausamsten Verfolgung aufgefordert wurden, die Vernunft zu verleugnen und sich dem Glauben – das heißt der priesterlichen Oberhoheit – zu unterwerfen, wie konnten Menschen, die so geknebelt waren, ihrem Geist freien Flug gewähren ... oder den menschlichen Fortschritt beschleunigen?»[36]

Einige Philosophen hatten den Mut, sich von Erfahrung und Vernunft leiten zu lassen und das Joch des Aberglaubens abzuschütteln – Leukippos, Demokrit, Epikur, Strabon. «Aber ihre Systeme, die für die Liebhaber von Phantasien zu einfach, zu vernünftig, zu sehr aller Wunder beraubt waren, mußten den Fabelgespinsten eines Platon, eines Sokrates, eines Zenon weichen. In neuerer Zeit haben Hobbes, Spinoza, Bayle und andere den Weg Epikurs eingeschlagen.»[37]

Meslier beklagte den Verlust, den die Menschheit auf Grund dieser Beherrschung der Philosophie durch die Theologie erlitten hatte. Er trat für Gedankenfreiheit als ein grundsätzliches Recht ein, das «allein den Menschen wahre Menschlichkeit und Seelengröße verleihen kann»[38].

«Nur wenn man ihnen die Wahrheit zeigt, können sie ihre wirklichen Vorteile und die echten Beweggründe erkennen, die sie zum Glück führen. Lange genug haben die Erzieher des Volkes ihren Blick zum Himmel gerichtet; jetzt sollen sie ihn endlich der Erde zuwenden. Der menschliche Geist, der von unverständlicher Theologie, von lächerlichen Fabeln, von undurchdringlichen Geheimnissen und kindischen Zeremonien übergenug hat, soll sich mit natürlichen Dingen, verständlichen Gegenständen, vernünftigen Wahrheiten und nutzbringendem Wissen befassen.»[39]

Gebt Gedanken-, Rede- und Pressefreiheit, eine weltliche Erziehung ohne Fesseln, und der Mensch wird mit jedem Tag seinem Wunschland näherkommen. Die vorhandene Gesellschaftsordnung ist ungerecht. Sie bereichert eine kleine, müßige Minderheit, die vom Luxus verdorben ist, auf Kosten von Millionen Menschen, die in erniedrigender Armut und Unwissenheit gehalten werden. Die Wurzel des Übels ist die Begründung von Besitz. Besitz ist Diebstahl, und Erziehung, Religion und Gesetz sind dazu da, diesen

Diebstahl zu beschützen und heiligzusprechen[40]. Eine Revolution zum Sturz dieser Verschwörung der Wenigen gegen die Vielen wäre vollkommen gerechtfertigt. «Wo», rief Meslier in einem letzten Zornesausbruch aus, «sind die Jacques Clément [der Heinrich III. umbrachte] und die Ravillac [der Mörder Heinrichs IV.] unserer französischen Erde? Gibt es heutzutage noch Männer, die diese hassenswerten Ungeheuer, diese Feinde des Menschengeschlechts zerschmettern, sie erstechen und damit das Volk von der Tyrannei befreien?»[41] Jeden Besitz sollte sich die Nation aneignen, jedermann sollte mit Maß Arbeit tun, das Erzeugnis sollte gleichmäßig verteilt werden. Mann und Weib sollten sich nach Wunsch miteinander verbinden und auseinandergehen, wann es ihnen gefällt; ihre Kinder sollten in Gemeinschaftsschulen erzogen werden. Das wäre das Ende häuslicher Zwistigkeiten, des Klassenkampfs und der Armut; dann wäre das Christentum endlich Wirklichkeit![42]

Nachdem er das alles ausgesprochen hatte, beschloß Jean Meslier sein *Testament* mit einer Herausforderung an alle, die ihn, wie er wußte, verabscheuen würden.

«Mögen sie denken und verurteilen und sagen und tun, was sie wollen ..., mich wird es nicht kümmern ... Schon jetzt habe ich aufgehört, mich um das, was auf der Welt geschieht, zu kümmern. Die Toten, zu denen ich bald gehören werde, haben keine Sorgen mehr und beunruhigen sich nicht mehr. So setze ich *finis* unter all dies. Schon jetzt bin ich wenig mehr als nichts. Bald werde ich wirklich nichts sein.»[43]

Hat es je in der Geschichte der Menschheit ein solches Testament gegeben? Man muß sich diesen einsamen Priester vorstellen, jeden Glaubens und jeder Hoffnung beraubt, der sein Leben schweigend in einem Dorf verbringt, wo sich wahrscheinlich jede Seele, außer seiner eigenen, über seine geheimen Gedanken entsetzt hätte. So sprach er sich nur in seinem Manuskript aus; und hier ergoß er, ohne Zurückhaltung und ohne tiefere Kenntnis der menschlichen Natur, all seinen Groll in die vollständigste antireligiöse Erklärung, die selbst dieses Jahrhundert je zu sehen bekam. Die ganzen Feldzüge Voltaires gegen *l'infâme* waren darin, der ganze Materialismus eines La Mettrie, der Atheismus eines d'Holbach, die verheerenden Phantasien Diderots und sogar der Kommunismus Babeufs. Jean Mesliers *Testament,* das von Voltaire nur zögernd, von d'Holbach mit Vergnügen herausgegeben wurde, trug zur Gärung der französischen Geister bei und bereitete den Boden für den Zusammenbruch des Alten Regimes und die Ausschweifungen der Revolution.

IV. IST DER MENSCH EINE MASCHINE?

Ja, sagte Julien Offroy de la Mettrie. Er war der Sohn eines wohlhabenden Kaufmanns, kam 1709 in Saint-Malo auf die Welt, erhielt eine ausgezeichnete Erziehung und wollte ein Dichter werden. Sein Vater empfahl ihm die weniger gefährliche Laufbahn eines Geistlichen. Er schickte Julien nach Plessis auf die Hochschule, wo der Jüngling ein eifriger Jansenist wurde. Aber ein mit seinem Vater befreundeter Arzt meinte (wie Friedrich der Große sich ausdrückte), daß «ein mittelmäßiger Arzt für seine Arznei besser bezahlt wird als ein guter Pfarrer für seine Absolution»[44]. So verlegte Julien seinen Eifer auf Anatomie und Medizin, erhielt die Doktorwürde in Reims, studierte bei Boerhaave in Leiden, schrieb verschiedene medizinische Abhandlungen, diente als Wundarzt beim französischen Militär und bekam «ein Prozent Ruhm und neunundneunzig Prozent Durchfall»[45] auf den Schlachtfeldern von Dettingen und Fontenoy zu sehen. Er selbst erkrankte an einem heftigen Fieber und erklärte nach seiner Genesung, die Klarheit seines Denkens sei von der Höhe seines Fiebers abhängig gewesen, woraus er schloß, das Denken sei eine Funktion des Gehirns. Er veröffentlichte diese und ähnliche Ideen 1745 in seiner *Histoire naturelle de l'âme* (Naturgeschichte der Seele).

Wir können nicht wissen, was die Seele ist (sagte er), und wir wissen nicht, was die Materie ist; wir wissen hingegen, daß wir nie einer Seele ohne einen Körper begegnen. Wenn wir die Seele studieren wollen, müssen wir den Körper studieren, und um den Körper zu studieren, müssen wir die Gesetze der Materie untersuchen. Materie ist nicht nur Ausdehnung, sie ist auch Bewegungsfähigkeit; sie enthält ein aktives Prinzip, das in verschiedenen Körpern immer komplexere Formen annimmt. Wir wissen nicht, ob die Materie von sich aus das Vermögen hat, zu fühlen, aber wir beobachten Anzeichen für dieses Vermögen selbst bei den niedrigsten Tieren. Es ist logischer, zu glauben, daß diese Empfindlichkeit eine Entwicklung irgendeiner Befähigung in der Materie ist, als sie irgendeiner geheimnisvollen Seele zuzuschreiben, die durch übernatürliche Vermittlung in den Körper gelangte. So durchläuft das «aktive Prinzip» in der Materie Pflanzen- und Tierwelt, bis es beim Menschen das Herz schlagen, den Magen verdauen und das Gehirn denken läßt. Das ist die Naturgeschichte der Seele.

Der Kaplan in La Mettries Regiment zitterte vor solchen Schlußfolgerungen. Er schlug Alarm, und der ärztliche Philosoph wurde von seinem Posten als Militärarzt entlassen. Seine Kollegen hätten ihm zu Hilfe kommen können, aber ungefähr zur gleichen Zeit hatte er ein Büchlein *Die Politik der Ärzte* geschrieben, worin er sich über ihre Intrigen beim Wettbewerb um einträgliche Posten lustig machte. Sie zeigten ihn ebenfalls an, und er mußte feststellen, daß sowohl seine Praxis wie sein guter Ruf dahin waren. Er floh nach Leiden, verfaßte einen weiteren Angriff auf den ärztlichen Beruf und wandte sich der Philosophie zu.

1748 gab er in Leiden eine Arbeit *L'Homme machine* (Der Mensch: eine Maschine) heraus. Unter Maschine verstand La Mettrie einen Körper, dessen Handlungen ausschließlich auf physikalische oder chemische Ursachen und Prozesse zurückgehen. Daß der Tierkörper in diesem Sinn eine Maschine ist, wird ihm aus hundert Erscheinungen klar: das Fleisch von Tieren setzt noch eine Weile nach dem Tode die Palpitation und die Peristaltik fort; Muskeln, die vom Körper getrennt werden, können zu Zusammenziehungen gereizt werden usw. Tiere sind also Maschinen. Und wenn dem so ist, warum nicht auch der Mensch, dessen Knochen, Muskeln, Sehnen und Nerven denen der höheren Tiere so bemerkenswert ähnlich sind? Der Geist hängt offensichtlich von den physikalisch-chemischen Vorgängen des Körpers ab. Opium, Kaffee, Wein und verschiedene Medikamente wirken nicht nur auf den Körper ein, sie können den Ablauf und die Art des Denkens, die Stimmung und die Willenskraft verändern. Ändert man ein paar Fasern im Gehirn von Fontenelle, so macht man ihn zum Idioten[46]. Körperliche Erkrankung kann den Geist schwächen. «Die Seele gewinnt zusammen mit dem Körper an Stärke, und während der Körper an Kraft gewinnt, eignet sie sich größeren Scharfsinn an.»[47] Die Diät beeinflußt den Charakter: «Die Engländer, die ihr Fleisch rot und blutig essen und nicht so gut durchgebraten wie wir, scheinen sich mehr oder weniger barbarisch zu benehmen, wie das mit dieser Ernährung verbunden ist.»[48] «Müssen wir uns also wundern, wenn die Philosophen von jeher die Gesundheit des Körpers im Auge hatten, um die Gesundheit der Seele zu bewahren? Daß Pythagoras sorgfältige Regeln für die Ernährung aufstellte und Platon den Genuß von Wein untersagte?»[49] Zum Schluß sagt La Mettrie:

«Da sämtliche seelischen Fähigkeiten in solchem Ausmaß von der richtigen Organisierung des Gehirns und des ganzen Körpers abhängen ..., sind sie anscheinend nichts anderes als diese Organisierung selbst; die Seele ist offensichtlich eine aufgeklärte Maschine ... *Seele* ist daher nur ein leeres Wort, von dem niemand eine Vorstellung hat und das ein aufgeklärter Mensch nur gebrauchen sollte, um den denkenden Teil in uns zu bezeichnen.»[50]

In *L'Homme plante* (Der Mensch: eine Pflanze; 1748) entwickelte La Mettrie die «große Daseinskette» zu einer Entwicklungstheorie. Er verlor etwas von seiner Zuversicht bei dem Versuch, die offensichtliche Kluft zwischen dem Anorganischen und dem Organischen zu überbrücken; plötzlich vergaß er alles Mechanische und gelangte zum Vitalismus: Er nahm einen Samen (*semence*) an, der die Materie befähige, Leben zu erzeugen[51]. Danach brauchte er nur noch Lucrez zu folgen: «Die ersten Generationen müssen ganz unvollkommen gewesen sein; ... Vollkommenheit konnte in der Natur nicht mehr das Werk eines Tages sein als in der Kunst.»[52] Um die Kluft zwischen Tieren und Menschen zu verringern, behauptete La Mettrie im Gegensatz zu Descartes, daß manche Tiere Verstand besitzen:

«Beobachten wir das Verhalten des Affen, des Bibers, des Elefanten usw. Wenn es klar ist, daß diese Tätigkeit nicht ohne Intelligenz ausgeführt werden kann, warum will man dann den Tieren Intelligenz absprechen? Und wenn man ihnen eine Seele zugesteht, ist man verloren ... Warum dann nicht einsehen, daß die Seele eines Tieres entweder sterblich oder unsterblich sein muß, je nachdem, was die unsrige ist?»[53]

Der Unterschied zwischen dem allereinfachsten Menschen und dem klügsten Tier ist nicht groß. «Dummköpfe ... sind Tiere mit Menschengesichtern, so wie der intelligente Affe ein kleiner Mensch in anderer Gestalt ist.»[54] La Mettrie fügt mit seinem ihm eigenen Humor hinzu, «das ganze Menschenreich» sei «nur ein Gemisch verschiedener Affen unter dem Vorsitz des von Pope eingesetzten Newton»[55]. Der Mensch hörte erst auf, ein Affe zu sein, als er bestimmte Töne zum geeigneten Ausdruck für bestimmte Vorstellungen erfand; durch die Sprache wurde er zum Menschen[56].

Gab La Mettrie einen Gott zu, der die Weltmaschine in Gang setzte? Voltaire und Diderot hatten von einem Weltplan darauf geschlossen, La Mettrie lehnte das verächtlich ab:

«Jede Überlegung über letzte Ursachen ist wertlos. Die Natur macht Seide, wie der *Bourgeois gentilhomme* [Figur bei Molière] Prosa spricht – ohne es zu wissen. Sie ist ebenso blind, wenn sie Leben schenkt, als sie unschuldig ist, wenn sie es vernichtet ... Nachdem sie, ohne zu sehen, Augen gemacht hat, die sehen, hat sie, ohne zu denken, eine Maschine gemacht, die denkt.»[57]

La Mettrie war kein ausgesprochener Atheist; er gab eher vor, die Frage nach Gott als unbedeutend beiseite zu schieben: «Für den Frieden unseres Geistes ist es unwichtig, ob die Materie ewig ist oder erzeugt wurde, ob es einen Gott gibt oder nicht.»[58] Aber er zitiert einen wahrscheinlich erfundenen «Freund», der behauptet: «Die Welt wird nie glücklich werden, solange sie nicht atheistisch ist.» Denn dann wird es keine theologischen Dispute mehr geben, keine kirchlichen Verfolgungen, keine Religionskriege, und der Mensch wird seine natürlichen Instinkte ohne Schuldgefühl zum Ausdruck bringen können[59]. Was ihn selbst betraf, so gab sich La Mettrie mit dem Materialismus zufrieden. Er beendete seinen *Homme machine* mit einer Herausforderung: «Das ist mein System – oder vielmehr die Wahrheit, ich sollte mich denn sehr täuschen. Es ist kurz und einfach. Möge es widerlegen, wer will.»[60] Vielleicht als einen letzten Scherz widmete er sein agnostisches Manifest dem frommen Dichter und Physiologen Albrecht von Haller, der im Mai 1749 diese Widmung mit Abscheu in einem Brief an das *Journal des savants* ablehnte:

«Da der anonyme Verfasser von *L'homme machine* mir eine Arbeit gewidmet hat, die ebenso gefährlich wie ungewöhnlich ist, halte ich es für meine Pflicht gegenüber Gott, der Religion und mir selbst, die folgende Feststellung zu machen: ... Ich erkläre, daß das betreffende Buch meinen Gefühlen völlig zuwiderläuft. Ich betrachte die Widmung an mich als eine Beleidigung, die an Grausamkeit alle anderen übertrifft, die der anonyme Verfasser so vielen würdigen Menschen widerfahren ließ; und ich bitte die Allgemeinheit, versichert zu sein, daß ich nie etwas mit dem Verfasser zu tun hatte ..., daß ich ihn nicht kenne ... und daß ich jede Übereinstimmung unserer beiderseitigen Ansichten als das größte Verhängnis betrachten würde, das mich je befallen könnte.»[61]

La Mettrie ließ die Widmung auch in weiteren Auflagen erscheinen. *L'Homme machine* wurde überall besprochen und einmütig widerlegt. Es war nicht schwer, den unordentlichen Aufbau dieses Bändchens zu kritisieren, seine Anmaßung zu verurteilen und schlecht belegte Tatsachen bloßzustellen. Es war gar nicht so offensichtlich, daß «die Seele und der Körper zusammen einschlafen»[62]; manche Autoren sind glänzender in ihren Träumen als in ihren Büchern. Ein kranker Körper kann einen guten Geist beherbergen, wie es bei Pope und Scarron der Fall war; und unsere Liebhaber von rotem Fleisch werden nicht zugeben, daß sie noch in der Steinzeit leben. La Mettrie, dem jeder Ulk recht war, veröffentlichte selber eine angebliche Kritik seines Buches: *L'Homme plus qu'une machine* (Der Mensch: mehr als eine Maschine), wahrscheinlich um die Aufmerksamkeit auf seine Arbeit zu lenken.

Vielleicht war er aber auch beeindruckt von antimechanistischen Argumenten. Es ist bekannt, daß er sich für Trembleys Versuche mit Süßwasserpolypen (1744) und ihren regenerativen Fähigkeiten interessierte, die sich nicht leicht mit einer mechanistischen Theorie vereinbaren ließen. Georg Stahl, der Vater des Phlogistons, hatte die physiologische These umgedreht und 1707 erklärt, daß nicht der Körper die Vorstellungen und Seelenbewegungen bestimmt, sondern die Seele – das angeborene Lebensprinzip – ausschlaggebend für Wachstum und Tätigkeit der Organe ist. Théophile de Bordeu, der Arzt d'Alemberts, vertrat die Ansicht, daß physiologische Prozesse, sogar einfache Verdauung, mit mechanischen oder rein chemischen Vorgängen nicht zu erklären sind[63].

Und Jean-Baptiste Robinet lehrte einen kosmischen Vitalismus, wonach jede Materie Leben und Empfindungsfähigkeit besitze. Scheinbar war La Mettrie geneigt, dieser Lösung für das Problem von Materie und Leben zuzustimmen.

Jetzt ging er dazu über, eine hedonistische Ethik von seiner materialistischen Philosophie abzuleiten. In drei verschiedenen Arbeiten -- *Discours sur le bonheur* (Rede über das Glück), *La Volupté* (Die Wollust) und *L'Art de jouir* (Die Kunst des Genießens) – stellte er die Eigenliebe als größte Tugend und das Vergnügen der Sinne als höchstes Gut hin. Die theologische Verleumdung aller Vergnügen im Leben fand er unerträglich und stellte die Überlegenheit geistiger Vergnügen in Frage; seines Erachtens waren alle Vergnügen im Grunde sinnlicher Natur; deswegen sind einfache Leute, die sich um den Intellekt nicht kümmern, glücklicher als Philosophen. Niemand (sagt La Mettrie) braucht seine Hingabe an sinnliche Freuden zu bereuen, solange sie anderen keinen Schaden zufügen. Auch der Verbrecher sollte für seine Verbrechen nicht moralisch verantwortlich gemacht werden, denn er ist das Produkt von Vererbung und Umgebung, auf die er keinen Einfluß hat. Er sollte nicht mit Predigten, sondern mit Medizin behandelt werden; mit genügend Festigkeit, um die Gesellschaft zu schützen, aber auch mit der Menschlichkeit, die die universale Vorherbestimmung anerkennt. «Es wäre wünschenswert, ausschließlich die geschicktesten Ärzte zu Richtern zu ernennen.»[64]

All diese Äußerungen unterstrichen den Sieg eines (falschverstandenen) Epikur über Zenon im achtzehnten Jahrhundert. Die stoische Philosophie, die zum klassischen Zeitalter Ludwigs XIV. gehörte, mußte unter der Aufklärung vor dem epikureischen Anspruch auf Vergnügen, vor einer weltdurchdringenden Materie und der Verbannung der Götter zurückweichen. Kein Wunder, daß die Bücher von La Mettrie so eifrig von einer Leserschaft gekauft wurden, die von Theologie, klassischem Formalismus und moralischer Zurückhaltung genug hatte. Die feine Gesellschaft scheute ihn jedoch als einen intellektuellen Einzelgänger, der zu viele Grundsätze der oberen Klasse bloßgestellt hatte. Die Geistlichkeit griff ihn als einen Boten der Hölle an; in Holland stachelte sie die Regierung dazu auf, ihn außer Landes zu verweisen. Der Freidenker Friedrich der Große lud ihn im Februar 1748 nach Preußen ein, gab ihm eine Pension und machte ihn zum Mitglied der Berliner Akademie der Wissenschaften. La Mettrie nahm die ärztliche Praxis wieder auf und schrieb Abhandlungen über Asthma und Ruhr, die der König für das beste hielt, was darüber geschrieben worden war. Nachdem Voltaire an Friedrichs Hof La Mettrie kennengelernt hatte, schrieb er an Madame Denis (6. November 1750):

> «Wir haben hier auch einen vergnügten Menschen; es ist La Mettrie. Seine Ideen sind ein richtiges Feuerwerk und wirken wie lauter Raketen. Eine kleine Viertelstunde hört man sich sein Geschwätz mit Vergnügen an, aber dann wird es tödlich langweilig. Er hat gerade, ohne es zu wissen, ein schlechtes Buch geschrieben ..., in dem er Tugend und Gewissensbisse verabschiedet, die Laster rühmt und seine Leser zu einem Lotterleben auffordert – alles ohne böse Absicht. Dieses Werk enthält unzählige Geistesfunken, aber nicht eine halbe Seite Vernunft, sie flammen auf wie Blitze in der Nacht ... Der liebe Gott möge mich davor bewahren, ihn zum Arzt zu wählen! Er würde mir in aller Unschuld Schwefelsäure statt Rhabarber verabreichen und dann anfangen zu lachen. Dieser merkwürdige Arzt ist der Vorleser des Königs, und das schönste ist, daß

er ihm augenblicklich die *Geschichte der Kirche* vorliest. Er geht Hunderte von Seiten durch, und an manchen Stellen können sich Monarch und Vorleser vor Lachen nicht halten.»[65]

La Mettrie hatte den Tod als das Ende einer Posse beschrieben (*la farce est jouée*); am 11. November 1751 bot der Zweiundvierzigjährige ein Beispiel dafür. Ein Patient, den er von einer schweren Krankheit geheilt hatte, lud ihn zum Essen ein; dabei überaß er sich an Fasanenpastete, bekam hohes Fieber und starb. Wenigstens einmal, sagte Voltaire, hat der Patient seinen Arzt umgebracht[66]. Der König verfaßte eine schöne Grabrede, und Voltaire atmete auf. Die Ideen des Toten gingen über Diderot und Holbach in den Geist der Zeit ein.

ZWEITES KAPITEL

Diderot und die Enzyklopädie

[1713–1768]

I. JAHRE DER WIRREN: 1713–1748

Er wurde am 5. Oktober 1713 in Langres in der Champagne, fünfzig Kilometer von Dijon entfernt, geboren. Sein Vater, Didier Diderot, war ein Messerschmied, der sich auf chirurgische Instrumente verlegt hatte; zweihundert Jahre lang waren seine Vorfahren Messerschmiede gewesen. Denis erbte weder die Standfestigkeit noch den Glauben seiner Ahnen, aber sein ganzes Leben lang verehrte er die einfache Redlichkeit und sanfte Güte seines Vaters. Denis führt eine seiner Äußerungen an: «Mein Sohn, mein Sohn, die Vernunft ist ein ausgezeichnetes Polster, aber ich finde, daß es sich auf dem Kissen der Religion und der Gesetze noch sanfter ruhen läßt.»[1] In diesem Satz kommen beide Stimmen Frankreichs im achtzehnten Jahrhundert zum Ausdruck. Ein anderer Sohn wurde Priester und Denis' geschworener Feind. Eine Schwester ging ins Kloster.

Denis wäre auch beinahe Priester geworden. Von seinem achten bis zu seinem fünfzehnten Lebensjahr besuchte er eine Jesuitenschule in Langres. Mit zwölf wurde er geschoren, trug den schwarzen Rock, übte sich in Askese und beschloß, Jesuit zu werden. Später legte er das als eine Aufwallung seiner Säfte aus; er hatte irrtümlicherweise «die ersten Anzeichen einer erwachenden Sexualität für die Stimme Gottes» gehalten[2]. Didier war hocherfreut über diese neue Berufung seines Sohnes und begleitete ihn bereitwillig nach Paris (1729), wo Denis in das Jesuitengymnasium Louis-le-Grand eintrat, das er nach bestandenem Examen 1732 verließ. Aber wie so oft verloren die Jesuiten einen Novizen, weil sie seinen Geist geschärft hatten. Denis entdeckte, daß Paris noch mehr Bordelle als Kirchen besaß. Er entsagte der Frömmigkeit und dem schwarzen Rock und trat als Lehrling bei einem Anwalt ein. Die Juristerei gab er auch bald als unbefriedigend auf und verbrachte die nächsten zehn Jahre mit den verschiedensten Tätigkeiten, meistens hungrig in einer Dachstube. Schließlich riß seinem Vater die Geduld, und er entzog ihm jede Unterstützung; seine Mutter ließ ihm jedoch heimlich Geld zukommen. Denis machte Schulden, die er manchmal zurückzahlte. Er gab Privatstunden in Mathematik, schrieb Predigten für Geistliche und hausierte mit Büchern. Gleichzeitig setzte er seine Studien in Mathematik, Latein, Griechisch und Englisch fort und eignete sich etwas Italienisch an. Jede strenge Ordnung war ihm zuwider, aber er war wissens- und lebensdurstig. Disziplin lernte er nie, doch ungefähr alles übrige.

Mit leerer Börse und übervollem Herzen verliebte er sich und wollte gleich heiraten. Antoinette Champion war drei Jahre und acht Monate älter als er, aber sie war eine

Frau. Sie warf ihm seine ausschweifende Jugend vor. Er versicherte ihr, diese sei ein Vorspiel zu ehelicher Treue gewesen; er werde ihr ewig treu sein. «Meine letzten Liebesbriefe sind an Dich gerichtet, und möge der Himmel mich als den schlechtesten aller Männer, als den betrügerischsten aller Männer bestrafen, wenn ich noch je in meinem Leben einen an jemand anderen schreibe.»[3] Seine schönsten Briefe verletzten später dieses Gelübde. Antoinettes Mutter konnte den Tränen ihrer Tochter und der Zungenfertigkeit ihres Anbeters nicht widerstehen und willigte in die Heirat ein, falls er das Einverständnis seines Vaters erhalte. Diderot kratzte genug Geld für die Postkutsche nach dem dreihundert Kilometer entfernten Langres zusammen. Dort beeindruckte er seinen Vater mit den Druckbogen einer Geschichte Griechenlands, die er aus dem Englischen übersetzt hatte. Didier erklärte sich bereit, ihn in jeder beliebigen Laufbahn zu unterstützen, die er wählen sollte; aber eine Wahl müsse getroffen werden, worauf ihm der junge Mann seine Heiratspläne eröffnete. Sein Vater machte ihm Vorwürfe wegen seiner Haltlosigkeit und Undankbarkeit. Der Sohn gab eine freche Antwort und schwor, nötigenfalls auch ohne väterliches Einverständnis oder Geld zu heiraten. Didier ließ ihn in ein Kloster einsperren. Denis entwich, machte die hundertfünfzig Kilometer nach Troyes zu Fuß, erwischte dort die Post und kehrte nach Paris zurück.

Aber Madame Champion beharrte auf ihrem Willen. Ihre Tochter sollte keinen Mann heiraten, der von seinen Eltern und deren Besitz getrennt war. Diderot, der völlig verarmt in einer jämmerlichen Stube hauste, zog sich eine schwere Krankheit zu. Antoinette erfuhr davon, eilte zu ihm und schleppte ihre Mutter mit, deren Widerstand gebrochen wurde. Zusammen pflegten sie den siechen Philosophen; und am 6. November 1743 wurden «Nanette» und ihr «Ninot» (wie sie sich nannten) um Mitternacht in einer kleinen Kirche vereint, die sich auf heimliche Trauungen spezialisiert hatte. Neun Monate später erfreuten sie sich einer Tochter, die aber sechs Wochen später starb. Von drei weiteren Kindern blieb nur eines am Leben. Antoinette erwies sich als ein treues Eheweib, aber völlig unzulänglich als Gefährtin, unfähig, dem Gedankenflug ihres Mannes zu folgen. Sie gab ihrer Unzufriedenheit mit dem kleinen Einkommen, das er als Übersetzer verdiente, oft und laut Ausdruck. Er kehrte zu den Cafés seiner Junggesellenzeit zurück, lebte von Kaffee und spielte Schach. 1746 hatte er bereits ein Verhältnis mit Frau von Puisieux angefangen. Für sie schrieb er *Pensées philosophiques* (Philosophische Gedanken), *Les Bijoux indiscrets* (Die indiskreten Kleinode) und *Lettre sur les aveugles* (Brief über die Blinden). Seit langem war er in den Bannstrahl der Philosophie geraten, die uns nie mehr losläßt, weil sie nie die Fragen beantwortet, die sich uns immer neu aufdrängen. Wie die meisten Freidenker seiner Zeit wurde er von der Lektüre Montaignes und Bayles erschüttert und stieß fast auf jeder Seite der *Essais* und des *Dictionnaire* auf bedeutsame Gedanken. Vielleicht veranlaßten ihn die zahlreichen Hinweise Montaignes auf die heidnischen Klassiker zum weiteren Studium der griechischen und römischen Philosophen, besonders von Demokrit, Epikur und Lucrez. Er selbst wurde zum «lachenden Philosophen» seiner Zeit, einem übersprudelnden Materialisten. Er konnte sich nicht wie Voltaire und Montesquieu eine Reise nach England leisten, aber er las Englisch so fließend, daß er sogar englische Gedichte und Dramen genießen konnte. Später trat er für Thompson und wie Lillo für das bürgerliche Drama ein. Er war begeistert von dem Aufruf Francis Bacons, die Natur mit Hilfe von organisierter wissenschaftlicher Forschung zu erobern, und verherrlichte das Experiment als das beste Werkzeug der Vernunft. Sowohl in diesen Lehrjahren als auch später bei der Vorbereitung der *Enzyklopädie* hörte er Vorlesungen über Biologie, Physiologie und Medizin; drei Jahre lang besuchte er die Vorträge Rouelles über Chemie und machte 1258 Seiten Notizen. Er studierte Anatomie und Physik und hielt sich in der Mathematik auf dem laufenden. Von Bacon und Hobbes ging er zu Locke und den englischen Deisten über. Er übersetzte 1745 Shaftesburys *Inquiry concerning Virtue and Merit* (Untersuchung über Tugend und Verdienst) und fügte einige eigene «Gedanken» hinzu. Unbeirrt glaubte er auch weiterhin wie Shaftesbury, das Gute, das Wahre und das Schöne gehörten zusammen und ein Sittengesetz, das auf Vernunft statt auf Religion beruht, diene der sozialen Ordnung hinreichend.

All diese Anregungen und seine eigenen Einfälle aller Art veranlaßten ihn, seine Arbeit *Pensées philosophiques* (Philosophische Gedanken; 1746) anonym herauszugeben. Sie waren radikal genug, um La Mettrie zugeschrieben zu werden, und beredt genug, daß man Voltaire dahinter vermutete; vielleicht schuldete er beiden etwas. Er begann mit einer Verteidigung der Leidenschaften. Hier war der Verstandesmensch mit seinem Freund Rousseau einverstanden, daß es nichts schaden würde, wenn die Philosophie «ein gutes Wort zugunsten der Leidenschaft, dieser Nebenbuhlerin des Verstandes, einlegen würde, da nur sie imstande ist, die Seele zu großen Dingen zu erheben. Ohne die Leidenschaften gäbe es nichts Erhabenes, weder erhabene Moral noch erhabene Werke; die Künste würden in ihre Anfänge zurückfallen, und die Tugend würde sich auf kleinliche Taten beschränken.»[4] Aber Leidenschaften ohne Ordnung wären verheerend; eine gewisse Harmonie muß unter ihnen aufgestellt werden; man muß einen Weg finden, um die eine mit der anderen zu bändigen. Deswegen brauchen wir die Vernunft, die wir zu unserem höchsten Führer machen müssen. Es war ein früher Versuch der Aufklärung, die Vernunft mit dem Gefühl, Voltaire mit Rousseau zu versöhnen.

In der ersten Zeit seiner Entwicklung war Diderot wie Voltaire ein Deist. Der Mechanismus kann Materie und Bewegung erklären, nicht aber Leben und Denken. Der künftige Atheist forderte die Atheisten heraus, die Wunder des Insektenlebens zu erklären, die erst kurz zuvor durch die Untersuchungen Réaumurs und Bonnets bekannt geworden waren.

> «Hat man je mehr Intelligenz, Ordnung, Scharfsinn, Folgerichtigkeit bei der Überlegung oder beim Handeln feststellen können als im Mechanismus eines Insekts? Prägt sich die Gottheit nicht ebenso klar im Auge einer Mücke aus wie die Denkfähigkeit in den Werken des großen Newton? ... Bedenkt, daß ich euch hier nur einen Schmetterlingsflügel oder ein Mückenauge vorhalte, wenn ich euch mit der Last des Universums erdrücken könnte!»[5]

Das hinderte Diderot nicht, den Gott der Bibel mit Verachtung von sich zu weisen; diese Gottheit erschien ihm als ein Ungeheuer von Grausamkeit, und er prangerte die Kirche, die solch eine Auffassung verbreitete, als den Verfechter von Unwissenheit,

Unduldsamkeit und Verfolgung an. Konnte es etwas Sinnloseres geben als einen Gott, der Gott am Kreuze sterben ließ, um den Zorn Gottes über ein Weib und einen Mann, die seit viertausend Jahren tot waren, zu beschwichtigen? Und wenn, wie einige Theologen annahmen, «auf eine gerettete Seele tausend Verdammte kommen, dann gewinnt der Teufel den Streit, ohne seinen Sohn dem Tod auszuliefern». Diderot erkannte keine göttliche Offenbarung außer der Natur selbst an, und er drang in seine Leser, sich zu einer Auffassung von der Gottheit durchzuringen, die eines Weltalls würdig war, wie es die Wissenschaft enthüllt hatte. «*Elargissez Dieu!*» (Gebt Gott mehr Weite!) forderte er[6].

Das Pariser Parlament befahl die Verbrennung des Buches unter der Anklage, daß es «ruhelose und verwegene Geister auf die absurdesten und verbrecherischsten Gedanken bringen könnte, deren die Verderbtheit der menschlichen Natur fähig ist, und daß es alle Religionen durch absichtliche Ungenauigkeit fast auf gleicher Ebene behandelt, um schließlich überhaupt keine anzuerkennen»[7]. Durch die Verbrennung (7. Juli 1746) wurde das kleine Buch bekannt gemacht und fand eine unerwartete Anzahl von Lesern. Es wurde ins Deutsche und Italienische übersetzt, und als es sich herumsprach, daß Diderot der Verfasser war, wurde er sogleich mit Voltaire in einem Atemzug genannt. Von seinem Verleger erhielt er fünfzig Louis, die er seiner Mätresse gab, weil sie neue Kleider benötigte.

Da Frau von Puisieux immer anspruchsvoller wurde, schrieb Diderot noch ein Buch (1747). Der Gemeindepfarrer hörte davon und bat die Polizei um Schutz vor diesem neuen Angriff auf das Christentum. Der Autor wurde in seinem Heim überrascht und sein Manuskript beschlagnahmt. Nach einer anderen Quelle gab man sich mit seiner Versicherung, es nicht zu veröffentlichen, zufrieden. Jedenfalls wurde die *Promenade du sceptique* (Spaziergang des Skeptikers) nicht vor 1830 gedruckt. Diderots Ruhm wurde dadurch nicht gesteigert, aber seinen Gefühlen machte er Luft. In Dialogen – einer Form, die allen Philosophen teuer ist – ließ er einen Deisten, einen Pantheisten und einen Atheisten über ihre Auffassung vom Göttlichen zu Worte kommen. Der Deist unterstreicht das Vorhandensein eines göttlichen Plans zum Beweise Gottes. Damals glaubte Diderot noch nicht, daß die bemerkenswerte Anpassung der Mittel an die Zwecke der Organismen mit einem blinden Prozeß zufälliger Entwicklung erklärt werden könne. Der Atheist besteht darauf, daß Materie und Bewegung, Physik und Chemie das Universum besser erklären als eine Gottheit, die das Problem des Ursprungs nur weiter hinausschiebt. Der Pantheist, der das letzte Wort hat, meint, daß Geist und Materie, miteinander verbunden, ewig sind, daß sie gemeinsam das Universum bilden und daß diese kosmische Einheit Gott ist. Vielleicht hatte Diderot Spinoza gelesen.

Das Jahr 1748 brachte ihm Aufregungen und Sorgen. Antoinette hatte einen Sohn geboren, und das Verhältnis mit Frau von Puisieux belastete seine Börse. Wahrscheinlich um schnell zu Geld zu kommen, schrieb Diderot nun einen unsittlichen Roman: *Les Bijoux indiscrets* (Die indiskreten Kleinode). Wenn man seiner Tochter glauben darf – deren *Mémoires pour servir à l'histoire de la vie et des ouvrages de Diderot* (Memoiren zur Lebensgeschichte und den Werken Diderots) mit Vorsicht zu behandeln sind –, hatte er einmal vor seiner Mätresse die Bemerkung gemacht, es sei verhältnismäßig einfach, einen Roman zu schreiben. Sie bezweifelte das, während er behauptete, einen erfolgreichen Roman in vierzehn Tagen verfassen zu können. Wahrscheinlich schwebte ihm *Das Sofa* des jüngeren Crébillon vor (1740), worin ein Sofa die Liebesgeschichten erzählt, die sich auf ihm abgespielt hatten. Diderot erfand den Zauberring eines Sultans, der, wenn sein Edelstein auf die Kleinode einer Dame gerichtet wurde, bewirkte, daß diese alles erzählten, was sie über die Erlebnisse ihrer Besitzerin wußten. In zwei immer gleich spannenden Bänden wurden die Kleinode von dreißig Damen zum Schwatzen gebracht. Der Verfasser mischte unter seine gewagten Schilderungen einige Bemerkungen über Musik, Literatur und Theater und fügte einen Traum hinzu, in dem der Sultan ein Kind mit Namen «Experiment» immer größer und stärker werden sieht, bis es einen alten Tempel mit Namen «Hypothese» zerstört. Trotz diesen philosophischen Vorstößen erreichte das Buch sein Ziel – es brachte Geld ein. Der Verleger Laurent Durand zahlte Diderot zwölfhundert Livres für das Manuskript, und wenn das Buch auch nur «unter der Hand» verkauft werden konnte, so erwies es sich doch als äußerst gewinnbringend. Sechs französische Auflagen kamen im Jahre 1748 heraus, zehn Ausgaben erschienen in Frankreich zwischen 1920 und 1960. «Kein anderes Werk Diderots hat eine so hohe Auflage erlebt wie *Les Bijoux*.»[8]

Zur Abwechslung verfaßte er einige wissenschaftliche Abhandlungen. Er selbst hielt sehr viel von seinen *Mémoires sur différents sujets de mathématique* (Denkschrift über verschiedene mathematische Themen; 1748), die gelehrte und originelle Betrachtungen über Akustik, Spannung, Luftwiderstand und den «Entwurf für eine neue Orgel» enthielten, die jeder spielen könne. Einige der Essays fanden Anerkennung beim *Gentleman's Magazine* und beim *Journal des Savants*, sogar bei dem jesuitischen *Journal de Trévoux*, das ihn zu weiteren Untersuchungen einlud: «... ein so kluger und fähiger Mensch wie Herr Diderot zu sein scheint, dessen Stil ebenfalls Erwähnung verdient, denn er ist ebenso elegant, treffend und ungekünstelt als lebendig und einfallreich.»[9] Diderot machte sein ganzes Leben lang solche Ausflüge in die Naturwissenschaft, aber sein Hauptinteresse galt mehr und mehr der Psychologie und der Philosophie. Und fast auf allen Gebieten war er der originellste Denker seiner Zeit.

II. DIE BLINDEN, DIE TAUBEN UND DIE STUMMEN: 1749–1751

Eine Frage erregte seine besondere Aufmerksamkeit, die der Ire William Molyneux 1692 gestellt hatte: Wird ein Mensch, der blind auf die Welt gekommen ist und den Unterschied zwischen einem Würfel und einer Kugel nur durch den Tastsinn erfaßt hat, fähig sein – falls ihm das Augenlicht geschenkt wird –, den Würfel sofort von der Kugel zu unterscheiden, oder wird er, bevor er diesen Unterschied machen kann, einige Erfahrungen über die Beziehungen zwischen berührten und gesehenen Formen sammeln müssen? Molyneux und sein Freund Locke waren der Ansicht, daß Erfahrungen dazu nötig seien. 1728 operierte William Cheselden mit Erfolg einen vierzehnjährigen, von

Geburt an blinden Jungen. Der Knabe mußte sich erst eine Weile üben, bis er Formen nur mit dem Auge unterscheiden konnte. Diderot interessierte sich auch für Nicholas Saunderson, der mit einem Jahr endgültig erblindet war, sich eine Art mathematische Brailleschrift erfunden und sich so vervollkommnet hatte, daß er zum Mathematikprofessor in Cambridge ernannt wurde.

Anfang 1749 lud Réaumur eine auserwählte Gruppe ein, die Zeuge sein durfte, wie einer Frau der Verband von den Augen abgenommen wurde, die wegen angeborener Blindheit operiert worden war. Diderot war gekränkt, weil weder er noch ein anderer *philosophe* eine Einladung erhalten hatte, und er behauptete mit seiner gewöhnlichen Unbesonnenheit, Réaumur habe es so eingerichtet, damit die Enthüllung nur vor «gewissen Augen ohne Bedeutung» stattfinde[10]. Diderots Tochter berichtet, diese Worte hätten Madame Dupré de Saint-Maur beleidigt, die sehr stolz auf ihre Augen und zudem die Mätresse des damaligen obersten Pressezensors war, des Grafen von Argenson (Marc-Pierre, ein jüngerer Bruder des Marquis René-Louis).

Am 9. Juni veröffentlichte Durand Diderots *Lettre sur les aveugles à l'usage de ceux qui voient* (Brief über die Blinden zum Gebrauch derer, die sehen), einen Brief, der an Frau von Puisieux gerichtet war und der mit einem Besuch anfing, den Diderot und ein paar Freunde bei einem blinden Winzer gemacht hatten. Sie waren von dem Ordnungssinn betroffen, den der Blinde bewies; er war so ausgeprägt, daß sich die Frau des Blinden ganz auf ihn verließ, um abends alles, was tagsüber den Platz gewechselt hatte, wieder in Ordnung zu bringen. Alle Sinne des Blinden waren schärfer als bei normalen Menschen. «Zartes Fleisch hat für ihn ebensoviel feine Nuancen wie der Klang einer Stimme, und es ist nicht zu befürchten, daß er seine Frau mit einer anderen verwechselt, falls er bei dem Tausch nicht gewinnen sollte.»[11] Der Blinde konnte nicht begreifen, wie man sich mit einem Gesicht bekannt machen konnte, ohne es zu berühren. Sein Sinn für Schönheit war auf Tastwerte beschränkt, auf den angenehmen Klang der Stimme und auf Nützlichkeit. Nacktheit war für ihn nicht mit Scham verbunden, denn Kleider bedeuteten ihm Schutz des Körpers, nicht aber Verbergen des Körpers vor fremden Augen. Diebstahl betrachtete er als eines der größten Verbrechen, weil er so hilflos dagegen war.

Daraus schloß Diderot, daß unsere Vorstellungen von Gut und Böse nicht von Gott, sondern von den Erfahrungen unserer Sinne stammen. Sogar die Vorstellung Gottes muß erlernt werden; sie ist ebenso relativ und unterschiedlich wie die Moralbegriffe. Das Vorhandensein Gottes ist zweifelhaft, denn das Argument vom Plan in der Natur hat an Kraft verloren. Gewiß, es gibt Anzeichen für einen Plan bei vielen Organismen und Organen, wie bei der Fliege und dem Auge. Aber im Universum als Ganzem gibt es keinen Hinweis auf einen Plan, denn einige Teile sind Hindernisse, wenn nicht Todfeinde, für andere Teile; fast jeder Organismus ist dazu bestimmt, von einem anderen verschlungen zu werden. Das Auge scheint ein prachtvolles Beispiel für die Anpassung der Mittel an den Zweck, aber auch hier tauchen Unzulänglichkeiten auf (die Helmholtz später im einzelnen aufdeckte). Es gibt eine schöpferische Spontaneität in der Natur, aber sie ist halbblind und mit viel Unordnung und Verschwendung verbunden. Unter dem Vorwand, daß er Zitate aus dem «Leben und Charakter des Dr. Nicholas Saunderson» von William Inchlif (der offensichtlich nie existiert hatte) anführe, ließ Diderot den blinden Professor sagen: «Was nützt es, mir von dem schönen Schauspiel zu reden, das nicht für mich gemacht wurde? ... Wollt ihr, daß ich an Gott glaube, so laßt mich ihn berühren.»[12] In der angeblichen Biographie lehnte Saunderson Gott ab* und schrieb die Ordnung im Universum einer natürlichen Auswahl von Organen und Organismen durch Erhaltung der Tüchtigsten zu:

«Alle fehlerhaften Kombinationen von Materie sind verschwunden und nur die übriggebliebenen, deren Mechanismus keine bedeutenden Widersprüche enthalten hat und die selbständig fortbestehen und sich fortpflanzen können ... Selbst jetzt ist die Weltordnung nicht so vollkommen, daß nicht ab und zu Mißgeburten auftauchen könnten ... Was ist diese Welt? Eine Zusammenstellung, die Revolutionen unterworfen ist, die alle eine heftige Neigung zur Vernichtung zeigen, eine rasche Folge von Wesen, die einander ablösen, einander wegstoßen und verschwinden.»[13]

Diderot schloß mit den Worten eines Agnostikers: «Wenn wir das menschliche Wissen in Montaignes Waagschale legen, müssen wir fast seinem Grundsatz zustimmen. Denn was wissen wir? Vom Wesen der Materie – nichts. Vom Wesen des Geistes oder des Denkens – noch weniger, überhaupt nichts.»[14]

Im ganzen genommen ist der *Brief über die Blinden* ein hervorragendes Produkt der französischen Aufklärung, eine fesselnde Erzählung, voll psychologischen Scharfsinns und philosophischer Einfälle, und nur die letzten sechzig Seiten wirken etwas ermüdend. Er enthält einige Unschicklichkeiten, die in einem angeblich an eine Dame gerichteten Brief kaum am Platz waren, aber vielleicht war Frau von Puisieux an Diderots Mischung von plebejischer Offenheit und gelehrter Abhandlung gewöhnt. Außerdem machte er noch einen eingehenden Vorschlag für eine Blindenschrift, wie sie später von Louis Braille ausgearbeitet wurde[15].

Voltaire, der sich damals (1749) in Paris aufhielt, teilte Diderot seine Begeisterung über den *Brief* mit:

«Ich habe ihr Buch mit größtem Vergnügen gelesen, denn es spricht viel aus und deutet auf noch mehr hin. Seit langem empfinde ich ebensoviel Hochachtung für Sie als Verachtung für die dummen Barbaren, die das verurteilen, was sie nicht verstehen ... Aber ich muß gestehen, daß ich Saundersons Ansicht, der Gott verneint, weil er blind geboren ist, gar nicht teile. Vielleicht irre ich mich, aber an seiner Stelle hätte ich ein sehr intelligentes Wesen daran erkannt, daß es mir so viele zusätzliche Fähigkeiten, abgesehen vom Augenlicht, gegeben hat ...

Ich möchte mich unbedingt mit Ihnen unterhalten, ganz gleich, ob Sie sich für eines seiner Werke halten oder für eine wohlorganisierte Portion einer ewigen und notwendigen Materie. Vor meiner Abreise aus Lunéville möchte ich, daß Sie mir die Ehre erweisen, mit mir und verschiedenen Weisen ein philosophisches Mahl in meinem Haus einzunehmen.»

Diderot antwortete (11. Juni):

«Der Augenblick, als ich Ihren Brief, *Monsieur et cher Maître,* erhielt, war einer der glücklichsten meines Lebens. Ich teile Saundersons Ansichten nicht mehr als Sie ... Ich glaube an Gott,

---

* Seinen Freunden zufolge starb Saunderson einen frommen Tod. Die Royal Society in London war empört, daß Diderot einem ihrer Mitglieder Atheismus zuschrieb, und ernannte ihn nie zum korrespondierenden Mitglied.

aber ich verstehe mich sehr gut mit Atheisten ... Es ist sehr wichtig, Schierling nicht mit Petersilie zu verwechseln; aber ganz unwichtig, ob man an Gott glaubt oder nicht. Die Welt, sagte Montaigne, ist ein Ball, den er den Philosophen zum Spielen überlassen hat ...»[16]

Bevor sich noch irgend etwas aus diesem Briefwechsel ergeben konnte, wurde Diderot verhaftet. Die Regierung, die durch die öffentliche Kritik an dem demütigenden Aachener Frieden gereizt war, steckte verschiedene ihrer Kritiker ins Gefängnis und fand es an der Zeit, Diderot Einhalt zu gebieten. Ob der im *Brief* versteckte Atheismus Proteste der Geistlichkeit hervorgerufen hatte oder ob die wegen der «bedeutungslosen Augen» gekränkte Madame Dupré de Saint-Maur ihren Liebhaber aufgestachelt hatte, wissen wir nicht. Jedenfalls schickte der Graf von Argenson (am 23. Juli 1749) einen Haftbefehl an den Marquis du Châtelet, der die Festung Vincennes befehligte: «Nehmen Sie den Menschen Diderot ins Schloß Vincennes auf, und halten Sie ihn dort bis auf weiteren Befehl von mir fest.»[17] Am nächsten Morgen in aller Frühe klopfte die Polizei an Diderots Tür. Bei der Haussuchung fand sie zwei oder drei ungebundene Exemplare des *Briefs über die Blinden* und Schachteln voll Material, das Diderot im Hinblick auf die *Enzyklopädie* gesammelt hatte. Er wurde nach Vincennes (bei Paris) abgeführt und in eine Einzelzelle dieses finsteren Schlosses eingeliefert. Man ließ ihm das Buch, das sich im Augenblick seiner Verhaftung in seiner Tasche befunden hatte – *Das verlorene Paradies*. Jetzt hatte er Muße, es aufmerksam zu lesen. Die Randbemerkungen, die er dazu machte, waren nicht gerade orthodox, und auf den leeren Seiten schrieb er einige Gedanken über weniger fromme Themen nieder. Tinte stellte er aus abgekratztem Wandbelag her, den er mit Wein vermischte. Ein Zahnstocher diente ihm als Feder.

Inzwischen hatte sich seine Frau, die mit ihrem drei Jahre alten Söhnchen in verzweifelten Umständen zurückgeblieben war, zum Polizeichef Berryer gestürzt und ihn um die Freilassung ihres Mannes angefleht. Sie behauptete, keine Ahnung von seinen Schriften zu haben. «Ich weiß nur eines: daß seine Schriften seinem Verhalten ähneln müssen. Er schätzt Ehre tausendmal höher als Leben, und seine Arbeiten sind der Spiegel seiner Tugenden.»[18]

Wenn Antoinette nichts von Frau von Puisieux wußte, so war die Polizei darüber unterrichtet. Wirksamer waren die Bemühungen der Männer, die Diderot bereits angestellt hatten, um eine Enzyklopädie herauszugeben. Sie versicherten dem Grafen von Argenson, daß das Unternehmen ohne seinen Gefangenen nicht von der Stelle kommen könne. Am 31. Juli wurde Diderot von Berryer verhört. Er bestritt, den *Brief*, die *Gedanken* und die *Indiskreten Kleinode* verfaßt zu haben. Berryer wußte, daß er log, und schickte ihn in seine Zelle zurück.

Im August, einen Monat vor ihrem Tode, schrieb Frau du Châtelet, wahrscheinlich auf Drängen Voltaires, von Lunéville an ihren Verwandten, den Verwalter von Vincennes, und bat ihn, wenigstens die Haftbedingungen Diderots zu mildern. Berryer erklärte sich (10. August) bereit, dem Gefangenen die Annehmlichkeiten der großen Schloßhalle sowie Bücher und Besuche zu gewähren, falls er ein ehrliches Geständnis ablege. Am 13. August schickte der zerknirschte Philosoph folgendes Dokument an Berryer:

«Ich gestehe also ..., daß die *Gedanken*, die *Kleinode* und der *Brief über die Blinden* Ausschweifungen des Geistes sind, die mir entschlüpften; aber ich kann ... Ihnen auf meine Ehre (auch ich habe eine) erklären, daß es die letzten und einzigen bleiben werden ... Was jene anbetrifft, die mit der Veröffentlichung dieser Arbeiten zu tun hatten, so wird Ihnen nichts verheimlicht werden. Die Namen der Verleger und der Drucker werde ich dem Geheimnis Ihres Busens mündlich anvertrauen.» [19]

Am 20. August wurde er aus seiner Zelle in einen bequemen Raum übergeführt, durfte Besuch empfangen und im Schloßpark spazierengehen. Am 21. gab er die schriftliche Versicherung ab, das Gebäude oder das Grundstück nicht ohne öffentliche Erlaubnis zu verlassen. Seine Frau kam, um ihn zu trösten und zu schelten, und seine alte Liebe für sie erwachte aufs neue. D'Alembert kam und Rousseau und Frau von Puisieux. Die Auftraggeber der *Enzyklopädie* brachten ihm Manuskripte, und er nahm seine Arbeit als Herausgeber wieder auf. Als er erfuhr, daß sein Vater durch seinen Bruder über seine Haft unterrichtet war, schrieb er dem kränkelnden Messerschmied und behauptete, die Bosheit einer Frau sei an seiner Verhaftung schuld, und bat ihn um Unterstützung. Sein Vater schrieb ihm (am 3. September 1749) einen Brief, der die menschliche Seite im Konflikt zwischen Religion und *philosophes* beleuchtet:

«Mein Sohn!

Ich habe die beiden Briefe erhalten, die Du mir kürzlich geschrieben hast, worin Du mir Deine Verhaftung und ihre Ursache mitteilst. Ich bin aber sicher, daß es dafür noch andere Gründe, außer denen, die Du mir aufzählst, gegeben haben muß ...

Da aber nichts ohne den Willen Gottes geschieht, so frage ich mich, was besser für Dein moralisches Wohlbefinden wäre: daß die Gefangenschaft ein Ende nimmt oder daß sie noch ein paar Monate länger dauert, um Dir Zeit zu geben, einmal ernsthaft über Dich selbst nachzudenken. Bedenke, daß der Herr Dir Dein Talent nicht verliehen hat, damit Du an der Schwächung unserer heiligen Religion arbeitest ...

Bisher habe ich Dir lauter Beweise meiner Zuneigung gegeben. Wenn ich Dir eine gute Erziehung angedeihen ließ, so in der Hoffnung, daß Du sie aufs beste ausnützen würdest, und ich hätte es nie für möglich gehalten, daß Du mir nichts als Kummer und Herzeleid bereitest, wie es der Fall ist, seit ich weiß, welches Unglück Dir widerfahren ist.

Verzeihe, wie auch ich Dir verzeihe. Ich weiß, daß niemand vor Verleumdung sicher ist und daß man Dir Bücher zuschreiben kann, an denen Du nicht teilgehabt hast ...

Ich kann Dich nicht achten, solange Du mich nicht ohne Umschweife wissen lässest, ob Du verheiratet bist, wie man aus Paris geschrieben hat, und ob Du zwei Kinder hast. Wenn es sich um eine legale Heirat handelt und es nun einmal so ist, will ich mich zufriedengeben. Ich hoffe, Du wirst Deiner Schwester nicht das Vergnügen nehmen, die Kinder aufzuziehen, und mir, sie unter meinen Augen zu haben.

Du bittest um Geld. Was! Ein Mann wie Du, der mit so außergewöhnlichen Arbeiten beschäftigt ist, kann Geld benötigen? Wo Du doch gerade einen Monat an einem Ort verbracht hast, der Dich nichts kostet! ...

Und erinnere Dich Deiner armen Mutter. Wie oft hat sie Dir vorgeworfen, Du seiest blind. Gib mir Beweise vom Gegenteil. Vor allem, halte Deine Versprechen ...

Ich lege eine Anweisung auf 150 Livres bei, die Du nach Gutdünken verwenden wirst.

Ich kann den glücklichen Tag nicht erwarten, der meinem Kummer durch die Nachricht Deiner Freilassung ein Ende macht. Dann werde ich hingehen und meinem Schöpfer danken.

Inzwischen, mein Sohn, verbleibe ich, mit all der Zuneigung, die ich Dir schulde

Dein Dich liebender Vater

Diderot» [20]

Denis' Antwort kennen wir nicht. Es dürfte ihm schwergefallen sein, diese vornehme Gesinnung zu überbieten.

Am 3. November 1749 wurde er nach einer Haft von dreieinhalb Monaten freigelassen. Er kam glücklich nach Hause zu Weib und Kind und vergaß eine Zeitlang Frau von Puisieux. Aber am 30. Juni 1750 starb sein vierjähriger Sohn an einem heftigen Fieber. Ein drittes Kind, das bald darauf zur Welt kam, wurde bei der Taufe schwer verletzt, denn einer der Anwesenden ließ es in der Kirche auf den Boden fallen. Es starb noch im gleichen Jahr. Drei Geburten, drei Todesfälle. Diderot verbrachte seine Abende wieder im Café Procope. Um 1750 machte Rousseau ihn mit Friedrich Melchior Grimm bekannt; es war der Anfang einer Dreieinigkeit, die für die Literatur von Bedeutung war. In diesem Jahr vertauschte Voltaire Frankreich mit Berlin; Rousseau schrieb seinen preisgekrönten Essay über die Zivilisation als Krankheit, und Diderot gab seine Pläne für die *Enzyklopädie* bekannt.

Während der Arbeit am ersten Band machte er einen Abstecher in eine weitere psychologische Untersuchung, die er 1751 veröffentlichte: *Lettre sur les sourds et muets à l'usage de ceux qui entendent et qui parlent* (Brief über die Tauben und Stummen zum Gebrauch derer, die hören und sprechen). Da er Vincennes noch nicht vergessen hatte, vermied er jede Ketzerei und erhielt vom Zensor (jetzt der wohlwollende Malesherbes) die «stillschweigende Erlaubnis», den Essay in Frankreich herauszugeben, ohne seinen Namen zu nennen und ohne Angst vor Verfolgung haben zu müssen. Diderot hatte sich vorgenommen, die Bewegungen eines Taubstummen zu beobachten, die Gesten, mit denen er eine Frage beantwortet, und den Ursprung der Sprache von der Zeichensprache herzuleiten. Ein großer Schauspieler (denn Diderot trug sich bereits mit dem Gedanken an sein *Paradoxes über den Schauspieler*) macht einen Gedanken oder ein Gefühl manchmal wirksamer mit einer Geste oder einem Gesichtsausdruck klar als mit Worten. Die ersten Worte waren wahrscheinlich Lautzeichen – Laute, die die Vorstellung im Geist vermittelten. Bei Dichtern hat das gewählte Wort nicht nur eine verstandesmäßige, sondern auch eine symbolische Bedeutung oder Färbung; es hat Nuancen für das Auge (zum Beispiel *sehen* und *schauen*) oder für das Ohr (vergleiche: *sagen* und *wispern*), weswegen wahre Dichtung unübersetzbar ist.

Wie immer bei Diderot ist auch diese Arbeit ungleichmäßig und ungeordnet, aber reich an Details. «Meine Idee wäre, einen Menschen gewissermaßen aufzuteilen und zu betrachten, was er jedem seiner Sinne verdankt»; Condillac baute später seinen *Traité des sensations* (Abhandlung über die Sinne; 1754) auf diesem Begriff auf. Oder stellen wir die Dichtung der Malerei gegenüber: der Dichter kann Ereignisse erzählen, der Maler kann nur einen Augenblick festhalten – sein Bild ist eine Geste, die gleichzeitig Vergangenes, Gegenwärtiges und Künftiges auszudrücken sucht; hier keimte schon Lessings *Laokoon* (1766). Aber zu dieser Zeit war der erste Band der *Enzyklopädie* bereits druckreif.

III. DIE GESCHICHTE EINES BUCHES: 1746–1765

«Die *Enzyklopädie*», sagte der katholische Kritiker Brunetière, «war die große Angelegenheit ihrer Zeit, das Ziel, auf das alles, was vorher war, zustrebte, der Ursprung alles dessen, was nachher kam, und infolgedessen der wahre Mittelpunkt jeder Geschichte der Ideen des achtzehnten Jahrhunderts.»[21] «Nur ein philosophisches Jahrhundert konnte den Versuch einer Enzyklopädie machen», sagte Diderot[22]. Die Werke eines Bacon, Descartes, Hobbes, Locke, Berkeley, Spinoza, Bayle und Leibniz in der Philosophie, die wissenschaftlichen Fortschritte, die Kopernikus, Vesal, Kepler, Galilei, Descartes, Huygens und Newton zu verdanken waren, all die Forschungen und Erdbeschreibungen von Seefahrern, Missionaren und Reisenden, die Vergangenheit, die von Gelehrten und Historikern neu entdeckt wurde – dieser ganze neue Wissensbereich wartete darauf, einem weiteren Publikum zugänglich gemacht zu werden.

Chambers' *Cyclopoedia, or an Universal Dictionary of Arts and Sciences* (Cyclopoedia oder ein Universallexikon über Künste und Wissenschaften; 1728) schien zunächst diesem Bedürfnis zu entsprechen. Der Pariser Verleger André-François Le Breton schlug 1743 vor, das Buch aus dem Englischen ins Französische zu übertragen, mit Abänderungen und Zusätzen, die die französischen Verhältnisse berücksichtigten. Das Projekt wuchs immer mehr und zielte auf zehn Bände ab. Um die Ausgaben dafür zu decken, tat sich Le Breton mit drei anderen Verlegern zusammen, Briasson, David und Durand. Sie stellten den Abbé de Gua de Malves als Herausgeber an, verschafften sich die Druckerlaubnis und veröffentlichten (1745) eine Voranzeige. Im Dezember zogen sie – oder Gua de Malves – Diderot und d'Alembert zur Mitarbeit heran. 1747 zog sich Gua de Malves zurück, und am 16. Oktober bestimmten die Verleger Diderot zum Chefredaktor mit einem Gehalt von 144 Livres im Monat und übertrugen d'Alembert die Artikel über Mathematik.

Je mehr er sich in die Arbeit vertiefte, desto unzufriedener wurde Diderot mit dem Text von Chambers. Ein Beweis dafür sind seine sechsundfünfzig Spalten über Anatomie, die Chambers in einer einzigen behandelt hatte, und die vierzehn Spalten über Landwirtschaft, die Chambers mit sechsunddreißig Zeilen abgetan hatte. Schließlich empfahl er, Chambers' Buch ganz fallenzulassen und eine völlig neue Enzyklopädie zusammenzustellen. (Vielleicht hatte Malves schon diesen Vorschlag gemacht). Die Verleger waren einverstanden, und Diderot (der noch nicht der ketzerische Verfasser des *Briefes über die Blinden* war) überzeugte den streng orthodoxen Kanzler d'Aguesseau, die königliche Druckerlaubnis auf das neue Unternehmen auszudehnen (April 1748).

Aber wie sollte dieses finanziert werden? Le Breton schätzte die Kosten auf zwei Millionen Livres. In Wirklichkeit kostete es weniger, ungefähr 1 140 000. Trotzdem muß es fraglich erschienen sein, ob genügend Subskribenten vorhanden waren, daß der Druck gewagt werden konnte. Diderot hatte schon viele Artikel in Auftrag gegeben und schon einige für den ersten Band erhalten, als seine Verhaftung die Arbeit unterbrach. Nach seiner Freilassung widmete er sich ihr ausschließlich, und im November

1750 verschickten die Verleger achttausend Exemplare einer Voranzeige, die Diderot verfaßt hatte. (Zur Erinnerung an den zweihundertsten Jahrestag dieser Veröffentlichung wurde sie 1950 von der französischen Regierung neugedruckt.) Darin wurde bekanntgegeben, daß eine Gruppe von wohlbekannten Schriftstellern, Experten und Spezialisten den Entschluß gefaßt habe, die vorhandenen Kenntnisse in Kunst und Wissenschaft zu einem geordneten Ganzen zusammenzufassen, in alphabetischer Reihenfolge und mit Querverweisen, die Gelehrten und Studenten das Nachschlagen erleichtern würden. «Das Wort Enzyklopädie», hieß es in der Voranzeige, «bedeutet die Wechselbeziehung zwischen den Wissenschaften.» Wörtlich war damit der Umkreis der Bildung, der Wissenskreis, gemeint. Einerseits sei das Wissen außerordentlich gestiegen, sagte Diderot, andererseits mache sich ein dringendes Bedürfnis nach seiner Verbreitung bemerkbar. Wissen, das nicht mitgeteilt werde, sei nutzlos. Das alles sollte, nach der Voranzeige, auf acht Text- und zwei Tafelbände komprimiert werden. Der Subskriptionspreis betrug 280 Livres für die zehn Bände, zahlbar in neun Raten. Das Werk sollte in zwei Jahren fertiggestellt werden. Heute erscheint uns diese Voranzeige wie eine erste Ankündigung der Herrscher der Wissenschaft und eines neuen Glaubens zur Rettung der Menschheit.

Die Antwort auf die Voranzeige war ermutigend, vor allem von seiten des höheren Mittelstandes. Nach dem Tode von Frau Geoffrin erfuhr man, daß sie und ihr Mann über 500000 Livres zur *Enzyklopädie* beigesteuert hatten[23]. Mit diesem Werk in Frankreich und Johnsons *Dictionary* (1775) in England erklärte die europäische Literatur ihre Unabhängigkeit von der Aristokratie und ihren Verzicht auf liebedienerische Widmungen und wandte sich an ein weiteres Publikum, dem sie als Wortführer dienen wollte. Die *Enzyklopädie* war das berühmteste aller Experimente, die die Wissenschaft ins Volk bringen wollten[24].

Der erste Band erschien am 28. Juni 1751. Er enthielt 914 großformatige, zweispaltige Seiten. Das Titelblatt, eine Gravüre von Charles Cochin, war ganz im Sinne des achtzehnten Jahrhunderts: Es zeigte die tastende Menschheit auf der Suche nach Erkenntnis, die durch eine schöne Frau in durchsichtigen Schleiern symbolisiert wurde. Der Titel war beeindruckend: *Encyclopédie, ou Dictionnaire raisonné des sciences, des arts, et des métiers, par une Société de gens de lettres. Mise en ordre et publiée par M. Diderot ... et quant à la partie mathématique par M. d'Alembert ... Avec approbation et privilège du Roi.* Der Band war vorsichtigerweise *Monseigneur le comte d'Argenson, ministre et secrétaire d'Etat et de guerre,* gewidmet. Es handelte sich nicht um eine Enzyklopädie in unserem heutigen Sinn. Biographien oder Artikel historischen Inhalts kamen nicht vor; merkwürdigerweise wurden aber einige Biographien unter dem Geburtsort der Person aufgeführt. Teilweise war sie auch ein Wörterbuch, das Ausdrücke erklärte und Synonyme und grammatische Regeln enthielt.

Der denkwürdigste Teil des ersten Bandes bestand aus dem *Discours préliminaire* (Einleitende Abhandlung). Damit wurde d'Alembert beauftragt, weil er sowohl als führender Wissenschafter wie auch als Meister französischer Prosa bekannt war. Trotz seinem Ruhm lebte er in stoischer Armut in Paris. Als Voltaire ihm die majestätische Aussicht von seiner Besitzung in Genf beschrieb, antwortete d'Alembert: «Sie schreiben mir von Ihrem Bett, von wo Sie einen Blick auf zehn Meilen See haben, und ich antworte Ihnen von meinem Loch, von wo ich ein drei Ellen langes Stückchen Himmel sehe.»[25] Er war Agnostiker, hatte sich aber an keiner öffentlichen Kritik an der Kirche beteiligt. In der «Einleitenden Abhandlung» versuchte er die kirchliche Opposition zu entwaffnen:

«Die Natur des Menschen, deren Erforschung so notwendig ist und von Sokrates so dringend empfohlen wird, ist für den Menschen selbst, wenn er nur von der Vernunft allein geleitet wird, ein undurchdringliches Geheimnis ... Man kann das auch von unserer gegenwärtigen und zukünftigen Existenz sagen, von dem Wesen, dem wir sie verdanken, und von der Art der Verehrung, welche dieses Wesen von uns fordert. Nichts brauchen wir also notwendiger als eine geoffenbarte Religion.»[26]

Er entschuldigte sich bei Voltaire für diese Verbeugungen: «Solche Sätze im Notariatsstil sollen nur als Passierschein für die Wahrheiten dienen, die wir aufstellen wollen ... Die Zeit wird den Unterschied zwischen dem, was wir gedacht, und dem, was wir gesagt haben, lehren.»[27]

Nach einem Vorschlag Francis Bacons teilte die «Einleitende Abhandlung» jegliches Wissen nach den darin zum Ausdruck kommenden Geisteskräften ein. So wurde die Geschichte unter «Gedächtnis», Wissenschaft unter «Philosophie» und Theologie unter «Vernunft» behandelt; Literatur und Kunst waren unter «Vorstellung» aufgeführt. Diderot und d'Alembert waren recht stolz auf dieses Schema und machten daraus in einer Falttafel nach der «Einleitenden Abhandlung» eine Wissenstabelle, die seinerzeit große Bewunderung erregte. Außer Bacon übte Locke den stärksten Einfluß auf die *Enzyklopädie* aus. «Unsere sämtlichen Vorstellungen schulden wir den sinnlichen Wahrnehmungen», hieß es in der «Einleitenden Abhandlung». Von dieser Feststellung hofften die Herausgeber im Laufe der acht Bände eine vollständige Philosophie abzuleiten – eine natürliche Religion, die Gott nur als den ersten Anstoß betrachtete, eine natürliche Psychologie, die aus dem Geist eine Funktion des Körpers machte, und eine natürliche Ethik, die die Tugend im Hinblick auf die Pflichten des Menschen gegenüber dem Menschen und nicht gegenüber Gott definierte. Dieses Programm wurde in der «Einleitenden Abhandlung» vorsichtig angedeutet.

Von diesen ersten Grundsätzen ging d'Alembert zu einer Betrachtung der Geschichte von Wissenschaft und Philosophie über. Er schätzte das Altertum hoch, das Mittelalter gering ein und war begeistert von der Renaissance.

«Wir wären ungerecht, wollten wir nicht anerkennen, was wir Italien verdanken. Aus Italien empfingen wir die Wissenschaften, welche seitdem in ganz Europa so reiche Früchte getragen haben. Italien verdanken wir vor allem die schönen Künste und den guten Geschmack, für welchen es uns eine große Anzahl unnachahmlicher Vorbilder geliefert hat.»[28]

Den Vorkämpfern des modernen Denkens wurden Lorbeerkränze geflochten:

«An die Spitze dieser berühmten Persönlichkeiten ist der unsterbliche Kanzler von England, Francis Bacon, zu stellen, dessen mit Recht geschätzte, aber doch mehr geschätzte als bekannte Werke mehr von uns gelesen als gepriesen zu werden verdienen. Angesichts der gesunden und weitblickenden Anschauungen dieses großen Mannes, der Fülle von Gegenständen, mit denen sein Geist sich beschäftigte, und der Kühnheit seines Stils, der überall die erhabensten Bilder mit der strengsten Präzision vereinigte, könnte man versucht sein, ihn als den größten, universalsten und beredsamsten Philosophen zu betrachten.»[29]

Dann beschrieb d'Alembert das Genie Descartes', das so fruchtbar in der Mathematik, aber in der Philosophie von religiöser Verfolgung beeinträchtigt worden war:

«Immerhin hat es Descartes gewagt, verständige Köpfe zu lehren, das Joch der Scholastik, der bloßen Meinung, der Autorität, mit einem Wort: das Joch der Vorurteile und der Barbarei, abzuschütteln. Durch diese Revolte, deren Früchte wir heute ernten, hat die Philosophie von ihm einen Dienst erwiesen bekommen, der vielleicht schwerer zu leisten war als jeder andere, den sie seinen berühmten Nachfolgern verdankt. Man kann ihn als den Anführer einer Verschwörung betrachten, der den Mut gehabt hat, sich als erster gegen eine despotische und willkürliche Macht zu erheben, und der in der Vorbereitung einer eklatanten Revolution die Grundlagen für eine gerechtere und glücklichere Regierung geschaffen hat, welche er selbst freilich nicht mehr erleben konnte. Wenn er auch am Ende alles erklären zu können geglaubt hat, so hat er doch wenigstens anfänglich alles in Zweifel gezogen. Und die Waffen, welche wir im Kampf gegen ihn benützen, sind deshalb nicht weniger sein Eigentum, auch wenn wir sie gegen ihn wenden.»[29a]

Nachdem er Newton, Locke und Leibniz besprochen hatte, schloß d'Alembert mit einem Bekenntnis ab, in dem er seinem Glauben an die wohltuende Wirkung des immer weiter verbreiteten Wissens Ausdruck gab. «Unser Jahrhundert glaubt an seine Bestimmung, Gesetze jeder Art zu verwandeln.»[30] Von dieser Hoffnung beflügelt, machte d'Alembert seine Vorrede zu einem der Meisterwerke französischer Prosa im achtzehnten Jahrhundert. Buffon und Montesquieu unterstrichen beide die Schönheit dieser einführenden Seiten; Raynal zählte «diesen Text zum Besten, was je in unserer Sprache geschrieben wurde, und unübertroffen in seiner philosophischen und logischen Klarheit, Genauigkeit und Dichte»[31].

Der erste Band war nicht auffallend antireligiös. Die Artikel über christliche Lehre und Riten waren fast orthodox; verschiedene wiesen auf gewisse Schwierigkeiten hin, endeten aber gewöhnlich mit einer feierlichen Verbeugung vor der Kirche. Es mangelte nicht an ketzerischen Nebenbemerkungen und gelegentlichen Angriffen auf Aberglauben und Fanatismus; aber sie waren in Artikeln über anscheinend harmlose Themen wie das skythische Lamm oder den Adler versteckt. So erweiterte sich der Artikel «Agnus scythicus» zu einer Abhandlung über Beweise für Wundertaten, die von Wundern nicht viel übrigließ. Und der Artikel «Adler», der sich über die allgemeine Leichtgläubigkeit ausließ, endete mit durchsichtiger Ironie: «Glücklich das Volk, von dem die Religion nur den Glauben an wahre, erhabene und geheiligte Dinge fordert, nur die Nachahmung tugendhafter Handlungen. Wir haben eine solche Religion, in der der Philosoph nur seinem Verstand zu folgen braucht, um an den Fuß des Altars zu gelangen.»[32] Geschickt wurden hier und dort Sagen und Legenden untergraben, und langsam trat ein rationalistischer Humanismus hervor.

Trotzdem nahmen die Jesuiten den Band wohlwollend auf. Guillaume-François Berthier, der gelehrte Herausgeber des *Journal de Trévoux*, machte höfliche Einwendungen gegen den Nachdruck, mit dem ketzerische Philosophen in der «Einleitenden Abhandlung» behandelt wurden. Er wies auf Ungenauigkeiten und Plagiate hin und forderte strengere Zensur für die nächsten Bände. Aber er rühmte die *Enzyklopädie* als «ein strebsames, solides Unternehmen, dessen Herausgeber nach seiner Beendigung mit Recht den Anspruch des Horaz auf sich anwenden durften – *Exegi monumentum aere perennius* (Ein Denkmal hab' ich errichtet, dauernder als Erz)». Und er fügte hinzu: «Niemand ist geneigter, die schönen Abschnitte in der *Enzyklopädie* anzuerkennen; wir werden sie später mit Vergnügen besprechen.»[33]

Ein anderer Priester war weniger nachsichtig. Jean-François Boyer, der ehemalige Bischof von Mirepoix, beschwerte sich beim König, die Autoren hätten den Zensor betrogen. Ludwig schickte ihn zu Malesherbes, der vor kurzem zum Direktor der Zensur ernannt worden war. Malesherbes versprach, daß die nächsten Bände gründlicher geprüft werden würden; er benutzte jedoch den ganzen Einfluß, den ihm seine verschiedenen Staatsämter verliehen, um die *philosophes* zu schützen. Es war ein Glück für die Rebellen, daß dieser Chrétien-Guillaume de Malesherbes, der nach der Lektüre Bayles zum Skeptiker geworden war und ein Buch *La Liberté de la presse* (Die Pressefreiheit) geschrieben hatte, gerade in den Jahren 1750 bis 1763 Oberster Zensor der Presse war – der kritischsten Periode im Leben Voltaires, Diderots, Helvétius' und Rousseaus. «In einem Jahrhundert, wo jeder Bürger mit Hilfe des Drucks zur ganzen Nation sprechen kann», schrieb Malesherbes, «kommen jene, die das Talent haben, die Menschen zu unterrichten, oder die Gabe, sie zu erschüttern – mit einem Wort gesagt, die Schriftsteller –, die heute einer zerstreuten Menge gegenüberstehen, den Rednern Roms und Athens inmitten des versammelten Volkes gleich.»[34] Er begünstigte die geistige Bewegung durch die Verleihung einer «stillschweigenden Erlaubnis» (*permission tacite*) für Bücher, die sogar er nicht mit der «Gutheißung und dem Privileg des Königs» (*approbation et privilège du Roi*) versehen konnte. Denn seiner Ansicht nach «war ein Mensch, der nur die Bücher las, die mit der ausdrücklichen Erlaubnis der Regierung erschienen waren ..., um fast hundert Jahre hinter seinen Zeitgenossen zurück»[35].

Dieser glückliche Augenblick endete für die *Enzyklopädie* mit einem der merkwürdigsten Ereignisse in der Geschichte der Aufklärung. Am 18. November 1751 verteidigte Jean-Martin de Prades vor der Sorbonne seine Doktorthese mit dem scheinbar harmlosen Titel: *Quel est celui sur la face duquel Dieu a répandu le souffle de la vie?* (Wer ist jener, über dessen Antlitz Gott den Odem des Lebens verbreitete?) Während die Examinatoren nickten oder schliefen, legte der junge Abbé in ausgezeichnetem Latein die chronologischen Widersprüche in der Bibel dar, behandelte die Wundertaten Christi nicht anders als die Erfolge Äskulaps und ersetzte die Offenbarung durch eine natürliche und liberale Theologie. Die Sorbonne nahm die These an und verlieh dem Abbé den Doktortitel. Die Jansenisten, die die Mehrheit im Pariser Parlament hatten, verklagten die Sorbonne; einem Gerücht zufolge hatte Diderot bei dieser These die Hand im Spiel gehabt. Die Sorbonne entzog dem Abbé den Doktortitel und befahl seine Verhaftung. De Prades floh nach Preußen, wo Voltaire ihn aufnahm, bis er La Mettrie als Vorleser bei Friedrich dem Großen ersetzte.

Die Wächter des reinen Glaubens waren empört, als sie herausfanden, daß der gleiche Prades den Artikel «Certitude» (Gewißheit) im zweiten Bande der *Enzyklopädie*, der im Januar 1752 erschien, beigesteuert hatte. Auch dieser Artikel schmeckte nach Diderot. Die Entrüstung gegen das Unternehmen nahm zu. Während Berthier den Band für seine zahlreichen Beiträge zur Erkenntnis lobte, rügte er die Herausgeber für einen Abschnitt, der behauptete, daß die meisten Leute Literatur genau so wie Religion ehren, nämlich «als etwas, das sie weder kennen noch ausüben noch lieben können». Solch eine Behauptung, sagte der Jesuit, verdiene «die größte Aufmerksamkeit seitens der Autoren und der Herausgeber der *Enzyklopädie*, damit in Zukunft nichts Ähnliches darin vorkomme»[36]. Am 31. Januar verurteilte der Erzbischof von Paris, Christophe de Beaumont, die *Enzyklopädie* als einen hinterhältigen Angriff auf die Religion; und am 7. Februar untersagte der Staatsrat jede weitere Veröffentlichung und den Verkauf des Werkes. Am gleichen Tag notierte der Marquis d'Argenson in seinem Tagebuch:

«Heute morgen erschien ein Erlaß, der nicht vorauszusehen war; er untersagte die *Enzyklopädie* unter unhaltbaren Einwänden, wie Aufruhr gegen Gott und die königliche Autorität und die Verderbnis der Sitten ... Man behauptet sogar, daß die Verfasser dieses Wörterbuchs ... umgebracht werden sollen.»[37]

So schlimm war es denn doch nicht. Diderot wurde nicht verhaftet, aber fast das ganze Material, das er gesammelt hatte, wurde von der Regierung beschlagnahmt. Voltaire schrieb Diderot aus Potsdam und forderte ihn auf, das ganze Unternehmen nach Berlin zu verlegen, wo es unter Friedrichs Schutz gedeihen konnte. Aber Diderot war hilflos ohne sein Material, und Le Breton hoffte, daß die Regierung das Verbot aufheben würde, wenn sich der Sturm einmal gelegt hätte.

Malesherbes, der Marquis d'Argenson und Frau von Pompadour unterstützten Le Bretons Eingabe an den Staatsrat; und im Frühling 1752 erteilte dieser auch wirklich die «stillschweigende Erlaubnis» zur Veröffentlichung der weiteren Bände. Frau von Pompadour riet d'Alembert und Diderot, die Arbeit wieder aufzunehmen, jedoch «unter Beobachtung der unerläßlichen Vorsicht bei allem, was die Religion und die öffentliche Gewalt anbetrifft»[38]. Zur Besänftigung der Geistlichkeit erklärte sich Diderot bereit, die nächsten Bände drei Theologen, die vom Exbischof Boyer zu bestimmen seien, zur Zensur zu unterbreiten.

Zwischen 1753 und 1756 erschienen die Bände drei bis sechs, die alle der strengsten Zensur unterworfen wurden. Der Aufruhr hatte die *Enzyklopädie* in weitesten Kreisen bekannt gemacht und sie zu einem Symbol liberaler Ideen erhoben. Die Zahl der Subskribenten stieg auf 3100, als der dritte, auf 4200, als der vierte Band erschien.

D'Alembert hatte sich von dem peinlichen Erlebnis erschüttern lassen. Um seine persönliche Sicherheit zu garantieren, bestand er darauf, von nun an nur noch für den mathematischen Teil verantwortlich zu zeichnen. Diderot hingegen war für den Kampf gegen die Zensur. Am 12. Oktober veröffentlichte er, angeblich aus Berlin und im Namen von de Prades, eine *Suite de l'apologie* (Fortsetzung zur Verteidigung des Herrn Abbé de Prades). Im Zusammenhang mit einer neuerlichen bischöflichen Anklage gegen die These vor der Sorbonne machte er seinem Ärger Luft:

«Nichts ist so unwürdig und so verderblich für die Religion wie diese unbestimmten Deklamationen gegen die Vernunft von seiten gewisser Theologen. Wenn man ihnen zuhört, möchte man meinen, daß die Menschen in den Schoß der Kirche nur wie eine Herde in ihren Stall eintreten können, daß man auf jeden gesunden Verstand verzichten muß, um unsere Religion anzunehmen oder zu bewahren. Wenn man sich auf solche Prinzipien stützt, ich kann es nur wiederholen, dann behandelt man den Menschen wie ein Stück Vieh und macht keinen Unterschied zwischen Falschheit und Wahrhaftigkeit.»[39]

Im dritten Band setzte er die indirekten Angriffe auf das Christentum fort, die er aber gewöhnlich mit rechtgläubigen Beteuerungen verdeckte. Sein Artikel «Chronologie der Bibel» wies abermals auf Widersprüche im Alten Testament hin und erweckte Zweifel über die Genauigkeit biblischer Texte. Sein Artikel über die Chaldäer unterstrich ihre astronomischen Errungenschaften, bedauerte aber ihre Unterwerfung unter die Priester. «Wenn man die Vernunft knebelt, wie es die Chaldäer taten, entehrt man sie. Der Mensch ist dazu geboren, unabhängig zu denken.» Der Artikel «Chaos» zählte die Schwierigkeiten auf, die mit der Idee der Schöpfung verbunden waren, und ging – angeblich um sie zu widerlegen – auf jedes einzelne Argument ein, das für die Ewigkeit der Materie sprach. Neben diesen umstrittenen Abschnitten schrieb er seine ausgezeichneten Artikel über Handel, Wettbewerb, Komposition (in der Malerei) und *comédiens,* womit Schauspieler gemeint waren. Diderot erklärte, daß er weder Maler noch Kunstkenner sei, daß er sich aber gezwungen sehe, dieses Thema zu behandeln, weil der «prahlerische Liebhaber», der für den Artikel über Bildkomposition vorgesehen war, nur ein wertloses Bruchstück abgeliefert habe. In diesem Artikel drückte Diderot einige Ideen aus, mit denen er später seine *Salons* belebte. In dem Artikel «Comédiens» setzte er Voltaires Kampf für die bürgerlichen Rechte der Schauspieler fort.

Der dritte Band wurde viel gepriesen, mit Ausnahme der kritischen Äußerungen der Jesuiten und Elie Frérons in der *Année littéraire.* Neue Mitarbeiter trugen zum Ansehen des Werkes bei: Duclos arbeitete vom vierten Band an mit, Voltaire und Turgot vom fünften Band an und Quesnay vom sechsten. Während der ersten vier Jahre war Voltaire zu sehr in Deutschland beschäftigt, um an dem Unternehmen teilzunehmen. Nachdem er sich (1755) in Genf niedergelassen hatte, lieferte er die Artikel «Elégance», «Eloquence» und «Esprit», die sich alle durch Eleganz, Eloquenz und Esprit auszeichneten. Diderot selbst schrieb den Artikel «Enzyklopädie» im sechsten Band, den einige Gelehrte für den besten des ganzen Werkes hielten. Auf jeden Fall gehörte er zu den längsten, denn er umfaßte vierunddreißigtausend Worte. Er sprach von den Schwierigkeiten, die sich vor dem Werk aufgetürmt hatten, die nicht nur auf die Kräfte, die nach seiner Vernichtung strebten, zurückzuführen waren, sondern auch auf die unzulänglichen Mittel, die für die Bezahlung von Autoren und Druckern zur Verfügung standen, sowie auf die menschliche Unzulänglichkeit der Verfasser, die von Krankheit und Zeitmangel bedrängt wurden. Er gab die vielen Schwächen der ersten fünf Bände zu, die in Hast und Unruhe fertiggestellt worden waren. Er versprach eine Verbesserung und legte mit einigem Pathos sein eigenes Glaubensbekenntnis ab:

«Das Ziel einer Enzyklopädie besteht darin, die über die ganze Erde verstreuten Kenntnisse zu sammeln, sie den Zeitgenossen nahezubringen und sie der Nachwelt zu übermitteln, damit die Bemühungen vergangener Jahrhunderte nicht ungenützt für künftige Generationen bleiben und jene, die nach uns kommen, besser unterrichtet und gleichzeitig ehrenhafter und glücklicher werden; und damit wir nicht sterben, ohne uns um die Menschheit verdient gemacht zu haben.»

Er betrachtete die *Enzyklopädie* als eine Vorkämpferin für die Nachwelt und war überzeugt, daß die Nachwelt ihn rechtfertigen werde. Er sprach von der Möglichkeit «einer großen Revolution, die den Fortschritt der Wissenschaften und das Werk der [technischen] Künste aufhalten kann und einen Teil der Welt ins Dunkel stürzt», und erwärmte sich beim Gedanken an die «Dankbarkeit, die solch eine Generation den Menschen gegenüber empfinden muß, die diese Verwüstung fürchteten und voraussahen und dem Wissen, das vergangene Zeitalter anhäuften, Obdach gewährten». «Die Nachwelt», sagte er, «bedeutet für den Philosophen dasselbe wie das Jenseits für den Frommen.»[40]

Der siebente Band, der im Herbst 1757 herauskam, beschwor eine neue Krise herauf. Quesnay und Turgot hatten Artikel mit ihrer berühmten physiokratischen Wirtschaftstheorie des *laisser-faire* beigesteuert. Louis de Jaucourt, inzwischen ein regelmäßiger Mitarbeiter, verfaßte einen empörend kurzen Artikel «Frankreich», in dem er kaum auf die Geschichte, sondern fast ausschließlich auf die Schwächen Frankreichs einging: die äußerst gefährliche Ungleichheit in der Verteilung des Wohlstands, die Armut der Bauern, das krankhafte Wachstum von Paris und die Entvölkerung der Provinzen. In dem Abschnitt «Regierung» schrieb Jaucourt: «Das größte Gut des Volkes ist seine Freiheit ... Ohne Freiheit gibt es kein Glück für die Staaten.» Voltaire schrieb für diesen Band einen Artikel über Unzucht, in dem er mit seiner Gelehrtheit prahlte. Aber am meisten Aufsehen erregte der Artikel über Genf, der bereits erwähnt wurde. D'Alembert warf all seine Vorsicht und den Vorsatz, sich nur noch mit der Mathematik zu befassen, über den Haufen und brachte sowohl Genf als Paris gegen sich auf, weil er die calvinistische Geistlichkeit so hinstellte, als ob sie die göttliche Natur Jesu in Frage gestellt hätte. Grimm erfaßte sofort, daß dieser Artikel ein taktloser Mißgriff war, und berichtete, daß er einen Aufruhr hervorrief. Ein Jesuit verurteilte diesen Band in einer Predigt, die er in Versailles vor dem König hielt. «Es steht fest», schrieb d'Alembert an Voltaire, «daß ich die Genfer Pastoren auf eine Art gelobt habe, die der katholischen Kirche Abbruch tut.»[41] Am 5. Januar 1757 hatte ein Attentat auf den König stattgefunden. Daraufhin setzte dieser ein altes Gesetz in Kraft, das Schriftsteller, Verleger und Buchhändler, die religions- oder staatsfeindliche Bücher verbreiteten, mit dem Tode bestrafte. Verschiedene Schriftsteller wurden verhaftet. Keiner wurde zum Tode verurteilt, aber der empfindsame d'Alembert bekam verständlicherweise Angst. Um dem Unheil zu entgehen, brach er seine Beziehungen zur *Enzyklopädie* ab (1. Januar 1758). Eine Zeitlang verlor er jedes Gleichgewicht; er beschuldigte Frau von Pompadour, die *antiphilosophes* zu begünstigen, und bat Malesherbes, ihren Führer Fréron unschädlich zu machen. Voltaire bat ihn, nicht zurückzutreten. D'Alembert antwortete ihm (am 20. Januar): «Sie wissen nicht, in welcher Lage wir sind und wie die Obrigkeit gegen uns wütet ... Ich bezweifle, daß Diderot ohne mich fortfahren wird; sollte er es aber doch tun, so weiß ich, daß er sich in den nächsten zehn Jahren auf nichts als Verfolgungen und Unannehmlichkeiten gefaßt machen kann.»[42] Eine Woche später war er noch verstörter. «Wenn sie [die Feinde] heute auf ausdrücklichen Befehl der Machthaber solche Dinge drucken, dann wird es nicht dabei bleiben. Das bedeutet, daß sie dabei sind, einen

Scheiterhaufen für den siebenten Band aufzubauen, um uns beim achten in seine Flammen zu werfen.»[43] Voltaire gab d'Alembert recht und riet Diderot, die *Enzyklopädie* aufzugeben, da sie, wenn überhaupt, nur noch unter einer so strengen Zensur fortgeführt werden könnte, daß das Werk völlig entwertet würde und nicht länger als ein Bollwerk gegen die Macht der Kirche über den französischen Geist gelten könnte[44]. Turgot, Marmontel, Duclos und Morellet weigerten sich, weitere Artikel beizusteuern. Selbst Diderot war eine Zeitlang entmutigt. «Kaum ein Tag vergeht», schrieb er, «an dem ich nicht versucht wäre, mich in die Ruhe und Zurückgezogenheit meiner heimatlichen Champagne zu flüchten.»[45] Aber er gab nicht nach. «Dieses Werk aufzugeben», schrieb er an Voltaire (Februar 1758), «würde heißen, der geschlagenen Bresche den Rücken zu kehren und genau das zu tun, was die Lumpen, die uns verfolgen, erwarten. Wenn Sie nur wüßten, welche Freude ihnen die Abtrünnigkeit d'Alemberts bereitet hat und was sie alles anstellen, um ihn an der Rückkehr zu hindern!»

Die Versammlung der französischen Bischöfe stimmte einem ungewöhnlich hohen Betrag als *don gratuit* (freiwillige Gabe) an den König zu und bat ihn, die «stillschweigende Erlaubnis» aufzuheben, unter der die *Enzyklopädie* in Frankreich erscheinen durfte. Abraham de Chaumeix begann 1758 mit der Veröffentlichung mehrerer Bände unter dem Titel *Préjugés légitimes contre l'Encyclopédie* (Berechtigte Vorurteile gegen die Enzyklopädie). Als die radikale Publikation von Helvétius *Über den Geist* erschien (27. Juli 1758), wurden weitere Proteste laut; die *Enzyklopädie* wurde in diesen Sturm hineingezogen, weil überall gemunkelt wurde, Diderot unterhalte nahe Beziehungen zu Helvétius. Die Lage wurde noch verzweifelter, als Rousseau, der die Artikel über Musik in der *Enzyklopädie* geliefert hatte, jede weitere Mitarbeit verweigerte; und am 22. Oktober 1758 machte er seinen Bruch mit den *philosophes* in seiner *Lettre à M. d'Alembert sur les spectacles* (Brief an Herrn d'Alembert über die Schauspiele) öffentlich bekannt. Die Spaltung im Lager der *Enzyklopädie* schien unüberbrückbar. Am 23. Januar warnte der königliche Staatsanwalt Omer de Fleury das Pariser Parlament, daß «eine Gesellschaft gegründet worden war, mit der Absicht, den Materialismus zu verbreiten, die Religion zu vernichten, den Geist der Unabhängigkeit zu schüren und die Sittenverderbnis zu fördern»[46]. Schließlich erklärte der Staatsrat in einem Befehl vom 8. März die *Enzyklopädie* als ungesetzlich; kein neuer Band durfte gedruckt und keiner der vorhandenen Bände verkauft werden. Der Erlaß erklärte: «Die Vorteile, die ein Werk dieser Art im Hinblick auf den Fortschritt von Kunst und Wissenschaft mit sich bringt, können nie den unheilbaren Schaden aufwiegen, den es im Hinblick auf Moral und Religion anrichtet.»[47]

Der Erlaß bedrohte nicht nur die persönliche Sicherheit der *philosophes*, sondern auch die Zahlungsfähigkeit der Verleger. Viele Kunden hatten die kommenden Bände im voraus bezahlt; wie sollte man ihnen ihr Geld zurückerstatten? Der größte Teil dieses Geldes war für die Veröffentlichung der ersten sieben Bände und die Vorbereitung des achten Bandes verwendet worden, der gerade zur Auslieferung bereit war, als der königliche Befehl erlassen wurde. Diderot gelang es, die Verleger zu beschwichtigen. Vielleicht würde auch dieser Ukas mit der Zeit abgeändert; wenn nicht, so konnten die übrigen Bände im Ausland gedruckt werden. Auf Verlangen der Verleger schloß sich Diderot zu Hause ein und arbeitete am neunten Band. Gleichzeitig versuchten Malesherbes und andere, die Regierung umzustimmen.

In diesem kritischen Augenblick, im Sommer 1759, erschien in Paris ein hinterhältiges und anonymes Pamphlet mit dem Titel *Mémorandum pour Abraham Chaumeix* (Denkschrift für Abraham Chaumeix), eine ebenso blöde wie ausfällige Schrift, die nicht nur die Regierung, das Parlament, die Jesuiten und die Jansenisten aufs gröbste beschimpfte, sondern auch Christus und seine Mutter. Diderot berichtete, daß «die Schrift mir in die Schuhe geschoben wird – und dies fast einstimmig»[48]. Er begab sich zu Malesherbes, zum Chef der Polizei und zum Oberstaatsanwalt des Parlaments und schwor, daß er mit diesem Gossen-Atheismus nichts zu tun hatte. Seine Freunde glaubten ihm, rieten ihm jedoch, Paris zu verlassen. Er weigerte sich, weil eine solche Flucht als Eingeständnis seiner Schuld gedeutet würde. Malesherbes teilte ihm mit, daß die Polizei eine Haussuchung bei ihm vorhatte und seine Papiere beschlagnahmen wollte. Er sollte sie sofort in Sicherheit bringen. «Aber wo?» fragte der gehetzte Rebell. Wo konnte er innerhalb von wenigen Stunden ein Versteck für all das Material finden, das er angesammelt hatte? «Schicken Sie es zu mir», sagte Malesherbes, «hier wird niemand danach suchen.»[49] Inzwischen hatte die Polizei den Drucker des schändlichen Pamphlets aufgetrieben und sich davon überzeugt, daß Diderot nichts damit zu tun hatte. So wurde auch kein Befehl zur Beschlagnahme seiner Papiere erlassen. Er war erleichtert, aber einem Nervenzusammenbruch nahe. Holbach, ein reicher Freund, nahm ihn zu Ferien an verschiedene Orte in der Nähe von Paris mit. «Überall, wo ich hinkam, brachte ich meinen stolpernden Gang und mein melancholisches Gemüt mit», schrieb Diderot[50].

Als er wieder in Paris war, unterschrieb er einen neuen Vertrag mit den Verlegern für die Vorbereitung von neun zusätzlichen Bänden der *Enzyklopädie* für ein Gehalt von 25000 Livres. D'Alembert erbot sich, die Verantwortung für die mathematischen Artikel zu übernehmen. Diderot machte ihm Vorwürfe für seine Fahnenflucht angesichts des Feindes, nahm aber seine Mitarbeit an. Diderot hoffte den siebzehnten und letzten Band 1760 zu beenden, aber im September 1761 schrieb er: «Die schreckliche Überprüfung ist zu Ende. Ich habe ohne Unterbrechung fünfundzwanzig Tage und zehn Stunden im Tag daran gearbeitet.»[51] Zehn Tage später war er immer noch in seinem Zimmer vergraben und untersuchte die Abbildungen. Band VIII–XVII wurden schnell hintereinander in Paris gedruckt, aber mit dem Vermerk, daß sie in Neuchâtel (Neuenburg, Schweiz) erschienen seien. Der neue Polizeichef Sartine drückte bei diesem Schwindel ein Auge zu[52], und die Ausweisung der Jesuiten im Jahre 1762 räumte manche Schwierigkeit aus dem Weg*. Im September 1762 schlug Katharina die Große vor, daß die *Enzyklopädie* in Sankt Petersburg unter ihrem Schutz vollendet werde. Friedrich der

* Die hübsche Geschichte, wonach Frau von Pompadour den Widerstand Ludwigs XV. gegen die Veröffentlichung von Band VIII–XVII damit gebrochen habe, daß sie ihm den Artikel über Schießpulver zu lesen gab, wird heute allgemein als eine Erfindung Voltaires betrachtet[53]. Sie wird im achtundvierzigsten Band der Werke von Voltaire (ed. Beuchot) angeführt und auch in *Madame de Pompadour* der Brüder Goncourt, Seite 147.

Große machte über Voltaire ein ähnliches Angebot. Vielleicht veranlaßten diese Vorschläge die französische Verwaltung, den Druck in Paris zu gestatten. Der letzte Band des Textes erschien 1765; dazu kamen zwischen 1765 und 1772 elf Bände mit Abbildungen. Fünf Ergänzungsbände und ein zweibändiges Register wurden zwischen 1776 und 1780 herausgegeben. Diderot wurde aufgefordert, für ihre Veröffentlichung zu sorgen, aber er war erschöpft und lehnte ab. Die bedeutendste Veröffentlichung des Jahrhunderts hatte ihn abgenützt, ihn jedoch so unsterblich gemacht, wie es beim Auf und Ab der Zivilisationen nur möglich ist.

IV. DIE *ENZYKLOPÄDIE* SELBER

Fast alles, was sie enthielt, wurde von der geistigen Revolution, die sie entzündete, in den Schatten gestellt. Unser Interesse dafür wird nur insoweit erweckt, als Ereignisse in der Geschichte von Ideen damit verbunden sind, als die Waffe, die die *philosophes* in ihrem Kampf mit dem einzigen Christentum, das sie kannten, verwendeten. Der Angriff war selten direkt, wie wir beobachten konnten. Die Artikel «Jesus» und «Christentum», beide von Diderot, entsprachen im wesentlichen der Lehre der Kirche; der zweite wurde von einem italienischen Abbé lobend erwähnt. Verschiedene Priester steuerten Artikel bei; so stammte der Abschnitt «Atheisten» aus der Feder des Abbés Yvon. Die *Enzyklopädie* war nicht für den Atheismus, sondern für den Deismus. Die Querverweise führten jedoch manchmal in Versuchung; im Anhang an einen einwandfreien Artikel wiesen sie oft auf andere hin, die Zweifel erweckten. Der vorbildliche Abschnitt über Gott verwies, zum Beispiel, auf «Démonstration» (Beweis), worin Beweisführungen entwickelt wurden, die Wundern und Legenden den Todesstoß versetzten. Die der Vernunft am meisten widersprechenden Elemente wurden scheinbar hingenommen, aber so dargelegt, daß sie fraglich erscheinen mußten. Chinesische und mohammedanische Lehren, die den christlichen ähnelten, wurden als vernunftwidrig abgelehnt. Der Artikel «Priester», wahrscheinlich von Holbach, war ausgesprochen feindselig, denn die *philosophes* haßten die Geistlichkeit, die sich der Gedankenfreiheit widersetzte und den Anstoß zu Verfolgungen gab. Der Verfasser gab vor, über heidnische Priester zu schreiben:

«Der Aberglauben vermehrte die Zeremonien der verschiedenen Kulthandlungen, worauf sich die Personen, die diese Zeremonien leiteten, bald zu einem eigenen Orden zusammenschlossen. Das Volk glaubte, daß diese Personen ganz der Gottheit hingegeben waren; deswegen hatten die Priester teil an der Verehrung, die die Gottheit genoß. Alltägliche Beschäftigungen schienen unter ihrer Würde, und das Volk fühlte sich verpflichtet, für ihren Unterhalt aufzukommen ..., weil sie die Verwahrer und Deuter des göttlichen Willens und die Vermittler zwischen den Göttern und den Menschen waren ...

Zur Festigung ihrer Herrschaft stellten die Priester die Götter als grausam, rachsüchtig und unerbittlich dar. Sie führten Zeremonien ein, Riten, Mysterien, deren Greuel jene düstere Melancholie im Menschen nähren konnten, die dem Fanatismus so günstig ist. Dann floß das Menschenblut in Strömen über die Altäre; dem Volk, unterjocht von der Angst und trunken von

Aberglauben, war kein Preis zu hoch, um das Wohlwollen der Götter zu erkaufen. Ohne eine Träne zu vergießen, lieferten Mütter ihre zarten Kinder den verzehrenden Flammen aus; Tausende von Opfern fielen unter dem geweihten Messer ...

Männern, die so verehrt wurden, fiel es schwer, sich länger den Schranken zu unterwerfen, die für die soziale Ordnung notwendig sind. Trunken von Macht, bestritt die Geistlichkeit häufig den Königen ihr Recht ... Fanatismus und Aberglaube hing wie ein Schwert über dem Haupt der Herrscher; ihr Thron zitterte jedesmal, wenn sie die heiligen Männer, deren Interessen mit denen der Gottheit verschmolzen, zügeln oder bestrafen wollten ... Wer ihre Macht einschränken wollte, rührte an die Grundlagen der Religion.»[54]

Der Kampf gegen den alten Glauben bestand hauptsächlich darin, die Vorzüge der neuen Überzeugungen und Methoden in Wissenschaft und Philosophie zu preisen. Der Traum der *philosophes* war, die Religion durch Wissenschaft und die Priester durch Philosophen zu ersetzen – wenigstens was die gebildeten Schichten betraf. Die Naturwissenschaften wurden ausführlich behandelt; der Anatomie wurden sechsundfünfzig Spalten gewidmet. Der Artikel «Geologie» enthielt lange Ausführungen über Mineralien, Metalle, Schichten, Versteinerungen, Gletscher, Bergwerke, Erdbeben, Vulkane und Edelsteine. Nach den neuen Ansichten sollte die Philosophie ausschließlich auf der Wissenschaft beruhen. Kein «System» sollte aufgebaut werden, sie durfte nichts mit Metaphysik zu tun haben und keine Reden über Ursprung und Bestimmung der Welt halten. Der Artikel «Ecole» wurde zu einem direkten Angriff auf die scholastischen Philosophen benützt, die die Suche nach Wissen aufgegeben hatten, um sich der Theologie auszuliefern, und sich in den Spinnweben der Logik und dem Nebel der Metaphysik verloren.

Diderot steuerte eine bemerkenswerte Artikelserie über die Geschichte der Philosophie bei. Sie stützte sich weitgehend auf die *Historia critica Philosophiae* von Johann Jakob Brucker (1742–1744), zeugte aber von selbständiger Erforschung des französischen Denkens. In den Essays über die Eleaten und über Epikur wurde der Materialismus dargelegt. Andere Artikel rühmten Bruno und Hobbes. Für Diderot wurde die Philosophie zur Religion. «Für den Philosophen ist die Vernunft, was die Gnade für den Christen ist.»[55] «Beeilen wir uns, die Philosophie ins Volk zu tragen», rief er aus[56]. Und im Artikel «Enzyklopädie» führte er die Sprache eines Apostels: «Heute, wo die Philosophie mit Riesenschritten vorangeht, wo sie alle Gegenstände von Interesse ihrer Herrschaft unterwirft, wo ihre Stimme alle anderen übertönt und sie beginnt, das Joch der Obrigkeit und der Überlieferung abzuschütteln, um die Gesetze der Vernunft zu achten ...» Das war der tapfere neue Glauben, voll von jugendlicher Zuversicht – später eine seltene Erscheinung. Vielleicht meinte er seine kaiserliche Beschützerin in Rußland, als er – wie Platon – hinzufügte: «Wenn man einen Herrscher [Katharina II.] mit einem Philosophen dieser Art [Diderot] vereint, dann erhält man einen vollkommenen Fürsten.»[57]

Sollte solch ein Philosoph eines Tages den priesterlichen Führer und Beichtvater beim König ersetzen, würde er vor allem anderen zur Verbreitung von Freiheit, besonders von Rede- und Pressefreiheit, raten. «Kein Mensch hat von Natur aus das Recht, anderen zu befehlen.»[58] Damit war das Gottesgnadentum der Könige abgetan. Und was Revolution betrifft:

«Macht, die durch Gewalt erworben wurde, ist nichts weiter als Usurpation und kann sich nur so lange halten, wie die Macht des Befehlenden derjenigen der Gehorchenden überlegen ist ... Wenn diese ihrerseits stärker werden und ihr Joch abschütteln, tun sie das mit ebensoviel Recht und Gerechtigkeit wie jene, die es ihnen zuerst auferlegten. Das gleiche Gesetz, das die Machthaber erzeugte, vernichtet sie; es ist das Gesetz des Stärkeren ... Deswegen hat wahre und gesetzliche Macht notwendigerweise ihre Grenzen ... Der Fürst bezieht von seinen Untertanen die Macht, die er über sie hat; und diese Macht wird von den Gesetzen der Natur und des Staates begrenzt ... Nicht der Staat gehört dem Fürsten, sondern der Fürst gehört dem Staat.»[59]

Die *Enzyklopädie* war weder sozialistisch noch demokratisch. Sie war mit der Monarchie einverstanden und lehnte den Begriff der Gleichheit ab, den Rousseau 1755 so energisch vertrat. Ein Artikel von Jaucourt über «natürliche Gleichheit» trat für Gleichheit vor dem Gesetz ein, fügte aber hinzu: «Der Notwendigkeit verschiedenartiger Bedingungen, Grade, Ehren, Auszeichnungen, Vorrechte und Abhängigkeiten, die unter allen Regierungen herrschen müssen, bin ich mir nur zu sehr bewußt.»[60] Diderot betrachtete damals das Privateigentum als die unerläßliche Grundlage der Kultur[61]. Der Artikel «Mensch» hatte hingegen eine kommunistische Färbung: «Das Nettoeinkommen einer Gesellschaft dürfte, wenn es gleichmäßig verteilt ist, einem größeren Einkommen vorzuziehen sein, wenn dieses ungleichmäßig verteilt ist und die Aufteilung des Volkes in Klassen bewirkt.» Und über Armenhäuser: «Es wäre von viel größerem Wert, nach der Verhinderung von Elend zu streben, als immer mehr Zufluchtsorte für die Armen zu schaffen.»[62]

Ein philosophischer König würde die Titel auf Feudalbesitz regelmäßig nachprüfen und die Vorrechte der Lehnsherren abschaffen, die nicht länger durch Dienste an die Bauernschaft oder den Staat gerechtfertigt sind[63]. Er würde nach einem menschlicheren Ausweg für die *corvée*, wahre Zwangsarbeit, suchen und den Sklavenhandel verbieten. Er würde, soweit es in seiner Macht steht, mit den Kriegen aus Habgier und Machtgelüsten ein Ende machen. Er würde die Gerichtshöfe von Bestechung säubern, mit dem Verkauf von Ämtern Schluß machen und die Härte des Strafgesetzbuches mildern; auf jeden Fall würde er die gerichtliche Folter abschaffen. Und anstatt die Verewigung des Aberglaubens zu unterstützen, würde er seine Kräfte für ein Goldenes Zeitalter einsetzen, wo die Staatskunst sich mit der Wissenschaft vereint, um Unwissenheit, Krankheit und Armut einen unerbittlichen Kampf anzusagen.

Im großen und ganzen entsprachen die wirtschaftstheoretischen Ideen der *Enzyklopädie* denjenigen des Mittelstandes, dem die meisten der *philosophes* angehörten. Häufig vertraten sie die Ansichten der Physiokraten, die unter Führung von Quesnay und Mirabeau dem Älteren die ökonomische Theorie in Frankreich um die Mitte des Jahrhunderts beherrschten. Freies Unternehmertum und daher Handelsfreiheit und Konkurrenzfreiheit wurden als Voraussetzung für freie Menschen betrachtet. Infolgedessen wurden die Zünfte verurteilt, weil sie ein Hindernis dafür waren. Diese Ideen eroberten sich in der Amtszeit des Ministers Turgot einen Platz in der Geschichte (1744).

Die *Enzyklopädie* verfolgte mit besonderer Aufmerksamkeit und Begeisterung den Beginn der industriellen Technik, die sich in England und Frankreich bemerkbar machte. Die mechanischen Künste, unterstrich Diderot, sollten als eine Anwendung der Wissenschaft geachtet werden, denn sicherlich war die Anwendung ebenso wertvoll wie die Theorie. «Wie absurd ist unser Urteil! Wir beschwören die Menschen, sich nützlich zu betätigen, und verachten nützliche Menschen!»[64] Er hoffte, die *Enzyklopädie* zu einer so reichen Fundgrube für Technologie zu machen, daß die mechanischen Künste, falls sie bei irgendeiner Tragödie vernichtet werden sollten, mit Hilfe eines einzigen erhaltenen Exemplars der gesamten *Enzyklopädie* wieder aufgebaut werden konnten. Er selbst schrieb lange gründliche Artikel über Stahl, Landwirtschaft, Nadeln, Bronze, die Bohrmaschine, Hemden, Strümpfe, Schuhe und Brot. Er bewunderte die Gaben von Erfindern und die Geschicklichkeit von Handwerkern. Er begab sich persönlich auf Bauernhöfe, in Werkstätten und Fabriken, um neue Methoden und Erzeugnisse zu studieren; und er überwachte die Anfertigung von fast tausend Stichen, die die elf Bände mit den Abbildungen zu einem der erstaunlichsten Werke dieser Epoche machten. Für diese Bände gab die Regierung ohne weiteres die königliche Druckerlaubnis. Sie enthielten fünfundfünfzig Abbildungen über die Textilindustrie, elf über Geldmünzen, zehn über Militärtechnik, fünf über die Herstellung von Schießpulver, drei über die Fabrikation von Stecknadeln. Diese gaben Adam Smith die Anregung zu seinen berühmten Äußerungen über die Arbeitsteilung bei der Herstellung von Stecknadeln in «achtzehn verschiedene Handgriffe»[65].

Zur Erlangung dieser Kenntnisse, sagte Diderot,

> «wandten wir uns an die fähigsten Handwerker in Paris und im ganzen Königreich. Wir scheuten keine Mühe ... und stellten ihnen Fragen, machten Aufzeichnungen nach ihrem Diktat ..., lernten bei ihnen die Fachausdrücke ..., fragten immer wieder neue Gruppen von Arbeitern aus, so daß wir richtigstellen konnten, was andere nur unvollständig, unklar oder manchmal unrichtig auseinandergesetzt hatten ... Wir sandten Graveure in die Werkstätten, die Pläne von Maschinen und Werkzeugen anfertigten und nichts ausließen, was sie dem Betrachter verständlich machen konnten.»[66]

Als der türkische Sultan 1773 Baron de Tott aufforderte, Kanonen für die Befestigungen der Dardanellen herzustellen, ließ sich der Baron von dem Artikel über Kanonen in der *Enzyklopädie* leiten[67].

Nachdem Diderot die Arbeit an dem Text vollendet hatte, mußte er eine Kränkung hinnehmen, die seinen Geist fast gebrochen hätte. Als er zufällig einen Artikel durchsah, entdeckte er, daß viele Abschnitte, die er auf den Fahnen korrigiert und in Ordnung befunden hatte, beim Druck ausgelassen worden waren. Bei der Nachprüfung anderer Artikel entdeckte er ähnliche Verstümmelungen in den Bänden neun bis siebzehn. Gewöhnlich fehlten Stellen, die die Geistlichkeit oder das Parlament noch mehr gereizt hätten, und diese Auslassungen waren ohne Rücksicht auf den Zusammenhang des übrigen Textes gemacht worden. Le Breton gestand, daß er diese Eingriffe vorgenommen hatte, um die *Enzyklopädie* vor weiteren Verfolgungen und sich selbst vor Konkurs zu bewahren. Grimm berichtete über das Ergebnis:

> «Die Entdeckung versetzte Diderot in eine Wut, die ich nie vergessen werde. 'Jahrelang', schrie er Le Breton an, 'haben Sie mich gemein hintergangen. Sie haben die Arbeit von zwanzig braven Menschen massakriert, die ihre Zeit, ihre Talente und ihre Nächte aus Liebe zu Recht und Wahrheit geopfert haben und die nichts anderes hofften, als ihre Ideen an die Öffentlichkeit zu bringen und wenigstens etwas Anerkennung dafür zu ernten, was sie so reichlich verdient

hatten ... Von nun an werden Sie als ein Mann dastehen, der Verrat geübt hat, was einen Akt von solcher Dreistigkeit darstellt, daß sich nichts, was je geschehen ist, damit vergleichen läßt.»[68]

Niemals verzieh er Le Breton.

Wenn wir auf dieses großartige Unternehmen zurückblicken, so erscheint es sowohl geschichtlich als inhaltlich als die größte Errungenschaft der französischen Aufklärung. Und da Diderot den Löwenanteil an seiner Verwirklichung hatte, muß man ihn im geistigen Panorama des französischen achtzehnten Jahrhunderts gleich nach Voltaire und Rousseau einreihen. Unermüdlich und bis zur Erschöpfung arbeitete er an der Redaktion. Er machte die Querverweise, berichtigte Fehler, las die Korrekturabzüge. Er lief in ganz Paris herum, um Mitarbeiter zu suchen oder anzuspornen. Er schrieb mehrere hundert Artikel, wenn keine anderen Mitarbeiter gefunden wurden oder wenn sie sich als unzuständig erwiesen. Wenn alles fehlgeschlagen war, mußte er herhalten. So schrieb er über Philosophie, Segeltuch, Christenheit, Riesenschlangen, Schönheit, Spielkarten, Brauerei und geweihtes Brot. Sein Artikel «Unduldsamkeit» nimmt Voltaires Abhandlung vorweg und dürfte ihn auf verschiedene Ideen gebracht haben. Manche Abschnitte waren mit Fehlern gespickt, andere feindselig und ungerecht wie der über die Jesuiten. Aber er war ein gehetzter Mann, belagert und verfolgt, der mit jeder Waffe zurückschlug, die ihm in die Hände fiel.

Heute, wo sich die Erregung gelegt hat, darf man über die Mängel der *Enzyklopädie* sprechen. Hunderte von Irrtümern unterliefen im rein Faktischen. Sie litt an einer Menge nachlässiger Wiederholungen und offensichtlicher Auslassungen. Erhebliche Plagiate wurden begangen, worauf jesuitische Gelehrte hinwiesen; einige Artikel waren ein wahres «Mosaik entlehnter Abschnitte»[69]. In drei Ausgaben des *Journal de Trévoux* deckte Berthier mit genauen Angaben und Zitaten über hundert Plagiate im ersten Band auf. Meistens handelte es sich um kurze und unbedeutende Diebstähle wie bei Definitionen, aber einige erstreckten sich über drei oder vier Spalten, die fast Wort für Wort abgeschrieben worden waren.

Es gab auch ernsthafte geistige Mängel in der *Enzyklopädie*. Die Mitarbeiter hatten eine zu vereinfachte Vorstellung von der menschlichen Natur, eine zu optimistische Einschätzung der über jeden Verdacht erhabenen Vernunft, ein zu unklares Verständnis ihrer Unzulänglichkeit, waren allzu zuversichtlich, wenn sie sich ausmalten, wie die Menschen die Kenntnisse, die die Wissenschaft ihnen vermittelte, ausnützen würden. Den *philosophes* im allgemeinen und Diderot im besonderen mangelte es an historischem Gefühl; sie hielten selten inne, um sich zu fragen, wie die Überzeugungen, die sie bekämpften, entstanden waren und welche menschlichen Bedürfnisse und nicht priesterliche Erfindungen den Glauben erzeugt und erhalten hatten. Sie waren völlig blind für die riesigen Verdienste der Religion für die soziale Ordnung, die Moral, die Musik, die Kunst und die Linderung von Armut und Leiden. Ihr antireligiöses Vorurteil war so ausgeprägt, daß sie kaum auf die Unparteilichkeit Anspruch erheben konnten, die heute als wesentlich für eine gute Enzyklopädie betrachtet wird. Wenn auch einige Jesuiten wie Berthier die *Enzyklopädie* gerecht beurteilten, so waren doch ihre meisten Kritiker ebenso voreingenommen wie die *philosophes*.

Diderot empfand die Fehler des Werkes in den Fakten sehr stark. 1755 schrieb er: «Die erste Ausgabe einer Enzyklopädie kann nur eine unvollkommene und formlose Kompilation sein.»[70] Er erwartete, daß sie bald überholt sein werde. Aber selbst in dieser Form bahnte sich das schwerfällige Erzeugnis einen Weg bis ins Zentrum der europäischen Gedankenwelt. Die achtundzwanzig Bände wurden dreimal in der Schweiz nachgedruckt, zweimal in Italien, einmal in Deutschland und einmal in Rußland. Unerlaubte Ausgaben wurden nach Frankreich geschmuggelt und trugen zur Verbreitung der Ideen bei. Im ganzen kamen dreiundvierzig Auflagen in fünfundzwanzig Ländern heraus, ein bemerkenswerter Erfolg für ein so kostspieliges Werk. Ganze Familien lasen die Artikel gemeinsam am Abend. Gruppen bildeten sich zu ihrem Studium; Thomas Jefferson riet James Madison, sie zu kaufen. Mit Windeseile verbreitete sich das Evangelium der Vernunft anstelle einer Mythologie, des Wissens anstelle des Dogmas, des Fortschritts durch Erziehung anstelle einer resignierten Betrachtung des Todes. Es befruchtete ganz Europa, rüttelte an den Traditionen, regte den Geist an und schürte den Aufstand. Die *Enzyklopädie* war die Revolution vor der Revolution.

DRITTES KAPITEL

Der Proteus Diderot

[1758–1773]

I. DER PANTHEIST

Wir nennen ihn Proteus, weil er wie der Meeresgott bei Homer «seinen Häschern durch die Annahme verschiedenster Gestalten zu entgehen suchte»[1]. Voltaire nannte ihn Pantophilus, weil Diderot in jeden Zweig der Wissenschaft, Literatur, Philosophie und Kunst verliebt war. Auf jedem dieser Gebiete besaß er ausgedehnte Kenntnisse; zu jedem leistete er anregende Beiträge. Ideen waren für ihn Speise und Trank. Er sammelte sie, genoß sie, ließ sie auf der Zunge zergehen und goß sie in buntem Durcheinander über jedes leere Blatt oder in jedes willige Ohr aus. «Ich werfe meine Ideen aufs Papier – mögen sie werden, was sie wollen»[2] – vielleicht Feinde. Er ordnete sie niemals ein und kümmerte sich nie um Zusammenhänge; man kann ihn in Verbindung mit fast jeder Richtung zitieren, aber seine Richtung im ganzen war unmißverständlich. Er war origineller als Voltaire, vielleicht weil er sich nie an klassische Normen gehalten hatte und sich ohne Zurückhaltung gehen lassen konnte. Er verfolgte jede Theorie, ganz gleich, wohin sie führte – zu neuen Höhen oder in Abgründe. Er machte sich jeden Standpunkt, außer dem der Priester und Heiligen, zu eigen, denn er ging nicht von Gewißheiten aus.

> «Was mich anbetrifft, so kümmere ich mich mehr um die Bildung als um die Vertreibung von Wolken, ich behalte mir lieber ein Urteil vor, als zu urteilen ... Ich entscheide nicht, ich stelle Fragen[3]... Ich lasse meinen Geist ungehindert wandern, lasse ihm die Freiheit, jede Idee, die mir gerade in den Sinn kommt, zu verfolgen, ob sie weise oder verrückt ist; ich laufe ihr nach wie ein junger Wüstling, der einer Kurtisane auf der Spur ist und mit leuchtenden Augen vergnügt die Nase in den Wind hält ... Meine Ideen sind meine Frauenzimmer.»[4]

Diderot besaß geistige Vorstellungskraft. Er sah Ideen, Philosophien und Persönlichkeiten vor sich wie andere Leute Formen und Szenen. Wer sonst hätte damals den skandalösen, unmoralischen, unbeständigen und anziehenden «Neffen Rameaus» erfinden können? Wenn er eine Person geschaffen hatte, überließ er ihr ihre weitere Entwicklung; er ließ sich von ihr führen, als ob die Person der Autor wäre und der Autor eine Marionette. Er versetzte sich in eine junge, ihrem Gelübde widerstrebende Nonne und gestaltete sie so wahrheitsgetreu, daß die skeptischen Franzosen ihren Kummer teilten. Er experimentierte im Geist mit Ideen, nährte sie eine Weile, stellte sich ihre logischen oder tatsächlichen Folgen vor und ließ sie wieder fallen. Es gab kaum eine Idee seiner Zeit, die ihm nicht in den Sinn kam. Er war nicht nur im wahrsten Sinne ein wandelndes Wörterbuch, er war ein ständiges Laboratorium, und seine Gedanken wanderten wie er.

In den *Pensées sur l'interprétation de la nature* (Gedanken über die Deutung der Natur), die er 1754 anonym, aber mit der stillschweigenden Erlaubnis des wohlwollenden Malesherbes veröffentlichte, spielte er mit Ideen über Monismus, Materialismus, Mechanismus, Vitalismus und Evolution. Immer noch unter dem Einfluß Bacons, übernahm er von ihm den Titel, die aphoristische Form und die Aufforderung an die Wissenschaftler, gemeinsam durch das Experiment und die Vernunft nach der Eroberung der Natur zu streben. Er wurde auch von Maupertuis' *Système universel de la nature* (Universalsystem der Natur; 1751) und Buffons *Histoire naturelle* (Naturgeschichte; 1749ff.) angeregt. Er teilte Maupertuis' Ansicht, daß jede Materie lebendig sein könne, und diejenige Buffons, daß die Biologie jetzt bereit sei, mit der Philosophie ins Gespräch zu kommen. Bei beiden Verfassern begrüßte er Ansätze zur Evolutionstheorie.

Er begann mit einem stolzen Plan: «Mein Wunsch ist die Beschreibung der Natur; die Natur ist das einzige Buch des Philosophen.»[5] Er sah die Natur als eine halb blinde, halb verständige Macht, die auf die Materie einwirkt, die Materie belebt, dem Leben eine Million experimentelle Formen verleiht, jenes Organ verbessert, dieses ausscheidet und in einem schöpferischen Akt Geburt und Tod verleiht. In diesem kosmischen Laboratorium sind Tausende von Arten aufgetaucht und verschwunden.

«So wie ein Einzelwesen im Tier- und Pflanzenreich beginnt, wächst, sich erhält und stirbt, könnte das nicht auch mit der ganzen Art geschehen? Wenn der Glaube uns nicht lehren würde, daß Tiere von der Hand des Schöpfers kommen, so wie wir sie vor uns sehen, und wenn es uns erlaubt wäre, auch nur den geringsten Zweifel an ihrer Entstehung und ihrem Ende zu hegen, könnte sich dann der Philosoph, der sich seinen Vermutungen hingibt, nicht vorstellen, daß das Tierwesen von jeher seine besonderen Elemente, zerstreut und aufgelöst in der Masse der Materie, besaß; daß diese Elemente sich vereinigten, weil diese Vereinigung möglich war; daß der Embryo sich aus diesen Elementen bildete, nachdem sie unendlich viele Gestaltungen und Entwicklungen durchgemacht hatten; daß er sich dann nacheinander Bewegung, Empfindung, Vorstellungen, Gedanken, Überlegungen, Bewußtsein, Gefühle, Leidenschaften, Zeichen, Gesten, Laute, ausgesprochene Laute, eine Sprache, Gesetze, Wissenschaften und Künste aneignete; daß zwischen jeder dieser Entwicklungen Millionen Jahre lagen; daß es vielleicht noch zu anderen Entwicklungen und zu anderen Zusätzen, die uns unbekannt sind, kommen wird ... daß diese Fähigkeiten wieder verlorengehen, wie sie aufgetaucht sind; daß er [der Organismus] für immer aus der Natur verschwindet oder vielmehr, daß er weiter existiert, aber unter einer anderen Form und mit ganz anderen Fähigkeiten als die, die wir im heutigen Augenblick beobachten?»[6]

Die Natur ist bei Diderot in allem; sie ist sein Gott. Aber von ihrem Wesen kennen wir nur ihren verwirrenden Überfluß und ruhelosen Wechsel. Die Natur ist belebte Materie. Alles ist Materie, aber die Materie enthält in sich den Drang (*élan*) zum Leben und die Möglichkeit des Denkens. Der Mensch ist keine Maschine, aber er ist auch kein körperloser Geist; Körper und Geist sind ein einziger Organismus und sterben miteinander. «Alles vernichtet sich selbst und geht unter; nichts überdauert, außer der Zeit.»[7] Die Natur ist unparteiisch, sie macht keinen Unterschied zwischen Gut und Böse, Groß und Klein, Sünder und Heiligem; sie kümmert sich mehr um die Art als um das Einzelwesen; das Einzelwesen muß zur Reife kommen, sich vermehren und sterben; und jede Art wird ebenfalls sterben. Die Natur ist weise in einer Unzahl feiner Einzelheiten, die auf einen Plan hinzuweisen scheinen; sie verleiht den Organismen Instinkte, die es ihnen ermöglichen, zu leben und Leben zu erzeugen; aber sie ist auch blind, denn sie vernichtet Philosophen wie Narren im selben Ausbruch, mit einem Achselzucken der Erdkruste. Nie werden wir die Natur verstehen oder ihre Absicht und ihren Sinn entdecken können. Denn auch wir mit unserer ganzen blutigen und majestätischen Geschichte gehören zu ihrem vorübergehenden und winzigen Zeitvertreib.

II. *D'ALEMBERTS TRAUM*

Diderot setzte seine Betrachtungen über die Natur in einem der merkwürdigsten Erzeugnisse der französischen Literatur fort – *Le Rêve d'Alembert* (D'Alemberts Traum). Es war bezeichnend für ihn, seine Gedanken in Gestalt eines Traumes wiederzugeben, den Traum einem Freund zuzuschreiben und als Sprecher im Dialog zwei berühmte Zeitgenossen – Julie de Lespinasse und Doktor Théophile de Bordeu – zu wählen. «Ich lege meine Ideen einem Manne, der träumt, in den Mund», sagte Diderot zu seiner Mätresse; «oft ist es nötig, der Weisheit den Anschein von Narrheit zu geben, um ihr Eintritt zu verschaffen.» [8] In dieser Verkleidung ließ er seiner philosophischen Einbildungskraft freien Lauf, unbesorgt um persönliche Gefährdung und soziale Auswirkungen. Das Ergebnis gefiel ihm nicht schlecht. Er beschrieb es Sophie Volland als «die verrückteste und tiefgründigste Sache, die je geschrieben wurde. Bei fünf oder sechs Seiten werden Ihrer Schwester die Haare zu Berge stehen.» [9] Trotzdem versicherte er ihr, daß «nicht ein einziges ungehöriges Wort» [10] darin stehe. Er schrieb den *Traum* im Jahre 1769, las seinen Freunden Stellen daraus vor und spielte mit dem Gedanken, ihn drucken zu lassen – vermutlich im Ausland und ohne seinen Namen. Fräulein de Lespinasse erhob jedoch aus Gründen, die wir bald erfahren werden, Einspruch. In einer heroischen Geste warf er das Manuskript ins Feuer, wahrscheinlich weil er wußte, daß er noch ein zweites Exemplar besaß; jedenfalls wurde die Schrift erst 1830 gedruckt.

Sie besteht aus drei Teilen. In der einleitenden «Unterhaltung zwischen d'Alembert und Diderot» wendet sich der Mathematiker gegen den vitalistischen Materialismus seines Freundes, der nicht annehmbarer sei als die scholastische Auffassung von Gott. «Zwischen dir und dem Tier», erwidert Diderot ihm, «gibt es nur einen organischen Unterschied» (entsprechend dem Grad der organischen Entwicklung), und genau so zwischen Tier und Pflanze; infolgedessen muß alles im Menschen seinen Keim oder seine Analogie in den Pflanzen haben. Und ebenfalls in der Materie? fragt d'Alembert. Jawohl, antwortet Diderot, denn «wie kannst du wissen, daß Gefühl seinem Wesen nach unverträglich mit Materie ist, wo du doch das Wesen von keinem von beiden kennst, weder das Wesen der Materie noch das des Gefühls? ... Es gibt nicht mehr als eine einzige Substanz im Universum, im Menschen und in den Tieren.» [11]

Der zweite Teil der Trilogie zeigt Doktor Bordeu mit Fräulein von Lespinasse am Bett d'Alemberts, der nach seiner abendlichen Diskussion mit Diderot eingeschlafen ist. (Das Fräulein, die einen wohlbekannten Salon hielt, war mit d'Alembert durch eine Art platonischer Wohngemeinschaft verbunden.) Sie teilt dem Doktor mit, daß ihr

Freund einen bewegten Traum gehabt und so merkwürdig im Schlaf geredet habe, daß sie Notizen davon gemacht habe. So habe zum Beispiel d'Alembert zu Diderot gesagt: «Einen Augenblick, Philosoph. Ich kann gut verstehen, was ein Aggregat kleiner fühlender Wesen ist, aber ein Tier? Ein Ganzes ... mit dem Bewußtsein seiner Einheit? Das sehe ich nicht, nein, das sehe ich nicht.»[12] Der Träumer träumt, daß Diderot, der Frage ausweichend, zur Urzeugung Stellung nimmt: «Wenn ich gesehen habe, daß leblose Materie in einen empfindenden Zustand übergeht, darf mich nichts mehr verwundern.»[13] Sollten alle vorhandenen Arten aussterben (fährt Diderot fort), dann würden sie oder andere tierische Formen im Laufe der Zeit durch Gärung von Erde und Luft hervorgebracht werden. Bordeu und Mademoiselle diskutieren darüber, werden aber durch einen Aufschrei des träumenden Mannes unterbrochen, der jetzt wie Diderot spricht:

«Warum bin ich, was ich bin? Weil es notwendig war, daß ich so bin ... Und wenn alles in ständigem Fluß ist ..., was wird dann hier und andernorts im Laufe und im Wechsel von einigen Millionen Jahren entstehen? Wer weiß, was das denkende und fühlende Wesen auf dem Saturn ist? ... Sollte das fühlende und denkende Wesen auf dem Saturn mehr Sinne als ich besitzen? ... Wenn das der Fall ist, ach, wie unglücklich ist dann der Saturn-Bewohner! ... Je mehr Sinne, desto mehr Bedürfnisse.»[14]

Dazu macht Bordeu eine Bemerkung, die an Lamarck erinnert: «Er hat recht, die Organe erzeugen Bedürfnisse, und die Bedürfnisse erzeugen Organe.»

D'Alembert wacht kurz auf und sieht, wie Bordeu Fräulein von Lespinasse küßt, protestiert, hört, wie man ihm empfiehlt, weiter zu schlafen, und gehorcht. Der Doktor und die *salonnière* vergessen ihn jetzt und verfolgen die Ideen, die durch den Traum angeregt wurden. Bordeu weist auf das Vorhandensein menschlicher Mißgeburten hin und möchte wissen, wie sie sich mit einem göttlichen Plan vereinbaren lassen. Mademoiselle hat einen Gedankenblitz: «Vielleicht ist der Mann nur eine Mißgeburt der Frau oder die Frau eine Mißgeburt des Mannes.»[15] Der Doktor verbreitet sich darüber nach Art Diderots: «Der einzige Unterschied zwischen ihnen besteht darin, daß der eine einen Sack hat, der nach außen hängt, und der andere einen, der nach innen umgestülpt ist.» D'Alembert wacht auf und empört sich: «Ich glaube, Sie erzählen Fräulein von Lespinasse lauter unanständiges Zeug.» Bordeu steht auf, um einen Patienten zu besuchen; aber d'Alembert bittet ihn noch um eine Erklärung: «Wie kommt es, daß ich für mich und für andere, trotz all den Veränderungen im Laufe meines Lebens, ich selbst geblieben bin, wenn ich vielleicht kein einziges der Moleküle mehr besitze, mit denen ich auf die Welt kam?» Der Doktor antwortet: «Gedächtnis und ... die Langsamkeit des Wandels.» Dazu macht Mademoiselle einen treffenden Vergleich: «Der Geist eines Klosters wird erhalten, weil die Insassen des Klosters sich nach und nach erneuern, und wenn ein neuer Mönch eintritt, findet er hundert alte vor, die ihn dazu anleiten, wie sie zu denken und zu fühlen.»[16]

Jetzt beherrscht Bordeu die Diskussion. Er unterscheidet das «romantische» vom «klassischen» Genie, je nachdem, ob die Sinne das Bewußtsein beherrschen oder von ihm beherrscht werden. Für ihn stellt Fräulein von Lespinasse ein Beispiel für das «romantische» dar, und er sagt ihr geradeheraus: «Sie werden Ihre Zeit zwischen Lachen und Weinen aufteilen und nie mehr als ein Kind sein.» Für das Träumen gibt er eine physiologische Erklärung:

«Der Schlaf ist ein Zustand, in dem es kein Zusammenspiel [zwischen Sinnen und dem sie lenkenden Bewußtsein oder Zweck] mehr gibt. Jede gegenseitige Übereinstimmung der Vorgänge, jede Disziplin hört auf. Der Herr [das bewußte Ich] wird dem Gutdünken seiner Diener [der Sinne] überlassen ... Wird der optische Faden [Nerv] erregt, dann sieht der Ursprung dieses Netzes [das Gehirn]. Wenn es der Gehörfaden fordert, hört es. Aktion und Reaktion [Empfindung und Widerhall] sind die einzigen Dinge, die zwischen ihnen noch bestehen; das ist eine Folge des Gesetzes von der Beständigkeit und der Gewohnheit. Wenn die Aktion mit dem wollüstigen Ende beginnt, den die Natur für das Liebesspiel und die Fortpflanzung der Art vorgesehen hat, wird die Reaktion das Bild des geliebten Gegenstandes im Ursprung des [Nerven-] Bündels hervorrufen. Entsteht andererseits dieses Bild zuerst im Ursprung des Bündels, so ist die Folge davon eine Spannung des wollüstigen Endes und das Aufwallen und der Erguß der Samenflüssigkeit ... Im wachen Zustand gehorcht das Netz Eindrücken, die von einem äußeren Gegenstand ausgehen. Im Schlaf wird alles, was in ihm vorgeht, von der Ausübung seiner eigenen Empfindsamkeit hervorgerufen. Im Traum gibt es keine Ablenkung, daher seine Lebhaftigkeit.»[17]

Vielleicht findet Bordeu plötzlich, daß der Patient, den er eigentlich besuchen wollte, ebensogut von der Natur wie von der Medizin geheilt werden könne; jedenfalls vergißt er ihn und geht dazu über, den Determinismus zu erklären und «Achtung vor sich selbst, Scham und Gewissensbisse» als «Kindereien» zu bezeichnen, die auf nichts anderem als «der Unwissenheit und Eitelkeit eines Wesens beruhen, das sich selbst das Verdienst oder die Schuld an einem unvermeidlichen Augenblick zuschiebt»[18].

Diderot schuf sich in Bordeu einen so ausgezeichneten Wortführer für seine eigenen Ideen, daß er im III. Teil («Fortsetzung der Unterhaltung») d'Alembert ganz ausließ. Dergestalt befreit, kann der Doktor sagen, was er will, verurteilt Keuschheit als unnatürlich und billigt die Onanie als notwendige Erleichterung überfüllter Bläschen. «Die Natur duldet nichts Unnützes; und warum wäre ich zu tadeln, wenn ich ihr nachhelfe, wo sie mich doch mit den unzweideutigsten Anzeichen zu Hilfe ruft? Wir wollen sie nie herausfordern, ihr aber gelegentlich behilflich sein.»[19] Schließlich empfiehlt der Doktor noch Experimente zur Züchtung verschiedener gemischter Arten, um möglicherweise einen Tiermenschen hervorzubringen, der sich damit begnügen würde, beim Menschen die Rolle eines Dieners zu spielen. Mademoiselle stellt sich die Frage, ob diese Halbmenschen getauft werden sollten.

BORDEU (bevor er weggeht): Haben Sie im Zoo den Orang-Utan im Glaskäfig gesehen, der aussieht wie Johannes, der in der Wüste predigt?

MADEMOISELLE: Ja, ich habe ihn bemerkt.

BORDEU (im Abgehen): Der Kardinal von Polignac sagte eines Tages zu ihm: «Sprich, und ich taufe dich.»[20]

In seinem Buch *Eléments de physiologie* (Elemente der Physiologie; um 1774) vertiefte Diderot seine Entwicklungstheorie und machte sich Gedanken über das «fehlende Glied»:

«Man muß zunächst die Wesen klassifizieren, vom unbelebten Molekül – wenn es das gibt – über das belebte Molekül, die ... Pflanze und das Tier bis zum Menschen ... Man darf aus der

Vielfalt der Formen nicht schließen, daß die Kette der Wesen unterbrochen wird; die Form ist oft nur eine täuschende Maske, und das scheinbar fehlende Kettenglied existiert in einem bekannten Wesen, dem die vergleichende Anatomie, bei ihrem heutigen Stand, noch nicht seinen wahren Platz zuweisen konnte.»[21]

III. DIDEROT UND DAS CHRISTENTUM

Er hatte Sophie Volland versprochen, daß in *D'Alemberts Traum* nichts über Religion vorkommen werde. In Wirklichkeit brachte die Trilogie natürlich eine Philosophie zum Ausdruck, die ohne jede Gottheit auskam. Offiziell blieb er Deist, behielt aber Gott nur als erste Ursache bei und lehnte die Vorsehung oder einen göttlichen Plan ab. Theoretisch war er Agnostiker, dessen Kenntnisse und dessen Interesse sich auf die Welt der Sinne und der Wissenschaften beschränkten. Manchmal sprach er nebelhaft von einem kosmischen Bewußtsein, das durch die Unendlichkeit stolpere, Experimente mache und sowohl unfruchtbare Mißgeburten wie glückliche Zufälle hervorbringe – jedenfalls kein Gott, an den man Gebete richtete. Ab und zu brach er aber auch in heftigen Widerspruch aus. Er sprach von einem Menschenfeind, der sich am Leben habe rächen wollen und deshalb die Vorstellung von Gott verbreitete; die Idee habe Wurzeln geschlagen, und bald «fingen die Menschen an, sich zu streiten, sich zu hassen und sich gegenseitig die Kehle abzuschneiden; und seit dieser abscheuliche Name ausgesprochen wurde, haben sie nichts anderes mehr getan». Und in einer zwar etwas vorsichtigen Aufwallung fügte Diderot hinzu: «Ich würde, vielleicht, mein Leben hingeben, wenn ich damit den Begriff von Gott für immer ausrotten könnte.»[22] Trotzdem spürte dieses wirre Genie die erstaunliche Ordnung und Größe des Kosmos und schrieb an Mademoiselle Volland: «Der Atheismus kommt einer Art Aberglauben nahe und ist so kindisch wie der andere.» Dann fügte er bei: «Es macht mich wild, daß ich in eine teuflische Philosophie verstrickt bin, der mein Geist zustimmen und die mein Herz ablehnen muß.»[23] In späteren Jahren gab er zu, wie schwierig es ist, das Organische vom Anorganischen oder das Denken von der Empfindung herzuleiten[24].

Den Kampf gegen das Christentum gab er jedoch nie auf. Eine von leidenschaftlicher Empfindung erfüllte Stelle in einem persönlichen Brief faßt seine Einwendungen zusammen:

> «Meiner Meinung nach gibt es nichts Absurderes und Gräßlicheres als die christliche Religionslehre. Sie ist unverständlicher, metaphysischer, verwirrter und dunkler als alle anderen und deswegen mehr als alle anderen Aufteilungen, Sektierertum, Spaltungen und Ketzerei unterworfen; sie eignet sich am wenigsten für die Aufrechterhaltung der öffentlichen Ruhe und bedroht die Herrscher durch ihre Hierarchie, ihre Verfolgungen und ihre Disziplin. Ihre Zeremonien übertreffen alles an Langeweile und gotischer Düsterkeit, während ihre Moral kindischer, ungeselliger ... und unduldsamer als jede andere ist.»[25]

In der *Promenade du sceptique* (Spaziergang des Skeptikers; 1747) hatte er das Verdienst der Kirche für die Bildung von Charakter und Sittenfestigkeit zugegeben; in späteren Jahren neigte er zu der Ansicht, daß die christliche Religion zwar kleine Verbrechen verhindert, dafür aber größere angestiftet hatte. «Früher oder später kommt der Augenblick, wenn der Moralbegriff, der einen Mann daran hinderte, eine Mark zu stehlen, die Abschlachtung von hunderttausend Menschen verursacht. Ein schöner Ausgleich!»[26] Dann aber: «Unsere religiösen Überzeugungen haben wenig Einfluß auf unsere Moral.»[27] Die Menschen haben mehr Angst vor den heutigen Gesetzen als vor der Hölle im Jenseits und vor einem unsichtbaren Gott. Sogar ein Priester «verläßt sich kaum auf die Gebete zu Gott, wenn es sich nicht gerade um eine Sache handelt, die ihn nur wenig angeht»[28]. 1783 sagte Diderot voraus, daß es in wenigen Jahren mit dem Glauben an Gott und der Macht der Könige überall zu Ende gehen werde[29]. Die Voraussage schien sich in Frankreich im Jahre 1792 zu bestätigen. Andererseits sagte Diderot voraus, daß «sich der Glaube an das Vorhandensein Gottes immer erhalten werde»[30].

Wie die meisten, die ihren Glauben an die katholische Lehre verloren haben, war der gleiche Diderot, der die christlichen Zeremonien langweilig und düster fand, empfänglich für die Schönheit und Feierlichkeit des katholischen Gottesdienstes und verteidigte ihn gegen protestantische Kritiker in seinem *Salon von 1765*:

«Diese Doktrinäre mit ihrer absurden Strenge haben keine Ahnung von der Wirkung äußerlich schöner Zeremonien auf das Volk. Sie haben nie unsere Anbetung des Kreuzes am Karfreitag gesehen oder die Begeisterung der Menge bei der Fronleichnamsprozession, eine Begeisterung, die auch mich manchmal mitreißt. Niemals habe ich diese lange Reihe von Priestern in ihren feierlichen Gewändern gesehen, die jungen Altardiener in ihren weißen Chorhemden ..., die Blumen vor dem heiligen Sakrament streuen, jene Menge, die in frommem Schweigen vor ihnen hinzieht und ihnen folgt, all die Menschen, die sich auf die Knie werfen, nie habe ich den ernsten, feierlichen Gesang gehört, den die Priester singen, denen unzählige Männer und Frauen, junge Mädchen und Kinder andächtig antworten, ohne von tiefster Rührung ergriffen zu werden und ohne daß mir Tränen in die Augen kamen.»[31]

Dann aber trocknete er sich die Augen und nahm den Angriff wieder auf. In *Entretien d'un philosophe avec la maréchale de ---* (Unterhaltung eines Philosophen mit der Frau Marschallin von ---; 1776) erfand er einen Skeptiker namens Crudeli (auf italienisch: grausam), der mit einer adligen Dame spricht, die «der Ansicht war, daß ein Mensch, der die Heilige Dreifaltigkeit bezweifelt, ein Schurke ist, der am Galgen enden muß». Sie ist erstaunt, daß Herr Crudeli, der Atheist, nicht auch ein Wüstling und ein Dieb ist. «Ich glaube, wenn ich nach dem Tod nichts zu fürchten oder zu erhoffen hätte, würde ich mir hier im Diesseits eine ganze Anzahl kleiner Vergnügungen erlauben.» Crudeli fragt: «Und worin würden sie bestehen?» «Das ist nur für die Ohren meines Beichtvaters bestimmt ... Aber was kann einen Ungläubigen veranlassen, gut zu sein, wenn er nicht verrückt ist?» Da sie seinen Argumenten mehr oder weniger beipflichten muß, versucht sie es auf andere Art: «Wir brauchen etwas, um die Handlungen zu verhindern, die durch die Maschen des Gesetzes schlüpfen.» Und: «Wenn man die Religion vernichtet, was will man an ihre Stelle setzen?» Crudeli antwortet: «Angenommen, ich hätte nichts, das ich an ihre Stelle setzen könnte, so wären wir immerhin einen schrecklichen Aberglauben los.» Er beschreibt die Mohammedaner bei der Abschlachtung von Christen und die Christen beim Verbrennen von Mohammedanern und Juden.

DIE MARSCHALLIN: Stellen Sie sich einmal vor, daß alles, was Sie für falsch halten, wahr wird und Sie verdammt werden. Es ist etwas Furchtbares, verdammt zu sein und in alle Ewigkeit zu brennen.

CRUDELI: La Fontaine meinte, wir würden uns so munter fühlen wie Fische im Wasser.

DIE MARSCHALLIN: Ja, ja, aber Ihr La Fontaine wurde zum Schluß sehr ernst, und so wird es auch Ihnen gehen.

CRUDELI: Ich kann für nichts einstehen, wenn mein Gehirn sich erweicht hat.

Dieser kirchenfeindlichste aller *philosophes* hatte es besonders auf die seiner Meinung nach unverzeihliche Verschwendung menschlicher Kräfte in den Klöstern abgesehen. Einer seiner heftigsten Angriffe galt den Eltern, die ihre Töchter gegen deren Willen zum Klosterleben verurteilten. Eine seiner besten Schriften behandelt die erfundene Laufbahn einer solchen Nonne. *La Religieuse* (Die Nonne) wurde 1760 in Zusammenhang mit einem Streich geschrieben, mit dem Grimm und Diderot den Marquis von Croixmare von Caen nach Paris zurückzulocken hofften. Damals hatte die Eingabe einer Nonne an das Pariser Parlament, worin sie bat, sie von ihrem Gelübde zu befreien, wozu ihre Eltern sie – wie sie behauptete – gezwungen hatten, großen Eindruck auf Diderot gemacht. Der menschenfreundliche Marquis setzte sich beim Parlament für sie ein – jedoch umsonst. Weiter ist über diese Nonne nichts bekannt; aber Diderot schmückte ihre Geschichte so lebenswahr aus, daß sie die Jahrhunderte überdauerte. In seinem Buch ließ er sie aus dem Kloster entfliehen und eine Reihe von Briefen an den Marquis von Croixmare schreiben, worin sie ihre Erfahrungen im Kloster erzählte und ihn bat, ihr beim Beginn eines neuen Lebens zu helfen. Der Briefwechsel zwischen Croixmare, dem Diderot die Briefe im Namen seiner Nonne schickte, und Diderots Heldin erstreckte sich über vier Monate und hundertfünfzig Seiten.

Diderot schilderte anschaulich, wie Suzanne von einer grausamen Äbtissin verfolgt wurde, die sie einsperren, nackt ausziehen, foltern und Hunger leiden ließ. Sie beklagt sich bei einem Priester, der ihr zur Überführung in ein anderes Kloster verhilft; dort aber ist die Äbtissin eine Lesbierin, die sie mit Zärtlichkeiten überschüttet und auf ihre Gegenliebe hofft. Diderot übertrieb wahrscheinlich die Grausamkeit der Äbtissinnen und die Klagen der Nonnen, aber alle Priester, die in seinem Buch vorkommen, sind freundlich und wohlwollend, und das lesbische Thema behandelte er mit einem bei ihm seltenen Taktgefühl. Der Marquis, der die Briefe für echt hielt, war gerührt und kam nach Paris. Dort wurde ihm der Streich enthüllt, den Diderot ihm gespielt hatte, aber er vergab ihm. Jedenfalls war daraus eine bemerkenswerte psychologische Studie entstanden, in der sich vielleicht auch der Einfluß von Richardsons *Clarissa* bemerkbar machte; noch nie hatte sich ein Skeptiker so lebhaft in eine widerwillige Heilige eingefühlt. Ein Besucher, der Diderot bei der Abfassung dieser Briefe überraschte, fand ihn – wie Grimm mitteilt – «aufgelöst in Tränen»[32]. Der Autor gestand, daß er über seine eigene Geschichte weinte, denn er war ebensoleicht zu Tränen gerührt wie Rousseau. Verständlicherweise war er sehr stolz auf diesen Briefroman und seine Lebendigkeit, Gefühlstiefe und Stilschönheit; er überarbeitete ihn sorgfältig und bestimmte, daß er nach seinem Tode veröffentlicht werden sollte, was während der Revolution, im Jahre 1796, geschah. Im Jahre 1865 wurde *Die Nonne* auf Befehl des Gerichtshofs der

Seine öffentlich verbrannt[33]. (Noch ein 1966 danach gedrehter Film wurde erst verboten, dann aber freigegeben.)

Jacques le fataliste et son maître (Jakob der Fatalist und sein Herr) wurde ebenfalls 1796 veröffentlicht und 1865 verbrannt. Diderot betrachtete das Buch, da ihm der notwendige Abstand fehlte, als sein bestes Werk[34]. Wie dem auch sei, es ist jedenfalls sein verworrenstes. Er war so eingenommen von *Tristram Shandy* (1760–1767), daß er Sternes Kunstgriff übernahm, eine Geschichte weitgehend aus Unterbrechungen aufzubauen, in denen er sich unvermittelt mit dem Leser über seine Personen und die Handlung unterhielt. Am Anfang und Ende des Buches kamen Stellen vor, die Diderot direkt bei Sterne abgeschrieben hatte[35], während er Sterne noch mit gelegentlichen Unanständigkeiten übertrumpfte, die den Leser überrumpeln sollten. Die beiden Hauptfiguren des Buches sind Herr und Diener, die ganz wie bei Cervantes einander gegenübergestellt werden, da sie entgegengesetzte Temperamente und eine völlig verschiedene Lebensanschauung haben. Während der Herr den Fatalismus ablehnt, ist Jacques von ihm überzeugt: «Alles, was im Diesseits geschieht», sagt er, «steht im Jenseits geschrieben.»[36] Jacques «glaubte, daß der Mensch ebenso unweigerlich zu Ruhm oder Schande komme, wie ein Ball dem Abhang des Berges folgt», über den er hinunterrollt. «Sein (ehemaliger) Hauptmann hatte Jacques den Kopf mit all diesen Ideen vollgepfropft, die von Spinoza stammten, den er auswendig konnte»[37] – bei einem Hauptmann eher selten.

Auf halbem Wege erzählt Diderot in seinem Buche sehr geschickt die Geschichte einer Marquise von La Pommeraye, der Geliebten des Marquis des Arcis. Die Marquise vermutet, daß er ihrer überdrüssig sei, und um sich Gewißheit zu verschaffen, läßt sie durchblicken, ihr Verhältnis sei recht langweilig geworden. Er gibt zu, bereit zu sein, vom Geliebten zum Freund zu werden, worüber sie tief gekränkt ist. Sie plant eine einzigartige Rache. Sie sucht eine hübsche Hure aus, bezahlt ihren Wiedereintritt ins bürgerliche Leben, lehrt sie Grammatik, Manieren und Frömmigkeit, stellt sie dem Marquis als hochgeborene Dame vor, bringt ihr bei, wie sie ihn für sich einnehmen und seine Liebesbezeugungen abweisen soll, um ihn zu einem Heiratsantrag zu veranlassen. Einige Monate nach der Hochzeit enthüllt Frau von La Pommeraye dem Marquis die Vergangenheit seiner Frau. Aber die Rache der Marquise wird durch eine unvorhergesehene Entwicklung verdorben. Die reuige Sünderin hat inzwischen ihren Marquis aufrichtig lieben gelernt. Beschämt und tränenüberströmt gesteht sie ihren Betrug und erbietet sich, aus seinem Leben zu verschwinden. Sie hat sich aber als ein so treues und zärtliches Weib erwiesen, daß der Marquis sich in der Ehe glücklicher als je im Ehebruch fühlt. Er vergibt ihr und weigert sich, sie ziehen zu lassen. Sie leben weiter zufrieden und zärtlich miteinander, während Frau von La Pommeraye sich in ungestillter Rache verzehrt.

Dieses Zwischenspiel ist ohne Zweifel der beste Teil von *Jakob der Fatalist*. Hier sind die Einheitlichkeit, das psychologische Verständnis und das Einfühlungsvermögen vorhanden, die dem Roman im ganzen fehlen. Schiller erkannte es als ein Kleinod der Literatur und übersetzte es 1785 ins Deutsche.

IV. *RAMEAUS NEFFE*

Le Neveu de Rameau und nicht *Jacques le fataliste* ist Diderots bedeutendstes Buch, «das klassische Werk eines hervorragenden Mannes» – wie Goethe es nannte[38]. Er schrieb es 1761, ließ es aber ebenfalls unveröffentlicht, denn es ist bei weitem sein anstößigstes, wenn auch sein originellstes Erzeugnis. Er hielt es offenbar für so unverdaulich, daß er es nicht einmal seinen nächsten Freunden zeigte. Nach seinem Tod gelangte ein Exemplar nach Deutschland, das damals vom Sturm und Drang erschüttert wurde. Schiller fand es so anstößig wie anregend und gab es an Goethe weiter, der es auf der Höhe seines Ruhmes (1805) ins Deutsche übertrug. Diese Übersetzung kam nach Frankreich und wurde ins Französische zurückübersetzt (1821). 1823 wurde eine andere Version veröffentlicht, die aber vor dem Druck von Diderots Tochter verstümmelt worden war. Das ursprüngliche Manuskript wurde erst 1891 auf einem Bücherstand am Ufer der Seine entdeckt. Heute befindet es sich in der J. Pierpont Morgan Library in New York.

Als Verkünder von Ideen, die sogar für Diderot zu ausgefallen waren, um sie in der Ichform vorzutragen, wählte Diderot einen gewissen Jean-François Rameau, den Neffen des berühmten Komponisten Jean-Philippe Rameau (gestorben 1764), der noch lebte, als der für die Veröffentlichung ungeeignete Dialog geschrieben wurde. Diderot wußte in der Musik gut Bescheid; er kannte Locatelli, Pergolesi, Jommelli, Galuppi, Leo, Vinci, Tartini und Hasse persönlich und sagte richtig voraus, daß beim Geigenspiel das Hauptgewicht bald von dem Schönen auf das Schwierige verlegt werden würde[39].

Der Neffe komponierte ebenfalls und machte sich einen Namen als Musiklehrer. Sein Name war ein Hindernis für ihn, und er war eifersüchtig auf den Ruhm seines Onkels. Schließlich gab er den Kampf auf und versank in die künstlerische Haltlosigkeit und Liederlichkeit, die Diderot beschrieb. Verschiedene andere Züge, die im Dialog hervortreten, werden durch zeitgenössische Berichte bestätigt[40]; jedoch geht aus diesen nicht hervor, daß er ein Kuppler war, der nicht davor zurückschreckte, die Schönheit seiner Frau zu Markte zu tragen – wie Diderot es behauptete. Als diese Frau starb, verlor er den letzten Rest von Selbstgefühl. Seine sarkastische, ungeschliffene Zunge machte ihn gesellschaftlich unmöglich. Schließlich wurde er auch aus dem Hause des reichen Herrn Bertin verwiesen, der jahrelang für sein Mittagessen gesorgt hatte. So suchte er Gleichgesinnte im Café de la Régence und an anderen Sammelpunkten für seine fortgeschrittenen und brotlosen Ideen.

Diderot beginnt (und verflicht wie immer sein Buch mit seinem eigenen Leben):

> «Bei gutem und bei schlechtem Wetter habe ich die Gewohnheit, um fünf Uhr nachmittags am Palais-Royal spazierenzugehen. Dort kann man mir auf der Bank d'Argensons begegnen, immer allein. Ich führe mit mir selbst Gespräche über Politik, Liebe, Geschmack oder Philosophie. Ich lasse meinen Geist zügellos in alle Richtungen wandern ... Ist es zu kalt oder zu regnerisch, flüchte ich mich ins Café de la Régence und sehe mit Vergnügen den Schachspielern zu ... Als ich eines Abends dort war, viel beobachtete, wenig sprach und so wenig wie möglich auf die Gespräche hörte, sprach mich eine der merkwürdigen Gestalten an, mit denen Gott dieses Land so reichlich gesegnet hat.»[41]

Dann folgt die bemerkenswerte Charakterstudie eines Mannes, der den Becher des Lebens bis zur Neige geleert hat und mit Bitterkeit an den Wein zurückdenkt; der vorher begütert war und in den behaglichsten Umständen mit der schönsten Frau von Paris zusammengelebt hat[42]; der einstmals in jedem angesehenen Haus willkommen war; der in der Vorhut der französischen Kultur marschierte; der aber jetzt völlig auf den Hund gekommen ist, von Wohltätigkeit und vergessenen Darlehen lebt, im Leben nichts mehr als Kampf und Niederlage sieht, jeden Glauben als schöne und schreckliche Lüge ablehnt, Anstand als Schüchternheit und Heuchelei betrachtet und dem von seiner Vergangenheit nur die Beredsamkeit des Gebildeten und das geistreiche Mäntelchen, das er seiner Enttäuschung umhängt, geblieben ist. Sein Humor ist ätzend und bitter: «Madame Soundso hat Zwillinge geboren; jeder Vater bekommt einen.» Zu einer neuen Oper: «Sie hat ein paar gute Stellen; zu schade, daß sie nicht zum erstenmal komponiert wurden.»[43] Am tragischsten ist, daß er an nichts glauben kann. Er hat etwas von Rousseaus Ruhmreden auf die Natur gehört, die so viel besser als die Zivilisation ist; dazu bemerkt er, daß «in der Natur alle Arten einander auffressen» und daß das höchste Ziel jedes Organismus darin besteht, gefressen zu werden. Er beobachtet dieselbe Menschenfresserei im Wirtschaftsleben mit dem Unterschied, daß sich dort die Menschen im Einklang mit dem Gesetz gegenseitig verzehren. Jede Moral hält er für einen Schwindel, den der Schlaue dem Einfältigen vormacht oder den die Einfältigen sich selbst vormachen. Ein Beispiel ist die fromme Dame, die mit niedergeschlagenen Augen aus der Kirche kommt; «nachts stellt sie sich Szenen aus dem [ausschweifenden] *Portier des Chartrains* und die [unzüchtigen] Stellungen des Aretino vor»[44]. Ein weiser Mann, meint der Neffe, macht sich über die Zehn Gebote lustig und genießt alle Sünden mit Verständnis. «Es lebe die Weisheit und die Philosophie! Die Weisheit Salomons: guten Wein trinken, sich an erlesenen Speisen laben, mit schönen Frauen schlafen und auf weichen Daunenbetten ruhen – alles andere ist nichts als Eitelkeit.»[45] Was hatten Nietzsche und Baudelaire danach noch zu sagen?

Diderot beschließt diesen Totentanz der Ideen damit, daß er den Neffen als Nichtstuer, Fresser, Feigling und Dreckgeist beschimpft, was Rameau mit den Worten beantwortet: «Ich glaube, du hast recht.»[46] Ein unguter Gedanke beschleicht uns. Wie konnte Diderot diesen Charakter so lebendig schildern, wenn nicht etwas davon in ihm selbst lauerte? Er verwahrt sich dagegen, wenn er auch zugibt, daß er kein Heiliger ist.

«Sinnliche Vergnügen verurteile ich nicht. Auch ich habe einen Gaumen, den ausgewählte Speisen und feiner Wein erfreuen. Ich habe ein Herz, und ich habe Augen und sehe gern schöne Frauen; ich liebe es, mit meiner Hand über ihren festen, wohlgerundeten Busen zu gleiten, meine Lippen auf die ihren zu drücken, ihre Augen aufleuchten zu sehen und in ihren Armen zu vergehen. Eine kleine Ausschweifung in Gesellschaft von Freunden, selbst wenn es hoch hergeht, ist mir nicht zuwider. Aber – ich kann es nicht verheimlichen – es scheint mir doch unvergleichlich schöner, einem Unglücklichen zu helfen, jemandem einen guten Rat zu erteilen, mit einem Mann oder einer Frau, die mir teuer sind, spazierenzugehen, meinen Kindern ein paar lehrreiche Stunden zu widmen, eine Seite guter Prosa zu schreiben, meine Pflichten zu erfüllen und der, die ich liebe, ein paar zärtliche Koseworte zu sagen, für die sie mir die Arme um den Hals legt ...

Ein Bekannter von mir in Cartagena wurde wohlhabend; er war der jüngere Sohn in einem

Lande, wo es üblich ist, das ganze Vermögen dem ältesten zu vererben. In Colombia erfuhr er, daß sein älterer Bruder, ein verwöhnter Lümmel, seine zu nachsichtigen Eltern um ihren ganzen Besitz gebracht und sie sogar aus ihrem Schloß vertrieben hatte; und daß diese braven Leute nun in einer Provinzstadt im Elend lebten. Was tat dieser jüngere Sohn, den seine Eltern so schlecht behandelt hatten, daß er so weit weggefahren war, um sein Glück zu suchen? Er sandte ihnen Unterstützung, beeilte sich, seine Angelegenheiten zu ordnen und als reicher Mann zu seinen Eltern zurückzukehren, gab ihnen ihr Heim zurück und versorgte seine Schwester mit einer Mitgift. Mein lieber Rameau, er betrachtet diese Monate als die glücklichsten seines Lebens. Er erzählte mir davon mit Tränen in den Augen. Und während ich dir diese Geschichte erzähle, wird es mir warm ums Herz, und ich kann meine Freude nicht in Worte kleiden.»[47]

V. ETHIK UND POLITIK

Diderot hatte, wie wir alle, mindestens zwei Seelen in seiner Brust: ein privates Selbst, das heimlich all die Impulse der menschlichen Natur nährte, wie sie im primitiven, wilden, sogar tierischen Leben vorkommen; und ein öffentliches Selbst, das sich widerwillig der Erziehung, Disziplin und Moral als dem Preis, der für den Schutz durch die soziale Ordnung bezahlt werden muß, unterwarf. Daneben trug er noch andere Seelen in sich: den Diderot, der seine Jugend mit ihrem freien Künstlerleben und den Liebschaften nicht vergessen hatte, jene Zeit, wo er sich vor niemandem, außer der Polizei, zu verantworten hatte; dann den Pater familias, der zuweilen – wofern man ihm eine Mätresse mit Verständnis für seine Sprache und seine Ideen gestattete – ein recht guter Ehemann, ein zärtlicher Vater, ein halbgezähmtes Haustier und ein Mann mit einer gewissen Vorstellung vom Wert des Geldes, der Moral und der Gesetze war.

Diese gespaltene Persönlichkeit brachte zwischen 1770 und 1772 zwei Dialoge hervor, die seine schwankenden Ansichten beleuchteten. In *Entretien d'un père avec ses enfants* (Unterhaltung eines Vaters mit seinen Kindern) zeichnete er ein liebevolles Bild seines Vaters, der auf seine sanfte Art erklärt, «wie gefährlich jene sind, die sich außerhalb der Gesetze stellen». Zwei Jahre später verfaßte er jedoch sein radikalstes Buch. Louis-Antoine de Bougainville hatte gerade sein Werk *Voyage autour du monde* (Reise um die Welt; 1771) veröffentlicht, worin er seine Erlebnisse auf Tahiti und anderen Südseeinseln schilderte. Diderot nützte einen Teil dieses Berichts aus, um eine gewisse Überlegenheit der Wilden über die Kulturvölker zu beweisen. Mit der ihm eigenen lebendigen Vorstellungskraft und Voreingenommenheit schrieb er 1772 ein *Supplément au Voyage de Bougainville* (Anhang zu Bougainvilles Reise), das erst 1796 herausgegeben wurde. Er wählte einen alten Tahitianer, den Bougainville erwähnt hatte, und legte ihm eine Abschiedsrede an den französischen Admiral in den Mund:

«Und du, Häuptling der Räuber, die dir gehorchen, verlasse mit deinem Schiff so schnell wie möglich unsere Küste. Wir sind unschuldig, wir sind glücklich; du kannst nichts weiter für uns tun, als uns unglücklich zu machen. Wir folgen dem reinen Instinkt der Natur; ihn wolltet ihr in unserer Seele verwischen. Hier gehört alles allen Menschen; du hast merkwürdige Unterschiede zwischen 'dein' und 'mein' gepredigt. Unsere Töchter und unsere Frauen gehörten uns allen gemeinsam; du hast dieses Vorrecht mit uns geteilt und ... hast ihnen eine bisher unbekannte Raserei beigebracht ... Ihr habt euch gegenseitig für sie umgebracht; sie kamen mit eurem Blut befleckt zurück.

Wir sind frei, und sieh, du hast auf unserer Erde den Keim unserer künftigen Sklaverei gepflanzt ... Auf diese Metallklinge hast du geschrieben: *Dieses Land gehört uns* ... Und warum? Weil dein Fuß diese Insel betreten hat? Wenn ein Tahitianer eines Tages an eurer Küste landete und in einen eurer Steine einritzte ... *Dieses Land gehört den Bewohnern von Tahiti* – was würdet ihr von solch einem Benehmen halten? ...

Der Tahitianer, den ihr wie ein Tier einfangen wollt, ist euer Bruder ... Welche Rechte habt ihr auf ihn, die er nicht auf euch hat? Ihr seid gekommen. Haben wir euch überfallen? Haben wir eure Schiffe geplündert? ... Nein. Wir haben in euch unser eigenes Abbild geachtet. Laß uns unsere Sitten, sie sind vernünftiger und ehrenhafter als eure. Wir haben keine Lust, unsere sogenannte Unwissenheit mit eurem Wissen zu vertauschen.»[48]

Dann erinnert dieser Nestor von Tahiti die Europäer an den freundlichen Empfang, der ihnen zuteil wurde. Sie wurden beherbergt, verpflegt und geliebt. Denn es gab auf der Insel (wie Diderot annahm) kein sechstes Gebot und keine Eifersucht; die Frauen der Eingeborenen konnten nicht verstehen, wenn der Schiffsgeistliche von Sünde und Schande sprach; sie empfingen die Seeleute mit aller erdenklichen Gastfreundschaft. Und was war das Ergebnis? Die Syphilis, die vorher auf der Insel unbekannt gewesen war, hatte die Frauen der Eingeborenen befallen und wurde auf die Eingeborenen übertragen. Der alte Mann bittet die Besucher, die Insel zu verlassen und nie wiederzukommen.

Dieser Rede fügte Diderot ein «Gespräch des Kaplans mit Orou» hinzu, einem Eingeborenen, der Spanisch gelernt hatte. Orou bot dem Kaplan, dem seine Hütte zugewiesen worden war, die Wahl zwischen seiner Frau und seinen Töchtern an, die sein Bett teilen sollten. Der Kaplan erklärt, daß seine Sittlichkeit ihm solch eine Gunst untersagt, aber eine der Töchter rührt ihn an, und er wird zum Mann. Die nächsten drei Tage verbringt er damit, Orou die christliche Lehre zu erklären, und die nächsten drei Nächte, abwechselnd mit der zweiten und dritten Tochter zu schlafen; und «die vierte Nacht widmete er, als ob seine Ehre es verlangte, der Frau seines Gastgebers»[49]. Mit ausgesprochenem Vergnügen beschrieb Diderot die Bemühungen des Kaplans, Orou zum Christentum zu bekehren:

KAPLAN: Was bedeutet die Ehe für euch?

OROU: Die Vereinbarung, dieselbe Hütte zu teilen und im selben Bett zu schlafen, solange wir Lust dazu haben.

KAPLAN: Und wenn ihr keine Lust mehr habt?

OROU: Dann gehen wir auseinander.

KAPLAN: Und was wird aus den Kindern?

Das ist kein Problem, sagt Orou. Die Frau kehrt mit ihnen zu ihrem Vater zurück; bald macht ein anderer Mann ihr den Hof, der froh ist, ihre Kinder zu bekommen, denn Kinder stellen in einer landwirtschaftlichen Gesellschaft ein Kapital dar.

KAPLAN: Kann ein Vater mit seiner Tochter schlafen, eine Mutter mit ihrem Sohn, ein Bruder mit seiner Schwester, ein Ehemann mit der Frau eines anderen Mannes?

OROU: Warum nicht?

KAPLAN: Ich nehme aber an, daß sogar hier ein Sohn nicht oft mit seiner Mutter schläft.

OROU: Nur wenn er sie ganz besonders achtet.[50]

Der Kaplan läßt sich beinah von den Sitten der Tahitianer verführen. Er gibt zu, daß er «versucht war, seine Kleider auf dem Schiff zurückzulassen und den Rest seines Lebens unter diesen Kindern der Natur zu verbringen». Diderot endet fast wie Rousseau in seiner *Abhandlung über die Künste und Wissenschaften* (1750) und in seiner *Abhandlung über den Ursprung der Ungleichheit* (1755):

«Wollt ihr eine Zusammenfassung fast aller unserer Übel? Da habt ihr sie. Es gab einmal einen Naturmenschen. In diesen Menschen wurde ein künstlicher Mensch eingeführt; und damit entstand ein Bürgerkrieg fürs ganze Leben ... Manchmal ist der Naturmensch stärker, manchmal gewinnt der moralische und künstliche Mensch. Auf jeden Fall wird der arme Kerl hin und her gezerrt, gezwickt, gepeinigt, gerädert ... und ist ewig unglücklich.»[51]

Diderot wußte natürlich kaum etwas über die Tahitianer. Bougainville hatte all ihren Aberglauben beschrieben, ihre ständige Angst vor Tabus und bösen Geistern, ihre Abhängigkeit von den Priestern, ganz zu schweigen von den verschiedenen Insekten und Krankheiten. Diderot, der sich in der Einehe beengt fühlte, wollte nicht verstehen, warum die Notwendigkeiten einer sozialen Ordnung dem zügellosen Geschlechtstrieb der Menschheit so viel Hemmungen aufgezwungen hatten. Er gehörte zu den unabhängigen Geistern, die sich für klüger halten als der von der Gemeinschaft entwickelte Sittenkodex.

Der Widerspruch zwischen der ethischen Philosophie des Schriftstellers Diderot und der des Menschen Diderot ist belustigend. In der Theorie grenzten seine moralischen Vorstellungen gelegentlich an Anarchismus. In solchen Augenblicken behauptete er, daß die menschliche Natur im Grunde gut sei, und schlug daher vor, «der Natur zu folgen» – das heißt dem Instinkt. Nur durch den Instinkt könne das Individuum sich von den Banden befreien, in das Religion und Gesellschaft mit ihren endlosen Vereinbarungen, Verboten und Gesetzen geschlagen hatten. In dieser Laune beschrieb er den Koitus als «höchstes Glück»[52]. Die Liebe definierte er als «die wollüstige Reibung von zwei Schleimhäuten» und den «wollüstigen Verlust von ein paar Tropfen Flüssigkeit»[53]; und er versicherte seiner Mätresse, daß der Ehebruch «ein unbedeutenderes Vergehen ist als die kleinste Lüge»[54]. Er war ein Philosoph, den es nach dem Leben eines Gockels gelüstete.

Mit zunehmender Lebenserfahrung änderten sich fast alle seine ethischen Ansichten. Er kehrte Rousseau den Rücken und näherte sich Voltaire. Vom Menschen nährte er eine immer schlechtere Meinung: der Mensch war sowohl von Natur aus als auch durch soziale Einwirkungen schlecht. «Nichts beweist so sehr, wie abscheulich die menschliche Natur ist, wie die Leichtigkeit, mit der Leute sich zu den bösartigsten Handlungen hinreißen lassen, sobald niemand [wie dies für eine Menschenmenge zutrifft] persönlich für vollbrachte Missetaten verantwortlich ist.»[55] «Glaube mir», sagte Jakob der Fatalist, «wir haben immer nur mit uns selbst Mitleid.»[56] Jetzt verfällt Diderot von einer Übertreibung in die andere: «Der Naturmensch würde seinem Vater den Hals umdrehen und mit seiner Mutter schlafen, wenn sein Verstand nicht durch Erziehung entwickelt worden wäre.»[57] Mit dem Schwinden seiner eigenen geschlechtlichen Bedürfnisse gelangte Diderot zu Epikurs Meinung, daß «die Vergnügen der Seele» dauerhafter sind als physische Befriedigung[58]. So fragt er nun: «Gehört denn zum Besitz einer schönen Frau nichts als physisches Vergnügen? Ist es nur körperlicher Schmerz, den wir bei ihrem Verlust durch Tod oder Untreue empfinden? Ist der Unterschied zwischen dem Physischen und dem Moralischen nicht ebenso greifbar wie zwischen dem Tierchen, das nur fühlt, und dem Tier, das überlegt?»[59]

Nachdem er nun so weit gelangt war, die Tugend als eine biologische Notwendigkeit für die Selbsterhaltung aufzufassen, wurde es ihm auch mehr oder weniger klar, daß als höchste Tugenden diejenigen anzusehen sind, die für die Erhaltung der Gruppe sorgen. Diderot erkannte im Neffen Rameaus, was mit einem Menschen geschieht, der versucht, sich über die Schranken hinwegzusetzen, die zur Erhaltung der Gruppe vor dem Einzelnen aufgerichtet wurden; solch ein Mensch wird zu einem Wrack ohne Glauben, ohne Nahrung, ohne Gefährten und ohne Hoffnung. So endet Diderots Traum von Tahiti mit einem verspäteten Rat zur Mäßigung: «Wir werden gegen unsinnige Gesetze predigen, bis sie abgeändert werden. Inzwischen werden wir uns ihnen unterwerfen. Wer sich herausnimmt, ein schlechtes Gesetz zu verletzen, erlaubt allen anderen, ein gutes zu verletzen. Es ist besser, ein Narr unter Narren zu sein, als allein als Weiser dazustehen.»[60]

Als seine Tochter Angélique ihre jungfräulichen Reize zu entwickeln begann, fing Diderot an, sich um ihre Sittsamkeit zu sorgen. Er wachte über ihre Unberührtheit wie über ein kostbares Verkaufsobjekt, und nachdem sie sicher in den Hafen der Ehe eingelaufen war, warnte er sie vor Ehebruch. Nur der kleinste Verdacht auf Untreue ihrerseits, sagte er ihr, würde ihm unerträglichen Kummer bereiten, und er würde vor Scham umkommen[61]. Als Kunstkritiker beklagte er die Unmoral eines Boucher und pries die Sittsamkeit und andere christliche Tugenden in den Bildern von Greuze und Chardin. In seinen Theaterstücken predigte er die hergebrachten Tugenden genau wie jeder andere behäbige und vermögende Bürger. Wohl vergnügte er sich mit so übermütigen Schriften wie dem *Anhang zur Reise Bougainvilles* und mit anarchistischen Träumereien am Tische Holbachs; wenn er aber nach Hause kam, bestand er auf sämtlichen kleinbürgerlichen Tugenden, die es gibt und die er auch selbst anstrebte – wenn man ihm daneben nur dann und wann ein kleines bißchen Ehebruch erlaubte.

Seine politischen Ideen waren ebenso verworren wie seine Ansichten über Moral – und er gab es mit entwaffnender Offenheit zu. Er glaubte nicht an Voltaires aufgeklärten Monarchen als das beste Instrument für Reformen; er verurteilte Friedrich den Großen als einen Tyrannen und versuchte, Katharina die Große für demokratische Ideen zu gewinnen. Er trat für eine konstitutionelle Monarchie ein, schlug aber eine Nationalversammlung vor, die von Grundeigentümern gewählt werden sollte, weil diese an einer guten und sparsamen Regierung interessiert seien[62]. (Als er diese Zeilen schrieb, konnte man sich niemand anders als den Mittelstand vorstellen, um eines Tages den Adel in der französischen Regierung zu ersetzen.) Er träumte von einer nachsichtigen Gesellschaft, in der allen sowohl Freiheit als Gleichheit (diese natürlichen Feinde) zugesichert würde, aber er zweifelte an der Wirksamkeit von Reformen, bevor ein ausgedehntes Unterrichtssystem die Durchschnittsintelligenz des Volkes gehoben hatte*. Seine wirtschaftlichen Ideen waren theoretisch radikal, praktisch gemäßigt. Noch in hohem Alter vertrat er einen anarchistischen Kommunismus als sein Ideal. «Ich bin überzeugt, daß es kein wahres Glück für die Menschheit geben kann, außer in einem sozialen Staat, in dem es keinen König, keinen Richter, keinen Priester, keine Gesetze, kein Mein und Dein, kein privates Eigentum, keine Laster und keine Tugenden gibt.»[65] Er gab jedoch zu, daß diese Aussicht *diablement idéal* (verflixt idealistisch) sei[66]. «Was haben wir für eine teuflische Sozialökonomie!» ruft Rameaus Neffe aus. «Einige Menschen können sich mit allem vollstopfen, während andere, die genau so lästige Mägen haben, nichts zu beißen bekommen.»[67] In nüchternen Augenblicken erkannte Diderot, daß die Ungleichheit des Besitzes so lange anhalten muß, wie eine Ungleichheit der Fähigkeiten besteht. Den Sozialismus lehnte er als unausführbar ab, denn damals war nur ein unbedeutendes, unorganisiertes und noch keineswegs bewußtes Proletariat vorhanden; doch hoffte er, daß die Lage dieser Arbeiter bald verbessert werden würde. Wenn es sich um praktische Reformen handelte, hielt er sich an die Physiokraten auf seiten des erwachenden Kapitalismus. Er erklärte das Recht auf Eigentum für geheiligt und unantastbar, verurteilte jeden Übergriff des Staates auf dieses Recht und forderte gemeinsam mit Quesnay, Turgot und Voltaire die Befreiung des Handels und der Industrie von der staatlichen Überwachung[68]. Er begünstigte eine staatliche Unterstützung der Landwirtschaft, da dieser Teil der Wirtschaft am lebenswichtigsten und gleichzeitig am verwundbarsten war[69]. Auch er wurde mit höherem Alter und Einkommen nach und nach immer konservativer.

VI. DIDEROT ÜBER DIE KUNST

All diese Beschäftigung mit Religion, Ethik, Politik und Wirtschaft nahm nur einen Teil von Diderots Interessen in Anspruch. Er hatte noch viele andere. Wer hätte gedacht, daß dieser Hansdampf in allen Gassen über Nacht zum führenden Kunstkritiker seiner Zeit werden würde?

Sein Freund Grimm, der zu sehr mit Krieg und Frau von Epinay beschäftigt war, forderte ihn 1759 auf, an seiner Stelle die Gemälde- und Skulpturausstellungen im Louvre, die alle zwei Jahre stattfanden, für seine *Korrespondenz* zu besprechen. Diderot berichtete über die «Salons» zwischen 1759 und 1771 und dann wieder zwischen 1775 und 1781, manchmal sehr ausführlich, denn in diesen Notizen ließ er seiner Feder jede Freiheit und rührte fast an jede Frage des Menschenlebens. Niemals zuvor war die Kunstkritik

* Die oft und falsch zitierten Verse: *Et ses mains ourdiraient les entrailles du prêtre – Au défaut d'un cordon pour étrangler les rois*[63] (Und seine Hände würden die Eingeweide eines Priesters drehen, wenn es an einem Strick fehlen sollte, um die Könige zu erdrosseln) wurden von Diderot einem Fanatiker in dem Stück *Les Eleuthéromanes, ou les furieux de la liberté* (Die Freiheitssüchtigen oder die Rasenden der Freiheit) in den Mund gelegt; man darf sie nicht für Diderots wahre Meinung halten, denn er verurteilte ausdrücklich den Königsmord: «Man darf niemals königliches Blut vor dem Volk vergießen, worum es auch immer gehen mag.»[64] Diese Verse konnten keinen Einfluß auf den Tod Ludwigs XVI. haben, denn sie wurden erst 1795 veröffentlicht.

so frisch und intim gewesen. Einige seiner Kritiken nahmen die Form einer Unterhaltung mit den Malern auf der Ausstellung an. Andere wurden als eine persönliche Mitteilung an Grimm dargestellt, wie zum Beispiel eine aus dem Jahre 1761:

«Ich teile Ihnen einige der Ideen mit, die mir bei der Betrachtung der Bilder im diesjährigen Salon durch den Kopf gingen. Ich werfe sie aufs Papier, wie sie mir gerade in den Sinn kommen ... Ich war nur darauf bedacht, Ihnen einige Augenblicke zu ersparen, die Sie besser verwenden können.»[70]

Er machte sich mit Feuereifer an seine neue Aufgabe und dankte Grimm, daß er ihn veranlaßt hatte, die Ausstellungen nicht mit dem «oberflächlichen und zerstreuten Blick» der eiligen Menge zu betrachten, sondern mit dem Wunsch, jede Leinwand und jeden Marmor so lange zu studieren, bis ihm ihre künstlerische Bedeutung klar wurde. Er war völlig unvorbereitet dafür, aber er unterhielt sich mit den Künstlern persönlich, mit Chardin, La Tour, Cochin, Falconet ... Er vertiefte sich in den Aufbau ihrer Bilder, in ihren Pinselstrich, ihre Farbgebung. «Ich gab mich ganz ihrer Einwirkung hin; ich entdeckte den Zauber von Licht und Schatten; ich verstand, was Farbe ist; ich bekam ein Gefühl für das Körperliche.»[71]

Schließlich war er imstande, die Technik eines Malers fachmännisch zu beurteilen. In Wirklichkeit kam es ihm jedoch nur darauf an, das auszusprechen, was ein Bild für ihn bedeutete. Zunächst beschrieb er das Thema oder die Handlung mit einigen Einzelheiten, da die meisten Empfänger von Grimms *Korrespondenz* die Bilder nie zu sehen bekamen. Einige von ihnen kauften jedoch Bilder auf Diderots Empfehlung hin. Manchmal erzählte er eingehend, wie er sich das lebendige Drama vorstellte, von dem der Künstler nur einen Ausschnitt wiedergegeben hatte; manchmal verwandelte er die Bildkunst in Literatur; und schließlich konnte er sich rühmen: «Chardin, La Grenée, Greuze und andere haben mir versichert, daß ich der einzige Literat bin, dessen Bilder ohne weiteres auf die Leinwand gebracht werden könnten, fast genau so, wie sie an meinem Geist vorüberzogen.»[72]

Er gab seiner Vorliebe und seinen Vorurteilen unverhüllt Ausdruck. Nachdem er fast alles, was die zeitgenössische französische Kultur hervorbrachte, verurteilt hatte, verteidigte er die französischen Maler mit patriotischem Feuer. Er bezeichnete Hogarth als Lügner und Ignoranten, weil er gesagt hatte, Frankreich habe keinen Meister der Farbgebung. «Chardin», bemerkte er, «ist vielleicht einer der größten Koloristen in der ganzen Malerei.»[73] Er war sehr streng mit Nattier. Er beanstandete Bouchers Aktbilder, genoß sie aber. Nachdem er die Mängel einer nackten Schönen kritisiert hatte, fuhr er fort: «Das schadet nichts; wenn ich sie haben kann, so wie sie ist, werde ich sehr wahrscheinlich keine Zeit damit verschwenden, mich über ihr allzu dunkles Haar zu beschweren.» Er ärgerte sich über ein Bild, auf dem Joseph die Annäherungsversuche der Frau Potiphar zurückweist. «Ich kann mir nicht vorstellen, was er eigentlich wollte. Ich hätte mir nichts Besseres gewünscht und habe mich öfters mit weniger begnügt.»[74] Er verstand, daß Künstler, vor allem Bildhauer, den nackten Körper darstellen mußten, denn «was kann man schließlich in der Bildhauerei mit Knöpfen und Hosen anfangen?»[75]. Er hatte eine Vorliebe für die mädchenhafte Unschuld in den Bildern von Greuze; er war ebenso sentimental wie der Maler; ganz besonders schätzte er die Bildnisse von Greuzes Frau, mit der er in seiner Jugend ein Verhältnis gehabt hatte. Er war hingerissen von den wildbewegten Landschaften der niederländischen Maler und fand «mehr Poesie in einem einzigen Baum, der den Stürmen der Jahre und Jahreszeiten getrotzt hat, als in der ganzen Fassade eines Schlosses. Ein Schloß muß erst zur Ruine werden, um Interesse zu erwecken.»[76] Die klassische Betonung von Vernunft, Ordnung und Harmonie sagte ihm nicht zu; er stellte die schöpferische Einbildungskraft höher als den kritischen Verstand. Er rief nach «schrecklichen oder sinnlichen Werken ..., die das Herz mit Liebe oder Furcht erfüllen, die Sinne lösen und die Seele läutern; das ist etwas, was man mit keiner Regel erreichen kann»[77]. Der Begriff «Kunst um der Kunst willen» schien ihm verächtlich; er war der Ansicht, daß die Kunst eine moralische Aufgabe hatte – nämlich «die Tugend zu ehren und das Laster bloßzustellen»[78].

Nach seinen Beobachtungen auf der Ausstellung von 1765 wagte er sich an einen «Essai sur la peinture» (Versuch über die Malerei). Auch er glaubte wie Platon und Aristoteles das Wesen der Schönheit in der Harmonie der Teile im Verhältnis zum Ganzen zu finden; darüber hinaus verlangte er eine Harmonie des Gegenstandes mit seiner Umgebung und mit dem Zweck, den er anstrebte. Er hielt wahre Schönheit für die völlige Anpassung an eine Funktion. In diesem Sinne müßte ein gesunder und intelligenter Mensch schön erscheinen. Bei der Darstellung einer Begebenheit sollte die Kunst die Züge hervorheben, die für ihre Bedeutung wichtig sind, unerhebliche Elemente sollten dagegen beiseite gelassen werden; Kunst brauche nicht eine sklavische Nachahmung der wahllos objektiven Wirklichkeit zu sein. Doch sollte der Künstler lieber natürliche Objekte studieren als überlieferte Modelle und formale Regeln; lieber ein Teniers als ein Dutzend Watteaus. Diderot empfand einen gewissen Zwiespalt zwischen Vernunft und Kunst; er war überzeugt, daß die klassischen Vorschriften eines Boileau die französische Poesie verkrüppelt hatten. Hier fühlte er sich mit Rousseau, nicht mit Voltaire einig: Kunst muß vor allem Stimme und Erzeugnis des Gefühls sein. Deswegen begrüßte er die Farbe, während Reynolds im gleichen Jahrzehnt die Zeichnung in den Vordergrund stellte. «Die Zeichnung verleiht den Wesen ihre Form», gab Diderot zu, «doch die Farbe verleiht ihnen das Leben.»[79] Goethe wies auf verschiedene Mängel in diesem Essay hin, übersetzte aber doch Teile daraus und beschrieb ihn Schiller als «ein prachtvolles Werk; es spricht noch mehr zum Dichter als zum Maler, obwohl es auch für den Maler eine leuchtende Fackel ist»[80].

VII. DIDEROT UND DAS THEATER

«Als ich jung war», schrieb Diderot, «schwankte ich zwischen der Sorbonne [Theologie] und dem Theater.»[81] Und im Jahre 1774: «Dreißig Jahre lang habe ich gegen meine Neigung an der *Enzyklopädie* gearbeitet und nur zwei Theaterstücke geschrieben.»[82] Er maß seinen Stücken mehr Bedeutung bei als seinen Romanen; und da die Mehrzahl seiner Romane erst nach seinem Tode veröffentlicht wurde, spielten seine Stücke eine wichtigere Rolle für seinen Ruhm und sein Leben. Für das französische Theater bedeuteten sie fast eine Revolution.

Richardsons Romane hatten ihn stark beeindruckt; 1761 schrieb er seinen *Eloge de Richardson* (Lobrede auf Richardson), worin er den Engländer in den Himmel hob, weil dieser Gefühl und Tugend in den Vordergrund stellte und den Mut hatte, das Leben des Mittelstandes in einem Kunstwerk zu behandeln. Auch George Lillos Stück *The London Merchant* (Der Kaufmann von London; 1731), das die Empfindungen und Erlebnisse der Geschäftswelt auf die englische Bühne brachte, war nicht spurlos an Diderot vorübergegangen. Er nannte es «erhaben» und verglich es sogar mit Sophokles. Warum sollten gebrochene Herzen, selbst wenn sie keinen Stammbaum hatten, nicht einer Tragödie würdig sein? Als Diderot anfing, ernsthafte Stücke zu schreiben, kümmerte er sich nicht um die französische Tradition – er wählte sich Helden aus dem Mittelstand und schrieb in Prosa. 1757 wurde sein Stück *Le Fils naturel, ou les épreuves de la vertu* (Der natürliche Sohn oder die Prüfungen der Tugend) aufgeführt, das aber keinen Erfolg davontrug; es wurde 1757 zweimal in der Provinz gespielt, in Paris erst 1771 und offenbar nur einmal. In Buchform hingegen, wurde es zu einer *cause célèbre* (berühmter Fall).

Die Handlung war spannend. Der angesehene, wohlhabende Bastard Dorval verliebt sich in Rosalie, die Verlobte seines Gastgebers Clairville. Er bemerkt, daß sie seine Neigung erwidert; er beschließt, lieber wegzugehen, als die Hochzeit seines Freundes zu gefährden. Kurz vor seiner Abreise wird Clairville von bewaffneten Räubern überfallen; Dorval schlägt sich mit ihnen und rettet seinem Freund das Leben. Als er erfährt, daß der Vater Rosalies, ein Kaufmann, sein Vermögen verloren hat und ihr nichts mitgeben kann, ersetzt er ihr heimlich die Mitgift. Der ruinierte Kaufmann ist in Wirklichkeit sowohl der Vater von Dorval als von Rosalie; sie versöhnt sich mit dem Gedanken, daß er ihr Bruder ist, und heiratet Clairville; Dorval heiratet Clairvilles Schwester Constance, und am Ende des Stückes badet alles in Freudentränen. Es war, wie die damalige Kritik es bereits nannte, ein Rührstück (*comédie larmoyante*)*.

Bemerkenswert an dem Stück war vor allem eine Reihe von Dialogen, die im Anhang veröffentlicht wurden und später den Titel *Entretiens sur Le Fils naturel* (Gespräche über den natürlichen Sohn) erhielten. Es war eine Tradition im französischen Theater, daß sich Dramen ausschließlich mit Personen von Rang zu befassen hatten und in Versen geschrieben sein mußten. Diderot verteidigte den Standpunkt, daß im Drama auch bürgerliche Helden und Berufe sowie Szenen aus dem täglichen Leben, realistisch und in Prosa, dargestellt werden können. Er wollte beweisen, daß der Ausdruck *bourgeois gentilhomme* (Der Bürger als Edelmann) keinen lächerlichen Widerspruch in sich selbst enthielt, wie Molière meinte, sondern eine Entwicklung der neuen Gesellschaft darstellte, in der das Bürgertum zu Reichtum, Ansehen und Macht gekommen war. Der Dichter sollte nicht nur Charakterstudien, sondern auch die tatsächlichen Lebensbedingungen, also Familie, Soldatenleben, Politik, Beruf usw., auf die Bühne bringen;

* *Comédie* und *comédien* hatten eher den Sinn von «Drama» und «Schauspieler» als von «Lustspiel» und «Komiker». Jedes Stück mit einem guten Ausgang wurde *comédie* genannt.

und da sich die Tugenden in Frankreich vor allem im Mittelstand erhalten hatten, sah Diderot im neuen Drama (*drame,* wie Diderot es nannte, anstatt des üblichen *comédie*) ein Mittel, «den Menschen die Liebe zur Tugend und den Abscheu vor dem Laster einzuflößen». Kunst, die nur der Unterhaltung diente, war für ihn ein Luxus für Müßiggänger; jede Kunst sollte eine nützliche soziale Funktion haben. Und war es nicht das erstrebenswerteste Ziel für das Theater, die Tugend anziehend zu gestalten? Das Stück und das Begleitmanifest spalteten die Pariser Intelligenz in zwei feindliche Lager. Parisot und andere *antiphilosophes* machten sich über Diderots Ideen lustig. In seiner vernichtenden Kritik sprach Fréron nicht nur von einem langweiligen Lehrstück, das von Gefühlsduselei und unechten Tugenden triefe, sondern er bewies außerdem in verschiedenen Ausgaben seiner Zeitschrift *Année littéraire,* daß eine verdächtige Ähnlichkeit zwischen der ersten Hälfte des *Natürlichen Sohnes* und der Komödie *Il vero amico* (Der wahre Freund) von Goldoni bestand, die 1750 in Venedig aufgeführt worden war. Diderot gestand:

«Ich habe sie in Besitz genommen, als ob sie mir gehörte. Goldoni hatte auch nicht mehr Skrupel. Er bemächtigte sich des Stückes *L'Avare* [Der Geizhals, von Molière], und es ist niemandem in den Sinn gekommen, das zu beanstanden; und niemandem ist es im Traume eingefallen, Molière oder Corneille des Plagiats zu bezichtigen, weil sie, ohne lange zu fragen, die Ideen zu einem Stück einem italienischen Autor oder dem spanischen Theater entliehen.»[83]

Das traf in der Tat auf Corneilles *Le Cid* und auf Molières *Le Festin de pierre* (Don Juan) zu.

Diderot, der sich über die Angriffe seiner Feinde hinwegsetzte und nur auf die Ermutigungen seiner Freunde hörte, veröffentlichte 1758 mitten im größten Aufruhr um die *Enzyklopädie* ein zweites Stück – *Le père de famille* (Der Familienvater) mit einem herausfordernden Anhang *Discours sur la poésie dramatique* (Abhandlung über die dramatische Dichtung), ein Titel, der an Dryden erinnerte, der ihn neunzig Jahre vorher über ein ähnliches Thema gesetzt hatte. Der *Familienvater* wurde 1760 in Toulouse und Marseille aufgeführt und im Februar 1761 im Théâtre-Français in Paris; dort hielt sich das Stück sieben Abende lang, was als kleinerer Erfolg angesehen werden durfte. Voltaire erklärte sich einverstanden, die Aufführung seiner Tragödie *Tancrède* zu verschieben, um diese Aufführungen zu ermöglichen, und schrieb seinem neuen Rivalen: «Mein lieber Bruder Diderot! Mit größter Freude überlasse ich Ihnen meinen Platz und würde Sie mit Vergnügen mit Lorbeer krönen.» Diderot antwortete: «Ich danke Ihnen, mein lieber Meister. Ich weiß, wie sehr Sie sich den Erfolg Ihres Schülers gewünscht haben müssen, und ich bin gerührt darüber. Bis ans Ende meines Lebens werde ich Sie achten und verehren.»[84] Das Stück wurde 1769 mit Erfolg neu aufgeführt und trug das Seine zum Triumph der *philosophes* bei.

Die Handlung enthielt autobiographische Elemente. Der Vater ist eine zärtliche Erinnerung an Didier Diderot, abgesehen davon, daß er im Stück mehr vom Predigen hält als dieser brave Mann in Wirklichkeit. Der Sohn, Saint-Albin (ein Porträt von Denis Diderot), bittet seine Eltern um die Erlaubnis, Sophie, ein Arbeitermädchen, heiraten zu dürfen. Der Vater sieht sie sich an, mag sie gern, will aber nicht, daß sein

Sohn ein armes Mädchen heiratet. Nach fünf Akten und einem Zufall, der von zahllosen Dramen ausgebeutet worden ist, stellt sich heraus, daß die junge Dame von ausgezeichneter Herkunft ist; daraufhin gibt der Vater nach, und alles endet gut. Man darf es Fréron verzeihen, wenn er die Handlung als melodramatisch, künstlich und absurd bezeichnete. Ein anderer Kritiker wies darauf hin, daß diese Ode an die Tugend Grimm gewidmet war, der eine Prostituierte mit Rousseau geteilt hatte und inzwischen der Liebhaber von Frau von Epinay geworden war, und daß Diderot seine Heldin nach seiner Geliebten Sophie Volland benannt hatte. Voltaire machte dem Verfasser zwar Komplimente über die «zarten und tugendhaften Dinge» in dem Stück, schrieb aber gleichzeitig an Frau du Deffand: «Hat man Ihnen schon den *Familienvater* vorgelesen? Ist das nicht lächerlich? Wie arm ist doch unser Jahrhundert im Verhältnis zur Epoche Ludwigs XIV.!»[85]

Diderot hingegen empfand das französische Drama des siebzehnten Jahrhunderts mit seinem pompösen Stil und gestelzten Vortrag, eingeschnürt in die Einheit von Handlung, Ort und Zeit und vor allem, weil es lieber die griechischen Klassiker statt die lebendige Wirklichkeit nachahmte, als ausgesprochen unnatürlich. Seine schamlos sentimentalen Stücke deuteten bereits auf die romantische Reaktion hin, die gegen den einseitigen Intellektualismus und die Verdrängung der Gefühle des klassischen Zeitalters ankämpfte. Diderots Einfluß wurde auch in den realistischeren Bühnenbildern spürbar sowie in den Kostümen der Schauspieler, die der dargestellten Epoche und dem Ort der Handlung entsprachen; er war außerdem ein Bundesgenosse Voltaires, der um die Säuberung der französischen Bühne von jeglichen Zuschauern kämpfte[86]. «Jede Verbesserung in der Kunst der Aufführung in den letzten hundertfünfzig Jahren», sagte Gustave Lanson, «stammt von Diderot.»[87] Allerdings neigt das moderne Bühnenbild heute wieder mehr zum Erfundenen als zum Realistischen. Auch in Deutschland wirkte sich Diderot aus; nicht umsonst nannte Sainte-Beuve ihn «den Franzosen, der am meisten Deutsches» an sich hatte. Lessing übersetzte den *Familienvater* und die *Abhandlung über die dramatische Dichtung* und erklärte, daß sich seit Aristoteles kein größerer philosophischer Geist mit dem Theater beschäftigt habe als Diderot[88].

Diderot sprach sich auch über die Kunst des Schauspielers aus. Er behauptete in seinem Essay *Paradoxe sur le comédien* (Paradoxes über den Schauspieler; 1778), daß der Schauspieler, der die Zuschauer rühren will, sich selbst nicht der Erregung hingeben darf, die er ausdrückt, sondern sich völlig beherrschen muß. Das stand in ausgesprochenem Gegensatz zu dem Rat, den Horaz den Dichtern gegeben hatte: *Si vis me flere, primum tibi flendum est* (Wenn du mich zu Tränen rühren willst, mußt du erst selbst weinen). Nein, sagte Diderot, der Schauspieler

«muß in seinem Herzen einen ungerührten unabhängigen Zuschauer tragen. Er muß über Scharfsinn, nicht über Empfindsamkeit verfügen ... Wenn der Schauspieler vollständig, wirklich vollständig vom Gefühl beherrscht wäre, wie könnte er dann dieselbe Rolle zweimal hintereinander mit gleichem Geist und Erfolg spielen? Wenn er bei der ersten Aufführung voll Feuer wäre, so wäre er bei der dritten erschöpft oder kalt wie Marmor ... Füllt die Sitze im Zuschauerraum mit tränenüberströmten Leuten, aber auf der Bühne darf es das nicht geben.»[89]

(Die Schauspieler, die Diderots Stücke spielten, hielten sich aber kaum an diesen Rat.)

Diderot beherbergte in sich selbst eine Paradoxie, denn 1757 hatte er geschrieben: «Dichter und Schauspieler ... empfinden tief, denken aber wenig nach.»[90] Jetzt behauptete er das Gegenteil, vielleicht nachdem er den Schauspieler David Garrick in Paris (1763, 1770) gesehen hatte, der in rascher Folge und ganz wie er wollte die verschiedensten Gefühle ausdrücken konnte. Vielleicht hatte er sich sein Paradoxon auch bei Hamlet geholt, der den Komödianten in Helsingör rät: «Denn mitten in dem Strom, Sturm und – wie ich sagen mag – Wirbelwind eurer Leidenschaft müßt ihr euch eine Mäßigung zu eigen machen, die ihr Geschmeidigkeit gibt.»[91] Sir Henry Irving lehnte Diderots Analyse des Schauspielers ab, doch ein moderner Kritiker ist der Ansicht, daß «sie bis auf den heutigen Tag der bedeutendste Versuch ist, das schauspielerische Problem zu lösen»[92]. Schauspieler dürfen sich im Leben, aber nicht auf der Bühne Empfindungen hingeben. (Vielleicht hat ihre Selbstbeherrschung auf der Bühne Gefühlsausbrüche im Leben zur Folge; weswegen ihnen viele Sünden vergeben werden müssen.) Sie müssen die Ursache des angedeuteten Gefühls studieren und es in Bewegung und Sprache ausdrücken, aber sie müssen sich daran «in Ruhe erinnern»[93]. In einem Brief an Fräulein Jodin suchte Diderot das Gleichgewicht zu finden: «Ein Schauspieler, der nichts als Verstand und Urteilsfähigkeit besitzt, ist kalt; einer, der nichts als Feuer und Empfindsamkeit hat, ist verrückt.»[94]

Wenn sich auch Diderots chaotischer Geist in dieser Übersicht in seiner ganzen Wirrheit zeigt, so muß man darüber hinwegsehen und die großartige Vielfalt seiner Ideen und Interessen bewundern. Von der Religion abgesehen, war ihm nichts Menschliches fremd, und selbst er hatte, wie wir gesehen haben, eine gewisse Empfänglichkeit für religiöse Gefühle. Es war bezeichnend für ihn, daß er mit Mathematik und Physik begann und beim Drama und der Musik endete. Er eignete sich nicht zum großen Wissenschaftler, denn er war zu ungeduldig für Forschungen und Versuche. Er ließ sich zu leicht zu Verallgemeinerungen hinreißen, und doch wirkten diese fast immer als Anregung für andere. Er kannte sich so gut in der Musik aus, daß er eine Unterrichtsmethode für das Spinett und eine Abhandlung über Harmonie verfassen konnte. Er schrieb die einflußreichsten Theaterstücke und die besten Romane seiner Zeit; in seinen Novellen übertraf er seine sämtlichen Zeitgenossen außer Voltaire; und er stellte sogar Voltaire in den Schatten, denn er verlieh der Novelle jene Dichtheit der Gedanken und der Handlung, die ihre Form bis auf den heutigen Tag bestimmt. Die Kunst der Unterhaltung, die er in den Salons geübt hatte, sah er als eines der wichtigsten Dinge im Leben an; seine Zwiegespräche gehören denn auch zu den glänzendsten und lebendigsten Dialogen, die je geschrieben wurden. Seine philosophischen Abhandlungen schrieb er nicht in einer Geheimsprache für Auserwählte, sondern im Stil einer Debatte über lebendige Themen zwischen Menschen, die sich dem Treiben der Welt nicht entzogen.

VIII. WÜRDIGUNG DIDEROTS

Dieser vielseitige Geist gehörte einem Menschen mit vielen guten Eigenschaften und fast jeder erdenklichen Schwäche, die alle in verschiedenen Epochen seines Lebens nacheinander hervortraten. Als Michel Vanloo ihn malte, beklagte sich Diderot, daß das Gesicht auf dem Bild nur einen vorübergehenden Teil seines Wesens, nur den Ausdruck einer einzigen Stimmung zeige.

«Mein Ausdruck wechselte hundertmal im Tag je nach meiner Stimmung. Ich war heiter, traurig, verträumt, zärtlich, heftig, leidenschaftlich, eifrig. Die äußeren Anzeichen meiner vielen und wechselnden Geisteszustände zogen so rasch über mein Gesicht, daß das Auge des Malers ständig ein anderes Ich von mir erhaschte, und keines war ganz richtig.»[95]

Nach und nach verschmolzen diese verschiedenen Gesichter zu der robusten Physiognomie, die das Porträt von Greuze zeigt; düster wie Caesar, erschöpft von den leidenschaftlichen Auseinandersetzungen mit einem Heer von Ideen und Feinden und dem Versuch, die verschwommenen Abtönungen aller seiner Bejahungen und Verneinungen in die Statik von Worten zu kleiden. Die hohe Stirn geht in einen zur Hälfte kahlen Schädel über; die Ohren erscheinen fleischig, die große Nase gebogen, der Mund entschlossen, das Kinn kampfbereit; die braunen Augen verraten eine tiefe Traurigkeit, als erinnerten sie sich an unwiderrufliche Irrtümer oder als erkennten sie die Unmöglichkeit, gegen den Aberglauben anzugehen; oder vielleicht auch stellten sie voller Resignation die hohe Geburtenziffer der Einfalt fest. Wenn Diderot ausging, trug er gewöhnlich eine Perücke, aber manchmal nahm er sie in der Ekstase eines Monologs ab, spielte damit und legte sie auf seinen Schoß. Er war zu sehr mit dem Sein beschäftigt, als daß er Zeit mit dem Schein vergeudet hätte.

Wenn es um die Würdigung seines Charakters ging, stand er hinter niemandem zurück. Er gab zu: «Einen Augenblick lang bin ich sehr aufgeregt», aber «einen Augenblick später bin ich wieder ich selbst, der offene, gütige, gerechte, nachsichtige, anständige, barmherzige, hilfsbereite Mensch. Diese Lobrede darf fortgesetzt werden, denn ich habe noch nichts über meine Intelligenz gesagt.» Er bezweifelte, daß irgendjemand anderer ehrenhafter sei als er selbst, und war überzeugt, daß sich sogar die eifrigsten Kirchgänger auf sein Wort verlassen würden. «Wie rein ist deine, meine und seine Seele!» schrieb er seiner Geliebten, wobei er Grimm als Dritten in den Bund aufnahm. Er sprach mit Begeisterung von seinen Büchern und Stücken, überzeugt von ihrer Unsterblichkeit. Er hielt sich für moralisch einwandfrei, und er hatte tatsächlich immer nur ein Verhältnis auf einmal. Er sprach von sich als «dem Philosophen» und fühlte sich Sokrates verwandt. «Was liegt daran», fragte er, «ob ich meine schätzenswerten Eigenschaften der Natur oder der Erfahrung verdanke, wenn sie nur zuverlässig sind und nie von Eitelkeit verdorben werden?»[96]

Er hatte fast alle die guten Eigenschaften, die er sich zuschrieb. Er war ehrenhaft im Sinne von aufrichtig, wenn er auch in seiner Jugend ganz schön geschwindelt hatte. Pose und Geziertheit waren ihm fremd; er war sanft, wenn es nicht um einen Wortstreit ging, denn dann war er oft rücksichtslos und manchmal so gewöhnlich, daß Frau Geoffrin ihn zur Ordnung rufen mußte. Er hatte bestimmt Mut, denn er setzte den Kampf fort, als ihn so viele Freunde im Stich ließen und sogar Voltaire ihm riet, aufzugeben. Er war gerecht, ausgenommen da, wo es um Frömmigkeit oder um Rousseau ging; wir werden später sehen, daß er Rousseaus Empfindlichkeit nicht genug berücksichtigte. Er war zweifellos freigebig, immer bereit, denen, die sich an ihn wendeten, zu Hilfe zu kommen, und rühmte andere mehr als sich selbst. Er verbrachte manchen Tag damit, Grimm in der *Correspondance* zu ersetzen oder den literarischen Bemühungen seines Freundes die richtige Fassung zu geben. Bei seinem bescheidenen Einkommen machte er noch Geschenke an eine ganze Reihe armer Leute. Als ein verarmter Schriftsteller ihm eine Satire auf ihn, Diderot, zeigte und ihn bat, sie zu bearbeiten, weil er nichts mehr zu essen hatte, verbesserte Diderot sie und schlug vor, die Satire dem damaligen Herzog von Orléans zu widmen, «der mir die Ehre erweist, mich zu hassen». So geschah es, und der Herzog sandte dem jungen Schriftsteller fünfundzwanzig Louisdor[97]. In seiner Buch- und Kunstkritik war Diderot im allgemeinen nachsichtig (wenn es sich nicht um Boucher handelte), denn lieber betonte er – wie er sich ausdrückte – das Gute, als daß er auf das Schlechte losgeschlagen hätte[98]. Er war der Gutartigste aller *philosophes*. Diderots Einschätzung seines eigenen Charakters wurde von Rousseau bis 1758, von Grimm bis zuletzt bestätigt. Sie sprachen von ihm, sagte Frau von Epinay, mit «der größten Verehrung»; sein Genie bewunderten sie, aber «sein Charakter war der Gegenstand ihrer besonderen Begeisterung. Monsieur Grimm sagt, er sei der vollkommenste aller Sterblichen, den er kennt.»[99] Diesen Freunden erschienen seine Fehler wie die übertriebene Offenheit eines Kindes; und sie hielten ihn für tiefschürfender als Voltaire.

Er war bestimmt reicher an Einfällen als Voltaire, denn von Natur aus kannte er keine Zurückhaltung und wenig Ausgeglichenheit. Er hatte mehr Phantasie, war weniger Verstandesmensch, ließ sich leicht hinreißen, wurde niemals reif. «Diderot», sagte Voltaire, «ist ein überhitzter Ofen; alles, was darin gebacken wird, brennt an.»[100] Manches kam auch halbfertig heraus. Er war ebenso empfindsam wie Rousseau, ebenso zartfühlend, ebenso leicht zu Tränen gerührt über die Schönheit der Natur und die Tragödien des Lebens. Die Worte seiner *Religieuse:* «Für eine zartbesaitete Seele ist das Vergießen von Tränen eine Wonne»[101], hätten wahrscheinlich auf ihn gepaßt. Besucher fanden ihn manchmal weinend – oder wutschnaubend – über einem Buch. Vielleicht beruhte seine Freundschaft mit Rousseau auf einer Verwandtschaft der Gefühle, dem gleichen Überschwang, der gleichen Liebe zur Natur, der gleichen romantischen Auffassung des Genies als Instinkt, Leidenschaft und Einbildungskraft und der gleichen Begeisterung für die Romane Richardsons. Er hätte am liebsten Clarissa vor Lovelace gewarnt, und wenn er ein Buch über tyrannische Könige las, konnte er sich ausmalen, wie er «einen Dolch mit wunderbarer Geschicklichkeit handhaben» würde[102]. Voltaire + Rousseau = Diderot; keiner von beiden konnte ihm verzeihen, daß er so viel von ihnen hatte und trotzdem er selbst und einzigartig blieb.

Seine Gewohnheiten zeugten für seine widerspruchsvollen Eigenschaften. Er aß so gern und viel, daß es an Völlerei grenzte und er Gallensteine bekam, stand aber allem offen, was die Kultur seiner Zeit zu bieten hatte. Reisen haßte und verspottete er[103], fuhr aber durch ganz Europa, um Katharina der Großen auf die Schulter zu klopfen. Er weinte über ein schönes Gedicht und gebrauchte die gröbsten Schimpfworte. Geld verachtete er und nannte die Armut die inspirierende Freundin der Philosophen; aber als sein Vater starb, fuhr er nach Langres (1759) und war froh, daß er ein Drittel des Erbes bekam, so daß er um 1760 auf ein Einkommen von viertausend Livres im Jahr zählen konnte. «Ich brauche einen Wagen», sagte er, «eine bequeme Wohnung [sie nahm zwei Stockwerke ein], feine Wäsche und eine parfümierte Frau, dann kann ich mich leicht mit den übrigen Übeln der Zivilisation abfinden.» Das war Voltaire in ihm, der Rousseau einen Streich spielte.

Seine Frau war zu sehr mit Kinderkriegen und unparfümierter Arbeit im Haushalt beschäftigt, um eine gute Zuhörerin für seine übersprudelnden Ideen abzugeben. Wie Milton jammerte er nach einer Scheidung wegen geistiger Unvereinbarkeit. Da es das nicht gab, tat er, was die Franzosen immer noch tun – er nahm sich eine Mätresse. Kurze Zeit war es Fräulein Babuti, die spätere Frau Greuze. Dann kam Frau von Puisieux, die ihn zehn Jahre lang festhielt. 1755 entdeckte er, was er brauchte – eine junge Frau, die ihm achtzehn Jahre lang ihre Liebe, ihre Treue und ihr Verständnis schenkte. Louise-Henriette Volland (die er Sophie taufte, weil sie ihm die Seele der Weisheit schien) war bereits achtunddreißig Jahre alt, als er sie kennenlernte, unverheiratet, rundlich und kurzsichtig. Er beschrieb sie mit ihrer Brille und den etwas «schlaffen» Zügen, und er mußte ab und zu mit ihr schimpfen, weil sie ebensoviel aß wie er. Aber statt Liebhaber hatte sie sich eine Büchersammlung zugelegt und war sehr belesen, auch in Politik und Philosophie. Sie konnte sich gut ausdrücken, aber noch besser zuhören. Diderot fand, daß sie zu dicke Beine, aber verständnisvolle Ohren hatte, und liebte ihren Geist und ihr Herz.

> «Ach, Grimm [schrieb er], was für eine Frau! Wie zärtlich sie ist, wie lieb, wie aufrichtig, taktvoll, vernünftig! Sie denkt nach ... Wir wissen nicht mehr als sie über Sitten, Moral, Gefühl und unzählige wichtige Dinge. Sie hat ihr eigenes Urteil, ihre Ansichten und Ideen, macht sich ihre eigenen Gedanken, eine Mischung aus Vernunft, Wahrheit und gesundem Menschenverstand; davon kann sie nichts abbringen, weder die öffentliche Meinung noch anerkannte Größen noch sonst etwas.»[104]

Das war nicht bloße Verliebtheit, denn der unvoreingenommene Doktor Tronchin sah in ihr «die Seele eines Adlers in einem Gehäuse von Flor»[105], womit er meinte, daß sie sowohl schöne Kleider als Gedankenflüge liebte.

Zwanzig Jahre lang schrieb Diderot ihr seine schönsten Briefe, die zu den literarischen Kleinodien des achtzehnten Jahrhunderts gehören. Er konnte sich mit ihr offen über alles unterhalten; ihr seine gewagtesten Geschichten und seine tiefsten Gedanken schicken; er schrieb ihr, wie er mit ihr sprach, «als ob ich bei Dir wäre und meinen Arm um Deine Stuhllehne legte»[106]. In seiner Beziehung zu ihr wurde ihm wie nie zuvor die Rolle klar, die Gefühl und Empfindung im Leben spielen können. Jetzt konnte er kaum mehr an Vorherbestimmung glauben; es schien unmöglich, daß dieser Ideenaustausch, diese Zuneigung nur das physikalisch-chemische Resultat irgendeines Urnebels waren. In solch einer Stimmung konnte er sogar manchmal von Gott reden. Er erzählte Sophie, wie er einmal auf einem Spaziergang mit Grimm einen Weizenhalm gepflückt hatte und sich in das Mysterium des Wachstums vertiefte. «Was machst du?» fragte Grimm. «Ich horche.» «Worauf horchst du?» «Auf Gott.»[107]

Nachdem das Verhältnis mit Sophie Volland ungefähr zwölf Jahre gedauert hatte, kühlte sich seine Liebe ab, seine Briefe wurden kürzer, seine Treueschwüre gezwungener. 1769 ersetzte er im Alter von siebenundfünfzig Jahren seinen verstorbenen Freund Damilaville als Geliebter der vierundfünfzigjährigen Frau von Meaux. Ein Jahr später wurde er von einem jüngeren Liebhaber verdrängt. Inzwischen versicherte er Sophie weiter seiner «ewigen Liebe».

All diese Abirrungen seines Herzens und Geistes ertrug seine Frau Antoinette getreulich, schimpfte jedoch ständig mit ihm und suchte daneben Trost bei Gott und den Karten. Sie zankten sich fast jeden Tag, und die Zeit konnte die Kluft zwischen dem Mann mit den tausend Ideen und der Frau mit dem einen Gott nicht überbrücken. Wenn seine Freunde zu Besuch kamen, begrüßten sie sie nicht einmal. Als sie sein Verhältnis mit Sophie entdeckte, bekam sie einen Wutanfall, der ihm in keinem Verhältnis zu einer so alltäglichen Begebenheit zu stehen schien. Eine Zeitlang ließ er sich sein Essen in sein Studierzimmer bringen. «Sie fängt schon an, die Auswirkungen dieser kleinen Scheidung zu spüren», schrieb er an Grimm. «Sobald ihre Mittel verbraucht sind, was bald der Fall sein wird, kommt es zu einer Versöhnung.»[108] Als sie krank wurde, gab er nach und pflegte sie, wenn auch mit Gebrumm. Daraufhin wurde sie so zärtlich zu ihm, daß er glaubte, sie liege im Sterben. Was ihn nicht daran hinderte, in einem Brief an Sophie Witze über ihre Krankheit zu machen. Als sein Freund Suard einer Frau einen Heiratsantrag machte, riet ihm Diderot, lieber ins Wasser zu gehen. (Suards Ehe erwies sich als eine der glücklichsten in dieser unglücklichen Zeit.)

Wahrscheinlich wäre Diderot weggelaufen, wenn er nicht so sehr an seiner häuslichen Bequemlichkeit und an seiner hübschen Tochter gehangen hätte. Antoinette war dreiundvierzig Jahre alt, als sie (1753) ihr viertes Kind bekam. Marie-Angélique wuchs zu einem reizenden Mädchen heran, und Diderot wandte ihr seine ganze Zärtlichkeit zu. «Ich war ganz vernarrt in mein kleines Mädchen. Was für ein angenehmer Charakter! Was für eine Frau ich aus ihr machen könnte, wenn ihre Mutter es mir erlauben würde!» Er predigte ihr sämtliche christlichen Tugenden, und als sie heranreifte, warnte er sie ausgiebig vor den Pariser Wölfen. Denn was bedeuteten deren Anträge? «Sie bedeuten: 'Mein Fräulein, wollen Sie so nett sein und sich um meinetwillen entehren, ihre Stellung in der Gesellschaft verlieren, eine Ausgestoßene werden, sich in ein Kloster einsperren lassen und ihre Eltern vor Kummer umbringen?'»[109] Wie jeder andere französische Vater sparte er Geld für ihre Mitgift und verhandelte mit verschiedenen Familien, um ihr rechtzeitig einen Ehemann zu verschaffen. Er traf seine Wahl, Antoinette war dagegen, Angélique war einverstanden, und so wurde sie 1772 verheiratet. Diderot weinte, als er sie verlor, und weinte noch mehr, als er sah, wie glücklich sie in der Ehe war. Er unterstützte das junge Paar auf großzügige Weise und meinte: «Ist es nicht besser, ihnen in einem schwierigen Augenblick zu helfen, als zu warten, bis sie nichts mehr brauchen?» Der Schwiegersohn wurde zu einem erfolgreichen Fabrikanten, dessen Nachkommen nach der Wiedereinsetzung der Bourbonen (1814) zu den vorsichtigen Konservativen gehörten.

Mit den Jahren verstand Diderot seinen Vater besser und respektierte die Sitten, die nun einmal unerläßlich sind, wenn man für eine Familie verantwortlich ist. Trotzdem bewahrte er sich eine gewisse Ungebundenheit. Wie sehr er auch sein Studierzimmer, seine alten Kleider und Pantoffeln und sein Kaminfeuer liebte, ab und zu riß er sich davon los und verbrachte zum Beispiel einen Monat mit Holbach in Grandval. Er ging immer noch häufig ins Café und war eine bekannte Figur in verschiedenen Salons. Frau Geoffrin hatte ihn trotz seinen groben Ausdrücken gern und schickte ihm in einem Anfall mütterlicher Zuneigung einen neuen Schreibtisch, bequeme Ledersessel, eine große Standuhr aus Gold und Bronze und einen eleganten Hausrock. Er dankte ihr, sah seine alten Möbel mit Wehmut ziehen und drückte zärtliches Bedauern für seinen alten Schlafrock aus:

«Warum habe ich ihn nicht behalten? Er paßte mir, und ich paßte zu ihm. Er umgab jede Falte meines Körpers, ohne mich zu hindern. Er war malerisch und schön. Der neue, steifgestärkte Rock macht einen Hampelmann aus mir. Der alte war so gutartig und für alles zu haben ... Wenn ein Buch verstaubt war, bot sich ein Zipfel als Staubtuch an. Wenn die Tinte auf meiner Feder zu dickflüssig war – schon stand er zu Diensten. An den langen schwarzen Streifen konnte man sehen, wie oft er mir ausgeholfen hatte. Diese langen Streifen kennzeichneten den Literaten, den Schriftsteller, den Schwerarbeiter. Jetzt sehe ich aus wie ein reicher Müßiggänger; niemand erkennt mich darin ... Ich war der unumschränkte Herr meines alten Hausrocks; jetzt bin ich der Sklave des neuen.»[110]

Freundschaft war das, was ihn in seinem Leben tröstete und immer neu beflügelte. Seine Verbundenheit mit Grimm war ausdauernder als all seine Liebschaften. 1772 schrieb er ihm nach zweiundzwanzigjähriger Bekanntschaft: «Mein zärtlicher, mein einziger Freund; du warst immer und wirst immer mein teurer und einziger Freund sein.»[111] Von Zeit zu Zeit kränkte er sich jedoch über Grimms Kälte und scheinbare Gleichgültigkeit. Der Deutsche nutzte Diderots Freundlichkeit aus und bürdete ihm häufig Arbeit für die *Correspondance* auf. Diderot ersetzte ihn nicht nur bei den Kunstausstellungen, sondern auch als Buchkritiker; manchmal arbeitete er ganze Nächte hindurch, um einen Artikel rechtzeitig an Grimm abzuliefern[112]. Grimm erbot sich, ihn zu bezahlen. Diderot weigerte sich, etwas anzunehmen. Es ist herzbrechend, wenn man erfährt, daß Stanislaus II. Poniatowski von Polen Diderot, der eine Reise nach Petersburg plante, an seinen Hof nach Warschau einladen wollte (1773) und daß Grimm den König davon zurückhielt, weil die Bekanntschaft mit dem Philosophen ihm keinen Gewinn bringen könne. «Anstatt seine Zeit darauf zu verwenden, den Ruhm des Genies mit Voltaire zu teilen, vergeudet Diderot sie, indem er Schund für dieses Blatt [*Correspondance*] schreibt oder sie in Gesellschaft eines jeden, der ihn darum bittet, vertrödelt. Majestät, ich wage zu behaupten, daß er als Unbekannter sterben wird.»[113] Diderots glücklichste Stunden (außer denen, die er mit Angélique verbrachte) waren die Mahlzeiten bei Holbach oder Frau Geoffrin, wo er Konversation machen konnte, bei der er sich ohne Zurückhaltung vom Strom seiner eigenen Beredsamkeit fortreißen ließ. Er glänzte weniger in einer Gesellschaft, wo es mehr auf geistreiche Wendungen als auf

Ideen ankam. Sogar Frau Geoffrin erschrak bei seinen Begeisterungsausbrüchen und suchte ihn zu größerer Mäßigung und besserem Anstand zu bewegen, was er als lästig empfand. Am Tische des Barons hingegen, wo «siebzehn Atheisten» versammelt waren, wie Hume behauptete, konnte er sich gehenlassen; und dann – darüber waren sich fast alle einig – gab es in ganz Paris keinen Redner, der so fesselnd, so hinreißend, so sprühend von Geist sprach wie er. «Wer Diderot nur aus seinen Schriften kennt», sagte Marmontel, «kennt ihn überhaupt nicht ... Ich habe selten an einem größeren Fest des Geistes teilgenommen.»[114] Henri Meister, der ihm oft zugehört hatte, wagte folgenden Vergleich:

«Wenn ich mich an Diderot erinnere, an die unendliche Fülle seiner Ideen, das erstaunliche Ausmaß seiner Kenntnisse, den raschen Flug des Geistes, seine Wärme und das Spiel seiner überquellenden Einbildungskraft, wenn ich an all den Zauber und all den Wirrwarr seiner Unterhaltung denke, dann getraue ich mich, seinen Charakter mit der Natur selbst zu vergleichen, genau wie er sie auffaßte – reich, fruchtbar, mit einer Überfülle von Keimen jeder Art, sanft und wild, einfach und majestätisch, würdig und hoheitsvoll, aber ohne ein beherrschendes Prinzip, ohne einen Herrn, ohne einen Gott.»[115]

Auch Diderot selbst beschrieb eine dieser Unterhaltungen:

«Ich kam ihnen außergewöhnlich vor, wie mit höherer Eingebung begnadet. Grimm konnte sich an mir nicht sattsehen, nicht satthören. Alle waren erstaunt. Ich selbst fühlte eine unaussprechliche Befriedigung. Als ob ein Feuer in meinem Innern brenne, das mir die Brust versengte, auf sie übersprang und sie entflammte. Es war ein Abend lodernder Begeisterung, deren Herd ich war.»[116]

Zu seinen Lebzeiten war sein Ruf größer unter denen, die ihn persönlich kannten, als unter denen, die nur seine Veröffentlichungen gelesen hatten, also in der Hauptsache die *Enzyklopädie* und seine Stücke, von denen die besten – *Die Nonne, Jakob der Fatalist, D'Alemberts Traum, Rameaus Neffe* – erst nach seinem Tode erschienen. Zum Teil aus diesem Grunde, zum Teil wegen seiner revolutionären Ideen über Religion und Sexualität wurde ihm die Aufnahme in die Akademie – um die er sich nie beworben hatte – verweigert. Für seine Freunde jedoch war er *le philosophe, der* Philosoph und Führer der Aufständischen. Rousseau, der ihn inzwischen als einen geheimen Feind hassen gelernt hatte, schrieb trotzdem in seinen *Bekenntnissen:* «Wenn erst ein paar Jahrhunderte vergangen sein werden, wird Diderot als eine gewaltige Gestalt erscheinen. Man wird auf diesen universalen Geist mit einer Mischung aus Bewunderung und Staunen zurückblicken wie wir heute auf Platon und Aristoteles.»[117]

Goethe, Schiller und Lessing waren von Diderots Schriften gefesselt; Stendhal, Balzac und Delacroix teilten ihre Bewunderung; Comte hielt ihn für den hervorragendsten Geist seiner Zeit[118]. Michelet nannte ihn «den wahren Prometheus» und sagte, daß man hundert Jahre lang von seinen Werken zehren könnte, ohne sie im geringsten zu erschöpfen[119]. Oder sollen wir auf Frau Geoffrin hören, die ihn gut kannte, aber seine Bücher nicht gelesen hatte? «Er ist ein braver und anständiger Mensch», schrieb sie, «aber so verschroben und so unausgeglichen, daß er nichts sieht und hört, wie es wirklich ist. Er ist immer wie ein Mensch, der träumt und seine Träume für Wirklichkeit hält.»[120]

Er war gut und schlecht, verschroben und voller Eingebung, unausgeglichen und ungeheuer schöpferisch, ein Träumer, Kämpfer und Seher, der mit wachsendem Abstand immer größer dasteht, so daß man heute dazu neigt, in ihm «die interessanteste und anregendste Figur des achtzehnten Jahrhunderts in Frankreich zu sehen»[121]. Wir verlassen ihn hier bis zu unserem neuerlichen Zusammentreffen mit ihm – zuerst in Gegenwart einer Kaiserin, dann beim Stelldichein der *philosophes* mit dem Tod.

VIERTES KAPITEL

Der Feldzug gewinnt an Umfang

[1758–1774]

I. HELVÉTIUS: 1715–1771

1. Seine Entwicklung

SEINE Familie stammte ursprünglich aus der deutschen Schweiz. Einer seiner Vorfahren ließ sich in Neuchâtel nieder und nahm den Namen Schweitzer an. Ein anderer Zweig gelangte unter dem Namen Helvetius – Schweizer – zuerst nach Holland und übersiedelte um 1680 nach Paris. Dort wurde Jean-Claude-Adrien Helvétius Leibarzt der Königin Maria Leszczyńska. Er hatte zwanzig Kinder, von denen uns Claude-Adrien interessiert, der am 26. Januar 1715 geboren wurde. Er wuchs im Bannkreis der Medizin auf, was einige Spuren in seiner Philosophie hinterließ. Nachdem er sieben Jahre lang das Jesuitenkollegium Louis-le-Grand besucht hatte, ging er bei einem Steuereinzieher in die Lehre. Sehr bald war er ein vermögender Mann und verfügte mit dreiundzwanzig Jahren über ein Jahreseinkommen von 360000 Livres[1]. Er sah gut aus, war ein vortrefflicher Fechter, Tänzer und Schütze und bei Höflingen und ihren Damen sehr beliebt; die Königin ernannte ihn zu ihrem Haushofmeister. Nichts schien ihn auf eine philosophische Laufbahn vorzubereiten.

1738 lernte er Voltaire kennen, war hoch beeindruckt von seinem Geist und seinem Ruhm und fing an, von der Schriftstellerei zu träumen. Gleichzeitig Finanzmann und Philosoph zu sein – wäre das nicht etwas noch nie Dagewesenes? Er verbrachte einige Zeit als Gast von Montesquieu in Bordeaux und von Buffon im Burgund. Beide beeinflußten seine Entwicklung. Auch freundete er sich mit einem anderen Millionär an, dem Baron von Holbach, dem Erzmaterialisten dieser Zeit. Am Tisch des Barons und im Salon von Madame von Graffigny traf er mit Diderot, Grimm, Rousseau, Duclos, Galiani, Marmontel und Turgot zusammen und wurde vollkommen verwandelt.

Im Jahre 1751 traf er zwei schicksalsschwere Entscheidungen. Er gab seinen einträglichen Posten als Generalpächter der Steuern auf, zog sich auf seine Güter in Voré-au-Perche zurück und widmete sich der Abfassung eines Buches, das die Welt erschüttern sollte. Im gleichen Jahr heiratete er im Alter von sechsunddreißig Jahren Anne-Catherine de Ligniville d'Autricourt, eine Gräfin des Heiligen Römischen Reiches, die zweiunddreißig Jahre alt und eine der schönsten und begehrenswertesten Frauen Frankreichs war. Er führte sie sofort nach Voré, aus Angst – behauptete Grimm –, Paris könnte sie verderben. Dort (oder war es in Paris?) betrat der fast hundertjährige Fontenelle einmal unversehens ihr Ankleidezimmer und traf die anmutige Gräfin in fast vollständigem

Déshabillé an. «*Ah, madame*», rief er aus und zog sich schmunzelnd zurück, «*si je n'avais que quatre-vingts ans* (wenn ich doch bloß achtzig Jahre alt wäre)!»[2]

Das glückliche Paar unterhielt auch ein Haus in Paris, das zu einem Treffpunkt der Intelligenz wurde, an dem sich Diderot, Holbach, Fontenelle, Buffon, d'Alembert, Turgot, Galiani, Morellet, Condorcet und Hume gerne sehen ließen. Marmontel sagte zu einem Bekannten: «Sie sollten sehen, wie angenehm er sein Heim für Literaten zu machen weiß.»[3] Bei diesen Mahlzeiten versuchte Helvétius das Gespräch auf die Themen zu leiten, über die er zu schreiben gedachte. Er bat, seine Ideen zu kritisieren, und zeigte sich als guter Zuhörer; Morellet klagte darüber, daß Helvétius «immer in Gesellschaft an seinem Buch arbeitet»[4].

Nach siebenjähriger Brutzeit schlüpfte das verhätschelte Werk am 15. Juli 1758 aus und erhielt den Titel *De l'Esprit* (Über den Geist). Zur Überraschung seiner Freunde, die das Manuskript gesehen hatten, erschien es mit dem kostbaren «Privileg des Königs». Malesherbes hatte die Zensur des Buches Jean-Pierre Tercier übertragen, der berichtete: «Ich habe nichts entdeckt, was seiner Veröffentlichung im Wege stehen könnte.»[5] Am 6. August wurde das Buch vom Pariser Staatsanwalt als eine Sammlung von Ketzereien gebrandmarkt; am 10. August zog der Staatsrat die Druckerlaubnis zurück; bald darauf wurde Tercier seines einträglichen Postens enthoben. Der liebenswürdige Autor versicherte, daß er keinen Angriff auf das Christentum unternommen habe. «Welcher Gottlosigkeit kann man mich bezichtigen? Ich habe in diesem Werk nirgends die Dreifaltigkeit bezweifelt oder die göttliche Natur Jesu oder die Unsterblichkeit der Seele oder die Auferstehung von den Toten oder sonst irgendeinen päpstlichen Glaubensartikel. Ich habe daher die Religion auf keine Weise angegriffen.»[6] Voltaire hatte Angst, Helvétius könnte in die Bastille geschickt werden, und riet ihm, zu reisen. Aber Helvétius fühlte sich zu Hause zu wohl, um so viel für ein Buch zu opfern. Er gab eine Widerrufung in Form eines Briefes an einen Priester heraus. Und als die Regierung diese für ungenügend erklärte, unterzeichnete er eine Abbitte, die, wie Grimm schrieb, «so erniedrigend war, daß man sich nicht gewundert hätte, wenn jemand sich lieber zu den Hottentotten geflüchtet hätte, als seinen Namen unter solch ein Geständnis zu setzen»[7]. Frau Helvétius begab sich nach Versailles, um sich für ihren Mann einzusetzen; die Regierung begnügte sich mit einer zweijährigen Verbannung auf seine Güter. Die Strafe wäre vielleicht schwerer ausgefallen, wenn der König sich nicht daran erinnert hätte, daß der Vater von Helvétius, damals Leibarzt der Königin, ihm einmal das Leben gerettet hatte. Am 3. Januar 1759 verurteilte der Papst das Buch als skandalös und liederlich; im Februar wurde es auf Befehl des Parlaments öffentlich verbrannt. Wir haben bereits gesehen, wie dieses «Getue wegen eines Eierkuchens», wie sich Voltaire ausdrückte, und d'Alemberts Artikel über Genf schließlich zum Verbot der *Enzyklopädie* führten. Nach all dieser Reklame wurde *De l'Esprit* zu einem der meistgelesenen unter den Büchern, die eine Rolle im Feldzug gegen das Christentum spielten. Im Laufe von sechs Monaten kamen zwanzig französische Auflagen heraus, und es wurde unverzüglich ins Englische und Deutsche übersetzt. Heutzutage kennen es nur wenige Gelehrte, und es ist fast unauffindbar.

Helvétius veröffentlichte nichts mehr, fuhr aber fort zu schreiben. Gemächlich, aber nicht weniger grimmig, legte er seine Ansichten in einer Abhandlung *De l'Homme* (Über den Menschen) aufs neue und in erweiterter Form nieder. Diesmal wandte er sich gegen die Habgier der Priester, der Verteidiger der Unwissenheit und Mörder des Gedankens, die mit Hoffnung und Furcht hausieren. Diese beiden Bücher enthalten sämtliche Ideale jener ehrgeizigen Zeit: Freiheit, Gleichheit und Brüderlichkeit; Rede-, Presse-, Versammlungs- und Glaubensfreiheit, gleiches Recht der Geschlechter und aller Klassen auf Schulung, Gleichheit vor dem Gesetz und eine fast sozialistisch anmutende Verteidigung des «Wohlfahrtsstaates» zum Ausgleich und Schutz für die einfältigen Armen gegen die klugen Reichen – das alles gekrönt mit einem halbreligiösen Glauben an die unendliche Verbesserungsfähigkeit der Menschheit. Auch hier wird schon das ferne Grollen der Revolution vernehmbar.

2. *Seine Philosophie*

Helvétius begann wie fast alle *philosophes* mit Locke: sämtliche Ideen stammen aus der Sinneswahrnehmung her, also aus der Erfahrung des Einzelwesens. Sämtliche geistigen Zustände sind Verbindungen von Empfindungen, die gegenwärtig verspürt oder durch die Erinnerung an die Vergangenheit aufgefrischt oder durch die Vorstellungskraft auf die Zukunft übertragen werden. Ein Urteil ist die Empfindung von Unterschieden zwischen den Empfindungen; und die Vernunft ist eine Verbindung von Urteilen.

Geist und Seele sind nicht dasselbe. Der Geist ist eine Anhäufung oder Reihenfolge von geistigen Zuständen; die Seele ist die Empfindsamkeit des Organismus, die Fähigkeit, Empfindungen zu empfangen. Jede Empfindung ist physisch, alles Seelische ist eine Kraft innerhalb der Materie. «Sämtliche Erscheinungen in der Medizin und der Naturgeschichte beweisen augenscheinlich, daß diese Kraft... mit der Herausbildung der Körperorgane beginnt, dieselbe Dauer wie sie hat und gleichzeitig mit ihrer Auflösung zerstört wird.»[8] Tiere haben eine Seele. Der Mensch erhob sich über die Tiere durch die Entwicklung der aufrechten Haltung, die allmählich seine Vorderfüße in Hände verwandelte, die fähig wurden, Gegenstände zu erfassen (be-greifen) und zu handhaben.

Nachdem er mit Locke begonnen hatte, fuhr Helvétius mit Hobbes fort. Jede Handlung ist ein Wunsch, der gegenwärtigen oder ins Gedächtnis zurückgerufenen Empfindungen entspricht. Der Wunsch ist die Erinnerung an das Vergnügen, das gewisse Empfindungen begleitete. Leidenschaft ist ein anhaltender Wunsch und nimmt an Stärke zu oder ab, je nach der Lust oder Unlust, deren gedacht oder die erwartet wird. Die Leidenschaften führen uns häufig in die Irre, weil sie unsere Aufmerksamkeit auf einen bestimmten Teil eines Objekts oder einer Situation lenken und uns dadurch daran hindern, es oder sie von allen Seiten zu betrachten[9]. (In diesem Sinne ist die Intelligenz eine Verzögerung der Reaktion, wodurch eine eingehendere Betrachtung und umfassendere Reaktion ermöglicht wird.) Ungeachtet dessen sind die Leidenschaften für den Charakter, was die Bewegung für die Materie ist; sie verleihen den Anstoß, sogar den Anstoß zum Streben nach Erkenntnis. «Die geistigen Errungenschaften einer Person wechseln mit der Stärke ihrer Leidenschaften. Ein genialer Mensch ist ein Mensch mit starken Leidenschaften; der dumme Mensch hat keine.»[10] Die grundlegende Leidenschaft ist das Streben nach Macht, und sie ist grundlegend, weil sie unsere Möglichkeiten zur Verwirklichung unserer Wünsche erweitert.

Bis dahin verdiente Helvétius' Werk Voltaires Kennzeichnung als eines «Eierkuchens» – eines Gemisches von Ideen, die der philosophischen Welt längst geläufig waren. Nun aber ging er zur Entwicklung eigener Ideen über. Da sämtliche Vorstellungen von der Erfahrung des Individuums herstammen, hängt die Verschiedenheit der Vorstellungen und Charaktere von Individuen und Völkern von den Unterschieden ihrer individuellen oder völkischen Umgebung ab. Alle Menschen haben bei der Geburt eine gleichartige Befähigung für das Erkennen und Urteilen; es gibt keine angeborene Überlegenheit des Geistes. «Alle haben genügend Beobachtungsvermögen, um sich zum Rang berühmter Männer zu erheben» – wenn Umgebung, Erziehung und Umstände sie begünstigen. «Die Ungleichheit ihrer Fähigkeiten ist immer die Wirkung der verschiedenartigen Situationen, in die sie der Zufall gebracht hat.»[11]

«Im Augenblick seiner Geburt tritt das Kind ohne Vorstellungen und ohne Leidenschaften ins Leben ein. Das einzige, was es empfindet, ist Hunger. Nicht in der Wiege [nicht durch Vererbung] haben wir die Leidenschaften – Stolz, Habgier, Ehrgeiz, den Wunsch nach Achtung und Ruhm – mitbekommen. Diese künstlichen Leidenschaften, die in kleinen und großen Städten erzeugt werden, setzen das Vorhandensein von Abmachungen und Gesetzen voraus, die bereits vorher unter den Menschen aufgestellt wurden ... Jemand, der im Augenblick seiner Geburt von einem Sturm in die Wüste getragen würde, um wie Romulus von einer Wölfin genährt zu werden, würde solche Leidenschaften nicht kennen ... Die Sucht nach Ruhm ist etwas Erworbenes und deshalb ein Ergebnis der Erziehung.»[12]

Sogar das Genie ist ein Ergebnis der Umgebung – das heißt der Erfahrung und der Umstände. Das Genie erklimmt die letzte Stufe, die zu einer Erfindung oder Erkenntnis hinanführt, in deren Richtung vor ihm schon viele Stufen erklommen wurden, und diese letzte Stufe hängt von den Umständen ab. «Jede neue Idee ist ein Geschenk des Zufalls» – das heißt, sie hängt von «einer Reihe von Wirkungen ab, deren Ursache wir nicht erfassen»[13].

«Woher stammt die außerordentliche Ungleichheit der Erkenntnis? Daher, daß niemand die gleichen Objekte gleich erfaßt oder sich in genau derselben Lage befindet oder die gleiche Erziehung genossen hat; und weil der Zufall, der über unserem Unterricht waltet, nicht alle Menschen gleich reichen und ergiebigen Goldadern zuführt. Deswegen muß der Erziehung – im weitesten Sinne des Wortes, in dem auch der Begriff des Zufalls enthalten ist – die Ungleichheit der Erkenntnis zugeschrieben werden.»[14]

Wahrscheinlich leitete sich diese psychologische Analyse – die besonders großzügig ist, weil sie von einem Millionär stammt – von einer politischen Haltung her. Die Konservativen betonen den unterschiedlichen Einfluß der Vererbung und mahnen zur Vorsicht, wenn man Einrichtungen, die in der natürlichen und angeborenen Ungleichheit der Fähigkeiten und der Veranlagung verankert sind, verändern will. Die Erneuerer betonen den unterschiedlichen Einfluß der Umstände, wobei die Ungleichheit der Talente, der Macht und des Besitzes viel eher dem Zufall – nämlich dem Zufall der Geburt oder des Milieus – als einem angeborenen Verdienst zuzuschreiben sind; daher kann die Ungleichheit durch gleichartige Erziehung und Verbesserung des Milieus vermindert werden. Helvétius wendet diese Theorie von der natürlichen Gleichheit sowohl auf Völker wie auf Individuen an. Alle Völker hätten die gleiche Entwicklungsstufe erreicht, wenn ihre Umgebung ihnen die gleichen Möglichkeiten geboten hätte. Daher ist der Nationalstolz ebensowenig gerechtfertigt wie der Stolz eines Individuums oder eines Standes. «Die Freiheit, auf die die Engländer so stolz sind ..., ist weniger eine Belohnung für ihre Tapferkeit als eine Gabe des Glücks» – nämlich der Schutz durch den Ärmelkanal und das Meer.

Offenbar liegt unter diesen Voraussetzungen der Weg zum Fortschritt bei der Verbesserung der Erziehung, Gesellschaft und Regierung. «Erziehung kann alles bewirken», kann man nicht sogar einem Bären das Tanzen beibringen?[15] Jeder Fortschritt, jede Moral hängt von der Ausbreitung des Wissens und der Förderung der Intelligenz ab. «Vernichtet die Unwissenheit, und ihr werdet die Saat des moralischen Übels vernichten.»[16] Um dieses Ziel zu erreichen, müßte die ganze französische Erziehungsmethode neu aufgebaut werden. Die Erziehung müßte von der Kirche unabhängig gemacht und dem Staat übertragen werden; und der Unterricht müßte jedermann – gleich welchen Geschlechts und welchen Alters – zugänglich sein. Der Unterricht in Latein und Griechisch müßte durch eine naturwissenschaftliche und technische Ausbildung ersetzt und es müßte mehr Gewicht auf die Entwicklung eines gesunden Körpers und eines «klugen, tugendhaften Geistes» gelegt werden[17].

Helvétius setzt sich leidenschaftlich für die Beschneidung der Macht der Kirche in Frankreich ein, wenn er auch die christliche Lehre nicht verneint. Er greift die Kirche mehr vom soziologischen als vom theologischen Standpunkt aus an. Er verurteilt die katholische Verherrlichung von Keuschheit und Armut, stellt jedoch mit Vergnügen fest, daß nur wenige Christen diese Ideale ernst nehmen. «Ein geheimer Unglaube widersetzt sich oft der verderblichen Wirkung religiöser Prinzipien.»[18] Die Überwachung des Unterrichts durch die katholische Kirche, behauptet er, verzögert nicht nur den technischen Fortschritt der Nation infolge der Vernachlässigung der Naturwissenschaften, sondern gibt auch der Geistlichkeit die Gelegenheit, den kindlichen Geist auf einen geistlichen Beruf hinzulenken[19].

«Zu allen Zeiten hat die Geistlichkeit nach Macht und Reichtum gestrebt. Auf welche Art kann dieser Wunsch erfüllt werden? Indem Hoffnung und Furcht feilgeboten werden. Die Priester, die von jeher einen blühenden Handel mit diesen Waren betrieben, wußten genau, daß sie mit einem gesicherten und einträglichen Absatz rechnen konnten[20]... Die Macht der Priester hängt von dem Aberglauben und der einfältigen Vertrauensseligkeit des Volkes ab. Sie haben kein Interesse an seiner höheren Bildung; je unwissender es ist, desto gefügiger wird es ihnen folgen[21]... In jeder Religion ist das erste Ziel der Priester, die Neugierde der Menschen zu unterdrücken, die Untersuchung all der Lehren zu verhindern, deren Absurdität zu auffallend ist, als daß sie verborgen bleiben könnte[22] ... Der Mensch kommt unwissend, aber nicht als Narr auf die Welt; wenn er dazu gemacht wird, so doch nicht ohne Mühe. Viel Kunst und List müssen aufgewendet werden, um zu diesem Ergebnis zu kommen, um den natürlichen Funken in ihm auszulöschen; und die Erziehung muß einen Irrtum auf den anderen häufen[23]... Aber es gibt nichts, was die priesterliche Gewalt nicht mit Hilfe von Aberglauben erreichen könnte; damit hält sie das Volk unter ihrer Fuchtel, während sie den Richtern ihre Autorität und den Königen ihre gesetzliche Macht raubt; damit eignet sie sich einen Einfluß an, der häufig stärker als das Gesetz ist, und dadurch werden schließlich die wahren Grundlagen der Sittlichkeit zerstört.»[24]

Darauf läßt Helvétius acht Kapitel über die Duldsamkeit folgen.

«Religiöse Unduldsamkeit ist die Tochter priesterlichen Ehrgeizes und einfältiger Vertrauensseligkeit[25]... Wenn ich meiner Kinderfrau und meinem Lehrer glaube, so ist jede andere Religion falsch und meine die einzig wahre. Wird sie aber als solche von der ganzen Welt anerkannt? Nein – die Erde stöhnt immer noch unter der Fülle von Tempeln, die dem Irrtum geweiht sind[26]... Was lehrt uns die Religionsgeschichte? Daß überall die Fackel der Unduldsamkeit entzündet wurde, daß die Erde mit Leichen bedeckt, die Felder mit Blut getränkt, Städte niedergebrannt und Reiche verwüstet wurden[27]. Sind die Türken, deren Religion eine Religion des Blutes ist, nicht duldsamer als wir? In Konstantinopel gibt es christliche Kirchen, aber in Paris keine Moschee[28]... Duldsamkeit unterwirft den Priester dem Fürsten; Unduldsamkeit unterwirft den Fürsten dem Priester.»[29]

Helvétius ist geneigt, eine einzige Ausnahme zugunsten der Unduldsamkeit zu machen:

«Es gibt *eine* Ausnahme, wo Duldsamkeit einem Volk verderblich sein kann: nämlich wenn es eine unduldsame Religion duldet, wie es die katholische ist. Sobald diese Religion zur mächtigsten im Staate geworden ist, wird sie regelmäßig das Blut ihrer dummen Beschützer vergießen ... Die Protestanten dürfen sich durch die einschmeichelnden Manieren der Katholiken nicht täuschen lassen. Dieselben Priester, die die Unduldsamkeit in Preußen als einen Verstoß gegen natürliches und göttliches Recht verabscheuen, betrachten Duldsamkeit in Frankreich als ein Verbrechen und eine Ketzerei. Was macht den gleichen Mann so verschieden in verschiedenen Ländern? Seine Schwäche in Preußen und seine Stärke in Frankreich. Wenn wir das Benehmen der katholischen Christen betrachten, so sind sie zuerst, wenn sie schwach sind, so sanft wie Lämmer; aber sobald sie erstarken, werden sie zu Tigern.»[30]

Hin und wieder legte Helvétius ein gutes Wort für das Christentum ein, vor allem für den Protestantismus. Er war kein Atheist, aber er verabscheute die biblische Auffassung von Gott als «einer Art von orientalischem Tyrannen ..., der kleine Fehltritte mit ewigen Qualen straft»[31]. Er hoffte auf eine «Weltreligion», die unter staatlicher Oberherrschaft für eine «natürliche Moral» eintreten würde, ohne Belohnungen und Strafen nach dem Tod[32]. Er hatte mehr Achtung vor der menschlichen Vernunft als vor menschlichen Ansprüchen auf eine göttliche Offenbarung. «Ein gebildeter Mensch wird immer eher seiner Vernunft als einer Offenbarung gehorchen; denn er sagt sich, daß es wahrscheinlicher ist, daß Gott der Urheber der menschlichen Vernunft als daß er der Urheber eines bestimmten Buches ist.»[33]

Ist aber der Glaube an das Übernatürliche, an eine göttliche Bestrafung nicht unerläßlich für die Wirksamkeit eines Sittengesetzes? Ganz und gar nicht, sagt Helvétius.

«Nicht von der Religion ... sondern einzig und allein von der Gesetzgebung hängen die Laster, die Macht und das Glück des Volkes ab ... Jedes Verbrechen, das nicht den Gesetzen unterliegt, wird täglich begangen; wie könnte man besser die Nutzlosigkeit der Religion beweisen? ... Woher stammt die gegenwärtige Sicherheit in Paris? Von der Frömmigkeit der Einwohner? Nein ... von der unablässigen Wachsamkeit der Polizei ... Wann wurde Konstantinopel zur Kloake aller Laster? Genau zu dem Zeitpunkt, als die christliche Religion eingeführt wurde ... Die allerchristlichsten Könige waren nicht die größten Herrscher. Nur wenige von ihnen konnten sich an Tugend mit Titus, Trajan oder Antoninus messen. Welcher fromme Fürst läßt sich mit ihnen vergleichen?»[34]

Infolgedessen schien es Helvétius, daß die Aufgabe der Philosophie darin bestand, eine Moral zu schaffen und zu befürworten, die mit religiösem Glauben nichts zu tun hatte. Von diesem Standpunkt aus schrieb er «die beste wissenschaftliche Untersuchung der sozialen Ethik, die je einem *philosophe* aus der Feder floß»[35] – wie sich ein Gelehrter ausdrückte. Er war entschlossen, die menschliche Natur weder zu beklagen noch zu beschönigen; er nahm sie so, wie sie war, mit all ihrer Selbstsucht, und versuchte, darauf eine natürliche Ethik aufzubauen. Von Natur aus ist der Mensch weder gut noch schlecht; er ist ein Geschöpf, das in einer Welt, in der jeder Organismus früher oder später von einem anderen verzehrt wird, nach Selbsterhaltung strebt[36]. Das Bild, das Rousseau kurz vorher von der primitiven Gesellschaft entworfen hatte, schien Helvétius nichts als sterile Einbildung; Hobbes kam der Wahrheit näher, wenn er den «Naturzustand» als einen Kampf aller gegen alle beschrieb[37]. Die Ausdrücke *gut* und *schlecht* haben im Hinblick auf den Menschen nur dann einen Sinn, wenn sie innerhalb einer Gesellschaft angewendet werden; alles Gute ist eine soziale Tugend und ein Ergebnis sozialer Ausbildung für soziale Zwecke.

> «Schlecht beraten ist der Fürst, der sich auf ursprüngliche Charaktergüte verläßt. Herr Rousseau setzt ihr Vorhandensein voraus, die Erfahrung widerlegt es; wer diese zu Rate zieht, wird bemerken, daß Kinder Fliegen töten, Hunde schlagen, Spatzen erwürgen – daß das Kind ... sämtliche Laster des Menschen hat. Der Mann an der Macht ist, frei von sozialen Hemmungen, oft ungerecht; das kräftige Kind ebenfalls. Wenn es nicht durch die Gegenwart von Stärkeren daran gehindert wird, eignet es sich mit Gewalt, wie der Mann an der Macht, das Bonbon oder das Spielzeug seines Kameraden an.»[38]

Offensichtlich gibt es also keinen angeborenen moralischen Sinn. Jedes Urteil über Recht und Unrecht entspringt der Erfahrung des Individuums mit den Lehren und dem Zwang, den seine Familie, die Gemeinschaft, die Regierung und die Kirche ausüben. Wenn das Individuum von diesem Zwang befreit wird – wie im Falle eines absoluten Herrschers, im Krieg oder in einer Menge –, neigt es dazu, wieder der Gesetzlosigkeit und Sittenlosigkeit zu verfallen; und bei den «meisten Völkern bedeutet Moral heute nichts anderes als eine Sammlung von ... Vorschriften, die die Mächtigen erlassen haben, um ihre Gewalt zu festigen und ihrer Ungerechtigkeit ungestraft freien Lauf zu lassen» Richtig verstandene Moral dagegen ist «die Wissenschaft von den durch die Menschen erfundenen Mitteln, auf die glücklichste Art miteinander zu leben ... Wenn die Machthaber ihren Fortschritt nicht verhindern, wird diese Wissenschaft im gleichen Tempo vorwärtskommen, in dem das Volk neues Wissen erlangt.»[39]

Helvétius tritt offen für den Hedonismus ein. Der Zweck des Lebens ist das Glück hier auf Erden; Glück ist ein ununterbrochenes Fortdauern des Vergnügens, und jedes Vergnügen ist im Grunde sinnlich oder physiologisch[40]. «Geistige Betätigung und der Erwerb von Kenntnissen» sind auf die Dauer die befriedigendsten Vergnügen[41], aber auch sie sind im Grunde genommen physischer Natur. Askese ist Unsinn, und geschlechtliche Lust ist völlig berechtigt, wenn sie niemanden verletzt. Tugend ist nicht der Gehorsam vor den Gesetzen Gottes, sondern jenes Verhalten, das der größten Anzahl das größte Vergnügen verschafft. Hier formuliert Helvétius bereits ganz deutlich die utilitaristische Ethik, die schon (1725) von Hutcheson angedeutet worden war und später (1789) von Bentham weiterentwickelt wurde.

«Um tugendhaft zu sein, muß man Seelenadel mit aufgeklärtem Verständnis vereinen. Wer diese beiden Gaben verbindet, benimmt sich so, wie das öffentliche Wohl es verlangt. Dieses Wohl ist die Grundlage aller menschlichen Tugenden und das Fundament jeder Gesetzgebung ... Alle Gesetze sollten einem einzigen Prinzip folgen, dem Wohl der Öffentlichkeit, das heißt der größten Anzahl von Personen unter der gleichen Regierung ... Dieses Prinzip enthält jede Moral und jede Gesetzgebung.»[42]

Helvétius ist trotzdem der Ansicht, daß alle Handlungen, wie moralisch und tugendhaft sie auch sein mögen, egoistisch sind. Sie sind nicht unbedingt selbstsüchtig; viele sind altruistisch, insofern sie dem Wohl der anderen dienen und manchmal von dem Handelnden sogar ein Opfer verlangen. Doch sogar diese Handlungen sind egoistisch in dem Sinne, daß sie von dem Wunsch nach Selbstzufriedenheit hervorgerufen wurden; wir sind altruistisch, weil wir auf Grund unserer Instinkte oder unserer Erziehung Vergnügen daran haben, anderen zu Gefallen zu sein; so mag sich eine Mutter für ihr Kind opfern oder der Held für sein Vaterland. Wenn wir anderen Gutes tun, so deswegen, weil wir uns – bewußt oder unbewußt – mit Vergnügen an die erwiderte Liebe oder den gesellschaftlichen Beifall erinnern, die auf ähnliche Handlungen in der Vergangenheit folgten. Auf diese Art können gewisse altruistische Handlungen zur Gewohnheit werden, und wir können Unbehagen oder Furcht empfinden, wenn wir sie nicht ausführen. Glaubensbedingte Askese oder Frömmigkeit mögen außerordentlich tugendhaft erscheinen; sie sind aber nur eine langfristige Anlage in himmlischen Aktien. «Wenn ein Einsiedler oder ein Mönch sich das Gesetz des Schweigens auferlegt, sich jeden Abend geißelt, von Wasser und Brot lebt und auf Stroh schläft ..., dann gedenkt er, mittels solcher Kasteiung ein Vermögen im Himmel zu gewinnen.»[43] Wenn eine grausame Handlung – wie zum Beispiel das Verbrennen von Ketzern – von der Gemeinschaft, in der sie leben, nicht verurteilt wird, werden diese heiligen Männer sie schamlos und ohne Erbarmen begehen[44]. Sogar Freundschaft ist egoistisch. Sie ist ein Austausch von Diensten, und sollte es nur um ein offenes Ohr gehen; wenn dieser Austausch aufhört, vergeht die Freundschaft. «Nichts ist ungewöhnlicher als eine Freundschaft von langer Dauer.»[45] «Letzen Endes lieben wir in den anderen immer uns selbst.»[46]

Während La Rochefoucauld, der auf ähnliche Art alle Beweggründe auf die Eigenliebe zurückführte, diese als Laster beklagte, hält Helvétius sie für eine Tugend, insofern sie die Selbsterhaltung begünstigt. Auf jeden Fall ist sie ein weltweiter Bestandteil des Lebens. «Wer sich über die Erscheinungen der Eigenliebe kränkt, könnte sich genau so gut über den Frühlingsregen, die Hitze im Sommer ... und den Frost im Winter beklagen.»[47] Gerade auf der Universalität der Eigenliebe begründet er eine «wissenschaftliche» Sittenlehre. Erziehung und Gesetzgebung können Charakter und Gewohnheit so formen, daß bei unsozialen Handlungen Unbehagen empfunden wird und Vergnügen bei tugendhaften – das heißt bei Handlungen, die für die Gruppe wohltätig sind. Der Philosoph sollte das menschliche Verhalten und die sozialen Bedürfnisse in der Absicht untersuchen, die Verhaltensweisen zu entdecken, die der größten Anzahl von

Menschen zum größten Wohl gereichen, und er sollte Erzieher und Gesetzgeber dazu veranlassen, durch Anreize und Abschreckungsmittel, die sich an die Eigenliebe wenden, das soziale Verhalten zu ermutigen. Welche Vorteile würden der Menschheit aus solch einem Einverständnis zwischen Philosophen und Königen erwachsen! «Tugend und Glück eines Volkes stammen nicht von der Heiligkeit seiner Religion, sondern von der Weisheit seiner Gesetze.»[48]

So wandte sich Helvétius zur Krönung seiner Philosophie dem Studium von Gesetzgebung und Regierung zu. Politisch ist er der radikalste aller *philosophes*. Er kann Voltaires Glauben an einen «aufgeklärten Despoten» nicht teilen. Solche Herrscher neigen dazu, jede Meinung außer ihrer eigenen zu unterdrücken, die jedoch irrig und verletzend sein kann. Er führt Friedrich den Großen an, der vor der Berliner Akademie gesagt haben soll: «Nichts ist besser als eine unumschränkte Regierung unter gerechten, menschlichen und tugendhaften Fürsten; nichts ist schlimmer unter der üblichen Rasse von Königen.»[49] Eine beschränkte oder konstitutionelle Monarchie wie in England ist gut, besser noch ist ein Bund demokratischer Republiken, die einheitliches Vorgehen gegen einen Angreifer gelobt haben[50]. Theoretisch sind die Aristokraten im Unrecht, denn ihre bevorzugte Stellung beruht auf Zufall; jedoch ist eine vollkommene Demokratie so lange unerwünscht, als die Armen unerzogen und besitzlos sind; infolgedessen wird ein weiser Gesetzgeber für die Verbreitung von Wissen und Besitz sorgen.

Dieser Millionär beklagte die Konzentration des Reichtums und die Geldwirtschaft, die sie begünstigt.

«Das Unglück fast aller Menschen und Völker auf der Welt stammt von der Unzulänglichkeit ihrer Gesetze und der allzu ungleichen Aufteilung ihrer Reichtümer. Fast in allen Konigreichen gibt es nur zwei Arten von Bürgern: den einen fehlt das Notwendigste, während die anderen sich im Überfluß wälzen[51]... Wenn die Verdorbenheit der Machthaber nie offensichtlicher ist als in Zeiten von größtem Luxus, so deswegen, weil in diesen Zeiten der Reichtum eines Landes in den Händen der geringsten Anzahl zusammengeballt ist.»[52]

Die Ersetzung von Boden durch Geld, als dem Symbol und Rückhalt der Macht, erzeugt eine solche Jagd nach Reichtum, daß die soziale Stabilität dadurch gestört, der Gegensatz zwischen den Ständen verschärft und eine gefährliche Inflation heraufbeschworen wird.

«Wenn in einem Land Reichtum und Geld – besonders Papiergeld – ständig zunehmen, werden auch die Gebrauchsgüter und die Arbeitskräfte immer teurer werden ... Da die Arbeitskräfte in einem reichen Land sehr kostspielig werden, wird dieses Land mehr aus anderen Ländern einführen, als es an sie ausführt. Wenn alle anderen Faktoren sich gleich bleiben ..., wird das Geld des reichen Landes unmerklich auf das ärmere Land übergehen, das seinerseits zu Reichtum kommt und sich dann in gleicher Weise ruiniert.»[53]

Kann man der Konzentration von Reichtum und der Jagd nach Geld entgehen?

«Eine Neuaufteilung des Bodens würde die Anzahl von Besitzern vervielfältigen ... Wenn der Bodenbesitz eines Mannes eine bestimmte Anzahl von Morgen übertrifft, sollte er mit einer Steuer belegt werden, die höher als die Pacht ist ... Solch eine Wiederverteilung ist fast unmöglich in einer Geldwirtschaft ..., [aber] wenn sie richtig angefaßt wird, könnte sie durch anhaltende und unmerkliche Veränderungen herbeigeführt werden.»[54]

Man muß das Vermögen der einen vermindern, das der anderen erhöhen und es den Armen möglich machen, in einem sieben- oder achtstündigen Arbeitstag genug für ihre eigenen Bedürfnisse und die ihrer Familie zu verdienen. Dann wird ein Volk so glücklich sein, wie es die Natur des Menschen erlaubt[55].

3. *Sein Einfluß*

So waren fast sämtliche Ideen, die die Französische Revolution hervorbrachten und noch heute die Völker bewegen, in zwei Büchern und einem Menschen vereint. Es ist daher nicht erstaunlich, wenn das gebildete Frankreich in der zweiten Hälfte des achtzehnten Jahrhunderts Helvétius fast ebenso hoch schätzte wie Voltaire, Rousseau und Diderot und seinem ersten Buch einen solchen Erfolg bereitete wie kaum einem anderen zeitgenössischen Werk. «Kein Buch», sagte Brunetière, «hat mehr Aufsehen erregt oder mehr Ideen verbreitet, die nach und nach ihren Weg in alle Länder der Welt finden sollten.»[56] Brissot berichtete 1775, daß «das System von Helvétius große Mode ist»; Turgot, der dagegen war, bedauerte, daß es so über den grünen Klee gelobt wurde; jemand anders behauptete, es sei «auf jedem Toilettentisch zu finden»[57]. Sämtliche Kritiker betonten die Klarheit seines Stils, die Ausdruckskraft seiner Epigramme und die offensichtliche Menschenfreundlichkeit des Verfassers, der alles besaß und für eine Neuaufteilung der Reichtümer eintrat.

Die *philosophes* selbst kritisierten jedoch das «System», weil es auf irrigen Auffassungen beruhe. Voltaire verteidigte den Standpunkt der Vererbung; nicht alle Menschen werden mit gleich hervorragenden geistigen oder charakterlichen Eigenschaften geboren. Ein Genie wird geboren, nicht gemacht[58]. Diderot gab Voltaire recht. In einer *Réfutation de l'ouvrage d'Helvétius intitulé L'Homme* (Widerlegung des Werkes von Helvétius, betitelt Der Mensch), geschrieben 1775, aber erst hundert Jahre später veröffentlicht, setzte er auseinander, daß Empfindungen von verschiedenen Individuen wegen der ererbten Unterschiede im Aufbau des Gehirns verschieden aufgenommen werden[59].

> «Der Mensch kommt nicht als unbeschriebenes Blatt auf die Welt. Gewiß, er kommt ohne Vorstellungen und ohne gezielte Leidenschaften auf die Welt, aber vom ersten Augenblick seines Lebens an ist er mit einer Anlage ausgestattet, auf Grund deren er einige Vorstellungen besser begreifen, vergleichen und behalten kann als andere, so daß sie nach und nach vorherrschend und später zu wirklichen Leidenschaften werden.»[60]

Diderot, der von Locke ausgegangen war, kam hier auf Leibniz zurück und reichte Kant die Hand. Nach Diderots Ansicht wird der Einfluß von Umgebung und Erziehung immer durch die Erbanlagen eingeschränkt. «Wir können nicht geben, was die Natur verweigert hat; vielleicht vernichten wir, was sie gibt ... Die Erziehung verbessert ihre Gaben.»[61] Er war auch dagegen, geistige Genüsse auf sinnliches Vergnügen zurückzuführen, und teilte die allgemeine Empörung über Helvétius' Auffassung, daß jeder Altruismus unbewußter oder versteckter Egoismus sei.

Frau du Deffand gehörte zu den wenigen, die Helvétius in diesem Punkte recht gaben. «Dieser Mann hat ein Allerweltsgeheimnis verraten», sagte sie[62]. Adam Smith, der hierin mit seinem Freund Hume übereinstimmte, bestand darauf, daß Altruismus auf Gefühlen von Sympathie beruhe, die ebenso angeboren seien wie der Egoismus. In seinem Buch *Der Volkswohlstand* machte er die überall vorhandene Eigenliebe zur Grundlage seiner Wirtschaftstheorie. In den Ekstasen der Revolution fühlte sich Frau Roland von Helvétius abgestoßen. «Ich spürte, wie ich von einer Großzügigkeit ergriffen wurde, die er nie erkannt hat ... Ich verglich seine Theorien mit den großen ... Helden, die die Geschichte unsterblich gemacht hat.»[63]

Diese Probleme lassen sich nicht in wenigen Sätzen lösen. Es scheint auf der Hand zu liegen, daß Unterschiede in der Erbmasse oder der angeborenen Konstitution die Wirkung von Umgebung und Erziehung merklich beeinflussen; wie könnte man sonst den völlig verschiedenen Charakter und die verschiedene Entwicklung von Brüdern bei gleichem Ursprung und gleichen Möglichkeiten erklären? Und doch war Helvétius auf dem richtigen Weg. Innerhalb der Grenzen der Vererbung können durch Unterschiede in der Umgebung, der Erziehung und der Gesetzgebung bedeutende Wandlungen im Betragen des Einzelnen und der Gruppe hervorgebracht werden. Wie sollte man sonst den Übergang des Menschen von der Barbarei zur Zivilisation erklären? Vielleicht sollten wir Helvétius zugestehen, daß niemand bewußt eine Handlungsweise wählt, die mehr Unlust verursacht als ihr Gegenteil. Aber gewisse soziale Instinkte – Mutterliebe, Zugehörigkeitsgefühl, der Wunsch nach Anerkennung –, wenn sie sich auch mit der Kraft der individualistischen Instinkte nicht messen können, sind doch stark genug, um altruistische Handlungen hervorzurufen, ohne daß die damit verbundene Lust oder Unlust bewußt abgewogen wird. Jeder von uns ist ein Ich, aber manche von uns dehnen dieses Ich aus, so daß es die Familie, die Gemeinschaft, das Vaterland oder die Menschheit miteinschließt. In diesem Sinne ist das erweiterte Ich das beste Ich.

Jedenfalls wirkten sich Helvétius' Ideen anregend auf Denken und Handeln vieler Menschen aus. Wahrscheinlich unter seinem Einfluß unternahm La Chalotais einen Feldzug, um die Schulen der Dorfpriester und die Jesuitenkollegien durch ein staatlich überwachtes Unterrichtssystem zu ersetzen. Die Volksschulen Amerikas gehen auf Vorschläge von Condorcet zurück, der sich als Schüler von Helvétius bezeichnete[64]. Beccaria gestand ebenfalls, daß Helvétius' Werke ihn zu seinem historischen Aufruf für eine Reform des Strafgesetzes und der Politik veranlaßt hatten. Bentham erklärte: «Ich verdanke dem Buch von Helvétius *Über den Geist* einen großen Teil meiner Ideen» – inbegriffen das Prinzip der Nützlichkeitslehre, wonach Moral und Gesetzgebung auf das größte Glück für die größte Anzahl auszurichten sind[65]. Die Nationalversammlung von 1792 erkannte gewissermaßen den Einfluß von Helvétius auf die Revolution an, denn sie verlieh seinen Töchtern den Titel «Töchter der Nation». William Godwin gründete seine *Enquiry concerning Political Justice* (Untersuchung über politische Justiz; 1793) auf die Lehren von Helvétius, und seine Frau Mary Wollstonecraft wurde mindestens zum Teil durch ihn zu ihrem epochemachenden Buch *Rights of Woman* (Frauenrechte; 1792) angeregt, weil er behauptete, daß die Ungleichheit zwischen den Geschlechtern zum großen Teil auf die Ungleichheit der Erziehung und der Möglichkeiten zurückzuführen sei[66].

Viele seiner Zeitgenossen stellten Helvétius' Theorie vom universalen Egoismus seiner persönlichen Güte und seinem Bestreben, wohlzutun, gegenüber. Marmontel sagte von ihm: «Man kann sich keinen besseren Menschen vorstellen; großzügig und freigebig, ohne Wesens davon zu machen, und aus wahrer Herzensgüte wohltätig.»[67] Grimm, der nur selten jemanden rühmte, beschrieb Helvétius als einen «echten Edelmann», der gerecht, nachsichtig, niemals schlecht gelaunt, ein guter Ehemann, ein guter Vater, ein guter Freund und ein guter Mensch sei[68]. Die Worte, die Helvétius in seinem Werk *Über den Geist* schrieb, paßten auf ihn selbst:

> «Wenn wir die Menschheit lieben wollen, dürfen wir nicht zuviel von ihr erwarten ... Jeder, der nicht von Leidenschaften verblendet ist, wird um so nachsichtiger sein, je aufgeklärter er ist ... Wenn der große Mensch immer am nachsichtigsten ist ... und den milden Balsam des Mitleids über die Schwächen der anderen ausgießt und diese Schwächen kaum erwähnt, so deswegen, weil die Höhen, auf denen sich sein Geist bewegt, ihm nicht gestatten, sich über die Laster und Narrheiten des Einzelmenschen, sondern nur über die der Menschheit im allgemeinen auszulassen.»[69]

In Voré und Paris lebte er mit Frau und Kindern eine Idylle des Glücks und der Zuneigung. 1764 bereiste er England und Deutschland und traf Hume, Gibbon und Friedrich den Großen. 1770 beteiligte er sich an der Sammlung für das Standbild Voltaires von Pigalle. Er starb 1771, in Gegenwart von Holbach und anderen Freunden. Seine Witwe blieb seinem Andenken treu und schlug alle Heiratsanträge ab, darunter einen von Benjamin Franklin. Sie überlebte ihren Mann um neunundzwanzig Jahre, kam glücklich durch die Revolution und starb 1800 im Alter von einundachtzig Jahren.

II. HILFSTRUPPEN

Ein ganzer Schwarm weniger bedeutender *philosophes* stürzte sich in der zweiten Hälfte des achtzehnten Jahrhunderts in den Kampf gegen das Christentum. Sie waren von dem Eifer und der Begeisterung der ersten Christen, die das neue Evangelium verkündeten, oder der spanischen Christen bei der Austreibung der Mauren erfüllt. Sie erzeugten eine Lawine von Traktaten und Abhandlungen, und wenn ihre eigene Eingebung versiegte, übersetzten sie alles, was sie an religionsfeindlicher Literatur finden konnten, von Lucrez bis zu Hobbes. Sie stellten einen neuen Kalender von Heiligen und Märtyrern zusammen, in den sie Julian Apostata sowie Pomponazzi, Bruno, Campanella, Vanini, Bayle und andere Opfer von Verfolgungen aufnahmen. Sie verurteilten die Juden nicht, weil sie Geld gegen Zinsen ausliehen, sondern weil sie das Christentum in die Welt gesetzt hatten. Sie entthronten Jehova, dieses Ungeheuer von Grausamkeit, diesen Kriegsgott, diesen Mörder ganzer Völker. Sie machten sich über die Erbsünde lustig und über den Gott, der sich selbst als seinen Sohn auf die Erde geschickt hatte, wo er gegeißelt und gekreuzigt wurde, nur um seinen Zorn – als Vater – zu beschwichtigen, den der Wunsch einer Frau nach einem Apfel oder nach Erkenntnis erregt hatte. Die Kreuzzüge waren ihrer Ansicht nach nur aus Interesse an Länderraub und Handel unternommen worden. Sie verachteten das Mittelalter als eine Zeit der Finsternis und fanden die gotischen Kathedralen barbarisch und grotesk. D'Alembert stellte in seiner Umgebung «gewisse überspannte Ideen» fest, eine «Gärung», ein «allgemeines Überschäumen der Geister ..., das alles, was ihm im Wege stand, wegschwemmte»[70].

Jacques-André Naigeon, den Sainte-Beuve als «einen fanatischen Kirchendiener des Atheismus»[71] bezeichnete, lebte und arbeitete zusammen mit Holbach als Übersetzer und Verleger. Gemeinsam gaben sie im Laufe von zehn Jahren dreißig Bücher heraus, große und kleine, einheimische und fremde, und alle gegen das Christentum gerichtet. «Im Hause des Herrn regnet es Bomben», sagte Diderot[72]. Nicolas Boulanger, auch ein Freund von Holbach, arbeitete ebenfalls bis zu seinem Tode (1759) an der guten Sache mit und hinterließ ein Manuskript mit der Überschrift *Antiquité dévoilée* (Entschleiertes Altertum). Holbach bewahrte es bis 1765 auf, als der den *philosophes* freundlich gesinnte Choiseul Minister war. Dann schickte er es mit einer feurigen Einleitung von Diderot an die Presse. Die Religion, schrieb Boulanger, sei aus der Angst des primitiven Menschen vor Überschwemmungen und anderen scheinbar übernatürlichen Katastrophen entstanden. Sie sei in einer Verschwörung von Priestern und Königen ausgebaut worden, um die Tyrannei als gottgewollt hinzustellen, wofür der Tyrann dem orthodoxen Glauben Gehorsam erzwang; und niemals werde die Menschheit dieser finsteren Verschwörung ein Ende machen können, solange sie sich nicht dem Licht der Vernunft anvertraue – allen Priestern und Königen zum Trotz[73].

Von größerer Bedeutung war André Morellet, ebenfalls ein Erzeugnis der Jesuiten und einer der vielen Abbés, die sich den Rebellen anschlossen. Er kam 1727 auf die Welt und lebte lange genug, um von Frau Necker als «ein Bär» beschrieben zu werden, der aber trotzdem «Aufrichtigkeit, Anstand und unzählige gute Eigenschaften sowie genug religiöses Gefühl besaß, um anzunehmen, daß es vielleicht doch einen Gott geben könnte, und dies sogar manchmal vor seinen Freunden zugab, wenn er auch darauf vertraute, daß sie verschwiegen genug waren, um ihn mit seiner Gläubigkeit nicht ins Gerede zu bringen»[74]. Mit Diderots Unterstützung schrieb er einige Artikel für die *Enzyklopädie*. An Holbachs Tafel entwickelte er einen so beißenden Witz, daß Voltaire ihn Abbé *Mord-les*, «Abbé beiß sie», nannte; Marmontel sagte von ihm, er habe «tiefschürfende Ideen ... und ein ebenso aufrechtes wie unverdorbenes Herz»[75]. 1762 veröffentlichte er einen *Manuel des Inquisiteurs* (Handbuch für Inquisitoren), der eine Auswahl aus dem *Directorium Inquisitorum* von Nicolás Eymerico enthielt, der zwischen 1356 und 1399 Großinquisitor gewesen war. Die Franzosen hatten die spanische Inquisition fast vergessen; Morellet frischte ihr Gedächtnis mit einer Aufzählung der Prozeduren und Strafen auf, die in der Glanzzeit dieser Einrichtung üblich gewesen waren. Malesherbes erteilte Morellet die staatliche Erlaubnis für den Druck des Buches, denn das französische Strafgesetzbuch stimmte – nach Malesherbes' Ansicht – praktisch immer noch mit dem der Inquisitoren überein[76]. Morellet konnte es kaum glauben, aber im selben Jahr, in dem sein Buch herauskam, wurde Jean Calas vom Parlament in Toulouse verurteilt und gerädert.

Über den Abbé Raynal drückte sich der sonst so kühle Grimm 1772 in seiner *Correspondance* folgendermaßen aus: «Seit Montesquieus *Geist der Gesetze* hat unsere Literatur nichts hervorgebracht, was würdiger wäre, auf die entfernteste Nachwelt zu kommen und den Fortschritt unserer Aufklärung zu feiern, als Raynals *Histoire philosophique et politique des établissements et du commerce des Européens dans les deux Indes* (Philosophische und politische Geschichte der europäischen Siedlungen und des Handels in den beiden Indien).»[77] Wahrscheinlich war Grimm dem Autor besonders geneigt, weil es Raynal gewesen war, der 1753 die *Correspondance littéraire* gegründet und 1755 an Grimm vererbt hatte; sie hatte Grimm inzwischen ein nettes Einkommen verschafft. Außerdem war Grimms Freund Diderot an der Vorbereitung des unsterblichen, heutzutage von niemandem gelesenen Buches beteiligt gewesen. Als das Buch 1772 erschien, erregte es sofort große Begeisterung, was Grimms Urteil zu bekräftigen schien. Vor 1789 wurden vierzig Auflagen verkauft; daneben kamen unzählige unerlaubte Ausgaben und Übersetzungen heraus; Franklin, Gibbon und Robertson rühmten das Buch; Toussaint L'Ouverture wurde davon zu seiner Hingabe an die Sache der Sklaven und zu seinem Feldzug für ihre Befreiung angeregt (1791). Ein Gelehrter und Kritiker war der Ansicht, daß dieses Buch einen stärkeren Einfluß auf die Französische Revolution gehabt habe als sogar Rousseaus *Gesellschaftsvertrag*[78].

Raynal war als armer Priester nach Paris gekommen. Eine Anekdote, die für die heitere Gemütsverfassung der Rebellen spricht, behauptet, daß er dem Hungertod nur entging, weil der Abbé Prévost zwanzig *sous* erhalten hatte, um eine Totenmesse zu lesen; davon hatte Prévost dem Abbé de Laporte fünfzehn *sous* gegeben, wofür er sie an seiner Stelle lesen sollte; Laporte bezahlte daraufhin Raynal acht *sous*, damit dieser sie an *seiner* Stelle las[79]. Raynal war froh, daß er bei Helvétius und Holbach zum Essen eingeladen wurde. Er erwies sich als angenehmer Tischgenosse und scheint sich nicht nur die Hilfe Diderots, sondern noch verschiedener anderer Schriftsteller gesichert zu haben, die für sein Buch Material sammelten und sogar einige Abschnitte davon schrieben. Rousseau, der sich mit jedem verzankte, erreichte bei Raynal dieses Ziel nicht, sondern dankte ihm in seinen *Bekenntnissen* für seine treue Freundschaft und finanzielle Unterstützung[80].

Raynal muß irgendwie zu Geld gekommen sein, denn er bestach angeblich den Zensurbeamten, um die Erlaubnis für die Veröffentlichung seines Buches zu bekommen[81]. Zwanzig Jahre hatte er zu dessen Vorbereitung gebraucht. Er beschrieb in allen Einzelheiten die Habgier, den Verrat, die Gewalttätigkeit der Europäer in ihren Beziehungen mit den Eingeborenen in Ost- und Westindien und warnte den weißen Mann vor der furchtbaren Rache der farbigen Rassen, wenn sie einmal an die Macht kämen[82]. Es war das erste französische Buch, das die koloniale Ausbeutung verurteilte, und gehörte überhaupt zu den ersten, die die Bedeutung des Handels in der modernen Geschichte hervorheben. Nebenbei trug es auch zur Idealisierung der indischen Eingeborenen und zum Kult, den die europäischen Liberalen mit der chinesischen Kultur trieben, bei. Die Hauptthemen der Aufklärung tauchten auch in diesem vielbändigen Werk immer wieder auf: der Haß auf den Aberglauben und das Priestertum und der Groll gegen die Tyrannei, welche von Staat und Kirche über die Denkart und Lebensweise ausgeübt wurde. Raynal vertrat mit Heftigkeit den Standpunkt, daß der Katholizismus ein Schwindel sei, eine Abmachung zwischen Prälaten und Herrschern, sich gegenseitig mit Hilfe von Legenden, Wundern, Propaganda, Unterdrückung und Blutbädern zu unterstützen. Er rief die Herrscher Europas auf, sich von allen kirchlichen Banden zu lösen, Rede- und Pressefreiheit zu gewähren und den Weg für eine demokratische Regierung zu ebnen. Er schonte auch den Protestantismus nicht, der sich ebenfalls der Unduldsamkeit schuldig gemacht habe, und beschrieb den Fanatismus der Puritaner in Neuengland und die Hexenverfolgung in Salem. Trotz langjähriger Vorbereitung fiel das Buch später der Vergessenheit anheim, denn es wies viele Fehler auf. Ungenügende Überprüfung des Tatsachenmaterials hatte zur Folge, daß Raynal Legenden für geschichtliche Wahrheiten hielt; er vernachlässigte ferner Daten, führte seine Quellen nicht an, brachte sein Material durcheinander und gestattete sich (oder Diderot) langatmige Reden und gefühlvolle Aufrufe, die in einem geschichtlichen Werk nichts zu suchen hatten. Aber die Zeit eignete sich nicht für abgeklärte Unparteilichkeit; ein Buch war eine Waffe, die durch die Darstellung eines gegnerischen Standpunktes nicht abgestumpft werden durfte; die Literatur führte Krieg. Die französische Regierung war jedenfalls dieser Ansicht; das Pariser Parlament ordnete die Verbrennung des Buches an und befahl Raynal, Frankreich zu verlassen. Er floh nach Holland, kehrte aber 1784 zurück, denn er hielt sich unter dem mildesten aller bourbonischen Könige nicht mehr für gefährdet.

Er gehörte zu den wenigen *philosophes,* die die Revolution mitmachten und überlebten. Er war entsetzt über ihre Gewalttätigkeit und die ganze alte Maschinerie von Unduldsamkeit, die sie wieder in Gang setzte. Am 31. Mai 1791 richtete er im Alter von achtundsiebzig Jahren einen Brief an die gesetzgebende Versammlung, in dem er vor Ausschreitungen warnte. «Lange genug habe ich es gewagt, Könige auf ihre Pflichten hinzuweisen», schrieb er, «so darf ich heute das Volk auf seine Irrtümer aufmerksam machen.» Er betonte, daß die Tyrannei der Volksmasse ebenso grausam und ungerecht sein könne wie der Despotismus der Monarchen. Er verteidigte das Recht der Geistlichkeit, Religion zu predigen, solange die Gegner des Priestertums offen auftreten konnten; er protestierte gegen die zwangsweise Einführung einer Staatsreligion auf Grund von Gesetzen und verurteilte die Mißhandlung von Priestern durch den Pöbel. Robespierre rettete den alten Mann vor der Guillotine, aber Raynals Besitz wurde von der Regierung beschlagnahmt, und er starb (1796) in Armut inmitten der Triumphe und Schrecken der Revolution.

III. HOLBACH

1. Der liebenswürdige Atheist

Der beliebteste der *philosophes* in Paris war ein Deutscher, der (1723) in Edesheim im Bistum Speyer geboren worden war. Er wurde auf den Namen Paul Heinrich Dietrich von Holbach getauft und erhielt eine römisch-katholische Erziehung. Sein Großvater hatte mit der Einfuhr von Brechwurz aus Holland nach Versailles ein Vermögen verdient. Paul studierte in Leiden Naturwissenschaft und lernte Englisch. Nach dem Friedensschluß von Aachen (1748) übersiedelte er nach Paris, ließ sich in Frankreich einbürgern, heiratete die Tochter eines Finanzmannes und wurde geadelt, nachdem er zu diesem Zweck 110000 Livres zu fünf Prozent in der «Gesellschaft der Sekretäre des Königs» angelegt hatte. In seinem Kreis wurde er Baron genannt, weil er Güter in Westfalen besaß, die ihm 60000 Livres im Jahr einbrachten. Im ganzen verfügte er über ein Jahreseinkommen von 200000 Livres – «ein Vermögen», sagte Morellet, «wie es nie auf noblere Art noch auch mit größerem Vorteil für Wissenschaft und Kunst verwendet worden ist»[83]. Für Marivaux und andere Dichter war er ein Mäzen; er legte eine riesige Bibliothek sowie eine Sammlung von Bildern, Zeichnungen und naturgeschichtlichen Präparaten an.

Sein Haus wurde zum «Café d'Europe», wie ein geistreicher Freund es nannte. Seine gastliche Tafel und sein Salon in Paris oder in seinem Landhaus Grandval machten aus ihm den «Maître d'hôtel der Philosophie», wie sich Horace Walpole ausdrückte. Jeden Donnerstag und Sonntag ließ Frau von Holbach den Tisch für zwölf Gäste decken. Es waren nicht immer die gleichen, meistens aber die Anführer des antichristlichen Kampfes: Diderot, Helvétius, d'Alembert, Raynal, Boulanger, Morellet, Saint-Lambert, Marmontel und gelegentlich Buffon, Turgot und Quesnay. Rousseau kam ebenfalls, doch schauderte ihn vor so viel Atheismus. Hier ließ sich Diderot zu seinen wildesten Tiraden hinreißen, während der Abbé Galiani die Philosophie in Schach hielt, indem er den verschiedenen Theorien geistreiche Nadelstiche versetzte. Die Gäste der «Synagoge», wie der Baron diese Zusammenkünfte nannte, trafen sich um zwei Uhr nachmittags, unterhielten sich, speisten und unterhielten sich weiter bis sieben oder acht Uhr. In jener Zeit bedeutete Unterhaltung ungeschriebene Literatur, nicht ein Durcheinander von Banalitäten. Kein Thema wurde hier gescheut. «Es war der Ort», sagte Morellet, «wo man die freieste, lebhafteste und fruchtbarste Unterhaltung über Philosophie, Religion und Regierung pflegte, die man sich überhaupt vorstellen kann; leichtes Geplauder gab es dort nicht. Vor allem Diderot labte unseren Geist und wärmte unsere Herzen.»[84] Diderot berichtete Fräulein Volland über den Inhalt dieser Gespräche, deren Gegenstand «... Kunst, Poesie, Philosophie der Liebe ..., das Gefühl der Unsterblichkeit, Menschen, Götter und Könige, Raum und Zeit, Tod und Leben»[85] bildeten. Ein anderes Mal:

> «Wenn das Wetter schön war, vertauschten wir diese Mahlzeiten mit philosophischen Spaziergängen der Seine entlang. An diesen Tagen nahmen wir ein reichliches Fischgericht zu uns; wir besuchten nacheinander all die Orte, die für dieses Gericht am besten bekannt waren, meistens in Saint-Cloud[86] ... Wir nahmen uns rechtzeitig ein Boot, genossen die frische Luft auf dem Wasser und kehrten abends durch den Bois de Boulogne heim.»[87]

Holbachs Salon wurde so berühmt, daß Ausländer, die zu Besuch nach Paris kamen, alles daransetzten, um eine Einladung zu bekommen. So gehörten Hume, Sterne, Garrick, Horace Walpole, Franklin, Priestley, Adam Smith und Beccaria zu verschiedenen Zeiten zu den Gästen. Sie waren freilich etwas befremdet über die große Anzahl von Atheisten, die sie dort antrafen. In diesem Zusammenhang wird immer die alte Anekdote erwähnt (Diderot erzählte sie Romilly), wie Hume am tatsächlichen Vorhandensein von Atheisten zweifelte und der Baron ihm versicherte: «Hier sitzen Sie mit siebzehn am Tisch.»[88] Gibbon berichtet, wie die Pariser *philosophes* «über den vorsichtigen Skeptizismus Humes lachten, die Glaubensartikel des Atheismus mit dem frommen Eifer von Dogmatikern predigten und alle Gläubigen mit Hohn und Verachtung überschütteten»[89]. Priestley schrieb ebenfalls: «Von all den philosophischen Persönlichkeiten, mit denen ich in Paris bekannt gemacht wurde, glaubte keiner an das Christentum, und sie bekannten sich sogar offen zum Atheismus.»[90] Morellet bemerkte hingegen: «Eine beträchtliche Anzahl von uns waren Theisten und schämten sich dessen nicht; und wir verteidigten uns energisch gegen die Atheisten, wenn wir sie auch wegen ihres angenehmen Umgangs gern hatten.»[91] Walpole fand Holbachs «philosophischen Taubenschlag» nicht ganz nach seinem englischen Geschmack. Er war so verärgert, als er bemerkte, daß Raynal besser als er über den Handel und die Kolonien Englands unterrichtet war, daß er sich taub stellte. Humes eigener Bericht war vielleicht etwas zu nachsichtig: «Die Literaten hier [in Paris] sind wirklich sehr angenehm. Alle sind Männer von Welt, die in völliger oder fast völliger Harmonie miteinander leben und moralisch unantastbar sind. Sie würden mit Befriedigung feststellen, daß kein einziger Deist unter ihnen ist.»[92] Diese Zeugenaussagen sind etwas verwirrend.

Aber alle waren sich darüber einig, daß der Baron und seine Frau vollendete Gastgeber und liebenswerte Menschen waren. Grimm erzählt, daß Frau von Holbach nur für ihren Gatten lebte. Sobald sie jeweils seine Gäste begrüßt und bewirtet hatte, zog sie sich mit einer Strickarbeit in eine Ecke zurück und nahm nicht weiter an der Unterhaltung teil[93]. Sie starb 1754 in der Blüte ihres Lebens; ihr Tod stürzte Holbach für eine Zeitlang «in einen Zustand äußerster Verzweiflung»[94]. Zwei Jahre später heiratete er ihre Schwester, die sich als ebenso hingebungsvoll erwies. Er war so bescheiden in seinem Auftreten, so liebenswürdig in der Diskussion und auf so unauffällige Art wohltätig[95], daß kaum jemand von ihm eine so machtvolle Verteidigung des Atheismus erwartete, wie sie seine Schrift *Le Système de la nature* (Das System der Natur) darstellte. «Ich habe nie jemanden gekannt, der einfacher in der Einfachheit war», sagte seine Rivalin Frau Geoffrin, die ebenfalls einen Salon unterhielt[96]. Rousseau, der nach und nach alle *philosophes* hassen lernte, bewahrte sich eine solche Bewunderung für Holbachs Charakter, daß er ihn zum Vorbild für den tugendhaften Agnostiker Wolmar in *La Nouvelle Héloïse* machte. Während Grimm, der jeden – außer Rousseau – völlig unparteiisch analysierte, schrieb:

> «Für Holbach war der Glaube an die Herrschaft der Vernunft etwas ganz Natürliches, denn seine Leidenschaften (und wir beurteilen andere immer nach uns selbst) waren so beschaffen, daß er in allen Fällen der Tugend und den rechten Prinzipien den Vorrang ließ. Es war ihm unmöglich, jemanden zu hassen; jedoch konnte er nur mit Überwindung seinen zugegebenen Haß auf Priester verbergen ... Jedesmal, wenn die Rede darauf kam, verließ ihn seine natürliche gute Laune.»[97]

So unterstützte Holbach die *Enzyklopädie* aufs wärmste, trug Geld und Artikel dazu bei und tröstete und ermutigte Diderot, als sogar d'Alembert und Voltaire das Unternehmen im Stich ließen. Seine Artikel befaßten sich zum größten Teil mit Naturgeschichte, denn auf diesem Gebiet war der Baron wahrscheinlich allen *philosophes* überlegen. «Ich habe nie einen gelehrteren Mann getroffen», schrieb Grimm 1789, «und ich habe nie jemanden gesehen, dem so wenig daran lag, in den Augen der Welt für gelehrt zu gelten.»[98] Er übersetzte verschiedene wissenschaftliche Abhandlungen aus dem Deutschen, wobei ihm Naigeon behilflich war. Für diese Arbeit wurde er zum Mitglied der Akademie in Berlin und Sankt Petersburg ernannt. Er bemühte sich nie um die Aufnahme in die Französische Akademie.

Völlig gefesselt von der Wissenschaft, von der er sich eine rasche Verbesserung des menschlichen Lebens versprach, stand er der Kirche mit unbeugsamer Feindseligkeit gegenüber, denn in ihrer Herrschaft über den Unterricht sah er ein Hindernis für die Entwicklung der wissenschaftlichen Kenntnisse. Er ließ keine Gelegenheit zum Angriff auf die Geistlichkeit vorbeigehen. Für die *Enzyklopädie* verfaßte er die Artikel «Priester» und «Theokratie». 1756 gründete er zusammen mit Naigeon eine wahre Fabrik antichristlicher Literatur. In rascher Folge erschienen: *Le Tableau des saints* (Das Bild der Heiligen), *De l'imposture sacerdotale* (Von der priesterlichen Heuchelei), *Prêtres démasqués* (Entlarvte Priester), *De la Cruauté religieuse* (Von der religiösen Grausamkeit), *L'Enfer détruit* (Die zerstörte Hölle); hier war ein neuer Apostel mit einer frohen Botschaft erschienen: die Hölle war vernichtet worden.

1761 brachte dieses «Laboratorium für Atheismus», wie es manchmal genannt wurde, einen Band mit dem Titel *Christianisme dévoilé* (Christentum ohne Schleier) heraus. Das Buch stammte von Holbach, wurde aber auf der Titelseite «dem verstorbenen Herrn Boulanger» zugeschrieben. Für den Verkauf dieses Buches wurde ein Hausierer gebrandmarkt und für fünf Jahre auf die Galeeren geschickt; ein Bursche, der das Buch erworben und dann weiterverkauft hatte, wurde ebenfalls gebrandmarkt und bekam eine neunjährige Galeerenstrafe[99]. Es war ein Sturmangriff auf das Bündnis zwischen Kirche und Staat und behandelte, Marx vorwegnehmend, die Religion durchaus als «Opium für das Volk».

«Religion ist die Kunst, Menschen mit Enthusiasmus [dieses Wort bedeutete im achtzehnten Jahrhundert religiösen Eifer] zu vergiften, um sie daran zu hindern, sich mit den Übeln zu befassen, die die Regierung über sie verhängt ... Die Kunst der Regierung ist nichts weiteres mehr als die Ausbeutung der Irrtümer und des geistigen und seelischen Tiefstandes, in die der Aberglaube die Völker gestürzt hat ... Durch die Drohung mit unsichtbaren Mächten zwingen sie [Kirche und Staat] die Menschen, das Elend schweigend zu erdulden, das sichtbare Mächte über sie verhängt haben. Alles wird getan, um die Hoffnung in ihnen zu nähren, daß sie, falls sie nichts dagegen haben, in diesem Leben unglücklich zu sein, im jenseitigen glücklich sein werden.»[100]

Holbach hielt dieses Bündnis zwischen Kirche und Staat für das grundlegende Übel in Frankreich. «In meiner Eigenschaft als Bürger greife ich die Religion an, denn sie scheint mir schädlich für den menschlichen Geist und gesunder Moral zuwider.»[101]

«Anstelle von Moral werden dem Christen Fabeln von Wundern und unfaßliche Lehren einer Religion beigebracht, die mit dem gesunden Menschenverstand unvereinbar sind. Von Anfang an wird er gelehrt, seinen Sinnen zu mißtrauen, seinen Verstand zu unterdrücken ... und sich blind auf die Autorität seines Lehrmeisters zu verlassen ... Jene aber, die sich von diesen Begriffen befreit haben, stehen machtlos den Irrtümern gegenüber, die mit der Muttermilch eingesogen wurden.»[102]

Moralität auf religiösen Glauben zu gründen, sagte Holbach, ist eine gefährliche Methode, denn religiöser Glaube kann sich wandeln, und sein Untergang kann auch das Sittengesetz erschüttern, das mit ihm verbunden ist.

«Jeder, der erkannt hat, wie schwach und irrig die Beweise sind, auf denen die Religion beruht ..., wird versucht sein, die Moralität für ebenso trügerisch zu halten wie die Religion, auf der sie beruht ... Deswegen sind die Worte *ungläubig* und *ausschweifend* gleichbedeutend geworden. Würde man eine natürliche Moral anstatt einer theologischen lehren, so wäre das nicht zu befürchten. Anstatt Ausschweifungen, Verbrechen und Laster zu verbieten, weil Gott und die Religion sie untersagen, sollte man lehren, daß jedes Übermaß für den Menschen schädlich ist, daß es ihn in den Augen der Gesellschaft verächtlich macht, daß es vernunftswidrig ist und gegen die Gesetze der Natur verstößt, die von ihm verlangt, sich ein dauerhaftes Glück zu schaffen.»[103]

Es ist kaum zu verstehen, wie ein Mann, der so reichlich mit Geld versehen war, Zeit und Lust hatte, so viele Bücher zu schreiben. 1767 veröffentlichte er seine *Théologie portative* (Tragbare Theologie), worin er sich über die christlichen Lehren lustig machte und jede Theologie als den Willen der Kirche zur Macht hinstellte. 1768 folgte *La contagion sacrée ou histoire naturelle de la superstition* (Die heilige Ansteckung oder Naturgeschichte des Aberglaubens), angeblich eine «Übersetzung aus dem Englischen von Jean Trenchard», und im gleichen Jahr gab er *Lettres à Eugénie, ou préservatif contre les préjugés* (Briefe an Eugenie oder Vorbeugungsmittel gegen die Vorurteile) heraus, angeblich von einem epikureischen Philosophen in Sceaux. 1769 erschien *Essai sur les préjugés, par M. du Marsais* (Essay über die Vorurteile von Herrn von Marsais), worin erklärt wurde, daß die einzige Heilung von den Übeln der Religion in der Förderung von Bildung und Philosophie bestehe. 1770 veröffentlichte der vielbeschäftigte Baron sein Meisterwerk, den heftigsten Angriff auf das Christentum, der je im Rahmen eines einzelnen Buches erfolgt ist.

2. *Das System der Natur*

Système de la nature, ou des lois du monde physique et du monde moral (System der Natur oder der Gesetze der physischen und moralischen Welt) wurde angeblich in London, in Wirklichkeit aber in Amsterdam gedruckt, umfaßte zwei dicke Bände und gab als Verfasser «Herrn Mirabaud» an. Dieser Mann, der seit zehn Jahren tot war, hatte den Posten eines Sekretärs an der Französischen Akademie bekleidet. Eine Einleitung gab eine Übersicht über sein Leben und seine Werke. Niemand glaubte, daß der gute, vorbildliche Mirabaud ein so skandalöses Buch geschrieben hatte.

Nachdem die Versammlung der Geistlichkeit, die alle vier Jahre zusammentrat, 1770 über eine Geldsumme für den König abgestimmt hatte, rief sie ihn auf, die antichristliche Literatur, die in Frankreich in Umlauf war, zu unterdrücken. Ludwig XV. befahl seinem Staatsanwalt, sofort dagegen vorzugehen. Das Pariser Parlament verurteilte sieben Bücher, darunter das *Christentum ohne Schleier* und das *System der Natur*, als «gottlos, lästerlich und aufrührerisch – geeignet, jede Vorstellung des Göttlichen zu zerstören, das Volk zum Aufstand gegen Religion und Regierung aufzuwiegeln, alle Prinzipien der öffentlichen Sicherheit und Sittlichkeit ins Wanken zu bringen und die Untertanen vom

Gehorsam gegenüber ihrem Herrscher abzubringen». Die Bücher sollten verbrannt, ihre Verfasser verhaftet und schwer bestraft werden. Morellet behauptete, daß zehn Menschen wußten, daß Holbach ihr Verfasser war, und zwanzig Jahre lang das Geheimnis bewahrten. Die «Synagoge» setzte ihre Zusammenkünfte fort, und ab und zu lud Frau von Holbach den Abbé Bergier dazu ein, der gerade eine Pension von der Kirche für seine gelehrten Artikel erhalten hatte, in denen er die katholische Kirche verteidigte. Man hegte den Verdacht, daß Diderot das *System der Natur* teilweise geschrieben habe. Es war aber zu ordentlich im Aufbau und zu feierlich, um von seiner Feder zu stammen, jedoch könnte er das überschwengliche Schlußwort über die Natur beigesteuert haben. Jedenfalls fühlte sich Diderot nicht sicher in Paris und hielt es für angezeigt, einen Besuch in Langres zu machen.

Das *System*, das aus Holland eingeschmuggelt wurde, fand sofort großen Absatz in den weitesten Kreisen, bei «Gelehrten, Ungelehrten und Frauen», wie Voltaire sich ausdrückte[104]. Diderot war davon begeistert. «Was ich gern habe», sagte er, «ist eine klarumrissene, offene Philosophie, wie sie im *System der Natur* enthalten ist. Der Verfasser ist nicht Atheist auf einer Seite und Deist auf der nächsten. Seine Philosophie ist aus einem Guß»[105] – sehr zum Unterschied von derjenigen Diderots. Was ihm wirklich gefiel, war Holbachs Atheismus auf jeder Seite. Und doch wehte eine geradezu religiöse Hingebung an das Glück der Menschheit durch das Buch. Da er in der Welt, die von Königen und Priestern regiert wurde, so viel Elend sah, kam Holbach zu dem Ergebnis, daß die Menschen glücklicher wären, wenn sie Priestern und Königen den Rücken drehen und sich von Wissenschaftlern und Philosophen leiten lassen würden. In den Anfangssätzen werden Geist und Thema des Buches auseinandergesetzt:

«Der Mensch ist nur unglücklich, weil er die Natur mißversteht. Sein Geist ist so von Vorurteilen angekränkelt, daß man glauben könnte, er sei für immer dem Irrtum verfallen. Die Hartnäckigkeit, mit der er sich an die undurchsichtigen Meinungen klammert, die ihm von Kindheit an eingeflößt werden ..., und die daraus entstehende Beeinträchtigung seines Geistes scheinen ihn ein für allemal dem Irrtum zu weihen ... Er läßt sich seine Ideen von anderen vorschreiben, die selbst in Irrtum befangen sind oder ein Interesse daran haben, ihn zu betrügen. Um den Weg aus dieser Düsternis, aus diesem kretischen Labyrinth zu finden, braucht es einen Ariadnefaden und all die Liebe, die Ariadne für Theseus empfand ... Das verlangt unerschütterlichen Mut ... und entschlossene Ausdauer ...

Es ist daher wichtig, jenen Vorstellungen ein Ende zu machen, die uns nur irreführen können. Das Heilmittel für diese Übel muß in der Natur selbst gesucht werden. Nur von ihrem Überfluß dürfen wir ein Gegengift gegen all das Unheil erhoffen, das ein irregeleiteter übermächtiger Enthusiasmus über uns heraufbeschworen hat. Es ist an der Zeit, nach diesen Heilmitteln zu suchen; es ist an der Zeit, dem Übel ins Gesicht zu sehen, seine Grundlagen zu untersuchen, seinen ideologischen Aufbau zu erforschen. Vernunft und Erfahrung müssen endlich die Vorurteile, die die Menschheit seit so langem verblenden, bei der Wurzel packen ...

Versuchen wir es also, den Mut des Menschen, die Achtung vor seiner Vernunft und die unauslöschliche Liebe zur Wahrheit zu erwecken, damit er lernt, seine Erfahrung zu Rate zu ziehen und nicht eine von der Obrigkeit irregeleitete Einbildung ..., damit er seine Moral auf seiner Natur, auf seinen Bedürfnissen und auf den tatsächlichen Vorteilen, die die Gesellschaft ihm verschafft, begründet, damit er es endlich wagt, sich selbst zu lieben; damit aus ihm ein tugendhaftes und vernünftiges Wesen wird, geeignet, sein Glück auf Erden zu finden.»[106]

Nachdem er sein Programm aufgestellt hat, macht sich Holbach daran, systematisch alle übernatürlichen Wesen und Bindungen zu verwerfen, um die Natur mit all ihrer Schönheit, Grausamkeit, Begrenzung und all ihren Möglichkeiten willkommen zu heißen, alles Vorhandene auf Materie und Bewegung zurückzuführen und schließlich auf dieser materialistischen Grundlage ein Moralsystem aufzubauen, von dem er erhofft, daß es die Wilden in Bürger verwandeln, den Charakter des Einzelnen sowie eine soziale Ordnung entwickeln und einem Leben, das unausweichlich dem Tode entgegengeht, ein vernünftiges Maß an Glück schenken werde.

Am Anfang und am Ende steht die Natur, aber er verwirft jeden Versuch, sie zu personifizieren; er definiert sie als «das große Ganze, das aus der Zusammenstellung von Materie in ihren verschiedenen Kombinationen entsteht»; sie dient Holbach als Name für das Weltall. Die Materie definiert er vorsichtig als «im allgemeinen alles, was auf irgendeine Weise auf unsere Sinne einwirkt».

«Alles ist Bewegung im Universum. Handeln ist das Wesen der Natur; und wenn wir aufmerksam ihre einzelnen Teile betrachten, sehen wir, daß kein einziger absolute Ruhe genießt ... Alles, was uns in Ruhe erscheint, bleibt indessen nicht einen Augenblick im selben Zustand; sämtliche Wesen sind ständig dabei, zu erzeugen, zu wachsen, zu verkümmern und zu zerfallen ... Die härtesten Steine werden nach und nach durch die Berührung mit der Luft zerstört.»[107]

Das Ganze bietet unserer Betrachtung «nichts als eine riesige, ununterbrochene Folge von Ursache und Wirkung»[108]. Je mehr Kenntnisse wir erwerben, um so überwältigender zeigt es sich, daß die Vorgänge im Weltall nur auf natürlichen Ursachen beruhen. Wenn es auch schwierig sein mag, sich «den Übergang von unbelebter Materie in belebte» vorzustellen, so ist es doch noch schwieriger, an das Leben als eine spezielle Schöpfung eines geheimnisvollen Wesens außerhalb des materiellen Universums zu glauben. Es ist schwer zu verstehen, wie die Materie zur Empfindung kommt, aber andere Eigenschaften der Materie, wie «Schwerkraft, Magnetismus, Dehnbarkeit, Elektrizität», sind «nicht weniger unerklärlich als Empfindung»[109].

Auch der Mensch ist «ein rein physikalisches Wesen», das denselben Gesetzen unterliegt, die die übrige Welt regieren. Wie könnten ein physikalischer Körper und eine körperlose Seele aufeinander einwirken? Die «Seele» stellt nur die gesamte Ordnung und Tätigkeit des Körpers dar und kann keine getrennte Existenz haben. «Wenn man sagt, daß die Seele nach dem Tod des Körpers fühlen, denken, genießen und leiden wird, ist das genau so, als ob man von einer Uhr, die in tausend Stücke zersprungen ist, erwarten wollte, daß sie weiter die Stunden schlägt und die Zeit anzeigt.»[110] Die Auffassung von Geist und Seele als körperlose Wesenheiten hat die Behandlung von Geisteskrankheiten verzögert; wenn wir den Geist als eine Funktion des Körpers betrachten, dann ermöglichen wir es der medizinischen Wissenschaft, viele Geistesstörungen zu heilen, indem man ihre physischen Ursachen bekämpft[111]*.

---

* «Es ist sicherlich eine historische Tatsache», sagte John Morley, «daß eine vernünftige Behandlung von Geistesgestörten und eine vernünftige Ansicht über gewisse Verbrechen Menschen wie Pinel zu verdanken waren, die von der materialistischen Schule des achtzehnten Jahrhunderts geformt worden waren. Und es war absolut unmöglich, große, humane Reformen auf diesem Gebiet durchzuführen, bevor es zu dem entscheidenden Verfall in der Theologie kam.»[112]

Da der Geist eine Funktion des Körpers ist, ist er der allgemeinen Regel von den natürlichen Ursachen und Wirkungen unterworfen. Das XI. Kapitel des *Systems* stellt vielleicht die beredsamste Verteidigung des Determinismus in der ganzen französischen Philosophie dar:

«Unser Leben ist eine Linie, die wir auf Befehl der Natur auf die Erdoberfläche einzeichnen müssen, ohne je auch nur einen Augenblick davon abweichen zu können. Wir werden ohne unsere Zustimmung geboren, unser Aufbau hängt nicht von uns ab, zu unseren Ideen kommen wir unwillkürlich, unsere Gewohnheiten hängen von denen ab, die sie uns beibringen, und wir verändern uns ständig unter dem Einfluß teils sichtbarer, teils versteckter Ursachen, die zwangsläufig unsere Art zu sein, zu denken und zu handeln regeln. Wir sind gut oder schlecht, glücklich oder unglücklich, weise oder unsinnig, vernünftig oder unvernünftig, ohne daß unser Wille auch nur im geringsten etwas damit zu tun hat.»[113]

Dieser Determinismus schließt offenbar einen Fatalismus in sich, dem Holbach sich – im Unterschied zu den meisten Deterministen – nicht entzog. Der Zustand des Universums in irgendeinem Augenblick wird von seinem Zustand im vorhergehenden Augenblicke bestimmt, der seinerseits von seinem Vorgänger bestimmt wurde, und so immer weiter beliebig weit in die Vergangenheit zurückgehend, dergestalt, daß man einen beliebigen Augenblick in der Geschichte des Universums als ausschlaggebend für alle späteren Augenblicke betrachten kann, so beliebig weit in der Zukunft diese auch liegen mögen. Diese offensichtliche Unterwerfung des Menschen – jedes Genies und jedes Heiligen – unter irgendeinen Urnebel scheint Holbach nicht abzuschrecken. Er nimmt sein Schicksal mit stoischer Ruhe hin:

«Der Mensch ist das Werk der Natur; er existiert in der Natur, ist ihren Gesetzen unterworfen, kann sich nicht von ihr losmachen und nicht einmal in Gedanken darüber hinausgehen ... Darum soll der Mensch aufhören, außerhalb der Welt, die er bewohnt, Wesen zu suchen, die ihm das Glück verschaffen sollen, das die Natur ihm verweigert. Statt dessen sollte er diese Natur ergründen, ihre Gesetze erlernen, ihre Energie und ihre unveränderliche Handlungsweise betrachten. Dann soll er diese Entdeckungen zu seinem eigenen Wohlergehen ausnützen und sich wortlos den Gesetzen unterwerfen, denen ihn nichts entziehen kann; möge er sich damit abfinden, daß er gewisse Ursachen, die für ihn in einen undurchdringlichen Schleier gehüllt sind, nicht wissen kann; möge er sich, ohne aufzubegehren, den Geboten einer universellen Notwendigkeit fügen, die sich seiner Einsicht niemals erschließen und die ihn auch nie jenen Regeln entziehen wird, die sein eigenes Wesen ihm auferlegt.»[114]

Bedeutet dieser Fatalismus, daß es nutzlos ist, wenn wir versuchen, dem Bösen, der Entehrung, der Krankheit und dem Tod zu entgehen? Daß wir genausogut jede Anstrengung, jeden Ehrgeiz, jedes Streben aufgeben können, um den Ereignissen ihren Lauf zu lassen? Holbach antwortet, daß wir sogar hier keine Wahl haben: Vererbung und Umgebung haben schon bestimmt, ob wir in Teilnahmslosigkeit versinken oder auf die Forderungen des Lebens tatkräftig reagieren. Er sieht auch den Vorwurf voraus, daß der Determinismus, der scheinbar das Verbrechen entschuldigt, zu seiner Vermehrung beitragen könnte. Determinismus bedeutet nicht, daß das Verbrechen unbestraft bleiben soll; im Gegenteil, er wird den Gesetzgeber, den Lehrer, die öffentliche Meinung dazu veranlassen, bessere Vorbeugungsmaßnahmen gegen das Verbrechen zu treffen und soziales Verhalten zu fördern. Diese Abschreckungsmittel und diese Anreize werden in die Umgebungsfaktoren eingehen, die das Benehmen des Menschen bilden. Hingegen veranlaßt uns der Determinismus, das Verbrechen und jedes unsoziale Betragen als einen Mangel an geistigem Gleichgewicht zu betrachten, hervorgerufen durch Vererbung, Umgebung oder Umstände; deshalb müssen wir solch ein Benehmen wie eine Krankheit behandeln. Wir müssen die Folter und die übertriebenen Strafen abschaffen, denn sie verstärken nur den Widerspruch zwischen Individuum und Gesellschaft und gewöhnen die Leute an Gewalttätigkeit und Grausamkeit, anstatt sie vom Verbrechen abzuschrecken.

In dieser Philosophie ist natürlich kein Raum für Gott. Holbachs unerschütterliche Antipathie nicht nur gegenüber dem Theismus und dem Pantheismus brachte ihm bei seinen Zeitgenossen den Beinamen «persönlicher Feind des Allmächtigen» ein [115]. «Wenn wir auf die Anfänge zurückgehen, finden wir immer wieder, daß Unwissenheit und Furcht die Götter geschaffen haben; Phantasie, Enthusiasmus oder Täuschung haben sie geschmückt oder entstellt; Schwäche verehrt sie, Leichtgläubigkeit erhält sie am Leben, Gewohnheit achtet sie, und die Tyrannei unterstützt sie ... für ihre eigenen Zwecke.» [116] Er bringt alle die alten Argumente gegen den Theismus vor und wird ebenso hitzig wie Helvétius, wenn es um die biblische Auffassung von Gott geht [117]. Die majestätische, wohlgeregelte Ordnung des Weltalls deutet für ihn nicht auf eine höhere Intelligenz hin; sie ist durchaus auf natürliche, mechanisch wirkende Ursachen zurückzuführen und braucht nicht einer Gottheit zugeschrieben zu werden, die viel unerklärlicher wäre als die Welt. Ordnung und Unordnung sind wie Gut und Böse, Schönheit und Häßlichkeit subjektive Begriffe, die von dem Genuß oder dem Unbehagen abgeleitet wurden, die uns unser Wahrnehmungsvermögen vermittelt. Der Mensch ist jedoch nicht «das Maß aller Dinge», seine Befriedigung ist nicht der Maßstab, den man an das Universum anlegen darf. Die Natur kümmert sich nicht darum, was wir auf unserem winzigen Punkt im Raum als gut oder schlecht, häßlich oder schön ansehen. Vom Standpunkt des Ganzen her «gibt es kein wirkliches Übel. Insekten finden einen sicheren Schlupfwinkel in den Ruinen des Palastes, der beim Zusammensturz Menschen unter sich begrub.» [118] Wir müssen lernen, daß die Natur bei allen Erhabenheiten und allen Katastrophen unerschütterlich neutral bleibt.

«Alles, was in dieser Arbeit gesagt wurde, beweist eindeutig, daß alles notwendig, alles immer in Ordnung ist, wenn es auf die Natur bezogen wird, wo sämtliche Wesen nicht mehr tun, als den Gesetzen zu folgen, die ihrer jeweiligen Klasse auferlegt wurden ... Die Natur verteilt mit der gleichen Hand, was wir Ordnung und Unordnung, Vergnügen und Schmerz nennen. Sie verbreitet also durch die Notwendigkeit ihrer Existenz sowohl Gut wie Böse ... Deswegen soll der Mensch weder ihren Überfluß loben noch sie der Böswilligkeit beschuldigen. Er soll sich nicht einbilden, daß seine Beschimpfungen oder seine Hilferufe ihre gewaltige Macht, die immer nach unerschütterlichen Gesetzen handelt, aufhalten können ... Wenn er leidet, soll er sein Heilmittel nicht bei den Phantomen suchen, die seine eigene sieche Einbildung geschaffen hat. Aus dem Vorrat der Natur soll er die Heilmittel beziehen, die sie ihm gegen die Übel bietet, die sie über ihn gebracht hat. An ihrem Busen soll er nach den wohltätigen Dingen suchen, die sie erzeugt hat.» [119]

Holbach ist nicht weit davon entfernt, Gott in Form von Natur wieder einzuführen. Nachdem er geschworen hat, sie nicht zu personifizieren, neigt er nun dazu, sie zu vergöttlichen, spricht von ihrer Allmacht, ihrem Willen, ihrem Plan, ihrem Überfluß; er sieht in ihr den besten Führer des Menschen und läßt Diderot (?) eine bombastische Ode an sie als Schlußwort seines gewaltigen Werkes anstimmen: «O Natur, Herrscherin über alle Wesen! Und ihr, ihre angebeteten Töchter – Tugend, Vernunft, Wahrheit! Ihr sollt auf ewig unsere einzigen Gottheiten sein; euch gebührt der Weihrauch und die Verehrung der Menschen», und so fort. Diese pantheistische Frömmigkeit stimmt mit Holbachs Auffassung von der Natur, die unparteiisch Gutes und Böses verteilt, nicht ganz überein: «Winde, Stürme, Unwetter, Vulkane, Kriege, Seuchen, Hungersnöte, Krankheit und Tod gehören ebenso zu ihrem ewigen Ablauf wie die wohltätige Wärme der Sonne.»[120] Das ruft uns Calvin ins Gedächtnis, der geizig mit dem Himmel und verschwenderisch mit der Hölle umging.

Bezeichnend für Holbach war es, daß er nicht nur den Begriff Gott, sondern auch das Wort selbst ausmerzen wollte. «Die Worte *Gott* und *erschaffen* sollten alle, denen es darauf ankommt, verstanden zu werden, aus ihrem Sprachschatz verbannen. Es sind abstrakte Worte, die von der Unwissenheit erfunden wurden. Sie sind darauf berechnet, jene Menschen zu befriedigen, denen es an Erfahrung fehlt, die zu faul oder zu ängstlich sind, um die Natur und ihre Wege zu studieren.»[121] Er weist den Deismus als einen Kompromiß mit dem Aberglauben zurück[122] und macht eine wahre Religion aus dem Atheismus:

> «Der Freund der Menschheit kann kein Freund der Götter sein, die zu allen Zeiten eine wahre Geißel für die Erde waren. Der Apostel der Natur wird sich nicht zum Instrument trügerischer Scheinbilder hergeben, die aus dieser Welt nur einen illusorischen Aufenthalt machen: Wer die Wahrheit anbetet, kann sich nicht auf die Lüge einlassen, schließt keinen Pakt mit dem Irrtum ... Er weiß, daß das Glück des Menschengeschlechts es erfordert, das ganze düstere, wankende Gebäude des Aberglaubens von oben bis unten zu vernichten, um der Natur, dem Frieden, der Tugend den Tempel zu errichten, den sie verdienen ... Sollten seine Anstrengungen umsonst sein, sollte es ihm nicht gelingen, Wesen, die nur allzu sehr daran gewöhnt sind zu zittern, mit Mut zu erfüllen, so kann er sich wenigstens dazu beglückwünschen, den Versuch gewagt zu haben. Und er wird seine Bemühungen nicht für nutzlos halten, wenn er auch nur ein einziges Wesen glücklich machen konnte, wenn seine Prinzipien auch nur einer einzigen reinen Seele den Frieden gebracht haben ... Er wird wenigstens die Genugtuung haben, seinen Geist von den erdrückenden Ängsten des Aberglaubens befreit, die Schimären, mit denen sich das Volk quält, mit Füßen getreten zu haben. So wird er, der dem Sturm entronnen ist, von der Höhe seines Felsens die Stürme betrachten, die die Götter auf der Erde anrichten. Und er wird seine hilfreiche Hand nach all jenen ausstrecken, die sie ergreifen wollen.»[123]

3. Moral und Staat

Ist der Atheismus jedoch vereinbar mit allgemeiner Moral? Können die mächtigen egoistischen Triebe des Durchschnittsmenschen mit einem Moralkodex im Zaum gehalten werden, der von keiner Religion unterstützt wird? Holbach beschäftigte sich mit dieser Frage im *System der Natur* und kam 1776 in seiner dreibändigen *Morale universelle* (Allgemeine Ethik) darauf zurück. Zunächst bezweifelt er, daß die Religion so günstig auf die Moral gewirkt hat:

«Trotz der Beschreibung aller Schrecken der Hölle – welche Unmenge von Verbrechern, die sich selbst überlassen sind, füllen unsere Städte! ... Sind die verurteilten Diebe und Mörder Atheisten oder Skeptiker? Diese Elenden glauben an einen Gott ... Wenn ein frommer Vater seinem Sohn Vorhaltungen macht, spricht er ihm dann von einem Gott der Rache? ... Die Gesundheit, die unter Ausschweifungen leidet, das Vermögen, das er beim Spiel ruiniert, die Verachtung der Gesellschaft – das sind die Argumente, die der Vater braucht!»[124]

Angenommen, die Religion unterstützt manchmal die Moral – hebt das den Schaden auf, den die Religion verursacht?

«Auf einen ängstlichen Menschen, den diese Vorstellung [der Hölle] zurückhält, kommen Tausende, auf die sie keine Wirkung hat, kommen Millionen, die sie der Vernunft beraubt, die sie in wildwütige Verfolger verwandelt, aus denen sie bösartige ... Fanatiker macht, deren Geist sie verwirrt und die sie von den Pflichten gegenüber der Gesellschaft ablenkt.»[125]

Dazu kommt die Heuchelei, zu der die Religion mit ihrem Druck auf die Gesellschaft den Skeptiker zwingt:

«Wer sich eine Vorstellung von dem Zwang machen will, den die Theologie den Philosophen auferlegte, die unter dem Gesetz des Evangeliums ihre Werke schufen, braucht nur die metaphysischen Phantasien von Leibniz, Descartes, Malebranche, Cudworth usw. zu lesen und kaltblütig die geschickten, aber völlig verschrobenen Systeme zu untersuchen, die von einer 'prästabilierten Harmonie zufälliger Ursachen' sprechen.»[126]

Außerdem tötete das Christentum, das die Gedanken des Menschen um seine persönliche Rettung in einer anderen Welt kreisen ließ, das Gefühl seiner mitmenschlichen Zugehörigkeit in dieser Welt ab, so daß er sich nicht um das Elend seines Nächsten und die Ungerechtigkeiten, die sich einzelne Gruppen und Regierungen zuschulden kommen ließen, kümmerte.

Holbach lehnt die christlich-voltairianische Idee, daß der Mensch mit einem Sinn für Gut und Böse auf die Welt kommt, ab. Das Gewissen ist nicht die Stimme Gottes, sondern des Polizisten; es ist das Sammelgefäß für all die Beschwörungen, Befehle und Vorwürfe, die auf das Individuum beim Wachstum niederprasseln. «Wir können das Gewissen als unsere Kenntnis von den Wirkungen definieren, die unsere Handlungen auf unsere Nächsten und umgekehrt auf uns selbst ausüben.»[127] Solch ein Gewissen kann ein schlechter Führer sein, denn es kann sich bei einer vernachlässigten Erziehung, auf Grund von schlechtverstandenen Erfahrungen, durch irrige Überlegungen oder eine verderbte öffentliche Meinung herausgebildet haben. Es gibt kein Laster und kein Verbrechen, das man nicht als Tugend hinstellen kann, wenn es in solchem Lichte dargestellt oder wenn ein schlechtes Beispiel dafür gegeben wird. So ist der Ehebruch, wie sehr ihn auch die Religion verurteilt, etwas geworden, worauf man stolz ist, Kriecherei ist bei Hofe unerläßlich, und Vergewaltigung und Plünderung werden von den Soldaten, die ihr Leben aufs Spiel gesetzt haben, als gerechte Belohnung angesehen. «Wir sehen reiche Männer, die keine Gewissensbisse empfinden, daß sie sich ihr Vermögen auf Kosten ihrer Mitbürger angeeignet haben», und «Eiferer, die von ihrem irregeführten Gewissen getrieben werden ..., ohne Reue alle auszurotten, die eine andere Meinung haben als sie». Das Beste, worauf wir hoffen können, ist ein Gewissen, das durch bessere Erziehung und durch die Gewohnheit, die Wirkungen unserer Handlungen auf andere und auf uns selbst vorauszusehen, geformt wird, sowie eine gesündere öffentliche Meinung, die zu verletzen ein intelligenter Mensch zögern muß[128].

Hingegen gibt Holbach dem Christentum recht, wenn es behauptet, daß der Mensch von Natur aus dazu geneigt ist, zu «sündigen», das heißt, sich so zu benehmen, daß die Gruppe geschädigt wird. Doch lehnt er es als lächerlich ab, diese «sündige Natur» als Erbe unserer «sündigen Vorväter» anzusehen. Er nimmt den Egoismus als die Grundlage des menschlichen Benehmens an und ist wie Helvétius der Ansicht, daß ein Sittengesetz aufgebaut werden soll, in dem ein soziales Verhalten für den Einzelnen vorteilhaft ist. «Die Moral wäre eine unnütze Wissenschaft, wenn sie dem Menschen nicht unwiderleglich bewiese, daß es in seinem Interesse ist, tugendhaft zu sein.»[129] Einiges kann durch eine Erziehung erreicht werden, die die Abhängigkeit der Wohlfahrt des Einzelnen von der Wohlfahrt der Gruppe betont, und ein gutes Maß an «Altruismus» kann erzeugt werden, wenn man an das natürliche Bedürfnis nach sozialer Anerkennung, sozialem Rang und sozialen Belohnungen appelliert. Holbach formuliert daher seine Ethik als einen «Kodex der Natur»:

«Lebe für dich und deinen Nächsten. Ich [die Natur] billige deine Genüsse, solange sie weder dich noch andere schädigen, die ich so geschaffen habe, daß sie zu deinem Glück unerläßlich sind ... Sei gerecht, denn die Gerechtigkeit ist die Stütze des Menschengeschlechts; sei gütig, denn die Güte wird dir alle Herzen gewinnen; nachsichtig, denn du lebst unter Wesen ebenso schwach wie du selbst. Sei bescheiden, denn dein Stolz würde das Selbstgefühl all derer verletzen, die dich umgeben. Vergib denen, die dich kränken, und sei gut zu ihnen, damit ... du ihre Freundschaft gewinnen kannst. Sei nüchtern, mäßig und keusch, denn Ausschweifung, Unmäßigkeit und Völlerei vernichten dich und machen dich verächtlich.»[130]

Wenn sich die Regierung mehr um die Gesundheit, den Schutz und die Erziehung des Volkes kümmerte, gäbe es viel weniger Verbrechen[131]. Wenn man viel zu verlieren hat, ist man nicht so schnell bereit, es durch unsoziales Verhalten aufs Spiel zu setzen. Wenn der Unterricht die Schüler zur Vernunft erziehen würde, anstatt ihnen mit unsinnigen religiösen Vorstellungen angst zu machen, die dann bald wieder verblassen, würden die Menschen moralisch besser werden, weil sie besser befähigt wären, ihre Erfahrungen auf ihre Handlungen anzuwenden und am Beispiel der Vergangenheit die Auswirkungen ihrer gegenwärtigen Handlungen auf die Zukunft vorauszusehen. Letzten Endes ist die Intelligenz die höchste Tugend, und diese Tugend ist der beste Weg zum Glück.

In den Werken *Système de la nature, Système social* (Gesellschaftssystem, drei Bände; 1772), *Politique naturelle* (Natürliche Politik, zwei Bände; 1772) und *Ethocratie* (Herrschaft der Ethik; 1776) nahm der unermüdliche Millionär die Probleme von Gesellschaft und Regierung aufs Korn. In diesen Büchern ist nicht mehr die Kirche, sondern der Staat Ziel des Angriffs. Wie Locke und Marx vertritt Holbach den Standpunkt, daß die Arbeit die Quelle jeden Reichtums ist, aber er rechtfertigt ebenso wie Locke das Privateigentum als das Recht des Menschen auf das Erzeugnis seiner Arbeit. Wenn er auch selbst ein Adliger war, so trat er doch für die Abschaffung des erblichen Adels ein:

«Eine Körperschaft von Menschen, die nur auf Grund ihrer Geburt Anspruch auf Reichtümer und Ehren machen kann, muß notwendigerweise die andern Schichten von Bürgern entmutigen.

Wer nichts als Ahnen besitzt, hat kein Recht auf Belohnung ... Mit einem Wort, der erbliche Adel kann nur als ein gefährlicher Mißbrauch angesehen werden, der die Faulheit und Unfähigkeit eines Standes zum Nachteil aller andern begünstigt[132] ... Verleihen bloße Titel auf vergilbten Pergamenten, die in mittelalterlichen Schlössern aufbewahrt werden, jenen, die sie geerbt haben, das Recht, auf die höchsten Posten in der Kirche, am Hof, in der Justiz und in der Armee Anspruch zu erheben, ohne daß diese im übrigen über die Fähigkeiten verfügen, die dafür unerläßlich sind?»[133]

Was die Geistlichkeit betrifft, so soll man sie ruhig sich selbst überlassen. Kirche und Staat sollten streng getrennt werden; religiöse Gruppen sollten als freiwillige Vereinigungen behandelt werden, die vom Staat geduldet, aber nicht unterstützt werden; und eine weise Regierung wird Unduldsamkeit oder Verfolgung gegenüber jedweder religiösen Überzeugung verhindern[134].

Holbach, obwohl selbst ein Rentier, kritisierte die müßigen Rentiers des Mittelstandes und empfand die Verachtung eines Barons für Kaufleute. «Es gibt kein gefährlicheres Wesen auf der Welt als einen Geschäftsmann, der einem Opfer auflauert.»[135] Die wirtschaftliche Habgier tritt jetzt bei der Verursachung von Kriegen an die Stelle dynastischer Ansprüche:

«Staaten sind bereit, sich gegenseitig für einen Sandhaufen die Kehle abzuschneiden. Ganze Länder werden von habsüchtigen Händlern an der Nase herumgeführt, weil ihnen Hoffnung auf Reichtümer gemacht wird, deren Früchte nur die Händler selbst einheimsen. Ganze Landstriche werden entvölkert, die Steuern häufen sich, Völker verarmen, um die Gier einer kleinen Gruppe zu befriedigen.»

Dann folgt ein Seitenhieb auf England, das sich gerade Indien und Kanada angeeignet hat:

«Ein Volk scheint die Habgier so weit getrieben zu haben, daß es den unglaublichen Plan ausgeheckt hat, den Handel der ganzen Welt an sich zu reißen und sich zum Herrn der Meere aufzuwerfen – ein ungerechter, wahnsinniger Plan, dessen Ausführung das Volk, das sich dazu hinreißen läßt, in Bälde ruinieren muß ... Der Tag wird kommen, wenn die Inder, nachdem sie die Kriegskunst von den Europäern gelernt haben, diese von ihren Küsten verjagen werden.»[136]

Holbach neigt zum Evangelium der Physiokraten mit ihrem *laisser-faire:*

«Die Regierung sollte nichts weiter für den Kaufmann tun, als ihn sich selbst zu überlassen. Keine Regeln können ihn bei seinen Unternehmen so gut leiten wie sein eigenes Interesse ... Der Staat schuldet dem Handel nichts als Schutz. Die Handelsstaaten, die ihren Untertanen unbegrenzte Freiheit lassen, dürfen sicher sein, daß sie bald alle anderen übertreffen werden.»[137]

Gleichzeitig rät er den Regierungen, eine zu große Anhäufung von Reichtum zu verhindern. Er zitiert mit Genugtuung den Ausspruch des heiligen Hieronymus: *Dives aut iniquus est, aut iniqui haeres* (Der Reiche ist entweder ein Schuft oder der Erbe eines Schufts)[138].

«Fast in allen Ländern sind drei Viertel der Bevölkerung besitzlos ... Wenn eine geringe Anzahl von Menschen den ganzen Besitz und Reichtum eines Staates in Händen halten, werden sie zu Herren dieses Staates ... Es scheint, daß die Regierungen diese bedeutsame Wahrheit völlig übersehen haben[139] ... Wenn der Wille des Volkes oder das Gesetz aufhört, das Gleichgewicht zwischen den verschiedenen Mitgliedern der Gesellschaft aufrechtzuerhalten, wird es dem Müßiggang im Verein mit der Gewalt, dem Betrug und der Verführung gelingen, die Frucht der Arbeit anderer an sich zu reißen.»[140]

Holbach ist der Ansicht, daß sich fast alle Könige mit der klugen Minderheit zur Ausbeutung der Mehrheit verbünden. Dabei scheint er an Ludwig XV. zu denken.

«Auf der ganzen Welt sieht man nichts als ungerechte Herrscher, die vom Luxus verweichlicht, von Schmeichelei verdorben, von Ausschweifung gezeichnet sind, Bösewichte aus Maßlosigkeit, ohne Talent, ohne Moral ... und unfähig, eine Anstrengung im Interesse der Staaten zu machen, die sie regieren. Infolgedessen kümmern sie sich kaum um das Wohlergehen ihres Volkes und stehen ihren Pflichten gleichgültig gegenüber, die ihnen häufig nicht einmal bekannt sind. Getrieben von dem Wunsch ..., ihren unersättlichen Ehrgeiz zu befriedigen, stürzen sie sich in unnötige Kriege, die die Länder entvölkern, und nützen ihre Intelligenz niemals für Dinge aus, die für das Wohl ihrer Nation am wichtigsten sind.»[141]

Offensichtlich denkt Holbach an die französische Regierung, wenn er die Verpachtung der Steuereinnahmen an private Finanzleute geißelt:

«Der Despot wendet sich an eine Schicht von Bürgern, die ihm die notwendige Unterstützung für seine Verschwendungssucht gewähren, wofür sie das Recht erhalten, ungestraft alle übrigen Bürger zu erpressen ... Er ist so blind, daß er nicht bemerkt, wie die Steuern seiner Untertanen manchmal verdoppelt werden, daß die Summen, mit denen sich die Erpresser bereichern, für ihn verloren sind und daß eine Armee von untergeordneten Steuerpächtern ständig und ohne jeden Gewinn für ihn besoldet wird, um seinem Volk den Krieg anzusagen ... Wenn diese Räuber reich geworden sind, erwecken sie die Eifersucht des Adels und den Neid ihrer Mitbürger ... Alles dreht sich nur noch um Reichtum ..., die Sucht nach Gold schleicht sich in jedes Herz.»[142]

Zeitweilig spricht der wohlhabende Aristokrat mit der Empörung eines jungen Arbeitslosen. «Müssen die Völker unaufhörlich schuften, um die Eitelkeit, den Luxus und die Habgier von einem Pack überflüssiger, verdorbener Blutsauger zu befriedigen?»[143] Manchmal erinnert er an den *Gesellschaftsvertrag* seines ehemaligen Freundes Rousseau:

«Der Mensch ist schlecht, nicht weil er so auf die Welt kommt, sondern weil man ihn dazu macht. Ungestraft erdrücken Große und Mächtige die Armen und Unglücklichen. Diese versuchen unter Lebensgefahr, die Schlechtigkeit, die sie erdulden, zu erwidern. Sie bekämpfen offen oder im geheimen das Vaterland, in dem sie nur die Stiefkinder sind und das den einen alles gibt und den anderen alles raubt ...

Der Mensch ist fast überall ein Sklave. Daraus ergibt sich notwendigerweise, daß er niedrig, selbstsüchtig, heimtückisch und ehrlos wird, kurz gesagt, daß er die Laster des Staates hat, dem er angehört. Überall wird er beschwindelt, seine Unwissenheit gefördert, und man hindert ihn daran, seinen Verstand zu gebrauchen. Selbstverständlich muß er überall einfältig, unvernünftig und schlecht sein; er sieht, daß überall Laster und Verbrechen begrüßt und geehrt werden. Daraus schließt er, daß das Laster gut und die Tugend nur unnütze Aufopferung ist ... Wären die Regierungen aufgeklärt, würden sie sich ernsthaft um die Erziehung und das Wohl des Volkes kümmern, und wären die Gesetze gerecht ..., dann wäre es überflüssig, in einem anderen Leben das Trugbild eines Glücks zu suchen, das auf Erden immer vor den wilden Leidenschaften und den wahren Bedürfnissen des Menschen entflieht.»[144]

Wie kann diese Ausbeutung aufgehalten werden? Der erste Schritt ist die Abschaffung der absoluten Monarchie. «Absolute Gewalt muß notwendigerweise Herz und Geist dessen korrumpieren, der sie in Händen hat[145] ... Die königliche Gewalt sollte immer den Volksvertretern unterworfen sein; und diese Abgeordneten sollten ständig vom Willen derer, die sie vertreten, abhängig sein.»[146] Hier wird schon die Einberufung der schicksalhaften Generalstände von 1789 gefordert. Da jede Regierung ihre Macht von der Zustimmung der Regierten bezieht, «darf die Gesellschaft jederzeit diese Ermächtigung widerrufen, wenn die Regierung nicht mehr den allgemeinen Willen vertritt»[147]. Das ist die Stimme Rousseaus und der Revolution.

Aber Revolutionen zerstören oft unter großen Verlusten die Vergangenheit, um sie in anderer Form wieder aufzubauen.

> «Nein, nicht in gefährlichen Umwälzungen, nicht durch Kämpfe, Königsmord und unnötige Verbrechen können die Wunden der Nation geheilt werden. Diese gewalttätigen Mittel sind immer grausamer als das Übel, das sie vertreiben wollen ... Die Stimme der Vernunft ist weder aufrührerisch noch blutdürstig. Die Reformen, die sie vorschlägt, mögen langwierig sein, dafür sind sie um so besser durchdacht.»[148]

Menschen sind unvollkommen und können keinen vollkommenen Staat errichten. Utopien sind Hirngespinste, «unvereinbar mit der Natur eines Wesens, dessen schwaches Triebwerk aus den Fugen geraten kann und dessen glühende Einbildungskraft sich nicht immer der Leitung der Vernunft unterwirft ... Die Vervollkommnung der Politik kann nur die langsam reifende Frucht der Erfahrung von Jahrhunderten sein.»[149] Der Fortschritt ist keine gerade Linie, und der Weg ist beschwerlich. Generationenlange Versuche und Erziehung werden nötig sein, um den Ursachen und der Heilung sozialer Übel auf den Grund zu kommen. Die Demokratie ist ein Ideal, das nur in kleinen Staaten, wo das Volk einen hohen Grad von Intelligenz hat, zu verwirklichen ist; für das damalige Frankreich wäre sie nicht ratsam gewesen. Vielleicht würde der neue König Ludwig XVI., der so gutmütig und wohlmeinend war, sein Talent dazu verwenden, Reformen durchzuführen. So begnügt sich Holbach schließlich mit einer konstitutionellen Monarchie und widmet seine *Ethocratie* Ludwig, «dem gerechten, humanen, wohltätigen König ..., dem Vater seines Volkes, dem Beschützer der Armen»[150]. In dieser verzweifelten Hoffnung hängte der alternde Philosoph sein Schwert an den Nagel.

4. Holbach und seine Kritiker

Das *System der Natur* ist die eingehendste und unverblümteste Darstellung des Materialismus und Atheismus in der ganzen Geschichte der Philosophie. Das ewige Zögern, die endlosen Widersprüche und Ausflüchte Voltaires, die nebelhafte Begeisterung und die doppelsinnigen Ergüsse Diderots, die verwirrenden Widerrufe Rousseaus – all das macht hier klar zusammenhängenden Ideen Platz, die überzeugend, in einem manchmal etwas schwerfälligen, gelegentlich überschwenglichen, oft beredsamen, aber immer direkt aufs Ziel losgehenden Stil ausgedrückt werden. Da er sich aber klar darüber war, daß siebenhundert Seiten über dieses Thema für die Allgemeinheit nicht verdaulich waren, faßte Holbach seine Ansichten für ein größeres Publikum in einfacherer Form unter dem Titel *Le Bon Sens, ou idées opposées aux idées surnaturelles* (Der gesunde Menschenverstand oder Ideen im Gegensatz zu übernatürlichen Ideen; 1772) zusammen. Selten hat sich ein Autor so eifrig um die Verbreitung von unbeliebten Meinungen bemüht. Daß er weit und breit Gehör fand, beweist die Reaktion Friedrichs des Großen auf das

System der Natur. Während er den *philosophes* bisher so sehr den Hof gemacht hatte, daß er als ihr Schutzheiliger und Ideal galt, trat er ihnen sofort feindselig entgegen, als er bemerkte, daß einer ihrer Führer sowohl die absolute Monarchie als das Christentum angriff. Die Schwächung der inneren Einheit der katholischen Mächte durch den Feldzug gegen die Kirche war für ihn von Vorteil gewesen. Als sich aber die aufrührerische Begeisterung sowohl gegen Könige wie gegen Gott richtete, erwachte in ihm der Ärger, vielleicht auch die Angst. Mit der gleichen Feder, mit der er einst den *Anti-Machiavel* geschrieben hatte, verfaßte er nun eine *Réfutation du Système de la nature* (Widerlegung des Systems der Natur). Dieser Holbach ging nach Friedrichs Meinung zu schnell vorwärts – und zu weit. «Wer vor der Öffentlichkeit spricht», meinte Friedrich, «sollte die Empfindlichkeit abergläubischer Ohren berücksichtigen; er sollte niemand schokkieren; er sollte, bevor er laut denkt, warten, bis seine Zeit genügend aufgeklärt ist.» [151]

Anscheinend auf Friedrichs Veranlassung, aber wahrscheinlich noch mehr aus Angst davor, daß Holbachs radikaler Extremismus alle, außer Atheisten und Revolutionären, dem philosophischen Lager entfremden könnte, fügte Voltaire – wie ein General, der einen überheblichen Leutnant rügt – dem Abschnitt über «Gott» im *Philosophischen Wörterbuch* einige Seiten bei, auf denen er Holbachs Meisterwerk kritisierte. Er begann:

«Der Autor hatte das Glück, von Gelehrten, Ungelehrten und Frauen gelesen zu werden. Er besitzt mithin stilistische Verdienste, die Spinoza nicht besaß: oft Klarheit und manchmal Beredsamkeit, wenn man ihm auch vorwerfen könnte, daß er sich wiederholt, ins Deklamieren verfällt und sich widerspricht wie jeder andere. Was aber das Grundsätzliche betrifft, so muß man bei ihm, sowohl was das Materielle wie was das Moralische betrifft, auf der Hut sein. Hier geht es um das Interesse der Menschheit. Sehen wir zu, ob seine Lehre wahrhaftig und nützlich ist.»

Voltaire wollte nicht zugeben, daß die Ordnung, die wir dem Universum zuschreiben, und die Unordnung, die wir darin zu sehen glauben, subjektive Auffassungen und Vorurteile sind; er behauptete, daß die Ordnung überwältigend klar und die Unordnung manchmal nur zu schmerzlich sichtbar ist.

«Was! Ist ein Kind, das blind oder ohne Beine auf die Welt kommt, ist eine Mißgeburt nicht der Natur der Art zuwider? Bringt die gewöhnliche Regelmäßigkeit der Natur nicht die Ordnung hervor und die Unregelmäßigkeit die Unordnung? Ist das nicht eine schreckliche Störung, eine fürchterliche Unordnung, wenn die Natur einem Kind, dem sie den Hunger mitgegeben, zugleich die Speiseröhre verstopft hat? Entleerungen jeder Art sind unerläßlich, und doch fehlt es den Kanälen oft an Öffnungen; diesem Zustand muß dann abgeholfen werden. Die Ursache dieser Unordnung bleibt abzuklären, aber die Unordnung an sich ist durchaus wirklich.»

Was die Materie und ihre Fähigkeit, Leben und Geist zu erzeugen, anbelangt, so zog Voltaire, wenn er sich auch einstmals positiv dazu eingestellt hatte, nunmehr Holbachs vertrauensvollen Annahmen einen bescheidenen Agnostizismus vor:

«'Die Erfahrung [er zitiert aus dem *System der Natur*] beweist uns, daß die Materie, die wir für unbelebt halten, in Tätigkeit, Leben und Intelligenz übergeht, wenn sie auf bestimmte Art zusammengestellt wird.' Aber darin gerade liegt die Schwierigkeit. Wie entsteht ein lebendiger Keim? Darüber weiß der Autor ebensowenig wie der Leser. Ist daher das *System der Natur* wie alle anderen (philosophischen) Systeme auf der Welt nicht nur ein Traumgebilde? 'Es wäre notwendig [sagt Holbach], das Lebensprinzip zu definieren, was ich für unmöglich halte.' Ist diese

Definition nicht sehr einfach? ... Ist Leben nicht Organisation mit Empfindung? Aber daß diese beiden Eigenschaften ausschließlich aus der in Bewegung befindlichen Materie entstehen, das zu beweisen, ist unmöglich; und wenn es unmöglich ist, warum dann eine solche Versicherung? Viele Leser werden an dem entschiedenen Ton Anstoß nehmen, wenn dabei nichts erklärt wird... Wenn man zu behaupten wagt, daß es keinen Gott gibt oder daß die Materie von sich aus und aus ewiger Notwendigkeit handelt, dann muß man das beweisen wie einen Satz bei Euklid. Sonst baut man sein System auf einem 'Vielleicht' auf. Was für eine Grundlage für eine Sache, die die Menschheit mehr als alles andere angeht!»

Bei der die Urzeugung betreffenden Auseinandersetzung hatte sich Holbach auf die Experimente des englischen Jesuiten Needham (1748) gestützt, der neue Organismen aus unbelebter Materie erzeugt zu haben glaubte. Voltaire, der über alle wissenschaftlichen Neuigkeiten auf dem laufenden war, verwies auf die Experimente von Spallanzani (1765), die bewiesen hatten, daß Needham sich bei seiner Methode und in seinen Schlußfolgerungen geirrt hatte. Holbach hatte keinen Plan in der Natur entdeckt. Voltaire, ganz im Gegenteil, behauptet, daß die Entwicklung von Intelligenz beim Menschen auf eine Intelligenz in oder hinter dem Universum hindeute. Schließlich kommt er auf seinen berühmten Ausspruch zurück: «Wenn Gott nicht existierte, müßte man ihn erfinden»; denn ohne den Glauben an ein höheres Wesen, an seine Intelligenz und seine Gerechtigkeit wäre das Leben mit seinen Geheimnissen und seinem Elend unerträglich. Er verachtet den Aberglauben ebenso wie Holbach, aber er verteidigt die Religion als einfache Verehrung einer Gottheit; und er beschließt:

«Ich bin überzeugt, daß Sie sich sehr irren; aber ich bin ebenso überzeugt davon, daß Sie in Ihrem Irrtum aufrichtig sind. Sie wollen die Tugend, sogar ohne Gott, obwohl Sie unglücklicherweise gesagt haben: 'Sobald das Laster den Menschen glücklich macht, muß er das Laster lieben' – ein furchtbarer Satz; Ihre Freunde hätten Sie veranlassen sollen, ihn zu streichen. Sonst atmen Sie überall Rechtschaffenheit. Dieser philosophische Disput wird nur zwischen Ihnen und einigen Philosophen in verschiedenen Ecken Europas stattfinden, und das übrige Volk wird nichts darüber hören; das Volk liest unsere Bücher nicht ... Sie haben unrecht, aber man muß Ihr Genie und Ihre Tugend hochachten.»[152]

Wir wissen nicht, ob Voltaire mit ganzer Seele bei dieser Widerlegung war. Als er hörte, daß auch Friedrich eine Widerlegung des *Systems der Natur* geschrieben hatte, bemerkte er: «Gott hat auf seiner Seite die beiden Menschen, die in ganz Europa am wenigsten an Aberglauben leiden, was ihm außerordentlich gefallen muß.»[153] Er bat den Herzog von Richelieu, Ludwig XV. mitzuteilen, daß der unfreiwillige Emigrant in Ferney eine Antwort auf das kühne Buch geschrieben habe, das das Stadtgespräch von Paris war.

Holbachs Freunde veröffentlichten Voltaires Kritik, um die Aufmerksamkeit der Öffentlichkeit auf die Ideen des Barons zu lenken. Junge Rebellen griffen den Materialismus auf, als ob er eine Tapferkeitsmedaille im Kampf gegen den Katholizismus wäre. Holbachs Philosophie ging in den Geist der Französischen Revolution vor und nach der Periode Robespierres ein, der seinerseits Rousseau bevorzugte; Anklänge an das *System* sind bei Camille Desmoulins, Marat und Danton zu finden[154]. «Mehr als Voltaire und Diderot ist Holbach der Vater jeder Philosophie und jeder antireligiösen Polemik am Ende des achtzehnten und zu Beginn des neunzehnten Jahrhunderts», sagte Faguet[155].

Unter dem Direktorium schickte ein Minister Exemplare eines Buches von Holbach an sämtliche Abteilungsvorsteher in der Absicht, die katholische Renaissance aufzuhalten [156]. In England machte sich Holbachs Einfluß in Priestleys Materialismus (1777) fühlbar; Godwins *Enquiry concerning Political Justice* (Untersuchung über die politische Justiz) war von Holbach, Helvétius und Rousseau – in dieser Reihenfolge – beeinflußt [157]. Der begeisterte Atheismus von Godwins Schwiegersohn Shelley stammte von der Lektüre des *Systems* her, mit dessen Übersetzung Shelley begann, um die Akademiker in Oxford für den Feldzug gegen die Religion zu gewinnen [158]. In Deutschland weckte sowohl Holbachs Materialismus als auch Humes Skeptizismus Kant aus seinem «dogmatischen Schlummer». Vielleicht erbte auch Marx auf verschlungenen Wegen etwas von Holbachs Materialismus.

Lange vor den Arbeiten des Barons hatte sich Berkeley vernichtend über den Materialismus ausgelassen: Der Geist ist die einzige direkt bekannte Realität; die Materie (die von Holbach als «alles, was auf unsere Sinne einwirkt», definiert wurde) ist nur indirekt, über den Geist bekannt; und es scheint unvernünftig, das direkt Bekannte auf das indirekt Bekannte zurückzuführen. Wir sind uns heute nicht mehr so klar über das Problem der Materie wie früher. Wir finden das Atom ebenso geheimnisvoll wie den Geist; beide lösen sich in Energieformen auf, die wir nicht verstehen können. Und es ist heute ebenso schwierig wie in den Tagen von Locke und Voltaire, sich vorzustellen, wie «Materie» zu Vorstellung und gar noch zu Bewußtsein wird. Die mechanistische Deutung des Lebens erwies sich fruchtbar für die Physiologie, aber die Möglichkeit besteht noch immer, daß Organe (Materie) das Produkt und das Instrument von Wünschen (Geist) sind – wie die Muskeln eines Athleten. Begriffe wie «Mechanismus», «Determinismus», selbst «Naturgesetz», sind knappe Vereinfachungen, logisch unwiderlegbar, weil sie Werkzeuge sind, die der Geist für den bequemen Umgang mit Erscheinungen, Ereignissen und Dingen erfunden hat. Diese Werkzeuge sind zu unzertrennlichen Bestandteilen des wissenschaftlichen Denkens geworden, doch sind sie unbefriedigend, wenn sie auf den Geist selbst angewendet werden, der sie herstellte. Die Welt ist eben – soviel wissen wir heute – nicht logisch.

FÜNFTES KAPITEL

Voltaire und das Christentum

[1734–1778]

I. VOLTAIRE UND GOTT

Später werden wir auf die übrigen Betätigungen, Meinungen und Interessen dieses Feuergeistes, genannt Voltaire, zurückkommen; hier sollen nur seine Ansichten über die Religion und sein Kampf gegen das Christentum zusammengefaßt werden. Wir können nichts sagen, was nicht schon hundertmal von ihm gesagt wurde; und er sagte nichts über das Christentum, was nicht schon vor ihm gesagt worden wäre. Der Unterschied besteht darin, daß sich seine Worte zu dem Zeitpunkt, als er sie aussprach, wie ein Lauffeuer über ganz Europa verbreiteten und zu einer bestimmenden Kraft seiner – und unserer – Zeit wurden.

Es war für ihn natürlich, das Christentum in Frage zu stellen, denn eine Religion ist mehr dazu bestimmt, den Intellekt zu beruhigen als anzuregen – und Voltaire war die Verkörperung von Intellekt, rastlos und unbefriedigt. Einen Teil seiner Laufbahn haben wir bereits verfolgt: wie er sich den skeptischen Geistern in Paris anschloß, seine Zweifel unter den englischen Deisten nährte, sich in Cirey mit der Wissenschaft befaßte und sich in Deutschland mit Friedrich zerstritt. Bis zum Alter von sechsundfünfzig Jahren kam sein Unglaube nur nebenbei zum Ausdruck; bis dahin hatte er der Kirche noch nicht den offenen Krieg erklärt. Im Gegenteil, er hatte mehrfach und öffentlich die Grundlagen des christlichen Glaubens verteidigt – einen gerechten Gott, den freien Willen und die Unsterblichkeit. Wenn er nicht gelogen hat (was er oft tat), bewahrte er bis zum Tode seinen Glauben an Gott und an den Wert der Religion. Man kann ihn als Kronzeugen der verschiedensten Meinungen zitieren; denn wie jedes Lebewesen wuchs er, wandelte sich und verfiel. Wer von uns hat mit fünfzig Jahren noch dieselben Ansichten wie mit zwanzig und mit siebzig dieselben wie mit fünfzig? Voltaire widersprach sich beständig, denn er wurde sehr alt und schrieb sehr viel. Seine Meinungen spiegelten die wechselnden Visionen seiner fliehenden Jahre wider[1].

Um 1734 versuchte er in Cirey seine Gedanken über erste und letzte Dinge in einem *Traité de métaphysique* (Abhandlung über die Metaphysik) festzuhalten. Viele Jahre vor Paley machte er den den Engländern so bekannten Vergleich, daß es ebenso logisch sei, einen intelligenten Geist im Universum anzunehmen, wie zu vermuten, ein Uhrmacher habe eine Uhr gemacht. In beiden Fällen sah er den Beweis für einen Plan in der Anpassung spezifischer Mittel an bestimmte Zwecke. Aber das Universum wie auch die von der Intelligenz geplante Uhr funktionieren nach bestimmten Gesetzen. Es gibt keine Wunder. Trotzdem konnte er das Gefühl nicht loswerden, daß der menschliche Wille auf irgendeine geheimnisvolle Weise und in bescheidenem Ausmaß frei ist, obwohl er sich darüber klar war, daß freie Willensäußerungen, die sich auf eine mechanische Welt auswirken, den Mechanismus stören müssen. Der Geist ist eine Form und Funktion der Materie. «Wir müssen annehmen», sagte Voltaire, der hier Locke folgte, «daß es Gott möglich ist, der Materie das Denken beizugeben.»[2] Denkende Materie stellt kein größeres Wunder dar als stoffloser Geist, der auf einen materiellen Körper wirkt. Die Seele ist nur das Leben des Körpers und stirbt mit ihm. Es gibt keine andere göttliche Offenbarung als die Natur; das ist genug und unerschöpflich. Die Religion mag ihr Gutes haben, aber ein intelligenter Mensch braucht sie nicht als moralische Stütze. Im Laufe der Geschichte wurde sie zu oft von Priestern mißbraucht, um die Öffentlichkeit zu benebeln, während die Könige die öffentlichen Gelder einsteckten. Tugend sollte im Hinblick auf ihren sozialen Wert definiert werden, nicht als Gehorsam gegenüber Gott, und sie sollte nicht von Belohnungen und Strafen nach dem Tode abhängen.

Voltaire las diese fünfundsiebzig Seiten Frau du Châtelet vor, die offensichtlich gegen ihre Veröffentlichung war. Er gab ihr vermutlich recht; denn er legte das Manuskript beiseite, das zu seinen Lebzeiten nie gedruckt wurde. Außerdem kam er zu der Überzeugung, daß jede rationelle Metaphysik – jeder Versuch, mit der Vernunft den Ursprung, das Wesen oder die Bestimmung von Welt und Mensch zu erklären – ein für allemal jenseits der Macht des Menschen liegt. Er las die Philosophen, konnte aber ihre Systeme nicht bewundern. «In der Metaphysik und in der Moral», meinte er, «haben die griechischen Klassiker alles gesagt. Wir kommen immer auf sie zurück, wenn wir sie nicht gar wiederholen. Sämtliche modernen Bücher dieser Art sind nichts als Wiederholungen.»[3] Spinozas System muß ihn beeindruckt haben, denn er gab sich alle Mühe, es zu widerlegen.

Trotz diesen Behauptungen kam er immer wieder auf das Unlösbare zurück. In den Jahren 1734 bis 1756 vertiefte er sich zeitweilig in die Metaphysik und die Theologie. Bis zu seinem Lebensende stützte er seinen Glauben an Gott auf das Argument von einem Plan im Weltall, wenn er sich auch über die theologischen Übertreibungen lustig machte. «Wenn ich auch nicht der Ansicht bin, daß Nasen dazu da sind, um die Brille festzuhalten, so bin ich doch davon überzeugt, daß sie zum Riechen gemacht wurden.»[4] Dann wieder: «Zu behaupten, daß das Auge nicht zum Sehen gemacht wurde, das Ohr nicht zum Hören oder der Magen nicht zum Verdauen – ist das nicht die größte Sinnlosigkeit?»[5] Als ein junger Schriftsteller an die Türe seiner Villa «Les Délices» klopfte (1757) und sich bei Voltaire als «ein junger Atheist, der bereit ist, Ihnen zu dienen», vorstellte, antwortete Voltaire: «Und ich habe die Ehre, ein deistischer Arbeitgeber zu sein; aber wenn unsere Professionen auch so verschieden sind, will ich Ihnen heute doch ein Abendessen und morgen Arbeit geben; ich kann Ihre Arme gebrauchen, wenn auch nicht Ihren Kopf.»[6] Er bezeichnete sich als Deisten, war aber eher ein Theist. Das heißt, sein Gott war nicht eine unpersönliche, mehr oder weniger mit der Natur identische Kraft, sondern eine bewußte Intelligenz, die die Welt plante und regierte. Nach 1750 bezeichnete er sich als Theisten[7]; und im *Philosophischen Wörterbuch* schrieb er den Artikel über «Theismus» in solchen Ausdrücken, daß Condorcets Beschreibung von Voltaire als «einem tief religiösen Menschen» berechtigt scheint:

«Der Theist ist ein Mensch, der fest von der Existenz eines höchsten Wesens überzeugt ist, das ebenso gut wie mächtig ist und alle Wesen gemacht hat ..., ihre Verbrechen ohne Grausamkeit bestraft und ihre tugendhaften Handlungen mit Güte belohnt.

Der Theist weiß nicht, wie Gott straft, wie er belohnt, wie er verzeiht: denn er bildet sich nicht ein, daß er weiß, wie Gott handelt; aber er weiß, daß Gott handelt und daß er gerecht ist. Die Schwierigkeiten, die gegen die Vorsehung sprechen, können seinen Glauben nicht erschüttern, denn es handelt sich nur um große Schwierigkeiten, nicht um Beweise; er ist dieser Vorsehung unterworfen, auch wenn er davon nur einige Wirkungen und äußere Erscheinungen bemerkt; und wenn er die Dinge, die er nicht sieht, nach den Dingen, die er sieht, beurteilt, so denkt er, daß sich diese Vorsehung auf alle Orte und alle Zeiten erstreckt.

In diesem Prinzip, mit dem übrigen Universum vereint, schließt er sich keiner jener Sekten an, die sich alle widersprechen. Seine Religion ist die älteste und verbreitetste: denn die einfache Verehrung eines Gottes ist älter als alle Systeme der Welt ... Er glaubt, daß die Religion nichts mit den Meinungen einer unverständlichen Metaphysik noch mit äußerlichen Verzierungen zu tun hat, sondern aus Verehrung und Gerechtigkeit besteht. Gutes zu tun – das ist sein Kult; sich Gott zu unterwerfen – das ist seine Lehre ... Er lächelt über Loreto und Mekka, aber er hilft dem Armen und tritt für den Unterdrückten ein.»[8]

War dieses Glaubensbekenntnis aufrichtig? Einige Forscher schrieben es Voltaires Vorsicht zu oder dem Wunsch, sich dem Atheismus Schritt für Schritt zu nähern[9], oder aber der Hoffnung, seine Diener würden ihn weniger ausplündern, wenn er ihnen eine Religion beibrächte; und gewisse Stellen bei Voltaire scheinen diese Auslegung zu rechtfertigen. («Wenn man auch nur ein Dorf zu regieren hätte, so müßte es eine Religion haben.»[10]) Einer seiner Aussprüche, der am häufigsten zitiert wird, scheint die Religion zu einem Gebrauchsgegenstand zu machen; aber wenn er nicht aus dem Zusammenhang herausgerissen wird, erscheint er in einem anderen Licht. Er kommt in dem *Brief an den Verfasser der «Drei Betrüger»* vor:

Si Dieu n'existait pas, il faudrait l'inventer.
Mais toute la nature nous crie qu'il existe.[11]

«Wenn Gott nicht existierte, müßte man ihn erfinden, *aber die ganze Natur ruft uns zu, daß er existiert*»; das ganze Gedicht ist eine Verteidigung des Glaubens. Voltaire kommt immer wieder auf das theistische Argument zurück, als ob er seine eigenen Zweifel damit zum Schweigen bringen wollte. In den letzten zehn Jahren seines Lebens trat er ebenso oft gegen den Atheismus auf wie gegen den Kirchenglauben. Daneben bekämpfte er die volkstümliche Auffassung von der Gottheit als einer Gottheit der Rache, die den größten Teil der Menschheit zu ewigen Höllenqualen verurteilt. «Die Menschheit wäre zu unglücklich, wenn man Greueltaten ebenso leicht begehen würde, wie man daran glaubt.»[12] «Wenn Gott den Menschen nach seinem Bild erschaffen hat, dann haben wir es ihm schön heimgezahlt»[13] – indem wir uns Gott nach unserem eigenen schufen; denn nichts enthüllt die Auffassung des Menschen von sich selbst besser als seine Auffassung von Gott.

Voltaire bemühte sich, seinen Theismus mit der Existenz des Übels zu versöhnen. Bei diesen Bemühungen um eine Theodizee war er nicht weit vom Optimismus eines Leibniz entfernt (den er im *Candide* lächerlich machte): was übel vom Standpunkt des Teils ist, kann gut, oder wenigstens nicht übel, vom Standpunkt des Ganzen sein. Diese ist nicht die beste aller denkbaren Welten, aber die bestmögliche[14]. «Wenn man schließlich alles gezählt und gewogen hat», schrieb er 1738 an Friedrich, «gibt es, meiner Meinung nach, unendlich mehr Freude als Bitternis in diesem Leben.»[15] Das schrieb er aber, als er selbst in den besten Jahren war. Er glaubte nicht, daß der Mensch von Natur aus böse sei; im Gegenteil, er war der Ansicht, daß der Mensch einen angeborenen Sinn für Gerechtigkeit und ein natürliches Wohlwollen für seinen Nächsten habe[16]. Es gibt zahllose Unterschiede und Widersprüche in den moralischen Vorstellungen und Sitten der Menschheit, aber alle Völker, meinte Voltaire, verurteilen Vater- und Brudermord[17].

In Potsdam verfaßte er 1752 ein Gedicht, *La Loi naturelle* (Das Naturgesetz; 1756 veröffentlicht), in dem er seine «natürliche Religion» zusammenfaßte. Da es in Form eines Briefes an den skeptischen Friedrich II. geschrieben war, handelte es sich wohl kaum um einen Versuch, das Gefallen der Frommen zu erregen; es kommt jedoch wahrer Frömmigkeit näher als alles, was Voltaire je veröffentlichte. Er spricht darin nicht nur seinen Glauben an Gott, den Schöpfer, aus, sondern auch, daß der moralische Sinn dem Menschen von Gott eingegeben wurde[18]. Es tönt wie Rousseau und hat Anklänge an Kant und dessen Begeisterung über den kategorischen Imperativ des Gewissens. Seine Religion faßt Voltaire in einer einzigen Zeile zusammen: *Adore un Dieu, sois juste, et chéris ta patrie* (Verehre einen Gott, sei gerecht und liebe dein Vaterland)[19]. Er betrachtet die verschiedenen religiösen Bekenntnisse, beklagt ihren Haß und Fanatismus und ruft zu gegenseitiger Duldung auf. Er schließt mit einem Gebet, das jeder beliebige Heilige unterzeichnen könnte. Das Pariser Parlament befahl, das Gedicht öffentlich zu verbrennen (23. Januar 1759), vermutlich weil es ein paar Zeilen gegen den Jansenismus enthielt.

Wir dürfen also annehmen, daß sich Voltaire bis 1751 – als er siebenundfünfzig Jahre alt war – jedes ausgesprochenen öffentlichen Angriffs auf das Christentum oder die katholische Kirche enthielt. Was veranlaßte seine offene Kriegserklärung in einem Alter, in dem die meisten Rebellen sich zur Ruhe setzen? Die Gründe dafür waren das Verbot der *Enzyklopädie*, die Stellungnahme der Kirche zum Erdbeben von Lissabon und die barbarische Hinrichtung Jean Calas' und des Ritters de La Barre.

II. VOLTAIRE UND DIE *ENZYKLOPÄDIE*

Er war in Potsdam, als der erste Band der *Enzyklopädie* herauskam (1751). Mit größtem Vergnügen muß er die Zeilen d'Alemberts im Vorwort gelesen haben, in denen dieser Voltaire seine Verehrung ausspricht. «Wie sollte ich nicht diesem seltenen Genie den Tribut entrichten, der ihm gebührt, das von seinen Landsleuten, von Ausländern und von seinen Feinden gleicherweise geehrt worden ist und dem erst die Nachwelt volle Gerechtigkeit widerfahren lassen wird, wenn es seinen Ruhm nicht mehr auskosten kann?» Voltaire erwiderte das Kompliment in einem Brief vom 5. September 1752 an d'Alembert: «Sie und Herr Diderot bauen ein Werk auf, das Frankreich zum Ruhme und denen, die Sie verfolgen, zur Schande gereichen wird ... Unter den beredsamen Philosophen erkenne ich nur Sie und ihn an.» Er versprach seine Unterstützung und verlor keine Gelegenheit, auf dieses Unternehmen, dieses «großartige, unsterbliche Werk, das verdeutlicht, wie kurz das menschliche Leben ist»[20], hinzuweisen.

Wie sehr ihn auch seine eigenen größeren Schriften in Anspruch nahmen – *Das Zeitalter Ludwigs XIV.* und der *Essay über die Sitten* –, wieviel er sich auch mit Hirsch, Maupertuis und Friedrich herumzankte, fand Voltaire doch Zeit, d'Alembert (1753) einige kurze Artikel mit der Bemerkung zu schicken: «... nur als Material, das Sie nach Gutdünken in das unsterbliche Gebäude einfügen können, welches Sie errichten. Verlängern Sie, kürzen Sie; ich schicke Ihnen meine Steinchen, damit Sie sie irgendwo in die Mauer einfügen.»[21] Er rief die Hilfe einflußreicher Freunde an, um die Herausgeber zu schützen. 1755 schrieb er d'Alembert: «Solange ich atme, stehe ich den ruhmreichen Autoren der *Enzyklopädie* zur Verfügung. Ich betrachte es als eine Ehre, auch nur im geringsten zu dem größten und schönsten Monument der Nation und der Literatur beitragen zu dürfen.»[22] Diesem Brief legte er Artikel über Feuer, Kraft, Unzucht, Franzose, Genie und Geschmack (*feu, force, fornication, Français, génie, goût*) bei. Über die ersten fünf Bände sprach er sich im großen und ganzen anerkennend aus, fand aber auch einige beklagenswerte Stellen. Er bat die Herausgeber, von allen Mitarbeitern Klarheit und Knappheit zu verlangen, und warnte d'Alembert (den er irrtümlicherweise für den Chefredaktor hielt): «Sie werden schlecht unterstützt; auch in der Armee eines großen Generals gibt es schlechte Soldaten ... Ich habe mit Bedauern festgestellt, daß der Verfasser des Artikels 'Hölle' erklärt, die Hölle sei ein Bestandteil der Lehre Mose; zum Teufel noch einmal – das ist doch nicht wahr.»[23]

Bald danach schickte er mehrere kleine und einen größeren historischen Artikel. Er veranlaßte einen gelehrten Geistlichen in Lausanne, Antoine Noé de Polier, die Artikel über «Magier», «Magie» und «Messias» für die *Enzyklopädie* zu schreiben, alle mehr oder weniger ketzerisch. Wir haben bereits gesehen, daß Voltaire für d'Alemberts Artikel über Genf (1757) verantwortlich war; als der Sturm darüber ausbrach, lud er den verratenen Geistlichen zum Mittagessen ein. Als das große Werk vor der Katastrophe stand (Januar 1758), schrieb er an Diderot:

«Unbeirrt weiter, tapferer Diderot, kühner d'Alembert; stürzt euch auf die Feiglinge, macht ihre hohlen Worte zunichte, ihre elenden Klügeleien, ihre historischen Lügen, ihre Widersprüche und endlosen Absurditäten. Laßt Menschen des Geistes nicht zu Sklaven derer werden, die keinen besitzen. Die neue Generation wird euch Dank für Vernunft und Freiheit schulden.»[24]

Diderot antwortete nicht, und d'Alembert zog sich trotzdem zurück. Voltaire verlor den Mut und beschloß, von Diderots Schweigen gekränkt, das sinkende Schiff zu verlassen. Am 6. und 7. Februar schrieb er aufs neue an Diderot und bat ihn, ihm seine noch unveröffentlichten Artikel zurückzuschicken. Diderot antwortete, sie befänden sich bei d'Alembert; sollte aber Voltaire auf der Herausgabe seiner Artikel bestehen, so werde er ihm «diese Beleidigung nie vergessen». Am 26. Februar schrieb Voltaire an d'Argental: «Ich habe Herrn Diderot sehr gern, ich achte ihn, aber ich bin wütend.» Am 12. März schrieb er ebenfalls an d'Argental: «Wenn Sie den braven Diderot sehen, sagen Sie dem armen Sklaven, daß ich ihm aus vollstem Herzen verzeihe und ihn aufrichtig bemitleide.»[25] Im Mai schickte d'Alembert die verlangten Artikel an Voltaire zurück; im Juni nahm d'Alembert die Arbeit an der *Enzyklopädie* wieder auf. Voltaire steuerte wieder verschiedene Artikel bei, verlangte aber, daß sie ohne seinen Namen veröffentlicht werden sollten. Er schlug vor, das ganze Unternehmen in ein anderes Land zu verlegen, wo es weniger unter der Drohung und Verstümmelung der Zensur zu leiden hätte. Diderot hielt den Vorschlag aber für unausführbar. Voltaire verlor den Glauben an den Wert einer umfangreichen und kostspieligen Enzyklopädie für die Verbreitung liberaler Ideen. Am 26. Juni 1758 teilte er Diderot mit, daß andere Beschäftigungen es ihm unmöglich machten, weiteres Material beizusteuern. Und so wie die Sache jetzt zwischen den Herausgebern, der Regierung und der Kirche stehe, «ist man genötigt zu lügen, und wenn wir nicht genug gelogen haben, werden wir verfolgt»[26]. Der Aufruhr, den *Der Geist* von Helvétius (Juli) hervorrief, erschreckte den alternden Rebellen in solchem Maße, daß er eine Erwiderung auf dieses Buch schrieb. Am 16. November informierte er Diderot, daß er ein Haus in Ferney gekauft habe und von nun an in ruhiger Zurückgezogenheit zu leben gedenke. Machte er sich selbst etwas vor, oder wollte er den Kampf mit anderen Mitteln fortsetzen?

III. EINE THEOLOGIE DER ERDBEBEN

Während die *Enzyklopädie* zwischen Tod und Auferstehung schwankte, erschütterte das Erdbeben von Lissabon die ganze europäische Philosophie. An Allerheiligen, am 1. November 1755, morgens um 9 Uhr 40, begann die Erde in Portugal und Nordafrika zu beben. Innerhalb von sechs Minuten wurden in einer der malerischsten Hauptstädte der Welt dreißig Kirchen und Tausende von Häusern zerstört, fünfzehntausend Menschen getötet und weitere fünfzehntausend tödlich verletzt. Es war nicht das erstemal, daß ein solches Massensterben stattfand, aber einige Begleitumstände beunruhigten die Theologen. Warum hatte der Große Unerforschliche eine solche katholische Stadt, einen solchen geheiligten Tag und eine solche Stunde gewählt – in der fast alle frommen Bürger der Messe beiwohnten? Und warum hatte er in all der Zerstörung gerade das Haus des Sebastião de Carvalho e Mello, des künftigen Marquês de Pombal, verschont, eines Ministers, der in ganz Europa als erbitterter Feind der Jesuiten bekannt war?

Malagrida, ein portugiesischer Jesuit, erklärte, das Erdbeben und die damit verbundene vernichtende Sturmflut sei eine Strafe Gottes für das Laster, das sich in Lissabon eingenistet habe[27]. Waren aber an diesem schicksalsschweren Morgen nur Sünder in die Kirche gegangen, um zu beten? Warum waren so viele hingebungsvolle Priester und Nonnen bei dem Erdbeben und dem Brand umgekommen? Die Muselmanen hätten die Katastrophe als die Rache Allahs an der portugiesischen Inquisition begrüßt, wenn ihre eigene große Moschee Al-Mansur in Rabat nicht dabei zerstört worden wäre. Einige protestantische Geistliche in London schrieben das Unglück der göttlichen Mißbilligung katholischer Verbrechen gegen die Menschlichkeit zu; aber am 19. November des gleichen Jahres beschädigte ein Erdbeben fünfzehnhundert Häuser in Boston in Nordamerika, der Hochburg der Pilger und Puritaner. William Warburton verkündete, daß die Toten in Lissabon «Gottes Ruhm in den schönsten Farben verkündeten»[28]. John Wesley hielt eine Predigt über «Die Ursache und das Heilmittel für Erdbeben». «Sünde», sagte er, «ist die moralische Ursache von Erdbeben, was immer ihre natürliche Ursache sein mag; ... sie sind die Wirkung jenes Fluches, den die Erbsünde über die Erde gebracht hat.»[29] Voltaire schäumte vor Wut über diese Erklärung, aber er selbst konnte keine geeignetere finden, um dieses Ereignis mit seinem Glauben an einen gerechten Gott zu versöhnen. Was war aus Leibnizens «bester aller möglichen Welten» geworden? Oder aus Popes «Was immer ist, ist recht» – oder seiner eigenen Behauptung vom «teilweisen Übel», das «universal Gutes» bedeutet?[30] Voll Zorn auf seinen eigenen früheren Optimismus verfaßte Voltaire (1756) sein bestes Gedicht: «Über die Katastrophe von Lissabon oder eine Untersuchung des Axioms 'Alles ist gut'.» Hier können wir uns eine Vorstellung von seinen Gedanken und seinen Versen machen.

O malheureux mortels! O terre déplorable!
O de tous les mortels assemblage effroyable!
D'inutiles douleurs éternel entretien!
Philosophes trompés qui criez, «Tout est bien».
Accourez, contemplez ces ruines affreuses,
Ces débris, ces lambeaux, ces cendres malheureuses,
Ces femmes, ces enfants l'un sur l'autre entassés,
Sous ce marbre rompu ces membres dispersés;
Cent mille infortunés que la terre dévore,
Qui, sanglants, déchirés, et palpitants encore,
Enterrés sous leurs toits, terminent sans secours
Dans l'horreur des tourments leurs lamentables jours!
Aux cris demi-formés de leurs cendres fumantes,
Direz-vous, «C'est l'effet des éternelles lois
Qui d'un Dieu libre et bon nécessitent le choix?»
Direz-vous, en voyant cet amas de victimes,
«Dieu est vengé, leur mort est le prix de leurs crimes?» *

* O unselige Sterbliche! O beweinenswerte Erde!
O aller Sterblichen grausiger Treffpunkt!
Ewiger Herd von sinnlosen Leiden!
Ihr falschen Verkünder von «Alles ist gut»,
Kommt her und betrachtet das Grauen der Ruinen,
Diese Scherben, diese Fetzen, diese Asche der Pein,
Diese Frauen, diese Kinder, aufeinandergehäuft,
Auf zerstückelten Gliedern geborstene Säulen.
Glücklose ohne Zahl, die die Erde verschlingt,
Blutend, zerrissen, noch immer am Leben,
Hilflos begraben unterm eigenen Dach,
Enden in Qual ihr jämmerliches Leben!
Beim erstickten Schrei aus der rauchenden Asche
Sagt ihr noch: «Das ist die Wirkung ewiger Gesetze,
Die die Wahl des freien, guten Gottes erheischen?»
Sagt ihr noch beim Anblick dieser Opferhaufen:
«Gott ist gerächt, ihr Tod der Preis ihrer Verbrechen?»

Aber welches Verbrechen, welche Sünde hatten jene Säuglinge begangen, die erdrückt und blutüberströmt an der Brust ihrer Mutter lagen? War London oder Paris weniger lasterhaft als Lissabon? Und doch liegt Lissabon in Trümmern, während Paris tanzt.

Hätte ein allwissender Gott nicht eine Welt ohne solch sinnlose Leiden erschaffen können? «Ich achte meinen Gott, aber ich liebe die Menschheit.»

Der Dichter betrachtet das Leben und sieht überall in tausend Formen einen Kampf ums Dasein, in dem jeder Organismus früher oder später umkommt. Dieser bittere Extrakt der Biologie sei in Prosa, wörtlich übersetzt, wiedergegeben:

«Der Geier stürzt sich auf seine scheue Beute und genießt vergnügt ihre blutigen Gliedmaßen. Alles scheint ihm gut; aber bald wird der Geier seinerseits vom Adler mit dem scharfen Schnabel verschlungen; der Mensch mit seinem tödlichen Blei trifft den stolzen Adler; und der Mensch, der blutend, von Kugeln durchbohrt, auf einem Haufen Sterbender im Staub des Schlachtfelds liegt, dient den gierigen Vögeln zum furchtbaren Fraß. So stöhnt die ganze Welt in allen ihren Gliedern; alle, zu Qualen geboren, bereiten sich gegenseitig ihren Untergang: Und ihr wollt in diesem mörderischen Chaos aus dem Unglück jedes Wesens ein allgemeines Glück errichten! Was für ein Glück! Sterblich, schwach und elend, ruft ihr mit jämmerlicher Stimme aus: 'Alles ist gut!' Das Weltall straft euch Lügen, und euer eigenes Herz hat hundertmal den Irrtum eures Geistes widerlegt. Elemente, Tiere, Menschen – alles liegt im Krieg. Man muß es zugeben, das Übel schreitet über die Erde.»

Wie kann dieses Bild eines allgemeinen Kampfes und elenden, qualvollen Todes mit dem Glauben an einen gütigen Gott vereinbart werden? Er existiert, aber er ist ein undurchdringliches Geheimnis. Er sendet seinen Sohn, um die Menschheit zu erlösen; aber die Erde und der Mensch bleiben sich gleich, trotz seinem Opfer.

«Was kann der weitestreichende Geist dazu sagen? Nichts. Das Buch des Schicksals ist unserem Auge verschlossen. Der Mensch, sich selbst ein Fremdling, ist dem Menschen unbekannt. Was bin ich, wo bin ich, wohin gehe ich, woher bin ich gekommen? Gequälte Atome auf diesem Schmutzhaufen, die der Tod verschlingt, mit denen das Geschick sich vergnügt – aber denkende Atome, Atome, deren Augen, vom Gedanken gelenkt, das Himmelsgewölbe gemessen haben; mit unserem Geist schwingen wir uns in den Schoß des Unendlichen, ohne uns selbst auch nur einen Augenblick sehen und erkennen zu können.»

Hier wird der Ton hörbar, den Pascal hundert Jahre vorher angeschlagen und in eine Prosa verwandelt hatte, die stärker war als Voltaires Verse. Früher hatte Voltaire ihn abgelehnt. Jetzt stimmte er in Pascals Pessimismus ein. Von denselben Voraussetzungen her war Pascal zu dem Schluß gekommen: Geben wir uns dem christlichen Glauben, der christlichen Hoffnung hin. Ursprünglich hatte Voltaire seine Dichtung mit einem düster-stoischen Reim beendet:

Que faut-il, O mortels? Mortels, il faut souffrir,
Se soumettre en silence, adorer, et mourir.

«Was tun, O Sterbliche? Sterbliche, wir müssen leiden, uns in Stille unterwerfen, anbeten und sterben.» Seine Freunde fanden diesen hoffnungslosen Schluß unerträglich. So änderte er die letzte Zeile ab:

Se soumettre, adorer, espérer, et mourir

– «Uns unterwerfen, anbeten, hoffen und sterben.» Niemand war damit zufrieden; er gab nach und fügte neunundzwanzig Zeilen hinzu, in denen er sich der Vorsehung und dem Glauben, daß «nur Gott gerecht» ist, anheimgab.

Trotzdem waren sowohl die Frommen wie die *philosophes* über das Gedicht entrüstet. Solche Ergebenheit nahm den Philosophen den Wind aus den Segeln. Rousseau schickte Voltaire einen langen, beredten Brief, worin er auseinandersetzte, daß alle menschlichen Übel das Resultat menschlicher Fehler seien. Das Erdbeben von Lissabon war die gerechte Bestrafung des Menschen, weil er das natürliche Leben aufgegeben hatte und in Städten lebte. Hätte der Mensch sich an ein einfaches Leben in verstreuten Dörfern und bescheidenen Hütten gehalten, hätte es verhältnismäßig wenig Opfer gegeben. Wir müssen uns den Glauben an die Güte Gottes bewahren, sagte Rousseau, denn sonst bleibt uns nichts als ein selbstmörderischer Pessimismus. Wir müssen uns wie Leibniz an den Glauben klammern: Da Gott diese Welt erschaffen hat, muß alles in ihr auf die Dauer und auf lange Sicht recht sein. Ein Drucker verschaffte sich eine Kopie dieses Briefes und veröffentlichte ihn; er fand allgemeinen Anklang als eine geschickte Erwiderung auf Voltaires Gedicht. Voltaire verhielt sich außergewöhnlich lange still. Dem Thema Optimismus wandte er sich erst wieder in dem besten Buch zu, das er geschrieben hat, einem Buch, das in einer Generation um die ganze Welt ging und noch heute ein lebendiges Symbol für den Dichter ist.

IV. *CANDIDE*

Es wurde Anfang 1759 veröffentlicht und trug den Titel *Candide, ou l'optimisme* (Candide oder der Optimismus) und war angeblich die «Übersetzung eines deutschen Textes von Dr. Ralph, mit Zusätzen, die in der Tasche des Doktors nach seinem Tod in Minden gefunden wurden». Nach kürzester Zeit (5. März) befahl der Genfer Große Rat die Verbrennung des Buches. Voltaire bestritt natürlich seine Autorschaft. «Die Leute müssen den Verstand verloren haben», schrieb er einem befreundeten Pastor in Genf, «mir diesen Unsinn zuzuschreiben. Ich habe, Gott sei Dank, Besseres zu tun.»[31] Aber in Frankreich gab es nur eine Meinung – niemand anderes konnte den *Candide* geschrieben haben. Alles sprach dafür: die scheinbar so einfache, flüssige, leicht verspielte, ironisch-vergnügte Prosa, hie und da eine gewagte Bemerkung, ein paar Unanständigkeiten, überall verletzende Dolchstöße und eine vernichtende Respektlosigkeit – wenn der Stil der Mensch ist, dann mußte es Voltaire sein.

Das Buch fängt ganz unschuldig an, aber bald verrät ein kleines Augenzwinkern den Meister:

> «In Westfalen, im Schlosse des Barons von Thunder-ten-tronckh, lebte ein Jüngling, der von Natur sehr sanftmütig geartet war ... Er war aufrichtigen und einfachen Geistes, und eben deshalb, glaube ich, hatte man ihn Candid genannt. Die alten Bedienten des Hauses munkelten, er sei der Sohn der Schwester des Herrn Baron und eines guten, ehrenwerten Landjunkers aus der Nachbarschaft, den das gnädige Fräulein niemals habe heiraten wollen, weil er nur einundsiebzig Ahnen nachzuweisen vermochte, während der Rest seines Stammbaumes vom Zahn der Zeit abgenagt worden war.»[32]

Infolgedessen war er nicht heirats-, wenn auch bettfähig. Der hübsche junge Bastard wird von Professor Pangloß (Allsprach) unterrichtet, von dem es heißt:

«Bewunderungswürdig bewies er, keine Wirkung könne ohne Ursache sein, und in dieser besten aller möglichen Welten sei das Schloß des Barons das schönste der Schlösser, die gnädige Frau die beste aller möglichen Baroninnen. Die Dinge können nicht anders sein, als sie sind, demonstrierte er: denn da alles zu einem Zweck geschaffen worden ist, muß es natürlich zum besten Zweck sein. Seht eure Nasen an: sie wurden gemacht, damit ihr Brillen tragen könnt; folglich gibt es Brillen. Wie der Augenschein dartut, habt ihr Beine, um Stiefel zu tragen; deshalb gibt es Stiefel ... Aus alledem ergibt sich klar und einleuchtend: eine Dummheit sagt, wer da behauptet, alles sei *gut* geschaffen worden; nein, man muß sagen: alles wurde *auf das beste* gemacht.»

Candide «lauschte mit beiden Ohren, und in seiner Einfalt glaubte er alles», denn Fräulein Kunigunde, die Tochter des Barons, ist offensichtlich das beste und schönste Wesen, das erschaffen werden konnte. Sie fordert seine Liebe heraus, und er widersteht nicht, worauf der Baron ihn «mit wuchtigen Fußtritten in den Hintern» davonjagt.

Candide wandert umher und wird von Werbern in die bulgarische Armee (die bei Voltaire aber sehr nach der preußischen aussieht) gepreßt. «Er muß rechtsum, linksum machen, Gewehr auf die Schulter, Gewehr ab, Feuer, Laufschritt marsch, marsch. Dabei bekommt er dreißig Stockschläge.» Er nimmt an einem Gefecht teil, desertiert und trifft Pangloß, der inzwischen um seine Nasenspitze gekommen ist und bald auch ein Auge und ein Ohr verlieren wird, eine Folge seiner übergroßen Neigung zur hübschen Dirne Paquette. «Paquette erhielt dieses Geschenk von einem hochgelehrten Franziskaner, der es sich an der Quelle geholt hatte; denn er bekam es von einer alten Gräfin, die es von einem Rittmeister empfangen hatte, welcher es einer Marquise verdankte, die es von einem Pagen besaß, dem es ein Jesuit beigebracht hatte, der es während seiner Novizenschaft in gerader Linie von einem Gefährten des Christoph Kolumbus bekommen hatte.»[33]

Candide und Pangloß erleiden Schiffbruch in der Nähe von Lissabon und gelangen gerade rechtzeitig ans Ufer, um das Erdbeben mitzuerleben. Sie kommen mit dem Leben davon, werden aber als Ketzer von der Inquisition verhaftet; Pangloß wird gehängt. Candide entkommt mit der Unterstützung von Kunigunde, die, nachdem sie von Soldaten vergewaltigt worden war, ein Jude erworben und vor kurzem an einen Großinquisitor weiterverkauft hatte. Candide und Kunigunde fliehen mit Hilfe einer alten Frau, die ihnen, um ihre Klagen zu beschwichtigen, erzählt, wie sie von hungrigen Türken, denen sie bei der Belagerung von Asow in die Hände gefallen war, fast aufgefressen worden war. Aber dank einem gütigen, halbblinden Schicksal fingen die Türken damit an, jeder vorhandenen Frau zunächst nur das halbe Gesäß abzuschneiden; die Belagerung endete, bevor es zu weiteren Kostproben kam. «So hört auf, über euer Unglück zu jammern», schließt die alte Frau, «und freut euch, daß ihr auf einen vollständigen Hinterteil sitzen könnt.»

Sie überqueren den Atlantischen Ozean in der Hoffnung, die Neue Welt weniger grausam als die Alte zu finden. In Buenos Aires eignet sich der Stadtkommandant Kunigunde an und verbannt Candide. Dieser tritt in die Jesuitenkolonie in Paraguay ein, trifft dort Kunigundes Bruder, der sich mit ihm schlägt, weil Candide es wagt, an eine Heirat mit ihr zu denken. Candide erschlägt ihn und macht sich wieder auf seine trostlose Wanderung. In einem verborgenen Tal von Peru stößt er auf El Dorado, eine Gegend, wo es so viel Gold gibt, daß es ganz wertlos ist; ein Land ohne Geld oder Gefängnisse oder Rechtsanwälte oder Priester oder ökonomische Schwierigkeiten. Das glückliche Volk erreicht dort ein Alter von zweihundert Jahren und kennt keine Religion außer der Verehrung eines einzigen Gottes. Candide steckt etwas Gold ein und zieht weiter, immer noch auf der Suche nach seiner Kunigunde. Er schifft sich nach Europa ein und landet gerade im Augenblick von Admiral Byngs Hinrichtung in Portsmouth, der erschossen wird, weil er eine Schlacht verloren hat. In diesem Land, erzählt Martin, ein neuer Freund Candides, halte man es für gut, ab und zu einen Admiral umzubringen; «das ermutigt die übrigen»[34].

Als er erfährt, daß Kunigunde in Venedig ist, nimmt Candide ein Schiff nach Italien. Mit Betrübnis hört er in Venedig von dem traurigen Los der Prostituierten. Als er die Gondolieri singen hört, glaubt er, glückliche Menschen gefunden zu haben; aber Martin belehrt ihn eines Besseren:

> «Sie sehen sie nicht in ihrer Häuslichkeit, bei ihren Weibern und Murmeltieren von Kindern. Der Doge hat seine Sorgen, die Gondolieri haben die ihrigen. Im großen und ganzen ist das Los eines Gondoliere dem eines Dogen vorzuziehen; aber meiner Meinung nach ist der Unterschied so gering, daß es nicht lohnt, darauf näher einzugehen.»[35]

Kunigunde ist nicht in Venedig, sie ist in Konstantinopel. Candide eilt dorthin, um zu entdecken, daß sie inzwischen eine alte, häßliche Sklavin geworden ist. Trotzdem befreit und heiratet er sie. Pangloß, der von der Inquisition nur unzulänglich gehängt wurde, kehrt zu seinem Schüler zurück und macht sich wieder an die Verteidigung des Optimismus. Sie stoßen auf einen fast glücklichen Mann, der ihnen selbstgepflanzte Früchte und Nüsse anbietet. «Du mußt eine große Besitzung haben», meint Candide. «Ich habe nur zwanzig Morgen», antwortet der Türke. «Ich bebaue sie mit meinen Kindern. Mit unserer Arbeit halten wir drei große Übel fern: Langeweile, Laster und Armut.» Candide beschließt, es ihm gleichzutun. Er, Kunigunde und seine Freunde bearbeiten ein Stück Land und gewinnen so ihre Nahrung; die Frau mit dem halben Gesäß, eine bekehrte Prostituierte und ihr Freund, ein Klosterbruder, legen überall mit Hand an. Sie arbeiten, schlafen, essen, sind etwas gelangweilt, aber mehr oder weniger zufrieden. Pangloß beweist, daß dies die beste aller möglichen Welten sein muß, da sie nach ihren Leiden zu diesem Frieden gefunden haben. «Wohl gesagt», antwortet Candide, «*mais il faut cultiver notre jardin*» – wir müssen unseren Garten bebauen. Hier endet der Roman.

Voltaire hatte auf kleinem Raum und im Rahmen einer Abenteuer- und Liebesgeschichte eine unmißverständliche Satire auf Leibnizens Theodizee, auf Popes Optimismus, auf religiöse Mißbräuche, auf Liebesaffären in Klöstern, auf Standesvorurteile, auf politische Korruption, auf juristische Schikanen, Bestechlichkeit der Richter, die Barbarei des Strafgesetzbuchs, die Unmenschlichkeit der Sklaverei und die Greuel des Krieges fertiggebracht. Er verfaßte *Candide* während des Siebenjährigen Krieges, mitten im Auf und Ab von Siegen und Niederlagen, Verwüstung und Tod. Flaubert bezeichnete Voltaires Meisterwerk als «*le résumé de toutes ses œuvres*», eine Zusammenfassung aller seiner Werke[36]. Es hatte die Schwäche der meisten Satiren, die unsinnige Übertreibung, aber Voltaire war sich bewußt, daß nur wenige Menschen ein so bitteres Übermaß an Katastrophen zu erleiden haben wie Candide. Er mußte auch wissen, daß es zwar gut ist, seinen Garten zu bebauen, seine unmittelbare persönliche Aufgabe zu erfüllen, daß es aber ebenso nötig ist, weitere Interessen zu haben. Er bestellte seinen Garten in Ferney, aber sein Aufschrei bei Calas' Hinrichtung rüttelte ganz Europa auf.

V DAS GEWISSEN EUROPAS

Jean Calas gehörte zu einer kleinen Gruppe von Hugenotten – calvinistischen Protestanten –, die nach hundertjähriger Verfolgung, Beschlagnahme ihres Vermögens und zwangsweiser Bekehrung zum Katholizismus in Toulouse übriggeblieben waren. Das französische Gesetz schloß Protestanten nicht nur von öffentlichen Ämtern aus, es verbot ihnen auch, die Laufbahn eines Rechtsanwalts, Arztes, Apothekers, einer Hebamme, eines Buchhändlers, Goldschmieds und Kolonialwarenhändlers zu ergreifen. Wenn sie nicht getauft waren, hatten sie überhaupt keine bürgerlichen Rechte. Wurde eine Ehe nicht vor einem katholischen Priester geschlossen, so galt sie als wilde Ehe, und die Kinder waren illegitim[37]. Protestantischer Gottesdienst war untersagt. Wurde ein Mann dabei ertappt, bekam er eine lebenslängliche Galeerenstrafe, eine Frau lebenslängliches Gefängnis; der Geistliche, der den Gottesdienst abhielt, wurde zum Tode verurteilt. In oder bei Paris wurden diese Gesetze nicht mehr so streng gehandhabt; aber je größer die Entfernung von der Hauptstadt, desto strenger wurden sie beobachtet.

In Südfrankreich war der religiöse Haß am ausgeprägtesten. Dort waren die Kämpfe zwischen Katholiken und Hugenotten besonders erbarmungslos gewesen; beide Seiten hatten sich Greueltaten zuschulden kommen lassen, die noch nicht vergessen waren. 1562 hatten die siegreichen Katholiken in Toulouse dreitausend Hugenotten ermordet, und das Parlament (Gericht) von Toulouse hatte weitere zweihundert zu Folter und Tod verurteilt[38]. Jedes Jahr gedachten die Katholiken von Toulouse dieses Mordes mit Dankfeiern und Prozessionen. Die Zünfte, Adel und Geistlichkeit nach Rang und Würde, die Bruderschaften der Weißen, Schwarzen und Grauen Büßer – alle marschierten feierlich durch die Stadt und trugen hochheilige Reliquien herum: den Schädel des ersten Bischofs von Toulouse, ein Stück vom Kleid der Muttergottes und Knochen von Kindern, die beim Bethlehemitischen Kindermord umgekommen sein sollten. Für Calas war es ein besonders unseliger Umstand, daß im kommenden Jahr die Zweihundertjahrfeier der Ereignisse von 1562 stattfand.

Das Parlament von Toulouse war im Languedoc ebenso mächtig wie das Pariser Parlament in Mittelfrankreich. Es wurde damals von den Jansenisten beherrscht, das heißt von Katholiken, die einen starken Schuß calvinistischer Starrheit und Düsterkeit aufwiesen. Sie benutzten jede Gelegenheit, um zu beweisen, daß sie noch unbeugsamere Katholiken waren als die Jesuiten. Am 2. März 1761 verurteilten sie den Hugenottenpastor Rochette wegen Abhaltung protestantischer Gottesdienste zum Tode und sprachen das Todesurteil über «drei Edelleute des Grafen von Foix» aus, die versucht hatten, Rochette den Gendarmen zu entreißen[39]. Am 22. März wurde die Folterung und Hinrichtung eines hugenottischen Ladenbesitzers befohlen, der beschuldigt wurde, seinen eigenen Sohn, der sich zum Katholizismus bekehren wollte, umgebracht zu haben.

Um den Fanatikern Gerechtigkeit widerfahren zu lassen, muß bemerkt werden, daß Calvins *Christianae religionis institutio* Veranlassung zu dem Glauben gab, daß es einem calvinistischen Vater erlaubt sei, ein ungehorsames Kind umzubringen. Zu einer Zeit, als das Gesetz noch schwach war und die Familie die hauptsächliche, wenn nicht die einzige Quelle der Disziplin darstellte, gab die Gesellschaft in vielen Fällen dem Vater das Recht über Leben und Tod seiner Kinder. Vielleicht hatte Calvin dieses patriarchalische Gesetz im Sinn, als er schrieb: «Der Herr befiehlt, all die, die ihren Eltern ungehorsam sind, zu töten.»[40] Calvin bezog sich auf das fünfte Buch Mose, Kapitel 21, Vers 17–21, und auf Matthäus, Kapitel 15, Vers 4–6; diese Stellen erlauben aber den Eltern nur, ihre Söhne bei den «Stadtältesten» zu verklagen, die sie dann zum Tode verurteilen dürfen; und zweifellos war das bei Calvin gemeint. Aber die in ihrem religiösen Fanatismus erhitzten Katholiken Südfrankreichs hegten den Verdacht, daß Hugenottenväter, die sich nicht an die «Stadtältesten» wenden konnten, das alte Gesetz selbst handhabten. Vor diesem düsteren Hintergrund spielte sich der Fall Calas ab.

Jean Calas war Leinwandhändler und hatte seinen Laden an der Hauptstraße von Toulouse, wo er seit vierzig Jahren lebte. Er hatte mit seiner Frau vier Söhne und zwei Töchter. Seit dreißig Jahren hielten sie eine katholische Kinderfrau, Jeanne Vignière, für ihre Kinder, sogar nachdem diese den Sohn Louis für den Katholizismus gewonnen hatte. Louis lebte jetzt als Lehrling in einer anderen Straße und erhielt von seinem Vater regelmäßig ein Taschengeld. Donat, der Jüngste, ging in Nîmes in die Lehre. Zwei andere Söhne, Pierre und Marc-Antoine, lebten mit ihren Eltern zusammen. Marc-Antoine, der Älteste, hatte Jura studiert, aber als er seine Studien beendet hatte, mußte er feststellen, daß sich nur Katholiken als Juristen betätigen durften. Er versuchte, sich als Katholik auszugeben, aber der Betrug wurde entdeckt. Ihm blieb nur die Wahl, seinen Protestantismus abzuschwören oder sein Studium als verlorene Zeit zu betrachten. Er begann vor sich hinzubrüten, zu spielen und zu trinken. Mit Vorliebe deklamierte er Hamlets Monolog über den Selbstmord[41].

Am 13. Oktober 1761 war die Familie Calas in ihrer Wohnung über dem Laden versammelt. Gaubert Lavaysse, ein Freund von Marc-Antoine, war gerade aus Bordeaux gekommen und hatte die Einladung des Vaters zum Mittagessen angenommen. Nach der Mahlzeit ging Marc-Antoine in den Laden hinunter. Pierre und Lavaysse, die sich wunderten, warum er so lange fortblieb, folgten ihm und fanden ihn erhängt an einer Stange, die er zwischen zwei Türpfosten geklemmt hatte. Sie holten ihn herunter, riefen den Vater und schickten nach einem Arzt Sie versuchten, ihn wiederzubeleben, aber der Arzt stellte seinen Tod fest.

Jetzt beging der Vater seinen tragischen Fehler. Er wußte, daß ein Selbstmörder nach damaligem Gesetz nackt durch die Straßen geschleift werden mußte, wo ihn die Bevölkerung mit Schmutz und Steinen bewarf, worauf er gehängt wurde, während sein ganzer Besitz an den Staat fiel. Auf die Bitten des Vaters ließ sich die Familie dazu überreden, diesen Selbstmord als einen natürlichen Todesfall auszugeben[42]. Pierres Schreie und die Ankunft des Arztes hatten inzwischen eine Menge von Gaffern angelockt. Ein Beamter erschien, ließ sich die Geschichte erzählen, sah den Strick und die Male, die er am Hals des Toten zurückgelassen hatte, und befahl der ganzen Familie, Lavaysse und Jeanne Vignière, ins Rathaus zu kommen. Dort wurden sie in getrennte Zellen eingesperrt. Am nächsten Tag wurde jeder einzeln verhört. Alle ließen die Behauptung, Marc-Antoine sei eines natürlichen Todes gestorben, fallen und bezeugten den Selbstmord. Der Polizeikommandant weigerte sich, ihnen zu glauben, und beschuldigte sie, Marc-Antoine umgebracht zu haben, um seine Bekehrung zu verhindern. Die Anklage wurde vom Volk und einem Teil des Toulouser Parlaments aufgenommen. Die Sucht nach Vergeltung machte die Bevölkerung blind und taub.

Heute scheint es uns ganz ungeheuerlich, daß irgend jemand daran glauben konnte, der Vater habe seinen Sohn getötet, um einen Glaubenswechsel zu verhindern. Aber heute denken wir als Individuen, und in den letzten zweihundert Jahren ist es mit dem religiösen Glauben ständig bergab gegangen. Die Leute von Toulouse dachten als Masse, und Massen können fühlen, aber nicht denken. Die Masse wurde noch weiter durch eine Zeremonie aufgehetzt, die die Weißen Büßer in ihrer Kapelle abhielten. Über einem leeren Sarg wurde ein Skelett aufgehängt, das in einer Hand die Inschrift «Lossagung von der Ketzerei» und in der anderen einen Palmzweig, Symbol des Märtyrertums, trug. Darunter stand der Name «Marc-Antoine Calas». In der Annahme, daß der junge Mensch kein Selbstmörder sei, wurde er mit großem Pomp in der Stephanskirche begraben. Ein Teil der Geistlichkeit protestierte gegen diese Erkennung auf Mord, bevor noch ein Urteil gefällt worden war, aber umsonst[43].

Der Prozeß der Familie Calas fand vor den zwölf Richtern des städtischen Gerichtshofes von Toulouse statt. Ein Aufruf wurde an drei aufeinanderfolgenden Sonntagen in allen Kirchen verlesen, der jeden zur Zeugenaussage aufforderte, der etwas über den Todesfall wußte. Mehrere Personen erschienen. Ein Barbier sagte aus, daß er an dem Unglücksabend einen Schrei aus dem Haus der Calas gehört habe: «O mein Gott, sie erwürgen mich!» Auch andere behaupteten, solche Schreie gehört zu haben. Am 10. November 1761 erklärte der städtische Gerichtshof Jean Calas, seine Frau und Pierre schuldig und verurteilte sie zum Galgen; Lavaysse erhielt eine Galeerenstrafe und Jeanne Vignière fünf Jahre Gefängnis. Die katholische Kinderfrau hatte die Unschuld ihrer protestantischen Dienstherren beschworen.

Gegen diesen Entscheid wurde das Parlament von Toulouse angerufen, das einen Ausschuß von dreizehn Richtern ernannte. Dreiundsechzig zusätzliche Zeugen wurden angehört. Alles, was die feindlichen Zeugen aussagten, wußten sie nur vom Hörensagen. Der Prozeß wurde drei Monate hinausgezögert, und während der ganzen Zeit wurden die Mitglieder der Familie Calas und Lavaysse in Einzelhaft gehalten. Der endgültige Entscheid verurteilte nur den Vater. Niemand konnte erklären, wie ein Mann von vierundsechzig Jahren ganz allein seinen erwachsenen Sohn sollte überwältigt und erdrosselt haben. Der Gerichtshof hoffte, Calas würde unter der Folter gestehen. Er wurde der peinlichen Befragung ersten Grades unterworfen: an seinen Armen und Beinen wurde so lange gezerrt, bis sie ausgerenkt waren. Er wurde mehrmals aufgefordert, ein Geständnis abzulegen. Er bestätigte wiederholt, daß Marc-Antoine Selbstmord begangen hatte. Nach einer halben Stunde Pause wurde er der peinlichen Befragung dritten Grades unterworfen: fünfzehn Schoppen Wasser wurden ihm in die Kehle gegossen; er versicherte weiter seine Unschuld. Weitere fünfzehn Schoppen wurden in ihn hineingepreßt, so daß sein Körper aufs Zweifache seines normalen Umfangs anschwoll. Er bestand trotzdem auf seiner Unschuld. Man erlaubte ihm, das Wasser von sich zu geben. Dann wurde er auf den öffentlichen Platz vor der Kathedrale gebracht und auf ein Kreuz gelegt. Ein Henker brach mit einer Eisenstange in elf Schlägen jedes seiner Glieder an zwei Stellen. Der alte Mann beteuerte unter Hilferufen an Jesus Christus seine Unschuld. Nach zweistündigen Todesqualen wurde er erdrosselt. Die Leiche wurde auf einen Scheiterhaufen gebunden und verbrannt (10. März 1762)[44].

Die übrigen Gefangenen wurden freigelassen, aber das Eigentum der Calas wurde beschlagnahmt. Die Witwe und Pierre verkrochen sich irgendwo in Montauban. Die beiden Töchter wurden in zwei verschiedene Klöster geschickt. Donat, der für seine Sicherheit in Nîmes fürchtete, floh nach Genf. Voltaire, der am 22. März von der Tragödie erfuhr, lud Donat in seine Villa «Les Délices» ein. «Ich fragte ihn», schrieb Voltaire an Damilaville, «ob sein Vater und seine Mutter zu Gewalttätigkeit geneigt waren. Er erzählte mir, daß sie keines ihrer Kinder je geschlagen hätten und daß es keine zärtlicheren und nachsichtigeren Eltern geben könnte.»[45] Voltaire fragte zwei Genfer Kaufleute aus, die bei Calas in Toulouse gewohnt hatten; sie bestätigten Donats Erzählung. Er schrieb Freunden im Languedoc. «Sowohl Katholiken wie Protestanten antworteten mir, daß an der Unschuld der Familie kein Zweifel bestehen könne.»[46] Voltaire setzte sich mit der Witwe in Verbindung. Sie sandte ihm einen Bericht, der von solcher Aufrichtigkeit durchdrungen war, daß er beschloß, zu handeln. Er wandte sich an den Kardinal de Bernis, an d'Argental, an die Herzogin von Enville, an die Marquise von Nicolaï, an den Herzog von Villars und an den Herzog von Richelieu, damit sie die königlichen Minister, Choiseul und Saint-Florentin, veranlaßten, eine Untersuchung des Prozesses einzuleiten. Er nahm Donat Calas bei sich auf, brachte Pierre Calas nach Genf und sorgte dafür, daß Madame Calas eine Wohnung in Paris nahm, damit sie jederzeit zu einem Verhör kommen könne. Er nahm Rechtsanwälte, um sich über die juristischen Fragen des Falles beraten zu lassen. Er veröffentlichte ein Pamphlet: *Originaldokumente über den Tod des Herrn Calas*[47], auf das er weitere Veröffentlichungen folgen ließ. Er wandte sich an andere Schriftsteller, damit auch sie sich darum bemühten, das Gewissen Europas aufzurütteln. Er schrieb an Damilaville: «Erheben Sie Ihre Stimme, und veranlassen Sie andere dazu; erheben Sie Ihre Stimme für die Familie Calas und gegen den Fanatismus.»[48] Und an d'Alembert: «Erheben Sie Ihre Stimme überall für die Familie Calas und gegen den Fanatismus, denn *l'infâme* [die Niederträchtige] hat sie ins Unglück gestürzt.»[49] Er sammelte Geld für den Feldzug, dessen Ausgaben er bisher allein bestritten hatte. Die Spenden kamen von allen Seiten, von der Königin von England, von der russischen Zarin, vom König von Polen. Elie de Beaumont, ein berühmter Pariser Rechts anwalt, erbot sich, die Akten für die Eingabe an den Staatsrat kostenlos vorzubereiten. Die Töchter Calas wurden nach Paris zu ihrer Mutter gebracht. Eine von ihnen brachte einen Brief von einer katholischen Nonne mit, die für die Familie Calas eintrat[50]. Am 7. März 1763 gewährten die königlichen Minister Mutter und Töchtern eine Audienz. Einstimmig wurde beschlossen, den Fall zu untersuchen. Alle einschlägigen Dokumente wurden in Toulouse angefordert.

Aber das Gericht in Toulouse fand hundert Ausflüchte, um die Vorbereitung und Auslieferung der Papiere zu verzögern. Im selben Sommer schrieb und veröffentlichte Voltaire seine epochemachende Schrift *Traité sur la tolérance* (Abhandlung über die Toleranz). Sie war von erstaunlich gemäßigtem Ton, denn er wollte damit ein möglichst breites Publikum erreichen. Er gab sich nicht als Autor zu erkennen und drückte sich wie ein frommer Christ aus, der an die Unsterblichkeit glaubt. Er rühmte die französischen Bischöfe, «Edelleute, die mit einer Vornehmheit denken und handeln, wie sie ihrer Geburt zukommt»[51]. Er zeigte sich sogar angeblich mit dem Grundsatz einverstanden: «Außerhalb der Kirche gibt es keine Rettung.»[52] Die Abhandlung war nicht an Philosophen, sondern an die katholische Geistlichkeit gerichtet. Trotzdem enthielt sie einige kühne Stellen, denn oft vergaß er, zu wem er sprach.

Er begann mit einem Bericht über Calas' Prozeß und Hinrichtung. Er gab einen Überblick über die Geschichte der Toleranz, wobei er im Fall von Griechenland und Rom leicht übertrieb. Er wies schon vor Gibbon darauf hin, daß die römischen Christenverfolgungen von den christlichen Ketzerverfolgungen bei weitem übertroffen worden seien, wobei die Ketzer «gehängt, ertränkt, gerädert oder verbrannt wurden, alles um der Liebe Gottes willen»[53]. Er verteidigte die Reformation als eine gerechtfertigte Revolte gegen die Ablaßverkäufe eines Papsttums, das sich kurz vorher durch die Liebschaften des Papstes Alexander VI. und die Verbrechen seines Sohnes Cesare Borgia entehrt hatte. Er gab seiner Empörung über einen neuerlichen Versuch Ausdruck, die Pariser Bluthochzeit zu rechtfertigen*. Er gab jedoch zu, daß auch die Protestanten unduldsam gewesen waren**. Er trat dafür ein, den protestantischen Gottesdienst in Frankreich zuzulassen und den verbannten Hugenotten die Heimkehr zu erlauben.

«Sie verlangen nicht mehr als den Schutz des Naturrechts, die Anerkennung ihrer Ehen, Gewißheit über die Stellung ihrer Kinder, das Recht, von ihren Vätern zu erben, die Freiheit der Person; keine öffentlichen Tempel, kein Recht auf städtische Ämter und Würden.»[55]

Trotz dieser strategischen Begrenzung definierte Voltaire die Duldsamkeit:

«Wird es jedem Bürger erlaubt sein, nur an seine Vernunft zu glauben und zu denken, was diese aufgeklärte oder irregeführte Vernunft ihm diktiert? So soll es sein, solange er nicht die

* In der *Apologie Ludwigs XIV.* (1762) von dem Abbe de Caveyrac. Viele katholische Geistliche verurteilten das Buch[54].

** «Die lutheranischen und calvinistischen Geistlichen würden wahrscheinlich ebensowenig zu Mitleid neigen und die gleiche Hartherzigkeit und Unduldsamkeit zeigen, die sie ihren Gegnern vorwerfen. Das barbarische Gesetz, das einem Katholiken verbietet, sich mehr als drei Tage in gewissen Ländern aufzuhalten, ist noch nicht abgeschafft worden.» Im *Essay über freie Duldung* (s. *Voltaire, Works* Bd. XXIa, S. 227). Vgl. auch Voltaires Artikel «David» im *Philosophischen Wörterbuch*, worin er die Unduldsamkeit des Hugenotten Jurien geißelt.

Ordnung stört ... Und wenn ihr sagt, daß es ein Verbrechen ist, nicht an die herrschende Religion zu glauben, so klagt ihr damit die ersten Christen, eure Väter, an, und ihr rechtfertigt jene, denen ihr vorwerft, sie gemartert zu haben ... Eine Regierung hat nur dann das Recht, die Irrtümer von Menschen zu bestrafen, wenn diese Irrtümer die Form von Verbrechen annehmen. Sie sind nur dann Verbrechen, wenn sie der Gesellschaft schaden. Sie schaden der Gesellschaft, sobald sie Fanatismus erregen. Deswegen müssen die Menschen sich vom Fanatismus befreien, um die Toleranz zu verdienen.»[56]

Zum Schluß ruft Voltaire Gott an:

«Du hast uns nicht ein Herz gegeben, damit wir uns gegenseitig hassen und umbringen. Gewähre uns, daß wir uns gegenseitig helfen, die Bürde eines mühseligen und vergänglichen Lebens zu ertragen. Mögen die winzigen Unterschiede zwischen den Kleidern, die unseren schwächlichen Körper bedecken, zwischen all unseren unzulänglichen Sprachen, zwischen all unseren lächerlichen Gebräuchen, zwischen all unseren unvollkommenen Gesetzen, zwischen all unseren sinnlosen Meinungen, zwischen all unseren Lebensbedingungen, die für uns so bedeutend und vor dir nichts sind – mögen all diese winzigen Abstufungen, die die Atome, genannt Menschen, unterscheiden, nicht mehr Zeichen von Haß und Verfolgung sein ... Mögen alle Menschen daran denken, daß sie Brüder sind!»[57]

Wir wissen nicht, inwieweit dieser Aufruf das Toleranzgesetz Ludwigs XVI. vom Jahre 1787 beeinflußt hat oder ob die Minister Ludwigs XV. je davon hörten oder gerührt wurden. Jedenfalls erklärte der königliche Staatsrat am 9. März 1765 nach aufreibenden Verzögerungen die Verurteilung Jean Calas' für null und nichtig und ihn selbst für unschuldig. Der König gewährte auf Verwendung Choiseuls der Witwe und ihren Kindern einen Schadenersatz von dreißigtausend Livres für den Verlust ihres Eigentums. Als Voltaire die Nachricht erhielt, weinte er vor Freude.

Ein ähnlicher Fall ereignete sich in Mazamet (Südfrankreich), wo der städtische Gerichtshof am 19. März 1764 einen gewissen Pierre-Paul Sirven und seine Frau zum Galgen verurteilte, mit der Beschuldigung, ihre Tochter Elisabeth ermordet zu haben, um deren Bekehrung zum Katholizismus zu verhindern. Das Urteil bestimmte, daß die beiden überlebenden Töchter der Hinrichtung ihrer Eltern beiwohnen mußten[58]. Der Vollzug mußte *in effigie* stattfinden, denn die Familie war nach Genf geflohen (April 1762) und hatte ihre Geschichte Voltaire erzählt.

Sirven war Protestant und lebte in Castres, etwa dreißig Kilometer von Toulouse entfernt. Am 6. März 1760 verschwand Elisabeth, seine jüngste Tochter. Die Eltern suchten sie umsonst. Der Bischof von Castres ließ sie kommen und teilte ihnen mit, daß er das Mädchen in ein Kloster geschickt habe, nachdem sie ihm ihren Wunsch, katholisch zu werden, anvertraut hatte. Ein französisches Gesetz aus der Zeit Ludwigs XIV. gestattete den katholischen Behörden, jedes Kind, das über sieben Jahre alt war und den Wunsch nach Bekehrung äußerte, den Eltern, wenn nötig mit Gewalt, wegzunehmen. Im Kloster hatte Elisabeth Wahnvorstellungen, sprach mit Engeln, riß sich die Kleider vom Leibe und bat, sie zu geißeln. Die Nonnen, die nicht wußten, was sie mit ihr anfangen sollten, benachrichtigten den Bischof, der befahl, sie ihren Eltern zurückzuschicken.

Im Juli 1761 zog die Familie nach Saint-Abby, achtzig Kilometer von Castres entfernt. Eines Nachts im Dezember verließ Elisabeth ihr Zimmer und kam nicht wieder. Am

3. Januar wurde ihre Leiche in einem Brunnen gefunden. Die Leute in Saint-Abby dachten nicht daran, die Familie Sirven des Mordes zu beschuldigen. Fünfundvierzig Zeugen, die vor dem örtlichen Gerichtshof erschienen, waren alle ohne Ausnahme der Ansicht, das Mädchen habe Selbstmord begangen oder sei in den Brunnen gefallen. Trinquier, der örtliche Ankläger, teilte den Fall dem Oberstaatsanwalt in Toulouse mit, der ihm befahl, die Untersuchung wegen Mordverdachts fortzuführen. Es war schwierig, Sirven des Mordes zu verdächtigen, denn in der Nacht, als Elisabeth verschwand, war er auf Reisen. Seine Frau war alt und schwach. Eine der Töchter war schwanger. Es war höchst unwahrscheinlich, daß diese Frauen das Mädchen in den Brunnen hätten werfen können, ohne daß ein Schrei laut geworden wäre. Trotzdem befahl Trinquier am 20. Januar Sirvens Verhaftung.

Sirven wußte, daß der Gerichtshof von Toulouse ungefähr zwei Monate vorher Jean Calas unter einer ähnlichen Beschuldigung und auf Grund zweifelhafter Beweise zum Tode verurteilt hatte. Sein eigener Fall wurde in letzter Instanz ebenfalls in Toulouse enden. Da er kein Vertrauen in diese Gerichtshöfe hatte, führte er Frau und Töchter mitten im Winter durch Frankreich und über die Cevennen nach Genf, wo er hoffte, bei Calas' Verteidiger Hilfe zu finden.

Voltaire, der mitten im Feldzug für Calas war, hielt es für unklug, durch einen zweiten Fall Verwirrung in die französischen Geister zu bringen. Er trug zum Unterhalt der Familie bei, deren Besitz eingezogen worden war. Aber als die Toulouser Obrigkeit Schwierigkeiten mit der Herausgabe der Akten über den Fall Calas machte, ging Voltaire zu einem neuen Vorstoß über und rollte den Fall Sirven auf. Wieder rief er zu finanzieller und moralischer Unterstützung auf. Beiträge kamen von Friedrich II. von Preußen und Christian VII. von Dänemark und abermals von Katharina II. von Rußland und Stanislaus Poniatowski von Polen. Der Gerichtshof von Mazamet verweigerte Voltaire eine Kopie der Prozeßakten. Wir können nicht auf die Einzelheiten dieses Falles eingehen, der jahrelang hinausgezogen wurde, bis das Parlament von Toulouse endlich 1771 das Urteil umstieß, Sirven für unschuldig erklärte und ihm seinen Besitz zurückgab. «Es brauchte zwei Stunden, um diesen Mann zum Tode zu verurteilen», sagte Voltaire, «und neun Jahre, um seine Unschuld ans Licht zu bringen.»[59]

Voltaire war sehr beunruhigt, als er erfuhr, daß er selbst in einen unangenehmen Fall verwickelt war, der sich in Abbeville an der Somme ereignet hatte. In der Nacht vom 8. auf den 9. August 1765 wurde ein hölzernes Kruzifix auf der Brücke über die Somme beschädigt, und ein Kreuz im Friedhof von Sainte-Catherine wurde mit Unrat beschmiert. Geistlichkeit und Einwohner waren entsetzt über diese Entweihung. Der Bischof von Amiens kam nach Abbeville und führte barfuß eine Prozession an, der fast die ganze Stadt folgte, um Gott um Vergebung anzuflehen. In allen Kirchen wurde eine Denkschrift verlesen, die allen mit schweren Strafen drohte, die Licht auf diese Sache werfen konnten und sich nicht meldeten. Der Richter Duval verhörte siebenundsiebzig Zeugen. Einige sagten aus, daß sie drei junge Leute bei der Fronleichnamsprozession beobachtet hätten, die vorübergingen, ohne ein Knie zu beugen oder den Hut abzunehmen. Andere behaupteten, eine Bande junger Leute, zu der auch Duvals Sohn gehörte, hätten sich ein Vergnügen daraus gemacht, religiöse Zeremonien nachzuäffen und lose Lieder zu singen[60]. Am 26. August wurden Haftbefehle gegen Gaillard d'Etallonde, gegen den Chevalier Jean-François Lefebre de La Barre und gegen einen siebzehnjährigen Jüngling namens Moisnel erlassen. D'Etallonde floh nach Preußen, Moisnel und La Barre wurden verhaftet. Moisnel erwarb sich mildernde Umstände, denn er gab zu, daß er und die anderen die ihnen vorgeworfenen Handlungen begangen hätten. Er beschuldigte La Barre, auf Heiligenbilder gespuckt, eine unanständige Litanei mit dem Titel «La Madeleine» gesungen und ihm, Moisnel, das *Philosophische Wörterbuch* und den *Brief an Uranie* von Voltaire geliehen zu haben; außerdem habe er gesehen, wie d'Etallonde das Kruzifix auf der Brücke zerschlagen und das Kreuz auf dem Friedhof verunreinigt habe.

La Barre war der Enkel eines verarmten Generals. Er gestand, daß er Ketzer sei. Ein Zeuge sagte aus, daß La Barre, auf die Frage, warum er den Hut vor der Fronleichnamsprozession nicht abgenommen habe, geantwortet hatte, er betrachte die Hostie als ein Stück Wachs und es sei ihm unverständlich, wie jemand einen Gott aus Teig anbeten könne. La Barre gab zu, daß er vielleicht etwas Ähnliches gesagt habe. Er habe gehört, wie andere junge Leute sich so ausdrückten, und habe es für harmlos gehalten. Seine Bibliothek wurde untersucht. Unter seinen Büchern fanden sich das *Philosophische Wörterbuch* von Voltaire, *Über den Geist* von Helvétius und andere Satiren über die Religion. Zuerst bestritt er, etwas von den Schändungen, die man d'Etallonde zur Last legte, zu wissen, aber als er hörte, daß Moisnel gestanden hatte, gab er sie auch zu. Die Anklage lautete darauf, «blasphemische Äußerungen gegen Gott und das Heilige Sakrament, die Heilige Jungfrau, die Religion und die Gebote Gottes und der Kirche getan zu haben; zwei Lieder mit abscheulichen Gotteslästerungen gesungen zu haben ..., infame Bücher verehrt und geachtet zu haben; das Kreuzzeichen, das Mysterium von Wein und Brot und den in der Kirche unter Christen gebräuchlichen Segen profaniert zu haben»[61].

Am 28. Februar 1766 fällte das Gericht von Abbeville das Urteil. La Barre und d'Etallonde – falls er gefaßt wurde – waren zu foltern, um die Namen von Mitschuldigen zu erfahren; sie mußten öffentlich vor der größten Kirche der Stadt Buße tun. Man sollte ihnen die Zunge ausreißen, dann sollten sie geköpft und ihr Körper zu Asche verbrannt werden. Das *Philosophische Wörterbuch* von Voltaire sollte in dasselbe Feuer geworfen werden. Das Urteil kam in letzter Instanz vor das Pariser Parlament. Einige Mitglieder traten für eine Milderung ein. Der Rat Pasquier antwortete, ein Exempel müsse statuiert werden, um die Flut von Gottlosigkeit einzudämmen, die die moralischen und sozialen Grundfesten erschütterte. Der wahre Verbrecher sei Voltaire, aber da diese Wurzel des Übels außerhalb der Reichweite des Parlaments sei, müsse sein Jünger für ihn büßen. Zwei Mitglieder stimmten für eine Milderung des Urteils, fünfzehn bestätigten es. Am 1. Juli 1766 wurde es unter Verzicht auf das Zungenausreißen vollstreckt. La Barre ertrug sein Schicksal, ohne einen seiner Freunde zu verraten. Der Henker schlug ihm das Haupt mit einem wohlgezielten Schlag unter dem Beifall der Menge ab[62].

Voltaire war entsetzt über die Härte der Strafe. Er fand sie so barbarisch wie die Untaten der spanischen Inquisition in ihrer schlimmsten Zeit. Der Bischof von Annecy schrieb an das französische Gericht und forderte die Verurteilung Voltaires zu all den

Strafen, die in der Widerrufung des Edikts von Nantes vorgesehen waren. «Dieser Lump von einem Bischof», schrieb Voltaire an d'Alembert, «schwört immer noch, daß er mich im Diesseits oder im Jenseits verbrennen lassen wird ... Um das zu vermeiden, lege ich mir einen Vorrat von Weihwasser an.»[63] Da er befürchtete, er könnte vor das Parlament von Dijon befohlen werden, machte er von der Gelegenheit Gebrauch, das Mineralwasser von Rolle, in der Schweiz, zu kosten. Dann kehrte er nach Ferney zurück und nahm sich der Sache Sirvens an.

Hierauf schlug er d'Alembert und Diderot vor, zusammen mit anderen *philosophes* Frankreich zu verlassen und sich in Cleve unter dem Schutz Friedrichs des Großen niederzulassen. Aber weder sie noch Friedrich waren von dem Plan begeistert. Friedrich gab zu, daß die Verurteilung von La Barre übertrieben grausam war; er hätte den jungen Mann eher dazu verurteilt, die ganze *Summa theologica* des Thomas von Aquin zu lesen; das war seiner Ansicht nach die schlimmste Strafe, die man sich ausdenken konnte. Dann fühlte sich Friedrich bewogen, Voltaire einen Ratschlag zu erteilen:

«Die Ereignisse von Abbeville sind tragisch, aber tragen die Verurteilten nicht auch einen Teil der Schuld? Darf man einen offenen Angriff auf Vorurteile machen, die die Zeit im Geist der Völker geheiligt hat? Und wenn man Denkfreiheit genießen will, darf man dann den etablierten Glauben beleidigen? Wer keine Unruhe verursacht, wird selten verfolgt. Denken Sie an das Wort von Fontenelle: 'Hätte ich die Hand voll Wahrheiten, würde ich es mir wohl überlegen, bevor ich sie aufmachen würde.'»[64]

Was den Vorschlag für eine Kolonie von *philosophes* in Cleve anbetraf, so bot Friedrich seinen Schutz an, aber unter der Bedingung, daß sie sich ruhig verhielten und den Glauben des Volkes achteten. Er fügte hinzu:

«Das gemeine Volk verdient nicht, daß man es aufklärt ... Wenn die Philosophen eine Regierung bildeten, so würde das Volk sich ein halbes Jahrhundert später einen neuen Aberglauben erfinden und sich einen neuen Gegenstand, der seine Sinne fesselt, für seinen Kult suchen. Entweder würde es sich kleine Götzenbilder schaffen, oder es würde die Gräber der Landesväter verehren oder die Sonne anbeten, oder irgendein ähnlicher Unsinn würde den einfachen Kult des höchsten Wesens verdrängen. Der Aberglaube ist eine Schwäche des menschlichen Geistes; er gehört dazu; er war immer und wird immer vorhanden sein.»[65]

Voltaire ließ sich nicht abweisen. Er veröffentlichte eine einfache *Darstellung vom Tode des Chevaliers de La Barre*. Er schrieb an seine königlichen Freunde und bat sie, sich bei Ludwig XV. zu verwenden, damit dieser den Toten auf irgendeine Art rehabilitiere; und nachdem diese Bemühungen fehlgeschlagen hatten, schickte er (1775) Ludwig XVI. einen Brief mit der Überschrift «Der Schrei des unschuldigen Blutes». Das Urteil gegen La Barre wurde niemals umgestoßen, aber Voltaire hatte die Befriedigung, die von Turgot veranlaßte Reform eines Strafrechts zu erleben, auf Grund dessen ein Jüngling für ein Vergehen hingerichtet worden war, das sicherlich keine Enthauptung verdiente. Mit einer bei seinem Alter bemerkenswerten Energie fuhr Voltaire bis zum Ende seines Lebens fort, gegen die Übergriffe von Kirche und Staat zu kämpfen. 1764 erwirkte er die Befreiung des Claude Chaumont, der eine Galeerenstrafe bekommen hatte, weil er einem protestantischen Gottesdienst beigewohnt hatte. Als Graf Thomas von Lally, der französische Befehlshaber, den die Engländer in Indien geschlagen hatten, in Paris wegen Verrats und Feigheit geköpft wurde (1766), schrieb Voltaire, an den sich Lallys Sohn gewendet hatte, ein Buch von dreihundert Seiten, *Historische Fragmente über Indien,* das eine Ehrenrettung des Grafen bedeutete; außerdem bat er Frau du Barry, sich bei Ludwig XV. zu verwenden. Das Urteil wurde 1778, kurz vor Voltaires Tod, annulliert.

Diese Bemühungen erschöpften den achtzigjährigen Kämpfer, aber sie machten ihn zum Helden des liberalen Frankreich. Diderot bemerkte in *Rameaus Neffe: «Mahomet* [von Voltaire] ist ein herrliches Werk, aber noch lieber hätte ich Calas zu seinem Recht verholfen.»[66] Pomaret, ein protestantischer Geistlicher in Genf, sagte zu Voltaire: «Sie greifen scheinbar das Christentum an, und dabei tun Sie ein christliches Werk.»[67] Auch Friedrich stimmte, nach all seinen Vorbehalten, in die Bewunderung des Mannes ein, der zum Gewissen Europas geworden war: «Wie herrlich ist es, daß ein Philosoph von seinem Zufluchtsort seiner Stimme Gehör verschafft und daß das Menschengeschlecht, dessen Herold er ist, die Richter zwingt, ein ungerechtes Urteil abzuändern. Wenn nichts anderes zugunsten Herrn Voltaires spräche – dies allein wäre genug, um ihm einen Platz unter den Wohltätern der Menschheit zu sichern.»[68]

VI. ECRASEZ L'INFAME!

In all diesen Kämpfen wuchs sich Voltaires Gegensatz zum Christentum zu einem Haß aus, der fast ein Jahrzehnt (1759–1769) seines Lebens erfüllte. Mit einer jugendlichen Verachtung von Wundern, Mysterien und Legenden, die zum Trost des Volkes da waren, hatte er begonnen. Dann ging er zu einem spöttischen Skeptizismus über, wenn es um christliche Dogmen wie die Dreifaltigkeit, die Fleischwerdung und das Sühnopfer ging, von denen sogar der heilige Thomas von Aquin offen gesagt hatte, sie könnten mit dem Verstand nicht erfaßt werden. Aber diese rebellische Stimmung war nur natürlich bei einem so aktiven Geist, der nach allen Seiten seine Fühler ausstreckte. Mit der Zeit hätte er sich die nachsichtige Haltung eines Weltmannes zulegen können, der den Glauben, an dem die Masse so hängt, als eine nützliche Unterstützung der sozialen Ordnung und öffentlichen Moral betrachtet. In der ersten Hälfte des achtzehnten Jahrhunderts war die französische Geistlichkeit verhältnismäßig tolerant und stand der fortschreitenden Aufklärung nicht fern. Aber der wachsende Unglauben und der Beifall, den die *Enzyklopädie* fand, erschreckte sie, und sie nützte die Angst des Königs nach Damiens Attentat (1757) dazu aus, den Staat zu einem Edikt zu bewegen, das jeden Angriff auf die Kirche zu einem Verbrechen machte, das mit dem Tode bestraft wurde (1759). Die *philosophes* sahen darin eine Kriegserklärung und fühlten sich von nun an berechtigt, beim Angriff auf etwas, was ihnen als eine mörderische Sinnlosigkeit erschien, keine Gefühle und keine Tradition zu schonen. Anstelle von Schönheit und Poesie sahen sie in der Religion einen Feind der Kunst. Die Stütze, die das Christentum für die Moral abgegeben hatte, bedeutete ihnen nichts neben den Tausenden von Ketzern, die auf den Scheiterhaufen verbrannt worden waren, neben den Albigensern, die ein blutrünstiger Kreuzzug vernichtet hatte, neben Spanien und Portugal und dem Grauen ihrer Autodafés, neben dem von Glaubenskämpfen zerrissenen Frankreich und der Zukunft des menschlichen Geistes, der überall dem Wiederaufflammen von Aberglauben, Pfaffentrug und Verfolgung ausgesetzt war. Deswegen bekämpften sie jede Manifestation des düsteren Mittelalters bis zum letzten Atemzug.

Drei Ereignisse machten das Jahr 1762 zu einem Wendepunkt in diesem unvermeidlichen Konflikt. Die Hinrichtung Jean Calas' erschien als ein Rückfall Frankreichs in die Zeit des Mittelalters und der Inquisition. Der Prozeß, die Folter und der Mord waren Sache des «weltlichen Arms», aber dahinter stand der Fanatismus der Volksmasse, der von religiösen Predigten, Zeremonien und religiösem Haß geschürt wurde. Im Mai erschien Rousseaus *Emile*, und dieses «Glaubensbekenntnis eines savoyardischen Vikars» ließ vom Christentum fast nichts als den Glauben an Gott und die Ethik Jesu übrig, wenn es auch von einem Gegner der *philosophes* geschrieben worden war. Die Verbrennung des Buches am 11. Juni in Paris und am 19. Juni in Genf schien Katholiken und Calvinisten in einer Verschwörung gegen den menschlichen Geist zu vereinen. Als das Pariser Parlament im August die Jesuiten verurteilte, sah das wie ein Triumph der *philosophes* aus; in Wirklichkeit war es ein Sieg der Jansenisten, die die Mehrheit in den Parlamenten von Paris, Toulouse und Rouen besaßen. Und die Haltung dieser Gerichtshöfe im Falle von Calas und La Barre ließ keinen Zweifel darüber aufkommen, daß sie zu den bittersten Feinden der Geistesfreiheit in der französischen Geschichte gehörten. Nun bot die Feindseligkeit zwischen den *parlements* und dem Hof und der wachsende Einfluß des halben Voltairianers Choiseul (1758–1770) in der Regierung den *philosophes* die Gelegenheit, ihren Kampf unter etwas weniger gefährlichen Bedingungen zu führen, was Zensur und Polizei betraf. Der Augenblick für den großen Angriff auf das Christentum war gekommen.

Jetzt schrie Voltaire seinen ganzen Zorn mit dem Losungswort heraus: «*Ecrasez l'infâme!* Zermalmt die Niederträchtige!» 1759 gebrauchte er diesen Ausdruck zum erstenmal; von nun an wiederholte er ihn unaufhörlich und in allen Tonarten; manchmal benutzte er ihn sogar als seine Unterschrift[69]. Eine neue Lebenskraft schien sich des achtundsechzigjährigen Voltaire zu bemächtigen, wenn er sich mit Cato dem Älteren verglich, der am Ende seiner Reden an den römischen Senat ausrief: «Delenda est Carthago! Deleatur Carthago!» [Karthago muß vernichtet werden.] «Ich leide an Koliken», schrieb er, «und habe viel Schmerzen; aber wenn ich einen Angriff auf *l'infâme* mache, tut es mir weniger weh.»[70] Mit einer fast jugendlichen Begeisterung, mit unglaublicher Zuversicht machte er sich mit Hilfe einiger zögernder Mitarbeiter daran, die mächtigste Einrichtung in der Geschichte der Menschheit anzugreifen.

Was meinte er mit der «Niederträchtigen»? Hatte er vor, Aberglauben, Fanatismus, Obskurantismus und Verfolgung abzuschaffen? Oder erstrebte er die Vernichtung der katholischen Kirche oder jeder Form von Christentum oder überhaupt jeder Religion? Die Religion wollte er wohl kaum vernichten, denn mitten in seinen Feldzügen bekennt er sich immer wieder zum theistischen Glauben, manchmal in Worten warmer voltairianischer Frömmigkeit. Im *Philosophischen Wörterbuch* definierte er die Religion indirekt:

«Fast alles, was über die Anbetung eines Höchsten Wesens und über die Hingabe unserer Herzen an seine ewigen Gebote hinausgeht, ist Aberglauben.»[71] Damit schien er sämtliche Formen des Christentums, mit Ausnahme des Unitarismus, zu verwerfen. Voltaire lehnte fast alle Dogmen des traditionellen Christentums ab – Erbsünde, Dreieinigkeit, Fleischwerdung, Bußopfer, Eucharistie. Er spottete über das «Opfer» Gottes an Gott am Kreuz oder das des Priesters in der Messe. Infolgedessen verwarf er auch die meisten Formen des Protestantismus. Er hielt den Calvinismus für ebenso finster wie den Katholizismus und erweckte die Entrüstung der Genfer Pastoren, weil er Calvin als *atroce* (abscheulich) bezeichnete. Er meinte, daß es sich unter einer Staatskirche, wie er sie in England kennengelernt hatte, leben lasse. An d'Alembert schrieb er: «Ich hoffe, Sie werden *l'infâme* vernichten; das ist der springende Punkt. Sie muß auf dieselbe Stellung beschränkt werden wie in England. Wenn Sie wollen, werden Sie dieses Ziel erreichen. Das ist der größte Dienst, den wir der Menschheit erweisen können.»[72] Wir dürfen daraus schließen, daß er mit *l'infâme* nicht die Religion im allgemeinen meinte, sondern eine Religion als Einrichtung zur Verbreitung von Aberglauben und Legenden, zur Lenkung des Unterrichts und zum Widerstand gegen Andersgesinnte mit Hilfe von Zensur und Verfolgungen. Dies war das Christentum, wie es Voltaire in der Geschichte und in Frankreich sah.

Daher brach er alle Brücken hinter sich ab und rief seine Kohorten zum Kampf auf. «Nur fünf oder sechs *philosophes,* die sich gegenseitig verstehen, sind nötig, um den Koloß zu stürzen ... Der Weinstock der Wahrheit ist von Menschen wie d'Alembert, Diderot, Bolingbroke und Hume gut bestellt worden»[73], jedoch zu sporadisch und ohne zusammenhängenden Plan. Jetzt müssen sie sich vereinen, und er hält es für selbstverständlich, daß er ihr General sein wird. Er gibt ihnen Ratschläge über Taktik: «Schlagt zu, ohne eure Hand sichtbar werden zu lassen ... Ich hoffe, daß unsere Bruderschaft jedes Jahr einige Pfeile auf das Ungeheuer verschießt, ohne daß es herausfindet, von welcher Hand sie kamen.»[74] Die Brüder sollten alles daransetzen, um sich in die Akademien, auf hohe Posten, wenn möglich ins Ministerium einzuschleichen. Sie brauchen nicht die Massen zu bekehren, sie brauchen nur die Männer mit Initiative und Macht, die die Massen anführen, zu bekehren; ein schlagendes Beispiel dafür ist Peter der Große, der ganz allein die Seele und das Antlitz Rußlands verwandelte. So versuchte Voltaire, Friedrich II. für die Sache zu gewinnen (5. Januar 1767):

> «Majestät, Sie haben vollkommen recht. Ein kluger und mutiger Fürst mit Geld, Truppen und Gesetzen kann sehr wohl die Menschen ohne Hilfe der Religion regieren, die nur dazu da ist, sie zu täuschen ... Ihre Majestät wird der Menschheit einen unsterblichen Dienst leisten, wenn Sie diesen infamen Aberglauben ausrotten, ich sage nicht beim Pöbel, der es nicht wert ist, aufgeklärt zu werden, und der für jedes Joch geschaffen ist; ich sage bei den gebildeten Menschen, bei Menschen, die denken, bei denen, die denken wollen ... Es ist an Ihnen, ihre Seele zu nähren ... Ich bin nur deswegen betrübt, dem Tod so nahe zu sein, weil ich bedaure, Ihnen bei dieser edlen Sache nicht zur Seite stehen zu können.»[75]

Friedrich lächelte über die Naivität des alten Mannes, aber Voltaire ließ nicht locker und hatte, wie wir später sehen werden, einen gewissen Einfluß auf die Minister in Frankreich, Portugal und Spanien.

Jede Hilfe war willkommen. Er schrieb beschwörende Briefe an Bordes in Lyon, an Servan in Grenoble, an Pierre Rousseau in Bouillon, an Audibert in Marseille, an Ribaute in Montauban, an den Marquis von Argence in Charente, an den Abbé Audra in Toulouse. Sie alle und viele andere nannte er «die Brüder». Er sandte ihnen Material und Aufrufe und ließ sie nicht zur Ruhe kommen:

«Greift an, meine Brüder, greift alle zusammen *l'infâme* an. Was mich interessiert, ist die Verbreitung von Aufrichtigkeit und Wahrheit, der Fortschritt der Philosophie, die Vernichtung von *l'infâme*.

Trinkt auf meine Gesundheit mit Bruder Platon [Diderot] und *écrasez l'infâme!*

Ich umarme alle meine Brüder. Meine Gesundheit ist zerrüttet. *Ecrasez l'infâme.*

Ich umarme meine Brüder in Konfuzius, in Lucrez, in Cicero, in Sokrates, in Marc Aurel, in Julian und in der Kommunion mit allen unseren Patriarchen.

Allen Brüdern meinen Segen. *Orate fratres, et vigilate* [betet, Brüder, und wacht]. *Ecrasez l'infâme.*»[76]

Bücher wurden zu Waffen, Literatur war Krieg. Nicht nur Diderot, d'Alembert, Helvétius, Holbach, Raynal, Morellet und ein Dutzend andere wetzten ihre Feder, sondern Voltaire selbst, der ewig im Sterben lag, schoß ein wahres Arsenal antiklerikaler Geschosse ab. Innerhalb von zehn Jahren brachte er an die dreißig Broschüren heraus. Er glaubte nicht an die Wirksamkeit dicker Bände.

«Was kann ein Buch [die *Enzyklopadie*] schon anrichten, das hundert Kronen kostet? ... Zwanzig Folianten werden nie eine Revolution erzeugen. Was man fürchtet, sind die kleinen Bücher zu dreißig Sous, die man in die Tasche steckt. Wenn das Evangelium 1200 Sesterzen gekostet hätte, dann hätte sich die christliche Religion nie durchgesetzt.»[77]

So gab er nicht nur Geschichten und Theaterstücke, sondern auch Pamphlete, Erzählungen, Predigten, Belehrungen, Katechismen, Streitschriften, Zwiegespräche, Briefe, kurze Kritiken der Bibel oder der Kirchengeschichte, alles, was leicht in Umlauf gebracht werden und der Infamen einen Stich versetzen konnte, heraus. Diese Erzeugnisse bekamen einen Spitznamen, *petits pâtés* – kleine Pastetchen, leicht verdaulich. Schon lange vorher hatte Friedrich ihm geschrieben:

«Ich stelle mir vor, daß irgendwo in Frankreich eine gewählte Gesellschaft höherer und gleichgesinnter Genies existiert, die zusammenarbeiten und ihre Erzeugnisse unter dem Namen Voltaire veröffentlichen ... Wenn diese Annahme wahr ist, werde ich zum Trinitarier werden und endlich Klarheit über das Mysterium bekommen, an das die Christen bisher geglaubt haben, ohne es zu verstehen.»[78]

Aber jetzt schrieb Voltaire nicht unter dem Namen Voltaire. Er verwendete über hundert verschiedene Decknamen. Und mit seinem koboldhaften Humor schrieb er sein antichristliches Gedonner manchmal dem «Erzbischof von Canterbury» oder dem «Erzbischof von Paris» oder einem Abbé, einem Pastor, einem Mönch zu. Um die Himmelshunde von seiner Spur abzubringen, widmete er eines seiner Geschosse sich selbst. Er war mit Druckern in Paris, Amsterdam, Den Haag, London und Berlin bekannt, und er nützte sie bei seinem Feldzug aus. Über Damilaville und andere ließ er seine Broschüren kostenlos an Buchhändler verteilen, die sie billig verkauften und die Gefahr nicht scheuten. Die Saat ging auf.

Jetzt veröffentlichte er jenen *Sermon des Cinquantes* (Predigt der Fünfzig; 1762), den er mindestens zehn Jahre vorher geschrieben und Friedrich in Potsdam vorgelesen hatte. Es war sein erster offener Angriff auf das Christentum. Der Anfang war ganz harmlos:

«Fünfzig gebildete, fromme und vernünftige Leute kamen seit einem Jahr jeden Sonntag in einer belebten Handelsstadt zusammen. Erst beteten sie, dann hielt ein Mitglied der Gesellschaft eine Rede. Nachher speiste man, und nach der Mahlzeit wurde eine Sammlung für die Armen gemacht. Jeder übernahm abwechselnd den Vorsitz. Der Vorsitzende mußte das Gebet sprechen und die Predigt halten. So lautete eines der Gebete und eine der Predigten: Gott aller Welten und aller Wesen ... Bewahre uns vor Aberglauben; wenn wir dich durch unwürdige Opfer beleidigen, vernichte diese infamen Mysterien. Wenn man die Gottheit durch absurde Fabeln entehren kann, so mögen diese Fabeln auf immer zugrunde gehen ... Mögen die Menschen im Leben wie im Tod nur einen Gott verehren ..., einen Gott, der weder geboren werden noch sterben konnte.»[79]

Dann sprach die Predigt vom Gott des Alten Testaments, der ein prahlerischer, eifersüchtiger, zorniger, grausamer, mörderischer Gott sei, den keine vernünftige Person anbeten könne, sowie von dem Schurken, Lüstling und Mörder David. Wie konnte man annehmen, daß solch ein Buch das Wort Gottes war? Und wie war aus den Evangelien das unglaubliche Dogma des Christentums entstanden, diese einfache tägliche Verwandlung von Brot und Wein in den Leib und das Blut Christi, die unzähligen Reliquien, der Verkauf von Ablässen, der Haß und die Verwüstung der Religionskriege?

«Man sagt uns, daß das Volk Mysterien braucht, daß man es täuschen muß. Meine Brüder, darf man der Menschheit diese Schande antun? Haben unsere Väter dem Volk nicht schon die Umwandlung von Brot und Wein, die Anbetung der Knochen von Toten, die Ohrenbeichte, die Ablässe, die Austreibungen, die falschen Wunder und lächerlichen Bilder weggenommen? Ist das Volk nicht daran gewöhnt, ohne Aberglauben auszukommen? Wir müssen den Mut haben, noch einige Schritte weiter zu gehen. Das Volk ist nicht so dumm, wie man denkt. Es wird ohne Mühe den weisen und einfachen Kult eines einzigen Gottes annehmen ... Wir wollen die Priester nicht dessen berauben, was die Freigebigkeit ihrer Anhänger ihnen gewährt hat; aber wir wollen, daß diese Priester, die fast alle heimlich über die Lügen lächeln, welche sie erzählen, sich uns anschließen, um die Wahrheit zu predigen ... Wieviel Gutes würde ein so glücklicher Wandel hervorbringen!»[80]

Auf uns wirkt all das heute recht ermüdend, aber im Frankreich des achtzehnten Jahrhunderts waren es revolutionäre Worte. Kein Wunder, daß Voltaire vorgab, La Mettrie, der längst tot und in Sicherheit war, sei der Autor.

1763 zerstreute sich der Kämpfer mit einigen Dramen, einer wertlosen kurzen Geschichte mit dem Titel *Blanc et noir* (Weiß und Schwarz) und einem kleinen *Catéchisme de l'honnête homme* (Katechismus des gebildeten Menschen), in dem er seine «Naturreligion» darlegte. 1764 dagegen war wieder ein bedeutendes Jahr. Voltaire hielt seine Drucker in Atem mit *L'Evangile de la raison* (Evangelium der Vernunft) und *Examen de la religion* (Prüfung der Religion), einer neubearbeiteten Ausgabe von Jean Mesliers feurigem *Testament,* sowie mit einer seiner bedeutendsten Veröffentlichungen, dem *Dictionnaire philosophique portatif* (Philosophisches Taschenwörterbuch). Hierbei handelte es sich nicht um den gewichtigen Band von 824 doppelspaltigen Seiten von heute oder um die fünf bis acht Bände in seinen gesammelten Werken, sondern um ein Buch von kleinem Format, das man leicht mitnehmen und verstecken konnte. Die Kürze der Artikel und der einfache, klare Stil machten es einer Million Leser in einem Dutzend Länder zugänglich.

Als Werk eines einzelnen Menschen war es eine erstaunliche Leistung. Es enthält wohl tausend Irrtümer, aber die umfassenden Kenntnisse, die es auf fast jedem Gebiet verrät, verleihen dem Buch eine nahezu einzigartige Stellung in der Literaturgeschichte. Wieviel Fleiß, Beredsamkeit, Scharfsinn! Voltaire ist redefreudig; er hat fast über alles etwas zu sagen und fast immer etwas, was noch heute von Interesse ist. Gewiß, er erlaubt sich nicht wenige Frivolitäten, Plattheiten oder Oberflächlichkeiten; auch ein paar unbedachte Bemerkungen («Der europäische Geist hat in den letzten hundert Jahren mehr Fortschritte gemacht als vorher die ganze Welt seit den Tagen Brahmas und Zarathustras»[81]) – aber kein Mensch kann auf tausend Seiten nur kluge Dinge sagen, und kein anderer hat so viel mit so viel Geist gesagt. Sogar die Etymologie war häufig gegeben, denn Voltaire war wie jeder wißbegierige Leser von den Wandlungen gefesselt, die ein Wort bei seiner Reise durch Zeit und Raum durchmachte. Hier erscheint im Artikel «Mißbrauch von Worten» und dann wieder unter «Wunder» der bekannte voltairianische Imperativ: «Jeder Ausdruck muß definiert werden!» (*Définissez vos termes!*)

Das Buch war vor allem als vernichtendes Material gegen das Christentum gedacht, wie Voltaire es kannte. Darunter sind wieder all die unglaubhaften, absurden und skandalösen Begebenheiten aus der Bibel aufgeführt, nicht nur in der Rubrik «Widersprüche», sondern fast auf jeder Seite. Wer gab der Kirche das Recht, von den fünfzig Evangelien, die im Jahrhundert nach dem Tode Jesu geschrieben wurden, vier für «kanonisch» zu erklären? Wie bezeichnend, daß einerseits von der jungfräulichen Geburt Jesu gesprochen wurde und andererseits seine Abstammung über den angeblich unbeteiligten Joseph bis auf den Schurken David verfolgt wurde! Warum lehnte das Christentum das Gesetz Moses ab, obwohl Christus es verschiedentlich bestätigt hatte? War Paulus, der das Gesetz (wegen eines Stückchen Hauts) ablehnte, zuständiger als Christus?

Den Genfer Stadtvätern gefiel das *Philosophische Wörterbuch* nicht, und am 24. September 1763 befahl der Rat der Fünfundzwanzig dem Henker, jedes auffindbare Exemplar zu verbrennen. Der Pariser Gerichtshof ordnete 1765 ein ähnliches Freudenfeuer an; das Schicksal des Buches in Abbeville (1766) wurde bereits erwähnt. Vor der Genfer Obrigkeit behauptete Voltaire, daß das *Wörterbuch* von einer Gruppe von Schriftstellern stamme, die ihm völlig unbekannt seien. Was ihn nicht daran hinderte, neues Material für die nächsten vier Auflagen, die im geheimen noch vor Ende 1765 gedruckt wurden, und für die späteren fünf Auflagen, die vor seinem Tode im Jahre 1778 erschienen, zusammenzustellen. Er machte mit willigen Buchhändlern in Genf ab, ihnen so viele Exemplare frei zur Verfügung zu stellen, als sie vertreiben konnten, und ihnen Verkäufer zu verschaffen, die das Buch in Privathäusern anboten[82].

In den Jahren 1765 bis 1767 setzte er den Kampf mit wachsender Leidenschaft fort. 1764 hatte er endlich seine Genfer Villa «Les Délices» aufgegeben, weil ihm der Boden unter den Füßen zu heiß wurde. Drei Jahre lang wagte er sich kaum aus Ferney heraus; aber fast jeden Monat schickte er irgendeinem Drucker ein neues Pamphlet gegen *l'infâme. Les questions de Zapata* (Die Fragen Zapatas; März 1767) behandelten angeblich die Beanstandungen eines Theologieprofessors an der Universität von Salamanca, die dieser einer Versammlung von Theologen 1629 vorgelegt hatte. Zapata gestand seine Zweifel am Stern von Bethlehem, an der angeblichen Volkszählung «der ganzen Erde» unter Augustus, am Kindermord und an der Versuchung Jesu durch Satan auf einem Hügel, von dem aus man «alle Königreiche der Erde» sehen konnte. Wo lag dieser wunderbare Hügel? Warum hatte Jesus sein Versprechen nicht gehalten und das «Königreich Gottes» errichtet, bevor «diese Generation von hinnen geht»[83]? Was hatte ihn davon abgehalten? «War der Nebel zu dick?»[84] «Was soll ich mit denen, die zu zweifeln wagen, tun? ... Sollte ich sie zu ihrer Erbauung der peinlichen Befragung ersten, zweiten oder dritten Grades unterwerfen?» Oder «wäre es nicht besser, all diese Irrgänge zu vermeiden und einfach Tugend zu predigen»[85]? Zum Schluß:

> «Als Zapata keine Antwort erhielt, fing er ganz einfach an, Gott zu predigen. Er verkündete den Menschen den Vater der Menschheit, der belohnt, straft und verzeiht. Er trennte die Wahrheit von der Lüge, die Religion vom Fanatismus. Er lehrte und übte Tugend. Er war sanft, wohltätig und bescheiden und wurde im Jahre des Heils 1631 in Valladolid geröstet.»[86]

Im Mai 1767 machte Voltaire einen neuen Vorstoß mit einer Arbeit von hundertfünf Seiten, *Examen important de Milord Bolingbroke* (Wichtige Prüfung Lord Bolingbrokes). Hier legte er dem verstorbenen Engländer seine Argumente in den Mund, und Bolingbroke hätte sich dies wahrscheinlich gefallen lassen. Im gleichen Jahr ließ Voltaire *L'Ingénu* (Der Offenherzige) erscheinen, die wunderschöne Geschichte eines unglaublich tugendsamen Indianers vom Stamme der Huronen, der aus Amerika nach Frankreich gebracht wird und den die europäischen Sitten und die christliche Religion völlig verwirren. 1769 folgte *Le Cri des nations* (Der Schrei der Nationen), ein Aufruf an das katholische Europa, der angeblichen Oberhoheit der Päpste über die Könige ein Ende zu machen. Ebenfalls in diesem Jahr trat Voltaire mit einer *Histoire du Parlement* (Geschichte der Gerichtshöfe) hervor, sehr gelehrt, aber von Leidenschaft getrübt, worin er diese Körperschaften als eine Verschwörung von Jansenisten verurteilt. Zwischen 1770 und 1772 gab er neun Bände unter dem Titel *Questions sur l'Encyclopédie* (Fragen zur Enzyklopädie) heraus, vermischte Schriften, eine Art Ein-Mann-Enzyklopädie, die noch antikatholischer war als das *Taschenbuch*.

Gewöhnlich tarnte er seine Veröffentlichungen mit harmlosen Titeln: *Rede über die Auslegung des Alten Testaments, Epistel an die Römer, Predigten des Paters Jacques Rossetes, Ansprachen des Pastors Bourne, Ratgeber für Familienväter*. Das gebildete Publikum in Frankreich erriet, daß sie von Voltaire stammten, denn seinen Stil konnte er nicht verstellen, aber man konnte ihm nichts beweisen. Dieses spannende Spiel wurde zum Gespräch von Paris und Genf, und sein Echo war in London, Amsterdam, Berlin, sogar in Wien zu hören. In der ganzen Geschichte hatte sich kein Schriftsteller ein solches Versteckspiel mit so mächtigen Feinden und mit so viel Erfolg erlaubt. Hunderte von Gegnern versuchten, ihm zu antworten. Er widerlegte sie alle, mit allen Mitteln, manche davon grob und unfair – denn man war im Krieg. Und er genoß ihn. In der Hitze des Kampfes vergaß er zu sterben.

Ein merkwürdiger neuer Optimismus bemächtigte sich seiner, er empfand anders als zur Zeit des Erdbebens von Lissabon und des *Candide,* wo er Ergebung in das unüberwindliche Elend des Daseins gepredigt hatte. Er träumte vom Sieg der «Philosophie» über eine Kirche, die sich hinter der Bedürftigkeit des Volkes versteckte. Wenn zwölf unwissende Fischer das Christentum begründen konnten, warum sollten es dann nicht zwölf *philosophes* von seinen Dogmen und der Inquisition reinwaschen können? «Lebt glücklich und *écrasez l'infâme*», schrieb er einem der «Brüder» und versicherte ihnen: «Wir werden sie vernichten!»[87] Waren nicht ein König, eine Zarin, eine Geliebte des Königs und viele andere hochstehende Persönlichkeiten offen oder im geheimen auf seiner Seite? Er umwarb den Hof, indem er den Pariser Gerichtshof angriff, er genoß die Gunst der Frau von Pompadour und später der Frau Dubarry, er hoffte sogar auf das stillschweigende Einverständnis Ludwigs XV. An d'Alembert schrieb er 1767: «Wir müssen diese glückliche Umwälzung segnen, die in den letzten fünfzehn oder zwanzig Jahren im Geist aller gebildeten Menschen stattgefunden hat; sie hat meine Hoffnungen übertroffen.»[88] Hatte er es nicht vorausgesagt? Hatte er nicht 1760 an Helvétius geschrieben: «Dieses Jahrhundert beginnt den Triumph der Vernunft zu sehen»[89]?

VII. RELIGION UND VERNUNFT

Er war nicht einfältig genug, um sich vorzustellen, daß die Religion von Priestern erfunden worden war. Im Gegenteil, er schrieb im *Philosophischen Wörterbuch:*

> «Die Gottesidee stammt vom Gefühl her, von jener natürlichen Logik, die sich mit den Jahren selbst in den gröbsten Menschen entwickelt. Man hat die erstaunlichen Wirkungen in der Natur betrachtet, Ernten und Dürre, heitere Tage und Unwetter, Wohltaten und Plagen, und hat einen Meister über sich gespürt ... Die ersten Herrscher haben ihrerseits diese Begriffe dazu ausgenutzt, um ihre Macht zu befestigen.»[90]

Jeder soziale Verband wählte sich eine der übernatürlichen Mächte zu seinem Schutzgott und brachte diesem Gebete und Opfer dar, damit er ihn vor der Macht und den Göttern anderer Verbände beschütze. Die Priester waren durch diesen Glauben entstanden, Auslegungen und Riten aber waren das Werk der Priester. Im Laufe der Zeit nützten die Priester immer mehr die Furcht der Menschen aus, um ihre Macht auszudehnen. Sie begingen alle Arten von Verbrechen, bis sie schließlich zum Mord von «Ketzern», zur Hinschlachtung ganzer Gruppen übergingen und ganze Länder an den Rand des Verderbens brachten. Und Voltaire schloß: «Ich haßte Priester, ich hasse sie, und ich werde sie immer und ewig hassen.»[91]

In nichtchristlichen Religionen fand er vieles, was ihm annehmbar schien, besonders in der Lehre des Konfuzius (die keine Religion war); aber in der christlichen Lehre gefiel ihm fast gar nichts. «Ich besitze zweihundert Bände über dieses Thema und, was schlimmer ist, ich habe sie gelesen. Man kommt sich wie im Irrenhaus vor.»[92] Er fügte der früheren Kritik an der Bibel nicht viel hinzu; seine Aufgabe sah er in der Verbreitung dieser Kritik, und die Wirkung davon spüren wir noch heute. Mit größerer Kühnheit, als sie die meisten seiner Vorgänger aufgebracht hatten, wies er immer wieder auf die Unsinnigkeit von Noahs Sintflut, der Durchquerung des Roten Meeres, des Kindermordes von Bethlehem usw. hin. Und die Geschichte und Theorie von der «Erbsünde» konnte er nie genug anprangern. Voller Empörung zitierte er die Worte des heiligen Augustin: «Der katholische Glaube lehrt, daß alle Menschen als Sünder auf die Welt kommen und sogar Säuglinge der Verdammung sicher sind, wenn sie nicht, bevor sie sterben, in Jesus Christus wiedergeboren werden.»[93] (Heute macht man uns weis, daß solche Kindlein an einen angenehm warmen Platz namens Vorhölle, gleich neben der Hölle, kommen.)

Was Jesus anbetraf, so schwankte Voltaire. Von der natürlichen Frömmigkeit der Kindheit war er zu jugendlicher Respektlosigkeit übergegangen, ging sogar so weit, daß er ein angebliches Verhältnis Marias mit einem römischen Soldaten nicht für ausgeschlossen hielt. Eine Zeitlang betrachtet er Jesus als einen geistesgestörten Fanatiker – *un fou*[94]. In reiferen Jahren stellte sich die Bewunderung für die ethischen Vorschriften Jesu ein. Wir werden viel eher gerettet werden, sagt er, wenn wir nach diesen Grundsätzen leben, als wenn wir glauben, daß Jesus Gott war. Mit großem Genuß machte er sich in *Der Atheist und der Weise* über die Dreieinigkeit lustig. Der Atheist fragt: «Glaubst du, daß Jesus Christus eine Natur, eine Person und einen Willen besitzt oder zwei Naturen, zwei Personen und zwei Willen oder einen Willen, eine Natur und zwei Personen oder zwei Willen, zwei Personen und eine Natur oder –», aber der Weise befiehlt ihm, solche Rätsel zu vergessen und ein guter Christ zu sein[95]. Voltaire betont, daß Christus, im Gegensatz zu Paulus und späteren Christen, dem Judentum treu blieb, trotz seiner Kritik an den Pharisäern:

> «Der Ewige, der sich zum Juden gemacht hatte, blieb sein ganzes Leben lang ein Anhänger der jüdischen Religion; er befolgte alle ihre Gebote, besuchte den jüdischen Tempel, verkündete nichts, was dem jüdischen Gesetz zuwider war; all seine Jünger waren Juden, alle beobachteten die jüdischen Zeremonien. Er hat ganz bestimmt nicht ... die christliche Religion begründet ... Kein einziges Dogma des Christentums wurde von Jesus Christus gepredigt.»[96]

Nach Voltaires Ansicht hatte Jesus den Glauben manch eines frommen Juden vor ihm angenommen, wonach die ihnen bekannte Welt ihrem Ende nahe war und bald durch das «himmlische Königreich» ersetzt werden würde – das heißt durch die unmittelbare Herrschaft Gottes auf Erden. (Die moderne Kritik schließt sich dieser Ansicht an.)

In seinen letzten Jahren empfand Voltaire immer größere Wärme für die Christusgeschichte und fing an, Christus «meinen Bruder», «meinen Meister» zu nennen[97]. Er malte sich aus, wie er in einem Traum in eine Wüste mit lauter Knochenhaufen versetzt werde. An einer Stelle lagen die Überreste von 300000 ermordeten Juden, die «wegen metaphysischer Dispute erdrosselt wurden»; dort Haufen von Gold und Silber mit Bischofsstäben und Kronen verschwundener Prälaten und Könige. Dann führte ihn ein Engel in einen grünen Hain, wo sich die großen Weisen aufhielten; dort sah er Numa Pompilius, Pythagoras, Zarathustra, Thales, Sokrates ... Schließlich

> «gelangte ich mit meinem Führer in einen Hain, der höher gelegen war als die Stätte, in der die Weisen des Altertums süße Ruhe genossen. Ich sah einen Mann mit sanften, schlichten Zügen,

den ich für ungefähr fünfunddreißig Jahre alt hielt ..., seine Füße geschwollen und blutig wie auch seine Hände; eine Seite durchbohrt, die Brust von Peitschenhieben zerschunden. Es gab keinen Vergleich zwischen den Leiden dieses Weisen und denen des Sokrates.»

Voltaire fragt ihn nach der Ursache seines Todes. Jesus antwortet: «Priester und Richter.» Hatte er die Absicht gehabt, eine neue Religion zu gründen? Nein. War er für diese Knochenhaufen, diese Berge von königlichem und geweihtem Gold verantwortlich? Nein. «Ich und die Meinen lebten in größter Armut.» Worin bestand dann wahre Religion? «Habe ich es nicht längst gesagt? Liebe Gott und liebe deinen Nächsten wie dich selbst.» «Wenn dem so ist», sagt Voltaire, «dann wähle ich dich zu meinem einzigen Meister.» «Er machte mir ein Zeichen, das mich mit Trost erfüllte. Die Erscheinung verschwand, und ich blieb mit mir selbst in Frieden zurück.»[98]

Aber diese Stimmung gehörte einer späteren Zeit an. In den Jahren des Kampfes betrachtete Voltaire die Geschichte des Christentums vorwiegend als ein Unglück für die Menschheit. Die Mystik Pauli, die kanonischen und apokryphen Legenden der Evangelien, die Geschichte von Märtyrern und Wundern und die Pfaffenlist im Verein mit der hoffnungsvollen Leichtgläubigkeit der Armen hatten die christliche Kirche geschaffen. Dann formulierten die Kirchenväter die Lehre in Worten, die den geistigen Mittelstand befriedigen konnten. Nach und nach wurde das Leuchten klassischer Kultur von kindischen Vorstellungen und frommem Schwindel verdrängt, bis zu jener Verdüsterung des europäischen Geistes, die jahrhundertelang dauerte. Menschen, die die Betrachtung liebten, Menschen, die sich vor den Anforderungen und der Verantwortung des Lebens fürchteten, und bloße Faulenzer verkrochen sich in Klöster und steckten sich gegenseitig mit neurotischen Träumen von Weibern, Teufeln und Gottheiten an. Gelehrte Zusammenkünfte wurden abgehalten, um darüber zu verhandeln, ob die eine oder die andere Unsinnigkeit in den unfehlbaren Glauben aufgenommen werden sollte. Die Kirche, die ihre Macht auf die Sucht des Volkes nach tröstlichen Märchen gründete, wurde stärker als der Staat, dessen Autorität auf organisierter Gewalt beruht. Die Macht des Schwertes wurde von der Macht des Wortes abhängig; Päpste setzten Kaiser ab und entbanden die Völker von der Treuepflicht gegenüber ihren Königen.

Voltaire betrachtete die protestantische Reformation nur als einen zögernden Schritt auf dem Wege zur Vernunft. Er begrüßte die Revolte gegen die Bettelei der Klosterbrüder, gegen Ablaßverkäufer und geldgierige Pfaffen, die sich in manchen Fällen «das Einkommen einer ganzen Provinz» aneigneten; im Norden Europas «legte sich das Volk eine billigere Religion zu»[99] Hingegen war er entsetzt über die Rolle der Vorherbestimmung bei Luther und Calvin[100] Man stelle sich nur einen Herrscher vor, der zwei Drittel seiner Untertanen zu ewigem Feuer verurteilt hat! Und wenn man sich die verschiedenen christlichen Auslegungen der Eucharistie ansieht: die Katholiken bekennen sich dazu, Gott und nicht Brot zu essen; die Lutheraner essen sowohl Gott als Brot; die Calvinisten essen Brot, aber nicht Gott. «Wenn jemand uns von einem so überspannten oder verrückten Gebrauch bei den Hottentotten und Kaffern erzählte, würden wir es für Schwindel halten.»[101] Der Fortschritt der Vernunft geht über solche Kontroversen hinweg. «Wenn Luther und Calvin jetzt noch einmal auf die Welt kämen, würden sie nicht mehr Aufsehen erregen als die Scotisten und Thomisten.»[102] Wenn die Protestanten weiter solch eine Lehre predigen, werden die gebildeten Schichten sich davon abkehren, während die Massen den duftenden, farbenfrohen römischen Glauben vorziehen werden. Schon jetzt, behauptete Voltaire, «sind Calvinismus und Luthertum in Deutschland in Gefahr; das Land ist voll von großen Bistümern, unabhängigen Abteien und Stiften, die alle auf Bekehrung aus sind»[103].

Sollten vernünftige Menschen die Religion also völlig im Stich lassen? Nein. Eine Religion, die nichts anderes predigt als Gott und Tugend, wäre für die Menschheit von großem Wert. In jüngeren Jahren glaubte Voltaire, daß «diejenigen, die die Hilfe der Religion brauchen, um gute Menschen zu sein, zu bemitleiden sind» und daß eine Gesellschaft mit einer vom Glauben an das Übernatürliche unabhängigen, natürlichen Moral leben könne[104]. Aber als er mehr Erfahrung mit menschlichen Leidenschaften hatte, mußte er zugeben, daß kein Moralgesetz mit Erfolg der primitiven Kraft individueller Instinkte widerstehen konnte, wenn das Volk nicht daran glaubte, daß dieses Gesetz seinen Ursprung und seine Weihe in einem Gott hatte, der alles sieht, belohnt und straft. Nachdem er zuerst wie Locke geglaubt hatte, daß es keine angeborenen Vorstellungen gibt, kam er auf Leibnizens Behauptung zurück, wonach der moralische Sinn angeboren ist, und definierte ihn als ein Gerechtigkeitsgefühl, das Gott in uns gelegt hat. «Gesetze wachen über bekannte, die Religion über geheime Verbrechen.»[105] In *Der Atheist und der Weise* sagt der Weise:

«Ich will einmal annehmen (was Gott verhüte!), daß alle Engländer Atheisten sind. Ich will zugeben, daß es einige friedliche Bürger gibt, von Natur aus ruhig, reich genug, um anständig zu sein, die sich vom Ehrgefühl leiten lassen und sich so benehmen, daß sie in Gesellschaft zusammenleben können ... Aber der arme und gewalttätige Atheist, der sicher ist, daß er straflos davonkommt, wäre ein Dummkopf, wenn er keinen Mord beginge, um Geld zu stehlen. Dann wären alle Bande der Gesellschaft gelöst, die Erde würde von Verbrechen wie von Heuschrekken heimgesucht, die zuerst kaum bemerkt werden und dann ganze Gegenden verwüsten ... Wer würde die mächtigen Könige im Schach halten? ... Ein atheistischer König ist gefährlicher als ein fanatischer Ravaillac ... Im fünfzehnten Jahrhundert wimmelte es von Atheisten in Italien. Was war die Folge? Sich gegenseitig zu vergiften war ebenso üblich wie eine Einladung zum Abendessen ... Der Glaube an einen Gott, der gute Handlungen belohnt, schlechte bestraft und leichte Vergehen verzeiht, ist also für die Menschheit am besten.»[106]

Und schließlich entdeckte Voltaire auch einen gewissen Sinn in der Lehre von der Hölle:

«Den Philosophen, die die Hölle in ihren Schriften ableugnen, möchte ich folgendes sagen: Meine Herren, wir verbringen unser Leben nicht mit Cicero, Atticus, Cato, Marc Aurel, Epiktet noch mit einem Ausbund von Tugend wie dem ungläubigen Spinoza, der, obwohl er nichts besaß, den Kindern des Ratspensionärs de Witt eine Rente von dreihundert Gulden zurückerstattete, die der große de Witt ihm ausgesetzt hatte, dessen Herz die Holländer übrigens auffraßen ... Mit einem Wort, meine Herren, nicht jeder ist ein Philosoph. Wir haben es mit einer Menge von Lumpen zu tun, die nicht lange überlegen, mit einer Menge kleiner Leute, mit Raufbolden, Trinkern und Dieben. Wenn es Ihnen Spaß macht, predigen Sie ihnen, daß es keine Hölle gibt. Ich für mein Teil werde ihnen in die Ohren schreien, daß sie in die Hölle kommen, wenn sie mich bestehlen ...»[107]

Daraus entnehmen wir, daß sogar der Teufel Voltaire zitieren darf. Nachdem er für eine Religion ohne Fabeln eingetreten war[108], predigte der große Skeptiker zum Schluß die schlimmsten aller Fabeln. Er hatte eine Religion gefordert, die den Menschen nur Moral beibringen sollte[109]; jetzt gab er zu, daß der gewöhnliche Mensch nur durch eine Religion von Himmel und Hölle vom Verbrechen abgehalten werden konnte. Die Kirche durfte sagen, er habe seinen Gang nach Canossa getan.

Im Alter von zweiundsiebzig Jahren gab er eine Neufassung seines Glaubens unter dem bescheidenen Titel *Le Philosophe ignorant* (Der unwissende Philosoph; 1766) heraus. Er gesteht gleich zu Anfang, daß er nicht weiß, was Materie oder Geist ist, oder wie er denkt, oder wie sein Denken seinen Arm in Bewegung setzen kann[110]. Er stellt sich eine Frage, die ihm nie vorher einfiel: «Ist es notwendig für mich, das zu wissen?» Doch fügt er hinzu: «Ich kann mich nicht von dem Wunsch nach Belehrung befreien; meine Wißbegier ist ewig unersättlich.»[111] Er ist jetzt überzeugt, daß es keine Willensfreiheit gibt. «Der Ignoramus, der so denkt, hat nicht immer so gedacht, aber er mußte schließlich nachgeben.»[112] «Gibt es einen Gott?» Ja, als die Intelligenz hinter «der Ordnung, der wundervollen Kunst und den mechanischen und geometrischen Gesetzen, die das Universum regieren»[113]. Aber diese höchste Intelligenz ist uns nur in ihrer Existenz, nicht in ihrem Wesen bekannt. «Elender Sterblicher! Wenn ich meine eigene Intelligenz nicht verstehen kann, wenn ich nicht weiß, wovon ich belebt bin, wie kann ich dann auch nur die geringste Kenntnis von jener unaussprechlichen Intelligenz haben, die sichtlich den Vorsitz über das Universum hat? ... Aber wir sind sein Werk.»[114] Voltaire neigt zu der Ansicht, daß es nie eine Schöpfung in der Zeit gegeben hat, daß die Welt immer existiert hat, daß sie «immer von jener ursprünglichen und notwendigen Ursache ausgegangen ist, wie das Licht von der Sonne ausgeht», und daß «die Natur immer belebt war»[115]. Er glaubt immer noch an einen Plan innerhalb des Universums, an eine Vorsehung, die das Ganze leitet, die aber die einzelnen Teile – darunter jedes menschliche Wesen – sich selbst überläßt[116]. Und er beschließt: «Wenn ihr mir sagt, daß ich euch nichts gelehrt habe, so denkt daran, daß ich euch gleich zu Anfang mitgeteilt habe, daß ich unwissend bin.»[117]

Der unsicher gewordene Philosoph begann diejenigen zu beneiden, die nie gedacht und nur geglaubt und gehofft hatten. Trotzdem kam er auf die Ansicht des Sokrates zurück, daß ein Leben ohne Denken eines Menschen unwürdig ist. Er verlieh diesen schwankenden Meinungen über das Leben in der Schrift *L'Histoire d'un bon Brahmin* (Geschichte eines guten Brahmanen; 1761) Ausdruck:

> «Auf meinen Reisen traf ich einmal einen alten Brahmanen, einen weisen Mann, sehr geistvoll und gelehrt; außerdem war er sehr reich ... Eines Tages sagte er zu mir: 'Ich wünschte, ich wäre nie geboren.' 'Warum?' fragte ich. 'Ich habe vierzig Jahre lang studiert, vierzig Jahre lang habe ich meine Zeit verloren; ich belehre andere und weiß doch selbst nichts ... Ich lebe in der Zeit, und ich weiß nicht, was Zeit ist. Ich befinde mich auf einem Punkt zwischen zwei Ewigkeiten, wie sich unsere Weisen ausdrücken, und ich habe keine Ahnung von der Ewigkeit; ich bestehe aus Materie; ich denke, und ich habe nie erfassen können, was den Gedanken hervorbringt ... Ich weiß nicht, warum ich existiere; und dennoch stellt man mir jeden Tag Fragen über diese Punkte. Man muß antworten, und ich habe nichts Vernünftiges zu sagen.'

Dieser brave Mann tat mir aufrichtig leid ... Am selben Tag traf ich eine alte Frau, die nicht weit von ihm wohnte. Ich fragte sie, ob sie jemals bekümmert gewesen war, weil sie nicht wußte, wie ihre Seele beschaffen war. Sie verstand nicht einmal, was ich von ihr wollte. Sie hatte nie in ihrem Leben auch nur einen Augenblick über einen einzigen der Punkte nachgedacht, die meinen Brahmanen beunruhigten. Sie glaubte von ganzem Herzen an die Wiederverkörperungen Vischnus, und solange sie sich ab und zu ein wenig Wasser zum Waschen aus dem Ganges besorgen konnte, hielt sie sich für die glücklichste der Frauen.

Betroffen vom Glück dieser armseligen Kreatur, kehrte ich zu meinem Philosophen zurück und sagte: 'Schämst du dich nicht, unglücklich zu sein, wenn du vor deiner Türe eine alte Gliederpuppe hast, die an nichts denkt und mit dem Leben zufrieden ist?' – 'Du hast recht', antwortete er; 'ich habe mir hundertmal gesagt, daß ich glücklich wäre, wenn ich ebenso dumm wie meine Nachbarin wäre, und trotzdem reizt mich solch ein Glück nicht.'

Diese Antwort meines Brahmanen machte mir mehr Eindruck als alles andere, und ich erkannte, daß wir zwar sehr am Glück hängen, aber noch viel mehr an der Vernunft. Aber wenn man darüber nachdenkt, daß jemand die Vernunft dem Glück vorzieht, so scheint das auch ganz widersinnig.»[118]

VIII. DER BIGOTTE VOLTAIRE

In ähnlicher Stimmung hatte Pascal entschieden, seinen von der Logik gemarterten Geist der katholischen Kirche zu unterwerfen, die in jahrhundertelanger Erfahrung eine Verbindung von Doktrin und Kult entwickelt hatte, welche die Moral unterstützte und Zweifel und Kummer besänftigte. Voltaire ging nicht ganz so weit, aber in den Siebzigerjahren schlug er doch mehr oder weniger diese Richtung ein.

Er fing damit an, sich mit der Erwünschtheit irgendeiner Religion im allgemeinen abzufinden. Als Boswell ihn fragte (29. Dezember 1764): «Wollen Sie keinerlei öffentlichen Gottesdienst?», antwortete Voltaire: «Doch, von ganzem Herzen. Wir wollen uns viermal im Jahr in einem großen Tempel mit Musik treffen und Gott für all seine Gaben danken. Es gibt *eine* Sonne, es gibt *einen* Gott; begnügen wir uns mit *einer* Religion; dann werden alle Menschen Brüder sein.»[119] Die Sonne war für ihn gewissermaßen eine Haltestelle auf dem Weg zu Gott. Im Mai 1774, als er achtzig Jahre alt war, stand er eines Morgens noch vor der Dämmerung auf und erklomm mit einem Freund einen nahegelegenen Hügel, um dem Sonnenaufgang beizuwohnen. Vielleicht hatte er gerade Rousseau gelesen. Als er erschöpft oben ankam und ganz überwältigt von der Pracht der triumphierenden Sonne war, kniete er nieder und rief aus: «O allmächtiger Gott, ich glaube!» Aber während er aufstand, erwachte der alte Voltaire in ihm, und er sagte: «Was den Herrn Sohn und die Frau Mutter betrifft – das ist eine Sache für sich!»[120]

Schritt für Schritt weitergehend, räumte er die Daseinsberechtigung von Priestern ein, die dem Volk Moral beibringen und zu Gott beten[121]. Er mußte anerkennen, daß die Bischöfe in Frankreich und England manches Gute für den Aufbau der sozialen Ordnung geleistet hatten; Kardinäle hingegen seien zu kostspielig, man sollte ohne sie auskommen. Er hatte ein warmes Gefühl für den einfachen Dorfpfarrer, der die Kirchenbücher führte, den Armen half und in entzweiten Familien Frieden stiftete. Diese Pfarrer sollten von ihren kirchlichen Oberen mehr geachtet, besser bezahlt und weniger ausgenützt werden[122].

In großzügigen Augenblicken war der reuige alte Sünder sogar bereit, die Zahl der religiösen Versammlungen von vier im Jahr auf eine im Monat und sogar eine in der Woche zu vermehren[123]. Dort sollten Gebete und Danksagungen stattfinden, Akte der Verehrung und Lehrstunden für Moral; aber keine «Opfer», keine Bittgesuche, und nur kurze Predigten! Wenn religiöse Bilder oder Statuen unbedingt nötig waren, dann sollten keine zweifelhaften Heiligen, sondern große Männer wie Heinrich IV. (von seinen Mätressen abgesehen) verewigt werden. Und kein übernatürliches Dogma, außer der Existenz eines gerechten Gottes! Die Kirchenorganisation sollte dem Staat unterworfen werden; die Geistlichkeit sollte von der Regierung geschult und bezahlt werden. Klöster könnten bestehen bleiben, aber nur als Zufluchtsort für Alte und Kranke. Voltaire hatte wie so mancher Skeptiker eine große Achtung vor den Nonnen, die aus den Klöstern kamen, um Arme und Kranke zu pflegen. Nachdem er die barmherzigen Schwestern in den Pariser Hospitälern beobachtet hatte, schrieb er im *Essai sur les mœurs:* «Auf der ganzen Welt läßt sich nichts mit dem Opfer von Schönheit und Jugend und oft hoher Geburt vergleichen, das das schwache Geschlecht freudig darbringt, um das Wirrsal menschlichen Leidens in den Krankenhäusern zu lindern. Die Völker, die vom römischen Glauben abgefallen sind, haben diese edle Barmherzigkeit nur unvollkommen nachgeahmt.»[124]

Wie alle Welt weiß, baute Voltaire neben seinem Haus in Ferney eine kleine Kirche mit der stolzen Inschrift über dem Portal: «*Deo erexit Voltaire.*» «Das ist die einzige Kirche auf der Welt», behauptete er, «die Gott allein geweiht ist; alle anderen sind Heiligen geweiht.»[125] Er bat in Rom um eine geweihte Reliquie für seine Kapelle; der Papst schickte ihm ein härenes Gewand des Franz von Assisi. Auf dem Altar stellte Voltaire ein lebensgroßes Christusbild auf, das diesen nicht als Gekreuzigten, sondern als Weisen zeigte. Dort wohnte er von 1760 an jeden Sonntag der Messe bei. Er trat vor den Dorfbewohnern als Gutsherr auf, und an Ostern 1768 empfing er in seiner Kirche die Kommunion[126]. Er schickte auch seine Dienerschaft regelmäßig zur Kirche und bezahlte dafür, daß man ihren Kindern den Katechismus beibrachte[127].

Ein gut Teil dieser Frömmigkeit war wahrscheinlich dazu bestimmt, den Dörflern mit gutem Beispiel voranzugehen und sie in einem Glauben zu bestärken, der sie von Verbrechen und Übergriffen auf seinen Besitz abhielt. Er sorgte dafür, daß der Hof in Versailles von seinem vorbildlichen Betragen hörte, und vielleicht hoffte er, daß ihm das den Feldzug für die Familien Calas, Sirven und La Barre erleichtern würde, möglicherweise auch seine eigene Rückkehr nach Paris. Der König und die Königin waren auch tatsächlich erfreut, als sie von seiner Wandlung hörten. Der Abbé de La Bletterie billigte es, daß Voltaire das Abendmahl empfing, bemerkte aber, als er sein ausgemergeltes Gesicht sah, Voltaire habe vergessen, sich beerdigen zu lassen. Worauf Voltaire mit einer höflichen Verbeugung antwortete: «Nach Ihnen, mein Herr.»[128] Am 31. März 1769 ließ er einen Notar kommen und unterschrieb in Gegenwart verschiedener Zeugen eine Bestätigung, daß er im Schoße der katholischen Kirche sterben wolle[129]. Die «Brüder» in Paris machten sich über ihn lustig, aber er ertrug ihre bissigen Bemerkungen mit Humor.

Nach 1768 übernahm er die in den Klöstern übliche Sitte und ließ sich während der

Mahlzeiten aus frommen Büchern vorlesen. Für diesen Zweck bevorzugte er Predigten von Massillon. Literatur konnte er selbst im Priestergewand schätzen. Er hatte sich am Feldzug gegen die Jesuiten beteiligt, aber 1770 trat er in eine Laienvereinigung der Kapuziner ein und erhielt von ihrem Leiter den Titel *père temporel des capucins de Gex* – zeitlicher Vater der Kapuziner von Gex, der kleinen Dorfgemeinschaft, wo er sich als Lehnsherr fühlte. Er war ganz stolz auf diese Ehre, erzählte in einem Dutzend Briefe davon und zeichnete einige Briefe mit «Bruder Voltaire, unwürdiger Kapuziner». Friedrich II. begrüßte ihn als einen neuen Heiligen der Kirche, teilte ihm aber mit, daß die kirchliche Oberhoheit in Rom im selben Jahr einige Werke des «unwürdigen Kapuziners» verbrannt hatte[130]. Heute kann man nur schwer sagen, ob diese Annäherung an die Kirche aufrichtig war oder ob es sich um ein Friedensangebot an Versailles handelte oder ob er Angst hatte, daß man ihm ein Begräbnis in geweihter Erde – also in sämtlichen Friedhöfen Frankreichs – verweigern würde. Vielleicht spielten alle drei Beweggründe eine Rolle bei dieser göttlichen Komödie.

In diesen letzten Jahren, zwischen 1770 und 1778, diente seine Feder mehr der Ablehnung des Atheismus als dem Angriff auf das Christentum. In dem Artikel über «Gott» im *Philosophischen Wörterbuch* fügte er zwei Abschnitte zur Widerlegung von Holbachs *System der Natur* ein. 1772 verfaßte er einen eindrucksvollen Essay *Il faut prendre un parti* (Man muß Partei ergreifen), worin er für «Gott und Duldsamkeit» eintrat. Er gestand Frau Necker, der Herzogin von Choiseul und dem Prinzen Wilhelm von Preußen, daß er fürchte, die Bewegung für religiöse Duldsamkeit könnte durch die Verteidigung des Atheismus geschädigt werden. Er bedauerte, daß seine Kritik an Holbach die Solidarität der «Brüder» in Frage stellte, war aber nicht davon abzubringen: «Ich zweifle nicht daran, daß ich mir den Autor und drei Gönner dieses Buches zu unerbittlichen Feinden mache, weil ich gesagt habe, was ich denke; und ich erkläre ihnen, daß ich das bis zu meinem letzten Atemzug tun werde, ohne weder die Fanatiker des Atheismus noch die Fanatiker des Aberglaubens zu scheuen.»[131] Die «Holbachianer» erwiderten, daß der reiche Herr mit Versailles Politik spiele und Gott zur Einschüchterung seiner Diener und Bauern in Ferney benutze.

In den letzten zehn Jahren seines Lebens betrachteten ihn die Männer, die er als «Brüder» begrüßt und in dem Feldzug gegen *l'infâme* angefeuert hatte, als einen verlorenen Führer. Diderot hatte nie viel für ihn übrig gehabt, hatte nie mit ihm korrespondiert und fühlte sich gekränkt, weil Voltaire ganz selbstverständlich annahm, daß d'Alembert der Chef und die Seele der *Enzyklopädie* war. Die Verteidigung von Calas nahm Diderot begeistert auf, aber er ließ die von Eifersucht zeugende Bemerkung fallen: «Dieser Mensch steht überall an zweiter Stelle.»[132] Voltaire teilte Diderots revolutionäre politische Ansichten nicht, auch nicht seine Vorliebe für das bürgerliche Rührstück. Der ehemalige Bürger, der zum Aristokraten geworden war, hatte für den Bürger, der es zufrieden war, Bürger zu sein und zu bleiben, nichts übrig. Weder Diderot noch Holbach machten eine fromme Pilgerfahrt nach Ferney. Grimm sprach sich mit überflüssiger Härte über Voltaires Kritik an Hobbes und Spinoza aus: «Der 'Unwissende Philosoph' ist völlig an der Oberfläche dieser Fragen hängengeblieben.»[133]

Und nun kehrten die immer zahlreicheren Pariser Atheisten Voltaire den Rücken zu. Einer von ihnen hatte ihn schon 1765, mitten im Kampf gegen *l'infâme*, verächtlich abgetan: «*Il est un bigot, c'est un déiste*» (Er ist ein Frömmler, ein Deist)[134].

Der gebrechliche Patriarch, der von beiden Seiten angegriffen wurde, begann gegen 1770 seinen Glauben an den endgültigen Sieg zu verlieren. Er nannte sich einen «großen Zerstörer», der nichts aufgebaut hatte[135]. Er fürchtete, daß sich seine neue Religion «Gott und Toleranz» erst dann durchsetzen würde, nachdem die Herrscher den «Vorschlag für ewigen Frieden» des Abbé de Saint-Pierre würden angenommen haben, also wahrscheinlich niemals. Er hatte schon längst die Gebrechlichkeit der Philosophie und die Unbeliebtheit der Vernunft geahnt. «Kein Philosoph hat auch nur die Sitten der Straße, in der er wohnte, beeinflußt.»[136] Die Massen überließ er dem «Aberglauben» oder den Mythen. Er hatte gehofft, in Frankreich «vierzigtausend Weise» und die gebildete Schicht des Mittelstandes zu gewinnen. Aber in der Abenddämmerung seines Lebens entschwand sogar diese Hoffnung. «Die Jungen aufzuklären, Schritt für Schritt» – das war der einzige Traum, der ihm blieb, als er mit vierundachtzig Jahren Vorbereitungen traf, um Paris zu sehen und zu sterben. Vielleicht konnte der großartige Empfang, der ihm dort zuteil werden sollte, seinen Glauben an den Menschen wiederherstellen?

War er ein Philosoph? Ja – auch wenn er kein System errichtete, in seinen Ansichten hin und her schwankte und zu oft an der Oberfläche der Dinge hängenblieb. Er war kein Philosoph, wenn man damit den Erzeuger eines einheitlichen und zusammenhängenden Systems von Gedanken über die Welt und den Menschen meint. Er wandte sich von Systemen ab, weil sie sich allzu vorwitzig vom Winzigen ins Unendliche emporschwangen. Aber er war ein Philosoph, wenn man darunter einen Geist versteht, der sich ernsthaft mit den grundlegenden Problemen von Natur, Moral, Regierung, Leben und Schicksal auseinandersetzt. Er wurde nicht als ernsthaft betrachtet, aber vielleicht nur deswegen, weil er sowohl unsicher als klar war. Seine Ideen waren selten originell, aber in der Philosophie sind fast alle originellen Ideen unhaltbar, und der Mangel an Originalität ist ein Zeichen von Weisheit. Hingegen war die Form, die er seinen Ideen gab, ganz ohne Zweifel originell. Voltaire ist fraglos der geistvollste Schriftsteller, den es je gegeben hat. War er wirklich auf jedem Gebiet zweitrangig, wie Diderot es behauptete? Gewiß, in der Philosophie kam er nach Diderot, im Drama nach Corneille und Racine; aber er stand an der Spitze seiner Zeit in der Auffassung und Abfassung von Geschichte, in der Anmut seiner Poesie, dem Zauber seiner geistreichen Prosa, der Reichweite seiner Gedanken und der Reichweite seines Einflusses. Sein Geist war wie eine Flamme, die über Europa und dem Jahrhundert aufleuchtete, und in jeder Generation haben Millionen von Menschen seinen Atem verspürt.

Vielleicht war zu viel Haß in ihm; aber man muß bedenken, wie viel Veranlassung er dazu hatte. Wir müssen uns in ein Zeitalter zurückversetzen, in dem Menschen auf dem Scheiterhaufen verbrannt und gerädert wurden, weil sie vom Kirchenglauben abwichen. Heute kann man das Christentum besser würdigen als damals, weil er mit einigem Erfolg darum kämpfte, seine Dogmen und seine Gewalttätigkeit zu mäßigen. Wir können die Macht und Pracht des Alten Testaments und die Schönheit und Erhabenheit des Neuen fühlen, denn wir haben die Freiheit, sie als Erzeugnis und Eingebung sterblicher Menschen zu betrachten. Wir können Christus für seine Ethik danken, weil er uns nicht länger mit der Hölle bedroht, noch Menschen und Städte verflucht, die nicht auf ihn hören wollen[137]. Wir können den Adel eines Franziskus von Assisi bewundern, weil man uns nicht länger den Glauben zumutet, daß der heilige Franz Xaver in verschiedenen Sprachen verstanden wurde, wenn er nur eine sprach. Wir können die Poesie und das Drama des religiösen Kults empfinden, weil der vergängliche Triumph der Toleranz es uns freistellt, am Gottesdienst teilzunehmen oder ihm fernzubleiben. Wir können Hunderte von Legenden als bedeutsame Symbole oder bezeichnende Allegorien auffassen, weil von uns nicht mehr verlangt wird, sie als tatsächliche Geschehnisse hinzunehmen. Wir haben gelernt, liebevoll an das zurückzudenken, was uns einst teuer war und wir im Stich lassen mußten, so wie wir mit Rührung an eine erste Liebe zurückdenken. Und wem verdanken wir mehr als jedem anderen diese kostbare, umwälzende Befreiung? Ihm, Voltaire.

SECHSTES KAPITEL

Der Triumph der «Philosophes»

[1715–1789]

I. DIE GEISTLICHKEIT WEHRT SICH

Es ließ sich manches zur Verteidigung des Christentums sagen, und seine Verteidiger sagten es kraftvoll, manchmal in völliger Verkenntnis des Jahrhunderts, manchmal mit der Anmut und Klarheit, die man in Frankreich sogar von der Theologie erwartet. Es gab Männer der Kirche, die immer noch dafür eintraten, daß jede Abweichung von der feststehenden katholischen Lehre durch den Staat bestraft werden sollte und daß die Pariser Bluthochzeit eine berechtigte Operation gewesen sei[1]. Aber es gab auch andere, die den Fehdehandschuh mit Eleganz aufhoben und dem Feind erlaubten, die Waffe zu wählen – die Vernunft. Es war eine ritterliche Geste, denn wenn eine Religion sich auf vernünftige Auseinandersetzungen einläßt, geht es mit ihr bergab.

An die neunhundert Arbeiten zur Verteidigung des Christentums wurden zwischen 1715 und 1789 in Frankreich veröffentlicht, neunzig in einem Jahr (1770)[2]. *Philosophische Gedanken* von Diderot, *Über den Geist* von Helvétius und *Emile* von Rousseau riefen jeweils zehn Widerlegungen hervor. Der Abbé Houteville behauptete in seiner Schrift *La Religion chrétienne prouvée par les faits* (Die christliche Religion, durch Tatsachen bewiesen; 1722) – ebenso wie Erzbischof Whately ein Jahrhundert später –, daß die Wunder, die die Göttlichkeit des Christentums beweisen sollten, ebenso zuverlässig belegt seien wie die Ereignisse der weltlichen Geschichte. Die Satire des Abbé Guyon, *Oracle des nouveaux philosophes* (Orakel der neuen Philosophen; 1759/60), erstreckte sich über zwei Bände. Der Abbé Pluche dehnte seinen *Spectacle de la nature* auf acht Bände aus (1739–1746); er erlebte achtzehn kostspielige Auflagen und führte die Wunder der Wissenschaft und das Zutagetreten eines Planes in der Natur an, um die Existenz einer Gottheit von höchster Intelligenz und Macht zu beweisen. Wenn der menschliche Geist in diesem riesigen Schauspiel auf einige Rätsel stößt, so soll er sich bescheiden. Wir dürfen Gott nicht ablehnen, weil wir ihn nicht verstehen können, sondern müssen dankbar für die Pracht und den Ruhm seiner Werke sein. Der Abbé Gauchat griff in fünfzehn Bänden *Lettres critiques* (Kritische Briefe; 1755–1763) die hypothetische Entwicklungslehre von Buffon, Diderot und anderen mit dem leichtfertigen Argument an: «Wenn die Menschen einmal Fische waren ..., so ergeben sich daraus zwei Dinge: entweder hat der Mensch keine unsterbliche Seele, oder die Fische haben auch eine solche Seele – zwei Annahmen, die beide gleich ruchlos sind.»[3] Die *philosophes* stimmten ihm freudig zu. Der Abbé Sigorgne unterstrich in *La philosophie chrétienne* (Die christliche Philosophie; 1765), wie unerläßlich eine Religion als Stütze der Moral sei; rein weltliche Schranken schärften nur die Arglist von Verbrechern, die nicht mehr das allgegenwärtige Auge Gottes fürchten. 1767 veröffentlichte der Abbé Mayeul Chandon einen *Dictionnaire antiphilosophique* (Antiphilosophisches Wörterbuch), das sieben Auflagen erlebte. 1770 brachte Pater Nonnotte, «ein ehemaliger Jesuit mit der umfassenden Bildung der Mitglieder dieses Ordens»[4], sein umfangreiches Buch *Erreurs de Voltaire* (Voltaires Irrtümer) heraus. Im ersten Jahr waren vier Auflagen vergriffen und sechs in acht Jahren; 1857 gehörte es immer noch zur Lektüre von Emma Bovary, Flauberts Heldin. Der Abbé Guénée verteidigte die Bibel mit «Geist, Geschmack, Lebensart und Wissen» in seinen *Lettres de quelques Juifs* (Briefe einiger Juden; 1776), Briefen, die angeblich von gelehrten Juden stammten. Voltaire gab zu, daß Guénée «bis aufs Blut beißt»[5]. Verteidiger der katholischen Kirche aus Laien- und Priesterkreisen machten aus der Monatsschrift *La Religion vengée* (Die gerächte Religion) ein Sprachrohr gegen die *philosophes;* 1771 begannen sie mit der Herausgabe einer *Encyclopédie méthodique,* die noch umfangreicher als die von Diderot war und worin sie jeden schwachen Punkt dieser Zitadelle des Zweifels angriffen.

Die Materialisten hatten in Nicolas-Sylvestre Bergier einen gewandten Gegner; er war Gemeindepfarrer in der Diözese von Besançon. Sein *Déisme réfuté par lui-même* (Deismus durch sich selbst widerlegt; 1765) war die «Antwort eines wirklichen Pfarrers an den erfundenen savoyischen Vikar von Rousseau»[6]. Für sein Buch *Certitudes des preuves du Christianisme* (Gewißheit für die Beweise des Christentums; 1767) bekam er vom Papst einen anerkennenden Brief. Im Alter von einundfünfzig Jahren wurde er 1769 zum Kanoniker von Notre-Dame-de-Paris erhoben und zum Beichtvater der Töchter Ludwigs XV. gemacht. Im selben Jahr veröffentlichte er eine *Apologie de la religion chrétienne contre l'auteur du Christianisme dévoilé* (Apologie der christlichen Religion gegen den Autor des Christentums ohne Schleier) – einen Angriff auf Holbach. Die erfreute Versammlung der Geistlichkeit setzte ihm 1770 eine Jahrespension von zweitausend Livres aus, damit er mehr Zeit für die Verteidigung des Glaubens hatte. Innerhalb eines Jahres brachte er das zweibändige Werk *Examen du matérialisme* (Untersuchung des Materialismus) heraus, eine Antwort auf Holbachs *System der Natur.* Er wies darauf hin, daß der Geist die einzige uns unmittelbar bekannte Realität sei. Warum sollte er auf etwas anderes zurückgeführt werden, das wir nur mit dem Geist erkennen?[7] Er warf Holbach verschiedene Mängel an Folgerichtigkeit vor: 1. Der Baron stellte die Behauptung auf, daß Gott unerkennbar sei, wandte dann aber auf die Materie die Begriffe von Unendlichkeit und Ewigkeit an, die er in der christlichen Auffassung der Gottheit unverständlich fand. 2. Er war Anhänger des Determinismus, beschwor aber die Menschen, sich zu bessern. 3. Er schrieb die Religion a) der Unwissenheit des primitiven Menschen, b) den Machenschaften von Priestern, c) den Listen der Gesetzgeber zu. Was sollte nun eigentlich gelten? Die Kritik am Alten Testament schob der Abbé mit der Erklärung beiseite, daß die menschlichen Schriftführer Gottes orientalische Metaphern verwendet hatten, weswegen die Bibel nicht immer wörtlich genommen werden durfte. Das Neue Testament ist die Essenz des Christentums; die Göttlichkeit der Religion wird durch das Leben und die Wunder Christi bewiesen; die Autorität der Kirche beruht jedoch nicht ausschließlich auf der Bibel, sondern ebensosehr auf der apostolischen Nachfolge ihrer Bischöfe und deren überliefertem Glaubensbekenntnis. In einer weitern Schrift, *Examen de la religion chrétienne* (Prüfung der christlichen Religion; 1771), hob Bergier hervor, daß der Atheismus, trotz den außergewöhnlichen Persönlichkeiten seiner Anhänger, auf die Bayle hingewiesen hatte, die Moral untergraben würde.

Die hervorragendste Persönlichkeit unter den kirchlichen Verteidigern des Katholizismus im Frankreich des achtzehnten Jahrhunderts war Guillaume-François Berthier[8]. Mit zwölf Jahren war er (1714) in das Jesuitengymnasium in Bourges eingetreten und zeichnete sich durch seinen scharfen Verstand aus, der aber seiner Frömmigkeit keinen Abbruch tat. Mit siebzehn teilte er seinen Eltern mit, daß er den Wunsch habe, in die Gesellschaft Jesu einzutreten. Sie baten ihn, es sich noch ein Jahr lang zu überlegen; er willigte ein, änderte aber seine Meinung nicht. Als Novize in Paris las, studierte und betete er mit solchem Eifer, daß ihm selten mehr als fünf Stunden zum Schlafen blieben. Seine Fortschritte waren so erstaunlich, daß er schon mit neunzehn Jahren zum Lehrer für klassische Sprachen im Gymnasium von Blois ernannt wurde. Nachdem er dort sieben Jahre als Lehrer und ein weiteres als Novize verbracht hatte, wurde er als Philosophieprofessor zuerst nach Rennes, dann nach Rouen geschickt. 1745 wurde er von den Jesuiten zum Redaktor ihrer Zeitschrift *Journal de Trévoux* ernannt, die damals in Paris erschien. Unter seiner Leitung erlangte die Zeitschrift außerordentliches Ansehen in den gebildeten französischen Kreisen.

Fast alle Artikel stammten aus seiner Feder. Er lebte in einer kleinen Zelle, die nie geheizt wurde, und arbeitete den lieben langen Tag. Seine Tür stand jedermann offen. Er hatte Verständnis für jedes Thema, solange es nicht den Glauben in Frage stellte, der ihm das Herz wärmte. La Harpe, ein Schüler Voltaires, beschrieb Berthier als «einen Menschen, der von den Gelehrten in der ganzen Welt wegen seiner weitläufigen Kenntnisse und von ganz Europa wegen seiner vorbildlichen Lebensführung bewundert wird»[9]. Er bewahrte sich den ganzen Zauber französischer Liebenswürdigkeit, sogar in der Kontroverse; er griff Ideen an, niemals Personen, und rühmte die Gaben seiner Gegner[10]. Dessenungeachtet verteidigte er die religiöse Unduldsamkeit. In der Überzeugung, daß die katholische Kirche von Christus, dem Sohn Gottes, gegründet worden war, hielt er es für eine christliche Pflicht, die Verbreitung religiöser Irrtümer mit allen friedlichen Mitteln zu verhindern; in einer christlichen Nation sollte antichristliche Propaganda verboten werden, weil sie das moralische Verhalten und die Grundfesten des Staates untergrub. Er meinte, «es wäre falsch, katholische Unduldsamkeit mit der Sucht nach Verfolgungen zu verwechseln»[11], konnte aber nicht dafür bürgen, daß die Verfolgungen nicht wieder aufgenommen würden. 1759 beschuldigte er die *philosophes* ihrerseits der Unduldsamkeit: «Ungläubige, ihr werft uns einen Fanatismus vor, der uns fernsteht, während der Haß, den ihr gegen unsere Religion nährt, einen Fanatismus bei euch hervorruft, dessen offensichtliche Übertreibungen geradezu unfaßbar sind.»[12]

Er gab die allgemeine Gültigkeit der Vernunft als letzter Instanz nicht zu. Sogar in Lockes Sensualismus reicht die Vernunft nicht weiter als die Sinne. Jenseits dieser Grenzen gibt es Realitäten, die dem menschlichen Geist für immer verschlossen bleiben;

deswegen «grenzt der wahre Philosoph seine Suche gegen das Gebiet ab, in das er mit der Vernunft nicht eindringen kann»[13]. Das Universum oder überlieferte und allgemeine Glaubensbekenntnisse der Menschheit einer Prüfung mit Hilfe der Vernunft des Einzelnen unterwerfen zu wollen ist eine Form intellektuellen Hochmuts; ein bescheidener Mensch wird den Glauben seiner Mitmenschen anerkennen, selbst wenn er ihn nicht verstehen kann. In einem seiner seltenen boshaften Augenblicke behauptete er, daß viele Ungläubige die Religion nur ablehnten, weil diese sie bei ihren Vergnügungen störe. Wenn diese Wüstlinge die Oberhand gewännen, prophezeite er, dann würde das Sittengesetz umgestoßen, die Leidenschaften hätten freie Bahn, und die Kultur würde in einem Sumpf von Selbstsucht, Sinnlichkeit, Betrug und Verbrechen untergehen. Wenn es keinen freien Willen gibt, gibt es keine moralische Verantwortlichkeit; «da er [der Determinismus] kein bindendes Gesetz für das Gewissen zugibt, wird der einzig Schuldige derjenige sein, der keinen Erfolg hat»[14]. Moral wäre dann nur noch eine Zweckmäßigkeitserwägung. Kein Gefühl für Gerechtigkeit würde die kluge Minderheit daran hindern, die Einfältigkeit der Mehrheit zu mißbrauchen; kein Herrscher würde sich seinem Volk gegenüber an irgendeine Verpflichtung gebunden fühlen, es sei denn, es durch seine Ausbeutung nicht zu einer Revolution zu treiben[15].

Wie wir bereits gesehen haben, begrüßte und empfahl Berthier den ersten Band der *Enzyklopädie*. Auf die darin enthaltenen Unrichtigkeiten und Plagiate wies er mit unanfechtbaren Belegen hin. So zeigte er, daß der Artikel «agir» (handeln) von Abbé Yvon, der drei Spalten einnahm, «vollständig und Wort für Wort dem *Traité des vérités premières* (Abhandlung über die ersten Wahrheiten) von Pater Buffier entnommen war[16]. Er rühmte den Artikel über arabische Philosophie, sprach aber seine Beunruhigung darüber aus, daß der Artikel «Atheist» ebenso viele und kraftvolle Argumente für den Atheismus wie gegen ihn aufweise, wodurch die Existenz Gottes ernsthaft in Zweifel gezogen wurde. Als die antichristliche Tendenz im zweiten Band auffälliger wurde, trat er mit großer Energie und Gewandtheit dagegen auf. Er wies darauf hin, daß, nach der *Enzyklopädie*, jede Regierung ihre Autorität von der Zustimmung der Regierten bezieht; diese Ansicht, sagte Berthier, ist eine Bedrohung für die erbliche Monarchie. Er mag beim Verbot der *Enzyklopädie* mitgewirkt haben[17].

Im *Journal de Trévoux* vom Mai 1757 besprach er Voltaires *Essai sur les mœurs*. «Es ist betrüblich, wenn wir feststellen müssen, daß ein lebender Autor sein Talent, das wir bewundern, in den wesentlichsten Dingen mißbraucht.» Er sah in Voltaires Werk einen Versuch, «Kirche und Religion zu vernichten, um auf ihren Ruinen einen philosophischen Bau zu errichten, einen Tempel, der der Zügellosigkeit im Denken gewidmet und der Unabhängigkeit von jeder Obrigkeit geweiht ist, mit dem Ergebnis, daß Gottesdienst und Sittlichkeit auf eine rein menschliche und weltliche Philosophie herabgedrückt und beschränkt werden». Er machte Voltaire den Vorwurf, er hege Vorurteile, wie sie einem Historiker nicht ziemen, und er sei den Tugenden und Verdiensten des Christentums gegenüber fast völlig blind; auch habe er die vorgefaßte Absicht, in den Lehren und in der Geschichte des Christentums jeden erdenklichen Fehler zu finden. Voltaire gebe zwar vor, an Gott zu glauben, aber die Wirkung seiner Schriften sei eine

Förderung des Atheismus. Als Berthier in der gleichen Nummer auf Voltaires *Pucelle* zu sprechen kam, verlor er die Beherrschung:

«Nie hat die Hölle eine tödlichere Pest ausgespien ... Wollust gefällt sich hier ungestraft in den anzüglichsten Bildern; Unanständigkeit leiht sich die Sprache der Marktweiber aus ... Gottlosigkeit wird mit niedrigster Hanswursterei gewürzt ... Der Geruch, der von diesen Versen ausgeht, genügt, um jedes Alter und jede Schicht der Gesellschaft anzustecken und zu verderben.»[18]

Voltaire ließ mit der Antwort auf sich warten. Er gedachte immer noch voller Zuneigung seiner jesuitischen Lehrer, und an der Wand seines Arbeitszimmers in Ferney hing immer noch das Bild des gütigen, hingebungsvollen Paters Poirée[19]. Aber als die französische Regierung die *Enzyklopädie* verbot, erklärte er Berthier – auf Drängen d'Alemberts – den Krieg. Er beschuldigte ihn, die *Enzyklopädie* nur deswegen anzufeinden, weil sie dem *Dictionnaire de Trévoux* (Wörterbuch von Trévoux) Konkurrenz mache, von dem er vermutete, daß es ein jesuitisches Produkt sei (was nur zum Teil und nicht offiziell zutraf); und er forderte die Gesellschaft Jesu auf, jede Beziehung mit diesem «Gazettenschreiber» von Trévoux abzubrechen. «Was für ein Beruf für einen Priester ... jeden Monat durch einen Buchladen eine Sammlung von Verleumdungen und überstürzten Urteilen zu verkaufen!»[20] Berthier antwortete (Juli 1759), daß die Herausgeber des *Journal de Trévoux* mit den Herausgebern des *Wörterbuchs von Trévoux* nichts zu tun hätten. Er gestand, daß der Beruf eines «Gazettenschreibers» ihm «weder schön noch angenehm» vorkomme, aber verteidigte das Recht eines Priesters, eine Zeitschrift zu benutzen, um gute Werke zu loben und schlechte zu tadeln. Er bedauerte, daß Voltaire sich so weit erniedrigt hatte, ihn persönlich anzugreifen und der Käuflichkeit zu bezichtigen; und er schloß, indem er der Hoffnung Ausdruck gab, daß «dieser Mensch von so hohen Gaben in den Augenblicken, die ihm die Vorsehung noch gewährt, den Weg zu der geheiligten Religion zurückfinden möge – nicht nur zur natürlichen, sondern zur christlichen und katholischen, in der er zur Welt kam»[21]. Im November gab Voltaire (zweifellos in Anlehnung an Swifts erfundenes Begräbnis des John Partridge) eine feierliche *Relation de la maladie, la confession, la mort, et l'apparition du jésuite Berthier* (Beschreibung von der Krankheit, der Beichte, dem Tod und der Erscheinung des Jesuiten Berthier) heraus, worin er erzählte, wie der Redaktor vor lauter Gähnen über dem *Journal de Trévoux* gestorben war. Er entschuldigte seine Kampfmethoden in einem Brief an Frau von Epinay: «Wir müssen *l'infâme* und ihre Verteidiger lächerlich machen.»[22]

1762 befahlen die *parlements* von Frankreich die Auflösung des Jesuitenordens. Glücklich, daß seine peinliche Arbeit als Redaktor beendet war, zog sich Berthier in ein Trappistenkloster zurück. Er bat sogar um Aufnahme in diesen Orden, aber der General der Jesuiten verweigerte ihm die Erlaubnis. Er wurde von Ludwig XV. als Hauslehrer seiner Kinder angestellt, aber als der König (1764) den Erlaß unterzeichnete, der die Vertreibung der Jesuiten aus Frankreich befahl, wanderte Berthier nach Deutschland aus. 1776 erhielt er die Erlaubnis, zurückzukehren. Er lebte zurückgezogen bei seinem Bruder in Bourges und starb dort 1782 im Alter von achtundsiebzig Jahren. Er war ein guter Mensch.

II. DIE *ANTIPHILOSOPHES*

Der Kampf wurde blutiger, als Priesterröcke und Höflichkeit fallengelassen wurden und die Journalisten sich gegen die *philosophes* wandten. Jetzt wurden Pariser Witz und Schlagfertigkeit darauf verwendet, sie aufs Korn zu nehmen und zu erledigen. Wir haben berichtet, wie Voltaire sich 1725 darum bemühte, Pierre Desfontaines vor der gesetzlichen Strafe für homosexuelle Handlungen, welche Tod hieß, zu retten. Desfontaines verzieh ihm nie. 1735 gründete er eine Zeitschrift, *Observations sur les écrits modernes* (Beobachtungen über die modernen Schriften), die sich bis 1743 hielt. Darin warf er sich zum Verteidiger aller Tugenden, besonders der Keuschheit, auf; das kleinste Anzeichen lockerer Sitten oder unzulänglicher Frömmigkeit in der zeitgenössischen Literatur wurde von ihm angegriffen. Er wurde zum bittersten Feind Voltaires. Als er starb (1745), setzte sein Freund Fréron den Kreuzzug fort.

Elie-Catherine Fréron gehörte zu den fähigsten, mutigsten und gelehrtesten *antiphilosophes*. Er besaß genügend Kenntnisse, um eine *Histoire de Marie Stuart* (Geschichte der Maria Stuart; 1742) und eine *Histoire de l'empire d'Allemagne* (Geschichte des Deutschen Reiches; 1771) in acht Bänden zu verfassen. Auch hatte er genügend von einem Poeten in sich, um eine *Ode sur la bataille de Fontenoy* (Ode über die Schlacht bei Fontenoy; 1745) zu dichten, in der Voltaire eine unverschämte Konkurrenz für seine eigene Ode gesehen haben muß, die er in seiner Eigenschaft als königlicher Geschichtsschreiber verfaßt hatte. Fréron peinigte in seiner 1745 gegründeten Zeitschrift *Lettres sur quelques écrits de cet âge* (Briefe über einige Schriften dieser Zeit) Voltaire mehr als einmal bis aufs Blut. Er verbrachte lange Jahre in Armut, bis er es zum Vierspänner brachte. Einmal wurde er sechs Wochen lang in der Bastille eingesperrt, weil er einen einflußreichen Abbé kritisiert hatte. Aber dreißig Jahre lang kämpfte er frisch-fröhlich für die Vergangenheit. Sein Groll auf Voltaire war teilweise verständlich, denn dieser hatte Friedrich davon abgeraten, Fréron zu seinem Pariser Korrespondenten zu ernennen[23]. 1754 gründete er eine neue Zeitschrift, *Année littéraire* (Das literarische Jahr), die bis zum Jahre 1774 alle zehn Tage erschien; er war nicht nur ihr Herausgeber, sondern auch ihr Hauptmitarbeiter.

Fréron bewunderte den religiösen Konservatismus eines Bossuet und den großartigen Stil des siebzehnten Jahrhunderts. Er fand, daß die *philosophes* eine verbrecherisch oberflächliche Kenntnis vom sozialen Aufbau, den Stützen der Moral und den Tröstungen des Glaubens hatten.

«Nie hat es eine Zeit gegeben, in der es von aufrührerischen Schriftstellern so gewimmelt hat wie heute ... Leuten, die all ihre Kraft darauf verwenden, die Gottheit anzugreifen. Sie nennen sich Apostel der Menschheit, ohne zu merken, wie wenig es einem Bürger ansteht und wie schlecht sie der Menschheit dienen, wenn sie sie der einzigen Hoffnung berauben, die den Jammer des Lebens ein wenig aufhellt. Sie verstehen nicht, daß sie die Gesellschaftsordnung erschüttern, die Armen gegen die Reichen, die Schwachen gegen die Starken aufhetzen und Waffen in Millionen von Händen legen, die der moralische und religiöse Sinn bisher mindestens ebenso von Gewalttaten abgehalten hat wie das Gesetz.»[24]

Dieser Angriff auf die Religion werde die Grundlagen des Staates ins Wanken bringen, sagte Fréron voraus. Eine Generation vor Edmund Burke sprach er dessen Warnung aus:

«Ist der Fanatismus eurer Religionslosigkeit nicht absurder und gefährlicher als der Fanatismus des Aberglaubens? Fangt damit an, den Glauben eurer Väter zu dulden! Ihr sprecht von nichts anderem als Duldsamkeit, und nie war eine Sekte unduldsamer; was mich anbelangt, so gehöre ich keiner schöngeistigen Verschwörung und keiner Partei an, sondern halte zu Religion, Sittlichkeit und Ehre.»[25]

Fréron war ein scharfer Kritiker. Er verpaßte keine Gelegenheit, um der Eitelkeit der *philosophes* einen Hieb zu versetzen. Er machte sich über ihren Dogmatismus und über Voltaires aristokratisches Gebaren als «Comte de Tournay» lustig. Wenn sie ihn daraufhin einen Lümmel und Frömmler nannten, rächte er sich, indem er Diderot als Heuchler, Grimm als einen Liebediener ausländischer Würdenträger und die ganze Gruppe der Ungläubigen als «Schufte, Schwindler, junge Hunde und Gesindel» bezeichnete[26]. Er warf den Enzyklopädisten vor, Illustrationen aus Réaumurs Buch über die Ameisen gestohlen zu haben; sie bestritten es; die Akademie der Wissenschaften gab ihnen recht, später bestätigte sich jedoch der Vorwurf[27]. In der Angelegenheit Calas war er weniger gut beraten. Er behauptete, daß das Beweismaterial Calas' Schuld bestätige und daß Voltaire Calas verteidige, «nicht so sehr aus einem Gefühl der Menschlichkeit heraus als aus dem Bedürfnis, die öffentliche Aufmerksamkeit auf seine Person zu lenken und die Leute von sich reden zu machen»[28]. Mademoiselle Clairon, eine große Tragödin, hatte Voltaire gern und besuchte ihn; Fréron erging sich in Lobeshymnen über ihre Rivalin und ließ Bemerkungen über das zweifelhafte Privatleben einer gewissen Schauspielerin fallen. Die Schauspieler schätzten diese Beschnüffelung ihrer privaten Angelegenheiten keineswegs, und der Herzog von Richelieu, für welchen der Ehebruch zu den läßlichen Sünden gehörte, riet Ludwig XV., Fréron in die Bastille zurückzuschicken. Die Königin erwirkte jedoch seine Begnadigung, «wegen seiner Frömmigkeit und seinem Eifer in der Bekämpfung der *philosophes*»[29]. Als Turgot, ein Freund der *philosophes*, an die Macht kam, wurde der Zeitschrift *Das literarische Jahr* die Druckerlaubnis entzogen (1774). Fréron tröstete sich mit gutem Essen und starb (1776) bei einer ausgiebigen Mahlzeit. Seine Witwe bat Voltaire, seine Tochter zu adoptieren, aber Voltaire fand, daß das wirklich eine übertriebene Galanterie wäre.

Fast so viel Schaden für die *philosophes* wie die dreißig Bände Frérons richtete ein einziges Wort an, das letzte Wort im Titel einer Satire von Jacob-Nicolas Moreau: *Nouveau mémoire pour servir à l'histoire des cacouacs* (Neue Denkschrift zur Geschichte der Cacouacs; 1757). Die Cacouacs, sagte Moreau, waren eine Art kaum menschlicher Tiere, die ein Giftsäckchen unter der Zunge trugen; sobald sie etwas sagten, vermischte sich dieses Gift mit ihren Worten und verpestete die Umgebung. Der geschickte Autor zitierte Stellen von Diderot, d'Alembert, Voltaire und Rousseau, behauptete, daß diese Männer die Lebensluft wahrhaft vergifteten, und warf ihnen vor, Böses zu tun, «nur aus reinem Vergnügen am Bösen»[30]. Er nannte sie Atheisten, Anarchisten, Immoralisten und Egoisten; am meisten aber verletzte sie der Ausdruck *cacouac;* er erinnerte an das Quaken von Fröschen, das Geschnatter von Gänsen, das Gequassel von Blödsinnigen, manchmal auch (wie es beabsichtigt war) an Latrinengestank. Voltaire versuchte eine Replik, aber wer kann einen Geruch widerlegen?

Die Reaktionäre faßten Mut und verdoppelten ihre Schläge. 1757 gewannen sie einen ehrgeizigen, aufgeweckten Kopf für sich. Charles Palissot de Monteney hatte Voltaire in Genf besucht (1754) und sich mit einem Empfehlungsbrief von Thieriot als «einen Jünger, der sich an Ihren Werken gebildet hat», eingeführt[31]. Ein Jahr später führte er in Nancy eine Komödie auf, in der er sich von Herzen über Rousseau lustig machte. In Paris pflegte er den Umgang mit der jungen und frommen Prinzessin von Robecq, die zumindest eine Freundin des Herzogs von Choiseul war. Diderot, ein Spezialist in Faux-pas, hatte sich über ihre Moral im Vorwort zu seinem *Natürlichen Sohn* ausgelassen. Vielleicht um sich bei ihr beliebt zu machen, veröffentlichte Palissot 1757 *Petites Lettres sur les grands philosophes* (Kleine Briefe über die großen Philosophen), worin er scharfe Kritik an Diderot übte, Voltaire aber rühmte. Am 2. Mai 1760 wurde im Théâtre-Français unter der Protektion der Prinzessin das Erfolgsstück der Saison aufgeführt, Palissots Komödie *Les philosophes*. Sie bedeutete für Diderot, Helvétius und Rousseau, was Aristophanes' *Wolken* 2183 Jahre vorher für Sokrates bedeutet hatten. Helvétius war in der Person des pedantischen Philosophen Valère zu erkennen, der dem Blaustrumpf Cidalise den Altruismus des Egoismus erklärt; das Publikum erkannte in der Dame sofort Frau Geoffrin, deren Salon von den *philosophes* häufig aufgesucht wurde. Diderot steckte hinter der Person des Dortidius. Im Diener Crispin, der sich auf allen vieren über die Bühne bewegte und Salatblätter kaute, sahen die Pariser die Karikatur von Jean-Jacques Rousseau, der 1750 die Zivilisation verklagt und den «Naturzustand» idealisiert hatte. Es war eine echte, wenn auch grobe Satire, und jeder – bis auf die Opfer – genoß sie. Die Prinzessin hatte das Theater mit ihren Freunden und sonstigen Wohlgesinnten und einigen Mitgliedern der höheren Geistlichkeit angefüllt, und, obwohl sie schwer lungenkrank war, bestand sie darauf, die Premiere mit ihrer Gegenwart auszuzeichnen. Am Ende des zweiten Akts ließ sie Palissot in ihre Loge kommen und umarmte ihn vor aller Augen; dann spuckte sie Blut und wurde nach Hause getragen[32]. Innerhalb von neunundzwanzig Tagen wurden *Les philosophes* vierzehnmal aufgeführt.

Eine hochgestellte Persönlichkeit schloß sich nun dem Kampf gegen die Ungläubigen an. Jean-Jacques Le Franc, der Marquis von Pompignan, war Richter in der Provinz und schrieb Gedichte und Theaterstücke, die ihm die Aufnahme in die Akademie verschafften. In seiner Antrittsrede verklagte er

> «diese falsche Philosophie, die sich selbst als das Sprachrohr der Wahrheit ausgibt und der Verleumdung als Werkzeug dient. Sie rühmt sich ihrer Mäßigung und Bescheidenheit und ist von Dünkel und Hochmut geschwellt. Ihre Anhänger sind kühn und anmaßend mit der Feder, aber im Leben zittern sie vor Feigheit. Ihre Prinzipien haben keine Festigkeit, ihre Ethik keinen Trost, sie haben keine Regel für die Gegenwart, kein Ziel in der Zukunft.»[33]

Ludwig XV. lobte die Rede. Voltaire mokierte sich darüber anonym in einem sieben Seiten langen Pamphlet mit dem Titel *Les Quand* (Die Wenn ...), denn jeder Absatz begann mit dem Wort «wenn»:

«*Wenn* man die Ehre hat, in eine ehrwürdige Gesellschaft von Schriftstellern aufgenommen zu werden, braucht man nicht unbedingt aus seiner Antrittsrede eine Satire auf Schriftsteller zu machen; das ist eine Beleidigung für die Gesellschaft und die Öffentlichkeit ...

Wenn man so gut wie gar kein Schriftsteller und überhaupt kein Philosoph ist, sollte man sich nicht die Behauptung erlauben, daß unsere Nation nur eine falsche Literatur und leere Philosophie hat ...»

und so fort, nicht besonders glänzend. Aber dann folgte Morellet mit einem Flugblatt mit lauter «falls» (*Les Si*) und bald darauf mit lauter «warum» (*Les Pourquoi*); Voltaire fügte eine Serie von «zu», «jenes», «wer», «ja», «nein» und «weswegen» hinzu. Vor diesem Sturm floh Pompignan in sein heimatliches Montauban und ließ sich nie mehr in der Akademie blicken. 1772 trat er aber wieder mit einer Schrift hervor, *La religion vengée de l'incrédulité par l'incrédulité même* (Die Religion wird von der Ungläubigkeit selbst an der Ungläubigkeit gerächt). Der Materialismus, behauptete er, bot keinen Ansporn für Moral. Wenn es keinen Gott gibt, ist alles erlaubt; «und wie», fragte der Marquis, «soll man die Menschen davon überzeugen, sich mit ihrer untergeordneten Stellung, die ihnen die Republik zuweist, zufriedenzugeben?»[34]

Der Abbé Galiani, der 1761 von Neapel nach Paris kam und acht Jahre lang in den Salons glänzte, wies die *philosophes,* bei denen er sehr beliebt war, darauf hin, daß es reiner Wahnsinn sei, den Menschen dazu aufzurufen, der «Natur zu folgen», denn damit würde man schließlich zivilisierte Menschen in brutale Wilde verwandeln[35]; daß ferner die Beweise für das Vorhandensein eines Planes im Weltall überwältigend waren[36] und daß Skeptizismus nur zu geistiger Leere und seelischer Verzweiflung führen konnte:

«Im Bestreben, uns aufzuklären, haben wir mehr Leere als Fülle gefunden ... Diese Leere in unseren Seelen und unserer Vorstellung ist die wahre Ursache unserer Melancholie[37] ... Wenn alles gesagt und getan ist, erweist sich die Ungläubigkeit als das Anstrengendste, das der Geist des Menschen, seinen eigenen Instinkten und Neigungen zum Trotz, aushecken kann ... Der Mensch braucht Gewißheit ... Die Mehrheit der Menschen und besonders der Frauen (deren Einbildungskraft doppelt so groß ist wie die unsere) ... könnte nicht agnostisch sein; und jene, die des Agnostizismus fähig wären, könnten diese Anstrengungen nur in der Jugendfrische ihrer Seele aushalten. Wenn die Seele älter wird, taucht auch wieder der Glaube auf[38]. Agnostizismus ist vernunftbeherrschte Verzweiflung [*un désespoir raisonné*].»[39]

Gegen den brillanten Galiani, den gelehrten Bergier, den höflichen Berthier, den unermüdlichen Fréron, den adligen Pompignan, den unerträglichen Palissot und den gackernden Moreau gebrauchten die *philosophes* jede Waffe aus dem Arsenal der Intellektuellen, von vernünftigem Argumentieren bis zum Lächerlichmachen, zur Zensur und zur Beschimpfung. Voltaire verzichtete auf seinen Frieden und setzte seine Sicherheit aufs Spiel, um jedem, der *philosophie* und *raison* angriff, eine Antwort zu erteilen, wenn auch häufig mit mehr Witz als Beweismitteln. «Schicken Sie mir die Namen dieser elenden Burschen», schrieb er Diderot, «und ich werde ihnen geben, was sie verdienen.»[40]

An Moreau konnte man nur schwer herankommen, denn er war Bibliothekar und Geschichtsschreiber der Königin. Aber den hochtrabenden Pompignan konnte man bloßstellen, und Palissot eignete sich für Wortspiele! So verfaßte Marmontel die unübersetzbaren Reime:

Cet homme avait Pali	Dieser Mann war blaß geworden.
On dit d'abord Palis fade	Man sagte zuerst: der fade Palis,
Puis Palis fou, Palis flat	Dann verrückter Palis, platter Palis,
Pour couronner la tirade	Um die Tirade zu krönen
En fin de turlupinade	Und die Albernheit zu enden,
On rencontra le vrai mot	Kam man auf das rechte Wort:
On le nomma Palis-sot	Man nannte ihn Palis, den Dummen.
M'abaissant jusqu'à toi,	Ich passe mich dir an
Je joue avec le mot;	Und spiele mit Worten;
Réfléchis, si tu peux	Denke nach, wenn du kannst,
Mais n'écris pas ... lis ... sot	Aber schreib nicht, lies, Esel.

Diderot schob seine Rache auf; erst in *Rameaus Neffe* brachte er die Rede auf Palissots Ausschweifungen[41]. Sein Vorgehen schickte sich nicht gerade für einen Philosophen, aber er hatte wenigstens den Anstand, mit der Veröffentlichung zu warten, und als der *Neffe* erschien, war das Opfer schon tot. Morellet gab jedoch unverzüglich eine verletzende Satire sowohl auf Palissot als auf seine Gönnerin, die Prinzessin von Robecq, heraus. Deren Freunde bei Hof erwirkten die Einlieferung Morellets in die Bastille (11. Juni 1760), und seine Aussichten verdüsterten sich durch ihren Tod (26. Juni). Rousseau sorgte für seine Freilassung, wollte aber von nun an nichts mehr mit den *philosophes* zu tun haben. Palissot feierte seinen Triumph mit Ausschweifungen. 1778, als er sah, woher der Wind wehte, schloß er sich wieder den *philosophes* an.

Die schwersten Hiebe fielen auf Fréron. Diderot beschrieb ihn im *Neffen*[42] als einen von verschiedenen Schreiberlingen, die sich bei dem Millionär Bertin durchfressen. Voltaire widmete Fréron einen seiner gelungensten Vierzeiler:

L'autre jour au fond d'un vallon,
Un serpent piqua Jean Fréron.
Que pensez-vous qu'il arriva?
Ce fut le serpent qui creva. *

Bei allen guten Manieren konnte Voltaire – wie seine Zeit – unglaublich gewöhnlich werden, was seine Beschreibung von Fréron beweist: «Der Wurm, der aus Desfontaines' Hintern kam»[43] ... Der ganz große Angriff geschah aber in Voltaires Theaterstück *L'Ecossaise* (Die Schottin), das am 26. Juli 1760 im Théâtre-Français seine Uraufführung erlebte. Es war eine Persiflage auf Palissots *Les philosophes,* mit offensichtlichen Übertreibungen, denn den Opfern wurde die Verantwortung für die Niederlagen der französischen Armee und für den Zusammenbruch der Staatsfinanzen in die Schuhe geschoben. Fréron wurde als ein Schreiberling und Hungerleider dargestellt, der gegen Entgelt Verleumdungen fabrizierte. Zu den Ausdrücken, die Voltaire in seinem Stück für ihn verwendete, gehörten: Lump, Kröte, Spürhund, Spitzel, Eidechse, Schlange und Schweinehund[44]. Voltaire folgte der damaligen Sitte und füllte den Zuschauerraum mit seinen Freunden oder «Brüdern». Das Stück war ebenso beliebt wie dasjenige

---

* Neulich hat im Talesgrund
Eine Schlange Jean Fréron gebissen.
Und was glaubt ihr, was geschah?
Die Schlange war's, die davon starb.

Palissots und wurde innerhalb von fünf Wochen sechzehnmal aufgeführt. Fréron bot dem Sturm die Stirn, wohnte mit seiner hübschen Frau der Uraufführung bei und gehörte zu den ersten, die Beifall klatschten. Voltaire mußte den Schneid seines Gegners anerkennen. Als ein Besucher ihn fragte, bei wem er sich in Paris über den Wert neuerschienener Bücher erkundigen könne, antwortete Voltaire: «Wenden Sie sich an diesen Schuft Fréron ... Er ist der einzige Mann mit Geschmack. Ich muß es gestehen, obwohl ich ihn nicht leiden kann.»[45]

III. DER STURZ DER JESUITEN

Bezeichnend für die damalige Stimmung war der plötzliche Zusammenbruch der Gesellschaft Jesu, wenn er auch mehr auf den Pariser Gerichtshof, das Parlament, als auf die *philosophes* zurückzuführen war. Von ihrem Gründer «Gesellschaft Jesu» genannt und von Papst Paul III. 1540 als «Societas Jesu, ein Bettelorden regulärer Kleriker», anerkannt, entwickelten sich die «Jesuiten», wie sie von ihren Kritikern genannt wurden, im Laufe eines Jahrhunderts zur mächtigsten Gruppe von Geistlichen innerhalb der katholischen Kirche. Um 1575 hatten sie in Frankreich allein zwölf Gymnasien gegründet; nach kurzer Zeit beherrschten sie den Unterricht der französischen Jugend. Zweihundert Jahre lang wählten die französischen Könige Jesuiten zu ihren Beichtvätern. Andere katholische Herrscher folgten diesem Beispiel; und mit diesen und anderen Mitteln übte die Gesellschaft Jesu einen unmittelbaren Einfluß auf die Geschicke Europas aus.

In Paris stießen sie fast von Anfang an auf den Widerstand des Parlaments und der Sorbonne. 1594 beschuldigte das Parlament sie, das Attentat Jean Châtels auf Heinrich IV. angezettelt zu haben, und 1610 warf man ihnen vor, die Hand Ravaillacs bei der Ermordung des Königs geleitet zu haben. Das Parlament stützte seine Anklagen auf die Schrift eines spanischen Jesuiten namens Mariana, *De rege,* worin dieser unter gewissen Bedingungen den Königsmord guthieß. Trotzdem wuchs die Gesellschaft an Zahl und Macht. Sie war ausschlaggebend für die religiöse Politik Ludwigs XIV. und veranlaßte dessen Angriff auf die Jansenisten von Port-Royal, weil diese Leute Calvinisten in katholischer Verkleidung seien. Eine gebildete Minderheit in Frankreich erinnerte sich noch an die *Provinzialbriefe,* die Pascal damals (1656 ff.) verfaßt hatte. Trotzdem zählte die Gesellschaft 1749 in Frankreich 3350 Mitglieder, von denen 1763 Priester waren. Sie erwiesen sich als die besten Gelehrten, die spitzfindigsten Theologen, die beredtesten Prediger und die hingebungsvollsten, eifrigsten und erfolgreichsten Verteidiger der Kirche unter der französischen Geistlichkeit. Sie taten sich in einer Reihe von Wissenschaften hervor und beeinflußten die Kunst; und einstimmig wurden sie für die besten Erzieher in Europa erklärt. Sie zeichneten sich durch die Strenge ihrer Sitten aus, und dennoch nützten sie jedes kasuistische Mittel aus, um dem gemeinen Mann die Anpassung an die Forderungen der christlichen Ethik leichter zu machen, entschuldigten deswegen aber nicht die Ehebrüche von Adligen und Königen. Vorzügliche Ausbildung und unermüdliche Ausdauer verliehen ihnen Macht über die Politik der Fürsten und den Geist der Menschen. Zeitweise schien es, als ob sich ganz Europa ihrem zähen, unbeirrbaren Willen unterwerfen wollte.

Aber ihre Macht hätte fast ihren Untergang herbeigeführt. Es wurde den Königen nur zu klar, daß der «Ultramontanismus» der Jesuiten, wenn er nicht gezügelt wurde, aus allen weltlichen Herrschern schließlich Vasallen der Päpste machen und die Oberherrschaft des kaiserlichen Roms wiederherstellen würde. Obwohl sie den Königen näher als irgendeine andere Gruppe standen, verteidigten sie das Recht des Volkes, den König abzusetzen. Obwohl ihre Ansichten über Theologie und Moral verhältnismäßig liberal waren und sie danach strebten, die Wissenschaft mit der Kirche zu versöhnen, nährten Sie die Frömmigkeit des Volkes mit der von ihnen unterstützten Legende der Marguerite-Marie Alacoque, die behauptete, Christus habe ihr sein heiliges Herz, von Liebe zur Menschheit brennend, enthüllt. Die Jesuiten erzogen Descartes, Molière, Voltaire und Diderot und mußten zusehen, wie sich diese glänzenden Geister, die sie geformt hatten, gegen sie und ihr ganzes Erziehungssystem auflehnten.

Man warf ihnen vor, daß sie sich in ihren Schulen allzulange mit Latein beschäftigten; daß sie den Fortschritt des Wissens hemmten, weil sie sich zu sehr an überlieferte Ideen klammerten; daß sie zu viel Wert auf Auswendiglernen und blinden Gehorsam legten; daß die unveränderte *ratio studiorum* den Kontakt mit den Bedürfnissen der Zeit, die nach einer besseren Ausnützung der Wissenschaft und realistischeren Auffassungen vom menschlichen Leben strebte, verloren hätte. Im Artikel «Collège» (Gymnasium) der *Enzyklopädie* bedauerte Diderot die sechs Jahre, die die Schüler der Jesuiten mit dem Erlernen einer toten Sprache verlören; er empfahl, sich mehr mit Englisch und Italienisch sowie mit Geschichte, Naturwissenschaft und moderner Philosophie zu befassen; er forderte die Regierung auf, den Unterricht und die Aufstellung eines neuen Lehrplans in neuen Schulen zu übernehmen. 1762 veröffentlichte Rousseau seinen *Emile* und kündigte damit eine Revolution in der Erziehung an.

Die *philosophes* trugen jedoch nur wenig zur Verdrängung der Jesuiten aus Frankreich bei. Die gegenseitige Feindseligkeit kam nie wirklich zum Ausbruch, weil von beiden Seiten eine Art stillschweigender Waffenstillstand eingehalten wurde. Die Ungläubigen achteten die Kultur und den Charakter der Jesuiten, und diese hofften wiederum, die in die Irre gegangenen Skeptiker durch Geduld in den Schoß der Kirche zurückzuführen. Voltaire konnte sich nur schwer entschließen, seinen ehemaligen Lehrern den Krieg zu erklären. Seine *Henriade* hatte er Pater Porée mit der Bitte vorgelegt, alle Stellen, die für die Kirche verletzend sein könnten, zu verbessern[46]. Im *Tempel des Geschmacks* hatte er sich anerkennend über die jesuitische Erziehung ausgesprochen, weil sie großen Wert auf Literatur und Mathematik legte. Das *Journal de Trévoux* gab das Kompliment zurück und veröffentlichte wohlwollende Kritiken über die *Henriade, Karl XII.* und *Newtons Philosophie*. Diese *entente demi-cordiale* nahm aber ein Ende, als Voltaire zu Friedrich nach Potsdam reiste. Da gaben ihn die jesuitischen Führer als eine verlorene Seele auf, obwohl noch 1757 einige Versöhnungsversuche zwischen Voltaire und der Gesellschaft Jesu gemacht wurden[47]. In Ferney unterhielt Voltaire ab 1758 angenehme Beziehungen zu den ansässigen Jesuiten; verschiedene von ihnen genossen seine Gastfreundschaft. Dabei hatte er inzwischen die Kirche im *Essai sur les mœurs* auf mehr als hundert Seiten angegriffen, und er schrieb antichristliche Artikel für das *Philosophische Wörterbuch*. Als er erfuhr, daß in Portugal seit 1757 der Premierminister Carvalho gegen die Jesuiten auftrat und den Jesuiten Malagrida 1764 zum Feuertod verurteilte, trat er gegen Carvalho und die Ungerechtigkeit seiner Anklagen auf und brandmarkte die Hinrichtung als barbarische Grausamkeit[48]. Aber während all dieser Jahre lag er mit der Kirche im Streit, und die Schriften seiner «Brüder» Diderot, d'Alembert und Morellet spielten mit eine Rolle bei der Schwächung der Jesuiten in Frankreich.

Vielleicht trugen auch die Freimaurerlogen, die im allgemeinen den Deismus pflegten, ihr Teil dazu bei. Aber die stärksten Einflüsse bei dieser Tragödie waren privater Natur oder hingen mit den Spannungen zwischen den Ständen zusammen. Frau von Pompadour konnte nicht vergessen, daß die Jesuiten ihren Aufstieg mit allen Mitteln zu verhindern getrachtet hatten, dem König die Absolution verweigert hatten, solange er sie bei sich behielt, und sich weigerten, ihre plötzliche Bekehrung zur Frömmigkeit ernst zu nehmen. Kardinal von Bernis, ein langjähriger Favorit der Marquise, erklärte später, daß das Verbot der Gesellschaft in Frankreich zum großen Teil auf das Widerstreben der jesuitischen Beichtväter zurückzuführen sei, der Pompadour die Absolution zu erteilen, obwohl sie versichert habe, daß ihre Beziehungen zu Ludwig XV. nicht mehr physischer Natur seien[49]. Der König grollte ihnen gleichfalls. Warum zeigten diese Priester, die anderen gegenüber so nachsichtig waren, dieser Frau so viel Härte, die Licht in sein ödes, einsames Leben gebracht hatte? Warum bereicherte sich die Gesellschaft, während er nicht wußte, wo er, in einen unseligen Krieg verstrickt, die Gelder für Heer und Flotte hernehmen sollte – und wie er die Garderobe seiner Mätresse und den Unterhalt ihrer Vertreterinnen im Parc aux Cerfs bestreiten konnte? Damiens hatte versucht, den König umzubringen. Den Jesuiten konnte keine Verbindung mit diesem Attentat nachgewiesen werden; aber Damiens ging bei einem Jesuiten zur Beichte; und hatte nicht irgendein toter Jesuit den Königsmord verteidigt? Der König fing an, auf Choiseul und andere Halb-Voltairianer im Ministerium zu hören, die behaupteten, die Zeit sei gekommen, den Staat von der Vormundschaft der Kirche zu befreien und eine soziale und sittliche Ordnung aufzubauen, die von einer verdummenden Geistlichkeit und mittelalterlichen Theologie unabhängig war. Wenn das kleine, in finsterem Aberglauben befangene Portugal es gewagt hatte, die Jesuiten auszuweisen, warum konnte das aufgeklärte Frankreich nicht dasselbe tun?

All diese Feindseligkeiten und der Verdacht, daß die Jesuiten im Siebenjährigen Krieg Frankreich auf die Seite Österreichs gedrängt hatten, bewirkten die plötzliche Abnahme ihrer früheren Beliebtheit. Nachdem Friedrich II. die Franzosen bei Roßbach (1757) geschlagen hatte und Frankreichs Geschicke offensichtlich an einem Wendepunkt angelangt waren, während überall in Paris verkrüppelte Soldaten auftauchten, wurden die Jesuiten zu einer Zielscheibe für Witze, Gerüchte und Verleumdungen, die bis zum Verdacht der Homosexualität gingen[50]. Man warf ihnen Weltlichkeit, Ketzerei, Geldgier, Betätigung im Dienste fremder Mächte vor. Viele Weltgeistliche kritisierten sie wegen ihrer liberalen Ansichten, ihrer angeblich demoralisierenden Kasuistik und ihrer politischen Bindung an Rom zum Nachteil Frankreichs. 1759 schrieb d'Alembert an Voltaire: «Bruder Berthier und seine Helfershelfer wagen es dieser Tage nicht, sich auf der Straße zu zeigen, aus Angst, das Volk könnte ihnen portugiesische Orangen an den Kopf werfen.»[51]

Aber ihr mächtigster Feind war das Pariser Parlament. Diese Versammlung bestand aus Rechtsanwälten oder Richtern, die zum Amtsadel gehörten und deren Talar nicht weniger beeindruckend als der Priesterrock war. Diese zweitrangigen Aristokraten, die gut organisiert waren und mit Wort und Schrift hervortraten, verfügten über einen ständig wachsenden Einfluß, der eine Herausforderung für die Oberhoheit der Kirche bedeutete. Außerdem war das Parlament vorwiegend jansenistisch. Trotz den Verfolgungen, denen der Jansenismus ausgesetzt war, hatte diese nüchterne Lehre – das düstere Ergebnis des von Paulus im Gegensatz zur Sanftheit der Lehren Jesu verkündeten härteren Christentums – weite Schichten des französischen Mittelstandes und besonders juristische Kreise erobert, die sich von ihrer Logik angezogen fühlten und darin eine Waffe gegen die Jesuiten sahen. Jesuiten hatten Ludwig XIV. veranlaßt, die Jansenisten zu verfolgen, Port-Royal zu vernichten und die ungern erlassene päpstliche Bulle anzunehmen, die aus dem Jansenismus eine schwerere Ketzerei machte als Atheismus. Wenn nur endlich eine Gelegenheit käme, diese Verfolgungen zu rächen!

Die Jesuiten gaben dem Parlament selbst die Gelegenheit dazu. Seit Generationen befaßten sie sich mit Handel und Industrie, um ihre Seminare, Gymnasien, Missionen und ihre Politik zu finanzieren. In Rom besaßen sie das Monopol für verschiedene Erzeugnisse. In Angers in Frankreich gehörte ihnen eine Zuckerraffinerie[52]. Sie unterhielten Handelsniederlassungen in verschiedenen überseeischen Ländern, zum Beispiel in Goa; in Südamerika gehörten sie zu den reichsten Unternehmern[53]. Privatunternehmen beklagten sich über diese Konkurrenz, und sogar gute Katholiken fragten sich, warum ein der Armut geweihter Orden solche Reichtümer anhäufte. Einer ihrer rührigsten Geschäftsleute war Pater Antoine de La Valette, der Superior der Jesuiten in den Antillen. Im Namen der Gesellschaft verwaltete er ausgedehnte Pflanzungen in Westindien. Er verwendete Tausende von Negersklaven[54] und führte Zucker und Kaffee nach Europa aus. 1755 machte er eine große Anleihe bei einer Bank in Marseille; als Rückzahlung für diese Summe schickte er eine Schiffsladung von Waren nach Frankreich. Das Schiff fiel mit seiner Ladung im Wert von zwei Millionen Franken in die Hände der Engländer, die die Spannungen, die dem Siebenjährigen Krieg vorausgingen, dazu benutzten, um es zu beschlagnahmen. La Valette nahm eine weitere Anleihe auf, in der Hoffnung, diese Verluste wettzumachen. Es gelang ihm nicht, und er mußte seinen Bankrott erklären; seine Schulden betrugen 2,4 Millionen Francs. Seine Gläubiger verlangten von der Gesellschaft Jesu, sich für La Valettes Schulden haftbar zu erklären. Die jesuitischen Oberen weigerten sich und behaupteten, er habe im eigenen Namen und nicht im Namen der Gesellschaft gehandelt. Die Bankiers strengten einen Prozeß gegen die Gesellschaft an. Pater Frey, der politische Spezialist der Gesellschaft in Frankreich, riet, die Angelegenheit vor das Parlament zu bringen. So geschah es (März 1761), und das Schicksal des Ordens lag nun in den Händen seines Erzfeindes. Zur gleichen Zeit hatte ein Jesuit dem König ein Geheimdokument geschickt, in dem er die Entlassung Choiseuls aus dem Ministerium empfahl, weil er der Gesellschaft Jesu und der Religion feindlich gegenüberstehe. Choiseul verteidigte sich mit Geschick und Erfolg.

Das Parlament benutzte die Gelegenheit, um die Statuten und andere Dokumente zu studieren, die über die Organisation und die Tätigkeit der Gesellschaft Aufschluß gaben. Am 8. Mai sprach es ein Urteil zugunsten der Kläger aus und befahl der Gesellschaft, für La Valettes sämtliche Schulden aufzukommen. Die Jesuiten leiteten Verhandlungen mit den Hauptgläubigern ein[55]. Am 8. Juli legte jedoch der Abbé Terray dem Parlament einen Bericht über «die moralische und praktische Doktrin der ... Gesellschaft Jesu» vor. Auf Grund dieses Berichts gab das Parlament (6. August) zwei Dekrete heraus. Das erste befahl die Verbrennung einer großen Anzahl jesuitischer Veröffentlichungen der letzten zweihundert Jahre, weil sie «mörderische und abscheuliche» Prinzipien, die Bürger und Herrscher gefährdeten, lehrten; jeder neue Beitritt zur Gesellschaft wurde untersagt; und sämtliche Jesuitenschulen mußten bis zum 1. April 1762 geschlossen werden, mit Ausnahme derer, die vom Parlament eine besondere Erlaubnis erhalten würden. Im zweiten Dekret erklärte sich das Parlament bereit, sämtliche Klagen gegen die Gesellschaft wegen Überschreitung ihrer Befugnisse entgegenzunehmen. Der König befahl (29. August) einen Aufschub für den Vollzug dieser Dekrete; das Parlament gewährte ihn bis zum 1. April. Der König suchte mit allen Mitteln nach einem Kompromiß. Im Januar 1762 schickte er einen Vorschlag an Clemens XIII. und an Lorenzo Ricci, den General der Jesuiten, wonach die Befugnisse des Generals in Frankreich fünf provinziellen Vikaren übertragen werden sollten, die den französischen Gesetzen und den Gallikanischen Freiheiten von 1682, auf Grund derer die französische Kirche praktisch von der Unterwerfung unter den Papst befreit worden war, Gehorsam schwören sollten; außerdem sollten die Jesuitenschulen in Frankreich von den *parlements* überwacht werden. Sowohl der Papst als auch Ricci lehnten diesen Vorschlag mit den herausfordernden Worten ab: «*Sint ut sunt, aut non sint*» (Sie [die Jesuiten] seien, wie sie sind, oder sie seien nicht)[56]. Clemens wandte sich mit einem Aufruf zugunsten der Gesellschaft direkt an die französische Geistlichkeit, womit er gegen das französische Gesetz verstieß. Die französische Geistlichkeit weigerte sich, das Breve entgegenzunehmen, und leitete es an den König weiter, der es dem Papst zurückschickte.

Jetzt mischten sich die Provinzparlamente ein. Verschiedene Berichte, die ihnen vorgelegt wurden, häuften neue Anklagen auf das Haupt der Jesuiten. Das Parlament von Rennes in der Bretagne war sehr beeindruckt von den *Comptes rendus des constitutions des Jésuites* (Rechenschaftsberichte über die Statuten der Jesuiten), die ihm zwischen 1761 und 1762 von seinem obersten Staatsanwalt Louis-René de La Chalotais unterbreitet wurden. Darin wurden der Gesellschaft Jesu Ketzerei, Götzenanbetung, ungesetzliche Maßnahmen und die Aufreizung zum Königsmord vorgeworfen. Der Bericht behauptete, daß jeder Jesuit dem Papst und dem General des Ordens in Rom unbedingten Gehorsam schwören müsse; daß die Gesellschaft daher schon auf Grund ihres Statuts eine

Bedrohung für Frankreich und den König darstelle; und er bestand darauf, daß die Erziehung der Jugend ausschließlich Recht des Staates sein solle. Am 15. Februar 1762 befahl das Parlament von Rouen allen Jesuiten in der Normandie, ihre Häuser und Schulen aufzugeben, sämtliche ausländischen Direktoren zu entlassen und die Gallikanischen Freiheiten anzuerkennen. Ähnliche Dekrete wurden von den Parlamenten in Rennes, Aix-en-Provence, Pau, Toulouse, Perpignan und Bordeaux erlassen. Am 1. April befahl das Pariser Parlament die Durchführung dieser Dekrete und bestimmte neue Verwalter für die Jesuitenschulen in seinem Gerichtsbezirk.

Wenn sie auch von jeher auf die Jesuiten eifersüchtig gewesen war, versuchte die Weltgeistlichkeit jetzt, sie zu retten. Eine Versammlung der französischen Bischöfe (1. Mai) machte eine Eingabe an den König zugunsten des Ordens, als einer

«nützlichen Einrichtung für den Staat ..., einer Gesellschaft von Ordensgeistlichen, die für die Unantastbarkeit ihrer Moral, für die Strenge ihrer Disziplin, für ihre umfassenden Arbeiten und Kenntnisse und für die zahllosen Dienste, die sie der Kirche erwiesen haben, bekannt sind ... Alles, Majestät, spricht zugunsten der Jesuiten: die Religion beansprucht sie als ihre Verteidiger, die Kirche als ihre Diener, Christen als die Wächter ihres Gewissens; zahlreiche Ihrer Untertanen, die ihre Schüler gewesen sind, bitten bei Ihnen um Milde für ihre früheren Lehrer. Die ganze Jugend des Königreichs betet für jene, die ihren Geist und ihre Herzen ausbilden sollen. Majestät, verschließen Sie Ihr Ohr nicht unseren vereinten Bitten.»[57]

Auch die Königin, ihre Töchter, der Dauphin und andere, die zur Partei der Wohlgesinnten am Hof gehörten, traten für die Jesuiten ein; aber Choiseul und die Pompadour rieten dem König, dem Parlament ein für allemal recht zu geben und die Jesuitenschulen zu schließen. Ludwig wurde daran erinnert, daß er bald neue Steuern erheben mußte und dafür die Zustimmung des Parlaments brauchte. Während er noch hin und her schwankte, unternahm das Parlament entscheidende Schritte. Am 6. August 1762 erklärte es, daß die Gesellschaft Jesu unvereinbar mit den französischen Gesetzen sei, daß der Eid der Mitglieder sie von der Treue gegenüber dem König entbinde und daß ihre Unterwerfung unter eine ausländische Oberhoheit die Gesellschaft zu einem Fremdkörper in einem angeblich souveränen Staat mache. Deshalb erklärte das Parlament die Gesellschaft in Frankreich für aufgelöst und befahl den Jesuiten, innerhalb von acht Tagen ihre französischen Besitzungen zu räumen; diese wurden für den König eingezogen.

Der König schob die endgültige Vollziehung dieses Dekrets acht Monate auf. Zwei Parlamente – Besançon und Douai – verweigerten den Dekreten den Gehorsam. Drei weitere – Dijon, Grenoble und Metz – zögerten mit der Ausführung. Aber das Pariser Parlament ließ nicht locker, und schließlich befahl Ludwig im November 1764 die endgültige Auflösung der Gesellschaft Jesu in Frankreich. Das beschlagnahmte Eigentum belief sich auf 58 Millionen Francs[58], was den König mit dem Beschluß versöhnt haben mag. Ehemaligen Jesuiten wurde eine kleine Pension gewährt, und eine Zeitlang durften sie sich noch in Frankreich aufhalten, bis das Pariser Parlament 1767 die Ausweisung aller ehemaligen Jesuiten aus Frankreich bestimmte. Nur ganz wenige verleugneten ihren Orden und blieben.

Die Ausweisung gefiel dem Adel, dem Mittelstand, den Literaten und den Jansenisten, nicht aber der übrigen Bevölkerung. Christophe de Beaumont, Erzbischof von Paris, verurteilte das Vorgehen des Parlaments aufs schärfste. Eine Versammlung der französischen Geistlichkeit (1765) gab einstimmig ihrem Kummer über die Auflösung der Gesellschaft Ausdruck und bat um ihre Wiedereinsetzung. Papst Clemens XIII. verkündete die Unschuld der Jesuiten in der Bulle *Apostolicum;* die Bulle wurde in verschiedenen Städten öffentlich vom Henker verbrannt, mit der Begründung, daß der Papst kein Recht hatte, sich in französische Angelegenheiten einzumischen[59]. Die *philosophes* hatten die Ausweisung zuerst als einen ermutigenden Sieg des liberalen Gedankens begrüßt, und d'Alembert las mit Vergnügen den Kommentar des Bibelgelehrten Jean Astruc, wonach «nicht die Jansenisten, sondern die *Enzyklopädie* die Jesuiten umgebracht hatte»[60]. Die Anzahl von freigeistigen Veröffentlichungen wuchs zusehends; und in diesem Jahrzehnt nach der Ausweisung trieben Holbach und seine Mitarbeiter ihre antichristliche Kampagne bis zum Punkte eines ausgesprochenen Atheismus vor.

Nach genauerer Überlegung mußten sich die *philosophes* jedoch eingestehen, daß der Sieg weniger ihnen als den Jansenisten und dem Parlament gehörte und daß die Gedankenfreiheit es nun mit einem weit unduldsameren Feind als den Jesuiten zu tun hatte[61]. In seiner *Histoire de la destruction des Jésuites* (Geschichte der Vernichtung der Jesuiten; 1765) gab d'Alembert nur zögernd seiner Freude über ihr Schicksal Ausdruck:

«Eines steht fest: all die vielen unter ihnen, die sich in keinerlei fremde Angelegenheiten einmischten, hätten nicht für die Fehler ihrer Vorgesetzten leiden sollen, wenn solch eine Unterscheidung möglich wäre. Tausende von Unschuldigen haben wir zu unserem Schaden mit zwanzig Schuldigen verwechselt ... Die Vernichtung der Gesellschaft wird der Vernunft zu großem Vorteil gereichen, vorausgesetzt, daß die jesuitische nicht durch die jansenistische Unduldsamkeit ersetzt wird ... Wenn wir zwischen diesen beiden Sekten zu wählen hätten, würden wir die Gesellschaft Jesu als weniger tyrannisch vorziehen. Die Jesuiten – die mit sich reden ließen, solange man nicht ihr erklärter Feind war – erlaubten jedem zu denken, was er wollte. Die Jansenisten wollen, daß jeder so denkt wie sie. Wenn sie die Gewalt dazu hätten, würden sie die ärgste Gewaltherrschaft über Geist, Rede und Moral ausüben.»[62]

Als ob es diese Ansichten bestätigen wollte, befahl das jansenistische Pariser Parlament 1762, also noch im Jahr der Auflösung der Gesellschaft Jesu, die öffentliche Verbrennung von Rousseaus verhältnismäßig frommem *Emile;* im gleichen Jahr ließ das jansenistische Parlament von Toulouse Calas rädern; 1765 verbrannte das Pariser Parlament Voltaires *Philosophisches Wörterbuch* und bestätigte ein Jahr später das Urteil des Gerichts von Abbeville auf Folterung und Hinrichtung des jungen Ritters de La Barre.

Am 25. September 1762 hatte d'Alembert an Voltaire geschrieben: «Wissen Sie, was ich gestern über Sie gehört habe? Daß Sie Mitleid mit den Jesuiten bekommen haben und versucht sind, für sie einzutreten.»[63] Voltaire hatte sich immer einen Rest von Mitgefühl bewahrt, und jetzt, da die Schlacht gegen die Gesellschaft endgültig gewonnen schien, hörte er die vorwurfsvollen Stimmen seiner verstorbenen Lehrer. Er nahm in sein Haus in Ferney einen ehemaligen Jesuiten, den Pater Adam, auf, der sich in Voltaires Auftrag um die Wohlfahrt des Dorfes kümmerte und seinen Gastgeber regelmäßig beim Schachspiel schlug. Voltaire warnte La Chalotais: «Hütet euch, damit der Jansenismus nicht eines Tages ebensoviel Schaden anrichtet wie die Jesuiten ... Was nützt es mir, wenn man mich von den Füchsen befreit, nur um mich den Wölfen auszuliefern?»[64] Er befürchtete, daß die Jansenisten, wie die englischen Puritaner im siebzehnten Jahrhundert, die Theater schließen könnten, und das Theater war fast seine größte Leidenschaft. So schrieb er an d'Alembert: «Die Jesuiten waren notwendig; sie bildeten eine Abwechslung; über sie konnten wir uns lustig machen; jetzt werden wir von Pedanten erdrückt.»[65] Er war bereit, den Jesuiten zu verzeihen, und sei es nur, weil sie die Klassiker und das Theater schätzten[66].

Sein Freund und Feind Friedrich der Große teilte diese Gefühle. 1764 fragte er den Fürsten von Ligne:

> «Warum hat man die Jesuiten vernichtet, diese Bewahrer griechischer und römischer Grazie, diese ausgezeichneten Lehrer des Humanismus und vielleicht der Humanität? Die Erziehung wird darunter leiden ... Da meine Brüder, die höchst katholischen, christlichen, gläubigen und apostolischen Könige, sie vertrieben haben, werde ich, der höchst ketzerische König, so viele aufnehmen, wie ich kann; ich erhalte ihre Rasse.»[67]

Als d'Alembert Friedrich verhieß, daß er diese Freundlichkeit bereuen werde, und ihn daran erinnerte, daß die Jesuiten sich seiner Eroberung Schlesiens widersetzt hatten, tadelte der König den Philosophen:

> «Sie brauchen sich keine Sorgen um meine Sicherheit zu machen; ich habe nichts von den Jesuiten zu fürchten. Sie können die Jugend dieses Landes unterrichten, und dazu sind sie besser geeignet als jeder andere. Allerdings standen sie während des Krieges auf der anderen Seite; aber als Philosoph sollten Sie niemand Vorwürfe machen, der sich wohlwollend und menschlich gegenüber einem beliebigen Mitglied des Menschengeschlechts verhält, ganz gleich, welcher Religion oder Gesellschaft er angehört. Versuchen Sie, mehr Philosoph und weniger Metaphysiker zu sein.»[68]

Als Papst Clemens XIV. die ganze Gesellschaft Jesu 1773 auflöste, widersetzte sich Friedrich der Veröffentlichung der päpstlichen Bulle in seinem Land. In Preußen und Schlesien behielten die Jesuiten ihr Eigentum und ihre Stellungen. Katharina II. ließ die Jesuiten, die sie in dem Teil Polens antraf, den sie sich 1772 aneignete, unbehelligt und beschützte diejenigen, die später nach Rußland kamen. Dort arbeiteten sie geduldig bis zum Tage der Wiedereinsetzung in ihre Rechte (1814).

IV. ERZIEHUNG UND FORTSCHRITT

Aber wer sollte die französische Jugend erziehen, nachdem die Jesuiten verschwunden waren? Zunächst herrschte ein großes Durcheinander, das aber die Möglichkeit zu einer pädagogischen Umwälzung bot.

La Chalotais ergriff die Gelegenheit und schlug Frankreich in seiner Schrift *Essai d'éducation nationale* (Versuch über die nationale Erziehung; 1763) ein Unterrichtssystem vor, das von den *philosophes* mit Beifall begrüßt wurde. Seiner Meinung nach durfte die Herrschaft über die französischen Schulen nicht von einem Orden auf den andern übergehen, zum Beispiel auf die Christlichen Brüder oder die Oratorianer. Er war kein Atheist. Er betrachtete die Religion als Stütze der Moral; er war dafür, sie zu lehren und zu ehren; aber der Unterricht sollte nicht von der Geistlichkeit beherrscht werden. La Chalotais gab zu, daß viele Geistliche ausgezeichnete Lehrer waren, unübertroffen in ihrer Geduld und Hingebung; doch befürchtete er, daß ihre Alleinherrschaft im Klassenzimmer früher oder später zur Verbannung jedes unabhängigen Gedankens führen mußte und daß sie ihren Schülern die Anhänglichkeit an eine ausländische Macht eintrichtern würden. Die Regeln der Moral sollten unabhängig von jedem religiösen Glauben gelehrt werden. «Die Gesetze der Ethik haben den Vorrang vor allen anderen Gesetzen, sowohl göttlichen wie menschlichen, und würden auch dann bestehen, wenn diese Gesetze nie verkündet worden wären.»[69] Auch La Chalotais wollte die Schüler mit einem Ideal erfüllen, aber mit einem nationalistischen Ideal[70]. Der Nationalismus sollte zur neuen Religion werden. «Ich fordere für die Nation einen Unterricht, der ausschließlich vom Staat abhängt.»[71] Die Lehrer sollten Laien sein oder, im Falle von Priestern, zu den Weltgeistlichen und nicht zu einem Orden gehören. Das Ziel des Unterrichts sollte die Vorbereitung des Einzelnen auf das irdische Leben und nicht auf den Himmel sein, nicht blinden Gehorsam, sondern die Erfüllung seiner Aufgabe in der Verwaltung, in der Industrie, dem Handwerk und den freien Berufen zum Ziel haben. Französisch, nicht Latein sollte die Unterrichtssprache sein; weniger Zeit sollte auf Latein und mehr auf Englisch und Deutsch verwendet werden. Der Stundenplan sollte sehr viel Naturwissenschaft – von den ersten Schuljahren an – enthalten; sogar Kinder zwischen fünf und zehn Jahren könnten sich die Grundlagen von Geographie, Physik und Naturgeschichte aneignen. Auch der Geschichte sollte mehr Bedeutung beigemessen werden; aber «was im allgemeinen sowohl denen, die Geschichte schreiben, als denen, die sie lesen, fehlt, ist ein philosophischer Geist»[72]; hier machte La Chalotais eine Verbeugung vor Voltaire. In den oberen Klassen sollte Kunst und Geschmack unterrichtet werden. Auch für den Unterricht der Mädchen sollte mehr getan werden, die Erziehung der Armen hingegen war überflüssig. Der Bauernsohn würde in der Schule nichts lernen, was er nicht ebensogut auf dem Feld lernen könnte, und ein weitergehender Unterricht würde ihn nur mit seinem Stand unzufrieden machen.

Helvétius, Turgot und Condorcet waren empört über diese letzte Äußerung, aber Voltaire war damit einverstanden. Er schrieb an La Chalotais: «Ich danke Ihnen dafür, daß Sie gegen den Unterricht der arbeitenden Klasse sind. Jemand wie ich, der den Boden bestellt, braucht Handarbeiter und keine Schreiber. Um meinen Wagen anzuspannen und zu fahren, soll man mir nur ruhig die einfältigsten Brüder schicken.»[73] Und an Damilaville, der für eine allgemeine Volksschule eintrat, schrieb er: «Ich bezweifle, daß diejenigen, die nichts als ihre Muskeln zum Leben haben, je Zeit finden, sich zu unterrichten; sie würden Hungers sterben, bevor sie Philosophen geworden wären ... Nicht den Handarbeiter müssen wir unterrichten, sondern die städtische Bourgeoisie.»[74] An anderer Stelle ließ er sich freilich dazu herbei, die Volksschule als wünschenswert zu betrachten, hoffte aber, daß die höheren Schulen so schwer zugänglich sein würden, daß eine genügend große Schicht von Arbeitern übrigblieb, um die physische Arbeit in der Gesellschaft zu tun[75]. In Voltaires Augen war die erste Aufgabe der Erziehung, den kirchlichen Lehren ein Ende zu machen, mit denen man der Masse den Kopf vollstopfte und die er für deren Aberglauben und Fanatismus verantwortlich machte.

Diderot entwarf 1773 für Katharina II. einen *Plan d'une université pour le gouvernement de la Russie* (Plan einer Universität für die Regierung Rußlands). Er verurteilte ebenso wie La Chalotais den überlieferten Stundenplan. Seine Worte sind noch heute aktuell:

«In der Philosophischen Fakultät werden immer noch ... zwei tote Sprachen gelehrt, die nur für eine kleine Gruppe von Bürgern nützlich sind; sechs oder sieben Jahre dauert das Studium dieser Sprachen, ohne daß man sie beherrscht. Unter dem Namen Rhetorik lehrt man die Kunst des Sprechens noch vor der Kunst des Denkens; unter dem Namen Logik werden die Köpfe mit aristotelischen Spitzfindigkeiten angefüllt; ... unter dem Namen Metaphysik werden unwesentliche, verzwickte Fragen diskutiert, was entweder zu Skepsis oder zu Frömmelei führt; unter dem Namen Physik wird endlos über Materie und Weltsysteme geredet, aber kein Wort von Naturgeschichte [Geologie und Biologie], Chemie, den Bewegungen und der Schwerkraft von Körpern. Experimente gibt es kaum, noch weniger anatomische Sektion und keine Geographie.»[76]

Diderot war für eine Erziehung unter staatlicher Lenkung mit einer Lehrerschaft aus Laien und mit einer Betonung der naturwissenschaftlichen Fächer. Der Unterricht sollte praktisch sein und gute Agronomen, Techniker, Wissenschafter und Beamte hervorbringen. Latein sollte den Schülern nur vom siebzehnten Lebensjahr an beigebracht werden und konnte ganz fallengelassen werden, wenn der Schüler keine Aussicht hatte, es je zu verwenden; aber «es ist unmöglich, sich literarisch zu betätigen ohne Kenntnis von Griechisch und Latein»[77]. Da ein Genie aus jeder Bevölkerungsschicht kommen kann, sollten die Schulen allen ohne Bezahlung offenstehen; und arme Kinder sollten Bücher und Mahlzeiten umsonst bekommen[78].

So von verschiedenen Seiten bearbeitet, versuchte die französische Regierung ein allzu großes Durcheinander im Unterricht zu vermeiden, wie es die Vertreibung der Jesuiten heraufzubeschwören drohte. Das beschlagnahmte Eigentum des Ordens wurde zum großen Teil zur Reorganisation der fünfhundert höheren Schulen Frankreichs verwendet. Sie wurden der Universität von Paris angegliedert. Das Gymnasium Louis-le-Grand wurde in eine Normalschule zur Ausbildung von Lehrern umgewandelt. Vernünftige Gehälter wurden festgelegt, die Lehrer von städtischen Abgaben befreit; auch wurde ihnen nach Beendigung ihrer Dienstjahre eine Pension in Aussicht gestellt. Benediktiner, Oratorianer und Christliche Brüder wurden als Lehrer zugelassen, aber die *philosophes* kämpften, zum Teil erfolgreich, gegen sie an. Die Lehre vom Katholizismus nahm immer noch sehr viel Platz im Stundenplan ein; aber Naturwissenschaft und moderne Philosophie fingen an, Aristoteles und die Scholastiker zu verdrängen, und einigen weltlichen Lehrern gelang es, die Ideen der *philosophes* zu vermitteln[79]. In den Hochschulen wurden Laboratorien unter der Leitung von Professoren für experimentelle Physik eingerichtet, und in Paris und der Provinz wurden Fach- und Militärschulen eröffnet. Verschiedentlich wurden Befürchtungen laut, daß dieses neue Programm mehr Wert auf den Verstand als auf Charakterbildung lege, was die Sittlichkeit und Disziplin schwächen und zur Revolution führen müsse[80].

Die *philosophes* hingegen knüpften all ihre Hoffnungen für die Zukunft an die Unterrichtsreform. Im allgemeinen glaubten sie, daß der Mensch von Natur aus gut sei und daß ihn nur die Falschheit und Bösartigkeit von Pfaffen und Politikern schlecht gemacht hatte; er brauchte sich also nur von allem Künstlichen zu reinigen und zur «Natur» zurückzukehren – die aber von niemandem befriedigend definiert wurde. Das war im wesentlichen die Auffassung Rousseaus. Wir haben schon von Helvétius gesprochen, der überzeugt war, daß «die Erziehung alles ändern kann»[81]. Sogar der skeptische Voltaire neigte manchmal zu der Ansicht: «Wir sind eine Gattung von Affen, denen man beibringen kann, vernünftig oder unvernünftig zu handeln.»[82] Der Glaube an die unbegrenzten Möglichkeiten des Fortschritts durch die Verbesserung und Verbreitung des Unterrichts wurde zu einem Leitfaden der neuen Religion. Am Brunnen des Schicksals hängen zwei Eimer – der Himmel und die Utopie; sinkt der eine hinab, steigt der andere empor; die Hoffnung zieht abwechselnd an dem einen oder anderen Strick. Wenn beide Eimer leer heraufkommen, ist vielleicht der Augenblick da, in dem eine Zivilisation an sich verzweifelt und zugrunde geht.

Turgot formulierte am 11. Dezember 1750 den neuen Glauben in einer Vorlesung an der Sorbonne, die den Titel «Die allmählichen Fortschritte des menschlichen Geistes» trug.

«Die menschliche Rasse, von ihren frühesten Anfängen betrachtet, stellt sich dem Auge des Philosophen als ein Ganzes dar, das wie jedes Einzelwesen eine Zeit der Kindheit und des Fortschritts hat ... Die Sitten werden sanfter, der Geist wird aufgeklärter; Völker, die bisher abgeschlossen lebten, nähern sich einander. Handel und politische Beziehungen verbinden die verschiedenen Teile der Erdkugel; und die ganze Menschheit setzt im Wechsel von Ruhe und Sturm, von hellen und düsteren Tagen, ihren Marsch fort, immer vorwärts, wenn auch mit zögernden Schritten, in Richtung einer immer größeren Vollkommenheit.»[83]

Voltaire stimmte, wenn auch zögernd, bei:

«Wir dürfen hoffen, daß Vernunft und Betriebsamkeit immer weiter fortschreiten; daß die nützlichen Künste sich verbessern; daß die Übel, die den Menschen heimsuchen, worunter die Vorurteile nicht die geringste Geißel sind, nach und nach verschwinden, wenn jene, die die Völker regieren, sich davon befreien; und daß die Philosophie, wenn sie überall Zugang findet, dem menschlichen Geist in dem Mißgeschick, das er zu allen Zeiten erdulden muß, einigen Trost bringen wird.»[84]

Der sterbende *philosophe* begrüßte Turgots Aufstieg zur Macht im Jahre 1774, denn er besaß keinen Glauben an die Masse und hatte seine Hoffnung auf die Aufklärung von Königen gesetzt. Wir können die Canaille, wie er die gewöhnliche Menschheit nannte, nicht erziehen; sie ist von schwerer Arbeit verbraucht, bevor sie das Denken lernt. Aber wir können ein paar Menschen erziehen, die bei ihrem Aufstieg den Monarchen aufklären können. Dieser Traum vom «aufgeklärten Despoten» als dem Wegbereiter menschlichen Fortschritts bildete die gebrechliche *thèse royale,* auf die die meisten *philosophes* ihre Vision vom Fortschritt gründeten. Sie konnten viele Anzeichen für eine Revolution bemerken, aber die Revolution erschien ihnen eher beängstigend als wünschenswert. Sie vertrauten darauf, daß die herrschende Klasse Vernunft annehmen würde und daß Minister und Herrscher auf die Philosophie hören und die Reformen durchführen würden, die eine Revolution verhindern und die Menschheit auf den Weg zum Glück führen sollten. Deswegen begrüßten sie die Reformen Friedrichs II. und vergaben Katharina II. ihre Sünden; und wenn sie lange genug gelebt hätten, so hätten sie Joseph II. von Österreich zugejubelt. Und unser eigener Glaube an die Regierungen – ist der nicht immer noch von derselben Hoffnung getragen?

V. DIE NEUE MORAL

Ein schwieriges Problem blieb ungelöst. Konnte ein Staat ohne eine Religion bestehen, die die soziale Ordnung mit übernatürlichen Hoffnungen und Ängsten untermauerte? Konnte die Volksmoral aufrechterhalten werden ohne den volkstümlichen Glauben an den göttlichen Ursprung des Moralgesetzes und an einen Gott, der alles sieht, der belohnt und rächt? Die *philosophes* (außer Voltaire) behaupteten, daß solche Beweggründe für ein sittliches Verhalten nicht nötig seien. Angenommen, daß dies für die kultivierte Minderheit stimmte: war es auch auf die übrige Masse anwendbar? Und war die Moralität der kultivierten Minderheit ein ethisches Echo ihres verlorenen Glaubens, der religiösen Erziehung, die sie genossen hatte?

Die *philosophes* setzten alles auf die Wirksamkeit einer natürlichen Ethik. Voltaire hatte seine Zweifel daran, aber Diderot, d'Alembert, Helvétius, Holbach, Mably, Turgot und andere traten für eine Moral ein, die unabhängig von der Religion und deshalb stark genug wäre, um Glaubensstürme zu überstehen. Bayle war ihnen mit seiner Behauptung vorangegangen, daß Atheisten genau so moralisch seien wie Gläubige; aber für ihn war Moral die Gewohnheit, in Übereinstimmung mit der Vernunft zu handeln, denn er nahm an, daß der Mensch ein vernunftbegabtes Tier sei, wobei er die Vernunft als solche unerklärt ließ. Sollte die Gesellschaft oder das Individuum darüber urteilen, was vernünftig sei? Wenn die Gesellschaft im Widerspruch zum Individuum stand, was konnte dann zwischen ihnen entscheiden, wenn nicht die Gewalt? Würde die soziale Ordnung zu einer Kraftprobe zwischen der Durchführung und der Umgehung der Gesetze werden, und würde die Moral nur noch berechnen, wie groß die Aussichten auf Entdeckung waren? F.-V. Toussaint hatte in seiner Schrift *Les mœurs* (Die Sitten; 1748) eine natürliche Ethik dargelegt. Auch für ihn war die Tugend «die Treue in der Erfüllung der Verpflichtungen, die uns die Vernunft auferlegt»[85]. Aber wieviel Menschen konnten vernünftig denken? Und bildete sich nicht der Charakter (der die Handlungen bestimmt), bevor die Vernunft entwickelt war, und war die Vernunft nicht die Dirne der stärksten Triebe? Das waren einige der Probleme, denen sich die natürliche Ethik gegenübersah.

Die meisten *philosophes* nahmen die allgemeinverbreitete Eigenliebe als die Grundlage jeder bewußten Handlung an, vertrauten aber darauf, daß Erziehung, Gesetzgebung und Vernunft sie in gegenseitiges Zusammenwirken und soziale Ordnung verwandeln konnten.

D'Alembert stützte seine natürliche Moral auf

«eine einzige und unumstößliche Tatsache: die Menschen brauchen sich gegenseitig, und aus dieser Notwendigkeit entstehen gegenseitige Verpflichtungen. Aus dieser Voraussetzung ergeben sich alle Moralgesetze in geordneter und unausweichlicher Folge. Im Herzen eines jeden von uns gibt es eine Lösung für alle Fragen, die mit Moral zu tun haben – eine Lösung, die unsere Leidenschaften manchmal vermeiden, aber die sie nie vernichten. Und die Lösung jedes einzelnen Problems führt ... zurück zum Nährboden, der, wohlverstanden, unser eigenes Interesse ist, das grundlegende Prinzip jeder moralischen Verpflichtung.»[86]

Einige *philosophes* erkannten, daß dies ein allgemeines Überwiegen der Vernunft bei der Mehrheit der Menschen voraussetzte – also eine Eigenliebe, die genügend «aufgeklärt» war, um die Resultate, die sich aus der Wahl des Ego ergeben, in der Perspektive der Allgemeinheit zu sehen und die Selbstsucht des Einzelnen mit dem Wohl der Gruppe zu versöhnen. Voltaire teilte dieses Vertrauen in die Intelligenz des Egoismus nicht; vernünftiges Denken schien ihm ein höchst seltenes Vorkommnis. Er zog es vor, seine Ethik auf das Vorhandensein von Altruismus, unabhängig von Eigenliebe, zu gründen, und er leitete diesen Altruismus von einem Gefühl für Gerechtigkeit ab, das der Mensch von Gott bekommen habe. Die «Brüder» verurteilten ihn, weil er damit wieder die Religion hineinzog.

Nachdem die *philosophes* die Eigenliebe als eine allen Menschen eigene Triebkraft angenommen hatten, kamen sie ganz allgemein zu dem Schluß, daß Glück das höchste Gut sei und daß alle Genüsse erlaubt seien, soweit sie weder die Gruppe noch das Individuum selbst schädigen. In Anlehnung an die Kirche verfaßten Grimm, Holbach, Mably und Saint-Lambert eine Art von Katechismen, worin sie die neue Moral auseinandersetzten. Saint-Lambert wandte sich in seinem *Catéchisme universel* (Universalkatechismus) an Kinder von zwölf oder dreizehn Jahren:

«Frage: Was ist der Mensch?
Antwort: Ein Wesen, das Empfindung und Verstand besitzt.
Frage: Wenn dem so ist, was sollte ein solches Wesen tun?
Antwort: Seinem Vergnügen nachgehen und den Schmerz vermeiden.
Frage: Ist das nicht Eigenliebe?
Antwort: Das ist die notwendige Folge davon.
Frage: Existiert die Eigenliebe bei allen Menschen in gleicher Weise?
Antwort: Ja, denn alle Menschen streben nach Selbsterhaltung und Glück.
Frage: Was versteht man unter Glück?
Antwort: Einen anhaltenden Zustand, in dem man mehr Vergnügen als Schmerz empfindet.
Frage: Was soll man tun, um diesen Zustand zu erreichen?
Antwort: Unsere Vernunft entwickeln und ihr entsprechend handeln.
Frage: Was ist Vernunft?
Antwort: Die Erkenntnis der Wahrheiten, die zu unserem Wohlbefinden führen.
Frage: Hat die Eigenliebe nicht immer zur Folge, daß wir diese Wahrheiten entdecken und dementsprechend handeln?
Antwort: Nein, denn nicht alle Menschen wissen, wie Eigenliebe ausgeübt werden soll.
Frage: Wie ist das zu verstehen?
Antwort: Darunter verstehe ich, daß gewisse Menschen sich selbst auf die richtige Art lieben und andere auf verkehrte.
Frage: Wer liebt sich selbst auf richtige Art?
Antwort: Jene, die sich gegenseitig zu erkennen suchen und die ihr eigenes Glück nicht von dem der anderen trennen.»[87]

Ihre praktische Ethik bauten die *philosophes* auf Erinnerungen an die christliche Moral auf. Die Verehrung Gottes, der Jungfrau Maria und der Heiligen, die indirekt die Moral gestützt hatte, ersetzten sie durch die direkte Hingebung an die Menschheit. Der Abbé de Saint-Pierre hatte ein neues Wort für eine alte Tugend geprägt – *bienfaisance*, die Wohltätigkeit, worunter gegenseitige Hilfeleistungen und Zusammenarbeit mit anderen für das allgemeine Wohl zu verstehen war. Außerdem legten die *philosophes* Wert auf *humanité*, die Menschlichkeit, das Humane, was dem zweiten der beiden Gebote Christi entsprang. Als Raynal die Grausamkeit der Europäer gegenüber Negern, Indianern und Indern als unmenschlich verurteilte, muß ihm bekannt gewesen sein, daß er einen Vorgänger im spanischen Bischof Las Casas hatte, der sich schon 1539 dagegen aufgelehnt hatte. Aber die neue Bereitschaft, den Armen, Kranken und Unterdrückten zu helfen, war hauptsächlich den *philosophes* und vor allem Voltaire zu verdanken. Auf seine unermüdlichen Feldzüge war die Justizreform in Frankreich zurückzuführen. Die französische Geistlichkeit war bekannt für ihre Barmherzigkeit; aber jetzt erlebte sie, wie die praktische Ethik des Christentums mit bemerkenswertem Erfolg von den *philosophes* gepredigt wurde. Die Sittlichkeit machte sich von der Religion unabhängig. Die Begriffe von Menschlichkeit, Sympathie, Duldsamkeit, Philanthropie und Frieden gingen von einer theologischen auf eine weltliche Basis über und beeinflußten die Gesellschaft wie nur selten zuvor.

Bei den moralischen Problemen, die der Krieg ihnen stellte, umgingen die *philosophes* den Pazifismus, rieten aber zum Frieden. Voltaire räumte die Berechtigung von Verteidigungskriegen ein, hielt aber Krieg im allgemeinen für Raub, der Sieger wie Besiegte verarmen läßt und woran sich nur ein paar Fürsten, Heereslieferanten und königliche Mätressen bereichern. Er protestierte gegen den Einfall Friedrichs II. in Schlesien und verfaßte, wahrscheinlich in Anknüpfung daran, einen leidenschaftlichen Artikel über «Krieg» im *Philosophischen Wörterbuch*, worin er darauf hinwies, wie leicht ein königliches Gewissen mit dem Gedanken an Aggression versöhnt werden kann:

> «Ein Genealoge beweist einem Fürsten, daß er in gerader Linie von einem Grafen abstammt, dessen Eltern sich drei- oder vierhundert Jahre vorher mit einem Haus verbunden haben, von dem nicht einmal die geringste Erinnerung übriggeblieben ist. Dieses Haus hatte entfernte Ansprüche auf eine Provinz ..., worin der Fürst und seine Ratgeber sogleich des Fürsten offenkundiges Recht sehen. Diese Provinz, die ein paar hundert Meilen entfernt liegt, kann so viel versichern, wie sie will, daß sie ihn nicht kennt, daß sie nicht die geringste Lust hat, von ihm regiert zu werden, daß man zumindest die Zustimmung der Leute braucht, denen man Gesetze auferlegen will ... Er findet unverzüglich eine große Anzahl von Männern, die nichts zu verlieren haben; er kleidet sie in blaues Tuch ein ..., läßt sie nach rechts und links schwenken und zieht nach Ruhm aus.»

Trotzdem riet Voltaire Katharina II., zu den Waffen zu greifen und die Türken aus Europa zu vertreiben; für die Offiziere, die 1741 für Friedrich gefallen waren, schrieb er eine patriotische Ode; und er gab der französischen Armee zu ihrem Sieg bei Fontenoy seinen Segen.

Die *philosophes* verwarfen Nationalismus und Patriotismus, weil diese Gefühle die Begriffe der Menschlichkeit und moralischen Verpflichtung einengten und es den Königen erleichterten, ihr Volk in den Krieg zu führen. Der Artikel «Vaterland» im *Philosophischen Wörterbuch* verurteilte den Patriotismus als gesellschaftlichen Egoismus. Voltaire forderte die Franzosen auf, sich weniger mit der Überlegenheit ihrer Sprache, Literatur, Kunst und Kriegsführung zu brüsten, und erinnerte sie an ihre Irrtümer, Verbrechen und Mängel[88]. Die Franzosen Montesquieu, Voltaire, Diderot und d'Alembert waren ebenso wie die Deutschen Lessing, Kant, Herder, Goethe und Schiller in erster Linie «gute Europäer» und erst dann Franzosen oder Deutsche. Der Kosmopolitismus, der im Mittelalter in Westeuropa eine Folge der einheitlichen Religion und der einheitlichen Sprache gewesen war, entwickelte sich jetzt infolge der Verbreitung der französischen Sprache und Kultur über ganz Europa. Rousseau sprach 1755 von «jenen großen kosmopolitischen Geistern, die sich nicht um die Schranken kümmern, die nur dazu da sind, um die Völker voneinander zu trennen, und die die ganze Menschheit – wie die höchste Macht, die sie geschaffen hat – in ihr Wohlwollen einschließen»[89]. An anderer Stelle schrieb er mit der für ihn bezeichnenden Übertreibung: «Es gibt keine Franzosen oder Deutschen mehr ..., es gibt nur noch Europäer.»[90] Das traf nur auf den Adel und die Intelligenz zu, aber in diesen Kreisen dehnte sich der kosmopolitische Geist von Paris bis nach Neapel und Sankt Petersburg aus. Sogar in Kriegszeiten trafen sich Aristokraten und Literaten mit Vertretern ihres Standes jenseits der Grenze. Hume, Horace Walpole, Gibbon und Adam Smith wurden in der Pariser Gesellschaft willkommen geheißen, während England und Frankreich im Krieg lagen, und der Fürst von Ligne fühlte sich in fast jeder europäischen Hauptstadt zu Hause. Auch auf die Soldaten hatte dieser Internationalismus abgefärbt. «Jeder deutsche Offizier», sagte der Herzog Ferdinand von Braunschweig, «sollte sich geehrt fühlen, unter französischer Flagge zu dienen.»[91] Ein ganzes Regiment in der französischen Armee, die *Allemands Royaux* (die «Deutschen des Königs»), bestand aus Deutschen. Die Revolution machte dieser kosmopolitischen Kameradschaft von Geist und Sitten ein Ende. Das französische Übergewicht verschwand, und der Nationalismus gewann an Boden.

So ging die Revolte des Geistes, die zum Teil aus der moralischen Abneigung gegen die Grausamkeit der Götter und Priester entstanden war, von der Ablehnung der alten Religion zu einer Ethik weltweiter Brüderlichkeit über, die der schönsten Seite dieses verdrängten Glaubens entsprach. Aber die Frage, ob ein Sittengesetz ohne die Unterstützung durch die Religion eine soziale Ordnung aufrechterhalten kann, blieb ungelöst – bleibt es auch in unserer Zeit, in der dieses schwierige Experiment fortgesetzt wird.

VI. DIE RELIGION AUF DEM RÜCKZUG

Vorläufig schienen die *philosophes* den Krieg gegen das Christentum gewonnen zu haben. Henri Martin, dieser bewundernswert unparteiische Historiker, beschrieb das französische Volk im Jahre 1762 als «eine Generation, die keinen Glauben an das Christentum besaß»[92]. 1770 sagte der Oberstaatsanwalt Séguier in einem Bericht:

«Die *philosophes* haben versucht, mit einer Hand den Thron, mit der anderen die Altäre ins Wanken zu bringen. Sie strebten danach, die öffentliche Auffassung von zivilen und religiösen Einrichtungen zu verwandeln, und diese Revolution, wenn man so sagen darf, ist verwirklicht worden. Geschichte und Poesie, Romane und sogar Wörterbücher sind vom Gift des Unglaubens angesteckt worden. Kaum sind ihre Schriften gedruckt, da überschwemmen sie schon die Provinzen wie eine Sturzflut. Sogar die Werkstätten und die Hütten sind davon angesteckt.»[93]

Als wollte er diesen Bericht bestätigen, veröffentlichte Sylvan Maréchal 1771 einen *Dictionnaire des athées* (Atheistisches Wörterbuch), in das er auch Abaelard, Boccaccio und den Bischof Berkeley aufnahm[94]. 1775 erklärte der Erzbischof von Toulouse: «Der ungeheuerliche Atheismus ist zur herrschenden Auffassung geworden.»[95] Frau du Deffand meinte, der Glaube an die christlichen Wunder sei ebenso ausgestorben wie der Glaube an die griechischen Sagen[96]. Der Teufel überlebte als Redewendung, die Hölle als ein Scherz[97]; und der Himmel der Theologen wurde von den neuen Erkenntnissen der Astronomie verdrängt, genau so wie er vor den Raumfahrern unserer Zeit immer mehr zurückweicht. Tocqueville sprach 1856 von «dem allgemeinen Mißkredit, dem sämtliche religiösen Konfessionen am Ende des achtzehnten Jahrhunderts verfielen»[98].

Alle diese Feststellungen waren übertrieben und bezogen sich wahrscheinlich auf Paris und die höheren und literarischen Kreise. Leckys Urteil zeugte von einem schärferen Blick für die Unterschiede: «Die antichristliche Literatur spiegelte die Auffassungen und die Bedürfnisse der gebildeten Schichten in ihrer Mehrheit wider; und zahlreiche Beamte in den verschiedensten Gegenden erleichterten oder begünstigten ihre Verbreitung.»[99] Das französische Volk dagegen hing nach wie vor an dem mittelalterlichen Glauben, der Stütze und der Poesie seines mühseligen Lebens. Es glaubte nicht nur an alte Wunder, sondern auch an neue. Die wundertätigen Madonnenfigürchen, die die Hausierer feilboten, fanden reißenden Absatz[100]. Bei den Prozessionen wurden Statuen und Reliquien durch die Straßen getragen, um irgendein öffentliches Mißgeschick abzuwenden. Sogar in Paris waren die Kirchen an den großen religiösen Festtagen überfüllt, und die Kirchenglocken trugen ihre tönende Einladung über Stadt und Land. Die frommen Brüderschaften hatten viele Mitglieder, wenigstens in den Kleinstädten. «Bruder» Servan versicherte d'Alembert aus Grenoble (1767): «Sie wären erstaunt über den Fortschritt der Philosophie in diesen barbarischen Gegenden.» Und in Dijon gab es sechzig Exemplare der *Enzyklopädie*. Aber das waren Ausnahmen; im allgemeinen blieb das Bürgertum in der Provinz der Kirche treu.

In Paris erfaßte die neue Bewegung sämtliche Schichten. Die Arbeiter waren mehr und mehr antiklerikal eingestellt; und in den Cafés hatte man Gott schon längst abgetan. Ein Aristokrat erzählte, wie sein Friseur zu ihm sagte, während er ihm das Haar puderte: «Sehen Sie, gnädiger Herr, wenn ich auch nur ein elender Wurm bin, so habe ich doch nicht mehr Religion im Leibe als sonst jemand.»[101] Die Arbeiterfrauen gingen nach wie vor zur Kirche und beteten den Rosenkranz. Die Frauen von Welt hingegen paßten sich der philosophischen Mode an und kümmerten sich nicht um Religion, bis sie alt und vertrocknet waren; dann aber, wenn sie sich dem Tode nahe fühlten, schickten die meisten nach dem Priester. Fast in allen größeren Salons waren die *philosophes* tonangebend. Frau du Deffand verachtete diese Leute, aber bei Frau Geoffrin beherrschten sie die Tafelrunde; d'Alembert, Turgot und Condorcet hielten Hof bei Fräulein von Lespinasse, und Grimm hatte den Vorsitz bei Frau von Epinay. Horace Walpole beschrieb 1765 die geistige Atmosphäre in den Salons:

«Gott und der König müssen heruntergemacht werden ... Männer wie Frauen sind eifrig um diese Vernichtung bemüht. Sie finden es ziemlich empörend, daß ich überhaupt noch an etwas glaube[102] ... Die *philosophes* sind unerträglich, oberflächlich, von sich eingenommen und fanatisch; sie predigen unaufhörlich und geben offen zu, daß sie den Atheismus lehren; Sie können sich nicht vorstellen, mit welcher Offenheit. Wundern Sie sich daher nicht, wenn ich als Jesuit zurückkomme.»[103]

Trotzdem nahm die Akademie zwischen 1760 und 1770 neun *philosophes* als Mitglieder auf und ernannte 1772 d'Alembert zum ständigen Sekretär.

Die Adligen verschlangen mit Genuß die antiklerikale Nahrung, die die Freidenker ihnen boten. «In den höheren Kreisen war der Atheismus ganz allgemein», berichtete Lamothe-Langon; «wenn man an Gott glaubte, machte man sich lächerlich.»[104] «Nach 1771 war die Religionslosigkeit bei der Aristokratie vorherrschend.»[105] Die Herzoginnen von Enville, Choiseul, Gramont, Montesson und Tessé waren Deistinnen. Hochstehende Regierungsbeamte – Choiseul, Rohan, Maurepas, Beauvau, Chauvelin – verkehrten freundschaftlich mit d'Alembert, Turgot und Condorcet. Dabei setzten die *philosophes* Frankreich auseinander, daß der Feudalismus sich überlebt hatte, daß ererbte Vorrechte eine längst veraltete Ungerechtigkeit waren, daß ein guter Schuster mehr wert sei als ein verkommener Lord und daß alle Macht vom Volk ausgehe.

Sogar die Geistlichkeit wurde angesteckt. 1769 maß Chamfort den geistlichen Unglauben am Rang in der Kirche: «Der Pfarrer muß ein bißchen Glauben bewahren ... der Vikar darf bei einer abfälligen Bemerkung über die Religion lächeln; der Bischof lacht laut auf; und der Kardinal macht selbst noch einen Witz darüber.»[106] Zu den Freunden von Diderot und Holbach gehörten verschiedene skeptische Abbés. Die Abbés Torné, Fauchet, Maury, de Beauvais und de Boulogne «zählten zu den unverblümtesten *philosophes*»[107]. Es wird von einer Société de Prêtres Beaux-Esprits (Vereinigung schöngeistiger Priester) gesprochen; einige dieser schöngeistigen Priester waren Deisten, andere Atheisten – der Geist Mesliers ging wieder um. Als Priestley 1774 bei Turgot speiste, teilte ihm der Marquis von Chastellux mit, «daß die beiden Herren mir gegenüber der Bischof von Aix und der Erzbischof von Toulouse seien, daß sie aber 'nicht gläubiger sind als Sie und ich'. Ich versicherte ihm, daß ich gläubig sei, und Monsieur Le Roy, der Philosoph, sagte zu mir, ich sei sicherlich der einzige ihm bekannte Mensch von Geist, der ein Christ sei.»[108]

Sogar in den Klöstern hatte der Atheismus ein paar Freunde. Um einen Skandal zu vermeiden, lud Dom Collignon seine beiden Mätressen nur dann zu Tisch ein, wenn seine übrigen Gäste verläßliche Freunde waren. Er ließ sich in seinem Vergnügen durch den apostolischen Glauben nicht stören, hielt aber die Religion für eine ausgezeichnete Einrichtung, um die Moral des gewöhnlichen Volkes aufrechtzuerhalten[109]. Diderot berichtete 1769 von einem Zusammentreffen mit zwei Mönchen:

«Einer von ihnen las den Entwurf zu einer äußerst kühnen und entschiedenen Abhandlung über Atheismus, voll neuer, mutiger Ideen. Ich erfuhr zu meiner Erbauung, daß es sich um die neueste Doktrin in ihren Klöstern handelte. Im übrigen gehörten diese beiden Mönche zu den tonangebenden Leuten ihrer Klöster. Sie waren intelligent, fröhlich, gefühlvoll und gebildet.»[110]

Ein frommer katholischer Historiker berichtet, daß gegen Ende des achtzehnten Jahrhunderts «ein Gefühl der Verachtung – übertrieben, aber ganz allgemein – überall die tiefe Verehrung ersetzt hatte, die die großen Klöster so lange in der katholischen Welt genossen hatten»[111].

Die größere Duldsamkeit war hauptsächlich mit dem Niedergang des religiösen Glaubens verbunden; man kann leicht duldsam sein, wenn man gleichgültig ist. Voltaires Erfolg in den Fällen Calas und Sirven veranlaßte verschiedene Provinzgouverneure, der Regierung eine Milderung der Gesetze gegen die Protestanten vorzuschlagen. Dies geschah denn auch. Die Erlasse gegen Ketzerei wurden zwar nicht widerrufen, aber sie wurden mit Milde gehandhabt. Man ließ die Hugenotten in Ruhe, was Voltaire beabsichtigt hatte. Das Parlament von Toulouse bewies seine Reue mit so viel Duldsamkeit, daß der König Angst bekam[112]. Einige Prälaten, darunter der Bischof Fitzjames von Soissons, gaben im Jahre 1757 einen Hirtenbrief heraus, in dem sie sämtliche Christen dazu aufforderten, alle Menschen als Brüder zu betrachten[113].

Voltaire machte die Philosophie für diesen Sieg verantwortlich. «Es scheint mir», schrieb er 1764 an d'Alembert, «daß nur die Philosophen die Sitten der Menschen bis zu einem gewissen Grad gemildert haben und daß es ohne sie in jedem Jahrhundert zu zwei oder drei Pariser Bluthochzeiten käme»[114]. Hier muß bemerkt werden, daß manchmal auch die *philosophes* unduldsam waren. D'Alembert und Marmontel beschworen Malesherbes, Fréron unschädlich zu machen (1757)[115], und d'Alembert wollte ihn dazu veranlassen, einige Kritiker der *Enzyklopädie* vor Gericht zu stellen (1758). Frau Helvétius bat Malesherbes, eine Zeitung zu verbieten, die ihres Mannes Buch *Über den Geist* in den Schmutz gezogen hatte (1758). Auch Voltaire wandte sich verschiedentlich an die Obrigkeit, um die philosophische Gruppe vor Parodien und Verleumdungen zu schützen[116]; und soweit es sich um tatsächliche Verleumdungen handelte, war das gerechtfertigt.

Nicht nur die Philosophie trug zu größerer Duldsamkeit bei. Obwohl die Reformation die Unduldsamkeit billigte, erzeugte sie so viele Sekten (einige davon stark genug, um sich zu verteidigen), daß die Unduldsamkeit sich im allgemeinen auf Worte beschränkte. Die Sekten mußten ihre Dispute mit Argumenten austragen und – wenn auch widerwillig – die Vernunft als Prüfstein anerkennen, womit sie ihr zu größerem Ansehen verhalfen. Die Erinnerung an die Religionskriege in Frankreich, England und Deutschland und die damit verbundene wirtschaftliche Zerrüttung machte manchen Wirtschaftsführer und Politiker der Toleranz zugänglicher. Handelszentren wie Hamburg, Amsterdam und London mußten sich mit den verschiedensten Konfessionen und Sitten ihrer Kunden abfinden. Mit der zunehmenden Stärkung des Nationalstaates verlor die Religion als Stütze der sozialen Ordnung an Bedeutung. Nähere Bekanntschaft mit verschiedenen Kulturen und Kulten schwächte die Überzeugung der einzelnen Konfessionen, im Alleinbesitz des wahren Gottes zu sein. Vor allem erschwerten die wissenschaftlichen Fortschritte der Religion, weiterhin zu so barbarischen Methoden, wie sie die Inquisitionsprozesse und die Hexenverbrennungen darstellten, zu greifen. Die *philosophes* machten sich all diese Beweggründe in ihrem Feldzug für die Duldsamkeit zunutze und durften einen großen Teil des Sieges für sich in Anspruch nehmen. Es ist bezeichnend für das Ausmaß ihrer Erfolge, daß hugenottische Prediger zu Beginn des achtzehnten Jahrhunderts in Frankreich noch gehängt wurden, während 1776 und 1778 ein schweizerischer Protestant vom katholischen König herbeigerufen wurde, um den Staat zu retten.

VII. ZUSAMMENFASSUNG

So stehen wir wieder da, wo wir angefangen haben, und stellen fest, daß die entscheidenden Schlachten des achtzehnten Jahrhunderts nicht von Kriegern und Diplomaten, sondern von Philosophen und Theologen ausgefochten wurden und daß wir berechtigt waren, dieses Jahrhundert das Zeitalter Voltaires zu nennen. «Die Philosophen der verschiedenen Nationen», sagte Condorcet, «die sämtliche Interessen der Menschheit in ihre Meditationen einbeziehen ..., bildeten eine entschlossene und geeinigte Phalanx gegen alle Arten von Irrtum und jegliche Tyrannei.»[117] So geeint war die Phalanx allerdings nicht. Rousseau verließ ihre Reihen, und Kant strebte nach der Versöhnung von Philosophie und Religion. Aber es war wahrhaft ein Kampf um die Seele des Menschen, und heute sehen wir das Ergebnis.

Als Voltaire Ferney verließ und Paris ihm einen triumphalen Empfang bereitete (1778), hatte die Bewegung, die er angeführt hatte, inzwischen die ganze europäische Geisteswelt ergriffen. Fréron, sein erbitterter Feind, beschrieb sie als «das Gebrechen und den Wahnsinn dieses Zeitalters»[118]. Die Jesuiten waren geflohen, die Jansenisten im Rückzug. Der ganze Ton der französischen Gesellschaft war verändert. Fast jeder Schriftsteller in Frankreich folgte den Gedankengängen der *philosophes* und suchte ihre Anerkennung. Philosophie war auf allen Lippen und in hundert Büchertiteln zu finden. «Ein lobendes Wort von Voltaire, Diderot oder d'Alembert wurde höher geschätzt als die Gunst eines Fürsten.»[119] Die Salons und die Akademie und zeitweise sogar das königliche Ministerium waren in «philosophischen» Händen.

Besucher aus dem Ausland setzten alles in Bewegung, um sich eine Einladung in einem Salon zu verschaffen, wo sie vielleicht einem der berühmten *philosophes* begegnen und zuhören konnten. Nach ihrer Rückkehr in die Heimat verbreiteten sie die neuen Ideen. Obwohl Hume in vieler Hinsicht ein Vorgänger Voltaires war, sah er zu ihm als seinem Meister empor. Robertson schickte seinen prachtvollen *Karl V.* nach Ferney. Chesterfield, Horace Walpole und Garrick gehörten zu den Engländern, die mit Voltaire im Briefwechsel standen. Smollett, Franklin und andere beteiligten sich an der Vorbereitung zu der englischen Übersetzung und Herausgabe von Voltaires Werken in siebenunddreißig Bänden (1762). Die Gründer der neuen Republik in Amerika waren von den Schriften der *philosophes* tief beeindruckt. Was Deutschland anbetrifft, so braucht man nur zu lesen, was Goethe 1831 zu Eckermann sagte:

«Was aber die Franzosen im vorigen Jahrhundert in der Literatur für Männer hatten, erscheint ganz außerordentlich. Ich muß schon erstaunen, wie ich nur eben hineinblickte. Es war die Metamorphose einer hundertjährigen Literatur, die seit Ludwig dem Vierzehnten heranwuchs und zuletzt in voller Blüte stand.»[120]

Könige und Königinnen spendeten Voltaire Beifall und bekannten sich stolz zu seinen Jüngern. Friedrich der Große hatte als einer der ersten seine Bedeutung erkannt. Nach dreißigjähriger Bekanntschaft mit ihm, mit allen seinen Charakterfehlern und all seiner Geistesgröße, begrüßte er den Triumph des Feldzugs gegen *l'infâme* mit den Worten: «Der Bau [des Aberglaubens] ist bis auf die Grundfesten erschüttert ... Die Nationen werden in ihre Annalen eintragen, daß Voltaire der Vorkämpfer dieser Revolution war, die im achtzehnten Jahrhundert im menschlichen Geist stattfand.»[121] Katharina II. von Rußland und Gustav III. von Schweden teilten diese Gefühle der Verehrung. Und wenn Kaiser Joseph II. es auch nicht offen sagen durfte, so verdankte er seinen reformfreudigen Geist doch zweifellos den *philosophes*. Bewunderer Voltaires kamen in den katholischen Städten Mailand, Parma, Neapel und sogar Madrid zur Macht. Grimm faßte die Lage 1767 zusammen: «Ich stelle mit Vergnügen fest, daß sich eine riesige Republik kultivierter Geister in Europa herausbildet. Die Aufklärung dehnt sich nach allen Seiten aus.»[122]

Selbst Voltaire überwand den natürlichen Pessimismus des hohen Alters und schlug 1771 eine triumphierende Note an:

«Heutzutage sind die wohlgebildeten Geister zahlreich; sie stehen an der Spitze der Nationen, sie beeinflussen das öffentliche Verhalten; und mit jedem Jahr sieht sich der Fanatismus, der die Erde beherrschte, aus einer usurpierten Festung nach der anderen verdrängt ... Wenn die Religion keine Bürgerkriege mehr erzeugt, so verdankt sie das einzig und allein der Philosophie. Die theologischen Dispute werden allmählich mit nicht anderen Augen betrachtet als die Streitigkeiten von Kasperl und Hanswurst auf dem Jahrmarkt. Eine hassenswerte, beleidigende Usurpation, die einerseits auf Betrug und andererseits auf Dummheit beruht, wird unaufhörlich von der Vernunft untergraben, die ihr Reich errichtet.»[123]

Die Ehre, die ihm gebührt, wollen wir ihm erweisen. Bei unserer nachträglichen Kenntnis von den Ausschreitungen der Revolution und der Reaktion, die darauf folgte, müssen wir zugeben, daß die *philosophes* (außer Voltaire) zu sehr auf die menschliche Natur vertrauten; daß sie die Stärke der Instinkte unterschätzten, die Jahrtausende von Unsicherheit, Verwilderung und Barbarei erzeugt hatten; daß sie die Rolle der Erziehung für die Entwicklung einer Vernunft überschätzten, die diese Instinkte im Zaum halten sollte; daß sie den Anforderungen der Vorstellungskraft und des Gefühls blind gegenüberstanden, daß sie taub waren für den Schrei der Unterlegenen, die nach den Tröstungen des Glaubens hungerten. Sie legten zu wenig Wert auf Überlieferungen und Einrichtungen, die sich nach jahrhundertelangem Tasten herausgebildet hatten, und zu viel auf die Intelligenz des Einzelnen, die im besten Falle nur das Produkt eines kurzen, engbegrenzten Lebens ist. Wenn sie sich ernsthafte Fehler bei ihrer Beurteilung zuschulden kommen ließen, so lag das nicht einfach an geistigem Hochmut, sondern ebenso sehr an ihren großherzigen Hoffnungen für die Verbesserung der Menschheit. Den Denkern des achtzehnten und vielleicht auch den tieferblickenden Philosophen des siebzehnten

Jahrhunderts verdanken wir die verhältnismäßig große Gedanken-, Rede- und Glaubensfreiheit, die wir heute genießen; ihnen verdanken wir zahllose humane Reformen der Gesetzgebung und der Regierung, der Behandlung von Verbrechen, Krankheit und Irrsinn. Ihnen und den Nachfolgern Rousseaus verdanken wir den ungeheuren geistigen Anstoß, der die Literatur, die Wissenschaft, die Philosophie und die Staatskunst des neunzehnten Jahrhunderts hervorgebracht hat. Sie sind die Ursache dafür, daß sich die Religionen heute mehr und mehr von dumpfem Aberglauben und sadistischen theologischen Vorstellungen lösen, daß sie der Verdummung und Verfolgung den Rücken kehren und daß sie das Bedürfnis nach gegenseitiger Verständigung, wie es aus den verschiedenen Bemühungen unserer Unwissenheit und Hoffnung spricht, erkennen können. Diesen Menschen verdanken wir es, wenn wir hier und jetzt ohne Furcht, wenn auch nicht ohne Tadel, schreiben können. Wenn wir aufhören, Voltaire zu ehren, werden wir der Freiheit nicht mehr würdig sein.

Epilog im Elysium

Personen des Dialogs: Papst Benedikt XIV. und Voltaire
Szene: Ein Platz in der dankbaren Erinnerung der Menschheit

BENEDIKT. Ich bin glücklich, Sie hier zu sehen, Monsieur, denn wenn Sie auch der Kirche, der ich achtzehn Jahre lang vorstehen durfte, viel Schaden zugefügt haben, so taten Sie doch viel Gutes, als Sie die Sünden und Irrtümer der Kirche geißelten und die Ungerechtigkeiten brandmarkten, die uns alle zu Ihrer Zeit beschämten.

VOLTAIRE. Sie sind jetzt, wie zu Ihren Lebzeiten, der liebenswürdigste und nachsichtigste aller Päpste. Wenn jeder «Diener der Diener Gottes» wie Sie gewesen wäre, hätte ich die Sünden der Kirche als eine natürliche Eigenschaft der Menschen betrachtet und hätte eine große Einrichtung auch weiterhin geehrt. Sie erinnern sich vielleicht, wie ich die Jesuiten über fünfzig Jahre lang geachtet habe.

BENEDIKT. Ich erinnere mich, aber ich bedaure, daß Sie sich gerade dann dem Angriff auf sie anschlossen, als sie anfingen, sich von politischen Ränken fernzuhalten und sich mutig gegen die Ausschweifungen des Königs erhoben.

VOLTAIRE. Ich hätte wissen müssen, daß es sich nicht lohnte, mich bei diesem Streit auf die Seite der Jansenisten zu schlagen.

BENEDIKT. Sehen Sie, Sie können auch Fehler begehen, genau wie ein Papst. Und da ich Sie in so nachgiebiger Stimmung vorfinde, wollen Sie vielleicht hören, warum ich der Kirche treu blieb, die Sie verlassen haben?

VOLTAIRE. Das wäre höchst interessant.

BENEDIKT. Ich habe Angst, Sie zu ermüden, denn ich werde fast die ganze Zeit das Wort führen. Aber bedenken Sie, wie viele Bände Sie geschrieben haben.

VOLTAIRE. Ich hatte oft den Wunsch, Rom zu sehen, und es wäre mir ein Vergnügen gewesen, wenn Sie sich mit mir unterhalten hätten.

BENEDIKT. Und so oft hatte ich das Verlangen, mit Ihnen zu sprechen. Ich muß gestehen, daß ich Ihren Witz und Ihre Gewandtheit genossen habe. Aber Ihre glänzenden Gaben haben Sie in die Irre geführt. Es ist schwer, gleichzeitig brillant und konservativ zu sein. Für einen lebhaften Geist hat es nicht viel Reiz, für Tradition und Autorität einzustehen; es ist verführerisch, sich kritisch zu betätigen, denn dann kann man sich dem Vergnügen, etwas Neues und Individuelles zu sagen, hingeben. Aber in der Philosophie ist es fast unmöglich, originell zu sein, ohne sich zu irren. Und ich möchte mit Ihnen nicht als Priester oder Theologe sprechen, sondern wie ein Philosoph mit dem anderen.

VOLTAIRE. Vielen Dank. Man hat ziemlich viel Zweifel darüber geäußert, ob ich ein Philosoph sei.

BENEDIKT. Sie waren gescheit genug, um kein neues System zu fabrizieren. Aber Sie haben einen grundsätzlichen und bedauerlichen Fehler gemacht.

VOLTAIRE. Was war das?

BENEDIKT. Sie hielten es für möglich, daß sich ein einziger Geist in der Spanne eines Lebens ein so umfassendes Wissen und ein so tiefes Verständnis aneignen kann, daß er das Recht hat, über die Weisheit des ganzen Menschengeschlechts – über Traditionen und Einrichtungen, die sich aus der Erfahrung von Jahrhunderten herausgebildet haben – zu Gericht zu sitzen. Die Tradition ist für die Gemeinschaft, was das Gedächtnis für den Einzelnen ist; und so wie das Abreißen des Gedächtnisses zu Geistesgestörtheit führen kann, kann der Bruch mit der Tradition eine ganze Nation in Wahnsinn stürzen – wie Frankreich in der Revolution.

VOLTAIRE. Frankreich wurde nicht wahnsinnig; in einem Jahrzehnt hat sich der ganze Groll entladen, den es in Jahrhunderten von Unterdrückung aufgehäuft hatte. Außerdem ist das «Menschengeschlecht», von dem Sie sprechen, nicht ein Verstand, es ist eine Sammlung und Folge fehlbarer Individuen. Und die Weisheit der Menschheit ist nur die Summe der Irrtümer und Einsichten der einzelnen. Wodurch wird bestimmt, welche Elemente in diesem Treibgut von Ideen der Nachwelt übermittelt werden und sich den moosbewachsenen Heiligenschein der Zeit umlegen dürfen?

BENEDIKT. Der Erfolg oder Mißerfolg von Ideen bei den Experimenten von Gemeinschaften und Nationen hat das Überleben einiger Ideen und den Verlust der übrigen bestimmt.

VOLTAIRE. Ich bin nicht so sicher. Vielleicht hat in vielen Fällen das mit Autorität bekleidete Vorurteil darüber bestimmt, welche Ideen bewahrt werden sollten, und die Zensur kann tausend gute Ideen daran gehindert haben, in die Traditionen der Rasse einzugehen.

BENEDIKT. Ich vermute, daß meine Vorgänger die Zensur als ein Mittel auffaßten, das die Verbreitung von Ideen verhinderte, die die moralische Grundlage der sozialen Ordnung und den erhebenden Glauben, der der Menschheit hilft, die Bürde des Lebens zu ertragen, vernichtet hätten. Ich gebe zu, daß unsere Zensur manchmal schwere Fehler begangen hat – wie im Fall Galileis, wenn ich auch der Ansicht bin, daß wir nachsichtiger mit ihm umgegangen sind, als es Ihre Jünger den Leuten weismachen wollen.

VOLTAIRE. Die Tradition kann also Irrtum und Unterdrückung bedeuten und ein Hemmschuh für die Entwicklung der Erkenntnis sein. Wie kann der Mensch Fortschritte machen, wenn er die Tradition nicht in Frage stellen darf?

BENEDIKT. Vielleicht sollten wir den Fortschritt auch in Frage stellen; aber das wollen wir vorläufig beiseite lassen. Ich glaube, daß wir Traditionen und Einrichtungen in Frage stellen dürfen, aber nur mit Vorsicht, damit wir nicht mehr zerstören, als wir aufbauen können, und mit viel Sorgfalt, damit es sich nicht erweist, daß der Stein, den wir herausgenommen haben, gerade für das notwendig war, was wir bewahren wollen, und immer in dem bescheidenen Bewußtsein, daß die Erfahrung von Generationen vielleicht weiser ist als die Vernunft eines vergänglichen Einzelwesens.

VOLTAIRE. Und doch ist die Vernunft die edelste Gabe, die Gott uns geschenkt hat.

BENEDIKT. Nein, die Liebe. Ich möchte die Vernunft nicht herabsetzen, aber sie sollte die Dienerin der Liebe, nicht des Hochmuts sein.

VOLTAIRE. Ich habe oft die Gebrechlichkeit der Vernunft zugegeben. Ich weiß, daß sie dazu neigt, alles zu beweisen, was unsere Wünsche ihr eingeben; und mein entfernter Bekannter Diderot hat irgendwo geschrieben, daß die Wahrheiten des Gefühls unerschütterlicher sind als die Wahrheiten logischer Beweise[1]. Der echte Skeptiker wird auch die Vernunft bezweifeln. Vielleicht habe ich zuviel Gewicht auf die Vernunft gelegt, weil dieser verrückte Rousseau zuviel Gewicht auf das Gefühl gelegt hat. Meiner Meinung nach ist es viel unheilvoller, wenn man die Vernunft dem Gefühl unterwirft, als wenn man das Gefühl dem Verstand unterwirft.

BENEDIKT. Der vollständige Mensch braucht beide in ihrem Wechselspiel. Aber ich frage mich, ob Sie mit mir noch einen Schritt weiter gehen wollen? Sind Sie nicht einverstanden, daß die klarste und unmittelbarste Erkenntnis, die wir besitzen, die Erkenntnis ist, daß wir existieren und daß wir denken?

VOLTAIRE. Und dann?

BENEDIKT. So kennen wir das Denken unvermittelter als irgend etwas anderes?

VOLTAIRE. Das überlege ich mir gerade. Ich glaube, wir kennen viele Dinge, längst bevor wir uns uns selbst zuwenden und uns darüber klarwerden, daß wir denken.

BENEDIKT. Aber Sie müssen zugeben, daß Sie, wenn Sie in sich hineinsehen, eine Realität erblicken, die von der Materie völlig verschieden ist, auf die Sie manchmal geneigt waren, alles zurückzuführen.

VOLTAIRE. Ich hatte auch gewisse Zweifel. Aber fahren Sie fort.

BENEDIKT. Geben Sie außerdem zu, daß Ihnen der Blick nach innen auch das Vorhandensein einer Wahl, eine gewisse Willensfreiheit enthüllt.

VOLTAIRE. Nur nicht so eilig, Vater. Früher glaubte ich, ein gewisses Ausmaß von Freiheiten zu besitzen, aber die Logik hat mich gezwungen, mich für den Determinismus zu erklären.

BENEDIKT. Mit anderen Worten, Sie haben das, was Sie unmittelbar erfaßten, zugunsten von etwas aufgegeben, wozu Sie erst nach einem langen und fragwürdigen Denkprozeß gelangten.

VOLTAIRE. Ich konnte diesen zähen, kleinen Linsenschleifer Spinoza nicht widerlegen. Haben Sie Spinoza gelesen?

BENEDIKT. Natürlich. Ein Papst braucht sich nicht an den Index Expurgatorius zu halten.

VOLTAIRE. Sie wissen, daß wir ihn als Atheisten betrachten.

BENEDIKT. Wir sollten uns keine Beinamen an den Kopf werfen. Er war ein lieber Kerl, aber unerträglich trübselig. Er sah Gott als so allumfassend an, daß er keinen Raum für die menschliche Persönlichkeit übrigließ. Er war so fromm wie Augustin und ein ebenso großer Heiliger.

VOLTAIRE. Benedikt, Sie gefallen mir wirklich, Sie sind nachsichtiger mit ihm, als ich es war.

BENEDIKT. Nun weiter. Sie sind also einverstanden, daß Denken, Bewußtsein und der Persönlichkeitssinn die Realitäten sind, die uns am unmittelbarsten bekannt sind.

VOLTAIRE. Gut, zugestanden!

Benedikt. So fühle ich mich berechtigt, Materialismus, Atheismus und Determinismus abzulehnen. Jeder von uns ist eine Seele. Die Religion ist auf diese Tatsache gegründet.

Voltaire. Nehmen wir das alles einmal an. Wie aber können damit all die Unsinnigkeiten gerechtfertigt werden, die im Laufe der Jahrhunderte zu dem Glauben der Kirche hinzukamen?

Benedikt. Ich weiß, es gab viel Unsinniges, viel Unglaubhaftes. Doch das Volk hat ein großes Bedürfnis danach, und wenn die Kirche verschiedentlich solche Wunder in den Glauben aufnahm, so gab sie dem unablässigen und weitverbreiteten Verlangen des Volkes nach. Wenn man dem Volk die Überzeugungen nimmt, die wir ihm zugestehen, wird es sich an Märchen und Aberglauben halten, die unserer Aufsicht entgehen. Die organisierte Religion erfindet keinen Aberglauben, sie hält ihn im Zaum. Sobald man einen organisierten Glauben vernichtet, wird er von dem unmöglichsten Aberglauben überwuchert, von dem es jetzt wie Maden in den Wunden des Christentums wimmelt. Außerdem gibt es viel mehr Unglaubhaftes in der Wissenschaft als in der Religion. Was kann unglaubhafter sein als die Überzeugung, daß der Zustand irgendeines Urnebels jede Zeile in Ihren Theaterstücken zwangsweise vorausbestimmt hat?

Voltaire. Aber diese Geschichten von Asbest-Heiligen, die nicht verbrannt werden konnten, und von dem enthaupteten Heiligen, der mit seinem Kopf in der Hand herumging, und von der Jungfrau Maria, die in den Himmel entschwebte – also, das konnte ich einfach nicht verdauen.

Benedikt. Sie hatten immer einen schwachen Magen. Das Volk stößt sich nicht daran, denn diese Geschichten gehören zu dem Glauben, der seinem Dasein Stütze und Trost verleiht. Deswegen wird es nie lange auf Sie hören; seine Existenz hängt davon ab, Ihnen nicht zuzuhören. Deswegen gewinnt in dem Kampf zwischen Glaube und Unglaube immer der Glaube. Schauen Sie sich doch nur an, wie der Katholizismus in Westdeutschland an Boden gewinnt, wie er Ihr ungläubiges Frankreich zurückgewinnt, Südamerika in Händen hält und sogar in Nordamerika, dem Land der Pilger und Puritaner, zur Macht kommt.

Voltaire. Vater, manchmal glaube ich, daß diese Gewinne nichts mit der Wahrheit Ihres Glaubens zu tun haben, auch nichts mit Ihren verführerischen Legenden oder Ihrer geschickten Verwendung von Theater und Kunst, sondern mit Ihrer teuflisch klugen Aufmunterung zur Fruchtbarkeit unter Ihren Leuten. Ich muß feststellen, daß die Geburtenziffer der Hauptfeind der Philosophie ist. Wir züchten von unten her und sterben oben an der Spitze; die Fruchtbarkeit der Einfalt siegt über die Tätigkeit des Geistes.

Benedikt. Da irren Sie sich, wenn Sie glauben, daß die Geburtenziffer der Schlüssel unseres Erfolgs ist. Es geht um viel Wichtigeres. Soll ich Ihnen sagen, warum intelligente Menschen auf der ganzen Welt zur Religion zurückkehren?

Voltaire. Weil sie genug haben vom Denken.

Benedikt. Nicht ganz. Sie haben entdeckt, daß Ihre Philosophie keine Antwort bietet, außer Unwissenheit und Verzweiflung. Und wirklich weise Menschen haben festgestellt, daß alle Versuche mit dem, was Ihre Brüder natürliche Ethik nannten, fehlgeschlagen sind. Sie und ich sind uns wahrscheinlich darüber einig, daß der Mensch mit individualistischen Instinkten geboren wird, die in Jahrtausenden primitiver Lebensbedingungen herausgebildet wurden; daß seine sozialen Instinkte verhältnismäßig schwach sind und daß ein strenger Sittenkodex und Gesetze nötig sind, um diesen natürlichen Anarchisten zu einem mehr oder minder friedlichen Bürger zu zähmen. Unsere Theologen nannten diese individualistischen Instinkte die Erbsünde, die wir von unseren «Stammvätern» ererbt haben, nämlich von jenen gehetzten, gesetzlosen Menschen, jenen ständig gefährdeten Jägern, die immer bereit sein mußten, um Nahrung oder Weiber zu kämpfen und zu töten; die raffgierig und streitsüchtig und grausam sein mußten, weil ihre gesellschaftliche Organisation, falls sie überhaupt vorhanden war, noch schwach war und weil sie sich für den Schutz von Leben und Besitz auf sich selbst verlassen mußten.

VOLTAIRE. Sie sprechen gar nicht wie ein Papst.

BENEDIKT. Ich sagte Ihnen doch, daß wir uns wie Philosophen unterhalten wollen. Ein Papst kann auch ein Philosoph sein, aber er muß seine philosophischen Schlußfolgerungen in Worten ausdrücken, die dem Volk nicht nur verständlich sind, sondern auch dessen Gefühle und dessen Verhalten beeinflussen können. Wir sind überzeugt – und die Welt kehrt zu uns zurück, weil sie es lernt –, daß kein Sittengesetz menschlichen Ursprungs stark genug ist, um die unsozialen Triebe des Naturmenschen zu bändigen. Unsere Leute werden in ihrem sittlichen Verhalten – auch wenn das dem Fleische schwerfällt – von einem moralischen Gesetz getragen, das ihnen in den bildsamen Jahren der Kindheit als Teil ihrer Religion und als Wort nicht des Menschen, sondern Gottes beigebracht wird. Sie, mein Herr, wollen die Moral beibehalten und die Theologie abschaffen; aber gerade die Theologie läßt die Sittlichkeit in die Seele einströmen. Wir müssen das Sittengesetz zu einem unzertrennlichen Teil jenes religiösen Glaubens machen, der der kostbarste Besitz des Menschen ist; denn nur durch solch einen Glauben erhält das Leben den Sinn und die Würde, die unser Dasein erheben und veredeln können.

VOLTAIRE. Also hat Moses diese Unterhaltungen mit Gott erfunden?

BENEDIKT. Kein reifer Geist stellt eine solche Frage.

VOLTAIRE. Sie haben recht.

BENEDIKT. Ich entschuldige Ihre kindische Ironie. Sicherlich waren Hammurabi, Lykurg und Numa Pompilius weise Menschen, als sie erkannten, daß die Moral eine religiöse Grundlage braucht, wenn sie nicht unter den unaufhörlichen Angriffen unserer stärksten Instinkte zusammenbrechen soll. Auch Sie haben das anerkannt, als Sie von einem belohnenden oder strafenden Gott sprachen. Sie wünschten, daß Ihre Diener Religion haben sollten, aber Sie vermeinten, Ihre Freunde könnten ohne Religion auskommen.

VOLTAIRE. Ich bin immer noch der Ansicht, daß Philosophen sie entbehren können.

BENEDIKT. Wie naiv Sie sind! Können Kinder Philosophie betreiben? Können Kinder vernünftig denken? Die Gesellschaft beruht auf Moral, die Moral beruht auf dem Charakter, der Charakter bildet sich in der Kindheit und Jugend, längst bevor die Vernunft leitend eingreifen kann. Wir müssen dem Individuum Sittlichkeit beibringen, wenn es jung und knetbar ist; dann kann es stark genug werden, um seinen individualistischen Trieben zu widerstehen, sogar seinen individualistischen Überlegungen. Ich fürchte, Sie haben zu früh mit Denken angefangen. Der Intellekt ist von Natur aus individualistisch, und wenn er von der Moral nicht in Schranken gehalten wird, kann er eine Gesellschaft in Stücke reißen.

VOLTAIRE. Einige der besten Menschen meiner Zeit sahen in der Vernunft eine ausreichende Moral.

BENEDIKT. Damals hatte der individualistische Intellekt noch nicht genügend Zeit gehabt, um die Wirkungen der Religion zu überwinden. Einige Menschen, so etwa Spinoza und Bayle, Holbach und Helvétius, mögen ein einwandfreies Leben geführt haben, nachdem sie die Religion ihrer Väter aufgegeben hatten. Aber wer kann wissen, ob ihr gutes Benehmen nicht die Auswirkungen ihrer religiösen Erziehung war?

VOLTAIRE. Unter meinen Zeitgenossen gab es Hunderte von Menschen, die trotz ihrer religiösen Erziehung und ihrem Katholizismus verachtenswerte Wüstlinge waren, zum Beispiel der Kardinal Dubois und Ludwig XV.

BENEDIKT. Auf den Sie eine ekelhafte Lobeshymne verfaßt haben

VOLTAIRE. Leider ja. Ich habe mich wie einige Ihrer Mönche benommen; ich benützte den frommen Schwindel zur Erreichung von Zwecken, die mir gut erschienen.

BENEDIKT. Es besteht leider kein Zweifel, daß Tausende von guten Gläubigen, sogar Leute, die pünktlich alle ihre religiösen Pflichten erfüllen, große Sünder und eingefleischte Verbrecher werden können. Die Religion ist keine unfehlbare Kur für Verbrechen, sie hilft nur bei der großen Aufgabe mit, die Menschheit zu zivilisieren; wir glauben, daß ohne sie die Menschen weitaus schlechter wären, als sie sind.

VOLTAIRE Aber diese abscheuliche Lehre von der Hölle hat aus Gott ein Ungeheuer gemacht. grausamer als irgendein Despot in der Geschichte.

BENEDIKT. Sie verabscheuen diese Doktrin. Aber wenn Sie die Menschen besser kennen würden, dann würden Sie verstehen, daß man sie sowohl mit Furcht einschüchtern als auch mit Hoffnung ermutigen muß. Gottesfurcht ist aller Weisheit Anfang. Als Ihre Jünger diese Furcht verloren, fingen sie an, sich gehenzulassen. Sie persönlich waren verhältnismäßig anständig in Ihrer Unmoral; Ihre langjährige Verbindung mit Frau du Châtelet hatte wirklich etwas Schönes. Aber Ihre Beziehungen zu Ihrer Nichte waren abscheulich. Und im Benehmen Ihres liederlichen Freundes, des Herzogs von Richelieu, sahen Sie nichts Tadelnswertes.

VOLTAIRE. Wie konnte ich ihm Vorwürfe machen? Ich hatte Angst um das Geld, das ich ihm geliehen hatte.

BENEDIKT. Sie haben nicht lange genug gelebt, um zu sehen, wie der Atheismus es fast fertiggebracht hätte, aus dem Menschen eine verächtliche Bestie zu machen. Haben Sie den Marquis de Sade gelesen? Im Taumel der Französischen Revolution veröffentlichte er drei Romane[2], in denen er erklärte: Wenn es keinen Gott gibt, ist alles erlaubt, solange man sich nicht von den Hütern des Gesetzes erwischen läßt. Er wies darauf hin, daß es viele böse Menschen auf Erden gut haben und daß umgekehrt viele gute Menschen leiden; und da es weder Himmel noch Hölle gibt, es deshalb keinen Sinn hat, auf Genüsse zu verzichten, um gut zu sein. Er schloß, daß, wenn wir keinen freien Willen haben, es auch keine moralische Verantwortung gibt; es gibt weder Recht noch Unrecht, es gibt nur Schwache und Starke. Güte ist Schwäche, und Schwäche ist schlecht. Sogar der Genuß, den die Starken bei der Ausbeutung der Schwachen empfinden, hat seine Berechtigung. Grausamkeit, behauptete er, ist natürlich und oft genußreich. So billigte er jede Form von Vergnügen, ekelhafte und entartete Perversionen inbegriffen, bis schließlich das *summum bonum* darin bestand, geschlechtlichen Genuß im Empfangen oder Zufügen von Schmerz zu suchen.

VOLTAIRE. Diesen Mann hätte man bis aufs Blut auspeitschen sollen.

BENEDIKT. Ja, wenn man ihn hätte einfangen können; aber wenn man es nicht konnte? Denken Sie an die zahllosen Verbrechen, die jeden Tag begangen werden und die man nie entdeckt oder bestraft. Man muß ein Sittengesetz haben, das einen Mann vom Verbrechen abhält, selbst wenn er keine Entdeckung fürchtet. Ist es zu verwundern, wenn das «Zeitalter Voltaires» zu den unmoralischsten in der Geschichte gehörte? Ich will schon gar nicht von Ihrer *Pucelle* reden, aber denken Sie an den Hirschpark des Königs und an die unanständige Literatur, die in großen Mengen gedruckt, überall verbreitet und sogar von Frauen eifrig gekauft wurde. Diese unbesonnene Anhäufung erotischen Zündstoffes wird in Zeiten und Ländern des Unglaubens zu einer obszönen Flut.

VOLTAIRE. Sie müssen wissen, Heiliger Vater, daß der Geschlechtstrieb – sogar bei manchen Päpsten – sehr stark ist und daß er trotz allen Gesetzen zum Durchbruch kommt.

BENEDIKT. Gerade wegen seiner Stärke benötigt er eine besondere Überwachung und bestimmt keine Ermutigung. Deswegen versuchten wir, ihn in geordnete Bahnen zu lenken, und taten alles, um frühe Ehen möglich zu machen. In Ihrer modernen Gesellschaft wird die Ehe den Männern – abgesehen von den leichtsinnigen und unvorsichtigen unter ihnen – erst lange nach der geschlechtlichen Reife möglich gemacht; und gleichzeitig macht man ihnen die Enthaltsamkeit schwer, indem man ihre geschlechtlichen Vorstellungen und Wünsche auf Schritt und Tritt in Literatur und Theater aufreizt, alles unter der Losung: Freiheit für Presse und Bühne.

VOLTAIRE. Diese Freiheit scheint den jungen Leuten auf die Dauer nicht zu schaden.

BENEDIKT. Ich glaube, Sie irren sich. Ein Mann, der vor der Heirat an die verschiedensten Liebschaften gewöhnt war, wird sich selten als treuer Ehemann erweisen; und eine Frau, die vor der Ehe freigebig ihre Gunst verschenkt, wird nur ausnahmsweise eine treue Ehefrau abgeben. Dadurch werden Sie dazu gezwungen, die Scheidung immer mehr zu erleichtern. Wir machen die Ehe zu einem feierlichen Sakrament, zu einem Gelübde lebenslänglicher Geduld und Treue. Sie machen aus der Heirat einen Geschäftsvertrag, den jeder Teil, nach einem vorübergehenden Streit, oder wenn er Aussichten auf einen jüngeren oder reicheren Partner hat, kündigen kann. In jedem Haus stehen heute alle Türen offen und laden zur Flucht ein, während die Einrichtung der Ehe einem Chaos zeitweiliger, versuchsweiser Verbindungen verfällt, die tragisch für die Frau und verhängnisvoll für die moralische Ordnung sind.

VOLTAIRE. Aber, mein lieber Vater, die Einehe ist unnatürlich und unerträglich.

BENEDIKT. Jede Beschränkung der Triebe ist unnatürlich, und doch ist die Gesellschaft ohne viele dieser Beschränkungen unmöglich. Und ich bin überzeugt, daß ein Mann oder eine Frau mit einem Ehepartner und verschiedenen Kindern glücklicher ist als ein Mann oder eine Frau mit verschiedenen Ehepartnern und einem Kind. Wie kann ein Mann auf die Dauer glücklich sein, wenn er sich für ein Gesicht und eine hübsche Figur von seiner Frau scheiden ließ, die ihre Schönheit über den Kindern, die sie ihm gebar und aufzog, verlor?

VOLTAIRE. Indem Sie aber die Scheidung untersagen, müssen Sie den Ehebruch dulden, der in katholischen Ländern so weit verbreitet ist.

BENEDIKT. Ja, hier liegt unsere Schwäche und unsere Schuld; Schwäche durch wachsenden Unglauben. Vielleicht ist der Ehebruch, der ein äußerlich geeintes Heim für die Kinder erhält, besser als Scheidung und bringt eine weniger endgültige Auflösung der Familie mit sich. Aber ich bin beschämt, weil wir keine bessere Lösung gefunden haben.

VOLTAIRE. Sie sind ein aufrichtiger Mensch, Vater. Ich würde alles hingeben, wenn ich Ihren Glauben und Ihre Güte teilen könnte.

BENEDIKT. Und doch sind Sie so schwer zu überzeugen! Manchmal verzweifle ich daran, glänzende Menschen wie Sie zurückzugewinnen, deren Feder Millionen Seelen zu Gut oder Böse bewegen kann. Einige Ihrer Jünger fangen jedoch an, der schrecklichen Wirklichkeit ins Auge zu sehen. Die Seifenblase des Fortschritts ist in diesem Jahrhundert geplatzt, denn es hat mehr Massenabschlachtungen von Männern und Frauen, mehr Verwüstungen von Städten und größere Verzweiflung in den Herzen erlebt als irgendein anderes Jahrhundert in der Geschichte. Der Fortschritt an Kenntnissen, Wissenschaft, Bequemlichkeiten und Kraft ist nur ein Fortschritt der Mittel; wenn der Zweck, das Ziel, die Wünsche nicht verbessert werden, ist der Fortschritt eine Täuschung. Die Vernunft verbessert die vermittelnden Werkzeuge, aber die Zwecke werden von Instinkten vor der Geburt bestimmt und festgelegt, bevor die Vernunft wachsen kann.

VOLTAIRE. Ich glaube immer noch an den menschlichen Verstand; wir werden sowohl die Zwecke als die Mittel verbessern, wenn unser Dasein gesicherter ist.

BENEDIKT. Wird es gesicherter? Nehmen die schweren Verbrechen ab? Ist der Krieg weniger schrecklich als vorher? Sie klammern sich an die Hoffnung, daß Ihre Waffen so vernichtend sind, daß sie Sie und Ihre Feinde vom Krieg abhalten werden; aber hat der jeweilige Fortschritt vom Pfeil zur Bombe die Völker daran gehindert, sich gegenseitig in den Tod zu treiben?

VOLTAIRE. Die Erziehung des Menschengeschlechts erfordert viele Jahrhunderte.

BENEDIKT. Sehen Sie sich inzwischen die geistige Verheerung an, die Ihre Propaganda angerichtet hat und die vielleicht tragischer ist als verwüstete Städte. Ist der Atheismus nicht das Vorspiel zu einem tieferen Pessimismus, als ihn die Gläubigen je gekannt haben? Und Sie, bei allem Reichtum und Ruhm, haben Sie nicht oft an Selbstmord gedacht?

VOLTAIRE. Ja. Ich versuchte an Gott zu glauben, aber ich muß Ihnen gestehen, daß Gott nichts für mein Leben bedeutet hat. Jedoch im tiefsten Herzen habe auch ich eine

Leere gespürt, wo einst der Glaube meiner Kindheit war. Dieses Gefühl gehört aber wahrscheinlich nur zu Menschen und Generationen in Zeiten des Übergangs; die Enkel dieser Pessimisten werden ihr freies Leben aus vollen Zügen genießen und glücklicher sein als Ihre armen, eingeschüchterten Christen mit ihrer Angst vor der Hölle.

BENEDIKT. Diese Angst spielte nur eine unbedeutende Rolle bei der großen Mehrzahl der Gläubigen. Für sie war das Gefühl wichtig, daß die Todesqualen nicht sinnlos, sondern das Vorspiel zu einem weiteren Leben waren, in dem alle irdische Ungerechtigkeit und Grausamkeit geheilt werden würde und wo sie in Glück und Frieden mit denen vereint sein würden, die sie geliebt und verloren hatten.

VOLTAIRE. Ja, das war ein wahrer Trost, wenn auch ein trügerischer. Ich habe ihn nicht empfunden, denn meine Mutter habe ich kaum gekannt, meinen Vater sah ich nur selten, und ich hatte, soviel ich weiß, keine eigenen Kinder.

BENEDIKT. Sie waren kein vollständiger Mensch, deswegen ist auch Ihre Philosophie nicht vollständig. Haben Sie je das Leben der Armen gekannt?

VOLTAIRE. Nur von außen. Aber den Armen auf meinen Gütern versuchte ich Gerechtigkeit und Hilfe zu erweisen.

BENEDIKT. Ja, Sie waren ein guter Herr. Und Sie achteten darauf, daß der tröstende Glaube Ihrer Leute durch religiösen Unterricht und Gottesdienst wachgehalten wurde. Aber gleichzeitig wurde Ihr Evangelium der Verzweiflung und der Hoffnungslosigkeit nach dem Tode in ganz Frankreich verbreitet. Haben Sie je Mussets Frage beantwortet?[3] Nachdem Sie und Ihre Jünger die Armen gelehrt haben, daß der einzige Himmel, in den sie je kommen können, von ihnen hier auf Erden geschaffen werden muß, nachdem sie ihre Herrscher abgeschlachtet haben und neue Herrscher erschienen sind und die Armut doch bleibt und dazu die Wirren und die Unsicherheit noch größer als zuvor sind – welchen Trost können Sie dann den Armen in ihrer Verzweiflung bieten?

VOLTAIRE. Ich habe keine Abschlachtung von Herrschern empfohlen. Ich sah es kommen, daß die neuen Herrscher den alten sehr ähnlich sein würden, abgesehen von ihren noch schlechteren Manieren.

BENEDIKT. Ich will nicht sagen, daß eine Revolution nie gerechtfertigt ist. Aber wir haben aus der Erfahrung, die unsere unsterbliche Hierarchie gesammelt und übertragen hat, gelernt, daß nach jedem Umsturz bald wieder Herren und Knechte, Reiche und Arme auftauchen. Wir werden alle ungleich geboren, und jede neue Erfindung, alles, was das Leben oder Denken schwieriger gestaltet, erweitert die Kluft zwischen den Einfältigen und den Klugen, den Schwachen und den Starken. Jene hoffnungsvollen Revolutionäre redeten von Freiheit, Gleichheit und Brüderlichkeit. Aber diese Idole halten es nicht lange miteinander aus. Wenn Sie die Freiheit begründen, ersetzen Sie die natürlichen Ungleichheiten durch eine Fülle künstlicher Ungleichheiten; und um damit fertig zu werden, müssen Sie wieder die Freiheit beschränken. So werden Ihre Freiheitsträume oft zur Zwangsjacke des Despotismus, und in dem Aufruhr wird aus der Brüderlichkeit nur ein leeres Wort.

VOLTAIRE. Ja, das stimmt.

BENEDIKT. Wer von uns bietet also der unvermeidlich unterlegenen Mehrheit den größeren Trost? Glauben Sie, daß Sie den Werktätigen in Frankreich und Italien einen Gefallen tun, wenn Sie sie davon überzeugen, daß ihre Kapellen am Wegrand, ihre Kreuze, ihre Heiligenbilder und frommen Gaben völlig sinnlos sind und daß sie ihre Gebete an einen leeren Himmel richten? Welche Tragödie, wenn der Mensch einsehen müßte, daß es nichts im Leben gibt als den Kampf ums Dasein und keine andere Gewißheit als den Tod!

VOLTAIRE. Ich kann ihre Gefühle verstehen, Vater. Ich war einstmals bewegt und betroffen durch einen Brief, den ich von Frau von Talmond erhielt. Ich habe ihn nicht vergessen: «Ich denke, daß ein Philosoph nichts schreiben sollte, worin er sich nicht bemüht, die Menschheit weniger böse und weniger unglücklich zu machen, als sie es ist. Sie tun aber genau das Gegenteil. Sie schreiben immer gegen die Religion, die allein die Bosheit eindämmen und im Unglück Trost bringen kann.»[4] Ich habe jedoch auch meinen Glauben, nämlich, daß die Wahrheit auf die Dauer sogar für die Armen ein Segen sein wird.

BENEDIKT. Wahrheit ist keine Wahrheit, wenn sie nicht im Laufe von Generationen wahr bleibt. Die vergangenen Generationen straften Sie Lügen, künftige Generationen werden Sie anklagen. Sogar die Sieger im Kampf ums Dasein werden Sie tadeln, weil Sie den Armen die Hoffnung genommen haben, die sie mit ihrem bescheidenen Platz in der unvermeidlichen Schichtung jeder Gesellschaft versöhnte.

VOLTAIRE. Ich würde mich nicht zu einer solchen doppelten Täuschung der Armen hergeben.

BENEDIKT. Wir täuschen sie nicht. Wir lehren sie Glaube, Hoffnung und Barmherzigkeit, und alle drei sind ein wahrer Segen für das Menschenleben. Sie, mein Herr, haben erbärmliche Witze über die Dreieinigkeit gemacht. Haben Sie aber einen Begriff von dem Trost, den der Gedanke, daß Gott selbst auf die Erde gekommen ist, um der Menschen Leiden zu teilen und für ihre Sünden zu büßen, Millionen und aber Millionen gebracht hat? Sie haben über die unbefleckte Empfängnis gespottet, aber gibt es in der ganzen Literatur ein anziehenderes und erhebenderes Symbol weiblicher Züchtigkeit und mütterlicher Liebe?

VOLTAIRE. Es ist eine sehr schöne Geschichte. Wenn Sie alle meine neunundneunzig Bände gelesen hätten, dann hätten Sie bemerkt, daß ich den Wert tröstlicher Mythen anerkannt habe[5].

BENEDIKT. Wir geben nicht zu, daß es Mythen sind; sie gehören zu den höchsten Wahrheiten. Ihre Wirkungen gehören zu den bestbelegten Tatsachen der Geschichte. Von der bildenden Kunst und der Musik, die sie hervorgebracht haben und die zu den kostbarsten Gütern des menschlichen Erbes gehören, will ich gar nicht sprechen.

VOLTAIRE. Die bildende Kunst war ausgezeichnet, aber der Gregorianische Gesang ist düster und langweilig.

BENEDIKT. Wenn Sie weniger oberflächlich wären, würden Sie den Wert unserer Riten und unserer Sakramente erkennen. Unsere Zeremonien vereinigen die Beter in einem lebendigen Drama und einer allesumfassenden Bruderschaft. Unsere Sakramente sind wirklich das, was wir sie nennen – äußere Zeichen einer inneren Gnade. Es ist ein

Trost für die Eltern, ihr Kind durch Taufe und Konfirmation in die Gemeinschaft und das Erbe des alten Glaubens aufgenommen zu sehen. So werden die Generationen zu einer zeitlosen Familie vereint, und das Individuum braucht sich nicht einsam zu fühlen. Es ist eine Wohltat für den Sünder, seine Sünden zu beichten und die Absolution zu erhalten. Sie sagen, daß ihm das nur erlaubt, aufs neue zu sündigen; wir sagen, daß es ihn dazu ermutigt, ein besseres Leben, von der Bürde der Schuld befreit, zu beginnen. Suchen Ihre Seelenärzte nicht verzweifelt nach einem Ersatz für den Beichtstuhl? Und erzeugen sie nicht ebenso viele Neurotiker, wie sie heilen? Ist es nicht wunderbar, daß im Altarsakrament der Schwache durch die Vereinigung mit Gott gestärkt und erhoben wird? Haben Sie je etwas Schöneres gesehen als Kinder, die zur ersten Kommunion gehen?

VOLTAIRE. Ich bin immer noch betroffen bei dem Gedanken, Gott zu essen. Das ist ein Überrest barbarischer Sitten.

BENEDIKT. Wieder verwirren Sie äußere Zeichen und innere Gnade. Nichts ist so seicht wie Sophisterei; sie beurteilt alles von der Oberfläche her und hält sich für tiefschürfend. Das ganze moderne Leben ist dadurch in die Irre geführt worden. In der Religion hat der reife Geist drei Stadien durchgemacht: Glaube, Unglaube und Verständnis.

VOLTAIRE. Vielleicht haben Sie recht. Aber das rechtfertigt nicht die Heuchelei Ihrer sündigen Prälaten oder die Verfolgung ehrenhafter Denker.

BENEDIKT. Ja, wir haben Schuld auf uns geladen. Der Glaube ist gut, aber seine Diener sind Männer und Frauen, fehlbar und sündig.

VOLTAIRE. Wenn aber seine Diener fehlbar sind, warum machen sie Anspruch auf Unfehlbarkeit?

BENEDIKT. Die Kirche beansprucht Unfehlbarkeit nur für ihre ganz offiziellen, grundlegenden und sorgfältig erwogenen Ansichten. Irgendwo muß die Debatte aufhören, wenn der Geist oder die Gesellschaft Frieden haben sollen.

VOLTAIRE. Und so kommen wir auf die mörderische Zensur und die brutale Unduldsamkeit zurück, die die Geißel meines Lebens und die Schande der Kirchengeschichte waren. Ich sehe, wie sich die Tore der Inquisition wieder auftun.

BENEDIKT. Das will ich nicht hoffen. Nur weil das Papsttum schwach war, konnte die Inquisition so grausam sein; meine Vorgänger versuchten, sie in Schranken zu halten.

VOLTAIRE. Auch die Päpste waren schuldig. Sie sahen gleichgültig zu, wie Hunderte von Juden auf den Kreuzzügen umgebracht wurden, und sie verschworen sich mit dem französischen Staat, um die Albigenser abzuschlachten. Warum sollten wir auf einen Glauben zurückkommen, der bei all seinem Reiz solche Barbarei erzeugte und immer noch gutheißen kann?

BENEDIKT. Wir nahmen an den Sitten unserer Zeit teil. Heute nehmen wir an der Verbesserung der Moral teil. Sehen Sie sich unsere Priester an; sind es nicht, was Erziehung, Lebensführung, Opferbereitschaft angeht, vorbildliche Menschen?

VOLTAIRE. Ich habe davon gehört. Aber vielleicht verhält es sich so, weil sie Konkurrenz haben. Wer weiß, wie sie sich benehmen, wenn ihnen die höhere Geburtenziffer ihrer Anhänger politische Vormacht verleiht? Die Christen der ersten drei Jahrhunderte unserer Ära waren bekannt für ihre unvergleichliche Moral. Aber Sie wissen, was daraus wurde, als sie zur Macht kamen. Sie brachten hundertmal mehr Menschen wegen religiöser Unstimmigkeiten um als alle römischen Kaiser zusammen.

BENEDIKT. Unsere Leute hatten damals nur einen ersten Anflug von Erziehung. Wir wollen hoffen, daß sie es das nächstemal besser machen.

VOLTAIRE. Es hat bessere Zeiten in der Kirche gegeben. Während der italienischen Renaissance bewiesen einige Ihrer Vorgänger eine großzügige Duldsamkeit gegenüber dem Unglauben, sofern die Ungläubigen keinen Versuch machten, den Armen ihren tröstlichen Glauben zu nehmen. Ich persönlich will den Glauben der Armen gar nicht vernichten. Und ich versichere Ihnen, daß die Armen meine Bücher nicht lesen.

BENEDIKT. Selig sind die Armen.

VOLTAIRE. Sie müssen mir jedoch verzeihen, wenn ich und meinesgleichen weiter versuchen, eine genügend zahlreiche und entschlossene Minderheit aufzuklären, um jeden Rückfall in eine kirchliche Herrschaft über das Denken von gebildeten Menschen zu verhüten. Die Geschichte wäre wertlos für uns, wenn sie uns nicht lehren würde, vor der natürlichen Unduldsamkeit einer Religion, die die Macht besitzt, auf der Hut zu sein. Ich achte und verehre Sie, Benedikt, aber ich muß Voltaire bleiben.

BENEDIKT. Möge Gott Ihnen vergeben.

VOLTAIRE. Vergebung ist das letzte Wort für uns alle.

Anhang

BIBLIOGRAPHIE

ACTON, JOHN EMERICH, LORD, Lectures on Modern History. London, 1950.
ALDIS, JANET, Madame Geoffrin: Her Salon and Her Times. New York, 1905.
AUSUBEL, NATHAN, Superman: The Life of Frederick the Great. New York, 1931.

BACH, JOHANN SEBASTIAN, 24 geistliche Lieder für eine Singstimme. Hrsg. von Johannes Zahn. Gütersloh, o. J.
BAEDEKER, KARL, Austria. Leipzig, 1926.
BARNES, HARRY ELMER, Economic History of the Western World. New York, 1942.
BATIFFOL, LOUIS (Hrsg.), The Great Literary Salons. Übers. von Mabel Robinson. New York, 1930.
BEARD, MIRIAM, History of the Business Man. New York, 1938.
BEARNE, MRS., A Court Painter (Boucher) and His Circle. London, 1913.
BECKER, CARL, The Heavenly City of the Eighteenth-Century Philosophers. New Haven, Conn., 1951.
BELL, E. T., Men of Mathematics. New York, 1937.
BERRY, ARTHUR, Short History of Astronomy. New York, 1909.
BERTRAND, JOSEPH, D'Alembert. Paris, 1889.
BESANT, SIR WALTER, London in the Eighteenth Century. London, 1903.
BLACK, J. B., The Art of History. New York, 1926.
BLACKSTONE, SIR WILLIAM, Commentaries on the Laws of England. Hrsg. von George Chase. New York, 1914.
BLOCK, MAURICE, François Boucher and the Beauvais Tapestries. Boston, 1933.
BOCK, ELFRIED, Geschichte der graphischen Kunst. Berlin, 1930.
BOSWELL, JAMES, Boswell on the Grand Tour: Germany and Switzerland. New York, 1955.
– Life of Samuel Johnson. Modern Library.
BOTTIGLIA, W. F., Voltaire's 'Candide'. Genf, 1959.
BRANDES, GEORG, Voltaire, 2 Bde. New York, 1930.
BRETT, G. S., History of Psychology. London, 1953.
BRUNETIÉRE, FERDINAND, Manual of the History of French Literature. Übers. von Ralph Derechef. New York, 1898.
BUCKLE, HENRY THOMAS, Introduction to the History of Civilization in England, 4 Bde. New York, 1913.
BUFFON, GEORGES-LOUIS LECLERC, COMTE DE, Œuvres complètes, 12 Bde. Paris, 1853 f.
BURNEY, CHARLES, General History of Music, 2 Bde. New York, 1957.
BURNEY, FANNY, Diary. Everyman's Library.
BURTON, JOHN H., Life and Correspondence of David Hume, 2 Bde. Edinburg, 1846.
– The Idea of Progress. New York, 1955.
BUTTERFIELD, H., The Origins of Modern Science. New York, 1951.

Calvin, Joh., Institutes of the Christian Religion, 2 Bde. Philadelphia, 1928.
Cambridge History of English Literature, 14 Bde. New York, 1910f.
Cambridge Modern History, 12 Bde. New York, 1907f.
Campbell, Thomas J., The Jesuits. New York, 1921.
Carlyle, Thomas, History of Friedrich the Second, 7 Bde. New York, 1901.
Casanova, Giovanni Jacopo, Memoirs, 2 Bde. London, 1922.
Cassirer, Ernst, The Philosophy of the Enlightenment. Princeton, N. J., 1951.
– The Question of Jean-Jacques Rousseau. Übers. von Peter Gay. New York, 1954.
Castiglioni, Arturo, A History of Medicine. New York, 1941.
Catholic Encyclopedia, 16 Bde. New York, 1912.
Chambers, F. P., The History of Taste. New York, 1932.
Chaponnière, Paul, Chez les Calvinistes. Paris, 1936.
– Genève. Grenoble, o. J.
Chateaubriand, Vicomte Francois-René de, The Genius of Christianity. Baltimore: John Murphy, o. J.
Chesterfield, Philip Dormer Stanhope, 4th Earl of, Letters to His Son. New York, 1901.
Clark, George Norman, The Seventeenth Century. Oxford University Press, 1929.
Cobban, Alfred, History of Modern France, 2 Bde. Penguin Books, 1957.
– In Search of Humanity. New York, 1960.
Condillac, Etienne Bonnot de, Traité des sensations. Paris: Hastier, o. J.
Condorcet, M. J. A. N. Caritat, Marquis de, Esquisse d'un tableau du progrès de l'esprit humain. Philadelphia, 1796.
Coxe, William, History of the House of Austria, 3 Bde. London, 1847.
– Travels in Switzerland, 1776f., 3 Bde. London, 1801.
Crébillon, Claude-Prosper Jolyot de (Crébillon fils), Le Sopha. London, 1927.
Créqui, Renée-Caroline de Froullay, Marquise de, Souvenirs. New York, 1904.
Crocker, Lester G., An Age of Crisis: Man and the World in Eighteenth-Century French Thought. Baltimore, 1959.
Crocker, Lester G., The Embattled Philosopher: Life of Denis Diderot. East Lansing, Mich., 1954.
Cru, Robert Loyalty, Diderot as a Disciple of English Thought. New York, 1913.
Cumming, Jan, Helvétius. London, 1955.

Dakin, Douglas, Turgot and the Ancien Régime in France. London, 1939.
Davison, Archibald, Bach and Handel. Cambridge, Mass., 1951.
Desnoiresterres, Gustave, Voltaire et la société française au dix-huitième siècle, 8 Bde. Paris, 1871.
Diderot, Denis, Dialogues. New York, 1927.
– Jacques the Fatalist and His Master. Übers. von J. Robert Loy. New York, 1959.
– Œuvres. Paris: Bibliothèque de la Pléiade, 1935.
– The Paradox of Acting. New York, 1957.
– Salons, 3 Bde. Paris, 1821.
– Writings on the Theater. Cambridge, 1936.
Dilke, Lady Emilia, French Architects and Sculptors of the Eighteenth Century. London, 1906.
Dillon, Edward, Glass. New York, 1907.
Duclos, Charles Pinot, Considérations sur les mœurs. Cambridge, 1939.
Ducros, Louis, French Society in the Eighteenth Century. London, 1926.
Du Hausset, Madame, Memoirs of Madame de Pompadour. New York, 1928.
Dunning, W. A., History of Political Theories, 3 Bde. New York, 1905f.
Dupee, F. W., Great French Short Novels. New York, 1952.

ECKERMANN, JOHANN PETER, Gespräche mit Goethe in den letzten Jahren seines Lebens. Hrsg. von F. Bergemann. Wiesbaden, 1955.
EDWARDS, H. SUTHERLAND, Idols of the French Stage, 2 Bde. London, 1889.
ELLIS, HAVELOCK, The New Spirit. London: Walter Scott Publishing Co., o. J.
Encyclopaedia Britannica, 14. Aufl.
Encyclopaedia of Religion and Ethics. Hrsg. von James Hastings, 12 Bde. New York, 1928.
EPINAY, LOUISE DE LA LIVE D', Memoirs and Correspondence. Übers. von J. H. Freese, 3 Bde. London, 1899.
ERCOLE, LUCIENNE, Gay Court Life: France in the Eighteenth Century. New York, 1932.

FAGUET, EMILE, Dix-huitième siècle: Etudes littéraires. Paris, o. J.
– Literary History of France. New York, 1907.
FANIEL, STÉPHANE, French Art of the Eighteenth Century. New York, 1957.
FELLOWS, OTIS E., und NORMAN L. TORREY (Hrsg.), The Age of Enlightenment. New York, 1942.
– Diderot Studies, 2 Bde. Syracuse, N. Y., 1949.
FLINT, ROBERT, History of the Philosophy of History. New York, 1894.
FORD, BORIS (Hrsg.), From Dryden to Johnson. Penguin Books, 1957.
FRANCKE, KUNO, History of German Literature as Determined by Social Forces. New York, 1901.
FRANKEL, CHARLES, The Faith of Reason. New York, 1948.
FRENCH, SIDNEY J., Torch and Crucible: The Life and Death of Antoine Lavoisier. Princeton, N. J., 1941.
FRIEDRICH II., Mémoires, 2 Bde. Paris, 1866.
FÜLÖP-MILLER, RENÉ, The Power and Secret of the Jesuits. New York, 1930.
FUNCK-BRENTANO, FRANTZ, L'Ancien Régime. Paris, 1926.

GARNETT, RICHARD, History of Italian Literature. New York, 1898.
GARRISON, FIELDING H., History of Medicine. Philadelphia, 1929.
GAY, PETER, Voltaire's Politics. Princeton, N. J., 1959.
GIBBON, EDWARD, Journal and Ephemerides. New York: Norton, o .J.
– Miscellaneous Writings. New York, 1907.
GILBERT, O. P., The Prince de Ligne. New York, o. J.
GOLDSMITH, OLIVER, Miscellaneous Works. London, 1904.
GONCOURT, EDMOND und JULES DE, French Eighteenth-Century Painters. New York, 1948.
– Madame de Pompadour. Paris, o. J.
– The Woman of the Eighteenth Century. New York, 1927.
GOOCH, G. P., Catherine the Great and Other Studies. New York, 1954.
– Friedrich der Große. Herrscher, Schriftsteller, Mensch. Übers. von Klaus Dockhorn. Frankfurt am Main, 1964.
GOODWIN, A., The European Nobility in the Eighteenth Century. London, 1953.
GOURLIE, NORAH, The Prince of Botanists: Carl Linnaeus. London, 1953.
GRIMM, DIDEROT, RAYNAL und andere, Correspondance littéraire, philosophique et critique, 16 Bde. Paris, 1877–1882.
GROSSMAN, MORDECAI, The Philosophy of Helvétius. New York, 1926.
Grove's Dictionary of Musik and Musicians, 5 Bde. New York, 1927f.
GUIZOT, FRANÇOIS, History of France, 8 Bde. London, 1872.

HALSBAND, ROBERT, Life of Lady Mary Wortley Montagu. Oxford, 1957.
HARDING, T. SWANN, Fads, Frauds, and Physicians. New York, 1930.
HAUSER, ARNOLD, The Social History of Art, 2 Bde. New York, 1952.

HAVENS, GEORGE, The Age of Ideas. New York, 1955.
HAZARD, PAUL, European Thought in the Eighteenth Century. New Haven, 1954.
HEARNSHAW, F. J. (Hrsg.), Social and Political Ideas of Some English Thinkers of the Augustan Age. New York, 1950.
– Social and Political Ideas of Some Great French Thinkers of the Age of Reason. New York, 1950.
HELVÉTIUS, CLAUDE-ADRIEN, De l'Esprit, or Essays on the Mind. London, 1807.
– Treatise on Man, 2 Bde. London, 1810.
HERBERT, SYDNEY, The Fall of Feudalism in France. London, 1921.
HEROLD, J. CHRISTOPHER, The Swiss without Halos. New York, 1948.
HIMES, NORMAN, Medical History of Contraception. Baltimore, 1936.
HOLBACH, BARON PAUL-HENRI DIETRICH D', The System of Nature. Übers. von H. O. Robinson, 2 Bde. in 1. Boston, 1868.
HOROWITZ, I. L., Claude Helvétius. New York, 1954.
– Science and Education. New York, 1896.

INGE, WILLIAM R., Christian Mysticism. London, 1899.

JARDINE, SIR WILLIAM, The Naturalist's Library. London, o. J.
JAURÈS, JEAN, Histoire socialiste de la Révolution française, 8 Bde. Paris, 1922.

KAVANAGH, JULIA, Woman in France during the Eighteenth Century, 2 Bde. New York, 1893.
KÖHLER, CARL, A History of Costume. New York, 1928.

LA BRUYÈRE und VAUVENARGUES, Selections. New York, 1903.
LACROIX, PAUL, The Eighteenth Century in France. London: Bickers & Son, o. J.
LA FONTAINERIE, F. DE, French Liberalism and Education in the Eighteenth Century. New York, 1932.
LA METTRIE, JULIEN OFFROY DE, Man a Machine. Chicago, 1912.
LANFREY, PIERRE, L'Eglise et les philosophes au dix-huitèime siècle. Paris, 1857.
LANG, ANDREW, History of Scotland, 4 Bde. Edinburgh, 1902.
LÁNG, P. H., Music in Western Civilization. New York, 1941.
LANGE, FRIEDRICH ALBERT, History of Materialism, 3 Bde. in 1. New York, 1925.
LANGER, WILLIAM L., Encyclopedia of World History. Boston, 1948.
LANSON, GUSTAVE, Voltaire. Paris, 1906.
LASKI, HAROLD, Political Thought in England, Locke to Bentham. Oxford University Press, 1950.
LEA, HENRY C., Superstition and Force. Philadelphia, 1892.
LECKY, WILLIAM E., History of England in the Eighteenth Century, 8 Bde. London, 1888.
– History of the Rise and Influence of the Spirit of Rationalism in Europe, 2 Bde. London, 1910.
LÉVY-BRUHL, LUCIEN, History of Modern Philosophy in France. Chicago, 1924.
LEWIS, D. B. WYNDHAM, Four Favorites. New York, 1949.
LICHTENBERGER, ANDRÉ, Le Socialisme et la Révolution française. Paris, 1899.
LOCY, W. A., Biology and Its Makers. New York, 1915.
– Growth of Biology. New York, 1925.
LOUGH, J. (Hrsg.), The 'Encyclopédie' of Diderot and d'Alembert: Selected Articles. Cambridge, 1954.
LOVEJOY, ARTHUR, Essays in the History of Ideas. Baltimore, 1948.
– The Great Chain of Being. Cambridge, Mass., 1953.
LÜTZOW, GRAF FRANZ VON, Bohemia. Everyman's Library.

MACAULAY, THOMAS BABINGTON, Critical, Historical, and Miscellaneous Essays and Poems, 2 Bde. New York, 1886.
– Critical and Historical Essays, 2 Bde. Everyman's Library.
MANTOUX, PAUL, The Industrial Revolution in the Eighteenth Century. London, 1955.
MARIVAUX, PIERRE DE, La Vie de Marianne. Paris: Charpentier, o. J.
MARMONTEL, JEAN-FRANÇOIS, Memoirs, 2 Bde. New York, o. J.
MARTIN, HENRI, Histoire de France, 16 Bde. Paris, 1865.
MARTIN, KINGSLEY, The Rise of French Liberal Thought. New York, 1956.
MASSON, PIERRE, La Religion de Rousseau, 3 Bde. Paris, 1916.
MAVERICK, L. A., China, a Model for Europe. San Antonio, Tex., 1946.
MCCABE, JOSEPH, Candid History of the Jesuits. New York, 1913.
MCKIE, DOUGLAS, Antoine Lavoisier. New York, 1952.
MESLIER, JEAN, Superstition in All Ages, or Last Will and Testament. Übers. von Anna Knoop. New York, 1950.
MICHELET, JULES, Histoire de France, 5 Bde. Paris: Hetzel & Cie, o. J.
MITFORD, NANCY, Madame de Pompadour. New York, 1953.
– Voltaire in Love. New York, 1958.
MONROE, PAUL, Text-Book in the History of Education. New York, 1928.
MONTAGU, LADY MARY WORTLEY, Letters and Works, 2 Bde. London, 1893f.
MONTALEMBERT, CHARLES, COMTE DE, The Monks of the West, 2 Bde. Boston: Marlier, Callanan & Co., o. J.
MONTESQUIEU, CHARLES DE SECONDAT, BARON DE, Grandeur et décadence des Romains. Paris, 1924.
– Persian Letters. London: Routledge, o. J.
– The Spirit of Law, 2 Bde. New York, 1899.
MOORE, F. J., History of Chemistry. New York, 1918.
MORLEY, JOHN, Diderot and the Encyclopaedists, 2 Bde. London, 1923.
– Life of Voltaire, in Voltaire, Works (New York, 1927), Bd. XXI b.
MORNET, DANIEL, Les Origines intellectuelles de la Révolution française. Paris, 1933.
MOSSNER, ERNEST, Bishop Butler and the Age of Reason. New York, 1936.
– Life of David Hume. Austin, Tex., 1954.
MOUSNIER, R. und E. LABROUSSE, Le Dix-huitième Siècle. Paris, 1853.
MOWAT, R. B., The Age of Reason. Boston, 1934.
MUSSET, ALFRED DE, Confessions of a Child of the Century. New York, 1908.

NAGEL, ERNEST, The Structure of Science. New York, 1961.
NAVES, RAYMOND, Voltaire et l'Encyclopédie. Paris, 1938.
NAWRATH, ALFRED, Austria. London, 1956.
New Cambridge Modern History, Bd. VII. Cambridge, 1957.
NEWTON, ISAAC, Mathematical Principles of Natural Philosophy. Hrsg. von Florian Cajori. Berkeley, Calif., 1956.
NICOLSON, HAROLD, The Age of Reason. London, 1960.
NOYES, ALFRED, Voltaire. New York, 1936.
NUSSBAUM, F. L., History of the Economic Institutions of Modern Europe. New York, 1937.

ÖCHSLI, WILHELM, History of Switzerland. Cambridge, 1922.
ORTEGA Y GASSET, JOSÉ, Toward a Philosophy of History. New York, 1941.
OSBORN, HENRY FAIRFIELD, From the Greeks to Darwin. New York, 1922.
– Men of the Old Stone Age. New York, 1915.
OSLER, WILLIAM, Evolution of Modern Medicine. New Haven, 1923.

PALACHE, JOHN, Four Novelists of the Old Regime. New York, 1926.

PALMER, R. R., Catholics and Unbelievers in Eighteenth-Century France. Princeton, N. J., 1939.

PAPPAS, JOHN N., Berthier's 'Journal de Trévoux' and the Philosophes. Genf, 1957.

PARTON, JAMES, Life of Voltaire, 2 Bde. Boston, 1882.

PINCHERLE, MARC, Vivaldi. New York, 1962.

PINOT, VIRGILE, La Chine et la formation de l'esprit philosophique en France, 1640-1740. Paris, 1932.

POMEAU, RENÉ, La Religion de Voltaire. Paris, 1958.

POPE, ALEXANDER, Collected Poems. Everyman's Library.

PRATT, WALDO SELDEN, History of Music. New York, 1927.

PRÉVOST, ANTOINE, Manon Lescaut. Übers. von Helen Waddell. New York, 1935.

PUTNAM, G. H., The Censorship of the Church of Rome, 2 Bde. New York, 1906.

RANKE, LEOPOLD, History of the Popes, 3 Bde. London, 1878.

REICHWEIN, A., China and Europe: Intellectual and Artistic Contacts in the Eighteenth Century. New York, 1925.

RENARD, G. und G. WEULERSEE, Life and Work in Modern Europe. London, 1926.

RICHARD, ERNST, History of German Civilization. New York, 1911.

RIDDER, ANDRÉ DE, J. B. S. Chardin. Paris, 1932.

ROBERTSON, JOHN MACKINNON, Short History of Freethought, 2 Bde. London, 1914.

ROBERTSON, WILLIAM, History of the Reign of the Emperor Charles V, 2 Bde. London, 1898.

ROLLAND, ROMAIN, Musical Tour through the Land of the Past. London, 1922.

SADE, MARQUIS DE, Justine. Paris, 1791.

SAINTE-BEUVE, CHARLES-AUGUSTIN, English Portraits. New York, 1875.

– Portraits of the Eighteenth Century, 2 Bde. in 1. New York, 1905.

SAINT-SIMON, LOUIS DE ROUVROY, DUC DE, Memoirs, 3 Bde. London, 1901.

SCHOENFELD, HERMANN, Women of the Teutonic Nations. Philadelphia, 1908.

SCHUSTER, M. LINCOLN, Treasury of the World's Great Letters. New York, 1940.

SCHWEITZER, ALBERT, J. S. Bach, 2 Bde. Leipzig, 1911.

– Geschichte der Leben-Jesu-Forschung. 5. Aufl. Tübingen, 1933.

SEDGWICK, W. T. und H. W. TYLER, Short History of Science. New York, 1927

SÉE, HENRI, Economic and Social Conditions in France during the Eighteenth Century, New York, 1935.

– Les Idées politiques en France au dix-huitième siècle. Paris, 1920.

SÉGUR, MARQUIS P. M. M. H. DE, Julie de Lespinasse. New York, 1927.

SIGERIST, H. E., The Great Doctors. New York, 1933.

SIME, JAMES, Lessing, 2 Bde. London, 1879.

SITWELL, SACHEVERELL. German Baroque Art. New York, 1928.

SMITH, ADAM, The Wealth of Nations, 2 Bde. Everyman's Library.

SMITH, D. E., History of Mathematics, 2 Bde. Boston, 1923.

SMITH, PRESERVED, History of Modern Culture, 2 Bde. New York, 1930.

SOREL, ALBERT, Montesquieu. Chicago, 1888.

SPITTA, PHILIP, Johann Sebastian Bach, 3 Bde. in 2. New York, 1951.

STEPHEN, LESLIE, History of English Thought in the Eighteenth Century, 2 Bde. London, 1902.

STRACHEY, LYTTON, Books and Characters. New York, 1922.

STRYIENSKI, CASIMIR, The Eighteenth Century. London, 1916.

SUMNER, WILLIAM GRAHAM, Folkways. Boston, 1906.

TAINE, HIPPOLYTE, The Ancient Regime. New York, 1891.
– History of English Literature. New York, 1873.
THOMPSON, JAMES W., Economic and Social History of Europe in the Later Middle Ages. New York, 1931.
TIETZE, HANS, Treasures of the Great National Galleries. New York, 1954.
TOCQUEVILLE, ALEXIS DE, L'Ancien Régime. Oxford, Eng., 1927.
TORREY, NORMAN L., The Spirit of Voltaire. New York, 1938.
– Voltaire and the English Deists. New Haven, 1930.
TOTH, KARL, Woman and Rococo in France. Philadelphia, 1931.
TRAILL, HENRY DUFF (Hrsg.), Social England, 6 Bde. New York, 1902.
TRATTNER, E. R., Architects of Ideas. New York, 1938.
TURBERVILLE, A. S. (Hrsg.), Johnson's England, 2 Bde. Oxford, Engl., 1952.
TURNER, P. M. und C. H. BAKER, Stories of the French Artists. New York, 1910.

VARTANIAN, ARAM, Diderot and Descartes. Princeton, N. J., 1953.
VAUVENARGUES, LUC DE CLAPIERS, MARQUIS DE, Œvres choisies. Paris: Garnier, o. J.
VILLARI, PASQUALE, Life and Times of Niccolò Machiavelli, 2 Bde. in 1. New York: Scribner's, o. J.
VOLTAIRE, Age of Louis XIV. Everyman's Library.
– Age of Louis XV, 2 Bde. Glasgow, 1771.
– Correspondance. Hrsg. von Theodore Besterman, 59 Bde. Genf, 1950ff.
– History of Charles XII. Everyman's Library.
– Lettres d'Alsace a sa nièce Madame Denis. Paris, 1938.
– Lettres d'amour de Voltaire a sa nièce. Hrsg. von Theodore Besterman. Paris, 1957. Englische Übersetzung: Love Letters of Voltaire to His Niece, London, 1958.
– Notebooks. Hrsg. von Theodore Besterman, 2 Bde. Genf, 1952.
– Œvres complètes. Paris, 1852ff.
– Philosophical Dictionary, in Works, Bde. III VI.
– Selected Works. Hrsg. von Joseph McCabe. London, 1911.
– Works, 44 Bde. in 22. New York, 1927.
– und FRIEDRICH DER GROSSE, Letters. Übers. von Richard Aldington. New York, 1927.

WADE, IRA, Studies in Voltaire. Princeton, N. J., 1947.
– Voltaire and Madame du Châtelet. Princeton, N. J., 1941.
WALISZEWSKI, K., The Romance of an Empress: Catherine II of Russia. New York, 1929.
WALPOLE, HORACE, Letters. Hrsg. von Peter Cunningham, 9 Bde. London, 1880.
WEINSTOCK, HERBERT, Handel. New York, 1959.
WHITE, ANDREW, History of the Warfare of Science with Theology in Christendom, 2 Bde. New York, 1929.
WHITEHEAD, ALFRED NORTH, Science in the Modern World. New York, 1926.
WICKWAR, W. H., Baron d'Holbach. London, 1935.
WILHELMINE, MARKGRÄFIN VON BAYREUTH, Memoirs. London, 1887.
WILLEY, BASIL, The Eighteenth-Century Background. London, 1949.
WILLIAMS, HENRY SMITH, History of Science, 5 Bde. New York, 1909.
WILSON, ARTHUR M., Diderot: The Testing Years, 1713–59. New York, 1957.
WOLF, A., History of Science, Technology, and Philosophy in the Eighteenth Century. New York, 1939.
WOODS, GEORGE, HOMER WATT und GEORGE ANDERSON, The Literature of England, 2 Bde. Chicago, 1936.

ANMERKUNGEN

I. BUCH, KAPITEL 1

[1] Sée, *Economic and Social Conditions in France during the 18th Century*, S. 87. – [2] ebd., S. 84. – [3] Sumner, *Folkways*, S. 165. – [4] Sée, S. 104; Goodwin, *The European Nobility in the 18th Century*, S. 36. – [5] Tocqueville, *L'Ancien Régime*, S. 107. – [6] Ducros, *French Society in the 18th Century*, S. 158, 207; Wolf, *History of Science . . . and Philosophy in the 18th Century*, S. 558. –[7] Palmer, *Catholics and Unbelievers in the 18th-Century France*, S. 13. – [8] Lacroix, *Eighteenth Century*, S. 138. – [9] *Cambridge Modern History*, Bd. VIII, S. 53. – [10] Lacroix, S. 138. – [11] Ducros, S. 24; Herbert, *Fall of Feudalism in France*, XVII. Buch. – [12] Taine, *Ancient Regime*, S. 130. – [13] Goodwin, *European Nobility*, S. 31. – [14] Jaurès, *Histoire socialiste*, Bd. I, S. 31. – [15] Sée, S. 61. – [16] Taine, *Ancient Regime*, S. 20, 41. – [17] Tocqueville, S. 34. – [18] Taine, S. 15. – [19] *Cambridge Modern History*, Bd. VIII, S. 53. – [20] ebd., S. 52; Sée, S. 3. – [21] Palmer, S.25; Lacroix, S. 157. – [22] Taine, S. 42f. – [23] Voltaire, *Works*, Bd. XVI a, S. 261. – [24] Martin, H., Bd. XV, S. 439. – [25] ebd., S. 439f. – [26] Lacroix, S. 157. – [27] ebd., S. 269. – [28] Taine, S. 34. – [29] ebd., S. 119f. – [30] Goncourts, *Woman of the 18th Century*, S. 10, 15; Montalembert, *Monks of the West*, Bd. II, S. 86. – [31] Martin, Kingsley, *Rise of French Liberal Thought*, S. 79. – [32] Taine, S. 62; Michelet, *Histoire de France*, Bd. V, S. 288. – [33] Martin, H., Bd. XV, S. 441. – [34] ebd., S. 442. – [35] Taine, S. 63. – [36] Lecky, *History of England*, Bd. V, S. 329. – [37] Desnoiresterres, Bd. VIII, S. 248. – [38] Lacroix, S. 270. – [39] Guizot, *History of France*, Bd. V, S. 48. – [40] Sée, S. 4. – [41] Herbert, *Falle of Feudalism*, S. 56. – [42] Taine, S. 23f.; Ducros, S. 256f. – [43] Herbert, S. 37. – [44] Sée, S. 15. – [45] Herbert, S. 4f. – [46] Sée, S. 28. – [47] Montagu, *Letters*, Bd. I, S. 395 (10. 10. 1718). – [48] Taine, S. 330. – [49] Martin, H., Bd. XV, S. 216. – [50] Sée, S. 38. – [51] Voltaire, *Works*, Bd. XIX a, S. 94. – [52] *Philosophical Dictionary*, Artikel «*Lent*». – [53] Cobban, *History of Modern France*, S. 42. – [54] Sée, S. 182. – [55] Renard und Weulersee, *Life and Work in Modern Europe*, S. 193. – [56] Mantoux, *Industrial Revolution*, S. 409. – [57] Sée, S. 165. – [58] Taine, S. 334. – [59] Mornet, *Origines intellectuelles de la Révolution française*, S. 28. – [60] Parton, Bd. II, S. 184. – [61] Lacroix, S. 228. – [62] ebd., S. 311. – [63] Nussbaum, *History of the Economic Institutions of Modern Europe*, S. 124. – [64] Jaurès, *Histoire socialiste*, Bd. I, S. 67. – [65] Sée, S. 151ff. – [66] Martin, H., Bd. XV, S. 213. – [67] ebd., S. 305. – [68] Sée, S. 93. – [69] Ducros, S. 160. – [70] Toth, *Woman and Rococo in France*, S. 179. – [71] Lacrois, S. 206. – [72] dto. – [73] Goncourts, *Madame de Pompadour*, S. 5ff. – [74] Desnoiresterres, Bd. III, S. 241. – [75] Grimm, *Correspondance*, Bd. VIII, S. 231ff. in Buckle, Bd. I, S. 539. – [76] Saint-Simon in Lacroix, S. 302. – [77] Lacroix, S. 299. – [78] Ducros, S. 53. – [79] Stryienski, *Eighteenth Century*, S. 57. – [80] Lanfrey, *L'Eglise et les philosophes au XVIIIe siècle*, S. 129. – [81] Michelet, Bd. V, S. 277; Sainte-Beuve, *Portraits of the 18th Century*, Bd. I, S. 445. – [82] Voltaire, *Works*, Bd. XVI a, S. 157. – [83] Stryienski, S. 79. – [84] Voltaire, Bd. XVI a, S. 158. – [85] Martin, H., Bd. XV, S. 256. – [86] Stryienski, S. 85. – [87] Desnoiresterres, Bd. II, S. 336. – [88] Martin, H., Bd. XV, S. 251. – [89] Saint-Simon, *Memoirs*, Bd. III, S. 283. – [90] Michelet, Bd. V, S. 248. – [91] Martin, H., Bd. XV, S. 116; Ercole, Gay, *Court*

Life, S. 88. – [92] Bearne, *Court Painter*, S. 85. – [93] Guizot, *History of France*, Bd. V, S. 78. – [94] Goncourts, *Pompadour*, S. 9. – [95] Michelet, Bd. V, S. 325. – [96] Ercole, S. 167. – [97] Lewis, Wyndham, *Four Favorites*, S. 42. – [98] Stryienski, S. 140f. – [99] *Webster's Biographical Dictionary*, S. 833. – [100] Brandes, Bd. I, S. 224. – [101] Voltaire, *Works*, Bd. XVI b, S. 224. – [102] Carlyle, *History of Friedrich II*, Bd. IV, S. 438; *Encyclopaedia Britannica*, Bd. IX, S. 454 a. – [103] Voltaire, Bd. XVI b, S. 238; Martin, H., Bd. XV, S. 282; Stryienski, S. 148. – [104] Voltaire, Bd. XVI b, S. 239. – [105] Stryienski, S. 149. – [106] Martin, H., Bd. XV, S. 431. – [107] Lichtenberger in Martin, K., *Rise of French Liberal Thought*, S. 238. – [108] Martin, H., Bd. XV, S. 356ff. – [109] Lecky, England, Bd. V, S. 327. – [110] Goncourts, *Pompadour*, S. 12. – [111] Michelet, Bd. V, S. 349. – [112] Ercole, S. 197. – [113] Goncourts, S. 117. – [114] Ercole, S. 203. – [115] Lewis, *Four Favorites*, S. 48. – [116] Taine, *Ancient Regime*, S. 82. – [117] Goncourts, S. 71. – [118] ebd., S. 348. – [119] Sainte-Beuve, Bd. I, S. 450. – [120] ebd., S. 451. – [121] Michelet, Bd. V, S. 354. – [122] Martin, H., Bd. XV, S. 436. – [123] Goncourts, S. 131. – [124] Lewis, S. 50. – [125] Ercole, S. 209. – [126] Toth, S. 165. – [127] Goncourts, S. 127. – [128] Du Hausset, Madame, *Memoirs of Madame de Pompadour*, S. 65. – [129] Ercole, S. 220. – [130] Goncourts, *Woman of the 18th Century*, S. 249.

I. BUCH, KAPITEL 2

[1] Sée, *Economic and Social Conditions*, S. 48f. – [2] Funck-Brentano, *L'Ancien Régime*, S. 422. – [3] La Fontainerie, *French Liberalism and Education*, S. 6. – [4] Lacroix, S. 252. – [5] ebd., S. 151. – [6] ebd., S. 242. – [7] ebd., S. 244. – [8] Desnoiresterres, Bd. III, S. 133. – [9] Créqui, *Souvenirs*, S. 57, 121. – [10] Ducros, *French Society*, S. 83. – [11] Chesterfield, *Letters*, Bd. I, S. 348. – [12] Brandes, Bd. I, S. 147. – [13] ebd., S. 141. – [14] Goncourts, *Woman of the 18th Century*, S. 187. – [15] ebd., S. 188. – [16] Mornet, *Origines intellectuelles de la Révolution française*, S. 53. – [17] Funck-Brentano, S. 50. – [18] Ducros, S. 61. – [19] zitiert bei Funck-Brentano, S. 60. – [20] Taine, *Ancient Regime*, S. 134. – [21] Walpole, *Letters*, Bd. I, S. 309 (28. 10. 1752). – [22] Toth, S. 135. – [23] Friedrich der Große, *Memoires*, Bd. I, S. 25. – [24] D'Argenson, *Mémoires*, in Martin, H., Bd. XV, S. 341. – [25] Ducros, S. 342. – [26] Mossner, *Hume*, S. 92. – [27] Köhler, *History of Costume*, S. 340. – [28] Créqui, S. 123. – [29] Lacroix, S. 370. – [30] Ducros, S. 35. – [31] *Philosophical Dictionary*, Art. «*Lent*», in Voltaire, *Works*, Bd. VI a, S. 108. – [32] Mousnier und Labrousse, *Dix-huitième Siècle*, S. 166. – [33] Michelet, Bd. V, S. 189. – [34] Láng, *Music in Western Civilization*, S. 441. – [35] Burney, *General History of Music*, Bd. II, S. 965, 969. – [36] *Grove's Dictionary of Music and Musicians*, Bd. IV, S. 320 d. – [37] Burney, Bd. II, S. 970. – [38] Diderot, *Le Neveu de Rameau*. – [39] Duclos, *Considérations sur les Moeurs*, S. 13. – [40] Goldsmith, *Miscellaneous Works*, S. 430. [41] Madame Vigée-Lebrun, *Mémoires*, Bd. I, S. 156, in Taine, *Ancient Regime*, S. 141. – [42] Goncourts, *Woman*, S. 317. – [43] Marmontel, *Memoirs*, Bd. I, S. 181. – [44] Batiffol, *Great Literary Salons*, S. 131. – [45] Walpole to Gray, 25. 1. 1766. – [46] Batiffol, S. 208. – [47] Kavanagh, *Woman in France during the 18th Century*, Bd. I, S. 168. – [48] Diderot, «*Sur les femmes*», in *Dialogues*, S. 196.

I. BUCH, KAPITEL 3

[1] Faniel, *French Art of the 18th Century*, S. 36. – [2] ebd., S. 91. – [3] Funck-Brentano, S. 180. – [4] Louvre. – [5] vgl. die große Kommode in der Wallace Collection. – [6] Dilke, *French Architects and Sculptors of the 18th Century*, S. 77. – [7] ebd., S. 81. – [8] Louvre. – [9] Turner und Baker, *Stories of the French Artists*, S. 181. – [10] Museum, Dijon. – [11] Museum, Versailles. – [12] Louvre. – [13] Bearne, *Court Painter*, S. 164. – [14] Diderot, *Salons*, Bd. I, S. 9, 114ff. – [15] Bearne, S. 43. – [16] Turner, S. 193. – [17] Goncourts, *French 18th-Century Painters*, S. 61. – [18] Turner, S. 197. – [19] Louvre. – [20] Block, *François Boucher and the Beauvais Tapestries*, S. 26. – [21] Goncourts, *French Painters*, S. 69. – [22] sieben befinden sich in der Huntington Library and Gallery in San Marino, Kalifornien. – [23] dto. – [24] Wallace Collection. – [25] Goncourts, *French Painters*,

S. 91. – [26] ebd., S. 84. – [27] Block, S. 22. – [28] Ridder, Chardin, S. 8; Goncourts, *French Painters*, S. 117. – [29] Louvre. – [30] Louvre. – [31] Louvre. – [32] Goncourts, S. 141f; Havens, *Age of Ideas*, S. 321. – [33] Diderot, *Salons*, Bd. III, S. 4. – [34] Goncourts, S. 177. – [35] dto. – [36] dto. – [37] *ebd.*[1] *S. 164.* – [38] *Louvre.* – [39] *Museum, St-Quentin.* – [40] Dresden. – [41] St-Quentin.

I. BUCH, KAPITEL 4

[1] Duclos, *Considérations*, S. 217. – [2] Grimm, *Correspondance*, Bd. III, S. 73. – [3] Parton, Bd. I, S. 509. – [4] Voltaire, Essay «*Ancient and Modern Tragedy*», in *Works*, Bd. XIX a, S. 134. – [5] «*Discourse on Tragedy*» , in *Works*, Bd. XIX b, S. 181f. – [6] Parton, Bd. II, S. 325. – [7] Brandes, Bd. I, S. 72. – [8] Edwards, *Idols of the French Stage*, S. 83; Sainte-Beuve, *Portraits of the 18th Century*, Bd. I, S. 170. – [9] Michelet, Bd. V, S. 303. – [10] Sainte-Beuve, Bd. I, S. 180. – [11] Michelet, Bd. V, S. 304. – [12] Mitford, *Madame de Pompadour*, S. 126. – [13] Hazard, *European Thought in the 18th Century*, S. 260. – [14] Marivaux, *Vie de Marianne*, S. 3. – [15] Crébillon fils, *Le Sopha*, Einleitung. – [16] *Le Sopha*, S. 65. – [17] Palache, *Four Novelists of the Old Regime*, S. 4, 49. – [18] Crébillon, *Le Sopha*, Einleitung. – [19] Saintsbury, Einleitung zu Prévosts *Manon Lescaut*. – [20] *Manon Lescaut*, S. 220. – [21] ebd., S. 10. – [22] ebd., S. 57. – [23] Faguet, *Literary History of France*, S. 489. – [24] Saintsbury, Einleitung zu *Manon Lescaut*. – [25] Bury, *History of the Idea of Progress*, S. 135f; Martin, K., S. 280. – [26] Lichtenberger, *Le Socialisme et la Revolution française*, S. 73; Martin, H., Bd. XV, S. 335; Martin, K., S. 62; Hazard, S. 197. – [27] Martin, K., S. 61. – [28] Crocker, *Age of Crisis*, S. 426ff. – [29] Duclos, *Considérations*, S. 11f. – [30] ebd., S. 17, 21. – [31] ebd., S. 27. – [32] ebd., S. 25. – [33] Toth, S. 38. – [34] La Bruyère und Vauvenargues, *Selections*, S. 189. – [35] Vauvenargues, *Œuvres choisis*. – [36] La Bruyère und Vauvenargues, S. 179. – [37] Vauvenargues. – [38] ebd., [39] Crocker, *Age of Crisis*, S. 138f. – [40] ebd., S. 30. – [41] Vauvenargues. – [42] La Bruyère und Vauvenargues, S. 173. – [43] Vauvenargues. – [44] dto. – [45] dto. – [46] dto. – [47] ebd., S. 158. – [48] ebd., S. 173. – [49] dto. – [50] ebd., S. 310. – [51] Voltaire, Brief vom 4. 4. 1744, in Martin, H., Bd. XV, S. 407. – [52] Voltaire, Bd. XIX a, S. 43. – [53] Sorel, *Montesquieu*, S. 125. – [54] ebd., S. 9. – [55] ebd., S. 23. – [56] Montesquieu, *Geist der Gesetze*, Buch V, Kap. XIX. – [57] Montesquieu, *Persian Letters*, XXIV. – [58] Sorel, S. 43. – [59] Herodot, *Historien*, Buch IV, S. 183. – [60] Aristoteles, *Historia animalium*. – [61] Montesquieu, *Persian Letters*, XII. – [62] dto., Brief XXIV. – [63] dto., Brief XXIX. – [64] dto., Brief CXVIII. – [65] dto., Brief CXIII. – [66] dto., Brief CXVIII. – [67] dto., Brief XXXV. – [68] dto., Brief LXXXVI. – [69] Sorel, S. 49. – [70] Montesquieu, *Grandeur et décadence des Romains*, Einleitung. – [71] ebd., Kap. XVIII. – [72] ebd., Kap. XII. – [73] ebd., Kap. XVIII. – [74] ebd., Kap. VI. – [75] ebd., Kap. XV. – [76] zitiert bei Faguet, *Dix-huitième Siècle*, S. 195. – [77] Montesquieu, *Spirit of Laws*, Vorwort. – [78] dto. – [79] Palache, S. 35. – [80] Martin, K., S. 151. – [81] Montesquieu, *Geist der Gesetze*, Buch I, Kap. III. – [82] ebd., Buch XIV, Kap. I–X. – [83] ebd., Buch XVI, Kap. I–III. – [84] ebd., Kap. XI. – [85] dto. – [86] ebd., Buch XIV, Kap. V. – [87] ebd., Buch VIII, Kap. XVI–XIX. – [88] Erläuterungen, die Montesquieu der zweiten Auflage beifügte. – [89] ebd., Buch IV, Kap. VI. – [90] Sée, *Idées politiques en France au XVIII*[e] *siecle*, S. 46. – [91] Montesquieu, *Geist der Gesetze*, Buch VIII, Kap. II. – [92] ebd., Buch V, Kap. XIII. – [93] ebd., Buch V, Kap. X. – [94] ebd., Buch XI, Kap. VI. – [95] dto. – [96] dto. – [97] ebd., Buch XI, Kap. III. – [98] Montesquieu, *Grandeur et décadence*, Kap. VII. – [99] Montesquieu, *Geist der Gesetze*, Buch XXIII, Kap. XXVIII. – [100] ebd., Buch XV, Kap. V. – [101] ebd., Buch X, Kap. II. – [102] ebd., Buch XIII, Kap. XVII. – [103] *Pensées diverses*, in Hearnshaw, *Great Thinkers of the Age of Reason*, S. 116. – [104] Faguet, *Dix-huitième Siècle*, S. 173. – [105] Montesquieu, *Geist der Gesetze*, Buch XXIV, Kap. X. – [106] ebd., Buch I, Kap. I. – [107] ebd., Buch XII, Kap. XXIX. – [108] in Havens, *Age of the Ideas*, S. 121. – [109] Montesquieu, *Geist der Gesetze*, Buch XXIV, Kap. II. – [110] ebd., Kap. III und XXVI. – [111] ebd., Buch XXIV, Kap. V. – [112] ebd., Buch XXV, Kap. V. – [113] ebd., Kap. XIII. – [114] ebd., Kap. X. – [115] zitiert bei Faguet, S. 195. – [116] Sorel, S. 166. – [117] Pappas, *Berthier's Journal de Trévoux*, S. 78; Martin, K., S.

153. – [118] Sorel, S. 163. – [119] Martin, K., S. 168. – [120] Sorel, S. 165. – [121] Voltaire, Bd. XIX a, S. 238f. – [122] *Philosophical Dictionary*, Art. «*Climate*», in Voltaire, *Works*, Bd. IV a, S. 204ff. – [123] dto. – [124] Art. «*Laws*», in *Works*, Bd. VI a, S. 104. – [125] Art. «*Laws, Spirit of*», in *Works*, Bd. VI a, S. 106ff. – [126] Morley, *Life of Voltaire*, S. 9. – [127] S. Macaulay, *Critical . . . Essays and Poems*, Bd. I, S. 226; Dunning, *History of Political Theories*, Bd. III, S. 428ff.; Flint, *History of the Philosophy of History*, S. 272ff.; Brunetière, S. 301; Stephen, *English Thought in the 18th Century*, Bd. II, S. 188; Sorel, S. 139ff. – [128] Montesquieu, *Geist der Gesetze*, Buch VII, Kap. III. – [129] Spencer, *Principles of Sociology* (3 Bde., London, 1876–1896). – [130] Laski, *Political Thought in England*, S. 109. – [131] Taine, *Ancient Regime*, S. 213. – [132] Walpole, *Letters*, Bd. II, S. 187 (10. 1. 1750). – [133] Sainte-Beuve, *Portraits*, Bd. I, S. 146. – [134] Hearnshaw, *French Thinkers of the Age of Reason*, S. 116. – [135] Havens, *Age of Ideas*, S. 127. – [136] Sorel, S. 169. – [137] Grimm, *Correspondance*, Bd. II, S. 491. – [138] Gibbon, *Decline and Fall of the Roman Empire* (1779), Bd. II, S. 142. – [139] Waliszweski, *Romance of an Empress*, S. 91. – [140] Sorel, S. 171. – [141] Faquet, *Dix-huitième Siècle*, S. 188.

I. BUCH, KAPITEL 5

[1] Desnoiresterres, Bd. I, S. 410. – [2] R. N. Bain, in Voltaire, *Cherles XII*, Einleitung. – [3] zum Beispiel Buckle, Bd. I, S. 577. – [4] Voltaire, *Charles XII*, S. 11. – [5] ebd., S. 334. – [6] Brief vom 25. 8. 1732, in *Works*, Bd. XXI a, S. 216. – [7] Zaïre, Buch I, Kap. I, in *Works*, Bd. X a, S. 27. – [8] Zaïre, Buch II, Kapitel III. – [9] Desnoiresterres, Bd. II, S. 2. – [10] Créqui, *Souvenirs*, S. 35. – [11] Brandes, Bd. I, S. 256. – [12] ebd., S. 345. – [13] *Letters on the English*, Brief I, in Voltaire, *Works*, Bd. XIX b, S. 193ff. – [14] Brief V. – [15] dto. – [16] Brief VIII, nach Havens, *Age of the Ideas*, S. 168. – [17] ebd., S. 169. – [18] Brief X. – [19] Brief VIII; Hearnshaw, *French Thinkers of the Age of Reason*, S. 151. – [20] Voltaire, *Works*, Bd. XIX b, S. 29. – [21] Brandes, Bd. I, S. 203. – [22] Voltaire, *Works*, Bd. XI b, S. 212. – [23] ebd., S. 219. – [24] ebd., S. 235. – [25] Buckle, Bd. I, S. 517. – [26] Parton, Bd. I, S. 225. – [27] ebd., S. 303. – [28] ebd., S. 343. – [29] Desnoiresterres, Bd. II, S. 139. – [30] Parton, Bd. I, S. 384. – [31] Desnoiresterres, Bd. II, S. 239. – [32] ebd., Bd. III, S. 113ff. – [33] Françoise de Graffigny, *Vie privée de Voltaire et Madame du Châtelet à Cirey* (Paris 1820), in Brandes, Bd. I, S. 400. – [34] Brandes, Bd. I, S. 354. – [35] Pomeau, *La Religion de Voltaire*, S. 190. – [36] Parton, Bd. I, S. 391. – [37] Créqui, S. 35. – [38] Parton, Bd. I, S. 389. – [39] Wade, *Voltaire et Madame du Châtelet*, S. 14. – [40] dto. – [41] ebd., S. 37. – [42] Brandes, Bd. I, S. 388. – [43] Voltaire, *Works*, Bd. XXI a, S. 197ff. – [44] Desnoiresterres, Bd. III, S. 330. – [45] Voltaire, Bd. XXI a, S. 193, 209. – [46] Brief vom 15. 4. 1741, in Gay, *Voltaire's Politics*, S. 26. – [47] Brandes, Bd. I, S. 365; Desnoiresterres, Bd. II, S. 53. – [48] Voltaire, Bd. XXI b, S. 107. – [49] dto., Bd. I a, S. 299. – [50] Voltaire, *Traité de métaphysique* (*Œuvres complètes*, XLIII), Ende vom Kap. I. – [51] ebd., S. 187. – [52] Taine, *Ancient Regime*, S. 258. – [53] *La Pucelle*, Canto II, in Voltaire, *Works*, Bd. XX a, S. 83f. – [54] Voltaire, *Alzire*, Buch I, Kap. 1. – [55] Brandes, Bd. I, S. 361. – [56] Parton, Bd. I, S. 445. – [57] Fellows und Torrey, *Age of Enlightenment*, S. 474. – [58] Voltaire, *Mahomet*, Buch III, Kap. VI, in *Works*, Bd. VIII b, S. 55. – [59] Brandes, Bd. II, S. 8. – [60] Voltaire und Friedrich der Große, *Letters*, S. 102. – [61] Gibbon, *Journal*, S. 130. – [62] Parton, Bd. I, S. 462. – [63] Brandes, Bd. I, S. 405. – [64] dto. – [65] Mitford, *Voltaire in Love*, S. 75. – [66] Parton Bd. I, S. 542ff. – [67] Martin, H., Bd. XV, S. 402. – [68] Voltaire, *Works*, Bd. XXI b, S. 98. – [69] ebd., Bd. XXI a, S. 190, 193. – [70] ebd., S. 195. – [71] Parton, Bd. I, S. 575. – [72] ebd., S. 352. – [73] Voltaire, *Works*, Bd. VIII b, S. 12. – [74] ebd., S. 14. – [75] Voltaire, *Works*, Bd. II a, S. 282. – [76] ebd., Bd. I b, S. 6. – [77] ebd., Bd. II b, S. 41. – [78] ebd., Bd. II a, S. 63. – [79] ebd., Bd. II a, S. 26. – [80] ebd., Bd. II a, S. 44f. – [81] Parton, Bd. I, S. 581f. – [82] Voltaire und Friedrich der Große, *Letters*, S. 188, 191. – [83] Longchamp in Parton, Bd. I, S. 553f. – [84] Longchamp in Desnoiresterres, Bd. III, S. 246, und Parton, Bd. I, S. 556. – [85] Parton, Bd. I, S. 562. – [86] Voltaire und Friedrich der Große, *Letters*,

S. 197. – [87] Desnoiresterres, Bd. III, S. 390. – [88] Parton, Bd. I, S. 571. – [89] Voltaire und Friedrich der Große, *Letters*, S. 33. – [90] Voltaire, *Lettres d'amour à sa nièce*, S. 53. – [91] Voltaire, *Love Letters to his Niece*, S. 46. Dr. Bestermann übersetzt cazzo mit «Stachel». – [92] Voltaire, *Lettres d'amour*, S. 57; *Love Letters*, S. 48, – [93] dto., *Lettres d'amour*, S. 69; *Love Letters*, S. 54. – [94] dto., *Lettres d'amour*, S. 77; *Love Letters*, S. 57, – [95] dto., *Lettres d'amour*, S. 77; *Love Letters*, S. 58. – [96] dto., *Lettres d'amour*, S. 146. – [97] dto., *Love Letters*, S. 103. – [98] dto., *Lettres d'amour*, S. 15. – [99] Marmontel, *Memoirs*, Bd. I, S. 121. – [100] Mitford, *Voltaire in Love*, S. 303. – [101] Nicolson, *Age of Reason*, S. 110. – [102] Voltaire und Friedrich der Große, *Letters*, S. 212; Gay, *Voltaire's Politics*, S. 150. – [103] Gay, S. 151.

II. BUCH, KAPITEL 1

[1] Mossner, *Hume*, S. 210. – [2] Richard, *History of German Civilization*, S. 326; de Tocqueville, *L'Ancien Régime*, S. 27; Thompson, *Economic and Social History of . . . the Later Middle Ages*, S. 483. – [3] Taine, *Ancient Regime*, S. 28. – [4] vgl. Mühlhausen in der Beschreibung von Spitta, *J. S. Bach*, Bd. I, S. 344. – [5] Láng, *Music in Western Civilization*, S. 608. – [6] Montagu, *Letters*, Bd. I, S. 255 (21. 11. 1716). – [7] Tietze, *Treasures of the Great National Galleries*, S. 137. – [8] Burney, *General History of Music*, Bd. II, S. 943. – [9] Desnoiresterres, Bd. IV, S. 160. – [10] Cassirer, *Philosophy of the Enlightenment*, S. 334. – [11] Francke, *History of German Literature*, S. 223. – [12] Ausubel, *Superman: The Life of Frederick the Great*, S. 756. – [13] Wolf, *History of Science . . . and Philosophy*, S. 778. – [14] Hazard, *European Thought in the 18th Century*, S. 40. – [15] Lovejoy, *Essays in the History of Ideas*, S. 108. – [16] *Encyclopaedia Britannica*, Bd. XXIII, S. 697 c. – [17] *Encyclopaedia of Religion and Ethics*, Bd. VIII, S. 838 b. – [18] Schoenfeld, *Women of the Teutonic Nations*, S. 283. – [19] ebd., S. 298. – [20] Text in Smith, *History of Modern Culture*, Bd. II, S. 601. – [21] Chesterfield, *Letters*, 5. 9. 1748. – [22] Goldsmith, *Inquiry into the Present State of Polite Learning in Europe*, in *Miscellaneous Works*, S. 426. – [23] Friedrich der Große, *Mémoires*, Bd. I, S. 63. – [24] Montagu, Brief vom 17. 12. 1716. – [25] Dillon, *Glass*, S. 5. – [26] Bock, *Geschichte der graphischen Kunst*, S. 477ff. – [27] Berlin. – [28] Barockmuseum, Wien. – [29] Sitwell, *German Baroque Art*, S. 94. – [30] *Oxford History of Music*, Bd. IV, S. 4. – [31] Láng, S. 450. – [32] Spitta, *Bach*, Bd. II, S. 46; *Encyclopaedia Britannica*, Bd. XVII, S. 896 b. – [33] Spitta, Bd. III, S. 18. – [34] Rolland, *Musical Tour*, S. 84. – [35] ebd., S. 211. – [36] ebd., S. 207f. – [37] *Grove's Dictionary of Music* Bd. II, S. 556, – [38] Rolland, S. 211. – [39] *Grove's*, Bd. V, S. 297. – [40] Ebeling in Rolland, S. 119. – [41] man braucht beispielsweise die Schallplattenkataloge. – [42] Schweitzer, *J. S. Bach*, Bd. I, S. 103f. – [43] Spitta, Bd. I, S. 373. – [44] *Grove's*, Bd. I, S. 158; Pincherle, *Vivaldi*, S. 230f. – [45] Spitta, Bd. II, S. 147. – [46] Láng, S. 493. – [47] *Grove's*, Bd. I, S. 161. – [48] Schweitzer, Bd. I, S. 115. – [49] Spitta, Bd. III, S. 261ff.– [50] *Grove's*, Bd. I, S. 165. – [51] Pratt, *History of Music*, S. 257. – [52] Schweitzer, Bd. I, S. 338. – [53] ebd., S. 321. – [54] Spitta, Bd. II, S. 55. – [55] Forkel in Schweitzer, Bd. I, S. 323. – [56] ebd., S. 404. – [57] ebd., S. 292. – [58] Láng, S. 499. – [59] Davison, *Bach and Handel*, S. 56. – [60] Schweitzer, Bd. I, S. 180. – [61] Spitta, Bd. III, S. 252. – [62] dto. – [63] ebd., S. 263. – [64] Weinstock, *Handel*, S. 4. – [65] *Grove's*, Bd. I, S. 167. – [66] Rolland, S. 71. – [67] Spitta, Bd. II, S. 147. – [68] Bach, *24 geistliche Lieder*. – [69] Worte des Pfarrers bei Bachs Begräbnis, Spitta, Bd. III, S. 275. – [70] Brief Karl Zelters, in Schweitzer, Bd. I, S. 231. – [71] ebd., S. 230; Rolland, S. 219; Davison, S. 11. – [72] Schweitzer, Bd. I, S. 238. – [73] ebd., S. 242. – [74] ebd., S. 254.

II. BUCH, KAPITEL 2

[1] Carlyle, *Friedrich the Second*, Bd. IV, S. 173. – [2] Goodwin, *European Nobility*, S. 129. – [3] Montagu, *Letters*, Bd. I, S. 245. – [4] Goodwin, S. 112. – [5] Mowat, *Age of Reason*, S. 264; *New Cambridge Modern History*, Bd. VII, S. 402. – [6] 1714–1734. – [7] 1720–1733. – [8] 1715 bis 1756. – [9] 1722–1732. – [10] 1729–1732. – [11] Nawrath, *Austria*, S. 15. Die Kirche wurde 1733

gebaut. – [12] Sitwell, *German Baroque Art*, S. 37; vgl. Baedeker, *Austria*, S. 46. – [13] Barockmuseum, Wien. – [14] dto. – [15] Montagu, Bd. I, S. 238. – [16] Burney, Bd. II, S. 942. – [17] Garnett, *History of Italian Literature*, S. 315. – [18] Friedrich der Große, *Mémoires*, Bd. I, S. 14. – [19] *Encyclopaedia Britannica*, Bd. X, S. 274 b. – [20] Coxe, *History of the House of Austria*, Bd. III, S. 241. – [21] ebd., S. 242. – [22] *New Cambridge Modern History*, Bd. VII, S. 407. – [23] Monroe, *History of Education*, S. 435. – [24] Macaulay, *Essays*, Bd. II, S. 121; Acton, *Levtures on Modern History*, S. 288. – [25] *Cambridge Modern History*, Bd. VI, S. 210. – [26] ebd., S. 213. – [27] ebd., S. 214. – [28] Carlyle, *Friedrich*, Bd. I, S. 335. – [29] Wilhelmine von Bayreuth, *Memoirs*, S. 31, 34, 52, 204. – [30] ebd., S. 13, 63. – [31] Carlyle, Bd. I, S. 377. – [32] Wilhelmine, S. 91. – [33] ebd., S. 84, 91. – [34] Carlyle, Bd. II, S. 95. – [35] *Cambridge Modern History*, Bd. VI, S. 212. – [36] Wilhelmine, S. 109. – [37] ebd., S. 164. – [38] Carlyle, Bd. II, S. 327. – [39] ebd., S. 339. – [40] ebd., S. 349. – [41] Wilhelmine, S. 230. – [42] Carlyle, Bd. III, S. 64ff. – [43] ebd., 66ff. – [44] Voltaire und Friedrich der Große, *Letters*, 4. 11. 1736. – [45] 7. 4. 1737. – [46] 20. 1. 1737. – [47] Friedrich an Voltaire, 4. 11. 1736, 8. 2. 1737. – [48] 3. 12. 1736. – [49] 25. 12. 1737. – [50] Juni 1738. – [51] 25. 12. 1737. – [52] 28. 3. 1738. – [53] Carlyle, Bd. III, S. 98. – [54] Parton, Bd. I, S. 240. – [55] Friedrich, zitiert nach Villari, *Life and Times of Niccolò Machiavelli*, Bd. II, S. 201. – [56] Francke, *History of German Literature*, S. 230. – [57] Carlyle, Bd. III, S. 142. – [58] Valori in Ausubel, S. 435. – [59] Friedrich an Voltaire, 6. 6. 1740. – [60] 27. 6. 1749. – [61] Lea, *Superstition and Force*, S. 575. – [62] Carlyle, Bd. III, S. 161. – [63] ebd., S. 163. – [64] Smith, *History of Modern Culture*, Bd. II, S. 571. – [65] Carlyle, Bd. III, S. 175. – [66] Goldsmith, *Miscellaneous Works*, S. 427. – [67] Carlyle, Bd. III, S. 233. – [68] Desnoiresterres, Bd. II, S. 290. – [69] Voltaire und Friedrich der Große, *Letters*, S. 143. – [70] Fleury an Voltaire, 14. 11. 1740, in Parton, Bd. I, S. 438. – [71] dto. – [72] Carlyle, Bd. III, S. 278. – [73] Ausubel, S. 443. – [74] Lützow, *Bohemia*, S. 317. – [75] Friedrich der Große, *Mémoires*, Bd. I, S. 94. – [76] ebd., S. 103. – [77] Coxe, *House of Austria*, Bd. III, S. 270; Macaulay, *Essays*, Bd. II, S. 126. – [78] *Encyclopaedia Britannica*, Bd. XIV, S. 881 d. – [79] Carlyle, Bd. IV, S. 70. – [80] Coxe, Bd. III, S. 309. – [81] Carlyle, Bd. V, S. 36. – [82] Voltaire an Friedrich, März 1742, in Voltaire und Friedrich, *Letters*, S. 159. – [83] Friedrich an Voltaire, 12. 2. 1742. – [84] Friedrich der Große, *Mémoires*, Bd. I, S. 5. – [85] Gooch, *Friedrich der Große*, S. 147. – [86] Robertson, *Short History of Freethought*, Bd. II, S. 313. – [87] Carlyle, Bd. V, S. 210. – [88] ebd., Bd. III, S. 260. – [89] Carlyle, Bd. V, S. 197, weist den Vorwurf der Homosexualität entschieden zurück. – [90] *Encyclopaedia Britannica*, Bd. IX, S. 718 c. – [91] Carlyle, Bd. V, S. 65. – [92] ebd., Bd. VII, S. 462; Mowat, *Age of Reason*, S. 101. – [93] Brief vom 31. 8. 1750, in Parton, Bd. I, S. 611. – [94] Desnoiresterres, Bd. IV, S. 108. – [95] Taine, *Ancient Regime*, S. 281. – [96] Voltaire, *Works*, Bd. XXI a, S. 221. – [97] Parton, Bd. I, S. 610. – [98] dto. – [99] Carlyle, Bd. V, S. 137. – [100] ebd., S. 146. – [101] Gay, *Voltaire's Politics*, S. 154. – [102] Voltaire, Bd. XXI a, S. 213. – [103] Lanson, *Voltaire*, S. 112f. – [104] Parton, Bd. I, S. 340. – [105] Chesterfield, Brief vom 13. 4. 1752. – [106] Parton, Bd. II, S. 59. – [107] ebd., S. 59f.; Desnoiresterres, Bd. IV, S. 196. – [108] Morley, *Life of Voltaire*, S. 184. – [109] Carlyle, Bd. V, S. 182. – [110] ebd., S. 180. – [111] ebd., S. 209. – [112] ebd., S. 213. – [113] ebd., S. 214; Strachey, *Books and Characters*, S. 191. – [114] Voltaire, Bd. XIX a, S. 184f. – [115] dto. – [116] Parton, Bd. II, S. 126. – [117] ebd., S. 103. – [118] Carlyle, Bd. V, S. 223. – [119] Parton, Bd. II, S. 108. – [120] ebd., S. 138. – [121] Voltaire, *Lettres d'Alsace*, S. 135f. (14. 12. 1753). – [122] Parton, Bd. II, S. 167ff. – [123] Montesquieu, Brief vom 28. 9. 1753, in Lanfrey, *L'Eglise et les philosophes*, S. 162. – [124] *Philosophical Dictionary*, Art. «*Quakers*». – [125] Bertrand, *D'Alembert*, S. 91.

II. BUCH, KAPITEL 3

[1] 27. 5. 1756, in Chaponnière, *Voltaire chez les Calvinistes*, S. 18. – [2] Epinay, Madame d', *Memoirs and Correspondence*, Bd. III, S. 178. – [3] Marmontel, Bd. I, S. 317. – [4] Morley, *Life of Voltaire*, S. 200. – [5] Boswell, *Life of Samuel Johnson*, S. 87. – [6] Öchsli, *History of Switzerland*,

S. 260. – [7] ebd., S. 272. – [8] Herold, *The Swiss without Halos*, S. 161. – [9] Öchsli, S. 264. – [10] Coxe, *Travels in Switzerland*, Bd. II, S. 225. – [11] ebd., S. 179. – [12] Öchsli, S. 265. – [13] Coxe, *Travels*, Bd. I, S. 304. – [14] Öchsli, S. 243. – [15] ebd., S. 245. – [16] Coxe, Bd. II, S. 262. – [17] Casanova, *Memoirs*, Bd. I, S. 392, 407. – [18] Coxe, Bd. II, S. 292. – [19] dto. – [20] Francke, *History of German Literature*, S. 220. – [21] Lough, *The Encyclopédie*, S. 56. – [22] Epinay, *Memoirs*, Bd. III, S. 199. – [23] Coxe, Bd. II, S. 357. – [24] Epinay, Bd. III, S. 173ff. – [25] Masson, *La Religion de Rousseau*, Bd. I, S. 10f. – [26] Naves, *Voltaire et l'Encyclopédie*, S. 148. – [27] ebd., S. 39. – [28] ebd., S. 40. – [29] Lough, S. 94. – [30] Desnoiresterres, Bd. V, S. 179ff. – [31] Lough, S. 92. – [32] Musée d'Art et d'Histoire, Genf. – [33] Jean Gaberel, in Parton, Bd. II, S. 228. – [34] Voltaire, *Essai sur les Moeurs*, Kap. LXVIII. – [35] Morley, S. 284. – [36] ebd., S. 290. – [37] Flint, *History of the Philosophy of History*, S. 254. – [38] Brief an Thieriot, 30. 10. 1738. – [39] Parton, Bd. I, S. 465. – [40] Buckle, Bd. I, S. 580. – [41] *Philosophical Dictionary*, Art. «*History*», in Voltaire, *Works*, Bd. V b, S. 64. – [42] dto. – [43] Voltaire, *Works*, Bd. XVI a, S. 137. – [44] dto., Bd. XIV a, S. 230. – [45] dto., *Essai sur les Moeurs*, Kap. XX. – [46] dto., Kap. CXXXIX. – [47] Lanson, *Voltaire*, S. 123f. – [48] Robertson, *History of the Reign of Charles V*, Bd. I, S. 290. – [49] «*Observations on History*», in Voltaire, *Works*, Bd. XIX a, S. 269. – [50] dto., *Essai*, CXCVII. – [51] dto., Kap. LXVIII. – [52] dto., *Works*, Bd. XVI a, S. 133ff., 144. – [53] Chateaubriand, *The Genius of Christianity*, III. Buch, III. Kapitel. – [54] Voltaire, Bd. XVI a, S. 250f. – [55] Michelat, Bd. V, S. 274.

III. BUCH, KAPITEL 1

[1] Goncourts, *Woman of the 18th Century*, S. 307f. – [2] Smith, *Modern Culture*, Bd. II, S. 543; Nicolson, *Age of Reason*, S. 294. – [3] Friedrich an Voltaire, 29. 6. 1771. – [4] Voltaire, *Works*, Bd. VII b, S. 143. – [5] Lecky, *History of Rationalism*, S. 145. – [6] Blackstone, *Commentaries* (Oxford, 1775), Bd. IV, S. 60, in Lea, *History of the Inquisition in Spain*, Bd. IV, S. 247. – [7] Clark, *The 17th Century*, S. 246. – [8] Voltaires Schätzung in *Works*, Bd. XXI a, S. 250. – [9] Markus, 16. 16. – [10] Smith, *Modern Culture*, Bd. II, S. 555. – [11] ebd., S. 556. – [12] ebd., S. 550. – [13] Putnam, *Censoship of the Church of Rome*, Bd. II, S. 255. – [14] Wilson, *Diderot*, S. 121f. – [15] Brandes, Bd. II, S. 107. – [16] Bertrand, *D'Alembert*, S. 92. – [17] Brandes, Bd. II, S. 50. – [18] Mornet, *Origines intellectuelles de la Révolution française*, S. 258. – [19] vgl. *Catholic Encyclopedia*, Bd. III, S. 189. – [20] Voltaire, *Notebooks*, Bd. II, S. 351. – [21] Faguet, *Literary History of France*, S. 361, 516. – [22] Smith, Bd. II, S. 268. – [23] Schweitzer, *Geschichte der Leben-Jesu-Forschung*, S. 23. – [24] zitiert bei Lovejoy, *Essays in the History of Ideas*, S. 103. – [25] ebd., S. 103f. – [26] briefliche Mitteilung von Hsin-Hai Chang an die Verfasser. – [27] Lovejoy, *Essays*, S. 105. – [28] Voltaire. *Age of Louis XIV*, S. 455. – [29] Lovejoy, S. 105f. – [30] Maverick, *China a Model for Europe*, S. 126. – [31] Fülöp-Miller, *Power and Secret of the Jesuits*, S. 485. – [32] Reichwein, *China and Europe*, S. 124. – [33] Voltaire, *Works*, Bd. VIII a, S. 176. – [34] Pinot, *La Chine et la formation de l'esprit philosophique en France*, S. 425. – [35] ebd., S. 315, 281. – [36] Maverick, S. 242. – [37] ebd., S. 113. – [38] *Philosophical Dictionary*, Art. «*Glory*», in Voltaire, *Works*, Bd. V a, S. 208. – [39] dto., *Works*, Bd. XVI, S. 119; Bd. XVIII b, S. 278. – [40] dto., Bd. XIII a, S. 29. – [41] Montesquieu, *Persian Letters*, XLVI. Kapitel.

III. BUCH, KAPITEL 2

[1] Buckle, Bd. I, S. 660. – [2] N. Fuss, in Smith, *History of Mathematics*, Bd. I, S. 522. – [3] Bell, *Men of Mathematics*, S. 148. – [4] ebd., S. 156. – [5] ebd., S. 159. – [6] Wolf, *History of Science*, S. 70. – [7] Whitehead, *Science and the Modern World*, S. 91. – [8] Bell, S. 170. – [9] dto. – [10] ebd., S. 171. – [11] ebd., S. 185. – [12] Whitehead, S. 90. – [13] Crocker, *Age of Crisis*, S. 8. – [14] Bertrand, *D'Alembert*, S. 32. – [15] Morley, *Diderot*, Bd. I, S. 123. – [16] Bertrand, S. 143, 153, 164; Ségur, *Julie de Lespinasse*, S. 113f. – [17] Wolf, S. 217. – [18] Williams, *History of Science*, Bd. II, S. 275. – [19] Smith, *Modern Culture*, Bd. II, S. 73. – [20] Williams, Bd. II, S. 286. – [21] ebd., S. 289. – [22] ebd., S. 290. – [23] ebd., S. 295; Wolf, S. 232. – [24] Gibbon, *Essai sur*

l'etude de la littérature, in *Miscellaneous Writings*, S. 2. – [25] Williams, Bd. IV, S. 11. – [26] Scheele, *Treatise on Fire and Air*, in Wolf, S. 358. – [27] ebd., S. 359. – [28] *Encyclopaedia Britannica*, Bd. XX, S. 62 c. – [29] ebd., S. 62 b. – [30] Moore, *History of Chemistry*, S. 37f. – [31] French, *Torch and Crucible*; *The Life and Death of Antoine Lavoisier*, S. 80. – [32] Wolf, S. 353. – [33] Moore, S. 44. – [34] ebd., S. 42. – [35] Huxley, *Science of Education*, S. 23. – [36] Willey, *Eighteenth-Century Background*, S. 177. – [37] Priestley, *Essay on the First Principles of Government*, in Willey, S. 195. – [38] Priestley, *History of the Corruptions of Christianity*, in Willey, S. 170. – [39] *Essay on the First Principles of Government*, in Huxley, S. 27. – [40] dto., in Willey, S. 197. – [41] Schuster, *Treasury of the Worlds Great Letters*, S. 187. – [42] French, S. 215. – [43] Dakin, *Turgot and the Ancien Régime in France*, S. 166. – [44] Moore, S. 49. – [45] McKie, *Antoine Lavoisier*, S. 225. – [46] ebd., S. 293. – [47] ebd., S. 325. – [48] ebd., S. 319. – [49] ebd., S. 412f. – [50] ebd., S. 404. – [51] ebd., S. 407. – [52] French, S. 267. – [53] Williams, Bd. III, S. 11. – [54] Langer, *Encyclopedia of World History*, S. 435. – [55] Berry, *Short History of Astronomy*, S. 325. – [56] Burney, Fanny, *Diary*, S. 161 (30. 12. 1786). – [57] Williams, Bd. III, S. 21. – [58] *Encyclopaedia Britannica*, Bd. XI, S. 520 d. – [59] Bertrand, *D'Alembert*, S. 45. – [60] Martin, H., Bd. XV, S. 397. – [61] Bell, *Men of Mathematics*, S. 173. – [62] dto. – [63] ebd., S. 172. – [64] Laplace, *Système du monde*, Bd. V, in Berry, S. 322. – [65] Laplace, *Théorie analytique des probabilités*, Vorwort, in Nagel, *Structure of Science*, S. 282. – [66] zitiert von Cajori in Newton, *Mathematical Principles of Natural Philosophy*, S. 677. – [67] Sedgwick und Tyler, *Short History of Science*, S. 332. – [68] Mousnier und Labrousse, *Dix-huitième Siècle*, S. 31. – [69] Bell, S. 182. – [70] Berry, S. 307. – [71] Wolf, S. 299. – [72] Buffon, *Œuvres*, Bd. IX, S. 455. – [73] ebd., S. 388. – [74] dto., Bd. XI, S. 454. – [75] Sainte-Beuve, *Portraits of the 18th Century*, Bd. II, S. 269. – [76] Buffon, *Œuvres*, Bd. IX, S. 454. – [77] Trattner, *Architects of Ideas*, S. 66. – [78] Gourlie, *Prince of Botanists: Carl Linaeus*, S. 3. – [79] ebd., S. 34. – [80] Hazard, *European Thought in the 18th Century*, S. 354. – [81] Locy, *Biology and Its Makers*, S. 122. – [82] Seinte-Beuve, Bd. II, S. 263. – [83] Lecky, *History of . . . Rationalism*, Bd. II, S. 16. – [84] Osborn, *From the Greeks to Darwin*, S. 130. – [85] Bearne, *A Court Painter and his Circle*, S. 272. – [86] Rousseau, Brief vom 21. 9. 1771. – [87] Gourlie, S. 270. – [88] Wolf, S. 455. – [89] ebd., S. 456. – [90] ebd., S. 457. – [91] *Encyclopaedia Britannica*, Bd. XVIII, S. 3 a. – [92] Locy, S. 399. – [93] Wolf, S. 349. – [94] ebd., S. 450. – [95] Jardine, *The Naturalist's Library*, S. 24. – [96] ebd., S. 321. – [97] Sainte-Beuve, Bd. II, S. 264. – [98] Osborn, S. 136. – [99] Butterfield, *Origins of Modern Science*, S. 175. – [100] Buffon, *Discours sur la nature des animaux*, in Martin, H., Bd. XVI, S. 37. – [101] Goncourts, *Madame de Pompadour*, S. 145. – [102] Osborn, *Men of the Old Stone Age*, S. 3. – [103] Osborn, *From the Greeks to Darwin*, S. 134, und Martin, K., *Rise of French Liberal Thought*, S. 99f. – [104] Smith, P., Bd. II, S. 518. – [105] Buffon, *Œuvres complètes*, Bd. I, Einleitung. – [106] Rousseau, Brief vom 4. 11. 1764. – [107] Sainte-Beuve, Bd. II, S. 208. – [108] Buffon, Bd. I, Einleitung. – [109] dto., Bd. XII, S. 324ff. – [110] dto., S. 324. – [111] Hazard, S. 144. – [112] Voltaire, *Brief an Helvétius*, 27. 10. 1740. – [113] Sainte-Beuve, Bd. II, S. 254. – [114] Jardine, S. 32. – [115] ebd., S. 29. – [116] Fellows und Torrey, *Age of Enlightenment*, S. 588. – [117] Garrison, *History of Medicine*, S. 334. – [118] Lovejoy, *The Great Chain of Being*, S. 233. – [119] Réaumur, *Mémoirs*, in Smith, *Modern Culture*, Bd. II, S. 101. – [120] Vartanian, *Diderot und Descartes*, S. 176. – [121] Osborn, *From the Greeks to Darwin*, S. 118. – [122] Maupertuis, in Crocker, *Age of Crisis*, S. 81. – [123] Osborn, S. 114f. – [124] ebd., S. 122. – [125] Lovejoy, *Essays in the History of Ideas*, S. 147. – [126] Turberville, *Johnson's England*, Bd. II, S. 245. – [127] Osborn, S. 119. – [128] ebd., S. 145. – [129] ebd., S. 146. – [130] dto.– [131] ebd., S. 149. – [132] Brett, *History of Psychology*, S. 423. – [133] Condillac, *Traité des sensations*, S. 38. – [134] dto. – [135] ebd., S. 70. – [136] Wolf, S. 689.

III. BUCH, KAPITEL 3

[1] Osler, *Evolution of Modern Medicine*, S. 187. – [2] Sigerist, *Great Doctors*, S. 235. – [3] Castiglioni, *History of Medicine*, S. 602. – [4] Williams, *History of Science*, Bd. IV, S. 78. – [5] Garri-

son, *History of Medicine*, S. 346. – [6] dto. – [7] Vartanian, *Diderot and Descartes*, S. 270. – [8] Wolf, S. 263. – [9] Locy, *Growth of Biology*, S. 443. – [10] Castiglioni, S. 613. – [11] Voltaire, *Philosophical Dictionary*, Art. «*Good*». – [12] Garrison, S. 402. – [13] Besant, *London*, S. 380. – [14] Himes, *Medical History of Contraception*, S. 187. – [15] ebd., S. 191. – [16] ebd., S. 198. – [17] Chesterfield, *Letters*, 5. 2. 1750. – [18] Voltaire, *Works*, Bd. XIX b, S. 24. – [19] Goncourts, *The Woman of the 18th Century*, S. 11. – [20] Sée, *Economic and Social Conditions in France in the 18th Century*, S. 42. – [21] Garrison, S. 321. – [22] Traill, *Social England*, Bd. V, S. 425. – [23] Chamousset, in Lacroix, *Eighteenth Century in France*, S. 272. – [24] dto. – [25] Garrison, S. 400. – [26] dto. – [27] Castiglioni, S. 657. – [28] Ducros, *French Society in the 18th Century*, S. 179. – [29] Ercole, *Gay Court Life*, S. 421. – [30] Harding, *Fads, Frauds, and Physicians*, S. 151. – [31] Castiglioni, S. 641. – [32] Traill, Bd. V, S. 51. – [33] Montagu, *Letters*, Bd. I, S. 308. – [34] Halsband, *Life of Lady Mary Wortley Montagu*, S. 111. – [35] White, *Warfare of Science with Theology*, Bd. II, S. 55. – [36] ebd., S. 57; Garrison, S. 373. – [37] Voltaire, *Works*, Bd. XIX b, S. 20. – [38] Garrison, S. 351. – [39] Besant, S. 377f. – [40] Garrison, S. 343. – [41] ebd., S. 110. – [42] La Mettrie, *Man a Machine*, Widmung. – [43] Voltaire, *Philosophical Dictionary*, Art. «*Physicians*». – [44] Ford, *From Dryden to Johnson*, S. 211. – [45] Havens, *The Age of Ideas*, S. 345. – [46] Garrison, S. 353; Sigerist, S. 237. – [47] Aldis, *Madame Geoffrin*, S. 191; Herold, *The Swiss without Halos*, S. 85. – [48] Brandes, *Voltaire*, Bd. II, S. 111. – [49] Madame d'Epinay, *Memoirs*, Bd. III, S. 200.

IV. BUCH, KAPITEL 1

[1] Pappas, *Berthier's «Journal de Trévoux» and the Philosophes*, S. 122. – [2] Helvétius, *De l'Esprit*, englische Übersetzung, S. 414. – [3] D'Alembert, *Mélanges de littérature d'histoire, et de philosophie* (1759), in Cassirer, *Philosophy of the Enlightenment*, S. 3; Frankel, *Faith of Reason*, S. 7f. – [4] Wolf, S. 39. – [5] Duclos, *Considérations sur le moeurs*, S. 27. – [6] Mornet, *Origines Intellectuelles de la Révolution française*, S. 55. – [7] ebd., S. 54. – [8] Taine, *Ancient Regime*, S. 288. – [9] dto. – [10] Martin, K., *Rise of French Liberal Thought*, S. 122. – [11] Morley, *Diderot*, Bd. I, S. 169. – [12] Mornet, S. 52. – [13] Meslier, *Superstition in All Ages, or Last Will and Testament*, S. 30. – [14] ebd., Abt. CXXXV. – [15] ebd., Abt. CVIII. – [16] ebd., Abt., LXVI, CLXXXII–III und CLX. – [17] ebd., Abt. CLX. – [18] ebd., Abt. LII. – [19] ebd., Abt. II. – [20] ebd., Abt. XXXII. – [21] ebd., Abt. XC. – [22] ebd., Abt. CLX. – [23] ebd., Abt. XL. – [24] ebd., Abt. XII. – [25] ebd., Abt. CXII. – [26] ebd., Abt. CLXI. – [27] ebd., Abt. CLIII. – [28] ebd., Abt. CXLIX. – [29] ebd., Abt. CLV. – [30] ebd., Vorwort, S. 37. – [31] ebd., Abt. CVII. – [32] ebd., Abt. CXLI. – [33] ebd., Abt. CLXVI. – [34] ebd., Abt. CLXII. – [35] ebd., Vorwort, S. 42f. – [36] ebd., Abt. CCIV. – [37] dto. – [38] ebd., Abt. CLV. – [39] ebd., Vorwort, S. 41. – [40] Martin, K., S. 240. – [41] ebd., S. 242. – [42] ebd., S. 241f. – [43] Hazard, *European Thought in the 18th Century*, S. 56. – [44] La Mettrie, *Man a Machine*, S. 4. – [45] Walt Whitmans Definition des Krieges. – [46] La Mettrie, S. 99. – [47] ebd., S. 100. – [48] ebd., S. 94. – [49] ebd., S. 134. – [50] ebd., S. 128. – [51] Fellows und Torrey, *Diderot Studies*, Bd. II, S. 305. – [52] ebd., S. 316. – [53] La Mettrie, S. 146. – [54] dto. – [55] Fellows und Torrey, *Diderot Studies*, Bd. II, S. 316. – [56] La Mettrie, S. 103. – [57] Fellows und Torrey, Bd. II, S. 307. – [58] La Mettrie, S. 122. – [59] ebd., S. 129. – [60] ebd., S. 149. – [61] Hazard, S. 128. – [62] La Mettrie, S. 92. – [63] Martin, H., *Histoire de France*, Bd. XV, S. 397. – [64] La Mettrie, S. 119; Lange, *History of Materialism*, Bd. II, S. 86f. – [65] Parton, *Life of Voltaire*, Bd. II, S. 15. – [66] Desnoisterres, Bd. IV, S. 198ff.

IV. BUCH, KAPITEL 2

[1] Crocker, *Embattled Philosopher*, S. 5. – [2] ebd., S. 8. – [3] ebd., S. 38. – [4] Diderot, *Pensées philosophiques*, in Fellows und Torrey, *Age of Enleightenment*, S. 264. – [5] Crocker, S. 65. – [6] Diderot, *Pensées*, Kap. XXVI. – [7] Crocker, S. 68. – [8] Wilson, *Diderot: The Testing Years*, S. 86. – [9] Cru, *Diderot as a Disciple of English Thought*, S. 189; Wilson, S. 90 – [10] Diderot,

Lettre sur les aveugles, in *Œuvres*, S. 601. – [11] ebd., S. 608. – [12] ebd., S. 629. – [13] ebd., S. 631f. – [14] ebd., S. 650. – [15] ebd., S. 617ff. – [16] Crokker, S. 102f. – [17] Havens, *Age od Ideas*, S. 289. – [18] Crocker, S. 77. – [19] ebd., S. 83. – [20] ebd., S. 87. – [21] Brunetière, *Evolution des genres dans l'histoire de la littérature* (Paris, 1890), S. 210, in Wilson, *Diderot*, S. 169. – [22] Diderot, Artikel «*Encyclopedia*». – [23] Aldis, *Madame Geoffrin*, S. 91. – [24] Hazard, S. 199. – [25] Morley, *Life of Voltaire*, S. 198. – [26] D'Alembert, Einleitende Abhandlung zur *Enzyklopädie*, S. 31. – [27] Lévy-Bruhl, *History of Modern Philosophy in France*, S. 212. – [28] Einleitende Abhandlung, S. 86. – [29] ebd., S. 92. – [29a] ebd., S. 99. – [30] Ortega y Gasset, *Toward a Philosophy of History*, S. 77. – [31] Crocker, *Embattled Philosopher*, S. 133. – [32] Lough, *The Encyclopédie; Selected Articles*, S. 6. – [33] Pappas, *Berthier's «Journal de Trévoux»*, S. 181f. – [34] Wilson, S. 162. – [35] ebd., S. 163. – [36] Pappas, S. 185. – [37] Wilson, S. 160. – [38] Robertson, *Short History of Freethought*, Bd. II, S. 235; Wilson, S. 165. – [39]Wilson, S. 169. – [40] Becker, *Heavenly City of the 18th-Century Philosophers*, S. 119. – [41] Wilson, S. 283. – [42] ebd., S. 288. – [43] Naves, *Voltaire et l'Encyclopédie*, S. 52. – [44] Wilson, S. 288f. – [45] Fellows und Torrey, *Diderot Studies*, Bd. II, S. 175. – [46] Wilson, S. 312. – [47] dto. – [48] ebd., S. 358. – [49] ebd., S. 339; Crocker, *Embattled Philosopher*, S. 237. – [50] Wilson, S. 339. – [51] Crocker, S. 239. – [52] F. C. Green, in Diderot, *Writings on the Theater*, S. 12. – [53] Hazard, S. 202, und Naves, S. 98. – [54] Lough, *Selected Articles*, S. 180ff. – [55] Diderot, Artikel «*Philosophy*». – [56] Vartanian, *Diderot and Descartes*, S. 23. – [57] Diderot, Artikel «*Philosophy*». – [58] dto., Artikel «*Political Authority*». – [59] dto. – [60] Lough, S. 43. – [61] Morley, *Diderot*, Bd. I, S. 216. – [62] ebd., S. 172. – [63] Diderot, Artikel «*Privileges*». – [64] Diderot, Artikel «*Art*». – [65] Smith, Adam, *Wealth of Nations*, Bd. I, S. 5. – [66] Diderot, *Prospectus in Heavens*, S. 309. – [67] Wilson, S. 136. – [68] Grimm, *Correspondance*, Bd. VII, S. 146. – [69] Lough, Einleitung. – [70] Diderot, Artikel «*Encyclopedia*».

IV. BUCH, KAPITEL 3

[1] *Encyclopaedia Britannica*, Bd. XVII, S. 614. – [2] Cru, *Diderot*, S. 234. – [3] ebd., S. 395. – [4] Dupee, *Great French Short Novels*, S. 8. – [5] Vartanian, *Diderot and Descartes*, S. 115. – [6] *Pensées sur l'interprétation de la nature*, Abschn. LVIII, in Fellows and Torrey, *Age of Enlightenment*, S. 276, und Wilson, *Diderot*, S. 194. – [7] Faguet, *Dix-huitèime Siècle*, S. 334. – [8] Brief vom 2. 9. 1769 an Sophie Volland. – [9] Brief vom 11. 9. 1769. – [10] Brief vom 2. 9. 1769. – [11] Diderot, *Dialogues*, S. 34f. – [12] ebd., S. 43. – [13] ebd., S. 53. – [14] ebd., S. 57. – [15] ebd., S. 69. – [16] ebd., S. 79f. – [17] ebd., S. 93. – [18] ebd., S. 96. – [19] ebd., S. 105. – [20] ebd., S. 110. – [21] Fellows and Torrey, *Diderot Studies*, Bd. II, S. 322. – [22] Crocker, *Embattled Philosopher*, S. 318. – [23] ebd., S. 320. – [24] ebd., S. 409; Crocker, *Age of Crisis*, S. 124. – [25] *Brief an Damilaville*, 1766, in Morley, *Diderot*, Bd. I, S. 20. – [26] Cru, S. 65. – [27] Diderot, *Jacques the Fatalist*, S. 125. – [28] Diderot, *Plan for a University*, in La Fontainerie, *French Liberalism and Education in the 18th Century*, S. 279. – [29] *Encyclopaedia Britannica*, Bd. IV, S. 419 a. – [30] Crocker, *Embattled Philosopher*, S. 319. – [31] Cru, S. 417. – [32] Grimm, *Correspondance*, 1770, in Diderot, *Œuvres*, S. 957ff. – [33] Fellows and Torrey, *Diderot Studies*, Bd. I, S. 67. – [34] ebd., S. 68. – [35] sie sind zusammengestellt in Diderot, *Jacques the Fatalist*, S. 271ff. – [36] ebd., S. 8. – [37] ebd., S. 166. – [38] Crocker, *Embattled Philosopher*, S. 268. – [39] *Neveu de Rameau*, in Diderot, *Œuvres*, S. 249. – [40] Fellows and Torrey, *Diderot Studies*, Bd. I, S. 143f. – [41] Diderot, *Œuvres*, S. 191. – [42] G. B. Shaws Beschreibung. – [43] Diderot, *Œuvres*, S. 262, 270. – [44] ebd., S. 222. – [45] ebd., S. 218. – [46] ebd., S. 268. – [47] ebd., S. 220. – [48] dto., *Dialogues*, S. 119f. – [49] ebd., S. 146. – [50] ebd., S. 140f. – [51] ebd., S. 154. – [52] «*Essays on Women*», in Diderot, *Dialogues*, S. 186. – [53] Crocker, *Age of Crisis*, S. 101. – [54] Crocker, *Embattled Philosopher*, S. 340. – [55] Crocker, *Age of Crisis*, S. 209. – [56] ebd., S. 274. – [57] *Neveu de Rameau*, in Crocker, *Age of Crisis*, S. 209. – [58] ebd., S. 105. – [59] ebd., S. 104. – [60] *Supplement to the Voyage of Bougainville*, in Diderot, *Dialogues*, S. 157. – [61] Crocker,

Embattled Philosopher, S. 343. – [62] Artikel «*Civil Liberty*» und «*Representatives*». – [63] Diderot, *Œuvres*, Edition Assézat et Tourneux (Paris, 1875–1877), Bd. IX, S. 16. – [64] ebd., Bd. II, S. 412, in Morley, *Diderot*, Bd. II, S. 242f. – [65] Cru, S. 135. – [66] Ellis, *The New Spirit*, S. 62. – [67] Havens, *Age of Ideas*, S. 341. – [68] Crocker, *Embattled Philosopher*, S. 398. – [69] ebd., S. 393. – [70] Diderot, *Salons*, Bd. I, S. 1. – [71] ebd., S. 79. – [72] Faguet, *Dix-huitième Siècle*, S. 230. – [73] Diderot, *Salons*, Bd. I, S. 188. – [74] Crocker, S. 176. – [75] ebd., S. 196. – [76] Chambers, *History of Taste*, S. 146. – [77] ebd., S. 140f. – [78] Hauser, *Social History of Art*, Bd. II, S. 533. – [79] Diderot, *Salons*, Bd. I, S. 418. – [80] Morley, Bd. II, S. 79. – [81] Crocker, S. 19. – [82] Cru, S. 287. – [83] Wilson, S. 273. – [84] Crocker, S. 243. – [85] Wilson, S. 326. – [86] Voltaire, *Philosophical Dictionary*, Artiel «*Rhyme*». – [87] Wilson, S. 237. – [88] Sime, *Lessing*, Bd. I, S. 209. – [89] Diderot, *Paradox of Acting*, S. 14, 18. – [90] Cru, S. 328. – [41] Shakespeare, *Hamlet*, III. Akt, 2. Szene. – [92] Lee Strasberg, in Diderot, *Paradox of Acting*, Einleitung. – [93] Ausdruck von Wordsworth. – [94] Ellis, *The New Spirit*, S. 56. – [95] Hazard, S. 383. – [96] Crocker, *Embattled Philosopher*, S. 232f. – [97] Michelet, Bd. V, S. 408. – [98] Morley, *Diderot*, Bd. I, S. 30. – [99] Madame d'Epinay, *Memoirs*, Bd. II, S. 73. – [100] Taine, *Ancient Regime*, S. 266. – [101] Diderot, *Œuvres*, S. 143. – [102] Crocker, S. 26. – [103] Diderot, *Salons*, Bd. II, S. 354. – [104] Crocker, S. 147. – [105] dto. – [106] Brief vom 14. 7. 1762. – [107] Crocker, S. 297. – [108] ebd., S. 213ff. – [109] ebd., S. 220. – [110] «*Regrets sur ma vieille robe de chambre*», in Diderot, *Œuvres*, S. 733. – [111] Crocker, S. 301. – [112] Morley, Bd. I, S. 262. – [113] Crocker, S. 302. – [114] Marmontel, *Memoirs*, Bd. I, S. 360. – [115] Morley, *Diderot*, Bd. I, S. 41. – [116] Crocker, S. 292. – [117] Wilson, S. 8. – [118] Morley, Bd. I, S. 10. – [119] Fellows and Torrey, *Diderot Studies*, Bd. I, IX. Abschnitt. – [120] *Brief an König Stanislaus Poniatowski* in Aldis, *Madame Geoffrin*, S. 185. – [121] Fellows and Torrey, *Diderot Studies*, Bd. I, VII. Abschnitt.

IV. BUCH, KAPITEL 4

[1] Cumming, *Helvétius*, S. 36. – [2] ebd., S. 57. – [3] Marmontel, *Memoirs*, Bd. I, S. 258. – [4] Cumming, S. 137. – [5] Parton, *Voltaire*, Bd. II, S. 302. – [6] Helvétius, *Treatise on Man (De l'Homme)*, Bd. II, S. 480. – [7] Grimm, *Correspondance*, Bd. II, S. 262. – [8] Helvétius, *Traetise on Man*, Abschn. II, Kap. III. – [9] Helvétius, *De l'Esprit*, S. 11. – [10] ebd., in Grossman, *Philosophy of Helvétius*, S. 88. – [11] Helvétius, *De l'Esprit*, S. 175, 222, 277. – [12] dto., *Treatise on Man*, Abschn. IV, Kap. I. – [13] ebd., Abschn. III, Kap. II und IV. – [14] ebd., Abschn. IV, Kap. XXIII. – [15] ebd., Abschn. IV, Kap. III und I. – [16] ebd., Abschn. VI, Kap. I. – [17] Helvétius, *De l'Esprit*, S. 489. – [18] Helvétius, Abschn. VII, Kap. IV. – [19] ebd., Abschn. I, Kap. III. – [20] ebd., Abschn. II, Kap. XXI. – [21] ebd., Abschn. I, Kap. IX. – [22] ebd., Abschn. II, Kap. XXII. – [23] ebd., Abschn. I, Kap. III. – [24] ebd., Abschn. I, Kap. X. – [25] ebd., Abschn. VII, Kap. I. – [26] ebd., Abschn. I, Kap. II. – [27] ebd., Abschn. VII, Kap. I. – [28] Helvétius, *De l'Esprit*, S. 174. – [29] dto., *Traetise*, Abschn. IX, Kap. XXXI. – [30] ebd., Abschn. IV, Kap. XXI. – [31] ebd., Abschn. I, Kap. XIV. – [32] ebd., Abschn. I, Kap. XIII–XIV. – [33] ebd., Abschn. VII, Kap. XII. – [34] ebd., Abschn. VII, Kap. III und IV. – [35] Mordecai Grossman, in Horowitz, *Claude Helvétius*, S. 18. – [36] Helvétius, *Treatise*, Abschn. V, Kap. III–X. – [37] ebd., Abschn. VI, Kap. VIII. – [38] ebd., Abschn. V, Kap. III–IV. – [39] ebd., Abschn. V, Kap. III. – [40] Helvétius, *De l'Esprit*, S. 279; Cumming, S. 79. – [41] Helvétius, *Treatise*, Abschn. VI, Kap. I. – [42] Helvétius, *De l'Esprit*, S. 6, 17. – [43] Martin, K., S. 180. – [44] Helvétius, Abschn. II, Kap. VII. – [45] Helvétius, *De l'Esprit*, S. 269. – [46] ebd., S. 47; Grossman, *Philosophy of Helvétius*, S. 96. – [47] Helvétius, *De l'Esprit*, S. 29. – [48] ebd., S. 184, 144. – [49] Helvétius, *Treatise*, Abschn. IV, Kap. II. – [50] Horowitz, S. 100. – [51] ebd., S. 121. – [52] Helvétius, *Treatise*, Abschn. VI, Kap. V und X. – [53] ebd., Abschn. VI, Kap. XV. – [54] ebd., Abschn. VI, Kap. VII und XI. – [55] ebd., Abschn. VIII, Kap. III und V. – [56] Brunetière, *Essays in French Literature*, S. 327. – [57] Buckle, Bd. I, S. 624. – [58] *Cassirer*, *Philosophy of the Enlightenment*, S. 64. – [59] Crocker, *Age of Crisis*, S. 123. – [60] Grossman, *Philosophy of Helvétius*, S. 147. –

[61] Crocker, *Embattled Philosopher*, S. 408. – [62] Victor Cousin, *Histoire de la philosophie*, Bd. III, S. 201, in Buckle, Bd. I, S. 624. – [63] Morley, *Diderot*, Bd. II, S. 141. – [64] Cumming, S. 218. – [65] Morley, Bd. II, S. 142. – [66] Grossman, S. 169. – [67] Marmontel, *Memoirs*, Bd. I, S. 258. – [68] Cumming, S. 139. – [69] Helvétius, *De l'Esprit*, S. 87; Morley, Bd. II, S. 157. – [70] D'Alembert, *Eléments de philosophie*, in Cassirer, *Enlightenment*, S. 4. – [71] Sainte-Beuve, *Portraits of the 18th Century*, Bd. II, S. 105. – [72] Wickwar, *Baron d'Holbach*, S. 86. – [73] ebd., S. 59f.; Mornet, *Origines*, S. 107. – [74] Gooch, *Catherine the Great and Other Studies*, S. 192. – [75] Marmontel, *Memoirs*, Bd. I, S. 256. – [76] Morley, *Life of Voltaire*, S. 215. – [77] Morley, *Diderot*, Bd. II, S. 193. – [78] Robertson, *Short History of Freethought*, Bd. II, S. 254. – [79] Morley, *Diderot*, Bd. II, S. 194. – [80] Rousseau, *Confessions*, S. 139. – [81] Robertson, Bd. II, S. 254. – [82] Morley, *Diderot*, Bd. II, S. 215. – [83] Wickwar, S. 22. – [84] ebd., S. 23, 27. – [85] Diderot, Brief vom 10. 5. 1759. – [86] Marmontel, Bd. I, S. 351. – [87] dto. – [88] Wickwar, S. 39; Burton, *Life of Hume*, Bd. II, S. 220. – [89] Gibbon, *Memoirs*, in Mossner, *Life of David Hume*, S. 485. – [90] Priestley, *Memoirs*, Bd. I, S. 74, in Buckle, Bd. I, S. 621. – [91] Wickwar, S. 25. – [92] ebd., S. 38. – [93] Madame d'Epinay, *Memoirs*, Bd. II, S. 169. – [94] ebd., S. 130. – [95] Wickwar, S. 109. – [96] Robertson, Bd. II, S. 272. – [97] Grimm, *Correspondance*, 10. 8. 1789. – [98] dto. – [99] Wickwar, S. 86. – [100] D'Holbach, *Le Christianism dévoilé*, in Pomeau, *La Religion de Voltaire*, S. 293. – [101] Wickwar, S. 126. – [102] ebd., S. 135. – [103] ebd., S. 127. – [104] Voltaire, *Philosophical Dictionary*, Art. «God», Abschn. 4. – [105] Morley, *Diderot*, Bd. II, S. 159. – [106] D'Holbach, *System of Nature*, Vorwort. – [107] ebd., Bd. I, Kap. II. – [108] ebd., Bd. I, Kap. I. – [109] ebd., Bd. I, Kap. II und VIII. – [110] ebd., Bd. I, Kap. XIII. – [111] ebd., Bd. I, Kap. IX. – [112] Morley, *Diderot*, Bd. II, S. 74. – [113] D'Holbach, *System*, Bd. I, Kap. XI. – [114] ebd., Bd. I, Kap. I. – [115] Dakin, *Turgot and the Ancien Régime*, S. 16. – [116] Martin, K., S. 175. – [117] D'Holbach, *System*, Bd. II, Kap. VI. – [118] ebd., Bd. II, Kap. V. – [119] ebd., Bd. I, Kap. XIII. – [120] dto. – [121] ebd., Bd. I, Kap. IV. – [122] ebd., Bd. II, Kap. V. – [123] ebd., Bd. II, Kap. XII. – [124] ebd., Anhang, Kap. XXIII. – [125] ebd., Bd. I, Kap. XIII. – [126] ebd., Bd. I, Kap. VII. – [127] D'Holbach, *Morale universelle*, Bd. I, Kap. I, in Fellows und Torrey, *Age of Enlightenment*, S. 362. – [128] ebd., S. 363. – [129] D'Holbach, *System of Nature*, Bd. I, Kap. XV. – [130] ebd., Anhang. – [131] ebd., Bd. I, Kap. XIV. – [132] D'Holbach, *Politique naturelle*, Teil IV, Kap. XVII, in Wickwar, S. 182. – [133] dto., *Ethocratie*, Kap. X, in Hazard, S. 264. – [134] dto., *Politique naturelle*, Teil VI, Kap. XIV. – [135] Cumming, S. 112. – [136] D'Holbach, *Politique naturelle*, in Martin, K., S. 188. – [137] ebd., S. 189. – [138] Wickwar, S. 178. – [139] Martin, K., S. 189. – [140] Wickwar, S. 178. – [141] D'Holbach, *System of Nature*, Bd. I, Kap. XIV. – [142] dto., *Politique naturelle*, Teil VI, Kap. XXXIX, in Wickwar, S. 212f. – [143] D'Holbach, *Système social*, Bd. II, S. 151, in Cobban, *In Search of Humanity*, S. 166. – [144] D'Holbach, *System of Nature*, Bd. I, Kap. XIV. – [145] D'Holbach, *Contagion sacrée*, S. 145, in Wickwar, S. 141. – [146] in Mornet, *Origines*, S. 103. – [147] D'Holbach, *System of Nature*, Bd. I, Kap. IX. – [148] D'Holbach, *Système social*, Bd. II, Kap. II, in Cassirer, *The Question of Jean-Jacques Rousseau*, S. 68. – [149] D'Holbach, *Politique naturelle*, Teil I, Kap. VI, in Frankel, *The Faith of Reason*, S. 71. – [150] Mornet, S. 103. – [151] Lanfrey, *L'Eglise et les philosophes*, S. 331. – [152] Voltaire, *Philosophical Dictionary*, Art. «God». – [153] Wickwar, S. 89. – [154] Morley, *Diderot*, S. 183. – [155] Faguet, *Literary History of France*, S. 497. – [156] Wickwar, S. 111. – [157] Hearnshaw, *Social and Political Ideas of . . . the Age of Reason*, S. 213. – [158] Wickwar, S. 113.

IV. BUCH, KAPITEL 5

[1] das übersah Faguet in einem der voreingenommensten Essays über die französische Literatur. – [2] Wade, *Studies in Voltaire*, S. 67. – [3] Voltaire, *Philosophical Dictionary*, Art. «Emblems». – [4] Noyes, *Voltaire*, S. 487. – [5] Voltaire, *Philosophical Dictionary*, Art. «God». – [6] Desnoiresterres, Bd. V, S. 167. – [7] Pomeau, *Religion de Voltaire*, S. 422. – [8] Voltaire, *Works*, Bd. VII b, S. 82. – [9] Mornet, *Origines*, S. 82; Torrey, *Spirit of Voltaire*, S. 254, 283. – [10] Voltaire,

Philosophical Dictionary, in *Works*, Bd. VII a, S. 62. – [11] Pomeau, S. 400, und Crocker, *Age of Crisis*, S. 385. – [12] Parton, *Voltaire*, Bd. II, S. 432. – [13] Pomeau, S. 59, 183. – [14] Lévy-Bruhl, S. 185f. – [15] Brief vom 20. 5. 1738, in Voltaire und Friedrich der Große, *Letters*, S. 115. – [16] Voltaire, *Notebooks*, Bd. I, S. 402. – [17] dto., *Traité de métaphysique*, Kap. IX. – [18] dto., *La Loi naturell*, in *Works*, Bd. X b, S. 25f. – [19] ebd., s. a. Fellows and Torrey, *Age of Enlightenment*, S. 424. – [20] Bottiglia, *Voltaire's Candide*, S. 108; Mowat, *Age of Reason*, S. 36. – [21] Brief vom Oktober 1753 an d'Alembert, in Desnoiresterres, Bd. V, S. 163. – [22] Torrey, *Spirit of Voltaire*, S. 87. – [23] Briefe vom 24. 5. und 22. 12. 1757. – [24] Voltaire, *Œuvres*; ed. Moland, Bd. XXXIX, S. 363. Vgl. auch Pomeau, S. 301; Naves, *Voltaire et l'Encyclopédie*, S. 53. – [25] Naves, S. 54ff. – [26] ebd., S. 62f; Pomeau, S. 302. – [27] Campbell, *The Jesuits*, S. 453. – [28] Nicolson, *Age of Reason*, S. 81. – [29] Smith, P., Bd. II, S. 540. – [30] Pope, *Essay on Man*. – [31] Parton, Bd. II, S. 215. – [32] Voltaire, *Romane*, Bd. II, S. 7f. – [33] ebd., S. 16. – [34] ebd., S. 85. – [35] ebd., S. 90. – [36] Bottiglia, S. 249. – [37] Pomeau, S. 318. – [38] Martin, H,. *Histoire de France*, Bd. IX, S. 127. – [39] Pomeau, S. 319ff. – [40] Calvin, *Institutes of the Christian Religion*, englische Übersetzung, Bd. I, S. 360. – [41] Parton, Bd. II, S. 356. – [42] Desnoiresterres, Bd. VI, S. 160. – [43] «*Essay on toleration*», in Voltaire, *Selected Works*, S. 78; Pomeau, S. 325. – [44] unsere Darstellung stützt sich auf A. Coquerel, *Jean Calas et sa famille* (Paris, 1858), zusammengefaßt bei Parton, Bd. II, S. 367. – [45] Brief vom 1. 3. 1765. – [46] dto. – [47] Text in Parton, Bd. II, S. 356. – [48] Brief vom 29. 3. 1762. – [49] Brief vom September 1762, in Gay, *Voltaire's Politics*, S. 277. – [50] Brandes, *Voltaire*, Bd. II, S. 196. – [51] Voltaire, *Selected Works*, S. 86. – [52] ebd., S. 113. – [53] Parton, Bd. II, S. 433. – [54] Mornet, *Origines*, S. 112. – [55] Voltaire, *Selected Works*, S. 88. – [56] ebd., S. 100, 108. – [57] Voltaire, *Works*, Bd. II b, S. 277. – [58] Brandes, Bd. II, S. 214. – [59] Desnoiresterres, Bd. VII, S. 469. – [60] Parton, Bd. II, S. 397. – [61] dto. – [62] Desnoiresterres, Bd. VI, S. 493. – [63] Torrey, *Spirit of Voltaire*, S. 129. – [64] Brief Friedrichs des Großen vom 7. 8. 1766. – [65] Brief Friedrichs des Großen vom September 1766, in Brandes, Bd. II, S. 231. – [66] Diderot, *Œuvres*, S. 220. – [67] Chaponnière, *Voltaire chez les Calvinistes*, S. 260. – [68] Brandes, Bd. II, S. 232. – [69] Voltaire, *Correspondance*, ed. Besterman, Brief 7584. – [70] Pomeau, S. 311. – [71] Voltaire, *Philosophical Dictionary*, Art. «*Superstition*». – [72] Brief vom 3. 6. 1760. – [73] Brief vom 6. 12. 1757. – [74] Pomeau, S. 213; Bertrand, *D'Alembert*, S. 118. – [75] Voltaire und Friedrich der Große, *Letters*, S. 283. – [76] Parton, Bd. II, S. 285. – [77] *Brief an Damilaville* vom 5. 4. 1765. – [78] *Friedrich an Voltaire*, 9. 9. 1739. – [79] Voltaire, *Œuvres complètes*, Bd. XLIII, S. 198ff. – [80] dto., *Selected Works*, S. 59. – [81] dto., *Philosophical Dictionary*, Art. «*Laws*». – [82] J. Gaberel, in Parton, Bd. II, S. 428. – [83] Lukas, Kap. 21, Vers 27–32. – [84] *Questions of Zapata*, Nr. 58, in Voltaire, *Selected Works*, S. 34. – [85] ebd., Nrn. 65–66. – [86] ebd., Nr. 66. – [87] Parton, S. 286. – [88] Brief vom 4. 6. 1767. – [89] *New Cambridge Modern History*, Bd. VII, S. 152. – [90] Voltaire, *Philosophycal Dictionary*, Art. «*God*». – [91] Brief vom 28. 11. 1752.' – [92] Voltaire, *Œuvres, complètes*, Bd. XLI, S. 570, in Torrey, *Spirit of Voltaire*, S. 279. – [93] Voltaire, *Philosophical Dictionary*, Art. «*Sin*». – [94] Pomeau, S. 373. – [95] *Works*, Bd. I, S. 139. – [96] dto., *Philosophical Dictionary*, Art. «*Miracles*». – [97] Pomeau, S. 348. – [98] ebd., S. 374. – [99] Voltaire, *Philosophical Dictionary*, Art. «*Climate*». – [100] ebd., Art. «*Grace*». – [101] *Profession de foi des théistes*, in Black, *Art of History*, S. 57. – [102] Voltaire, *Works*, Bd. XIX a, S. 228. – [103] ebd., S. 238. – [104] Voltaire, *Traité de métaphysique*. – [105] Crocker, *Age of Crisis*, S. 385. – [106] ebd., S. 190; vgl. Voltaire, *Philosophical Dictionary*, Art. «*Atheism*» und Art. «*God*», Abschn. V. – [107] ebd., Art. «*Hell*». – [108] ebd., Art. «*Fraud*». – [109] ebd., Art. «*Morality*». – [110] Voltaire, *The Ignorant Philosopher*, Abschn. II–III. – [111] ebd., Abschn. III–IV. – [112] ebd., Abschn. XIII. – [113] ebd., Abschn. IV. – [114] ebd., Abschn. VII, XIX. – [115] ebd., Abschn. XX. – [116] ebd., Abschn. XXIV. – [117] ebd., Abschn. LI. – [118] Voltaire, *Works*, Bd. II a, S. 312ff. – [119] Boswell, *Boswell on the Grand Tour: Germany and Switzerland*, S. 304. – [120] Noyes, *Voltaire*, S. 555; Pomeau, S. 411. – [121] Voltaire, *Œuvres complètes*, Bd. XXVI, S. 199, in Pomeau, S. 438. – [122] Voltaire, *Philosophical*

Dictionary, Art. «*Curate*». – [123] Pomeau, S. 439. – [124] *Essai sur le moeurs*, Kap. CXXXIX, in Ducros, *French Society in the 18th Century*, S. 199. – [125] Desnoiresterres, Bd. VI, S. 118. – [126] ebd., S. 63f.; Pomeau, S. 431. – [127] Desnoiressterres, Bd. VII, S. 237. – [128] Torrey, *Spirit of Voltaire*, S. 225. – [129] Desnoiresterres, Bd. VII, S. 228. – [130] ebd., S. 287. – [131] Pomeau, S. 390. – [132] Diderot, *Letters to Sophie Volland*, Bd. I, S. 29, in Pomeau, S. 332. – [133] Grimm, *Correspondance*, Bd. VII, S. 51. – [134] Walpole, in Mossner, *Bishop Butler and the Age of Reason*, S. 175; vgl. Mornet, *Origines*, S. 139, und Morley, *Life of Voltaire*, S. 88. – [135] *Brief an Madame du Deffand* vom 1. 6. 1770. – [136] Voltaire, *Ignorant Philosopher*, Abschn. XXIV. – [137] Markus, Kap. 9, Vers 45–48; Matthäus, Kap. 13, Vers 40–42; Lukas, Kap. 16, Vers 23–26.

IV. BUCH, KAPITEL 6

[1] Pomeau, S. 300. – [2] Mornet, *Origines*, S. 206. – [3] Gauchat, *Lettres critiques*, Bd. XV, S. 224, in Vartanian, *Diderot and Descartes*, S. 313. – [4] Pomeau, S. 338. – [5] Voltaire, Brief am 8. 12. 1776. – [6] Palmer, *Catholics and Unbelievers*, S. 96. – [7] ebd., S. 142. – [8] unsere Darstellung stützt sich auf Pappas, *Berthier's «Journal de Trévoux» and the Philosophes*. – [9] ebd., S. 38. – [10] ebd., S. 23, 137. – [11] ebd., S. 48. – [12] ebd., S. 128. – [13] ebd., S. 48. – [14] ebd., S. 205. – [15] dto. – [16] ebd., S. 184. – [17] ebd., S. 186. – [18] ebd., S. 110. – [19] ebd., S. 113. – [20] ebd., S. 119. – [21] ebd., S. 122. – [22] ebd., S. 131. – [23] Desnoiresterres, Bd. III, S. 389. – [24] Hazard, *Eighteenth Century*, S. 78. – [25] Cornou, *Elie Fréron*, in Martin, K., S. 96. – [26] Crocker, *Embattled Philosopher*, S. 240. – [27] dto. – [28] Brandes, Bd. II, S. 205. – [29] ebd., S. 206. – [30] Noyes, *Voltaire*, S. 51. – [31] ebd., S. 71. – [32] Lanfrey, S. 195. – [33] Masson, *La Religion de Rousseau*, Bd. III, S. 31. – [34] Crocker, *Age of Crisis*, S. 382. – [35] Lichtenberg, *Le Socialisme et la Révolution française*, S. 6. – [36] Crocker, *Embattled Philosopher*, S. 305. – [37] Toth, *Woman and Rococo*, S. 224, 234. – [38] Goncourts, *Woman of the 18th Century*, S. 305. – [39] Toth, S. 234. – [40] Brief vom 10. 1. 1758, in Naves, S. 53. – [41] Voltaire, *Œuvres*, S. 231, 239f. – [42] ebd., S. 235 ff. – [43] Grimm, Bd. II, S. 373. – [44] Palmer, *Catholics and Unbelievers*, S. 7. – [45] Parton, Bd. II, S. 334. – [46] Pappas, S. 85. – [47] ebd., S. 114. – [48] ebd., S. 117. – [49] Fülöp-Miller, *Power and Secret of the Jesuits*, S. 374. – [50] Gay, *Voltaire's Politics*, S. 310. – [51] Pappas, S. 129. – [52] Beard, *History of the Business Man*, S. 414. – [53] Martin, H., *Histoire de France*, Bd. XVI, S. 201. – [54] Lanfrey, S. 267; Campbell, *The Jesuits*, S. 482. – [55] ebd., S. 483. – [56] *Catholic Encyclopedia*, Bd. XIV, S. 98 a; Martin, H., Bd. XVI, S. 211; Ranke, *History of the Popes*, Bd. II, S. 447. – [57] Campbell, S. 487. – [58] ebd., S. 485. – [59] McCabe, *Candid History of the Jesuits*, S. 251. – [60] Robertson, *History of Freethought*, Bd. II, S. 236. – [61] Desnoiresterres, Bd. VI, S. 269. – [62] Bertrand, *D'Alembert*, S. 132. – [63] Lanfrey, S. 269. – [64] ebd., S. 270. – [65] Pappas, S. 135. – [66] Pomeau, S. 317. – [67] Gilbert, *Prince de Ligne*, S. 138; Carlyle, *Friedrich the Second*, Bd. VII, S. 470. – [68] Campbell, *The Jesuits*, S. 639. – [69] La Fontainerie, *French Liberalism and Education in the 18th Century*, S. 143, 149. – [70] Cumming, *Helvétius*, S. 160. – [71] La Fontainerie, S. 80. – [72] ebd., S. 117. – [73] ebd., S. 39; Desnoiresterres, Bd. VI, S. 239. – [74] Brief vom 1. 4. 1766. – [75] Lanson, *Voltaire*, S. 183. – [76] Smith, *Modern Culture*, Bd. II, S. 446. – [77] La Fontainerie, S. 240. – [78] Sée, *Les Idées politiques en France*, S. 142. – [79] Mornet, *Origines*, S. 177. – [80] Lacroix, *Eighteenth Century*, S. 265. – [81] Helvétius, *Treatise on Man*, Bd. II, S. 402. – [82] Brunetière, *Manual of French Literature*, S. 298. – [83] Hazard, S. 369. – [84] Bury, *Idea of Progress*, S. 149. – [85] Smith, P., Bd. II, S. 614. – [86] D'Alembert, *Eléments de la philosophie*, Kap. IV, in Hazard, S. 166. – [87] Hazard, S. 169. – [88] Voltaire, *Works*, Bd. XIX a, S. 89f. – [89] Hazard, S. 250. – [90] Rousseau, *Sur le gouvernement de Pologne*, in Black, *Art of History*, S. 20. – [91] Quelle verlorengegangen. – [92] Martin, H., *Histoire de France*, Bd. XVI, S. 212. – [93] Bury, *Idea of Progress*, S. 203; Parton, Bd. II, S. 433. – [94] Hazard, S. 126. – [95] Buckle, Bd. I, S. 620. – [96] Parton, Bd. II, S. 507. – [97] Lecky, *History of ... Rationalism*, Bd. I, S. 125. – [98] Tocqueville, *L'Ancien Régime*, S. 165. – [99] Lecky, *History of*

England, Bd. V, S. 336. – [100] Mornet, *Origines*, S. 214ff. – [101] La Harpe, in Taine, *Ancient Regime*, S. 400. – [102] H. Walpole, Brief vom 10. 10. 1765. – [103] ebd., Brief vom 19. 11. 1765. – [104] Mornet, S. 269. – [105] dto. – [106] Toth, *Woman and Rococo*, S. 234. – [107] Mornet, S. 272. – [108] Willey, *Eighteenth-Century Background*, S. 192. – [109] Taine, *Ancient Regime*, S. 293. – [110] Robertson, *History of Freethought*, Bd. II, S. 278. – [111] Montalembert, *Monks of the West*, Bd. I, S. 86. – [112] Mornet, S. 141. – [113] Voltaire, *Œuvres complètes*, Bd. XLIII, S. 237. – [114] Brief vom 9. 11. 1764. – [115] Wilson, *Diderot*, S. 286; Palmer, *Catholics and Unbelievers*, S. 17. – [116] Torrey, *Spirit of Voltaire*, S. 133. – [117] Condorcet, *Progrès de l'esprit humain*, S. 251. – [118] Mornet, S. 125. – [119] ebd., S. 273. – [120] Eckermann, *Gespräche mit Goethe*, S. 439. – [121] *Friedrich der Große an Voltaire*, 5. 5. 1767. – [122] Grimm, *Correspondance*, 15. 9. 1767. – [123] Voltaire, *Philosophical Dictionary*, Art. «*God*».

EPILOG

[1] Crocker, *Embattled Philosopher*, S. 407. – [2] Sade, Marquis de, *Justine* (1791), *Juliette* (1792), *Philosophie dans le boudoir* (1793). – [3] Musset, Alfred de, *Confessions of a Child of the Century*, S. 21f. – [4] Champonnière, *Genève*, S. 231. – [5] *Philosophical Dictionary*, Art. «*God*», Abschn. V; Art. «*Polytheism*».

PERSONENVERZEICHNIS

C

M

Q

R

S

T

QUELLENVERZEICHNIS DER ABBILDUNGEN

Bruckmann KG, Bildarchiv, München: Bildseiten 5, 7; Holle Bildarchiv, Baden-Baden: Bildseite 2; Kunstbildarchiv Aline Lenz/Jochen Remmer, Hamburg: Bildseite 4; Bildarchiv Preußischer Kulturbesitz, Berlin: Bildseiten 1, 3; Südwest Verlag (Archiv), München: Bildseite 6

Farbtafeln:
Bruckmann KG, Bildarchiv: Bildseiten 1, 2, 5; Holle Bildarchiv, Baden-Baden: Bildseiten 3, 6; Karl-Heinz Jürgens, Köln: Bildseite 7; Bildarchiv Preußischer Kulturbesitz, Berlin: Bildseiten 4 (Foto Fostel), 8